岩波

四字熟語辞典

岩波書店辞典編集部編

岩波書店

はじめに

一石二鳥、東奔西走、五里霧中――現代の文字と言語の社会には、四字熟語があふれています。ところが、いざそれらの四字熟語を自分のものとして活用しようと考えたとき、しばしば不安を感ずることがあります。正確な漢字は、正確な意味は、正確な使い方は、似た表現との違いは、さらにはどうしてこういう意味になるのだろう、などなど。この辞典は、四字熟語の前で一歩立ち止まった人々に、門を開きさらに中へ入ってその奥行きを味わっていただくために作りました。

「四字熟語」は、本来、四つの漢字が一体となることで、初めて特別な意味を持つ言語表現です。したがって、「質実」と「剛健」といった相性のよい二字の熟語が組み合わさっただけのものなどは、厳密には「四字熟語」と言うことはできません。また、「九十九折（つづらおり）」のような和語をもとにしたものも正確には対象外です。

しかし、漢字四字の固まりを目にしたとき、それが本当の意味での「四字熟語」かそうでないかは、その意味を理解してはじめて区別できることです。また、厳密な「四字熟語」からはずれるもののなかにも、その組み合わせに歴史と奥行きがあって、本来の「四字熟語」と一線を引きかねるものも少なくありません。通常はひらがなの「の」をはさんで使われる「象牙之塔」のような表現にも、故事来歴をもつものがたくさんあります。

そこでこの辞典では、「四字熟語」を幅広く理解して、厳密な意味での「四字熟語」の範囲からははずれるような言葉も項目にしてあります。また、「四字熟語」というと、とかく中国の歴史を背景にしたものと考えられがちですが、仏教の世界も四字熟語の宝庫です。この辞典では、仏教由来の表現にも力を注いであります。

この辞典を編集するにあたって、国府田利男氏に原稿作成段階から深く関わっていただきました。また、漢籍に関する一部校閲を、伊藤文生氏にお願いしました。お礼申し上げます。

二〇〇二年九月

岩波書店辞典編集部

凡例

一、収録項目数は、二〇〇ほどの参照項目を含め、見出し項目で約三〇〇〇だが、解説中で触れ、索引で検索できる四字熟語を加えると、四〇〇〇余語となる。

二、項目の配列は、五十音順とした。

三、四字熟語の漢字表記には、別表記の存在するものが多々ある。現代一般に使われていて、表記がある程度定着しているものについては、その表記を優先し、それほど定着してないものについては、出典等の表記を尊重した。いずれも、できるだけ解説内に別表記について言及した。

四、項目の読みが複数ある場合は、その代表的な別読みを、項目下の読みの部分に併記し、もしくは解説内で明示した。

五、解説の冒頭に四字熟語の意味をまず掲げ、改行して補説を行なっている。補説では、四字熟語の読下し文、もしくは通行している成句、四字熟語を構成している漢字ないしは熟語の意味、出典、その背景、類義語・反対語、類義語との違い、関連することわざ、用法などについて述べている。

六、解説文中で触れる他の四字熟語が本辞典に立項されている場合は、その冒頭に＊を付した。

七、漢籍は読み下しを掲げ、日本古典も含め、内容がくみ取れるように注記、現代語訳に配慮した。

八、付録として索引（漢字引き索引および成句索引）と、中国略年表・主要人物解説・主要出典解説を付した。

装丁　間村俊一◆装画　村田善子

あ行

合縁奇縁 ◈あいえん きえん

人と人との交わりは、不思議な縁によるものだということ。

「合縁機縁」とも書く。一説に本来仏教語で、「愛縁機縁」と書いたという。特に男女の間で、気心が合う、合わないについて言うことが多い。近松門左衛門の『心中《しんじゅう》宵庚申《よいごうしん》』下では「人には合縁奇縁、血を分けた親子でも中の悪いが有るもの、乗合舟の見ず知らずにも、可愛《かわい》らしいと思ふ人も有る、人界《にんがい》の習《ならわ》しからしたもの」と、人間社会に常にあることとしている。

哀毀骨立 ◈あいき こつりつ

親や親しい人の死にあって、悲しみのあまり痩《や》せ衰えること。

「毀」はふつう、物をこわす、悪口を言うなどの意だが、ここは痩せ細ること。「骨立」は、肉が落ちて骨がごつごつと現れる意。後漢の韋彪《いひょう》はとても孝行な男で、父母が死ぬと「哀毀すること三年」、廬《いおり》にこもり、喪《も》があけた時は、痩せ衰えて「骨立異形、医療数年にして起《た》つ」ほどだったという(『後漢書』韋彪伝)。

愛及屋烏 ◈あいきゅう おくう

人を愛すると、その人に関係するすべてのものに愛情が及ぶことのたとえ。

「愛は屋上の烏《からす》に及ぶ」と言う。「屋烏《おくう》之《の》愛《あい》」とも言う。愛したら、その人の家の屋根の烏まで好きになってしまう意。『説苑《ぜいえん》』貴徳に、太公望呂尚《りょしょう》が周の武王に言ったという「その人を愛する者は屋上の烏を兼ね、その人を憎む者はその余胥《よしょ》(使用人)を悪《にく》む」が見える。憎いとなったら関係するすべてが憎くなるという「坊主憎けりゃ袈裟《けさ》まで憎い」の逆表現と言える。

哀鴻遍野 ◈あいこう へんや

苦しむ難民であふれているさまの形容。

「哀鴻、野《や》に遍《あまね》し」と読む。「鴻」は、ヒシクイなど大型の雁《がん》。哀《かな》しそうな声で鳴く雁が野にあふれている意。*「鴻雁哀鳴《こうがんあいめい》」の基になっている『詩経』小雅、鴻雁に「鴻雁飛び粛粛《しゅくしゅく》たるその羽《はおと》、この子征《ゆ》き野に劬労《くろう》す(苦しむ)、ここに矜人《きょうじん》(貧しく哀れな人)に及び、この鰥寡《かんか》(やもめ)を哀《あわれ》む」と見える。

相碁井目 ◆あいご せいもく

人の実力はさまざまだというたとえ。

「相碁」は、囲碁で実力が互角の者同士、またその二人の対局を言う。相碁の場合は先番《せんばん》・後手番《ごてばん》を決めるだけだが、実力の違う者同士が対局する時は、弱い方があらかじめ石を碁盤の上に置くことでハンディキャップとする。極端に実力が違う時は、碁盤の上の「井目」と呼ばれる星の部分九か所全部に石を置く。つまり「相碁井目」は、囲碁の対戦の両極端を示した言葉で、そこから、何事も実力の差はあるものだという意味に使われるようになった。

愛別離苦 ◆あいべつり く

愛するものと別れる苦しみ。

仏教で、八苦《はっく》(↓四苦八苦)の一つとされる。親子・夫婦・恋人同士など、愛する形はさまざまでも、生死を問わず、いずれは相手と別れる辛さを味わわなければならない。人間に限らず、ペットに死なれるのも辛いことだし、大事にしていたコーヒーカップもいつかは割れ、ああ惜しいことをしたと思う。みんな「愛別離苦」と言える。

曖昧模糊 ◆あいまい もこ

物事がぼんやりとしていてはっきりしないさま。

「曖昧」も「模糊」も、ぼんやりしているさまを言い、類義の語を重ねて意味を強調している。風景などにも言われるが、人事・社会事象に使われることが多い。「幸ひ新聞にも載せられないで、曖昧模糊の間に風評が消えたは、実に小町田の幸福だけれども」(坪内逍遥《つぼうちしょうよう》『当世書生気質《かたぎ》』一七)に見える「曖昧模糊」は*「有耶無耶《うやむや》」と同義で、あるかないかはっきりしない意。

阿吽之息 ◆あうんの いき

共に一つのことをする時の、互いの微妙な調子や気持の釣合を言う。

サンスクリット文字五十字のうち、「阿」は口を開いて発する最初の字音、「吽」は口を閉じて発する最後の字音を言う。転じて、「阿」を呼気に、「吽」を吸気に当て、互いに切離せない釣合を保っているところから言う。「阿吽の呼吸」とも言う。

青息吐息　◆あおいき といき

困難な時や弱った時につくため息。また、そういうため息の出るような状況を言う。

「青息」は青い顔をしてつくため息、「吐息」もため息。類義語を重ねて意味を強めるとともに、「息」の繰返しで語調を整える効果を加えている。

悪衣悪食　◆あくい あくしょく　あくい あくじき

質素な、または貧しい生活をすること。

「悪衣」は、汚れた、または粗末な衣。「悪食」は、粗末な食物の意。粗末な衣を着、粗末な食物をとる意。「悪」を重ねた文字面からは、いかにも好ましくない生活のようだが、孔子は「悪衣悪食を恥ずるは、いまだ与《とも》に議《はか》る（相談する）に足らざるなり」と、そういう暮しを恥じるようでは駄目だと『論語』里仁で説いている。この反対が「*暖衣飽食《だんいほうしょく》」で、こちらのほうがむしろ否定的な意味に使われる。

悪因悪果　◆あくいん あっか

悪い原因には悪い結果があること。悪い行為が悪い報いをもたらすこと。

仏教で、「*因果応報《いんがおうほう》」思想に基づく語。食べ過ぎという悪因は腹痛という悪果をもたらし、車のスピードの出し過ぎという悪因は事故という悪果をもたらす、というようにさまざまな場合に言える。単に「因果《いんが》」とも言われ、「*自業自得《じごうじとく》」「身から出た錆《さび》」もほぼ同様な意味の表現。

悪逆無道　◆あくぎゃく むどう　あくぎゃく ぶどう

人の道に背いたひどいありさま。また、そのような悪事。

「悪逆」は、日本古代の律令国家で主君や父などを殺そうとする罪で、国や社会を乱す八虐《はちぎゃく》の一つとされた。一般に、人の道にはずれた悪事の意味で使われ、同じく道理にはずれる「無道」が付け加わるとさらに意味が強められて、「天をも恐れぬ」のように形容される。『平家物語』三によると、平重盛《たいらのしげもり》は父清盛を「悪逆無道」と断罪し、「入道（清盛）の悪心を和《やわら》げて天下《てんが》の安全《あんせん》を得しめ給へ」と熊野の金剛童子《こんごうどうじ》に祈ったという。

悪事千里　◆あくじ　せんり

悪いことをすると、たちまち世間に知れわたるということ。

「好事門《こうじもん》を出でず、悪事千里を行く」（北宋、『北夢瑣言《ほくぼうさげん》』六）から。善いことはあまり世間に知られないが、悪事は千里の遠くまで知れわたる、の意。「悪事千里を走る」とも言う。人はえてして他人のことになると好いことより悪いことに関心を持ち、たちまち人から人に伝わる。社内の人事や男女関係などなど、人の噂《うわさ》、風説のとびかうことの速さ。まさに「人の口に戸は立てられぬ」。

悪戦苦闘　◆あくせん　くとう

困難を切り抜けるために必死の努力をすること。またそのような状態を言う。

「悪戦」も「苦闘」も苦しいたたかいの意で、本来は具体的な敵を相手にしてのこと。しかし、今ではレスリングやボクシングのような格闘技でもあまり使われず、むしろ試験などで難問に直面したような場合に比喩《ひゆ》的に使われる。面白いことに、「悪戦苦闘」の結果はしばしば勝利するのだが、反対の「善戦健闘《ぜんせんけんとう》*」は、むしろ負けた場合に言われる。

悪人正機　◆あくにん　しょうき

仏教で、悪人こそが往生するにふさわしい人間であるということ。

「正機」は、教えを受けるべき正しい機根《きこん》（人）の意。親鸞《しんらん》の教えを説く『歎異抄《たんにしょう》』の「善人なをもちて往生をとぐ、いはんや悪人をや（善人は往生する、もちろん悪人も）」に代表される、阿弥陀仏《あみだぶつ》の本来の願いは悪人を救うことにこそある、という思想を言う。この「悪人」とは、罪深い存在である人間としてのふつうの人々を指す。親鸞自身が、そういう人間であるという自覚を持っていたために深められた思想と言える。

握髪吐哺《あくはつとほ》　⇩　吐哺捉髪《とほそくはつ》

悪婦破家　◆あくふ　はか

心掛けの悪い妻は家庭を破壊するということ。

「悪婦家を破《やぶ》る」と読む。清代『通俗編』倫常に見える

「躓《ち》馬《ば》は車を破り、悪婦は家を破る」から。馬はわざとつまずいたのではないが、結果として車をこわした。それと対になっているのが「悪婦破家」。意図的でなくても心掛けが悪ければ家庭は保てないという意味で、だから注意せよという教訓になっている。男中心だった家族制度の時代のいわば遺訓。

悪木盗泉　◆あくぼく とうせん

いくら困っていても、人に怪しまれるようないかがわしいことはしないというたとえ。

「渇《かっ》すれども盗泉の水を飲まず」という成句で知られる。「渇すれども盗泉の水を飲まず、熱《ねっ》すれども悪木の陰《かげ》に息《やす》まず」（晋《しん》、陸機《りくき》「猛虎行」）による。『文選《もんぜん》』の李善《りぜん》注によれば、孔子が山東省泗《し》水《すい》県の盗泉という名の泉のそばを通った時、のどが渇いていたが泉の名前をきらって水を飲まなかったという。「悪木」は、とげや臭いなどで人を困らせる木。

阿衡之佐　◆あこうの さ

名宰相《さいしょう》が政治を補佐すること。また、そのような宰相。

「佐」はタスケとも読む。「阿」は倚《よ》りかかる、「衡」は平らの意で、「阿衡」は古代殷《いん》の湯王《とうおう》が、倚って天下を平定できたと名臣伊尹《いいん》に与えた称号。のち、一般に宰相を言うようになった。日本に入って摂政・関白の異称となる。「佐」は、たすける意。「天まさに秦《しん》をして海内《かいだい》を平らげしめんとし、その業いまだ成らず。魏《ぎ》、阿衡の佐を得といえども、なんぞ益《えき》せんや」（『史記』魏世家賛）から。秦が天下を統一しようとしている時に、魏が阿衡のような名臣の助けを得たとしても、どうしようもなかったのだ、の意。

可惜身命　◆あたら しんみょう

身体や命を大切にすること。

仏教に、菩薩《ぼさつ》などが衆生《しゅじょう》救済のために自分の身命を惜しまずなげうつ意の「不惜身命《ふしゃくしんみょう》*」という言葉がある。その対語として生れたのが「可惜身命《かしゃくしんみょう》」。「可惜」は、惜しむべき、の意。古く日本語に、立派だ、惜しいという意の「あたらし」があり、その語幹が独立した「あたら」という語に「可惜」の字が当てられていたところから、「可惜身命」を「あたらしんみょう」と言うようになったものであろう。

遏悪揚善　◆あつあく ようぜん

悪をふせぎ、善を取上げ用いること。

「悪を遏《とど》め善を揚《あ》ぐ」と読む。「君子は以て悪を遏め善を揚げて、天の休《おお》いなる命《めい》に順《したが》う」（『易経』大有卦《たいゆうか》）から。君子は悪をふせぎとどめ、善を取上げて、大いなる天命に従うことにつとめる、の意。「*勧善懲悪《かんぜんちょうあく》」が、行われた悪を懲《こ》らしめ善を勧めるのに対し、こちらは、未然に悪をふせぎ善を発揚するという意味を持つ。

遏雲之曲　◆あつうんの きょく

行く雲もとどめるほどの優れた曲や歌声。

「遏」は、とどめる意。『列子』湯問によると、薛譚《せったん》が秦青《しんせい》に歌を学び、もう十分だと故郷に帰ろうとした時、秦青は薛譚を送って行き、郊外で別れを悲しむ歌をうたった。「声は林木に振《ふる》い、響きは行雲を遏《とど》む」。その歌声を聴いて薛譚は自分の未熟さを反省し、秦青のもとに戻って、二度と帰るとは言わなかったという。

悪口雑言　◆あっこう ぞうごん

言いたい放題悪口を言うこと。さまざまに、ののしること。

「悪口」「雑言」、いずれもののしる意。類義語の「罵詈《ばり》」を組合せた「*罵詈雑言」という言葉もある。「悪口《あっく》罵詈《めり》」は仏教語。もともと「悪口《あっく》」は、乱暴な言葉という意味で、仏教の十悪の一つ。「悪口罵詈」は乱暴な言葉でののしることを言う。当然、「悪口雑言」にも、乱暴な言葉遣いで、という意味が含まれている。

宛行扶持　◆あてがい ぶち

一方的に決めた分量の金や物を、相手に与えること。

「宛行」は、割当てて与える意。「扶持《ふち》」は、家臣に与える扶持米《ふちまい》える俸禄《ほうろく》。はじめは雇主が雇人に割当てて与える扶持米を言ったが、のちにはもらう側の意向に関係なく、与える方が一方的に決めて与える金品を言うようになった。すなわち、多くのサラリーマンは宛行扶持を甘受している。反復継続して与える場合に言うので、旅行の土産《みやげ》などには言わない。

阿鼻叫喚　◆あび きょうかん

きわめてむごたらしいさま。災害などで逃げまどい泣き叫ぶさま。

「阿鼻」は、仏教で八大地獄*の一つ「無間地獄《むけんじごく》*」のことで、最も罪の重い罪人が堕ちるとされる。「叫喚」は、大声でわめき叫ぶ意。同じく八大地獄の一つで、殺すな、盗むな、など在家信者が守るべき五戒のうち四つを犯したものが堕ちるという。「阿鼻叫喚」はこの二語が結びつけられて、はなはだしい惨状を形容する語となったという。また、あまりの苦しさに耐えかねてわめき叫ぶところから、「阿鼻地獄」を「阿鼻叫喚地獄」とも言い、そこからこの語が生れたという説もある。

蛙鳴蟬噪 ◆あめい せんそう

がやがやしゃべること。また、騒ぎ立てるだけで、内容の乏しい議論や文章のたとえ。

蛙《かえる》や蟬《せみ》が鳴き騒ぐ意。北宋の蘇軾《そしょく》「出都来陳所乗船上有題小詩」に「蛙は鳴く青草の泊（船着き場）、蟬は噪《さわ》ぐ垂楊《すいよう》（しだれ柳）の浦」と見える。蛙や蟬が一斉に鳴き立てると、ひたすらうるさい。そこから、言葉を飾り立てているわりに内容の伴わない文章などを形容するようになった。清の儲欣《ちょきん》は、唐代の学士段文昌《だんぶんしょう》を「駢四儷六《べんしれいろく》（→四六駢儷）蛙鳴蟬噪の音を以て鈞天《きんてん》（音楽の名）の奏に易《か》う」（「平準西碑評」）と評している。「蟬噪蛙鳴」とも言う。

阿爺下頷 ◆あやの あがん あやの かがん

ぼんやりした愚か者のこと。また、間違い。

「阿爺」は、親しみを込めて父親を呼ぶ称。「頷」は、あご。おとっつぁんの下顎《したあご》の骨の意。愚かな息子が、戦死した父親の骨を戦場へ探しに行き、驢鞍橋《ろあんきょう》（馬の鞍《くら》のはしくれ）を父親の下顎の骨だと思い、大切に骨壺《こつつぼ》に入れて持ち帰ったという、北宋の『碧巌録《へきがんろく》』九八則に見える故事による。江戸初期の仏書『驢鞍橋』（鈴木正三述）の書名は、この故事にちなむ。

阿諛追従 ◆あゆ ついしょう

人におもねり、こびへつらうこと。

「阿」は本心を曲げて人に従う意、「諛」は言葉巧みに人の機嫌をとる意で、「阿諛」は人におもねる、こびへつらう意を表す。「追従」は、ツイジュウと読んで人につきしたがう意から、転じて同じくこびへつらう意。それぞれ単独にもよく用いられる。

阿諛便佞 ◆あゆ べんねい

人に気に入られようとおもねり、口先だけでずるがしこく立ち回ること。

「阿諛」は、人におもねること。「便佞」は、口先だけがうまくて実のないこと、またそのような者。こうした人間が古来多かったようで、「*阿諛追従《ついしょう》」「阿諛迎合《げいごう》」など、「阿諛」を付した類義の語が多くある。『史記』封禅《ほうぜん》書《しょ》には、「阿諛苟合《こうごう》の徒《と》（おもねり付和雷同する輩《やから》）」の表現が見える。

暗雲低迷　◆あんうん　ていめい

穏やかでない形勢が長く続いていることのたとえ。

「暗雲」は、地上が暗くなるほどの、今にも降り出しそうな雨雲。転じて、不穏なことが起りそうな気配を言う。「低迷」は、低くさまよう意で、あまりよくない状態が続いている場合に使われる。経済事情がさっぱり好転しない時などに「暗雲低迷」と言われ、政治・社会情勢が不安定な場合などは「暗雲漂《ただよ》う」のように表現されることが多い。

晏嬰狐裘　◆あんえいの　こきゅう

この上なく倹約することのたとえ。

「晏嬰」は、春秋時代の斉《せい》の名宰相《さいしょう》。「狐裘」は、狐の腋《わき》の下の白い毛皮で作った衣。「*一狐之腋《いっこのえき》」と言われるほど高価なものだが、晏嬰は「一狐裘三十年」、つまり三十年間一枚の狐裘で過したという。この極端な倹約について孔子の弟子の有若《ゆうじゃく》が「晏子いずくんぞ礼を知らんや」と評したと『礼記《らいき》』檀弓《だんぐう》下に見える。

安居楽業　◆あんきょ　らくぎょう

置かれた環境に安らかに落着いて、自分の仕事を楽しむこと。

「居《きょ》に安《やす》んじ業《ぎょう》を楽しむ」と読む。『漢書』貨殖伝《かしょくでん》で、「『管子《かんし》』に曰《いわ》く」として紹介する記事に見える。昔の士農工商は、代々業を定められていたので、本業以外に気を取られることなく、それぞれの持分に精を出した。「故《ゆえ》にその父兄の教えは、粛《つつし》まずして子弟の学となれり。労せずして能《よ》くす。おのおのその居を安んじてその業を楽しみ、その食を甘んず」と。

暗香疎影　◆あんこう　そえい

春の夕暮の風情《ふぜい》を言う。

「暗香」は、暗い中に漂う香りの意で、多く梅の香を言う。「疎影」は、まばらな影。宋の林逋《りんぽ》「山園小梅詩」

に「疎影横斜し水清浅、暗香浮動し月黄昏《こうこん》」とある。まばらな梅の木の影が清く浅い水中に斜めに映り、梅の香が夕闇にただよう、の詩意。

晏子之御 ◆あんしの　ぎょ

他人の権威に寄りかかっておごり高ぶること。またそのような小人物を言う。

「晏子」は春秋時代の斉《せい》の名宰相《さいしょう》晏嬰《あんえい》。「御」は御者《ぎょしゃ》の意。晏嬰の車の御者が、その地位におごって「意気揚揚《いきようよう》」*としていたのを妻にいさめられ、行いを正したという話が『史記』晏嬰伝に見える。なじみの成句で言えば、「虎の威《い》を借《か》る狐」というところであろう。

安車蒲輪 ◆あんしゃ　ほりん

老人を手厚くもてなすことのたとえ。

「安車」は、古代中国で、老人などがすわって乗れるように作った小さい車。「蒲輪」は、車の動揺を少なくするために蒲《がま》の葉で車輪を包んだもの。「安車をして蒲をもって輪を裹《つつ》み、駟《し》に駕《が》して(四頭立ての馬車に仕立てて)申公《しんこう》を迎う」(『漢書』儒林伝、申公)から。漢の武帝が八十余歳の魯《ろ》の儒者申公を迎えに出した時の様子を言う。

暗証禅師 ◆あんしょうの　ぜんじ

禅宗の僧を、他宗の立場から批判、あるいはあざけって言う語。

坐禅の工夫ばかりしていて、教理に暗い僧の意。禅宗が確立される唐宋の時代から使われている。これに対して禅宗の立場からは他宗の僧を、教理にばかりこだわる「文字法師《もんじのほうし》」*とののしった。「この十重の観法は、横竪《おうじゅ》に収束し微妙精巧なり……闇証(「暗証」に同じ)の禅師、誦《じゅ》文《もん》の法師(「文字法師」のこと)のよく知るところにあらざるなり」(『摩訶止観《まかしかん》』五上)。

安心立命 ◆あんじん　りゅうみょう　あんしん　りつめい

一切を天命にまかせて心の乱れないこと。

「安心」は、心が落着き心配のないこと。特に仏教では、信仰によって到達する心の安らぎを言う。「立命」は、天がおのれに与えたものを全《まっと》うする意。この二語が結びつき、「安心立命いづれの処《ところ》にかある」(室町中期、一休『狂雲集』)のように、禅語として使われることが多い。「運を天にまかせる」は、一見似た言葉だが、汲々《きゅうきゅう》としていたり放心状態だったりと、安心の境地からは遠い心境でよく使われる。

暗箭傷人　◆あんせん しょうじん

闇討ちをすること。また、身を明かさずに人を傷つけること。

「暗箭人を傷《やぶ》る」と読む。「箭」は矢に同じ。「暗箭」は、暗闇から放つ矢の意で、射手《いて》が分らない。通信手段の発達した今日では、電話やインターネットでの匿名《とくめい》による誹謗中傷《ひぼうちゅうしょう》などがしばしば問題となる。これらも「暗箭傷人」の行為と言えよう。「暗箭中人《ちゅうじん》」(「中」は、的中する意)とも言う。

安宅正路　◆あんたく せいろ

仁と義とを、安らかな家と整然とした道にたとえた表現。

「仁は人の安宅なり。義は人の正路なり。安宅を曠《むな》しくして居《お》らず、正路を舎《す》てて由《よ》らず。哀《かな》しいかな」(『孟《もう》子《し》』離婁《りろう》上)による。「安宅」は安らかな住いで、仁すなわち人の身を立てるべき場所をたとえ、「正路」は、義すなわち人の踏むべき道をたとえる。家に安らげず、きちんとした道を歩かないのは残念なことだと、仁義がおろそかにされているのを嘆ずる。

暗中飛躍　◆あんちゅう ひやく

人に知られないようひそかに活動すること。

略して「暗躍」と言い、こちらの方が一般的である。

「暗中飛躍」は、好ましい意味とあまり好ましくない意味との両方に使われる。「ひそかに活躍する」のが好ましい場合で、そうでない時は「こっそり策動する」となる。「暗躍」と言う場合は、大方は後暗いイメージを伴う。

暗中模索　◆あんちゅう もさく

手掛りもないまま、手探りで試みること。

原義は、暗い中で手探りで探すこと。「模索」は、本来は「摸索」。『隋唐嘉話《ずいとうかわ》』によると、唐代、太宗の宰相《さいしょう》許敬宗《きょけいそう》は落着きがなく傲慢《ごうまん》な性質で、人に会ってもおおかたすぐ忘れた。ある人がそれを指摘して曰《いわ》く、「卿《けい》みずから記し難くも、何・劉・沈・謝に遇《あ》うごとくせば、暗中に摸索するも、またこれを識《し》るべし」と。つまり、何遜《かそん》・劉孝綽《りゅうこうしゃく》・沈約《しんやく》・謝朓《しゃちょう》などの著名な文人に遇った時のように敬意をもって人に接していれば、くらがりの手探り状態の時でも、間違いなく識別できるだろう、と。

安寧秩序　◆あんねい ちつじょ

社会に不安がなく、整った状態にあること。

「安寧」は穏やかにおさまっている意。『史記』の周本紀に「天下安寧」、始皇本紀に「天下に異意《いい》なきは、すなわち安寧の術なり」と見え、「安寧」は天下に対して用いられている。つまり「安寧秩序」は、家族や地域社会よりももっと大きな集団が安定しているさまに言う。

安分守己　◆あんぶん しゅき

自分の本分を守る生き方をすること。

「分に安《やす》んじて己《おのれ》を守る」と読む。分不相応の願望を持つと、自分を守ることが難しくなる。そこをわきまえるべしという戒め。ちなみに鎌倉前期の明恵《みょうえ》上人は、「人は阿留辺幾夜宇和《あるべきやうわ》(あるべきようは)と云《い》ふ七文字を持つべきなり。僧は僧のあるべき様、俗は俗のあるべき様なり」(『栂尾《とがのお》明恵上人遺訓』)と説いている。端的に言えば、自分らしく生きよということ。

帷幄之臣　◆いあくの しん

主君のそばに仕えてはかりごとをめぐらす家臣。指令官を補佐して作戦を立てる参謀。

「帷」は垂幕《たれまく》で、「幄」は引幕。昔、いくさの時は幕を張りめぐらして陣営としたので、本陣や作戦本部を「帷幄」と言う。帷幄の中で、主君や司令官とともに作戦を練る側近の家臣や参謀が「帷幄之臣」。また幕の中の属《ぞく》僚《りょう》(部下仲間)という意味で「幕僚」とも言う。なお明治憲法下では、陸軍参謀総長と海軍軍令部総長とは、軍事上のことについて閣議を経ずに直接最高指揮官である天皇に上申した。これを「帷幄上奏《じょうそう》」と言う。

異域之鬼　◆いいきの き

異国で死ぬこと。異国にとどまっている死者の魂。

「鬼」は死者の霊魂。前漢の李陵《りりょう》が遠く離れた友人蘇《そ》武《ぶ》に宛てた手紙「答二蘇武一書」(『文選《もんぜん》』所収)の「生きては別世の人となり、死しては異域の鬼《き》となる」から。「鬼」の読みは、「人となり」の対としては「おに」のほうが語調は整う。李陵は匈奴《きょうど》に遠征して捕えられ降参する。誤報を信じて怒った武帝が一族を処刑しようとした時に、李陵を弁護したのが司馬遷で、ために彼は宮刑となる。

以夷制夷　◆いい せいい

敵を利用して他の敵を制すること。外国同士を戦わせ、自国への圧力を防ぐこと。

「夷を以て夷を制す」と読む。古代中国では、周囲の異民族を東夷《とうい》・南蛮《なんばん》・西戎《せいじゅう》・北狄《ほくてき》と称して敵視・蔑視《べっし》した(→夷蛮戎狄《いばんじゅうてき》)。つまり「夷」は東方の未開の異民族を指し、転じて外敵の意。『後漢書』鄧訓《とうくん》伝に「夷を以て夷を伐《う》つ」、北宋の王安石の碑文に「夷を以て夷を攻む」と見える。「以毒制毒《いどくせいどく》*」と同工類義の語。

唯唯諾諾　◆いい だくだく

自分で考えることもしないで、人の言うことに従うさま。

「唯」は、すぐに「はい」とこたえる返事。「諾」は、少し考えてから承知する返事。「唯唯諾諾」は、考えても考えなくても返事は同じだ、それならすぐに応じようと、理非善悪を考えず相手の言うことに従ってしまうさまを言う。「二つ返事」にほぼ同じだが、「唯唯諾諾と従う」に対して「二つ返事で応ずる」と言うように、「二つ返事」の方は、相手の言うことに積極的に応じる語調がある。

依依恋恋　◆いい れんれん

恋しくて離れがたいさま。

「依依」は、柳などの枝がしなやかなさまを言うが、ここは、思い慕って離れるに忍びないさま。「恋恋」は、恋しくて恋しくて思いきれないさま。類義の語を重ねて、思いを断ちきれないさまを強調した語。

易往易行　◆いおう いぎょう

念仏という易《やさ》しい修行で、容易に浄土往生ができること。

浄土教で言う言葉。みずからの修行によって悟りを得ようとする「難行《なんぎょう》」に対し、念仏を称《とな》えて、あとは阿弥《あみ》陀仏《だぶつ》の衆生《しゅじょう》を救おうという願いに任《まか》せる「他力本願《たりきほんがん》*」の修行を「易行」と言う。「易行」によって、「易往」すなわち容易な往生が可能であるとする教えは、盛唐期、中国浄土教第三祖の善導《ぜんどう》が確立し、法然《ほうねん》も親鸞《しんらん》もひたすら善導の教えに依《よ》った。

位階勲等　◆いかい くんとう

る栄典。

「位階」は、推古天皇期の冠位十二階に始まる朝廷での地位・身分を示す標識。明治憲法下で正一位《しょういちい》から従《じゅ》八位までの十六階が定められたが、新憲法下では、死没者に対する追賜《ついし》・昇叙《しょうじょ》だけが行われる。「勲等」は、一八七五～七六年(明治八～九)に設けられた栄典の等級。大勲位および勲一等から勲八等まであり、等級に応じた勲記・勲章がある。こちらは生前授与も行われる。国が定める栄典にはそのほか「褒賞《ほうしょう》」があるが、これは「位階勲等」には含まれない。

遺憾千万 ◆いかん せんばん

残念でたまらないこと。

「遺憾」は、思い通りにいかず心残りであること。つまり残念だという意味。「千万」は意味を強める語で、この上なく、はなはだしくの意。強意というより大げさな物言いで、「残念至極《しごく》」と同意同趣旨と言っていい。夏目漱石《そうせき》『吾輩《わがはい》は猫である』二に、御馳走《ごちそう》をしようと思ったが「生憎《あいにく》材料払底《ふってい》の為《ため》その意を果たさず、遺憾千万に存じ候」という手紙の文言がある。

衣冠束帯 ◆いかん そくたい

公家《くげ》の礼装。また比喩《ひゆ》的に、大げさな礼装。

「束帯」は、平安時代以降、宮中の第一礼装で、冠・袍《ほう》(上着)・半臂《はんぴ》(胴着)・下襲《したがさね》(半臂の下に着け、裾《すそ》部は後ろに長く垂らす)・衵《あこめ》(内着)・単《ひとえ》(下着)・表袴《うえのはかま》・大口《おおぐち》(表袴の下にはく)・襪《しとうず》(足袋)・靴《かのくつ》・石帯《せきたい》(革帯)・笏《しゃく》・太刀・檜扇《ひおうぎ》・帖紙《たとうがみ》(懐紙)などを身につける。「衣冠」は、それに次ぐ礼装で、「束帯」から半臂・下襲・衵・靴・石帯などを省略したもの。「衣冠束帯」は、衣冠や束帯、ということで、正装の代名詞ともなり、また大げさな服装を揶揄《やゆ》する時などに使われる。

意気軒昂 ◆いき けんこう

意気込みが盛んなさま。元気はつらつとしたさま。

「意気」は気力。「軒昂」は、「軒」も「昂」も高く上がる意で、気持が高揚している様子を表す。じっとしていて、気持だけを高ぶらせているのではなく、何かの行動に触発されて気力が高められた状態を言う。類義の語に「意気衝天《しょうてん》」*「意気揚揚《ようよう》」*があり、反対語に「意気阻喪《そそう》」*「意気消沈《しょうちん》」*がある。

意気自如 ◆いき じじょ

平然としてふだんと変らないさま。

「自如」は、平気なさま。『史記』李《り》将軍伝に「日暮るるに会う。吏士みな人色なし。〔李〕広、意気自如にしてますます軍を治む」と見える。類義の「*泰然自若《たいぜんじじゃく》」は、落着きはらっているさまが加わる。「意気自若」とも言う。

意気消沈 ◆いき しょうちん

元気をなくして沈み込むこと。しょげているさま。

この「意気」は、気力というより、むしろ元気の意。「消沈」は「銷沈」とも書き、消え沈んでしまった状態を言う。「*意気阻喪《そそう》」と類義だが、「阻喪」は失うこと、「消沈」は消えてしまうことで、意気が阻喪した結果として消沈した状態になるというように、わずかだが語調の違う使い方をする。

意気衝天 ◆いき しょうてん

意気込みがきわめて盛んなこと。

「意気」は、気力。「衝天」は天を衝く意で、勢いの激しいさまに言い、「*怒髪《どはつ》衝天」とは、激しい怒りを髪の毛が逆立《さかだ》つほどと表現したもの。「*意気軒昂《けんこう》」も意気込みが盛んな様子を言うが、もっと盛んにしたのが「意気衝天」である。

意気阻喪 ◆いき そそう

気力を失うこと。やる気をなくすこと。

「意気」は、気力、元気。「阻喪」は、もと「沮喪」と書き、気落ちする意。意気込んで取組んだが、障害にはばまれ意気込みを失ってしまうような場合に使う。そして、意気込みを失って、まったく沈み込んでしまうのが「*意気消沈《しょうちん》」。

意気投合 ◆いき とうごう

互いの心持が通い合うこと。心持が合って仲良くなること。

「意気」は、気だて、心持の意。「投合」は、二つのものが相互にぴったり合う意。話をしているうちに、お互いに同じような思いでいることが分り、すっかり打ち解けてしまうような状態を言う。男女の心持が通い合う場合にも使わないことはないが、印象としてやや硬い表現となる。

意気揚揚 ◆いき ようよう

得意で誇らしげなさま。気持が高揚して満ち足りているさま。

『史記』晏嬰《あんえい》伝に見える、斉《せい》の名宰相《さいしょう》晏嬰の御者《ぎょしゃ》（↓晏《あん》子《し》之《の》御《ぎょ》）の話に出てくる語。彼は宰相の御者になったので、大きな絹がさを持って四頭立ての馬車を操《あやつ》り、意気揚々としていたという。結局、この御者は妻にたしなめられて身を正すのだが、ここでの「意気揚揚」は決して褒《ほ》められた態度でないさまに使われている。現代でも、「なんだ、あの意気揚揚とした態度は」などと、必ずしも好ましい態度の形容としては使われていない。

異曲同工《いきょくどうこう》 ⇩ 同工異曲《どうこういきょく》

衣錦還郷 ◆いきん かんきょう

立身出世をし富貴になって、錦衣をまとい故郷に還ること。

いわゆる「故郷へ錦《にしき》を飾る」ということ。『南史』劉之遴《りゅうしりん》伝によると、南朝梁《りょう》の劉之遴は早熟の天才で、『宋書』を著した学者沈約《しんやく》をも驚かせた。出世して南郡の太守に任ぜられた時、時の武帝は、「卿《けい》（あなた）の母は年徳並びに高し。ゆえに卿をして錦を衣《き》て郷に還り、栄養の理《ことわり》を尽さしめん（衣食を奨《すす》めて孝養を尽しなさい）」と言って錦を与えたという。

衣錦之栄 ◆いきんの えい

出世・富貴を得て、錦の衣で故郷にかえるという栄誉。

「錦《にしき》を衣《き》るの栄」と読む。「これ一介《いっかい》の士、志を当時に得て意気の盛んなる、昔人《せきじん》これを錦を衣るの栄に比する者なり」（北宋、欧陽脩《おうようしゅう》「昼錦堂記」）による。立身出世をして意気盛んなさまは、昔の人なら故郷へ錦を飾るとでも言うところだ、の意。「*衣錦還郷《かんきょう》」を踏まえた表現であろう。

郁郁青青 ◆いくいく せいせい

草木がよい香りをただよわせ、青々と生い茂っている様子を言う。

「郁郁」は、香気の盛んなさま。「青青」は、草木が生い茂っているさま。北宋の范仲淹《はんちゅうえん》「岳陽楼記《がくようろうのき》」に「岸芷《がんし》汀蘭、郁郁青青たり」と見える。「芷」はセリ科の鎧草《よろいぐさ》。香気がある。岸辺の芷や蘭は青々と茂り、よい香りをただよわせている、の意。

異口同音 ◆いくどうおん

多くの人が口々に同じことを言うこと。また、多くの人の意見が一致すること。

異なる口が同じ音を発する意。早い例としては、法華《ほっけ》三部経の一つ『観普賢経《かんふげんぎょう》』に「時に三大士、異口同音に仏にもうして曰《いわ》く」と見える。この例は三人だが、二人になると、「口を揃《そろ》えて」という言い方になり、あまり「異口同音」とは言わない。古くは、居並ぶ者が仏をほめたたえたり、支配者に忠誠を誓ったりするような場合に使われた。

韋弦之佩 ◆いげんのはい

自分の性格の欠点を直すための戒め。

「佩」は、おびる、身につける意。「韋を佩《お》び弦を佩ぶ」とも言う。『韓非子《かんぴし》』観行によると、戦国時代魏《ぎ》の西門豹《せいもんひょう》は気短な性格を直すために韋（柔らかいなめし革）を身につけ、春秋時代晋《しん》の董安于《とうあんう》はのんびりした性格を改めるために張った弓弦をおびて、それぞれ戒めとしたという。それぞれに「佩韋」「佩弦」とも言い、また「弦韋」で緩急のたとえとする。

異国情緒 ◆いこくじょうちょ　いこくじょうしょ

自分の国にない他国の雰囲気。また、そのような雰囲気がただよっていること。

「情緒」はジョウショが本来の読みで、折にふれて起るさまざまな思い。そのような思いが心の中にたゆたっていることを「情緒纏綿《てんめん》」*と言う。「異国情緒」は、実際に外国に行って感じるその国の雰囲気を言うばかりでなく、自国の中にある他国のたたずまいをも言う。とりわけ長崎は、鎖国政策がとられていた江戸時代にも例外的に他国との交渉が認められていただけに、古くから異国情緒をとどめる地の代表となっている。

巳己已己 ◆いこみき

互いに似ているもののたとえ。

「巳」「已」「己」は、字形がそれぞれほんのわずかしか違わない。印刷所泣かせの文字で、しばしば誤植を生ずる。読んだり書いたりする場合も、たとえば「已」は、イ・スデニ・ヤム・ノミ、「己」も、キ・コ・オノレ・ツチノトの四通りの音訓があり、非常にまぎらわしい。昔から、字形と読みを区別するための歌がいくつも作られている。たとえば「巳《み》は上に已已已《すでにやむのみ》中ほどに己己《おのれつちのと》下につくなり」。似た字形を区別するための成句はほかにも「瓜《うり》に爪《つめ》あり爪に爪なし」「牛に角《つの》あり午《うま》に角なし」など少なくない。

意識朦朧　◆いしき もうろう

意識がはっきりしないさま。

「朦」も「朧」もおぼろなさまで、「朦朧」は、月がおぼろなことを言った。そこから一般におぼろげな様子に使い、「*酔眼《すいがん》朦朧」など、特に物事を認識する力がおとろえているさまを表現する。認識力といっても「意識朦朧」は一般語として使われ、あまり病的な状態には言わない。

意志薄弱　◆いし はくじゃく

意志の力が弱く、辛抱できないこと。また、自分で決断できないこと。そのようなさま。

あまり病的な状態ではなく、本人または他人の主観的な見方によることが多い。たとえば、酒や煙草《たばこ》をやめたいと思っているがなかなかやめられない時に、「意志薄弱だから」と自己弁護的に使うなど。反対語は「意志強固《きょうこ》」。

石部金吉　◆いしべ きんきち

物堅くて融通《ゆうずう》のきかない人を指す擬人名。

「旦那様は石部金吉、女護が島へやつて置いても気遣ひの気の字もない」（平賀源内『神霊矢口渡《しんれいやぐちのわたし》』三段目）というほどに道徳堅固な人物を言う。石と金という硬いものを並べて人名めかしたもので、「石部屋金左衛門《かなざえもん》」などとも言う。「石部金吉金兜《かなかぶと》」は、石部金吉に金兜をかぶせたような人物、つまりこの上なしの堅物ということ。

遺臭万載　◆いしゅう ばんさい

悪い評判を、のちのちの世まで遺《のこ》すこと。

「臭を万載に遺す」と読む。「すでに芳を後世に流《つた》うること能《あた》わざるも、また臭を万載に遺すに足《た》らざらんや」（『晋書《しんじょ》』桓温《かんおん》伝）から。「臭」は悪臭の意で、悪い評判をたとえる。「載」は年の意で、「万載」は長い年月を意味する。帝位簒奪《さんだつ》の夢やぶれた東晋の桓温が、もう後世に美名を伝えられなくとも、悪名だけは遺せるだろう、と言ったもの。

渭樹江雲　◆いじゅ　こううん

互いに遠く隔たっているたとえ。また、遠くにいる友人を思うたとえ。

「渭北春天の樹、江東日暮の雲、いずれの時か一樽《いっそん》の酒、重ねてともに細《こま》やかに文を論ぜん」（杜甫《とほ》「春日憶《おもう》二李白一」詩）による。「渭」は渭水、「江」は長江。渭水のほとりの樹と長江にかかる雲と、互いに遠く隔たっていることを表す。この時杜甫は長安におり、李白は長江下流を漂泊していた。李杜と並び称された盛唐期の詩人、杜甫と李白とは、実際に親友でもあった。

意匠惨澹　◆いしょう　さんたん

詩文に工夫をこらすため、あれこれ苦心すること。転じて一般に、工夫をこらすため苦心すること。

盛唐の詩人杜甫《とほ》の「丹青引贈二曹《そう》将軍覇《は》一詩」に「意匠惨澹経営の中、斯須《ししゅ》にして（やがて）九重に真竜出で、万古の凡馬を一洗して空《むな》しうす」と見える。「意匠」は工夫、特に絵画・詩文などに工夫をこらすこと。「惨澹」は「惨憺」とも書き、心を砕いて思い悩むこと。「経営」は、構想を考えること。絵の構図をあれこれ苦心しているうちに、宮中に名馬が現れ、昔ながらの駄馬を一掃した、と名馬を描いた曹覇の絵をほめている。

医食同源　◆いしょく　どうげん

医療と食事とは本質において変らないという考え。釣合のとれた食事は、医療と同様に、体の健康保持には大切だという観点から言ったもの。中国では、古くから食事を健康の保持・増進の上で重要視しており、薬用効果のある食材なども多く取込んでいる。そうした「薬《やく》食《しょく》同源」の考え方をもとにして、一九七〇年代ごろから日本で使われるようになった語。

衣食礼節　◆いしょく　れいせつ

生活が安定すれば、おのずと礼儀・道徳をわきまえるようになるということ。

「衣食足《た》りて礼節を知る」を簡約した語。この成句もまた簡約された表現で、「倉廩《そうりん》（穀物倉）実《み》ちてすなわち礼節を知り、衣食足りてすなわち栄辱《えいじょく》（栄誉と恥辱）を知る」（『管子』牧民）の二句を一つにまとめたもの。

以心伝心　◆いしん でんしん

言葉に出さなくても、お互いに思うところが伝わること。

「心を以て心に伝《つた》う」と読む。本来は仏教語。禅で、言葉では表現し得ない悟りの内容を師から弟子に伝える意。唐代、禅宗の六祖慧能《えのう》が、五祖弘忍《こうにん》の語を引いて「法はすなわち心を以て心に伝え、みな自悟《じご》し自解せしむ」と述べたのに始まるという。のち一般に、言わなくてもそれと分る、またそのような間柄であるという意味で広く使われるようになった。

異体同心《いたいどうしん》　⇓　一心同体《いっしんどうたい》

韋駄天走　◆いだてん そう

非常に速く走ること。

「韋駄天走り」と言う。「韋駄天」はサンスクリットでスカンダと言い、本来バラモン教の神でシヴァ神の子という。仏教に取入れられて仏法の守護神となった。駿足で知られるところから、速く走ることを韋駄天のように走ると言うようになったもの。類義の語に「脱兎之勢《*だっとのいきおい》」がある。

異端邪説　◆いたん じゃせつ

正統でない、よこしまな説。

「異端」は、その時代においては正統と認められない、あるいは少数派の信仰・思想・見解を言う。中世南ヨーロッパのカトリック教会で「異端審問《しんもん》（異端かどうか問いただす）」という宗教弾圧が行われたが、その「異端」は、当時のローマ教皇庁が正統とは認めなかった信仰を言う。「邪説」も、その時代の認識にそぐわない考え方を言う。なお、「異端を攻《おさ》むる（学ぶ）は、これ害のみ」（『論語』為政）と、孔子も「異端」を否定しているが、この場合は聖人の道にはずれる思想・見解を指す。

一意専心　◆いちい せんしん

ひたすらそのことだけに心を傾けること。

「四体すでに正しく、血気すでに静かにして、意を一にし心を摶《もは》らに、耳目を淫《みだ》さざれば、遠しといえども近きがごとし（遠大な計画も手近なことのように実現できる）」（『管子』内業）から。「摶」は「専」と同じ。日本語としては、「一意専心、勉学に努める」のように、ほとんど副詞的に用いられる。「専心一意」とも言う。

一衣帯水　◆いちいたいすい

帯のように細い川や海。また、そのように細い川や海峡を隔てて近接していること。

「一衣帯の水《みず》」と読む。「衣帯」は、着物と帯の意もあるが、ここでは帯の意。隋の文帝が僕射《ぼくや》高熲《こうけい》に言った「我、百姓《ひゃくせい》(一般の人々)の父母たり、あに一衣帯の水を限ってこれを拯《すく》わざるべけんや」(『南史』陳後主紀)から。南朝陳の悪政をみて、討伐を思い立った時の言。わずかな水の隔たりの向うにいる人々をどうして救わないでいられようか、の意。海でいえば、たとえば日本と朝鮮、日本と中国の近さを「一衣帯水」と表現する。

一飲一啄　◆いちいん いったく

自然にさからわず、自由に生きることのたとえ。

「啄」は、鳥がくちばしでつつく意。「沢雉《たくち》(沢の野生のキジ)は十歩にして一啄し(わずかの餌《えさ》にありつき)、百歩にして一飲するも、樊中《はんちゅう》(かごの中)に畜《か》わるるを蘄《もと》めず」(『荘子』養生主)から。人の、おのれの分に安んじて多くを求めず、欲望のため不自由な思いをすることのない生き方にたとえる。のちに、単に飲食の意にも使われる。

一往一来　◆いちおう いちらい

行ったり来たりすること。

『荀子《じゅんし》』賦《ふ》に見える語。一種の謎《なぞ》解きで、「知なく巧なくもよく衣裳《いしょう》を治め、盗せず窃《せっ》せざるに穿《うが》ちくぐりて行《すす》み」云々と家臣が説明して、これは何でございましょうと王に尋ねる。すると王が「一往一来、尾を結びて事をなし、羽なく翼なきも反覆することはなはだ極《すみや》かなり」云々と家臣に説いて、そのものを明らかにする。答は、針。

一月三舟　◆いちがつ さんしゅう　いちげつ さんしゅう

仏教で、仏の教えも人によってさまざまに解釈されることのたとえ。

同じ舟から月を眺めるのでも、止っている舟からは月も止って見え、南行している舟からは月も南へ動いているように見え、北行している舟からは月も北へ動いているように見える。すなわち、同じ事柄を理解するにも立場によって違いがあることを言ったもの。唐代、中国華《け》厳宗《ごんしゅう》第四祖澄観《ちょうかん》の『大方広仏華厳経疏《しょ》』一七に見える。

一牛鳴地 ◆いちぎゅうめいち いちごみょうち

距離が非常に近いこと。

牛の鳴き声が聞えるほどに近い所の意。唐の王維《おうい》「与二蘇盧二員外一期レ遊二方丈寺一」に「廻《めぐ》り看《み》れば双鳳闕《そうほうけつ》（二つの宮門）、相去ること一牛鳴」と見える。

一芸一能 ◆いちげい いちのう

一つの技芸や技能。優れた技芸・技能を一つ持っていること。

「芸」は技芸、「能」は技能。「一芸」と「一能」の意ではなく、「一芸能」の意で、下の「一」は、強めや語調を整えるためのもの。ふつう「一芸一能に秀《ひい》でる」と表現する。切離した場合、「一芸に秀でる」とは言うが、「一能に秀でる」とはほとんど言わない。

一言居士 ◆いちげん こじ

何事にもひとこと意見を言わないではいられない人のこと。

「居士」は、中国で学徳を備えながら仕官しない人の意。仏教に取入れられて、在家信者の意味を持つようになった。ここは単に仏教語めかして言ったもの。議論に加わって口角沫《あわ》を飛ばすのではなく、ひとこと自説を言ってまた黙ってしまうような人を言う。

一期一会 ◆いちご いちえ

一生に一度の出会い。また、そういう心構え。

「一期」は人の一生を言う。千利休《せんのりきゅう》の弟子山上宗二《やまのうえのそうじ》が述べた「一期に一度の会《かい》」という言葉から出た語。出会うのは生涯その時かぎりという覚悟で、主人は心を込めて客をもてなすべきであるという茶道の心得を表す。のちに、一般に出会いの際の心構えとして使われるようになった。

一伍一什 ◆いちご いちじゅう

始めから終りまで余すところなく。

「一五一十」とも書く。すなわち「伍」「什」は、それぞれ「五」「十」に同じ。中国で昔、銅銭を数える時に、五を一単位として、一五、一十、十五、二十などと数えたところから、明確にもれなく述べることのたとえに使われるようになった。ふつうに使う「一部始終*」に同義。

一業所感　◆いちごう しょかん

仏教で、大勢の人が同じ業《ごう》によって同じ果報を受けること。

「業」は、善悪の結果をもたらす行為を言う。「所感」は、ここでは業によって引起される果報の意。「共業共果《ぐうごうぐうか》」とも言う。「一業所感の身」は、この世に生れ合せたのも前世の因縁からという見方による語。この世でのさまざまな出会いにこの言い方ができ、『平家物語』三には「一業所感の身なれば、先世《ぜんぜ》の芳縁も浅からず」と見える。

一言一句　◆いちごん いっく

ひとことひとこと。一つ一つの言葉。意味のある言葉、具体的に指すもののある言葉の一つ一つを言う。「一言一句を嚙《か》みしめる」などと使う。「訳《わけ》知らぬ下々にも一言一句聞かせまい」（近松門左衛門『鑓《やり》の権三重帷子《ごんざかさねかたびら》』上）は、意味のある言葉というより、ほんのひとことの言葉も、という強調表現。この用法は多く否定表現をとり、「一言半句」*とほぼ同義になる。「一言一句」が話し言葉について言うのに対し、書き言葉の場合は「一字一句」となる。

一言半句　◆いちごん はんく

ちょっとした言葉。ほんのひとこと。

多く、大事な言葉について言う。「半句」は、意味をなさない言葉の切れ端の意だが、同様にほんのわずかな言葉の意味をもつ「一言」と組合せることで、逆に非常に大事な言葉ということを強調する用法になっている。「一言半句も聞き漏らすまい」「一言半句もおろそかにしない」のように、しばしば否定文によって大事さを表現する。

一言芳恩　◆いちごん ほうおん

ちょっと声をかけられたことを恩と感じること。ひとこと声をかけられた恩に感じて、その人を主人と仰ぐこと。

「芳恩」は、他人の恩の尊敬語。『太平記』一〇によれば、新田義貞が分倍河原《ぶばいがわら》の合戦で鎌倉側を打ち破った時、敗れた大将北条泰家《やすいえ》は、味方の「譜代《ふだい》奉公《ほうこう》ノ郎従、一言芳恩ノ軍勢」が奮闘討死している間に、傷を負うことなく退却したという。ここでは「一言芳恩」は「譜代奉公（代々仕えること）」と対句になっており、その恩が重いものであることを示している。

一字千金　◆いちじ　せんきん

きわめて高い価値のある立派な文字や文章を言う。秦《しん》の呂不韋《りょふい》が『呂氏春秋《りょし》』を編纂した時、その竹簡を都の咸陽《かんよう》の市門に並べ、一字でも添削できた者には千金を与えようと言ったという故事に基づく（『史記』呂不韋伝）。転じて、読み書きを教えてくれる師の恩などの厚いことに言う。『菅原伝授手習鑑《かがみ》』四段目の「一字千金二千金、三千世界の宝ぞと、教へる人に習ふ子の、中に交はる菅秀才」は、その例。

一日三秋　◆いちじつ　さんしゅう／いちにち　さんしゅう

人を待ちこがれること。また思慕の情の厚いこと。「一日見ざるは三秋の如《ごと》し」（『詩経』王風、采葛）から。一日逢わないと三秋も逢わないような思いがする、の意。「三秋」は、三度の秋を迎えることから三年を言う。この語をさらに強めたのが「一日千秋*」。なお、「三秋」には秋三か月の意もあり、『詩経』の例はその意とする説もある。

一日千秋　◆いちじつ　せんしゅう／いちにち　せんしゅう

人を待ちこがれること。とても待ち遠しく思うこと。「千秋」は千年の意。「一日三秋*」をさらに誇張した語。「一日千秋の思い」と、一日逢わないと千年も逢わないような思いがするという、なみなみならず恋い慕う表現として使われる。

一日之長　◆いちじつの　ちょう／いちにちの　ちょう

ほんの少し年長であること。また、経験や技能などが少しだけまさっていること。

「わが一日を爾《なんじ》に長じたるを以て、吾《われ》を以てするなかれ」（『論語』先進）から。君より少し年上だからといって、私に遠慮しないでほしい、の意。また、「激濁揚清（悪を除き善を勧める）、嫉悪《しつお》好善《こうぜん》（悪をにくみ善を好む）のごときに至りては、臣は数子において（私は皆さんよりも）また一日の長あり」（『旧唐書《くとうじょ》』王珪《おうけい》伝）は、少しだけまさっている、の意に用いている。

一日片時　◆いちじつ　へんし／いちにち　へんじ

わずかの間。一日、あるいはわずかな時間。

「ひとひかたとき」とも読む。「片時」は、一時《いっとき》(二時間)の半分から、わずかな時間の意。「一日片時も忘れない」のように否定文に用いられることが多いが、「一日片時ニテモ心ヲ発《おこ》サバ〔仏に成る道は〕得ベシ」(観智院本『三宝絵《さんぼうえ》』序)のように、わずかな時間でも本当にその気になれば、の意で肯定文に用いている例もある。

一字不説　◆いちじ ふせつ

釈迦《しゃか》は究極の真理については一字も説いていないということ。

「四十九年《しじゅうくねん》一字不説」とも言う。釈迦は悟りをひらいてから入滅までの四十九年間、さまざまな説法を行なったが、悟りの内容だけは、言葉に表せない絶対のものであるから、一言も説かなかったという意。『楞伽経《りょうがきょう》』ほかいくつかの経典に出る。仏法の究極は、自分一人で体得するほかはないことを言っている。

一字褒貶　◆いちじ ほうへん

一字の使い分けで、ほめたりけなしたりすること。

「春秋《しゅんじゅう》は一字を以て褒貶を為《な》すといえども、しかれどもみな数句を須《もち》いて言を成す」(西晋《せいしん》、杜預《どよ》『春秋左氏伝集《しっ》解《かい》』序)から。『春秋』は一字で賞賛・非難を示していると言われるが、実際にはいくつかの句を用いて文章を構成している、の意。『春秋』は魯《ろ》の国の歴史書で、魯の史官が書いたものに孔子が、厳正な姿勢、簡潔な表現で褒貶の義を加えたと言う。杜預は、その「*春秋筆法」を「一字褒貶」というのは誇張だと言うが、「一字褒貶」で定着してしまった。

一汁一菜　◆いちじゅう いっさい

ご飯のほかには汁とおかず各一品だけの食事。粗食のたとえ。

比喩《ひゆ》的な粗食の意の用法だけでなく、原義の汁と菜一品ずつの料理にも使う。料理では、「一汁三菜」は本膳料理(一の膳から三の膳まで出す正式な日本料理)の一つで飯・汁・香の物に三菜を加え、「一汁五菜」は同じく五菜を加えたものを言う。

一樹之陰　◆いちじゅの かげ

この世のわずかな関わりも、前世からの因縁によるというたとえ。

「一樹の陰、一河《いちが》の流れも他生《たしょう》の縁《えん》」の略。同じ一本の木の下に宿り合うのも、同じ川の水を飲むのも、みな前世からの因縁によるものだ、だからささいなつながりもおろそかにはできない、という意味。平安末期以来の説法書や文学作品にしばしば使われてきた。聖徳太子に仮託されるが江戸時代の作と思われる『説法明眼論《みょうげん》』に見える。「袖振《そでふ》り合うも他生の縁」と同意。

一場春夢 ◆いちじょうの しゅんむ

人生の栄華ははかないものだというたとえ。また、その場限りで消えてしまうもののたとえ。

「一場」は、その場だけ、の意。春の夜の夢を言う「春夢」は、しばしばはかないもののたとえに使われる。北宋の詩人蘇軾《そしょく》は、役人として出世したが、後年陥れられて地方に流された。そのころの逸話が当時の『侯鯖《こうせい》録《ろく》』に見える。年老いた蘇軾が瓢《ひさご》をかついで歌を口ずさみながら歩いていると、たんぼにいた七十の老婆が言った。お前さん、昔は偉い学者の役人でたいそうな勢いだったけれど、一場の春夢だったねえ。蘇軾はうなずいた。里人はこの老婆を春夢ばあさんと呼んだ、と。

一時流行 ◆いちじ りゅうこう

蕉門俳諧で、時流に応じて変化する句のすがたを言う。

芭蕉の俳風を述べた『去来抄』修行に、「蕉門に千歳不易《せんざいふえき》の句、一時流行の句と云《い》ふ有り。是《これ》を二つに分けて教へ給《たま》へる、その基《もと》は一つなり。不易を知らざれば基たちがたく、流行を知らざれば風新たならず……流行は一時一時の変にして、昨日の風今日宜《よろ》しからず、今日の風明日に用ひがたき故、一時流行とはいふ。はやる事をいふ也」と見える。一般に、新しさを追い求める作句姿勢に言われる。「不易流行」*は、「千歳不易」*と「一時流行」を併せ言ったもの。

一塵法界 ◆いちじん ほっかい

仏教で、一つの塵《ちり》の中にも全宇宙が含まれている意。「一塵は法界を含み、一念は十方に偏《あまね》し」(『圜悟《えんご》録《ろく》』一)による。「塵」は微塵《みじん》の意で、物質を構成する極小のもの。ちりと言うより、原子と考えた方がいい。「法界」は、真理の現れとしての全宇宙を言う。つまり「一塵法界」は、極小の微塵の中にも全宇宙の真理が含まれているという考えを表している。『碧巌録《へきがんろく》』八九則にも「一一の塵に無辺法界を含む」とある。

一族郎党 ◈いちぞく ろうとう

血のつながる者と、家来。転じて、家族や関係者全員。

「一族」は、同じ血統、また同じ氏の者。「郎党」は、古くロウドウと言い、主人と血縁関係のない従者。また、広く武士の家来を言った。本来は中世の武士階級の語だが、現代でも、家族をはじめとする関係者全員の意で使う。

一諾千金 ◈いちだく せんきん

信頼できる承諾。転じて、約束は重んじなければならないということ。

「諾」は、承知すること。一度承知したことには千金の重みがあるということ。「楚人《そじん》の諺《ことわざ》に曰《いわ》く、黄金百斤《ひゃっきん》を得るは季布《きふ》の一諾を得るにしかず（季布の承諾は、黄金百斤にまさる）」（『史記』季布伝）から。季布は楚の人。項羽《こうう》のもとで漢の劉邦《りゅうほう》を苦しめ怒らせたが、項羽が滅びた後、劉邦の周囲の人々の推薦により漢に迎えられた。右の引用から「季布の一諾」という語も生れており、季布が安請合いをしない人だったことがうかがえる。

一読三嘆《いちどくさんたん》 ⇒ 一唱三嘆《いっしょうさんたん》

一日《いちにち》…… ⇒ 一日《いちじつ》……

一人当千《いちにんとうせん》 ⇒ 一騎当千《いっきとうせん》

一念通天 ◈いちねん つうてん

心をこめて努力すれば、その思いが天に通じて必ず成功するということ。

「一念天に通ず」と言う。「一念」は、心に深く思うこと。江戸中期の『本朝俚諺《りげん》』に見える。類義の表現に「一念岩をも徹《とお》す」がある。草原の石を虎とまちがえ、弓で射たところみごと矢が刺さったが、石と分ってから射るとどうしても射込めなかったという話が、『史記』李将軍伝に見える。

一念発起 ◈いちねん ほっき

あることをしようと思い立つこと、決心すること。

元来は仏教語で、「一念」はわずかな心の動きを意味し、「一念発起」は仏道に精進しようと、ふと思い立つことを言った。「一念」には別に、ひたすら思い込むという意味があり、それが入り込んで、決心する意としても使われるようになった。

一暴十寒　◆いちばく じっかん

ちょっと努力しただけで、そのあとずっと怠けていたら何にもならないことのたとえ。

「暴」は「曝」に同じで、日にさらす意。「寒」は、冷やす意。「天下に生じやすきの物有りといえども、一日これを暴《あたた》めて、十日これを寒《ひや》さば、いまだよく生ずる者あらざるなり」（『孟子《もうし》』告子上《こくし》）から。どんなに生長しやすい植物でも、種を一日暖めただけで、十日冷やしてしまえば、うまく生長するものはない、の意。一方で努力して一方でぶちこわす意にも、また、気が変りやすい意にも使われる。

一罰百戒　◆いちばつ ひゃっかい

一人を罰して多くの人の戒めとすること。

一人の罪を罰することで、ほかの大勢の人がその罪を犯さないように戒めることを意味する。多くの罪人から一人だけを選んで罰することではなく、したがって罰せられる人は、大勢の中からたまたま選ばれて犠牲となる、いわゆる「人身御供《ひとみごくう》」*ではない。

一病息災　◆いちびょう そくさい

持病の一つも持っていたほうが、健康な人よりもかえって達者でいられるということ。

「息災」は無事、達者の意。本来的な使い方の「無病*息災」を一ひねりして、現実的な意味を持たせたのがこの表現。さしあたり健康な人が健康保持に油断しがちなのに対して、血圧の高い人は塩分を控えたり、胃弱の人はよく噛んで食べたりと、なにか問題のある人は体に気をつかうので、案外息災でいられることを言ったもの。

一分一厘　◆いちぶ いちりん

ほんの少しのこと。

「分」「厘」は、いずれもきわめて小さい単位。ここでは長さの単位で、それぞれ一尺（約三〇センチメートル）の百分の一、千分の一を言う。「一分一厘の狂いもない」のように否定的に用いて、きわめて正確なさまを言うことが多い。近松門左衛門の『傾城反魂香《けいせいはんごんこう》』上に見える「命の相場が一分五厘」の「一分五厘」は、貨幣の単位で、価格が非常に安いたとえ。

一部始終 ◆いちぶ しじゅう

始めから終りまで。事の顚末《てんまつ》。

「一部」は本の一冊、「始終」は始めから終りまで、の意。書物の始めから終りまでを言ったことから、広く事柄の顚末(てっぺんから末まで)を言うようになった。同義の語に「*一伍一什《いちごいちじゅう》」がある。

一望千里 ◆いちぼう せんり

一目で千里の遠くまで見渡せること。見晴しのよいさま。

「一望」は一目で見渡す意で、「一望のもと」あるいは「一望に収める」と言えば、広々とした景色を眺めるさまを言う。「千里」は、遠い彼方《かなた》を言うたとえ。海については あまり言わず、野の広々としたさまや、山から眺めた景色などについて言う。

一木一草 ◆いちぼく いっそう

無視できない、また、無視してはいけない小さなもののたとえ。

一本の木と一本の草、の意。「一木一草に至るまで」は、一本の木や一本の草までも、そこにあるもの一切合切《いっさいがっさい》、の意。「一木一草といえど」のように否定的に言う時は、たとえ一本の木や一本の草のような、取り立てて言うことのないものであっても、の意。「一草一木」とも言う。

一枚看板 ◆いちまい かんばん

一座の中の大立者。また、一人抜きんでた中心人物。

本来は、上方の歌舞伎劇場で、外題や主な役者の名を書いて表に飾った一枚の看板を言う。そこに名前が書かれるような役者ということで、一座の中心となる役者を言うようになった。また、たった一枚の衣装、すなわち一張羅《いっちょうら》の意味に使うこともある。

一味徒党 ◆いちみ ととう

同じ目的のために仲間となること。また、その仲間。

「一味」は、味方となること。またその仲間の意。「徒党」は、同じ目的で集まった集団を言う。現代では、それぞれの語も、また「一味徒党」も、悪いことをする仲間、集団の意味に使われるが、本来は必ずしもそうではない。「此度《このたび》亡君の敵、高の師直を討取らんと神文を取交し、一味徒党の連判かくの如《ごと》し」（浄瑠璃《じょうるり》『仮名手本忠臣蔵』六）。

一網打尽 ◆いちもう だじん

一味の者をことごとく捕えること。

ひと網打って魚をすっかり獲り尽す意。宋の劉元瑜《りゅうげんゆ》が蘇《そ》舜欽《しゅんきん》の罪を追及したら、人材がなくなるほど連座する者が出た。劉は宰相《さいしょう》に「いささか相公の為に一網打尽せり」（『東軒筆録』四）と報告した。

一毛不抜 ◆いちもう ふばつ

きわめて利己的なこと。また、ひどくけちなこと。そのような人。

「一毛も抜《ぬ》かず」と読む。「孟子《もうし》曰《いわ》く、楊子《ようし》は我が為《ため》にす。一毛を抜きて天下を利することも、為《な》さざるなり、と」（『孟子』尽心上）から。楊子は戦国時代初期の思想家で、極端な個人主義を主張した。孟子が彼を評するに、することはすべて自分のためであり、天下のためには毛一本も抜こうとしない、と。そこから極端に利己的なたとえに、また、たかだか毛一本を惜しむということで、ひどいけちの意味でも使われるようになった。

一目十行 ◆いちもく じゅうぎょう ひとめ じゅうぎょう

ひと目で十行読むこと。書物などを速く読むことに優れているたとえ。

技術としての速読に長じているということではなく、理解力が優れているために読書も人一倍速いという意味で使われる。南朝梁《りょう》の簡文帝は幼時から理解力に優れ、「書を読めば十行倶《とも》に下る」、十行一度に読んだという逸話が『梁書』簡文帝紀に記されている。

一目瞭然 ◆いちもく りょうぜん

一目見ただけではっきり分ること。

「瞭然」は、疑う余地もなくはっきりしているさま。シャーロック・ホームズは依頼人の姿を一目見ただけで、どこの住人かどんな仕事をしているかなどを言い当ててしまう。普通の人には見えないことも、ホームズには「一目瞭然」らしい。よく「一目瞭然のこと」などと言うが、同じものを見ても見る人によって受けとめ方が違い、万人に「一目瞭然」と決め付けることはできないようである。

一問一答 ◆いちもん　いっとう

一つの問いごとに一つの答えをすること。また、そのような形式で質疑応答を続けること。

筆記試験などで、一問ずつ設問されている形のものも「一問一答」と言えるが、一般には、口頭で、一方が一つの問いを発すると他方がその問いに答えるという、いわば会話体での問答を言うことが多い。近年よく目にする「Q&A《キューアンドエー》」に同じ。

一文不通 ◆いちもん　ふつう

読み書きのできないこと。

一字も分らないという意。日本人の識字率は昔から高かったと言われるが、それでも文字を習う機会のない人が大勢いた。そこからこのような表現もできた。親鸞《しんらん》の弟子唯円《ゆいえん》が師の説示を書き留めたという『歎異抄《たんにしょう》』には、「一文不通のともがら（同輩）」「一文不通にして経釈のゆく路（経典の筋道）も知らざらんひと」などの表現が見える。「一文不知《ふち》」とも言う。

一夜検校 ◆いちや　けんぎょう

近世、千両の金を納めて、一夜にして検校となった盲人。転じて、にわか成金。

「検校」は、点検し監督する意で、古く荘園や社寺の監督役の名。中世以降、盲人集団にも適用され、近世には盲人官職の最高位の称となる。検校に至るまでには多くの段階があり、昇進するたびに納金が必要で、総額は千両に近かった。納金さえすれば、いくらでも昇進できたので、一時に千両納めて一躍検校となることも可能だった。近松門左衛門の作品や歌舞伎脚本などに、転義のにわか成金の使用例が見られる。「其酔醒《そのよいざめ》に千両とは、此上《このうえ》もない一夜検校、どれ御馳走になりませふか」（歌舞伎『名歌徳三舛玉垣《めいかのとくみますのたまがき》』五立目）。

一夜十起 ◆いちや　じっき

誰でも私心をなくすのはむずかしいということのたとえ。

「一夜に十《と》たび起《お》く」と読む。一晩に十回起きる意。『後漢書』第五倫伝によると、私心のないことで知られた第五倫が人にそのことを尋ねられた時、「兄の子が病気になった時、一晩に十回も起きて看病したが、寝床に戻れば安眠できた。ところが自分の子が病気になると、起きて看病もしないのに一晩中眠れなかった。こんな者に私心がないと言えようか」と答えたという。

意中之人　◆いちゅうの　ひと

心の中で思い定めている人。また、心中ひそかに恋い慕っている人。

東晋《とうしん》の陶淵明《とうえんめい》「示二周続之祖企謝景夷三郎《さんろう》一詩」に、「薬石時有りて閑《しず》かに、我が意中の人を念《おも》う」と見える。思い定めている人は異性とは限らず、陶淵明の詩では周続之・祖企・謝景夷の三郎、すなわち三人の男子を指す。また、自分の仕事・芸の後継者をひそかに決めている場合などにも使う。

一葉知秋　◆いちよう　ちしゅう

葉が一枚落ちるのを見て秋が来たことを知る意。転じて、わずかな前兆から大きな出来事を予知するたとえ。

「一葉」は梧桐《あおぎり》の葉一枚。「一葉落ちて天下の秋を知る」の成句でも知られ、宋代の『文録』に「山僧甲子《こうし》を数うるを解さず（山に籠る僧は年を数えることを知らず）、一葉落ちて天下の秋を知る」と見える。また、『淮南子《えなんじ》』説山訓に「一葉の落つるを見て、歳《とし》のまさに暮れなんとするを知り、瓶中《へいちゅう》の氷を睹《み》て、天下の寒きを知る」とあり、転義はこれに基づくとされる。

一陽来復　◆いちよう　らいふく

陰暦十一月、または冬至を言う。転じて、冬が過ぎて春が来ること。新年になること。

易で、十月に陰が極《きわ》まり、十一月に再び陽が生ずるとするところから言う語。中国では、正月にこの言葉を書いて家の前に貼る風習もある。また、季節に関係なく、悪いことが続いたあと、よい方に向いてくることにも使う。歌舞伎では毎年十一月に顔見世《かおみせ》興行を行なったので、しばしば顔見世狂言のせりふに出てくる。

一利一害　◆いちり　いちがい

利益もあるが、害もあること。また、利害相半ばすること。

一つの事柄・行為を利害の面で見た時の判断を言う。『元史』耶律楚材《やりつそざい》伝の「一利を興《おこ》すは一害を除くに如《し》かず（利益になることを一つ行うより害を一つ除く方がいい）」から言われるが、この場合は、一つの利益と一つの害という意味で使っている。

一粒百行 ◆いちりゅう ひゃくぎょう

米の一粒が作られるまでに、百の作業を経ること。日本人の主食である米の大切さ、また、農作業の大変さを言っている。江戸中期の『武野燭談《ぶやしょくだん》』一に「百姓の苦は一粒百行とて、去年の秋よりして種を取り、様々の手置をなし」と見える。武士が治める国の三宝、農工商の筆頭に置かれる農民の血の涙を流す労働を言うところで、以下に一年間の煩瑣《はんさ》な農作業を挙げる。成句で「一粒に百手《ももて》の功あたる」も同義のもの。

一粒万倍 ◆いちりゅう まんばい

わずかなものが大きな利益になることのたとえ。

原義は、一粒の種を蒔《ま》けば万倍もの収穫を得る意。「世間《よのなか》に利を求むる、田を耕す者に先んずるはなし。一つの種万倍となる」(『報恩経』四)による。わずかなものでも粗末にしてはいけないという戒めの言葉としても使われる。

一蓮托生 ◆いちれん たくしょう

善くも悪しくも相手と運命を共にすること。極楽浄土に咲く同じ蓮の花の上にともに生れる意で、浄土往生の思想に基づく語。『源氏物語』御法《みのり》には「後の世にはおなじ蓮の座をも分けむ」と見え、「一蓮托生」を和《やわ》らげた言い方と言えよう。しばしば同義の語「死なばもろとも」と一緒に用いられる。現代では特に、悪事や危険度の大きい行為の際に使われる。

一路平安 ◆いちろ へいあん

旅立つ人の道中が無事であるように祈る言葉。

日本で、昔なら「道中ご無事で」、今なら「お気をつけて」などと言うところの語。『紅楼夢《こうろうむ》』一四に「昭児を呼び入れ、一路平安の信息を細問す(細かく尋ねた)」と見える「一路平安」は、直接には旅先での様子を言う。

一攫千金 ◆いっかく せんきん

労せずに巨大な利益を得ること。

「攫」は、つかみ取る意。「千金」は、大金のこと。千金を一つかみにする意。たとえば宝くじで一億円を当てるとか、競馬で大穴が的中するとか、現実には難しいがそうなればいいなあという願望をこめて、「一攫千金を夢見る」というような言い方をする。わらしべ長者は労せずして長者になったが、一本の藁稭《わらしべ》を元手として次々により高価な物と交換していくという一定の手順を経てのことで、「一攫千金」とは違う。現代では「一獲千金」とも書くが、「獲」はとらえる、手に入れる意で、つかみ取るという原義が薄れる。

一家団欒 ◈いっか だんらん

家族が集まってなごやかに過すこと。「団」はひとかたまりに集まる、「欒」はからみあうことで、「団欒」は大勢が集まってうちとける意。生活習慣や家屋構造の変化に伴い、茶の間を中心にした一家団欒の風景も、昔話になりつつある。

一竿風月 ◈いっかんの ふうげつ

釣竿一本を持って自然に親しむこと。俗事にとらわれない生活のたとえ。

「首《こうべ》を回《めぐ》らせば壮遊まことに昨夢《さくぼう》（過去のはかない出来事）、一竿の風月南湖に老《お》ゆ」（南宋、陸游《りくゆう》「感旧詩」）から。一般に「*悠悠自適《ゆうゆうじてき》」と同義に使われるが、この詩を懐旧の想いをうたっていると解すれば、「一竿の風月南湖に老ゆ」は自然に身をゆだねる寂しさを表現していることになり、自然を楽しむ「悠悠自適」の心境とは言えない。

一喜一憂 ◈いっき いちゆう

状況が変化するたびに喜んだり心配したりして落着かないこと。

一つ一つの状況に対応して、その都度喜んだり憂えたりするさまを言う。スポーツ観戦に、株価の動向に、「一喜一憂」する場面は日常生活の中にいくらでもある。

一気呵成 ◈いっき かせい

ひといきに成し遂げること。

「一気」は、休むことなく最後までの意。「呵成」は、息を吐き出す間に物事を成す意。文章を書いていて、リズムに乗って滞ることなく最後まで書き上げてしまうような場合に、「一気呵成に仕上げる」などと言う。類義の語に「*一瀉千里《いっしゃせんり》」がある。

一饋十起 ◈いっき じっき

政治に熱心であるたとえ。また、物事に熱中して忙しいたとえ。

「一饋に十度起《た》つ」とも言う。「饋」は食事。『淮南子《えなんじ》』氾論訓《はんろんくん》によると、古く夏《か》の禹王《うおう》は、善政をしくために賢者を熱心に求め、一回の食事の間に十度も席を立って訪れる賢者と会ったという。春秋時代、周の武王の弟周《しゅう》公旦《こうたん》にも同じような逸話があり、こちらは「＊吐哺捉髪《とほそくはつ》」と形容される。

一騎当千 ◆いっき とうせん

一人で千人の敵を相手にできるほど強いこと。「一騎」は騎馬武者一人、「当千」は千人に匹敵する、の意。「当千」は古くトウゼンとも言った。「一人《いちにん》当千」とも言い、これは『平治物語』『平家物語』などに例がある。「一騎当千」は『太平記』が初出で、数例見られる。「其《そ》ノ勢僅《わず》カ三十二人、是《これ》皆一騎当千ノ兵《つわもの》トイヘ共、敵五百余騎ニ打合《うちあ》ウテ、戦フベキ様《よう》ハナカリケリ」（巻五）から分るように、千人の敵を相手にできるというのは、あくまでたとえである。

一簣之功 ◆いっきの こう

最後のちょっとした骨折り。仕上り直前のひとがんばり。

「一簣」は、もっこ一杯の土。『書経』旅獒《りょごう》に見える「山を為《つく》ること九仞《きゅうじん》にして、功を一簣に虧《か》く」から。「仞」は高さの単位で、「九仞」は高い山の意。九仞の山を築くにも、最後のもっこ一杯の土を積まなければ成功しない、の意。むしろ「九仞の功を一簣に虧く」の成句で知られ（→九仞之功）、最後にちょっと気をゆるめたために失敗したような場合に使う。

一球入魂 ◆いっきゅう にゅうこん

野球で、投手が一球一球心をこめて投げること。「入魂」は、魂をこめる意。ジッコンと読むと、ふつうは「昵懇」と書く、懇意、親密という別の意味の語になる。投手の心構えを言う語として最近使われるようになったもので、まだ一般語としては使われていない。

一丘之貉 ◆いっきゅうの かく

一見、別々に見えても、実は同類であるたとえ。「貉」はムジナとも読み、アナグマ、また狸の異称。同じ丘に棲《す》むむじな、の意。「同じ穴のむじな」と同意。よくないイメージを持つ者たちをひと括りにする時に使う。前漢の楊惲《ようらん》は、不肖《ふしょう》の君主が出ると国は滅びる、その道理は昔も今も変らず、一つ丘のむじなが同類であるのと同じだ、「古と今と、一丘の貉《かく》（「狢」に同じ）の如《ごと》し」（『漢書』楊惲伝）と豪語して罰せられた。

一挙一動　◆いっきょ いちどう

一つ一つの振舞。また、細かい動作。

「一挙」も「一動」も、一つの動作を意味する。自分自身の動作にはあまり言わず、注目している人の振舞などに使う。同義の語に「一挙手一投足《いっきょしゅいっとうそく》」があり、こちらの方が言葉としては古く、唐の文人韓愈《かんゆ》に使用例が見られる。「挙動」と言うと、一つ一つを総合した全体としての振舞を言う。

一挙両得　◆いっきょ りょうとく

一つのことをして二つの利益を得ること。

「一挙に」と言うといっぺんにの意だが、この「一挙」は一つの動作を言う。たとえばちょっとの外出なら車を使わず歩いて行けば、ガソリン代も節約できるし健康のためにもよい、というように。*「一石二鳥《いっせきにちょう》」に同じだが、「一石二鳥」が西洋の翻訳語なのに対し、「一挙両得」は後漢の『東観漢記』をはじめ、漢籍に見える。

一件落着　◆いっけん らくちゃく

ひとつの事柄や事件に決りがつくこと。

時代劇の裁判物で「これにて一件落着」などと言う。江戸時代、判決には、人殺しや喧嘩《けんか》などに対して決着をつける「落着」と、土地争いや水争いなどに対して将来にわたる判断を示す「裁許《さいきょ》」の二種があった。「一件落着」と言うと、一つの事件に対して決着をつけることを意味することになる。江戸中期の「評定所格例《ひょうじょうしょかくれい》」（裁判所の記録）に「伏見町人九助外《ほか》一人差し出し候訴状《そじょう》吟味、一件落着の節」と見える。

一口両舌　◆いっこう りょうぜつ

前に言ったことと、あとで言ったことが違うさま。そのようなことを言う人。

一つの口に二つの舌がある意。つまり二枚舌のこと。仏教で十悪の一つに挙げられる「両舌」は、親密な二人のそれぞれに相手の悪口を吹き込み、両者を離間させることを言う。別に「妄語《もうご》」が十悪にあり、こちらは嘘《うそ》をつく意。したがって「一口両舌」は、ありもしないことを吹聴《ふいちょう》する、単なる嘘つきとは違う。

一国一城 ◆いっこく いちじょう

ほかからの干渉・援助を受けずに、独立していることのたとえ。

原義は、一つの国または一つの城。また、それを領有すること。安土桃山時代の軍記『別所長治記《べっしょながはるき》』に「今度《このたび》の御合戦は一国一城の小ぜり合ひとは格別なり（異なる）」と見えるように、戦国時代以後、武士が力量・裁量次第で国を支配し、城を築けるようになってから言われるようになった語。江戸初期に「一国一城令」が出され、一国に一城だけという体制に落着いてから以降、原義から離れた、現在使われている意味での「一国一城の主《あるじ》」という表現が見られるようになる。

一刻千金 ◆いっこく せんきん

千金にも値するほどのすばらしい時や楽しい時。また、そうしたかけがえのない時を惜しむ気持を言う。

北宋の詩人蘇軾《そしょく》の「春夜詩」にある「春宵一刻値千金《しゅんしょういっこくあたいせんきん》」から。七言絶句の冒頭の七言で、この詩句そのままが一般に知られている。一部をとって「一刻千金」「春宵一刻」も愛唱されている。また、「値千金」も非常に価値があることを意味する熟語として使われており、わずか七語の漢詩一句がこれだけさまざまな形で身近な言葉となっているのも珍しい。

一顧傾城 ◆いっこ けいせい

美人の形容。また、日本で、遊女を言う。

「一顧、城を傾《かたむ》く」と読む。前漢の李延年《りえんねん》が妹の李夫人について言った「一顧すれば人の城を傾け、再顧すれば人の国を傾く」（『漢書』外戚伝上）から。一目見ただけで、一城の主が政治を放り出して夢中になってしまうほどの美人の意。「傾城傾国」の組合せも同義。日本では近世、最上級の太夫職《たゆう》の遊女を特に「傾城」と呼んだ。近松門左衛門の『傾城反魂香《はんごんこう》』をはじめ、浄瑠璃《じょうるり》・浮世草子・洒落本《しゃれぼん》などに「傾城」を冠するものが少なくない。

一壺千金 ◆いっこ せんきん

つまらない物でも時と場合によっては貴重品になるたとえ。

「中河に船を失えば、一壺も千金」（『鶡冠子《かっかんし》』学問）から。この「壺」は、『鶡冠子』の注によると瓢箪《ひょうたん》の意。川の中で舟がひっくり返った時は、つまらない瓢箪の浮袋も貴重になることを言ったもの。「中流に船を失えば一瓢《いっぴょう》も千金」とも言う。

一狐之腋　◆いっこの　えき

希少で珍重すべきもののたとえ。また、直言する士のたとえ。

狐の腋《わき》の下の毛は白くて美しい。その部分だけで作った皮衣は「狐裘《こきゅう》」と言い、高価で珍重された。『史記』趙《ちょう》世家に「われ聞く、千羊（千匹の羊）の皮は一狐の腋にしかず、と。諸大夫朝する（朝廷に出仕する）に、ただ唯《い》唯《い》（「はいはい」という返事）を聞き、周舎《しゅうしゃ》の鄂鄂《がくがく》（ずけずけ言う）を聞かず」と見える。春秋時代、晋《しん》の趙簡子《ちょうかんし》が、臆することなく諫言《かんげん》する周舎を千羊の中の一狐にたとえて、その死を嘆じたもの。

一切皆空　◆いっさい　かいくう

仏教で、すべてのものには実体がないという思想。

ものに恒常不変の実体があると思うのは、人間がそう見ているだけで、実際にはそのようなものは何もないという、「空《くう》」の思想を言い表したもの。からっぽという意味ではなく、すべてのものは諸条件に支えられて、そのものとして存在している、と見る。同じ仏教の「空」を取上げている語に「*色即是空《しきそくぜくう》」「*空即是色」がある。

一切合切　◆いっさい　がっさい

なにもかもすべて、ということ。

「一切合財」とも書く。「一切」も「合切」も、すべて、残らず、の意で、同意語を重ねて強調している。もっと強調して言うのが、「一切合切これっきり」。「合切」という語は単独で使われることはなく、「合切袋」（こまかいものを何でも入れる手提げ袋）のように、複合語として使われる。

一切衆生　◆いっさい　しゅじょう

仏教で、すべての生きとし生けるものを言う。

「衆生」だけで、生あるものを意味するが、仏典では人間を指すことが多く、特にすべての生き物ということを強調する時に「一切衆生」と言う。「一切衆生悉有仏性《しつうぶっしょう》」と言えば、すべての生き物は仏になれる本性を持つ、の意。なお、「衆生」は経典の旧訳《くやく》漢訳語で、唐の玄奘《げんじょう》以後の新訳では「有情《うじょう》」と言う。すなわち「一切衆生」は、「一切有情」とも言う。

一子相伝 ◆いっし そうでん

学問や技芸などの奥義を自分の子供の中の一人にだけ伝えて、ほかには秘密にしておくこと。

「相伝」は、代々伝え継ぐ意。「父子《ふし》相伝」とも言う。俗世間でのしきたりに言い、仏教界で師匠から弟子に仏法の奥義を伝える場合は、ふつう「*師資《しし》相承《そうじょう》」と言う。

一視同仁 ◆いっし どうじん

人を差別することなく、同じようにいつくしむこと。また、おしなべて同様に遇すること。

「聖人は一視にして同仁、近きに篤《あつ》くして遠きを挙《あ》ぐ（近くの人を手厚くもてなし、遠くの人を登用する）」（唐、韓愈《かんゆ》「原人」）から。「一視」は、変らない目で見る意。「同仁」は、同じように思いやる意。原義としては「博愛衆《はくあいしゅう》に及ぼす」に類義だが、「一視同仁」の方は、単にひとしなみに扱う意味でも用いる。

一紙半銭 ◆いっし はんせん

わずかなもののたとえ。

紙一枚と銭半文《はんもん》の意。本来、仏家で、寄進の額のわずかなことを言った。『平家物語』五にある文覚《もんがく》の勧進帳《かんじんちょう》に、「ほのかに聞く、聚沙為仏塔功徳《じゅしゃいぶっとうくどく》、たちまちに仏因を感ず。いはんや一紙半銭の宝財においてをや」と見える。砂を集めて仏塔を造っても成仏《じょうぶつ》の因になるという、ましてわずかな額でも大切な財物の寄進に功徳がなかろうか、の意。「一紙半銭もおろそかにしない」などと用い、必ずしも否定的な表現とは限らない。

一瀉千里 ◆いっしゃ せんり

物事が一気にはかどること、文章がよどみなく綴られることなどのたとえ。

「瀉」は、水が流れ出る意。原義は、水がひとたび流れ出すと、勢いよく一気に長い距離を流れ下るという意。清代の『福恵全書《ふっけいぜんしょ》』二九に「儼然《げんぜん》たる峡裡《きょうり》（けわしい谷間《たにあい》）の軽舟、片刻《へんこく》に一瀉にして千里」と見える。文章を綴るたとえでは、できあがった文が流麗であるというより、とどこおることなく「*一気呵成《いっきかせい》」に書いていくさまに言われる。

一宿一飯 ◆いっしゅく いっぱん

一晩泊めてもらって一度の食事を振舞われること。転じて、ほんの少し世話になること。

交通機関の発達していなかった時代に、旅先でこのような世話になることを、博徒《ばくと》の仁義では生涯の恩とした。現代では比喩《ひゆ》的に、ほんの少し世話になること、またそれを大事に思う意に用いられる。

一觴一詠 ◆いっしょう いちえい

一杯の酒を飲んでは一編の詩を詠ずること。

「觴」は、さかずき。「詠」は、既存の詩をうたうのではなく、作詩する意。東晋《とうしん》の書家王羲之《おうぎし》の「蘭亭集序」に「清流激湍《げきたん》（激しい流れ）あり、左右に映帯す。引きて以て流觴曲水《りゅうしょうきょくすい》となし、その次に列坐《れつざ》す。糸竹管弦《しちくかんげん》の盛はなしといえども、一觴一詠、また以て幽情を暢叙《ちょうじょ》する（ゆったり話す）に足る」と見える。三月三日に貴族・文人の間で行われた「流觴曲水」（↓曲水流觴）の宴が盛んになったのは、王羲之の蘭亭での集り以後という。

一笑一顰《いっしょういっぴん》 ⇩ 一顰一笑《いっぴんいっしょう》

一唱三嘆 ◆いっしょう さんたん

中国の宗廟《そうびょう》の祭などで、一人が発声すると三人がこれに唱和すること。また、優れた詩などをほめること。『礼記《らいき》』楽記に「一倡して三嘆す」と見える。「倡」は、歌の文句をとなえる意で、「唱」に同じ。のち儀礼の原義を離れて、一度歌って三度ほめる意になった。江戸中期の『書言字考《しょげんじこう》節用集』に、朱子が「一人唱えて三人これに和す。今以て三歎息となすは非なり」と言ったとあるので、南宋期にはすでにこの転義が一般化していたらしい。優れた文章をほめる場合は「一読三嘆」と言う。

一将万骨 ◆いっしょう ばんこつ

一人の将軍の功名の陰には多くの兵の犠牲があるということ。

「一将功《こう》成《な》りて万骨枯《か》る」で知られる。将軍は自分一人が功を挙げたように思っているが、実際は万人の兵の犠牲によるものだ、と将軍の思い上がりを憤《いきどお》った、晩唐の詩人曹松《そうしょう》の「己亥《きがい》歳詩」から。功績が上層幹部に帰せられ、陰で犠牲になった大勢の人の働きが顧みられないことを慨嘆する語として使われる。

一触即発 ◆いっしょく そくはつ

ちょっとしたきっかけで大事が発生しそうな、危険な状態にあるさま。

「一触」は、ちょっとさわること。ちょっと接触しただけですぐに闘争などが発生する意。対立するものがあわやぶつかり合うまでに緊張の高まった、いわば「*危機《きき》一髪《いっぱつ》」の状態を言う。

一所懸命　◆いっしょ けんめい

命をかけて物事をすること。一心に努めること。元来は、中世の武士が、生活を支える上で不可欠な一つの領地を、命をかけて守ること。そのような土地を「一所懸命の地」と言った。転じて一般に、命をかけるような状態、熱心なさまを言う。近世中期ころから「一《いっ》生《しょう》懸命」とも書かれるようになり、その後両方の表記が使われている。

一進一退　◆いっしん いったい

進んだりあと戻りしたりすること。また、よくなったり悪くなったりすること。

『管子』覇言に「兵をして一進一退せしむるものは権なり（兵を動かすのは君主の権威である）」と見える。また、『荀子《じゅんし》』修身で「*駑馬《どば》十駕《じゅうが》」を述べるくだりに「一進一退し、一左一右すれば、六驥《りっき》も致さず（六頭立ての駿馬《しゅんめ》も行き届かない）」とある。現代では、はかばかしくない病状などに言うことが多い。

一心同体　◆いっしん どうたい

二人、またそれ以上の人が、同じ心、同じ身体のように強く結ばれていること。

さまざまな場合に使われるが、特に「夫婦は一心同体」という表現で知られる。そうあるべきという考え方から言われるもので、夫婦といえど「*同床異夢《どうしょういむ》」の場合ももちろんある。「異体同心」とも言う。

一心不乱　◆いっしん ふらん

心を乱さず、ただ一つのことに集中すること。

『阿弥陀経《あみだきょう》』の「〔阿弥陀仏の〕名号《みょうごう》を執持《しゅうじ》するに……〔一日ないし七日の間〕一心不乱ならば、その人命終わる時に臨んで、阿弥陀仏はもろもろの衆生《しゅじょう》とともに、その前に現前したもう」から。ただし、特に仏教語というわけではなく、一般的に使われる意味と変らない。

一炊之夢《いっすいのゆめ》　⇒ 邯鄲之夢《かんたんのゆめ》

一寸光陰　◆いっすんの　こういん

（無駄にしてはならない）わずかな時間。

南宋の儒学者朱子の作と俗伝されてきた詩句「少年老い易《やす》く学成り難し。一寸の光陰軽《かろ》んずべからず」による。「光陰」は日光と月影で、流れ去る時間、また月日を言う。これに通ずる一般的な成句に「光陰矢のごとし」（→光陰如箭《じょせん》）がある。

一世一代　◆いっせ　いちだい

その人一代がこの世にいる間。また、生涯に二度とないこと。歌舞伎役者などが、生涯の仕上げとして立派な芸をすること。

「一世」も「一代」も、人の一生を言う。生涯に二度とないことは「一世一度」という語があるが、「一世一代」の方が普及した。なお、式亭三馬『浮世風呂』四に見える「もう一世一代といかねへかの」は、芝居に引っかけて、もう（俗世から）引退したい、の意。

一世木鐸　◆いっせいの　ぼくたく

世の中の人々を教え導く人。

「一世」は、世の中。「木鐸」は、木製の舌を持つ鉄の鈴。古代中国で、法令などを人々に知らせる時に鳴らした。転じて、世人を目覚めさせ、教え導く人の意。この転義は、「天はまさに夫子《ふうし》（孔子を指す）を以て木鐸と為《な》さんとす」（『論語』八佾《はちいつ》）による。新聞記者の使命として引かれる「社会の木鐸」という表現でも知られる。

一世之雄　◆いっせいの　ゆう

その時代のもっとも優れた英雄。

北宋の蘇軾《そしょく》「前赤壁賦《ぜんせきへきのふ》」の「その荊州《けいしゅう》を破り、江陵《こうりょう》を下し、流れに順《したが》いて東するに方《あた》りて、*舳艫《じくろ》千里、旌旗《せいき》空を蔽《おお》う。酒を釃《した》みて江に臨《のぞ》み、槊《ほこ》を横たえて詩を賦す。まことに一世の雄なり」は、三国時代魏《ぎ》の曹操《そうそう》をたたえている部分。

一世風靡　◆いっせい　ふうび

ある時代に、その名を知らない人がいないほど有名になること。ある時代に非常に流行すること。

ふつう「一世を風靡する」と言う。「風靡」は、風が草木を靡《なび》かせるように、人々を靡かせること。人でいえば、歌手や役者などで抜きん出た技能の持主について言う。当代の総理大臣などは、知名度としては抜群だが、ただそれだけでは「一世風靡」とは言えない。

一石二鳥　◆いっせき　にちょう

一つの行為から二つの利益を得ること。

原義は、一つの石を投げて二羽の鳥を落すこと。十七世紀イギリスのことわざ **To kill two birds with one stone.** の翻訳。したがって、今では当り前に使っているが、英語が流入する江戸末期以前にはなかった語。類義語に「一挙両得《いっきょりょうとく》」*「一箭双雕《いっせんそうちょう》」*がある。同じ類義表現の「二兎《にと》を追うものは一兎をも得ず」は、二つの動作をいっぺんにしようとするもので、一石で二鳥を得ようとするのとは動作が違う。

一殺多生　◆いっせつ　たしょう

仏教で、一人を殺して大勢を救うという思想。

「一殺」はイッサツとも言う。仏教で「殺生《せっしょう》」は十悪の筆頭に挙げられ、生き物すべての殺生が戒められている。しかし仏典によっては、一人を殺して多数を生かすことができるなら、それは功徳《くどく》になるという考え方が説かれており、『瑜伽師地論《ゆがしじろん》』には菩薩《ぼさつ》が盗賊を殺す話が出てくる。

一箭双雕　◆いっせん　そうちょう

一本の矢で二羽のわしを射落すこと。

「箭」は矢。「雕」は鳥のわし。『隋書』長孫晟伝《ちょうそんせいでん》に見える逸話から。北周の長孫晟は突厥《とっけつ》に滞在して、王の摂図《せっと》と毎日狩猟をしていた。ある日二羽のわしが飛びながら肉を争っていた。摂図は矢を二本長孫晟に渡し、あのわしを射落してほしいと言う。晟が矢を射た時、たまたま二羽がつかみ合っていたので、一本の矢で二羽を射止めたという。「一石二鳥《いっせきにちょう》」*の中国版。

一草一木《いっそういちぼく》 ⇒ 一木一草《いちぼくいっそう》

一旦緩急　◆いったん　かんきゅう

いざという時。

「一旦」は、ひとたびの意。「緩急」は、ここでは「急」だけの意味で、危急の場合の意。「今、公、常に数騎を従うるも、一旦緩急有ればいずくんぞ恃《たの》むに足らんや（いざという時頼りにならない）」（『史記』袁盎伝《えんおうでん》）から。ふつう「一旦緩急あれば」という形で使う。「いざ鎌倉」に同義。年配の人なら、教育勅語の「一旦緩急有レバ義勇公ニ奉ジ」を思い浮べるだろう。

一知半解 ◆ いっち はんかい

ちょっと知っているだけで、理解が至らないこと。認識が中途半端なこと。

「悟りに浅深有り。分限（分に応じた理解）有り。透徹《とうてつ》の悟り（十分な理解）有り。ただ一知半解の悟り（中途半端な理解）を得る有り」（宋、『滄浪詩話《そうろうしわ》』詩弁）から。世間の人が「分ったようなことを言う」と評するのが、この「一知半解」の徒。道元は「一知《いっち》半解《はんげ》を心にとどむることなかれ」と言っている（『正法眼蔵《しょうぼうげんぞう》』弁道話）。

一張一弛 ◆ いっちょう いっし

時には厳格に、時には寛大にすること。

原義は、弓の弦《つる》をある時は張り、ある時は弛《ゆる》める意。張りっ放しでは弦が駄目になってしまう。『礼記《らいき》』雑記下に「張りて弛めざるは文武のよくせざるなり。弛めて張らざるは文武のなさざるなり。一張一弛、文武の道なり」と見え、すでに比喩《ひゆ》として使われている。なお、相場で、値幅が小刻みに動くことを「一張一弛」と言う。

一朝一夕 ◆ いっちょう いっせき

ひと朝やひと晩。わずかな時日。

『易経』坤卦《こんか》文言伝に、「積善の家には必ず余慶有り。積不善の家には必ず余殃《よおう》有り（善を積んだ家には子孫にまでよいことがあり、不善を積んだ家には子孫にまで災禍が及ぶ）」に続き、「臣その君を弑《しい》し（殺し）、子その父を弑するは、一朝一夕の故《こと》にあらず。その由《よ》って来《きた》るところのもの漸《ぜん》なり（積り積ってそうなった）」とある。引用文もそうだが、ふつう否定文の中で用いられる。

一長一短 ◆ いっちょう いったん

いいところもあれば悪いところもあるということ。いい点と悪い点の両方があるということで、「帯に短し襷《たすき》に長し」のどっちつかずで役に立たないという意味ではない。人や事物を批評したり判断したりする時によく使う。なお、『論衡《ろんこう》』無形は、竜について「一存一亡、一短一長（あるいは存しあるいは亡し、あるいは短くあるいは長く）」と記す。また、平安初期の藤原冬嗣《ふゆつぐ》の詩では、笙《しょう》の音の響きを「一長一短」と表現している。これらは、ときには長くときには短く、といった原義の使い方になっている。

一擲乾坤《いってきけんこん》 ⇩ 乾坤一擲《けんこんいってき》

一擲千金　◆いってき せんきん

大金を惜しげもなく一度につかうこと。

「一擲」は一度にほうり投げる意。「千金一擲」とも言う。一度に千金をつかみ取る「*一攫《いっかく》千金」の逆と言える。唐の呉象之《ごしょうし》の詩「少年行《しょうねんこう》」に「千金を一擲するは、すべてこれ胆なり（度胸だ）。家に四壁なきも貧を知らず（壁もないが、貧乏など気にしない）」とある。しかし、「一擲千金」はまずは大金を持っていないとできない。それに対して、「一攫千金」は一文無しでも可能である。それが言葉の使われ方にも反映しているのだろうか、可能性を持つ「一攫千金」の方が、より普及している。

一点一画　◆いってん いっかく

漢字を構成する一つの点と一つの画。転じて、一つ一つの構成要素。

『顔氏家訓』書証に「もしその説（『説文解字《せつもんかいじ》』）を信ぜざれば、則ち冥冥《めいめい》（無知）にして一点一画を知らず」と見える。「一点一画もおろそかにしない」という慣用表現もあるように、この語は否定の文脈で使われることが多い。

一天万乗　◆いってん ばんじょう

天下を治める天子の位。また、天子。天皇。

「一天」は、一天下、すなわち天下全体の意。「万乗」は、「乗」は車の意で、兵車一万両。周代、天子の領地では兵車一万両を出す決りであったところから、天子の位を「一天万乗」と言うようになった。「一天万乗の君」は、天子・天皇のこと。

一刀両断　◆いっとう りょうだん

ひと太刀で真っ二つに斬《き》ること。転じて、断固たる処置をとること。また、決断の早いさま。

『朱子語類』論語に、「聖人発憤してすなわち食を忘れ、楽しみてすなわち憂いを忘る。真《まこと》にこれ一刀両断なり（聖人は勉強に夢中になると食事も忘れ、その勉強がまた楽しいので憂えることもない。実に明快なものである）」という例が見える。日本では古く、「一刀両段」とも書いた。その場合の原義は、一刀が両方の面にわたる意。

一得一失 ◆いっとく いっしつ

一方で利益があれば、他方では不利益が生ずること。得るところがあれば失うところもあること。

『史記』淮陰侯《わいいんこう》伝の「智者も千慮《せんりょ》に必ず一失あり、愚者も千慮に必ず一得あり」から。引用文の前半は「千慮一失」*、後半は「愚者一得」*で知られている。南宋の禅書『無門関《むもんかん》』二六則には、二僧が簾《すだれ》を巻いたのを師僧が見て「一得一失」と言ったという話が出る。一人はそれでいいがもう一人は駄目だ、という意味で、言回しとしては「一長一短」*に近い。現代では、「一得一失」より「一長一短」の方が身近な語になっている。

一敗塗地 ◆いっぱい とち

再起できないほど大敗すること。

「一敗地に塗《まみ》れる」の成句で知られる。「いま将を置くに善からずは、壱敗《いっぱい》地に塗る」(『史記』高祖紀)から。秦《しん》の始皇帝が死んで群雄並び立った時、沛《はい》の人民からこの地の支配者になってほしいと懇願されたのが、のちの漢の高祖劉邦《りゅうほう》だった。劉邦は、今、自分が将になって、もし無能だったら、戦いに敗れて皆の脳肝を地に塗れさすことになると何度も辞退したが、否みきれずに沛公となる。

一髪千鈞 ◆いっぱつ せんきん

きわめて危険なことのたとえ。

「鈞」は重さの単位で、「千鈞」はきわめて重い意。「一髪千鈞を引く」と言う。ひと筋の髪の毛で千鈞の重みのあるものを引っ張る意。唐の文人韓愈《かんゆ》の「与孟《もう》尚書書」に「〔秦代までに儒家の道が破壊されたので〕漢氏已来《いらい》、群儒区区として修補するも、百孔千瘡《ひゃっこうせんそう》、随《したが》って乱れ随って失う。その危うきこと一髪にして千鈞を引くがごとし」と見える。儒道の乱れを正そうとして大勢の儒家がこまごまと手を加えているが、かえってあちこち傷を作って乱れを増し、道を見失っている。髪の毛一本で千鈞を引くような危険な状態だ、と言っている。「百孔千瘡」*もこの引用からの語。

一発必中 ◆いっぱつ ひっちゅう

ただ一度の試みで成功させること。そこだけねらって、当てること。

原義は、弓の矢や鉄砲の弾《たま》などを一度発して、必ず命中させること。もっぱら転義で使われているが、近年、ゲームの世界などで原義が復活しつつある。ねらって当てる意味では、一枚だけ買った馬券を当てるなどといったことに言う。

一斑全豹　◆いっぱん　ぜんぴょう

物事の一部分だけを見て全体を推測すること。見識の狭いことのたとえ。

「一斑を見て全豹を卜《ぼく》す」と言う。「全豹一斑」とも言う。豹の身体にある黒点の一つだけを見て、その豹全体をおしはかる意。晋《しん》の王献之《おうけんし》が小さいころ、書生たちが樗蒲《ちょぼ》(ばくち)をしているのを見ていて、一方の負けを見通す。それに対して「門生曰《いわ》く、この郎(ぼうや)もまた管中に豹を窺《うかが》いて時に一斑を見る、と」(『晋書』王献之伝)。同じ逸話は『世説新語《せせつしんご》』方正にも見え、「管中《かんちゅう》より豹を窺う」(豹を、くだから見た限りでおしはかる)とも言う。

一飯之報　◆いっぱんの　むくい

一度食事を恵まれただけの恩も、忘れずに必ず報いること。

「ひそかに古人の一飯の報に感ず、いわんや顧遇《こぐう》を受けてなんぞ尽くさざるべけんや」(『後漢書』李固伝)から。古来、食事を恵まれた恩は非常に大きなものとされた。たとえば、前漢建国の功臣韓信《かんしん》は、出世したあと、若いころに食を恵んでくれた老婆に千金を与えており(『史記』淮陰侯伝《わいいんこう》)、「一飯千金」の語を残す。ほかにも類似の表現に「一飯之恩」「一飯之徳」などがある。

一筆啓上　◆いっぴつ　けいじょう

男子の書状の書出しに用いる語。

筆をとって申し上げる、の意。丁寧な場合は「一筆啓上仕《つかまつ》り候」と書く。徳川家康の臣、本多作左衛門重次《さくざえもんしげつぐ》が妻に宛てた「一筆啓上、火の用心、おせん泣かすな、馬肥やせ」は、簡にして要を得た手紙の例として有名。これをやわらげた表現に「一筆しめし参らせ候」があり、主として女性の手紙に用いられた。なお、ホオジロは、鳴き声を聞きなして「一筆啓上」という異名をもっている。

一瓢一箪《いっぴょういったん》　⇒箪食瓢飲《たんしひょういん》

一顰一笑　◆いっぴん　いっしょう

あるいは顔をしかめ、あるいは笑うこと。顔に出る感情の変化を言う。

「顰」はしかめる意で、不愉快な様子を表す。「明主は一嚬（「顰」に同じ）一笑を愛《お》しむ（慎重にする）」（『韓非子《かんぴし》』内儲説上《ないちょぜいじょう》）から。類似の語「*一喜一憂《いっきいちゆう》」が、自分自身の気持を言うのに対し、実際に顔に表れた感情を言い、特に相手のそれを自分がうかがう時に使われる。「一笑一顰」とも言う。

一碧万頃　◆いっぺき ばんけい

見渡すかぎり青々と広がっている水面の形容。

「春和景明に、波瀾《はらん》驚《さわ》がず、上下の天光、一碧万頃なり」（北宋、范仲淹《はんちゅうえん》「岳陽楼記《がくようろうのき》」）から。「碧」は濃い青で、広い水面の色を表す。「頃」は田畑の広さの単位で、「万頃」は限りない広さを言う。岳陽楼から、俗に八百里と言われた広大な洞庭湖《どうていこ》を眺めて、その広々とした春景をたたえたもの。同じ引用から「*春和景明《しゅんわけいめい》」も熟語として使われる。

一片氷心　◆いっぺんの ひょうしん

清く澄みきった心の形容。

「洛陽《らくよう》の親友もし相問わば、一片の氷心玉壺《ぎょっこ》にあり」（唐、王昌齢《おうしょうれい》「芙蓉楼《ふようろう》送二辛漸《しんぜん》一詩」）から。洛陽の親類や友人たちがもし私の消息を訊《き》いたなら、玉壺（玉で作った美しい壺《つぼ》）の中の氷のかけらのように澄みきった心で暮していると伝えてほしい、の意。芙蓉楼は長江の下流、今の江蘇省鎮江《ちんこう》にあり、洛陽の都とは遠く隔たっている。

鷸蚌之争　◆いつぼうの あらそい

二人が利を争っているうちに、第三者に横取りされて共倒れになるたとえ。

蚌（貝の名、ハマグリ、一説にドブ貝）が水から出て陽に当っていると、鷸（鳥の名、シギ）がやってきてその肉をついばんだ。蚌は貝を閉じて鷸のくちばしを挟んだ。そうやってお互いに放そうとしないでいるところへ漁師が通りかかり、両方とも捕まえてしまったとさ。戦国時代、遊説家《ゆうぜいか》の蘇代《そだい》が、燕《えん》を討とうとしていた趙《ちょう》の恵王にやめるように説いた時の寓話《ぐうわ》で、『戦国策』燕策に載る。「*漁夫之利《ぎょふのり》」もここからの語。

乙夜之覧　◆いつやの らん

天子の読書を言う。

「乙夜」は、昔の中国で夜を五刻に分けたうちの第二刻。午後九時から十一時ごろ。オツヤとも言う。唐代の『杜陽雑編《とようざっぺん》』中によると、唐の文宗は、いつも朝務が終ってから群書をひもといた。ある時左右の者に語って曰《いわ》く、「もし甲夜（午後七時から九時ごろ）に事（政務）を視《み》、乙夜に書を観《み》ずは、何を以て人君（君主）と為《な》さんや」と。天子たる者、夜まで政務にたずさわり、その後は読書をすべきであると言ったもの。

意到筆随 ◈いとう ひつずい

詩歌・文章の記述が思うままにすらすら進むこと。「意到《いた》りて筆《ふで》随《したが》う」と言う。「吾《われ》生平（平生）文を作るに、意の到る所、すなわち筆力曲折してこれに随い、意を尽さざるなし（言いたいことは筆がそのように動いて十分に表現できる）」（宋、『春渚紀聞《しゅんしょきぶん》』東坡《とうば》事実）から。文筆力がすばらしいからといって、いたずらに文章表現をもてあそび事実を曲げて書く、いわゆる「*舞文曲筆《ぶぶんきょくひつ》」ではない。

以毒制毒 ◈いどく せいどく

毒で毒をおさえること。悪をおさえるのに悪をもってすること。

「毒を以《もっ》て毒を制す」という成句で知られる。南宋の仏書『普灯録』に「機を以て機を奪い、毒を以て毒を制す」と見える。病気は、症状によっては副作用の強い薬を使うことがあるが、これは一方の毒をもって他方の毒を制していると言える。「毒を以て毒を攻む」とも言い、類義の語に「*以夷制夷《いいせいい》」がある。

猗頓之富 ◈いとんの とみ

莫大な富のこと。また、富豪を言う。『塩鉄論』復古に「負荷の商（荷をになって売る小さな商売）は猗頓の富を知らず」と見える。「猗頓」は富豪の名だが、諸説ある。一説に「猗」は地名で、猗地方の頓さんだという。『史記』貨殖伝では「猗頓は盬塩《こえん》を用《もっ》て起る」と、塩池の塩で富豪になったとある。また一説に、「*陶朱猗頓《とうしゅ》」と並び称される富豪の陶朱公から教えられて牛羊を飼い、富豪になったという。

意馬心猿 ◈いば しんえん

仏教で、煩悩《ぼんのう》や情欲のために心が乱れて落着かないこと。

「意」は心に思うこと。「意馬」「心猿」は、大きく揺れ動き情欲を抑えがたい心の状態を、馬や猿にたとえた語。「意馬」も「心猿」も唐代になって用例が見え、変文《へんぶん》(平易な言葉で書かれた説教文)の『維摩詰経菩薩品《ゆいまきつぎょうぼさつぼん》』には「心猿意馬」と見える。人の心を動物に見立てる例は他にもあり、俗に「煩悩の犬は追えども去らず、菩提《ぼだい》(悟り)の鹿は呼べども来たらず」などと言う。

夷蛮戎狄 ◆いばんじゅうてき

古代中国で、周辺の異民族を指した語。

周辺の民族より自分たちが優れていると考える漢民族の中華思想による異民族の蔑称《べっしょう》で、東夷《とうい》・南蛮《なんばん》・西戎《せいじゅう》・北狄《ほくてき》と呼ばれた。「東夷」は黄河の中・下流地方の東方に住む異民族、「南蛮」は南海の諸民族、「西戎」はチベットないしトルコ系の諸民族、「北狄」は北方の遊牧民族をそれぞれ指した。このうち「南蛮」の語が日本に定着し、南洋諸島にはじまってポルトガル・スペインを言うようになり、南蛮を冠する言葉が多く作られた。

渭浜漁父 ◆いひんのぎょほ

太公望呂尚《たいこうぼうりょしょう》のこと。転じて、王侯宰相《さいしょう》になるべき優れた人物のたとえ。

「渭浜」は、黄河の支流渭水《いすい》のほとり、「漁父」は、漁師のおやじさんの意で、呂尚を指す。呂尚が、渭水のほとりで釣をしている時に周の文王に見出されてその師となり、文王とその子武王を助けて殷《いん》を滅ぼし、斉《せい》王に封じられた逸話は、『史記』斉太公世家などに名高い。文王は呂尚を、これこそ父太公の待っていた人だというので太公望と名づけたと言う。この号はまた、釣師の異称となっている。

威風堂堂 ◆いふうどうどう

威厳があって立派なさま。

「威風」は、威厳のある様子。「堂堂」は、いかめしく立派なさま。「厚い膝頭が坐布団から喰《は》み出して軽く畳を抑へた所は、血が退いて肉が落ちた孤堂先生の顔に比べると威風堂々たるものである」(夏目漱石《そうせき》『虞美人草《ぐびじんそう》』一八)は、宗近君の父親の様子を表現したもの。また、軍隊の行進するさまなどに言われ、イギリスの作曲家エルガーの行進曲にもこの訳語が当てられている。

緯武経文 ◆いぶけいぶん

文武両道を重んじて政治を行うこと。

「緯」は横糸、「経」は縦糸。武を横糸に、文を縦糸にして立派な国家を織るという意味。「かの美なる斉献《せいけん》、卓爾《たくじ》として群せず、家より国に刑《のっと》り、武を緯にし文を経にす」(『晋書《しんじょ》』文六王、斉献王攸《ゆう》伝賛)から。晋の文王の子、斉献王攸が、文武両道を兼備してよく国家を経営したことを誉めたたえた言葉。「経文緯武」とも言う。

韋編三絶 ◆いへん さんぜつ

書物を熟読することのたとえ。

「韋編三たび絶《た》つ」と言う。「韋」は、なめしがわ。古代の書物は竹簡をなめしがわの紐《ひも》でとじ、くるくると巻いて保存した。そこから書物のとじ紐を「韋編」と言い、また書物をかぞえる単位を「巻」と言う。『史記』孔子世家によると、孔子は晩年、「易を読み、韋編三たび絶つ」すなわちとじ紐が三度も切れるほど『易経』を読んだという。

移木之信 ◆いぼくの しん

約束を必ず実行することのたとえ。

『史記』商君伝の故事から。戦国時代秦《しん》の商鞅《しょうおう》は、自分の定めた新しい法令を人々が信じないのを恐れ、自分を信頼させるために、都の南門に植えた木を北門に移した者には五十金を与えると告げる。そして実際、移した者に約束通り金を与え、人々の信頼を得たという。原文の「よく徙《うつ》す者には五十金を予《あた》えん」から、「徙木《しぼく》之信」とも言う。

葦末之巣 ◆いまつの す

頼りがいがなく、安心できないことのたとえ。

『荀子《じゅんし》』勧学によると、蒙鳩《もうきゅう》という鳥(『荀子』の注によるとミソサザイ)が羽を毛髪で編み込んで巣を作り、葦《あし》の穂先につないだところ、風が吹いて葦が折れ、巣の中の卵が割れて子は死んでしまった。「巣の完《まった》からざるにあらず。繋《つな》ぐところの者然《しか》らしむるなり(巣が不完全だったのではない。つないだ場所が悪かったのだ)」と『荀子』は説いている。「葦巣《いそうの》之悔《くい》」という表現にもなっており、危険な状態にとどまっていることを悔いるたとえにも使う。

意味深長 ◆いみ しんちょう

意味が深く、含蓄のあること。

程頤《ていい》は十七、八の頃から『論語』を読み、当時すでに

文章の意味は理解していた。そして「これを読むことい
よいよ久しくして、ただ意味深長なるを覚ゆ（読めば読む
ほど深い味わいを覚えた）」という状態だったと、朱子が
『論語序説』に紹介している。程頤は程伊《い》川《せん》とも言い、
兄の程顥《ていこう》（明道）とともに二程子と呼ばれた北宋の哲学
者。なお、現代の俗語「意味深」は、「意味深長」の略。

倚門之望　◆いもんの ぼう

子の帰りを待ちわびる母の情を言う。
「倚門」は、門によりかかること。「望」は、待ちもう
ける意。「女《なんじ》、朝に出でて晩に来《きた》れば、すなわち吾《われ》、門
に倚《よ》りて望む。女、暮れに出でて還らざれば、すなわち
吾、閭《りょ》（村の出入口の門）に倚りて望む」（『戦国策』斉策《せいさく》）から。
戦国時代斉の王孫賈《おうそんか》に母が言った言葉。「閭に倚りて望
む」から、「倚閭《いりょ》之望」とも言う。

異路同帰　◆いろ どうき

やり方が違っても結果は同じことのたとえ。
路は異なっても帰りつくところは同じである意。「五
帝三王、事《じ》（仕事）を殊《こと》にして指《し》（目指すところ）を同じうす
るは、路《みち》を異《こと》にして帰《き》を同じうするなり」（『淮南子《えなんじ》』本経
訓）から。五帝は古代中国の伝説上の五人の帝王、『史
記』によると黄帝《こうてい》・顓頊《せんぎょく》・帝嚳《ていこく》・尭《ぎょう》・舜《しゅん》、三王は夏《か》の禹《う》
王《おう》と殷《いん》の湯王《とうおう》と周の文王で、いずれも名君として知られ
る。事績はそれぞれ異なるが、よい国を作ろうという目
的は同じだったという意。

陰陰滅滅　◆いんいん めつめつ

陰気で気が滅入るさま。
「陰陰」は、空が曇ったり木立が茂ったりして薄暗い
さまから、陰気なさまを言う。「滅」は、ほろびる、な
くなる意。陰気なさまを強調している。雰囲気にも気分
にも言う。

飲灰洗胃　◆いんかい せんい

過ちを悔い改めて出直すことのたとえ。
「灰を飲み胃を洗う」と読む。南斉《なんせい》の高帝が、罪を得
て獄舎にいる竺景秀《じくけいしゅう》の様子を臣下の荀伯玉《じゅんはくぎょく》に尋ねたとこ
ろ、景秀は自分をひどく責めて、もし許されるなら「刀
を呑んで腸《はらわた》を刮《けず》り、灰を飲んで胃を洗わん」と言ってい
ると答えた。それを聞いて、高帝は景秀を許したとい
う。『南史』荀伯玉伝に見える逸話。

因果応報　◆いんが　おうほう

善い行いには善い報いがあり、悪い行いには悪い報いがあるということ。

仏教によって広まった思想。原因があって結果が発生するという因果思想は、仏教が起る以前すでにインドに定着していたが、仏教に取入れられて、過去または現在の善悪の行為に応じて、現在または未来に善悪の報いがもたらされると説かれた。悪い行為による悪い報いを単に「因果」と称することもある。これに対して、善い行為による善い報いは「果報」と言う。

飲河満腹　◆いんか　まんぷく

人はそれぞれ、その分に安んずるのがよい、というたとえ。

「偃鼠《えんそ》は河に飲むも腹を満たすに過ぎず」（『荘子』逍遥《しょうよう》遊《ゆう》）から。「偃鼠」は、もぐら。中国で「河」と言えば黄河を指す。もぐらがどんなにがんばって飲んでも、せいぜい小さな腹を満たすに過ぎず、黄河の水は飲み干せないの意。古代中国の天子尭《ぎょう》が許由《きょゆう》に天下を譲りたいと申し出たのに対し、あなたの政治でよく治まっているのに、私に何をお求めです、私は現在の境涯で十分です、と許由が断った時の言葉とされる。「越俎之罪《えっそのつみ》」＊も同じ時の語。あとで許由は、けがらわしいことを聞いたと、潁水《えいすい》の流れで耳を洗ったという（→箕山之志《きざんのこころざし》）。

殷鑑不遠　◆いんかん　ふえん

失敗の前例は、遠くに求めないでもすぐ近くにあることのたとえ。

「殷鑑遠からず」で知られる。「鑑」は、かがみ、手本。「殷鑑遠からず、夏后《かこう》の世にあり」（『詩経』大雅、蕩《とう》）から。殷が滅びた手本は、遠くに求めなくとも、すぐ前の王朝夏の王にある、の意。「夏后」は夏の君主の意で、殷に滅ぼされた暴君桀《けつ》を指す。結局、殷は紂《ちゅう》王の代に周に滅ぼされ、「桀紂」は暴君の代名詞となった。なお、「殷鑑」だけで戒めとすべき前例の意をもつ語になっている。

因機説法《いんきせっぽう》 ⇩ 対機説法《たいきせっぽう》

韻鏡十年　◆いんきょう　じゅうねん

漢字の音韻を理解するのが難しいことを、日本で俗に言ったもの。

『韻鏡』を理解するには十年かかるという意味。『韻鏡』は、漢字の音韻体系を四十三枚の図表で説明したもの。唐末の成立だが、中国では早く失われ、日本にのみ現存し、江戸時代以降、漢字の音韻研究に利用されている。

慇懃無礼 ◆いんぎん ぶれい

丁寧すぎて、かえって無礼になること。また、うわべだけは丁寧だが、実際は尊大であること。

「慇懃」は、ここでは丁寧なこと。江戸後期の俗語辞書『諺苑《げんえん》』に、「慇懃無礼。細川幽斎聞書云、卑下《ひげ》の事あまりに過たるはかへりて慇懃尾籠《びろう》になるなり」とある。「尾籠」は不作法、無礼の意で、「慇懃尾籠」は「慇懃無礼」と同義。

隠公左伝 ◆いんこう さでん

勉強や読書が長続きしないことのたとえ。

「左伝」は『春秋左氏伝』の略称。孔子が筆削したという魯《ろ》の史書『春秋』の注釈書で、孔子に学んだ左丘明《さきゅうめい》の作と伝える。全三十巻。「隠公元年」からはじまる。「隠公左伝」は、長い『左伝』を読み出したが冒頭の隠公で早くも飽きて、読むのをやめてしまうこと。日本の書物で言えば、「*桐壺源氏《きりつぼげんじ》」が同工の語。

咽喉之地 ◆いんこうの ち

必ず通らなければならない、あるいは戦略上重要な土地。

咽喉は食物を嚥下《えんか》し、呼吸・発声に欠かせない大事な器官であるところから言う。『戦国策』秦策《しんさく》に「韓は天下の咽喉なり、魏《ぎ》は天下の胸腹《きょうふく》なり」とある。韓・魏ともに戦国七雄の一国で、いずれも中国中央の枢要な地を占めていた。

淫祠邪教 ◆いんし じゃきょう

人心をまどわすいかがわしい宗教。

「淫祠」は、邪神をまつったやしろ。「邪教」は、世に害毒を流す宗教。その宗教に反対の立場に立つ人によって言われることが多い。

因循姑息 ◆いんじゅん こそく

古いしきたりにこだわって、その場しのぎですませるさま。

「因循」は、古い習慣にこだわって改めようとしないこと。「姑息」は、一時の間に合せの意。「半髪頭《はんばつあたま》(ちょんまげなどに結った男の頭)をたたいてみれば因循姑息の音がする」という明治初期のざれ歌があるように、「文*明開化」についていけない、あるいは反発する人や習俗を評する語として使われた。

因小失大 ◆いんしょう しつだい

小さな利益にこだわって、かえって大きく損をすること。

「小に因《よ》りて大を失う」と読む。「貪小失大《とんしょうしつだい》」すなわち「小を貪《むさぼ》りて大を失う」とも言う。あとで百文《もん》損をすることも分らずに目先の一文を惜しむ「一文惜しみの百知らず」とも通じる。あるいは「安物買いの銭《ぜに》失い」など、金銭を例にした類義のことわざがいろいろある。

飲食之人 ◆いんしょくの ひと

小さなことに満足している人のこと。

飲み食いだけしている人の意。「飲食の人、すなわち人これを賤《いや》しむは、その小を養《やしな》いて以て大を失うが為《ため》なり。飲食の人も失うこと有るなからんとすれば、すなわち口腹もあにただに尺寸の膚《はだえ》の為のみならんや」(『孟子《もうし》』告子上)から。飲み食いだけしている人を世間が賤しむのは、体ばかり養って、精神という大きな部分を忘れているからだ、飲み食いしている人でも精神の修養を怠らなければ、飲食も単に体の足しになるだけではない、と説く。

音信不通《いんしんふつう》 ⇩ 音信不通《おんしんふつう》

飲水思源 ◆いんすい しげん

物事の根本を忘れないことのたとえ。特に、他から受けた恩を忘れないことに言う。

「水を飲みて源《みなもと》を思う」と読む。水を飲むたびに水源のありがたさに思いを致す意。しかし現実には、水源のことをいちいち考えながら水を飲むことなどほとんどないように、人から受けた恩も、「喉元《のどもと》過ぎれば熱さ忘れる」で、その時はどんなにありがたく思っても、時が過ぎれば忘れ去られてしまう。

陰徳陽報 ◆いんとく ようほう

人知れず善いことをすれば、目に見えるよい報いがあるということ。

「陰徳あれば陽報あり」と言う。「それ陰徳有る者は、必ず陽報有り。陰行有る者は、必ず昭名有り」（『淮南子《えなんじ》』人間訓）から。「陽報」は、はっきりと現れる善い報い。人知れず善行をすれば、必ずよい報いがあり、名を知られるようになる、と説く。

隠忍自重　◆いんにん じちょう

じっとこらえて、軽々しい行動を慎むこと。

「隠忍」は、じっと我慢すること。「自重」は、軽々しく振舞わないこと。春秋時代楚の伍子胥《ごししょ》は、楚王に父と兄を殺されかろうじて一人のがれる。呉を助けて長年の苦労の末に楚を討ち、父と兄の仇《あだ》を報じる。司馬遷は『史記』伍子胥伝賛で、「隠忍して功名を就《な》す」と記している。二日や三日の辛抱は「隠忍」とは言わない。

允文允武　◆いんぶん いんぶ

文武ともに優れていること。天子の徳をたたえて言う。

「穆穆《ぼくぼく》たる（うるわしく立派な）魯侯《ろこう》、敬《つつ》しんでその徳を明かす。威儀を敬しみ慎む、これ民の則《のり》なり。允《まこと》に文、允に武、昭《あき》らかに烈祖《れっそ》に仮《いた》る」（『詩経』魯頌《ろしょう》、泮水《はんすい》）から。春秋時代魯の僖公《きこう》の徳をたたえた歌。魯侯が徳を明らかにし、立居振舞をつつしまれたのは、民の見習うべきところ。文徳もあり武徳もあり、功業は先祖の公と変らない、と称賛している。

陰謀詭計　◆いんぼう きけい

人をあざむこうと、ひそかにたくらむはかりごと。

「陰謀」は、ひそかにたくらむはかりごと。『韓非子《かんぴし》』存韓に「趙《ちょう》は諸侯と陰謀久し」とあるように、ふつう個人のたくらみというより、複数の者が謀議する意味に使われる。「詭計」は、人をだますはかりごと。人を陥れるはかりごとの意を持つ二語を重ね、大がかりに、かつ丹念にたくらむ意味を持たせた語。

陰陽五行　◆いんよう ごぎょう

万物の生成をつかさどる陰・陽の二気と、万物を構成する木《もく》・火《か》・土《ど》・金《ごん》・水《すい》の五つの元素。

古代中国の哲理によれば、一切万物は天地間にある陰・陽二気によって生じ、天地間に循環流動する構成元素の五行のうち、木・火は陽に、金・水は陰に、土はその中間にあるとされ、これらの消長によって天変地異、吉祥災禍、人事の吉凶が説明される。これを「陰陽五行説」と言う。日本の陰陽道《おんようどう》はこの説に基づいている。

有為転変　◆うい てんぺん

仏教で、因縁《いんねん》によって生滅する、世の中の移り変りやすいこと。無常変化のすがたを言う。転じて、世の中の移り変りやすいこと。

古く「ういてんべん」とも言った。「有為」は、固定的な実体を持たず、因縁によって生滅するもの、すなわち世の中の万物を言う。「転変」は、無常であること。したがって「有為無常」とも言われる。「昨日ノ楽シミ今日ノ夢ト哀レ也。有為転変ノ世ノ習《ならい》」(『太平記』三六)のように、どちらかというと哀しい変化に使われる。

烏焉魯魚　◆うえん ろぎょ

文字が似ていることからくる誤りを言う。

「烏」と「焉」、「魯」と「魚」が互いによく似ているところから。「魯魚烏焉」とも言う。似ている字を組合せた類似表現に「魯魚亥豕《がいし》」*「魯魚章草《しょうそう》」「烏焉馬《うえんば》」などがある。活字体で見るとそれぞれの字の違いは明らかなようだが、これらの表現ができたのは、省画や崩しの多い筆文字が使われていた頃の話。「烏焉馬」に通ずる中国の古いことわざに「書は三写を経《ふ》れば烏焉は馬となる」があり、落語中興の祖と言われる江戸後期の戯作者《げさくしゃ》に烏亭焉馬《うていえんば》がいる。

右往左往　◆うおう さおう

意味もなく、あっちへ行ったりこっちへ行ったりすること。

「うおうざおう」とも言う。混乱している状態、あるいはじっとしていられない状態などに言う。古い例として、古活字本『平治物語』上に「六波羅《ろくはら》には内裏《だいり》よりよするとて、ひしめき、大内《おおうち》には六波羅よりよするとて兵ども右往左往にはせちがひ」と見える。ここはまだ、実際に右に行ったり左に行ったりという、言葉通りの意味が強い。「左往右往」とも言う。

羽翮飛肉　◆うかく ひにく

小さなものでも数多く集まれば大きな力となるたとえ。

「羽翮、肉を飛ばす」と読む。「羽翮」は、はね、つばさ。鳥の羽は一本一本は小さくて軽いが、集まってつばさとなれば鳥の体を飛翔《ひしょう》させるという意味。『漢書』中山靖王勝伝に見える。同じように小さなものが大きな力となることを言った語に「*点滴穿石《てんてきせんせき》」がある。

雨過天晴　◆うか てんせい

悪いことのあとにはよいことのあるたとえ。「雨過ぎて天晴《は》る」と読む。天気に対するこういう受け止め方は、洋の東西を問わないようで、英語にも **Be-hind the cloud, the sun is always shining.**（雲の向うでは陽が照っている）と、同じような成句がある。

羽化登仙　◆うか とうせん

うっとりしたよい気分になること。

原義は、体に羽がはえて、仙界に登る意。蘇軾《そしょく》「前赤《ぜんせき》壁賦《へきのふ》」に「飄飄乎《ひょうひょうこ》として世を遺《わす》れて独り立ち、羽化して登仙するがごとし」と見える。「仙」は、文字から分るように、山の人。「老いて死せざるを仙という。仙は遷《うつ》るなり。遷りて山に入るなり」（後漢、劉熙《りゅうき》『釈名』）にはじまり、山に入って不老不死の道術を行う人を仙人というようになった。「登仙」は、山中の仙界に至る意。

雨奇晴好《うきせいこう》　⇒　晴好雨奇《せいこううき》

有卦七年　◆うけ しちねん

調子のいいことが続くたとえ。

「有卦」は、陰陽道《おんようどう》で吉の年回りを言う。人の運命の吉凶を九星十二運に配し、吉の有卦が七年続いたあとに、凶の無卦《むけ》が五年続くとする。つまり、よいことが続くとされる有卦の七年間のこと。運が向いてきてよいことが続く意で使う「有卦に入《い》る」は、無卦から有卦の年になる、ということからきている。

禹行舜趨　◆うこう しゅんすう

うわべだけ聖人のまねをすること。

禹のようにあるき、舜のようにはしる意。『荀子《じゅんし》』非十二子の「禹のごとく行き舜のごとく趨《はし》る、これ子張氏（子張派）の賤儒《せんじゅ》なり」から。「禹」は、古代夏王朝の始祖とされる伝説上の帝王。「舜」は、伝説上の五帝の一人で、禹に帝位を禅譲《ぜんじょう》（ゆずる）したとされる。唐の楊倞《ようりょう》は、『荀子』のこの部分に「ただ聖人の威儀を宗《たっと》びて已《や》む」と注している。「禹歩《うほ》舜趨」とも言う。

烏合之衆 ◆うごうの しゅう

なんのまとまりもない群衆、または軍勢。

「烏合」は、烏《からす》のように規律も統率もなく集まること。『後漢書』耿弇《こうえん》伝に「突騎《とっき》（敵に突撃する騎兵）を発《おこ》して烏合の衆を躙《ふみにじ》ること、枯《かれき》を摧《くだ》き、腐《くちき》を折るがごとし」と見える。ちなみに、近年の観察によると、都会の烏の集団には、路上のゴミをあさる際、見張や斥候《せっこう》、食探しなどの役割分担が見られ、また鳴き声で意思を通じているらしいという。

右顧左眄 ◆うこ さべん

周囲のおもわくばかり気にして、なかなか決断しないこと。

右を振返り、左を流し目に見る意。本来の「左顧右眄*」は、もとは周囲を気にしない堂々たるさまを言った。

雨後春筍 ◆うご しゅんじゅん

物事が次々と現れたり増えたりすることのたとえ。ふつう「雨後の筍《たけのこ》」という成句で使われる。雨の降った後に続々と生え出る春の筍の意。筍の季節は晩春から初夏にかけてで、俳句では夏の季語とされる。陰暦四、五月ごろに吹く湿った東南風を、「筍梅雨《たけのこづゆ》」「筍流し」と呼ぶ地域もある。

有財餓鬼 ◆うざい がき

金銭に執着する人。また、人をののしっていう語。

「有財」は、金銭または食物を有する意。元来は仏教語で、餓鬼道に堕《お》ちて飢餓《きが》に苦しむ餓鬼の中でも、まったく食物の得られない「無財《むざい》餓鬼」に対して、お供えの食物などを得ることのできる餓鬼を言う。転義の、人をののしっていう語としては、やはり仏教語から転じて罵《ば》言《げん》となった「こん畜生」「餓鬼め」などと似た使い方をする。

有情世間 ◆うじょう せけん

心を持つ生き物の世界。

「有情」は、心のある生きとし生けるもの。「世間」は、世界に同じ。仏教で、草木を含めた自然環境を「器《き》世間《せけん》」と言うのに対し、そこで活動する生物世界を言う。「有情」は、生存するものという意のサンスクリット sattva の玄奘《げんじょう》以後の新訳で、旧訳《くやく》では「衆生《しゅじょう》」と言った。すなわち「有情世間」と「衆生世間」は同じことを言っている。

有象無象 ◆うぞう　むぞう

人目についたりつかなかったりする、種々雑多な人あるいは物。また、群がり集まった取るに足りない人々。本来は仏教で、世の中の象《かたち》が有ったり無かったりする一切の存在を言う。かたちのあるものもないものも、あれこれひっくるめてという意味から、雑多な集団の意に転じた。なお、相《そう》(属性)を持つもの、持たないものの意の「有相無相《うそうむそう》」からの転ともされる。

有智高才 ◆うち　こうさい

頭の働きがよく、学識に優れていること。

「有智」は、特に仏教語として、智恵のあること。「高才」は、学識の高いこと。『正法眼蔵随聞記《しょうぼうげんぞうずいもんき》』三に「有智高才を須《もち》ひず、霊利弁聡《れいりべんそう》に頼《よ》らず」と見える。同書では、引用中の「霊利弁聡」もそうだが、この前後に「聡《そう》明霊利《めいれいり》」「有知明敏《うちめいびん》」「多聞高才《たもんこうさい》」など、賢いことを意味する語が種々挙げられ、それらは悟りのためにあまり頼りにはならないと説かれている。

内股膏薬 ◆うちまた　ごうやく

定見や節操のないこと。また、そういう人。

「膏薬」は、あぶらで練った外用薬剤。ふつうは紙や布に塗ったものを患部に貼るが、直接股の内側に塗ると、歩くたびに左右どちら側にでもついてしまう。そこから、定まった考えや志操《しそう》を持たず、都合次第でどちらにでもつくこと、またそのような人を言うようになった。「二股膏薬《ふたまたこうやく》」とも言う。

有頂天外 ◆うちょうてん　がい

喜びのあまりわれを忘れて夢中になること。この上なく喜ぶこと。

仏教の世界観で「有頂天」は、欲界《よくかい》・色界《しきかい》・無色界《むしきかい》の三界のうちで最も高いところ、無色界の非想非非想天《ひそうひひそうてん》(意識も無意識もないところ)を言う。有頂天に到るのは生き物の最高の喜びであり、そこから、喜んで夢中になることを「有頂天」と言うようになった。「有頂天外」はそれをさらに強調したもので、有頂天の外に飛出すほどの気持という意味。

烏鳥私情　◆うちょうの しじょう

親に孝養を尽す気持。

晋《しん》の李密《りみつ》「陳情表」（『文選《もんぜん》』所収）に、今、私は四十四歳、祖母の劉《りゅう》は九十六歳です、陛下に尽す日は長く、養ってくれた劉に報いる日は短いでしょう、だから「烏鳥の私情、願わくは養いて終えんことを乞う」、祖母の最期を看取らせてください、と見える。子が成長ののち親に養育の恩を返す意のことわざに「烏《からす》に反哺《はんぽ》の孝あり」（→反哺之孝）があり、烏は古来、親孝行な鳥として知られる。

迂直之計　◆うちょくの けい

遠回りのようだが、実は最も効果的な方法のこと。「急がば回れ」ということ。「迂」は、道がまわりどおい意。「直」は、ただちに、すぐに、の意。「人に後《おく》れて発し、人に先んじて至る者は、迂直の計を知る者なり」（『孫子』軍争）から。敵に油断をさせる方途をめぐらし、油断したと見たら一気に攻め立てるという戦略を言っている。中国の史書には、敵におびえているように見せかけ、相手の油断を見すまして攻め滅ぼす戦《いくさ》の例がしばしば見える。

烏兎匆匆　◆うと そうそう

歳月があわただしく過ぎ去るたとえ。

太陽には三本足の烏《からす》が棲《す》み、月には兎《うさぎ》が棲むという古代中国の伝説から、「烏兎」は日と月、転じて歳月を言う。「金烏玉兎《*きんうぎょくと》」という表現もある。「匆匆」は、あわただしいさまを言う語で、手紙の末尾にも使われる。太陽と月が忙しく天空をめぐるさまを言っており、「烏飛兎《うひと》走《そう》」あるいは「兎走烏飛」も、同工同義の表現。

烏白馬角　◆うはく ばかく

この世に実際にはあり得ないことのたとえ。

「烏頭《うとう》白《しろ》く、馬角《うまつの》を生《しょう》ず」と言う。『史記』刺客伝賛から。戦国時代、秦《しん》の人質になっていた燕《えん》の太子丹《たん》は帰国を願い出る。秦王（後の始皇帝）は、黒い鳥の頭が白くなり馬に角が生えたら許してやろうと応ずる。丹が天を仰いで嘆くとたちまち「烏頭すなわち白く、馬また角を生」じ、帰国がかなったという。

烏飛兎走《うひとそう》　⇩烏兎匆匆《うとそうそう》

禹歩舜趨《うほしゅんすう》 ⇓ 禹行舜趨《うこうしゅんすう》

海千山千 ◆うみせん やません

世の中の経験を十分に積み、裏表をよく心得てずるがしこいこと。また、そのような人。

海・山・河にそれぞれ千年棲《す》んだ蛇は竜になるという俗信から言われるようになった「海に千年山に千年」を略したもの。やり手、したたか者という意味で使われる。

有無相生 ◆うむ そうせい

有が生ずれば無が生じ、無が生ずれば有が生ずるというように、有無は相対的な関係にあるということ。

『老子』二の「故《まこと》に有と無と相生じ、難と易と相成り、長と短と相形《あいあら》われ、高と下と相傾き、音と声と相和し、前と後と相随《あいしたが》う」から。世の中の物事はすべて相対的で、依存しあった関係にあると説いたもの。世間で絶対と思っているものは、このようにみな相対的なものである、それらを貫く絶対的なものに「道《どう》」がある、というのが老子の思想。

有耶無耶 ◆うや むや

有るか無いかはっきりしないこと。曖昧《あいまい》なこと。

「耶」は、疑問・反語の意を表す助詞。「有りや無きや」の意。『荘子』寓言《ぐうげん》に「命《めい》なからんや……命あらんや（天命がないとも言えない……あるとも言えない）」、「鬼《き》なからんや……鬼あらんや（鬼神がいないとも言えない……いるとも言えない）」という対句表現が見える。いずれもはっきりしないさまを言っている。現在では、「うやむやになる」「うやむやのうちに」など、多く仮名書きで、曖昧なさまを言う。

紆余曲折 ◆うよ きょくせつ

曲りくねっていること。また、事情が込入って変化していること。

「紆余」は、川が折れ曲って流れているさま。また、丘などがうねうねと続いているさまを言う。「曲折」は、折れ曲ること。また、状態の変化、込入った事柄を言う。事情が込入って変化している意では、「紆余曲折を経る」「紆余曲折があった」などと、時間的な経過を伴う表現となる。

羽翼既成　◆うよく きせい

組織の基礎などがすでにできていて、動かしがたいこと。

「羽翼既《すで》に成る」と読み、『史記』留侯世家に見える。「羽翼」は、つばさ。転じて、たすけとなる人、補佐を言う。漢の高祖劉邦《りゅうほう》は正妻呂后《りょこう》の子を廃して、愛妾戚夫《あいしょうせき》人の子を太子にしようとしたが、留侯張良《ちょうりょう》が手をまわし、呂后の子にはすでにしっかりした補佐がついていた。高祖は「羽翼既に成る。動かし難し」と言って、太子を代えるのをあきらめたという。

有漏無漏　◆うろ むろ

煩悩のある状態と、煩悩を滅した状態。

「漏」の有る状態と「漏」の無い状態ということ。「漏」は、本来もれ出る意。ここでは、眼《げん》・耳《に》・鼻《び》・舌《ぜっ》・身《しん》・意《い》の六根《ろっこん》から流れ出る汚れの総称で、煩悩に同じ。煩悩を持つ世俗の肉身を「有漏身」、煩悩を滅尽した清浄な仏身を「無漏身」と言う。

雲雨巫山《うんうふざん》 ⇩ 朝雲暮雨《ちょううんぼう》

雲烟過眼　◆うんえん かがん

物事にあまり執着しないことのたとえ。

「烟」は「煙」に同じで、「雲烟」は、雲と霞の意。「烟雲過眼」とも言う。北宋の詩人蘇軾《そしょく》は書画が好きで、若いころは自分の持っている絵画に執着し、人の持っているものは欲しがった。やがて、これでは自分を見失うと悟る。「これ烟雲の眼《まなこ》を過ぎ、百鳥の耳に感ずるに譬《たと》う。あに忻然《きんぜん》としてこれに接せざらんや。しかれども去りてまた念《おも》わざるなり」(「宝絵堂記」)。雲や霞を目にし、鳥の鳴声を耳にするのはうれしいものだ、しかし、過ぎてしまったら、もういつまでもこだわらない、の意。

雲烟飛動　◆うんえん ひどう

雲や霞が空を飛ぶこと。転じて、筆勢のいきいきしているたとえ。

「烟」は「煙」に同じ。「雲烟」は、雲と霞の意。主として筆勢のたとえに使われる。杜甫《とほ》の「飲中八仙歌」に「毫《ふで》を揮《ふる》って紙に落せば雲烟の如《ごと》し」と見えるように、「雲烟」だけでも筆勢にたとえられる。夏目漱石《そうせき》『草枕』一に見える「雲烟飛動の趣も目に入らぬ。落花啼鳥《ていちょう》の情けも心に浮かばぬ」は、主人公の画家が山道で雨に降られた折の述懐で、直接には自然の景色を詠ずる本来の意味で使われている。

雲霞之交 ◆うんかの こう

俗世間を超越した交友のたとえ。「交」はマジワリとも読む。「雲霞」は、雲や霞がたなびくような、地上の世間を離れたところを言う。俗世間の名誉や欲望とは関わりのない、いわばはだかの人間としての交わりの意。世俗を避けて竹林に会し、酒を飲み語り合ったと伝える「*竹林七賢《ちくりんのしちけん》」の交友などがその例と言えよう。

運斤成風 ◆うんきん せいふう

非常に優れた技術のたとえ。「斤《きん》を運《めぐ》らして風《かぜ》を成《な》す」と読む。「斤」は手斧《ちょうな》。『荘子』徐無鬼に見える説話から。春秋時代、楚《そ》の郢《えい》の人が、鼻の先に白い土を薄く塗り、工匠の石《せき》にそれを削り取らせた。「匠石、斤を運らして風を成し（風音を立てて手斧を振い）、聴《まか》せてこれを斲《けず》る」。鼻の先の白い土はきれいに取れ、鼻には傷ひとつつかなかったという。

雲行雨施 ◆うんこう うし

万物に恵みを施すこと。天下が太平なこと。『易経』乾卦象伝《けんかたんでん》に説く「大いなるかな乾元、万物資《と》りて始む。すなわち天を統《す》ぶ。雲行き雨施し、品物形を流《し》く」から。「乾」は、大地（＝坤《こん》）と対にした時の天。天の働きは偉大で、万物はこれによって始まる、雲が流れ雨が降り、よろずのものはその形体を整える、の意。乾の四徳すなわち「*元亨利貞《げんこうりてい》」のうち、万物の始まる「元徳」に続き、万物の流通する「亨徳」を説いたもの。象伝の説を敷衍《ふえん》させた文言伝では「〔聖人は〕時に六竜に乗じて、以て天を御するなり。雲行き雨施して、天下平らかなり」とある。

雲合霧集 ◆うんごう むしゅう

雲や霧が集まるように、人などが一時に多く集まること。

「天下の士、雲合霧集、魚鱗雑遝《ざっとう》、熛至風起《ひょうしふうき》す（雲霧のように集《つど》い、魚鱗のようにまじわり、火の粉や風のようにたちまち起《た》つ）」（『史記』淮陰侯伝《わいいんこう》）から。秦《しん》を滅ぼす時はそのような有様だったが、滅んだ今は事情が変っていると韓信《かんしん》は蒯通《かいとう》に説かれ、項羽《こうう》・劉邦《りゅうほう》・韓信の三者鼎立《ていりつ》をそのかされる。しかし、韓信はその時は劉邦に対する忠誠をまもり、漢王朝の成立に力を尽す。

雲散霧消　◆うんさん　むしょう

雲や霧が消えるように、物事が一時に消え失せてしまうこと。

雲が風に飛ばされ、霧が日の光にあって消えてしまう意。反対の意味を持つ表現に「雲合霧集《*うんごうむしゅう》」がある。

雲集霧散　◆うんしゅう　むさん

雲が集まり霧が散るように、多くの人などが集散すること。

『文選《もんぜん》』に載る班固《はんこ》「西都賦《ふ》」に「朝《あした》に河海を発し、夕《ゆうべ》に江漢に宿る。沈浮往来し、雲集霧散す」と見える。没落した者も成功した者も往来し、雲のように集まり霧のように散る、の意。班固は『漢書』の編者。

雲蒸竜変　◆うんじょう　りょうへん／うんじょう　りゅうへん

英雄・豪傑が機会を得て世に出るたとえ。

雲が巻き起るとともに、蛇が竜に変じて天に昇る意。「尺寸《せきすん》の柄《へい》を摂《と》るを得れば、それ雲蒸竜変し、その度に会するところあらんと欲す」（『史記』魏豹彭越伝賛《ぎひょうほうえつでんさん》）から。魏豹と彭越が漢王に対する反逆に失敗した時、自害せずに虜《とりこ》となり、結局は殺されるに到ったのはなぜか。それは、ちょっとでも力を得れば、その勢いに乗じ、活躍する場が得られると期待したから、甘んじて捕えられたのだ、と司馬遷は解説する。類義語に「飛竜乗雲《*ひりょうじょううん》」がある。

雲心月性　◆うんしん　げっせい

私心がなく、孤高で無欲なさま。

雲のように自在でとらわれない心と、月のように清く明るい性質を持っていること。唐の詩人孟郊《もうこう》の「憶《おもう》二周秀才素上人一詩」に「野客雲を心となし、高僧月を性となす」と見える。「野客」は、野《や》にいて仕官をしない人のこと。

雲中白鶴　◆うんちゅうの　はっかく

高潔な人格のたとえ。

「公孫度《こうそんたく》、邴原《へいげん》を目《もく》して、いわゆる雲中の白鶴にして、燕雀《えんじゃく》の網《あみ》よく羅する（つかまえる）所にあらざるなり、と」

白鶴である、燕や雀のような小さな鳥を捕える網ではつかまえられない、つまりそんな小人物ではない、の意。燕雀を小人物のたとえとする例は「燕雀安《いずく》んぞ鴻鵠《こうこく》の志《こころざし》を知らんや」（→燕雀鴻鵠）が名高い。

雲泥之差

◆うんでいの　さ

比較にならないほどの大きな差。

「之差」はいわば付け足しで、「雲泥」だけで比較にならぬ違いを言う。古くは『後漢書』矯慎《きょうしん》伝に「雲に乗り泥を行き、棲宿《せいしゅく》同じからずといえども、西風あるごとに、なんぞかつて歎ぜざらんや」と見える。後漢代、汝《じょ》南《なん》の呉蒼《ごそう》が隠者矯慎にあてた手紙で、あなたは雲に乗り私は泥を這《は》うほどに生き方は違っても、秋風が吹くごとに一緒にお話がしたいものです、の意。雲泥の隔たりを具体的に一万里とたとえた表現が「雲泥万里《ばんり》」*。

雲泥万里

◆うんでい　ばんり

天地ほどかけ離れた差を言う。

雲を天に、泥を地に見立てて、はなはだしく隔たっているさまを言う。雲と泥との違いは距離にすれば万里にもなると大げさに表現したもの。近世、俗に「うんてんばんてん」とも言った。「おめへン所《とこ》の肝右ェ《きもえ》門《む》さんなんざア、全体気前《ぜんてえきめえ》が能《いい》から静かだ。おらン所の気位《きぐれえ》とは、雲泥万里《うんてんばんてん》の違《ちげ》へよ」（式亭三馬『浮世風呂』二）。類義語に「雲泥之差」*がある。

運否天賦

◆うんぷ　てんぷ

運を天にまかせること。

「運否」は、運があるか否か、の意から、運不運を言う。「賦」は分け与える意。人の運不運は天の与えるところであるの意。「筍《たけのこ》のうんぷてんぷの出所《でどこ》かな」（小林一茶「七番日記」）は、たけのこは出たとこ勝負で、どこから生えてくるか分らないことを言ったもの。

盈盈一水

◆えいえい　いっすい

愛する人に語りかけられないつらい思いを言う。

「盈盈たる一水の間、脈脈として語るを得ず」（『文選《もんぜん》』所収古詩）から。「盈盈」は、水の満ちているさま。ここでは、女性の美しいさまを言う。「脈脈」は、見つめるさま。牽牛《けんぎゅう》と織女《しょくじょ》の七夕《たなばた》伝説にことよせて、わずか一筋の川を隔てるだけなのに語りかけられないと、よそよそしい女性の態度を嘆いている。

永永無窮　◆えいえい　むきゅう

永く続いてきわまりないこと。

「祖《そ》宗《そう》の功徳は竹帛《ちくはく》（書物）に著《あき》らかにして、万世に施すこと永永にして窮《きわ》まり無し」（『史記』孝文紀）から。前漢の五世文帝の徳をたたえあきらかにする昭徳の舞を、六世景帝が作らせた時に言った言葉。こののち高祖劉邦《りゅうほう》を太祖、文帝を太宗と呼ぶようになる。祖宗はここでは太祖・太宗を指す。

永遠回帰　◆えいえん　かいき

世界の出来事は、円環運動を行なって永遠に繰返すという思想。

「永劫《えいごう》回帰」とも言う。ドイツ語 ewige Wiederkunft の訳で、ニーチェが主張した。彼は悟りの生活には希望を託さず、現実の生を、その一切の喜びや苦しみとともに肯定するという立場から、この思想を強調した。世界の出来事は繰返されるという考えは、古くギリシャのピタゴラス派やストア派、ヘラクレイトスによっても説かれている。

影駭響震　◆えいがい　きょうしん

姿を見ず、言葉を聞かなくても、影や響きですでに驚き恐れること。

「影駭」は、影におどろく意。「響震」は、響きに震《ふる》える意。「［あなたの鮮やかな文章も］これを見る者をして影に駭《おどろ》かせ、これを聞く者をして響きに震わしむること能《あた》わず、いたずらに経を枕にし書を籍《し》き、体を衡門《こうもん》に紆《かが》むるを楽しむ（粗末な家で身体をかがめるだけで満足している）」（班固《はんこ》「答二賓戯《ひんぎ》一」、『文選《もんぜん》』所収）から。地味に著述の仕事をする班固に向かって、こう批判した人がいたらしい。天命に身を委《ゆだ》ね、志すところを行なっていれば天が助けてくれるであろう、と班固はこの文で応ずる。そして『漢書』の編者として後世に名を残す。

英華発外　◆えいか　はつがい

内面の優れた美しさが外に現れること。

「和順中に積みて英華外に発す。ただただ楽は以て偽りを為《な》すべからず」（『礼記《らいき》』楽記）から。徳を心中に積めば、その優れた美しさが楽によって外に現れる、だからいつわりの心で楽を行なってはならない、と言う。音楽は人情の自然の発露という認識から説かれたもの。

栄枯盛衰　◆えいこ せいすい

栄えたり衰えたりすること。人の世の移り変るさまを言う。

「栄枯」は、草木が茂ったり枯れたりすることから、栄えることと衰えること。「盛衰」は、盛んになることと衰えること。すなわち、ほぼ同義の語を重ねたもの。言葉としては「盛」「衰」ともに言っているが、「盛」は、衰えた時に改めて自覚することが多いことから、衰えた状態から盛んな状態を見るという視点で言われることが多い。

英姿颯爽　◆えいし さっそう

優れた姿の勇ましくさわやかなさま。

「英姿」は、立派で堂々とした姿。「褒公鄂公《ほうこうがくこう》毛髪動き、英姿颯爽として来りて酣戦《かんせん》す（戦いの真っ盛りのようだ）」（唐、杜甫《とほ》「丹青引贈₌曹《そう》将軍覇《は》₋詩」）から。初唐の功臣褒国公段志玄《だんしげん》と鄂国公尉遅《うっち》敬徳《けいとく》の肖像画を詠ったもの。

永字八法　◆えいじ はっぽう

「永」の一字で、すべての文字に共通する八種の運筆法を示すもの。

側《そく》（点）、勒《ろく》（横画）、努《ど》（縦画）、趯《てき》（跳ね）、策《さく》（短横画）、掠《りゃく》（左下払い）、啄《たく》（短左下払い）、磔《たく》（右斜下り）の八種。後漢の蔡邕《さいよう》の考案とされる。「永字八法は、古より諸家伝授の法にて、後世初学に教ふる第一の規則なり」（江戸後期『米庵墨談』）という。

郢書燕説　◆えいしょ えんせつ

むりやりこじつけて解釈すること。

「郢書、燕を説《と》く」と読む。この「書」は手紙。春秋時代、楚《そ》の都、郢の人が、燕の大臣に当てて手紙を口述筆記させていた時、灯火が暗いので「燭《しょく》を挙げよ」と言ったところ、筆記者はそれも手紙に書き込んでしまった。燕の大臣がこれを読み、「賢人を採用せよ」ということだと解釈して実行したところ、国がよく治まったという。『韓非子《かんぴし》』外儲説《がいちょぜい》左上に見える説話。

詠雪之才　◆えいせつの さい

女性の文才を褒《ほ》めたたえる語。

東晋《とうしん》の謝道韞《しゃどううん》が、兄とともに叔父の謝安《しゃあん》の家に招かれた時、急に雪が降ってきた。謝安が二人にこの景を何と見立てるかと尋ねたところ、塩をまいたようだと言う兄に対し、道韞は「柳絮《りゅうじょ》の風に因《よ》りて起る」、綿毛に包まれた柳の種(柳絮)が風に舞うようだと答え、謝安を喜ばせた。『晋書』烈女伝に見える話。「柳絮之才」とも言う。

曳尾塗中 ◆えいび とちゅう

仕官して束縛されるよりも、貧しくとも自由に暮した方がよいというたとえ。

「尾《び》を塗中に曳《ひ》く」と読む。「塗中」は、泥の中。戦国時代、宋の荘子が仕官を勧められた時、亀は、死んで占いの道具として甲羅《こうら》を大事にされるのと、生きて泥の中で尾を曳くのと、どちらを望むだろうと言って、仕官を断ったという。『荘子』秋水に見える。日本で俗に言う「すまじきものは宮仕え」と同じ。

盈満之咎 ◆えいまんの とが

物事が満ち足りている時は、かえって災いが生じやすいということ。

「盈満」は、満ち満ちて欠けたところがないこと。「わが門戸財《たから》を殖《ふや》して日に久し。盈満の咎、道家の忌むところ」(『後漢書』方術伝、折像)から。とにかく満ち満ちることには注意が必要なようで、『史記』蔡沢《さいたく》伝には「月満《つきみ》つれば則《すなわ》ち虧《か》く(盛んになればやがて衰える)」とある。日本では俗に「*腹《はら》八分目」と言って、満腹を戒めている。

栄耀栄華 ◆えいよう えいが えよう えいが

著しく派手で贅沢《ぜいたく》なこと。

「栄耀」は、栄えかがやくこと。「栄華」は「栄花」とも書き、世にときめき栄えること。類義の語を重ねて、そのさまの著しいことを表現している。著しいとは、しばしば目にあまるという批判の意味をもつ。これも例外ではなく、おごり高ぶるという意味でも使われる。

慧可断臂 ◆えか だんぴ

慧可が自分の求道《ぐどう》の心を示すために臂《ひじ》を断《た》ち、ために達磨《だるま》が入門を許可したという故事。

慧可は中国南北朝時代の僧。嵩山《すうざん》少林寺で坐禅《ざぜん》をしていた達磨に教えを請うたが、達磨は相手にしなかったので、臂を切断して求道の心の強いことを示したという。のちに禅宗第二祖となる。「慧可断臂」は、雪中で臂を断つ慧可を描く画題として知られる。

益者三楽　◆えきしゃ　さんごう

有益なねがい三種を言う。

「楽」は、ラクと読みタノシムと訓ずるものもあるが、ふつうゴウと読みネガウと訓ずる。『論語』季氏で、孔子は「礼楽を節せん（礼儀と雅楽をほどよく行う）ことを楽《ねが》い、人の善を道《い》う（人の美点を話題にする）ことを楽い、賢友多き（すぐれた友人が多い）ことを楽う」を「益者三楽」と言っている。それに対して、有害なねがい三種を「損者三楽*《そんじゃ》」と言う。

益者三友　◆えきしゃ　さんゆう

交際して益のある三種の友人を言う。

『論語』季氏に「直《なお》き（正直な人）を友とし、諒《まこと》（誠実な人）を友とし、多聞《たぶん》（博学な人）を友とす」とあり、孔子はこれを「益者三友」と言っている。『論語』では続けて有害な友、「損者三友*《そんじゃ》」を挙げる。

易姓革命　◆えきせい　かくめい

天子は天命を受けて天下を治め、その子孫が引き継ぐが、もしその家（姓）に不徳の者が出れば、別の有徳者が天命を受けて王朝をひらくという、中国古来の政治思想。

「姓《せい》を易《か》え命《めい》を革《あらた》む」と読む。『史記』歴書に「王者は姓を易え、命を受く」とあるように、中国では王朝を一姓の業（たとえば漢は劉《りゅう》氏）とした。すなわち「易姓」は、新王朝が興《おこ》ることを言う。「革命」は、天命をあらたにする意。家臣が主君を伐《う》って帝位につくことを正当化する思想。

役夫之夢　◆えきふの　ゆめ

人生の栄華は夢のようにはかないというたとえ。

『列子』周穆《ぼくおう》王に見える寓話《ぐうわ》から。周の尹《いん》氏はたいそう人使いが荒かった。しかし昼間こき使われている役夫《えきふ》（使用人）は、夜、夢の中では国王となっていたので、主人を恨むこともなかった。逆に主人の尹氏は、夢の中で役夫となり、ひどい目にあっていたという。同じ意味を持つたとえでも、「邯鄲之夢*《かんたんのゆめ》」とはずいぶん趣を異にする。

回向発願　◆えこう　ほつがん

すべての功徳《くどく》を浄土往生に振り向けて、極楽浄土に往生することを願うこと。

「回向」は「廻向」とも書く。自分の善行の結果である功徳を、ある目的に振り向ける意。「発願」は、極楽浄土に往生したいという願いをおこすこと。「かの国(極楽)に生れんと願う者、三種の心を発《おこ》さば、すなわち往生す。何らを三となす。一には至誠心《しじょうしん》、二には深心《じんしん》、三には回向発願心なり」(『観無量寿経《かんむりょうじゅきょう》』)による。この三種の心を「三心《さんじん》」と呼び、浄土教で重視する。

依怙贔屓 ◈えこ ひいき

みんなに公平でなく、ある人だけを特別にひいきすること。

「依怙」は、依《よ》りたよる意から、転じて、かたよってひいきする意。「依怙」だけで「依怙贔屓」の意味を持ち、さらに「贔屓」の語を重ねることで、かたよったさまを強調している。よく、学校の先生がたまたまある生徒に優しくすると、ほかの生徒たちが「ひいきだ」と言うが、この場合の「ひいき」は「依怙贔屓」の意。同義語に「*贔屓偏頗《へんぱ》」がある。

会三帰一《えさんきいち》 ⇓ 開権顕実《かいごんけんじつ》

会者定離 ◈えしゃ じょうり

この世は無常で、会う者とは離れるのが定めであるということ。

俗に言う「会うは別れの始め」と同意。「*諸行無常《しょぎょうむじょう》」を人との関わりにおいて表現したもので、生き別れ死に別れに限らず、また、親子であれ他人であれ、会った者とはいずれは別れなければならないというこの世の定めを言っている。仏教で言う八苦《はっく》(↓四苦八苦)の中の「*愛《あい》別離苦《べつりく》」は、その苦しさの避けられないことを言う。「*生者必滅《しょうじゃひつめつ》、会者定離」と表現されることが多い。

依他起性 ◈えたき しょう

仏教で、因縁によって生ずるもの。「他に依《よ》って起る性《もの》」の意。固定した実体はなく、ただ現象として現れているものを意味する。他の力によって生じまた滅するために、有でもなく無でもない、仮有《けう》のものとされる。「*遍計所執性《へんげしょしゅうしょう》」「*円成実性《えんじょうじっしょう》」とともに、唯識説《ゆいしきせつ》で説く「三性」の一つ。唯識説は、「空《くう》」の思想を受けついで、すべての存在はただ自己の心(=識)が作り出した仮のものと説く。法相宗《ほっそう》の基本教義。

越俎之罪 ◆えっその　つみ

他人の職分、権限をおかす罪。

「越」は、自分の領域をこえる意、ここでは一般に、奪う意に解釈されている。「俎」は、まないた。「庖人庖《ほうじん》を治めずといえども、尸祝《ししゅく》は樽俎《そんそ》を越《うば》いてこれに代らず」（『荘子』逍遥遊《しょうようゆう》）から出た語。料理人が料理をうまくしないからといって、神主がお供えの酒樽や肉台を奪ってきてその代りはしないものだ、の意。「飲河満腹《いんかまんぷく》*」と同じく、古代中国の天子尭《ぎょう》に天下を譲ろうと言われて、許由《きょゆう》が断った時の言葉とされる。

越鳥南枝 ◆えっちょう　なんし

故郷を恋い慕う心の切実なことのたとえ。

「越鳥は南枝に巣《す》くう」と言う。『文選《もんぜん》』所収の古詩の句「胡馬《こば》は北風《ほくふう》に依《よ》り、越鳥は南枝に巣くう」から。南方越の国の鳥は、故郷恋しさのあまり、木の南側の枝に巣を作る、の意。対句の前半部は、同義の「胡馬北風*」で知られる。

越畔之思 ◆えっぱんの　おもい

自分の職分、権限を守って、他人の領分を侵さない気持を言う。

「畔」は、田のあぜ。この「越畔」は、いわばキーワードをつなげた語で、畔を越える意ではない。それでは、他人の領分を侵す意となり、ここで言うこととは反対になってしまう。『春秋左氏伝』襄公《じょうこう》二十五年に「政は農功の如《ごと》し……朝夕にしてこれを行い、行い思いを越ゆること無し。農の畔有るが如くならば、その過ち鮮《すくな》しと見える。春秋時代、鄭《てい》の宰相《さいしょう》子産が、政治にたずさわる者の心がけを農業にたとえて説いたもの。

得手勝手 ◆えて　かって

他人のことはかまわず、自分の都合だけ考えること。また、そのように振舞うこと。

「得手」は、自分の得意とするところ。「勝手」は、自分の都合のよいように振舞うこと。ともに、自分にとってよしとする意で、しかも「手」で終る言葉を重ね、語調をよくすると同時に、自分本位という意味を強めたもの。

栄耀栄華《えようえいが》 ⇩ **栄耀栄華**《えいようえいが》

衣裏繋珠　◆えり けいしゅ

仏教で、真実の教えがあるのに、それに気づかず方便《ほうべん》の教えに満足していることのたとえ。「衣《ころも》の裏《うち》に珠《たま》を繋《つな》ぐ」の意。「法華《ほっけ》七喩《しちゆ》」の一つ。『法華経』五百弟子受記品に説かれる。親友の家に行った男が酒に酔って寝てしまった。親友は用事があったので、寝ている男の衣の裏に高価な宝珠を縫いつけて出かけた。目を覚ました男は、自分が高価な宝珠を持っていることに気づかずに、各地を放浪して苦労し、わずかな収入で満足したという話。わずかな収入を方便の教え、衣の裏の宝珠を真実の教えにたとえる。

烟雲過眼《えんうんかがん》 ⇒ 雲烟過眼《うんえんかがん》

蜿蜿長蛇　◆えんえん ちょうだ

うねうねと長く続いているさま。

「蜿蜿長蛇の列」と使われる。「蜿蜿」は、「蜿蜒」「蜒蜒」とも書き、これだけでうねうねと曲りくねっているさまを言う。「長蛇」はほとんど付け足しで、蜿蜿として長蛇のごときというほどの意。意味があまり変らず、同音で漢字もやさしいところから、「延延長蛇」と書かれることもある。

鴛鴦之契　◆えんおうの ちぎり

夫婦仲のむつまじいことのたとえ。

「おしのちぎり」とも言う。「鴛」は雄、「鴦」は雌のおしどりを言う。おしどりはいつも雌雄が一緒にいるように見られ、「おしどり夫婦」などと、夫婦仲のよさに引合いに出される。御伽草子《おとぎぞうし》『浦島太郎』では、太郎は「美しき女房(女の人)」とともに舟で竜宮城へ行く。そこで「わらはと夫婦の契をもなし給ひて」と女房に口説かれ、「互ひに鴛鴦の契浅からずして、明かし暮らさせ給ふ」という筋立になっている。

煙霞痼疾　◆えんかの こしつ

自然の美しさへのこだわりが強いことを持病にたとえた語。

「煙霞」は、もやとかすみ。転じて、自然の風景を言う。「痼疾」は、久しくなおらない病気。「〔唐高宗〕謂《い》いて曰《いわ》く、先生このごろ佳《よ》しや否や、と。〔田游巌《でんゆうがん》〕答えて曰《いわ》く、臣は謂《い》う所の泉石の膏肓《こうこう》(なおせない病気)、煙霞の痼疾の者、と」(『新唐書』田游巌伝)から。泉水・庭石にとらわれ、煙霞から離れられずにおります、の意。「泉石《せんせき》煙霞」「煙霞之癖《へき》」とも言う。

轅下之駒　◈えんかの　こま

束縛されて思い通りにできないことのたとえ。また、力不足で任を果せないこと。

「駒」は二歳の馬で、車の轅《ながえ》につないでもまだ思うように車を動かすことができないところから言う。「上(前漢の武帝)、内史(鄭当時《ていとうじ》)を怒って曰《いわ》く、公はしばしば魏《ぎ》其《き》・武安《ぶあん》の長短を言う。今日の廷論、局趣《きょくそく》(ちぢこまる)として轅下の駒に効《なら》う、と」(『史記』魏其武安侯伝)から。今日の朝廷の論議では、お前は萎縮《いしゅく》して、まるで轅につながれた若駒のようだった、と武帝が鄭内史を怒ったもの。

燕頷虎頸　◈えんがん　こけい

燕《つばめ》のようなあごと虎《とら》のようなくびを持つ相。異域で活躍する貴人の相という。

『漢書』の撰述者班固《はんこ》の弟、後漢の班超《はんちょう》は、若いころ貧乏で、役所に雇われて筆耕の仕事をしていた。ある時、人相見に自分の相を見てもらったところ、「相者(人相見)指して曰《いわ》く、生は燕頷虎頸、飛びて肉を食らう、これ万里侯の相なり、と」(『後漢書』班超伝)。相者の言う通り、後に班超は万里の外に遠征して戦功を挙げ、定遠《ていえん》侯《こう》に封ぜられた。『十八史略』によって、「燕頷虎頭《ことう》」とも言う。なお、相者に見てもらう前段の逸話から、「*燕頷投筆《とうひつ》」という語もできている。

燕雁代飛　◈えんがん　だいひ

すれ違って互いに遠くへだたってしまうたとえ。

「燕雁は代飛す。〔高誘《こうゆう》注〕燕は玄鳥《げんちょう》(つばめ)なり。春分にして来たる。秋分にして去る。雁は春分にして北し、漠中《ばくちゅう》に詣《いた》るなり。燕は秋分にして南し、彭蠡《ほうれい》に詣るなり。ゆえに代飛というなり」(『淮南子《えなんじ》』地形《ちけい》訓)から。燕は春分のころやって来る。そのころ雁は北の砂漠の方に行く。燕は秋分のころ去って行く。そのころ雁は南下して彭蠡(今の江西省の鄱陽《はよう》湖)にやって来る。「代飛」とは、そういう意味だと注している。

燕頷投筆　◈えんがん　とうひつ

文筆を捨てて武に就くこと。

「燕頷、筆を投ず」と読む。後漢の班超《はんちょう》は、若いころ貧乏で、役所に雇われて筆耕の仕事をしていた。ある時、男子たるもの、書記などやめて武で身を立てようと思い立つ。「業を輟《や》め、筆を投じて歎じて曰《いわ》く、大丈夫他の志略なし。なおまさに傅介子《ふかいし》・張騫《ちょうけん》に効《なら》い、功を異域に立て、以て封侯《ほうこう》を取るべし」(『後漢書』班超伝)。そして人相見に見てもらうと、「*燕頷虎頸《こけい》」の相と言われる。やがて班超は、万里の外に遠征して戦功を挙げ、定遠侯《ていえんこう》となった。

延頸鶴望　◆えんけい かくぼう

今か今かと待ちわびること。

「今、寇虜《こうりょ》(外敵ども)害を作し、民は荼毒《とどく》(害毒)を被《こうむ》り、漢を思うの士、頸《くび》を延《の》べて鶴望す」(『三国志』蜀志《しょくし》、張飛《ちょうひ》伝)から。漢を思う勇者を、頸を延ばして鶴のように待ち望んでいる、の意。要するに、鶴首して待つ、ということ。蜀漢の皇帝となった劉備《りゅうび》が、張飛を西郷侯《さいきょうこう》に封じて与えた書の言葉。

延頸挙踵　◆えんけい きょしょう

人が来るのを待ちわびること。

「(南や西の蕃族の酋長《しゅうちょう》たちは)頸《くび》を延《の》べ踵《くびす》を挙げ、喁《ぎょう》喁然《ぎょうぜん》として(魚が口をパクパクするように)皆争い義に帰し、臣妾為《せ》んと欲す」(『史記』司馬相如《しょうじょ》伝)から。前漢の武帝に命じられて、文人司馬相如が巴《は》・蜀《しょく》の民にあてた檄《げき》文《ぶん》。類義の「*延頸鶴望《かくぼう》」に比べると、文飾の色が濃い。

遠交近攻　◆えんこう きんこう

遠い国と親しく交際しておいて、近い国を攻め取る政策。

「王は遠きと交わり近きを攻むるにしかず。寸を得ればすなわち王の寸なり。尺を得ればまた王の尺なり」(『史記』范雎《はんしょ》伝)から。戦国時代魏《ぎ》の范雎が、秦《しん》の昭王に説いた外交政策。まず遠い国と仲良くしておいて、少しずつ近い国を征服していき、最後に遠い国を攻めるという策略。范雎は昭王の客卿から秦の宰相《さいしょう》となる。

猿猴取月　◆えんこう しゅげつ

できもしないことをしようとして、失敗することのたとえ。

おおぜいの猿が、木の下の井戸水に映った月を取ろうとして、枝からしっぽにつかまって次々とぶら下がっているうちに、枝が折れてみんな溺《おぼ》れ死んでしまったという『僧祇律《そうぎりつ》』(古代の部派仏教大衆部《だいしゅぶ》の規則)の寓話《ぐうわ》から。「猿猴捉月《そくげつ》」(「捉」は、とらえる意)とも言う。なお類義の、「*海底撈月《かいていろうげつ》」は、むだな労力を費やすたとえに言われる。

円鑿方枘　◆えんさく　ほうぜい

かみあわないことのたとえ。

「枘」は、二つの木材などをつなぎ合せる時に一方の端に作った突起、ほぞ。「鑿」は、そのほぞを受ける他方の材の穴。丸いほぞ穴に四角いほぞを入れる意。『楚《そ》辞《じ》』九弁に「圜(円に同じ)鑿にして方枘なる、吾《われ》もとより其の鉏鋙《そご》して(くいちがい)入り難きを知る」と見える。また『史記』孟子《もうし》伝に「方枘を持ちて圜鑿に内《い》れんと欲するは、それ能《よ》く入らんや」と見えるように、「方枘円鑿」とも言う。類義語に「*方底円蓋《えんがい》」がある。

掩耳盗鐘　◆えんじ　とうしょう

自分ではうまく隠せたと思っても、まわりはみんな知っていることのたとえ。

「耳を掩《おお》いて鐘を盗む」と言う。ある男が鐘《かね》を盗み、背負って走ろうとしたが、鐘が大きくて背負えない。そこで、小さく割ろうと椎《つち》で叩いたら大きな音がした。男は人に聞かれてはいけないと、あわてて自分の耳をふさいだ、という話。『呂氏《りょし》春秋《しゅんじゅう》』不苟《ふこう》論、自知に見える。「頭《あたま》隠して尻《しり》隠さず」と、大意において似たような語。「鐘」を「鈴」として伝える形もある。

燕雀鴻鵠　◆えんじゃく　こうこく

小人物には大人物の志は分らないというたとえ。

「燕雀」は、つばめとすずめで、小さな鳥の例。「鴻鵠」は、オオトリ、クグイなど大型の水鳥。「燕雀安《いずく》んぞ鴻鵠の志《こころざし》を知らんや」という成句で知られる。秦《しん》代、陳勝《ちんしょう》(陳渉)は人に雇われて耕作していた。あるとき仲間に、出世して金持になってもお互いに忘れないでいよう、と言ったところ、雇われ者の身でどうやって出世するんだ、と雇い主に笑われた。「陳渉太息して(ため息をつく)曰《いわ》く、嗟乎《ああ》燕雀安んぞ鴻鵠の志を知らんや、と」(『史記』陳渉世家)。ここから「鴻鵠之志」も、大人物の遠大な志をたとえる語になっている。後に陳勝は、呉広《ごこう》とともに秦に叛して立った(↓陳勝呉広)。なお、「*王侯将相《おうこうしょうしょう》」も、同じ陳勝の逸話から出た語。

燕雀相賀 ◆えんじゃく そうが

新居の落成を祝う言葉。「燕雀相賀《あいが》す」と言う。「湯沐具《とうもくそな》わりて蟣虱《きしつ》相弔《あいちょう》し、大《たい》廈《か》成りて燕雀相賀す」(『淮南子《えなんじ》』説林訓《ぜいりんくん》)から。浴室ができると、自分たちが洗い落されるから虱《しらみ》たちは嘆き、大きな家ができると、自分たちも巣を作れるから燕《つばめ》と雀《すずめ》は一緒になって喜ぶ、の意。

円成実性 ◆えんじょうじつ しょう

仏教で、あらゆるものの真実の姿を言う。「円《まど》かに実を成す性《もの》」の意。「*遍計《へんげ》所執《しょしゅう》性《しょう》」「*依他起《えたき》性《しょう》」とともに、唯識説《ゆいしきせつ》で説く「三性」の一つ。「依他起性」をさらに超越し、あらゆるものの真実の姿は、完全に完成されたものであることを意味する。唯識説は、「空《くう》」の思想を受けついで、すべての存在はただ自己の心(=識)が作り出した仮のものと説くもので、法相宗《ほっそう》の基本教義となった。

遠水近火 ◆えんすい きんか

遠くのものは急場の役には立たないたとえ。「遠水、近火を救わず」と言う。「火を失して(火事になって)水を海に取る。海水多しといえども、火必ず滅せず。遠水は近火を救わざるなり」(『韓非子《かんぴし》』説林上《ぜいりん》)から。類義の表現に「遠水、渇《かつ》を救わず(遠くの水ではのどの渇きの助けにならない)」がある。

燕巣幕上 ◆えんそう ばくじょう

きわめて危険なことのたとえ。「燕《つばめ》、幕上に巣《す》くう」と読む。いくさの本営などのために張りめぐらした幕は、いつ取払われるか分らない。そんなところに燕が巣を作っても危険きわまりない、という意。「夫子《ふうし》のここに在るや、なお燕の幕上に巣くうがごとし」(『春秋左氏伝』襄公《じょうこう》二十九年)から。国君の咎《とが》めを受けて謹慎中という衛《えい》の孫林父《そんりんぽ》の身の上を、呉の季札《きさつ》がたとえたもの。

円転滑脱 ◆えんてん かつだつ

言動がかどだたず、なめらかで自由自在なこと。物事がすらすらと運んで、とどこおらないこと。「円転」は、かどだたず、なめらかに動くこと。「滑脱」は、とどこおりなく自在に変化すること。二語を重ねて、なめらかなさまを強調したもの。言葉自体に否定的な響きはないが、時に軽薄の意味を含んで使われる。その点、類義の「円滑」とは少し語感を異にする。

宛転蛾眉 ◆えんてん がび

美しく弧を描く三日月のような眉《まゆ》。転じて、美人を言う。

「年年歳歳花相似《あいに》たり、歳歳年年人同じからず」で知られる初唐の劉希夷《りゅうきい》の詩「代悲白頭翁」に、「宛転たる蛾眉よく幾時《いくとき》ぞ、須臾《しゅゆ》にして鶴髪乱れて糸の如《ごと》し」と見える。「宛転」は、それ自体で眉が美しく弧を描いているさまを言う。「蛾眉」は、蛾の触角のように三日月形をした美しい眉。美人の三日月眉もいつまで保つのか、すぐに白髪乱れてざんばらという有様になる、の詩意。なお、「蛾眉」は「娥眉」とも書かれる。「娥眉」は、美人の眉の意。

鉛刀一割 ◆えんとう いっかつ

①自分の微力を謙遜《けんそん》して言う。②一度使えば二度と使えなくなるたとえ。③けがの功名。

原義は、なまくら刀で一度切る意。①は、『後漢書』陳亀伝に「臣は頑駑《がんど》の器《うつわ》（かたくなでおろか）にして、鉛刀一割の用無きに過ごすも、国恩を受くるに至り、栄秩《えいちつ》（高官）兼ねて優る」と見える。鉛刀を一振りするほどの役にも立っていないと謙遜をきわめている。②は、西晋《せいしん》の左思「詠史詩」に「鉛刀は一割を貴び、夢想は良図《りょうと》（優れたはかりごと）を騁《ほしいままに》す」と見える。二度と使えないから一振りを大事にする意。③の用法は、唐の『貞観政要《じょうがんせいよう》』誠信に「君子の小過は、けだし白璧微瑕《はくへきのびか》*なり。小人の小善は、すなわち鉛刀の一割なり」と見える。切れない刀がたまたま切れたようなものだの意。

円頭方足 ◆えんとう ほうそく

人間のこと。

「円頭」は丸い頭、「方足」は四角い足。古代中国では、人間の頭は天に、足は地にかたどってできたと考えられた。『淮南子《えなんじ》』精神訓に「頭の円なるや天に象《かたど》り、足の方なるや地に象る」と見える。

円頓止観 ◆えんどん しかん

すべての存在が、そのまま真実の理法にかなうことを認識し、受入れる観察法。

天台宗で用いる語。「円頓」は、すべての存在が今のこの心に円満に受入れられていることを、すみやかに悟る意。「止観」は、心を集中して真実を観察すること。隋代、天台始祖智顗《ちぎ》の講述になる『摩訶《まか》止観』では、すべての存在は矛盾対立する二つの立場のどちらからも離れ、それらを超えた立場（中道）にあるとし、これを「一《いっ》色一香《しきいっこう》として中道にあらざるはなし（すべてのものが中道である）」と表現する。これを認識して受入れるのが「円頓止観」と言える。

鳶飛魚躍 ◆えんぴ ぎょやく

本性にしたがって自由に楽しむこと。「鳶《とび》飛んで魚躍《うおおど》る」と読む。「鳶は飛んで天に戻《いた》り、魚は淵《ふち》に躍る」（『詩経』大雅、旱麓《かんろく》）から。春秋時代、周の文王の徳をたたえる歌。一説に、鳶を悪人にたとえ（室町時代の『毛詩抄』の表現に従えば「小鳥をとるものぢゃほどに悪鳥ぞ」）、文王の徳に恐れて悪人が遠ざかったことを「鳶は飛んで天に戻る」と表現したとする。

偃武修文 ◆えんぶ しゅうぶん

戦をやめて学芸を修めること。平和になること。

「偃武」は、武器の使用をやめる、つまり戦いをやめる意。春秋時代、周の武王が、殷《いん》の紂王《ちゅうおう》を討って天下を平定し、周の都豊《ほう》に戻って「すなわち武を偃《ふ》せ文を修め、馬を華山の陽《みなみ》に帰《き》し、牛を桃林の野《や》に放ち」、いくさのための牛馬をもう使わないと天下に示したという、『書経』武成の記事による。引用の後半は「＊帰馬放牛《きばほうぎゅう》」という語になっている。日本では、元和《げんな》元年（一六一五）の大坂夏の陣以後、徳川家康が天下に太平をもたらしたことを「元和偃武」と呼ぶ。

縁木求魚 ◆えんぼく きゅうぎょ

方法を誤ると、得るものも得られないたとえ。また、見当違いのことを望むたとえ。「木に縁《よ》りて魚《うお》を求む」で知られる。木をたよりに魚を探す意。「かくのごとく為《な》す所を以て、かくのごとく欲する所を求むるは、なお木に縁りて魚を求むるがごとし」（『孟子《もうし》』梁恵王上《りょうけいおう》）から。戦国時代、斉《せい》の宣王が、武力で天下を治めようとしているのに対して、それは方法が間違っていると孟子が諫《いさ》めたもの。

円木警枕 ◆えんぼく けいちん

丸木の枕。寝る間も惜しんで勉強することのたとえ。『資治通鑑《しじつがん》』の撰述に力を注いだ北宋の司馬光《しばこう》は、眠ってしまったら転がって目が覚めるように、丸木を枕にして勉学に励んだという。『資治通鑑』の撰述を助けた范祖禹《はんそう》の「司馬温公布衾銘記《ふきん》」に「司馬温公《しばおんこう》(光の尊称)、円木を以て警枕と為《な》す」と見える。熟睡を戒める枕「警枕」は以前からあったようで、『礼記《らいき》』の漢代の注釈書にも見える。

円満具足

◆えんまん ぐそく

十分に備わって、少しの不足もないこと。

「円満」「具足」ともに、すべてを備えているという意。同義の二語を重ねて、完全に備わっていることを強調したもの。「円満」「具足」はまた、仏教語としても使われる。

延命息災

◆えんめい そくさい

命を延ばし、災いを止めること。達者で長生きすること。

「息災延命」とも言う。「息災」は、災いを息《とど》めること。密教では、災害を除去し延命を願う「息災延命法」が古くから修せられ、鎌倉前期親鸞《しんらん》の『三帖和讃』には、「阿弥陀如来来化《あみだにょらいらいけ》して、息災延命のためにとて、金光明《こんこうみょう》の寿量品《じゅりょうぼん》、ときおきたまへるみのりなり」という歌が見える。一方、平安中期の成立とされる『宇津保《うつほ》物語』梅の花笠には、「女はおしなべては、延命息災を旨《むね》として」という表現があり、古くから二様の言い方が通用していたと見られる。

厭離穢土《えんりえど》 ⇒ 厭離穢土《おんりえど》

遠慮会釈

◆えんりょ えしゃく

他人に対する控えめな言動と思いやり。

「遠慮会釈もない」と、否定的表現で用いられる。相手を思いやることなく、事を強引に進めるさまに言う。「遠慮」も「会釈」も、他人への気配りである。その両語を重ねて否定することにより、遠慮のないさまを強め、非難すべき態度として使う。

遠慮近憂

◆えんりょ きんゆう

遠い先まで見通した配慮を持っていないと、身近なところで心配事が起るということ。

「遠き慮《おもんぱか》り無ければ、必ず近き憂《うれ》い有り」の略。『論語』衛霊公に見える。「遠慮」は、遠い先まで考えること。俗に言う「転ばぬ先の杖」に同じ。道のずっと先まで転ばないようにと用心のため持つ杖だが、それがないと、目先の石にでもすぐつまずいてしまう、という戒め。

遠慮深謀《えんりょしんぼう》 ⇒ 深謀遠慮《しんぼうえんりょ》

枉駕来臨 ◆おうが らいりん

わざわざ尋ねてくれることとの敬意表現。

「枉」はまげる意で、「枉駕」は、馬車など駕《のりもの》の方向を変えてわざわざ尋ねることを言う。「将軍、よろしく駕《が》を枉《ま》げてこれを顧みるべし」(『三国志』蜀志《しょくし》、諸葛亮《しょかつりょう》伝)による。徐庶《じょしょ》が劉備《りゅうび》(将軍)に諸葛亮孔明《こうめい》を推薦して、御自分で孔明を訪れて下さいと言ったもの。そして有名な「*三《さん》顧之礼《このれい》」となる。「来臨」は、他人が来ることの尊敬語。「駕を枉げて来臨す」、わざわざ私のところにお立寄りくださったと、相手の来訪を丁寧《ていねい》に言ったもの。

応機接物 ◆おうき せつもつ

仏教で、相手に応じて正しい接し方をすること。

「応機」には、機会に応ずる意があるが、ここは衆生《しゅじょう》の性質や能力に応ずる意。「接物」は、衆生や修行者に接することを言う。修行者の素質・性質に応じて、正しく指導すること。特に禅で、学ぶ人の素質に応じて、師の僧が種々の手段を用いて教化《きょうけ》すること。禅者の問答を集大成した北宋の『景徳伝灯録』に使用例が見える。類義の「*対機説法《たいきせっぽう》」「*応病与薬《おうびょうよやく》」は、仏の教化について言う。

応機立断 ◆おうき りつだん

よい機会をとらえてすばやく決断すること。

「機に応じて立ちどころに断ず」と読む。『文心雕竜《ぶんしんちょうりょう》』神思に「駿発の士は、心に要術を総《す》べ、敏は慮の前に在って、機に応じ立ちどころに断ず」と見える。「当機立断」も同義の表現。

横行闊歩 ◆おうこう かっぽ

勝手気ままに、威張って歩くこと。そのように振舞うこと。

「横行」は、勝手気ままに歩くこと、また振舞うこと。

「闊歩」は、威張って歩くこと。また傍若無人に振舞うこと。二語を重ねて、その態度の非難すべきさまを強調する。実際に歩く態度にも言い、また非難すべき事柄がはびこるさまにも言う。もっとひどくなると「*横行跋《ばっ》扈《こ》」、さらにひどいものは「*跳梁《ちょうりょう》跋扈」となる。

王侯将相　◆おうこう しょうしょう

王や諸侯、将軍や大臣といった高い地位。

「王侯将相いずくんぞ種《しゅ》あらんや」(『史記』陳渉《ちんしょう》世家)で知られる語。高い地位など、家系や血統によるのではない、実力でかちとるまでだと、秦《しん》代の陳勝(陳渉)が居合せた人々に檄《げき》を飛ばした言葉。こう言った彼はもちろん、人に雇われて耕作をするような貧民の出だった。こうして呉広《ごこう》とともに秦に叛し、やがて楚王となるが、わずか六か月しか続かなかった。しかしこの陳勝・呉広の反乱が秦滅亡の端緒となったため、反乱の指導者、また、先駆者という意味で「*陳勝呉広」の語を残す。また、「*燕雀鴻鵠《えんじゃくこうこく》」も、陳勝の言葉に基づく。

横行跋扈　◆おうこう ばっこ

のさばって、勝手気ままに振舞うこと。

「横行」は、勝手気ままに歩くこと、また振舞うこと。「跋扈」は、「跋」が越える、「扈」が竹簗《たけやな》で、大魚が簗を飛越えるのが原義。上を無視して権勢を自由にする意(『後漢書』朱浮伝)から、一般に、のさばりはびこる意となった。「横行」「跋扈」と、人をないがしろにして振舞う意の二語を重ねることで、そのような行動がはなはだしいことを表す。

王佐之才　◆おうさの さい

君主を補佐することのできる才能。

「王佐之材《ざい》」とも言う。前漢末の学者劉向《りゅうきょう》が、董仲舒《とうちゅうじょ》を「王佐の材あり」(『漢書』董仲舒伝賛)と評したのに基づく。董仲舒は前漢の儒者。武帝につかえ、儒家の思想を政治の根本に置くことを説く。中国の政治に儒教思想が重視されてきたのは董仲舒によるところが大きい。

往事渺茫　◆おうじ びょうぼう

昔のことはかすかではっきりしないということ。

「往事」は、昔のことがら。「渺茫」は、広くはてしないさま、また遠くかすかなさまを言う。白居易の詩に「往事は渺茫としてすべて夢に似たり」(「十年三月三十日別ニ微之於澧《れい》上一云々」）と見える。

王政復古　◆おうせい ふっこ

武家政治や共和制が廃止されて、もとの君主政体に復すること。

イギリスでは十七世紀クロムウェルの共和制のあと、フランスではナポレオン帝政のあと、それぞれ旧王朝が復活したことを言う。日本では、慶応三年（一八六七）十二月、将軍徳川慶喜《よしのぶ》が大政奉還の上表を朝廷に提出し、同十二月（一八六八年）、「王政復古」の大号令が出された。世に言う明治維新である。「総髪頭《そうはつあたま》をたたいてみれば王政復古の音がする」という明治初期のざれ歌がある。

枉尺直尋　◆おうせき ちょくじん

小さく損をして大きな利益を得るたとえ。また、大利を得るために小利を捨てるたとえ。

「尺《せき》を枉《ま》げて尋《じん》を直《なお》くす」と読む。「尺を枉げて尋を直くすとは、利を以て言えるなり」（『孟子《もうし》』滕文公《とうぶんこう》下）から。「尺」はシャクとも読む。「尺」も「尋」も長さの単位で、一尺《いっしゃく》はこの時代、二〇センチメートル余、一尋は八尺。一尺をまげて一尋をまっすぐにするとは、利益を目当にしてのことだ、の意。孟子の不遇に同情した門人が、自分から諸侯に会ってはどうかと進言したのに対し、利益を考えて自分をまげると、利益第一主義となってどんなことでもするようになる、と孟子はしりぞける。

横説竪説　◆おうせつ じゅせつ

縦横自在に論ずること。

横に説き竪《たて》に説く意。弁舌が巧みなさまを言う。「立《たて》板《いた》に水」は、立てた板に水を流すように、すらすらとよどみなくしゃべることを言うが、論は必ずしも問題にしていない。それに対して「横説竪説」は、論を弁ずるのがよどみないことを言う。

応接不暇　◆おうせつ ふか

物事が次から次へ立て続けに起ること。忙しくて人にいちいち会っていられないこと。

「応接に暇《いとま》あらず」と読む。「応接」は、人と対応することだが、対象を人以外の事物にも広げて、物事に対応している暇がない意に用いる。『世説新語《せせつしんご》』言語に「山川自ら相映発し、人をして応接に暇あらざらしむ」と見える。風景が次々と変化して、見ている者がそれに対応しきれないさまを言っている。

王道楽土 ◆おうどう らくど

王道に基づいて治められる安楽な土地。

「王道」は、儒家の理想とした政治思想で、仁徳を基本とする政道を言う。武力・権謀によって国を治める「覇道《はどう》」に対する。「楽土」は、安楽に暮せる土地。孟子《もうし》は王道について、「〔民をして〕生を養い死を喪《おく》りて憾《うらみ》なからしむるは、王道の始《はじめ》なり」(『孟子』梁恵王《りょうけいおう》上)と説いている。人民の生活を安定させ、不足なく家族を養い死者を弔わせることが王道の第一歩だとする。

椀飯振舞 ◆おうばん ぶるまい

江戸時代、親類縁者を集めて御馳走《ごちそう》を振舞ったこと。転じて一般に、盛大にもてなすこと。

「椀飯」は、食膳をもうけて人を饗応《きょうおう》すること。平安時代には年始や節句のさい、殿上人《てんじょうびと》の集会などに食事を整えることを言い、鎌倉時代には将軍に対する年頭の饗応を言った。つまりは特別の御馳走を意味し、のちに一般に広まる。なお、「大盤《おおばん》振舞」は当て字だが、今はこの表記が一般化している。

横眉怒目 ◆おうび どもく

けわしい顔つきで怒っているさま。

「横眉」は、眉を横にする意ではなく、眉の辺《あたり》をこわばらせて顔をしかめること。「怒目」は「努目」とも書き、目を大きく見開くこと。目、眉の辺のけわしいさまを言う語は、ほかにも「竪眼《じゅがん》横眉」「横眉立目《りつもく》」など少なくない。

応病与薬 ◆おうびょう よやく

仏教で、仏が教えを説く時、聞く人の素質・能力に応じてさまざまな説き方をすることのたとえ。巧みな対症療法。

病気の種類や程度に応じて薬を与える意。迷える衆生《しゅじょう》を病人に見立て、それを救う仏・菩薩《ぼさつ》を、優れた医師ということで「医王」と呼ぶことも、古くから行われている。「対機説法《*たいきせっぽう》」も同意。また、「人を見て法を説け」、あるいは「嘘《うそ》も方便《ほうべん》」などは、現在ではもっぱら世俗的な意味で使われるが、これらも本来の意味は「応病与薬」に近い。

王法為本　◈おうぼう　いほん

仏教で、世俗の掟《おきて》をもって根本とすること。「王法を本《もと》と為《な》す」と読む。「王法」は、王の定めた法の意で、仏法に対して、国家の理念や法律など、道徳・習慣を含めた世俗の定めの総称。特に真宗で、門徒勢力の増大に伴い、蓮如《れんにょ》が、仏法を根本とする本来の「仏法為本」の立場に対して、「まづ王法をもて本とし、仁義を先として」と諭《さと》した。中国では東晋《とうしん》代、「沙門《しゃもん》不敬王者」（沙門は王者を敬せず）の立場を取る仏教者と世俗権力との対立があり、唐代にも激しい議論が行われた。

甕牖縄枢　◈おうゆう　じょうすう

貧しいあばら家の形容。

「甕牖」は、こわれた甕《かめ》の口を壁にはめこんで作った窓。一説に、甕の口のように円い窓と言う。「縄枢」は、縄で作った枢《とぼそ》（開き戸を開閉する軸の部分）の意で、粗末な戸を言う。「陳渉《ちんしょう》は甕牖縄枢の子、甿隷《ぼうれい》の人（いやしい民）にして、遷徙《せんし》の徒（浮浪者）なり」（前漢、賈誼《かぎ》「過秦《かしん》論」、『文選《もんぜん》』所収）から。『史記』始皇紀賛にも引用されている。秦《しん》代末、呉広《ごこう》とともに秦《しん》に叛した陳勝（陳渉）が、貧しい出自《しゅつじ》だったことを伝える。陳勝にまつわる語はほかにも「＊燕雀鴻鵠《えんじゃくこうこく》」「＊王侯将相《おうこうしょうしょう》」「＊陳勝呉広」など、少なくない。

甕裏醯鶏　◈おうりの　けいけい

世間知らずで見識が狭い者のたとえ。

「甕裏」は、甕《かめ》の中。「醯鶏」は、酒壺《さかつぼ》などに湧《わ》く小さい虫。『荘子』田子方に見える寓話《ぐうわ》による。孔子が老子に会って、道を修める者はどのような境地に遊ぶかを教えられた。そののち、弟子の顔回《がんかい》に言う。「丘《きゅう》（孔子の名）の道におけるや、それなお醯鶏のごときか。夫子《ふうし》（老子を指す）のわが覆《ふく》を発《ひら》くこと微《な》かりせば、われ天地の大全を知らざりしならん」と。「覆」は甕の蓋《ふた》の意で、愚かさ、無知をたとえている。

傍目八目　◈おかめ　はちもく

第三者は、当事者より是非や利害がよく分るということ。

他人が囲碁を打っているのを傍《かたわら》で見ていると、当人たちより八目先が読めるということから。「碁《ご》どろ」という落語がある。主人と客が碁を打っている時に、泥棒が入った。この泥棒がまた大の碁好き。対局している傍にやってきて、盗んだ品物を背負ったまま見ていたが、そのうち打つ手打つ手にけちを付けだす。打っている方は夢中で、泥棒とは気づかずに、「傍目八目、助言は無用！」と打ち続けたという咄《はなし》。なお、「傍目」は「岡目」とも書く。

屋烏之愛《おくうのあい》 ⇒ 愛及屋烏《あいきゅうおくう》

屋下架屋 ◆おくか　かおく

無用なこと、無駄なことをするたとえ。「屋下に屋《おく》を架《か》す」と読む。屋根の下にまた屋根を作る意。晋《しん》の庾闡《ゆせん》が「揚都賦《ようとふ》」を書いたところ、親戚の庾《ゆ》亮《りょう》が「二京賦」「三都賦」に匹敵すると激賞したが、謝《しゃ》安《あん》は「これはこれ屋下に屋を架するのみ」、先人のまねに過ぎないと評した。『世説新語《せせつしんご》』文学に載る逸話。今日では、屋根の上にまた屋根を作る意の「屋上屋を架す」が通行している。

屋梁落月《おくりょうらくげつ》 ⇒ 落月屋梁《らくげつおくりょう》

雄蝶雌蝶 ◆おちょう　めちょう

婚礼の式で用いる、雄の蝶と雌の蝶にかたどった折形。また、夫婦固めの杯事《さかずきごと》の際、酌《しゃく》をする役の男の子と女の子。

折形は、銚子《ちょうし》や瓶子《へいし》など杯事の道具につける。夫婦固めの約束を、飛びながら仲良くたわむれる雌雄の蝶で象徴したもの。「瓶子の口の女蝶を下にあをのけ、男蝶を上にうつむけて」(近松門左衛門『国性爺《こくせんや》後《ご》日合戦《にちかっせん》』嫁入三献)。

汚名返上 ◆おめい　へんじょう

殊勲をあげて、不名誉な評判を打ち消すこと。

「汚名」は、ここでは自分の行為に与えられた不名誉な評価を言う。個人に限らず、たとえば「出ると負け」と言われていた高校野球チームが、ある年の大会で何回戦か勝ち進み、以後、不名誉な評価が消えたような場合にも使える。「汚名をすすぐ」あるいは「汚名をそそぐ」とも言う。なお、「汚名挽回」という表現は、「名誉挽回」との混同からきたもの。

恩威並行 ◆おんい　へいこう

恩恵と威光があわせ示されること。

「恩威並び行わる」と読む。『三国志』呉志、周魴《しゅうほう》伝に

「魴、郡に在ること十三年にて卒す。善を賞し罰を悪《にく》み、威恩並《なら》び行わる」と見える。功労があれば賞し、咎《とが》があれば罰するという「*信賞必罰《しんしょうひつばつ》」の姿勢を言う。類義の「飴《あめ》と鞭《むち》を使い分ける」は、使い分ける当人を必ずしも称賛しているとは限らず、時には批判の意味をこめて使われる。

温厚篤実　◆おんこう とくじつ

人柄が穏やかで誠実なさま。

「温厚」は、穏やかで情に厚いこと。「篤実」は、人情にあつく誠実なこと。どちらも他人に対する好ましい姿勢を言う語。類義の二語を重ねて強調したというより、温厚にして篤実の意。温厚だが誠実さに欠ける場合があり、篤実だが穏やかとは言えない場合もある。「温厚篤実」は、単なる人の好さ以上の深い心情を表現したもの。「篤実温厚」とも言う。

温故知新　◆おんこ ちしん

昔のことを考究して、そこから新しい知識や見解を得ること。

『論語』為政の「故《ふる》きを温《たず》ねて新しきを知る、以て師と為《な》るべし」による語。「温」は、本来、あたためる意。古いものをあたためてよみがえらせることから、復習する、調べたずねるの意ができた。後漢の鄭玄《じょうげん》は「燖温（あたためる）」と注し、朱子は「尋繹（たずねる）」と注している。

怨親平等　◆おんしん びょうどう

仏教で、自分に害をなす者と愛を示す者を差別しないこと。

特に日本では、戦闘による敵味方一切の人畜の犠牲者を供養することを言い、怨親平等碑が建立されるなどした。たとえば鎌倉時代、蒙古《もうこ》が襲来した文永《ぶんえい》・弘安《こうあん》の役《えき》の際には、日本・蒙古双方の犠牲者の霊が弔われ、江戸初期の切支丹《きりしたん》による島原の乱のあとでは、仏教徒とともに切支丹の霊も弔われた。

音信不通　◆おんしん ふつう　いんしん ふつう

便りのないこと。消息が分らないこと。

「音信」は、おとずれ、便りの意。「音信を通ずる」という表現があり、「音信不通」はその否定形。インシンと読む時は贈物の意にもなる。これは「音信物《いんしんもの》」、つまり便りを伝える物の意。松尾芭蕉《ばしょう》の手紙文に「尚々《なおなお》御音信忝《かたじけな》く賞翫《しょうがん》仕《つかまつ》り候」というのがあり、文脈から食べ物を贈られたと分る。

遠塵離垢 ◆おんじん りく

仏教で、煩悩《ぼんのう》から遠く離れること。

「塵」「垢」ともに煩悩を意味する。「遠塵離垢」は、とりわけ観念的な迷いを断って正しい見方を得ることを言う。『今昔物語集』一の八に見える「遠塵離苦」という語は、同話の出典とされる『過去現在因果経』にある「遠塵離垢」をもとにしている。これも、煩悩から遠ざかり苦から抜け出すことで、本質的な意味は変っていない。

温凊定省 ◆おんせい ていせい

両親に孝養を尽すこと。

「およそ人の子たるの礼、冬は温かくして夏は凊《すず》しく、昏《ひぐれ》は定めて晨《あした》は省《かえり》みる」(『礼記《らいき》』曲礼上《きょくらい》)から。「昏」は日暮れ、「晨」は夜明けで、日暮れには寝床をしいてやすませ、夜明けには機嫌をうかがう意。「温凊」「定省」それぞれに、親によく仕える意味となる。引用文の後半から「昏定晨省《こんていしんせい》」とも言う。同義の「扇枕温衾《＊せんちんおんきん》」も、同じ発想の語。

怨憎会苦 ◆おんぞうえ く

怨《うら》んだり憎んだりしているものと出会う苦しみ。

仏教で、八苦《はっく》(→四苦八苦)の一つとされる。特に「愛《あい》別離苦《べつりく》」と対にしてとらえられることが多い。怨んだり憎んだりする対象は人間ばかりでなく、毛虫が大嫌いだという人もいる。一方では、その毛虫の成長する様子に興味があるなどという姫がいたりして、怨み憎みの対象は、おおむね相対的、主観的と言える。

怨敵退散 ◆おんてき たいさん

敵対するものを降し伏せるための祈願などで唱える語。

「怨敵」は、仏典にも見える語で、近世まではオンデキと言った。古来、密教で怨敵を調伏《ちょうぶく》するための修法《しゅほう》が行われ、「怨敵調伏ノ法ヲゾ行ハレケル」(『太平記』二〇)も密教による修法をさす。「怨敵退散」は、祈願の語としては「怨敵よ退散せよ」の意だが、「怨敵退散するならば、頼家《よりいえ》公は天下の武将」(浄瑠璃《じょうるり》『鎌倉三代記』二)のようなふつうの語法の使用例も見える。

音吐朗朗

◆おんと ろうろう

音声がゆたかではっきりしていること。

「音吐」は、音声、こわねの意。「朗朗」は、声が高くはっきり通るさま。話し声にも使われるが、特に朗読、吟詠、独唱などに言い、見事な発声を称賛する意をこめて使う。

乳母日傘

◆おんば ひがさ

幼児が大切に育てられること。

「日傘」はヒカラカサとも言う。乳母をつけ、外出には日傘を差しかけられるほど、大事に育てられるという意。何の苦労もない育ち方をしたという意味で使われることが多い。「お乳日傘でそやされた、お坊育ちのわんぱくが、異名になつた此《こ》の吉三《きちさ》」（歌舞伎『三人吉三廓初買《くるわのはつがい》』三）。

厭離穢土

◆おんり えど
えんり えど

仏教で、穢《けが》れた世界を厭《いと》い離れようとすること。

「穢土」は、凡夫《ぼんぶ》の住む娑婆《しゃば》世界、つまりこの世を言う。平安中期、源信の『往生要集』では、迷いの世界である地獄・餓鬼《がき》・畜生《ちくしょう》・修羅《しゅら》・人・天の六道を指す。「穢土」に対して、仏・菩薩《ぼさつ》の住む国土を「浄土《じょうど》」と言い、穢土を離れて浄土往生を願うことを「厭離穢土、欣*求《ごんぐ》浄土」と言う。

温良恭倹

◆おんりょう きょうけん

穏やかで、すなおで、人にうやうやしく、つつましいさま。

春秋時代、孔門十哲の一人子貢《しこう》が、師の孔子を評した言葉。ただし、『論語』学而で子貢は、「夫子（先生）は温良恭倹譲、以てこれを得たり（どこへ行っても政治の相談を受けるようになった）」と、温・良・恭・倹に加えて「譲」、へりくだっているとも評している。したがって「温良」「恭倹」ともに言葉として熟しているが、『論語』による言葉としては、「温良恭倹譲」と五文字で表現するのが本来と言える。

か 行

解衣推食

◆かいい すいしょく

人に恩恵をほどこすたとえ。人に親切なたとえ。「衣を解き食を推《すす》む」と読む。「漢王我に上将軍の印を授け、我に数万の衆を予《あた》え、衣を解きて我に衣《き》せ、食を推めて我に食《は》ます」（『史記』淮陰侯伝《わいいんこうでん》）から。漢王劉邦《りゅうほう》の臣韓信《かんしん》が、斉《せい》王となって楚《そ》を討とうとした時、楚王項羽《こうう》は韓信を味方に引入れようとした。しかし韓信は、自分はかつて項羽のもとにいたが、自分の献策も計画も聞入れてもらえなかった、だが漢王は自分を信頼して将軍とし、兵をあずけ、衣を脱いで自分に着せ食を推《すす》めて自分に食べさせた、これほど深く信頼してくれる人に背くことはできない、と断ったという。

誨淫誨盗《かいいんかいとう》 ⇩ 誨盗誨淫《かいとうかいいん》

改過自新

◆かいか じしん

過ちを改めて新しく出直すこと。「過ちを改め自《みずか》ら新たにす」と読む。呉王劉濞《りゅうび》が仮病を使って宮廷に参内しなかった。それは死罪にも当るものだったが、前漢の文帝は、病ならと几杖《きじょう》（老人が使うひじかけとつえ）を賜《たまわ》った。次の景帝の時、弾劾《だんがい》役の鼂錯《ちょうそ》が進言した。「〔文帝の〕徳至って厚し。〔呉王は〕まさに過ちを改め自ら新たにすべし」。ところが呉王は叛意をもって自領を富強している、呉の領土を削った方がいい、と（『史記』呉王濞伝）。理由をこしらえては領土を削ろうとする鼂錯の方針は諸侯の反発を招き、やがて「呉楚七国の乱」が起る。

海闊天空《かいかつてんくう》 ⇩ 天空海闊《てんくうかいかつ》

蓋棺事定

◆がいかん じてい

死んでから、はじめてその人の生前の真価が定まるということ。

「棺を蓋《おお》うて事定《ことさだ》まる」と言う。「蓋棺」は、棺に蓋《ふた》をすること。人の死ぬことを言う。生きて未来のあるうちは人間を評価することはできないことを、逆説的に表現した語。『晋書《しんじょ》』劉毅《りゅうき》伝の「丈夫《じょうふ》、棺を蓋うて事まさに定まる」から。唐代、杜甫《とほ》の詩に「丈夫棺を蓋うて事始めて定まる。君いま幸いにいまだ老翁とならず、なんぞ憔悴《しょうすい》して山中に在《あ》るを恨まん。深山窮谷には処《お》るべからず」(「君不㆑見簡㆓蘇徯《そけい》㆒詩」)と見える。人生死ぬまで分らない、君はまだ若いのだから、世に受入れられないからと逃げ出して、山の中でくよくよやつれていないで、世の中で努めなさい、の意。

開巻劈頭　◆かいかん へきとう

書物の冒頭。書出し。

「開巻」は、書物を開くこと。「劈頭」は、事の一番始めの意。書物を開くやいなやその書出しに、という意味で、副詞的に用いられることが多い。書物の書出しは、その後の話の展開に大きな意味を持つ。たとえば『平家物語』の冒頭「祇園精舎《ぎおんしょうじゃ》の鐘の声、諸行無常《しょぎょうむじょう》の響《ひびき》あり」は、この物語が「諸行無常*」という仏教思想に裏付けられていることを示している。

開巻有得　◆かいかん ゆうとく

本を読めば得るところがあるということ。

『宋書』隠逸伝、陶潜の「少年来書を好む。たまたま閑静を愛し、巻を開いて得るところ有れば、すなわち欣然《きんぜん》として(うれしさのあまり)食を忘る」から。いかにも四書五経の昔から書物に親しんできた中国人らしい思いのにじむ言葉。もとより書物の価値も、印刷技術の発達した現代とは比較にならず高かった。類義の語に「開巻有益」がある。

会稽之恥　◆かいけいの はじ

以前に受けたひどい恥辱。

春秋時代、越王句践《こうせん》は、会稽山の戦いで呉王夫差《ふさ》に敗れて臣従し、美女西施《せいし》を差出してやっと許された。以後、句践はその恥辱に苦しみ、苦い肝《きも》を舐《な》めては「なんじ会稽の恥を忘れたるか」とみずからに言い聞かせた。やがて「(忠臣の范蠡《はんれい》は)身を苦しめ力を戮《あわ》せ、句践と深く謀《はか》ること二十余年、ついに呉を滅ぼして会稽の恥に報《むく》ゆ」と『史記』越王句践世家は伝える。これを「会稽の恥を雪《すす》ぐ」と言う。

開眼供養　◆かいげん くよう

安置した新しい仏像や仏画に目を描きこんで、魂を迎え入れる法要。

具体的には、像や絵を完成させる最後の段階で、目を描き入れることによって行う。奈良時代、東大寺の大仏開眼供養が歴史的に有名である。「〔天平勝宝四年(七五二)〕夏四月乙酉《いつゆう》、盧舎那《るしゃな》大仏《だいぶつ》の像成りて、始めて開眼す」と『続《しょく》日本紀』に見える。その時、開眼の筆を執ったのは、婆羅門僧正《ばらもんそうじょう》と呼ばれたインド僧菩提僊那《ぼだいせんな》だった。

改弦更張 ◆かいげん　こうちょう

法を改めるたとえ。

原義は、弦楽器の調子を変えるために、弦を改めて張りかえる意。『宋書』楽志に「琴瑟《きんしつ》時にいまだ調《ととの》わざれば、弦を改めてまさに更《あらた》め張るべし。いわんやすなわち天下を治むるに、この要いずくんぞ忘るべけんや」と見える。琴の調子がよくなかったら、弦を張りかえるべきである、まして天下を治めるには、この要領、すなわち必要に応じて法を改めることを忘れてはならない、の意。広く、物事の計画・方針・方法を改めることにも使う。類義語に「改弦易轍《えきてつ》」がある。「易轍」は、道を変える意。

開源節流 ◆かいげん　せつりゅう

収入を確保して、支出をおさえること。

「源《みなもと》を開き、流れを節《せっ》す」と読む。水源を開発する一方で、流出を節すること。『荀子《じゅんし》』富国に「明主は必ず謹みてその和を養い、その流れを節しその源を開きて時に斟酌《しんしゃく》し、潢然《こうぜん》として天下をして必ず余りあらしめ、上をして不足を憂えざらしむ」と見える。聡明な君主は民衆の和をはかり、国の倉に取込むのを節する一方で、田野を開発させるなどのはかりごとをし、民衆には余裕を持たせて為政者もまた不足がないようにする、の意。「*量入制出《りょうにゅうせいしゅつ》」が、収入に応じて支出を押えるのに対し、収入をふやす努力もするのが「開源節流」。

開口一番 ◆かいこう　いちばん

口を開くやいなや。

開口一番、ああ言ったとかこう言ったとか、ほとんど副詞的に用いられる。意味のある内容を持った発言に言われ、単なる挨拶《あいさつ》や名乗りなどには使わない。本を開いた最初という「*開巻劈頭《かいかんへきとう》」が、これに近い。「ベッヂパードンのコックネー（訛り）に至つては、閉口を通り越して、もう一遍閉口する迄《まで》少々草臥《くたびれ》るから、開口一番一寸休まなければやり切れない位のものだ」（夏目漱石《そうせき》「倫敦《ろんどん》消息」）の「開口一番」は、「閉口」に引っかけた駄洒落《だじゃれ》となっている。

解甲帰田 ◆かいこう きでん

兵役から解放されて帰郷すること。「甲《こう》を解《と》いて田《た》に帰る」と読む。「解甲」は、よろいを脱ぐ意。軍装を解いて平服に戻ることを言う。「帰田」は、官職を退いて故郷で農業をする意。東晋《とうしん》の詩人陶淵《とうえん》明《めい》の有名な「帰去来辞《ききょらいのじ》」の冒頭「帰りなん、いざ。田園まさに蕪《あ》れんとす」も、「帰田」を意味すると言うことができる。

外交辞令 ◆がいこう じれい

口先だけの愛想のいい言葉。おあいそ。

外交上・社交上用いられる儀礼的・形式的な言葉の意。「外交」は、本来外国との交際・交渉の意味なので、日常的な交際の場では「社交辞令」とも言う。最近では、「リップサービス」というカタカナ語が愛想のいいことを言う意に使われ、また外交儀礼上の言葉遣いにも言われるようになっている。

回光返照 ◆かいこう へんしょう

死ぬ前に一時元気を取戻すこと。また、滅びる前にわずかの間、勢いを取戻すこと。

「回光」は、反射する光。原義は、日没直前の空が、照返しで一時明るくなること。滅びる前に一時的に勢いを取戻す具体例としては、白熱電球が切れる寸前ふだんより一段と明るい光を放つことが挙げられる。なお、仏教語としては「えこうへんしょう」と読み、自分自身を振返り、反省して修行することを言う。

解語之花 ◆かいごの はな

楊貴妃《ようきひ》を言う。転じて、美女のたとえ。

言葉を解する花の意。唐代のこと、宮中の太液池《たいえきち》に白《びゃく》蓮《れん》が見事に咲いた。玄宗《げんそう》皇帝が楊貴妃とともにそれを眺《なが》めている時に、お付きの者たちがしきりに白蓮をほめるので、帝は貴妃を指して「いかでか我が解語の花に如《し》かん」（後周、王仁裕『開元天宝遺事』）、白蓮も貴妃には及ぶまい、と言ったという。

開権顕実 ◆かいごん けんじつ

仏教で、仮(=権)の教えを開いて実の教えを顕《あき》らかにすること。

天台宗の開祖智顗《ちぎ》が『法華経』の趣旨を説いた語。声《しょう》聞《もん》・縁覚《えんがく》・菩薩《ぼさつ》という三乗の教えは仮のものであり、すべてが一乗、唯一の統一された仏の教えに帰すると説くのが『法華経』の趣旨であるとする。「乗」は、仏の教えを乗物にたとえた表現。「声聞」は仏の説法を聞いて悟る人、「縁覚」は独力で悟る人、の意。「開顕」と略称され、また「会三帰一《えさんきいち》」「開三顕一」とも言う。

睚眥之怨 ◆がいさいの えん

ちょっとにらまれたくらいの、わずかなうらみ。

「怨」はウラミとも読む。「睚」も「眥」も、にらむ意。戦国時代、魏《ぎ》の范雎《はんしょ》は、国の大夫に仕えていたが、斉《せい》と通じたと疑われ、笞《むち》打たれたあげく、さんざんに辱《はずかし》めを受けた。逃れて秦《しん》に行った彼は、「遠交近攻《えんこうきんこう》」*策を説いて昭王に認められ、宰相《さいしょう》となる。そして、「一《いっ》飯《ぱん》の徳も必ず償《つぐな》い、睚眥の怨も必ず報《むく》ゆ」(『史記』范雎伝)、わずかの恩義にも必ず返礼し、わずかな怨みにも必ず仕返しをしたという。

回山倒海 ◆かいざん とうかい

勢いのきわめて盛んなこと。

「山を回《めぐ》らし、海を倒《たお》す」と読む。山を引きずりまわし、海をひっくり返すほどの勢いの意。「昔、世祖は回山倒海の威、歩騎(歩兵と騎兵)数千万を以て南に臨み、瓜《か》歩《ほ》の諸郡をことごとく降《くだ》し、盱眙《くい》の小城は攻めて剋せず」(『魏書《ぎしょ》』高閭《こうりょ》伝)から。「瓜歩」「盱眙」は地名。「歩騎数千万」はもとより誇張。

開示悟入 ◆かいじごにゅう

仏教で、仏がこの世に現れた目的を要約した語。

仏がこの世に現れた本当の目的は、衆生《しゅじょう》に仏の智慧《ちえ》を開き、示し、悟らせ、その道に入らせることである、の意。「諸の仏・世尊は、衆生をして仏の知見を開かしめ、清浄なることを得せしめんと欲するが故《ゆえ》に、世に出現したもう。衆生に仏の知見を示さんと欲するが故に、世に出現したもう。衆生をして仏の知見を悟らしめんと欲するが故に、世に出現したもう。衆生をして、仏の知見の道に入らしめんと欲するが故に、世に出現したもう」

(『法華経』方便品《ほうべんぼん》)。

海市蜃楼　◆かいし　しんろう

ありもしないことをあるように思うことのたとえ。「蜃楼海市」とも言う。「海市」も「蜃楼」も蜃気楼《しんきろう》のこと。古くから知られた現象で、『史記』天官書が「蜃気、楼台を為《つく》る」と記しているように、蜃(大はまぐり)が気を吐いて楼閣を作り出すと考えられていた。ここから「蜃気楼」と呼ばれるようになる。「海市」は、『三斉略記』に「海上の蜃気、時に楼台を結ぶ。海市と名づく」と見える。また「蜃楼」は、唐の銭起《せんき》「重送三陸侍御使二日本一詩」に「雲佩仙島を迎え、虹旌《こうせい》蜃楼を過ぐ」と見える。

改邪帰正《かいじゃきせい》　⇩翻邪帰正《ほんじゃきせい》

鎧袖一触　◆がいしゅう　いっしょく

簡単に相手を打ち負かすたとえ。

頑丈《がんじょう》な鎧《よろい》の袖でちょっと触れる、という意。「平清盛輩《はい》の如《ごと》きに至っては、臣《しん》の鎧袖一たび触るれば、皆自ずから倒れんのみ」(『日本外史』二、源氏正記)から。平清盛程度の者は、私が鎧の袖でちょっと触れるだけで、自分から倒れてしまうでしょう、の意。保元の乱の折、源為朝《ためとも》が豪語したもの。

外柔内剛　◆がいじゅう　ないごう

外見はおだやかだが、意志はしっかりしていること。うわべはおとなしそうだが、実際は気が強いこと。

中唐代、姚南仲《ようなんちゅう》が節度使(地方長官)に任ぜられると、監軍(軍事司令官)の薛盈珍《せつえいちん》は、かつて書生だった南仲にはとても勤まるまいと異をとなえた。それを聞いた盧坦《ろたん》は、「姚大夫は外柔らかく中剛《うちつよ》し。監軍もしこれを侵さば、必ず受けざらん(監軍がもし人事に異論を唱えても、姚大夫は決して言いなりにはならないだろう)」とひそかに人に言ったという。『新唐書』盧坦伝に見える話。この反対が「内柔外剛*」。

下意上達　◆かい　じょうたつ

下の者の意志・意向が上の者に伝わること。

政府・官庁、あるいは経営者などの意向が、一方的に市民あるいは働く者に押しつけられる「上意下達《*じょういかたつ》」に対して、働く者や市民の意向が経営者や政府・官庁に反映されること。「下意上達」が実際になめらかに行われることは少なく、「上意下達」を批判する時などに、その反対のこととして用いられることが多い。

開心見誠 ◆かいしん けんせい

誠実に人に対すること。

「心を開いて誠《まこと》を見《あらわ》す」と読む。「心を開き誠を見せて隠伏する所無く、闊達《かったつ》にして（度量が大きく）大節《たいせつ》多き（国に対する節操に富む）こと、ほぼ高帝と同じ」（『後漢書』馬援《ばえん》伝）から。後漢の開祖光武帝を評した将軍馬援の言葉で、光武帝は、偉大な前漢の高祖とほとんど人柄が同じだと論じている。

回心転意 ◆かいしん てんい

思いなおすこと。再び仲がよくなること。

「回心」は、以前の愛情を回復する意。唐の高宗が武《ぶ》照《しょう》（のちの則天武后《そくてんぶこう》）に心を奪われ、王皇后と寵妃《ちょうき》の蕭《しょう》淑妃《しゅくひ》とは宮中に幽閉される。のちに高宗が后と淑妃をいたんで訪れた時、二人は喜んで、ここを回心院と名づけたいと言ったという、『新唐書』高宗后王氏伝の伝える逸話による。「転意」も、回心とほぼ同義。

海誓山盟 ◆かいせい さんめい

恋する男女の変らぬ誓いを言う。

海や山が永久に変らないように、変ることのない誓いの意。古く、「封爵《ほうしゃく》の誓い」（→帯礪之誓《たいれいのちかい》）をふまえて、固い誓いを言う「河盟山誓《かめいさんせい》」という語があった。それが男女の間のことに転じたもので、元曲などに見える。

蓋世之才 ◆がいせいの さい

世にまたとない優れた才能。

「蓋」は、おおう。世をおおいつくすほどの才能の意。「子《し》房《ぼう》は蓋世の才を以て、伊尹《いいん》（殷の宰相《さいしょう》）・太公（太公望呂《りょ》尚《しょう》）の謀《はかりごと》を為《な》さずして、ただ荊軻《けいか》・聶政《じょうせい》（ともに刺客）の計を出《いだ》す、以て死せざるを僥倖《ぎょうこう》とす」（蘇軾《そしょく》「留侯論《りゅうこうろん》」）から。「子房」は、漢の高祖劉邦《りゅうほう》に仕えた留侯張良《ちょうりょう》のこと。高祖三傑の一人で、病弱だったが、しばしば献策して劉邦をたすけた。引用は、張良が若いころに、秦《しん》の始皇帝を暗殺しようとしたことにふれた部分。

海内無双 ◆かいだい むそう

天下に並ぶものがないほど優れていること。

「みずから以て智能は海内無双と為《な》す」(東方朔《とうぼうさく》「答㆓客難㆒」、『文選《もんぜん》』所収)から。「海内」は、国内・世界の意。「無双」は、二つとない意。「天下無双*」と同義。東方朔は前漢の武帝に仕えたが、重用されることはなかった。「知識・能力は天下に並ぶ者はないと自分で言いながら、低い位に甘んじているのはなぜか」という質問に答える形をとって、太平な世では手柄を立てる余地がないと弁じている。

咳唾成珠 ◈がいだ せいしゅ

権勢が盛んで、一語一語が尊ばれるたとえ。また、詩文の才が優れていることのたとえ。

「咳唾、珠《たま》を成《な》す」と読む。『後漢書』趙壱《ちょういつ》伝に「勢家宜《よろ》しき所多く、咳唾おのずから珠を成す」と見える。「咳唾」は、せきとつば。目上の人の言葉を敬って言う語。「謦咳《けいがい》(しわぶき)に接する」も同工の表現で、目上の人に会うことを言う。「咳唾成珠」は、詩文の才に富むたとえにも使われ、李白の詩に見える。

街談巷語 ◈がいだん こうご

世間のうわさ。ちまたの評判。

「街談」も「巷語」も、街角でのおしゃべりの意。同義の「巷説」を使って、「街談巷説」とも言う。『漢書』芸文志に「小説家者流は、けだし稗官《はいかん》(地位の低い役人)より出づ。街談巷語は、道聴塗説《どうちょうとせつ》*の者の造るところなり」と見える。「小説」は、今日言う創作のたぐいではなく、市中の出来事・話題を記録したもの。そういうものを文字にする小説家に対する評価は低く、諸子十家のうち、観《み》るに足るものは九家だけであるとして、小説家は除外されている。「街談巷語」が必ずしもいい意味で使われていなかったことが分る。

怪誕不経 ◈かいたん ふけい

でたらめで、常軌を逸していること。また、そのような話。

「誕」は、生れる意の用法が多いが、本来は、大げさに言う、でたらめを言う意。「怪誕」は、奇怪ででたらめなこと。唐の韓愈《かんゆ》「游㆓青竜寺㆒贈㆓崔大補闕㆒詩」に「却《かえ》って信ず、霊仙は怪誕にあらざるを」という表現が見える。「不経」は、常軌を逸していること。『春秋左氏伝』襄公《じょうこう》二十六年に、「不経とは常法を用いざるなり」という杜預《どよ》の注がある。

海底撈月　◆かいてい ろうげつ

無益なことをして労力を費やすたとえ。「海底に月を撈《すく》う」と読む。「撈」は、水中のものをすくい取る意。海面に映った月を見て、それを取ろうと海底をすくう意。そんなことをしても、月が取れるわけはない。「*猿猴取月《えんこうしゅげつ》」も同じように水に映った月を取ろうとする話だが、こちらは、結局、猿は水死してしまうため、できもしないことをして失敗することのたとえに言われる。

回天之力　◆かいてんの ちから

天下の状勢を一変させる力。また、衰えた勢いを盛り返す力を言う。

「回天」は、天をひきまわす意から、時勢・情勢を一変させる意味に用いる。『新唐書』張玄素伝に「張公事を論ずるに回天の力あり」と見える。「城ニ籠《こも》ル所ノ官軍ハ、サマデ大勢ナラズト云ヘドモ、勇気未ダ怠《たゆ》マズ、天下ノ機ヲ呑ンデ、回天ノ力ヲ出サント思ヘル者共ナレバ」（『太平記』三）は、後醍醐《ごだいご》天皇の軍が劣勢を挽回《ばんかい》しようと勇んでいるさまを描いている。

誨盗誨淫　◆かいとう かいいん

悪事やみだらなことに誘いこむこと。「盗《とう》を誨《おし》え淫《いん》を誨う」と読む。「誨」は、教える意。「蔵を慢《おこた》るは盗を誨え、容を冶《かざ》るは淫を誨う」（『易経』繋辞《けいじ》上伝）から。戸締りをおろそかにするのは盗みを誘うようなものであり、容姿をなまめかしくするのはみだらな気持を起させるようなものである、の意。「誨淫誨盗」とも言う。

改頭換面　◆かいとう かんめん

表面だけを改めて、内実の変らないこと。「頭《こうべ》を改め面《おもて》を換《か》う」と読む。「寒山詩」に「頭を改め面孔《めんこう》を換う」と見える。「面孔」は、面の皮、顔の意。「寒山詩」では、*輪廻《りんね》転生《てんしょう》して生れ変ることを言っているが、のちに、形式を改めるだけで内容は変らないことの比喩《ひゆ》に用いられる。「改頭換尾《かんび》」「換面改頭」とも言う。

快刀乱麻　◆かいとう らんま

紛糾して解決の糸口が見えなくなった事態を、手際よく処理することのたとえ。

「快刀乱麻を斬《き》る」または「快刀乱麻を断《た》つ」の略。切れ味のよい刀で乱れた麻を断ち切る意。『北斉書《ほくせいしょ》』文宣帝紀によると、北斉の高祖が子供たちに乱れた糸をほぐさせたところ、のちに文宣帝となった高洋は、乱れたものは斬るべきだと言って、刀で斬ってしまったという。

開物成務 ◆かいぶつ せいむ

人知を開発し、事業を成し遂げさせること。

「それ易《えき》は物を開き務《つと》めを成し、天下の道を冒《おお》う」（『易経』繫辞《けいじ》上伝）から。易の目的は、すべてのものを展開発展させて本来成すところを成し遂げさせ、世の中の道理をあまねくゆきわたらせるところにある、の意。「開成館」「開成所」など、明治維新期に学問をする所の意味で使われた「開成」は、この「開物成務」の略。

開門揖盗 ◆かいもん ゆうとう

みずから災いをまねくことのたとえ。

「門を開いて盗に揖《ゆう》す」と読む。「揖」は、組んだ両手を胸の前で上下させて行う礼。門を開けて、うやうやしく盗人を招き入れる意。三国時代、江東の雄孫策《そんさく》は、弟孫権に後事を託して死んだ。孫権が泣くと高臣張昭が、今は泣いている時かとたしなめる。「いま姦宄《かんき》（悪者）競逐《きょうちく》し、豺狼《さいろう》（やまいぬとおおかみ）道に満つ。すなわち親戚を哀しみ礼制を顧みんと欲するは、これなお門を開きて盗に揖するがごとし」（『三国志』呉志、呉主伝）。悪人がはびこっている時に親族の葬礼などするのは、泥棒にお入んなさいと言うようなものだ、の意。

怪力乱神 ◆かい りょく らん しん

人知の及ばぬこと。理性では説明できないこと。

「子、怪力乱神を語らず」（『論語』述而《じゅつじ》）から。「怪」は、あやしく不思議なこと。「力」は、ちからが強いこと。「乱」は、道理にそむいた行為で社会を乱すこと。「神」は、神妙不可思議なこと。そういうことを、孔子は話題にしなかったという。短い言葉だが、孔子、ひいては『論語』という書物の性格をよく物語っている。

偕老同穴 ◆かいろう どうけつ

夫婦が仲よく共に老いること。

「偕老」は、「偕《とも》に老《お》ゆ」あるいは「老いを偕にす」と読む。「同穴」は、「穴《あな》を同じうす」と読み、同じ穴に葬られること。どちらも『詩経』に見えるが、「偕老同穴」一語では使われていない。日本の古い例では、古活字本『保元物語《ほうげん》』上に、「偕老同穴の御契り浅からざりし（鳥羽）法皇も、御悩《ごのう》（病気）おもらせ給ふ御歎きのあまりに」美福門院は髪を下したという記述があり、すでに「偕老同穴の契り」という表現が見える。なお、海綿動物のカイロウドウケツは、胃腔内にしばしば雌雄一対のエビがすみついていることからの命名。

薤露蒿里 ◈かいろ こうり

古代中国で、葬送の時にうたう歌。「薤露」「蒿里」ともに、古い挽歌《ばんか》の曲名。語釈は晋《しん》代の『古今注』音楽に詳しい。「薤露・蒿里、ともに喪歌なり。田横の門人に出づ。横自殺し、門人これを傷《いた》み、これが為に悲しみて歌う。人の命は薤（おおにら）の上の露（つまり薤露）のごとく晞滅《きめつ》（乾いて消える）しやすきを言うなり。また、人死すれば魂魄《こんぱく》は蒿里（山東省の泰山近くの山）に帰るを謂《い》う」。田横は秦《しん》末の人で、漢の高祖劉邦《りゅうほう》に仕えるのを拒み、自殺した。

花街柳巷《かがいりゅうこう》 ⇩ 柳巷花街《りゅうこうかがい》

下学上達 ◈かがく じょうたつ

身近なところから学んで上に達すること。「天を怨《うら》まず、人を尤《とが》めず、下学して上達す。我を知る者はそれ天か」（『論語』憲問）から。魏《ぎ》の何晏《かあん》『論語集解《しっかい》』は、「下、人事を学び、上、天命を知る」と注する。身近なことを学んで悟りの域に達するという理解。対するに江戸時代の荻生徂徠《おぎゅうそらい》は、現在のことを学んで古代のことに通ずる意と解している。一般的には、初歩的なことを学んで、次第に高度な学問に進む意。

蝸角之争 ◈かかくの あらそい

ささいなことや、つまらないことにこだわって争うこと。

「蝸牛角上の争い《かぎゅうかくじょう》」と言う。略して「蝸牛角上」とも言う。「蝸牛」はカタツムリ。蝸牛の左の角《つの》に国を持つ触氏と、右の角に国を持つ蛮氏とが、土地を争って戦い数万の死者を出したという『荘子』則陽の寓話《ぐうわ》から出た語。この寓話を語った賢者は、話を宇宙にまで広げる。そこから、宇宙の悠久無辺に対して、人間世界の有限微小であることにもたとえる。

呵呵大笑 ◆かか たいしょう

大声で笑うさま。

「韜《とう》が喪に臨んで哭《こく》せず、直言呵呵、衾《きん》を挙げて尸《し》(遺体)を看せしめ大笑して去る」(『晋書《しんじょ》』石季竜載記)、「谷山は呵呵大笑すること三声」(北宋、『景徳伝灯録』八)などから。「呵呵」は擬声語で、ワッハッハという笑い声。「師すなはち呵呵大笑す」(『正法眼蔵《しょうぼうげんぞう》』祖師西来意)など、禅宗で、師弟の問答の折、師の発する笑い声などに言う。状況に応じていろいろな笑い声を表現するもので、嘲笑《ちょうしょう》ばかりではない。

瓜葛之親 ◆かかつの しん

親類・縁者・親子・夫婦の関係を言う。

瓜《うり》や葛《くず》などの蔓《つる》が互いにからみつくところから、「瓜葛」で縁続きのたとえとなった。晋《しん》の王悦は幼い時からおとなしく上品だったので、父親の王導に可愛がられた。ある日、王導と棊《ご》を打っていて、石を動かそうとする王導の指を押えて許さなかった。そこで王導は笑って言った。なぜそんなことをするのだ、わしとお前とは瓜や葛のような仲ではないか、と。『世説新語《せせつしんご》』排調に見える故事。

河漢之言 ◆かかんの げん

人の言葉の、漠然としてとらえどころのないこと。また、とりとめもない言葉。

「河漢」は、天の川。「われ言を接輿《せつよ》に聞くに、大にして当るなく往きて反《かえ》らず、われ驚き怖《おそ》る。その言はなお河漢のごとくにして極まりなし。大いに逕庭《けいてい》(へだたり)ありて人情に近からず」(『荘子』逍遥遊《しょうようゆう》)から。接輿の話を聞いた肩吾《けんご》が、その大げさでとりとめない話しぶりを、まるで天の川のように野放図だと言ったもの。接輿は、春秋時代楚《そ》の賢人。狂人のまねをして宮仕えをしなかったので「狂接輿」と称された。接輿についてこう言う肩吾も昔の賢人。

餓鬼大将 ◆がき だいしょう

遊び仲間の中で、腕力などにたよって遊びの中心になっている年かさの子供。

「餓鬼」は、本来、仏教語。生き物がさまよう六道のうちの餓鬼道に堕《お》ちた者を言う。のどが細くて飲食ができず、飢餓《きが》に苦しめられると言い、そこからいつも腹を空《す》かせている子供を「餓鬼」と言うようになった。「大将」は、ここでは「お山の大将」と同じく、小さな集団の中でいばっている者のこと。

餓鬼偏執

◆がき へんしゅう

がつがつしていて、他人の迷惑を考えず、自分の考えにこだわっていること。

「がきへんず」とも言う。「餓鬼」は、本来、仏教語。生き物がさまよう六道のうちの餓鬼道に堕《お》ちた者を言う。飢餓《きが》に苦しめられ、常に飢えてがつがつしているところから、ゆとりのないさまを「餓鬼」と言うようになった。「偏執」は、かたよった見方に固執して、他人の言うことを受入れないこと。江戸初期の軍学書『甲陽軍鑑《こうようぐんかん》』一〇に、「己をもつて人にたくらべ、餓鬼偏執は武篇不案内の故かくのごとし（武士道がよく分っていないからこのように自分にこだわるのだ）」と見える。

家給人足

◆かきゅう じんそく

すべての人も家も豊かで満ち足りていること。

「家《いえ》ごとに給し人《ひと》ごとに足《た》る」と言う。『史記』商君伝、『淮南子《えなんじ》』人間訓に見え、『漢書』貢禹《こうう》伝にも「天下の家ごとに給し人ごとに足り、頌声《しょうせい》（ほめたたえる声）並び作《おこ》る」と見える。いわば政治のうまく行われている様子を表現する常套句《じょうとうく》のように使われている。なお、『史記』平準書には「人ごとに給し家ごとに足る」と見える。

蝸牛之庵

◆かぎゅうの あん

ささやかな住まい。

「庵」はイオリとも読む。「蝸牛」は、かたつむり。「庵」は、木や草で作った粗末な家。かたつむりはいつも自分の家である殻を背負っている。それほどに小さく粗末な家ということ。自宅の謙称として使われる。『三国志』魏《ぎ》志、管寧伝注に、隠遁《いんとん》者の焦先《しょうせん》の家について「圜《えん》舎《しゃ》（円い家）を作る。形は蝸牛を蔽《おお》うが如《ごと》し。故にこれを蝸牛の廬《いおり》（「庵」に同じ）と謂《い》う」とある。幸田露伴は、号の一つに「蝸牛庵」を用いている。

火牛之計

◆かぎゅうの けい

牛の尾に葦《あし》を結んで火をつけ、夜陰に乗じて敵に襲いかかる軍略を言う。

中国戦国時代、燕《えん》軍が斉《せい》の即墨《そくぼく》城を攻めた時、斉将田《でん》単《たん》は城内の牛千余頭を集め、赤い絹に五色の竜文を描いて牛に着せ、角に刃をしばりつけ、油を塗った尾に葦を結んで火をつけ、城外へ放った。牛は尾を焼かれたので憤激して燕の軍陣になだれ込んだ。燕軍はあわてふためき敗走したという。『史記』田単伝にその様子が記されている。日本では、倶利伽羅峠《くりからとうげ》の戦いで木曾義仲がこの計略で平維盛《これもり》を破った話が『源平盛衰記』二九に載る。

科挙圧巻 ◆かきょ あっかん

試験で最も優れた答案。転じて、書物の中で最も優れた部分。また、全体の中で最も優れた部分。

「科挙」は、隋唐のころに制度化された官吏登用試験。「巻」は、試験の答案用紙。科挙で、最も優れた答案を他の答案の上に置いたところから、他の巻を圧する、すなわち「圧巻」の語が生れた。単に「圧巻」で、最も優れた部分を意味する。

隔岸観火 ◆かくがん かんか

他人の災難を傍観していること。転じて、出来事などを自分にはまったく関係がないと受止めていることのたとえ。

「岸を隔《へだ》てて火を観る」と言う。つまり「対岸の火事」のこと。自分の家が焼ける心配がないから、涼しい顔で眺めている状態。類義の「拱手傍観《きょうしゅぼうかん》*」は、自分が手をさしのべれば何とかなるのに、何もしないで見ているさまを言う。

鶴寿千歳 ◆かくじゅ せんざい

長命。ながいき。またそれを祝っていう語。

「鶴は千年」と言うのに同じ。「鶴は寿千歳《よわい》にして、以てその游《たの》しみを極め、蜉蝣《かげろう》は朝《あした》に生れ暮《くれ》に死して、その楽しみを尽す」(『淮南子《えなんじ》』説林訓《ぜいりん》)から。一般に「鶴は千年亀は万年」と言われ、雑俳の「鶴の死ぬのを亀が見ている」(『誹諧武玉川《はいかいむたまがわ》』一〇)は、それをふまえている。

隔世之感 ◆かくせいの かん

以前にくらべて大きく変化し、一時代を隔ててしまったという感じ。

おとぎ話の世界で、竜宮城から地上に戻ってきた浦島太郎の感慨は、文字どおり世を隔てた思い。現実の世界では、ある期間の変化を改めて認識するような場合に使う。たとえば、パソコンの急速な普及と、それに伴うさまざまな社会現象の変化は、多くの人に隔世の感をいだかせている。

廓然大公 ◈かくぜん たいこう

心がからりとひらけて、万事にかたよりがなく公平なこと。

北宋の程顥《ていこう》(明道)『定性書』に「それ天地の常は、その心万物に普《あまね》くして無心を以てす。聖人の常は、その情万事に順《したが》いて無情を以てす。ゆえに君子の学は、廓然大公として、物の来たるに順い応ずるに若《し》くはなし」と見える。聖人の心を学ぶ君子の学の心得を述べたもの。天地はすべてに心が及ぶから無心であり、聖人は万事に情を及ぼすから無情であると説く。

廓然大悟 ◈かくねん たいご

仏教で、心が広々とひらけて、大いなる真理を悟り得たこと。

『観無量寿経《かんむりょうじゅきょう》』によると、子の阿闍世《あじゃせ》によって王舎《おうしゃ》城の奥深く幽閉されてしまった韋提希夫人《いだいけぶにん》のために、釈迦《しゃか》は極楽浄土の様子とそこに往生するための方法とを心に思い浮べるように説く。それを聞いて夫人は「心に歓喜を生じ、未曾有《みぞう》なりと歎じ、廓然として大悟して、無生《むしょう》忍《にん》をえたり(一切のものは不生不滅であるという真理を知った)」という。

廓然無聖 ◈かくねん むしょう

からりとして、聖なる真理などないということ。

「廓然」は、からりとひらけて、形容を絶するさま。「無聖」は、聖などというものはない、の意。中国南北朝時代、インドから来た達磨《だるま》が、梁《りょう》の武帝と問答をした時の語と伝える。「その時武帝問う、いかなるかこれ聖《しょう》諦《たい》第一義(聖なる真理の根本義)、と。師曰《いわ》く、廓然無聖、と」(五代南唐、『祖堂集』)。仏法の前には聖も凡もなく、ただからりとした世界が広がっている意で、この逸話は北宋の『碧巌録《へきがんろく》』の第一則に取入れられている。

格物致知 ◈かくぶつ ちち

物の理を究めれば知の完成に到るということ。また、知を尽すことが物を正すことであるということ。

『大学』の「致知在格物」から出た語。南宋の朱子は、「格物」を「物に格《いた》る」と読み、物の理をきわめていけば心の覆《おお》いが除かれて明るくなり天の理に通ずるとする。明の王陽明は、「格物」を「物を格《ただ》す」と読み、知を致して万理に通ずることがおのれの行為を正すことであるとする。前者は天人合一《てんじんごういつ》の朱子学の立場、後者は知《ち》行合一《ぎょう》の陽明学の立場を示している。「格物」「致知」は、『大学』が掲げる儒教の理念八条目の最初の二か条。以下は、誠意・正心・修身・斉家《せいか》・治国・平天下で、「修身斉家」*「治国平天下（国を治め天下をやすらかにすること）」が、それぞれ一語として論じられている。

鶴鳴之士 ◈かくめいの し

在野の賢人。『易経』中孚《ちゅうふ》に「鳴鶴陰《いん》に在り、その子これに和す」とある。親鶴が見えないところで鳴いても子鶴は声を合せる、の意で、誠意は通い合う、また、隠れたところにいても見出されるものだというたとえに使われる。転じて「鶴鳴之士」は、名望がありながら官位に就いていない人を言う。『後漢書』楊賜《ようし》伝に「佞巧《ねいこう》の臣（こびへつらう臣）を斥遠《とおざ》け、鶴鳴の士を速《すみ》やかに徴《め》せ」と見える。

鶴立企佇 ◈かくりつ きちょ

待ちどおしく思うこと。待ち望むこと。「企」は、つま先立つ、「佇」は、たたずむ。鶴のように首をのばし、つま先立って立ち続ける意。『三国志』魏志《ぎし》、陳思王植伝に「これ臣が縷々《るる》の誠、窃《ひそ》かに独守する所、まことに鶴立企佇の心を懐《いだ》く」と見える。「鶴立」「鶴企《かっき》」とも言う。また「鶴首」「鶴望」という語もある。いずれも待ち望む意で用いられる。鶴と同様に首の長い「鵠《こく》」（ハクチョウ）でも、「鵠立」「鵠企」「鵠望」などと言う。

瓦鶏陶犬《がけいとうけん》 ⇓ 陶犬瓦鶏《とうけんがけい》

家鶏野鶩 ◈かけい やぼく

庾翼《ゆよく》と王羲之《おうぎし》の書風。ありふれたものより珍しいものを好むこと。また、家にあるものより外にあるものを好むこと。

「家鶏を賤《いや》しみ野鶩を愛す」「家鶏を厭《いと》い野雉《やち》を愛す」とも言う。「鶩」は、あひる。「雉」は、きじ。晋《しん》代の庾翼の故事から。庾翼は、王羲之と並ぶ書の名手だったが、羲之の名が高まり、しだいにその書が学ばれるようになると、庾翼は自分を家鶏に羲之を野雉になぞらえ、子弟が家鶏を卑しみ野雉を愛するのを嘆いたという。なお、のちには庾翼も王羲之の実力を認めている。

花紅柳緑《かこうりゅうりょく》 ⇩ 柳緑花紅《りゅうりょくかこう》

過去七仏 ◆かこ しちぶつ

釈迦《しゃか》と、それ以前に現れたとされる六仏の総称。

六仏とは、毘婆尸《びばし》仏、尸棄《しき》仏、毘舎浮《びしゃぶ》仏、拘留孫《くるそん》仏、拘那含牟尼《くなごんむに》仏、迦葉《かしょう》仏を言う。仏教では、仏法は普遍的なものであり、釈迦以前のはるか昔から、これらの諸仏によって説き継がれてきたものであるという。過去七仏が共通に伝えた戒め「七仏通戒偈《げ》」が、一般にも知られている「諸悪莫作《しょあくまくさ》、衆善奉行《しゅぜんぶぎょう》、自浄其意《じじょうごい》、是《ぜ》諸《しょ》仏教」(→諸悪莫作)。

画虎類狗 ◆がこ るいく

力量のない者が豪傑を気どって、かえって軽薄になるたとえ。また、才能のない者が優れた者の真似をして、かえって非才をあらわしてしまうたとえ。

「虎《とら》を画《えが》いて狗《いぬ》に類す」と読む。「杜季良《ときりょう》は豪俠《ごうきょう》(男だての豪傑)にして義を好む……季良に効《なら》って得ざれば、陥って天下の軽薄子と為らん。いわゆる虎を画いて成らず、反って狗に類する者なり」(『後漢書』馬援《ばえん》伝)から。実力がないのに豪傑のふりをするのは、かえって世間の物笑いになる、虎を画こうと思って狗になってしまうようなものだ、の意。後漢の将軍馬援が、兄の子を戒めた言葉。日本ではふつう「虎を描いて猫に類す」と言う。

加持祈禱 ◆かじ きとう

災いを除き願いを叶《かな》えるため、仏の加護を祈ること。真言密教で言う。「加」は仏から行者への働きかけ、「持」は行者がその働きかけを受止め保持することを意味し、働きかけを受止めて仏と一体になるよう加護を願う修法《しゅほう》を「加持」と言う。「祈禱」も仏の加護を願って祈ることであり、併称して「加持祈禱」と呼ばれるようになった。

和氏之璧 ◆かしの へき

中国古代の有名な宝石の名。

「璧」はタマとも読む。宝石の意。春秋時代楚《そ》の卞和《べんか》が、荊山《けいざん》で得た宝石の原石を厲王《れいおう》に献じたところ、玉ではないと左足を斬られた。武王の時また献じたところ、今度は右足を斬られた。文王の時、磨かせたら果して玉であったので、名づけて「和氏之璧」と称した(『韓非子《かんぴし》』

和氏）。のち戦国時代趙《ちょう》の恵文王がこの玉を手に入れ、秦《しん》の昭王が十五の城と交換しようとしたので、「連城之璧《れんじょう》」と呼ばれた（『史記』廉頗藺《れんぱりん》相如伝《しょうじょ》）。「*随侯之珠《ずいこうのしゅ》」と併せて「*随珠和璧」と言う。

可惜身命《かしゃくしんみょう》 ⇩ 可惜身命《あたらしんみょう》

家常茶飯

◈かじょう さはん

毎日のありふれた平凡な物事のたとえ。

「家常」は、平生のありふれたこと。その例が「茶飯」すなわち食事ということ。『正法眼蔵《しょうぼうげんぞう》』渓声山色に「若《にゃく》将耳聴《しょうにちょう》は家常の茶飯なりといへども、眼処聞声《げんしょもんしょう》これ可必《かひっ》不必《ふひつ》なり」と見える。耳で聞くのは当り前のことだが、眼をもって聞くのは感覚を超えた真実のすがたである、の意。現在では同義語の「*日常茶飯」の方が一般的である。

火上注油

◈かじょう ちゅうゆ

勢いや激しさをいっそう強くするたとえ。

「火に油を注《そそ》ぐ」と言う。怒っている相手にいっそう怒らせるようなことを言ったり、悪い事態をますます悪くするようなことをしたりした場合に使う。好ましい事態での勢いや激しさを増すことには言わない。

華燭之典

◈かしょくの てん

結婚式の美称。

「華燭」は、華やかなともしび。めでたい席でともされる飾りたてた灯火や、色とりどりの蠟燭《ろうそく》を言う。転じて、結婚式のこと。「典」は、儀式の意。美称であるから、現実にはつつましい式であっても、「華燭の典」と言ってさしつかえない。

華胥之夢

◈かしょの ゆめ

黄帝《こうてい》が見た理想郷の夢。転じて、よい夢。また、昼寝。

中国伝説上最初の天子と言われる黄帝が昼寝をして、夢に華胥氏の国を訪れた。人々は誰に命ぜられることもなく自然にしたがって生き、利害や愛憎、さらには生死に煩《わずら》わされることもなく、国の中はよく治まっていた。黄帝は目覚めて悟るところがあり、以後国はうまく治まったという。『列子』黄帝に見える話で、ここから、理想郷を言う「華胥之国」、昼寝を言う「華胥の国に遊ぶ」

「華胥」など類似の表現も生れている。

家書万金 ◆かしょ ばんきん

家族からの便りは何よりも嬉《うれ》しいということ。

「家書」は、家族からの便り。家族の便りは万金の値がある、の意。盛唐の杜甫《とほ》の著名な詩「春望《しゅんぼう》」に出る語。「国破れて山河は在り、城は春にして草木深し。時に感じて花も涙を濺《そそ》ぎ、別れを恨みて鳥も心を驚かす。烽火《ほうか》（戦争ののろし）は三月に連なり、家書は万金に抵《あた》る。白頭の掻《か》きて更に短く、渾《す》べて簪《かざし》に勝《た》えざらんと欲す（冠をとめるピンもほとんどさせない）」。安禄山の乱が起って、ただ一人、反乱軍に拘禁されていた時の作という。

禾黍油油 ◆かしょ ゆうゆう

稲と黍《きび》がさかんに成長するさま。

古代中国殷《いん》の紂王《ちゅうおう》に容《い》れられず、退隠していた箕子《きし》は、紂を滅ぼした周の武王に取立てられた。殷の廃墟《はいきょ》を過ぎた時、宮殿が破壊されて稲や黍が生えているのを見た。「すなわち麦秀《ばくしゅう》の詩を作り、以て詠じてこれを歌う。その詩に曰《いわ》く、麦秀でて漸漸《ぜんぜん》とし（勢いがよく）、禾黍油油たり。かの狡童《こうどう》（紂）、我によしみを与えず、と」（『史記』宋微子世家）。この詩は「麦秀の歌」として知られ、亡国の悲しみを「麦秀之嘆《たん》」と言う。

画脂鏤氷 ◆がし ろうひょう

苦労をしても効果のないたとえ。

「脂《あぶら》に画《えが》き氷《こおり》に鏤《ちりば》む」と読む。「鏤」は、きざみこむ意。「内にその質無くして外にその文を学ぶは、賢師良友有りといえども、脂に画きて氷に鏤むがごとく、日を費やし功を損す」（『塩鉄論』殊路）から。本質を学び取ろうとする姿勢・心を持たずに、いくら表面的な勉強をしても意味がないと言っている。

佳人才子《かじんさいし》 ⇒ 才子佳人《さいしかじん》

臥薪嘗胆 ◆がしん しょうたん

仇を討つために長い間苦労を重ねること。転じて、成功を期して長い間苦心・努力すること。

春秋時代、越《えつ》との戦いで敗死した呉《ご》王闔廬《こうりょ》の子夫差《ふさ》は、父の仇を討とうとする気持を忘れないために薪《たきぎ》の上に寝て三年、会稽山《かいけいざん》の戦いで越王句践《こうせん》を破った。屈辱的な申し出をして夫差に許された句践は、その「会稽之*

恥《はじ》」を忘れまいと、座臥のたびに苦い肝を舐《な》めること二十余年、ついに呉を滅ぼした。

佳人薄命 ◆かじん　はくめい

美人はとかく薄命であること。

北宋、蘇軾《そしょく》の「古《いにしえ》より佳人はまさに命《めい》薄く、門を閉ざし春尽きて楊花《ようか》（やなぎの花）落つ」（「薄命佳人詩」）による。「命」は運命、また、いのち。運命の意にとれば、「薄命」は薄幸・不運の意味になり、いのちの意にとれば、短命の意味になる。今日では「美人薄命」と表現し、美人は長生きしないの意で使われることが多い。

苛政猛虎 ◆かせい　もうこ

住民に重税や徴兵などの負担を強いる過酷な政治は、虎よりもさらに凶暴で人々を苦しめるということ。

「苛政は虎《とら》よりも猛《たけ》し」と言う。孔子が泰山《たいざん》（今の山東省にある名山）の麓《ふもと》を通りかかった時、婦人が墓で泣いていた。わけを訊《き》くと、舅《しゅうと》・夫に続いて今またわが子までも虎のために死んだと言う。それならなぜここを去らないのだと尋ねると、ここには苛政がないからだと婦人は答えた。「夫子《ふうし》（孔子）曰《いわ》く、小子よ（君たち）これを識《しる》せ（記憶せよ）、苛政は虎よりも猛きなり、と」（『礼記《らいき》』檀弓《だんぐう》下）。

画蛇添足 ◆がだ　てんそく

余計なことをすること。また、無駄なことをすること。

「蛇《へび》を画《えが》きて足を添《そ》う」と読む。戦国時代、楚《そ》の国でのこと。祭のあとの酒を皆で飲むと足りないから、蛇の絵を先に描いた者が飲むことにした。最初に描上げた者がさかずきを手にし、ついでに足をたそうと描きこんでいると、次に描上げた者が、蛇に足などあるものかとさかずきを取上げてしまった。魏《ぎ》を討った勢いで斉《せい》をねらう楚の宰相昭陽《さいしょうしょうよう》に、斉の陳軫《ちんしん》が、軍功はもう十分で斉を討つ意味はないと言うのに使ったたとえ話で、『戦国策』斉策に見える。よく使われる「蛇足」は、これを短縮した語。

夏虫疑氷 ◆かちゅう　ぎひょう

見識の狭いたとえ。

「夏の虫氷《こおり》を疑う」と読む。「井蛙《せいあ》は以て海を語るべからずとは、虚に拘《とらわ》るればなり。夏虫は以て氷を語るべからずとは、時に篤《あつ》ければなり」（『荘子』秋水）から。夏の虫は暑い季節しか知らないから、氷のことを話しても信じようとしないということ。なお、引用の前半は「井蛙之*見《けん》」で知られる。

火中取栗 ◆かちゅう しゅりつ

他人の利益のために危険を冒して、ばかな目に遭《あ》うこと。

フランスのことわざ Tirer les marrons du feu. の中国語訳。日本では、「火中に栗《くり》を拾う」で知られる。十七世紀フランスの詩人ラ＝フォンテーヌの『寓話《ぐうわ》』から。猿におだてられた猫が、暖炉の中から栗を拾い出して、自分はやけどをし、栗は猿に横取りされてしまうという話。自分からあえてあぶない思いをする意にも使われる。

花鳥諷詠 ◆かちょう ふうえい

自然とそれに伴う人事を客観的に詠いとめること。

高浜虚子《きょし》の提唱した俳句理念で、ホトトギス派の指導理念となった語。虚子は「春夏秋冬の自然の移り変りに依《よ》つて起る自然界の現象、並にそれに伴ふ人事界の現象を諷詠するの謂《いい》」（一九二七年六月の講演）と定義して、花鳥風月の客観的な写生の中に自己の主観をこめることを主張した。なお「*実相観入《じっそうかんにゅう》」は、斎藤茂吉の短歌写生論。

花鳥風月 ◆かちょう ふうげつ

天地自然の美しい景色。また、それを鑑賞したり、詩歌を作ったりする風流な遊び。

室町初期の能役者世阿弥《ぜあみ》の『風姿花伝』二に、「上職の品々《しなじな》（要職にある人々の様子）、花鳥風月の事態《ことわざ》、いかにもいかにも細かに似すべし」と見える。前後の文章とあわせて、「花鳥風月」が貴族・武家社会を中心とする風雅な遊びであったことが分る。現在では、単に自然の風景を言うことが多い。

赫赫之功 ◆かっかくの こう

輝かしい功績。

「赫赫」は、光り輝く意。「冥冥《めいめい》の志なき者は昭昭の明なく、惛惛《こんこん》の事なき者は赫赫の功なし」（『荀子《じゅんし》』勧学）から。ひそかに抱く志のない者には明らかな名誉もなく、人に知られぬ行いのない者には輝かしい功績もない、の意。「陰徳あれば陽報あり」（↓陰徳陽報）と同趣旨のことを述べている。

隔靴掻痒 ◆かっか そうよう

思い通りにならず、もどかしいこと。「靴《くつ》を隔《へだ》てて痒《かゆ》きを掻《か》く」と読む。足の痒いのを、靴の上から掻く意。南宋の禅書『無門関』序に、「棒を掉《ふる》いて月を打ち、靴を隔てて痒きを爬《か》く、なんの交渉《きょうしょう》か有らん（どうして真実と交われようか）」と見える。ここでは無意味なことをする意に使われているが、現在ではもっぱら、はがゆいさま、じれったいさまに言われる。反対に、痒いところに手が届くのが「*麻姑掻痒《まこそうよう》」。なお、引用で併記されている「棒を掉いて月を打つ」は、熟語としては「*掉棒打星《とうぼうだせい》」が一般的な形になっている。

渇驥奔泉 ◆かっき ほんせん

勢いが激しいたとえ。また、書の筆勢の雄渾《ゆうこん》なさまを言う。

「渇驥、泉《いずみ》に奔《はし》る」と読む。「驥」は、一日に千里も走るという名馬のこと。のどの渇いた名馬が勢いよく泉に走っていく、の意。唐の徐浩《じょこう》は、書が巧みだった。「八体（漢字の八書体）みな備え、草隷もっとも工《たく》みなり。世にその法の状《さま》（書きっぷり）を曰《い》いて、怒猊《どげい》（怒った獅子《しし》）石を抉《えぐ》り、渇驥泉に奔ると云《い》う」と『新唐書』徐浩伝に見える。

恪勤精励《かっきんせいれい》 ⇩ 精励恪勤《せいれいかっきん》

葛屨履霜 ◆かっく りそう

貧しいことのたとえ。また、ひどいけちのたとえ。「葛屨、霜《しも》を履《ふ》む」と読む。「葛屨」は、葛《かずら》で編んだはきもので、下級の人々が夏にはいた。「糾糾《きゅうきゅう》たる（より合せて編む）葛屨、以て霜を履むべし。摻摻《さんさん》たる（しなやかな）女手、以て裳《も》を縫うべし」（『詩経』魏風《ぎふう》、葛屨）から。葛のくつで霜を踏み、しなやかな娘の手が衣装を縫う、の意。冬でも夏用のくつをはき、服作りに忙しい貧しい暮しぶりを詠っている。

割鶏牛刀《かっけいぎゅうとう》 ⇩ 牛刀割鶏《ぎゅうとうかっけい》

各個撃破 ◆かっこ げきは

ひとつひとつ打破ること。戦いで、敵がその全勢力を集合させない機に乗じて、ばらばらになっているおのおのを撃ち破ることを言う。春秋時代、宋の襄公《じょうこう》は楚《そ》との戦いで、各個撃破の好機に「*宋襄之仁」をもって攻めず、楚軍がまとまるのを待って攻撃して大敗している。転じて、個々別々に説得したり、味方に引入れたりして、最終的に目的を達成する場合にも使う。

革故鼎新 ◆かっこ ていしん

古いものを改めて新しいものにすること。「故《ふる》きを革《あらた》め、新しきを鼎《と》る」と読む。「革は、故きを去るなり。鼎は、新しきを取るなり」(『易経』雑卦伝《ざっかでん》)から。「革」も「鼎」も易の六十四卦の一つで、引用文はそれを説明したもの。「革故鼎新」は、王朝の交代など政治上の変革に言われた。

確乎不抜 ◆かっこ ふばつ

意志がしっかりとしていて動揺しないこと。『易経』乾卦《けんか》の「確乎としてそれ抜くべからざる、潜竜なり」から。しっかりした意志を持っていて、動かすことのできない人物こそ、潜竜(いまだ活躍する時期に出会わない英雄・豪傑)と言うべきである、の意。「確乎不動《ふどう》」も同義の語。

活殺自在 ◆かっさつ じざい

他を自分の思う通りに取扱うこと。活《い》かすも殺すも思うままということ。「活殺」の対象は人間その他生き物に限らず、事物に対しても使う。たとえばお金を無駄に費消したり、あるいは逆に有効に活用したり、思いのままである時、「活殺自在」と言える。自分自身の行動より、第三者の行動に言う場合が多い。なお禅では、師僧の修行者に対する活殺自在の働きを、刀にたとえて「殺人刀活人剣《せつにんとうかつにんけん》」と言う。

合従連衡 ◆がっしょう れんこう

連合したり同盟したりする、外交上の駆引き。「従」は縦《たて》、「衡」は横の意。中国戦国時代、大国秦《しん》と、燕《えん》・斉《せい》・趙《ちょう》・魏《ぎ》・韓《かん》・楚《そ》の六国とをめぐる外交政策を言う。「合従」は、蘇秦《そしん》が唱えた政策。西に位置する秦に対し、東に位置する六国が縦、すなわち南北に連合して対抗するというもの。「連衡」は、張儀《ちょうぎ》の説いた政策。六国がそれぞれ秦と横、すなわち東西に同盟を結ぶというもの。ここから、蘇秦・張儀のようにはかりごとを各国に説く人を縦横家《じゅうおうか》と言うようになった。

合水和泥 ◈がっすい わでい

仏教で、自分のことを忘れて他人を救うこと。鎌倉初期、道元の述話を記した『永平広録』に見える語。溺《おぼ》れている人を助ける時は、自分が水に濡《ぬ》れ泥にまみれることを顧みず、助けることに一心になる意。唐代の『臨済録』示衆には「合水和泥、*応機接物《おうきせつもつ》す」と見える。「和泥合水」とも言う。

闊達明朗《かったつめいろう》 ⇩ 明朗闊達《めいろうかったつ》

勝手気儘 ◈かって きまま

人の意向を無視して、自分の思うままに振舞うこと。

「勝手」は、自分のしたいように振舞うさま。「気儘」は、気持の向くままに行動するさま。類義の二語を重ね、他人の気持を思いやることなく、自分一人の気持で振舞うさまを強調する。類義語に、同じく自分の思いのままに振舞う意の語を重ねた「気随《きずい》気儘」がある。「気随気儘」に比べて「勝手気儘」は、人の迷惑を顧みずに、また本来そうすべきではないのに、といった状況で使われることが多い。

活剝生呑 ◈かっぱく せいどん

他人の詩文をそのまま盗用すること。

「活剝」は、生きているまま皮をはぐ意。「生呑」は、生きているまま呑みこむ意。「棗強《そうきょう》の尉《い》張懐慶有り、好んで名士の文章を偸《ぬす》む。……人これを諺《ことわざ》に謂《い》いて曰《いわ》く、王昌齢《おうしょうれい》を活剝し、郭正一《かくせいいつ》を生呑す、と」(『大唐新語』諧謔《かいぎゃく》)による。「棗強」は地名。「王昌齢」は唐代の詩人、「郭正一」も同じ唐代の文人・政治家。人の言ったことをそのまま受売りする意味にも使われる。「生呑活剝」とも言う。

活鱍鱍地 ◈かっぱつはっち

生きのよいこと。勢いのよいさま。

「かっぱつぱっち」とも。「活潑潑地」「活撥撥地」とも書かれる。「活鱍鱍」は、魚がぴちぴちと跳ね上がる形容。「地」は語勢を助ける助字で、意味はない。禅家で、生き生きと活動するさまを表現する語として用いられる。唐代の『臨済録』示衆に、「無形無想、無根無本、無住処にして活鱍鱍地なり(君たち自身が、形もなくすがたもなく、根もなく本もなく、場所も持たずにぴちぴちと躍動しているのだ)」と見える。

刮目相待 ◆かつもく そうたい

今までとは違った見方で相手に対すること。「刮目して待つ」は、日常的な慣用句になっている。三国時代、呉《ご》の孫権の臣呂蒙《りょもう》は無学だったが、孫権の勧めによって学問を始めた。のちに同じ呉の臣魯粛《ろしゅく》が、呂蒙と議論をしてたじたじとなって「今に至りて学識英博、また呉下《ごか》の阿《あ》蒙《もう》にあらず(もう昔の蒙さんじゃない)」と言ったところ、呂蒙が答えた、「士《し》別れて三日なれば、すなわちまさに刮目して相待《あいま》つべし(男子たるもの、三日もたてば変りますよ)」(『三国志』呉志、呂蒙伝注)。なお、同じ話から「呉下阿*蒙」という語もできている。

瓜瓞綿綿 ◆かてつ めんめん

子孫の繁栄すること。「瓜瓞」は、大きい瓜《うり》と小さい瓜。「緜緜《めんめん》(連なる意。「綿綿」に同じ)たる瓜瓞、民の初めて生れしは、沮漆《しょしつ》の土より」(『詩経』大雅、緜)から。蔓《つる》に連なる瓜のように綿々と続く周の民、その民が初めて生れたのは沮水と漆水の川のほとりの地であった、と詩は古代周の歴史を綴っている。

我田引水 ◆がでん いんすい

自分の都合のいいように、言ったり行動したりすること。「我《わ》が田《た》に水を引く」と読む。自分の田にだけ水を引入れる意。稲の生育には水が欠かせない。ひでりの時は、自分の田に水を少しでも多く引入れようと果てしない争いが起った。「水争い」は夏の季語になっており、この水争いから「水掛け論」という語も生れている。なお、政治家などが自分の地元に鉄道を誘致することを、「我田引水」をもじって「我田引鉄」と言う。

瓜田李下 ◆かでん りか

人に怪しまれるような行いを慎むこと。「君子は未然に防ぎ、嫌疑の間に処《お》らず。瓜田に履《くつ》を納《い》れず、李下に冠《かんむり》を正《ただ》さず」(『古楽府《こがふ》』君子行)から。「李下瓜田」とも言う。瓜畑の中でくつを直そうとかがめば、瓜《うり》を盗もうとしているかと疑われる。李《すもも》の木の下で冠を直そうと手を上げれば、李を盗ろうとしているかと怪しまれる。君子はそういう行いをせずに、疑われることをあらかじめ防ぐものだ、という教訓。「瓜田に履を納れず」「李下に冠を正さず」、それぞれ成句として知られている。

家徒四壁　◆かと しへき

きわめて貧しいことのたとえ。

漢代、成都《せいと》の人司馬《しば》相如《しょうじょ》は、若いころ貧しかった。臨《りん》邛《きょう》で富豪卓王孫《たくおうそん》の娘文君《ぶんくん》が相如を見そめ、二人で駆落ちして成都へ戻ったが、その相如の家は家財道具など何もなく、「家《いえ》、徒《ただ》四壁のみ」というありさまだったという（『史記』司馬相如伝）。やがて相如は卓王孫の援助を受けて金持になる。

河図洛書　◆かと らくしょ

古代中国の伝説に見える図と文。

「河より図出で、洛より書出づ。聖人これに則《のっと》る」（『易経』繋辞《けいじ》上伝）から。「河図」は、伝説の王伏羲《ふっき》氏の時、黄河に現れた竜馬の背中の旋毛の形を写したという図。易の八卦《はっか》はこれから作られたとされる。「洛書」は、夏の禹王《うおう》が洪水を治めた時、黄河の支流、洛水に現れた神《しん》亀《き》の背中にあったという文様。『書経』の「洪範九疇《こうはんきゅうちゅう》」*は、これから作られたという。書物を意味する「図書」という言葉は、この「河図洛書」から生れた。

家貧孝子　◆かひん こうし

貧しい家には孝行な子が出るということ。また、逆境にある時、はじめて人間の真価がはっきりすること。

「家貧《いえまず》しくして孝子顕《あらわ》る」で知られる。「家貧しくして孝子顕れ、世乱《みだ》れて忠臣を識《し》る」（明代『宝鑑』）から。家が貧しいと、孝行な子の言動がとりわけ目に立ち、世間も認識することになる。昼行灯《ひるあんどん》とあだ名されるほど存在感の乏しかった赤穂《あこう》藩の家老大石内蔵助《くらのすけ》が後世に名を残したのも、主君の刃傷《にんじょう》に始まる大変事があったからこそとも言えよう。

禍福倚伏　◆かふく いふく

禍《わざわい》と福は、互いに裏表の関係にある。転じて、禍と福は代る代るやってくるということ。

「禍は福の倚《よ》るところ、福は禍の伏すところなり」（『老子』五八）から。禍には福が寄り添っており、福には禍が隠れていると言う。『漢書』賈誼《かぎ》伝にも『老子』のこれと同じ表現が見え、さらに「それ禍と福と、なんぞ糾《あざな》える纆《なわ》に異ならん」とある。この部分の熟語表現が、「*禍福糾纆《きゅうぼく》」。

禍福糾纆 ◈かふく きゅうぼく

禍《わざわい》と福とは、順繰りにやってくるということ。

「禍福は糾《あざな》える縄《なわ》のごとし」で知られる。「纆」は、より合せた縄。藁《わら》をより合せて縄にする時、下になった藁は次は上へ、上の藁は下へと繰返す。禍福は、この藁のようだということ。『史記』南越伝賛に「禍に因《よ》りて福と為《な》す。成敗の転ずるは、譬《たと》うれば糾える纆《なわ》のごとし」と見え、「*禍福倚伏《いふく》」の老子の禍福論と呼応する。

禍福無門 ◈かふく むもん

禍福は、その人自身が招くものであるということ。

「禍福は門無し、ただ人の召《まね》く所なり」(『春秋左氏伝』襄《じょう》公《こう》二十三年)から。人が悪を行えば禍《わざわい》が来、善を行えば福が来るのであり、定められた門から禍や福が入ってくるわけではない、幸不幸はみずからの行為が招くものである、と言う。『淮南子《えなんじ》』人間訓にも「禍と福とは門を同じくす」と見え、同じ考え方を示している。思想に境界はないようで、この考え方は「*善因善果《ぜんいんぜんか》、*悪因悪果《あくいんあっか》」という仏教の因果思想にも通じている。

葭莩之親 ◈かふのしん

疎遠な親戚。

「いま群臣に、葭莩の親、鴻毛《こうもう》の重き有るにあらず」(『漢書』中山靖王勝伝)から。「葭莩」は、葦《あし》の茎の中にある薄い膜で、非常に薄いもののたとえ。「鴻毛」は、大型の水鳥の毛で、非常に軽いもののたとえ。今の群臣には、葭莩ほどの関係の親類縁者が鴻毛の重さほどもない、の意。

瓦釜雷鳴 ◈がふらいめい

実力のない者が、得意げにいばりわめくたとえ。

「瓦釜」は、素焼の釜。叩《たた》くと雷鳴のような騒音を立てるので、小人物が大声を張上げるのにたとえる。「蟬《せん》翼《よく》を重しと為《な》し、千鈞《せんきん》を軽しと為す。黄鍾《こうしょう》(基準の音を出す最も立派な楽器)は毀棄《きき》せられ、瓦釜は雷鳴す」(『楚辞《そじ》』卜居《ぼっきょ》)から。軽薄な者が重んぜられ、君子は軽んぜられる、賢人は見捨てられ、小人物がわめいている、と譬《たとえ》をもって世の乱れを嘆いた詩。

寡聞少見　◆かぶん しょうけん

見聞が狭いこと。世間知らずなこと。「聡明疏通《そうめいそつう》の者は大察を戒め、寡聞少見の者は雍蔽《ようへい》（おおいかくされる）を戒め」（『漢書』匡衡伝《きょうこう》）から。賢く諸事に通じている者は知りすぎてしまうことに注意し、見聞の狭い者は知識が足りないことに注意し、の意。自分のことを謙遜《けんそん》して言う場合にも使う。特に「寡聞」だけで使われ、「寡聞にして知らない」などと言う。「寡見少聞」とも言う。

華封三祝　◆かほうの さんしゅく

長寿・富・多男子の三つに恵まれますようにと祝福すること。

古代の聖天子尭《ぎょう》が華の国に行った時、封人《ほうじん》（国境を守る役人）が尭に、長寿であるよう、富に恵まれるよう、男の子がたくさん生れるよう祝福したいと言ったところ、尭は断った。皆が望むことなのに、なぜ断るのかという問に尭は答えた。「男子多ければ則ち懼《おそ》れ（心配事）多く、富めば則ち事（面倒な事）多く、寿《いのちなが》ければ則ち辱《はじ》多し。この三者は徳を養う所以《ゆえん》にあらざるなり。故《ゆえ》に辞す」（『荘子』天地）。長寿については「寿則多辱《じゅそくたじょく》」という語になっている。

我武者羅　◆がむしゃら

向う見ずであること。むちゃくちゃに振舞うこと。近世に、向こう見ずに、またむちゃくちゃに振舞う意の「がむしゃ」という語が、「我武者」を当てて使われている。一説に「我貪《がむさぼり》」の転かという。のちに語尾に「ら」がつき、「我武者羅」と当てられるようになった。夏目漱石《そうせき》は『吾輩《わがはい》は猫である』で「我無洒落」と当てている。

過猶不及　◆かゆうふきゅう

度を越したものは、まだ至らないものと同じだということ。

「過ぎたるは猶《なお》及ばざるがごとし」で知られる。「子貢《しこう》問う、師（子張）と商（子夏）といずれか賢《まさ》れる、と。子曰《いわ》く、師や過ぎたり、商や及ばず、と。曰く、然らば則ち師の愈《まさ》れるか、と。子曰く、過ぎたるは猶及ばざるがごとし、と」（『論語』先進）。

烏之雌雄 ◆からすの しゆう

是非・善悪の判断がしにくいたとえ。烏はどれも色が黒くて、雌雄の区別がつけにくいところからきたたとえ。「かの故老を召《よ》び、これに占夢を訊《と》う。ともに予《われ》を聖なりと曰《い》うも、誰《たれ》か烏の雌雄を知らんや」（『詩経』小雅、正月《せいげつ》）から。物知りの故老を呼び、夢占いをさせて、みんな自分を聖人だというが、誰が烏の雌雄を区別できようか、の意。いつわりのうわさで政治が乱されていても、だれひとり真偽の判断ができないと嘆いた詩。

我利我利 ◆がり がり

人のことはかまわずに、自分の利益や都合だけを考えること。

「我利」は、自分だけの利益。「私利」と同じく、いい意味では使われない。他をかえりみず、ひたすら自分の利益だけを追う者を、我利に取りつかれた者、「我利我利亡者《もうじゃ》」と言う。

画竜点睛 ◆がりょう てんせい

物事を完成させる、最後の大切な部分。また、わずかなものを加えることで全体が引立ったとえ。

「竜《りゅう》を画《えが》いて睛《ひとみ》を点《てん》ず」と読む。「睛」は、ひとみの意で、「晴」とは別字。南朝梁《りょう》の画家張僧繇《ちょうそうよう》は、金陵《きんりょう》（現南京）の安楽寺の壁に四竜を画いた時、天に飛び去ってしまうと言って睛を描き入れなかった。人が信用せず、それなら入れてみてくれといったので、僧繇が二竜に睛を描き入れたところ、たちまち天に昇り、描き入れなかった二竜が残ったという。唐の張彦遠『歴代名画記』に見える伝説。逆に、肝心なところが抜け落ちていることを「画竜点睛を欠く」と言う。

迦陵頻伽 ◆かりょうびんが

仏の妙なる声音のたとえ。また、美貌・美声の芸妓や遊女を言う。

ヒマラヤ山中あるいは極楽浄土に住むという、想像上の鳥。サンスクリットの音写語で、略して「迦陵頻」とも言う。「妙音鳥」などと漢訳されるように、美しい声で鳴くとされ、日本では仏の声の形容ともする。図像は、鳥の姿で美女の顔を持つ。実在の鳥では、インドに棲《す》むナイチンゲールの一種が、迦陵頻伽のイメージに最も近いとされる。

臥竜鳳雛《がりょうほうすう》 ⇩ 伏竜鳳雛《ふくりょうほうすう》

寡廉鮮恥 ◈かれん せんち

心が正しくなく、恥知らずであること。

「廉」は、心が正しい意で、「廉恥」は、心が正しく恥《ち》を知る意。恥を恥とも思わない行為に対して使う「破廉《はれん》恥」は、この「廉恥」を破る意からきている。「寡」「鮮」は、ともに少ない意。廉恥に乏しいことを表現した語。前漢の司馬相如《しばしょうじょ》が武帝のために書いた、「巴《は》・蜀《しょく》二郡の太守に告げる」で始まる檄文《げきぶん》中に見える。寡廉鮮恥の結果、君主の命に背く者が出たら、刑罰を受けるのは当然ではないか、とある(『史記』司馬相如伝)。

苛斂誅求 ◈かれん ちゅうきゅう

容赦なく、厳しく取立てること。

「苛」は、きびしい、きつい意。「斂」は、おさめる、集めとる意。「誅」は、せめる、とがめる意。「求」は、せめもとめる意。「苛斂」「誅求」それぞれに、税金などを厳しく取立てる意味を持つ。『春秋左氏伝』襄公《じょうこう》三十一年に「敝邑《へいゆう》(わが国)の褊小《へんしょう》にして(狭く小さく)、大国に介《はさ》まり、誅求時なし」とあり、『旧唐書《くとうじょ》』穆宗《ぼくそう》紀に「憲宗兵を用いるに、皇甫鎛《こうほはく》を擢《ぬき》んでて相《しょう》となす。苛斂して下を剝《は》ぐ。人皆これを咎《とが》め、以て譴逐《けんちく》する(とがめ追い払う)に至る」とある。今日ではもっぱら「苛斂誅求」で使われ、容赦なく責める意味が強調される。

夏炉冬扇 ◈かろ とうせん

時期に合わない無用の事物のたとえ。また、所を得ない才能や言説のたとえ。

時期はずれの、夏の炉と冬の扇ということ。「益する無きの能を作《な》し(役に立たないところに能力を使い)、補う無き説を納《い》る(足しにならない意見を言上する)は、夏を以て炉を進め、冬を以て扇を奏《すす》むるなり。得るを欲せざる所のことを為《な》し、聞くを欲せざる所の語を献ず」、そんなことをして災難に遭《あ》わなければ幸いだと、後漢の学者王充《おうじゅう》は『論衡《ろんこう》』逢遇で説いている。「冬扇夏炉」とも言う。

含飴弄孫 ◈がんい ろうそん

老人が気楽な生活を送ること。

「飴《あめ》を含み孫を弄す」と読む。飴をしゃぶったり孫をかまったりするのんきな隠居生活の意。『後漢書』明徳馬皇后紀に見える語。孫と遊ぶのは現代も変らないが、まだ入歯のなかった時代のことで、歯の抜けた翁の口の楽しみといえば、飴をしゃぶることだった。そしてその飴は、病人や老人の体力増強に用いられた栄養価の高い高級品だった。

間雲孤鶴 ◆かんうん こかく

何の束縛も受けず、悠々と暮す境遇のたとえ。「間雲」は、しずかに浮んでいる雲。この「間」は、「閑」に同じ。「孤鶴」は、群をはなれた鶴。いずれも、何ものにもとらわれず、悠々としているさまを表現する。『全唐詩話』僧貫休に「間雲孤鶴、いずれの天にして飛ぶべからざらん(どこの空へも飛んでいける)」と見える。同工同義の表現に「閑雲野鶴《やかく》」がある。「野鶴」は、野にあそぶ鶴。

感慨無量 ◆かんがい むりょう

深く心に感じ、しみじみした気持で胸がいっぱいになること。

「感無量」とも言う。「感」「感慨」は、物事にふれて心の動きを起す意。深いところから心が動かされる時に言う。感慨の気持を言葉に表す場合、いろいろな言葉を用いての表現が試みられるが、その気持が極限にまで達すると、ただ「感慨無量」の一語でしか表現できなくなる。

鰥寡孤独 ◆かんか こどく

頼る者のいない身の上の人。

「鰥寡」「孤独」と熟語になっているが、もともとは一字ずつの四語からなる。「老いて妻無きを鰥と曰《い》い、老いて夫無きを寡と曰い、老いて子無きを独と曰い、幼くして父無きを孤と曰う」(『孟子《もうし》』梁恵王下《りょうけいおう》)から。「父」は、ここでは親の意。ここから、「鰥寡」は、連合いを失った人、やもおとやもめを意味し、「孤独」は、身よりのない人、転じてひとりぼっちを意味する。

轗軻不遇 ◆かんか ふぐう

思い通りに事が運ばず、世に受入れられないこと。

「轗軻」は「坎坷」とも書き、道が悪くて車が行きなやむこと。転じて、好機に恵まれず、志を得ないこと。

「不遇」は、運が悪く、才能にふさわしい地位や境遇を得ていないこと。同義の語を重ねて強調した語。『北史』文苑伝序に「道《みち》轗軻にしていまだ遇《あ》わず（用いられず）、志鬱抑《うつよく》して申さず」と見える。

侃侃諤諤
◆かんかん がくがく

遠慮することなく大いに議論すること、また、そのさま。

『論語』郷党に「（孔子は）朝（朝廷）にして下大夫（下級役人）と言うときは侃侃如《かんかんじょ》たり」と見える「侃侃」は、強くまっすぐなさま。一説に、和やかの意とも言う。「諤諤」は、ありのままを言うさま。『史記』商君伝に「千人の諾諾《だくだく》も、一士の諤諤に如《し》かず」とある。「侃侃諤諤」を略して「侃諤」とも言う。なお近年、やかましく騒ぐさまを言う「喧喧囂囂《けんけんごうごう》」＊としばしば混同される。

寒巌枯木《かんがんこぼく》　⇩　枯木寒巌《こぼくかんがん》

関関雎鳩
◆かんかん しょきゅう

夫婦がむつまじく仲のよいこと。

この「関関」は擬声語で、なごやかに鳥の鳴きかわす声。「雎鳩」は、鳥の名、ミサゴ。「関関たる雎鳩は河の洲《す》に在り。窈窕《ようちょう》たる淑女《しゅくじょ》は君子の好逑《こうきゅう》なり」（『詩経』周南、関雎）から。河の洲でむつまじく鳴きかわしているミサゴのように、美しくたおやかな淑女は君子のよいお連れ合いだ、と周の文王と王妃との和合した徳を詠ったもの。略して「関雎」とも言う。類義表現に「関雎之化」＊がある。

緩急自在
◆かんきゅう じざい

遅くも早くも、ゆるやかにもきびしくも、思うままにあやつれるさま。

「緩急」は、ゆるやかなことと急なこと、遅いことと早いことなど、行為・状態における対照的なさまを言う。「自在」は、思うままの意だが、緩と急の二様だけが思うままなのではなく、どのようにでも変化させられること。野球で、投手の投球が「緩急自在」と言えば、球速を思うように変えられる意。

汗牛充棟
◆かんぎゅう じゅうとう

蔵書が非常に多いことのたとえ。転じて、たくさんの書物。

「牛《うし》に汗《あせ》し棟《むなぎ》に充《み》つ」と読む。唐の文人柳宗元の文による。孔子が『春秋』を作って以来、自分の名を冠して注釈書を著した者五名。さらに書物を手にして研鑽《けんさん》を積み、注釈を書いた者は数え切れない。「その書たるや、処《お》けば（置いておけば）すなわち棟宇《とうう》（建物）に充ち、出《いだ》せば（運べば）すなわち牛馬に汗す（汗だくになる）」（「唐故給事中陸文通墓表」）。「充棟汗牛」とも言う。『春秋』は魯《ろ》の歴史書で、魯国の官吏が書いたものに孔子が筆削して褒貶《ほうへん》の義を加えたという。それが「*一字《いちじ》褒貶」という語ができるほど簡潔だったために、注釈書が多く現れた。ちなみに柳宗元の言う五書は、『春秋左氏《さし》伝』『春秋公羊《くよう》伝』『春秋穀梁《こくりょう》伝』『春秋鄒氏《すうし》伝』『春秋夾氏《きょうし》伝』（最後の二書は伝わらず）。

貫朽粟陳　◈かんきゅう ぞくちん

非常に豊かなたとえ。

「〔漢興《おこ》りて七十余年の間に〕都鄙《とひ》の廩庾《りんゆ》はみな満ちて、府庫は貨財を余《あま》す。京師《けいし》の銭は巨万を累《かさ》ね、貫朽ちて校《かぞ》うべからず。太倉の粟《あわ》は陳陳と相因《あいよ》り充溢《じゅういつ》し、外に露積して、腐敗し食らうべからざるに至る」（『史記』平準書）による語。国庫の金は巨万と積り、ぜにさしの縄（貫）が朽ちて銭がばらばらになって数えられず、政府の倉には古い粟がぎっしりと詰って、野積みにまでされ、腐って食べられなくなる有様だ、の意。建国後の漢が非常によく治まっているさまを述べる。

寒気凜冽　◈かんき りんれつ

寒さが厳しいこと。

「凜」も「冽」も厳しい寒さを表す語で、すなわち「凜冽」は、寒さの厳しい意。これだけで意味は十分に尽されるところに、「寒気」を付して語調を整えたもの。反対に、夏の酷い暑さを言う語には、「*烈日赫赫《れつじつかっかく》」や、金石も溶けそうだという「*流金鑠石《りゅうきんしゃくせき》」などがある。

艱苦奮闘　◈かんく ふんとう

なやみ苦しみながらも、力の限り努力すること。

「艱苦」は、「*艱難辛苦《かんなんしんく》」と同義で、つらく苦しい思いをすること。「奮闘」は、力を奮って闘うこと。「*孤軍《こぐん》奮闘」という言葉もあるように、困難な状況の中で力を出して闘うことを意味する。ここではその困難な状況が「艱苦」であり、したがって「艱苦奮闘」は、奮闘のさまを強調した語。

頑固一徹 ◈がんこ いってつ

かたくなに考え方を変えようとはせず、最後まで押し通すさま。

「頑固」は、かたくなで、なかなか考えや態度を変えようとしないこと。「一徹」は、こうと思い込んだら、あくまでそれを押し通すさま。「頑固一徹」は、「頑固」に輪をかけた意固地なさまを言う。

眼光炯炯 ◈がんこう けいけい

目つきが鋭く光るさま。

「眼光」は、目の光、また観察力を言う。「炯炯」は、目がきらきらと輝くさま。「眼光炯炯」は、同じ光る目つきでも悪い目つきには言わず、物を見通すような目つき、また意志の力が強いことを思わせる目つきに言う。仏像で言えば、仏法を守る諸天、毘沙門天《びしゃもんてん》や帝釈天《たいしゃくてん》などの目つきがこれに当たる。

箝口結舌 ◈かんこう けつぜつ

口を閉じて何もしゃべらないこと。

「箝口」は、口をつぐんで言葉を発しないこと。秘密を守るよう周知させることを「箝口令を布《し》く」と言う。「結舌」は、舌を結ぶことで、やはりものを言わない、あるいは言わせないことを意味する。二語を重ね、口外しない、あるいはさせない意を強調する。

顔厚忸怩 ◈がんこう じくじ

恥しくて耐えられない意。

「鬱陶《うっとう》乎たるわが心、顔厚にして忸怩たるあり」(『書経』五子之歌)から。心は晴々とせず、厚顔な自分も恥しくてならない、の意。「鬱陶」は、気がふさいでのびないさまを言い、「鬱陶しい」はこれから派生した語。「忸怩」は、恥入るさま。ともにこの詩を出典としている。

眼光紙背 ◈がんこう しはい

書物を読んで、字句の意味にとどまらず、文章の深意を理解するたとえ。

「眼光紙背に徹《てっ》す」の略。目の光が文字の並ぶ表面だけでなく裏側にまで徹《とお》る意で、単に文字面《もじづら》だけを追っているのではないさまを言う。同じ文章の真意を理解することに使う「行間《ぎょうかん》を読む」は、文章の並ぶ行と行の間の空白部分を読みとる意。

眼高手低 ◆がんこう しゅてい

批評は上手だが実作は下手であること。また、理想は高いが実行する力の伴わないこと。

「眼」は、いわゆる見る目、鑑識力のこと。人の書いた創作などには実際に書くことを意味する。「手」は、ちんと批評・評価を下せるのに、自分自身では上手に書けないような場合に使う。必ずしもそういう人を批判する意味で使われる言葉ではない。

換骨奪胎 ◆かんこつ だったい

詩文を作る際に、古人の詩文の趣意は変えずに語句を換え、あるいは古人の詩文の趣意を規範としつつ新しいものを加え、表現すること。

「奪胎」は「脱胎」とも書く。骨を取換えて生れ変らせる意。道家で、金丹を呑んで凡人の骨を仙人の骨に変え、凡人の体から聖人の体になることを言った。のち作詩法に使われ、北宋の僧恵洪《えこう》が『冷斎夜話』一の中で詩人黄庭堅《こうていけん》の言葉を紹介している。「その意を易《か》えずしてその語を造る、これを換骨法と謂《い》い、その意を窺《うかが》い入れてこれを形容する、これを奪胎法と謂う」。先人の作品の一部を取りこんで作る和歌の本歌取りは、「換骨奪胎」の一種と言えよう。「奪胎換骨」とも言う。なお今日ではしばしば、他人の作品の焼直しにこの語を使う。

冠婚葬祭 ◆かん こん そう さい

古くからある慶弔の四つの儀式。転じて、慶弔の儀式一般の総称。

「冠」は元服、「婚」は婚礼、「葬」は葬儀、「祭」は祖先の祭祀《さいし》。いずれも家の儀式として行われた。元服の儀式は十一～十七歳ころに行われたものだが、今日ではなくなっている。代って成人の日が制定され、地方自治体などによる成人式が行われている。

寒山拾得 ◆かんざん じっとく

唐代の僧、寒山と拾得。また、画題として、寒山・拾得の飄逸《ひょういつ》な姿を描いたもの。

寒山も拾得も天台山（浙江《せっこう》省の山）国清寺《こくせいじ》の豊干《ぶかん》に師事し、天台山近くに住んで奇行が多かったと伝えられる、ほとんど伝説上の人物。洒脱《しゃだつ》な詩を収めた『寒山詩集』が残るが、寒山作というより、寒山風の詩と解釈した方がよいとも言われる。中国・日本で、古来、画題として好まれ、その多くは、寒山が経巻を開き拾得が箒《ほうき》を持っている。

感謝感激 ◆かんしゃ かんげき

この上なく感謝していること。意味としては、相手の思いやりを心に強く感じ、ありがたいと思うこと。同じ「感」で始まる二語を重ねた語呂のよさから定着したものであろう。親しい相手の思いやりに対し、こちらも親しみを込めた気持で言うことが多い。「感謝感激雨あられ」と特に意味をなさない語を加えた強調語になると、洒落《しゃれ》や茶化しの響きが強くなる。

含笑入地 ◆がんしょう にゅうち

思い残すことなく安らかに死んでいくこと。「笑いを含んで地に入《い》る」と言う。「入地」は、死ぬこと。後漢の韓韶《かんしょう》が嬴《えい》県の長だった時、流入してきた難民のために倉を開いて食物を与えた。地元の戸主たちが非難すると、韓韶は言った。「長く溝壑《こうがく》(物を捨てるみぞ)の人を活《い》かして、これを以て罪に伏するは、笑《え》みを含みて地に入ると云《い》わん」(『後漢書』韓韶伝)。貧しい人を救って、そのために罰せられるなら、笑って死ねるだろう、の意。

干将莫邪 ◆かんしょう ばくや

中国古代の二振りの名剣。「干将」は春秋時代呉《ご》の刀匠。「莫邪」はその妻。「莫耶」とも書く。後漢代の『呉越春秋』闔閭《こうりょ》内伝は次のような話を伝える。干将は、呉王闔閭の命を受けて刀を鍛《きた》えようとしたがうまくいかない。莫邪が髪と爪を炉に入れると地金がうまく溶け合って、二振りの剣ができた。そこで、陽剣を干将、陰剣を莫邪と名づけ、陰剣のみを呉王に献上した。宋代の『祖庭事苑』は別の話を伝える。楚《そ》王の夫人が鉄柱を抱いていたところ、孕《はら》んで鉄の塊を産んだ。楚王はその鉄で刀を作るように干将に命じ、干将は雌雄二剣をつくり雌剣のみを王に献じたという。

関雎之化 ◆かんしょの か

夫婦の仲むつまじいさまのたとえ。「関雎」は『詩経』の周南にある詩編の名。「関関《かんかん》たる雎鳩《しょきゅう》は河の洲《す》に在り。窈窕《ようちょう》たる淑女《しゅくじょ》は君子の好逑《こうきゅう》(よい連れ合い）なり」で始まるところから、「関関雎鳩*」の略ともされる。詩は周の文王と王妃との仲のよいさまをたたえたもの。「化」は教化の意。夫婦は関雎のごとくあれ、ということ。夫婦が和合して円満な生活を楽しむことを「関雎の楽しみ」と言う。

肝心肝文　◈かんじん　かんもん

きわめて大切であること。

「肝心」は肝臓と心臓で、人体に大事な臓器であるところから、大切なこと、重要なことの意。「肝腎」とも書き、こちらは肝臓と腎臓を意味する。「肝文」も、大切、重要な文章ということから、大切なこと、重要なことの意。同義の二語を重ねて、調子を整え意味を強調している。「〔茶屋の〕主《あるじ》の身なれば〔客の〕御機嫌好《よ》かれが道理の肝腎肝文」（近松門左衛門『心中天の網島』上）をはじめ、江戸時代の戯作《げさく》・雑俳に散見する。

玩人喪徳《がんじんそうとく》　⇩　玩物喪志《がんぶつそうし》

寛仁大度　◈かんじん　たいど

心がひろく情け深く、度量の大きいこと。

漢の高祖劉邦《りゅうほう》について、『史記』高祖紀は「仁にして人を愛し……意豁如《こころかつじょ》なり（さっぱりしている）。常に大度ありて、家人の生産作業に事《つか》えず」と記す。また『漢書』高帝紀は「寛仁にして人を愛し、意豁如なり」と言う。つまり劉邦は、寛仁かつ大度ある人物として史書に描かれている。なお、平安時代の漢詩人仲雄王《なかおおう》は、『史記』の同じ箇所を引いて「豁如大度」（『文華秀麗集』中）と詠っている。

韓信匍匐　◈かんしん　ほふく

将来の大きな目的のため、一時の恥に耐えること。

「韓信の股《また》くぐり」で知られる。「匍匐」は、はらばうこと。「これを衆辱《しゅうじょく》して曰《いわ》く、信よく死せば我を刺せ（死ねるものなら俺を刺せ）。死する能《あた》わずんば我が袴下《こか》より出でよ（死ねないなら股をくぐれ）、と。ここにおいて信、これを熟視し俛《ふ》して袴下より出でて蒲伏《ほふく》（「匍匐」に同じ）す。一市の人みな信を笑い、以て怯《きょう》（臆病者）と為《な》す」（『史記』淮陰侯伝《わいいんこうでん》）から。無名で貧乏だった若者韓信は、町の若者たちの辱《はずかし》めを甘受し、のちに漢の高祖劉邦《りゅうほう》のもとで功を挙げ、張良《ちょうりょう》、蕭何《しょうか》とともに高祖三傑と呼ばれるようになる。

甘井先竭　◆かんせい せんけつ

才能ある者は、その才能のためにかえって早く身を滅ぼすというたとえ。

「甘井先ず竭《つ》く」と読む。「甘井」は、おいしい上質の水が出る井戸。「竭」は、ある限りを出し尽す意。「直木は先ず伐《き》られ、甘井は先ず竭く」（『荘子』山木）から。まっすぐな木はいちばん先に伐られ、水質のよい井戸はいちばん先に汲みつくされるということ。同じたとえは『墨子』親士にも見え、続いて長所が原因で死んだ人の例を挙げ、「はなはだ盛んなるは守りがたし」と古語にあると記している。

頑石点頭　◆がんせき てんとう

感化力が大きいことのたとえ。

「頑石」は、物分りの悪い石ころの意。「点頭」は、うなずくこと。『通俗編』地理、頑石点頭によると、「竺道生《じくどうしょう》……石を聚《あつ》めて徒（衆徒）と為《な》し、涅槃経《ねはんぎょう》を講ずるに、群石みな為《ため》に点頭す（集まった石ころがみな理解してうなずいた）」という。竺道生は、六朝東晋《とうしん》から宋にかけての人。鳩摩羅什《くまらじゅう》に師事し、羅什四哲の随一とされた。なお、「竺」は天竺（インド）・西域出身であることを示す姓だが、道生の俗姓は魏《ぎ》氏という。

勧善懲悪　◆かんぜん ちょうあく

善行を勧《すす》め、悪行を懲《こ》らしめること。また、善人を賞して悪人を罰すること。

「善を勧め悪を懲らす」と読む。『春秋左氏伝』成公十四年に、『春秋』を評した文がある。「春秋の称、微にして顕、志《しる》して晦《かい》なり。婉《えん》にして章を成し、尽して汚《ま》げず。悪を懲らして善を勧む」。『春秋』の書き方は、文字は少ないが明晰《めいせき》で、あからさまでなく、婉曲《えんきょく》だが文ははっきりしていて、意を尽して曲げることなく、悪を懲らし善を勧める、と言う。日本の近世の文芸では、この「勧善懲悪」が一つのテーマになっている。

完全無欠　◆かんぜん むけつ

欠点や不足が全くないこと。また、そのようなさま。

「完全」だけで、欠けたところがないという意。そこに「無欠」、文字通り欠けたところがないという言葉を付け足して、完全なさまを強調した語。「完全無欠なものなどない」のように、否定的な言辞に用いられることが多い。

官尊民卑 ◈かんそん みんぴ

政府や官吏を尊いものとし、一般人民や民間の事を卑しいとすること。そのような見方・考え。

封建社会においては、政治をつかさどるのは支配者だった。そのころ、奉行所などの役所とそこに働く人たちは、一般人民から「お上《かみ》」と呼ばれていた。まさに「官尊民卑」の認識に基づく呼称と言える。福沢諭吉《ゆきち》は『福翁百話』で、「官尊民卑」は人権平等の論旨に反すると指摘している。

肝胆相照 ◈かんたん そうしょう

互いに心の底まで打明けて親しく交わること。

ふつう「肝胆相照《あいて》らす」と言う。「肝胆」は、肝臓と胆嚢《たんのう》。転じて、心の底。「肝胆を砕く」と言えば、心の限りを尽すこと。明の丘瓊山《きゅうけいざん》『故事必読成語考』に、「肝胆相照らす。これ腹心の友と為《な》す。」とある。意気平らかならず、これを口頭の交わりと謂《い》う」とある。互いに心の底まで打明けるのを腹心の友と言い、互いに心持が食違っているのは口先だけの付合いだ、の意。

肝胆楚越 ◈かんたん そえつ

見方によっては似たものも違って見えるたとえ。また、親しい者が疎遠になるたとえ。

「肝胆も楚越なり」と読む。「肝」は肝臓、「胆」は胆《たん》嚢《のう》。孔子の説いた言葉として、『荘子』徳充符に見える。「その異なる者よりこれを視《み》れば肝胆も楚越なり。その同じき者よりこれを視れば万物は皆一なり」。物事はそれぞれ違うという観点から見れば、肝と胆のような同じ内臓でも長江中流の楚国と下流の越国のように隔たってしまう。しかし共通した点から見ると、万物は皆同一である、と。表面上の移り変りに気を取られず、不変の本質を見ることの大事さを指摘している。「肝胆胡越《こえつ》」とも言う。「胡」は、北方異民族の地。「楚越」より隔たりは大きい。

邯鄲之歩 ◈かんたんの ほ

みだりに自分の本分を捨てて他をまねれば、両方とも駄目になることのたとえ。

「歩」は、アユミとも読む。『荘子』秋水に、たとえ話として語られる。戦国時代、燕《えん》の寿陵《じゅりょう》の若者が、趙《ちょう》の都邯鄲で歩き方を学ぼうとしたが、なかなか覚えられず、そのうちにもとの歩き方も忘れてしまい、這《は》って故郷へ帰ったという。「邯鄲に歩みを学ぶ」、すなわち「邯鄲学《がく》歩《ほ》」とも言う。

邯鄲之夢　◆かんたんの　ゆめ

人生の栄華のはかないことのたとえ。

唐代の伝奇小説『枕中記』の故事による。盧生《ろせい》という青年が、趙《ちょう》の都邯鄲で道士の枕を借りて寝たところ、人生一代栄華の夢を見た。しかし目が覚めたら、寝る前に煮ていた黄粱《こうりょう》(粟《あわ》)がまだ煮えあがっていなかったという。「邯鄲之枕」「一炊《いっすい》之夢」「盧生之夢」「黄粱一炊の夢」など、さまざまに言われる。

奸知術数　◆かんち　じゅっすう

悪知恵と悪だくみ。

「奸知」は「姦智」とも書き、よこしまな知恵。「術数」は、はかりごとの意だが、いい意味のはかりごとには言わない。『管子』八観に「民貧しければすなわち姦智生ず。姦智生ずればすなわち邪巧《じゃこう》(よこしまなたくらみ)を作《な》す」とある。「*権謀《けんぼう》術数」「権謀術策《じゅっさく》」「奸知術策」など、類義語は少なくない。

管中窺天　◆かんちゅう　きてん

ものの見方の非常に狭いことのたとえ。

「管中より天を窺《うかが》う」と読む。細い管《くだ》から覗《のぞ》いて見える範囲で、これが天だと思ってしまう意。『史記』梁《りょう》孝王世家に見える語だが、『荘子』秋水の「管を用いて天を闚《うかが》う」(→用管窺天《ようかんきてん》)、『世《せ》説新語《せつしんご》』方正の「管中より豹《ひょう》を窺う」(→一斑全豹《いっぱんぜんぴょう》)など、他書にも類義語がある。日本では、いろはかるたの「葦《よし》の髄《ずい》から天井覗く」がよく知られる。この「天井」も、家屋の天井ではなく、天空の意。

歓天喜地　◆かんてん　きち

大喜びすること。

「天に歓《よろこ》び地に喜ぶ」と読む。じっとしていられず、思わず踊り出してしまうような、大変な喜びようを言う。喜びのあまり実際に踊り出してしまうことを「*欣喜《きんき》雀躍《じゃくやく》」と言う。

撼天動地《かんてんどうち》　⇒　**驚天動地**《きょうてんどうち》

旱天慈雨 ◆かんてんの　じう

苦しい時に救いが現れるたとえ。また、待ち望んでいたことが実現するたとえ。

ひでり続きにめぐみの雨が降る意。たいていは、たとえとして使われる。昔はもとより、今日でもなお、水を雨に頼っている生活を思うと、実感を伴っているたとえと言える。待ち望むさまを強調した類義語に、「大旱雲霓《*たいかんのうんげい》」がある。

甘棠之愛 ◆かんとうの　あい

立派な為政者に対して、民の敬愛の情が深いことのたとえ。

「甘棠」は、バラ科の果樹棠梨《ずみ》のことと言われる。山梨の類とも言う。周の宰相《さいしょう》召公は、甘棠の木の下に憩《いこ》い、民の手間を取らせまいと、そこで訴訟などを聞いた。民がその徳を愛慕し、甘棠の木を大切にした、という詩が『詩経』召南、甘棠に載る。「蔽芾《へいはい》たる甘棠、翦《き》るなかれ伐《き》るなかれ、召伯の茇《やど》れる所。蔽芾たる甘棠、翦るなかれ敗《お》るなかれ、召伯の憩える所」。「蔽芾」は、小さなの意とも、おおい茂る意とも言う。

環堵蕭然 ◆かんと　しょうぜん

家が狭く貧しくて、ものさびしいさま。

「環堵蕭然として、風日を蔽《おお》わず（風や日を防げない）」（東晋《とうしん》、陶淵明《とうえんめい》「五柳先生伝」）から。「環堵」は方一丈（このころの一丈は約二・四メートル）ほどの小さな家の意。一説に垣根をめぐらした家。「蕭然」は、家の中ががらんとしているさま。五柳先生の住むあばら家の様子を記したもので、五柳先生とは陶淵明自身のこととされている。

艱難辛苦 ◆かんなん　しんく

困難に出会って、つらく苦しい思いをすること。

「艱」「難」ともに降りかかった困難、難儀を意味する。「艱難」は、苦難なこと。苦難な思いをすること。それを乗越えて成長することを、「艱難汝《なんじ》を玉にす」と言う。「辛苦」は、つらく苦しいこと。類義の二語を重ねることで、単に強意というより、繰返しそういう体験をする意を表している。類義語に「千辛万苦《*せんしんばんく》」がある。

奸佞邪知 ◆かんねい　じゃち

ずるがしこく、ねじけた心で人にこびへつらうこと。

「奸佞」は、「姦佞」とも書き、正しくない心で人の歓心を買うこと。「邪知」は、よこしまな考え。心が正しくない意を持つ二語を重ねて、ゆがんだ心で人に取入るさまを強く表現した語。「邪知奸佞」とも言う。

感応道交 ◆かんのう どうこう

仏と人、または教える者と教えられる者との気持が通い合うこと。

「感応」は、直接接触しないもの同士が反応すること。「道交」は、かよいまじわる意。仏教では、衆生《しゅじょう》の信仰心が感となり、仏がこれに応えて、両者一体となって交感することを意味する。衆生の側から言えば、信仰心によって、仏を身近に感じること。

汗馬之労 ◆かんばの ろう

馬に乗って戦場で奔走した功労。転じて、かけずり回って物事をとりまとめる苦労。

馬に汗をかかせて走りまわった労力の意。『史記』蕭《しょう》相国世家《しょうこく》に「いま蕭何《しょうか》、いまだかつて汗馬の労は有らず、いたずらに文墨を持ちて、議論を戦わせず」と見える。漢の高祖劉邦《りゅうほう》が天下を平定したのち、蕭何を最大の功労者としたのに対し、実際の戦闘にも加わらずに策を弄《ろう》しただけだと他の功臣が異議を唱えたもの。それに対して高祖は、蕭何には「発縦指示《はっしょうしじ》」*の功がある、と応ずる。なお、『戦国策』楚策《そさく》に見える「水を下って浮べば、一日の行三百余里。里数多しといえども汗馬の労を費さず」は、実際に馬に汗をかかせる労苦の意。

玩物喪志 ◆がんぶつ そうし

無用の物、珍奇な物に心を奪われていると、大切な志を失うということ。

「物を玩《もてあそ》べば志《こころざし》を喪《うしな》う」と読む。「人を玩べば徳を喪い、物を玩べば志を喪う」(『書経』旅獒《りょごう》)から。春秋時代の周に、周公と召公の二相が王に代って政治を行なった時期があった。「共和」と言われ、いわゆる共和政治のはじまりとされる。その召公の言。学問の場合は、枝葉末節にとらわれて学ぶべき本質を失うことに言う。引用文の前半は、人をあなどって扱うと自分の徳を失う意で、「玩人喪徳《がんじんそうとく》」として知られている。

間不容髪 ◆かん ふようはつ

事態が急迫しているさま。転じて、事態に即応して行動するさま。

ふつう「間、髪を容《い》れず」と言う。間に髪の毛一本入れるすきまもない意。前漢景帝の時、呉王濞《び》が謀反を起そうとしているのを知って、仕えていた枚乗《ばいじょう》が諫《いさ》めた上書の「繫《けい》（つないだ糸）天に絶たば、また結ぶべからず、墜《お》ちて深淵に入らば、以てまた出で難し。その出づると出でざると、間髪を容れず」（「上レ書諫二呉王一」、『文選《もんぜん》』所収）から。諫言《かんげん》を入れられなかった枚乗は呉王濞のもとを去り、呉王濞は呉楚七国の乱を起して滅びてゆく。なお、間に髪の毛一本の余裕がある場合は、危ないところで救われる意味となる。これを「間一髪《かんいっぱつ》」と言う。

韓文之疵 ◆かんぶんの し

発言に矛盾があること。

「疵」はキズとも読む。「韓文」は、唐代の文人韓愈《かんゆ》の文の意。宋の蘇軾《そしょく》に「〔後漢から隋に至る〕八代の衰えを起した」（「潮州韓文公廟《びょう》碑」）と評される韓愈の「送二孟東《もうとう》野《や》一序」に見られる論の矛盾を「疵」と表現したもの。その文は、「おおよそ物その平かなるを得ざるとき（平静な状態でない時）は則ち鳴る（声を出す、自己表現をする）」とはじめ、以下、昔の「善《よ》く鳴る」人を歴史を追ってあげる。その導入からすれば、乱世の名言者を連ねるべきところを、理想的な平和時代だったと言われる尭《ぎょう》・舜《しゅん》帝時代から始めているのを矛盾と見たもの（→乱雑無章《らんざつむしょう》）。

完璧帰趙 ◆かんぺき きちょう

品物を少しも傷つけずにもとの持主に返すこと。

戦国時代、趙の恵文王が宝玉「和氏之璧《*かしのへき》」を手に入れると、強国秦《しん》の昭王が十五の城と交換しようと申し入れてきた。趙の家臣の食客《しょっかく》、藺相如《りんしょうじょ》が言う。「王必ず人無くんば、臣願わくは璧を奉じて往き使いせん。城趙に入らば（秦が約束どおり十五城を趙にくれたら）璧は秦に留めん。城入らずんば、臣請《こ》う璧を完《まっと》うして趙に帰らん」（『史記』藺相如伝）。秦に行った相如は、相手に城を渡すつもりがないのを見て取り、璧を取り戻して趙に帰ったた（→怒髪衝天《どはっしょうてん》）。この故事から、全く欠点のないさまを言う「完璧」の語が生れた。

管鮑之交 ◆かんぽうの こう

友人同士の特に親しい交わりを言う。

「交」はマジワリとも読む。春秋時代斉《せい》の管仲《かんちゅう》は、貧しいころに友人の鮑叔牙《ほうしゅくが》をだましたり、世間が恥と受けとめる行為をしたりしたが、鮑叔は管仲の事情を理解し見捨てなかった。やがて鮑叔は斉主桓公に管仲の登用を推挙し、管仲の力によって桓公は覇者《はしゃ》になることができた。宰相《さいしょう》となった管仲は、自分がどんなに窮した時でも、鮑叔だけは自分を批判することがなかった、自分を生んだのは父母だが、自分を知っているのは鮑叔である、と言い、世の人は鮑叔の明をたたえたという。『史記』管仲伝の伝える逸話から生れた語。

含哺鼓腹
◆がんほ こふく

人々が豊かで平和な生活を楽しんでいるたとえ。「哺を含み腹《はら》を鼓す」と読む。「哺」は口中に食物を含むこと、またその食物の意。食い物をほおばり、満腹して腹鼓《はらつづみ》を打つこと。「哺を含みて煕《よろこ》び、腹を鼓して遊ぶ」(『荘子』馬蹄)による。ここから「腹鼓」という語が出た。『十八史略』帝尭《ぎょう》陶唐氏には「哺を含み腹を鼓し、壌《つち》を撃ちて歌いて曰《いわ》く」という表現が見え、これは「鼓腹撃*《げき》壌《じょう》」で知られる。

頑迷固陋
◆がんめい ころう

かたくなで、正しい判断ができず、古いものに執着していること。

「頑迷」は、かたくなで道理が分らないこと、あるいは分ろうとしないこと。「固陋」は、古いものにかたくなに執着し、新しいものをきらうこと。両語を合せて、頑固で古い殻に閉じこもっているさまを言う。古いものを知っているということは年を積んでいることになるから、高齢の人に対して言うことが多い。

冠履倒易
◆かんり とうえき

人の地位、物の価値などが上下さかさまになり、秩序が乱れていることのたとえ。

「冠履倒易し、陵谷処《りょうこくところ》を代《か》う」(『後漢書』楊賜《ようし》伝)から。履《はき》物《もの》が頭にかぶるものとなって冠が足にはくものとなり、丘が低くなって谷が高くなる意。世の中の秩序が乱れて混乱しているさまを言う。後半の「陵谷処を代う」は、世の中の移り変りをたとえた『詩経』小雅、十月之交の「高岸は谷となり、深谷は陵となる」に基づいた表現。

韓柳欧蘇
◆かん りゅう おう そ

唐宋代の代表的な文人四人のこと。

唐の韓愈《かんゆ》・柳宗元《りゅうそうげん》、北宋の欧陽脩《おうようしゅう》・蘇軾《そしょく》の四人を言う。特に韓愈・柳宗元は、六朝以前の古文の復興を主張し、「韓柳」と併称される。欧陽脩は『新唐書』を著し、蘇軾は東坡《とうば》と号し「赤壁賦《せきへきのふ》」で知られる。この四人に北宋の王安石・曾鞏《そうきょう》・蘇洵《そじゅん》（軾の父）・蘇轍《そてつ》（軾の弟）を加え、「唐宋八家」あるいは「唐宋八大家」と言う。

頑廉懦立 ◈がんれん だりつ

優れた人に感化されて行いが改まること。

「頑」は、むさぼる意。「廉」は、利益に心をひかれない意。「懦」は、臆病であること。「立」は、独立する意。「伯夷《はくい》の風《ふう》を聞く者は、頑夫も廉に、懦夫も志を立つるあり」（『孟子《もうし》』万章下）から。伯夷の遺風を聞く者は、どんな欲張りでも清廉潔白になり、どんな意気地なしでも発憤して志を立てた、の意。伯夷は殷《いん》末周初の人。弟叔斉《しゅくせい》とともに清廉で知られ、*「伯夷叔斉」と併称される。

閑話休題 ◈かんわ きゅうだい

話を本筋に戻す時の言葉。それはさておき。

『水滸伝《すいこでん》』一〇に「しばらく閒話を把《と》りて休題し、ただし正話を説《い》わん」と見える。「閑話（閒話）」は、あいまの話、むだ話。「休題」は、話をやめること。「正話」は本筋の話。むだ話をやめて本筋の話を語ろう、の意。滝沢馬琴の読本《よみほん》などでは、「閑（閒）話休題」と書いて、「あだしごとはさておきつ」と読み仮名を振っている。話の筋が輻輳《ふくそう》している読本のことだから、「閑話」といっても実際にはむだ話ではない。

几案之才 ◈きあんの さい

文書を巧みに処理する才能。

「几」も「案」もつくえの意で、「几案」は、つくえ。「案几」とも言う。『魏書』李遐《りか》伝に「遐字《あざな》智遠、几案の才有り、起家して司空行参軍となり、爵を襲《おそ》う」と見える。

気韻生動 ◈きいん せいどう

絵や書などで、気品・風格が生き生きと感じられること。

「気韻」は、書画などの気高い趣を言う。唐代の張彦《ちょうげん》遠《えん》『論画六法《りくほう》』に「昔謝赫《しゃかく》の云《い》う、画に六法有り、一に曰《いわ》く気韻生動」とあるように、南斉《なんせい》の画家謝赫が『古画品録』に記した六種の画法の一つ。もとは人物画だけに言ったが、唐代以降一般に用いるようになり、東洋画の神髄を表すものと言われてきた。なお、伝えられる謝赫の六法は、気韻生動・骨法用筆（骨組の確かな筆遣い）・応物象形（写実的に画く）・随類賦彩（種類に従って彩色する）・経営位置（構図）・伝移模写（忠実な模写）。

気宇壮大 ◆きう そうだい

心意気がきわめて大きいさま。

「気宇」は、気がまえ、心の広さを言う。南朝梁《りょう》の道士陶弘景《とうこうけい》の「尋山誌」に「気宇条暢《じょうちょう》（気持がのびのびする）」と見える。「壮大」は、大きく立派な意。「気宇」はふつう、いい意味での心持に使われ、この語以外にも「気宇軒昂《けんこう》（気持が奮い立つ）」「気宇雄豪《ゆうごう》（気持が雄大で優れている）」など、大きい、広い、高いなどの意を持つ語と結合して、しばしば四字熟語を形成する。

帰依三宝 ◆きえ さんぼう

仏教で、仏・法・僧の三宝を信奉すること。

略して「三帰」とも言う。「帰依」は、身心を投げ出して信奉する意。「三宝」は、仏と、その教え（法）と、仏の教えを信奉する人々の集団（僧）とを宝にたとえたもの。三宝に帰依することが、仏道入門の第一歩とされる。感動詞となっている「南無《なむ》三宝」＊も、本来、この三宝を信じ頼む意。なお、「僧」はサンスクリットの音写語で、元来仏教の教団を意味し、後に教団の構成員である出家者を意味するようになった。

気炎万丈 ◆きえん ばんじょう

盛んに気炎をあげるさま。

「気炎」は、燃えあがるような盛んな意気。気勢。「万丈」は、非常に高いことの形容で、炎に見立てた気炎が高く上がるさまを表す。「気炎」は、「酔って気炎をあげる」「怪気炎」などのように、談論について言うことが多く、「気炎万丈」も、意気盛んに論ずるさまに言われることが多い。

機会均等 ◆きかい きんとう

平等に機会が与えられること。

外交政策上、通商・事業経営などの活動に関し、諸外国に同一の待遇を与えることを言う。また、「教育の機会均等」、女子労働者の差別を防ぐためのいわゆる「男女雇用機会均等法」など、広く権利などについて平等で差別のないことに使う。

奇怪千万　◆きかい せんばん　きっかい せんばん

きわめて不思議なこと。また、きわめて不都合なこと。

「奇怪」は、あやしいこと、不思議なこと。また、不都合なこと、けしからんこと。「千万」は、「*笑止千万《しょうし》」「無礼《ぶれい》千万」などさまざまな語に付いて、強調もしくは誇張する意を表す。「奇怪千万なり」（浄瑠璃《じょうるり》『源氏烏帽子《えぼし》折《おり》』五）のように、「全く頼朝を侮《あなど》って振舞、奇怪千万なり」は、「奇怪千万」は、相手または他人の言動がとうてい納得できない場合に、強く批判する意味でよく使われる。「きっかいせんばん」は、強調した言い方。

機械之心　◆きかいの こころ

いつわりたくらむ心。策をめぐらす心。

「機械」は、からくりから転じて、たくらみ、策謀を言う。『荘子』天地に「機械（たくらみ）有る者は必ず機事（たくらみの事）有り。機事有る者は必ず機心（たくらみの心）有り」と見える。「機械之心」はこの「機心」と同意。『淮南子《えなんじ》』原道訓に「機械の心を胸中に蔵すれば、すなわち純白は粋ならず（純粋な心を保てず）、神徳は全《まった》からず（徳を全うできない）」と見え、後漢の許慎《きょしん》は「機械は巧詐なり」と注している。

帰家穏座　◆きか おんざ

人間が生れながらに持っている仏性に立返って、安住すること。

言葉の意味は、他国を流浪していた者が家に帰って落着くこと。「ただこの廓然無聖《かくねんむしょう》、もし人透得《とうとく》せば、帰家穏坐せん」（北宋、『碧巌録《へきがんろく》』一則）から。「*廓然無聖」という言葉の意味が完全に修得できれば、あるがままの世界に安住できる、の意。

奇貨可居　◆きか かきょ

得がたい機会だから、うまくこれを利用すべきであるということ。

「奇貨居《お》く可《べ》し」と読み慣わす。『史記』呂不韋《りょふい》伝の故事による。「奇貨」は、珍しく得難い財貨。原義は、得難い品物だから手に入れておこう、の意。得難い品物とは、のちに秦《しん》の荘襄王《そうじょうおう》となる子楚《しそ》。そのころ趙《ちょう》に人質となって不如意の身だった。手に入れたのは、のちに大臣となる呂不韋。彼は子楚に資金を送り、また秦の後宮に取入って、長子でない子楚を王の後継とさせる。やがて子楚が秦王となるとともに、呂不韋は丞相《じょうしょう》となった。

奇岩怪石 ◆きがん　かいせき

さまざまな形をした岩や石。

「奇岩」も「怪石」も、形の変った岩あるいは石のこと。「奇」「怪」という字を使っているが、ふだん見かけないという意味で、特に怪しげなという意味はない。そういう変った形の岩や石がごろごろしているさまに言う。岩石の変形はとりわけ水の流れによることが多く、したがって「奇岩怪石」も、激しく流れ落ちる山間の川などに見かけられる。また、風化した岩などがそそり立つ岩山の形容ともされる。

危機一髪 ◆きき　いっぱつ

髪の毛一本ほどの差で危険な状態に陥りそうなこと。

ひとつ間違えばどうなるか分らないという状態を言う。間投詞で言えば、「あわや」。こういう状態で表現される危機は、結果としては免れる場合が多い。つまり髪の毛一本ほどのわずかな差であやうく助かった、という語感を有する。

奇奇怪怪 ◆きき　かいかい

非常に怪しく不思議なさま。

「奇怪」を強めて言った語。語を入れ替えた「怪怪奇奇」という表現は、唐の韓愈《かんゆ》「送レ窮文」に見える。

騏驥過隙 ◆きき　かげき

ほんの一瞬の間であること。人の命のはかないことにたとえる。

「騏驥」は、一日に千里を走るという駿馬《しゅんめ》。孔子が大盗賊の盗跖《とうせき》に会い、人を苦しめることをやめるよう説得しようとしたが、逆に論破されてしまう。その盗跖の論弁に出てくる語。「天と地とは窮まりなく、人の死するは時あり。時あるの具を操《と》りて、無窮の間に託す、忽然《こつぜん》たること騏驥の馳《は》せて隙を過ぐるに異なるなきなり」(『荘子』盗跖)。限りある身を無窮の天地に寄せているのは、騏驥が戸の隙間の距離を走り過ぎるようなもので、ほんの一瞬のことだ、と。話自体は、あくまで虚構による寓話《ぐうわ》。同工同義語に「白駒《はっく》過隙」*がある。

危急存亡 ◆ききゅう　そんぼう

危難が迫って、生き残るか滅びるかの瀬戸際にあること。

「危急存亡の秋《とき》」と言う。三国時代、蜀漢《しょっかん》の二代皇帝劉禅《りゅうぜん》に諸葛孔明《しょかつこうめい》が上奏した「出師表《すいしのひょう》」(『文選《もんぜん》』所収)に見える。「臣亮《りょう》(孔明)言《もう》す。先帝創業いまだ半ばならずして、中道に崩殂《ほうそ》せり。いま天下三分して、益州疲弊す。これ誠に危急存亡の秋なり」。先帝は劉備《りゅうび》。益州は蜀漢、今の四川《しせん》省の地を言う。後世に残る劉禅への忠言をしたためて、孔明は魏《ぎ》と戦い続け、七年後、五丈原《ごじょうげん》に陣没する。

箕裘之業 ◆ききゅうの ぎょう

父祖伝来の業。家業。

「業」はワザとも読む。「箕《み》」は穀物からもみがらなどをふるい分ける箕、「裘」は皮ごろも。「箕裘」は、『礼記《らいき》』学記の「良冶《りょうや》の子は必ず裘を為《つく》るを学び、良弓の子は必ず箕を為るを学ぶ」に基づく語。よい鍛冶《かじや》屋の子は、親が金属を接《つ》いで器具を作るのを見て、それをまねて皮を接いで皮ごろもを作り、よい弓師の子は、親が弓を作るのを見て、それをまねて木の枝をたわめて箕を作る、の意。転じて、「箕裘」で親代々の業を受継ぐことを言うようになった。

規矩準縄 ◆きくじゅん じょう

物事の基準となるもの。手本。規則。

「規」はコンパス、「矩」は物差し、「準」は水平を調べる水はかり、「縄」は直線を引くためのすみなわのこと。「聖人すでに目の力を竭《つく》し、これに継ぐに規矩準縄を以てす」(『孟子《もうし》』離婁《りろう》上)から。聖人は十分に自分の目で確かめた上で、さらに規・矩・準・縄で工夫をこらす、の意。自分の判断だけでも、また反対に基準にひたすら従うのも駄目で、自分の考えをさらに基準に照らして判断すべきだと説く。

詭計多端 ◆きけい たたん

人をあざむく計略がさまざまあること。

「詭計」は、人をだまして目的を達するはかりごと。「多端」は、複雑で多岐にわたるさま。『三国志演義』一一七に、「維《い》は詭計多端、雍州《ようしゅう》を取らんと詐《たばか》る」と見える。維は蜀《しょく》の将軍姜維《きょうい》で、知勇兼備の士。雍州を乗っ取ると見せかけて魏《ぎ》の諸葛緒《しょかつしょ》の軍勢をおびき出し、さんざんにやっつける。

危言危行　◆きげん　きこう

言葉、行いを正しくし、世俗に従わないこと。言行を高く厳しくすること。

「危」は、ここでは高い、はげしいの意。低俗に流れないことを意味する。「子曰《いわ》く、邦《くに》に道あれば、言を危《はげ》しくし行を危しくす。邦に道なければ、行を危しくして言は孫《したが》う」（『論語』憲問）による。国家が正しい道を歩んでいる時は、言葉を厳しくし行動も厳しくする。国家が正道にない時は、行動は厳しくするが、害にあわないように言葉は穏やかにする、と説く。

機嫌気褄　◆きげん　きづま

人の気分の良し悪し。

「機嫌」も「気褄」も、表情や言葉に表れているその人の気分の良し悪しを言う。人の気分がよくなるように取り持つことを「機嫌を取る」と言い、また「気褄を取る」と言う。二語を重ねて「機嫌気褄を取る」という使い方は、強調というより、単に語調を整えたもの。

規行矩歩　◆きこう　くほ

心構えや行いがきちんとしているたとえ。また、古いしきたりや定めにとらわれているたとえ。

「規」はコンパス、「矩」は物差し。原義は、物差しで測ったようにきちんとした歩き方をする意。「規行矩歩する者、みな端委《たんい》（周代、朝廷で用いた礼服）にして堂下に陪《はべ》る」（『晋書《しんじょ》』潘岳従子尼伝）は、朝廷での儀式の様子を記しており、原義に近い用法。「今の士は常に循《したが》い故《ふる》きを習い、規行矩歩、階級を積み、閥閲《ばつえつ》（功績）を累《かさ》ね、碌碌然《ろくろくぜん》として（平凡に）以て世資（扶持《ふち》）を取る」（『晋書』張載伝）は、古いしきたりにしがみついているさまを述べる。

鬼哭啾啾　◆きこく　しゅうしゅう

鬼気迫ってものすごいさま。

「鬼」は死者の霊で、「鬼哭」は、浮ばれない亡霊がうらめしさに泣く意。「啾啾」は、悲しげにかぼそく泣く声の形容。唐の杜甫《とほ》の詩「兵車行」に「新鬼は煩冤《はんえん》し旧鬼は哭す。天陰《くも》り雨湿《けむ》りて声啾啾」と見える。死んで間もない霊はうらみもだえ、浮ばれずにいる霊はうらめしさに泣き、天は曇り雨はそぼちて彼らの悲しげな泣声がひびく、の意。激しい戦いのあった戦場を形容する時によく使われる。

旗鼓相当　◆きこ そうとう

敵味方が優劣を決すること。転じて、技量を比べること。また、技量が伯仲していること。

「旗鼓相当《あいあた》る」と読む。「旗鼓」は、軍隊の旗と進軍の太鼓。『後漢書』隗囂《かいごう》伝に見える「願わくは将軍の兵馬に因《よ》りて、鼓旗相当らん」は、いくさでの決戦を言ったもの。『三国志』魏志《ぎし》、管輅《かんろ》伝注の「吾《われ》みずから卿《けい》と旗鼓相当らん」は、瑯琊《ろうや》の太守単子春《ぜんししゅん》が若い管輅に、対等に議論しようと言ったもの。

騎虎之勢　◆きこの いきおい

はずみがついて激しい勢いで進むこと。行きがかり上、途中でやめることのできないたとえ。

虎《とら》に騎《の》ると勢いがよく、途中で下りられないということから。北周の宣帝が崩ずると、隋の高祖楊堅《ようけん》が宮中に入って百官を指揮した。独孤皇后は人を通じて高祖に言った。「大事すでに然り。騎獣の勢い必ず下るを得ず。これを勉《つと》めよ(こうなってしまったら途中でやめられません。しっかり勉めてください)」(『隋書』独孤皇后伝)。類義の「猪突《ちょとつ》*猛進《もうしん》」は、あとさきを考えずに突き進む意。

奇策縦横　◆きさく じゅうおう

人の思いつかないはかりごとが自由自在に出てくること。

「奇策」は、常人の思いつかない、奇抜なはかりごと。ただ突飛なだけで無益な思いつきには言わず、一定の効果を持った策謀を言う。「縦横」は、「縦横無尽《むじん》*」の意で、自由自在思う存分。「奇策を縦横にめぐらす」という表現もある。

奇策妙計　◆きさく みょうけい

人の思いつかないような奇抜で巧妙なはかりごと。

「奇策」は、常人の思いつかない、奇抜なはかりごと。「妙計」は、巧妙な計画。ふつうの人には思い及ばないという点で類義の二語を重ね、そのはかりごとの巧みなさまを強調した語。

箕山之志　◆きざんの こころざし

隠遁《いんとん》して節操を守ろうとする志。

古代中国の天子尭《ぎょう》が許由《きょゆう》に天下を譲ろうと言った時、許由が断って箕山に隠れ、けがらわしいことを聞いたと潁水《えいすい》で耳を洗っていた。子牛を連れて通りかかった巣父《そうほ》は、人目に立ちたがるからそんな目に遭うのだと言って、その場を避けて、上流で子牛に水を飲ませたという。晋《しん》の皇甫謐《こうほひつ》『高士伝』許由に故事が載る。許由・巣父ともに伝説的隠者として知られる。彼等のような高潔な節操を「箕山之節《せつ》」「箕山之操《みさお》」と言う。箕山は、今の河南省登封県の東南にある山とも、河北省行唐県の西北にある山とも言う。

起死回生 ◆きし かいせい

死にかけていたものを生返らせること。駄目なものを立直らせること。

「起死」は、瀕《ひん》死《し》の病人をよみがえらせる意。「回生」は、生返らせること。全く絶望的な状態にあるものの勢いを回復させることを意味する。野球でいえば逆転満塁ホームランのようなものを言い、もっぱら比喩《ひゆ》的な意味で使われる。

旗幟鮮明 ◆きし せんめい

主義・主張などがはっきりしていること。

「旗幟」は、いくさで用いるはたとのぼり。秦《しん》末、のちの漢の高祖劉邦《りゅうほう》が推されて沛公《はいこう》となった時、「鼓に釁《ちぬ》り(いけにえの血を塗る儀式を行い)、旗幟をみな赤く」したという(『史記』高祖紀)。転じて、自分の表明する主義・主張を「旗幟」と言う。「旗幟鮮明」は、もっぱらこの転義で使われる。

貴耳賤目 ◆きじ せんもく

人の言うことは信じるが、自分の見たものは信じないこと。遠くのことをありがたがり、近くのことを軽んずるたとえ。

「耳を貴び目を賤《いや》しむ」と読む。張衡《ちょうこう》「東京賦《とうけいのふ》」(『文《もん》選《ぜん》』所収)に「客のごときはいわゆる末学(浅学)膚受《ふじゅ》(なま物知り)にして、耳を貴び目を賤しむる者なり」と見える。同義の語に「耳を信じて目を疑う」がある。晋《しん》の葛《かっ》洪《こう》『抱朴子《ほうぼくし》』広譬に「耳を信じて目を疑うは、古今の患《うれ》うる所なり」と見える。意味が分りやすいため、成句としてはこちらの方が知られる。

鬼出電入 ◆きしゅつ でんにゅう

出没するさまのすばやいことを言う。

「電」は、かみなり。「鬼出電入し、竜興鸞集《りゅうこうらんしゅう》す」(『淮《え》南子《なんじ》』原道訓）から。『淮南子』の冒頭、「道」について説くくだり。鬼神のように音もなく出て行き、雷のようにすばやく入り、竜のように興り、鸞（想像上の鳥で、鳳凰《ほうおう》の一種）のように集る、の意。転じて、行動のすばやくとどこおらないさまに使われる。よく知られる類義語「神*《しん》出鬼没《しゅつきぼつ》」にくらべ、行動のすばやさに重点がある。

鬼手仏心 ◆きしゅ ぶっしん

外科手術のさまを鬼と仏にたとえた語。「鬼手」は、鬼のようにおそろしい手。「仏心」は、仏のような慈悲に満ちた心。一見、仏教語のように見えるが、それにならって、外科医界で言い出したらしい。本来は、外科手術に際し、技術的には鬼神のごとき冷酷さと冷静さと技《わざ》とを発揮する一方で、患者の身を思いやる仏のごとき心を忘れないようにと、外科医が自身へ向けた戒めという。

疑城胎宮 ◆ぎじょう たいぐ

仏教で、衆生《しゅじょう》を救おうという阿弥陀仏《あみだぶつ》の本来の願いを疑う者が生れる、浄土の片ほとり。

「疑城」は、疑惑の者の生れるところを城にたとえた語。「胎宮」は、疑惑の心に安住しているさまを、母胎に安住するさまにたとえ、その者の住むところ。「疑城」「胎宮」ともに、浄土の片ほとりを指す。やがて疑惑の心がなくなり、阿弥陀仏の願いが真実であると悟ると、「疑城」「胎宮」として住んでいた場所がそのまま本来の浄土となるという。

起承転結 ◆きしょう てんけつ

漢詩で、絶句の構成の名称。転じて、文章のまとめ方・書き方や物事の順序・次第を言う。

「起」で詩に託する思いを提示し、「承」で起句を受け、「転」で詩意を転じ、「結」で全体を総合させる。漢詩以外の詩文にも応用される。江戸時代の漢詩人頼山陽《らいさんよう》は、これを分りやすいように俗謡にして示している。「〔起〕大坂本町糸屋の娘、〔承〕姉は十六妹は十四、〔転〕諸国大名弓矢で殺す、〔結〕糸屋の娘は目で殺す」。

机上之論 ◆きじょうの ろん

頭で考えただけで、実際には役に立たない理屈。理屈は通っているが、現実的でない考え。

ふつう「机上の空論《くうろん》」と言う。机の上で案じただけの空しい論の意。「机上」は比喩《ひゆ》的に言ったもので、どこで考えても役に立たないものは役に立たない。外来語「デスクプラン」は、日本語で言えば机上の案だが、こちらはまだ具体化されていない案の意味で、役に立たないという意は含まれない。

喜色満面 ◆きしょく まんめん

喜びの表情が顔中にあふれていること。

「喜色」は、うれしそうな表情。『孟子《もうし》』梁恵王《りょうけいおう》下に「欣欣然《きんきんぜん》として喜色有りて」という表現が二度にわたって出てくる。「欣欣然」は非常に喜ぶ様子を言っており、「喜色満面」に近い表現と言える。「満面」は、顔中にその様子が現れること。「得意満面（得意の表情を顔中に表す）」「満面に朱《しゅ》を注《そそ》ぐ（怒りで顔を真っ赤にする）」などの表現が見られる。

疑心暗鬼 ◆ぎしん あんき

疑い出すと、何でもないことまでも怪しく疑わしく思えてくること。

「疑心暗鬼を生ず」の略。「暗鬼」は、くらがりにいる鬼。いるかもしれないと思うと、くらがりに鬼が見えてくる意。鉄《おの》をなくした男が、隣の子があやしいと疑った。そう思って見ると、その子の行動すべてがあやしく思えてくる。ところが鉄は別のところで見つかった。そのあとで隣の子を見ると、あやしいそぶりは全く感じられなくなった。『列子』説符に見えるこの話について、宋の林希逸《りんきいつ》『鬳斎口義《けんさいくぎ》』は「この章なお諺《ことわざ》に疑心暗鬼を生ずと言うがごとし」と解説している。

貴紳淑女 ◆きしん しゅくじょ

男女の尊敬語。

「貴紳」は、「貴顕紳士《きけんしんし》」の略で、身分が高く品格のある男性。「淑女」は、品位のある女性。合せて男女の理想の姿とし、転じて尊敬語となった。類義語に「紳士淑女」がある。どちらも現在ではあまり使われなくなってしまったのは、男女の理想像が変化したということであろうか。

杞人之憂 ◆きじんの ゆう

将来のことについて、あれこれ無用の心配をすること。取越し苦労。

「きひとのうれい」とも読む。また「杞人天憂」とも言う。略した「杞憂《きゆう》」という表現が、一般的になっている。「杞国に、人の天地崩墜《ほうつい》し身寄る所亡きを憂えて、寝食を廃する者有り」(『列子』天瑞)から出た語。杞は周代の国名、今の河南省杞県。そこに、いまに天地が崩れて身の置きどころがなくなるのではないかと心配し、寝ることも食べることもできなくなった人がいたという。

気随気儘《きずいきまま》 ⇩ 勝手気儘《かってきまま》

帰正反本 ◈きせい はんぽん

正しい本来のあるべき状態に戻ること。

「正に帰し本《もと》に反《かえ》る」と読む。「反」は「返」に同じ。不自然な悪い状態から、本来あるべき正しい状態に立返ることを言う。『三国志』蜀志《しょくし》、馬超伝に「海内(国中)怨憤し、正に帰し本に反る」と見える。

巍然屹立 ◈ぎぜん きつりつ

高い山がそびえていること。また、ぬきんでて、ゆるぎないさま。

「巍然」は、高くそびえている様子。また、ぬきんでているさま。「屹立」は、山がそびえ立つさま。また、人が直立して動かないさま。山の場合でも人の場合でも、その様子が目立っていることに言う。ヒマラヤ山脈には世界有数の高い山々があるが、重なり合ってそびえているため、「巍然屹立」とは言いにくい。

奇想天外 ◈きそう てんがい

常識では想像もつかない考え。思いもよらない奇抜なこと。

「奇想天外より落つ」の略。「奇想」は、奇抜な考え。「天外」は、天の外。思いもよらないところ。思いもよらない奇抜な考えがふと浮ぶ意。もっぱら略した「奇想天外」の形で使われ、「奇想天外な」と形容動詞的にも用いられる。

気息奄奄 ◈きそく えんえん

息もたえだえで、今にも死にそうなさま。また、活動していたものが今にも滅びそうなさま。

「気息」は、息づかい。「奄」はふさぐ意で、「奄奄」は、息が絶えそうな様子を表す語。「劉《りゅう》、日は西山に薄《せま》りて、気息奄奄たり」(李密《りみつ》「陳情表」、『文選《もんぜん》』所収)から。祖母の劉は、日が西の山に沈むように、今にも息が絶えそうです、の意。李密は晋《しん》代の人。任官の命をうけ、親代りの祖母を看取るまで辞退させてほしいと武帝に陳情した名文の表で、ほかにも「*烏鳥私情《うちょうのしじょう》」「*形影相弔《けいえいそうちょう》」などの語を残している。

吉日良辰　◆きちじつ　りょうしん

めでたい日。縁起のよい日。

「吉日」はキチニチとも言う。「辰」は日の意。すなわち「吉日」も「良辰」も、よい日、めでたい日の意。良語を二つ重ね、婚礼など、めでたい行事を行う日などに用いる。「吉辰」「良日」と文字を入れ替えた語も成立ち、これもよい日の意。

奇怪千万《きっかいせんばん》　⇩　奇怪千万《きかいせんばん》

鞠躬尽瘁　◆きっきゅう　じんすい

心身を捧げて尽力すること。

「鞠躬」は、身をかがめてかしこまるさま。「尽瘁」は、力を尽して労苦すること。三国時代、蜀漢《しょっかん》の諸葛孔明《しょかつこうめい》が、「出師表《すいしのひょう》」に続いて二代皇帝劉禅《りゅうぜん》に上奏した「後《のちの》出師表」に見える語。「臣鞠躬して尽瘁《じんすい》し、死して後に已《や》まん。成敗利鈍に到りては、臣の明らかによく逆《あらかじ》め覩《み》る所にあらず」。臣孔明は、心身を捧げて魏《ぎ》との戦いに死ぬまで力を尽します、勝つか負けるかは臣にも分りません、の意。こうして孔明は魏と戦い続け、ついに五丈原で陣没する。なお、最初に出した「出師表」からは、「*危急存亡《ききゅうそんぼう》」が知られる。

吉凶禍福　◆きっきょう　かふく

めでたくしあわせなことと、不吉で不幸なこと。

「吉凶」は、よいことと悪いこと。吉事と凶事。「禍福」は、わざわいとしあわせ。生きている間に遭遇するさまざまな出来事を、よいか悪いかの価値観で表現したもの。古来、「吉凶は糾《あざな》える縄のごとし」あるいは「禍福は糾える縄のごとし」(→禍福糾纆《かふくきゅうぼく》)と言われるように、よいことと悪いことは、こもごもやってくるものという認識で受止められる。

佶屈聱牙　◆きっくつ　ごうが

文章が堅苦しく難解で、読みにくいこと。

「佶屈」「聱牙」ともに、ぎくしゃく、ごつごつといった擬態語。文章や文字が堅苦しいことや、字句が難しく理解しにくいことを言う。「周誥殷盤《しゅうこういんばん》、佶屈聱牙」(唐、韓愈《かんゆ》「進学解」)から。「周誥」は『書経』周書の大誥・康誥・酒誥・召誥・洛誥《らくこう》の五編、「殷盤」は同じく商書の盤庚《ばんこう》三編を言う。いずれも文章が難しいので有名。

橘中之楽 ◆きっちゅうの らく

囲碁・将棋の楽しみ。

「楽」はタノシミとも読む。巴邛《はきょう》(今の四川省)の人の橘園に大きな橘《たちばな》の実がいくつか生《な》ったので、割ってみたところ、どの実の中でも二人の白鬚《しろひげ》の翁が将棋を楽しんでいた。一人の翁が言うことには「橘中の楽しみ、商山に減ぜず。ただ根を深くし蔕《たい》を固くするを得ず、愚人の為に摘下せられしのみ」(『幽怪録』)。この楽しみは、秦末の戦乱を避けて隠れ住んだという商山の老人たちにも負けないが、根と蔕《へた》が弱かったので、馬鹿者にもぎとられてしまった、と。

喜怒哀楽 ◆きど あい らく

喜びと怒りと哀しみと楽しみ。さまざまな人間感情を表現したもの。

『中庸《ちゅうよう》』一に「喜怒哀楽のいまだ発せざる、これを中と謂《い》い、発してみな節に中《あた》る、これを和と謂う」と見える。感情が表に出て、それが節度にかなっていれば和であると、表情は当然表に出るものだが、節度が大切であると説く。

儀同三司 ◆ぎどう さんし

准《じゅん》大臣の異称。

「儀を三司に同じくす」の意。儀礼の格式が、三司すなわち太政大臣・左右大臣に同じという意味。中国では多く元勲《げんくん》の名誉職。日本では大臣の下、納言《なごん》の上に位する。平安中期、藤原伊周《これちか》が最初に任じられたので、その異称ともする。「儀同三司の母」と呼ばれる歌人は、伊周の母で、藤原道隆の妻貴子。

耆婆扁鵲 ◆ぎば へんじゃく

世にも優れた名医のこと。

「耆婆」は、古代インド、マガダ国の医師ジーヴァカ・コーマーラバッチャのこと。阿闍世《あじゃせ》王子が父を殺し、悔恨《かいこん》の思いにさいなまれていた時、王子を釈迦《しゃか》のもとに連れていき、仏教信者にさせたと伝える。釈迦や仏弟子、また人々の病気を治して尊崇された。「扁鵲」は、古代中国の名医。姓は秦《しん》、名は越人。長桑君に学び、趙《ちょう》簡子《かんし》や虢《かく》の太子を救ったというが、その存在は耆婆に比べて伝説の色が濃い。

帰馬放牛　◆きば　ほうぎゅう

戦争が終って平和になるたとえ。また、二度と戦争をしないこと。

「馬を帰《かえ》し牛を放《はな》つ」と読む。『書経』武成に見える語。春秋時代、周の武王は、殷《いん》の紂王《ちゅうおう》を討った後、馬を華山の南に帰し、牛を桃林の丘に放ち、盾《たて》と矛《ほこ》を伏せ、兵をやめ軍をといて、再び兵車・軍隊を用いないことを天下に示した。『史記』周紀にも見える故事に基づく。武器をしまって文を修める意の「*偃武修文《えんぶしゅうぶん》」も、同じ話から出た語。

驥服塩車　◆き　ふく　えんしゃ

才能のある者が世に認められないでいるたとえ。

「驥、塩車に服す」と読む。「それ驥の歯《よわい》至るや、塩車に服して太行《たいこう》に上《のぼ》る」(『戦国策』楚策《そさく》)から。「驥」は、一日に千里を走るという駿馬《しゅんめ》。「太行」は、今の中国河北省から河南省にかけて南北に横たわる山脈。駿馬も年をとると、塩を運ぶ車を引いて太行に登らされる、の意。類義の語に、「驥も櫪《れき》に伏す(馬小屋につながれる)」がある。これは、三国時代魏《ぎ》の曹操《そうそう》の詩によるもので、老いても高い志を失わないという「*老驥伏櫪《ろうきふくれき》」という語になっている。

鬼斧神工《きふしんこう》 ⇩ 神工鬼斧《しんこうきふ》

帰命頂礼　◆きみょう　ちょうらい

仏教で、頭を地につけて礼拝《らいはい》し、仏に帰依《きえ》する意を表すこと。また、仏を礼拝する時に称える語。

「帰命」は、「南無」の漢訳語。身命をささげて仏・法・僧の三宝《さんぼう》に帰依する意。「頂礼」は、頭を地につけて仏の足元を拝する礼法。中国寺院では今も、一般にこの礼法が行われる。

鬼面仏心　◆きめん　ぶっしん

こわそうな顔だが、やさしい心を持っていること。また、そのような人。

「鬼面」は、鬼のような恐ろしい顔つき。「仏心」は、仏のような慈悲深い心。仏教語ではなく、一般語として使われる。反対の意味を持つ成句に「外面《げめん》似菩薩《じぼさつ》、内心《ないしん》如夜叉《にょやしゃ》」がある。菩薩のようにやさしい顔つきをしているが、夜叉のように恐ろしい心を持つ意で、修行の妨げとなるとされた女性に対する表現として、鎌倉時代以後の仏教書に見られる。

亀毛兎角 ◆きもう　とかく

戦争が起りそうな兆《きざ》し。また仏教で、本来実在しないもののたとえ。

亀《かめ》の甲羅《こうら》に毛が生え、兎《うさぎ》に角《つの》が生える意。晋《しん》代の『捜《そう》神記《しんき》』に「商紂《ちゅう》の時、大亀に毛生じ、兎に角生ず。兵甲まさに興《おこ》らんとする（兵乱が起る）の象《しるし》なり」と見える。また仏教では『首楞厳経《しゅりょうごんぎょう》』に見え、それぞれ実在しない事物の比喩《ひゆ》として代表的なものになっている。「兎角亀毛」とも言う。

記問之学 ◆きもんの　がく

自分のものとなっていない学問。

「記問」は、単に古書を暗記し、人からの質問にも暗記した字句をそのまま答えるだけで、その知識を少しも活用しないこと。『礼記《らいき》』学記に「記問の学は、以て人の師と為《す》るに足らず」とある。古書を暗記すること自体は批判されることではない。ただそれをもって学問と思うことの誤りを指摘している。

逆取順守 ◆ぎゃくしゅ　じゅんしゅ

道理にそむいた方法で目的を達成した後、道理にかなった方法でそれを守ること。

「湯武《とうぶ》は逆取にして、順を以てこれを守る」（『史記』陸賈《りくか》伝）から。古代殷《いん》の湯王、周の武王は武の道で天下を取ったが、文の道で天下を守った、の意。陸賈が漢の高祖劉邦《りゅうほう》に、武力一辺倒でなく、『詩経』『書経』も読んだほうがよいと勧めた時に言った言葉。

客塵煩悩 ◆きゃくじん　ぼんのう

仏教で、煩悩は心にもともとあるものではなく、一時的に付着するだけだと見る説。

「客」は、外来の一時的滞在者を言う。「塵」はちり、洗えば落ちるところから付け加えられた語。心は本来清らかであるとする「自性清浄《じしょうしょうじょう》」と対比して言われる。『増一阿含経《ぞういちあごんきょう》』に、「比丘《びく》たちよ、心は輝いている。ただ客塵煩悩によって汚れている」と説かれる。

脚下照顧 ◆きゃっか しょうこ

足元を見よ、の意。

ただ単に足元に注意せよという意味ではない。外部にばかり気を取られたり理想を求めたりせず、自己の内面を明らかにせよという内省をうながす言葉として、禅宗で用いられる。禅院の玄関にこの言葉が記してあるのは、「履物《はきもの》を揃《そろ》えよ」と両義に用いたもの。一般に使う「灯台下《もと》暗し」は、手近な事情のかえって分りにくいことを言ったもので、視点が共通している。

牛飲馬食 ◆ぎゅういん ばしょく

牛が水を飲み、馬が秣《まぐさ》を食うように、大いに飲んだり食ったりすること。

大飲大食を、体の大きい動物の飲食のさまにたとえたもので、牛を鯨《くじら》に代えた「鯨飲馬食《げいいんばしょく》」も同意同工の表現。痛快に飲みかつ食う様子を表すが、度を過すと「暴*《ぼう》飲暴食《いんぼうしょく》」となる。一気飲みは論外。

旧雨今雨 ◆きゅうう こんう

旧《ふる》い友人と新しい友人。

杜甫《とほ》「秋述」の「秋、杜子病《やまい》に長安の旅次《りょじ》に臥す。多雨魚を生じ、青苔榻《せいたいとう》に及ぶ。常時車馬の客、旧雨来たり今雨来たらず」による。秋、長安で病気になり、宿屋で寝込んでしまった。魚が生れるほど雨が降り、寝台には青かびが生えた。旧《むかし》は雨でも訪れる友がいたが、今は雨が降ると友は誰も来ない、の意。のちに転じて、「雨」は訪れる友人のたとえに使われるようになった。

窮猿投林 ◆きゅうえん とうりん

困っている時に選り好みはしていられないたとえ。

「窮猿林に投ず」と読む。追いつめられた猿は避難する木を選んでいる余裕はなく、取りあえず林の中に逃げ込むという意。東晋《とうしん》の李充《りじゅう》は軍の参謀に乞われるが、家の貧窮を救うために、それより位の低い県長官を選んだという故事から。「窮猿林に投ずるに、あに木を択《えら》ぶに暇《いとま》あらんや」(『晋書』文苑伝、李充)。「北門之嘆《ほくもんのたん》」*も同じ李充の話だが、『世説新語《せせつしんご》』による語。窮猿は林に逃げ込むが、もっと追いつめられた窮鼠《きゅうそ》は、「窮鼠嚙猫《ごうびょう》」*と逆襲に転ずる。

九夏三伏 ◆きゅうか さんぷく

夏のうちで最も暑い時期。

「九夏」は、夏季九十日間の称。「三伏」は三伏日の略。五行思想で、夏は火に、秋は金に配され、夏至《げし》から立秋にかけては秋の金気が盛上がろうとして夏の火気に抑えられ、やむなく伏蔵しているとする。特に庚《かのえ》の日にいちじるしく抑えられるため、夏至後の第三の庚を初伏、第四の庚を中伏、立秋後の最初の庚を末伏と言い、あわせて三伏日と称する。このころが最も暑い時期で、「三伏の候」と時候の挨拶《あいさつ》にも使われる。

牛鬼蛇神　◆ぎゅうき だしん

文章などが、荒唐無稽なさま。

牛首の鬼と、蛇身の神、すなわち妖怪変化の意。唐の杜牧《とぼく》「李賀集序」に「鯨呿鼇擲《げいきょごうてき》（鯨《くじら》が口を開きオオウミガメが跳び上がる）、牛鬼蛇神というも、その虚荒誕幻《きょこうたんげん》（途方もない比喩《ひゆ》の奇抜さ）を為《な》すに足らず」と見え、奇をてらった荒唐無稽な文章をたとえている。なお、文化大革命中は、ブルジョア階級や右派などの「悪質分子」にこの語が使われ弾圧された。

九牛一毛　◆きゅうぎゅうの いちもう

多数の中のきわめて小さい部分。取るに足りないことのたとえ。

原義は、多くの牛の中の、一本の毛の意。前漢の武帝の時、匈奴《きょうど》討伐に失敗した将軍李陵《りりょう》を弁護して宮刑に処せられた司馬遷が、連座によって死刑を宣せられて獄中にある任少卿《じんしょうけい》にあてた手紙に見える。「たとい僕《われ》、法に伏し誅《ちゅう》を受くるも、九牛の一毛を亡《うしな》うがごとし。螻蟻《ろうぎ》と何ぞ異ならん」（「報二任少卿一書」、『文選《もんぜん》』所収）。記録を受持つような微役の自分がたとえ刑罰を受けても、武帝にとっては取るに足りない損失で、螻蛄《けら》や蟻《あり》と何ら変るところはない、と自嘲《じちょう》している。

鳩居鵲巣　◆きゅうきょ じゃくそう

嫁入りした女性が夫の家に住むたとえ。転じて、借家住いのたとえ。

「鵲」はかささぎ。「これ鵲巣の有りて、これ鳩之《ここ》に居る」（『詩経』召南、鵲巣）から。かささぎの巣に鳩が棲《す》みつく意。鳩は自分で巣を作るのがへたなので、かささぎの巣に棲みつくと解釈される。一説に、この「鳩」は鳲鳩《しきゅう》（カッコウ）という。この詩では、嫁ぎゆく女性の前途を祝しているが、人の作った巣に図々しく住みつく意にも使われた。なお、「鳩居」または「鳩巣」で、粗末な家、あるいは自宅の謙称とされる。「鵲巣鳩居」とも言う。

躬行実践《きゅうこうじっせん》 ⇩ 実践躬行《じっせんきゅうこう》

泣斬馬謖 ◈きゅうざん　ばしょく

規律を保つために、愛する者をもやむを得ず罰するたとえ。

「泣いて馬謖を斬《き》る」で知られる。三国時代、蜀《しょく》の諸《しょ》葛孔明《かっこうめい》に重用された武将馬謖は、街亭《がいてい》の戦いの折、命令に違反して戦略を誤り、魏《ぎ》軍に大敗する。ために孔明の中原《ちゅうげん》攻略は失敗した。孔明は馬謖を責め、兄弟同然の仲だが軍法は乱せぬと、泣きつつも斬罪に処した。『三国志演義』には「涙を揮《ふる》って馬謖を斬る」と見える。馬謖は、「白眉《はくび》最良《さいりょう》」と言われた馬良の弟。

九死一生 ◈きゅうし　いっしょう

九分通り助からない命をかろうじて助かること。

「九死に一生を得る」と言う。十のうち九は死ぬ可能性があり、生きる可能性が一しかない状態の時、ごくわずかな可能性の方が実現した状態を表す。多く、非常に危険な目に遭いながら、かろうじて危機を脱したような場合に言う。これを強調すると「十死《じっし》一生」となり、さらに誇張した表現に「万死《ばんし》一生」がある。

宮車晏駕 ◈きゅうしゃ　あんが

天子の崩御。

「晏駕」は、晏《おそ》く駕《のりもの》に乗る意で、天子が崩御《ほうぎょ》して出御《しゅつぎょ》しないのを、遅く車に乗ると表現した語。前漢の高祖劉邦《りゅうほう》が重病になった時、ある者が讒言《ざんげん》して言った。「宮車晏駕すれば、すなわち噲《かい》は兵を以てことごとく戚氏《せきし》、趙王如意《ちょうおうじょい》の属《ともがら》を誅滅《ちゅうめつ》せんと欲するなり」(『史記』樊噲《はんかい》伝)。もし陛下が亡くなられたら、呂后《りょこう》の妹の夫樊噲はすぐに兵を出して愛妾《あいしょう》戚夫人とその子如意の一族を抹殺しようとするでしょう、の意。

窮愁著書 ◈きゅうしゅう　ちょしょ

苦しみ憂えることによって書を著すこと。

「窮愁して書を著《あらわ》す」と読む。戦国時代、趙《ちょう》の虞卿《ぐけい》は、秦《しん》に追われている魏《ぎ》の宰相魏斉《さいしょうぎせい》との友誼《ゆうぎ》を重んじ、ともに潜行して梁《りょう》に行った。しかし魏斉は自殺し、虞卿は志を得ぬまま、困窮憂愁のうちに『虞氏春秋』を著した。

「虞卿窮愁にあらざれば、また書を著して以てみずから後世に見《まみ》ゆること能《あた》わざらん」(『史記』平原君虞卿伝賛)。苦しみ憂えることがなければ、虞卿は書を著して後世に名を遺すことはなかったろう、と司馬遷は言う。

牛溲馬勃 ◈ぎゅうしゅう ばぼつ

ごくつまらないもののたとえ。

「牛溲」は、牛の小便。一説に、利尿作用があるという薬草のおおばこ。「馬勃」は、馬糞《ばふん》。一説に、湿地や腐木《くちき》に生える茸《きのこ》の一種。「牛溲・馬勃・敗鼓《はいこ》(破れた鼓)の皮《ひ》、ともに収め並び蓄え、用を待ちて遺すこと無きは、医師の良きなり」(唐、韓愈《かんゆ》「進学解」)から。どんなつまらないものもとっておき、役に立てて残さないのは医者の賢いところだ、の意。

鳩首協議 ◈きゅうしゅ きょうぎ

人々が顔をつきあわせて相談すること。

「鳩」は、鳩《はと》の群をなす習性から、集める意。「協議」がなくても、頭を集める「鳩首」だけで、話し合う意がある。「鳩首密議」「鳩首凝議《ぎょうぎ》」などとも言われ、頭を集めることから、ひそひそ話の意味にもなる。

九仞之功 ◈きゅうじんの こう

あらかた完成したのに、最後にちょっと気をゆるめたために失敗するたとえ。

「九仞の功を一簣《いっき》に虧《か》く」で知られる。「仞」は高さの単位で、「九仞」は高い山の意。「一簣」は、もっこ一杯の土。「山を為《つく》ること九仞にして、功を一簣に虧く」(『書経』旅獒《りょごう》)から。九仞の山を築くのに、最後の一杯の土を積まないために失敗する、の意。同じ引用から、最後のひとがんばりを「一簣之功*」と言う。

救世済民 ◈きゅうせい さいみん

世の中の苦しむ人々を救うこと。

「救世」は、世の人々を苦しみから救う意。仏教ではクセと読み、救世観音・救世菩薩《ぼさつ》など、人々の苦悩を救う仏・菩薩を形容する語として使われる。「済民」は、民を救う意。「愛世済民」「経世済民*」「経国済民」(「経国」は、国を治める意)など、類義のさまざまな表現がある。

窮鼠嚙猫 ◈きゅうそ ごうびょう

窮地に追いつめられて必死になれば、弱者も強者を倒すことがあるたとえ。

「窮鼠猫を嚙《か》む」で知られる。追いつめられた鼠《ねずみ》が猫にかみつく意。後漢の『塩鉄論』詔聖に「死して再びは生きざれば、窮鼠狸《り》を齧《か》む……陳勝《ちんしょう》・呉広《ごこう》これなり」と見える。「貍」はたぬき、または野猫。行くも死、逃げるも死、ならば一国を興して死のうと反乱を起し、秦《しん》滅亡のさきがけとなった陳勝と呉広（↓陳勝呉広）を、追いつめられた鼠にたとえている。類義語に「＊禽困覆車《きんこんふくしゃ》」がある。

旧態依然　◈きゅうたい いぜん

物事が昔のままで、進歩・発展のないさま。

「旧態」は、昔からのありさま。「依然」は、もとのままであるさま。古くからあるよくない点、新しい時代に合わない点など、変らなければいけないのに変っていないと、批判をこめて言われる。老舗《しにせ》と呼ばれる商店で、昔からの商法、製法を守って繁盛している店があるが、こうした過去のよいところを積極的に取入れている場合は、あまり「旧態依然」とは言われない。

九腸寸断《きゅうちょうすんだん》　⇩　断腸之思《だんちょうのおもい》

窮鳥入懐　◈きゅうちょう にゅうかい

追いつめられて逃げ場を失ったものが救いを求めてくるたとえ。また、そのような時は理由を問わず助けるのが人の道であるということ。

「窮鳥 懐《ふところ》に入《い》る」と読む。追いつめられた鳥が人の懐に飛込んでくる意。「窮鳥懐に入れば、仁人《じんじん》の憫《あわ》れむ所なり。いわんや死士の我に帰す、まさにこれを棄《す》つべけんや」（『顔氏家訓』省事）から。決死の人が救いを求めてきたら、どうして見捨てられようか、の意。「窮鳥懐に入れば猟師《りょうし》も殺さず」の成句でも知られる。

九鼎大呂　◈きゅうてい たいりょ

貴重な物、高い地位、名誉などのたとえ。

「九鼎」は、古代夏の禹王《うおう》が鋳て、夏・殷《いん》・周三代の天子に伝え、帝位の象徴となった鼎《かなえ》。「大呂」は、周の大廟《たいびょう》に供えた大鐘。ともに周の宝器とされた。『史記』平原君伝に見える「毛先生一たび楚《そ》に至りて、趙《ちょう》を九鼎大呂よりも重からしむ」は、本来の宝器の意味で用いている。趙の宰相《さいしょう》平原君に従って楚に行った食客《しょっかく》の毛遂《もうすい》が、楚王を説いてともに秦《しん》に対抗することを承諾させたのを、平原君が称賛して言ったもの。毛遂はそれまで目立たず、平原君に「嚢中之錐《のうちゅうのきり》」*とは思われていなかった人物だった。

急転直下　◆きゅうてん ちょっか

急激に変化・変転すること。形勢が急に変って、結末・解決に向かうこと。

「急転」は、成行きが急に変ること。「直下」は、一直線にくだること。停滞していた成行きが急に変化し、一気に動いていくことを意味する。「急転直下の解決を見る」のように使われ、また「急転直下、解決する」のように副詞的にも用いられる。

牛刀割鶏　◆ぎゅうとう かっけい

小さなことを解決するのに、大げさな手段を用いるたとえ。

牛を料理する大きな包丁で鶏を割《さ》く意。孔子が、弟子の子游《しゆう》が治める武城を訪れた時、絃に乗せた歌声を聞いて言った。「鶏を割くに焉《いずく》んぞ牛刀を用いん」（『論語』陽貨）。こんな小さな町に雅楽とは大げさな、という軽口で、この孔子の言葉がそのまま成句として伝わっている。子游が、どんな人でも道を学ぶべきではないかと反論したところ、孔子は子游の反応に満足してうなずき、戯《たわむ》れただけだと答えた。「割鶏牛刀」とも言う。

旧套墨守　◆きゅうとう ぼくしゅ

昔のままの方法をかたくなに守ること。ありきたりのやり方にこだわること。

「套」は古臭い、ありきたりの意で、「旧套」は、古い形式、ありきたりの方法。「墨守」は、中国戦国時代、模擬戦で、新兵器を作った楚《そ》の公輸盤《こうしゅはん》が九度城を攻めたがそのたびに宋の墨子が城を守ったという故事（『墨子』公輸）から生れた語。「旧套墨守」は、自分の考えをかたくなに変えないことを言う。類義語に「墨守成規《せいき》」*がある。

朽木糞牆　◆きゅうぼく ふんしょう

救いがたい怠け者のたとえ。

「朽木」は、くさった木。「糞牆」は、ぼろぼろになった土《ど》塀《べい》。「宰予《さいよ》、昼に寝《い》ぬ。子曰《いわ》く、朽木は雕《ほ》るべからず、糞土の牆《かき》は杇《ぬ》るべからず。予に於《お》いてか何ぞ誅《せ》めん（宰予は叱っても無駄だ）、と」（『論語』公冶長《こうやちょう》）から。孔子は続けて、自分は人の言を聞いてその行いを信用していたが、宰予を見てから、言行ともに観察するようになったと言っている。さんざんな言われようだが、宰予は弁舌に巧みだったらしい。

窮余一策　◈きゅうよの　いっさく

考えあぐね困った末に思いついた手段や方法。

「窮余」は、困ったあげくの果ての意。考えあぐねた末の思いつきだから、あまり名策・妙案とは言えないのだが、結果的には功を奏することが多い。「＊苦肉之計《くにくのけい》」は、苦労して考えた末に思いついた策を言い、窮余にまでは至っていない。

恐悦至極　◈きょうえつ　しごく

目上の人に述べる喜びの言葉。

「恐悦」は、つつしんでよろこぶ意。「恭悦」とも書く。「至極」は程度がはなはだしいことを言い、ここでは恐悦の程度がきわめて大きいことを表す。「惟喬《これたか》「珍しや五代三郎、堅固で満足」、政澄「惟喬君にも麗《うるわ》しき御尊顔拝し、恐悦至極に存じ奉りまする」」（歌舞伎『名歌《めいか》徳三升玉垣《とくみますのたまがき》』五立目）。目上と目下では、これほど挨拶《あいさつ》の仕方の違っていた時代があった。今は、皮肉や洒落《しゃれ》以外では使わなくなった。

矯枉過直　◈きょうおう　かちょく

過ちを正そうとしても、度を過ぎるとかえって損害をまねくたとえ。

「枉《まが》れるを矯《た》めて直《なお》きに過《す》ぐ」と読む。『越絶書』越絶編叙外伝記に「子の仇《あだ》に復《むく》い、臣の賊を討つは、至誠天の感ずるところなるも、枉れるを矯めて直きに過ぐるなり」と見える。少しの欠点を直そうとしてこだわりすぎて、かえって全体を駄目にしてしまうことに言う。類義語に、具体的に牛の角をとりあげた「＊矯角殺牛《きょうかくさつぎゅう》」がある。

尭階三尺《ぎょうかいさんじゃく》 ⇒ 土階三等《どかいさんとう》

矯角殺牛　◈きょうかく　さつぎゅう

少しの欠点を直そうとして度を過し、かえって全体を駄目にしてしまうことのたとえ。

「角《つの》を矯《た》めて牛を殺す」という成句で知られる。中国の伝承に基づくらしいが、日本でも昔からのことわざになっている。「角は直りて、牛は死ぬるごとく成べし」

（仮名草子『竹斎』上）、「角を直さんとて牛を殺す」（平賀源内『風流志道軒伝』二）など、江戸時代の用例は「矯める」より「直す」を用いていて分りやすい。

教学相長　◆きょうがく　そうちょう

教えることと学ぶことは、互いに相手を助長するものであること。

「教学相長《あいちょう》ず」と読む。『礼記《らいき》』学記に見える語。「学びてしかる後に足らざるを知り、教えてしかる後に困《くる》しむを知る」に続く。学ぶことによって自分に不足しているものがあることを知り、教えることによって自分の知識の未熟さが分る。したがって、教えることと学ぶことは、ともに自己の成長につながることになる。教えることの半分は自分の勉強になるということわざ「教えるは学ぶの半ば」も同じことを言っている。

鏡花水月　◆きょうか　すいげつ

目には見えるが、手に取ることのできないもののたとえ。また、ただ感じ取ることのできるもののたとえ。

鏡に映る花も水に映る月も、身近に体験できる事柄であり、たとえとしては分りやすい。文学で、言葉では説明できない作品の情趣について言う言葉。「鏡花水月法」は、漢文などで、あからさまに説明せず、ただその姿を眼前に思い浮ばせる表現法を言う。「水月鏡花」とも言う。

強幹弱枝　◆きょうかん　じゃくし

中央政府に権限を集中させて、地方政府の権限を弱めるたとえ。

「幹《みき》を強くし枝を弱くす」と読む。「漢の郡八九十、形は諸侯の間に錯《まじ》り、犬牙《けんが》して相臨《あいのぞ》み、その阸塞《あいさい》地の利を秉《と》る。本幹を彊《つよ》くし枝葉を弱むるの勢なり」（『史記』漢興以来諸侯年表序）による。漢の郡は諸侯の領土の間に混じって犬の牙のようにくい込み、狭い地の利を利用している、幹を強くし枝葉を弱めようとする形勢である、の意。漢がたくみに諸侯の領土を牽制《けんせい》・弱化しているさまを表現している。

澆季末世　◆ぎょうき　まっせ

道徳が衰え、人情が薄くなった世。

「澆」は、薄い、軽々しい意。「季」は、すえ、おわりの意。「澆季」だけで、風俗の軽薄となった末の世を意味する。『北史』周武帝紀に「運《とき》はまさに澆季に当り、古《いにしえ》の始めに復《かえ》らんと思う」と見える。「末世」は意味を強調するために添えられた語。「澆季之世」とも言う。

薑桂之性

◆きょうけいの せい

年老いてますます剛直で辛辣《しんらつ》な人のたとえ。「薑」は、しょうが。「桂」は、肉桂、にっき。どちらも古くなるほどますます辛くなる。「薑桂の性、老いに到りていよいよ辣《から》し」(『宋史』晏敦復《あんとんふく》伝)から。老人を薑桂に見立てて、巧みな表現となっている。

教外別伝

◆きょうげ べつでん

禅で、教説のほかに格別に伝えるものの意。

禅の宗義を表す代表的な言葉で、「*不立文字《ふりゅうもんじ》」「*直指人心《じきしにんしん》」「*見性成仏《けんしょうじょうぶつ》」とともに四句から成る偈《げ》の一句。体験によって別に伝えるものこそ禅の真髄であり、ひたすら坐禅《ざぜん》によってそれを得ることを言う。特に「不立文字」と対にして用いられることが多い。

狂言綺語

◆きょうげん きご
きょうげん きぎょ

道理に合わない言葉と巧みに飾った語。

「狂言」は、たわけた言葉。「綺語」はうわべを飾った言葉で、仏教で言う十悪の一つ。「狂言綺語」は仏教の立場から、文学や芸能を文飾を施したものとして卑しんで言った。本来、否定的に用いられた言葉だが、白居易が「願わくは今生《こんじょう》世俗文字の業、狂言綺語の過ちを以て、転じて将来世世讃仏乗《さんぶつじょう》の因、転法輪《てんぼうりん》の縁となさんことを」(『白氏文集』)と述べて以来、逆に功徳《くどく》を積む行為として肯定されるようになった。

恐惶謹言

◆きょうこう きんげん

恐れかしこみ、つつしんで申上げる意。候文《そうろうぶん》の手紙の終りに記す挨拶《あいさつ》語。

「恐恐謹言」とも言う。落語に「たらちね」という咄《はなし》がある。長屋の八つぁんのところに京都の女性が嫁にきて、漢文調の丁寧な言葉遣いで八つぁんを弱らせる。輿入《こしい》れの翌朝、寝ている八つぁんの枕元に三つ指ついて、朝ご飯召上がれと丁寧に述べた末、「恐惶謹言」と付け加える。オチは、手紙の末文の「仍《よ》って件《くだん》の如《ごと》し」をひっかけた「酔ってくだんのごとし」。

尭鼓舜木

◆ぎょうこ しゅんぼく

為政者は民の諫《いさ》めの言葉をよく聞くべきだというたとえ。一般に、善言を聞き入れるべきだというたとえ。「尭鼓諫《かん》を納《い》れ、舜木箴《しん》を求む」(『旧唐書《くとうじょ》』褚亮《ちょりょう》伝)から。古代の帝王尭は朝廷に太鼓を置いて、諫めようとする者にはこれを打たせ、帝王舜は木札を立てて、諫めの言葉を書かせたという伝説に基づく。

教唆煽動　◆きょうさ せんどう

教えそそのかして人の気持をあおり、行動にかき立てること。

「教唆」は、教えそそのかすこと。けしかけること。法律上は、他人に犯罪または不法行為の実行を決意させる行為を言う。「煽動」は、人の気持をあおり立て、行動に移らせること。いずれも人をそそのかすという意味を持つため、いい意味ではほとんど使われない。なお「煽動」は、現代では「扇動」とも書く。

驕奢淫佚　◆きょうしゃ いんいつ

おごって贅沢《ぜいたく》であり、みだらなことにふけってだらしなくなること。

「驕」は権勢におごる、「奢」は贅沢で、「驕奢」は権勢におごって贅沢をすること。「淫」はみだら、「佚」はほしいままにするで、「淫佚」はみだらなことにふける意。「淫逸」とも書く。「驕奢淫佚は、おのずから邪とする所なり」(『春秋左氏伝』隠公三年)から。春秋時代、衛《えい》の荘《そう》公《こう》に大夫の石碏《せきさく》が、子を愛するなら正道を教えて邪道に陥らせるなと説いたもの。

行住坐臥　◆ぎょう じゅう ざ が

行くこと、とどまること、すわること、臥《ふ》せること。転じて、日常、ふだん、絶えず、などの意。

人間日常の挙措動作を言う。仏教で言う「四威儀《しいぎ》」は、これら四つの行動を指すとともに、それらを戒律に従って正しく整えることを意味する。「日々夜々、行住坐臥に、この心を忘れずして、定心につなぐべし」(室町時代、世阿弥『花鏡』)は、絶えずこの心を忘れずに、の意。類義の「常住坐臥*」は、この「行住坐臥」と「常住」との混同による語。

拱手傍観　◆きょうしゅ ぼうかん

手をこまねいて何もせず、ただそばで見ていること。

「拱手」は、胸元で手を組合せて上下する中国の礼。

転じて、手を組んで何もしないこと。「傍観」は、かたわらで見ること。見ているだけで何もしない意。見物人ということではなく、ある事態に面して、本来なら何かすべきであるのに、何もせずただ見ているだけの状態を言う。同義の語に「袖手傍観《しゅうしゅぼうかん》」がある。「袖手」は、いわゆるふところ手。

教相判釈 ◆きょうそう　はんじゃく

種々の仏教経典を、釈迦《しゃか》一代の間に説かれたとして、その順序次第を考証すること。

「教相」は、教えのすがた。「判釈」は、判定し解釈すること。インドでは、時代の経過とともに経典が編纂されていったが、中国へは時代に関係なくもたらされたため、経典の内容を価値的に配列する、すなわち「教相判釈」の経典解釈学が発達した。「教判」と略称される。釈迦の説法の時期を、代表される経典名によって華厳《けごん》時、阿含《あごん》時、方等《ほうどう》時、般若《はんにゃ》時、法華《ほっけ》・涅槃《ねはん》時の五時《ごじ》に分けて経典を配する、天台宗の開祖智顗《ちぎ》による「五時教判」が有名。

共存共栄 ◆きょうそん　きょうえい

共に生存し、共に繁栄すること。

「共存」は、キョウゾンとも言う。互いに依存しあって存在・繁栄することを言う。「伊勢は津で持つ、津は伊勢で持つ」は、伊勢神宮は津の港があるので参拝者が集る、津の港は伊勢神宮への参拝者が多いので栄える、という「共存共栄」の様子を言ったもの。

驚天動地 ◆きょうてん　どうち

世間をひどく驚かすこと。

「天を驚かし地を動かす」と読む。「憐《あわ》れむべし荒隴窮《こうろう》泉の骨、かつて驚天動地の文有り。ただこれ詩人多く薄命、なかんずく淪落《りんらく》すること君に過ぎず」（唐、白居易「李白墓」）から。この荒れた塚に眠る人は、かつて世間をとても驚かせる文を作った。詩人は幸薄い人が多いが、あなたほど零落した人はいない、と李白を悼《いた》んだ詩。天を振り動かす意の「撼」を使った「撼天動地《かんてん》」もほぼ同義に用いられる。そのほか「震天動地《*しんてん》」など類義表現は多い。

仰天不愧 ◆ぎょうてん　ふき

心中少しもやましいところがなく、天に対しても恥しくないこと。

ふつう「天を仰《あお》いで愧《は》じず」と読む。出典の『孟子《もうし》』に基づいて「仰いで天に愧じず」とも読む。孟子の説く君子の三つの楽しみ「*君子三楽《さんらく》」の一つで、「仰いで天に愧じず、俯《ふ》して人に怍《は》じず」(尽心上)が完全な形。ほかの二つは、父母兄弟が無事なことと、天下の秀才を教育すること。

強迫観念 ◆きょうはく かんねん

考えまいとしても、絶えず頭にこびりついて離れない考え。

不安な気持を伴い、そのことによってなおさら、自分では払いのけようと思っても払いのけることのできない考えを言う。払いのけるつもりはなく、自分の中で支配的となっている考えは「固着《こちゃく》観念」と言い、「強迫観念」とは区別される。

器用貧乏 ◆きよう びんぼう

何でもそつなくこなすが、一つのことに集中せず、大成しないこと。

やらせれば何でも人並以上にできるため、本人もあれこれと手を出し、結果として何事にも抜きん出た存在とはなれない状態を言う。しかしこのような人は、他人にとっては重宝で宝と言える。まさに「器用貧乏人宝《ひとだから》」である。

尭風舜雨 ◆ぎょうふう しゅんう

天下が太平であるさま。また、時季にしたがって風が吹き、雨が降り、大地にめぐみを与えるさま。

古代中国の伝説上の帝王尭と舜との徳を、風雨のめぐみにたとえた語。尭と舜はいずれも徳をもって天下を治めた名君とされ、「尭舜」と併称されてあがめられる。「尭風舜雨、五穀を播《とま》して」(滝沢馬琴『椿説《ちんせつ》弓張月』四四回)は、太平な世に時季に応じて風が吹き雨が降って五穀を繁殖させ、の意。

驕兵必敗 ◆きょうへい ひっぱい

おごりたかぶった軍隊は必ず敗れるということ。

「驕兵は必ず敗《やぶ》る」と読む。「驕兵」は、力を過信しておごっている軍隊。『漢書』魏相《ぎしょう》伝に「国家の大を恃《たの》み、民人の衆《おお》きを矜《ほこ》り、威を敵に見せんと欲する者、これを驕兵と謂《い》う。兵の驕《おご》れる者は滅ぶ」と見える。

興味津津　◆きょうみ しんしん

非常に興味をひかれるさま。興味が尽きないさま。「津津」は、あふれ出るさま。興味をひかれる物事に出会って、余念なくその物事に関心を向けているような状態を言う。誤って「興味深深」と書いてしまいそうだが、「深深」は、奥深くかすかなさま、あるいは静かなさまを言う語で、「興味」にはつながらない。

狂瀾怒濤　◆きょうらん どとう

秩序などがひどく乱れているさまのたとえ。また、個人を翻弄する現実世界のたとえ。

「狂瀾」も「怒濤」も、荒れ狂う大波の意。同義の二語を重ねて、著しく乱れているさま、また非常に荒々しいさまを表す。現実社会はしばしば海にたとえられ、「社会の荒波にもまれる」などという表現をする。「狂瀾怒濤」は、その荒波を格段に激しくしたもの。

虚往実帰　◆きょおう じっき

からっぽの心で行って、充実して帰ること。

「虚にして往《い》き、実にして帰る」と読む。「王駘《おうたい》は兀者《ごっしゃ》なるに、これに従いて遊ぶ者は、夫子《ふうし》と魯《ろ》を中分し、立ちて教えず、坐して議せざるに、虚にして往き、実にして帰る」（『荘子』徳充符）から。「兀者」は、足切りの刑にあった者。王駘は兀者にもかかわらず、門下生の数は孔子のそれと魯国を二分する。特に教えたり論じたりするわけでもないのに、空っぽで行った者が充実して帰る。いったい王駘は何者ですかという弟子の質問に、孔子は聖人だと答える。

去華就実　◆きょか しゅうじつ

外見の虚飾より内面の実質を選び取ること。「華《か》を去り実《じつ》に就《つ》く」と読む。花を捨てて実を取る意。一八七八年（明治十一）刊の学問・文芸史書『文芸類纂《るいさん》』例言に「漢字及《および》片仮名平仮名等、一に原書に従ふ。実を主として華を要せざればなり」と見える。原典を引用する場合に、読みやすくするための書換えなどはせず、ひたすら原書の表記にしたがった、の意。

虚虚実実　◆きょきょ じつじつ

互いに計略や秘術の限りを尽して闘うさま。

「虚実」を強調した語。「虚」は、備えのすき、「実」

は、備えの固いさまを言う。互いに相手の備えのすきを衝き、こちらの守りを固め、相手の守りを避けて応酬する意。「虚虚実実のかけひき」という表現も多く、実際の勝負事ばかりでなく、さまざまなかけひきにも使われる。

局外中立 ◆きょくがい ちゅうりつ

いずれにも味方せず、いずれにも敵対しないこと。「局外」は、その事件や仕事に関係のないこと、またそのような立場を言う。「局外中立」は、比喩《ひゆ》的に一般的な状況にも使うが、特に国際法上、国家間の紛争や戦争に関与しないことを言う。そのような立場の国を「局外中立国」と言い、永久に局外中立の立場に立つ国を「永世中立国」と言う。スイスは永世中立国。なお、他国が交戦中、局外中立の立場を厳守することを「厳正《げんせい》中立」と言う。

曲学阿世 ◆きょくがく あせい

真理をゆがめた正しくない学問で、権力者や世におもねり人気を得ようとすること。

「曲」はまげる、「阿」はおもねる意。「学を曲《ま》げ、以て世に阿《おも》ねること無かれ」(『史記』儒林伝、轅固《えんこ》)から。前漢の学者轅固の言葉。第二次大戦後、連合国と日本との講和問題に揺れていた一九五〇年、当時の吉田茂首相が、東大総長南原繁のソ連・中国を含めた全面講和論を「曲学阿世」と非難、南原が学問への権力的強圧と反論し、この言葉は一躍有名になった。

旭日昇天 ◆きょくじつ しょうてん

勢いの盛んなこと。

「旭日昇天の勢い」と言う。「旭日」は、朝日。『詩経』邶風《はいふう》、匏有苦葉《ほうゆうくよう》に「雝雝《ようよう》と雁は鳴き、旭日は旦《あした》(朝)を始む」と見える。朝日が昇る様子を、勢いの盛んなさまにたとえたもの。

曲水流觴 ◆きょくすい りゅうしょう

曲りくねったせせらぎの上流から流れてくるさかずきが、目の前を通り過ぎないうちに、詩歌を詠じて酒を飲む遊宴。

「曲水」は、庭にこしらえた曲りくねった細い水路。「觴」は、さかずき。「流觴曲水」とも、また単に「曲水」「流觴」とも呼ばれる。三月三日に貴族・文人の間で行われたこの遊びが盛んになったのは、東晋《とうしん》の書家王《おう》羲之《ぎし》の蘭亭での集り(→一觴一詠《いっしょういちえい》)以後という。日本では「曲水《きょくすい》(ゴクスイとも)の宴《えん》」と呼ばれ、三月上巳《じょうし》(最初の巳《み》)の日または三日の、上巳の節句に宮中や公卿《くぎょう》の邸で行われた。

玉石混淆　◆ぎょくせき こんこう

優れたものとつまらないものとが入混じって、区別がつかないこと。

「玉」は宝石、「混淆」は入混じる意。現代表記では「混交」とも書く。宝石と石ころが混じりあっているさまを言う。『抱朴子《ほうぼくし》』尚博に「磋切《させつ》の至言を以て駭拙《がいせつ》となし、虚華の小弁を以て研巧《けんこう》となすは、真偽顚倒《てんとう》し、玉石混淆す」と見える。立派な言をつまらないとし、うわべだけ飾った弁を美しいというのは、真偽がひっくり返り、玉石を混淆している、の意。ここでの「混淆」は、入混じるというより、同じものと見て区別しない「混同」という意味で使われている。

玉石同砕　◆ぎょくせき どうさい

善も悪も、賢も愚も、区別なくすべて滅びてしまうこと。

宝石も石ころも同じように砕《くだ》けてしまう意。「滄海横《そうかいおう》流し、玉石同砕す」(晋《しん》、袁宏《えんこう》「三国名臣頌序賛」、『文選《もんぜん》』所収)から。同文の張銑《ちょうせん》注に、「滄海横流とは、天下逆乱するを言うなり。玉石同砕とは、善人凶人倶《とも》に危難に見《あ》うを謂《い》うなり」と見える。「玉石倶に砕く」「玉石倶に焚《た》く」などの類似の表現があり、古代中国史上に天下争乱が多かったことを物語る。

跼天蹐地　◆きょくてん せきち

肩身が狭く、世をはばかって暮すこと。

「天に跼《せぐく》まり、地に蹐《ぬきあし》す」と読む。『詩経』小雅、正月《せいげつ》に見える表現。限りなく高い天の下に身をかがめて暮し、限りなく広い地の上を抜き足で歩く意で、しいたげられた貧しい民衆の恐れはばかって生活しているさまをうたったもの。一般化して、肩身の狭い思いに使い、略して「跼蹐」とも言う。

曲突徙薪　◆きょくとつ ししん

災いを未然に防ぐことのたとえ。

「突《とつ》を曲《ま》げ薪《たきぎ》を徙《うつ》す」と読む。「曲突徙薪は恩沢を亡《わす》る」(『漢書』霍光《かっこう》伝)から。「突」は、煙突のこと。ある家の竈《かまど》の煙突がまっすぐで、わきに薪が積んであったので、危ないから煙突を曲げ、薪を別のところに移すよう忠告した人がいた。忠告に従わなかったので、その家は火事になった。家の主人は火を消そうとしてくれた人々には応分の礼をしたが、忠告してくれた人には何もしなかったという(→燋頭爛額《しょうとうらんがく》)。賞罰の本末を転倒した寓話《ぐうわ》。

玉葉金枝《ぎょくようきんし》 ⇒ 金枝玉葉《きんしぎょくよう》

居敬窮理 ◆きょけい きゅうり

内には振舞いを慎み、外には物事の道理を窮める修養法。

「居敬」は、内的修養法で、敬をもって徳を養うこと。「窮理」は、外的修養法で、物事の道理・法則を窮め尽すこと。「*格物致知《かくぶつちち》」の方法の実質を担うものとされる。宋学を大成した二程子の弟程伊川《ていいせん》に始まり、朱子に受けつがれて、朱子学の中心的課題となった。『朱子語類』九に「学者の工夫、ただ居敬・窮理の二事にのみ在り」と見える。なお、江戸後期、西洋物理学を「窮理学」と呼んだ。

挙国一致 ◆きょこく いっち

国民全体が一致して同じ態度を取ること。

「挙国」は、国を挙げて、すなわち国民全体の意。この語だけで、一致して同じ態度を取ることを意味している。『春秋左氏伝』隠公元年注に「叔《しゅく》を久しく除かざれば、すなわち挙国の民はまさに他心を生ずべし」と見える。鄭《てい》の荘公の代、荘公の弟共叔段《きょうしゅくだん》が勢力を強めてきたため、叔を除かないと民心が彼の方へ移りかねないと、側近が忠告したもの。「挙国一致」は、軍事行動によって他国と対する場合に使われることが多い。

虚実皮膜 ◆きょじつ ひまく きょじつ ひにく

芸は虚構と事実の微妙な境界にあるということ。

江戸中期の浄瑠璃《じょうるり》注釈書『難波土産《なにわみやげ》』発端に、穂積以貫《ほづみいかん》が近松門左衛門から聞いたこととして「芸といふものは実と虚との皮膜の間にあるもの也」と記され、以来、近松の芸術論として著名になった語。「皮膜の間《かん》」については、「虚にして虚にあらず、実にして実にあらず、この間に慰みが有ったもの也」と紹介されている。穂積以貫は儒学者で、浄瑠璃作者近松半二の父。

魚質竜文 ◈ぎょしつ りょうぶん／ぎょしつ りゅうぶん

外見だけが立派なことのたとえ。また、正しいようだが実際は間違っていることのたとえ。

「質」は、実質。「文」は、見た目のきらびやかさの意から、外見のこと。実質は魚だが、見た目は竜のようである意。外見と内実が伴わないことを言う。『抱朴子《ほうぼくし》』呉失に見える。

許劭月旦《きょしょうげったん》 ⇩ 人物月旦《じんぶつげったん》

虚心坦懐 ◈きょしん たんかい

心に何のわだかまりもなく、さっぱりしていること。また、そのようなさま。

「虚心」は、先入観などを持たず、すなおな心でいること。「坦懐」は、心のたいらなこと。類義の二語を重ね、そのような心であることを強調する。多く、人や物に接する時の心持として使われる。

虚静恬淡 ◈きょせい てんたん

心が静かでやすらかなこと。

「虚静」は、心にわだかまりがなく静かなこと。「恬淡」は「恬澹」とも書き、心がやすらかで無欲なこと。「それ虚静恬淡・寂漠無為《せきばくむい》は、天地の平《へい》にして道徳の至《し》なり」（『荘子』天道）から。「寂漠無為（ひっそりと居て作為のないこと）」とともに、天地の平安なありかたであり、真実の道とその実践の実質的内容である、と言う。次の段落では「それ虚静恬淡・寂漠無為は万物の本なり」と、万物の根源とまで言っており、『荘子』の中心的な考えを示す語となっている。なお、「虚静」と類義の「虚無《きょむ》」を使った「虚無恬淡*」という語も出てくる。

挙足軽重 ◈きょそく けいちょう

わずかな挙動が全体に大きな影響を及ぼすたとえ。

「挙足すれば軽重あり」と読む。その人が足をどう挙げるかで、対立する双方の軽重が決まってしまうほど影響の大きいこと、またそのような人を言う。「足を挙げて左右せばすなわち軽重有らん」（『後漢書』竇融《とうゆう》伝）から。竇融は後漢の建国の元勲《げんくん》。

挙措失当 ◈きょそ しっとう

不適切な振舞をする。当を得ていない態度を取る。

「挙措当《とう》を失《しっ》す」と読む。「挙措」は、立居振舞。立居振舞が、当然そうあるべきさまを失っている意。「挙措を失う」もほぼ同義だが、不適切以上に、取乱した行動を取ることに言う。

曲肱之楽　◆きょっこうの らく

貧しい生活にも楽しさがあること。簡素な生活の楽しみ。

「楽」はふつうタノシミと読む。「曲肱」は、肱枕《ひじまくら》の意。「疏食《そし》を飯《くら》い水を飲み、肱を曲げてこれを枕とす。楽しみまたその中《うち》に在り」(『論語』述而《じゅつじ》)による語。粗末な食事をして水を飲み、肘枕でごろりと横になる、楽しみもそういう中にある、の意。

漁夫之利　◆ぎょふの り

二人が争っているうちに、第三者がやすやすと利を占めるたとえ。

「漁夫」は「漁父」とも書く。「漁父」はギョホとも言う。蚌《ぼう》(貝の名、ハマグリ、一説にドブ貝)が水から出て陽に当たっていると、鷸《いつ》(鳥の名、シギ)がやってきて、その肉をついばんだ。蚌は貝を閉じて鷸のくちばしを挟んだ。「両者相舎《あいす》つるを肯《がえん》ぜず。漁者得てこれを幷《あわ》せ擒《とら》う」(『戦国策』燕策《えんさく》)。戦国時代、遊説家《ゆうぜいか》の蘇代《そだい》が、燕を討とうとする趙《ちょう》に、強国秦《しん》の利になるだけですよ、と進言したもの。趙の恵王は、納得して戦《いくさ》を中止したという。この逸話は「*鷸蚌之争《いつぼうのあらそい》」でも知られる。

毀誉褒貶　◆きよ ほうへん

ほめたりけなしたりすること。

「毀」は、そしること。「誉」「褒」は、ほめること。「貶」は、けなすこと。世間での取沙汰に言われる。「毀誉」は『荘子』に、「褒貶」は『春秋左氏伝集解《しっかい》』にそれぞれ語例が見え、いずれもほめたりけなしたりすることの意を表す。同義の二語を重ね、世間の取沙汰のさまざまなことを言う。

虚無恬淡　◆きょむ てんたん

心をからにして、やすらかにいること。

類義の「*虚静《きょせい》恬淡」の「虚静」は、心にわだかまりなどがなく静かなこと、の意で、対する「虚無」は、心にわだかまりなどが一切ない、という意。「恬淡」は「恬澹」とも書き、心がやすらかで無欲なこと。「その寝《い》ぬるや夢みず、その覚《さ》むるや憂いなし。その神《しん》（精神）は純粋、その魂《こん》は罷《つか》れず。虚無恬淡にしてすなわち天徳に合す」（『荘子』刻意）から。心をからにしてやすらかさを保つのが、天徳すなわち自然本来のありかたと一致すると言っている。

魚網鴻離　◆ぎょもう こうり

求めるものが得られず、求めていないものが得られるたとえ。意外なものが手に入るたとえ。

「鴻」は、ヒシクイなど大型の雁《がん》。「魚網これを設け、鴻すなわちこれに離《かか》る」（『詩経』邶風《はいふう》、新台）から。この「離」は「羅《ら》（あみ）」に通ずる用法で、網にかかる意。魚網を仕掛けたら鴻がかかった、という意。

魚目燕石　◆ぎょもく えんせき

似て非なるもの。偽物のこと。

「魚目」は宝玉に似ているが、実際は宝玉ではない。「燕石」は、燕山で取れる石。宝玉に似て宝玉ではない。いずれも、本物に似て本物ではないたとえに使われる。類義の二語を重ねて、外観は似ているが内実は異なるもの、また、本物とまぎらわしい偽物を言う。

魚鱗鶴翼　◆ぎょりん かくよく

合戦の際の陣立てを言う。

「魚鱗」は、魚の鱗《うろこ》のように中央を突出させた人字形の陣立て。「鶴翼」は、鶴が翼を張ったように左右に広げた陣立てで、「魚鱗」とは反対に中央がへこむ。「白旄《はくぼう》の旗をなびかし、黄鉞《おうえつ》の鉾《ほこ》をかかやかし、魚鱗・鶴翼の陣を全《まっと》し」（『保元物語』上、官軍勢汰《せいぞろ》へ）など、中世の軍記物語にしばしば出てくる。

義理一遍　◆ぎり いっぺん

世間に対する付合いから、形式的に行うこと。

「義理」は、ここでは世間に対する体面・面目。「一遍」は、一通りの意。世間体から形の上だけ一通り行うことを言う。「初手一盃はついつい飲み、二盃目ははや我飲みにて、三盃からが義理一ぺん」（浄瑠璃《じょうるり》『吉野都《よしのみやこ》女《おんな》楠《くすのき》』四）。

桐壺源氏　◆きりつぼ げんじ

勉強や読書が長続きしないことのたとえ。

「桐壺」は、『源氏物語』冒頭の巻名。『源氏物語』を読もうと勇んで取りかかったが、最初の桐壺の巻で早くも読むのをやめてしまったという意味。「桐壺源氏」はかなりあきらめの早い例で、須磨《すま》・明石《あかし》の巻あたりまでは辛抱したという「須磨源氏」や「明石源氏」の読者もいる。なお、同工の語に「隠公左伝《いんこうさでん》」*、「須磨源氏」に類する「三月庭訓《さんがつていきん》」*「雍也論語《ようやろんご》」*などがある。

機略縦横　◈きりゃく じゅうおう

どんな場合でも、その局面に応じた策略を自由自在にめぐらせること。

「機略」は、臨機応変の計略。「縦横」は、たてよこから転じて、自由自在の意。「機略縦横」は、比較的大きい局面での対応に言われ、日常的な局面でその場に応じた思いつきをすぐ表せるような場合は「機転が利く」と表現される。

騎驢覓驢　◈きろ べきろ

身近にあるのに気づかず、遠くを探し求めるたとえ。「驢に騎《の》りて驢を覓《もと》む」と読む。「驢」は、ろば。ろばに乗ってろばを探しに行く意。求めるものが自分の手元にあるのに気づかず、苦労してあちこち探し回る愚かさを言う。よくあるのが、眼鏡《めがね》をかけていてその眼鏡を探し回ること。これは愚かというよりうかつな例であろうか。

岐路亡羊《きろぼうよう》 ⇩ 多岐亡羊《たきぼうよう》

議論百出　◈ぎろん ひゃくしゅつ

さまざまな意見が次から次へと出され、にぎやかに議論が交されること。

「百出」は、たくさん出てくる意。多く、決定的な結論を求めることができないような事案、あるいは副次的な問題を多くはらんでいるような事案を討論する場合などで、「議論百出」という状況になる。類義の「談論風発《だんろんふうはつ》」*は、結論を必ずしも必要としない場面での活発な論弁を言う。

錦衣玉食　◈きんい ぎょくしょく

贅沢《ぜいたく》な生活をすること。

『北史』常景伝に「綺閣《きかく》金門、その宅に安んずべく、錦衣玉食、その形を頤《やしな》うべし」と見える。きらびやかな家は身体を休めてくれ、贅沢な食事は身体を養ってくれるだろう、の意。また、『宋史』文苑伝、李鷹《りち》に「鷹は山林に在りといえども、その文は錦衣玉食の気有り」とある。李鷹は山中に住んでいながら、文章には贅沢な生活をしている雰囲気がある、の意。李鷹は蘇軾《そしょく》に認められた宋の文人。

金烏玉兎　◆きんう ぎょくと

日と月。転じて歳月を言う。「金烏」は、三本足の烏《からす》が棲《す》むという古代中国の伝説から、太陽の異称。「玉兎」は、兎が棲むというやはり古代の伝説から、月の異称。「金烏玉兎」を略して「烏兎」とも言い、歳月があわただしく過ぎ去ることを「烏*《う》兎匆匆《とそうそう》」と言う。

金甌無欠　◆きんおう むけつ

完全で欠点のないこと。「金甌欠《か》くる無し」と読む。「甌」は、小ぶりの鉢、甕《かめ》の類。「わが国家はなお金甌の一傷として欠くる無きがごとし」(『南史』朱异《しゅい》伝)による語。傷一つない金の甌のように完全無欠である意。特に、国家が独立強固で、外国の侵略を受けたことのないことを言う。日本では、明治維新以来しばしば自国を称揚する語として用いられ、軍歌にも使われている。

槿花一日　◆きんか いちじつ

栄華のはかないことのたとえ。「槿花一日の栄《えい》」と言う。「松樹千年終《つい》にこれ朽ち、槿花一日おのずから栄を為《な》す」(唐、白居易「放言」)による。「槿花」は、むくげの花。朝ひらいて夕方しぼむところから、「槿花一朝《いっちょう》」また「槿花一朝の夢」とも言う。ただし白居易の詩では、「槿花一日」を「松樹千年」と対比させ、槿花の短命な栄華をむしろ賛美している。

金科玉条　◆きんか ぎょくじょう

絶対のよりどころとするもののたとえ。「科」「条」は、法律や規則の箇条。原義は、最も大切に守らなければならない重要な法律、または規則の意。「懿律嘉量《いりつかりょう》、金科玉条、神卦霊兆《しんかれいちょう》ありて、古文ことごとく発し、炳煥《へいかん》として照耀《しょうよう》し、あまねく臻《いた》らざるは靡《な》し」(前漢、揚雄「劇秦美新」、『文選《もんぜん》』所収)から。行きとどいた定めと正しい制度、守るべき法律、神霊の兆しがあり、昔の書物が現れて光り輝き、すべて行きわたらない所はない、と言う。前漢を倒し新を建てた王莽《おうもう》の徳をたたえた文章。

琴棋詩酒 ◈きん き し しゅ

風流人の余技、遊び。

琴を弾じ、囲碁を打ち、詩を作り、酒を飲むこと。いわゆる「*風流韻事《ふうりゅういんじ》」。「琴棋」だけで風雅な遊びを意味する。井原西鶴『日本永代蔵《にっぽんえいたいぐら》』五に、「唐土人《もろこしびと》は心静かにして、世の翫《かせぎ》もいそがず、琴棋詩酒に暮して」と見える。類義の語に「*琴棋書画《しょが》」がある。

欣喜雀躍 ◈きんき じゃくやく

こおどりして喜ぶこと。

「欣喜」は、大喜びすること。「雀躍」は、『荘子』在有に「髀《もも》を拊《う》ち雀躍して遊ぶ」という表現が見え、本来、雀のようにぴょんぴょん跳ねるさまを言う。現在では「雀躍」のみで、こおどりして喜ぶ意に使われる。

琴棋書画 ◈きん き しょ が

風雅な余技を言う。

琴を弾じ、囲碁を打ち、書画に筆をふるうこと。中国で「四芸」といい、士君子のたしなみとされ、画題にもなった。唐の何延之《かえんし》「蘭亭記」に、弁才について「博学文に工《たく》みにして、琴棋書画、みなその妙を得」と見える。類義の語に「*琴棋詩酒《ししゅ》」があるが、こちらは酒が入るだけに、風流人の遊びの色が濃い。

謹厳実直 ◈きんげん じっちょく

慎み深く、まじめであること。また、そのようなさま。

「謹厳」は、慎み深く厳格なこと。「実直」は、誠実で正直なこと。唐の文人韓愈《かんゆ》が「春秋は謹厳にして、左氏は浮誇《ふこ》なり」(「進学解」)と言っている。魯《ろ》国の史官が書き孔子が筆削した『春秋』は謹厳であり、その注釈書『春秋左氏伝』は浮誇、すなわち派手で大げさだと言う。「*一字褒貶《いちじほうへん》」と言われるほど簡潔な『春秋』に対する批評は、「謹厳実直」という言葉をもまた、よく説明している。

謹言慎行 ◈きんげん しんこう

言葉遣いや行動を慎むこと。

「言《げん》を謹《つつし》み行《こう》を慎《つつし》む」と読む。「君子は人を道《みち》くに言を以てし、人をして禁《つつし》ましむるに行を以てす。故に言は必ずその終る所を慮《おもんぱか》り、行は必ずその敝《やぶ》る（しくじる）所を稽《かんが》う。すなわち民、言を謹みて行を慎む」（『礼記《らいき》』緇衣《しい》）から。「謹言」は、現在ではもっぱら「謹んで言《もう》す」の意で、「恐惶謹言《きょうこう》」*など、手紙の末尾に記す語として使われる。

近郷近在 ◈きんごう きんざい

近くの村々。

「郷」も「在」も、いなか、さとの意。「近郷」「近在」は、いずれも近くの村里を意味する。同義の語を重ねて、語調を整え、ある場所を中心とした付近の在所を漠然と、しかしまんべんなく指し示す。

金口木舌 ◈きんこう ぼくぜつ

言論で社会を指導する人。

「木舌」は、モクゼツとも言う。原義は、木製の舌を持つ金属製の鐘、すなわち「木鐸《ぼくたく》」を指す。木鐸は、古代中国で法令などを人民に知らせる時に鳴らした鐘で、転じて人民を教え導く人を言うようになった。『論語』八佾《はちいつ》に「天まさに夫子《ふうし》（孔子を指す）を以て木鐸と為《な》さんとす」とある。朱子の『論語集注』がこれに「木鐸、金口木舌、政教を施する時振り、以て衆に警する所なり」と注している。つまり「木鐸」と「金口木舌」は、原義も転義も同じ意味を持つ言葉と解することができる。

緊褌一番 ◈きんこん いちばん

心を引締めて事に当ること。

「緊褌」は、褌《ふんどし》をきつく締めること。「一番」は、一度の勝負から、転じて大事な局面を言う。気持を引締めることを、俗に「褌を締め直す」と言うが、そのようにして事に当る意。

禽困覆車 ◈きんこん ふくしゃ

弱い者でも、追いつめられて必死になれば、思いがけない力を出すことがあるたとえ。

「禽《きん》も困《くる》しめば車を覆《くつがえ》す」と読む。捕われた獣《けもの》も、逃げようと必死に暴れれば車をひっくり返すことがある、の意。戦国時代、秦《しん》が楚《そ》と結んで韓を再度攻めようとした時、韓の宰相公仲侈《さいしょうこうちゅうし》は遊説家《ゆうぜいか》の蘇代《そだい》を秦に差向け、「禽困覆車……韓亡びなば、公仲まさに躬《みずか》らその私徒を率い、以て秦を閼《とど》めんとす」と説いて攻撃を思いとどまらせた。『史記』甘茂伝に載る話。類義表現に、よく知られている「窮鼠《きゅうそ》猫を噛《か》む」(→窮鼠噛猫《ごうびょう》)がある。

金枝玉葉 ◆きんし ぎょくよう

天子の一門。皇族。

晋《しん》の崔豹《さいひょう》の『古今注』輿服に「黄帝、蚩尤《しゆう》と涿鹿野《たくろくや》に戦い、常に五色の雲気有り。金枝玉葉の如《ごと》く、帝の上に止まる」と、美しい雲のたとえに使われている。転じて、皇族の意となる。「枝」「葉」は、子孫を意味する。「玉葉金枝」とも言う。また、「金枝花萼《かがく》」も同義の表現。

琴瑟相和 ◆きんしつ そうわ

夫婦の仲がむつまじいことのたとえ。

「琴瑟相和《あいわ》す」と言う。「瑟」は、大型の琴。琴と瑟の音がよく調和していることを言う。『詩経』小雅、常棣《じょうてい》に「妻子好合し、瑟琴《しっきん》を鼓《こ》するが如《ごと》し」と見える。妻子はむつまじく、琴と瑟を合奏するようだ、の意。「琴瑟」を仲のよいさまにたとえた例はほかにも見え、本来は特に夫婦に限らなかったが、のちにもっぱら夫婦について言うようになった。「琴瑟調和」とも言う。

禽獣夷狄 ◆きんじゅう いてき

恩義や道理をわきまえぬ野蛮人。

「禽獣」は、鳥や獣《けもの》から、転じて恩義を知らず道理をわきまえない人を言う。『孟子《もうし》』告子上に「夜気以て存するに足らざれば、すなわちその禽獣を違《さ》ること遠からず(良心を保てなければ禽獣と変らない)」と見える。「夷狄」は、中国周辺の異民族を指し、野蛮な未開人とされた。王陽明の語録『伝習録』中に「その流の弊、孟子は禽獣夷狄に比するに至る」とある。王陽明の言う「その流」は、墨子・楊子などの流派。

近朱必赤 ◆きんしゅ ひっせき

人は交わる友によって、善くも悪くも感化されるというたとえ。

「朱に近づけば必ず赤し」と読む。晋《しん》の傅玄《ふげん》「太子少傅箴《しん》」に「朱に近づく者は赤く、墨に近づく者は黒し」という言葉が見える。朱は墨との対比で言われているから、赤色の顔料を意味するだろう。日本では、すでに江戸時代以前から「朱に交われば赤くなる」という平易な表現のことわざになっている。現代では、悪い感化力について言う場合が多い。

金城鉄壁　◈きんじょう　てっぺき

きわめて堅固な物事のたとえ。

原義は、金で作った城と鉄の城壁の意で、「金城湯池《とうち》」*と同じく、防備の非常に堅固な城を言う。宋の徐積《じょせき》「和二倪敦復《げいとんふく》一詩」に「金城は破るべからず、鉄壁は奪うべからず」という句がある。今日では物事の非常に堅固なさまを言うが、昔は現実に、守りの堅い城の意に使われた。なお「金城」は、日本では名古屋城の別名、また金沢の異称ともする。

錦上添花　◈きんじょう　てんか

美しいもの、よいものの上にさらに美しいもの、よいものを加えること。

「錦上に花を添える」と言う。「錦上」は、錦の布の上。「嘉招《かしょう》盃中の淥《ろく》(清酒)を覆《くつがえ》さんと欲す。麗唱なお錦上に花を添う」(北宋、王安石「即事詩」)から。お招きにあずかり、おいしい酒をたくさんいただこうと思います、とうるわしい歌が美酒をいっそう引きたててくれます、という即興の詩。この詩でもすでに「錦上に花を添う」は実景描写ではなく、たとえとして使われている。「雪中《せっちゅう》送炭《そうたん》」*と対照させて使われることも多い。

金城湯池　◈きんじょう　とうち

ほかから侵されにくく、自分が安心していられる場所のたとえ。

「金城」は、金で作った城。「湯池」は、熱湯をたたえた濠《ほり》。「金城鉄壁《てっぺき》」*と同じく、非常に守りの堅い城を言う。降伏した城の県令を正しく扱わないと、その噂《うわさ》が広まって各城は守りをかためるから、「みな金城湯池と為《な》り、攻むるべからざるなり」(『漢書』蒯通伝《かいとうでん》)という遊説家《ゆうぜいか》蒯通の弁から。略して「金湯《きんとう》」と言う。転義としては、たとえば保守政党に強い支持のある地域を「保守の金城湯池」などと表現する。

近所合壁　◈きんじょ　がっぺき

隣近所のこと。

「合壁」は、単独ではカッペキと読む。壁一つ隔てた隣同士の意。昔の都市部の民家には長屋作りが多かったので、このような表現が一般化した。江戸初頭の『日葡《にっぽ》辞書』に「カッペキ。カベヲアワスル」と見える。「近所合壁」は、「隣近所」また「近隣」と同じく、隣の家と近くの家を合せた表現。

錦心繡口 ◆きんしん しゅうこう

詩文の才に優れているたとえ。また、そのような人。「錦心」は、美しい思想。「繡口」は、美しい文章。「駢四儷六《べんしれいろく》、錦心繡口なり」（唐、柳宗元「乞巧文」）から。ここでは、いわゆる四六駢儷文*を、美しい思想を盛り込んだ美しい文と称賛している。『新唐書』李白に見える「錦心繡腸《しゅうちょう》」（「繡腸」は、美しい詩文）も同義の語。

金声玉振 ◆きんせい ぎょくしん

知徳を兼ね備えて大成するたとえ。

特に、孔子が完成された人格であることをたたえる語。「孔子はこれ（諸聖の徳）を集めて大成せりと謂《い》うべし。集めて大成すとは、金声して玉振するなり。金声すとは条理を始むるなり。玉振すとは条理を終《お》うるなり。条理を始むるは智の事なり。条理を終うるは聖のことなり」（『孟子《もうし》』万章下）による。「金声」は、音楽を始める時に鐘を鳴らすこと。「玉振」は、音楽を終える時に玉石の磬《けい》を打つこと。音楽になぞらえて、孔子が智と聖を兼ね備えて大成した人であることを説く。「集大成」という語も、ここから出ている。

金石糸竹 ◆きん せき し ちく

楽器の総称。

「金」は、鐘すなわち金属製の打楽器。「石」は、磬《けい》すなわち石をつるした打楽器。「糸」は、琴《きん》や瑟《しつ》（大型の琴）などの弦楽器。「竹」は、簫管《しょうかん》すなわち細い竹を並べてくくった管楽器。『礼記《らいき》』楽記に「金石糸竹、楽の器なり」と見える。

金石之交 ◆きんせきの こう

固く変ることのない友情のたとえ。

「交」はマジワリとも読む。「いま足下はみずから漢王と金石の交わりを為《な》すと以為《おも》うといえども、しかれども終《つい》には漢王の禽《とりこ》とする所と為らん」（『漢書』韓信伝）から。楚王《そおう》の項羽《こうう》が韓信に、漢王劉邦《りゅうほう》に背いて楚と組むよう説いたもの。韓信は、過去の項羽の冷淡な扱いに比した劉邦の「解衣推食《かいいすいしょく》」*の懇切な扱いを言って、項羽の申し出を断った。類義の表現に「金石之契《ちぎり》」「金蘭之契*《きんらん》」などがある。

金殿玉楼　◆きんでん　ぎょくろう

非常に美しく立派な御殿。

金や玉で飾った建物の意。「金」「玉」を形容語として用いた言葉は、「＊金科玉条《きんかぎょくじょう》」「＊金枝玉葉《きんしぎょくよう》」などいくつか見られる。これもその一つで、実際に金や玉で飾り立てたというよりは、それほどに立派な御殿と解釈した方がよく、したがってどのような建物を「金殿玉楼」と言うかは、主観に左右される面がある。

金波銀波　◆きんぱ　ぎんぱ

日光や月光、特に月光が映ってきらきら輝く波を言う。

月夜の海の美しさを言う語。あまり荒い波には言わず、ほんのわずかな波立ちに月光が映されて、海全体がきらきら輝いているさまを言う。

吟風弄月　◆ぎんぷう　ろうげつ

風月を友として詩歌をうたうこと。また自然の風光を詩歌に詠むこと。

「風に吟じ月を弄《もてあそ》ぶ」と読む。風に吹かれて詩歌をうたい、月をながめて楽しむ意。『伊洛淵源録』濂渓《れんけい》先生に、北宋の儒学者程顥《ていこう》（明道）の言葉として「再び周茂叔《しゅうもしゅく》に見《まみ》えてより後、風に吟じ月を弄し以《ろう》て帰る」と見える。程顥が逢った周茂叔は、名は敦頤《とんい》、濂渓先生と称せられた宋学の大家。「＊嘯風弄月《しょうふう》」「吟風詠月」も類義の表現。

金蘭之契　◆きんらんの　ちぎり

親友の固い交わり。

『易経』繋辞《けいじ》上伝にある「二人心を同じくすれば、その利《と》きこと金を断ち、同心の言は、その臭《かお》り蘭の如《ごと》し」による語。二人が心を合せれば、その鋭さは金をも断ち切り、心を同じくする者の言葉は、蘭のようにかぐわしい、の意。「金蘭」だけで、親友の固い交わりを意味する。この文から、ほかにも「＊断金之交《だんきんのこう》」「金蘭之交」、また「金蘭之友《とも》」という同義語が生れている。

空空寂寂　◆くうくう　じゃくじゃく

煩悩《ぼんのう》・執着《しゅうじゃく》がなく、無我・無心であるさま。

漢字を重ねて、「空寂」を強調した語。「空寂」は仏教で、万物はすべて実体がなく、空《くう》であることを言う。そこから、すべての事象の本性は、分別や執着を超えた清浄なあり方であると説く。そこでは、煩悩・執着を滅した悟り、涅槃《ねはん》の心境も「空寂」と形容される。中世芸道の美意識、わび、さび、あるいは幽玄などの根底に「空寂」を見る見方もある。

空空漠漠　◆くうくう　ばくばく

さえぎるものなく広がるさま。また、漠然としてとらえどころのないさま。

「空漠」を強調した語。「漠漠」だけでも、果てしのないさま、またとりとめのないさまを言う。

空谷跫音　◆くうこくの　きょうおん

さびしく暮している時に、人の訪れを受けるたとえ。また、非常に珍しいことのたとえ。

「跫」は足音。人のいないさびしい谷に聞える足音の意。「空谷足音」とも言う。『荘子』徐無鬼に「それ虚空《きょくう》に逃るる者、藜藋《れいちょう》、鼪鼬《せいゆう》の逕《みち》を柱《ふさ》ぎ、踉《なが》くその空に位《お》れば、人の足音の跫然たるを聞きて喜ぶ」といううくだりがある。世間を逃れて人里離れたあなぐらにいる人間も、雑草がむささびやいたちの通る細い道までふさいでしまうほど長く穴にいれば、人の足音が聞えただけでうれしくなるものだ、という趣旨。ここから、久しぶりに人の訪れを受けて喜ぶ意ともする。

空手還郷　◆くうしゅ　げんきょう

禅宗で、執着《しゅうじゃく》を離れ、無想・無我の境地に落着き安らうこと。

手ぶらで故郷に還《かえ》る意。日本曹洞《そうとう》宗の開祖道元は、入宋して天童如浄《てんどうにょじょう》に師事し、「身心脱落《しんじんだつらく》」*の境地を悟る。帰国した道元は、「当下に眼横鼻直なることを認得して人に瞞《まん》ぜられず、空手にして郷に還る、ゆえに一毫《いちごう》も仏法なし」（『永平広録』一）と述べている。目は横に鼻は縦についているという当り前のことを即座に認識して、人に余計なことを吹き込まれてだまされることなく、手ぶらで帰国した、だから仏法などというものは全く身につけていない、と。

空前絶後　◆くうぜん　ぜつご

過去にも例がなく、将来またあろうとは思われない、きわめてまれなさま。

「空前」は、過去に例のないさまを言い、これからも起りそうにない意の「絶後」を添えて、まれであることを強調している。今はあるのだから、将来においてないとは断言できず、強調と同時に誇張の響きも感じられる。

偶像崇拝　◆ぐうぞう すうはい

信仰の対象を具象化するものとして作られた像や絵画などを崇拝すること。

「偶像」は、信仰の対象とする像。仏教の場合、はじめは釈迦《しゃか》を具体的な像で表さなかったが、紀元一世紀ごろ、ガンダーラ地方ではじめて仏像が作られ、以後、仏像彫刻が盛んになった。キリスト教では、ギリシャ教会でまつる偶像(イコン)が名高く、一方で、過熱した偶像崇拝を排撃する「偶像破壊」運動も起っている。なお、広く、あるものを絶対的な権威として信じこむことに対して、批判的に「偶像崇拝」と使う。

空即是色　◆くうそくぜしき

すべてのものは、それ自体としてはじめから存在するのではなく、さまざまな条件に支えられて、始めてそのものとして存在するということ。

「空は即ち是色《これ》」の意。「色」は物質的な存在のこと。すべてのものは、それ自体が実体として存在するのではないという「色*即是空」に続く語として、『般若心経《はんにゃしんぎょう》』に説かれる。

空中楼閣　◆くうちゅう ろうかく

架空の物事。想像でのみ作り上げた物事。

「楼閣」は、立派な重層の建物。原義は、空中に作り上げた立派な建物の意で、実際にはあり得ない。小説などを想像の産物として、こう表現することがある。また、蜃気楼《しんきろう》を言うこともある。

空理空論　◆くうり くうろん

現実から離れた役に立たない理論。意味のない理論。

「空理」も「空論」も、それぞれに現実的でない理論を意味する。同義の二語を重ねて、その理論のいかに現実離れしているかを強調したもの。なお、仏教語としての「空理」は、すべての存在は空《くう》であるという道理を意味する。

倶会一処　◆くえ いっしょ

仏教で、同じところで仏と出会うこと。

「倶《とも》に一処に会う」と読む。仏と一つ処、すなわち浄土で出会うことを意味する。『阿弥陀経《あみだきょう》』に、「衆生《しゅじょう》にして聞く者あらば、まさに願を発してかの国（極楽浄土）に生れんと願うべし。所以《ゆえ》はいかに。かくの如《ごと》きのもろもろの上善人（阿弥陀仏と聖衆）と倶に一処に会うことを得ればなり」と説かれる。

久遠実成　◆くおん じつじょう

はるか昔から仏と成っていること。

「久遠」は、久しく遠いこと。『法華経』如来寿量品に、「われは実に成仏してより已来《いらい》、無量無辺百千万億那由《なゆ》他劫《たこう》なり」と説かれる釈迦如来《しゃかにょらい》を言う。「無量無辺百千万億那由他劫」は、限りなく長い時間を意味する。世間では釈迦を、伽耶《がや》城の近くの道場に坐してはじめて成道《じょうどう》した仏と思っているが、実は久遠の昔に仏となったのだと説く。このように説かれる釈迦を「久遠本仏《ほんぶつ》」と言う。

苦髪楽爪　◆くがみ らくづめ

苦労しているときは髪が早く伸び、楽をしているときは爪が早く伸びるということ。

逆に、「苦爪楽髪」とも言う。つまり苦労している時は爪が早く伸び、楽をしている時は髪が早く伸びる意。一方の語を真実とすると、他方は虚偽になるが、真偽とは別次元の、苦楽をなめた当人の主観による表白と言えよう。

区区之心　◆くくの こころ

つまらない心情。取るに足りない考え。

自分の考えを謙遜《けんそん》していう語。「区区」は、ここでは小さい、取るに足りない意。『春秋左氏伝』襄公《じょうこう》十七年に「宋国区区（ちっぽけな宋国）」という表現が見える。類義語の「微意」は、こうしたいという思いを謙遜していう語で、「愚考」の方が「区区之心」により近い。

愚公移山　◆ぐこう いざん

たゆまぬ努力を続ければ、いつかは大事業を成し遂げるというたとえ。

「愚公山を移す」と読む。昔、九十歳になる愚公が、家の出入りの邪魔になる二つの山を取りのけようと、家の者と山を崩しはじめた。智叟《ちそう》という利口な老人がそれを見て、老い先短い者が愚かなことをすると笑った。愚公は、自分が死んでも子供、孫、またその子供と仕事を続けていけば、いつかは山が平らになると山を崩すのをやめなかった。その一徹な努力を聞いて、天帝が山を移してやったという。『列子』湯問に見える話。毛沢東がこの話を引いて、いかなる困難も人の努力の前には克服されると語ったことから、この語は文化大革命中に繰返し唱えられた。

狗子仏性 ◆くし ぶっしょう

犬でも仏になれるかという禅の思索課題。「狗子」は犬。「仏性」は仏になる可能性。多く問答形式になっている禅の課題を公案《こうあん》と言うが、その公案を評釈した南宋の『無門関』の第一則にある。ある僧が「犬も仏になれるのか」と趙州《じょうしゅう》和尚に尋ねたところ、趙州は「無」と答えた。この「無」の解釈が、有る無しの無を超えた「絶対無」として、禅における思索の対象となっている。ちなみに大乗仏教の『涅槃経《ねはんぎょう》』では、「一切《いっさい》衆生悉有仏性《しゅじょうしつうぶっしょう》」、すなわちすべての生きとし生けるものは仏性を持つと説かれる。

愚者一得 ◆ぐしゃの いっとく

愚かな者でも、多く考えているうちには、一度くらいは名案を出すことがある、ということ。「愚者も千慮《せんりょ》に一得あり」と言う。「得」は、得ること、有効で意味のあることの意。捕虜になった趙将広《ちょうしょうこう》武君《ぶくん》は、自分を師と立てる淮陰侯《わいいんこう》韓信に「智者も千慮に必ず一失《いっしつ》あり、愚者も千慮に必ず一得あり」(『史記』淮陰侯伝)と聞きますのでと、まず謙遜《けんそん》してから自分の思う戦略を述べる。「千慮一得」とも言う。前半部から「千慮*一失」という言葉も生れている。

苦心惨憺 ◆くしん さんたん

非常に苦心して工夫をこらすこと。心を砕いて思い悩むこと。「惨憺」は「惨澹」とも書き、心を痛めるさまを表す。何かを成し遂げようとする過程の苦労に言うことから、工夫をこらす意味も含まれて、「苦心惨憺して作る」のような言い方をする。

薬九層倍 ◆くすり くそうばい

薬の売値は、原価に比べて非常に高いこと。また、暴利をむさぼることのたとえ。

もとより現在の薬の販売価格を言うものではない。天明七年(一七八七)の『譬喩尽《たとえづくし》』に載っており、そのころには一般に普及していた語であったと知れる。「九層倍」は「薬」のクと語呂を合せたもので、「九」という具体的な数字の意味はない。

九山八海
◆くせん　はっかい

仏教の世界観で、須弥山《しゅみせん》を中心とする九つの山と八つの海。

仏教の世界観では、大地部は次のようになっている。中心に須弥山がそびえ、これを七つの山脈が同心円状に取巻き、さらにその外側を鉄囲山《てっちせん》が囲んでいる。これら九つの山と山との間は海で、数は八つ。この九山八海の世界全体は、風輪・水輪・金輪《こんりん》の三輪で支えられている。最上輪の金輪と、大地の底とが接するところを「金輪際《こんりんざい》」と言う(→金剛輪際《こんごうりんざい》)。そして、我々人間の住む閻浮提《えんぶだい》は、須弥山の南、鉄囲山のすぐ内側の海中にあるという。

口不調法
◆くち　ぶちょうほう

ものの言い方が巧みでないこと。

俗に「口下手《くちべた》」と言う。ふつう自分自身を評する語として使う。狂言「右近左近《おこさこ》」に「こなたは口不調法には有り」と相手を評した言い方があるが、これは夫婦間の会話で、言われた方も「身共《みども》は口不調法じやに依《よ》つて」と受けている。失言をした時の弁解や逃げ口上にも使われる。

苦爪楽髪《くづめらくがみ》
⇓苦髪楽爪《くがみらくづめ》

苦肉之計
◆くにくの　けい

考えあぐねた末に思いついた計略や手段のこと。

原義は、字義どおり自分の身を苦しめて敵をあざむく計略を言う。三国時代、蜀《しょく》の諸葛孔明《しょかつこうめい》と魏《ぎ》の曹操《そうそう》が長江をはさんで対陣した時、魏軍の蔡中《さいちゅう》・蔡和《さいか》がいつわって蜀軍に降参してきた。黄蓋《こうがい》を魏軍へ送りこもうとしていた蜀軍はこれを利用して、黄蓋の逃亡を自然に見せるために蔡中・蔡和の目の前で、黄蓋を打ち据え辱《はずかし》める。この策略を『三国志演義』は「苦肉の計」と表現している。「苦肉の策」「苦肉の謀《はかりごと》」とも言う。

狗馬之心《くばのこころ》
⇓犬馬之心《けんばのこころ》

狗尾続貂　◆くび　ぞくちょう

つまらない者が高官に列すること。また、劣った者が優れた者の後に続くたとえ。

犬の尾が貂《てん》の尾に続く意。西晋《せいしん》の時、皇帝司馬一族に内紛が生じ、八王の乱が起った。趙王《ちょうおう》司馬倫《りん》は帝を称し、一味を手当り次第に高位高官につけたので、宮廷には冠に貂の尾を飾った高官がむやみに増えた。当時の人々は、今に貂の尾が足りなくなり、犬の尾を冠につけた者が続くだろうとあざけったという。『晋書』趙王倫伝に見える逸話。

九分九厘　◆くぶ　くりん

ほとんど完全に近いさま。ほとんど間違いないさま。

「厘」は小さな単位を示す語で、十厘で一分《ぶ》。十分に一厘たりない意。九十九パーセントということ。類義の「＊十中八九《じっちゅうはっく》」「九分通り」「九割がた」などより、ずっと完全に近い意を持つと同時に、クの繰返しによって語調を整える効果も持つ。「年増のお麦めはおいらに九分九厘来たつて居て（まず間違いなくほれていいて）」（滑稽本『七偏人《しちへんじん》』）のように、副詞的に使われる。

具不退転　◆ぐ　ふたいてん

途中で退《しりぞ》かない決意を持ち続けること。

「不退転」は、本来仏教語。修行によっていったん達した位から後戻りしない意。そこから一般に、「不退転の決意」などと、固い志を持って退かないことを言う。「具」は、そなえる意。江戸時代の禅僧沢庵宗彭《たくあんそうほう》の『不動智神妙録』に、「具不退転」について、「是《こ》れも中峰和尚の言葉なり。退転せずに替《か》はらぬ心を持てと云《い》ふ義なり」と説明している。

求不得苦　◆ぐふとくく

欲しいものの得られない苦しみ。

「求めて得られざる苦」の意。仏教で、八苦《はっく》（→四苦八苦）の一つとされる。物質的な欲望ばかりでなく、不老不死などについても言われる。

九品往生　◆くほん　おうじょう

功徳《くどく》によって異なる九種類の浄土往生の仕方を言う。

仏教で、極楽浄土に往生する際に、生前に積んだ功徳の違いによって九等の往生の仕方があるという。それが

「九品」で、上品《じょうぼん》・中品《ちゅうぼん》・下品《げぼん》の三種にそれぞれ上生《じょうしょう》・中生・下生がある。最高の上品上生から最下の下品下生まで、それぞれの功徳と往生の仕方が『観無量寿経』に説かれている。中国浄土教第三祖の善導は、すべての衆《しゅ》生《じょう》は迷える存在で、出会った教えの違いや悪との出会いなどによって往生に違いが出てくると解釈しており、この考えが法然《ほうねん》・親鸞《しんらん》に継承されている。

愚問愚答　◈ぐもん ぐとう

くだらない問答。愚かしいやりとり。

つまらない問いに、これまたつまらない答えをする意。「愚」を自分の行為に冠して謙遜《けんそん》を示す場合もあるから、「愚問」「愚答」が、必ずしもその通りとは限らない。

群蟻付羶　◈ぐんぎ ふせん

利益のあるところに人が群がるたとえ。

「群蟻羶に付《つ》く」と読む。「付」は、「附」とも書く。「羶」は、なまぐさいもの。特に羊肉を言う。「羊肉は蟻を慕わざるも、蟻は羊肉を慕う。羊肉は羶《なまぐ》さければなり」（『荘子』徐無鬼）による。

群軽折軸　◈ぐんけい せつじく

小さい力も集まれば大きな力となるたとえ。

「群軽軸を折る」と読む。「群軽」は、たくさんの軽い物。軽い物でもたくさん乗せれば、車の軸も折れてしまう意。「積羽舟を沈め、群軽軸を折り、衆口（大勢の人の言うこと）金を鑠《とか》す」（『戦国策』魏策《ぎさく》）から。戦国時代の遊説《ゆうぜい》家《か》張儀が、秦《しん》との同盟を魏王《ぎおう》に勧める時に用いた格言で、『史記』張儀伝などにも見える。「叢軽折軸」も同工同義の言葉。小さい力も集まれば大きな力になるたとえは、このほかにも「*羽翮飛肉《うかくひにく》」「*聚蚊成雷《しゅうぶんせいらい》」「*積土《せきど》成山《せいざん》」など、数多くある。

群鶏一鶴《ぐんけいのいっかく》　⇩　鶏群一鶴《けいぐんのいっかく》

君子三畏　◈くんしの さんい

孔子の説く、畏敬すべき三つのこと。

「君子に三畏あり。天命を畏れ、大人《たいじん》（有徳の人）を畏れ、聖人の言を畏る。小人は天命を知らずして畏れざるなり。大人に狎《な》れ、聖人の言を侮《あなど》る」（『論語』季氏）から。年齢に応じた三つの戒め「*君子三戒」に続いて説いている。『論語』の注で「天命」について、魏《ぎ》の何晏《かあん》(古注)は順逆・吉凶の定めとし、朱子(新注)は天が人や物に与えた正理とする。

君子三戒 ◆くんしの さんかい

孔子の説く、年齢に応じた三つの戒め。

「君子に三戒あり。少《わか》き時は血気いまだ定まらず、これを戒《いまし》むること色に在り。その壮《さか》んなるに及んでは血気まさに剛なり、これを戒むること闘に在り。その老いたるに及んでは血気すでに衰う、これを戒むること得に在り」(『論語』季氏)。若い時は血気がまだ落着かないから色欲を戒めよ、壮年期は血気が盛んだから闘争を戒めよ、老年には血気が衰えるから物欲を戒めよ、と言う。そしてこのあとに、畏敬すべきことをあげる「君子三畏《さんい》*」が続く。

君子三楽 ◆くんしの さんらく

孟子《もうし》の説く、君子の三つの楽しみ。

「君子に三楽あり、しかして天下に王たるは与《あずか》り存せず。父母ともに存し、兄弟故《こと》なきは一楽なり。仰いで天に愧《は》じず、俯《ふ》して人に怍《は》じざるは二楽なり。天下の英才を得てこれを教育するは三楽なり」(『孟子』尽心上)。父母兄弟が健在なること、天にも人にも恥じるところのないこと、天下の秀才を教育すること、これが三つの楽しみである、と言う。天下の王になることは関係ない、と孟子は二度も繰返して言っている。

君子豹変 ◆くんし ひょうへん

君子は過ちを改めると、あざやかに面目を一新すること。転じて、意見や態度をころっと変えること。

「君子豹変す」とも言い慣わす。「豹変」は、豹のように変るという意。豹は毛が抜け変る時季がくると斑紋が鮮やかに美しくなる。「君子豹変すとは、その文蔚《あやうつ》たる(斑紋が華やかに美しくなる)なり。小人面《しょうじんおもて》を革《あらた》むとは、順にして以て君に従う(新しい君主に従順に従う)なり」(『易経』革卦《かくか》)から。本来は、誤ったと知ったらすばやく見事にただす優れた人を評価する語だったが、簡単に意見や態度を変える節操のない人を非難したり、そういう態度を自己弁護したりするような時にも使うようになっている。

葷酒山門 ◆くんしゅ さんもん

心を乱すものは寺の内に入ることを許さないということ。

「不許葷酒入山門」の略。「葷酒山門に入《い》るを許さず」と読む。「葷」は、ねぎ・にら・にんにくなどの臭気の強い野菜のこと。これらの野菜は精力が強くなって煩悩《ぼんのう》を増すところから、酒とともに禁じられた。多く禅寺の門前に建つ戒《いまし》めの語。実際はなかなか守られなかったので、「許さざれども葷酒山門に入る」「葷を許さず酒山門より入れ」などと読まれて、ひそかに俗人に揶揄《やゆ》された。

君辱臣死

◆くんじょく しんし

臣下は君主と艱難《かんなん》をともにすべきこと。

「君辱《きみはずか》しめらるれば臣死す」と読む。「君に憂いあれば臣労し（憂いをなくすように力を注ぐ）、君辱しめらるれば臣死す」（『国語』越語下）から。君主がはずかしめを受けたら、臣下は死を賭《と》してその恥辱をそそがねばならない、の意。春秋時代、越王句践《こうせん》を助けて呉王夫差《ふさ》に復讐させ、「会稽之恥《かいけいのはじ》」*をすすがせた功臣范蠡《はんれい》の語。

君側之悪

◆くんそくの あく

主君のそばにいる悪人。主君に取入ってわるだくみをめぐらす臣下。

「春秋の趙鞅《ちょうおう》は、晋陽《しんよう》の甲を以て君側の悪を逐《お》う」（『後漢書』楊秉《ようへい》伝）から。趙鞅は、春秋時代、晋の定公の臣。悪人の意の「奸」を使った「君側之奸《かん》」もよく知られている。権力をふるえる重臣の地位を強奪するような場合に、「君側の悪（奸）を除く」と大義名分に使われる語である。

群雄割拠

◆ぐんゆう かっきょ

多くの英雄や実力者が各地を地盤として勢いをふるい、対立すること。

「群雄」は、多くの英雄や実力者。秦《しん》・漢による統一以前の中国の戦国時代、織豊政権ができる以前の日本の戦国時代などが、群雄割拠の時代と言われる。群雄の中から武力・権謀を用いてのし上がった者を「覇者《はしゃ》」と言い、仁徳を基本とする政道によって国を確立した者を「王者」と言う。

群竜無首

◆ぐんりょう むしゅ
ぐんりゅう むしゅ

上に立って統括する者がいないこと。

人材はそろっているが、それを統括する首領がいないこと。言葉は「群竜首《くび》なきを見る。吉なり」(『易経』乾卦《けんか》)からきているが、原義は、群がる竜が姿を現しながらも首を雲に隠して示さない、つまり才能をひけらかさない意。引用文の前に、「亢竜有悔《こうりょうゆうかい》」*が見える。

鯨飲馬食《げいいんばしょく》 ⇒ 牛飲馬食《ぎゅういんばしょく》

形影相弔 ◆けいえい　そうちょう

孤独で、訪れてくる人もいないさま。「形影相弔《あいとむら》う」と読む。晋《しん》の李密《りみつ》「陳情表」(『文選《もんぜん》』所収)に「煢煢《けいけい》として独立し、形影相弔う」と見える。早くに父と死別し、母も他家へ嫁いだために祖母に育てられました。幼少の頃から病気がちで、有力な親戚もなく、しょんぼりとひとりぼっちで、自分の形と影が互いに哀れみ慰め合っている状態です。いま祖母が病床に伏しました。せめて最期を看取らせてください、と任官辞退を願い出たもの。

形影不離 ◆けいえい　ふり

きわめて密着した関係のたとえ。

「形影離《はな》れず」と読む。形と影のようにぴったりくっついている意。「大人の教えは、形の影に於ける、声の響《ひびき》に於けるがごとし。〔自分から押し付けたりせずに〕問いあればこれに応じ、その懐《おも》うところを尽して天下の配と為《な》る(天下の人々の相談相手となる)」(『荘子』在宥《ざいゆう》)から。

傾蓋知己 ◆けいがいの　ちき

ちょっと会っただけで旧知のように親しくなること。孔子と程子が出会って車を停め、車の蓋《かさ》を傾けて終日親しく語り合ったという『孔子家語《けご》』致思の故事による。単に「傾蓋」とも言う。また、『史記』鄒陽《すうよう》伝に見える「白頭新《しん》の如《ごと》く、傾蓋故《こ》の如し」から、「傾蓋故の如し」とも言われる。白髪になるまで交際しても初対面のようなよそよそしい交わりもあれば、車を停めただけで故旧のような交わりをすることもある、の意。

傾危之士 ◆けいきの　し

弁舌や策謀で国を傾け危うくする者のこと。

「これを要するにこの両人、真に傾危の士なり」(『史記』張儀《ちょうぎ》伝賛)から。『史記』の著者司馬遷《しばせん》が国を危うくする者だと指摘した「両人」は、戦国時代、合従説《がっしょう》をとなえた蘇《そ》秦《しん》と連衡《れんこう》説をとなえた張儀の二人(→合従連衡)。

軽裘肥馬 ◆けいきゅう ひば

富貴な人が外出する時のいでたち。また、富貴なさまのたとえ。

「軽裘」は、軽くて上等のかわごろも。「肥馬」は、よく肥えた馬。孔子の弟子の公西赤《こうせいせき》が斉《せい》に使いに行った。留守宅に米をやってほしいと冉子《ぜんし》が孔子に頼む。孔子の指示した量があまりに少なかったので、冉子はその十倍を赤の母に届けた。それを聞いて孔子が言った、「赤の斉に適《ゆ》くや、肥馬に乗りて軽裘を衣《き》たり。われこれを聞く、君子は急を周《すく》うて富めるに継がず、と」(『論語』雍《よう》也《や》)。赤は金持のいでたちで出発した、君子は困っている者を助けるが、金持に足し前はしないものだ、と。「肥馬軽裘」とも言う。

桂玉之艱 ◆けいぎょくの かん

物価が高くて難儀すること。

「艱」は、苦労すること。物価の高い地での苦しい生活を言う。「楚《そ》国《こく》の食は玉《ぎょく》よりも貴《たか》く、薪《たきぎ》は桂よりも貴し」(『戦国策』楚策)による語。戦国時代、遊説家《ゆうぜいか》の蘇《そ》秦《しん》が楚の威王《いおう》に会おうとしたところ、三か月も待たされた。その間、物価高に悩まされ、やっと王に会った蘇秦は、楚の国の食物は宝玉よりも高く、薪は香木の桂《かつら》より高いと言ったという。

軽挙妄動 ◆けいきょ もうどう

軽はずみで向う見ずな行動。

「軽挙」は、軽はずみな行い。「妄動」は、分別のない行動。慎重さを欠く意味で類義の二語を重ね、強調すると同時にそのような行動を幅広くとらえ、戒める意味で使う。日常的でない出来事があり、その出来事に慎重な態度で対処する必要がある場合、「軽挙妄動を慎《つつし》む」のような言い方がされる。

鶏群一鶴 ◆けいぐんの いっかく

多くの凡人の中に優れた人が一人いるたとえ。

鶏の群の中に混じる一羽の鶴の意。『世説新語《せせつしんご》』容止に「嵆延祖《けいえんそ》は卓卓として野鶴《やかく》の鶏群に在るがごとし」と見える。また、『晋書《しんじょ》』忠義伝にも類似の記述がある。両書では嵆紹《しょう》(字《あざな》は延祖)の容姿について、「鶏の中の鶴」と表現している。嵆紹は、竹林七賢*の一人である嵆康の子。「群鶏一鶴」とも言う。なお、日本で言う「掃溜《はきだ》めに鶴」は、裏長屋に美人がいるような場合に使われた。

鶏口牛後　◈けいこう ぎゅうご

大きな集団の後ろについているより、小さな集団の長となったほうがよいということ。

「鶏口となるも牛後となるなかれ」の略。鶏を小さな集団、牛を大きな集団にたとえる。戦国時代の遊説家《ゆうぜいか》蘇秦《そしん》が韓の恵宣王《けいせんおう》に説いた言葉に出てくる。「臣聞く、鄙諺《ひげん》(ことわざ)に曰《いわ》く、むしろ鶏口と為《な》るも牛後と為るなかれ、と。いま西面し臂《ひじ》を交えて秦《しん》に臣事するは、なんぞ牛後に異ならんや」(『史記』蘇秦伝)。こうして秦に対抗する六国を説いてまわり、縦の連合、いわゆる合従策《がっしょうさく》を実現した蘇秦は、六国の宰相《さいしょう》となる。

経国大業　◈けいこくの たいぎょう

国を治める大事な事業。優れた文学のたとえ。

「文章は経国の大業、不朽の盛事なり」(曹丕《そうひ》『典論』論文)から。「文章」は、文学全般を言う。立派な文学は末代まで残るから、国を治める大切な事業である、の意。曹丕は、三国時代魏《ぎ》の初代皇帝文帝。父の曹操《そうそう》も詩文に親しみ、戦陣にあっても書物を手放さなかった。平安時代の日本最初の勅撰漢詩集『凌雲集《りょううんしゅう》』の序にこの言葉が引用され、嵯峨《さが》・弘仁期の文学的主張を伝える。

荊妻豚児　◈けいさい とんじ

自分の妻子を謙遜《けんそん》して言う語。

「荊妻」は、「愚妻」に同じ。後漢の梁鴻《りょうこう》の妻孟光《もうこう》が、いつも荊《いばら》の釵《かんざし》をさし、木綿の裙《もすそ》を着てつましくしていた故事から、自分の妻の謙称。この故事から、粗末な服装を「荊釵布裙《けいさいふくん》」と言う。「豚児」は、自分の子、特に息子の謙称。「愚息」に同じ。「愚妻」や「愚息」は会話でもしばしば使われるが、「荊妻」「豚児」は手紙などに使われることが多い。

霓裳羽衣　◈げいしょう うい

天人のころも。

「霓裳」は、虹のように美しく引いた裳《も》すそ。「羽衣」は、はごろも。唐の玄宗《げんそう》が夢に月宮殿で天人の舞楽を見、これにかたどって作ったと伝える楽曲「霓裳羽衣曲」に由来する。原曲は、五胡十六国西涼の節度使(地方軍の司令官)楊敬述《ようけいじゅつ》の「婆羅門曲《ばらもんのきょく》」と言われ、鎌倉時代の説話集『十訓抄《じっきんしょう》』一〇には「本《もと》の名をば壱越《いちこつ》波羅門といひけるを、同帝（玄宗）の時天宝年中に、もとの名を改めて霓裳羽衣と名づく」と紹介されている。

傾城傾国　◈けいせい けいこく

絶世の美人のたとえ。

「傾城」「傾国」ともに、美人を言う語になっている。「傾城」は『詩経』に見られるが（→哲婦傾城《てっぷけいじょう》）、「傾城傾国」は『漢書』外戚伝の「一顧《いっこ》すれば人の城を傾け、再顧すれば人の国を傾く」が代表。一目見たら城などどうでもよくなり、もう一度見たら国などどうでもよくなる、それほどの美人の意。前半部から「一顧傾城」*も美人を言う語になっている。春秋時代、越王句践《えつおうこうせん》の臣范蠡《はんれい》は、自分の育てた美女西施《せいし》を呉王《ごおう》夫差《ふさ》のもとに送り、夫差は西施の色と言葉にまどわされて呉国を傾けるに至った。また、唐の玄宗《げんそう》は楊貴妃《ようきひ》を寵愛《ちょうあい》して国政をおろそかにし、安禄山《あんろくざん》の乱を招いている。

経世済民　◈けいせい さいみん

世の中を治め、人民の苦しみを救うこと。

「世を経《おさ》め、民を済《すく》う」と読む。「経」は、おさめる、統治する意。「済」は、すくう、たすける意。「経国済民」とも言い、略して「経済」と言う。現在では日本でも中国でも、物質的財貨の生産・分配・消費に関する活動や形態、すなわちeconomyに「経済」の語を当てている。

蛍雪之功　◈けいせつの こう

苦学した成果。

「蛍雪」で名高い。東晋《とうしん》の車胤《しゃいん》は、家が貧しく灯油が買えないので、夏は絹の袋に数十匹の蛍を入れ、その明りで勉強した。孫康《そんこう》もやはり貧しくて油が買えず、冬は窓辺の雪明りで勉強した。のちに二人は出世したという故事に基づく語。『晋書』の車胤伝、孫康伝にそれぞれ記される。また、『蒙求《もうぎゅう》』中にも、「車胤聚蛍《しゅうけい》」（車胤は蛍を聚《あつ》む）、「孫康映雪《えいせつ》」（孫康は雪に映《えい》ず）と題して同じ話が採録されている。これらの故事から、苦労して勉強することを「蛍窓雪案《けいそうせつあん》」（「案」は机の意）などと言う。

勁草之節　◈けいそうの せつ

堅固な節操や意志のたとえ。

「勁草」は、風に強い草。風にも折れない草のように、容易に曲げたり折れたりしない節操の意。「光武覇《は》に謂《い》いて曰《いわ》く、潁川《えいせん》より我に従う者みな逝《ゆ》きて、子《し》独り留まり努力す。疾風に勁草を知る、と」(『後漢書』王覇伝)から。潁川から自分に従ってきた者は誰もいなくなり、君ひとりが残って努力してくれている、強風が吹いてはじめて強い草が分った、とのちの後漢の光武帝が王覇に言ったもの。潁川は河南省にあり、王莽《おうもう》打倒の旗揚げをした地。「疾風勁草*」もこの引用文からの語。

軽諾寡信　◆けいだく かしん

安うけあいは信用できないということ。「軽諾は信寡《しんすくな》し」と読む。軽く簡単に承諾する者はあまり信用されない、の意。「それ軽諾は必ず信寡く、多《た》易《い》は必ず難多し。これを以て聖人すらなおこれを難《かた》しとす」(『老子』六三)から。安うけあいは必ず信義にとぼしくなり、安易なことばかりしていると必ず難儀なことが多くなる、だから聖人でさえ、やさしいことも慎重に考えるのだ、と説く。

髻中明珠　◆けいちゅう みょうしゅ

仏教で、方便《ほうべん》の教えの後に与えられる真実の教えのたとえ。

「髻」は、頭頂に結うまげ、もとどり。もとどりに隠された光る珠の意。「法華《ほっけ》七喩《しちゆ》*」の一つ。『法華経』安楽行品に説かれる。転輪王が諸国を討伐するにあたり、功労に応じてさまざまな褒賞《ほうしょう》を兵に与えたが、自分の髻中にある明珠だけはなかなか与えなかったという話。転輪王を仏に、さまざまな褒賞を方便の教えに、明珠を真実の教えにたとえる。

軽佻浮薄　◆けいちょう ふはく

かるはずみでうわついているさま。

「軽佻」は、かるはずみで落着きがないさま。「浮薄」は、うわついて軽々しいさま。足をしっかり地につけていない様子を言う。「軽薄」とほぼ同義で、もっと軽さの度合がはなはだしい。

敬天愛人　◆けいてん あいじん

天を敬い人を愛すること。

『元史』『明史』などにも例が見える語だが、日本では、西郷隆盛の「道は天地自然のものなれば、講学の道は敬天愛人を目的とし、身を修するに克己《こっき》を以て終始すべし」(「南洲遺訓《なんしゅういくん》」)によって知られる。隆盛は、江戸末期の儒者佐藤一斎に傾倒し、その『言志四録』から百一箇条を抜き出して、座右の銘とした。引用した遺訓も、「わが心はすなわち天の心」とする一斎の思想と通じている。

経天緯地 ◆けいてん いち

政治をつかさどること。

「経」「緯」は、本来、織物の縦糸と横糸の意。ここは治め束ねる意。天を治め地を束ねる意から、政治をつかさどることを意味する。『国語』周語下に「天六(陰・陽・風・雨・晦《かい》・明の六気)地五(金・木・水・火・土の五行)、数の常なり。これを経するに天をもってし、これを緯するに地をもってす」と見える。

軽薄短小 ◆けい はく たん しょう

軽く薄く短く小さいこと。

一九八〇年代に使われ始めた言葉で、「軽薄」「短小」の組合せではなく、一字ずつの組合せ。現代経済を評する言葉として書名に使われたのがきっかけで、電器製品・パソコンをはじめ、日常に使う物が軽・薄・短・小となっていく傾向を言った語。また、そういう傾向を好む風潮を揶揄《やゆ》する響きを持つ。

繋風捕影 ◆けいふう ほえい

なんのよりどころもないこと。また、あてにならないこと。

「風を繋《つな》ぎ影を捕《とら》う」と読む。「これ(神仙の方術など)を求むるも、盪盪《とうとう》(ゆらゆら)として風を係《つな》ぎ景《かげ》を捕うる如《ごと》く、終《つい》に得るべからず」(『漢書』郊祀志《こうしし》下)に基づく語。求めようにもとりとめがなく、風をつなぎ影をつかまえるように、結局得ることはできない、の意。同義同工の語に「捕風捉影《ほふうそくえい》」「握風捕影《あくふう》」などがある。

経文緯武《けいぶんいぶ》 ⇒ 緯武経文《いぶけいぶん》

軽妙洒脱 ◆けいみょう しゃだつ

軽快で妙味があり、しゃれていること。また、そのようなさま。

「軽妙」は、軽快で妙味のあること。「洒脱」は、俗気がぬけてさっぱりしていること。文章や話し方、また人柄などについて言う。

鶏鳴狗盗　◆けいめい　くとう

つまらない技能の持主。また、つまらない技能でも役に立ったたとえ。

『史記』孟嘗君伝《もうしょうくんでん》に見える故事による。戦国時代、斉《せい》の孟嘗君は人を差別せず遇したので、さまざまな食客《しょっかく》がいた。秦《しん》に捕えられた時、狗盗（こそどろ）の食客が狗《いぬ》のまねをして蔵からかわごろもを盗み、それを秦王の愛妾《あいしょう》に与えて出獄した。函谷関《かんこくかん》へたどりついたのは夜明け前だった。そこで、鶏の鳴声のうまい食客があたりの鶏を鳴かせ、関の門を開かせて、孟嘗君は無事に斉に帰ることができたという。

鶏鳴之助　◆けいめいの　じょ

内助の功のたとえ。

「鶏すでに鳴きぬ、朝すでに盈《み》ちぬ。鶏の鳴くに匪《あら》ず、蒼蠅《あおばえ》の声なり。東方明けぬ、朝すでに昌《さか》んなり。東方明くるに匪ず、月の出づる光なり」（『詩経』斉風《せいふう》、鶏鳴）による語。鶏が鳴いて、もう朝だと思ったら、鶏が鳴いたのではなく、蝿の飛ぶ音だった。東の空が明るくなって、もう朝だと思ったら、太陽ではなく月光だった。賢夫人《けんぷじん》というのはそのような思いをして、夫が朝廷の務《つと》めに遅れぬよう朝早くから心しているのだが、斉の哀公にはそのような夫人がいない、と詠う。

桂林一枝　◆けいりんの　いっし

ほんのわずかな出世のたとえ。

晋《しん》の郤詵《げきしん》が雍州刺史《ようしゅうしし》（地方長官）に任ぜられた時、武帝に心境を聞かれて、「臣賢良に挙げられて対策し、天下第一となるは、なお桂林の一枝、崑山《こんざん》の片玉《へんぎょく》のごとし」（『晋書』郤詵伝）、賢良の士に推薦されて策問に答え第一位となりましたが、たいした出世とは思っていません、桂《かつら》の一枝、崑崙山《こんろんざん》の玉のひとかけらに過ぎません、と答えた。しばしば「崑山の片玉」と対語で言う。のち、出世を謙遜《けんそん》する意、また、郤詵の人柄から清廉・明晰《めいせき》な人のたとえに使われた。なお、官吏登用試験に及第することを「桂を折る」と言ったのは、郤詵の故事による。

下化衆生　◆げけ　しゅじょう

修行により、衆生《しゅじょう》を苦しみから救い悟りに導くこと。下に向かっては衆生を教え導く、の意。大乗仏教の核心となる思想で、上に向かう場合の「上求菩提《じょうぐぼだい》*」と対にして用いられ、菩薩行《ぼさつぎょう》の修行の目的とする。「それ春の花の樹頭にのぼるは上求菩提の機をすすめ、秋の月の水底にくだるは下化の衆生の相をあらはす」（御伽草子《おとぎぞうし》『秋夜長物語』序）。

戯作三昧 ◆げさく ざんまい

小説などの創作に没頭すること。直接には、芥川龍之介《あくたがわりゅうのすけ》の同名の短編で知られる語。「三昧」は、すっかりひたりきる意。もと仏教語だが、「読書三昧」「贅沢《ぜいたく》三昧」など、すっかり一般語になっている。「戯作」は、江戸時代中期以降、主に江戸で発達した小説類、談義本・洒落本《しゃれぼん》・黄表紙・合巻《ごうかん》・滑稽本・読本・人情本などの総称。当時の社会的評価は低かったが口語調を試みており、近代文学への流れがうかがえる。なお、芥川の作品は、『南総里見八犬伝』執筆中の滝沢馬琴の姿を描いている。

化城宝処 ◆けじょう ほうしょ

仏教で、声聞《しょうもん》・縁覚《えんがく》の教えは仮のもので、真実の教えに導く方便《ほうべん》であるというたとえ。「化城」は、化作《けさ》すなわち神通力で仮に作り出した城。「宝処」は、宝のあるところの意。「法華七喩《ほっけしちゆ》」の一つ。＊『法華経』化城喩品に説かれる。五百由旬《ゆじゅん》（古代インドの長さの単位）のかなたにある宝処へ向かう隊商たちが疲れて動けなくなったので、隊長が化城を見せて休息させ、ついに宝処に導いたという話。隊長を仏にたとえ、化城を声聞・縁覚の教え、宝処を真実の教えにたとえる。「声聞」「縁覚」は、それぞれ仏の説法を聞いて悟る人、仏によらず一人で悟る人の意で、大乗仏教から、自分の利益しか図らない「小乗（劣った乗物）」と称せられた。

灰身滅智 ◆けしん めっち

煩悩《ぼんのう》を排して身心を無にした境地を言う。「智」は心の意。身体を灰にし心を滅する意で、原始仏教のあとに現れた部派仏教で主張された。心が一切の煩悩や執着を離脱しても、肉体上の束縛を消滅していないと病気や疲労などから逃れられない。その段階の「有《う》余涅槃《よねはん》」に対して、それらを完全に消滅した境地、すなわち「無余涅槃《むよねはん》」をめざしたもの。

外題学問 ◆げだい がくもん

いろいろな書物の名前だけは知っているが、内容を知らないうわべだけの学問をあざけって言う。「外題」は、書物の表紙に貼った短冊型の紙に書かれた題。表紙をめくった内側の「内題」に対して言う。ここは、広く書物の表題。書名だけは次々と口から出るが、読んでいなかったり内容を理解していなかったりする者を「外題学者」と呼び、そういう学問の仕方を「外題学問」と言う。

血脈相承　◈けちみゃく そうじょう

仏教で、師匠と弟子の間で法門を伝え受継ぐこと。「血脈」は、一般にはケツミャクと読み、血管・血統の意。仏教では、法を受継ぐ師と弟子の間柄を言う。「相承」は、教えや悟りの内容・本質を師から弟子へ伝え受継ぐ意。そういう法門の相承の系譜を記したものをまた「血脈」と称し、相承の弟子や信者に与える。

月下推敲　◈げっか すいこう

詩文の字句をあれこれ考え練ること。

唐の詩人賈島《かとう》が、「僧は推《お》す(押す、の意)月下の門」という句を得た。しかし「推す」より「敲《たた》く」のほうがよかろうかと考えているとき韓愈《かんゆ》に出会い、尋ねたところ「敲く」がよかろうという返事を得た。そこで「僧は敲く月下の門」としたという、『唐詩紀事』四〇に見える故事に基づく語。この故事から「推敲」という言葉が生れた。こうして賈島が推敲を経て生み出した詩は「閑居隣並少なく、草径荒園に入る。鳥は宿す池中の樹、僧は敲く月下の門」(「題二李疑幽居一」)。

月下氷人　◈げっか ひょうじん

男女の仲を取りもつ人。なこうど。

いずれも男女の仲を取りもつ人を意味する「月下老人」と「氷人」との結合した語。「月下老人」は、唐の韋固《いこ》が月夜に会った老人から将来の妻を予言されるという、唐代の『続幽怪録』の異聞に基づく。「氷人」は、氷の上に立って氷の下の人と話をしている夢を見た役人に夢占いが、なこうどをする前兆だと語ったという、『晋書《しんじょ》』索紞《さくたん》伝の話による。

結跏趺坐　◈けっか ふざ

足を結んだような形をして坐《すわ》る、坐禅の坐り方。「趺」は足の甲、「跏」は足の裏の意。足の甲を交わらせて、それぞれ反対の足の腿《もも》の上に置く坐り方。右足が左足の上になる形は悟りを開いたものの坐《ざ》で「吉祥坐《きちじょうざ》」または「蓮華坐《れんげざ》」と言い、反対の形は修行中のものの坐で「降魔坐《ごうまざ》」と言う。また、片方の足の甲だけを反対の足の腿の上に置いて坐るのを「半跏趺坐《はんかふざ》」と言う。

血気之勇　◆けっきの ゆう

血の気にまかせた一時の勇気。向う見ずな勇気。「血気」は、激しやすい意気。はやる心。気持の激するままに、分別を忘れて行動するさまに言う。「孟子《もうし》曰《いわ》く、我四十にして心を動かさず、と。〔公孫丑《こうそんちゅう》〕曰く、かくのごとくんば則ち夫子《ふうし》は孟賁《もうほん》に過ぐること遠し、と」(『孟子』公孫丑上)を『孟子章句』では、「孟賁は血気の勇、丑けだしこれを借り、孟子の不動心の難きを賛す」と注している。孟賁は、昔の勇者という。

月卿雲客　◆げっけい うんかく

公卿《くぎょう》と殿上人《てんじょうびと》。転じて、高位高官。「月卿」は、公卿のこと。禁中を天に、天子を日に、公卿を月にたとえたもの。「雲客」は、殿上人のこと。禁中を「雲の上」と表現するところからで、「雲《くも》の上人《うえびと》」とも言う。室町時代の辞書『下学集』(江戸初期版)に「三位以上ヲ月卿ト云《い》フ、公卿也。四位以下ヲ雲客ト云フ、殿上人也」とある。

兼愛無私　◆けんあい むし

自他の区別なく、広く人を愛すること。「兼愛 私《わたくし》 無し」と読む。言葉としては、『荘子』天道に孔子の言として「中心易愷《えきがい》、兼愛にして私なきは、これ仁義の情なり」と見える。心の底から楽しみやわらぎ、私心なく広く人々を愛するのが仁義のすがたである、の意。自他・親疎の差別なく平等に人を愛する「兼愛説」を唱えたのは戦国時代の墨子《ぼくし》だが、それが極端すぎるとして孟子《もうし》は認めていない。「墨子は兼ね愛す。頂《あたま》を摩《ま》して踵《かかと》に放《いた》る(頭をすり減らして踵にまで至る)とも、天下を利することはこれを為《な》す」(『孟子』尽心上)。

犬猿之仲　◆けんえんの なか

仲の悪いことのたとえ。犬と猿のようないがみあう間柄の意。『今昔物語集』二六の七に、「本《もと》ヨリ犬ト猿トハ中不吉者《よからぬ》ヲ」とあって、平安後期にはすでに、犬と猿の仲は悪いものとされていたことが分る。もっと仲の悪い状態を「犬猿もただならず」と言う。

狷介固陋 ◆けんかい ころう

かたくなで、自分の殻に閉じこもっていること。また、そのようなさま。

「狷介」は、自分の意志を守って人と妥協しない意。現在では、かたくなで人とあいいれない意に使われることが多い。「固陋」は、見聞が狭くてかたくなである意。かたくななさまをいう類義の二語を重ね、頑固な分らず屋であることを言う。

懸河之弁 ◆けんがの べん

勢いよくよどみのない弁舌。

「懸河」は、高いところから落ちるように早く流れる川。その流れのように、勢いよく、よどみなくしゃべる意を表す。江戸中期の辞書『書言字考節用集』に「懸河弁舌」が採録されている。なお、『源平盛衰記』二三で「流《ながれ》の早事《はやきこと》立板に水を懸《かく》るに似たり」と、川の流れの早いたとえに使っている「立板に水」も、弁舌のよどみないさまを言う表現に転じている。つまり「懸河之弁」は、「立板に水」と原義も転義も同じということになる。

牽強付会 ◆けんきょう ふかい

自分に都合のいいように、無理に理屈をこじつけること。

「牽強」は、道理に合わないことを無理に合わせようとする意。「付会」は、本来「附会」と書き、無理につなぎ合わせること。類義の二語を重ねたもの。「石に枕《まくら》し流れに漱《くちすす》ぐ」と言うべきところを「石に漱ぎ流れに枕す」と言い間違え、強引に解釈してのけた「＊漱石枕流《そうせきちんりゅう》」の故事などは、「牽強付会」の好例と言える。

喧喧囂囂 ◆けんけん ごうごう

多くの人が、口々にやかましく騒ぎたてるさま。

「喧喧」は、がやがやとやかましいさま。「囂囂」は、声のやかましいさま。二語を重ねて、いやが上にもやかましい意を表す。日本で、大いに議論する意の「＊侃侃諤諤《かんかんがくがく》」と混同した「喧喧諤《がく》諤」という語も耳にするようになった。「諤諤」は遠慮せずに言う意で、やかましい意ではないが、「喧喧囂囂」と同義に使われている。

見賢思斉 ◆けんけん しせい

優れた人を見て、同じようになろうと思うこと。「賢を見ては斉《ひと》しからんことを思う」と読む。「賢を見ては斉しからんことを思い、不賢を見ては内にみずから省みるなり」(『論語』里仁)から。優れた人を見ればあのようになりたいと思い、つまらない人を見れば自分はどうかと反省する、の意。つまり「人の振り見て我が振り直せ」ということ。

蹇蹇匪躬 ◈けんけん ひきゅう

苦労を重ねて国事や主君に尽し、自分の利害を顧みないこと。

「王臣蹇蹇たるは躬《み》の故《こと》に匪《あら》ず」(『易経』蹇卦《けんか》)から。王臣が苦労を重ねるのは、自分自身のためではない、主君のためである、の意。蹇卦の彖伝《たんでん》に「蹇は、難なり」とある。つまり「蹇蹇」は、艱難《かんなん》を重ねる意を表す。

拳拳服膺 ◈けんけん ふくよう

大切にし、心にとどめて忘れないこと。

「拳拳」は、拳《こぶし》を握って放さない意から、大切に持つさま。「服膺」は、膺《むね》にとどめて忘れないこと。「子曰《いわ》く、回の人と為《な》りや、中庸を択《えら》び、一善を得てはすなわち拳拳服膺してこれを失わず、と」(『中庸《ちゅうよう》』八)から。顔回は中庸の徳をえらび、それだけを大事に心にとどめて守った、の意。顔回(顔淵)は、最も孔子に信頼された弟子。日本では、一八九〇年の教育勅語に使われている。「朕《ちん》、爾《なんじ》臣民ト倶《とも》ニ〔皇祖皇宗の遺訓を〕拳拳服膺シテ咸《みな》其《その》徳ヲ一ニセンコトヲ庶幾《こいねが》フ」。

言行一致 ◈げんこう いっち

言うこととすることが一致していること。

「言うは易《やす》く、行うは難《かた》し」という格言があるほどに、言うだけならどんな立派なことでも言えるが、実行するのはなかなかむずかしいとだれもが認識している。芥川《あくたがわ》龍之介《りゅうのすけ》は、この認識と世人の言動への批判を込めて、「言行一致の美名を得る為にはまづ自己弁護に長じなければならぬ」(『侏儒《しゅじゅ》の言葉』)と言っている。

元亨利貞 ◈げん こう り てい

易《えき》で、天の四徳を言う。

「乾《けん》、元亨利貞」と『易経』乾卦《けんか》の冒頭に記される。「乾」は易の基本の卦の一つで、天、君主など、強く盛んなものを表す。次の「元亨利貞」を「元《おお》いに亨《とお》りて貞《ただ》しきに利《よろ》し」と読む説がある。乾卦の文言伝は「元は善の長なり。亨は嘉の会(集まり)なり。利は義の和なり。貞は事の幹なり」と説き、これを君子の四徳、仁礼義智に配する。古書では、四冊本の巻表記にも使う。

堅甲利兵

◆けんこう りへい

堅固な鎧《よろい》とするどい兵器。強力な軍隊を言う。「壮者《わかもの》には暇日《かじつ》を以てその孝悌忠信《こうていちゅうしん》を脩《おさ》め、入りては以てその父兄に事《つか》え、出でては以てその長上に事えしむれば、梃《つえ》を制《ひっさ》げて以て秦《しん》・楚《そ》の堅甲利兵を撻《う》たしむるべし」(『孟子《もうし》』梁恵王上《りょうけいおう》)による語。若者に孝悌忠信*の徳を学ばせ、家では親につかえ、外では目上の者につかえさせれば、いざという時は棍棒《こんぼう》を持っても秦・楚の強兵を討つでしょう、と孟子が梁の恵王に仁政を説いたもの。

乾坤一擲

◆けんこん いってき

思いきっていちかばちかの勝負をすること。「一擲乾坤を賭《と》す」、略して「一擲乾坤」とも言う。「乾」は天、「坤」は地。「一擲」は、さいころを投げること。「竜は疲れ虎は困《くる》しみて川原を割《さ》く。億万の蒼生《そうせい》性命を存す。誰か君王に勧めて馬首を回《めぐ》らし、真に一擲を成して乾坤を賭せん」(唐、韓愈《かんゆ》「過₌鴻溝《こうこう》₋詩」)から。戦いに疲れた竜虎は川原を境に国を分けた、多くの人民が死なずに済んだはずなのに、誰が君主に勧めて馬を引返させ、あと一回の勝負に天地を賭したのだろうか、の意。秦《しん》滅亡直後、天下をねらう楚《そ》の項羽《こうう》と漢の劉邦《りゅうほう》との戦いは膠着《こうちゃく》し、共に疲弊《ひへい》する。そこで鴻溝(河南省の河)を境に天下二分を約し、互いに兵を引き上げようとする。その時、いま討たないと後に憂いを残します(→養《よう》虎遺患《こいかん》)という家臣の進言によって、劉邦は引き返して項羽を攻める。そして天下は劉邦のものとなる。

見性成仏

◆けんしょう じょうぶつ

自己の仏となるべき性質を見きわめること。自分の心をまっすぐにつかみ、自分自身が仏であることを徹底して知る意。禅の宗義《しゅうぎ》を表す代表的な言葉で、「*不立文字《ふりゅうもんじ》、*教外別伝《きょうげべつでん》、*直指人心《じきしにんしん》、見性成仏」の四句から成る偈《げ》の一句。「直指人心見性成仏」と二句を合せて表現される。禅思想を代表する言葉となるに伴い、達磨《だるま》の言った語とされるようになった。

現世安穏

◆げんぜ あんのん

この世では安穏な生活をすること。『法華経』薬草喩品《やくそうゆぼん》に説かれる「このもろもろの衆生《しゅじょう》は、この法を聞きおわりて、現世には安穏にして、後には善処《ぜんしょ》に生じ」に由来する言葉で、「現世安穏・後生善処《ごしょう》」と表現される。仏の教えを聞いた者は、この世での安楽ばかりでなく、のちの世でも善《よ》い処《ところ》に生まれる、と現世と来世いずれもの安楽を強調した説。

厳正中立《げんせいちゅうりつ》 ⇩ 局外中立《きょくがいちゅうりつ》

阮籍青眼 ◆げんせき せいがん

阮籍が、好ましい人には青眼をもって対したという故事。

白目《しろめ》を見せて憎々しい態度を示す「白眼」に対して、親しみを込めた目つきが「青眼」。「白眼青眼*」という語にもなっている。三国時代魏《ぎ》・晋《しん》の阮籍は、儀礼にこだわる俗人には白眼をもって対し、儀礼にこだわらずに真心で接してくる人には青眼で親しんだ。礼法にやかましい役人は阮籍を憎んだが、晋の文王司馬昭はいつもかばったという。阮籍は、竹林七賢*の一人。この話は『晋書』阮籍伝に見える。

現世利益 ◆げんぜ りやく

信仰の功徳《くどく》によって、この世で神仏から受ける利益。

仏教思想は本来、現世の利益を追求するものではないが、日本では現世に対する関心も強く、災難除け、また幸運を求めて、盛んに経典を読み、寺院を建て、仏像を造ってきた。幕末から起った新宗教でも、現世利益が共通した特色の一つとなった。

懸頭刺股 ◆けんとう しこ

苦労して勉学に励むたとえ。「頭《こうべ》を懸《か》け股《もも》を刺《さ》す」と読む。「懸頭」「刺股」二つの故事によっている。「懸頭」は、楚《そ》の孫敬《そんけい》の話。「常に戸を閉じて書を読み、睡《ねむ》ればすなわち縄を以て頸《くび》に繋《か》け、これを梁上《りょうじょう》に懸《か》く*」(『蒙求《もうぎゅう》』上「孫敬閉戸」)。梁《はり》の上から縄を吊《つ》ってこれに首を入れ、眠れば首が絞まるようにして読書したという。「刺股」は、戦国時代の遊説家《ゆうぜいか》蘇秦《そしん》の話。「書を読みて睡らんと欲すれば、錐《きり》を引きてみずからその股を刺し、血流れて足に至る」(『戦国策』秦策《しんさく》)。錐で自分の股を刺し、その痛みで眠気を覚まし読書を続けたという。

捲土重来　◆けんど ちょうらい　けんど じゅうらい

一度敗れたものが、再び勢いを盛りかえして巻き返すこと。

「捲」は「巻」に同じ。「巻土重来」とも書く。土けむりを巻き上げて重ねて来る意。秦《しん》末期、楚《そ》の項羽《こうう》は漢の劉邦《りゅうほう》との垓下《がいか》での戦いに敗れ、長江のほとりの烏江《うこう》（安徽《あんき》省）に到った。烏江の亭長が舟を用意して、江東に逃げるように勧めたが、項羽は断ってみずから死を選んだ。唐代、その烏江で詩人の杜牧《とぼく》が項羽をしのぶ。「勝敗は兵家も事を期せず。羞《しゅう》を包み恥《ち》を忍ぶはこれ男児。江東の子弟才俊多し、巻土重来せばいまだ知るべからず」（「題烏江亭」）。勝敗は兵家も分らない。一時の恥を忍ぶのも、立派な男子のやること。項羽も江東の優秀な若者を率いて再度戦えば、どうにかなったかもしれないのに、と。

堅忍不抜　◆けんにん ふばつ

我慢強く耐えしのんで心を動かさないこと。

「堅忍」は、しっかり耐えしのぶこと。「不抜」は、心が動揺しないこと。「古《いにしえ》の大事を立つる者、ただ超世の才有るのみならず、また必ず堅忍不抜の志有り」（宋、蘇軾《そしょく》「鼂錯論《ちょうそろん》」）から。昔の大事を思い立った者は、世にすぐれた才能があるばかりでなく、我慢強く耐えて動揺しない志を持っていた、の意。

堅白同異　◆けんぱく どうい

堅くて白い石は、堅さと白さとを同時に認識できないから同じ一つの石ではないという詭弁《きべん》。転じて、詭弁。戦国時代、趙《ちょう》の公孫竜《こうそんりゅう》が唱えた理屈。「目で石を視《み》るに、ただ白きを視てその堅きを知らず、すなわちこれを白石という。手で石を触るるに、すなわちその堅きを知りてその白きを知らず、すなわちこれを堅石という。これ堅白終《つい》に合して一と為《な》るべからざるなり」（「堅白論」）。『史記』孟子《もうし》荀卿《じゅんけい》伝に「趙にまた公孫竜有りて堅白同異の弁を為す」と見える。なお、「白馬非馬《はくばひば》」*も公孫竜の同様の詭弁として知られる。

剣抜弩張　◆けんばつ どちょう

今にも戦いの始まりそうな緊迫した情勢。また、筆の勢いが激しく、力のこもっている書や文章のさまを言う。

「弩」は、ばねじかけで石や矢を遠くに飛ばす弓。剣を抜き、弩《いしゆみ》の弦《つる》を張る意。『漢書』王莽《おうもう》伝下に「刃《やいば》を抜き弩を張る」と見える。書では、南朝梁《りょう》の袁昂《えんこう》が「韋誕《いたん》の書は、竜威虎振、剣抜弩張のごとし」(『書評』)と、三国時代魏《ぎ》の韋誕の書の雄渾《ゆうこん》なさまを評している。

犬馬之心 ◆けんばの こころ

臣下が主君に尽す忠誠心の謙称。

犬や馬が主人に尽すほどの真心の意。前漢武帝の時、大司馬(軍の大臣)霍去病《かくきょへい》が皇子の位を定めるよう上疏《じょうそ》する。「臣窃《ひそ》かに犬馬の心に勝《た》えず、昧死《まいし》して(決死の覚悟で)願う、陛下有司に詔し、盛夏吉事によりて皇子の位を定めんことを」(『史記』三王世家)と。武帝は側近の意見を聞き、結局、皇子たちは王に列せられた。同じ「犬」の意の「狗《く》」を使った「狗馬之心」も同義。

犬馬之年 ◆けんばの とし

自分の年齢をへりくだっていう語。

「犬馬」は、ここではいたずらに年齢を重ねる意の形容。三国時代魏《ぎ》の文帝曹丕《そうひ》の弟曹植《そうしょく》に「まさに以て陛下の厚徳を全《まっと》うし、孤《ひと》り犬馬の年を究《おわ》らんとす」(「黄初六年令」)という文がある。「犬馬之歯《よわい》」とも言い、こちらは『漢書』趙充国《ちょうじゅうこく》伝に「犬馬の歯、七十六」と見える。また「馬齢《ばれい》」も同義で、「馬齢を重ねる(加える)」は年をとる意の謙譲語。

犬馬之養 ◆けんばの よう

父母を養うのに、ただ食べさせるだけで、敬う心のないこと。

「養」はヤシナイとも読む。「今の孝はこれよく養うを謂《い》う。犬馬に至るまで皆よく養うことあり。敬せずんば何を以て別《わか》たん」(『論語』為政)による。近ごろの孝というのは、ただ十分に食べさせることを言っている。十分に食べさせるのは犬や馬でもしている。尊敬する気持がなければ、人と犬馬とどこに違いがあろう、の意。

犬馬之労 ◆けんばの ろう

主君または他人のために力を尽すこと。

犬や馬なみの苦労という意で、自分の苦労をへりくだっていう語。他人のためにひと働きすることを「犬馬の労をとる」と言う。一説に、犬や馬のように一生懸命努力する意とする。『三国志演義』三八では、「三顧之礼《*さんこのれい》」

をもって訪れた劉備《りゅうび》に、諸葛孔明《しょかつこうめい》が「願わくは犬馬の労を効《いた》さん」と出仕を承諾している。

厳父慈母 ◆げんぷ じぼ

厳しい父と愛情ふかい母。

「厳父」は、厳しい父。父の尊称とし、また他人の父の敬称とする。「慈母」は、いつくしみぶかい母。また母を敬愛していう語。なお、「慈母」には養母の意もあり、『礼記《らいき》』曾子問《そうしもん》に見える「魯《ろ》の昭公は少《わか》くしてその母を喪《うしな》い、慈母の良き有り」はその例。

言文一致 ◆げんぶん いっち

文章の言葉遣いを話し言葉に合せること。

古くは、文章表現には古典的な表現法が踏襲され、話し言葉での表現はなかった。中国では、元・明の時代に、『水滸伝《すいこでん》』『三国志演義』『西遊記』『金瓶梅《きんぺいばい》』の四大奇書をはじめとする「白話《はくわ》小説」と呼ばれる口語文体の小説が登場した。日本では、江戸時代後半の戯作《げさく》に言文一致の萌芽があり、本格的には明治初期の言文一致運動に始まる。現代では基本的に言文一致であるが、話し言葉と書き言葉は厳密には「一致」しない。

源平藤橘 ◆げん ぺい とう きつ

日本で、奈良時代以来、その一門が繁栄して名高かった源《みなもと》・平《たいら》・藤原《ふじわら》・橘《たちばな》の四氏を言う。

源氏は、嵯峨《さが》天皇が皇子に賜《たまわ》ったのがはじめで、頼朝《よりとも》の時に鎌倉幕府の将軍となった。平氏は、桓武天皇が皇族に賜ったのをはじめとし、平安末期に世を誇った清盛《きよもり》に至る。藤原氏は、中臣鎌足《なかとみのかまたり》が姓を授けられ、その子不《ふ》比等《ひと》の子が四家に別れ、房前《ふささき》の北家《ほっけ》が江戸時代に至るまで貴族社会の中枢にあった。橘氏は、県犬養宿禰《あがたいぬかいのすくね》三千代《みちよ》に橘宿禰の姓が与えられたのにはじまり、多くの歌人、国学者を出した。

権謀術数 ◆けんぼう じゅっすう

巧みに人をあざむくはかりごと。

「権謀術策」とも言う。「権謀」は、臨機応変のはかりごと、その場に応じた計略の意。「術数」「術策」は、はかりごと、計略。宋代、朱子の『大学章句』序に、「その他権謀術数、一切以て功名に就《つ》くの説、かの百家衆技の流と、世を惑わし民を誣《し》い」と見え、世を惑わし人民をあざむく一つに「権謀術数」を挙げる。なお、十六世紀イタリアの政治家マキャベリの、目的のためには手段を選ばない権力統治思想マキャベリズムを訳して「権謀術数主義」と言う。

研北梧右　◈けんぽく ごゆう

手紙の宛名の左下に書いて、相手に敬意を表す脇付《わきづけ》の語。

「研北」「梧右」それぞれが脇付で、「研北梧右」という形の脇付はない。「研北」は「硯北」とも書く。すなわち「研」は硯《すずり》の意。南向きに置いた机に向かって硯の北に坐る者の意。「梧」はあおぎり。「梧右」は、あおぎりで作った机の右の意。

肩摩轂撃　◈けんま こくげき

往来の雑踏すること。

「肩摩」は、すれ違う人と人の肩がこすれること。「轂」は、車輪の中央の、車軸が中を貫いている太く丸い部分、こしきで、「轂撃」は、行違う車のこしきがぶつかり合うこと。人や車の往来の激しいことを言った語で、都市の繁栄しているさまを表す。遊説家《ゆうぜいか》の蘇秦《そしん》が、戦国時代の斉《せい》の都臨淄《りんし》のにぎわいを「途《みち》は車轂撃し、人肩摩し」（『戦国策』斉策）と表現している。

見聞覚知　◈けんもん かくち

仏教で、感覚・知覚の働きを言う。

見ること、聞くこと、知覚すること、識知することの併称。眼《げん》・耳《に》・鼻《び》・舌・身・意の「六識」に相当する。すなわち、眼識は「見」、耳識は「聞」、鼻識・舌識・身識は「覚」、意識は「知」。「覚」に三識も配されるが、『大智度論』四〇によると、それらは世の中の事象を認識するにとどまり、それを超えた認識に至らないからだという。

剣葉刀林　◈けんよう とうりん

罪人が地獄で受ける代表的な責苦。

幹も枝葉もことごとく刀剣でできている林の意。平安中期の源信の『往生要集』に説く「*無《む》間《けん》地獄」の記事などに由来する。和泉式部に「あさましや剣《つるぎ》の枝のたはむまでこは何の身のなれるなるらん」の歌があり、説教にも引かれるほか、地獄絵の絵解きにも注として使われている。『往生要集』に描かれた地獄の様相は、その後の日本人の地獄観に大きな影響を与えた。

絢爛豪華《けんらんごうか》 ⇒ 豪華絢爛《ごうかけんらん》

黔驢之技 ◆けんろの ぎ

見かけ倒しの、取るに足りない技量のこと。

「黔驢」は、黔（今の貴州省）のろばの意。黔の山の麓《ふもと》に放置された驢馬《ろば》を、虎が目にする。かつて見たことがなかったので、大きな体に恐れをなして、しばらく遠くから見ていた。やがて近付いて蹴られたが大したこともなく、ほかに技もなさそうなので、飛びかかって食い殺してしまったという。柳宗元「三戒」に見える故事。ちなみに貴州省は「天に三日の晴間なく、地に三里の平地なし」と言われるほど苛酷な地として知られる。

挙一明三 ◆こいち みょうさん

仏教で、一つを知ればすべてを理解すること。明敏のたとえ。

四角の一隅を挙げれば、残り三隅が明らかになる意。「山を隔てて煙を見て、早《つと》にこれ火なることを知り、牆《しょう》（かきね）を隔てて角《つの》を見て、すなわちこれ牛なることを知る。挙一明三、目機銖両《もっきしゅりょう》は、これ衲僧家《のうそうけ》の尋常茶飯」（北宋、『碧巌録《へきがんろく》』一則）から。「目機銖両」は、銖・両という小さな重さを目で測る意で、一目で何であるかを見抜くことのたとえ。『碧巌録』の冒頭部分で、一を聞いて十を知り、一目で正体を見抜くのは、禅家にとって日常茶飯のことだと述べる。

高位高官 ◆こうい こうかん

高い位と高い官職。また、そのような人。

「位」は、本来、位階のこと。古く推古天皇の冠位十二階にはじまり、朝廷の官人の地位・序列を示した。各位階には、「官位相当」といって、相当する官職が定められ、当然、高い位階を持つ者は高い官職を与えられた。「位階」は現代でも栄典の一種として残っているが、「高位高官」と言う時は、ふつう単に高い官職の人を意識している。

香囲粉陣 ◆こうい ふんじん

たくさんの美女に取囲まれること。

「香」は香料の意。身につけ、あるいは着物にたきしめる、よい匂いのするものを言う。「香囲」は、香りが囲むこと。「粉陣」は、おしろいが並ぶこと。広く細粒のこなを言う「粉」という字は、元来、顔に付ける細かい米のこなを意味する。

光陰如箭 ◆こういん じょせん

月日の経つのが速いたとえ。

「光陰箭《や》の如《ごと》し」と読む。「光陰」は、日と月から、歳月の意。「箭」は、矢に同じ。月日は矢のように速く過ぎていく、の意。宋の蘇軾《そしょく》「行香子、秋興詞」に「朝来庭下、光陰箭の如し。無言に似て、意の儂《われ》を傷《いため》る有り」と見える。歳月の過ぎていくさまを「光陰」で表現した例は、ほかにも「光陰は百代《ひゃくだい》の過客《かかく》」(→百代過客)、「一寸の光陰軽んずべからず」(→一寸光陰)など、数多い。

行雲流水 ◆こううん りゅうすい

執着することなく、物に応じ事にしたがって行動するたとえ。

雲も水も、大自然のおのずからなる働きによって作為なく動き、流れる。そのように、とらわれることなく自由に行動する境涯を言い表している。『宋史』蘇軾《そしょく》伝に、「文を作るは行雲流水のごとく、初めより定質なし。ただ常にまさに行くべき所に行き、止まらざるべからざる所に止まる」と見える。心のおもむくままに書いていって、自然にとどまるべきところにとどまるのが作文だと言う。

光焔万丈 ◆こうえん ばんじょう

詩文などの文章の勢いが力強いたとえ。

原義は、光り輝くほのおが万丈の高さに立ちのぼる意。「李杜《りと》文章在り、光焔万丈に長し。知らず、群児の愚かなる、那《なに》を用《もっ》てか故《ことさら》に謗傷《ぼうしょう》する」(唐、韓愈《かんゆ》「調二張籍一詩」)による。李白《りはく》と杜甫《とほ》の文章は実にすばらしい、愚かな世人がどうしてそしり傷つけるのか分からない、と二人の詩文をほめたたえている。

後悔噬臍 ◆こうかい ぜいせい

今さら取返しのつかないことを悔やむこと。あとで悔やんでも及ばないこと。

「後悔臍《ほぞ》を噬《か》む」と読む。自分の臍《へそ》を噛《か》もうとしても届かないように、後悔しても及ばない意。「後悔」だけで、取返しがつかない意を持つ。これを「後悔先に立たず」と言う。「噬臍」も、後悔の意味を持つ。『春秋左氏伝』荘公六年に「もし早く図らずは、後に君《きみ》斉(「臍」に同じ)を噬まん」と見える。早く手を打たないと後悔しますよ、の意。

口角飛沫 ◆こうかく ひまつ

はげしく議論するさま。

「口角沫《あわ》を飛ばす」と読む。「口角」は、口の左右の部分。口の端からつばを飛ばすほどに、勢いよくしゃべり合う意。実際にしゃべり続けると、しばしばそうした状態になるから、単なるたとえとも言えない。

豪華絢爛 ◆ごうか けんらん

派手に贅沢《ぜいたく》で、きらびやかに美しいさま。

「豪華」は、贅沢で派手やかなさま。「絢爛」は、きらきらと輝いて美しいさま。「絢爛豪華」とも言う。「豪華」も「絢爛」も、飾り立てたさまを形容する語で、花嫁衣装などに言われ、また次々に打上げられる花火の様子などにも言う。

黄河断流 ◆こうが だんりゅう

渇水のため、黄河の流れが下流で一時的に途絶えること。

「黄河」は、長江に次ぐ中国の大河。中国で「江」と言えば長江を指し、「河」と言えば黄河を指す。黄河の断流現象は一九七〇年代以降しだいに増え、その規模は河口から数百キロメートルに及ぶ。なお、川の流れが途絶えるという意味の「断流」は、日本語では使われていない。

効果覿面 ◆こうか てきめん

結果や効めがすぐに現れること。

「効果」は、働きかけのもたらす効め、結果。「覿面」は、結果や効めがその場ですぐ現れること。薬の効めがすぐに現れて症状が改善されるなど、おおむねよい結果について言われる。

高歌放吟 ◆こうか ほうぎん

あたりかまわず大声で歌をうたったり詩を吟じたりすること。

「高歌」は、大声でうたうさま。「放吟」は、あたりかまわず吟ずるさまで、特に詩を吟ずる場合に言われる。詩吟があまり一般的でなくなった現代では、もっぱら大声で歌をうたうさまに言う。

鴻雁哀鳴　◆こうがん　あいめい

流浪《るろう》する民がその窮状を嘆き訴えるたとえ。

「鴻雁ここに飛び、哀鳴すること嗷嗷《ごうごう》たり」（『詩経』小雅、鴻雁）による。「鴻」は、ヒシクイなど大型の雁《がん》。「嗷嗷」は、雁の鳴声を表す。大小の雁がかなしそうに鳴きながら飛んでいるという詩意で、渡り鳥である雁を、戦《いくさ》のために定住する土地を失ってさすらう人民にたとえる。類義語に、『詩経』の同じ詩を背景にする「*哀鴻遍野《あいこうへんや》」がある。

傲岸不遜　◆ごうがん　ふそん

おごりたかぶって、謙虚でないさま。

「傲岸」は、おごりたかぶって人に屈しないさま。「不遜」は、思いあがって自分をまげないさま。両語とも、自分を優れていると思い、増長して人を見下す態度を言い、二語を重ねて、その程度のはなはだしいことを言う。

厚顔無恥　◆こうがん　むち

あつかましく恥知らずなこと。

「厚顔」は、あつかましいこと。俗に「面《つら》の皮が厚い」と言う。批判・非難の意をこめて使われる。「無恥」は、恥を知らないこと。恥知らず。侮蔑《ぶべつ》の意がこめられる。南斉の孔稚珪《こうちけい》「北山移文」（『文選《もんぜん》』所収）に、「あに芳杜《ほうと》をして顔を厚くし、薜茘《へいれい》をして恥ずる無からしむべけんや」という表現が見える。節操を守らない人物をまたこの山に入らせ、芳しい杜若《とじゃく》（つゆくさの一種）や蔓草《つるくさ》を、厚かましい草、恥知らずな草にさせてよいものだろうか、の意。いったん北山（江蘇省の山）に隠遁《いんとん》した周顒《しゅうぎょう》が、態度を変えて斉に仕えたのを、孔稚珪が非難した文章。

「無恥厚顔」とも言う。

剛毅果断　◆ごうき　かだん

しっかりした意志を持って、ためらうことなく決断するさま。

「剛毅」は、意志がしっかりしていて屈しないこと。「果断」は、ためらわず事を行うさま。ぐずぐずして決断できないさまを言う「*優柔不断《ゆうじゅうふだん》」の反対語。

綱紀粛正　◆こうき　しゅくせい

国家の規律を整え、政治家・役人の態度の乱れを厳格にただすこと。

「綱紀」は、大綱《おおづな》と小綱《こづな》の意から、国家を治める法と細則を言う。「粛正」は、厳しく取締って不正をなくすこと。政治方針の乱れ、政治家・役人などの態度の乱れを正すことが「綱紀粛正」。すなわちこの言葉が叫ばれる時は、国の秩序が乱れている「綱紀廃弛《はいし》*」の状態であると言える。

綱紀廃弛 ◆こうき はいし

国家の規律・秩序がゆるみ乱れること。

「綱紀」は、大綱《おおづな》と小綱《こづな》の意から、国家を治める法と細則。「廃弛」は、すたれゆるむ意。国の秩序を保つ法令を政治家・役人などが守らなくなり、世の中が混乱することを言う。「綱紀頽弛《たいし》」とも言う。「頽」は、くずれすたれる意。このような状態を引締めるのが「綱紀粛《しゅく》正《せい》*」。

香気芬芬 ◆こうき ふんぷん

よい匂いが強く漂うさま。

「芬芬」は、香りの高いさま。花の香りが漂うさまに言うことが多いが、匂い一般に使われ、「俗臭芬芬*」などと比喩《ひゆ》的にも使われる。酒の香りも、好きな者にとっては「香気芬芬」と表現される。日常会話ではほとんど用いられず、少し気どった文章などで使われる。

剛毅木訥 ◆ごうき ぼくとつ

意志が強くて何事にも屈せず、質実で寡黙《かもく》なこと。また、そのようなさま。

「剛毅木訥、仁に近し」（『論語』子路）から。剛毅木訥は道徳の理想である仁徳に近い、の意。これの反対語とも言えるのが、同じ『論語』学而に見える「巧言令色《こうげんれいしょく》*」で、両語を合せると、仁とは外見より実質を言う語であることが分る。なお、「木訥」は、「朴訥」とも書く。

皓月千里 ◆こうげつ せんり

白く輝く月がはるか遠くまで照らしているさま。

「皓」は、白く美しく輝く意。「千里」は、「万里」と同じで、非常に遠い距離を言う。洞庭湖の風景をめでた北宋の范仲淹《はんちゅうえん》「岳陽楼記《がくようろうのき》」に見える語。「皓月千里、浮光金を躍らし、静影璧《へき》（たま）を沈め、漁歌互いに答う、この楽しみなんぞ極まらん」。「一碧万頃《いっぺきばんけい》*」も同じ「岳陽楼記」で洞庭湖をたたえた語。

剛健質実《ごうけんしつじつ》 ⇩ 質実剛健《しつじつごうけん》

巧言令色

◆こうげん れいしょく

言葉を飾り、顔色をとりつくろって、人にこびへつらうこと。

「巧言令色、鮮《すくな》し仁」（『論語』学而）から。口先や顔つきだけをとりつくろう者には、道徳の理想とする仁の徳は少ない、の意。同じ『論語』子路の「*剛毅木訥《ごうきぼくとつ》、仁に近し」を合せ見ると、孔子が人の外面より内実を重視していることが分る。

膏肓之疾

◆こうこうの しつ

不治の病。転じて、物事に熱中して抜けられなくなること。

「病《やまい》膏肓に入《い》る」で知られる。これを漢語にした「病入膏肓」という語もある。『春秋左氏伝』成公十年に見える話による。晋《しん》の景公が病中に、病が二人の童子となり、名医が来るから肓の上、膏の下に隠れようと話し合っている夢を見た。やがて医者が来て、膏肓の間に入った病気は治療できないと告げたという。「膏」は心臓の下の部分、「肓」は横隔膜《おうかくまく》の上の部分で、膏肓の間は鍼《はり》も薬も届かないと言われた。俗に物事に熱中するさまを「やまいこうもう」と言うのは、「肓」を「盲」と読み誤って普及した表現。

紅口白牙

◆こうこう はくが

美人の形容。

あかいくちびると白い歯の意。清代の白話《はくわ》（口語体）小説『紅楼夢《こうろうむ》』九八に見える。「紅嘴《こうし》白牙」（「嘴」は口の意）とも言う。また、類義表現に「*朱唇皓歯《しゅしんこうし》」がある。

鴻鵠之志《こうこくのこころざし》 ⇩ 燕雀鴻鵠《えんじゃくこうこく》

後顧之憂

◆こうこの ゆう

あとに残す気づかい。あとの心配。

「憂」はウレイとも読む。「後顧」は、うしろを振りかえる意から、転じて、あとに心がひかれる意。「朕《ちん》、仁明忠雅を以て委《ゆだ》ねるに台司《たいし》の寄《き》（行政面の高官）を以てし、我をして境を出るに後顧の憂い無からしむ」（『魏書《ぎしょ》』李沖《りちゅう》伝）から。北魏の孝文帝が、忠臣李沖の死が近いことを知り、人格者で忠義者の彼が内政を守ってくれたから、国外へ出る時も背後の気がかりがなかったと言ったもの。ふつう「後顧の憂いなく」と否定的に表現し、あとあとの心配をせず、の意味で使われることが多い。

高材疾足　◆こうざい しっそく

才知が優れ、敏腕な人。

「材」は、才能、「疾足」は、足が速い意。「秦《しん》その鹿を失い、天下共にこれを逐《お》う。ここにおいて高材疾足の者まず得る」(『史記』淮陰侯《わいいんこう》伝)から。淮陰侯韓信《かんしん》に謀反《むほん》をそそのかしたかどで、漢の高祖劉邦《りゅうほう》に処罰されそうになった遊説家《ゆうぜいか》の蒯通《かいとう》が、得意の弁舌で自己弁護するところ。秦が鹿(権力の地位)を失い、天下の者が共にその鹿を追いかけた、そして才知にたけた足の速い高祖がまず獲物を得たのです、の意。「*疾足先得《せんとく》」も同じ引用からの語。

光彩奪目　◆こうさい だつもく

目を奪うばかりに美しく輝く光。

「光彩、目を奪う」と読む。「光彩」は、美しく輝く光。まばゆい光に目がくらむさまを言う。類義語に「*光彩陸離《りくり》」がある。

幸災楽禍　◆こうさい らっか

他人の不幸に乗ずること。他人の不幸を喜ぶこと。

「災《わざわ》いを幸いとし禍《わざわい》を楽しむ」と読む。他人の災難を幸せとし、他人の禍を楽しむ意。他人に災いが生じたのにつけこんで、自分の思うように事を運ぼうとする時などに言う。そこまで行かなくても、他人が不幸な目に遭うと、ひそかに自分でなくてよかったと思い、むしろそれを喜んだりする。俗に「他人《ひと》の不幸は蜜《みつ》の味」などと言われる。

光彩陸離　◆こうさい りくり

光が美しくきらめくさま。光が乱れ散ってきらきら輝いているさま。

「光彩」は、美しく輝く光。「陸離」は、光のいり乱れるさま。「光彩」だけで美しい光を意味し、その美しさをひきたてるために「陸離」を添えたもの。類義語に「*光彩奪目《だつもく》」がある。

高山景行　◆こうざん けいこう

徳が高く行いが立派なたとえ。

「高山は仰ぎ、景行は行く」（『詩経』小雅、車舝《しゃかつ》）から。「高山」は、高い徳のたとえ。「景行」は、大きい道の意から、立派な行いのたとえ。徳の高い人はみなが敬慕し、立派な行いはみながそれにならおうとする、の詩意。

恒産恒心　◆こうさん こうしん

一定の財産がない者は、正しい心を保つことができない。

「恒産無ければ恒心無し」の略。「恒産」は、一定の財産・職業・収入などを言う。「恒心」は、ぐらつかない正しい心の意。孟子《もうし》は「恒産無くして恒心有る者は、ただ士のみ能《よ》くすと為《な》す。民のごときはすなわち恒産無ければ、よりて恒心無し」（『孟子』梁恵王上《りょうけいおう》）と、人民について、経済と道徳心との密接なかかわりを述べ、人民の生活の安定が政治の根本であると説いている。また、「恒産有る者は恒心有り、恒産無き者は恒心無し」（『孟子』滕《とう》文公上《ぶんこう》）と、同じことを反対の表現でも言っている。「衣食足りて礼節を知る」（↓衣食礼節）の別表現と言うことができる。

高山流水　◆こうざん りゅうすい

優れて巧みな演奏のたとえ。また、心の底まで知合った親友のたとえ。

「伯牙《はくが》よく琴《きん》を鼓《こ》し、鍾子期《しょうしき》よく聴けり。伯牙琴を鼓すに、志高山に登るに在れば、鍾子期曰《いわ》く、よい哉《かな》、峩《が》峩《が》として泰山《たいざん》のごとし（そびえ立つ泰山が眼前のようだ）、と。志流水に在れば、鍾子期曰く、よい哉、洋洋として江河（大河）のごとし、と。伯牙の念《おも》う所、鍾子期必ずこれを得たり（伯牙の考えていることを当てた）」（『列子』湯問）。鍾子期に先立たれてから、伯牙は琴を破り絃《げん》を断ったという。この二人の故事から、親友を意味する「知音《ちいん》」という語をはじめ、「断琴之交《だんきんのこう》*」「伯牙絶絃*」などが生れている。なお、「流水高山」とも言う。

公私混同　◆こうし こんどう

公《おおやけ》のことと私事《わたくしごと》を区別しないこと。

特に、仕事としてなすべきことと私生活として行うべきことにけじめをつけないこと、公事に私的判断を加えることなどを言う。そのような行為によって私生活における経済的利益を得ている場合、「私腹《しふく》を肥やす」などと言われる。好ましくないこと、戒めるべきこととして使われる。

行尸走肉 ◆こうし そうにく

無学・無能の人のたとえ。

原義は、歩くしかばねと走る肉の意。生きてはいるが死んだも同然だということ。「それ人は学を好めば死すといえども存するが如《ごと》し。学ばざる者は存すといえども、これを行尸走肉と謂《い》うのみ」(『拾遺記』)から。学ぶことの大切さを言っている。のちに、無学・無能の人をあざけっても使う。

行屎走尿 ◆こうし そうにょう

日常生活のごくありふれたことのたとえ。

「屎」は大便、「尿」は小便。便所で用を足すことで、誰でも日常的に行うことであるから、日常生活にたとえる。漢語を用いることで、品位を落さないように配慮した表現。「我等猫属に至ると行住坐臥、行屎走尿 悉《ことごと》く真正の日記であるから」(夏目漱石《そうせき》『吾輩《わがはい》は猫である』二)。

好事多魔 ◆こうじ たま

うまくいっていることには、とかく邪魔が入りやすいものである。

「好事魔多し」と言う。後漢の蔡邕《さいよう》が妻を残して都に行き、官吏試験に合格して高官となったが、勅命で別の女性と結婚させられたという故事に基づく。元代の戯曲『琵琶《びわ》記』などに例が見える。「魔」は「磨」(障害の意)とも書く。

曠日弥久 ◆こうじつ びきゅう

無駄に日を過すこと。

「日を曠《むな》しくして久しきに弥《わた》る」と読む。「曠日」は、日をむなしく過す意。「弥久」は、長びくこと。『史記』刺客伝に、「太傅《たいふ》の計は日を曠しくして久しきに弥る。心は惛然《こんぜん》として、須臾《しゅゆ》なる能《あた》わざるを恐る」と見える。戦国時代、秦王政《しんおうせい》(のちの始皇帝)を憎む燕《えん》の太子丹《たん》が、時期を待つように言う太傅鞠武《きくぶ》に対し、お前の計は悠長に過ぎる、自分は怒りで心がくらみ、少しも辛抱ができないのだ、と反論したもの。その後、丹の依頼を受けた荊軻《けいか》が秦王暗殺に赴く。

口耳之学 ◆こうじの がく

聞いたことをそのまま人に告げ、少しも自分の身につかない学問。受売りのこと。

「小人の学や、耳より入りて口より出づ。口耳の間すなわち四寸《しすん》のみ。なんぞ以て七尺の軀《からだ》を美とするに足らんや」(『荀子《じゅんし》』勧学)による。小人の学問は、耳で聞いたものをそのまま口から出している、口と耳の間は四寸(約九センチメートル)しかない、その間だけ学問を通過させてどうして七尺(一五七センチメートル余)の身体全体を立派にすることができようか、の意。「口耳四寸」とも言う。なお、「耳学問《みみがくもん》」は耳で聞いた知識の意で、「口耳之学」とは違う。

強情我慢

◈ごうじょう　がまん

意地っぱりで、我意を張り通すこと。また、そのさま。

「強情」は、頑固で我意を曲げないこと。「我慢」はもと仏教語で、我意を張り他に従わないこと。類義の二語を重ね、意地っぱりなさまを強調する。「強情我慢も大名の、懐子ゆゑ脅しに恐れ、これでこつちの思ふ壺《つぼ》」(歌舞伎『天衣紛上野初花《くもにまごううえののはつはな》』三)。

口尚乳臭

◈こうしょう　にゅうしゅう

まだ年が若くて経験の足りないこと。「口に尚《なお》乳臭あり」と読む。要するに「乳臭い」ということ。「漢王、韓信《かんしん》を以て左丞相《さじょうしょう》と為《な》し、曹参《そうしん》・灌嬰《かんえい》とともに魏《ぎ》を撃《う》たしむ。食其還《いきかえ》るに、漢王問う、魏の大将は誰ぞ、と。対《こた》えて曰《いわ》く、柏直《はくちょく》なり、と。王曰く、これ口になお乳臭あり、韓信に当る能《あた》わず、と」(『漢書』高帝紀上)。漢王劉邦《りゅうほう》は、魏の討伐に韓信をさし向けたが、向うの大将が柏直だと聞いて、まだ小僧っ子だ、韓信の敵ではないわと言ったもの。

校書掃塵

◈こうしょ　そうじん

書物の校正は、何度やっても誤りがなくならないということ。

「書を校するは塵《ちり》を掃《はら》うが如《ごと》し」の略。宋宣献という人は博学で、蔵書の校正をみずから行なったという。「常に謂《い》う、書を校するは塵を掃うが如し。一面掃けば一面生ず、故に一書有れば毎《つね》に三四校、なお脱謬《だつびゅう》有り、と」(宋代、『夢渓筆談』雑誌二)。時代が下り技術革新のめざましい現代でも、この語はそのままあてはまる。

公序良俗

◈こうじょ　りょうぞく

公共の秩序と善良な風俗。

法律用語。「公序」は国家・社会の公共の秩序、「良俗」は社会における普遍的道徳を言う。犯罪の違法性は、実質的にはこの「公序良俗」に反することによる。また、「公序良俗」に反する内容の法律行為は無効とされる。

嚆矢濫觴 ◈こうし らんしょう

物事の始まり。

「嚆矢」「濫觴」それぞれ、物事の始まりの意で使われる語。「嚆矢」は、飛ばすと音を立てる鏑矢《かぶらや》。中国で昔、開戦の合図にこの矢を敵陣に射たところから、物事の始まりを言う。『荘子』在宥《ざいゆう》に「いずくんぞ曾・史の桀《けつ》・跖《せき》の嚆矢たらざることを知らんや」と見える。曾参《そうしん》（曾子。親孝行で知られた）や史鰌《ししゅう》（春秋時代衛の人。子に、自分の死後の喪を禁ずることで王を諫《いさ》めた）の善行が、桀（悪名高い夏の王）や盗跖（伝説上の盗賊）の悪事のさきがけになっていないとどうして言えよう、の意。「濫觴」の「濫」はあふれる、「觴」はさかずきの意。『荀子《じゅんし》』子道の「江は岷《びん》山《ざん》より出づ。その始めて出づるや、その源は觴を濫《あふ》るべし」による。大河長江もその源は、ほんのさかずきからあふれ出るほどの小さな流れである、の意。そこから、物事のはじまりを「濫觴」と言う。

黄塵万丈 ◈こうじん ばんじょう

風に乗ったつちけむりが空高く立ちのぼるさま。そのような戦場のありさま。

「黄塵」は、黄色いつちけむり。「万丈」は、非常に高いことの形容。「黄塵」すなわち「黄砂《こうさ》」は、中国北部から東北部、モンゴルなどで、黄色の細かい砂粒が風に吹上げられ、空をおおう現象。三月から五月にかけて多く、日本にも飛来する。

後生可畏 ◈こうせい かい

後進の者は努力次第でどんな大人物になるか分からないから、あなどってはいけないということ。

「後生畏《おそ》る可《べ》し」で知られる。「後生」は、後から生れてきた人の意。この「畏れる」は、相手の力を認め一目おく意味でのおそれること。「後生畏るべし。いずくんぞ来者の今に如《し》かざるを知らんや」（『論語』子罕《しかん》）から。若い者をおそれるべきだ、これからの人がどうして今の自分に及ばないなどといえよう、の意。なお、近年、これをもじって「後世恐るべし」と書き、将来が思いやられる、あるいは楽しみだ、の意に使う。

曠世之才 ◈こうせいの さい

世にもまれな才能。世に比類ない才能。

「曠世」は、世の中にさえぎるものがない意で、世にまたとないさまを言う。「曠世之度《ど》」と言えば、世にまたとない大きな度量。「曠世之感」は、世にたぐいないという感じ。

功成名遂 ◈こうせい めいすい

手柄をあげ、名声も得る。

「功成り名《な》を遂《と》ぐ」という読みで知られる。ふつうはここまでで、めでたしめでたしとするが、老子はその先を説く。「金玉《きんぎょく》堂に満つれば、これをよく守るなく、富貴にして驕《おご》ればおのずからその咎《とが》を遺《のこ》す。功成り名を遂げて身を退《しりぞ》くは天の道なり」(『老子』九)。黄金や宝玉が部屋いっぱいになれば守るのがむずかしく、金持になっておごり高ぶれば破滅を招く、手柄を立てて名声を得たあとは身を退けるのが天の道である、と。

浩然之気 ◈こうぜんの き

のびのびして解放された心持。なにものにもとらわれない大きなゆったりした気分。

「我よくわが浩然の気を養う。敢《あえ》て問う、何をか浩然の気と謂《い》うや。曰《いわ》く、言い難《がた》し。その気たるや、至大至剛《ごう》にして直《なお》く、養いて害《そこな》うこと無ければ、すなわち天地の間に塞《み》つ、と」(『孟子《もうし》』公孫丑上《こうそんちゅう》)から。言うのはむずかしいが、大きく強く正しく、損なわなければ天地の間に満つるものだと、以下に孟子は「浩然の気」を説く。現在では「浩然の気を養う」で、大きなゆったりした気分にひたることを意味する。なお、言葉でうまく説明しにくい時に使う「いわく言いがたし」は、この引用文から生れた。

公孫布被 ◈こうそん ふひ

えらくなっても質素であるたとえ。

「公孫」は、前漢武帝の臣公孫弘《こうそんこう》のこと。「布被」は、質素な木綿の布団。公孫弘は御史《ぎょし》大夫《たいふ》という高官になっても木綿の布団を用い、食事に肉は一皿しか食べなかった。これを同臣の汲黯《きゅうあん》が、うわべを取り繕って名声を得ようとする欺瞞《ぎまん》だとなじったという、『史記』平津侯伝の記す故事による。

広大無辺

◆こうだい むへん

果てしなく広大なこと。

「広大」は、広さ、高さ、容積などが大きいこと。「無辺」は、かぎりのないこと。一般に、広大なさまを強調する語として使われる。仏教でも用いられ、『華厳経《けごんぎょう》』では智慧《ちえ》について「広大無辺」と表現している。

交淡如水

◆こうたん じょすい

水のように淡白で、しかも深く変らない交際を言う。

「交わりは淡《あわ》きこと水の如《ごと》し」と読む。「君子の交りは淡きこと水の若《ごと》く、小人の交りは甘きこと醴《れい》の若し。君子は淡くして以て親しみ、小人は甘くして以て絶つ」(『荘子』山木)による語。君子の交際は水のように淡々としており、小人の交わりは甘酒のように甘い、君子は淡々としていながら親しみ深く、小人は甘いために友情がこわれる、の意。本当の交際は、一時の感情や利害にかかわることなく、一見淡白にみえても心からのものであるべきだと言っている。

巷談俗説

◆こうだん ぞくせつ

卑近《ひきん》で分りやすい話。俗耳《ぞくじ》に入りやすい話。

「巷談」は、世間のうわさ。また世間話。「俗説」は、世俗の人の説。また俗間の説。同義の「巷談街説《がいせつ》」が、滝沢馬琴『椿説《ちんせつ》弓張月』一七回に「為朝《ためとも》膝を礙《はた》と拍《うっ》て、げに巷談街説も、一概に誣《しゅ》べからず。今この女子《おなご》が説《とく》ところと、世に語り伝へたると、当《あたら》ざれども遠からず」と見え、あながちそしるべきものではない、つまり耳を傾けてもむだではないと説かれている。

巧遅拙速

◆こうち せっそく

上手で遅いよりは、下手でも速いほうがよいということ。また、仕事が上手でも遅いと、その価値を失うということ。

「巧遅は拙速にしかず」の略。「兵は拙速を聞くも、いまだ巧の久しきを睹《み》ざるなり」(『孫子』作戦)による。「兵」はいくさの意。いくさは戦術が下手でもすばやく戦って勝った例は知っているが、戦術が巧みで長いこと戦っているのは見たことがない、の意。速戦即決の大切さを説いている。類義の語に「兵は神速を貴《たっと》ぶ」(『三国志』魏志、郭嘉伝)がある。いずれにしても、元来は戦闘行為について言った語。

口中雌黄 ◆こうちゅうの しおう

不適当な自分の言論を訂正すること。「義理に安《やす》んぜざる所有れば、随《したが》いてすなわち改更するを世に口中の雌黄と号す」(『晋書《しんじょ》』王衍《おうえん》伝)から。道理に合わないところがあればすぐに言い直すことを、世間では口中の雌黄と呼んでいる、の意。「雌黄」は、黄色の顔料。中国の昔の紙は黄色だったので、文字を誤った時はこれで消して書き直した。そこから、言い間違いを訂正することを、口の中の雌黄と表現したもの。

口誅筆伐 ◆こうちゅう ひつばつ

言論によって相手の非を攻撃すること。口と筆によって誅伐《ちゅうばつ》する意。「誅伐」は、罪を責めて罰を加えることで、弁論と文章によってはげしく非を難ずることを意味する。類義の表現に「誅伐を加える」がある。広く、罪を加える意だが、罪悪などを書き立てて責めることをも言う。

高枕無憂 ◆こうちん むゆう

何も心配せず安眠すること。「枕を高くして憂い無し」と読む。戦国時代、遊説家《ゆうぜいか》の蘇秦《そしん》が、西の秦に対して東の六国が連合する合従策《がっしょう》を説いたのに対し、同じ遊説家の張儀《ちょうぎ》は、六国それぞれが秦と同盟を結ぶ連衡《れんこう》策を唱えた(↓合従連衡)。張儀は魏《ぎ》の哀王に対しては「秦に事《つか》うればすなわち楚《そ》・韓必ず敢《あえ》て動かず。楚・韓の患《うれ》い無ければ、すなわち大王枕を高くして臥《ふ》し、国に必ず憂い無からん」(『史記』張儀伝)と説いて、秦と同盟を結ばせた。単に「枕を高くする」とも言う。

孝悌忠信 ◆こう てい ちゅう しん

儒教で、人に接するための四つの徳を言う。「孝」は、父母によくつかえること。「悌」は、年長者によくつかえること。「忠」は、真心をつくすこと。「信」は、誠実で人をあざむかないこと。この四つの徳を「孝悌」とまとめれば、親や年長者によくつかえる意を表し、「忠信」とまとめれば、まめやかで誠実である意を表す。

黄道吉日 ◆こうどう きちにち

陰陽道《おんようどう》で、何事をなすにもよいという日。

清の乾隆《けんりゅう》帝勅撰になる『協紀弁方書』義例五、黄道黒道に見える。「神枢経に曰《いわ》く、青竜・明堂・金匱《きんき》・天徳・玉堂・司命はみな月内、天の黄道の神なり。値《あ》う所の日は、みなよろしく衆務を興《おこ》すべし、と」。「黄道」は、地球から見て太陽が運行しているように見える天空上の軌道。太陽が黄道の神に出会う日は、すべての仕事を行うがよい、の意。陰陽道は、古代中国における陰陽五行説に基づいて、天文・暦数・卜筮《ぼくぜい》などを扱う術。日本でも盛んに行われた。

交頭接耳 ◆こうとう　せつじ

ひそひそ話をすること。内緒話をすること。「頭《こうべ》を交《まじ》え耳を接す」と読む。頭を寄せ、耳元で小さな声で話す様子を言う。『紅楼夢《こうろうむ》』など、近代の白話《はくわ》(口語体)小説に見える。

荒唐無稽 ◆こうとう　むけい

言うことに根拠がなく、とりとめもないこと。また、そのようなさま。

「荒唐」は、とりとめのないこと。『荘子』天下に「荒唐之言」とある。「無稽」は、根拠のないこと。『書経』大禹謨《たいうぼ》に「無稽之言」と見える。しっかりした根拠がない、という意の二語を重ね、言っていることがでたらめであることを表す。「無稽荒唐」とも言う。

紅灯緑酒 ◆こうとう　りょくしゅ

歓楽街などの華やかなさま。

「紅灯」は、いろまちや歓楽街の華やかな明り。「紅灯の巷《ちまた》」と言えば、いろまち・歓楽街を指す。「緑酒」は、緑色に澄んだ酒。うまい酒のこと。華やかな明りでうまい酒を飲むという、いろまちや歓楽街の享楽的な雰囲気を言う。

功徳無量 ◆こうとく　むりょう

功績と徳のある行いがきわめて大きいこと。

「功徳」は、功績と徳行。『漢書』丙吉《へいきつ》伝に見える語。丙吉は、前漢宣帝の時の丞相《じょうしょう》。宣帝は幼い時、無実の罪で獄に繋がれていたことがあった。その宣帝を大事に養育し、皇帝となるのを助けた丙吉の功績を、「功徳無量」と表現したもの。仏教語としてはクドクムリョウと読み、善行を積んだ結果得られる仏の恩恵が限りなく大きいことを言う。

狡兎三窟 ◆こうと さんくつ

用心深いことのたとえ。

「狡」は、すばしこい意。「狡兎は三窟有りて、わずかにその死を免《まぬか》るるを得るのみ。いま君一窟有り、いまだ枕を高くして伏するを得ざるなり。請《こ》う君の為にまた二窟を鑿《うが》たん」（『戦国策』斉策《せいさく》）による。戦国時代、斉の孟嘗《もうしょう》君《くん》が王の不興を買って封地の薛《せつ》に帰国した時、食客の馮《ふう》諼《けん》が言った言葉。すばしこい兎《うさぎ》でさえ、あなぐらが三つあってようやく死なずに済むのです、今あなたには一つ（封地薛）があるだけで、まだ安心して寝られません、私がもう二つのあなぐらを作ってあげましょう、と。

狡兎良狗 ◆こうと りょうく

役に立つ間は重宝がられるが、用が済めば追払われるたとえ。

「狡兎死して良狗烹《に》らる」の略。「狡兎」は、すばしこい兎《うさぎ》。「良狗」は、すぐれた犬。漢の建国に功があった韓信《かんしん》が、謀反を疑われて高祖劉邦《りゅうほう》に捕えられた時に言った言葉。「果して人の言の若《ごと》し。狡兎死して良狗烹られ、高鳥尽きて良弓蔵《おさ》められ（→鳥尽弓蔵《ちょうじんきゅうぞう》）、敵国破れて謀臣亡《ほろ》ぶ、と」（『史記』淮陰侯伝《わいいんこう》）。獲物が尽きれば猟犬は煮て食われ、鳥がいなくなれば弓はしまわれ、敵国が滅びれば戦功のあった臣は殺される、と。こうして韓信は左遷され、ついには殺される。同じ『史記』越王句践世家から「狡兎走狗《そうく》」とも言い、類似の表現は、『韓非子《かんぴし》』ほか数書に見られる。

洪範九疇 ◆こうはん きゅうちゅう

政治道徳の九原則。

「洪範」は大法の意。「疇」は、部類の意。『書経』の洪範編に記された九つの大法の意で、伝説上の五帝の一人、夏《か》の禹《う》が定めたとされる。水・火・木・金・土の五行の調節をはかる、貌・言・視・聴・思の五事をつつしんで行う、食・貨・祀《し》・司空（土木）・司徒（教育）・司寇《しこう》（刑罰）・賓・師（軍）の八政に注意する、歳・月・日・星辰・暦数の五紀を正しく定める、皇極（天子が至極の道を確立する）、正直・剛克・柔克の三徳をもって接する、稽疑（疑いを卜筮《ぼくぜい》によって判断する）、雨・暘《よう》（晴）・燠《いく》（暖）・寒・風・時の兆候すなわち庶徴を調べる、そして寿・富・康寧・攸好徳・考終命の五福をはかり凶短折・疾・憂・貧・悪・弱の六極をのぞく、の九つ。

好評嘖嘖
◆こうひょう さくさく

非常に評判のよいこと。

「嘖嘖」は、口々に言いはやすこと。「名声嘖嘖」など、ほめそやすことに多く言い、したがって「悪評嘖嘖」という言い方はあまりしない。

光風霽月
◆こうふう せいげつ

さっぱりと執着なく、高潔なさま。

原義は、晴れた日のうららかな風と雨上りの晴れ渡った空の月の意。北宋の黄庭堅《こうていけん》「濂渓詩《れんけいし》」序に「春陵の周茂叔《しゅうもしゅく》、人品はなはだ高く、胸中灑落《しゃらく》にして、光風霽月の如《ごと》し」と見える。濂渓先生と称せられた大儒周敦頤《とんい》(字《あざな》茂叔)の人柄を、詩人黄庭堅が評したもの。これは比喩《ひゆ》として使われているが、自然を愛でて、原義どおりに使われる場合もある。

紅粉青蛾
◆こうふん せいが

美人の形容。

「紅粉」は、べにとおしろい。「青蛾」は、まゆずみで描いた青く美しい眉。唐の杜審言《としんげん》の「戯《たわむ》れに趙使君《ちょうしくん》の美人(愛妾《あいしょう》)に贈る」と題する詩による。「紅粉青蛾楚雲《そうん》に映じ、桃花の馬上石榴《せきりゅう》の裙《くん》。羅敷《らふ》独り東方に向って去る」謾《みだ》りに他家を学んで使君と作《な》らん」。紅粉青蛾が楚の雲に映えて美しい、きれいな毛並みの馬の上には石榴《ざくろ》色《いろ》のもすそ、むかし趙の羅敷は刺史(地方長官)の誘いを断って夫のいる東方へ去ったが、今度は私が刺史となって羅敷、すなわち趙使君の美人を誘ってみようか、の意。夫への節を守った美人羅敷の故事をふまえて、趙使君の愛妾を戯れにくどいた詩。

公平無私
◆こうへい むし

判断や行動が公正で、私的な感情を交えないこと。

「無私」は、個人的な利害感情にとらわれないこと。「無私」を加えて公平なさまを強調した語。『韓詩外伝』七に「正直の者は、道に順《したが》いて行い、理に順いて言い、公平にして私《わたくし》無し」と見える。正しくまっすぐな者は、道理にしたがって行動し、理論にさからわずものを言い、公平で私心がない、の意。「公正無私」も同義の語。

光芒一閃
◆こうぼう いっせん

光の筋がきらりときらめくこと。

「光芒」は、彗星《すいせい》のように尾を引く光の筋。「一閃」は、一瞬間きらめく意。稲光などに言われる。また、剣の達人が一瞬鞘《さや》を払って相手を切り、すぐまた剣を鞘に戻す様子を描写するのに使われる。転じて、英雄偉人の束の間の生涯などにも言う。

豪放磊落　◆ごうほう　らいらく

気持が大きく、小事にこだわってくよくよしないこと。また、そのようなさま。

「豪放」は、気性が大きくてこせこせしないさま。「磊落」は、気が大きく小事にこだわらないさま。類義の二語を重ね、度量の大きいさまを強調する。対照的な語に「*小心翼翼《しょうしんよくよく》」がある。

傲慢無礼　◆ごうまん　ぶれい

おごりたかぶって人をあなどり、礼儀を欠くこと。

「傲慢」は、おごりたかぶること。「謙虚」の反対語。「無礼」は、人に対して行うべき礼儀を欠くこと。人に対して取るべきでない態度を表現する語を重ね、その態度を非難する意を強調する。

口蜜腹剣　◆こうみつ　ふくけん

口先ではうまいことを言いながら、腹の中では陰険な策をめぐらすこと。

「口に蜜あり腹《はら》に剣あり」の略。「尤《もっと》も文学の士を忌《い》み、あるいは陽にこれと善くして、啗《くら》わすに甘言を以てし、陰にこれを陥れる。世に謂《い》う、李林甫《りりんぽ》、口に蜜有り腹に剣有り、と」（『資治通鑑《しじつがん》』唐紀）から。唐の玄宗《げんそう》の宰相《さいしょう》李林甫が、口では甘いことを言いながら、陰で策を弄《ろう》し、皇帝お気に入りの側近、特に文学者を次々と失脚させたことを言う。

光明真言　◆こうみょう　しんごん

これを唱えれば、悟りのさまたげとなる一切の罪を滅するとされる、密教で唱える呪句の一つ。

「真言」は、神や仏に呼びかける呪句。密教で重視された。この「光明真言」は、真言宗で最も重要視される。仮名では「オンアボキャ　ベイロシャノウ　マカボダラ　マニハンドマ　ジンバラ　ハラバリタヤ　ウン」と書かれる。『不空羂索神変真言経《ふくうけんじゃくじんぺんしんごんきょう》』などを典拠とし、毘盧遮《びるしゃ》那《な》（＝ベイロシャノウ）、すなわち大日如来への呼びかけと考えられる。「*土砂加持《どしゃかじ》」に使われる。

光明遍照　◆こうみょう へんじょう

阿弥陀仏《あみだぶつ》の慈悲が広大なさまのたとえ。

「遍照」は、あまねく照らす意。『観無量寿経』の「一一光明徧(「遍」に同じ)照十方世界、念仏衆生摂取不捨《しゅじょうせっしゅふしゃ》」による。「一々の光明はあまねく十方の世界を照らし、仏を念ずる衆生を摂取して捨てたまわず」と読み下される。阿弥陀仏の広大な慈悲が、念仏する衆生をことごとく救い取る意。後半からは、「*摂取不捨」が取出されている。

孔明臥竜　◆こうめい がりょう　こうめい がりゅう

世に知られていない優れた人物のたとえ。

「孔明」は、三国時代蜀《しょく》の宰相諸葛亮《さいしょうしょかつりょう》の字《あざな》。名相・名軍師として劉備《りゅうび》を助けて活躍した。「孔明臥竜」は『蒙《もう》求《ぎゅう》』の標題となっている。孔明がまだ民間にいた時、戦略家の徐庶《じょしょ》が劉備に「諸葛孔明は臥竜なり」(『三国志』蜀志、諸葛亮伝)、淵にひそむ竜のように世に隠れた優れた人物ですと推薦した故事による。その勧めによって、劉備は「*三顧之礼《さんこのれい》」を尽して孔明を迎えるに至る。なお「*伏《ふく》竜鳳雛《りょうほうすう》」の「伏竜」も「臥竜」に同じで、孔明を言う。

公明正大　◆こうめい せいだい

公正で私心がなく、堂々としていること。

「公明」は、公正で隠すところのないこと。「正大」は、正しく堂々としていること。類義語「*公平無私」は公平であることを強調するが、「公明正大」は私心のないさまを強調する。

毫毛斧柯　◆ごうもう ふか

災いは、小さいうちに取除いておくべきであるということ。

「毫毛にして抜かずんば、まさに斧柯を成さんとす」(『戦国策』魏策《ぎさく》)を略した語。「毫毛」は、ほそい毛。「斧柯」は、斧の柄《おのえ》、また、斧。ほそい毛のうちに抜いておかないと、斧で切らなければならないようになる、の意。災いの種は芽のうちに摘んでおけということ。

紅毛碧眼　◆こうもう へきがん

西洋人のこと。

「紅毛」は赤い毛、「碧眼」は青い目を言う。江戸時代、ポルトガル・スペインを「南蛮《なんばん》」と言うのに対して、オランダまたオランダ人を「紅毛」と言った。平賀源内の『根無草後編』序に「紅毛千里鏡」とあって「ヲランダノトヲメガネ」と振仮名がしてある。「紅毛」「紅毛碧眼」ともに、のち広く西欧人を指すようになる。「碧眼紅毛」とも言う。

孔孟老荘　◈こう もう ろう そう

中国の思想家、孔子・孟子・老子・荘子の総称。孔子は、春秋時代魯《ろ》の人。名は丘《きゅう》、字《あざな》は仲尼《ちゅうじ》。儒家の祖で、その言行をまとめた書に『論語』がある。孟子は、戦国時代鄒《すう》の人。名は軻《か》。孔子の孫子思《しし》の門人に学び、のちに孔子の意を述べて『孟子』を作る。老子は、春秋時代楚《そ》の人。名は耳《じ》、字は聃《たん》。『老子道徳経』、いわゆる『老子』を著し、道家の祖とされる。荘子は、戦国時代宋の人。名は周《しゅう》、字は子休《しきゅう》。寓言《ぐうげん》によって「道」の思想を説く『荘子』を著す。「孔孟の学」といえば儒学を指し、「老荘思想」といえば道家の思想を言う。

毫釐千里　◈ごうり せんり

始めは小さな違いでも、最後には大きな差になるということ。

「毫釐の差は千里の謬《あやま》り」の略。「毫釐」は、「毫」「釐」それぞれにきわめて小さい数量の単位から、わずか、少しの意。『礼記《らいき》』経解に、「易に曰《いわ》く」として「君子は始めを慎む。差《たが》うこともし毫釐ならば、繆《あやま》るに千里を以てす」と記される。ほんのわずかな違いが、やがて大きな過ちになるから、君子は始めを慎重にする、と言う。『史記』太史公自序にも、「易に曰く」として「これを毫釐に失えば、差うに千里を以てす」と見えるが、『易経』(周易)本文にはこの表現は見当らない。

膏粱子弟　◈こうりょうの してい

富貴の家に生れた者を言う。

「膏粱」は、肥えた肉と美味な穀物で、うまい食物のこと。それを食べる子弟の意が原義。「今の人富貴の家を謂《い》いて膏粱の子弟と曰《い》う。言えば、ただ飽食のみを知り、他務を諳《し》らざる(食べるだけで、ほかのことをしない)なり」(『天香楼偶得』)から。

亢竜有悔　◈こうりょう ゆうかい／こうりゅう ゆうかい

驕《おご》りをきわめれば、やがては没落するということ。高い地位の人は十分注意しないと後悔することになるというたとえ。

「亢竜悔《く》い有り」と読む。「亢竜」は、天高く上りつめた竜。上りつめたあとは、下りるしかない。『易経』乾卦《けんか》による語で、高く上りつめた者への警告となっている。

甲論乙駁　◆こうろん　おつばく

議論が紛糾してまとまらないこと。

甲が論ずれば乙が反駁する意。特定しない個人などを指す場合に「甲」「乙」という表現を用いる。現在でも公的な契約書に「当事者の一方を甲とし、他方を乙とする」などと記す。また、「甲乙」には「だれかれ」の意味があり、鎌倉時代の『保元《ほうげん》物語』下に「をり合せたる甲乙人等（居合せた貴賤上下の人々）是をみて」、『太平記』一四に「然レバ早ヤ甲乙人共、乱レ入リケリ（だれかれとなく乱入したのだ）ト覚エテ」などの例がある。

高論卓説　◆こうろん　たくせつ

なみなみならぬすぐれた意見。

「高論」は、高い見識の論。また、他人の論の尊敬語。「卓説」は、すぐれた説。意見としてすぐれていることを指すと同時に、ほめ言葉としても機能する。語りかける相手の論を言うことが多い。

五蘊皆空　◆ごうん　かいくう

仏教で、存在を構成するものには実体がないことを言う。

「五蘊」は旧訳《くやく》では「五陰《ごおん》」と言い、すべての存在を構成する五つの要素、色《しき》（物質的存在）・受（感覚）・想（表象）・行《ぎょう》（意志）・識（知識）を言う。「観自在菩薩《かんじざいぼさつ》、深般若《じんはんにゃ》波羅蜜多《はらみった》を行じし時、五蘊は皆《みな》空なりと照見して、一切の苦厄《くやく》を度《ど》したまえり」（『般若心経』）から。観音菩薩は、深甚《しんじん》な智慧《ちえ》の完成を実践していた時に、存在を構成する五つの要素には実体がないことを見抜き、一切の苦悩や災厄を取除かれた、の意。

孤雲野鶴　◆こうん　やかく

世俗を離れた隠者のたとえ。

「孤雲」は、空にぽつりと浮ぶ雲。「野鶴」は、群を離れて野にいる鶴。「孤雲と野鶴と、あに人間《じんかん》に向かいて住まんや。沃洲山《よくしゅうざん》を買うなかれ、時人すでに処を知る」（唐、劉長卿《りゅうちょうけい》「送二方外上人一詩」）から。孤雲と野鶴はどうして人の世に面して住もうか。沃洲山はよしたほうがいい、もう今の人は場所を知っているから、の詩意。沃洲山は今の浙江省《せっこう》にある山で、霊山で知られる。類義の「*問雲孤鶴」は、隠者というより、自由に自然を楽しむ境遇を言う。

孤影悄然 ◆こえい しょうぜん

ひとりぼっちでしょんぼりしているさま。

「孤影」は、ひとりぼっちの姿。「煢煢《けいけい》孤景（「影」に同じ）に対す」（『後漢書』列女伝）は、ひとりぽつねんと自分の影に向っている意。「悄然」は、元気がなく、しょぼしょぼとしたさま。白居易「長恨歌《ちょうごんか》」の「夕殿《せきでん》に蛍飛んで思い悄然たり」は、楊貴妃《ようきひ》を失って力を落している玄宗皇帝の姿を詠う。

呉越同舟 ◆ごえつ どうしゅう

仲の悪い者同士が同じ場所に居合せること。また、敵味方が共通の困難や利害に対して協力すること。

「それ呉人と越人と相悪《あいにく》むなり。その舟を同じくして済《わた》り風に遇うに当りては、その相救うや、左右の手の如《ごと》し」（『孫子』九地）による。春秋時代、呉と越とが仇敵の間柄だったことは、「*会稽之恥《かいけいのはじ》」「*臥薪嘗胆《がしんしょうたん》」などの故事によっても知られる。それほど仲の悪い呉と越の人が同じ舟に乗り合せ、風で舟が沈没しそうだとなれば、左右の手のように協力するものだ、と言う。春秋戦国の乱世、仲の悪いのは呉と越だけではなく、「楚越《そえつ》同舟」も同義の表現。

古往今来 ◆こおう こんらい

昔から今まで。古今。

晋《しん》の潘岳《はんがく》「西征賦」（『文選《もんぜん》』所収）に「古往今来、邈《ばく》として悠なるかな」と見える。「邈」も「悠」も、はるかの意。日本では、たとえば道元『正法眼蔵《しょうぼうげんぞう》』密語に「西天東地、古往今来」と見える。西から東まで、昔から今まで、の意で、意味の上からは「東西、古今」と変らない。語調を整え、あるいは強調する効果を持った表現と言える。

五陰盛苦 ◆ごおんじょう く

心身の活動が盛んなために起るさまざまな苦しみ。

仏教で、八苦《はっく》（→四苦八苦）の一つ。「五陰」は「五蘊《ごうん》」に同じで、人間存在の五つの構成要素を言う（→五蘊皆《かい》空《くう》)。すなわち「五陰盛苦」は、生きている身には避けられないさまざまな苦しみを指す。「五盛陰苦」とも言う。

呉下阿蒙　◆ごかの　あもう

さっぱり進歩のない人物のたとえ。また、無学な者のたとえ。

『三国志』呉志、呂蒙《りょもう》伝注の故事から。三国時代、無学だった呉の武将呂蒙は、主君孫権《そんけん》の勧めで勉学に励んだ。同じ呉の臣魯粛《ろしゅく》と議論をした時、たじたじとなった魯粛が蒙の肩を叩いて言った。「われ謂《おも》えらく、大弟はただ武略有るのみ、と。今に至りて学識英博、また呉下の阿蒙にあらず」と。「呉下」は、呉の地方。「阿蒙」は「蒙さん」というほどの意。武道一辺倒と思っていたが、今ではたいへんな学識で、もう昔の呉の蒙さんじゃない、の意。それに応ずる呂蒙の言から「*刮目相待《かつもくそうたい》」という語が生れている。

狐疑逡巡　◆こぎ　しゅんじゅん

疑い深く、決心がつかないでぐずぐずすること。

「狐疑」は、疑い深いこと。『楚辞《そじ》』に載る屈原《くつげん》の叙事詩「離騒《りそう》」に使用例がある。「逡巡」は、ぐずぐずすること。ためらうこと。きっぱりと決断できないさまに言う語。なお、「狐疑」の語源について一説に、狐は凍った川を渡る時、氷の下に水が流れていないことを確かめて渡るほど疑い深いことからという。

狐裘羔袖　◆こきゅう　こうしゅう

大体は整っているが、一部不十分なところのあるたとえ。また逆に、少しの難点はあるが、全体としては立派であるたとえ。

「狐裘」は、狐の腋《わき》の下の白い毛皮で作った上等なかわごろも。「羔袖」は、子羊の皮で作った安価な袖。春秋時代、衛《えい》の献公が斉《せい》に亡命した時、随行していた穀《こく》が衛へ逃げ帰ってくる。そこで衛の人に殺されそうになるが、自分は狐裘についた羔袖に過ぎないと弁解して助かったという、『春秋左氏伝』襄公《じょうこう》十四年の記事に基づく。

呼牛呼馬　◆こぎゅう　こば

人に言いたいように言わせて、自分はさからわずにいること。

「牛と呼び馬と呼ぶ」と読む。老子を聖人と聞いてやってきた士成綺《しせいき》は、老子の乱雑な生活を見て悪口を言ったが、翌日にはなぜか老子を批難する気がなくなった。どうしてだろうと聞く士成綺に、自分はいつも自然に振舞っているからだと老子は答える。「老子曰《いわ》く、それ巧知神聖の人には、吾《われ》はみずから以てこれを脱《まぬか》れたりと為《な》す。昔者《きのうは》、子、我を牛と呼べば、すなわちこれを牛と謂《おも》い、我を馬と呼べば、すなわちこれを馬と謂わん、と」(『荘子』天道)による。知恵に優れた聖人などというものには、自分はもうとらわれていない、きのう、お前さんが私を牛と呼べば、私は自分を牛だと思ったろうし、馬と呼べば馬だと思ったろう、の意。

呉牛喘月　◆ごぎゅう ぜんげつ

過度に恐れることのたとえ。また、取越し苦労をすることのたとえ。

「呉牛月に喘《あえ》ぐ」と読む。南方呉の国の水牛は、日中太陽に照らされて暑い思いをしているので、夜に月が出ても太陽かと思ってはあはあ喘ぎ出すという意。晋《しん》の満《まん》奮《ふん》は風が苦手だった。武帝のそばにいた時、北側の窓がぴったり閉まっているのに隙間があいているように見えた。「奮難色有り。帝笑いてこれを問う。奮答えて曰《いわ》く、臣はなお呉牛の月を見て喘ぐがごとし、と」(『世説新語《せせつしんご》』言語)。類似のたとえ「*蜀犬吠日《しょっけんはいじつ》」は、見識の狭い者が賢人の言行を非難する意。

五行相剋　◆ごぎょう そうこく

五行には互いに勝つ関係があると見て、順序立てる説。

「剋」は、勝つ意。「五行」は、古代中国の哲理で、天地間に循環してやむことのない木・火・土・金・水の五気を言い、万物組成の元素とする。木から火を、火から土を、土から金を、金から水を、水から木を生ずるとし、これを「五行相生《そうしょう》」と言う。また、木は土に、土は水に、水は火に、火は金に、金は木に勝つとし、これを「五行相剋」と言う。これらを男女の性に配し、「相生」の者が一緒になると和合して幸福になり、「相剋」の者が向き合うと不和で災難を招くとされる。なお、五行に陰陽を組合せた哲理を「陰陽五行説」(→陰陽五行)と言う。

鼓琴之悲　◆こきんの かなしみ

知己に死別した悲しみのたとえ。

「鼓琴」は、琴を弾奏すること。晋《しん》の張翰《ちょうかん》が親友の顧《こ》彦先《げんせん》の死を悲しみ、生前彦先の愛していた琴を弾いて慟《どう》哭《こく》したという、『世《せ》説新語《せつしんご》』傷逝の故事による。単に「鼓琴」とも言う。

極悪非道　◆ごくあく　ひどう

この上なく悪逆でむごいこと。

「極悪」は、きわめて悪いこと。この上なく悪逆なさま。仏教で、人倫に逆らう最大の悪を言う。「非道」は、ここでは人情に背くこと。残酷で無慈悲なこと。「ぶつやらふむやらあらけなく、ひどうの打擲《ちょうちゃく》」(為永春水『春色梅児誉美《うめごよみ》』一二)と表現される「非道」に当る。「悪事はすれども非道はせず」は悪人の自己弁護に過ぎないが、「極悪」に「非道」が加われば、もはや弁護の余地はない。

告朔餼羊　◆こくさくの　きよう

虚礼でも残しておくべきことを言う。また、実質を失って形式ばかり残っていることのたとえ。

「告朔」は、中国で昔、朔日《ついたち》ごとにその月の暦を祖廟《そびょう》に告げて施行した儀式。「餼羊」は、告朔の儀式の際、祖廟に供えるいけにえの羊。「子貢《しこう》、告朔の餼羊を去らんと欲す。子の曰《いわ》く、賜《し》(子貢の名)や、女《なんじ》はその羊を愛《おし》む、我はその礼を愛む、と」(『論語』八佾《はちいつ》)。子貢が、告朔の儀式が有名無実となっているので、羊をいけにえにするのをやめようとした。孔子がそれを見て、お前は羊を惜しむが、私は礼が失われるのを惜しむ、と言ったという。

国士無双　◆こくし　むそう

天下第一の優れた人物。

「国士」は、一国の中の優れた人物。「無双」は、並ぶもののないこと。漢王劉邦《りゅうほう》が漢中の南鄭《なんてい》に都しようとした時、将校数十人が逃げ、その中にのちの淮陰侯韓信《わいいんこうかんしん》もいた。丞相蕭何《じょうしょうしょうか》は韓信だけを追いかけて連れ戻し、劉邦に言った。「信の如《ごと》き者に至りては国士無双なり……必ず天下を争わんと欲せば、信にあらずんばともに事を計《はか》る所の者無からん」(『史記』淮陰侯伝)。天下が欲しければ、韓信のほかに事をはかれる人物はいません、と。

刻舟求剣　◆こくしゅう　きゅうけん

時勢の移りゆくのを知らず、いたずらに古い習慣を守ることのたとえ。

「舟《ふね》に刻《きざ》みて剣を求む」と読む。春秋時代、楚《そ》の人が舟べりから剣を川に落としてしまった。そこで、あとで捜すための目印として、舟べりに刻みをつけた。岸についてから、印をたよりに川にもぐって剣を探したという。『呂氏《りょし》春秋』察今の逸話による語。右の成句以外にも、「剣を落して舟に刻む」「舟べりに刻む」「刻舟」などとも言われる。

国色天香《こくしょくてんこう》 ⇒ 天香国色《てんこうこくしょく》

黒白混淆 ◆こくびゃく こんこう

是非善悪の区別をわきまえないこと。

「黒白」は、対立する二つの概念、悪と善、非と是、邪と正などを言う。これらを具体的に言う場合は、「善悪」「是非」「正邪」のように、白が先、黒が後になる。「混淆」は、入混じること。俗に言う「味噌《みそ》も糞《くそ》も一緒」に同じ。

黒白分明 ◆こくびゃく ぶんめい

是非善悪の区別がはっきりしているさま。

「黒白」は、対立する二つの概念、悪と善、非と是、暗と明などを言う。「分明」は、はっきりと区別がつくこと。前漢、董仲舒《とうちゅうじょ》『春秋繁露』保位権に「黒白分明にして、しかる後に民去就する所を知る」と見える。なお、『漢書』薛宣《せつせん》伝には「貶退称進《へんたいしょうしん》する所、白黒分明なり」と、白と黒を入れ換えた文が見える。けなしたりほめたりする場合、善し悪しの区別がはっきりしている、の意。

極楽往生 ◆ごくらく おうじょう

この世で死んでのち、極楽に往き生れること。

「極楽」は、この世界より西の方、十万億の仏土を過ぎたところにあるという阿弥陀仏《あみだぶつ》の浄土。「往生」は、新しい世界に生れること。阿弥陀仏が立てた*四十八願の第十八願、念仏往生の願に基づき、心から信じ願う人は必ず極楽に生れるとされる。浄土教の普及とともにこの教えが広まり、「往生」と言えば「極楽往生」を指すようになった。

極楽浄土 ◆ごくらく じょうど

苦しみや悩みのまったくない、阿弥陀仏《あみだぶつ》のいる清浄な国のこと。

『阿弥陀経』に「これより西方《さいほう》、十万億の仏土を過ぎて、世界あり、名づけて極楽という。その土に仏あり、阿弥陀と号す」と説かれている。「浄土」は仏・菩薩《ぼさつ》の住む清浄な国を言い、東西南北に想定されたが、中国・日本においてはとりわけ阿弥陀仏の信仰が盛んだったため、「浄土」と言えば西方の「極楽浄土」を指すようになった。すなわち「西方浄土」とも言う。

極楽蜻蛉 ◈ごくらく とんぼ

浮わついたのんき者をののしって言う語。

「とんぼ」は、浮わついたのらくら者の意。一説に、本来は「鈍坊」と当てられた語だったという。「極楽」を添えて、気楽なのんき者の意を強調したもの。江戸後期の歌謡「主《ぬし》は浮気で極楽とんぼ、実《じつ》のあるのは籠の鳥」(『小歌志彙集《おかしい》』)は、どこへ飛んで行くか分らないという意味をこめる。

刻露清秀 ◈こくろ せいしゅう

秋の気候のさっぱりとすがすがしいさま。

「幽芳(ひっそり咲く花)を掇《と》りて喬木《きょうぼく》に蔭し、風霜氷雪、刻露清秀、四時の景、愛《お》しむべからざるは無し」(北宋、欧陽脩《おうようしゅう》「豊楽亭記」)から。「刻露」は、木々が葉を落して山の険しさが露《あら》わになったさまを言う。「清秀」は、すがすがしさを表現する語。

孤軍奮闘 ◈こぐん ふんとう

孤立した軍勢が、敵と精一杯たたかうこと。転じて、援助する者もない状態にあって、一人で困難を克服しようと努力すること。

「孤軍」は、援軍のいない少数の軍勢。「奮闘」は、力を奮ってたたかうこと。現在ではもっぱら転義で用いられ、次々と脱落し、あるいは援助する者のない中で、自分一人が局面を打開しようと最後まで努力している状態を表現する。

虎渓三笑 ◈こけい さんしょう

画題。僧の慧遠《えおん》、詩人の陶淵明《とうえんめい》、道士の陸修静《りくしゅうせい》の三人が大笑いしている図。

東晋《とうしん》の僧慧遠は廬山《ろざん》(現、江西省)の東林寺に住し、寺の前の虎渓を渡るまいと心がけていたが、訪れた陶淵明・陸修静の帰りを送って思わず渓を渡ってしまい、気がついて三人で大笑いしたという、『廬山記』の故事による。単に「三笑」とも言う。話に熱中してほかのことを忘れるたとえにも使う。なお、中国に慧遠という高名な僧は二人おり、一方を「廬山の慧遠」、他方を「浄影寺《じょうようじ》の慧遠」と区別する。

虎穴虎子　◆こけつ　こじ

危険を冒さなければ功名を得られないことのたとえ。

後漢の将校班超《はんちょう》が西域の鄯善《ぜんぜん》国（楼蘭《ろうらん》）に使いした時、始めは手厚くもてなされたが、匈奴《きょうど》の使節が訪れて以後、目立って待遇が悪くなった。危険を感じた班超は、少ない部下とともに匈奴勢に夜襲をかけ、数倍の敵を倒した。その時に部下を奮起させた班超の言葉が「虎穴に入らずんば虎子を得ず」（『後漢書』班超伝）で、この成句の形で知られる。班超は、『漢書』を編した班固の弟。若いころ「*燕頷虎頸《えんがんこけい》」の相と占われたとおり、遠征将軍として活躍した。

五劫思惟　◆ごこう　しゆい

阿弥陀仏《あみだぶつ》が法蔵菩薩《ほうぞうぼさつ》と呼ばれていた頃、四十八願*を立てる前に長い間思索を積んだこと。

「劫」はインドにおける最も長い時間の単位。具体的な長さは諸説あり、三千年に一度天人が地上に降りて大きな岩を衣で撫《な》で、その岩が完全にすり減ってしまうまでの時間を「一劫」とするなどという。「思惟」は、思索すること。『無量寿経』に「五劫を具足して、仏国を荘厳《しょうごん》すべき清浄の行を思惟し、摂取せり」とある。最もすぐれた浄土の建設とその方法を考え、選び取ることに限りなく長い時間をかけた、の意。

股肱之臣　◆ここうの　しん

主君が最も頼りとする家臣。

「股肱」は、ももとひじで、手足を言う。また、手足となって働く者のこと。「二十八宿北辰《ほくしん》を環《めぐ》り、三十輻《さんじっぷく》一轂《いっこく》を共にし、運行窮まり無し。輔払《ほふつ》（輔弼《ほひつ》）股肱の臣をこれに配し、忠信の道を行い、以て主上を奉ずる三十世家を作る」（『史記』太史公自序）による。『史記』の構成内容を説明するところで、二十八の星座は北極星をめぐり、三十本の車輻は一つの轂《こしき》に集まって、限りなく運行する、政治を助け主君の手足となる家臣をこれになぞらえて、忠信によって主君につかえる三十世家を作った、と「世家」の部の主旨を述べる。

五穀豊穣　◆ごこく ほうじょう

穀物が豊かにみのること。

「五穀」は、人間が常食とする米・麦・粟《あわ》・豆・黍《きび》の五種類の穀物。黍の代りに稗《ひえ》を入れるなど、諸説がある。また、穀物の総称。「豊穣」と言うが、「穣」だけで穀物が豊かにみのることとの意。「五穀豊穣」は、「家内安全」「商売繁昌」などと同様、神への祈願の言葉としても使われる。

個個別別　◆ここ べつべつ

ひとつひとつ別であること。

「個別」を強調した語。「個別に」と「個個別別に」と言った場合、言葉の使い方も意味の上でもほとんど変りはないが、後者のほうが「個」をいっそう強調している。

古今東西　◆ここん とうざい

昔から今に至るまで、あらゆる場所で。

「古今」は、昔から今まで。「東西」は、東から西までの意で、いたるところ。または東洋から西洋までの意で、世界中。「いつでもどこでも」の意だが、「古今東西の歴史」「古今東西に例を見ない」のような場合、単なる「いつでもどこでも」ではなく、文脈に応じてある程度限定された時期・場所を示すことになる。

古今独歩　◆ここん どっぽ

昔から今まで、及ぶもののないこと。

「古今」は、昔から今まで。「独歩」は、たぐいなく優れていること。きわめて優れているさまに言う。「古今無双《むそう》」と同義に使われることが多い。

古今無双　◆ここん むそう

昔から今まで、並ぶもののないこと。

「古今」は、昔から今まで。「無双」は、二つとない意から、並ぶもののないこと。比べられるものがないさまに言う。きわめて優れているさまに言うことが多いが、「古今無双の大だはけ（大馬鹿者）」（平賀源内『放屁論後編』）のような使用例もある。

五山十刹　◆ござん じっせつ

禅宗で、最高寺格の五寺と、それに次ぐ十寺を言う。

「山」は、寺院に添える号から、寺院を指す。「刹」も寺院の意。五山は、中国では、万寿寺・広利寺・景徳寺・霊隠寺《りんにんじ》・浄慈寺《じんずじ》を言う。日本では鎌倉から室町時代に、建長寺・円覚寺《えんがくじ》・寿福寺・浄智寺・浄妙寺の鎌倉五山、天竜寺・相国寺《しょうこくじ》・建仁寺・東福寺・万寿寺の京都五山(南禅寺を五山の上位に置く)が定着した。十刹は地方にもあり、また十か寺に限定されず数を増していき、単に寺格を表すものとなった。

狐死首丘　◆こし しゅきゅう

根本を忘れないことのたとえ。また、故郷を思うたとえ。

「狐死して丘に首《きゅう》す《しゅ》」と読む。狐は、死ぬときは穴を掘って住んでいた丘の方に頭を向けるという意。「古《いにしえ》の人に言有り。曰《いわ》く、狐死して正に丘に首す、と。仁なり」(『礼記《らいき》』檀弓《だんぐう》上)から。略して「首丘」とも言う。

虎視眈眈　◆こし たんたん

機会をねらって様子をうかがうさま。

「眈眈」は、見おろすさま。原義は、虎が鋭い視線で獲物を見おろす意。「顚《さかしま》に頤《やしな》わるるも吉なり。虎視眈眈、その欲逐逐《ちくちく》たれば、咎《とが》なし」(『易経』頤卦《いか》)から。下位者に養われても吉、機会を逃さず、必ず上位者である自分の徳をみがこうという欲があれば、さしさわりはない、という卦。

狐死兎泣《こしときゅう》 ⇩ 兎死狐泣《としこきゅう》

五十知命　◆ごじゅう ちめい

天命を知ること。

「われ十有五《じゅうゆうご》にして学に志す。三十にして立つ。四十にして惑わず。五十にして天命を知る。六十にして耳順《したが》う。七十にして心の欲する所に従いて矩《のり》を踰《こ》えず(道をはずれない)」(『論語』為政)による。五十歳で、人の力をこえた運命をわきまえるようになった、の意。この語から、五十歳を「知命」と言う。また、この引用文から、同様の語「十五志学《しがく》」*「三十而立《じりつ》」*「四十不惑《ふわく》」*「六十耳《じ》順《じゅん》」*ができている。

五十展転　◆ごじゅう てんでん

法華経を聞くことの功徳《くどく》を言う。

法華経を聞いた人が次の人に伝え、その人がまた次の人に伝える、というように伝え伝えて五十人に及ぶこと。「かくの如《ごと》く第五十の人の、展《めぐ》り転《めぐ》りて法華経を聞きて随喜せん功徳は、なお無量無辺阿《あ》僧祇《そうぎ》なり（はかりしれないほど大きい）」（『法華経』随喜功徳品）。福徳ある人の積んだどれほど大きな功徳も、五十番目に法華経を聞いた人の功徳には及ばないと説く。

五障三従　◆ごしょう さんじゅう

仏教で、女性に課せられているとされる五つの障害と三つの忍従を言う。

「五障」は、女性は梵天《ぼんてん》・帝釈天《たいしゃくてん》・魔王・転輪聖王《てんりんじょうおう》・仏《ぶつ》の五種になれない障害があるということ。「三従」はインドの『マヌ法典』、中国の『儀礼《ぎらい》』などの所説で、女性は幼くしては親に従い、嫁《か》しては夫に従い、老いては子に従うべきだとする考え。仏教に取入れられて、女性の成仏《じょうぶつ》を妨げる根本的障害とされた。この女性差別の思想は、日本でも「ことに女人は、五障三従とてさはりある身なれば」（『曾我物語』一二）のように、強調されてきた。なお、原始仏典や『無量寿経』『法華経』などを根拠にして、成仏に男女の差別なしとする見解も古くから存在した。

後生善処《ごしょうぜんしょ》 ⇩ 現世安穏《げんぜあんのん》

後生大事　◆ごしょう だいじ

仏教で、来世の安楽を最も大切なことと考え、それを願うこと。転じて一般に、一所懸命つとめること。また、とても大切にすること。

「後生」は、この世の生を終えて次の世に生れ変ること。また、来世。この世に生れる前の「前生《ぜんしょう》」、この世に生きている「今生《こんじょう》」に対する。三つの生のなかで後生を最も大切にすることから、「後生」に一番のものという意味が生じ、転義の意味で使われるようになった。

孤城落日　◆こじょう らくじつ

勢いの衰えて、頼りなく心細いさま。

「孤城」は、孤立無援の城。「落日」は、西に傾く日。「遥かに知る漢使蕭関《しょうかん》の外、愁《うれ》え見る孤城落日の辺」（唐、王維「送二韋評事《いひょうじ》一詩」）から。漢の使者として、関所の蕭関を出て北方匈奴《きょうど》の地へ向った韋評事は、ぽつんと建つ辺境守備の城を夕日の中でさびしく眺めているだろう、と思いやる詩。

古色蒼然 ◆こしょく そうぜん

いかにも古びて見えるさま。「隷書《れいしょ》は中郎（後漢の蔡邕《さいようじか》）而下世世人に乏しからず。然して東京《とうけい》（後漢）の筆、古色蒼然たり」（明、『五雑組《ござっそ》』）から。「隷書」は漢字の書体の一つ。秦《しん》に始まり、漢代に装飾的となる。古びた趣のあるさまをいう語だが、しばしば「古い」の婉曲《えんきょく》表現として使われる。

故事来歴 ◆こじ らいれき

昔から伝えられてきた事柄のいわれや歴史。

「故事」は、昔から伝えられていわれのある事柄。「来歴」は、物事の経過してきた次第。たとえば、「四字熟語の多くには故事来歴がある」というような言い方をする。単に「理由」「原因」と言えば済むところを、大げさに「故事来歴」と言う場合もある。もっと大げさには「いわれ因縁故事来歴」などと言う。

古人糟魄 ◆こじんの そうはく

昔の聖賢の言葉や著書を言う。

「糟魄」は「糟粕」に同じで、残りかす。春秋時代、本を読んでいた斉《せい》の桓公《かんこう》に車大工の扁《へん》が言ったと『荘子』天道の記す言葉。車輪を作るにはこつがあって、それは子供に言葉で伝えることはできない、だから七十になっても自分で車輪を作っている、昔の人も本当に大事なことは言葉にできずに死んでしまった、「然《しか》らばすなわち君の読む所の者は、古人の糟魄のみ」。書物に書かれているのは古人の精神のかすに過ぎない、の意。

牛頭馬頭 ◆ごず めず

地獄の獄卒で、牛頭人身と馬頭人身のもの。

『大智度論』一八、『大仏頂首楞厳経《だいぶっちょうしゅりょうごんぎょう》』八、『十王経』などの仏教経論に見える。地獄で亡者《もうじゃ》を責めさいなむ鬼で、牛頭・馬頭をはじめさまざまな形状のものが六朝時代以後の小説に登場する。日本でも、地獄の描写の鮮烈な『往生要集』大文第一に「牛頭・馬頭等のもろもろの獄卒、手に器仗《きじょう》（武器）を執《と》り、駈《かけ》りて山の間に〔罪人を〕入らしむ」と見えるほか、説話・地獄絵などでなじみになっている。

五臓六腑 ◆ごぞう ろっぷ

内臓の総称。転じて、からだ全体の意。

「五臓」は、漢方で、心臓・肝臓・脾臓《ひぞう》・肺臓・腎臓《じんぞう》の五つの内臓。「六腑」は、大腸・小腸・胆嚢《たんのう》・胃・膀《ぼう》胱《こう》・三焦《さんしょう》の六つの内臓。三焦は、無形有用のもので、消化吸収・排泄《はいせつ》作用をつかさどるとされる。一般語としても、酒が「五臓六腑にしみわたる」のような言い方で使われている。

鼯鼠之技　◆ごその　ぎ

さまざまなことができるが、どれも中途半端なこと。「技」はワザとも読む。「鼯鼠」は「梧鼠」とも書き、むささびのこと。「螣蛇《とうだ》は足無くして飛び、梧鼠は五技ありて窮す」(『荀子《じゅんし》』勧学)から。「螣蛇」は、雲霧をおこしてその中で遊ぶという伝説上の蛇。むささびは、宙を飛べるが屋根に届かず、木に登るが頂《いただき》に達せず、水を泳ぐが谷を渡れず、穴を掘るが身を隠せず、地を走るが人に及ばないので、五つの技を持っていながら窮迫すると説く。「鼯鼠五技」とも言う。同工の同義語に螻蛄《けら》を取り上げた「螻蛄《ろうこ》之《の》才《さい》」がある。これらは比喩《ひゆ》であるが、直接人について言うと「器用貧乏*」になる。

五体投地　◆ごたい　とうち

全身を投げ出して仏などを礼拝《らいはい》すること。インドにおける最も丁重な礼拝の仕方。中国・チベット仏教に取入れられ、仏像や仏塔に対し、額《ひたい》と両肘《りょうひじ》、両膝を地につけて礼拝する。またチベットでは、全身を地に投げ出しながら前進する聖地巡礼の行が行われる。日本では、「五体を地に投げ、発露《ほつろ》啼泣《ていきゅう》(心から泣く)し給ひしかば」(『平家物語』一〇)のように、古典にしばしば描写されている。

誇大妄想　◆こだい　もうそう

自分を過大に評価して、他人よりも優れていると思い込むこと。

「誇大」は、実際より大げさである意。「妄想」は、自分の欲求に基づく、根拠のない主観的な信念。その中で、財産を持っている、地位を持っている、高貴の生れだというように自分を高く評価するのを「誇大妄想」と言う。逆に、すべての点で自分は他人より劣っていると思い込むのを「抑鬱《よくうつ》妄想」という。

壺中之天　◆こちゅうの　てん

一つの小天地。別世界。また、酒を飲んで俗世を忘れる楽しみ。「一壺天《いっこてん》」とも言う。薬売りの老人が、店をしまうと店先の壺《つぼ》の中に入ってしまうのを費長房《ひちょうぼう》が見かけ、一緒に連れて行ってくれと頼む。「翁すなわち与《とも》に倶《とも》に壺中に入る。ただ玉堂の厳麗なるを見るのみ。旨《し》酒甘肴《しゅかんこう》(うまい酒とうまいさかな)その中に盈衍《えいえん》す(満ちあふれていた)。ともに飲み畢《おわ》りて出《い》づ」という、『後漢書』方術伝に見える話に由来する。

胡蝶之夢 ◆こちょうの ゆめ

夢と現実と、どちらが真実とも言えない境地。「荘周《そうしゅう》之夢」とも言う。荘周(荘子の本名)が蝶になった夢を見た。楽しく飛びまわって、自分が荘周であることを自覚しなかった。目覚めれば、自分は荘周である。「知らず、周の、夢に胡蝶《こちょう》と為《な》るか、胡蝶の、夢に周と為るか。周と胡蝶とすなわち必ず分有らん。これをこれ物化《ぶっか》と謂《い》う」(『荘子』斉物論)。荘周が夢で蝶になったのか、蝶が夢で荘周になったのか分らない。荘周と蝶は、おそらく区別があるのだろう、万物の変化とは、要するにこうしたものである、と荘子は説く。この荘周の夢を、日本の古典文学などで、人生のはかなさにたとえる用法もある。

克己復礼 ◆こっき ふくれい

自分を抑制し、礼儀にのっとるようにすること。「己《おの》れに克《か》ちて礼に復《かえ》るを仁と為《な》す」(『論語』顔淵《がんえん》)から。高弟の顔淵(顔回)が、仁とは何かと尋ねたのに対し、わが身をつつしんで礼にたちもどることが仁だ、と孔子が答えたもの。さらに具体的に、「礼に非《あら》ざれば視《み》ることなかれ。礼に非ざれば聴くことなかれ。礼に非ざれば言うことなかれ。礼に非ざれば動くことなかれ」と説いている。

刻苦勉励 ◆こっく べんれい

心身を苦しめてつとめはげむこと。「刻苦」は、つとめはげむこと。心身を苦しめて努力すること。「勉励」は、仕事にも言うが、学問の場で言うことが比較的多い。

滑稽洒脱 ◆こっけい しゃだつ

話が上手で、俗気がなくさっぱりしていること。『史記索隠《さくいん》』に、樗里子《ちょりし》伝の「滑稽」を注して「滑は乱すなり。稽は同じうするなり。弁捷《べんしょう》の人を謂《い》う。非を言いて是の如《ごと》く、是を言いて非の如く、よく同異を乱すを謂うなり」とある。すなわち「滑稽」は、言葉たくみに異同を混乱させること、またそのような人の意。「洒脱」は、俗気がなくてさっぱりしている意。つまり「滑稽洒脱」は、面白い通人の意ではなく、俗気抜きに機知に富んだ話をする様子や、そのような人を言う。

骨肉相食　◆こつにく　そうしょく

親子・兄弟など、肉親の者同士が憎しみ争うこと。ふつう「骨肉相食《あいは》む」と読まれる。「骨肉」は、親子・兄弟などの血族。「相食む」は、食い合う意で、互いに食い合うようにいさかうさまを言う。とりわけ武士中心の社会では、肉親が敵味方に別れて戦うことがしばしばあった。現代では、たとえば遺産をめぐって肉親間で激しい対立が続くような場合に使われる。その場かぎりの親子喧嘩《げんか》、兄弟喧嘩には言わない。

骨肉之親　◆こつにくの　しん

血縁者としての間柄。肉親の近しさ。

「骨肉」は、親子・兄弟などの血族を言う。「親」は、近しさの意。古くは「骨肉の親絶えて無きなり」(『礼記《らいき》』文王世子)、「それ君臣は骨肉の親有るにあらず」(『韓非子《かんぴし》』姦劫弑臣《かんきょうしいしん》)などの例がある。日本では「骨肉の間柄《あいだがら》」が、同じ意味で使われている。

涸轍鮒魚《こてつのふぎょ》　⇩　轍鮒之急《てっぷのきゅう》

胡馬北風　◆こば　ほくふう

故郷を恋い慕う心の切実なことのたとえ。

「胡馬、北風に依《よ》る」の略。『文選《もんぜん》』所収古詩の句「胡馬は北風に依り、越鳥《えっちょう》は南枝《なんし》に巣《す》くう」から。北方の胡に産した馬は北風が吹くとふるさとが恋しくて、耳を傾けるという意。後半の対句は、「越鳥南枝*」という語として、同じ意味で使われる。

五風十雨　◆ごふう　じゅうう

天下が太平なことのたとえ。

「五日一風、十日一雨」の略。五日に一度穏やかな風が吹き、十日に一度静かな雨が降る意。「風条《えだ》を鳴らさず、雨塊《つちくれ》を破らず、五日一風、十日一雨す」(『論衡《ろんこう》』是応)から。天が下す太平のしるしについて儒者が論じたもの。「十風五雨」とも言う。

鼓腹撃壌 ◈こふく げきじょう

人びとが太平を楽しむさま。「腹《はら》を鼓し壌《つち》を撃《う》つ」と読む。「鼓腹」は、腹鼓を打つこと。「撃壌」は、大地をたたいて歌をうたうこと。『十八史略』帝尭《ぎょう》陶唐氏に「老人有り。哺《ほ》を含み腹を鼓し（↓含哺《がんぽ》鼓腹）、壌を撃ちて歌いて曰《いわ》く、日出でて作し、日入りて息《いこ》い、井を鑿《うが》ちて飲み、田を耕して食らう、帝の力何ぞ我に有らんや、と」と見える。「日出でて作し」以下は、「撃壌之歌」として知られる。尭帝の徳があまねく行きわたっているので、かえって老人はそれに気づかず、帝の力など自分は受けていないと歌う。

鼓舞激励 ◈こぶ げきれい

気持をふるい立たせて励ますこと。

「鼓舞」は、鼓を持ち舞を舞う意から、励まして人の気持をふるい立たせること。「激励」は、強く励ましてふるい立たせること。類義の二語を重ねて励ます意を強調している。「叱咤《*しった》激励」が叱るようにして励ますのに対し、人の気持を高揚させるようにして励ます意。

五分五分 ◈ごぶ ごぶ

互いに優劣や可否のないこと。互角。

力、言い分、分配、可能性、その他さまざまな場合に使われる。多少の差がある時は「四分六《しぶろく》」（四分六分）、もっと差のあるときは「七三《しちさん》」（七分三分）などと言い、「九分《くぶ》通り」となると、一方が他方を圧倒する。

枯木寒巌 ◈こぼく かんがん

枯れた木と冷たい岩。冷淡で近づきにくい態度にもたとえる。

「寒巌」は、寒々とした冬の岩。江戸初頭の『日葡《にっぽ》辞書』は、「冷たい岩」と訳している。枯れた木と冷たい岩とで、冬の寒々とした風景を描写した語。「寒巌枯木」とも言う。なお、「枯木」は、禅で、無心のたとえともする。「枯木心」は無心になることを言い、「枯木堂」は無心に坐禅《ざぜん》をするところの意味で僧堂を言う。

古木朽株 ◈こぼく きゅうしゅ

年老いた人のたとえ。

枯れた木と朽ちた株の意。戦国時代、梁《りょう》の孝王のもとで、讒言《ざんげん》によって死罪を命ぜられた遊説家《ゆうぜいか》の鄒陽《すうよう》は、獄中から長文の上書を奉る。「明珠暗投《*めいしゅあんとう》」のたとえに続く部分で、「人のまず談ずる有れば、すなわち古木朽株も功を樹てて忘れられず」（『史記』鄒陽伝）と、老人でも、君主が聞く耳を持ち、とりなす側近がいれば、功を立て忘れ去られることがないと説く。この上書が王を動かし、鄒陽は獄から出されて上客の待遇を受ける。

御用繁多　◆ごよう はんた

仕事が忙しいこと。

「御用」は、幕府の用事、官庁の業務など、いわゆるお上の仕事を言う。「繁多」は、用事が多く忙しいこと。「公務《こうむ》繁多」と同義。忙しい人、あるいはそれらしくふるまっている人を揶揄《やゆ》して使う場合もある。

孤立無援　◆こりつ むえん

他のたすけがなく、ただ一人でいること。

「孤立」は、仲間がなくただ一人である意。「無援」は、たすけのないこと。孤立していれば、他のたすけは求め得ない。したがって、「孤立」だけで「無援」の状態を含んでいるのだが、あえて「無援」を添えることで、ただ孤立しているだけでなく、何らかの行動を起そうとしても、たすけが得られない状態を強調している。

五里霧中　◆ごりむ ちゅう

現在の状態が分らず、見通しや方針のまったく立たないことのたとえ。

「五里霧の中《なか》」と読む。五里四方にかかる深い霧の中で、方角を見失う意。間違いやすいが「五里夢中」ではない。「〔後漢の張楷《ちょうかい》は〕性道術を好み、よく五里の霧を作《な》す。時に関西《かんせい》の人裴優《はいゆう》もまたよく三里の霧を為《な》す」（『後漢書』張楷伝）による。三里霧しか作れない裴優は、五里霧を作れる張楷に学ぼうとしたが、張楷は裴優を避けた。はたしてのちに、裴優は霧を悪事に利用しようとして捕えられるのだった。

五倫五常　◆ごりん ごじょう

儒教で、人として守るべき道徳を言う。

「倫」は、人の守るべき道、「常」は、いつまでも変らない道の意。「五倫」は、父子の間の親愛、君臣の間の礼儀、夫婦の間の区別、長幼の間の順序、朋友の間の信義を言う。「聖人（舜《しゅん》）またこれを憂え、契《せつ》をして司徒たらしめ、教うるに人倫を以てし、父子親有り、君臣義有り、夫婦別有り、長幼叙有り、朋友信有らしむ」(『孟子《もうし》』滕文公《とうぶんこう》上)。「五常」は、やはり『孟子』に見える仁・義・礼・智(知)の四つの徳に、五行説によって信を加えたもの。

孤陋寡聞 ◆ころう かぶん

世の中から孤立して見聞の狭いさま。

「独学にして友無きは、すなわち孤陋にして聞くこと寡《すくな》し」(『礼記《らいき》』学記)による。「孤陋」は、世間からかけ離れ、心が偏狭《へんきょう》になっているさま。「寡聞」は、見聞の狭いこと。なお「寡聞」は、「寡聞にして存じません」のように、自分の知識の乏しいことを謙遜《けんそん》していう場合に多く使う。

欣求浄土 ◆ごんぐ じょうど

極楽浄土に生れることを願い求めること。

「欣」は願う意。「厭離穢土《おんりえど》*」と対語として用いられる。平安中期源信の『往生要集』は、第一章に「厭離穢土」を置き、第二章で「欣求浄土」を説く。「厭離穢土」の冒頭に描写される地獄の凄絶《せいぜつ》な様相は、のちの日本人の地獄観に大きな影響を与えた。そのような穢土を厭《いと》うという心が浄土を希求する心につながっていってほしいという源信の意図が読取れる。すなわち「厭離穢土」の心が、そのまま「欣求浄土」の心になると言える。

金剛不壊 ◆こんごう ふえ

仏教で、きわめて堅く、壊れないこと。また、そのようなさま。

「金剛」は、ダイヤモンド。仏教でしばしば使われ、きわめて堅い意、また転じて最上・最勝の意にも用いる。『心地観経』や『大般涅槃経《だいはつねはんぎょう》』は、仏の身について「金剛不壊」と表現している。また、堅固な心を「金剛不壊心」と言う。「金剛不壊の勝地《しょうち》」(『栄花物語』音楽)は、絶対に壊れない功徳《くどく》のある土地の意で、寺のこと。「不壊金剛」とも言う。

金剛輪際 ◆こんごうりん ざい

大地の底。転じて、物事の極限。また副詞的に、どこまでも、断じて。

中央に須弥山《しゅみせん》をいただく仏教の世界観では、金輪《こんりん》・水輪・風輪の三輪が世界の大地を根底から支えている。大地の底と、三輪の最上輪である金輪の上部の接するところを「金輪際《こんりんざい》」と言う。「金輪」は、経典によって「金剛輪」と呼ばれており、すなわち「金剛輪際」は、「金輪際」に同じ。果てしなく深いとされるところから、転義の意味が生じた。

言語道断 ◆ごんご どうだん

言葉で表現しようのないこと。

「言語」を呉音読みしていることから分るように、本来は仏教語。あらゆるものの真実の姿は「空《くう》」であって、言葉で表現する方法のないことを言う。平安時代にすでに善悪両様の意に用いる一般語となり、表現しがたいほど素晴らしいの意にも、あまりにひどくて何とも言い表しようがないほど悪いことの意にも用いられてきた。現在では多く、悪い意味に使う。

紺紙金泥 ◆こんし こんでい

紺色の紙に金泥で書いた経巻や仏画を言う。

「金泥」はキンデイとも言う。膠《にかわ》を溶いた液に金粉を混ぜたもの。経巻を供養することはしばしば『法華経』に説かれ、この教えに基づいて経典の装飾、いわゆる装飾経の制作が行われるようになった。紺色の紙に金字を用いた装飾経は、すでに奈良時代に見られる。平安時代に最も盛んとなり、主に『法華経』の経巻に施されるようになった。

今昔之感 ◆こんじゃくの かん

今と昔とを思い比べて、その相違のはなはだしいさまにいだく感慨。

昔のことをはっきり認識した上で、今と思い比べ、その違いのはなはだしいさまに覚える感慨を言う。昔はよかったという思いが含まれることもあれば、逆に今はよくなったという気持が含まれることもある。「今昔の感にたえない」などと表現される。

今是昨非《こんぜさくひ》 ⇩ 昨非今是《さくひこんぜ》

渾然一体 ◆こんぜん いったい

別々のものが混じり、とけ合っているさま。

「渾然」は、物のとけ合っているさまを言う。とけ合えば一体となるから、意味の上から「一体」を補う必要はない。「一体」を添えることで、一つになったさまを強調している。

昏定晨省《こんていしんせい》 ⇩ 温凊定省《おんせいていせい》

蒟蒻問答 ◈こんにゃく もんどう

とんちんかんな問答。かみ合わない受け答え。同名の落語による語。寺の住職になりすましていた蒟蒻屋の六兵衛は、旅の僧に問答を求められ、無言の身振りで応ずる。僧の方は、「大和尚の胸中は」の問いに「大海のごとし」、「六方世界は」の問いに「五戒で保つ」、「三尊の弥陀《みだ》は」の問いに「目の下に在り」と返されたと思いこんで退散する。実は、僧の言葉を店の蒟蒻にけちをつけたと解して対応した六兵衛の身振りで、最後はあかんべえだった。禅僧出身の二代目林屋正蔵の作という。

魂飛魄散 ◈こんひ はくさん

非常に驚くさま。「魂《こん》飛び魄《はく》散す」と読む。また、文字を入れ替えて「魂魄《こんぱく》飛散す」としても意味は変らない。魂が飛び散ってしまう意。「魂」は陽のたましいで精神をつかさどり、死ぬと天にのぼる。「魄」は陰のたましいで肉体をつかさどり、死ぬと地上にとどまるという。

渾崙呑棗 ◈こんろん どんそう

禅で、仏や祖師の言句も、丸呑みしては真の意味を体得することができないことを言う。「渾崙に棗《なつめ》を呑《の》む」と読む。「渾崙」は、丸呑みにする意。棗を丸呑みにしても味が分らないように、仏や祖師の言ったことも、うのみにしていては本当の意味をとらえることができないと説く語。北宋の『碧巌録《へきがんろく》』三〇則に見える。

さ 行

塞翁之馬 ◈さいおうの うま

人生の吉凶・禍福は定めがたいことのたとえ。「人間万事塞翁が馬」、略して「塞翁が馬」とも言う。

また、「塞翁失馬《しつば》」とも言う。「塞翁」は、北の辺境のとりでに住む老人の意で、固有名詞ではない。塞翁の飼っていた馬が逃げたが、老人はくよくよしなかった。やがて逃げた馬は、良馬を連れて戻ってきた。しかし老人は喜ばなかった。息子がその良馬に乗って落ち、足が不自由になった。老人は悲しまなかった。いくさが起り、足の不自由な息子は兵隊にいかずに済んだ。『淮南子《えなんじ》』人間訓に見える故事。「あまのじゃくだと塞翁が女房言ひ」(『誹風柳多留《はいふうやなぎだる》』一四六)は、いわばこの故事の感想。

斎戒沐浴　◆さいかい　もくよく

心を浄《きよ》め、体を洗うこと。

「斎」は、心のけがれを浄める意。「戒」は、身の過ちを戒める意。「沐」は、髪を洗う意。「浴」は、身体を洗う意。『孟子《もうし》』離婁《りろう》下に「悪《みにく》き人有りといえども、斎戒沐浴すれば、すなわち以て上帝を祀《まつ》るべし」と見える。神仏に祈る前や大切な仕事をする前に、祈りが聞き届けられ、仕事がうまくいくよう、飲食・行動を慎み、体を洗って、心身を清浄にする行為を言う。

歳寒三友　◆さいかんの　さんゆう

画題。冬の寒さに耐える三種の植物。

「歳寒」は、寒い季節、すなわち冬。松・竹・梅、または梅・水仙・竹の三種の植物を描く。なお、同じ画題としての冬の植物二種の場合は梅・菊で「歳寒二友」、四種の場合は玉梅《ぎょくばい》・臘梅《ろうばい》・山茶花《さざんか》・水仙で「雪中四友《せっちゅうのしゆう》」と言う。

歳寒松柏　◆さいかんの　しょうはく

逆境に置かれてもかたく節操を守るたとえ。

「歳寒」は、冬の寒い季節。「柏」は、落葉樹のカシワではなく、常緑樹のハク。常緑樹の松と柏が厳寒にも緑を失わないことから言う。『論語』子罕《しかん》に「歳《とし》寒くして、然《しか》る後に松柏の彫《しぼ》むに後《おく》るることを知るなり」と見える。厳しい状況になってはじめて人の真価が分ることを言ったもの。

才気煥発　◆さいき　かんぱつ

才気がはじけるように表れるさま。

「才気」は、才知のすぐれた働き。「煥発」は、火が燃え出るように、外面に輝き表れるさま。特に本人が意識していなくても自然に才気が外にはじけ出てしまう場合が「才気煥発」で、意識的・積極的に才気を示そうとするのは「才気ばしる」と言う。

最後通牒 ◆さいご つうちょう

国家間の紛争で、交渉を打切り、最後の要求を相手国に知らせること。転じて一般に、最終的な要求。

「通牒」は、通知文書。国家間の紛争の平和的交渉を打切り、最終的要求を相手国に示して、受入れられない時は平和的交渉以外の手段に訴える旨を述べた外交文書を言う。転じて一般の紛争の場合に流用され、「最後通牒を突きつける」のような表現で、事実上交渉が決裂したことを言う。

在在所所 ◆ざいざい しょしょ

あちらこちら。いたるところ。また、あちらこちらの村里。

「在在」は、あちこちの村里。「所所」は、あちこち、ここかしこ。散在する人の住む場所を意味する二語を重ね、人の住むところならばどこでも、の意を表す。

歳歳年年《さいさいねんねん》 ⇩ 年年歳歳《ねんねんさいさい》

再三再四 ◆さいさん さいし

たびたび。しばしば。

「再三」は、二度も三度もの意で、これだけで「たびたび」の意味を持つ。「再四」は、意味を強めるために添えた語で、単独では使われない。中国では、清代の白《はく》話《わ》(口語体)小説『紅楼夢《こうろうむ》』に使用例が見える。

才子佳人 ◆さいし かじん

才知の優れた男と美しい女。

「才子」は、才知の優れた人。「佳人」は、美人のこと。本来は男女に限らず、よい人、美しい人の意で、軽い敬称にも用いられたが、のちにはもっぱら女性について言う。「才子佳人」は、理想的な男女として並べたもので、しばしば相愛する男女に対して言う。「佳人才子」とも言う。「*才子多病」「*佳人薄命」の語が示すように、理想的とされるわりには、どちらも望ましくない人生を送るものとされている。

在邇求遠 ◆ざいじ きゅうえん

実際には手近なところにある人の道を、遠いところに求めること。

「邇《ちか》きに在《あ》るを遠きに求む」と読む。「道は邇きに在りて、これを遠きに求む。事は易《やす》きに在りて、これを難《かた》きに求む。人人その親《しん》を親とし、その長を長とせば、すなわち天下平らかなり」（『孟子《もうし》』離婁《りろう》上）による語。人のふみ行うべき道は手近なところにあるのに、人はこれを高遠なところに求めている、しなければいけないことはやさしいのに、むずかしいものと考えている、親を親として尊び、目上を目上として敬すれば、天下は平穏なのだ、と説く。

妻子眷属　◆さいし けんぞく

一族一門のこと。

「眷属」は、親族や家来を言う。すなわち妻子と「一*族郎党《ろうとう》」の意。「さる程に、平家の軍兵《ぐんびょう》はせ散て、信頼・義朝の宿所を始めて、謀叛《むほん》の輩《ともがら》の家々に、をしよせをしよせ火をかけて、やきはらひしかば、其《そ》の妻子眷属、東西に逃げまどひ、山野に身をぞかくしける」（古活字本『平治物語』中、義朝敗北の事）。

再思三省　◆さいし さんせい

何度も考え直すこと。

「再思」は、もう一度考えてみること。「三省」は、何度となく我が身を反省すること。「再思三省」は、自分の行いなどについて、くり返し反省することを言う。類義語「再思三考」は、自分の考えが間違っていないかどうか、何度も考え直してみることを言う。

才子多病　◆さいし たびょう

優秀な人はとかく病気がちであること。

「才子」は、才知に優れた（男の）人。末広鉄腸《すえひろてっちょう》が「美人薄命にして才子多病なり」（『雪中梅』序）と言っているように、しばしば「才子多病」は、「美人薄命」あるいは「*佳人《かじん》薄命」と対にして言われる。的はずれなことを言ったりしたりする人を「長生きするよ」と評するのは、「才子多病」をひっくり返した表現とも言える。

載舟覆舟　◆さいしゅう ふくしゅう

君主を支えるのも滅ぼすのも、人民であることのたとえ。

「舟を載《の》せ舟を覆《くつがえ》す」と読む。「君なる者は舟なり、庶人なる者は水なり。水はすなわち舟を載せ、水はすなわち舟を覆す」(『荀子《じゅんし》』王制)から。君主を舟に、庶民を水にたとえ、水は舟を浮べ、また水は舟をくつがえすと説く。だから君たるものは民を愛し、士を敬《うやま》い、賢を尊ぶべし、というのが荀子の王制論。

才色兼備 ◆さいしょく けんび

才知と美貌《びぼう》を兼ね備えていること。

「色」は、容姿などが美しいこと。ここでは容貌についていう。「美丈夫《びじょうふ》」あるいは「色男」という語があるように、美貌は男子についても言われるが、この語はもっぱら女性について言う。客観的な評価というよりは、ほめ言葉として使われることが多い。

採薪汲水 ◆さいしん きゅうすい

自然の中で質素に暮すこと。

「薪《たきぎ》を採《と》り水を汲《く》む」と読む。林の中で枯枝を拾い、谷川で水を汲んで、炊飯の用に立てる意。人間生活の最も基本的な労働行為で、『法華経』提婆達多品《だいばだったぼん》には、過去世の釈迦《しゃか》がこの経典を得るために、薪を拾い、水を汲んで仙人に仕えたという話が出てくる。また、この説話をふまえた「法華経をわが得しことは薪こり菜摘み水くみ仕へてぞ得し」という歌が、行基《ぎょうき》の作として伝えられる。

采薪之憂 ◆さいしんの ゆう

軽い病気をへりくだっていう語。

「憂」はウレイとも読む。「采」は「採」とも書く。薪《たきぎ》を採《と》るのもおぼつかない病の意。孟子《もうし》が斉《せい》の宣王に召された時、病気と偽って参内《さんだい》しなかった。翌日、王の使者と侍医が見舞に訪れたが、孟子は出かけていた。弟子が「昔者《きのう》は王命有りしも、采薪の憂有りて、朝《ちょう》に造《いた》ること能《あた》わざりき。今は病も小《すこ》しく愈《い》えたれば、趨《いそ》ぎて朝に造れるも、我よく至れるや否やを識らず(今朝、参内しましたが、無事ついているかどうか)」と応対したあと、別の弟子をやって孟子に参内をうながしたが、孟子はそれでも参内しなかったという。『孟子』公孫丑《こうそんちゅう》下に見える逸話。

類義語に、薪を背負えない病、または薪を背負った疲れからきた病の意の「負薪《ふしん》之憂」がある。

祭政一致 ◆さいせい いっち

神をまつる祭祀《さいし》と国家の政治とが、区別されずに同一である思想ならびに政治形態。

古代国家に多く見られる。古代においては、神をまつり、神の意を知ってそれに添うことが、そのまま国を治めることであったから、祭祀を意味する「まつりごと」が、同時に政治の意味になった。これに対して政治と宗教をきちんと区別するのが「政教分離」で、日本国憲法はこの原則を採用している。

載籍浩瀚 ◆さいせき こうかん

たくさんの書物があること。

「載籍」は、書物に書き載せることから、書物の意。「浩瀚」は、書物の量が多いこと。また、大部の書物の意。『文心雕竜《ぶんしんちょうりょう》』事類に「それ経典は沈深にして、載籍は浩瀚、まことに群言の奥区《おうく》にして才思の神皐《しんこう》なり」と見える。経典の内容は深淵を極め、厖大《ぼうだい》な書物として伝わっている。さながら文章表現の底知れぬ宝庫であり、思考発想のこの上なき源泉である、の意。

採長補短 ◆さいちょう ほたん

他人のよいところを取入れて、自分の欠点を補うこと。また、余っているもので、不足しているところを補うこと。

「長を採《と》りて短を補《おぎな》う」と読む。たとえば論を組立てる時に、自分の見解の不十分なところを他人の優れた意見で補うことなどに言う。

西方浄土《さいほうじょうど》 ⇒ 極楽浄土《ごくらくじょうど》

在留邦人 ◆ざいりゅう ほうじん

一時、外国に居住している日本人。

「在留」は、一時、ある一定の地、特に外国に留まっていること。「邦人」は、わが邦《くに》の人、すなわち日本人。在外公館に勤務する人、民間企業から海外赴任している人、留学生など、一定期間後の帰国を前提として外国に住んでいる人を言う。観光客など、短期間の滞在者は含まれない。

豺狼当路 ◆さいろう とうろ

残酷で欲深い者が政治の要路にいて、権勢をほしいままにしていることのたとえ。

「豺狼路《みち》に当《あた》る」と読む。『東観漢記』張綱伝に「豺狼道に当れり、いずくんぞ狐狸《こり》を問わん」と見える。豺《やまいぬ》や狼《おおかみ》が道をふさいでいるのに、どうして狐や狸を相手にしていられようか、の意。後漢の順帝の頃、宮中に宦官《かんがん》の勢力がはびこっていた。官吏を監督する立場の張綱は、地方巡察の命を受けた時、大きな悪官吏がいるのに小さな悪官吏を取締っていられようかと、都にとどまったという。

座右之銘《ざうのめい》 ⇩ 座右之銘《ざゆうのめい》

左往右往《さおううおう》 ⇩ 右往左往《うおうさおう》

削株掘根《さくしゅくっこん》 ⇩ 断根枯葉《だんこんこよう》

鑿窓啓牖 ◈ さくそう けいゆう

多くのことを学んで見識を広めるたとえ。

「窓《まど》を鑿《うが》ち牖《まど》を啓《ひら》く」と読む。「牖」は、格子をはめた窓。壁に窓をうがち作り、その窓を開いて日光や外気を多く取入れる意。狭い見識に閉じこもらず、新しい見方、別の見方を取入れることにたとえる。『論衡《ろんこう》』別通に「戸を開き日の光を内にするも、日光は幽を照らすこと能《あた》わず。窓を鑿ち牖を啓いて、以て戸明を助くるなり」と見える。

削足適履 ◈ さくそく てきり

本末を誤ることのたとえ。

「足を削《けず》りて履《くつ》に適《てき》せしむ」と読む。「足を削りて履に適せしめ、頭を殺《そ》いで冠に便ならしむ」(『淮南子《えなんじ》』説林訓《ぜいりんくん》)から。足に合せてくつを選び、頭に合せて冠を選ぶべきなのに、くつに合せて足をけずり、冠に合せて頭をそぐこと。第二次大戦中、足に合ない靴をもらった兵が取替えに行ったところ、足の方を靴に合せろと言われたという話が伝わる。

昨非今是 ◈ さくひ こんぜ

昨日は否定していたことが、今日は正しいと思えること。

「已往《いおう》の諫《いさ》めざるを悟《さと》り、来者の追うべきを知る。まことに途《みち》に迷うてそれ未だ遠からず。今は是にして昨《きのう》は非なりしを覚《さと》る」(陶淵明「帰去来辞」)による。過去はいまさら戒めても仕方がないとさとり、将来のことを考えるべきだと知った。道に迷ってまだ遠くへは来ていない。昨日までの自分は間違っていた、今の自分が正しいのだと、官を辞して故郷の田園に帰った心境をつづる。「今是昨非」とも言う。

作文三上 ◆さくぶん さんじょう

文章を作る際、考えるのに適した場所が三か所あるということ。

「余、平生作る所の文章は、多く三上に在り。すなわち馬上・枕上・厠上《しじょう》なり。けだしただこれ尤《もっと》も以て思いを属《つら》ぬべきのみ」（北宋、欧陽脩《おうようしゅう》『帰田録』二）から。文章を考えるには馬に乗っている時、寝ている時、便所にいる時が一番いいと言う。

鑿壁偸光《さくへきとうこう》 ⇒ 穿壁引光《せんぺきいんこう》

左建外易 ◆さけん がいえき

不正な方法で自分の勢威や権力をのばすこと。

「いま君また左建外易す。以て教えと為《な》す所あらざるなり」（『史記』商君伝）から。「左建」は、左道すなわちよこしまな道を行って自分の勢力をもりたてること。「外易」は、外にあって君命を勝手に易《か》えること。戦国時代、秦《しん》の宰相《さいしょう》となった商君公孫鞅《こうそんおう》の政治手法について趙良《ちょうりょう》が、「左建外易」は人々への教えとはならないと諫言《かんげん》したもの。鞅はこの諫言に従わず、最後に秦の恵王によって誅《ちゅう》された。

左顧右眄 ◆さこ うべん

周囲を気にしない堂々たる様子。また、周囲の情勢をうかがってなかなか決断しないさま。

「眄」は、流し目に見る意。「左顧右眄するや、謂《おも》えらく人無きが若《ごと》し」（曹植《そうしょく》「与二呉季重《ごきちょう》一書」、『文選《もんぜん》』所収）から。左を振返り、右を流し目に見る様子は、まるであたりに人がいないようだ、の意。酒宴の席での呉季重の雄姿をたたえているところ。すなわち、本来は満座の中での堂々たる振舞を言う語だが、のちに、あたりの人のおもわくばかり気にする意に転じ、語形も「右顧左眄*」が優勢になっている。

左支右吾 ◆さし ゆうご

あれこれはかって危難を避けたり、間に合せたりすること。いいかげんにごまかすこと。

「吾」はとどめる意で、左を支え右をとどめる意。「一処を支えずして、すなわち大事の去らんや。願わくは預《かね》て左支右吾の策を講ぜん」（『宋史』李邴《りへい》伝）から。一か所でも防げなければ危険は去らない、あらかじめ左も右も防ぐ策を講じておきたい、の意。なお「支吾」は、つじつまの合わないこと、ごまかしなどを言う意に使われる。

砂上楼閣 ◆さじょうの ろうかく

長続きしない物事、また実現不可能な計画のたとえ。「楼閣」は、立派な重層の建物。砂の上に立てた立派な建物の意。どれほど立派に作っても、基礎がもろいのですぐに倒れてしまう。そこから長続きしないたとえとされる。また、そもそも砂の上に建物を作ること自体が難しい。そこから実現不可能な計画にたとえる。まったく想像上の建物となると「空中楼閣*」ということになる。

沙中偶語 ◆さちゅう ぐうご

臣下が謀反《むほん》の相談をすること。

漢の高祖劉邦《りゅうほう》が洛陽《らくよう》の南宮から望見すると、諸将が砂（沙）地にすわってなにやら話している。何をしているのかと尋ねると、陛下が昔の親しい人ばかり侯に封《ほう》じるので、自分たちの身を案じて謀反の相談をしているのだ、と留侯《りゅうこう》張良《ちょうりょう》が答えた。高祖が張良の進言によって、最も嫌っている臣下を侯に封じたところ、諸将はあいつが侯になれるならと一安心したという、『史記』留侯世家の故事による。

察言観色 ◆さつげん かんしき

人の言葉をよく聞き分け、顔色をよく見分けること。「言を察し色《いろ》を観《み》る」と読む。「それ達なる者は、質直《しっちょく》にして義を好み、言を察して色を観、慮《はか》って以て人に下《くだ》る」（『論語』顔淵）から。道に通達している者は、正直で正義を愛し、人の言葉をよく考えて顔色を見ぬき、気をつけて人にへりくだるのだ、の意。言葉の裏をかんぐり顔色をうかがうという、悪い意味ではない。

左文右武 ◆さぶん ゆうぶ

文と武との両方を重んじること。文武を兼ね備えること。

「右文左武」とも言い、右と左に違いはない。「文武弓馬之道専《もっぱ》ら相嗜《あいたしな》むべき事、左文右武之法なり」（『御《お》触書寛《ふれがきかん》保《ぼう》集成』一）のように、日本では武士のたしなみとされた。類義の「允文允武*《いんぶんいんぶ》」は、文武ともに優れている天子の徳をたたえて言う。

佐命立功　◆さめい　りっこう

君主を補佐して功績をあげること。「命《めい》を佐《たす》けて功を立つ」と読む。「命」は天命、またそれを受けた人。天命を受けて君主となった人を補佐して建国の大業を助け、功を立てる意。前漢の李陵《りりょう》「答蘇《そ》武《ぶ》書」（『文選《もんぜん》』所収）に「その余の佐命立功の士、賈誼《かぎ》・亜夫《あふ》（周亜夫）の徒は、皆まことに命世の才にして将相の具を抱くも（才能があり、将軍・宰相《さいしょう》の器があったが）、小人の讒《ざん》を受く」と見える。

左右他言　◆さゆう　たげん

はっきりしたことを言わずにその場をごまかすこと。ふつうに言う「言を左右にする」に同じ。孟子《もうし》が斉《せい》の宣王に、留守中の妻子の面倒を親友に頼んで遠くへ出かけた者が、帰ってみれば親友は何もしてくれなかったとしたらどうするかと訊《き》いた。王は、そんな親友は見捨てると答えた。次に、裁判官が無能で刑罰が乱れたらどうするかと訊くと、そんな裁判官は辞《や》めさせると答えた。それなら一国の君主として国内がよく治まらなかったらどうするかと訊くと、「王、左右を顧みて他《よそごと》を言えり」（『孟子』梁恵王《りょうけいおう》下）。

座右之銘　◆ざゆうの　めい　ざうの　めい

常に身近に置いて戒めとする言葉。「座右」は、座席の右。転じて、身近なところ。江戸中期の『譬喩尽《たとえづくし》』六に「座右にすとは、側《そば》に置《お》くといふこと」とある。「銘」は、物に刻んで身の戒めとする文。転じて、戒めの言葉。『文選《もんぜん》』に、「人の短を道《い》うことなかれ、己《おのれ》の長を説くことなかれ」という後漢の崔瑗《さいえん》の「座右銘」が紹介されている。なお、平安時代の兼明《かねあきら》親王は、中国先人の「座右銘」にならって金言を集め、「座左の銘」と名づけている。

作礼而去　◆さらい　にこ

礼をして去った、の意。「礼」は、礼拝《らいはい》する意。『阿弥陀経《あみだきょう》』に「仏の説きたまいしところを聞き、歓喜し、信受して、礼を作《な》して去りぬ」とあるのをはじめ、多くの経典の末尾にある言葉。この言葉で経典を終えるのは、聴衆が仏の説法を敬虔《けいけん》な姿勢で聞き、その説くところに心から帰依《きえ》していることを示す。

沙羅双樹 ◆さら そうじゅ しゃら そうじゅ

釈迦《しゃか》が入滅《にゅうめつ》した場所に生えていた沙羅の木を言う。「沙羅」は「娑羅」とも書き、インド原産のフタバガキ科の常緑高木。淡黄色の小さな花をつける。日本で「沙羅の樹」と呼ばれているのはツバキ科のナツツバキで、これとは異なる。「双樹」については、経典によってさまざまに説かれる。『大般涅槃経後分《だいはつねはんぎょうごぶん》』によれば、釈迦の臥処《ふしど》の東西南北に各一対の沙羅樹があり、涅槃に入る(入滅)と同時に各樹は白く変じてあたかも白鶴のようだったという。ここから、釈迦、また貴人の死を言う「鶴林」という語が生れた。また『大般涅槃経疏《しょ》』は、八樹のうち四樹は枯れ、四樹は栄えたと言い、これを「四枯四栄《しこしえい》」と言う。

三衣一鉢《さんえいっぱち》 ⇩ 三衣一鉢《さんねいっぱつ》

三界火宅 ◆さんがいの かたく

仏教で、凡夫《ぼんぷ》の世界の苦悩の絶えないさまをたとえる語。

『法華経』譬喩品《ひゆぼん》の「三界は安きこと無く、なお火宅の如《ごと》し」に基づく語で、「三界火宅」という語も同品でしばしば使われている。「三界」は、凡夫が輪廻転生《りんねてんしょう》する欲界《よくかい》・色界《しきかい》・無色界《むしきかい》を言い、人間界は欲界にある。「火宅」は、火事で焼けている家。我々が生れ変り死に変りする三界は、火事になった家のようなもので、心やすまる時がない、と説く。

山海珍味 ◆さんかいの ちんみ

いろいろな料理が取りそろえられたご馳走《ちそう》。

山や海の産物で作った珍しい味の料理が原義。原義の意味で使われることもあるが、多くはもりだくさんのご馳走を言う。たくさんのご馳走の中には、当然、海産物もあれば山の幸もあるので、どんな料理でも「山海」の意味を大きくはずれることはない。ふだん食べることのないご馳走を意味する類義語に「珍味佳肴《かこう》*」がある。

山海辺土 ◆さんかい へんど

遠く辺鄙《へんぴ》な片田舎の意。

「山海」は、山や海を隔てた遠い地。「辺土」は、都から離れた辺鄙な地。類義の語を重ねて、文化の地から遠く隔たった辺鄙な地を強調している。

山河襟帯　◆さんが きんたい

自然の要害を言う。山が襟《えり》のようにぐるりと囲み、河が帯《おび》のようにくねくねと流れている意。白居易「叙レ徳書レ情四十韻、上二宣歙崔中丞一詩」に「山河は地の襟帯にして、軍鎮は国の藩維なり」と見える。

産学協同　◆さんがく きょうどう

教育において、産業界と学校とが協力しあうこと。技術者の養成や、産業界からの委託研究などを主な内容とする。産業に関する教育制度としては、明治以来「実業教育」ということが言われ、実業学校が初・中級技術者を育成してきた。それを継承・改善して、一九五一年に産業教育振興法が制定された。「産学協同」は、より直接的に産業界と学校とが交流し、協同して研究や教育を進めることを意味する。

三月庭訓　◆さんがつ ていきん

勉強に飽きやすいことのたとえ。一月から十二月までである、初学者のための手紙文を集めた『庭訓往来』の学習を、三月あたりでやめてしまうこと。『源氏物語』を須磨《すま》の巻あたりで飽きてしまう「須磨源氏」と合せ、「三月庭訓須磨源氏」などとも言う。もっと極端な「＊桐壺《きりつぼ》源氏」「＊隠公左伝《いんこうさでん》」は、『庭訓往来』なら、一月でやめてしまうような場合を言う。

三寒四温　◆さんかん しおん

寒い日が三日続いたあと、暖かい日が四日続き、これが繰返される冬の気候現象。中国北部や朝鮮半島では、この気候現象がかなり規則的に現れる。日本では、冬の安定した気候が崩れ始める頃の気候変動を言い、春の近いことの表現とする。

三綱五常　◆さんこう ごじょう

儒教で、人のまもるべき三つの大綱と五つの道徳を言う。

「三綱」は、君臣・父子・夫婦の道。後漢の班固の撰になる『白虎通《びゃっこつう》』三綱六紀に見える。「五常」は、仁・義・礼・智（知）・信を言い、『漢書』董仲舒《とうちゅうじょ》伝、また『白虎通』情性にも見える。人倫《じんりん》の道として、通常両語をあわせて用いる。また、「五常」に「五倫」をあわせた「＊五倫五常」も儒教で言う人倫の道。

三国伝来 ◆さんごく でんらい

インドから、中国または朝鮮を経て日本に伝わってきたこと。

仏像・経典などについて用いられる語で、それらの権威を示すために言われた。「三国」はふつう天竺《てんじく》（インド）・震旦《しんたん》（中国）・日本を言うが、仏教に関しては朝鮮半島を経由して伝わった場合が少なくない。「そもそも善光寺の生身《しょうじん》の如来《にょらい》は……その出世利物《りもつ》の生起《しょうき》由来を尋ぬれば、すなはち三国伝来の三意あるべし。三国とは天竺・百済《くだら》・日本なり」（「善光寺縁起」一）は、その例。「三国相伝」「三国相承《そうじょう》」とも言う。

残酷非道 ◆ざんこく ひどう

きわめてむごたらしいこと。また、そのようなさま。

「残酷」は、きびしく無慈悲なこと。むごたらしいこと。またそのようなさま。「非道」は、ここでは人情にはずれること。むごたらしいこと。またそのようなさま。類義の二語を重ねて、むごたらしさを強調する。なお、「ひどい」という形容詞はこの「非道」を活用させたもので、しばしば書かれる「非道い」という用字が由来を示している。

三顧之礼 ◆さんこの れい

目上の者が、礼を篤《あつ》くして人にものを頼むこと。

三国時代、蜀《しょく》の劉備《りゅうび》が三たび諸葛孔明《しょかつこうめい》の廬《いおり》を訪れて、ついに軍師に迎えた故事による。「先帝、臣の卑鄙《ひひ》なるを以てせず、猥《みだ》りに自ら枉屈《おうくつ》し、臣を草廬《そうろ》の中に三顧し、臣に諮《はか》るに当世の事を以てせり。これに由《よ》りて感激し、ついに先帝に許すに駆馳《くち》を以てす」（諸葛孔明「出師《すいし》の表《ひょう》」、『文選《もんぜん》』所収）。先帝劉備は私の身の卑しさを意にせず、貴い身を屈して草で作った粗末な廬を三度訪れ、当世のことについて意見を求められた、それに感激して、私は先帝のために奔走することにしたのです、と。「草廬三顧」とも言う。

斬衰斉衰 ◆ざんさい しさい

近しい人の喪《も》に着用する喪服。

中国の喪服五等、斬衰・斉衰・大功・小功・緦麻《しま》のうち、はじめの二つ。「衰」は、サイと漢音で読む時は、喪服の意。「斬衰」は、粗《あら》い麻布で作り、すそは裁切《たちき》りで縁取りをしない。父・君主・夫の喪に、三年間身につける。「斉衰」は、麻で作り、すその縁を縫う。妻や祖父母の喪に、一年間身につける。『周礼《しゅらい》』春官、司服に「およそ喪には、天王は斬衰を為《な》し、王后は斉衰を為す」と見える。

三三五五　◆さんさん ごご

三人あるいは五人というくらいのかたまりになって人が歩いて行くこと。また、人や家などがあちらこちらに少しずつかたまっていること。

唐代李白の詩「採蓮曲」に「岸上誰《がんじょうた》が家の遊冶郎《ゆうやろう》（遊び人）ぞ、三三五五垂楊《すいよう》（しだれ柳）に映ず」と見える。日本では江戸中期、与謝蕪村《よさぶそん》の俳詩「春風馬堤曲《しゅんぷうばていのきょく》」の「たんぽぽ花咲《さけ》り三々五々、五々は黄に三々は白し」が知られる。

残山剰水　◆ざんざん じょうすい

戦乱のあとに荒れて残された山水。また、山水画の描法の一つ。

「残」は、損なわれたあとにのこる意。「剰」は、切ったあとのよけいなものの意。いずれもありあまる意の「余」とは違う。取り残された山水を意味する。南宋の范成大《はんせいだい》の詩「与㆓胡経仲陳朋元㆒遊㆓照山堂㆒」に「晴日煖《だん》（「暖」に同じ）風《ぷう》千里を目《み》る、残山剰水一人の心」という句がある。山水画では、同じく南宋の馬遠《ばえん》一派にはじまった、自然の景色の一部分を描き、余白を大きく残す描法を言う。

三思後行　◆さんし こうこう

よく考えてから実行すること。また、慎重になりすぎること。

「三たび思いて後《のち》に行《おこな》う」と読む。「季文子《きぶんし》、三たび思いてしかる後に行う。子これを聞きて曰《いわ》く、再びせばこれ可なり」（『論語』公冶長《こうやちょう》）から。魯《ろ》の家老季文子は三度考えてから実行したと聞いて、孔子が言った、考えるのは二度でいい。

山紫水明　◆さんし すいめい

日に映えて、山は紫に、水は澄んではっきりと見えること。山水の清らかで美しいさま。

自然の風景をめでる語として、日本では最もなじみのある表現の一つになっている。山が紫色に見えることは実際にあるが、それよりも、紫は昔から尊い色、めでたい色とされており、「山紫」にもそのようなほめ言葉の意味が含まれている。

三家渡河 ◈さんし とか

文字を読み間違えたり書き間違えたりするたとえ。

「三豕河を渡る」と読む。孔子の弟子子夏《しか》が晋《しん》へ行く途中、衛《えい》を通りかかると史書を読む声がした。「晋の軍勢が三匹の豕《ぶた》とともに河を渡った」と読んでいる。そこで子夏は、「三」は「己」で「豕」は「亥」、つまり己亥《きがい》の年に河を渡ったと読むのではないかと教え、晋に着いてからたしかめると、やはりそうだったという。『呂氏《りょし》春秋』察伝などに見える故事。伝本により「渡」を「渉」とするところから、「三豕渉河《しょうか》」とも言う。

三枝之礼 ◈さんしの れい

鳥でも親を敬うことを知っているというたとえ。

子鳩《こばと》は、親鳩より三本下の枝にとまって礼儀を守るという意。『学友抄』に「烏《からす》に反哺《はんぽ》の孝有り、鳩に三枝の礼有り」と見える。引用文の前半は、「反哺之孝*」として知られる。

三車火宅 ◈さんしゃ かたく

仏教で、方便の三乗（三つの乗物）を捨てて真実の一乗に導くたとえ。

「三車」は、羊車・鹿車・牛車のこと。「火宅」は、火事で燃えている家の意。「法華《ほっけ》*七喩《しちゆ》」の一つ。『法華経』譬喩品《ひゆぼん》に説かれる。火事とも知らずに家の中で遊んでいる子供に、玩具の羊車・鹿車・牛車を与えると言って外に連れ出し、本物の大白牛車に乗せて連れ去ったというたとえ話。三車を声聞《しょうもん》・縁覚《えんがく》・菩薩《ぼさつ》の三乗にたとえ、大白牛車を真実の一乗の教えにたとえる。中国では、牛車と大白牛車を同一とする「三車家」と、別のものとする「四車家」に見解が分れ、いわゆる「三車四車の論争」が起った。

三尺秋水 ◈さんじゃくの しゅうすい

長さ三尺ほどの、研ぎ澄まされた剣。

古代中国の剣の長さがほぼ三尺（七〇センチメートル弱）だったことから、「三尺」で、剣を意味した。『漢書』高帝紀に「われ布衣《ほい》（庶民の身）を以て三尺を提《さ》げて天下を取れり」と例が見える。「秋水」は、心、鏡、瞳《ひとみ》など曇りがなく清らかなものをたとえる語で、ここは研ぎ澄まされて冷たく光る剣をたとえている。

三舎退避　◆さんしゃ　たいひ

相手に敬意を表して軍勢を退かせること。転じて、相手を恐れはばかって近づかないこと。

「三舎を避《さ》く」で知られる。兵の一日の行程を三十里とし、これを一舎と言う。晋《しん》の文公重耳《ちょうじ》は、若いころ放浪を余儀なくされたがその折、楚《そ》王《おう》のもてなしを受けた。後日の返礼を求める楚王に重耳は言った。「もし君の霊《おかげ》を以て晋国に反《かえ》るを得、晋楚兵を治めて中原に遇わば、それ君を避くること三舎せん」(『春秋左氏伝』僖《き》公《こう》二十三年)。後日、晋と楚が戦うことになった時、もてなしのお礼に晋の兵を三日行程だけ後退させましょう、と。

三者鼎立　◆さんしゃ　ていりつ

力の均衡した三者が並び立つこと。また、三つの勢力が互いに争うこと。

「鼎立」は、鼎《かなえ》の三本の足のように互いに向かい合って立つ意。『三国志』呉志、陸凱《りくがい》伝に「近くは漢の衰えし末、三家鼎立し、曹《そう》は綱紀を失い、晋《しん》その政を有《も》つ」と見える。漢が衰えたあと魏《ぎ》・呉・蜀《しょく》の三国が鼎立し、そのうち魏の曹一族は力を失い、司馬一族が代って晋を立国したことを言う。また秦《しん》が滅びて、項羽《こうう》と劉邦《りゅうほう》が天下を争っていた時、遊説家《ゆうぜいか》蒯通《かいとう》が劉邦の臣韓信に、独立して天下を三分し、鼎の足の一つになるべきだと説いたことが、『史記』淮陰侯《わいいんこう》伝に見える(→天下三分)。

三従四徳　◆さんじゅう　しとく

女性が従うべき三つの道と、実行すべき四つの徳。

「三従」は、家にあっては親に従い、嫁《か》しては夫に従い、老いては子に従うこと。『儀礼《ぎらい》』喪服に載り、インドの『マヌ法典』にも見える。「四徳」は、婦徳(貞順であること)、婦言(言葉遣いを丁寧《ていねい》にすること)、婦容(身だしなみをきちんとすること)、婦功(家事を行うこと)を言う。なお「三従」は、仏教に取入れられて、「五障《ごしょう》」とともに女性の成仏《じょうぶつ》を妨げる根本的障害とされた(→五障三従)。

三十而立　◆さんじゅう　じりつ

三十歳になれば、世の中で独立する道もはっきりするということ。

「われ十有五《じゅうゆうご》にして学に志す。三十にして立つ。四十にして惑わず。五十にして天命を知る。六十にして耳順《したが》う。七十にして心の欲する所に従いて矩《のり》を踰《こ》えず（道をはずれない）」（『論語』為政）による。三十歳で独立した立場を持った、の意。この語から、三十歳を「而立」と言う。同じ引用文から「*十五志学《しがく》」「*四十不惑《ふわく》」「*五十知命《ちめい》」「*六十耳順《じじゅん》」などの語もできている。

三十二相　◆さんじゅうに　そう

仏に備わる三十二の優れた身体的特徴。

仏は頭頂から足元まで、さまざまな特徴を持つ。「正《しょう》立手摩膝《りゅうしゅましつ》」は、直立すると手が膝《ひざ》まで届くというもので、仏像などで手が長く作られているのはこれに基づく。「広長舌《こうちょうぜつ》」は、舌が顔を覆《おお》うほど広く長いこと。転じて「長広舌」となり、おしゃべりの意味となっている。「足下安平立《そくげあんぺいりゅう》」は、足の裏が平たい意で、すなわち仏は扁平足《へんぺいそく》である。これら「三十二相」のほかに、まだ細かい特徴があって「八十種好《はちじっしゅごう》」と言い、併称して「三十二相八十種好」、略して「相好《そうごう》」と言う。

三十六策　◆さんじゅうろく　さく

いくさのための三十六の計略があるが、逃げるのが最上の策であることを言う。

南斉《なんせい》の王敬則《おうけいそく》が反乱を起こした。明帝の二男東昏侯《とうこんこう》は逃げる準備をした。それを聞いた敬則が言った。「檀公《だんこう》（南朝宋の檀道済《どうさい》）の三十六策、走《に》ぐるはこれ上計なり。汝《なんじ》父子ただまさに急ぎ走ぐべきのみ（帝も息子もさっさと逃げた方がいい）」（『南斉書』王敬則伝）。一般に「三十六計逃げるに如《し》かず」、三十六の計略も逃げることには及ばないと解釈される。

蚕食鯨呑　◆さんしょく　げいどん

大国が弱小国を次々と併合していくこと。

「蚕食」は、蚕《かいこ》が桑の葉を食うように、かたっぱしから他国または他人の領域を侵略すること。この語は、『史記』では秦《しん》の侵略行為にのみ使われているという考察がある。「鯨呑」は、鯨が小魚を呑みこんでしまうように、強い者が弱い者をしたがえて自己の意のままにすること。力まかせ、勢いまかせで他を侵害する意味の二語を重ね、その傍若無人《ぼうじゃくぶじん》なさまを強調する。

斬新奇抜　◆ざんしん　きばつ

趣向が新しく、人の目を見はらせるさま。

「斬新」は、趣向がきわだって新しいさま。「奇抜」は、人の意表をつくさま。衣服などについて、これまでにないデザインなどで人目を引くさまに言う。また従来にない注目すべき発想・着想などにも言う。

三寸不律 ◈さんずん ふりつ

三寸の長さの筆。短い筆。

一寸は時代によって異なるが、二～三センチメートル程度の長さ。「不律」は古代、蜀《しょく》・呉《ご》地方の俗語で、「筆《ひつ》」の音が転じた語。『爾雅《じが》』釈器に「不律これを筆と謂《い》う」と見える。

三世了達 ◈さんぜ りょうだつ

仏の智慧《ちえ》は、過去・現在・未来を明瞭に見通しているということ。

「三世」は、移り変っていく現象・存在を時間的にとらえた、過去・現在・未来のこと。「了達」は、よく悟って分ること。仏が、移り変っていく現象・存在を総体として把握《はあく》していることを意味する。

三千世界 ◈さん ぜんせかい

古代インド人の世界観による全宇宙を言う。

「三千大千世界」の略。「千」の読みが濁音になっているが、語構成は「三千の世界」ではなく「三つの千世界」である。須弥山《しゅみせん》を中心として、それを取りまく九山《くせん》*八海《はっかい》、および天上から地下にわたる世界を「一小世界」とし、小世界が千集まったものを「小千世界」と言う。そして小千世界が千集まったものを「中千世界」、中千世界が千集まったものを「大千世界」と言う。全宇宙はこの大千世界のことだが、そこに小千世界・中千世界・大千世界という三つの千世界が含まれるので、「三千大千世界」または「三千世界」と言う。

山藪蔵疾 ◈さんそう ぞうしつ

大事をなす人は、大小善悪の人を包容する度量があるというたとえ。また、小さな欠点は、大徳を損なわないというたとえ。

「山藪疾《やまいかく》を蔵す」と読む。「川沢汚《せんたくお》を納《い》れ、山藪疾を蔵し、瑾瑜《きんゆ》瑕《きず》を匿《かく》し、国君垢《はじ》を含むは、天の道なり」（『春秋左氏伝』宣公十五年）から。川や沢は汚水を受入れ、山の藪《やぶ》は毒蛇・毒虫をすまわせ、美しい玉は小さな傷を隠し、国君は恥を忍ぶのが天の道である、の意。春秋時代、晋《しん》の景公が、楚《そ》に攻められている宋を救援しようとした時、大夫の伯宗《はくそう》が、「*長鞭馬腹《ちょうべんばふく》」で、天が味方している楚と今戦うのは無理だ、もう少し辛抱して楚の勢いの衰えるのを待つようにと諫《いさ》めたもの。

三草二木 ◆さんそう にもく

仏教で、仏の説法は衆生《しゅじょう》を平等にうるおし、ついには真実の世界に至らせるというたとえ。

『法華経』薬草喩品《やくそうゆほん》に説かれるたとえで、「*法華《ほっけ》七喩《しちゆ》」の一つ。「三草」は大草・中草・小草を、「二木」は大木・小木を言う。大小さまざまな草木がひとしく雨の恵みを受けて成長するように、衆生に能力・素質の違いはあっても、ひとしく仏の教えを受けて悟りをひらくことを説く。中国天台宗の開祖智顗《ちぎ》の『法華義疏《ぎしょ》』薬草喩品に、「三草二木に借りて述を作《な》すが故に、薬草喩品と云《い》う」とある。

三蔵法師 ◆さんぞう ほうし　さんぞうの ほっし

経・律・論の三蔵に通暁《つうぎょう》した僧を言う。

「三蔵法師」と言えば『西遊記』に登場する唐僧玄奘《げんじょう》を思い浮べるが、固有の称号ではない。玄奘を含め、三蔵に通じた僧の称で、「三蔵」とも略称される。たとえば訳経に努めた名僧鳩摩羅什《くまらじゅう》は、『阿弥陀経《あみだきょう》』に「姚秦《ようしん》の三蔵法師」、『金剛般若経《こんごうはんにゃきょう》』に「姚秦の天竺《てんじく》三蔵」と付記されており、固有名詞として「羅什三蔵」と呼ばれる。対する『西遊記』の三蔵法師は、「玄奘三蔵」と呼ばれる。

三段論法 ◆さんだん ろんぽう

二つの判断、大前提と小前提から、第三の判断である結論を導き出す推理。

「すべての植物は生物である」(大前提)―「苔《こけ》は植物である」(小前提)―「ゆえに苔は生物である」(結論)の形式の論法を言う。前提の立て方によっては無理な結論が導かれるので、三段論法には守られるべき規則がある。たとえば「神の存在は聖書に書いてある」―「聖書は神の言葉である」―「ゆえに神は存在する」は、大前提と小前提がそれぞれを論拠としなければ論証できない循環論証なので、三段論法としては成立しない。

山中暦日 ◆さんちゅう れきじつ

山中で、歳月の過ぎていくのを忘れてのんびりと生活することと。

「山中暦日無し」の略。「暦日」は、こよみの意。「たまたま松樹の下に来たり、枕を高うして石頭に眠る、山中暦日無し、寒尽くれども年を知らず（春を迎えたが、今が何年だか知らない）」という『唐詩選』に載る詩による。作者は人に名前を尋ねられた時、何も答えず、この詩を残して去ったという。「人に答う」と題し、太上隠者の作とされている。

三人市虎 ◆さんにん しこ

同じことを三人が言えば、嘘《うそ》も事実と信じられてしまうたとえ。

「三人市虎を成す」の略。町に虎が出たと三人が言えば事実になってしまうということ。「衆議は林を成し（平地が林になる）、翼無くして飛ぶ。三人市虎を成し、一里〔四方の人が言えば〕椎《つち》（鉄槌《てっつい》）を撓《たわ》む」（『淮南子《えなんじ》』説山訓）から。同工同義語に「三人成虎《せいこ》」*がある。

三人成虎 ◆さんにん せいこ

同じことを三人が言えば、嘘《うそ》も事実と信じられてしまうたとえ。

「三人虎を成す」と読む。三人が虎が出たと言えば事実になってしまうということ。「三人虎を成し、十夫椎《つち》（鉄槌《てっつい》）を揉《たわ》む。衆口の移すところ翼なくして飛ぶ」（『戦国策』秦策《しんさく》）から。秦王の将軍王稽《おうけい》に、荘《そう》という者が部下の口封じの大切さを説いたもの。なお、「三人市虎《しこ》」*も同工同義の語。

三人文殊 ◆さんにん もんじゅ

三人で相談すればよい知恵も出るということ。

「三人寄れば文殊の知恵」で知られる。愚かな者でも三人集まれば文殊菩薩《ぼさつ》のようなよい知恵が生れるものだ、の意。そのような素晴らしい知恵を「文殊知恵」*と言う。「文殊」は、サンスクリットの音写語「文殊師利」の略。普賢《ふげん》菩薩とともに釈迦如来《しゃかにょらい》の脇侍《きょうじ》とされる菩薩。般若《はんにゃ》すなわち完全な知慧（知恵）をそなえ、みずからも説法を行う。

三衣一鉢 ◆さんね いっぱつ さんえ いっぱち

仏教で、修行僧が所有することを許された三種の衣と一つの鉢を言う。

「三衣」は、僧伽梨《そうぎゃり》、鬱多羅僧《うったらそう》、安陀会《あんだえ》の三種の衣を言う。「鉢」は、托鉢《たくはつ》の際、布施《ふせ》の食物を受ける器。出家修行僧は簡素な生活を求められたから、所有物はこの三衣一鉢に敷物の坐具《ざぐ》と水漉《こ》し器を加えた六種の品に限られた。これを「比丘六物《びくろくもつ》」（「比丘」は修行僧の意）と言う。

三年味噌 ◆さんねん みそ

けちなこと、勘定高いことのたとえ。

原義は、仕込んで三年経った味噌のこと。色に深みが出、味が濃くなる。その味が塩辛いところから、甘くない、すなわち勘定高い意味に洒落《しゃれ》たもの。

残念無念 ◆ざんねん むねん

とても悔しいさま。

「残念」は、念《おも》いが残る意から、心残りなこと。また、くちおしいこと。「無念」は、正念《しょうねん》すなわち、正しい念いを失う意から、くちおしいこと。類義の二語を重ね、くちおしいさまを強調する。芝居のせりふなどでは、もっと強調して、「残念無念くちおしや」と言ったりする。類義の「*切歯扼腕《せっしやくわん》」は、身もだえして悔しがるさまを言う。

三拝九拝 ◆さんぱい きゅうはい

何度も頭を下げて人に頼みごとをすること。

三拝の礼と九拝の礼を併称したもの。「三拝」は、三度礼拝《らいはい》することで、特に仏教では、身《しん》・口《く》・意の三業《さんごう》による敬意を示すものとして三度の礼拝が行われる。「九拝」は、周代に定められた九種の礼拝、稽首《けいしゅ》・頓首《とんしゅ》・空首・振動・吉拝・凶拝・奇拝・褒拝《ほうはい》・粛拝《しゅくはい》を言う。「三拝九拝」では、ほとんど原義が失われ、何度も頭を下げる意の形容となっている。

残杯冷炙 ◆ざんぱい れいしゃ

もてなしの席で冷遇されることのたとえ。また、恥辱《ちじょく》を受けることのたとえ。

「残杯冷炙の辱《はずかし》め」とも言う。「残杯」は、飲み残しの酒。「冷炙」は、冷たくなったあぶり肉。「ただ（琴曲の道も）称誉有らしむべからず。勲貴（勲功のある貴族）に役せられ、下座に処《お》かれ、以て残杯冷炙の辱めを取らん」（『顔氏家訓』雑芸）による。琴に秀でて人に誉めそやされると恥辱を受けることになりかねないから、琴の道もほどほどに、と言っている。

三百代言　◆さんびゃく だいげん

弁護士をののしっていう語。転じて、詭弁《きべん》を弄《ろう》する者を言う。

明治前期、代言人《だいげんにん》(後の弁護士)の資格を持たずに他人の訴訟や談判を引受けた者を言った。「三百」は、三百文の略で、わずかな代金、転じて価値の低いものの意。価値の低い代言人の意味から、弁護士をののしる語として使われるようになった。

三釜之養　◆さんぷの よう

とぼしい収入の中で親に孝養を尽すたとえ。

「曾子《そうし》、再び仕《つか》えて、心再び化せり。曰《いわ》く、われ親に及びて仕うるや、三釜にして心楽しめり。後に仕うるや、三千鍾《しょう》なるも洎《およ》ばず。わが心悲しめり、と」(『荘子』寓言《ぐうげん》)による。「釜」は、穀物をはかる単位で、一釜は六斗四升(約一二・五リットル)。「鍾」はその十倍。曾子は二度の宮仕えをして、心も二度変った。彼はこう言っている。親の存命中に仕官した時は三釜の俸禄《ほうろく》でも心楽しかったが、親が死んでから仕官した時は、三千鍾もらっても孝行ができず悲しかった、と。

三平二満　◆さんぺい じまん

少しのもので心穏やかに満足していること。また、おかめ顔のこと。

「二満」はニマンとも言う。「三」「二」は、数の少ない意を表す。「平」は平らかなこと。「満」は満足していること。北宋の黄庭堅《こうていけん》「四休居士詩」序に「麁茶《そちゃ》(粗茶)淡飯、飽くれば即ち休む。破れを補い寒を遮《さえぎ》り、暖かければ即ち休む。三平二満、過ぐれば即ち休む。貪《むさぼ》らず妬《ねた》まず、老いれば即ち休む」と見える。また、おかめ顔の意は、額・鼻・顎《あご》が平らで両方の頬《ほお》がふくらんでいるの謂《い》いから。こちらは江戸時代に広く使われ、「三平」は、両頬・鼻、また目・鼻・口の説、「二満」は、額・頬、額・顎の説もある。

三位一体　◆さんみ いったい

三つの要素が、本質において一つであること。また、三者が心を合せること。

本来キリスト教において、神の示す三つの位格《いかく》の本質は一つであるとする教義を言う。位格は、英語のパーソン(人)の語源であるラテン語のペルソナの訳語で、知性と意志とを備えた主体のこと。三つの位格とは、父なる神、子なるキリスト、聖霊で、これらの位格としてあらわれた神はただ一つの神であり、本性は分離できないとする。

三面六臂 ◆さんめん ろっぴ

一つの身体に顔が三つ、腕が六本ある仏像の形体。転じて、一人で数人分の働きをするたとえ。

「臂」は、うで。三面六臂の形体は、仏・菩薩《ぼさつ》・諸天のさまざまな性格や機能を表現するために生み出された。金剛夜叉明王《こんごうやしゃみょうおう》や天竜八部衆の阿修羅《あしゅら》などにこの形体の像が多い。多面多臂の代表的なもので、ほかに「八面六臂」*があり、ともに一人で大活躍をするさまに転用される。

山礪河帯《さんれいかたい》 ⇩ 帯礪之誓《たいれいのちかい》

三令五申 ◆さんれい ごしん

何度も繰返して命令したり言い聞かせたりすること。三度命令して五度説明する意。春秋時代、呉王闔閭《ごおうこうりょ》が孫子に、兵の代りに宮女を使って練兵を見たいと言った。孫子は宮中の美女を二手に分け、王の寵姫《ちょうき》二人を隊長とし、号令の約束事を言い聞かせる。「約束すでに布《し》き、すなわち鉄鉞《てつえつ》(まさかり)を設け、すなわち三令五申し、ここに於てこれ右を鼓するに、婦人大笑す」(『史記』孫子伝)。しつこく説明して「右」と号令を掛けたが、宮女は笑って従わない。そこで、軍令に服さない時の罰として隊長役の寵姫二人をまさかりで斬ったところ、やっと宮女たちは命令に従ったという。

思案投首 ◆しあん なげくび

考えあぐねて首をたれること。

「思案」は、思いめぐらすこと。「投首」は、実際に首をたれることもあるだろうが、いい考えが浮ばなくて弱っているさまを形容する語。「皆これ親に不孝の罰と投首するぞ不便《ふびん》なる」(近松門左衛門『山崎与次兵衛寿の門松《ねびき》』中)のように、「投首」だけで、しおれて首をたれるさま、考えあぐねて困っているさまに使われる。

詩歌管弦 ◆しいか かんげん

漢詩や和歌を詠じ、楽器をかなでること。文学と音楽。

「詩歌」は、漢詩と和歌の意。韻文の総称ともされる。本来の音はシカだが、慣用でシイカと読まれる。「管弦」は、管楽器と弦楽器の意。楽器の総称とされる。「竜頭《りょうとう》鷁首《げきしゅ》(→竜頭《りょうとう》鷁首《げきす》)ノ舟ニ乗リ、詩歌管弦ノ宴ニ侍《はんべ》シ事モ、今ハ二度《ふたたび》見ヌ夜ノ夢ト成《なり》ヌ」(『太平記』二)のように、貴族や武士の風流な遊びとされた。

尸位素餐　◆しい そさん

才能がないのに高位にいること。職責を果さず、むだに禄を得ていること。

「いま朝廷の大臣、上は主を匡《ただ》すこと能《あた》わず、下は以て民を益すること亡《な》く、みな尸位素餐す」(『漢書』朱雲伝《しゅうん》)から。「尸」は、神霊の形代《かたしろ》の意。「尸位」は、形代として人が神霊の位にいる意から、何もせずにただ高位にいること。「素餐」は、才能や功績がなくいたずらに禄をはむこと。朝廷の大臣たちは、主君のあやまりを匡すこともできず、人民のためになることもせず、皆むだ飯食いだ、と朱雲に諫言《かんげん》された前漢の成帝が、怒って朱雲を朝廷から引き出させようとしたところ、朱雲は檻《かん》(手すり)につかまってなお直言し、とうとう檻が折れてしまった。いわゆる「折檻諫言《*せっかんかんげん》」で、「折檻」の語は、ここからはじまる。

時雨之化　◆じうの か

君子が人を教化するさまを、雨が草木をうるおすのにたとえた語。

「時雨」は、時に応じて降る雨。「時雨のこれを化するが如《ごと》き者有り」(『孟子《もうし》』尽心上)から。君子が人を教化するのに五つの方法があり、その一つは、ほどよく降る雨がうるおいを与えるようなやりかたである、と孟子の説いたもの。なお、ほかの四つは、徳を行わせる、才能を発揮させる、問いに答える、間接的に教える方法。

四海兄弟　◆しかい けいてい

天下の人はみな自分と同じ人類で、兄弟と同じくわけへだてはないということ。

「四海」は、「四方の海の内」の意で、天下、世界を言う。孔子の弟子司馬牛《しばぎゅう》が、無法者の兄が身を滅ぼしそうで、そうなると自分には兄弟がないことになると嘆くと、同じ弟子の子夏《しか》が、「死生有命《*しせいゆうめい》」「富貴在天《*ふうきざいてん》」と言うではありませんか、「君子は敬して失なく、人と恭にして礼あらば、四海の内、みな兄弟なり」(『論語』顔淵)とさとし励ます。君子はつつしんで落度なく、丁寧《ていねい》に礼を守って人と接すれば、世の中の人はすべて兄弟になる、と。

死灰復燃 ◆しかい ふくねん

勢いを失ったものが再び盛んになることのたとえ。また、一度落着したことがまた問題となるたとえ。

「死灰復《ま》た燃《も》ゆ」と読む。前漢景帝のころ、梁《りょう》の高官韓安国《かんあんこく》が法に触れて罪に落ちた。獄吏《ごくり》が安国を侮辱《ぶじょく》すると、「安国曰《いわ》く、死灰独り復た然《も》(「燃」に同じ)えざるか、と」(『史記』韓長孺《かんちょうじゅ》伝)。はたして安国は、その後再び官職を得る。なおこの語は、「焼けぼっくいに火がつく」と同じように、主として男女の仲に用いる。

四角四面 ◆しかく しめん

非常にまじめなこと。かたくるしいこと。また、そのようなさま。

原義は、四つの角《かど》を持ち、四方に面していること。栃木・群馬県地方に伝わる八木節《やぎぶし》に「四角四面のやぐらの上で」とあるのは、直接は原義の用法だが、「三角野郎」と対比させることで、かたくるしいという意味をも含ませている。

自画自賛 ◆じが じさん

自分自身を、または自分のしたことを自分でほめること。

原義は、自分で描いた画に自分で賛をすること。「賛」は、画に題して、あるいは画にちなんで添書きした詩・歌・文を言い、ふつうは他人に書いてもらう。この語は、もっぱら自分で自分をほめる意に使われる。類義の語に「手前味噌《てまえみそ》」*がある。

自家撞着 ◆じか どうちゃく

同じ人の言行が前と後でくいちがうこと。

「撞着」は、つきあたる意から、転じて矛盾する意。

「因果律といふのは、我々の意識現象の変化を本として、之《これ》より起つた思惟《しい》の習慣であることは、此《こ》の因果律に由《よ》りて宇宙全体を説明せうとすると、すぐに自家撞着に陥るのを以て見ても分る」(西田幾多郎『善の研究』二)。宇宙の始めを求め、それが与えられるとまたその原因を求めなければならなくなる。これを西田は「自家撞着」と言っている。

自家薬籠《じかやくろう》 ⇩ 薬籠中物《やくろうちゅうのもの》

只管打坐 ◆しかん　たざ

ひたすら坐禅《ざぜん》をすること。

「只管」は、宋代以後の口語で、ひたすらに、の意。「打坐」は、「打」は接頭語で、すわること。「祇管打坐」とも書く。全身心をあげて坐りぬくこと以外に仏法の体得はない、という鎌倉初期の道元にはじまる禅の特質を言い表した語。中国曹洞宗《そうとうしゅう》の宏智《わんし》正覚《しょうがく》が主張した黙照《もくしょう》禅、すなわち黙々と坐禅するだけでよしとする禅の伝統を受継いでいる。道元の『正法眼蔵《しょうぼうげんぞう》』三昧王三昧に「参禅とは身心脱落なり。祇管打坐にしてはじめて得《う》」と見える。

士気高揚 ◆しき　こうよう

兵士の意気が高まること。転じて、集団の意気が盛んになること。

「士気」は、兵士の意気。転じて、集団で事を行う時の意気。「高揚」は、精神・気分が高まること。スポーツなどで、闘志が高まることなどに言う。反対語は「*士気阻喪《そそう》」。

直指人心 ◆じきし　にんしん

自分の心をまっすぐにつかむこと。

禅の宗義を表す代表的な言葉で、「*不立文字《ふりゅうもんじ》、*教外別伝《きょうげべつでん》、直指人心、*見性成仏《けんしょうじょうぶつ》」の四句から成る偈《げ》の一句。「見性成仏」を後ろに組合せて表現される。いたずらに外に目を向けることなく自分の心をむずとつかめ、そうすれば自分自身が仏そのものであったことを徹底して知り、そのまま仏となるだろう、の意。禅の思想を代表する言葉となるに伴い、達磨《だるま》の言と伝えられるようになる。

時期尚早 ◆じき　しょうそう

それを行う時期にはまだなっていないこと。

「尚早」だけで、それをするにはまだ早い意を表す。『春秋左氏伝』宣公二年に「盛服にしてまさに朝《ちょう》せんとするも、尚《なお》早く、坐《ざ》して仮寐《かび》す」という例が見える。礼服を着て朝廷に出仕しようとしたが、まだ早いので、坐ってうたたねしていた、の意。「時期尚早」は、もっと長い期間について、まだ早いことを言う。

色即是空 ◈しきそくぜくう

ものは、それ自体が実体として存在するのではないということ。

「色は即ち是空《これ》」の意。『般若心経《はんにゃしんぎょう》』によって知られる「空《くう》」の思想。「色」は物質的な存在を言う。「空即是色*」と合せて、ものはそれ自体としては存在せず、それを成立させ得るあらゆる条件がそろって、はじめてそのものとして存在する、という考え方。

士気阻喪 ◈しき そそう

兵士の意気がくじけること。転じて、集団の意気が失われること。

「士気」は、兵士の意気。転じて、集団で事を行う時の意気。「阻喪」は、精神・気分がくじけて勢いの失せること。スポーツなどで、戦う気力を失った状態などに言う。反対に士気が高まる場合を「士気高揚*」と言う。

自給自足 ◈じきゅう じそく

自分に必要なものを、みずからの生産で獲得し、満たすこと。

「自給」は、自分に必要なものを自分の力で獲得し、まかなうこと。「自足」は、自分の必要を自分で満たすこと。「自給自足」と言えば、自分で畑を耕し、作物を収穫し、それによって食生活を満たすことが、まずあげられる。ほかにも人間生活にはさまざまなものが必要だが、それらをすべて自分の力でまかなうのは現実には難しい。金銭によって必要なものを購《あがな》うのは、「自給自足」とは言わない。

子虚烏有 ◈しきょ うゆう

何もないこと。また、中身のない空虚な話。

前漢の武帝を諌《いさ》めるために司馬相如《しばしょうじょ》の作った寓話《ぐうわ》から で、『史記』司馬相如伝に見える。「この子虚《ひとな》し」の意から名づけた子虚、「烏《いずく》んぞ有らんや」から名づけた烏有先生、「是《こ》の公無《ひと》し」による無是公の三人が登場し、子虚が楚《そ》の国の雄大なさまを弁ずれば、烏有先生は斉《せい》の広大さをもって駁《ばく》する。無是公は周の天子の上林苑の途方もない巨麗さを紹介した後に、周の天子はその苑地をこわして人民をうるおわせたと節約の徳を語り、二人を感服させる。なお、「烏有先生」は架空人物の意となり、「烏有に帰す」で何もなくなる意の語となっている。

四弘誓願　◆しぐ ぜいがん

あらゆる仏・菩薩《ぼさつ》が実現を誓う四つの願い。「衆生《しゅじょう》無辺誓願度《ど》、煩悩《ぼんのう》無尽誓願断《だん》、法門無量誓願学《がく》、仏道無上誓願成《じょう》」を言う。すべての衆生を必ず悟りの彼岸に渡そう、尽きることのない煩悩を必ず滅しよう、仏法の量り知れない深い教えを必ず学び取ろう、無上の悟りを必ず得よう、の四つ。語句に若干の異同があるが、原型は『心地観経《しんじかんぎょう》』功徳荘厳品に見られ、古くから口唱されている。

四衢八街　◆しく はちがい

四方八方に伸びた道路。そのような道路のある大きな市街。

「衢」は、四方に通じる大通り、「街」は、きちんと区切られた大通りの意。大きな道路が四通八達しているさまを言い、そのような道路をめぐらせた大きな市街地の形容とする。

四苦八苦　◆しく はっく

仏教で、人生の苦の総称。転じて、ひどく苦しむこと。さんざん苦労すること。

「四苦十八苦」すなわち十二苦ではなく、「四苦あるいは八苦」の意。生《しょう》・老・病・死の「四苦」に、「*愛別離苦《あいべつりく》」「*怨憎会苦《おんぞうえく》」「*求不得苦《ぐふとくく》」「*五陰盛苦《ごおんじょうく》」を加えて「八苦」とし、人生の苦しみを総称している。原始経典以来説かれている仏教用語であるが、日本では後世、「断末魔《だんまつま》の四苦八苦、あはれと言ふもあまりあり」（近松門左衛門『曾根崎心中』下）のように、一般的に耐えがたい苦しみを言うようになった。

舳艫千里　◆じくろ せんり

たくさんの舟が長く連なるさま。

「舳」は、舟の先端、へさき。「艫」は、舟の後端、とも。前の舟の艫と後ろの舟の舳がくっつくようにして、長くつながっている意。北宋の蘇軾《そしょく》「前赤壁賦《ぜんせきへきのふ》」に「舳艫千里、旌旗《せいき》空を蔽《おお》う」と見える。三国時代、孫権《そんけん》・劉備《りゅうび》の連合軍と戦うために長江を下った曹操《そうそう》の船団の壮大なさまを詠う。類似の表現に「舳艫相銜《あいふく》む」があり、たくさんの舟が長く連なって進んで行くさまを言う。

舐糠及米　◆しこう きゅうまい

しだいに害が広がることのたとえ。「糠《ぬか》を舐《ねぶ》りて米に及ぶ」と読む。原義は米を食う虫が、外側の糠を舐《な》め尽してから中身の米に口をつける意。前漢の景帝の時、高官鼂錯《ちょうそ》の進言で諸侯の領地がことあるごとに削られた。呉王濞《ごおうび》は、「里語にこれ有り、糠を舐りて米に及ぶ、と」、このまま削られていったら、しまいには領地がなくなってしまう、と恐れて諸侯とはかり、ここに呉楚七国の乱が起った。『史記』呉王濞伝の伝える話。

試行錯誤　◈しこう さくご

失敗を繰返した末に、成功する方法を見出すこと。英語 **trial and error** の訳語。迷路に入れられた動物は、餌《えさ》にたどりつくまでに何度も道を間違えるが、しだいに正しい道を学習していき、やがて餌に到達する。この過程を言う語。一般に、解決の方法が分らない課題に当面して、試みては失敗を繰返し、しだいに解決の方法に迫ることを言う。

自業自得　◈じごう じとく

自ら行なったことの報いを自ら受けること。仏教で「因果応報《いんがおうほう》」*に基づく考え。「業」とは行為のことで、善い行いをすれば楽《らく》の果を受け、悪い行いをすれば苦《く》の果を受けるということ。本来は主体的な行為の責任を強調した語だが、一般語として、自分の悪い行いによって悪い報いを受けること、悪い報いも自ら蒔《ま》いた種によるものだから仕方がない、という意味に用いられるようになった。類義の語に「自縄自縛《じじょうじばく》」*「悪因悪果《あくいんあっか》」*がある。

師曠之聡　◈しこうの そう

よく聞き分ける優れた耳のたとえ。「師曠」は、春秋時代晋《しん》の平公の政治顧問でもあった盲目の音楽師。耳がさとく、よく音階を聞き分けたという。『孟子《もうし》』離婁《りろう》上に「師曠の聡も、六律《りくりつ》を以《もち》いざれば、五音《ごいん》を正すこと能《あた》わず」とある。師曠のように耳のよい人でも、六律六呂《りくりょ》の笛(中国音楽の十二の基本音律を出す笛)で調節しなければ、宮《きゅう》・商・角・徴《ち》・羽《う》の五音階を正しく出すことができない、の意。

自己嫌悪　◈じこ けんお

自分で自分がいやになること。

自分の行なった行為を振返ってみて、その行為が適切でない、あるいは好ましくないと感じた時に、そうした行為をとった自分がいやになることを言う。したがって、しばしば反省につながる。

自己顕示　◆じこ けんじ

自分の存在をことさら目立たせること。

「顕示」は、明らかに示すこと。ここでは必要以上に他人に自分の存在を示すことを言い、そのような欲望を持つことを「自己顕示欲」と言う。「自己顕示」そのものは必ずしも批判されることではなく、職業や任務によっては、むしろそれが必要とされることもある。俗に「目立ちたがり」と言う。

自己韜晦　◆じこ とうかい

自分の才能・地位・形跡などを包み隠すこと。

「韜晦」だけで、自分の才能や地位、また形跡をごまかして分らなくすることを意味する。「自己」を添えることで、自分がそうする意を強調している。他人が才能や地位を十分承知しているのにあえて本人がそれを隠そうとする場合、批判的な意味をこめて「自己韜晦」と言う。

自己矛盾　◆じこ むじゅん

自分自身の考えや行為に一貫性を欠くこと。

「矛盾」は、事の前後やつじつまが合わないこと。「健康第一」とどんなに体に気を配っている人でも、体によくない習慣に愛着を感じてやめられないことがある。体に悪いと気づくと自分の中で混乱を生じ、「自己矛盾をきたす」また、「自己矛盾に陥る」状態となる。

士魂商才　◆しこん しょうさい

武士の精神と商人の才覚とを兼備すること。

明治維新後、士族となった旧武士が生活のために商売をはじめ、慣れない営みに少なからず失敗した。これを「士族の商法」と言い、広く商売に不適任な者の商いにたとえる。「士魂商才」はこれと対照的な言葉で、武士的精神を保ちつつ才覚は商人的にという世渡りのありようを言い、商人や実業家のあるべき姿ともされた。「和*魂漢才《わこんかんさい》」からの造語。

自作自演　◆じさく じえん

映画・演劇のシナリオを自分で作って、自分で演じること。

音楽で、自作の曲を演奏する、あるいは歌う場合にも言う。また、比喩《ひゆ》的な意味でも使われる。たとえば、強盗に入られたという筋書を自分で作り、自分は被害者になりすます狂言強盗の場合など。

思索生知 ◆しさく しょうち

物事をよく考えることによって知恵を生み出すこと。

「思索、知《ち》を生《しょう》ず」と読む。「思索は知を生じ、慢易《まんい》は憂を生ず」(『管子』内業)から。物事をよく考えれば、どうすればよいかの知恵が生れるが、物事をあなどり軽んずれば、どうしてよいか分らず心配することになる、の意。

指差称呼 ◆しさ しょうこ

指でさし示し、声を出して状況を確認すること。

訓読して「ゆびさし称呼」とも言う。「指差」は、指でさし示すこと。「称呼」は、声に出してとなえること。安全確認のため、列車やバスの運行、駅の構内通行、また工事現場での作業の際などに、必要に応じて行われる。電車の運転士が、発車の時に前方を指さして安全を確認し、「出発進行」ととなえるのもこの一つ。「指差喚《かん》呼《こ》」とも言う。「喚」は、大声を出す意。

時時刻刻 ◆じじ こっこく

時刻を追って。一刻一刻。また、間をおかないで引続いているさま。

行動や変化の、時間の経過に伴うさまを言う。「三千の衆徒《しゅと》踵《くびす》を継ぎ、七社の神人《じんにん》袖をつらぬ。時々剋(「刻」に同じ)々の法施《ほっせ》祈念、言語道断の事どもなり」(『平家物語』一)は、比叡山《ひえいざん》の三千の僧が後から後から続き、山王《さんのう》七社の神職が並び立ち、絶え間のない読経《どきょう》や祈りは言葉で言い表せないほどだった、の意。

師資相承 ◆しし そうじょう

師から弟子へ受継がれること。

「師資」は、師と弟子のこと。仏教宗派において、法が正しく伝えられていくことを言う。特に禅宗で、仏教の正しい継承の仕方を表現したもの。鎌倉初期、法然《ほうねん》の『選択《せんちゃく》本願念仏集』に「聖道家《しょうどうか》(浄土教以外の宗派)の諸宗、おのおの師資相承あり」と見える。なお俗世間で、学問や技芸などの奥義《おうぎ》をわが子の一人にだけ伝えることを「*一子相伝《いっしそうでん》」と言う。

子子孫孫 ◈しし そんそん

孫子の代まで。子孫の続く限り。

「子孫」を強めた語。すでに『書経』梓材《しざい》に「子子孫孫永くこれを保つ」と見える。多く副詞的に用いるが、『続《しょく》日本紀』和銅元年(七〇八)七月には、「卿等《なむたち》の子々孫々も、各《おのおの》栄命を保ちて、相継《あいつ》ぎて供奉《つかえまつ》らむ」という表現が見える。

事実無根 ◈じじつ むこん

事実に基づいていないこと。根も葉もないこと。

「無根」は、事実となる根拠のないこと。結果的に嘘《うそ》である場合もあるが、すべてがそうとは言えない。たとえば、地球外生命体の具体的な存在は明かにされていないから、「宇宙人がいる」は、現段階では「事実無根」と言えるが、これを嘘と断定することはできない。多く、推量に基づく言説に対して使われる。

舐痔得車 ◈しじ とくしゃ

いやしいことをして利益を手にするたとえ。

「痔を舐《ねぶ》りて車《くるま》を得《う》」と読む。『荘子』列御寇《れつぎょこう》に見える逸話から。戦国時代、宋の曹商《そうしょう》は使者として秦《しん》へ行き、秦王から車百台をもらった。宋に帰って荘子に自慢したところ、荘子が言った。秦王の痔を舐めた者は車五台をもらったそうだ。君は痔を治してあげたのか、ずいぶん車をもらったじゃないか、と。

死児之齢 ◈しじの よわい

言ってもしかたのない過去の愚痴を言うこと。取返しのつかないことを悔やむたとえ。

「死児の齢を数《かぞ》う」の略。一般に「死んだ子の歳《とし》を数える」と言う。生きていれば今は何歳になっているのにと、子の死んだことをいつまでも嘆く意。原義で使われることも多い。また、必ずしも嘆き悔やむばかりでなく、時の経過の基準にすることもある。

獅子搏兎 ◈しし はくと

簡単なことにも全力をつくすたとえ。

「獅子、兎《うさぎ》を搏《う》つ」と読む。ふつう「獅子は兎を撃《う》つに全力を用《もち》う」と言う。獅子は兎のような小さな生き物を捕える時も力いっぱい打ちかかる意。百獣の王と言われる獅子でさえ獲物をとるときは全力を尽すのだから、簡単なことでもけっして気を抜いてはいけない、という戒めとされる。

事事物物　◆じじ ぶつぶつ

あらゆる物事。それぞれの物事。諸事万端。

「事物」の「事」と「物」とを格別に強調して、「それぞれの事、それぞれの物」と表現したもの。明の王陽明《おうようめい》は『伝習録』上で、門人徐愛の言を通して、朱子が「事事物物はみな定理(定った道理)有り」とするのに対して「事事物物の上に於て至善を求むるは、却《かえ》ってこれ義外(道理の外)なり」と言っている。

獅子奮迅　◆しし ふんじん

獅子が奮《ふる》い立つように、勢いの盛んなこと。

原義は、獅子が奮い立つこと。もと仏教で、勢いはげしく事に当るさまのたとえ。仏教語としては「師子奮迅」と書く。『法華経』従地涌出品に「如来《にょらい》は今、諸仏の智慧《ちえ》と諸仏の自在の神通《じんずう》の力と諸仏の師子奮迅の力と諸仏の威猛《たけだけ》しき大勢《だいせい》の力とを顕発《けんぼつ》し、宣示《せんじ》せんと欲するなり」と見える。のち、一般語としても使われるようになった。

四十八願　◆しじゅうはち がん

阿弥陀仏《あみだぶつ》が法蔵菩薩《ほうぞうぼさつ》だった時に立てた、衆生《しゅじょう》を救うための四十八の誓《ちか》い。

浄土教の根本聖典とされる康僧鎧《こうそうがい》訳の『無量寿経』に載る。法然《ほうねん》は四十八願のうちの第十八願を「念仏往生の願」と名づけ、中心の願であるとして「王本願」と呼んだ。また第三十五願を、法然は「女人往生の願」と言い、親鸞《しんらん》は「*女人成仏《じょうぶつ》の願」「*変成男子《へんじょうなんし》の願」と言った。なお、薬師如来《にょらい》が菩薩だった時に立てた誓いを「*十二大願」と言う。

四十不惑　◆しじゅう ふわく

四十歳で惑いがなくなったこと。

「われ十有五《じゅうゆうご》にして学に志す。三十にして立つ。四十にして惑《まど》わず。五十にして天命を知る。六十にして耳順《したが》う。七十にして心の欲する所に従いて矩《のり》を踰《こ》えず(道を外れない)」(『論語』為政)による。四十歳になって、あれこれ思い迷うことがなくなった、の意。この語から、四十歳を「不惑」と言う。またこの引用文から、同様の語「*十五志学《しがく》」「*三十而立《じりつ》」「*五十知命《ちめい》」「*六十耳順《じじゅん》」が生れている。

耳竪垂肩 ◆じじゅ　すいけん

長寿・富貴の人相のこと。

「耳竪肩に垂《た》る」と読む。「竪」は、縦の意。耳が縦に長く、耳たぶが肩に垂れかかっている意。耳たぶの大きい耳を「福耳」と言い、福相とされる。仏像はおしなべて耳たぶが縦に長く、ほとんど肩に達している。「*三十二相」の中に耳の特徴は挙げられていないが、付随する「八十種好《はちじっしゅごう》」の四番目に耳輪が垂れているという特徴が見える。

自受法楽 ◆じじゅ　ほうらく

仏が、その悟った境界に見出される楽しみをみずから享受《きょうじゅ》すること。

特に、大日如来《だいにちにょらい》が、その悟った境地をみずから味わい楽しむことを言う。また、悟りを開いた釈迦《しゃか》は、その後何日も瞑想《めいそう》を続け、楽しみにひたっていたと伝えられる。仏がみずから楽しむこの境地を「自受用《じじゅゆう》」と言い、そこから衆生救済《しゅじょう》へと出て、衆生に悟りの楽しみを分け与える働きを「他受用《たじゅゆう》」と言う。

自縄自縛 ◆じじょう　じばく

自分のしたこと言ったことで、自分自身、身動きがとれなくなり、苦しい思いをすること。

自分の縄で自分を縛る意。落語「宿屋の富」では、大金持のふりをした宿屋の客がなけなしの一分で富札《とみふだ》(宝くじ)を買い、金なんか邪魔《じゃま》だから当ったら半分やると主人に約束する。その富札が千両当る。文無しの客は大喜びするが、半分を宿屋の主人にやらなければならず、大きなことを言わなければよかったと後悔する。「自縄自縛」を笑いの種にしている咄《はなし》。

事上磨錬 ◆じじょう　まれん

実際の行動の中で精神を錬磨すること。

老荘思想や仏教が、坐《すわ》って修養することを旨《むね》としたのに対し、明代の王陽明《おうようめい》が主張した修行法。「人はすべからく事上に在りて磨錬し、功夫《くふう》を做《な》すべく、すなわち益有り」(『伝習録』下)。人は物事を行いつつ精神を鍛錬《たんれん》し、工夫をこらすべきで、そうすれば得るところがある、と説く。静かに坐っているだけの修行では、大きな進歩は得られないと続ける。

至上命令

◆しじょう めいれい

絶対に服従すべき命令。

「至上」は、この上もないという意。一般には、所属する集団の最高指導者の命令を言うことが多い。哲学では、カントの定言的命法、すなわち行為の結果や目的とは無関係に、行為そのものを価値ある目的とした絶対的・無条件的命令を言う。たとえば「なんじ、殺すなかれ」。

耳食之談

◆じしょくの だん

他人の言うことを鵜呑《うの》みにした話。聞きかじりのあやふやな話。

「耳食」は、耳で聞いただけで、実際には味わわずに、食物の味を判断すること。転じて、他人の説をそのまま信用すること。『史記』六国表序に見える。秦《しん》は天下を取ってから乱暴なことをしたが、時勢の変化によって法を変えたのは大きな功績だ、ところが学者が変化を察せず滅亡を笑ってだけいるのは、「これ耳を以て食すると異なること無し。悲しいかな」と司馬遷は慨嘆している。

四書五経

◆ししょ ごきょう

儒学のかなめの書。

「四書」は、『大学』『中庸《ちゅうよう》』『論語』『孟子《もうし》』を言う。このうち『大学』と『中庸』は、それぞれもと『礼記《らいき》』の一編であったが、宋代以来単行本として独立し、朱子が四書に入れてから盛行した。「五経」の「経」は、儒教で聖人が書いた書物を意味し、唐代の五経博士以来、『易経《えききょう》』『書経』『詩経』『礼記』『春秋』の五種を「五経」と言う。

爾汝之交

◆じじょの こう

互いに「おまえ」「きさま」と呼び合うほどの親しい仲のこと。

「交」はマジワリとも読む。「爾」も「汝」も「なんじ」の意。「爾汝」は、相手を軽んじ、または親しんで呼び捨てにすること。「人よく爾汝を受くる無き実を充たせば、往きて義とせざる所無きなり」（『孟子《もうし》』尽心下）の「爾汝」は、爾汝と呼ばれる扱いの意で、軽んじられる意味に使われている。

四神相応 ◈しじん そうおう

四神に応じた最良の地相を持つ土地。「四神相応の地」とも言う。「四神」は、四方をつかさどる神で、東の青竜《せいりゅう》、西の白虎《びゃっこ》、南の朱雀《しゅじゃく》、北の玄武《げんぶ》をいう。この四神にふさわしい土地、東は青竜の流水、西は白虎の大道、南は朱雀の汚地《おち》(くぼち)、北は玄武の丘陵を有する土地を「四神相応」と言う。平安京の地はこれに当るとされる。

四世同堂 ◈しせい どうどう

祖父母・両親・子・孫が一つ屋根の下に住んでいること。

中国で、幸福な家庭の象徴とされた語。「四世」は四世代、「同堂」は同じ家に住む意。老舎に同名の長編小説がある。

市井之徒 ◈しせいの と

市中の無頼《ぶらい》の者。

「市井」は、人の集まる所。まち。古代中国で、井戸すなわち水のある所に人が集まり市ができたので言う。『旧唐書《くとうじょ》』李密《りみつ》伝に「樊噲《はんかい》は市井の徒、蕭何《しょうか》は刀筆の吏《り》(書記の小役人)なり」と見える。いずれものちに漢の高祖劉邦《りゅうほう》の重臣、建国の功労者となる。

死生有命 ◈しせい ゆうめい

人の生死は天命で決っており、人の力ではどうすることもできないということ。

「死生命有《めいあ》り」で知られる。「死生命有り、富貴天に在り」(『論語』顔淵)から。死ぬも生きるも天命で決っており、富貴になるのも天の定めるところ、の意。孔子の弟子司馬牛《しばぎゅう》が、兄が無法者で身を滅ぼしそうだと憂えて言ったのに対し、同じ弟子の子夏《しか》が、兄さんのことは仕方がなかろうと暗に言い、節をまもれば世の中の人はみな兄弟だと励ます(→四海兄弟《しかいけいてい》)。引用の後半は「富貴在天《ふうきざいてん》*」という語になっている。

自然天然《しぜんてんねん》 ⇩ 天然自然《てんねんしぜん》

自然淘汰 ◈しぜん とうた

生物の中で、自然環境によりよく適合する形質を持つものは種《しゅ》を維持することができ、そうでないものは滅んでいくこと。

natural selection の訳。ダーウィンの提唱した生物進化の説に基づく。「淘汰」は、不要のものを除き去る意。原語の意をとって「自然選択」とも呼ばれる。一般に、劣ったものは滅んでいき、優れたものは自然に生き残るという意味で使われる。

志操堅固　◆しそう　けんご

志の非常にかたいさま。

「志操」は、かたく守って変えない志。「堅固」は、心がしっかり定まって動かないこと。かたい志を動かさない意で、いったん心に定めたら決してゆるがない意志の強さを強調する。

四塞之国　◆しそくの　くに

四方を山や川などの自然の要害に囲まれた守りのかたい国。

「四塞」は、四方がふさがっていること。『史記』項羽《こうう》紀に「関中は山河に阻《はば》まれ、四塞なり。地は肥饒《ひじょう》にして都すれば覇《は》たるべし」と見える。秦《しん》の領土だった関中に都を置くよう、側近が楚《そ》の項羽に勧めたもので、関中は、函谷関《かんこくかん》の西、昔の長安、今の陝西省《せんせいしょう》西安を中心とする渭水《いすい》盆地を指す。また、『史記』劉敬《りゅうけい》伝では、劉敬が漢の高祖劉邦《りゅうほう》に「かつそれ秦の地は山を被《かつ》き河を帯し、四塞以て固めと為《な》す」と、やはり秦の故地に都するよう進言している。項羽は進言を退け世人に「*沐猴而冠《もっこうじかん》」と言われ、劉邦は進言を入れて天下をとった。

慈尊三会《じそんさんね》　⇩　竜華三会《りゅうげさんね》

志大才疎　◆しだい　さいそ

志は大きいが、才能が伴わないこと。

「疎」は、空虚、薄弱の意。大きな志に見合うだけの才能がないこと。「志大才短」「志大智小」などとも言う。

時代錯誤　◆じだい　さくご

現代に適合しないこと。時代後れなこと。

原義は、異なる時代のものを混同する誤りの意。たとえば、ちょんまげという江戸時代に特有の男の結髪を、大昔からあったように思い込むたぐい。一般には、現代に適合しない考え方などを言う場合が多い。批判的な意味で用いられるが、考え方の場合は、歴史的事実の混同と違い、必ずしも誤りとは言えない。

事大主義　◆じだい しゅぎ

自主性を欠き、勢力の強い者につきしたがって自分を存立させるやりかた。

「事大」は、弱小の者が強大な者に事《つか》えること。「ただ智者のみよく小を以て大に事うるを為《な》す」（『孟子《もうし》』梁恵王《りょうけいおう》下）から。戦国時代、斉《せい》の宣王に隣国とのつきあい方を尋ねられた時の孟子の言葉。国が小さければ辛抱して大国に仕えるべきだが、これは智者だけができることだ、の意。孟子の「事大」は知恵ある者の策とされるが、「事大主義」は批判的な意味で使われる。

四大不調　◆しだい ふちょう

仏教で、病気になること。特に、僧侶の病気に言う。「四大」は物質を構成していると考えられた四つの構成要素、地・水・火・風を言う（↓地水火風）。「不調」は、調和が整わないこと、バランスが崩れること。つまり病気は、人間の身体を構成する四大のバランスが崩れることだと考えられて、こう呼ばれた。「もし人四大調和にして身心軽安《きょうあん》なる時は、医書の秘決も用なし、良薬霊方もいらず」（南北朝時代、夢窓疎石《むそうそせき》『夢中問答集』中）の「四大調和」はその反対で、健康を意味する。

舌先三寸　◆したさき さんずん

くちさき。弁舌。また、おしゃべり。

「舌三寸」とも言う。わずか三寸（約九センチメートル）の舌だけを使ってしゃべるということで、心がこもっていないおしゃべりを言う。口先のおしゃべりで一身をあやまる意の「舌三寸の囀《さえず》りに五尺《しゃく》の身を果《はた》す」ということわざもある。「舌先三寸」は、「舌三寸」の強調で、三寸の舌の先だけでしゃべるということ。

自他不二　◆じた ふに

仏教で、自者と他者の区別のない絶対の平等を言う。

自者と他者は、二つの別々なものではないという意。自己を守る者は、同時に他人の自己をも守らなければならないという考えに基づく。自己とは、他人の自己と対立するものではなく、他人と協力することによって、ますますはっきりするものであるという。これから、自他の融合を仏教者の徳として強調する考え方も出てきた。

七擒七縦 ◆しちきん　しちしょう

戦う相手を力でねじ伏せず、心服させる戦法。「七《なな》たび擒《とら》え七たび縦《はな》す」と読む。三国時代、蜀《しょく》の諸《しょ》葛孔明《かつこうめい》は、北方の魏《ぎ》を撃つため、まず背後を固めようと南征して孟獲《もうかく》の軍と戦った。孔明は七度孟獲を捕え、そのつど釈放したので、ついに孟獲は孔明に降り、蜀の南方は平穏になったという。『三国志』蜀志、諸葛亮伝に見える故事。「七縦七擒」とも言う。

七十古稀 ◆しちじゅう　こき

七十歳まで生きるのは昔からまれであるということ。「人生七十古来稀《まれ》なり」(唐、杜甫《とほ》「曲江詩」)から。この詩句から、七十歳を「古稀」と言う。現代表記では「古希」とも書く。女性の平均寿命は八十五歳に近づき、男性でも七十七歳を越した現代では、七十歳はまれでもなんでもなくなったが、言葉としての「古稀」は、人生の節目を表す語として、現在でもよく使われる。ちなみに杜甫は五十八歳で生涯を終えた。

七生報国 ◆しちしょう　ほうこく

七たび生れ変って国に忠誠を尽すこと。「七生」は、この世に七度生れ変ること。転じて、何度も、永久に、の意。仏教語に由来する。「報国」は、国家のために力を尽すこと。楠正成《くすのきまさしげ》の一族、楠正季《まさすえ》が死ぬ時に残した「七生マデ只《ただ》同ジ人間ニ生レテ、朝敵ヲ滅《ほろぼ》サバヤトコソ存候へ《ぞんじそうら》」(『太平記』一六)は、この「七生報国」を表現している。

七転八起 ◆しちてん　はっき

何度失敗しても屈せず、立ち上って奮闘すること。「転」は「顚」とも書く。ふつう「七転《ななころ》び八起《やお》き」と言う。数は問題でなく、倒れても倒れても起き上ることを意味する。人の世の浮き沈みの激しいことにもたとえる。また、だるま人形の底におもりをつけた「おきあがりこぼし」は、倒しても倒しても起き上るので、「七転び八起き」とも呼ぶ。

七転八倒 ◆しちてん　ばっとう／しってん　ばっとう

ころげまわって苦しみもだえること。「転」は「顚」とも書く。七度転び八度倒れる意で、起き上るゆとりもなくころげまわるさまを言う。南宋末期の『朱子語類』五一に、「ただ商(殷《いん》代)の季《すえ》に当り、七顚八倒して上下崩頽《ほうたい》す」と見え、大混乱に陥っている様子を形容している。日本では、南北朝時代の『太平記』二七に「俄《にわか》ニ猛火燃来《みょうかもえきたり》テ、座中ノ客七顚八倒スル程ニ」と見える。

七堂伽藍 ◆しちどう がらん

寺院の主要な七つの建物を言う。「伽藍」はサンスクリットの音写語「*僧伽藍摩《そうぎゃらんま》」の略で、寺院、また寺院の建物群のこと。「七堂」は、南都六宗では塔・金堂《こんどう》(本尊をまつる)・講堂(法を講ずる)・僧坊・経蔵・鐘楼《しょうろう》・食堂《じきどう》を言い、禅宗では仏殿・法堂《はっとう》・三門・僧堂・庫院《くいん》(厨房《ちゅうぼう》)・浴室・東司《とうす》(便所)を言う。配置された総体として「七堂伽藍」と呼ばれるが、配置の仕方は必ずしも一様でない。松尾芭蕉《ばしょう》に「奈良七重《ななえ》七堂伽藍八重ざくら」の句がある。

七難八苦 ◆しちなん はっく

ありとあらゆる苦難の意。「七難」も「八苦」も仏教に由来する。「七難」は七種の災難だが、具体的には経典によって異なる。たとえば中国天台宗開祖の智顗《ちぎ》は、『法華経』観世音菩薩普門品《かんぜおんぼさつふもんぼん》に見える衆生《しゅじょう》の苦悩を、火難・水難・羅刹《らせつ》難(悪鬼に苦しめられる)・刀杖《とうじょう》難(処刑される)・鬼難(怪物に襲われる)・枷《か》鎖《さ》難(かせをはめられる)・怨賊《おんぞく》難(盗賊に襲われる)の七難に整理している。「八苦」は、生・老・病・死・*愛別離苦《あいべつりく》・*怨憎会苦《おんぞうえく》・*求不得苦《ぐふとくく》・*五陰盛苦《ごおんじょうく》を言う。この「七難」と「八苦」を結びつけて、人間の受けるあらゆる苦悩の意とする。

七歩之才 ◆しちほの さい

詩才が優れ、また詩作の早いことを言う。原義は、七歩あるく間に詩を作る才能。三国時代、魏《ぎ》の文帝曹丕《そうひ》は、弟曹植《そうしょく》の文才を嫉《ねた》んで、七歩あるく間に詩を作れと難題を出す。七歩あるいて弟は詩を作った。「豆を煮て持《もっ》て羹《あつもの》(熱い汁物)を作り、豉《みそ》を漉《こ》して以て汁と為《な》す。萁《まめがら》は釜下に在りて燃《も》え、豆は釜中に在りて泣く。もとこれ同根より生ずるに、相煎《あいに》ること何ぞはなはだ急なる(なぜひどく煎るのか)」。燃えるまめがらを兄に、泣く豆を弟にたとえた曹植の「七歩之詩」を聞いて、曹丕は恥じ入った。『世説新語《せせつしんご》』文学の逸話による。「*煮豆燃萁《しゃとうねんき》」はこの詩句からの語。

死中求活　◆しちゅう　きゅうかつ

難局を打開するため、あえて危険にいどむこと。「死中に活《かつ》を求《もと》む」と読む。「活」は「生」に同じで、生きること。死ぬのを待つよりほかはない状況の中で、なお生きる道を見出そうとする意。『後漢書』公孫述《こうそんじゅつ》伝に「男児まさに死中に生を求むべし。坐《ざ》して窮すべけんや」という形で見える。後漢のはじめ、蜀《しょく》の公孫述の軍が光武帝の漢軍に攻められ、成都も落ちた時、どうしたらいいかと述に尋ねられた部将の延岑《えんしん》が答えた言葉。

四鳥之別　◆しちょうの　わかれ

親子の悲しい別れを言う。「四鳥別離《べつり》」とも言う。孔子が早朝、悲鳴のような泣き声を聞く。弟子の顔淵《がんえん》(顔回)が言った。「桓山《かんざん》の鳥、四子を生みぬ。羽翼すでに成り、まさに四海に分れんとす。その母悲しく鳴きてこれを送る」(『孔子家語《けご》』顔回)。確かめてみたら、やはり子を売らなければならなくなった母親の泣き声だったという。

四通八達　◆しつう　はったつ

道路が四方八方へ通じていること。今日では交通網・通信網も含めて言われる。繁華な市街地の形容で、市街そのものをも指す。『晋書《しんじょ》』慕容徳載記に「滑台《かつだい》(河南省の地名)四通八達、帝王の居に非《あら》ず」と見える。類義語に「四通五達」があり、こちらは『史記』酈生《れきせい》伝に「それ陳留《ちんりゅう》は天下の衝《しょう》(要衝)にして、四通五達の郊《むら》なり」という例が見える。

日月自明　◆じつげつ　じめい

明らかなこと。

太陽や月はみずから明るい、そのように明らかなことの意。すなわち「明明白白*」のこと。「天の自ずから高く、地の自ずから厚く、日月の自ずから明らかなるがごとし」(『荘子』田子方)から。

日月星辰　◆じつげつ　せいしん

太陽と月と星。

「辰」は、天体を運行するもの、すなわち日・月・星を言い、「星辰」で、その中の星に限定する。『太平記』二七に「左ノ一座ニハ袞竜《こんりょう》ノ御衣《ぎょい》ニ日月星辰ヲ鮮《あざや》カニ織《おり》タルヲ著《き》給《たま》ヘル人、金ノ笏《しゃく》ヲ持《もち》テ並居《なみい》玉《たも》フ」と見える。

「袞竜ノ御衣」は天子の礼服を言い、日月星辰が織りこまれているのも、その位を象徴する。

日月逾邁　◈じつげつ ゆまい

月日が過ぎ去ること。

「逾邁」は、越え進む意。日月すなわち時間は、後戻りすることなく、常に前へ進むことを言う。「我が心の憂い、日月逾邁す、ここに来らざるがごとし」（『書経』秦《しん》誓《せい》）から。過去のことを悔やんでも、過去に戻ることはできず、日月はひたすら進み、死期が近づいていく。

失魂落魄　◈しっこん らくはく

あわてふためくさま。また、精神が不安定で常軌を逸するさま。

「魂《こん》を失い魄《はく》を落《おと》す」と読む。漢字を入れ替えて「魂《こん》魄《ばく》を失落《しつらく》す」としても意味は変らない。「魂」は陽のたましいで精神をつかさどり、死ぬと天にのぼる、「魄」は陰のたましいで肉体をつかさどり、死ぬと地上にとどまるという。たましいをなくす、つまり「魂消《たまげ》る」こと。類義語に「*魂飛魄散《こんひはくさん》」がある。なお、落ちぶれるさまを言う「落魄」は別語。

実事求是　◈じつじ きゅうぜ

事実に即して真理・真実を探求すること。

「実事に是《ぜ》を求《もと》む」または「事《こと》を実《じつ》にし是を求む」と読む。『漢書』河間献王徳伝で、前漢の景帝の王子のうち、河間国の献王徳について、「修学好古、実事求是」と記す。明の陽明学以来、経書を客観的に吟味する学風が起り、清代になって天文学・金石学・音韻学などの実証的な学問が開花した。この清朝考証学は、「実事求是」の学問とされる。

十室九空　◈じっしつ きゅうくう

十軒のうち九軒は空家になっていること。

戦乱・失政や自然の災害などによって住民が離散してしまい、村が閑散としている状態を言う。転じて、過疎の村のこと。『抱朴子《ほうぼくし》』に見える語。秦末、二世皇帝の時、趙高《ちょうこう》が宰相《さいしょう》となって悪人の党派が結成されると、人民は謀反《むほん》を考えるようになり、十軒のうち九軒までは逃亡した。秦が失敗したのは刑を厳しくしたためではない、刑罰の執行が当を失したのだ、と『抱朴子』の著者葛洪《かっこう》は考察している。

質実剛健 ◈しつじつ ごうけん

かざりけなく、まじめで、強くしっかりしていること。また、そのようなさま。

「質実」は、すなおでまじめなこと。「剛健」は、強くしっかりしていること。虚飾・柔弱などの対比で言われる語。人間の望ましい姿の一つとして、しばしば学校など集団のモットーとされる。「剛健質実」とも言う。

十進九退 ◈じっしん くたい

仏道修行のきわめて難しいことを言う。

十人が修行の道に進んでも、九人は退堕《たいだ》、すなわち脱落してしまう意。また、悟りの完成に向って十の努力をしても、九も退いてしまうので、悟りの完成にはたいへん長い時間を要する意。

実践躬行 ◈じっせん きゅうこう

自分で実際に行動し、実行すること。

「実践」は、行動によって実行すること。「躬行」は、みずから実際に行うこと。理論や信念などを、口で言うだけでなく、実際に行動によって示すことを言う。それが人の模範となるべきことであれば、「率先垂範《そっせんすいはん》*」ということになる。「躬行実践」とも言う。

実相観入 ◈じっそう かんにゅう

人生を含む自然の真実の姿を、自分の心に正しく写しとらえること。

斎藤茂吉の歌論。正岡子規《しき》の写生説を進展させたもので、写生とは何かを茂吉として改めて把握し、表現した語。「実相に観入して自然・自己一元の生を写す。これが短歌上の写生である」（斎藤茂吉「短歌に於ける写生の説」）。表面的な写生にとどまらず、心の眼で自然・人生を正しくとらえて写すのが短歌での写生だと言う。

疾足先得 ◈しっそく せんとく

能力の優れたものが先に獲物を得るたとえ。

足の疾《はや》い者が先に得る意。要するに、早い者勝ちということ。遊説家《ゆうぜいか》の蒯通《かいとう》が、淮陰公韓信《わいいんこうかんしん》に謀反《むほん》をそそのかしたことを漢の高祖劉邦《りゅうほう》に責められ、弁解のはじめに言い出す。秦《しん》が滅んで、天下の者がいっせいに権力を取ろうと争い、才長《た》けた「高材《こうざい》*疾足」の者、すなわち高祖がまずこれを得たのです、と。自分はたまたま韓信を知っていて陛下を知らなかったのですと言い逃れ、許される。『史記』淮陰侯伝による。

叱咤激励 ◆しった げきれい

大きな声で、叱るように励ますこと。「叱咤」は、大声で叱ること。転じて、大きな声で励ますこと。「激励」は、強く励ましてふるい立たせること。類義の二語を重ねて、励ます意を強調する。類義の語に「鼓舞《こぶ》激励」*がある。

十中八九 ◆じっちゅう はっく

おおかた。ほとんど。

十のうち八か九までは間違いなかろう、の意。「九分《くぶ》九厘《りん》」*が、まず間違いないさまを言うのに対し、「十中八九」は、そうでない可能性、また、ためらいをまだ残している。もっとも、「なに十中八九は癒《なお》るに極《きま》つてます」(夏目漱石《そうせき》『明暗』一五三)などは、「九分九厘」とほとんど同義に断定表現に使われている。「九分九厘」と同じく、副詞として使われることが多い。

七珍万宝 ◆しっちん まんぽう

あらゆる宝物。

「七珍」は「七宝《しっぽう》」に同じ。仏教で七種の宝玉を言う。経典によって多少種類が違い、『無量寿経』上では、金・銀・瑠璃《るり》・玻璃《はり》・珊瑚《さんご》・瑪瑙《めのう》・硨磲《しゃこ》(貝の名)を言う。「万宝」は古くはマンボウと言い、さまざまな宝の意。「楊州の金《こがね》、荊州《けいしゅう》の珠《たま》、呉郡《ごきん》の綾《あや》、蜀江《しょくこう》の錦《にしき》、七珍万宝《まんぽう》一《ひとつ》として闕《かけ》たる事なし」(『平家物語』一)は、平家一門の栄華を伝えて著名なくだり。

七転八倒《しってんばっとう》 ⇒ 七転八倒《しちてんばっとう》

疾風勁草 ◆しっぷう けいそう

苦境にあってはじめて節操や意志の強いことが分るたとえ。

「疾風に勁草を知る」と言う。「疾風」は、速い風。「勁草」は、たやすく折れない草。激しい風が吹いて、はじめて強い草が見分けられる意。「潁川《えいせん》より我に従う者みな逝《ゆ》きて、子《し》独り留まり努力す。疾風に勁草を知る」(『後漢書』王覇《おうは》伝)による。王莽《おうもう》打倒に立上がった、のちの後漢の創始者光武帝劉秀《りゅうしゅう》が、どこまでも彼に従う王覇に言った言葉。潁川から自分に従ってきた者は皆去ってしまい、君だけが残って努力してくれている、疾風が吹いてどれが勁《つよ》い草か分った、の意。同じ引用から「勁草之節《せつ》」という語もできている。

十風五雨《じっぷうごう》⇩五風十雨《ごふうじゅうう》

疾風迅雷

◆しっぷう じんらい

速い風や激しい雷。また、すばやく激しいさまのたとえ。

「疾風」は、速い風。「迅雷」は、激しい雷鳴。「〈君子は〉寝るには恒《つね》に東首す。もし疾風迅雷甚雨《じんう》有れば、すなわち必ず変じ、夜といえども必ず興《お》きて、衣服し冠して坐《ざ》す」（『礼記《らいき》』玉藻）による。君子は寝る時はつねに東に頭を向け、もし疾風が吹き、激しい雷鳴がし、強い雨があれば、就寝の姿を変え、夜でも必ず起きて、衣服・冠をつけて坐っている、の意。『礼記』にしたがえば、「疾風迅雷甚雨」とあるべき語。

疾風怒濤

◆しっぷう どとう

時代が激しく変化するさまのたとえ。

シュトゥルム－ウント－ドラング、すなわちドイツ語Sturm und Drangの訳語。十八世紀後半のドイツで、ゲーテやシラーを中心に起った文学革新運動を言う。啓《けい》蒙《もう》主義の知性を重視する側面に反対し、天才的な感性や個性を重んじて、非合理性を強調するなど、社会の旧習に立ち向う運動をくり広げた。「疾風怒濤」の語は、つねにこのドイツ語を念頭において使われる。

櫛風沐雨

◆しっぷう もくう

さまざまな苦労を体験するたとえ。

「風に櫛《くしけず》り雨に沐《かみあら》う」と読む。風雨にさらされて辛苦奔走するさまを言う。この表現は『晋書《しんじょ》』文帝紀に見えるが、さかのぼって『荘子』天下に「腓《こむら》に胈《はつ》なく（ふくらはぎの肉は落ち）、脛《すね》に毛なく、甚雨《じんう》に沐い、疾風に櫛りて万国を置けり」とある。伝説の聖王禹《う》の国を作る苦労を述べている。「風櫛雨沐」とも言う。

耳提面命

◆じてい めんめい

親切丁寧に教える形容。

耳を引きよせて言いきかせ、まのあたりに教える意。「面《まのあたり》にこれを命ずるのみに匪《あら》ず、言いてその耳に提す」（『詩経』大雅、抑《よく》）から。原文から言葉を抜き出して作った熟語なので、「提耳面命」「面命耳提」など、語を入れ替えた表現がある。

紫電一閃 ◆しでん　いっせん

研ぎ澄ました刀をひと振りする時に閃《ひらめ》くするどい光。

「紫電」は、紫色に閃く稲妻のようなするどい光。眼光や、刀剣が反射する光に言う。「一閃」は、光が一瞬ぴかりと光ること。するどい光が一瞬閃いて目を奪うことから、事態が急激に変化するたとえにも使う。

紫電清霜 ◆しでん　せいそう

稲妻のようにするどく光り、霜《しも》のようにきりっとしてすがすがしいさま。

「紫電」は、紫色に閃《ひらめ》く稲妻のようなするどい光。「清霜」は、引きしまってすがすがしい冬の朝の霜。するどい光を放つ刀剣のいかめしさの形容。また、眼光するどく節操の堅い人の形容に使われる。初唐の王勃《おうぼつ》「滕王閣《とうおうかく》序」に見える「騰蛟起鳳《とうこうきほう》（竜が上り鳳凰《ほうおう》が飛ぶ）は孟《もう》学士の詞宗（孟浩然の文章）、紫電清霜は王将軍の武庫」から。

至道無難 ◆しどう　ぶなん

仏道は決して難しいものではないということ。

「至道」は、真理に達する道の意で、仏道を指す。中国禅宗の第三祖僧璨《そうさん》の『信心銘』に「至道は難きこと無し、ただ揀択《けんじゃく》を嫌う」とあるのによる。「揀択」は、あれこれ選択する分別。あれこれ言わなければ仏道はそんなに難しいものではない、の意。『碧巌録《へきがんろく》』で、第二則の本則とされる。

舐犢之愛 ◆しとくの　あい

親が子を溺愛《できあい》すること。

親牛が犢《こうし》を舐《な》めて愛する意。後漢の楊彪《ようひょう》の子楊脩《しゅう》は、魏《ぎ》の曹操《そうそう》に重用されたが、のちに殺された。後日、やつれた楊彪が曹操に尋ねられて答える。「愧《は》ずらくは日磾《じってい》が先見の明無くして、なお老牛、舐犢の愛を懐《いだ》く」（『後漢書』楊彪伝）。恥しいことに私には日磾（子が武帝のためにならないことを予見して殺したという前漢の金日磾）のような先見の明がなく、老いても子を溺愛していました、と。成句では「老牛犢を舐《ねぶ》る」で知られる。なお、「先見之明」*もこの引用からの語。

事半功倍 ◆じはん　こうばい

わずかの努力で大きな効果をあげること。「事《こと》は半《なか》ばにして功は倍す」と読む。周の文王はわずか百里四方の小さな国から興《おこ》ったので、強大な殷《いん》を滅ぼして天下の人民を従わせるのは容易ではなく、武王・周公に至ってやっと周の天下となった。今、斉《せい》のような大国が仁政を行えば、人民は逆さ吊りから解放されたように大喜びするだろう。「ゆえに事は古人の半ばにして、功は必ず倍せん（骨折りは古人の半分でも、功績は古人に倍する）」（『孟子《もうし》』公孫丑《こうそんちゅう》上）。やるなら今だ、と孟子は説く。

慈眉善目　◈じび　ぜんもく

やさしさに溢《あふ》れた顔つきの形容。慈悲深そうな眉《まゆ》と善良そうな目つきの意。「眉目」という語が顔つきを意味するように、人の心持は眉と目によく表れる。したがって、眉と目を言うだけで、やさしい顔つき、ひいては慈悲深そうな人柄まで表現する。

四百四病　◈しひゃくし　びょう

仏教で、人間の病気を総称して言う。『修行本起経』下には「人に四大《しだい》あり、地水火風なり。一大に百一の病あり、展転相鑽《てんでんそうさん》して四百四病、同時にともに作る」と見える。人間の身体は地・水・火・風の四大からなっており、四大のそれぞれに百一の病気を生じ、合せて四百四病となるという。病気はこの四大が調和を失って生ずるので、「四大不調」*と呼ばれる。「四百四病の外《ほか》」は、この四百四病に入らない病気ということで、恋わずらいのこと。

四百余州　◈しひゃくよ　しゅう

中国全土のこと。

「州」は、中国における行政区画の称。周の制では、二千五百戸の集落を言う。漢代には十三州が定められ、のち細分化して州の数が増えるが、領土が広大だった元代を除き四百州には届かない。宋代の『碧巌録《へきがんろく》』などにこの語が見えるが、多少誇張した表現であろう。唱歌「元寇《げんこう》」（永井建子《けんし》作詞作曲）の冒頭「四百余洲《しゅう》を挙《こぞ》る十万余騎の敵、国難ここに見る弘安四年夏の頃」の背景は、五百州を超える元代。

雌伏雄飛　◈しふく　ゆうひ

将来を期して他人の支配に服して耐え、やがて勢い盛んに活躍すること。

「雌伏」は、雌《めす》の鳥が雄《おす》の鳥に服従する意。転じて、人に服従しながら活躍する機会の来るのをじっと待つこと。「雄飛」は、雄の鳥が飛揚する意。転じて、勢い盛んに勇ましく活動すること。『後漢書』趙典《ちょうてん》伝に「大丈夫《だいじょうふ》まさに雄飛を為《な》さんとす、いずくんぞよく雌伏せんや」と見える。

自分勝手《じぶんかって》 ⇒ 手前勝手《てまえがって》

四分五裂 ◈ しぶん ごれつ　しぶ ごれつ

いくつにも裂け分れること。

この「四」「五」は、いくつにも、の意だが、たとえば四、たとえば五ということで、極端に多い数字ではない。中国の史書では、『史記』張儀伝に「天下四分五裂」とあり、『漢書』鄒陽《すうよう》伝に、斉《せい》の人公孫玃《こうそんかく》が済北《せいほく》の地を「四分五裂の国」と評しているのが見える。このように国・地方について言われるほか、人の意見・立場がさまざまに分れることにも使われる。

自暴自棄 ◈ じぼう じき

失望やわがままなどから、自分の身をかえりみずになげやりな行動をすること。また、そのようなさま。

孟子《もうし》の言「自ら暴《そこな》う者は、ともに言うこと有るべからざるなり。自ら棄《す》つる者は、ともに為《な》すこと有るべからざるなり」（『孟子』離婁《りろう》上）による。自分で自分を駄目にしてやけくそになっている人間とは、ともに語り合うことはできず、自分で自分を諦《あきら》めてすてばちになっている人間とは、ともに行動することはできない、の意。「自暴自棄に陥る」などと使う。

歯亡舌存 ◈ しぼう ぜっそん

堅く強いものはむしろ早く滅び、柔軟なものがかえって長く存在するたとえ。

「歯《は》亡《ほろ》び舌存《したそん》す」と読む。歯が抜けてしまっても舌は残っている意。「それ舌の存するは、あにその柔なるを以てにあらずや。歯の亡ぶるは、あにその剛なるを以てにあらずや」（『説苑《ぜいえん》』敬慎）による。老子が病気見舞に行って、歯の抜け落ちた友人の常摐《じょうしょう》に説いた語。これを聞いて常摐は、天下のことはこれに尽きると言ったという。

四方八方 ◈ しほう はっぽう

あちらこちら。あらゆる方向。

「四方」は、東・西・南・北の方向。「八方」は、四方と、北東・北西・南東・南西の方向。つまり「四方八方」は、四方と八方合せて十二方ではなく、四方や八方の意。「よもやも」とも読み、『日本書紀』欽明《きんめい》天皇十六年二月に見える「名、四表八方《よもやも》に流《し》けり」は、四方八方のこと。

徙木之信《しぼくのしん》 ⇩ 移木之信《いぼくのしん》

慈母敗子 ◈じぼ はいし

母親の愛情が深すぎると、ろくな子供にならないということ。

「慈母に敗子有り」の略。「慈母」はふつう、慈愛深く母として望ましい姿を言うが、ここでは批判的に使われる。「敗子」は、無頼の子。「それ厳家に悍虜《かんりょ》（乱暴な召使い）無くして、慈母に敗子有り」（『韓非子《かんぴし》』顕学）から。秦《しん》の李斯《りし》は、二世皇帝胡亥《こがい》に、韓非子のこの言葉を例に引いて、群臣・庶民にきびしく臨むよう説いた（『史記』李斯伝）。

揣摩憶測 ◈しま おくそく

はっきりした根拠もなく、あれこれ推し量ること。当て推量。

「揣摩」は、推し量ること。「憶測」は「臆測」とも書き、根拠もなく推し量ること。類義の両語を重ねて、自分勝手に推量するさまを強調する。

自明之理 ◈じめいのり

それ自身で明らかな論理・道理。

「自明」は、証明する必要がなく、それ自身で明らかなこと。「理」は、物事の筋道。「然し全く偶然の暗合でない事も、彼に云《い》はせると、自明の理であった」（夏目漱《そう》石《せき》『明暗』九三）の文で分るように、同じ事柄でも、人によって自明であるかないかは異なる。もっとも、「雨の降る日は天気が悪い」「犬が西向きゃ尾は東」のように、誰にとっても自明な事柄もある。

四面楚歌 ◈しめん そか

孤立して助ける者のいないたとえ。

秦《しん》末の争乱期、漢と戦っていた楚《そ》の項羽《こうう》の軍は、垓下《がいか》（今の安徽省《あんきしょう》）に追いつめられた。「兵少なく食尽《つ》く。漢軍および諸侯の兵、これを囲むこと数重なり。夜漢軍の四面みな楚歌するを聞き、項王すなわち大いに驚きて曰《いわ》く、漢はみなすでに楚を得たるか、これ何ぞ楚人の多きや、と」（『史記』項羽紀）。漢の兵士に楚の歌をうたわせ、楚人がみな漢に下ったものと項羽に思わせる計略を立てたのは、漢の劉邦《りゅうほう》の臣、韓信《かんしん》とも張良とも言う。計略は図に当り、項羽は垓下を脱出した後、烏江《うこう》のほとりで自害する。

耳目之欲　◆じもくの　よく

耳で聞き目で見たいという、感覚的な欲望。

「世俗のいわゆる不孝なる者五つあり……耳目の欲を従《ほしいまま》にし、以て父母の戮《はずかしめ》を為《な》すは、四の不孝なり」（『孟子《もうし》』離婁《りろう》下）から。感覚的な欲に身をまかせて、親に恥をかかせるのが、五つある親不孝の四つ目だと孟子は説く。ちなみにあとの四つは、怠惰《たいだ》なこと、飲む打つこと、欲深で妻子ばかり可愛がること、喧嘩《けんか》口論すること。

自問自答　◆じもん　じとう

自分に問いかけ、自分で答えること。

「自問」がすでに、自分に問いかけているのだから、「自答」すなわち自分で答えることになるのは当然と言える。難しい状況を想定するまでもなく、人は日常的に自問自答しているものである。店先で、今夜のおかずは何にしようかと自分に問い、魚とか肉とかの答を自分で得ている。あるいは食事のあと、テレビを見ようか本を読もうかと考え、風呂に入ろうと思いつくという具合に。

四門出遊　◆しもん　しゅつゆう

釈迦《しゃか》が太子の頃、城の四つの門から外に出て老人・病人・死者・修行者に出会い、出家を志したという伝説。

釈迦がまだシッダールタ太子と呼ばれていた頃、カピラヴァスツの城の東門から遊びに出たところ、老人に出会った。次に南門から外出したところ、病人に会った。西門を出ると死人がいた。老・病・死は人間に避けられないものと聞かされる。悩んだ太子が北門から外に出たところ、出家者に出会い、そこに自分の進むべき道を見出したという。各種経典に説かれる伝説。「四門遊観」とも言う。

車胤聚蛍《しゃいんしゅうけい》　⇩　**蛍雪之功**《けいせつのこう》

社燕秋鴻 ◆しゃえん しゅうこう

逢ったと思えばすぐに別れるたとえ。

「社燕」は、燕《つばめ》のこと。春の社日《しゃにち》（土地神をまつる、春分と秋分前後の戊《つちのえ》の日）ごろ飛来し、秋の社日ごろ飛び去るところから言う。「秋鴻」は、秋に飛来する大型の雁《がん》。燕と雁はほとんど行き違いのように、飛来し飛び去るところから、逢ってすぐ別れるたとえとされる。北宋の蘇《そ》軾《しょく》「送二陳睦知潭州一詩」に「社燕、秋鴻とともにする如《ごと》き有り、相逢うていまだ穏《やす》らかならざるに還《かえ》るを相送る」と見える。

車魚之嘆 ◆しゃぎょの たん

居候が待遇の悪さを嘆くこと。

戦国時代、斉の孟嘗君《もうしょうくん》の食客になった馮驩《ふうかん》は、伝舎（三等客舎）に置かれたので、魚が欲しいと文句を言った。食膳に魚を出す幸舎（二等客舎）に移すと、出入りに車が欲しいとまた文句を言った。孟嘗君は不快に思いつつ、車付きの代舎（一等客舎）に移した。のちに孟嘗君が斉の宰相《さいしょう》の地位を追われた時、馮驩は斉王を説いてその地位を取り戻したという。『史記』孟嘗君伝に見える故事。

杓子定規 ◆しゃくし じょうぎ

無理に一定の基準にあてはめようとするたとえ。形式にとらわれて応用や融通《ゆうずう》のきかないこと。

柄の曲っている杓子を定規にして、まっすぐな物を測る意。はじめは、心がけの悪い者が他人の心がけをまっすぐにしようとする意、すなわち誤った基準で物を測る意に使われた。「杓子を定規にする」とも言う。

鵲巣鳩居《じゃくそう きゅうきょ》 ⇓ 鳩居鵲巣《きゅうきょ じゃくそう》

尺短寸長《しゃくたん すんちょう》 ⇓ 尺短寸長《せきたん すんちょう》

弱肉強食 ◆じゃくにく きょうしょく

弱いものが強いものの犠牲にされること。

弱いものの肉が強いものの食となる意。「それ鳥は俛《ふ》して啄《ついば》み、仰いで四顧《しこ》す。それ獣は深居して簡出す。物の己《おのれ》に害を為《な》すを懼《おそ》るればなり。なおかつ脱せず。弱の肉は強の食なり」（唐、韓愈《かんゆ》「送二浮屠《ふと》文暢師一序」）による。鳥はうつむいて餌《えさ》を食べ、頭を上げてはあたりを見回す。獣は様子を窺《うかが》っては出歩く。ほかの動物が自分に危害を加えるのを恐れるためだ。それでも逃れられない。弱いものの肉は強いものの餌になる。

寂滅為楽　◈じゃくめつ　いらく

煩悩《ぼんのう》を断った静けさの中にいることを楽しみとすること。

雪山童子《せっせん》がヒマラヤで羅刹《らせつ》（食人鬼）から聞いたと伝える四句の偈《げ》「諸行無常《*しょぎょうむじょう》、是生滅法《*ぜしょうめっぽう》、生滅滅已《*しょうめつめつい》、寂滅為楽」の四番目の句。「寂滅」は、心の静まりかえった状態、すなわち涅槃《ねはん》の境地を言う。煩悩の炎を消して究極の安らぎを得ることが真の楽であるとする。近松門左衛門『曾根崎心中』の道行《みちゆき》の段に「あれ数ふれば暁の、七つの時が六つ鳴りて、残る一つが今生《こんじょう》の、鐘のひびきの聞きをさめ、寂滅為楽とひびくなり」とある。

車載斗量　◈しゃさい　とりょう

数の非常に多いことのたとえ。また、取柄のない平凡なものだけがたくさんあるたとえ。

車に載《の》せ、斗《ます》で量る意。「聡明特達の者八九十人、臣の輩《やから》の如《ごと》きは車載斗量にして、数うるに勝《た》うべからず」（『三国志』呉志《ごし》、呉主伝注）から。とりわけ賢い者が八九十人もおり、自分のような者は掃いて捨てるほどいて、とても数え切れないの意。

奢侈淫佚　◈しゃし　いんいつ

贅沢《ぜいたく》な暮しをし、淫《みだ》らな遊びにふけること。

「奢侈」は、「奢」「侈」ともにおごる意で、身分不相応な暮しをするさま。「淫佚」は「淫逸」とも書き、淫らなことにふけってだらしなくなるさま。両語とも、王侯の戒めるべきこととして、史書にしばしば見える。類義語に「驕奢淫佚《*きょうしゃいんいつ》」がある。

洒洒落落　◈しゃしゃ　らくらく

性質・言動などがさっぱりとして、こだわるところのないさま。

「洒落《しゃらく》」を誇張した語。「洒」は洗う意で、人の性質などについて、洗い落したようにさっぱりしているさまを言う。シャレと読むと、意気で気のきいたさまを言い、また、おしゃれの意味になる。「洒洒落落」は、しゃれの意味では使わない。

射将先馬　◈しゃしょう　せんば

大きなものを攻撃したり手に入れようとしたりする時は、まず周辺やよりどころになっているものから狙《ねら》えということ。

「将を射《い》んとせば馬を先にせよ」と読む。「将を射んと欲《ほっ》すれば先ず馬を射よ」の略。馬上の大将をしとめようと思ったら、まず乗っている馬をたおせ、の意。唐代、杜甫《とほ》の詩「前出塞」に、「人を射んとせば先ず馬を射よ、敵を擒《とりこ》にせんとせば先ず王を擒にせよ」と見える。

社稷之臣 ◆しゃしょくの しん

国家の安危・存亡を一身に負う臣。重臣。『礼記《らいき》』檀弓《だんぐう》下に「臣柳荘なる者有り、寡人《かじん》（わたくし）の臣に非《あら》ず、社稷の臣なり」と見える。「社稷」は、古代中国で、建国に当って君主がまつる土地の神と五穀の神。国家のもっとも重要な守り神であるところから、転じて国家・朝廷を言う。「社稷之臣」は、古くは大国に従属した国、また譜代の家臣の意で、『論語』季氏にその用法が見える。

捨身飼虎 ◆しゃしん しこ

身を捨てて虎《とら》に与えたという薩埵《さった》太子の伝説。「身を捨てて虎を飼《か》う」と読む。釈迦《しゃか》の前生話《ぜんしょうわ》の一つ。七匹の子を産んだ母虎が飢《う》え疲れ、母子ともども死にそうになっているのを見て、薩埵太子が自分の血肉を母虎に与えたという伝説。『金光明最勝王経』捨身品に詳しく、『大唐西域記』にも載る。法隆寺の玉虫厨子《たまむしのずし》の台座には、この絵が描かれている。わが身を捨てて与えることは、究極の布《ふ》施行《せぎょう》とされる。

射石飲羽 ◆しゃせき いんう

精神を集中し、必死の思いで行えば、不可能なことでも可能になるというたとえ。

楚《そ》の熊渠子《ゆうきょし》が、夜中に大きな石を虎《とら》だと思い、力をふりしぼって弓を射たところ、石に矢羽まで突き刺さったという、『韓詩外伝』六や『新序』雑事四に見える逸話による。似た話が『史記』李将軍伝・『漢書』李広《りこう》伝に見える。前漢の李広が草原の石を虎と間違えて射たところ、矢が石に刺さってやじりまでくい込んだという。こちらは「石に立つ矢」の成句で知られる。

舎短取長 ◆しゃたん しゅちょう

欠点や短所は除外し、美点や長所から学び取ること。

転じて、欠点を捨て、長所をのばすこと。「短を舎《す》て長を取る」と読む。この「舎」は「捨」に同じ。「もしよく六芸の術を修めて、しこうしてこの九家(諸子九家)の言を観《み》て、短を舎て長を取りなば、すなわち以て万方の略《はかりごと》に通ずべし」(『漢書』芸文志)から。「六芸」は、『易経』『詩経』『書経』『礼記《らいき》』『春秋』のいわゆる「五経」に、逸書の『楽経《がくけい》』を加えた「六経《りくけい》」のこと。

邪知奸佞《じゃちかんねい》 ⇒ 奸佞邪知《かんねいじゃち》

借花献仏 ◆しゃっか けんぶつ

人の行為で自分のつとめを済ますたとえ。「花を借りて仏に献ず」と読む。寺社に参拝した折に、小銭の持合せがなく、賽銭《さいせん》を連れに借りるのと同じで、信心が本当のものではないことを言ったもの。もっとひどいのになると、人の念仏で極楽往生を願う「他人《ひと》の念仏で極楽参り」というのがある。その逆に信心が深すぎて害になる場合は、「信心過ぎて極楽を通り越す」。

寂光浄土 ◆じゃっこう じょうど

理想の世界としての、永遠で絶対の浄土を言う。「常寂光土《じょう》」とも言う。「寂」は静、「光」は動を意味し、静と動とが一体となった世界のこと。此岸《しがん》(=現世)と彼岸《ひがん》(=悟りの世界)という限定された枠を超えて体得される真の絶対界で、そこで見られる仏は「法身仏《ほっしんぶつ》」といって、宇宙の統一体であり、永遠にして絶対的な存在であるという。『観普賢経《かんふげんぎょう》』に「釈迦牟尼仏《しゃかむにぶつ》を毘盧遮那《びるしゃな》遍一切処と名づけ、その仏の住処を常寂光と名づく」とある。

煮豆燃萁 ◆しゃとう ねんき

兄弟仲の悪いことのたとえ。「豆《まめ》を煮《に》るに萁《まめがら》を燃《も》す」と読む。三国時代、魏《ぎ》の曹植《そうしょく》が、兄の文帝曹丕《そうひ》の命令で七歩あるく間に賦《ふ》したという「七歩之詩《しちほ》」(→七歩之才)による。燃えるまめがらを兄に、釜《かま》の中で泣く豆を弟にたとえたもの。この詩を聞いて一時は恥じ入った曹丕だったが、皇帝の地位を脅《おびや》かしかねない弟の才におびえ、結局は曹植を破滅に追い込んだ。

遮二無二 ◆しゃに むに

あとさきの考えや周囲への気配りなしに一つの事をひ

たすら行うさま。

本来、擬態語で、この漢字表記は当て字。一説にもと仏教語で、「遮二」は二を断ち切る意、「無二」は二つとない意とする。「遮二無二」はこのまま副詞として使うが、類義の「我武者羅《*がむしゃら》」「無茶苦茶《*むちゃくちゃ》」は、助詞「に」を伴って副詞となる。

捨閉閣抛 ◆しゃへい かくほう

法然《ほうねん》の浄土教の主張を簡略にまとめた語。

日本浄土宗の開祖法然が『選択本願念仏集《せんちゃく》』で説いた教え。聖道門《しょうどうもん》すなわち浄土教以外のすべての教えと、雑行《ぞうぎょう》すなわち念仏以外のすべての修行とを、捨て、閉じ、閣《さしお》き、抛《なげう》って、ひたすら念仏を称える教えに帰することを言う。日蓮は『立正安国論』で、この四字を『法華経』を非難するものだと批判している。すなわちこの語は、法然の主張をまとめた語である一方、日蓮の法然批判を表現した語ともなっている。

沙羅双樹《しゃらそうじゅ》 ⇩ 沙羅双樹《さらそうじゅ》

拾遺補闕 ◆しゅうい ほけつ

もれているものを拾い、欠けているものを補うこと。

「拾遺」は、もれているものを拾い補うこと。「補闕」は、欠けた部分を補うことで、「補欠」と同じ。類義の二語を重ねた語。「遺《お》ちたるを拾い闕を補い、賢を招き能を進め、巌穴《がんけつ》の士（隠れ住む賢人）を顕《あらわ》すこと能《あた》わず」（司馬遷「報二任少卿《じんしょうけい》一書」、『文選《もんぜん》』所収）による。君主をたすけて、その取りこぼしたところを補うのが原義。君主をたすけることから、侍従《じじゅう》の意ともなる。江戸中期の『書言字考節用集』に「拾遺補闕、シフヰホケツ、侍従唐名」と見える。

縦横無尽 ◆じゅうおう むじん

自由自在。思う存分。

四方八方へ限りがないさまを表す。「時ノ声ニ驚テ、馬ヨ物具《もののぐ》ヨト周章《あわてさわぐ》騒処《ところ》ヘ、義貞・義助ノ兵縦横無尽ニ懸《か》ケ立《たつ》ル」（『太平記』一〇）は、四方八方へ自由自在に馬で駆けまわることを意味する。多く、人の行動の自由なさまに言う。

自由闊達 ◆じゆう かったつ

心がのびやかで、こだわりなく振舞えること。そのようなさま。

「自由」は、思いどおりに振舞える状態にあること。「闊達」は、度量がひろく、物事にこだわらないこと。「わがまま」は、周囲の事情を顧みないで自分の思いを通すさまを言うが、「自由闊達」は、周囲の事情にも自在に対応できる心の柔軟性を含む。

衆寡不敵 ◆しゅうか ふてき

少数のものは、多数のものに敵対しても勝目がないということ。

「衆寡敵せず」と言う。「衆寡」は、多数と少数。「不敵」は、相手の勢いが強くて敵として戦えない、の意。「多勢《たぜい》に無勢《ぶぜい》」ということ。『三国志』魏志《ぎし》、張範伝に「いま卓を誅《ちゅう》せんと欲するも、衆寡敵せず」と見える。「卓」は、後漢末期に漢王朝で権勢をふるった董卓《とうたく》。なお、さかのぼって、『孟子《もうし》』梁恵王《りょうけいおう》上に「寡はもとより以て衆に敵すべからず」という表現が見える。

羞花閉月 ◆しゅうか へいげつ

美人のたとえ。

その美貌を見ては、花もはじらい、月も隠れてしまうという意。「閉月羞花」とも「羞月閉花」とも言う。要するに、花も月も身を隠してしまいたくなるほどの美しさという意。類義の美人を形容する語「*沈魚落雁《ちんぎょらくがん》」は、『荘子』の故事を背景にしている。

衆議一決 ◆しゅうぎ いっけつ

多くの人々の議論を経て、意見が一つにまとまること。

「衆議」は、多くの人の評議。「衆議院」は、多くの人の評議するところ、の意で名づけられた。「一決」は、相談がまとまる意。江戸中期の平賀源内の『放屁論』には「衆議さらに一決せず」という表現が見える。いろいろな見解が出てまとまらなかった、の意。

衆賢茅茹 ◆しゅうけん ぼうじょ

多くの賢人が互いに協力して進むこと。

「茅茹」は、茅《ちがや》の根が連なっているさまを言う。『易経』泰卦《たいか》に「茅を抜くに茹たり。その彙《たぐい》と以《とも》にす。征《ゆ》くも吉なり」とある。泰卦は君臣上下の志が通ずる天下安泰の時を示すので、茅を抜けば根の連なっている周囲の茅が一緒に抜けるように、志を同じくする仲間とあいともに前進して吉である、と言う。

秋高馬肥　◆しゅうこうばひ

空が澄みわたって高く晴れた、さわやかな秋の季節を言う。

「秋高く馬肥《こ》ゆ」と読む。秋は空も高く澄みわたり、馬も肥える意。『漢書』趙充国《ちょうじゅうこく》伝に「秋に到《いた》れば馬肥ゆ、変必ず起《おこ》らん。よろしく使者を遣《つか》わして辺兵を行《めぐ》らしめ、あらかじめ備えを為《な》すべし」とあり、「馬肥ゆ」は、北方騎馬民族の馬が肥える意に使われている。そういう季節になったから、辺地守備の兵にぬかりがないよう使者を巡回させるように、と言ったもの。現代では「天高く馬肥ゆる秋」という表現が一般的で、原義は失われ、気持のいい秋の季節への賛辞となっている。

十五志学　◆じゅうごしがく

十五歳で学問の道に志すこと。

「われ十有五《じゅうゆうご》にして学に志す。三十にして立つ。四十にして惑《まど》わず。五十にして天命を知る。六十にして耳順《したが》う。七十にして心の欲する所に従いて矩《のり》を踰《こ》えず（道をはずれない）」（『論語』為政）による。自分は十五歳で学問に志を立てた、という孔子の述懐。この語から、十五歳を「志学」と言う。この『論語』の一節から「*三十而《じ》立《りつ》」「*四十不惑《ふわく》」「*五十知命《ちめい》」「*六十耳順《じじゅん》」などの語も生れている。

修己治人　◆しゅうこちじん

自分自身の修養を積んで世を治めること。

「修」は「脩」とも書く。「己《おのれ》を修《おさ》めて人を治《おさ》む」と読む。自分の修養にはげんで徳を積み、その徳で人々を感化し世の中を平穏に保つことを言う。「これ（大学に入った者）に教うるに、理を窮《きわ》め心を正し、己を修め人を治むるの道を以てす」（朱子「大学章句序」）による。『論語』憲問の「己を脩めて以て人を安んず」に基づき、儒教の根本思想とされる。

終始一貫　◆しゅうしいっかん

始めから終りまで変らないこと。

「終始」は、始めから終りまで。また、「終始する」という表現で、行動や態度が始めから終りまで変らないことを言う。「一貫」は、一筋に貫くこと。『漢書』王莽《おうもう》伝上に「公（王莽）はその終始を包《か》ね、一《いっ》以《もっ》てこれを貫く。

備われりと謂《い》うべし」と見える。また、『荀子《じゅんし》』礼論には「終始一の如《ごと》し」という表現がある。

自由自在　◆じゆう じざい

思いのままであること。また、思いのままにすること。

もと禅語。何ものにもとらわれることのない、のびのびとした安らかな身心の境地と、そこから顕《あらわ》れるとらわれない働きとを言う。「立地《たちどころ》に成仏《じょうぶつ》する底《ほど》の人の、自然《おのず》と人を殺して眨眼《まばたき》もせざる有りて、方《はじ》めて自由自在の分有らん」（北宋、『碧巌録《へきがんろく》』四則）。

螽斯之化　◆しゅうしの か

多くの子供に恵まれ、子孫繁栄するたとえ。

「螽斯」は、いなご。群集してたくさん産卵するところから、子孫繁栄のたとえに使われる。「螽斯の羽、詵《しん》詵《しん》たり。宜《うべ》なり爾《なんじ》の子孫、振振《しんしん》たり」（『詩経』周南、螽斯）による。「詵詵」はたくさん集るさま。「振振」は盛んなさま。いなごが羽をすり寄せてたくさん集まっている、あなたの子孫も栄えますように、の意。「螽斯詵詵」とも言う。

衆矢之的　◆しゅうしの まと

おおぜいの人に非難・攻撃されるたとえ。

「衆矢」は、たくさんの矢。たくさんの矢が当る的の意。「的」は、弓や鉄砲の練習の目標にされることから、「非難の的」「怨嗟《えんさ》の的」のように、攻撃の目標の意味で使われる。

重重無尽　◆じゅうじゅう むじん

すべての存在は互いに関連し合って際限のないこと。「十十無尽」とも書く。十枚の鏡を立てて中央に蠟燭《ろうそく》を置くと、その炎が鏡に複雑に映り合って限りなく見える。そのように際限のないことを言う。中国華厳《けごん》宗の第三祖法蔵の『華厳金師子章《こんじししょう》』に述べる。万物の縁起（因果関係）は重なり合って尽きることがない意を表し、華厳宗の縁起説の特色を示している。

袖手傍観《しゅうしゅぼうかん》　⇒拱手傍観《きょうしゅぼうかん》

周章狼狽　◆しゅうしょう ろうばい

すっかりあわてふためくこと。

「周章」「狼狽」ともに、あわてふためくこと。ほとんど同義の二語を重ねて、その様子を強調する。唐代の『酉陽雑俎《ゆうようざっそ》』に「狼狽」の語源説が載っている。「狽」はおおかみの一種で、狼は前脚が長くて後ろ脚が短く、狽は後ろ脚が長くて前脚が短く、狼と狽は重なるようにいつも一緒に歩いていて、離れると互いに倒れてしまい、あわてふためくという。

衆人環視

◆しゅうじん　かんし

おおぜいの人が取りまいて見ていること。

「環視」は、ぐるっと取りまいて見ている意で、じっと見張っている「監視」とは別語。「衆人環視にさらされる」など、見られる方にとってあまり見られたくないような状況の場合に使われることが多い。屋外でのことに言われ、屋内の場合は「満座(の中)」という表現がこれに近い。

修身斉家

◆しゅうしん　せいか

わが身を修《おさ》め、家庭を斉《ととの》えること。

『大学』経では、儒教の理念「八条目」として「格物《かくぶつ》・致知《ちち》・誠意・正心・修身・斉家・治国・平天下」をあげる。そのうちの二か条で、すなわち「古《いにしえ》の明徳を天下に明らかにせんと欲する者は、まずその国を治む。その国を治めんと欲する者は、まずその家を斉う。その家を斉えんと欲する者は、まずその身を修む」ということ。八か条のうち特に「修身・斉家・治国・平天下」は根本理念とされ、「修身斉家」「治国平天下」と言い慣わされている。また、「格物」「致知」は、後世の儒学者によっていろいろに解釈されている(→格物致知)。

衆酔独醒

◆しゅうすい　どくせい

世人がみんな酔《よ》っている中で、自分ひとりが醒《さ》めているという意。

「世を挙《あ》げて混濁にして、われ独り清《す》む。衆人みな酔いて、われ独り醒む」(『史記』屈原《くつげん》伝)による。戦国時代、楚《そ》の屈原が流されて湘江《しょうこう》のほとりをさまよっている時、どうしてこんなところに来たのかと漁夫に問われ、世人はみな正道を踏みはずしていて、自分だけが正道を守っている、だから追放されたのだと答えたもの。世の流れに従いながら力を示してはどうかと言う漁夫の言に(→濯纓濯足《たくえいたくそく》)、身を汚すことはできないと応じた屈原は、「懐沙《かいしゃ》の賦《ふ》」を残して汨羅《べきら》江に身を投じた。

秋霜烈日 ◆しゅうそう れつじつ

権威・刑罰、また節操などが厳しく、あるいは厳《おごそ》かなたとえ。

秋に降りる霜と夏のはげしい日ざしの意。「秋霜」は、『史記』李斯《りし》伝に「秋霜降れば草花落ち」と見えるように、万物を枯らす基となるので、夏の日ざしとともに、厳しいさまを表現する語とされる。

終南捷径 ◆しゅうなんの しょうけい

仕官の近道を言う。

「終南」は、陝西《せんせい》省西安（昔の長安）の南にある名山で、古刹《こさつ》・名勝が多い。「捷径」は、近道。転じて、巧妙な手段。終南山には近道がある、の意。終南山にこもって隠者のふりをしていると、かえって名が上がって仕官の道が得やすいということ。唐代、終南山に隠棲《いんせい》していた盧蔵用《ろぞうよう》が、召に応じて山を出て仕官したことをふまえている。

十二因縁 ◆じゅうに いんねん

仏教で、衆生《しゅじょう》の苦の原因を十二の条件を立てて説明したもの。

「十二縁起《えんぎ》」とも言う。無明《むみょう》（無知）・行（意識を形成する潜在的力）・識（識別作用）・名色《みょうしき》（名称と形態）・六処（眼耳鼻舌身意の六感官）・触《そく》（接触）・受（感受作用）・愛（妄執《もうしゅう》）・取（執着《しゅうじゃく》）・有《う》（生存）・生（誕生）・老死（老いて死ぬこと）の十二項で、順に前のものが後のものを成立させる条件となっている。したがって、そもそも無明があるので老死があることになり、無明を消滅させれば順次消滅していって、ついには生・老死を消滅させ、苦の世界の輪廻《りんね》から脱するに至るという。『増一阿含経《ぞういちあごんきょう》』に説かれる、仏教の基本的考え方の一つ。

十二大願 ◆じゅうに だいがん

薬師如来《にょらい》が菩薩《ぼさつ》の時に立てた十二の誓い。

『薬師本願経』に説く。光明普照・随意成弁・施無尽物・安立大乗・具戒清浄・諸根具足・除病安楽・転女得仏・安立正見・苦悩解脱・飽食安楽・美衣満足の十二。このうち現世利益《げんぜりやく》の面、とりわけ「除病安楽」が注目され、病を癒《いや》す仏として、中国・朝鮮・日本で薬師信仰が広まった。なお、阿弥陀仏《あみだぶつ》が菩薩の時に立てた誓いを「四十八願*」と言う。

十人十色　◆じゅうにん　といろ

好みや考え、性格などは、人によってみんな違うということ。

「色」は色合、特色の意。人が十人いれば十人分の個性があることを言う。井原西鶴『好色五人女』一に「十人寄れば十国《とくに》の者、乗合舟こそおかしけれ」と見える。さまざまな地方のさまざまな職業の人が寄り集まっていることを表現したもので、直接好みや考えなどの違いを言っているわけではないが、人さまざまという点で「十人十色」と変らない。

十年一日　◆じゅうねん　いちじつ

長い年月の間少しも変らないこと。

「十年一日のごとし」と使われることが多い。類義の「＊旧態依然《きゅうたいいぜん》」は、進歩・発展のないさまに批判を込めて言う。この語もそのような意味を込めて言われることもあるが、むしろたんたんとして変化のないさまに多く使われ、必ずしも批判的な意味は持たない。

十年一剣　◆じゅうねん　いっけん

力を発揮する時に備えて、鍛錬《たんれん》し続けるたとえ。

「十年一剣を磨《みが》く」と言う。十年もの長い間ひと振りの剣を磨き続けて、使う時に備える意。「十年一剣を磨く。霜刃《そうじん》いまだかつて試みず」（唐、賈島《かとう》「剣客詩」、『古文真宝』所収）から。「霜刃」は、霜のように白く鋭い刃。「氷のやいば」というたとえに同じ。日本では、頼山陽《らいさんよう》の詩「題下不識庵《ふしきあん》撃二機山《きざん》一図上」によって知られる。「鞭《べん》声粛粛《せいしゅくしゅく》夜河を過《わた》る。暁《あかつき》に見る千兵の大牙《たいが》を擁《よう》するを。遺恨《いこん》なり十年一剣を磨き、流星光底長蛇《ちょうだ》を逸《いっ》す」。川中島の戦いで、宿敵武田信玄（機山）を倒せなかった上杉謙信（不識庵）の無念を詠んでいる。

十年一昔　◆じゅうねん　ひとむかし

十年経てば、もう昔と言ってもよいということ。

十年を一つの区切りとして、その間にはさまざまな変化もあるということを言う。「昔」という言葉は大きな幅を持っており、文脈に応じて、千年前を言ったり五十年前を称したりする。過去のある時期という意味で、おとぎ話は「むかしむかし」ではじめる。「昔」はそういう大ざっぱな呼称だが、十年前ならもう使ってもいいだろうということ。

柔能制剛 ◆じゅうのうせいごう

柔らかく弱々しい者がかえってたくましく強い者に勝つということ。

「柔能《よ》く剛を制す」で知られる。「柔は能く剛を制し、弱は能く強を制す」（『三略』上略）から。さかのぼって、『老子』三六に「柔弱《じゅうじゃく》は剛強に勝つ」と見える。「柔弱」は、ニュウジャクと読んで、気質の弱い意に多く使われるが、ここでは体格・体力などが柔らかく弱々しい意。

秋風索莫 ◆しゅうふう　さくばく

勢いが衰え、落ちぶれているさまのたとえ。

原義は、秋風が吹いてものさびしくなるさまを言う。「索莫」は、「索寞」「索漠」とも書く。唐の詩人柳宗元の「南磵《なんかん》中題」（「磵」は谷の意）は「秋気南磵に集まる」で始まり、「索莫ついに何をか事とせん」と見える。秋の寂しさにこと寄せ、失脚してうらぶれたこの身は何をしたらよいのかと詠う。

秋風冽冽 ◆しゅうふう　れつれつ

秋風の冷たく厳しいさま。

「秋風何ぞ冽冽たる」（西晋《せいしん》、左思「雑詩」、『文選《もんぜん》』所収）による。「冽冽」は、風の激しいさまや寒気の厳しいさまを言う。唐の韓愈《かんゆ》には「霜風冽冽として朝菌《ちょうきん》（朝はえて夕方には枯れるきのこ）を摧《くだ》く」（「贈二崔立之評事一詩」）という表現があり、「霜風」で一段の冷たさが感じられる。

醜婦之仇 ◆しゅうふの　あだ

優れた者はよこしまな者から憎まれるたとえ。

「美女は醜婦の仇」の略。「それ美女は醜婦の仇なり。盛徳の士は乱世の疎《うと》んずる所なり。正直の行いは邪枉《じゃおう》の憎む所なり」（『説苑《ぜいえん》』尊賢）から。徳のある人は乱世ではうとんじられ、正直な人はよこしまな人間から憎まれるものである、の意。春秋時代、晋《しん》の趙鞅《ちょうおう》が、郷里を三度追われ、主君を五度も変えた楊因《よういん》を宰相《さいしょう》に取立てた時に言った言葉。美女を正直ですぐれた者に、醜婦をよこしまな者にたとえている。つまり美・醜は、ここでは単なる外見を言うものではない。

聚蚊成雷 ◆しゅうぶん　せいらい

小さなものでも、数多く集まると大きな力になるというたとえ。

「聚蚊雷《らい》を成《な》す」と言う。蚊の羽音も、集まれば雷のような大きな音になる意。「それ衆煦《しゅうく》(泡)山を漂《ただよ》わせ、聚蚊雷を成し、朋党虎《とら》を執《と》り（一味が口をそろえればいない虎もいることになり）、十夫椎《つち》を橈《たわ》む（曲げる）」（『漢書』中山《ちゅうざん》靖王勝《せいおうしょう》伝）から。前漢の中山靖王勝が、役人の讒言《ざんげん》で自分たちは困っていると武帝に訴えたもの。

自由奔放 ◆じゆう ほんぽう

自分の思いどおりに振舞うさま。

「奔放」は、勢いよく走る意から、思いのままに振舞うこと。制約を受けないという以上に、人のおもわくを気にしないで行動するさまを言う。「自由」に重ねて、思いどおりに振舞うさまのはなはだしいことを強調する。「自由奔放な絵」と言えば、従来の手法にとらわれず、画家が思いどおりに描いた絵の意。

十万億土 ◆じゅうまんおくど

俗世界と極楽浄土の間にある無数の仏の世界。また、極楽を言う。

『阿弥陀経《あみだきょう》』に「これより西方《さいほう》、十万億の仏土《ぶつど》を過ぎて、世界有り、名づけて極楽という」と説かれる「十万億仏土」の略。「仏土」は、仏の住む土地。『無量寿経』には「ここを去ること十万億刹《せつ》なり」とある。「刹」は国の意。つまり「十万億仏土」「十万億刹」は、俗世界から極楽浄土までが非常に遠いことを表している。転じて、極楽そのものを言うこともある。

衆妙之門 ◆しゅうみょうの もん

天地万物の微妙な道理の始まり。

「衆妙」は、さまざまな微妙な道理の意。「この両者（道と万物）は、同じきに出でてしかも名を異にす。同じきをこれ玄と謂《い》い、玄のまた玄は衆妙の門なり」（『老子』一）から。道と万物とは同じところから出て、呼び方が異なっている、その同じところを玄（はかり知れない根元）と言い、根元のまた根元が天地万物の微妙な道理の始まり（すなわち道）である、の意。老子の思想の中心概念である「道」について説いたもの。

十羊九牧 ◆じゅうよう きゅうぼく

役人が多すぎるたとえ。

「いわゆる民少なくして官多し。十羊九牧なり」（『隋書』楊尚希伝《ようしょうきでん》）から。十四の羊に九人の羊飼いがいる意。今の州・郡・県はかつての二倍になり、人民が少ないのに役人ばかり増えている。これは整理しなければいけない、と楊尚希が隋を建国した文帝楊堅《ようけん》に進言したもの。

戢鱗潜翼 ◆しゅうりん せんよく

志を抱いて、じっと時機の来るのを待つたとえ。

「鱗《うろこ》を戢《おさ》め翼《つばさ》を潜《ひそ》む」と読む。「鱗を戢め翼を潜め、思いを風雲に属《しょく》す」(『晋書《しんじょ》』宣帝紀)から。「戢鱗」「潜翼」は、それぞれ竜が鱗をおさめ、鳥が羽をやすめ、じっとしていること。ここでは、じっとかけりはばたく風雲が起るのを待っている様子。

聚斂之臣 ◆しゅうれんの しん

重税を取りたてて民心を失う臣。

「聚斂の臣有らんよりは、むしろ盗臣有れ」(『大学』)による。「聚」は、あつめる、「斂」は、おさめる、で「聚斂」は、重税を厳しく取りたてる意。重税を取りたてれば民心は離れていく。主君のものを盗む臣は、主君の家に損害を与えるが、民の心を失うことはない。国を治める上でもっとも大切なのは、民の信頼を得ること。だから聚斂の臣がいるくらいなら、盗む臣がいた方がまだよい、と「聚斂之臣」の害を言う。

主客転倒 ◆しゅかく てんとう　しゅきゃく てんとう

立場・順序・軽重などが逆になること。

「転倒」は、もと「顚倒」と書いた。「顚」は、つまずきころぶ意。主人と客の立場、あるいは主なもの(主)と付随したもの(客)の立場が逆になる意。たとえば、説教をされていた者が、相手の言葉尻を捕えて逆に相手に説教を始めるといった情景。類義の語に、本質的なことと末梢的なことを取り違える「本末転倒*」がある。

宿執開発 ◆しゅくしゅう かいほつ

仏教で、前世の善根功徳《くどく》が現世でよい実を結ぶこと。

「宿執」は、前世から執着《しゅうじゃく》して離れない心の中の善悪の性質を言う。「開発」は、開き現れること。ここでは善なる性質がこの世に開き現れることを言う。「栂尾《とがのお》の上人(明恵)、道を過ぎ給ひけるに、河にて馬洗ふをのこ、あしあし(足を上げろ)と言ひければ、上人立ちとまりて、あなたふとや、宿執開発の人かな、阿字々々と唱ふるぞや」(『徒然草《つれづれぐさ》』一四四)。「阿字」は、サンスクリットの第一字母で、万物の根源であり、不生不滅の原理を表しているとされる語。上人様ならではの聞き間違いと言える。

菽水之歓 ◆しゅくすいの かん

貧しい中でもよく孝養を尽すこと。

「孔子曰《いわ》く、菽《まめ》を啜《すす》り水を飲むもその歓を尽す、これ之《これ》を孝と謂《い》う」(『礼記《らいき》』檀弓《だんぐう》下)による。「菽水」はまめと水を言い、貧しい食事の象徴としてよく使われる。まめを食べ水を飲むような貧しい暮しの中でも親を喜ばせるのが孝である、と。

縮地補天 ◆しゅくち ほてん

政治の上で大きな行政改革を行うこと。

「地を縮《ちぢ》め天を補《おぎな》う」と読む。『旧唐書《くとうじょ》』音楽志に見える語。当面する諸問題(=地)について行政を引きしめ、政治理念(=天)の不備を補う意。天子の行政改革に言う。なお「縮地」は、「費長房神術有りて、よく地脈を縮む」(『神仙伝』壺公《ここう》)から、仙術によって土地を縮め、距離を短くすることにも言う。

熟読玩味 ◆じゅくどく がんみ

文章をよく読み、その意味するところをじっくり考え味わうこと。

「熟読」は、文章の意味をよく考えて読むこと。「玩味」は、食物をよく味わう意から、物事の意義をよくかみしめること。宋の劉子澄《りゅうしちょう》『小学』に「およそ語孟《ごもう》(『論語』『孟子』)を看《み》るには、まさにすべからく熟読玩味し、聖人の言語をもって己《おのれ》に切にすべし(自分に当てはめてみなさい)」と見える。

熟慮断行 ◆じゅくりょ だんこう

よくよく考えたうえで、思いきって実行すること。

熟慮して断行する意。「熟慮」は、十分に思いめぐらすこと。「断行」は、思いきって行うことで、『史記』李斯《りし》伝に「断じて敢《あ》えて行えば鬼神もこれを避《さ》け(断固として行えば何者も妨げられず)、のち成功有り」と見える。この言葉は、「断じて行えば鬼神もこれを避く」の成句で知られる。

取捨選択 ◆しゅしゃ せんたく

よいものを取り、悪いものを捨てて、選ぶこと。

「取捨」は、必要なものを取り、不要なものを捨てること。「選択」は、さまざまなものの中から選び取ることと。類義の語を重ねて強調するのとは少し異なり、取捨という行為によって選択する意を表す。

種種雑多　◆しゅじゅ　ざった

いろいろなものが多く入混じっていること。また、そういうさま。

「雑多」は、「雑」は入混じる意で、多くのものが入混じっていること。「種々雑多な人々」と言えば、老若男女、出身・職業を問わず、さまざまな人々の意。江戸中期の『書言字考節用集』には「俗語」とある。

守株待兎　◆しゅしゅ　たいと

古いならわしにこだわって、時勢の進歩に応じることができないこと。

「株《くいぜ》を守りて兎《うさぎ》を待つ」と読む。単に「守株」とも言う。北原白秋の「待ちぼうけ」で知られる逸話で、『韓《かん》非《び》子《し》』五蠹《ごと》に見られる。「宋人に田を耕す者有り。田中に株有り。兎走りて株に触れ、頸《くび》を折りて死す。よりてその耒《すき》を釈《す》てて株を守り、また兎を得んことを冀《こいねが》う。兎また得べからずして（二度と兎を得ることはできず）、身は宋国の笑いと為《な》れり」。

衆生済度　◆しゅじょう　さいど

仏教で、すべての生き物を迷いの世界から救い、悟りの世界へ導くこと。

「衆生」は、人間を含むすべての生き物。「済度」は、済《すく》い度《わた》すこと。すべての生き物を生死《しょうじ》の海から救い、悟りの彼《ひ》岸《がん》へ渡す意。『法華経』方便品《ほうべんぼん》には、「ついに小乗を以て衆生を済度したまわざるなり。仏は自ら大乗に住して、その所得の法の如《ごと》きは定《じょう》（心静かに真理を観察できる状態）・慧《え》（知恵）の力にて荘厳《しょうごん》し（飾り）、これを以て衆生を度したまえばなり」と見える。「衆生を度す」は「衆生を済度す」と同じ。

朱唇皓歯　◆しゅしん　こうし

美人の形容。

朱《あか》い唇《くちびる》と白い歯の意。「朱唇皓歯、嫭《みやび》やかに以て姱《みめ》よし。徳を比《たぐ》えて好く間《しず》かに、習いて以て都《みやび》やかなり。豊肉微骨、調えて以て娯《たの》しむ。魂よ帰り徠《きた》れ、安らかに以て舒《おだ》やかなり」（『楚《そ》辞《じ》』大招）から。こちらにはつつましくしとやかで美しい女性がいるからと、魂を招き寄せる言葉。「*紅口白牙《こうこうはくが》」も同様な表現。

殊俗帰風 ◆しゅぞく きふう

風俗の異なる民が、移り住んだ国の風俗に従うこと。「殊俗、風《ふう》に帰《き》す」と読む。『帝範《ていはん》』務農に見える。「殊俗」は、風俗を殊《こと》にする国・民族。「秦王《しんおう》すでに没して、余威《よい》殊俗に振《ふる》う」(『史記』始皇紀賛)は、始皇帝が死んだあとも、ありあまる威力が風俗の異なる国々にまで及んだ、の意。「帰風」は、移り住んだ国の風俗に帰服する意。なお『童子教』は、処世の法として「郷《ごう》に入《い》っては郷に随《したが》え」と説く。

寿則多辱 ◆じゅそくたじょく

長生きすればそれだけ恥も多くかくということ。「寿《いのちなが》ければ則ち辱《はじ》多し」と読む。「男子多ければ則ち懼《おそ》れ(心配事)多く、富めば則ち事(面倒な事)多く、寿ければ則ち辱多し。この三者は徳を養う所以《ゆえん》にあらざるなり」(『荘子』天地)から。古代の聖君子尭《ぎょう》の言として述べられている(→華封三祝《かほうのさんしゅく》)。これを受けて『徒然草《つれづれぐさ》』七には「命長ければ辱多し。長くとも四十にたらぬほどにて死なんこそ、めやすかるべけれ」とある。四十歳前に死ぬのがいいと言った作者吉田兼好は、六十八歳で世を去っている。

首鼠両端 ◆しゅそ りょうたん

迷って、どちらにするか決めかねること。どちらにもつかずに、ふた心をいだくこと。

「首鼠」は、穴から首を出している鼠《ねずみ》。出ようか出まいか決めかねているところから、「首鼠」だけでどちらにするか迷う意を表す。「両端」は「両端を持《じ》す」とも言い、ふた心を持つこと。『史記』魏其《ぎき》武安侯伝に「なんぞ首鼠両端を為《な》す」と見える。なお、類義の「首施《しゅし》」を使った「首施両端」が『後漢書』西羌《せいきょう》伝にある。

受胎告知 ◆じゅたい こくち

懐妊したことを知らせること。

特にキリスト教で、天使ガブリエルがマリアにキリストの受胎を告げたことを言い、しばしば画題にされる。仏教では、摩耶夫人《まやぶにん》が、白象が胎内に入る夢を見て釈迦《しゃか》を受胎したと伝える。また、漢の高祖劉邦《りゅうほう》の母は身ごもる前、神に会う夢を見たが、その時劉邦の父は彼女の上に竜がいるのを見たという(『史記』高祖紀など)。聖人・偉人の誕生には、こうした受胎伝説がしばしば伝わる。

酒池肉林　◆しゅち にくりん

酒や肉が豊富な、豪奢《ごうしゃ》をきわめた饗宴《きょうえん》。

「酒を以て池と為《な》し、肉を懸《か》けて林と為し、男女を倮《はだか》としてその間を相逐《あいお》わしめ、長夜の飲を為す」（『史記』殷《いん》紀）から。中国古代の暴君として悪名高い殷の紂《ちゅう》王の、おごりにふけった酒宴のさま。諸侯はしだいに王から離れ、やがて紂は周の武王に滅ぼされる。なお、「桀紂《けっちゅう》」と並び称される夏の暴君桀王のおごりふけった酒宴のさまは、「*肉山脯林《にくざんほりん》」と言われる。

出家遁世　◆しゅっけ とんせい

世俗の社会を離れて僧となること。

「出家」は、世俗の家を出て僧となること。また、その僧。「遁世」は、世間を遁《のが》れること。特に、世間を遁れて僧となること。したがって「出家」と「遁世」は、世間を出て僧となる意味では、ほぼ同義語と言える。ただし、「出家」が特定の僧団に所属するのに対し、「遁世」は、僧団からも遁れ、山林にこもって生活する場合がある。鴨長明《かものちょうめい》はそのような例。

夙興夜寐　◆しゅっこう やび

一日中仕事に励むさま。

「夙《つと》に興《お》き夜《よわ》に寐《い》ぬ」と読む。「かの脊令《せきれい》（鶺鴒）を題《み》るに、すなわち飛びすなわち鳴く。われ日にかく邁《ゆ》き、なんじ月にかく征《ゆ》かん。夙に興き夜に寐ね、なんじの所生（父母）を忝《はずか》しむること無かれ」（『詩経』小雅、小宛）から。鶺鴒はいそがしく飛んではせわしげに鳴いている、私もお前も日に月にたゆまず励もう、朝は早く起き夜は遅く寝て、父母に恥しい思いをさせまい、の詩意。なお、『春秋左氏伝』襄公《じょうこう》二十六年にも「夙に興き夜に寐ね、朝夕政《まつりごと》に臨む」の言葉が見える。

述而不作　◆じゅつじ ふさく

先人の説を述べ伝えるだけで、自分から説を作らないこと。

「述《の》べて作らず」と読む。「子曰《いわ》く、述べて作らず、信じて古《いにし》えを好む。窃《ひそ》かに我を老彭《ろうほう》に比す」（『論語』述而）から。編名にもなっているように、「述而編」の冒頭にある文で、孔子が学問に対する自分の姿勢を明らかにしたもの。すなわち、先賢の言うところを好み、それを信じて述べ伝え、自分から新しい説を立てることはしないと言う。「老彭」については、殷《いん》の賢人とする説があるが、異説も多い。

出処進退 ◆しゅっしょ しんたい

官職や地位にとどまるか、やめて退くかということ。身の処し方。

「出処」は、出て仕えることと退いて民間にいること。仕官と在野。「進退」は、一般に、進むか退くかということで、「出処」と結合して身の処し方の意味になり、同義の二語が重なって意味を強調する効果を持つ。

出世本懐 ◆しゅっせの ほんがい

仏教で、釈迦《しゃか》がこの世に現れた本当の目的。

「出世」は、仏が衆生《しゅじょう》を救うためにこの世に現れること。「本懐」は、かねてからの願い、本意のこと。釈迦の出世の本懐は、衆生を救済し、悟りに導くこととされるが、それを端的に示した経典は一定せず、天台宗は『法華経』を、浄土諸宗は無量寿経・観無量寿経・阿弥《あみ》陀《だ》経の『浄土三部経』を、それぞれ「出世本懐の経」とする。

出藍之誉 ◆しゅつらんの ほまれ

弟子が師よりも優れているという評判・名声。

「青は藍《あい》より出でて藍より青し」(『荀子《じゅんし》』勧学)による。このままでよく知られた成句になっている。青色の染料はタデ科の藍の葉から取るが、布に染めるともとの葉の色よりも美しくなるところから、弟子が師よりも優れているたとえとされ、ここから「出藍」の語が生れた。師に学んで師を超えるのは、教える師が優れていると同時に、教えられる弟子も優れていることを示すので、「誉」と言う。なお、『荀子』は続いて対句として、「氷は水これを為《な》して水よりも寒し」と言っている。

出離生死 ◆しゅつり しょうじ

仏教で、生死の苦しみを離れて、悟りの世界に入ること。

生死の世界を出て離れる意。すべての生き物は、迷い・苦しみの世界である地獄・餓鬼《がき》・畜生《ちくしょう》・修羅《しゅら》・人・天の六道《ろくどう》の中で生死を繰返すとされる。これを「輪廻《りんね》」と言う。煩悩《ぼんのう》から解放され自由な心境が得られれば、六道の輪廻、すなわち生死の苦しみから解脱《げだつ》することができる。これが「出離生死」である。ふつう、この世において、生死を超越した悟りの境地を言う。

酒入舌出　◆しゅにゅう ぜっしゅつ

酒を飲めばおしゃべりになり、失言して身を滅ぼすこともあるから酒を慎しむようにという戒め。

「酒入《さけい》れば舌出《したい》ず」と読む。「舌」は、おしゃべりの意。春秋時代、斉《せい》の桓公《かんこう》が酒宴を催した時、宰相管仲《さいしょうかんちゅう》は杯の酒を半分飲んであとは捨ててしまった。桓公がなじると、管仲が答えた。「臣聞く、酒入れば舌出づ、と。舌出づる者は言失われ、言失わるる者は身棄てらる。臣計《はか》るに、身棄つるよりは酒を棄つるに如《し》かず」(『説苑《ぜいえん》』敬慎)。わが身を棄てるよりは酒を棄てる方がましです、と。

首尾一貫　◆しゅび いっかん

考え方や態度などが変ることなく終始すること。

「首尾」は、始めと終り。始めから終りまで。「一貫」は、一筋に貫くこと。始めから終りまで考え方や態度などが変らないさまを言う。類義語に「終始一貫《*しゅうし》」がある。

手舞足踏　◆しゅぶ そくとう

踊りあがって喜ぶさま。

「手の舞い足の踏む所を知らず」の略。喜びのあまり、思わず知らず踊り出すさまを言う。「情中《じょうなか》に動きて言に形《あら》わる。これを言いて足らず、故にこれを嗟歎《さたん》す。これを嗟歎して足らず、故にこれを詠歌す。これを詠歌して足らざれば、手の舞い足の蹈《ふ》むを知らざるなり」(『詩経』大序)による。心中の情が言葉になり、言葉で足りないときは感嘆の声を発し、感嘆しても足りないときは歌をうたい、それでも足りないときは思わず知らず踊り出してしまう、の意。ふつう成句で使い、熟語としては「欣喜《*きんき》雀躍《じゃくやく》」が類義表現として一般的。

春夏秋冬　◆しゅん か しゅう とう

春・夏・秋・冬の四季を言う。

日本は四季の移り変りが比較的はっきりしていることから、春・夏・秋・冬それぞれの語も、古来豊かなイメージをもってとらえられている。清少納言は『枕草子』の冒頭で「春は曙《あけぼの》」「夏は夜」「秋は夕暮」「冬はつとめて(早朝)」が一番と季節感を表白している。また、四季それぞれの好みを詠みこんだ和歌などもある。中国でも、「春秋」をもって年月の意とするなど、時の経過を四季の移り変りによってとらえている。

蓴羹鱸膾

◆じゅんこう　ろかい

故郷を思う気持のおさえがたいことのたとえ。「蓴羹」は、蓴菜《じゅんさい》の吸物。「鱸膾」は、鱸《すずき》の膾《なます》。いずれもふるさとの味を言う。「翰《かん》秋風の起るを見るによりて、すなわち呉中の菰菜《こさい》（真菰《まこも》の芽）、蓴羹、鱸魚の膾を思いて曰《いわ》く、人生志に適《かな》うを得るを貴ぶ。なんぞよく数千里に羈宦《きかん》（故郷を離れて遠方に任官）して、以て名爵を要《もと》めんや、と。遂に駕《が》（馬車）を命じて帰る」（『晋書《しんじょ》』文苑伝、張翰）。秋風に故郷の味を思い出し、官を辞めて帰郷した晋の張翰の故事から。

春日遅遅

◆しゅんじつ　ちち

春の日がうららかで、のどかなさま。また、春の日がのどかで、暮れるのが遅いさま。

「春日遅遅として、蘩《よもぎ》を采《と》るも祁祁《きき》たり。女心傷悲す、殆《はじ》めて公子と同《とも》に帰らん」（『詩経』豳風《ひんぷう》、七月）から。春の日はのどかで、よもぎを摘む娘たちもおおぜいいる、女心はなぜか悲しくなり、はじめて若い男と一緒に帰ろうと思う、の意。

春秋筆法

◆しゅんじゅうの　ひっぽう

批判の態度が厳正なこと。また、間接の原因を直接の原因として表現する論理形式。

『春秋』は、魯《ろ》の歴史書。魯国の史官が書いたものを孔子が筆削し、「*一字褒貶《いちじほうへん》」と言われる簡潔な表現で厳密な歴史批評を加えたという。たとえば宣公二年のくだりに「秋九月乙丑《いっちゅう》、晋《しん》の趙盾《ちょうとん》、その君夷皐《いこう》を弑《しい》す」とある。これは、執政の趙盾が実際に手を下したものではなかったが、その責任は彼にあると断罪したもので（↓董《とう》狐之筆《このひつ》）、「春秋筆法」の例と言える。

春宵一刻

◆しゅんしょう　いっこく

春の夜のひとときのすばらしい風情をたたえた語。

「春宵一刻値《あたい》千金」の略。北宋の詩人蘇軾《そしょく》「春夜詩」の一句で、そのまま一般に知られる。以下「花に清香有り月に陰有り」と続く。花の匂いが漂《ただよ》い、月がおぼろに霞む春の宵のひとときは、千金の価値がある、の詩意。「*一刻千金」もこの詩句からの語。

純情可憐 ◆じゅんじょう かれん

素直で邪心がなく、いじらしいさま。「純情」は、素直できれいな心。また、そのような心のさま。「可憐」は、いじらしいこと。また、いじらしいさま。乙女を形容することが多く、また時には少年を形容する。つまり俗塵《ぞくじん》にまみれていない素直な若者、特に若い女性の形容として用いられる。

純真無垢 ◆じゅんしん むく

心にけがれがなく、清らかなさま。

「純真」は、まじりけのないこと。けがれのないこと。「無垢」は、もと仏教語で、心身のけがれていないこと。けがれのない意の類義語を重ね、そのさまを強調する。*「純情可憐《じゅんじょうかれん》」と同様、俗塵《ぞくじん》にまみれていない若者などを形容する語。ときには憎を指すこともある。

駿足長阪 ◆しゅんそく ちょうはん

才能のある者が、困難に面して自分の力をためそうと思うたとえ。

「駿足は長阪を思う」の略。「駿足」は、足のはやい良馬。足のはやいすぐれた馬は長い険《けわ》しい坂を越えてみたいと思う、の意。『文選《もんぜん》』に載る南斉《なんせい》の詩人陸厥《りくけつ》「奉㆑答内兄希叔㆒詩」の「駿足は長阪を思えど、柴車《さいしゃ》は危轍《きてつ》を畏《おそ》る」から。駿足のあなたは長い坂を試そうと思うだろうが、つまらぬ車の私は危ない道に物おじすると、相手の詩才を誉め、自分の詩力を謙遜《けんそん》したもの。

春風駘蕩 ◆しゅんぷう たいとう

春風がのどかに吹くさま。転じて、性格・態度がのんびりしているさま。

「駘蕩」は、「駘」はのろのろした馬、「蕩」は水がゆったり揺れ動く意で、春ののどかなさまを言う。人について言う場合、概して悪い評価ではないが、世間のせわしない動きとずれているおもむきがある。世間から大きくずれているさまを言う表現に「浮世ばなれ」があるが、こちらは必ずしも「駘蕩」たる様子とは限らない。

春風得意 ◆しゅんぷう とくい

仕事や出世が順調であるたとえ。

「得意」は、わが意を得る意。「春風意を得て馬蹄《ばてい》疾《はや》し。一日見尽さん長安の花」(唐、孟郊《もうこう》「登科後」)から。官吏登用試験の科挙《かきょ》に合格した喜びをうたった詩。春風が心地よく吹いて馬のひづめも軽く、一日長安の花をすっかり見尽そう、の詩意。この孟郊の喜びにあふれる行動を、走る馬からではろくに花など見られなかったろうと、うがって評した語が「*走馬看花《そうばかんか》」。

醇風美俗　◆じゅんぷう びぞく

人情の厚い気風と、よい風俗。

「醇風」は「淳風」とも書き、人情の厚い気風を言う。「美俗」は、美しい風俗。よい風俗。類義表現の「良風《りょうふう》美俗」がほぼ同義の二語を連ねて、やや抽象的によい風俗を意味するのに対し、「醇風美俗」は、人情の厚さに加えて美しい風俗を持つという、具体的かつ深みのある表現になっている。

順風満帆　◆じゅんぷう まんぱん

物事が順調に運ぶさま。

追風を帆《ほ》いっぱいにはらむ意。「順風に帆を揚げる」も同義の成句で、調子よく勢いを増して物事が進むさまを言う。香川県琴平《ことひら》に伝わるお座敷唄「金比羅船船《こんぴらふねふね》」に「追風《おいて》に帆かけて」という句があるのはよく知られる。なお、いろはカルタに見える「得手《えて》に帆を揚げる」は、得意なことを調子に乗って行うさまを言う。

春蘭秋菊　◆しゅんらん しゅうぎく

双方ともにすぐれていて、甲乙つけがたいことのたとえ。

春の蘭も秋の菊もともに美しく、優劣をつけがたい意。「春蘭」と「秋菊」とを併称する例は、古くは『楚《そ》辞《じ》』九歌、礼魂に見え、優劣つけがたい二人の女性の美しさの比喩《ひゆ》にしばしば用いられてきた。また、雍州《ようしゅう》長史の陳崇業《ちんすうぎょう》が、裴子余《はいしよ》・李朝隠《りちょういん》・程行諶《ていこうしん》の優劣を問われて、「譬《たと》うれば春蘭秋菊」で、三人とも退けられないと答えた故事も知られている（『太平広記』三人優劣）。

春和景明　◆しゅんわ けいめい

春の日の穏やかで明るいさま。

「春和《やわ》らぎ景明らか」と読む。「春和景明に、波瀾驚《はらんさわ》がず、上下の天光、一碧万頃《いっぺきばんけい》なり」（北宋、范仲淹《はんちゅうえん》「岳陽楼《がくようろうの》記《き》」）から。岳陽楼から洞庭湖《どうていこ》を眺めて、その広々とした春景をたたえたもの。「*一碧万頃」は、見渡すかぎり青々と広がっている水面を形容する。なお、よく知られる

*「先憂後楽《せんゆうこうらく》」も、この「岳陽楼記」からの語。

諸悪莫作 ◆しょあく まくさ

仏教で、もろもろの悪を行なってはならないという戒め。

「諸悪莫作、衆善奉行《しゅぜんぶぎょう》、自浄其意《じじょうごい》、是諸仏教《ぜしょぶっきょう》」(『法句経』一八三)の初句。もろもろの悪をなさず、すべての善を行い、みずからの心を浄めよ、これが諸仏の教えである、の意。この四句は「過去七仏《*かこしちぶつ》」が共通して伝え保ったと言われ、「七仏通戒偈《つうかいげ》」と呼ばれる。

上意下達 ◆じょうい かたつ

上の者の意志・意向を下の者に伝えること。

「上意」は、古くは主君の命令。特に江戸幕府における将軍の命令を言う。現在では、官公庁の長、あるいは会社の経営者などの意志・意向を言う。「下達」は、下の者に達する意。政府・官庁の意向を市民に達するという使い方もする。反対語は「下意上達《*かいじょうたつ》」。

硝煙弾雨 ◆しょうえん だんう

激しい戦闘が行われている戦場の形容。

「硝煙」は、火薬の発火によっておこる煙。ここは、銃弾の発射によって立ちのぼる硝煙。「弾雨」は、弾丸が雨のように降りそそぐこと。硝煙が立ちのぼり弾丸が飛びかう激しい銃撃戦がくり広げられている前線のさまを言う。「砲煙《ほうえん》弾雨」も同じ状況を形容する表現。

彰往察来 ◆しょうおう さつらい

過去の事象を明らかにし、それらを検討して未来を推察すること。

「往《おう》を彰《あき》らかにして来《らい》を察《さっ》す」と読む。「それ易《えき》は、往を彰らかにして来を察し、顕を微にして幽を闡《ひら》き、開きて名に当て、物を弁《わきま》え、言を正しくし、辞を断ずれば備わる」(『易経』繫辞《けいじ》下伝)から。易とは、過去の事象を明らかにすることで、未来の事態を推察し、明らかな事象の隠れた原理をさぐり、幽玄な道理を明らかにし、それらを正確なことばで説明し、その説明の辞によって吉凶の判断をするものである、の意。

上下一心 ◆しょうか いっしん

上下の人が心を一つにして事に当たること。

「上下心《こころ》を一《いつ》にす」と読む。「上下心を一にし、君臣志を同じくして、これ（民）とともに社稷《しゃしょく》（国家）を守り」（『淮南子《えなんじ》』詮言訓）から。上下の人が心を合せ、君臣が志を同じくして、人民といっしょに国を守り、の意。対外的なことは捨てて、国内面でこうすれば、外国も攻め込むすきがなく、国は全うされると言う。日本では、慶応四年（一八六八）の「五箇条の御誓文《ごせいもん》」に「上下心を一にして、盛《さかん》に経綸《けいりん》（国を治める策）を行ふべし」とある。

小家碧玉 ◆しょうかの へきぎょく

貧しい家に育った美しい娘のたとえ。

この「碧玉」は、東晋《とうしん》時代、汝南《じょなん》王の愛人の名。孫綽《そんしゃく》の詩「情人碧玉歌」に「碧玉は小家の女、あえて貴徳に攀《よ》じず（よりすがらない）、郎が千金の意に感ずるも、傾《けい》城《せい》の色無きを慙《は》ず」と見える。

城下之盟 ◆じょうかの めい

敵の城下まで攻め寄せて、講和の盟約を結ばせること。また、その盟約。

「盟」はチカイとも読む。「楚人《そひと》その北門に坐《ざ》してこれ（絞《こう》人）を山下に覆《くつがえ》し、大いにこれを敗《やぶ》り、城下の盟を為《な》して還《かえ》る」。楚が絞の立てこもる城の北門に待ち伏せして、山の下で絞人をさんざんうち破り、城下の盟を結ばせて帰還したという、『春秋左氏伝』桓公十二年に見える話から。攻め寄せて結ばせた側から言えば勝利の盟であり、結ばされた側から言えば屈辱の盟となる。なお、『戦国策』楚策に「かつ万丈の国にその相を免ぜしむるは、これ城下の事なり」と見える「城下」は、「城下之盟」の略。

傷弓之鳥 ◆しょうきゅうの とり

前のことに懲《こ》りて、きわめて用心深くなっている者のたとえ。

一度矢傷を受けた鳥の意。「傷弓の鳥は弦音の烈《はげ》しきを聞きて高く飛ぶ」（『戦国策』楚策《そさく》）から。一度矢傷を受けた鳥は、弓の弦音が激しく鳴るのを聞いただけで高く飛び去ってしまう、の意。また、『晋書《しんじょ》』苻生載記には「傷弓の鳥は虚発に落つ（弓弦の音を聞いただけで落ちてしまう）」とある。この鳥は、おびえ萎縮《いしゅく》してしまっている。

章句小儒 ◆しょうくの しょうじゅ

文章のささいな点にこだわって大義を理解しない者のこと。

文章の一字一句の解釈に終始するつまらない儒者の意。前漢の儒者夏侯建《かこうけん》が、五経を伝える諸儒者に学び、『尚書』（『書経』の漢代の名）の解釈を丹念に整理したのに対して、『尚書』学者で従兄の夏侯勝《しょう》が評した語。『漢書』夏侯勝伝に見える。そう言われた建は、勝の学問は粗略で、それでは論敵に対抗できないと非難したという。

上求菩提 ◆じょうぐ ぼだい

修行者が、上に向かう時は仏の悟りの智慧《ちえ》を求めること。

下に向かう時の「下化衆生《*げけしゅじょう》」と対で用いられる。「菩提」は、いっさいの煩悩《ぼんのう》から解放された迷いのない状態を言う。みずからのためには菩提を求めて仏道修行をする一方、他者のためには教化・済度《さいど》（救う）するという、大乗仏教の菩薩《ぼさつ》としての行《ぎょう》を言っている。

小隙沈舟 ◆しょうげき ちんしゅう

小さなことも軽んぜず、慎重に対処しないと大事に至るたとえ。

「小隙舟を沈む」と読む。たとえ小さな隙間でも、そこから水が入って舟を沈めてしまうという意。「小事を軽んずるなかれ。小隙は舟を沈む」（『関尹子《かんいんし》』九薬）による。「千丈《せんじょう》の堤も蟻《あり》の一穴《いっけつ》より」（→螻蟻潰堤《ろうぎかいてい》）ということ。

上行下効 ◆じょうこう かこう

上の者が行うと下の者がそれにならうこと。

「上《かみ》行えば下効《しもなら》う」と読む。『旧唐書《くとうじょ》』賈曾《かそう》伝に見える。同じような表現は、『白虎通義』三教に「上これを為《な》せば下これを効う」とあり、さかのぼって『孟子《もうし》』滕文公《とうぶんこう》上では、「上好む者有れば、下必ずこれより甚《はなは》だしき者有り」、上が好めば、下はそれよりもっと好むようになる、と言っている。

小国寡民 ◆しょうこく かみん

小さな国で人口も少ないところ。

「小国寡民、什伯《じゅうはく》の器有りて用いざらしめ、民をして死を重んじ遠く徙《うつ》らざらしむれば、舟輿《しゅうよ》有りといえども、これに乗る所無く、甲兵有りといえども、これを陳《つら》ぬる所無からん」（『老子』八〇）から。国が小さく人民も少ない土地で、便利な道具はあっても使わず、命を大切にして遠方の土地に移ることのないようにさせたら、舟や車があっても乗らず、よろいや武器があっても見せびらかさないだろう、と。無為・自然を説いた老子が理想とした国だった。

城狐社鼠 ◈じょうこ しゃそ

自分は安全な所にいて悪事をする、主君のそばの悪人のたとえ。

城中にすむ狐と社《やしろ》にいる鼠《ねずみ》の意で、どちらも退治しようとすると城や社を壊しかねないところから、排除しようとしてもなかなかできない「＊君側之悪《くんそくのあく》」を言う。『晋《しん》書《じょ》』謝鯤《しゃこん》伝に「隗《かい》は誠《まこと》に禍《か》を始む。然れども城狐社鼠なり」と見える。劉《りゅう》隗は災いの種だが除くのはむずかしい、の意。

攘災招福《じょうさいしょうふく》 ⇩ 除災招福《じょさいしょうふく》

常山蛇勢 ◈じょうざんの だせい

兵法で、先陣と後陣、左翼と右翼とが互いに連絡し助け合って、敵に乗じる隙《すき》を与えない陣法。転じて、物事、特に文章の各部分が照応し首尾も一貫していること。

「常山」は、河北省にある恒山のことで、中国五岳の一つ。「善く兵を用いる者は、譬《たと》えば率然《そつぜん》の如《ごと》し。率然は常山の蛇なり。その首を撃てばすなわち尾至り、その尾を撃てばすなわち首至り、その中を撃てばすなわち首尾ともに至る」(『孫子』九地)から。「率然」は、本来、突然の意。蛇の素早い動きに仮託して、蛇の名前としている。

笑止千万 ◈しょうし せんばん

たいへん気の毒なこと。また、笑いがとまらないほどばかげていること。

「笑止」は当て字で、「勝事」の転、本来ふつうでないことの意という。「千万」は、「＊遺憾《いかん》千万」「＊不埒《ふらち》千万」など、名詞の下について、程度のはなはだしいさまを言う語。江戸初頭に刊行された『日葡《にっぽ》辞書』は、「笑止千万ニゾンズル」を「非常に残念に思う」と訳している。現在ではもっぱら、ばかげている意に使われる。

盛者必衰 ◈じょうしゃ ひっすい

勢い盛んな者もいつかは衰え滅びること。

この世の無常を言った語。『平家物語』の冒頭、「祇園《ぎおん》精舎《しょうじゃ》の鐘の声、諸行無常《しょぎょうむじょう》の響きあり。沙羅双樹《さらそうじゅ》の花の色、盛者必衰のことはりをあらはす。おごれる人も久しからず、只《ただ》春の夜の夢のごとし」によって知られる。『平家物語』にはこの語が何回か使われており、その中には「＊生者必滅《しょうじゃひつめつ》」と混同していると思われる例もあるが、無常を言う言葉の本質的な意味は変らない。

生者必滅 ◆しょうじゃ ひつめつ

命あるものは必ず滅びることを言う。「＊諸行無常《しょぎょうむじょう》」の見方を生き物の上に及ぼせば、生あるものも時々刻々変化し、ついには滅する。それを端的に言った言葉で、仏教的人間観の原点と言える語。中世の無常観の象徴的表現として、文学作品にしばしば用いられる。時に「生者必滅、＊会者定離《えしゃじょうり》」の組合せで使われ、『平家物語』一〇には「生者必滅会者定離はうき世の習《ならい》にて候也《そうろうなり》」と見える。

生住異滅 ◆しょう じゅう い めつ

仏教で、万物が備えている四つの特徴を言う。一切の存在は、生じ、存続し、変化し、消滅する、の意。原始仏教に次ぐ部派仏教のうち最も有力な説一切有《せついっさいう》部《ぶ》の基本的な教理とされた。『倶舎論《くしゃろん》』などに詳しい。転じて、「＊生老病死《しょうろうびょうし》」と同様に、人間が生れ、成長し、老いて死ぬ意に用いられる。「生住異滅の移りかはる実《まこと》の大事は、たけき河のみなぎり流るるがごとし」(『徒然《つれづれ》草《ぐさ》』一五五)。

常住坐臥 ◆じょうじゅう ざが

起きている時も寝ている時も。いつも。「常住」は、いつも、ふだん、の意。「坐臥」は、すわっていることと寝ていることで、寝ても覚めても、の意。仏教語の「＊行住坐臥《ぎょうじゅうざが》」と「常住」が混合してできた語。

聖衆来迎 ◆しょうじゅ らいこう

臨終《りんじゅう》の時に、阿弥陀仏《あみだぶつ》がもろもろの菩薩《ぼさつ》とともに迎えにきて、手を取って極楽に導くこと。「来迎引接《いんじょう》」、略して「迎接《こうしょう》」とも言う。「聖衆来迎」の図は、阿弥陀仏を中心として観音《かんのん》・勢至《せいし》の両菩薩が左右に、その他の菩薩たちが後ろに従い、雲に乗って臨終者の枕辺に降りてくる。これを儀式化したのが「迎え講」で、「迎接会《え》」とも言い、『観無量寿経』の「阿弥陀仏は大光明を放ちて行者の身を照らし、もろもろの菩薩とともに手を授けて迎接したもう」に基づく。

情状酌量　◈じょうじょう　しゃくりょう

刑事裁判で、裁判官が被告人に有利な事情を酌《く》み取ること。

「情状」は、刑の量定や起訴するかどうかを判断するときに考慮される諸事情。性格・年齢・境遇、行為の動機・目的、犯罪の軽重、共犯者の有無、犯罪後の状況など、広い範囲にわたる。「酌量」は、事情を斟酌《しんしゃく》すること。転じて一般にも、非難すべき相手の態度に思いやるべき点がある時などに、「情状酌量の余地がある」と言ったりする。

蕭牆之憂　◈しょうしょうの　ゆう

一家一門の内部のもめごと。うちわもめ。

「蕭牆之患《かん》」とも言う。「憂」「患」は、ウレイとも読む。「蕭牆」は、囲い、垣根。転じて、家内や国内。「蕭牆の患《うれ》いを謹《つつし》まず、金城を遠境に固む」と『韓非子《かんぴし》』用人に見える。内部のもめごとに用心せず、外敵に備えて遠い国境を固めている意。また、『論語』季氏には「季孫《きそん》の憂いは顓臾《せんゆ》に在らずして、蕭牆の内に在らん」とある。属国顓臾を攻めようとしている魯《ろ》の大夫《たいふ》、季孫の心配は、顓臾ではなく、身の回りにあるだろう、と孔子が言ったもの。

瀟湘八景　◈しょうしょう　はっけい

洞庭湖《どうていこ》付近の八か所の佳景を言う。

「瀟湘」は、洞庭湖の南(今の湖南省)にある瀟水と湘水。その付近の八景で、「平沙落雁《へいさらくがん》」「遠浦帰帆《えんぽきはん》」「山市晴嵐」「江天暮雪」「洞庭秋月」「瀟湘夜雨」「煙寺晩鐘」「漁村夕照《せきしょう》」。これにならって、日本で近江八景(「比良の暮雪」「矢橋《やばせ》の帰帆」「石山の秋月」「瀬田の夕照」「三井《みい》の晩鐘」「堅《かた》田《た》の落雁」「粟津《あわづ》の晴嵐」「唐崎の夜雨」)が作られ、また、各地にそれぞれの八景が生れた。

生生流転　◈しょうじょう　るてん／せいせい　るてん

万物は永遠に生死を繰返し、たえず移り変っていくこと。

仏教思想に基づく語。「生生」は、地獄・餓鬼《がき》・畜生《ちくしょう》・修羅《しゅら》・人・天という迷いの世界である六道《ろくどう》に生を繰返すこと。「流転」は、生れ変り死に変りして六道のうちをめぐり続けること。「輪廻《りんね》」と同義。鎌倉時代の『一遍上人語録』下には、「生々世々流転生死」という表現が見える。なお、この世において万物が生れては死ぬことを繰返している意味で使うこともある。

小人閑居　◆しょうじん　かんきょ

つまらない人間は、とかく暇ができるとよくないことをするものであるということ。

「小人閑居して不善をなす」の略。「閑居」は本来「間居」で、なにもせずひまに過す意。「君子は必ずその独りを慎むなり。小人は間居して不善を為し、至らざる所無し」(『大学』)から。君子は他人の見ていないところでも行いを慎む、つまらない人間は、暇があるとどんな悪事でもしてしまう、と。休日に遊びに精を出したあとで「小人閑居して……」と弁解するなど、一種の免罪符のような言葉として使われる。

焦唇乾舌　◆しょうしん　かんぜつ

たいへんな苦労をすることのたとえ。また、盛んに言い争うたとえ。

「唇《くちびる》を焦《こが》し舌《した》を乾《かわ》かす」と読む。『史記』仲尼《ちゅうじ》弟子伝に「孤(私)はかつて力を料《はか》らず、すなわち呉と戦い、会稽《かいけい》において困《くるし》む。痛み骨髄《こつずい》に入る。日夜唇を焦し舌を乾かし、いたずらに呉王と踵《きびす》を接して死せんと欲す」と見える。春秋時代、越王句践《こうせん》が孔子の弟子子貢《しこう》に、会稽の戦いで呉王夫差《ふさ》に敗れて以来の辛苦を述べたもの。

焦心苦慮　◆しょうしん　くりょ

心をわずらわせ、あれこれ思いめぐらすこと。

「焦心」は、心を苛立《いらだ》たせる意。「苦慮」は、苦心して思いはかる意。思いどおりにならないことをなんとか自分の思う方向に向けようと、苛立つような気持で考えるさまに言う。

精進潔斎　◆しょうじん　けっさい

肉食を断つなどして心身を清めること。

「精進」は、心身を清め行いを慎むこと。「潔斎」は、神事や法事の前に、酒や肉食などを慎み、沐浴《もくよく》するなどして心身を清めること。どちらも心身を清める意を持つが、「精進」が諸事つつましく振舞うという心がけを主とするのに対し、「潔斎」は具体的な行いによって心身の穢《けが》れをはらう意が強い。両語を合せて、事を行う前に積極的に心身を清浄に保つ努力をすることを言う。

正真正銘 ◆しょうしん しょうめい

嘘偽《うそいつわ》りのないこと。本物であること。

「正真」は、まことであること。古くショウジンと言った。「正銘」は、正しい銘があることから、偽りでないこと。類義の二語を重ね、本当・本物であることを強調する。時に、いつわりであることを隠すためにことさら強調して使うことがある。

小心翼翼 ◆しょうしん よくよく

気が小さく、びくびくしているさま。

「翼翼」は、雛《ひな》が傷つかないように親鳥が翼で注意深くかばう意から、敬い慎むさまを言う。「これこの文王、小心翼翼たり。昭《あき》らかに上帝に事《つか》え、ここに多福を懐《おも》えり。その徳回《たが》わず、以て方国を受く」(『詩経』大雅、大明)から。文王は慎み深く細かいことにも気を配り、天の神につかえて人民の多福を願った、その徳によってまわりの国々は周に服属した、の意。春秋時代、周の文王の徳をたたえる詩で、文王の人柄に対するほめ言葉であるが、現代では冒頭の語義のように否定的に使われる。

小水之魚 ◆しょうすいの うお

仏教で、死の目前に迫ることのたとえ。

ほんのわずかな水の中にいる魚の意。水が干上がれば魚は死んでしまう。平安中期の源信『往生要集』大文第一に、無常を説いて「出曜経《しゅつようぎょう》に云《いわ》く、この日すでに過ぎぬれば、命即ち減少す。小水の魚の如《ごと》し。これ何の楽か有らん」と言う。今日が過ぎればその分だけ命は減少する、ちょうど少しばかりの水の中にいる魚のようだ、何の楽しみがあろう、の意。だから現世の迷いを捨て悟りの道を求めよ、と説く。

饒舌多弁 ◆じょうぜつ たべん

とてもおしゃべりなこと。

「饒舌」も「多弁」も、くちかずが多いこと、おしゃべりを意味する。同義の二語を重ねて、おしゃべりなさまのはなはだしいことを言う。

承前啓後 ◆しょうぜん けいご

過去を受けついで未来を開発すること。

「前《まえ》を承《う》け後《あと》を啓《ひら》く」と読む。学問や事業などで、先人の実績を受継ぎ、そのうえに将来の実績を積重ねていくことに言う。

少壮気鋭　◈しょうそう きえい

若く元気で、意気盛んなこと。また、そのような人。

「少壮」は、若くて元気のよいこと。二十歳から三十歳ぐらいを言うが、必ずしもそれにこだわらない。「気鋭」は、意気込みの鋭いこと。類義語「新進気鋭*」は、もっと年齢に幅を持たせて差支えない。

掌中之珠　◈しょうちゅうの たま

最も大切にしているもの。特に子供や妻のたとえ。

手の中に大切に持っている珠玉の意。晋《しん》の傅玄《ふげん》「短歌行」に「昔君《きみ》我を視《み》ること掌中の珠の如《ごと》し。何の意ぞ一朝我を溝渠《こうきょ》(どぶ)に棄つるは」と見える。捨てられた妻の嘆きをうたった詩で、まだ原義を離れていない使い方になっている。下って唐代、杜甫《とほ》の「戯作寄二上漢中王一詩」には「掌中貪《むさぼ》り見る一珠の新たなるを」という句がある。幼いわが子がいとおしくて仕方のない様子を言い、ここでは「珠」はまったくの比喩《ひゆ》になっている。同義で「掌上明珠《しょうじょうのめいじゅ》」という表現もある。

情緒纏綿　◈じょうちょ てんめん／じょうしょ てんめん

情緒が深いさま。心にまつわりついて離れがたい情緒のあるさま。

「情緒」はジョウショが本来の読みで、折にふれて起るさまざまな思い。「纏綿」は、こまやかで離れにくいさま。たとえば「異国情緒*」にふれて、心にしみ込むような思いがたゆたって離れにくいさまを言う。

常套手段　◈じょうとう しゅだん

いつも決って使う手段。

「常套」は、「套」は古くさい意で、変化がなくありふれているさまを言う。したがって「常套手段」は、もはや古くさくなったのに相も変らず用いている手段の意。はたで見ていてそう思える時に使い、また、そういう手段を用いた本人が自虐《じぎゃく》的・自己弁護的に使うこともある。

升堂入室　◈しょうどう にゅうしつ

学問や芸術が次第に高い水準に進み至るたとえ。

「堂に升《のぼ》り室に入《い》る」と読む。「堂」は建物の表の広問、「室」は建物の奥の部屋。「由《ゆう》や堂に升れり。いまだ室に入らざるなり」(『論語』先進)による。由、すなわち孔子の弟子子路《しろ》は、堂には上がっているがまだ部屋には入っていない、の意。「堂に升る」は、学徳の大意に通ずること、「室に入る」は、さらに進んで精緻《せいち》深奥《しんおう》の域に達することをたとえている。

燋頭爛額 ◆しょうとう らんがく

本質を忘れて些末《さまつ》なことにこだわるたとえ。また、事変の渦中に身を投じてさんざんな思いをすること。「頭《かしら》を燋《こが》し、額《ひたい》を爛《ただ》れさす」と読む。「燋」は「焦」とも書く。消火に懸命になって、頭部をやけどする意。『漢書』霍光《かっこう》伝の「功を論じて賓《ひん》を請《しょう》ずるに、曲突徙薪《きょくとつししん》は恩沢《おんたく》を亡《わす》れ、燋頭爛額を上客と為《な》すや」から。かつて「*曲突徙薪《きょくとつししん》」を忠告してくれた人のことを忘れ、直接消火に努めてくれた人を大事にすること。もとの寓話《ぐうわ》から離れて、消火にてこずり燋頭爛額するようなさんざんな思いをする意にも使う。

商売繁昌 ◆しょうばい はんじょう

商いが盛んなこと。「繁昌」は、にぎわい栄えること。「繁盛」とも書く。神社仏閣への初詣《はつもうで》の時など、神仏への祈願の言葉として、「家内《かない》安全」とともによく使われる。その場合は、「商売が繁昌しますように」の意。

松柏之操 ◆しょうはくの みさお

どんなことがあっても変らない、堅固な節操。この「柏」は、ふつう言うブナ科の落葉樹のカシワではなく、ヒノキ・コノテガシワなどの常緑樹ハクをさす。松や柏は常緑樹で、一年中色が変らないところから言う。直接は「松柏と操を比べ、風霜と烈《はげ》しさを等しくす。あに美しからずや」(『南史』楽預伝)による。さかのぼって、『論語』子罕《しかん》に「歳《とし》寒くして、しかる後に松柏の彫《しぼ》むに後《おく》るることを知る」と見える。寒くなって、はじめて松や柏が散らずに残ることが分る意。危難の時にこそ堅固な節操の人が分るたとえに言ったもので、同じ引用から「*歳寒《さいかん》松柏」という語も生れている。

笑比河清 ◆しょうひ かせい

謹厳実直な性格で、ほとんど笑顔を見せないこと。「笑いを河清に比《ひ》す」と読む。「拯《しょう》、朝《ちょう》に立って剛毅にして、貴戚宦官《かんがん》これがために手を斂《おさ》め、聞く者みなこれを憚《はばか》る。人、包拯《ほうしょう》の笑いを以て黄河の清に比す」(『宋史』包拯伝)から。まじめで厳格な包拯がほとんど笑わなかったことを、常に濁る黄河にたとえたもの。濁る黄河を踏まえた語は、ほかにも「百年河清*」がある。

焦眉之急 ◆しょうびの きゅう

危難がさし迫っていること。また、事態が切迫していること。

「焦」は「焼」とも書く。眉《まゆ》に火がついたような切迫した状態の意。「僧、蔣山《しょうざん》の仏慧《ぶって》に問う、如何《いか》なるかこれ急切の一句、と。慧曰《いわ》く、火、眉毛《びもう》を焼く、と」(宋、『五灯会元《ごとうえげん》』)による。さし迫った状態とは、という問に、火が眉毛を焼くと応じた問答。「燃眉《ねんび》之急」とも言う。

常備不懈 ◆じょうび ふかい

いつも万一に備えて用意しておくこと。

「常に備えて懈《おこた》らず」と読む。古来いくさに備えた用意がその典型的な例で、「常備軍」「常備兵」「常備役」などの語がある。日常生活では、いつも備えておく薬を「常備薬」と言う。

照猫画虎 ◆しょうびょう がこ

本質を見ず、形式だけまねるたとえ。

「猫に照らして虎《とら》を画《えが》く」と読む。猫をモデルにして虎の絵を描く意で、外形的な類似だけを模倣することを言う。一方、虎を描いたつもりが犬になってしまったという「画虎類狗《がこるいく》*」は、豪傑を気どってかえって軽薄になるたとえに言う。「照猫画虎」といい、「画虎類狗」といい、中国で最も恐ろしい動物の代表である虎をそれらしく描く難しさが伝わってくる。

松風水月 ◆しょうふう すいげつ

すがすがしく清いことのたとえ。

唐の太宗「三蔵聖教序」に「松風水月、いまだその清華を比《くら》ぶるに足らず」と見える。松に吹く風や水にうつる月影といえども、玄奘《げんじょう》三蔵の清らかさにはまだ及ばない、の意。なお、王羲之《おうぎし》の行書の筆跡から文字を集めて石刻した「聖教序」碑文がある。

傷風敗俗 ◆しょうふう はいぞく

よい風俗を乱して、社会を害する。

「風《ふう》を傷《そこな》い俗を敗《やぶ》る」と読む。唐の文人韓愈《かんゆ》が「論仏骨表」で仏教を難じ、仏教を禁じなければ「風を傷い俗を敗り、笑を四方に伝う」と言っている。古くは『塩鉄論』論誹に「化（習俗）を乱し俗を傷う」、『漢書』貨殖伝に「化を傷い俗を敗る」などの表現が見える。

嘯風弄月 ◆しょうふう ろうげつ

自然の風景を愛《め》で、詩歌に詠むなどの風流に心を寄せること。

「風に嘯《うそぶ》き月を弄《もてあそ》ぶ」の意。単に「風月」で、風や月を題材として詩歌を作ることを意味する。『太平記』一に「〔後醍醐《ごだいご》天皇の第一の宮尊良《そんりょう》親王は〕富緒河《とみのおがわ》ノ清キ流《ながれ》ヲ汲《くみ》、浅香山《あさかやま》ノ故《ふる》キ跡ヲ蹈《ふん》デ、嘯風弄月ニ御心ヲ傷《いたまし》メ給フ」と見える。富緒河・浅香山はいずれも古歌にゆかりの地名で、歌道を学び、自然と親しむ風流の道に熱心だった、の意。類義表現に「*吟風弄月《ぎんぷう》」がある。

蕭敷艾栄《しょうふがいえい》 ⇒ 蘭摧玉折《らんさいぎょくせつ》

枝葉末節 ◆しよう まっせつ

本質からはずれた、ささいな部分。

「枝葉」は、木の幹に対して、中心でない部分を意味する。エダハと訓読みして、やはり主要でない部分を言う。「末節」は、木や竹の先端の方にある節で、同じく本質的でない部分の意。類義の二語を重ね、瑣末《さまつ》な部分であることを強調する。

生滅滅已 ◆しょうめつ めつい

仏教で、生死の変転がなくなること。

「*諸行無常《しょぎょうむじょう》、*是生滅法《ぜしょうめっぽう》、生滅滅已、*寂滅為楽《じゃくめついらく》」という偈《げ》の三番目の句。後半の「生滅滅已、寂滅為楽」で、煩悩《ぼんのう》の炎を消して究極の安らぎを得ることが真の楽である、の意。この二句を知るために、釈迦《しゃか》の前生《ぜんしょう》の雪山《せっせん》童子が羅刹《らせつ》（食人鬼）にわが身を与えたという説話があるところから、この偈は「雪山偈」と呼ばれる。また、初句から「諸行無常偈」とも言う。

将門有将 ◆しょうもん ゆうしょう

将軍の家柄には将となる人材がいるということ。

「将門に将有《あ》り」と読む。「文《ぶん》聞く、将門に必ず将有り、相門《しょうもん》（宰相《さいしょう》の家柄）に必ず相有り、と」（『史記』孟嘗君《もうしょうくん》伝）から。「文」は田文《でんぶん》、のちの孟嘗君。戦国時代の斉《せい》の将軍であり宰相でもあった父の田嬰《えい》に、財産ばかり豊かで門下に一人の賢者もいない私生活を諫《いさ》めたもの。以後、田家には食客があふれ、のち孟嘗君の危機を救う人材も出た(→鶏鳴狗盗《けいめいくとう》)。なお秦《しん》末の陳勝《ちんしょう》は、「王侯将相《おうこうしょうしょう》いずくんぞ種《しゅ》あらんや」と檄《げき》を飛ばして立ちあがり、秦滅亡の先駆となった(→王侯将相)。

逍遥自在　◆しょうよう じざい

俗事を離れて気ままな生活を楽しむこと。「逍遥」は、そぞろ歩きの意から、心を俗世間の外に遊ばせること。『荘子』譲王に「天地の間に逍遥して心意自得す(心は満ち足りている)」と見える。気の向くままにそのような暮しを楽しむのが「逍遥自在」で、「悠悠自適《*ゆうゆうじてき》」とほぼ同義。

従容就義　◆しょうよう しゅうぎ

あわてず騒がず、正義のために身を投げ出すこと。「従容として義に就《つ》く」と読む。「従容」は、ゆったりと落着いたさま。命を惜しんで不正に味方することなく、すべてを覚悟の上で、落着いた気持で正義に身を置く意。心を乱すことなく死地に向かう「従容として死に赴《おもむ》く」という表現もある。

従容不迫　◆しょうよう ふはく

ゆったりとしてこせつかないさま。「従容として迫《せま》らず」と読む。「従容」は、ゆったりと落着いたさま。「迫らず」は、ゆとりを失わない意。「悠《ゆう》揚《よう》迫らず」も同義で、悠然としてあわてないさまを言う。

乗輿車駕　◆じょうよ しゃが

天子の乗物。転じて、天子を言う。「乗輿」「車駕」ともに天子の乗物を言い、転じて天子の意ともする。「乗輿、叡山《えいざん》に幸《みゆき》したまう」(『日本外史』四)は、天皇が比叡山においでになられた、の意。『続《しょく》日本紀』文武天皇二年(六九八)二月には「車駕、宇《う》智《ち》郡に幸したまう」と見える。

常楽我浄　◆じょう らく が じょう

仏教で、無常を常、苦を楽、無我を我、不浄を浄と見る誤り。また、涅槃《ねはん》の持つ四つの優れた性質を言う。無常であるのを「常」と見、苦であるのを「楽」と見、無我であるのを「我」と見、不浄であるのを「浄」と見る四つの誤った見解を言い、これを「四顛倒《してんどう》」と言う。また、特に『涅槃経』で説かれる涅槃の持つ「四徳《しとく》」を言う。すなわち涅槃は永遠であり（常）、安楽に満ち（楽）、絶対であり（我）、清浄である（浄）という。

小利大損 ◆しょうり だいそん

わずかの利益を得ようとして、そのためにかえって大損すること。

鎌倉中期、青砥藤綱《あおとふじつな》が鎌倉滑川《なめりかわ》に銭十文を落した時、五十文で松明《たいまつ》を買って銭を見つけた。これを聞いた者が「十文ノ銭ヲ求《もとめ》ントテ、五十ニテ続松《たいまつ》ヲ買テ燃《とぼ》シタルハ、小利大損哉《かな》」と笑ったところ、藤綱が言うには「サレバコソ御辺《ごへん》達ハ愚《おろか》ニテ、世ノ費《ついえ》ヲモ不知《しらず》、民ヲ慧《めぐ》ム心ナキ人ナレ」、自分は十文取戻して得をした、自分が費やした五十文は商人の得となった、全体でみると六十文の得だ、と。『太平記』三五に見える話。

生老病死 ◆しょう ろう びょう し

人間が避けられない四つの苦しみ。

仏教で、いわゆる「四苦《しく》」を言う。すなわち生れること、老いること、病むこと、死ぬことで、このうち「生」と「老死」は「十二因縁《いんねん》*」の十一番目と十二番目に当てられる。老・病・死への深い考察が釈迦《しゃか》の出家のきっかけとなり（↓四門出遊《しもんしゅつゆう》）、ひいては仏教思想の根元となった。

蕉鹿之夢 ◆しょうろくの ゆめ

人生の成功も失敗も夢のようにはかないというたとえ。また、あきらめのよいたとえ。

この「蕉」は、芭蕉《ばしょう》の葉。昔、鄭《てい》の国の人が鹿を殺し、あとで取りに来ようと芭蕉の葉を鹿の上にかぶせて隠しておいたが、その場所を忘れてしまい、鹿を殺したのは夢だったかもしれないとあきらめたという、『列子』周穆王《しゅうぼくおう》に見える逸話による。

諸行無常 ◆しょぎょう むじょう

仏教で、あらゆる現象は変化して少しもとどまらないことを言う。

仏教思想の特徴を表す三つのしるしである三法印《さんぼういん》「諸行無常、諸法無我《しょほうむが》*、涅槃寂静《ねはんじゃくじょう》*」の一つ。また雪山偈《せっせんげ》（↓生滅滅已《しょうめつめつい》）の第一句。「諸行」は、すべての作られたもの、あらゆる現象の意。「無常」は、生滅・変化してとどまらない意で、転じてはかないという意味になった。人間の存在も含めて、作られたものはすべて一瞬たりとも同じ状態にはとどまらないことを「諸行無常」と言う。日本文学の無常観はこれに発し、『平家物語』の冒頭「祇《ぎ》園精舎《おんしょうじゃ》の鐘の声、諸行無常の響《ひびき》あり」は有名。

食牛之気 ◈しょくぎゅうの き

幼くても非凡な気性のあるたとえ。「牛《うし》を食《く》らうの気」と読む。「虎豹《こひょう》の子はいまだ文を成さずといえども、すでに牛を食らうの気有り」(春秋時代楚《そ》、尸佼《しこう》『尸子《しし》』)から。虎《とら》や豹の子はまだ毛皮の文様《もよう》もできないうちから、もう牛をも食おうという気性と意気込みがある、の意。類似の成句に「栴檀《せんだん》は双葉《ふたば》より香《かんば》し」(栴檀は発芽のころからよい匂いを放つ)がある。

食前方丈 ◈しょくぜん ほうじょう

豪勢な料理のこと。

「食前」は、食事をする席の前。「方丈」は、一丈四方の広さ。一丈は周代では、約二・二五メートル。食事をする席の前に、一丈四方いっぱい料理を並べることを言う。「食前方丈、侍妾《じしょう》数百人なるは、我れ志を得るとも為《な》さざるなり」(『孟子《もうし》』尽心下)から。豪勢な食事をし、給仕の美女数百人をかしずかせるような生活は、たとえ志を得て高い地位につこうとも、自分はする気もない、だからそんな相手を前にしても気おくれなどするはずがない、の意。

除災招福 ◈じょさい しょうふく

災いを除き、福徳を招くこと。

現世利益《げんぜりやく》の最も一般的なもので、中国・日本の仏教では重視された。除災招福の方法は、奈良時代まではもっぱら経典読誦《どくじゅ》によっていたが、最澄・空海以後は密教による修法《しゅほう》が主となり、中世以降は念仏・唱題なども用いられるようになった。「*抜苦与楽《ばっくよらく》」と結合して「除災与楽」の語も生れた。「攘災招福《じょうさい》」とも言う。「攘」は、払いのける意。

初志貫徹 ◈しょし かんてつ

最初に思い立った志を貫き通すこと。こうと決めたことをなし遂《と》げること。

「初志」は、もとからそうしたいと思っていた志望。

「貫徹」は、あくまでもやり遂げること。途中で志望を妨げるような出来事があっても、それを乗越えて当初の望みを達成したような場合に言われる。

諸子百家 ◈しょし ひゃっか

春秋戦国時代に現れた多くの思想家、またその学派・学説。

『史記』では、陰陽家（鄒衍《すうえん》など）・儒家（孔子・孟子《もうし》など）・墨家（墨子など）・法家（管仲《かんちゅう》・韓非子《かんぴし》など）・名家（公孫竜《こうそんりゅう》など）・道家（老子・荘子など）の六家に分類する。ほかに、縦横家（蘇秦《そしん》・張儀《ちょうぎ》など）・兵家（孫子・呉子など）などがある。「賈生《かせい》は年少《わか》くして、頗《すこぶ》る諸子百家の書に通ず」（『史記』賈生伝）。

練裳竹笥 ◈しょしょう ちくし

嫁入り道具を謙遜《けんそん》して言う語。

「練裳」は、粗《あら》い糸で織った衣裳。「竹笥」は、竹で編んだ衣裳箱。いずれも粗末なものを意味し、そのような支度しかできない意。実際にそうした衣裳や衣裳箱を用意するわけではなく、金襴緞子《きんらんどんす》や総桐《そうぎり》の箪笥《たんす》であっても謙譲表現として使う。

処女脱兎 ◈しょじょ だっと

始めは弱々しく見せかけ、後になって思いがけない力を見せるたとえ。

「始めは処女の如《ごと》く、後《のち》は脱兎の如し」の略。「脱兎」は、全速力で逃げだす兎。「始めは処女の如《ごと》く（おとなしくしていて）、敵人戸を開くや、後は脱兎の如くせば（脱兎のように攻めこんでしまえば）、敵は拒《ふせ》ぐに及ばず」（『孫子』九地）による。演説などで、始めはおとなしくしゃべり出したが、だんだん調子がついて、しまいには絶叫調になっている、そんな場合に言う。

諸説紛紛 ◈しょせつ ふんぷん

さまざまな説が入乱れているさま。

「紛紛」は、入混じって乱れるさま。どの説もそれらしく思え、しかし疑い出せばどの説も当てにならないように思え、確実な説の見当がつかないような場合に言われる。

助長抜苗 ◈じょちょう ばつびょう

よけいな力添えをして、かえって妨げとなるたとえ。

成長を助けようとして苗を抜く意。宋の人が苗の成長が遅いのを心配して、苗が伸びるのを助けるつもりで一本一本ひっぱったら苗は枯れてしまったという『孟子《もうし》』公孫丑《こうそんちゅう》上に見える逸話に基づく。「*浩然之気《こうぜんのき》」はあわてて養えるものではないというたとえに孟子が言っている。

助長補短　◈じょちょう ほたん

長所を伸ばし短所を補うこと。

「長を助け短を補う」と読む。人それぞれに、長所もあれば短所もある。長所はさらに伸ばし、足りない面は補うという人材の有効な活用法を示している。類義語に「*採長補短《さいちょうほたん》」がある。

食客三千　◈しょっかく さんぜん

大勢の人を客分として自分の家に抱えていること。

「食客」は、客分として自分の家においておく人。いわゆる居候《いそうろう》。戦国時代、戦国四君と言われる楚《そ》の春申君《しゅんしんくん》、斉《せい》の孟嘗君《もうしょうくん》、趙《ちょう》の平原君《へいげんくん》、魏《ぎ》の信陵君《しんりょうくん》などの諸侯は、国士を待遇し、賓客《ひんかく》を歓迎して、大勢の食客を抱えていた。同時代の秦《しん》の宰相呂不韋《さいしょうりょふい》は、彼らに負けじと士を招いて厚遇し、「食客三千人」(『史記』呂不韋伝)に及んだという。ここから、特に戦国時代の諸侯が大勢の人を抱えているさまを言う。

蜀犬吠日　◈しょっけん はいじつ

見識の狭い人が、他の人の優れた言行に疑いをいだいて非難するたとえ。

「蜀犬日《ひ》に吠《ほ》ゆ」と読む。蜀《しょく》(今の四川《しせん》省)地方は山地で、年中霧に閉ざされているから、たまに太陽が顔を出すと犬があやしんで吠えるという故事に基づく語。唐の柳宗元が「与二韋中立一論二師道一書」でこの故事をあげ、見識の狭い人間の言行にたとえている。しばしば「*呉牛喘月《ごぎゅうぜんげつ》」と対にして言われるが、こちらは必要以上に恐れたり、取越し苦労をしたりするたとえで、意味は同じではない。

初転法輪　◈しょ てんぼうりん

釈迦《しゃか》の初めての説教を言う。

「転法輪」は、説法の輪を転がして衆生《しゅじょう》の迷いを破るという意で、仏が教えを説くことを言う。「初転法輪」は、悟りを得たあとの釈迦が鹿野苑《ろくやおん》で五人の修行僧に初めて教えを説いたことを指し、『転法輪経』に説かれる。いわばこれによって仏教が成立したわけで、釈迦の生涯における八つの重大事、すなわち「*八相成道《はっそうじょうどう》」の一つに数えられる。

諸法無我 ◆しょほう むが

仏教で、すべての存在は不変の本質を持っていないことを言う。

「*諸行無常《しょぎょうむじょう》、諸法無我、*涅槃寂静《ねはんじゃくじょう》」を、仏教思想の特徴を表す三つのしるし、すなわち三法印《さんぼういん》と言い、その一つ。「諸法」は、すべての事物。「無我」は、実体のないこと。すべてのものは、さまざまな原因がはたらくことによってはじめて生ずるのであり、原因が失われればただちに滅し、そこには実体的な何ものもない。自我もまた実体がないから、それに執着するのはむなしく、誤っていることになる、と説かれる。

白川夜舟 ◆しらかわ よふね

実際には見ていないのに、見てきたように言うたとえ。また、ぐっすり眠って何も気づかないこと。

「白河夜船」とも書く。京を見てきたふりをした人が、白川という土地のことを聞かれ、川の名だと思って、舟で寝て通ったので覚えていないと答えたことからという。熟睡する意では、今もよく使われる。

芝蘭玉樹 ◆しらん ぎょくじゅ

一族一門から優れた人材が多く出ることのたとえ。

「芝蘭玉樹庭階《ていかい》に生《しょう》ず」の略。「芝」は霊芝《れいし》、瑞草《ずいそう》とされる。「蘭」はふじばかま、芳香がある。「玉樹」は美しい樹、特に槐《えんじゅ》を言う。世の中のことについて何か考えているかという叔父謝安《しゃあん》の問に対して謝玄《しゃげん》が答えた。「譬《たと》えば芝蘭玉樹の如《ごと》し。それをして庭階に生ぜしめんと欲するのみ」（『晋書《しんじょ》』謝玄伝）。庭へ下りる階段のそばにも芝蘭玉樹が生えるようにしたい、すなわち身近に優れた人を輩出させたい、と。

芝蘭之化 ◆しらんの か

よい友人と交際することによって受けるよい感化。

「芝」は霊芝《れいし》、瑞草《ずいそう》とされる。「蘭」はふじばかま、芳香がある。「善人と居るは芝蘭の室に入るが如《ごと》し。久しくしてその香を聞かざるは、すなわちこれと化《か》すればなり」（『孔子家語《けご》』六本）から。よい人と一緒にいるのは、芝蘭の香る部屋にいるようなものだ、しばらくして香りを感じなくなるのは、その香りに自分が感化されるためだ、の意。

自力更生

◈じりき こうせい

他の力を頼りにせず、自分の力によって生活を改めていくこと。

罪や過ちを犯した者が、それをつぐない、他人の指導・監督を受けることなく、自分の努力で正しく立直ることなどに言う。また、業績の悪化した企業が、金融機関や他の企業などの援助を受けることなく、自力で経営を改善し業績を回復することにも言う。中国の抗日戦争中、また一九六〇年代以降の経済政策の中で、スローガンとして使われた。

私利私欲

◈しり しよく

自分のための利益とそれを貪《むさぼ》る心。

「私利」は、自分のための利益。「私欲」は、自分だけの利益を飽くことなく追求する心。自分だけの利益に目がくらみ、それを得ようとする心が起ることを「私利私欲にかられる」「私利私欲に走る」と言う。

至理名言

◈しり めいげん

道理にかなった巧みな表現の言葉。

「至理」は、至極もっともな道理。「名言」は、巧みな表現で本質をとらえた言葉。中国の古典は「至理名言」の宝庫であり、本辞典に収めた四字熟語にも「至理名言」は多いが、必ずしも永遠不変というわけではなく、時代を踏まえて理解することではじめて納得できるものもある。

支離滅裂

◈しり めつれつ

言動などに一貫性がなく、ばらばらで筋道が立たないさま。

「支離」は、離れ離れになること。「滅裂」は、破れ裂けてまったく形を失うこと。ばらばらになる意の二語を重ねて、統一がなく筋道の立っていないさまを強調する語。

思慮分別

◈しりょ ふんべつ

よく考えて物事の道理をわきまえること。

「思慮」は、注意深く考え思うこと。「分別」は、本来仏教語で、よく考えて識別する心の働きを言う。転じて、物事の善悪・道理を区別してわきまえること。ブンベツと読むと、種類によって分ける意味になる。「思慮分別がある」と言えば、何事をなすにもよく考え、道理をわきまえて行うさまを言う。

自利利他 ◆じり りた

仏教で、みずから利益を得るとともに他人をも利すること。

みずから仏道を修行して悟りを得るとともに、他人に仏法の利益を得させることを言う。「自行化他《じぎょうけた》（自ら行じて他を化す）」とも言う。「＊上求菩提《じょうぐぼだい》、＊下化衆生《げけしゅじょう》」は、この行を具体的に表現した語。

指鹿為馬 ◆しろく いば

人を欺《あざむ》き愚弄《ぐろう》するたとえ。また、間違ったことを強引に押し通すたとえ。

「鹿を指して馬と為《な》す」と言う。秦《しん》の高官、趙高《ちょうこう》の強引な権勢を示す『史記』始皇紀の故事から。ある日、趙高は鹿を馬だと言って二世皇帝に献上した。二世は「丞相《じょうしょう》誤れるか、鹿を謂《い》いて馬と為す」と笑い、左右の者にただしたところ、あるいは沈黙し、あるいは馬だと答え、あるいは鹿だと答えた。趙高は鹿と答えた者を殺したので、皆が彼を恐れたという。なお、「馬鹿《ばか》」の語源をこの故事に求める説もあるが、諸説ある中の一つに過ぎない。

四六時中 ◆しろくじ ちゅう

一日中。また、いつも。

四六、二十四から、二十四時間中の意。また、昔は昼夜それぞれ六刻計十二刻に分けたので、「二六時中《にろくじちゅう》」とも言う。

四六駢儷 ◆しろく べんれい

漢文の文体の一種。

ふつう「四六駢儷体」と言う。「駢」は、馬を二頭並べることから、並ぶ意。「儷」も、並ぶ意。四字と六字を一句とし、次にまた四字と六字を一句として続け、前の四字・六字と後の四字・六字を対句として文を構成していく。文体は華美で、故事を頻用《ひんよう》する。漢・魏《ぎ》に始まり、晋《しん》代に流行、唐代に至って韓愈《かんゆ》・柳宗元の古文運動が定着するまで、文章の主流をなした。「四六文」とも言い、「駢四儷六」とも呼ばれる。

神韻縹渺　◆しんいん ひょうびょう

芸術作品などが、きわめて優れた趣を漂わせていること。

「神韻」は、芸術作品などのもつ、きわめて優れた趣。「縹渺」は「縹緲」「縹眇」とも書き、ひろびろとしたさま。詩歌などの、言外に余韻の漂うさまを言うことが多い。

心猿意馬《しんえんいば》　⇩　意馬心猿《いばしんえん》

人海戦術　◆じんかい せんじゅつ

多数の兵員で敵陣を突破する戦法。転じて、人手を次々に繰出して仕事を成し遂げようとする方法。

「人海」は、大勢の人がいるさまを海に見立てた表現。数の力を頼みに、ひたすら敵陣を突破しようとする作戦を言う。また転義では、機械力に頼らず、あるいは機械の投入が困難な場合に、人力の積重ねで一気に作業を進めるような場合に使う。特に、自然災害を防ごうとするような場合には、過酷な条件のもとで素早い防止活動が要求され、必然的に人海戦術をとることが多い。

人間青山　◆じんかん せいざん

世の中、人間の活動できる場所、また、死に場所はどこにでもあるということ。

「人間到《いた》る所青山《せいざん》あり」の略。「青山」は、木々の青々と茂る山。転じて、墳墓の地。幕末の僧月性《げっしょう》の「将二東遊一題レ壁詩」による。「男児志《こころざし》を立てて郷関《きょうかん》を出づ、学もし成る無くんばまた還《かえ》らず。骨を埋むるに何ぞ期せん墳墓の地（先祖の墓をあてにする必要はない）、人間到る処《ところ》青山有り」。「人間」には、ひとの意と、世の中、世間の意とがあるが、特に後者を意味する場合、ジンカンと読む。この詩はジンカンと読むことで定着していたが、今はニンゲンと読むことが多い。

心機一転　◆しんき いってん

あることをきっかけとして、すっかり心持の変ること。

「心機」は、心の働き。心の働きががらりと変る意。よい方向に変る場合に用いる。心の働きが変るには何かのきっかけがなければならない。そのきっかけは何であってもよいが、生活あるいは人生に大きな影響を及ぼすような出来事があれば、心も大きく動かされる。そのように大きく動かされて、従来の心情がすっかり変ったような場合に使う。

神機妙算 ◈しんき みょうさん

はかり知ることのできない、すばらしい計略。

「神機」は、常人のはかり知ることのできない機略。「妙算」は、巧みなはかりごと。すばらしいはかりごとの意を持つ二語を重ねて、機略・計略の巧みなさまを強調する。

人琴之嘆 ◈じんきんの たん

人の死をひどく悲しむたとえ。

人をも琴をも嘆く意。『晋書《しんじょ》』王徽之《おうきし》伝に見える故事に基づく語。東晋の書家、王羲之《ぎし》の子、徽之・献之《けんし》の兄弟はともに琴の名人だった。献之が死んだ時、徽之が弟の琴を弾いてみたが、うまく弾けなかった。徽之は琴を投げ捨てて、人も琴も死んでしまったか、とひどく悲しみ、まもなく徽之も世を去った。なお、王献之は書にも巧みで、父とともに「二王」と呼ばれる。

神経衰弱 ◈しんけい すいじゃく

神経が過敏になる一種の神経症。

いらいらして能率の上がらない状態を主な症状とし、積極性がなくなり、頭痛・不眠などを伴う。心身の過労などが原因で起る。神経衰弱になりそうな遊びということで、この名前をつけたトランプ遊びがある。カードを裏返しに散らし、めくっては閉じて同じ数字のカードを記憶力によって当てる遊びで、奇抜な命名と言える。

人権蹂躙 ◈じんけん じゅうりん

人間としての権利を侵すこと。

「人権」は、人間が人間として固有する権利。自由に剝奪《はくだつ》または制限されることのない基本的権利。「蹂躙」は、ふみにじること。「人権蹂躙」は、第一義として、国家権力が憲法の保障する基本的人権を侵犯《しんぱん》することを言う。また、私的関係で、強い立場にある者が弱い立場の者の人権を侵害することを言う。

真剣勝負 ◈しんけん しょうぶ

真剣で勝負すること。転じて、命がけで行うこと。

「真剣」は、木刀・竹刀《しない》に対して、本物の刀剣ということ。転じて、まじめに本気で物事に取組むさまに使われる。武士の時代が去り、現在ではもっぱら転義で、ゲーム・賭事《かけごと》などを、遊びではなく本気になって行うこと、また、広く物事に全力を出して立ち向かうことに言う。

神工鬼斧 ◈しんこう きふ

人の手によるとは思えない、巧みな工作物のたとえ。「神工」は、神の手になると思われるほど霊妙な製作。工作物の比類ない巧みさに言う。「鬼斧」は、鬼神が斧《おの》をふるったような巧みな工作。さまざまな道の達人が紹介されているが、中に工作物の巧みな人物として工人慶が取りあげられ、その作品は鬼神の手になるようだと人々が言ったとある。「鬼斧神工」とも言う。

深根固柢 ◈しんこん こてい

基礎をしっかり固めてゆるがないようにすること。「根《ね》を深くし柢《てい》を固くす」と読む。「国を有《たも》つの母《もと》は、以て長久なるべし。これを深根固柢、長生久視《ちょうせいきゅうし》の道と謂《い》う」（『老子』五九）から。国を平安にする基本として「嗇《しょく》（ものおしみ）」を説くところで、嗇で基礎をしっかり固めることで、国を長生きさせられると言う。「柢」は「根」に同じで、いずれも物事の根本を意味する。現代表記の「根底」は、もと「根柢」と書いた。なお、魏《ぎ》の曹冏《そうけい》の「六代論」に基づいて「深根固蔕《こてい》」とも言う。「蔕」は、植物のへた。

深山幽谷 ◈しんざん ゆうこく

人の入らないような奥深い山や谷。「深山」は、奥深い山。「幽谷」は、奥深い谷。奥深い山には、当然奥深い谷があるので、意味としては「深山」だけで通ずる。語調を整え、また奥深さを強調するために、「幽谷」を添えている。容易に人が足を踏み入れられない奥深い山地を形容する時に使う。

慎始敬終 ◈しんし けいしゅう

始めから終りまで慎重に行うこと。「始めを慎《つつし》み終りを敬《つつし》む」と読む。『書経』蔡仲之命に「その初めを慎み、その終りを惟《おも》えば、終《つい》に以て困《くるし》まず」と見え、これを引用して、『春秋左氏伝』襄公《じょうこう》二十五年には「書に曰《いわ》く、始めを慎みて終りを敬めば、終に以て困まず」とある。最初から慎重に事を進めて終りまで怠らなければ、苦しむことはない、の意。また『礼記《らいき》』表記には「子曰《いわ》く、君に事《つか》うるに始めを慎みて終りを敬む」と見え、この場合は終始慎重に振舞うことを意味する。

心地光明《しんじこうみょう》 ⇩ 心地光明《しんちこうめい》

真実一路

◈しんじつ いちろ

ひたすらまことを尽して生きること。

「一路」は、ひたすら、どこまでも、の意。山本有三の同名の長編小説（一九三六年完結）によって有名になった語。真実一路を貫きながら、まわりの者を幸せにできない主人公の生き方を描く。

人事天命

◈じんじ てんめい

人間としてできる限りのことをし、あとは天の定めるところに委《ゆだ》ねること。

「人事を尽して天命を待つ」の略。「人事」は、人のなし得る事柄。「天命」は、天によって定められた人の宿命。南宋の胡寅《こいん》『読史管見《とくしかんけん》』に「人事を尽して天命を聴《ま》つ」と見える。人事を尽すことではじめて天命を待つことが許されるのだが、現代では、前半を切離した「天命を待つ」だけで使う場合は、なにもせずに成行きにまかせる意で用いている。

人事不省

◈じんじ ふせい

意識を失うこと。

人事を省みない意。「人事」は、ここでは人としての知覚・感覚。意識が完全に消失して目覚めさせられない「昏睡《こんすい》」とほぼ同義だが、「昏睡」より多少幅広く使われ、脳貧血によって一時的に意識を失う「失神」と同じような意味で使われる場合もある。

唇歯輔車

◈しんし ほしゃ

互いに密接に助け合い、一方が滅びれば他方の存続も危うくなるような関係のたとえ。

「唇歯」は、唇《くちびる》と歯のように、互いに密接な関係にあること。「輔車」は、車と車の添木《そえぎ》。一説に「輔」は頰骨《ほおぼね》、「車」は歯茎を意味する。いずれにしても、互いに助け合う関係にあることを言う。「輔車相依《あいよ》り、唇亡《ほろ》びて歯寒し」（『春秋左氏伝』僖公《きこう》五年）による。隣国が危うくなるところちらの国も危険にさらされるような、密接に関係し合う隣国同士の興亡をたとえている。このような関係を「唇亡歯寒《しんぼうしかん》」、そういう国を「唇歯之国」とも言う。

斟酌折衷 ◆しんしゃく せっちゅう

程よく取計らい、中を取ること。

「斟酌」は、その時の事情や心情などを十分考慮して、程よく取計らうこと。「折衷」は、あれこれ取捨して適当なところを取ること。対立する二者の間に立って、第三者が双方の言い分を聞き、両者の歩み寄れるところを考えることなどに言う。

仁者不憂 ◆じんしゃ ふゆう

仁の道に達した人は、心がゆるやかで天命に安んずるから、心配することがないということ。

「仁者は憂《うれ》えず」と読む。「知者は惑《まど》わず、仁者は憂えず、勇者は懼《おそ》れず」(『論語』子罕《しかん》)から。「仁」は、孔子が提唱した道徳観念で、天から与えられた本性の働きによる親しみの心を言い、儒教の根本理念とされる。なお、同じ引用から「*知者不惑《ふわく》」「*勇者不懼《ゆうしゃふく》」という語もできている。

仁者楽山 ◆じんしゃ らくざん

仁の道に達した人は山を楽しむということ。

「仁者は山を楽しむ」で知られる。「知者は水を楽しみ、仁者は山を楽しむ。知者は動き、仁者は静かなり。知者は楽しみ、仁者は寿《いのちなが》し」(『論語』雍也《ようや》)から。知者と仁者を対比させ、知者は流動的だから水を楽しみ、仁者は安らかでゆったりしているから山を楽しむと言う。仁者のゆったりと安定したさまを山になぞらえた表現。対比した知者を言う語に、「*知者楽水」がある。

進取果敢 ◆しんしゅ かかん

みずから進んで大胆に事を行うさま。

「進取」は、みずから進んで実行すること。「進取の気象」は、みずから積極的に物事に取組む性格を言う。「果敢」は、決断力が強く、大胆に事を行うさま。「果敢にいどむ」と言えば、大胆に挑戦することを言う。二語ともに、単独で用いられることが多い。

神出鬼没 ◆しんしゅつ きぼつ

鬼神のようにたちまち現れたり隠れたりして、所在がつかめないこと。

神のように出て鬼のように没す、の意。清の翟灝《てきこう》『通俗編』神鬼に、黄石公《こうせきこう》の兵略に言うとして「神出にして鬼没す」と見える。黄石公は、前漢の建国の功臣張良《ちょうりょう》に兵書をさずけたという老人。『淮南子《えなんじ》』兵略訓に見える「神出鬼行」も同義。

人主逆鱗　◆じんしゅの　げきりん

君主の怒り。

「人主」は、君主、天子を言う。「逆鱗」は、竜の喉元《のどもと》に逆さに生えている鱗《うろこ》で、それに触れると怒った竜に殺されるという。「もし人これ（竜の逆鱗）に嬰《ふ》るる者有らば、すなわち必ず人を殺す。人主もまた逆鱗有り。説く者よく人主の逆鱗に嬰るること無くんば、すなわち幾《ちか》からん」（『韓非子《かんぴし》』説難《ぜいなん》）による。君主にも竜の逆鱗のようなものがあるから、意見を述べる者はそれに触れないようにすればうまくいく、の意。ここから君主の怒りをかう意の「逆鱗に触れる」という言葉が生れた。

尋常一様　◆じんじょう　いちよう

あたりまえで、ふつうと異なることのないこと。

「尋常」は、ふつうであること。当り前なこと。「一様」は、同様であること。多く「尋常一様のものでない」など、否定の文脈の中で使われる。

深情厚誼　◆しんじょう　こうぎ

思いやりのある、心からのつきあい。

「深情」は、深い思いやり。フカナサケと訓読みすると、度を越した思いやりとして使われる。「厚誼」は、心からの親しいつきあい。一般に、ひとかたならぬ交誼《こうぎ》・交際という意味で「厚誼」が用いられ、挨拶《あいさつ》などに使われる。「深情」を加えて、なみなみならぬという意味を強めたもの。

尋章摘句　◆じんしょう　てきく

細かいことにこだわって全体が見通せないたとえ。

「章を尋《たず》ね句を摘《つ》む」と読む。「章」は、文全体をいくつかに分けた、一つ一つのまとまり。「句」は、文章の中の語句。部分的な意味にこだわり、あるいは断片的な言葉にとらわれて、全文の言わんとするところを見落すことに言う。三国時代、魏《ぎ》の文帝に呉王孫権の学問ぶりを聞かれた呉の趙咨《ちょうし》が答える。「余間有れば博《ひろ》く書伝を覧《み》、史籍を歴《けみ》す。奇異を採るといえども、諸生の尋章摘句に效《なら》わざるのみ」（『三国志』呉志、呉主伝注）。ひまがあると諸書を博く見、優れたものを吸収しますが一字一句にこだわることはしません、と。

信賞必罰 ◈しんしょう ひつばつ

賞罰を厳格に行うこと。

功績のある者はかならず賞し、罪を犯した者は必ず罰する意。『漢書』芸文志に「信賞必罰して以て礼制を輔《たす》く」と見える。さかのぼって『韓非子《かんびし》』内儲説《ないちょぜい》上に、君子の臣下を統御する七術が説かれ、「二に曰《いわ》く、必罰して威を明らかにす。三に曰く、信賞して能を尽さしむ」と言う。罰すべきは必ず罰して君主の威令を明らかにし、賞すべきは必ず賞して能力を発揮させる、の意。

針小棒大 ◈しんしょう ぼうだい

物事を大げさに言うこと。

針ほどに小さいことを棒ほどに大きく言いたてる意。現代、広く使われる語だが、古くは「針ほどのことを棒に取りなす」「針を棒に言いなす」などの成句表現が一般だった。

身心一如 ◈しんじん いちにょ

仏教で、肉体と精神は一体であることを言う。

仏教では、身と心とを二元的に別個の実体とはみなさず、一つのものの両面とみなす。「如」はあるがままの真実のすがたで、「一如」は、絶対的に同一である事物の真実のすがた、の意。すなわち「身心一如」は、身心は絶対的に同一のものであり、それが真実のすがたであると言っている。

人心一新 ◈じんしん いっしん

人々の心をまったく新しくすること。

「人心」は、大勢の人の心。人民の心。この「心」は、気分や気持といった意味で使われている。「一新」は、すっかり新しくすること。

新進気鋭 ◈しんしん きえい

新しく現れ、勢いが盛んで鋭いこと。また、そのような人。

「新進」は、ある分野で新しく認められ出てきた人。「気鋭」は、意気込みの鋭いこと。多く若い人に言うが、比較的年齢が高くなってから新しく認められる場合もあり、しかも意欲を持ち続けていれば、「新進気鋭」と言える。類義語の「*少壮気鋭《しょうそう》」は、若い場合にしか使わない。

心神耗弱 ◈しんしん こうじゃく

精神機能の障害により、物事の道理を識別して行動することの著しく困難な状態。

「心神」は、こころ、精神の意。「耗弱」の「耗」は、減って小さくなる意。「心神耗弱」は主に医学や法律で使われていた語で、一般語として使うことはほとんどない。もっと症状の重い状態を「*心神喪失《そうしつ》」と言う。なお、「消耗」をショウモウと読むのは慣用読みで、「耗」の本来の音はコウ。

人心収攬 ◈じんしん しゅうらん

人々の心をうまくまとめること。

「人心」は、大勢の人の心。「収攬」は、集めてとらえること。「人心収攬の術」という言葉があるように、そのまとめかたは信望などによるものではなく、作為的《さくい》な言行などによる場合が多い。したがって、必ずしもいい意味では使われない。

心神喪失 ◈しんしん そうしつ

精神機能の障害により、物事の道理を識別して行動することができない状態。

「心神」は、こころ、精神の意。言葉としてはこころが失われるという意味だが、実際に「心神喪失」であるかどうかは、医学的な判断を必要とする。「*心神耗弱《こうじゃく》」より症状が重い。

身心脱落 ◈しんじん だつらく

身も心も一切の束縛から解放されて自在の境地になること。

日本曹洞宗《そうとうしゅう》の祖道元は、入宋《にっそう》して天童如浄《てんどうにょじょう》のもとに参じ、この語によってただちに悟りを得たという。以来、道元禅の極意《ごくい》の語とされる。『正法眼蔵《しょうぼうげんぞう》』三昧王三昧に「参禅とは身心脱落なり。祇管打坐《しかんたざ》(→只管《しかん》打坐)にしてはじめて得《う》」とあるほか、随所で説かれる。

薪水之労 ◈しんすいの ろう

人のために骨身を惜しまず雑事に働くこと。

原義は、薪《たきぎ》を取ってきたり水を汲んだりする働き、すなわち炊事などの家事労働を言う。『南史』陶潜伝に掲げる東晋《とうしん》の陶淵明《とうえんめい》(陶潜)の書簡に見える。日本では、松尾芭蕉《ばしょう》の『おくのほそ道』に「曾良《そら》は河合《かわい》氏にして、惣五郎《そうごろう》と云《い》へり。芭蕉の下葉に軒をならべて、予が薪水の労をたすく」とある。曾良が深川芭蕉庵の近くに住んで、なにかと芭蕉の面倒を見たことを言う。

人生行路　◆じんせい　こうろ

人の一生。世渡り。

人生という旅路の意。「人生行路難《かた》し」と言えば、人の一生にはいろいろ艱難《かんなん》苦労があって容易ではないことを言う。そんな人生行路を徳川家康は、『論語』泰伯の「任重くして道遠し」をふまえ、「人の一生は重荷を負《お》うて遠き道を行くが如《ごと》し」と表現している。

人生如夢　◆じんせい　じょむ

人生は夢のようにはかないものであるということ。

「人生は夢の如《ごと》し」と言う。宋の蘇軾《そしょく》が「念奴嬌《ねんどきょう》」の曲に託して作った「赤壁懐古」に「人の間は夢の如し、一樽《いっそん》[の酒を]還《ま》た江月に酹《そそ》がん」と見える。さかのぼると唐の李白も「浮生《ふせい》は夢の若《ごと》し」(→浮生若夢《じゃくむ》)と、夢のようにはかない人の世を同様に詠っていた。

人生朝露　◆じんせい　ちょうろ

人生は朝露《あさつゆ》のようにはかないということ。

「人生は朝露《ちょうろ》の如《ごと》し」の略。朝早く降りた露が日の出とともに消えてしまうはかなさを人生にたとえたもの。「人生は朝露の如し。何ぞ久しく自ら苦しむことかくの如くなる」(『漢書』蘇武《そぶ》伝)から。前漢の蘇武は、匈奴《きょうど》に使いに行って捕えられたがなかなか降伏しない。後れて匈奴に降伏した李陵《りりょう》が、そんな蘇武に降伏を勧めた言葉。それでも蘇武は降伏せずに、やっと許されて漢に帰ったのは十九年後だった。

晨星落落　◆しんせい　らくらく

友人が次第に少なくなるたとえ。

「晨星」は、明け方に残っている星。数が少ないところから、まばらなたとえとされる。「落落」は、まばらなさま。友人がちりぢりになってしまったと嘆く「今来落落として、晨星の相望むが如し」(劉禹錫《りゅううしゃく》「送[二]張盥《ちょうかん》赴[一]挙詩」序)による。年をとって、友人が次々に死んで少なくなっていくたとえにも言う。

人跡未踏　◆じんせき みとう

人がまだ足を踏み入れたことがないこと。

いまだ人の足で踏まれていない意。熱帯地方に広がる密林や極寒の氷原などを言うことが多い。実際には現地に住む人などが訪れていても、実状が明らかでない場合には使う。昔の少年冒険小説などでよく見かけた語。

尽善尽美　◆じんぜん じんび

完璧であるさま。

「善を尽《つく》し美を尽す」と読む。「子、韶《しょう》を謂《い》わく、美を尽せり、また善を尽せり。武を謂わく、美を尽せり、いまだ善を尽さず」（『論語』八佾《はちいつ》）による。伝説上の帝王舜《しゅん》の作ったという音楽、韶と、周の武王の音楽、武とを孔子が評した言葉。韶は美しさも善さも十分だが、対する武は善さが十分でない、すなわち武王の音楽は、平和さにおいて舜に及ばないと言っている。

迅速果敢　◆じんそく かかん

すばやく大胆に事を行うさま。

「迅速」は、きわめて速いこと。「果敢」は、決断力が強く、大胆に事を行うさま。戦闘状態において、すばやく作戦を実行する場合などに言われる。対義語としては、「遅疑逡巡《*ちぎしゅんじゅん》」がある。

進退維谷　◆しんたい いこく

進むことも退くこともできない窮地に陥る意。

「進退維《こ》れ谷《きわ》まる」と読む。「人また言有り、進退維れ谷まる、と」（『詩経』大雅、桑柔）から。道を誤った為政者のために国は荒れ果て、民ももうどうしていいか分からないと言っている、の意。いわゆる「二進《にっち》も三進《さっち》もいかない」こと。

身体髪膚　◆しんたい はっぷ

からだ全体を言う。

五臓六腑《*ごぞうろっぷ》を包んだ身体と、髪と皮膚の意。「身体髪膚、これを父母に受く、あえて毀傷《きしょう》（きずつける）せざるは孝の始めなり」（『孝経』開宗明義章）から出た語で、少し長いがこのまま成句として知られる。日本の古典では、室町初期の『義経記』四に「義経身体髪膚を父母《ぶも》に受け」という表現が見える。

進退両難　◆しんたい　りょうなん

前へ進むことも後ろへ退くこともできない困った状態になること。

「進退両《ふた》つながら難《かた》し」と読む。前にも後ろにも動けない「進退維*谷《いこく》」、すなわち進退きわまった状態を言う。類義の、後にも先にも問題を抱える「前門の虎、後門の狼」は、前方の虎をやっつけている間に後ろから狼が迫ってくる状況（→前虎後狼《ぜんここうろう》）。

心地光明　◆しんち　こうめい　しんじ　こうみょう

心にかげりがなく、光り輝いていること。

「心地」は、心という地盤、心を言う。『心地観経』に「衆生《しゅじょう》の心はなお大地のごとし」とある。「光明」は、仏身から発し、すべてのものをあまねく照らす光を言う。心の清らかなさま、また心の広大なさまを表す。

身中之虫　◆しんちゅうの　むし

内部で恩恵を受けていながら害をなすもののたとえ。

「獅子《しし》身中の虫」の略。獅子の身体に巣くって、その恩恵をこうむっていながら、内部から肉を食い害毒をなす虫を言う。本来、仏教語で、仏教徒でありながら、仏法の妨げをなすもののたとえに使われた。『梵網経《ぼんもうきょう》』『仁王般若経《にんのうはんにゃきょう》』などに見える。なお、仏教経典では、「獅子」はふつう「師子」と書く。

人中之竜　◆じんちゅうの　りゅう

多くの人々の中で、ずばぬけた才能を持った人の意。

晋《しん》の隠者、宋纖《そうせん》は、彼のために立派な建物を用意しても世に出てこようとはしなかった。太守の岌《ぎゅう》は残念がって言った。「名は聞くべくも、身は見るべからず。徳は仰ぐべくも、形は観《み》るべからず。われ今にして後れて先生の人中の竜たるを知る」（『晋書』宋纖伝）。

尽忠報国　◆じんちゅう　ほうこく

忠義を尽して国家に報いること。

「忠を尽し国に報ず」の意。南朝梁《りょう》の宣帝が死んだ後、高官らが帝の遺言をゆがめようとしたのに対して顔之儀《がんしぎ》が抗議した。「公等備《つぶ》さに朝恩を受く。まさに忠を尽し国に報ずべし。いかんぞ一旦神器を以て人に仮《か》さんと欲する」（『北史』顔之儀伝）。朝恩を受けているのだから忠を尽して国に報いるべきであるのに、なぜ帝位を他人に与えようとするのか、と。

慎重居士 ◆しんちょう こじ

注意深く、軽々しい判断を下さない人。何事にも慎重な態度で臨む人。

「居士」は、仏教で在家の男性信者の意。ここでは、男、人というほどの意味で使われる。男子の戒名《かいみょう》の最後につけるので、それをもじった表現。「*一言《いちげん》居士」もそうだが、ややからかいの調子が込められる。

新陳代謝 ◆しんちん たいしゃ

古いものが次第になくなって、新しいものがそれに代ること。

「新陳」は、新しいものと古いもの。「代謝」は、新しいものが来て古いものと入れ代ること。生物学では、生物体が栄養物質を摂取し、体内の不必要な生成物を排出する物質代謝のことを言う。

震天動地 ◆しんてん どうち

勢いや音などが激しく大きいこと。

「天を震《ふる》わし地を動かす」と読む。「*驚《きょうてん》天動地」「震天駭《がい》地」(「駭」は驚かす意)など、類義の表現は多い。いずれも、世間を驚かせる出来事などの形容に用いられる。

心頭滅却 ◆しんとう めっきゃく

どんな苦難にあっても、その苦難を超越して心にとめなければ、苦難と感じないというたとえ。

「心頭を滅却すれば火もまた涼し」の略。無念無想の境地にいたれば火さえも涼しく感じられる、の意。天正十年(一五八二)、甲斐(山梨県)の武田が織田信長の勢に攻められた時、火をつけられた恵《え》林《りん》寺《じ》の山門で禅僧快川《かいせん》が端座して言った語という。北宋の禅語録『碧巌録《へきがんろく》』四三則の「心頭を滅却すれば火も自ずから涼し」によるが、それは唐の杜《と》荀鶴《じゅんかく》が真夏の暑さを詠んだ詩に基づく。

人品骨柄 ◆じんぴん こつがら

ひとがら。品格。

「人品」は、品格、品性、ひとがら。「骨柄」は、骨格、からだつきの意から、「人品」とほぼ同義に使われる。「人品」がどちらかというと内面からにじみ出る品性に重点があるのに対して、「骨柄」は見た目に感じ取れる風格に重点がある。二語を合せて、外からも中からも文句ないひとがら。

心腹之疾 ◆しんぷくの しつ

除きにくい敵のたとえ。

「疾」はヤマイとも読む。「心腹」は、胸と腹。つまり原義は胸や腹の病の意で、きわめて治しにくいところにある病気を言う。『春秋左氏伝』哀公十一年に「越の我に在るは、心腹の疾なり」と見える。会稽《かいけい》の戦いに敗れた越王句践《こうせん》が呉王夫差《ふさ》以下将士に贈物をした時、伍子胥《ごししょ》が句践の本意を見ぬいて呉王に忠告した言葉。江南の同じ地域に在って、越は呉を狙《ねら》っているやっかいな敵だ、の意。「腹心之疾」とも言う。

人物月旦 ◆じんぶつ げったん

人を論評すること。

「月旦」は、月の初めの意。後漢の許劭《きょしょう》が、月の初めに従兄《いとこ》の許靖《きょせい》とともに郷里の人々の人物評を楽しんだという『後漢書』許劭伝に見える故事から、人物評を「月旦評」、略して「月旦」と言った。この「月旦」に、意味を明瞭にするために「人物」を加えた語が、「人物月旦」。「許劭月旦」とも言う。

神仏習合 ◆しんぶつ しゅうごう

日本古来の神の信仰と外来の仏教信仰を折衷し融合すること。

「習」は「襲」に同じく重ねる意で、「習合」は、異なる教理を折衷・融合する意。「神仏混淆《こんこう》」(「混淆」は、入り混じる意)とも言う。奈良時代に、まず仏教側から仏と神の融合が考えられ、八幡神を八幡大菩薩《だいぼさつ》と呼ぶ例などが見られた。平安中期に「本地垂迹《*ほんじすいじゃく》」説が現れ、神は、衆《しゅ》生《じょう》救済のために仏が仮の姿をとって現れたものとされた。これに対して鎌倉時代には、神道の側から、神を本地とし仏を垂迹身とするいわゆる反本地垂迹説が主張された。

深謀遠慮 ◆しんぼう えんりょ

先々のことまで深く考えて計画を立てること。

「深謀」は、深いはかりごと。「遠慮」は、先々のことまで考えること。「深く謀《はか》り遠く慮《おもんぱか》り、軍を行《や》り兵を用いるの道は、曩《さき》の時の士に及ぶにあらざるなり。然りしこうして成敗異変し、功業相反《あいはん》す」(前漢、賈誼《かぎ》「過秦《かしん》論」、『文選《もんぜん》』所収)による。秦《しん》滅亡の先駆となった陳勝《ちんしょう》について、計略の深さや行軍用兵の方法は戦国時代の諸侯に及ぶものではなかったが、それでいて陳勝は成功し、諸侯は失敗した、と論じる。「遠慮深謀」とも言う。

脣亡歯寒 しんぼう しかん ⇒ 脣歯輔車 しんし ほしゃ

人面獣心 ◆じんめん じゅうしん にんめん じゅうしん

冷酷な者、恩義を知らない者を罵《ののし》っていう語。人の顔をしているが、心は獣に等しい意。人でなしのこと。『漢書』匈奴《きょうど》伝賛に、「夷狄《いてき》の人は、貪《むさぼ》りて利を好み、被髪《ひはつ》・左衽《さじん》にして、人面獣心なり」と見える。「被*髪左衽」は、ざんばら髪で左前に着物を着ることで、野蛮な風俗とされていた。

人面獣身 ◆じんめん じゅうしん

顔は人間でからだは獣である異類を言う。

造形物にしばしば見られ、人面で獅子《しし》の身体をしているエジプトのスフィンクスはよく知られる。『史記』五帝紀によると、帝王舜《しゅん》の時、渾沌《こんとん》・窮奇《きゅうき》・檮杌《とうこつ》・饕餮《とうてつ》の四凶族を四方の僻地に移して「魑魅《ちみ》」を防がせたというが、注によると、この魑魅が人面獣身で、山林の異気によって生じ、人を惑わすという。

人面桃花 ◆じんめん とうか

思いこがれる女性に、会いたくても会えないことを言う。

美人の顔と桃の花の意。唐の詩人崔護《さいご》が、ある家の桃の花の下で美女と出会った。翌年、その家を訪れたが、美女の姿はなかった。崔護は詩を門に貼って去った。「去年の今日この門の中、人面桃花相映じて紅《くれない》なり。人面祇今何処《ただいまいずこ》にか去る、桃花旧《もと》に依《よ》りて春風に笑う」。のちに女がこの詩を見て崔護にこがれ、食を断って死んだが、崔護が亡骸《なきがら》に呼びかけると生きかえったという。『本事詩』情感に見える。

森羅万象 ◆しんら ばんしょう

宇宙間に存在する数限りない一切の物事。

「森羅」は、樹木が茂り並ぶことから、宇宙に連なり並ぶすべての物の意。「万象」は、あらゆる現象。マンゾウ、バンゾウとも言った。すべての物とあらゆる現象とを合せ、宇宙間の一切の物事を言う。南朝梁《りょう》の道士陶《とう》弘景《こうけい》の「茅山《ぼうざん》長沙館碑」に「万象森羅」という語が見える。日本では、鎌倉初期、道元の『正法眼蔵《しょうぼうげんぞう》』法性《ほっしょう》に「かの法性（事物の本質）はいまの万象《まんぞう》森羅にあらずと邪計《じゃけ》するなり……この森羅万象と法性と、はるかに同異の論を超越せり」と、「万象森羅」「森羅万象」両方の形が見える。

新涼灯火 ◆しんりょう　とうか

初秋の涼しくなりはじめたころは、灯火のもとで書を読むのにうってつけであること。

「新涼」は、秋の初めの涼しくなりだしたころ。「時秋にして積雨霽《は》れ、新涼郊墟《こうきょ》に入る。灯火ようやく親しむべく、簡編巻舒《かんぺんけんじょ》すべし」（唐、韓愈《かんゆ》「符《ふ》、読二書城南一詩」）による。秋になって長雨があがり、涼しくなりはじめたころに郊外の村に入った。そして、「灯火のもとで書物をひらくがよい」と、わが子、符に呼びかけている。この詩から、「灯火親しむべし」（→灯火可《か》親《しん》）の句が生れている。

深厲浅掲 ◆しんれい　せんけい

その時々の状況によって、適切に対応するたとえ。

「深きときは厲し、浅きときは掲す」（『詩経』邶風《はいふう》、匏有苦葉《ほうゆうくよう》）から。「厲」は、衣全体をまくる意。「掲」は、衣のすそをまくる意。川が深ければ衣をかかげて渡り、川が浅ければ衣のすそをからげて渡ると、川辺での男女の戯れをうたったものだが、乱世には乱世に処する道、平時には平時に処する道があること、また、時に応じた礼法に従うことを寓意《ぐうい》するなどと読まれてきた。

蜃楼海市《しんろうかいし》 ⇩ 海市蜃楼《かいししんろう》

酔眼朦朧 ◆すいがん　もうろう

酒に酔って目つきが定まらず、物がはっきり見えないさま。

「酔眼」は、酒に酔った時の、焦点のはっきりしない目つき。「朦朧」は、物事がはっきりしないさま。「酔眼朦朧」は、かなりの量の酒を飲んだ状態であろう。宋の蘇軾《そしょく》「杜介《とかい》送レ魚詩」に、「酔眼朦朧として帰路を覓《もと》む。松江の煙雨晩《くれ》て疎疎たり（雨がぱらぱらと降る）」という句がある。

炊臼之夢 ◆すいきゅうの　ゆめ

妻を失うことのたとえ。

唐代の『酉陽雑俎』八に見える故事による。昔、商人が、行商の旅先で臼《うす》で飯を炊《た》く夢を見た。占ってもらったところ、臼で炊いたのは釜《かま》（音はフで、「婦」と通ずる）がなくなったからだ、と言われた。家に戻ってみると、はたして妻は数か月前に亡くなっていたという。

垂拱之治　◆すいきょうの　ち

天下がよく治まるたとえ。

「垂拱にして天下治まる」（『書経』武成）から。「垂拱」は、衣の袖を垂《た》れ、両手を胸の前で組む意。天子が何もしないで人のなすままにまかせておくことを言い、この語だけで天下のよく治まるたとえに使われる。日本の南北朝時代、北畠親房《きたばたけちかふさ》の『神皇正統記《じんのうしょうとうき》』に「官に其人《そのひと》ある時は君は垂拱してましします」と見える。

水鏡之人　◆すいきょうの　ひと

物事をありのままに見て、公平な判断をする人。

「水鏡」は、物をありのままに映す鏡のような水の意。西晋《せいしん》の衛瓘《えいかん》が、楽広《がっこう》について「これは人の水鏡なり。これを見れば瑩然《えいぜん》として、雲霧を披《ひら》き青天を覩《み》るがごとし」（『晋書』楽広伝）と評したという。楽広に会うと心が明るくなり、雲や霧を押しのけて青空を見るようだ、の意。

水魚之交　◆すいぎょの　こう

親密で離れがたい友情や交際のたとえ。

「交」はマジワリとも読む。水と魚のように切りはなせない間柄の意。三国時代、蜀《しょく》の劉備《りゅうび》は諸葛孔明《しょかつこうめい》を臣下に迎えてから、日増しに親密になっていった。以前からの同志である関羽《かんう》や張飛《ちょうひ》はそれが面白くない。不機嫌な二人をなだめるように劉備は言う。「孤（私）の孔明有るは、なお魚《うお》の水有るがごときなり。願わくは諸君、また言うなかれ（もう文句を言わないでくれ）」（『三国志』蜀志、諸葛亮《りょう》伝）。

炊金饌玉　◆すいきん　せんぎょく

非常に贅沢《ぜいたく》な食事のたとえ。また、他人の食事を褒《ほ》めて言う語。

「金《きん》を炊《かし》ぎ玉《ぎょく》を饌《せん》す」と読む。黄金を炊いて食事とし、宝玉をそろえて膳立てする意。「平台（梁《りょう》の孝王の築いた殿）戚里《せきり》（漢代の天子の外戚の邸宅街）崇墉《すうよう》を帯び（高い垣根をめぐらし）、金を炊ぎ玉を饌して鳴鐘（食事の合図の鐘）を待つ」（唐、駱賓王《らくひんのう》「帝京篇《ていけいへん》」）から。唐の都長安に住む高貴な人たちの豪奢《ごうしゃ》な生活を、漢代に擬して詠っている。

水月鏡花《すいげつきょうか》 ⇩ 鏡花水月《きょうかすいげつ》

水光接天 ◆すいこう せってん

広々とした水面の形容。

「水光天に接す」と読む。「しばらくにして月東山《とうざん》の上に出で、斗牛《とぎゅう》（二十八宿の斗と牛）の間に徘徊《はいかい》す。白露江に横たわり、水光天に接す」（北宋、蘇軾《そしょく》「前赤壁賦《ぜんせきへきのふ》」）から。白露の気配が長江にみなぎり、水の照り返す月の光は天に届いている、の意。長江の雄大な夜景を詠っている。

随侯之珠 ◆ずいこうの しゅ

中国古代の伝説上の名珠。

「珠」はタマとも読む。春秋時代の随公が、傷ついた大蛇を助け、その礼にもらったという宝珠。「*和氏之璧《かしのへき》」と対で、しばしば天下の至宝として引用される。『淮南子《えなんじ》』説山訓に「ゆえに和氏の璧、随侯の珠は、山淵の精に出で、君子これを服して順祥にして以て安寧《あんねい》なり」、また『淮南子』覧冥訓に「譬《たと》えば隋侯の珠、和氏の璧の如《ごと》く、これを得る者は富み、これを失う者は貧し」と見える。すなわち「随侯」は「隋侯」とも書く。二つの宝玉を併せて「*随珠和璧」と言う。

随珠和璧 ◆ずいしゅ かへき

きわめて貴重なもののたとえ。

「随珠」は「*随侯之珠《ずいこうのしゅ》」で、春秋時代、随侯がけがをした大蛇を助けた時、礼にもらったという宝玉。「和璧」は「*和氏之璧《かしのへき》」で、春秋時代、楚《そ》の卞和《べんか》が荊山《けいざん》で得た石から磨き出された玉。『淮南子《えなんじ》』に「随侯」「隋侯」両用の記述があるところから、「隋珠和璧」とも書く。

随珠弾雀 ◆ずいしゅ だんじゃく

得るものが少なく失うものが多いたとえ。

「随珠雀《すずめ》を弾《う》つ」と読む。「随珠」は、天下の至宝とされる「*随侯之珠《ずいこう》」のこと。「随侯の珠を以て千仞《せんじん》の雀を弾たば、世は必ずこれを笑わん。これ何ぞや。則ちその用うる所の者重くして、要《もと》むる所の者軽ければなり」（『荘子』譲王）による。「仞」は高さの単位で、「千仞」はきわめて高いことを言う。随侯の珠で千仞の高さにいる雀を撃ったら、世間の人は笑うだろう、貴重なものを使ってつまらないものを得ようとしたからだ、の意。このあと荘子は、命の貴重なことは、随侯の珠どころではない、と続ける。

水随方円　◆すいずい　ほうえん

人は交友や環境によって、善悪いずれにも感化されるというたとえ。

「水は方円の器《うつわ》に随《したが》う」の略。「方」は四角のことで、水は器の形によって四角くもなれば丸くもなる、の意。『荀子《じゅんし》』君道に「君は槃《ばん》（たらい）なり、民は水なり、槃円にして水円なり。君は盂《う》（鉢）なり、盂方にして水方なり」と見える。君主次第で民は善くも悪くもなるということを言ったもの。

水清無魚　◆すいせい　むぎょ

あまりに清廉潔白であり過ぎると、かえって人に親しまれないたとえ。

「水清ければ魚《うお》無し」と読む。ふつう「水清ければ魚棲《す》まず」と言う。きれいな水には餌《えさ》になる生物も繁殖しないから魚も棲まない、と解されている。「水至って清ければ魚無く、人至って察《あきらか》なれば徒《なかま》無し」という句が、『孔子家語』入官や『大戴礼』、あるいは『文選』に載る東方朔《とうぼうさく》の文に見え、『後漢書』班超伝では「水清ければ大魚無し」と表現されている。

酔生夢死　◆すいせい　むし

何をするということもなく、いたずらに一生を送ること。

酒に酔い夢を見ているような気分で一生を過す意。「明道先生行状」に、「高才明智といえども、見聞に膠《こう》し、酔生夢死して自ら覚《さと》らざるなり」と見える。才能があり知恵のある者も、見聞したことにこだわり、うかうかと一生を過して、自分ではそれと気づかない、と知識人を批判している。「明道先生」は、北宋の儒学者兄弟二程子の兄、程顥《ていこう》の称。

垂涎三尺　◆すいぜん　さんじゃく

ものを非常にほしがるたとえ。

おいしそうな食べ物を見て、涎《よだれ》が三尺も垂《た》れる意。「垂涎」は、涎を垂らさんばかりにおいしそうな食べ物をほしがる意から、「垂涎の的《まと》」のように、広くものをほしがる意味に使われる。慣用で、スイエンとも読む。

「三尺」は、「白髪三千丈《はくはつさんぜんじょう》」（心配ごとや悲しみがつのる形容）式の大げさな表現で、数字に特に意味はない。

翠帳紅閨　◆すいちょう　こうけい

貴婦人の寝室。

緑色の帳《とばり》と紅《くれない》に彩《いろど》った寝間の意。「帳」は、室内に垂《た》らして部屋の区切りとする、今で言うカーテン。『本《ほん》朝文粋《ちょうもんずい》』九に載る大江以言《おおえのゆきとき》「見二遊女一詩序」に「翠帳紅閨、万事の礼法異なりといえども、舟の中浪の上《うち》、一生の歓会これ同じ」と見え、同文が『和漢朗詠集』下に収録されている。翠帳紅閨で良家の子女と過すのとは万事の作法が違うけれど、遊君と舟の中で波に揺られて戯《たわむ》れるのも、人間一生の楽しみに変りはない、の意。

水天彷彿　◆すいてん　ほうふつ

水と空とが交わって見分けのつかないこと。

海のはるか沖合などの情景を言う。「彷彿」は、ぼんやりとして明らかでないさま。「髣髴」とも書く。「水平線」という言葉があるように、海と空とは画然と区切られているが、天候によってはその境がはっきりしないこともある。海の果てが空へとつながって感じられる広大な情景を表したもの。

水到渠成　◆すいとう　きょせい

学問を究めれば、自然に道理を会得するたとえ。また、時節がくれば自然に物事が成就するたとえ。

「水到りて渠成《な》る」と読む。「渠」は溝で、水が流れれば自然に溝が形成される意。南宋の朱子「答二路徳章一書」に「水到りて渠成るの説は、意思は畢竟《ひっきょう》渠上に在りていまだ放たれず、水東流する時はすでにまず屈曲の準備を作《な》し了《おわ》る」とあり、同時代の詩人范成大《はんせいだい》にも使用例が見えるなど、南宋期には比喩《ひゆ》として通用していた成句であることが知られる。

垂頭喪気　◆すいとう　そうき

がっかりしてしょげているさま。

「頭《かしら》を垂《た》れ気を喪《うしな》う」と読む。「喪気」は、「意気阻喪《そそう》」＊と同じく、気力を失う意で、失神ではない。「垂頭」で、具体的な様子を表している。

酔歩蹣跚　◆すいほ　まんさん

酔っぱらっておぼつかなく歩くさま。

「酔歩」は、酔っぱらった足どり。「蹣跚」はバンサンとも言い、よろよろけて歩くさま。千鳥が足を左右ふみ違えて歩くところから、この「酔歩蹣跚」のさまを、ふつう「千鳥足」と言う。

垂名竹帛　◆すいめい ちくはく

名声を歴史に残し後世に伝えること。「名を竹帛に垂《た》る」と言う。「功名を竹帛に垂る」とも言う。「竹帛」は、紙の発明される以前に文字を記した竹簡・布帛《ふはく》を言い、転じて書物、特に歴史書を言う。「ただ願わくは明公の威徳四海に加わり、禹《う》その尺寸《せきすん》に効《いた》して（ほんのわずかな手伝いをして）、功名を竹帛に垂るるを得んのみ」（『後漢書』鄧禹《とうう》伝）。このような功名を「竹帛之功」と言う。*

吹毛求疵　◆すいもう きゅうし

あらさがしをすること。また、人の欠点を指摘して、かえって自分の欠点を暴露すること。

「毛《け》を吹いて疵《きず》を求む」と言う。毛を吹き分けて小さな疵を探し求める意。『韓非子《かんびし》』大体に「毛を吹いて小疵《しょうし》を求めず、垢《あか》を洗いて知り難きを察せず」と見える。また『漢書』中山靖王勝伝にも「有司（役人）毛を吹いて疵を求む」という表現が見える。「吹毛之求《すいもうのきゅう》」とも言う。

趨炎付熱　◆すうえん ふねつ

権勢の盛んな者におもねり従うこと。

「炎《ほのお》に趨《おもむ》き熱に付す」と読む。「付」は「附」とも書く。「炎」も「熱」も、勢いの盛んなことを意味する。勢いの盛んな方になびいていく意。『宋史』李垂《りすい》伝に「いずくんぞよく趨炎付熱して、人の眉睫《びしょう》を看《み》（顔色をうかがって）、以て推輓《すいばん》を冀《こいねが》わんや」と見える。

鄒魯遺風　◆すうろの いふう

孔子・孟子《もうし》の残した教え。すなわち儒学。

「鄒」は、孟子の生地で、今の山東省鄒県。「魯」は、孔子の生地で、今の山東省の曲阜《きょくふ》を中心とした地域。ここではそれぞれ、孟子・孔子を指す。「遺風」は、後世に残っている古人の教え。「鄒魯之学」も同義で、儒学を言う。

頭寒足熱　◆ずかん そくねつ

頭部を冷やし、足を温かくすること。

健康によいとされる。一説に安眠法と言われるが、頭を布団の外に出し足は布団の中という一般的な睡眠時の皮膚温の状態が、「頭寒足熱」になっている。

頭北面西　◆ずほく　めんさい

頭を北に、顔を西に向けて横になること。

釈迦《しゃか》が涅槃《ねはん》の時に、頭を北に右脇腹を下にして西向きに横たわったところから、釈迦入滅《にゅうめつ》の姿を言う。「頭北面西右脇臥《うきょうが》」とも言う。中国や日本で、死者を北枕にするのはこの故事に由来しており、そこから日常は北枕を避ける風習が生れた。

寸指測淵　◆すんし　そくえん

不可能なこと。また、愚かなこと。

「寸指もって淵《ふち》を測《はか》る」と読む。『孔叢子《くぞうし》』答問に見える。「寸指」は、わずか一寸ばかりの指、の意。一寸は、『孔叢子』の秦《しん》代では二・二五センチメートル。大人の指としては多少の誇張があるが、指の長さで淵の水深を測る意。とてもできないところから不可能なことの意、また、考えるだけでもばかばかしいところから愚かなことの意に使われる。

寸進尺退　◆すんしん　せきたい／すんしん　しゃくたい

少し進んで多く退くこと。また、得るところが少なく失うところが多いことのたとえ。

一寸進んでその十倍の一尺退く意。「兵を用うるに言えること有り。われあえて主と為《な》らずして客と為り、あえて寸を進まずして尺を退く」（『老子』六九）による。戦いの時は、こちらは決して挑戦者とはならず、慎重に動き、少しでも進撃することなく、大きく退け、の意。前節の、うまく敵に勝つものは敵と争わない、を受ける。したがって、得るところが少なく失うところが多いという別義は、『老子』の本義から大きくはずれている。

寸善尺魔　◆すんぜん　しゃくま

世の中には、善いことが少なく悪いことが多いということ。

「尺魔」はセキマとも言う。一寸ほどの善とその十倍の一尺ほどの魔の意で、「魔」は悪を意味する。少しぐらいの善いことがあっても、それを覆《おお》い隠してしまうほどの悪いことが起る、と世の中を観察した語。世の中に対するこのような見方を言う語が意味を持ち続けているということは、そう認識している人々が少なくないことを物語っている。

寸草春暉 ◆すんそう しゅんき

子供がどれほど報《むく》いようと思っても、親の恩にははるかに及ばないたとえ。

「寸草」は、一寸、約三センチメートルほどの短い草。「春暉」は、春の暖かい日ざし。「誰か言う寸草の心、三春の暉《ひかり》に報い得んと」（唐、孟郊《もうこう》「遊子吟」）による。短い草がどれほど感謝しようと、春三か月の間暖かく照らしてくれた日の光にとうてい報いられるものではない、の意。

寸鉄殺人 ◆すんてつ さつじん

警句で人の急所を突くたとえ。

「寸鉄人を殺す」と言う。「寸鉄」は、小さい刃物。小さな刃物で人を殺す意。「宗杲《そうごう》禅を論じて云《い》わく、譬《たと》えば人の一車に兵器を載するが如《ごと》し。一件を弄《ろう》し了《おわ》りて、また一件を取出《しゅしゅつ》し来たりて弄せば、すなわちこれ人を殺すの手段ならず。我はすなわちただ寸鉄ありて、すなわち人を殺すべし、と」（南宋、『鶴林玉露』地、殺人手段）。禅とは、たとえば車に兵器を積んでそれを一つ一つ使うのではなく、ただ小さな刃物だけで人を殺すのだ、の意。

「寸鉄人を刺《さ》す」とも言う。

寸馬豆人 ◆すんば とうじん

遠くに小さく見える馬や人。

わずか一寸（約三センチメートル）ばかりの馬、豆つぶほどの人の意。画中の遠景を言う。「およそ山水を画《えが》くに、意は筆先に在り。丈山尺樹、寸馬豆人なり。遠人に目無く、遠樹に枝無し。遠山に皴《しわ》無く、隠隠として眉《まゆ》に似る。遠水に波無く、高さは雲と斉《ひと》し。これその訣なり」（五代後梁《こうりょう》、荊浩《けいこう》「画二山水一賦」）による。遠近法による遠方の描写の秘訣を述べたもの。

寸歩不離 ◆すんぽ ふり

かたときもそばを離れないこと。

「寸歩も離《はな》れず」と読む。「寸歩」は、わずかな歩み。一歩たりとそばを離れない意。『述異記』に、三国時代呉の陸東美と妻の朱氏との仲を述べて「夫妻相重《あい》んじ、寸歩も相離れず。時人号して比肩の人と為《な》す」と見える。

井蛙之見 ◆せいあの けん

狭い見識。

「井《い》の中の蛙大海《かわずたいかい》を知らず」で知られる。「井蛙は以て海を語るべからずとは、虚《きょ》に拘《こだわ》るればなり」(『荘子』秋水)による。「井蛙」は、井戸の中に棲《す》んでいる蛙。「虚」は「居」に通じ、棲んでいる所を意味する。井戸の中にいる蛙に海のことを話してもむだなのは、自分の狭いすみかにとらわれているからだ、の意。このあと『荘子』は同じたとえの「夏虫疑氷《かちゅうぎひょう》*」を続ける。

晴雲秋月 ◆せいうん しゅうげつ

心にけがれがなく、澄みきっている形容。

明るく晴れた空に浮ぶ雲と、秋の夜に高くかかる月を言う。「与可《よか》は襟韻洒落《きんいんしゃらく》、晴雲秋月の塵埃《じんあい》到らざるが如《ごと》し」(『宋史』文苑伝、文同)から。与可(文同)はさっぱりとわだかまりのない人柄で、青空に浮ぶ雲や秋の夜の月のように塵《ちり》や埃《ほこり》は届かない、の意。北宋の文彦博《ぶんげんばく》が文同を評した語。

青雲之志 ◆せいうんの こころざし

高位高官を得ようとする望み。

高い空をのぞむ志の意。初唐の詩人王勃《おうぼつ》「滕王閣序《とうおうかくじょ》」に「窮してはまさにますます堅からんとして、青雲の志を墜《おと》さず」と見える。窮乏している時はいっそう意志を強固にして、立身出世の望みをあきらめない、の意。また「青雲」が高く澄んだ青空をも意味するところから、俗世間をのがれて高潔に生きようと願う心の意味で使うことがある。

精衛填海 ◆せいえい てんかい

無謀なことを企てて、結局、徒労に終るたとえ。

「精衛海を填《うず》む」と読む。「精衛」は、古代中国の想像上の鳥。伝説上の皇帝炎帝の娘女娃《じょあ》が東海で溺《おぼ》れ、精衛と化する。精衛は東海を埋めてしまおうと、西山の木石をくわえては運び海に落としたが、ついに埋め尽すことはできなかったという。『山海経《せんがいきょう》』北山経に見える比喩《ひゆ》譚《たん》。

臍下丹田 ◆せいか たんでん

臍《へそ》の下あたりの下腹部。

「丹田」は、漢方医学で、臍の下一寸(二～三センチメートル）のところにある「気海《きかい》」のさらに下を言う。『黄庭外景玉経』に「丹田の中に精気を微《かく》す」とある。その位置については、東晋《とうしん》初期の道士葛洪《かっこう》の『抱朴子《ほうぼくし》』では「臍下二寸四分」と言う。ここに力を入れると健康と勇気が得られると言われ、一般には「臍下丹田に力を入れる」という表現で知られる。

西河之痛 ◆せいかの つう

子を亡くしてひどく悲しむこと。

「痛」はイタミとも読む。「西河」は、陝西《せんせい》省の地。ここは、孔子の弟子の子夏を指す。孔子の没後、子夏は西河に住んで門人に教え、魏《ぎ》の文侯の師となった。我が子が死んだ時、子夏はひどく悲しみ、哭泣《こっきゅう》してついに失明したという。『史記』仲尼弟子伝に見える逸話。

星火燎原 ◆せいか りょうげん

はじめは小さな力でも、やがて大きな勢力に成長することのたとえ。

「星火」は、小さな火花。「星星の火、以て原を燎《や》くべし」から。ほんの小さな火花でも、広野を焼き尽すことができる意。『書経』盤庚《ばんこう》に見える「燎原之火*」に基づき、毛沢東が一九三〇年に林彪《りんぴょう》に送った手紙の中で、小さな革命運動がやがては支配層をくつがえすという意味を込めて使った言葉。のち、スローガンとして広く唱えられた。

生寄死帰 ◆せいき しき

生は仮にこの世に身を寄せていることで、死は本来の場所に帰ることであるということ。

「生は寄《き》なり死は帰《き》なり」と言う。夏《か》王朝の祖、禹《う》が長江を渡っている時、舟が竜に乗りあげた。あわてふためく人々の中で、禹は笑って言った。「われ命《めい》を天に受け、力を竭《つく》して万民に労す。生は寄なり、死は帰なり。何ぞ以て和を滑《みだ》すに足らんや（生死のことで心を乱すことなどない）」と。平然とした様子に、竜もしっぽを巻いて逃げてしまったという。『淮南子《えなんじ》』精神訓から。

精金良玉 ◆せいきん りょうぎょく

性格が穏やかで純粋なたとえ。

「精金」は、精製された金属。「良玉」は、良質の宝玉。北宋の儒学者二程子の兄程顥《ていこう》について弟の程頤《ていい》が「純粋なること精金の如《ごと》く、温潤なること良玉の如し」

（「程伯淳行状」）と評したもの。また、詩文や書画が精良で優美なさまにも言う。「精金美玉」とも言う。

晴好雨奇　◆せいこう　うき

晴れても降っても素晴らしい景色のこと。

北宋の詩人蘇軾《そしょく》が浙江《せっこう》省にある西湖《せいこ》の風景を詠った「水光瀲灔《れんえん》として晴れてまさに好く、山色空濛《くうもう》として雨もまた奇なり」（「飲湖上初晴後雨詩」）による。晴れた日はさざ波がきらきら輝いてまことに眺めがよく、雨の日は山がぼんやりと煙ってこれも捨てがたい、の詩意。「雨奇晴好」とも言う。

晴耕雨読　◆せいこう　うどく

田園に悠々自適の生活をするさま。

晴れた日は外に出て土を耕し、雨の日は家にいて読書にふける意。「耕」を、必ずしも農作業に従事すると厳密に取ることはない。晴れた日は外に出て汗を流し、雨の日は家にいて適度に頭を働かせるといった、健康的な生活を送る意に解釈してさしつかえない。

生殺与奪　◆せいさつ　よだつ

どうしようと思いのままであること。

生かしたり殺したり、与えたり奪ったり、思い通りにする意。「生殺与奪の権」という言い方で使われる。言葉としては、『荀子《じゅんし》』王制に「貴賤・殺生・与奪も一なり」というくだりがある。君子の治世のもとでは、貴・賤、殺・生、与・奪など、いずれも大本において同じであると説く。

青山一髪　◆せいざん　いっぱつ

青い山が遠くかすかに見えるさまの形容。

遠く青々と茂った山の嶺が空と接する線を一本の髪の毛にたとえた語。「余生老いんと欲す海南の村、帝は巫《ふ》陽《よう》（伝説上の名医）を遣わして我が魂を招く。杳杳《ようよう》として天低く鶻《はやぶさ》の没する処《ところ》、青山一髪これ中原」（北宋、蘇軾《そしょく》「澄邁駅通潮閣詩《ちょうまいえき》」）から。左遷された海南島から、やっと戻れる海の彼方《かなた》の大陸を蘇軾が眺めた情景。

青史汗簡　◆せいし　かんかん

歴史書のこと。

「青史」は、歴史。「汗簡」は、文書。昔、紙のまだなかったころは、青竹をあぶって油（汗）を抜き、その上に漆《うるし》で文字を書いて、これを連ねて書物とした。「青史」も「汗簡」も、そのことに由来する語。なお、紙は二世紀はじめ、後漢の蔡倫《さいりん》の発明によるとされる。

生死肉骨 ◈せいし にくこつ

窮境にある者を救って再び立直らせること。また、窮地を救われた大恩を言う。

「死を生かして骨に肉つくる」と読む。死者を生き返らせ、骨に肉付けする意。「われ申叔《しんしゅく》を見る。夫子《ふうし》はいわゆる死を生かし骨に肉つくるなり」(『春秋左氏伝』襄公《じょうこう》二十二年)から。申叔予という人物は、死者を生き返らせ、骨になった者に肉をつけてくれる人だ、の意。申叔予にそれとなく振舞をさとされた薳子馮《いしひょう》が評したもの。

斉紫敗素 ◈せいし はいそ

禍を福に転じ、失敗を成功に導くたとえ。

「斉紫」は、戦国時代、斉の国で産した紫色の絹地。「敗素」は、古くなった白絹の意。廃物の白絹を紫に染めただけで、斉紫はたいへん高価に売れたという。「智者事を挙ぐれば、禍に因《よ》りて福と為《な》し、敗を転じて功と為す。斉紫は敗素なり。しかも価十倍す」(『史記』蘇秦《そしん》伝)。

成事不説 ◈せいじ ふせつ

起ってしまったことにとやかく言わないこと。

「成事は説かず、遂事《すいじ》は諫《いさ》めず、既往は咎《とが》めず」(『論語』八佾《はちいつ》)から。起ってしまったことは言うまい、してしまったことは忠告すまい、過ぎたことは咎めまい、の意。弟子の宰我が魯《ろ》の哀公に差し出がましいことを述べたと聞いて、孔子が言ったもの。咎めないと言いつつ、同じ意味のことを三度繰返すことによって、宰我を強く非難している。

西施捧心 ◈せいし ほうしん

いたずらに人まねをして物笑いになるたとえ。

春秋時代、会稽山《かいけいざん》の戦いで敗れた越王句践《こうせん》が呉王夫差《ふさ》に献じたという美女西施は、胸の病の痛みから眉《まゆ》をしかめることが多かった。「西施心《むね》を病みてその里に矉《ひん》す(眉をしかめていた)。その里の醜人、見てこれを美とし、帰りてまた心を捧げて(胸に手を当てて)その里に矉す。その里の富人これを見て、堅く門を閉ざして出でず。貧人これを見て、妻子を挈《たずさ》えてこれを去りて走《に》ぐ。彼(醜人)は矉を美とするを知るも、矉の美なる所以《ゆえん》を知らず(根本を理解していなかった）」（『荘子』天運）による。この逸話から、「西施の顰《ひそみ》に倣《なら》う」（「顰」は「矉」に同じ）、また単に「顰に倣う」という同義、また謙遜《けんそん》の意の成句も生れている。

西狩獲麟　◆せいしゅ　かくりん

筆を絶つこと。また、物事の終り。

孔子が「〔哀公〕十有四年春、西に狩《かり》して麟を獲《え》たり」と記して『春秋』の筆を置いたという故事に基づく。単に「獲麟」で、絶筆の意を表す。ちなみに『春秋』の注釈書のうち『公羊伝《くようでん》』と『穀梁伝《こくりょうでん》』では『春秋』の経文は「西狩獲麟」で終っているが、『左氏伝』では「〔哀公〕十六年夏四月己丑、孔丘（孔子）卒す」まで続き、さらに哀公二十七年まで記事を載せている。

精神一到　◆せいしん　いっとう

精神を集中して事に当れば、どんな難事もなしとげられないことはないということ。

「精神一到何事か成らざらん」の略。『朱子語類』八の「陽気の発する処《ところ》、金石もまた透《とお》る」に続く。陽の気が発生すると金石をも貫く、人も精神を集中すればできないことはない、と。よく知られた成句で、難しいことをしようとする時など、掛声のように言われる。

聖人君子　◆せいじん　くんし

立派な徳や優れた知識・教養を身につけた人物。

「聖人」は、知徳が最も優れ、万人の師と仰がれる人。儒家では、尭《ぎょう》・舜《しゅん》・禹《う》・湯《とう》の伝説上の天子、周の文王・武王・周公、また孔子などを言う。「君子」は、徳が高くて品位の備わった人。中国では、特に儒教の道徳を身につけた人を言った。一般に、理想的な人として言われるが、時に立派すぎてつきあいにくい人の意に使われる。

誠心誠意　◆せいしん　せいい

まごころをこめて相手に接するさま。

「誠心」は、いつわりのない心。「誠意」は、正直な態度で接する心。どちらも「まごころ」を言い、二語を重ねてまごころの深いさまを表す。副詞的に使われる。

精神統一　◆せいしん　とういつ

精神を一つのことに集中させること。

なにかを達成しようとする時に、そのことに心を集中させることを言う。目的に向って自分の意志を働かせて心を集中させるような時に使う。類義語の「＊一心不乱《いっしんふらん》」は、心が自然に集中されて乱れないことを意味する。

清聖濁賢　◈せいせい だくけん

酒の異称。

「平日酔客、酒の清《す》める者を謂《い》いて聖人と為《な》し、濁れる者を賢人と為す」(『三国志』魏志《ぎし》、徐邈《じょばく》伝)による。三国時代、魏の曹操《そうそう》が禁酒令を出した時、飲んべえは清酒を「聖人」、濁酒を「賢人」と称して、こっそり飲んだという。酒を禁じられている僧が「般若湯《はんにゃとう》」と称して飲む類で、どちらもありがたい名称に言い換えているところが面白い。

正正堂堂　◈せいせい どうどう

軍陣などの勢いの盛んなさま。また、態度が正しく立派なさま。公明正大なさま。

「正正」は、正しく整ったさま。「堂堂」は、厳しく立派なさま。また、包み隠しのないさま。『孫子』軍争に「正正の旗を要《むか》うることなかれ、堂堂の陣《じん》(陣)を撃つことなかれ」と見える。整然と旗を立ててくる敵は迎撃せず、重厚な布陣の敵は攻撃しない、の意。現在では、もっぱら公明正大で態度の立派なさまに言う。

生生流転《せいせいるてん》　⇒　生生流転《しょうじょうるてん》

生存競争　◈せいぞん きょうそう

生きていくための争い。

元来は生物学の用語で、struggle for existence の加藤弘之《ひろゆき》による訳語。本来多産の性質を持つ生物が、自然界で一定数を保っている現象を、環境に対する適者と不適者との間に生存のための競争が行われていると見立てたもの。ダーウィンの自然選択説(→自然淘汰《とうた》)は、この考え方に基づいている。転じて比喩《ひゆ》的に、人間社会で生活や地位をめぐって行われる競争を言うようになる。

贅沢三昧　◈ぜいたく ざんまい

したいほうだい贅沢をすること。

「三昧」は、すっかりひたりきる意で、もと仏教語。「贅沢」の中身はいろいろあるが、一般には、必要以上に金をかけるおごった所行《しょぎょう》を言い、そのような所行にうつつを抜かすことを「贅沢三昧」と言う。

清濁併呑　◆せいだく へいどん

度量の大きいさま。心の広いさま。

「清濁併《あわ》せ呑《の》む」と言う。善と悪とを区別せずに、あるがままに受けいれることを言う。見境がないのではなく、善は善、悪は悪という認識を持ったうえで、ともに受けいれるさまに言う。戦国時代の諸侯は、「*食客《しょっかく》三千」と言われるほど大勢の人を自邸に受けいれており、その中には善人ばかりでなく悪人も少なくなかったことが知られている。

生知安行　◆せいち あんこう

生れながらに道理を知り、安んじてこれを実行すること。

「或《ある》いは生れながらにしてこれを知り、或いは学んでこれを知り、或いは困《くる》しんでこれを知る。そのこれを知るに及びては一なり。或いは安んじてこれを行い、或いは利してこれを行い、或いは勉強してこれを行う。その功を成すに及びては一なり」(『中庸《ちゅうよう》』二〇)による。人の道を知り行うのに「生知安行」「学知利行《がくちりこう》」「困知勉行《こんちべんこう》」の三通りがあるが、知って行えばいずれも変りはない、と説く。

青天霹靂　◆せいてんの へきれき

突然に起る変動。急に生じた大事件。

「霹靂」は、急に雷が激しく鳴ること。晴れわたった空にいきなり雷鳴がとどろく意。南宋の詩人陸游《りくゆう》の「四日夜鶏未レ鳴起作詩」に、「放翁《ほうおう》病みて秋を過し、たちまち起きて酔墨《すいぼく》を作《な》す。まさに久蟄《きゅうちつ》の竜の如《ごと》く、青天に霹靂を飛ばす」という表現が見える。「放翁」は陸游の号で、自分自身を詠ったもの。久しく穴にこもっていた竜が、いきなり天に駆けあがったような勢いで、病後の未明、筆をふるったという詩意。

青天白日　◆せいてん はくじつ

よく晴れた日和《ひより》。転じて、心中に包み隠すところのないこと。さらに転じて、無実であることが明らかになること。

空が青く澄みわたり、太陽が輝いているさまを言う。唐の詩人韓愈《かんゆ》の「与二崔群《さいぐん》一書」に、「鳳皇芝《ほうおうし》草《そう》は、賢愚みな以て美瑞《びずい》と為《な》す。青天白日は奴隷《しもべ》もまたその清明を知る」と見える。「白日青天」とも言う。青地に太陽を白く染め抜いた、はじめ孫文《そんぶん》の革命党、のち中華民国国民党の党旗は、「青天白日旗」として知られる。なお、無実であることが明らかになることを、「青天白日の身となる」と言う。

正当防衛　◆せいとう ぼうえい

差し迫った不正な侵害に対し、自分または他人の権利を守るためにやむを得ず取る加害行為。

刑法上は処罰されず、民法上も不法行為としての賠償《ばいしょう》責任を負わない。正当防衛ではあっても防衛の限度を越えていた場合は、「過剰《かじょう》防衛」と言う。刑法上の罪は軽減されるか、免除される。

斉東野語　◆せいとう やご

道理を知らない田舎者の言葉。

「斉東野人の語」の略。『孟子《もうし》』万章上に「これ君子の言にあらず、斉東野人の語なり」とある。尭《ぎょう》から位を譲られて舜《しゅん》が帝となると、先帝や舜の父は臣下の礼を取った。それについて、孔子が人の道も危うくなったと評した、という古伝があるが本当だろうかと弟子に聞かれて孟子が答えた言葉。「斉東野人」は、斉の東方の田舎者の意。黄河周辺の文化の中心地に対して、斉は東方の国、そのまた東の辺鄙《へんぴ》な田舎に住む人の言うこと、すなわち道理も知らない者の言だ、の意。

聖読庸行　◆せいどく ようこう

立派な本を読みながら、行うことは凡庸なこと。

「聖を読みて庸を行う」と読む。聖人の書を読みながら、庸人(凡人)のような行いをする意。前漢の揚雄《ようゆう》『法言』問明に見える。書物に書いてある立派なことは理解するが、それを少しも実行しない意の「論語読みの論語知らず」の類。

生呑活剝《せいどんかっぱく》　⇓活剝生呑《かっぱくせいどん》

萋斐貝錦　◆せいひ ばいきん

言葉巧みに人を罪に陥れる讒言《ざんげん》のたとえ。

「萋たり斐たり、これ貝錦を成す。かの人を譖《しん》する(そしる)者、またすでにはなはだし」(『詩経』小雅、巷伯《こうはく》から)。「萋斐」は、美しい模様のあるさま。「貝錦」は、貝殻のように美しい模様に織り上げた錦。美しい貝殻模様が美麗な錦を作り出す、そのように、美しい言葉をあやつって、巧みに人を陥れる人のなんと多いことか、の意。

精疲力尽　◆せいひ りきじん

すっかり疲れ果てること。

「精疲《つか》れ力尽《つ》く」と読む。精も根も尽き果てた状態を言う。類義の表現に「疲労困憊《ひろうこんぱい》」＊があり、このほうが一般によく使われる。

清風故人　◆せいふう こじん

旧友の訪れのように、さわやかな秋風が吹く意。

「清風故人来たる」の略。「大熱酷吏《こくり》去り、清風故人来たる」（唐、杜牧《とぼく》「早秋詩」）から。無慈悲な役人のようなひどい暑さが去り、旧友の訪れのような秋風が吹く季節になった、の詩意。「故人」は、古くからの友。酷暑を無慈悲な役人に、秋風をなつかしい旧友にたとえたもの。

清風明月　◆せいふう めいげつ

自然を心ゆくまで嘆賞するさま。

さわやかに吹く風と明るく照る月の意。北宋の蘇軾《そしょく》の「前赤壁賦《ぜんせきへきのふ》」に、「江上の清風と山間の明月とは、耳これを得て声と為《な》し、目これに遇《あ》いて色を成す」という句が見える。江上をわたる清風と山あいにかかる明月だけは、誰にも妨げられず、耳にすがすがしく聞きとり、目に美しく眺めることができる、の意。類義の語に「清風朗月《ろうげつ》」があり、李白《りはく》は「襄陽歌《じょうようか》」で「清風朗月、一銭の買うを用いず」、自然観賞に金などいらないとうたっている。

声聞過情　◆せいぶん かじょう

名声が実態を上回っていること。

「声聞情《じょう》に過《す》ぐ」と読む。「声聞」は、世評、評判。「情」は、実情、ありのままの事実。「いやしくも本《もと》無からしむれば（水源がなければ）、七八月の間、雨集まりて溝澮《こうかい》（田の溝）みな盈《み》つるも、その涸《か》るるや、立ちて待つべきなり。ゆえに声聞情に過ぐるは、君子はこれを恥ず」（『孟子《もうし》』離婁《りろう》下）から。過剰な名声は、水源のない水と同様、すぐに消えてしまうので、君子はこれを恥じる、の意。

精力絶倫　◆せいりょく ぜつりん

精力が群を抜いて優れていること。

「精力」は、心身の活動力。元気。「絶倫」は、倫《たぐい》(類)を絶する意で、人並はずれていること。特に、性欲がきわめて強いさまに言うことが多い。

勢力伯仲 ◆せいりょく　はくちゅう

互いの力が接近していて、優劣のつけにくいさま。

「勢力」は、他を支配する勢いと力。「伯仲」は、きわめてよく似ていて優劣のないさま。「伯」は長兄、「仲」は次兄の意で、あまり違いがないところからという。

「勢力伯仲」は、わずかながらも一方にやや優勢のかたむきがある場合に言われ、まったく勢力に差がなくなると、「勢力均衡《きんこう》」となる。

精励恪勤 ◆せいれい　かっきん

力を尽して仕事などに努め励むこと。

「精励」は、力を尽して努めること。「恪勤」は、職務に励むこと。勤め人などの、まじめに一生懸命働く様子に言うことが多い。「恪勤精励」とも言う。

清廉潔白 ◆せいれん　けっぱく

心が清く、私欲に走ったり不正を働いたりすることのないこと。また、そのようなさま。

「清廉」は、心が清く、私欲のないさま。「潔白」は、後ろ暗いところのないこと。「清廉潔白の士」のような言い方で、国家や人のために私利私欲を捨てて働く政治家などを評したりする。

積悪余殃 ◆せきあくの　よおう

悪行を積んだ家には、必ず子孫にまで悪い報いがあるということ。

「積悪の家には余殃あり」の略。「殃」は、わざわい。「積善《せきぜん》の家には必ず余慶《よけい》有り。積不善の家には必ず余殃有り」(『易経』坤卦《こんか》文言伝)に基づく。この句が『説苑《ぜいえん》』一六で変形し、「積善の家、必ず余慶有り。積悪の家、必ず余殃有り」となった。これらの引用句から分るように、「積善余慶*」と対にして言われる。

碩学大儒 ◆せきがく　たいじゅ

学問の広く深い大学者を言う。

「碩学」は、学問の広く深い人。「碩儒」とも言う。「大儒」は、優れた儒者。また大学者。優れた学者という意味で同義の二語を重ねた語。「碩学」は、今では一般に深い学識を有する人を言うが、日本の中近世では、特に仏教を深く学んだ僧を言った。

積薪之嘆　◆せきしんの たん

後から来た者に追越されて、下積みになっている嘆きを言う。

「陛下群臣を用うるに、薪《たきぎ》を積むが如《ごと》く、後来の者を上に居《す》う」(『史記』汲黯《きゅうあん》伝)による。薪を積み上げる時は、古い薪の上にどんどん新しい薪を積んでいく。そのように陛下は後から来た者を古くからいる者の上に据えていると、古い家臣の汲黯が前漢の武帝に恨み言を言ったもの。

積善余慶　◆せきぜんの よけい

善行を積んだ家では、その余徳が必ず子孫にももたらされるということ。

「積善の家には余慶あり」の略。「積善の家には必ず余慶有り。積不善の家には必ず余殃《よおう》有り」(『易経』坤卦《こんか》文言伝)から。仏教の因果応報思想に言う「*善因善果《ぜんいんぜんか》」は、ある人が善い行いをすれば、その果報が必ずその人にもたらされるという考えだが、「積善余慶」は家を単位とする中国古来の思想で、家族とその子孫によい報いがあると説く。「*積悪余殃」と対にして言われる。

尺沢之鯢　◆せきたくの げい

見聞の狭いことのたとえ。また、そのような人。

「尺沢」は、小さな池。「鯢」は、山椒魚《さんしょううお》。「それ尺沢の鯢、あによくこれと江海の大を量《はか》らんや」(宋玉「対楚《そ》王《おう》問」、『文選《もんぜん》』所収)から。小さな池に棲《す》む山椒魚は、どうして自分の住みかと川や海の大きさを比べられようか、の意。同義の語に井戸の底の蛙《かえる》を言う「井底之蛙《せいていのあ》」があり、「*井蛙之見《せいあのけん》」で知られる。

尺短寸長　◆せきたん すんちょう／しゃくたん すんちょう

賢者にも劣ったところはあり、愚者にも優れたところがあるたとえ。

「尺も短き所あり、寸も長き所あり」の略。『楚辞《そじ》』卜《ぼっ》居《きょ》に見える。一尺(三〇センチメートル余)でも時には短くて足りないことがあり、一寸(一尺の十分の一)でも時には長くて余ることがある、の意。ものは使いようということ。一見似たような表現に「帯に短し襷《たすき》に長し」があるが、こちらはどっちつかずで使い物にならない意。

積土成山 ◆せきど せいざん

小さな努力を重ねれば、大事をなすことができるというたとえ。

「積土山を成《な》す」と読む。「積土山を成さば風雨興《おこ》り、積水淵を成さば蛟竜《こうりょう》生じ、積善徳を成さば神明自得し聖心備わる」(『荀子《じゅんし》』勧学)から。土を積んで山になれば風雨が起り、水をためて淵になれば蛟竜《みずち》(竜になる前の想像上の動物)が生れるように、善行を積んで高徳になると、神のような徳が得られ聖人の心が備わる、の意。一般には「塵《ちり》も積もれば山となる」がよく知られる。

責任転嫁 ◆せきにん てんか

自分の責任を他になすりつけること。

「嫁」は、他になすりつける意。「転嫁」だけで、罪・責任を他になすりつける意を持つ。

石破天驚 ◆せきは てんきょう

音楽や詩文の着想の奇抜なたとえ。

「石破《やぶ》れ天驚く」と読む。「女媧《じょか》石を錬りて天を補う処《ところ》、石破れ天驚き秋雨を逗《とど》む」(唐、李賀「李憑箜篌引《りひょうくごのうた》」)から。女媧は中国伝説上の女帝で、五色の石を錬り、天の割れたところを補ったという。その天を補っている時に李憑が箜篌(弦楽器の一種)をかなでたら、その意表を突く音色に石が割れ、天が驚いて、降りかかった秋雨も止んでしまったと詠う。

赤貧如洗 ◆せきひん じょせん

ひどい貧乏で、洗い流したように何も持たないこと。

ふつう「赤貧洗《あら》うが如《ごと》し」と言う。「赤貧」の「赤」は、何もない意。『南史』臨汝侯坦之伝《りんじょこうたんしでん》に「家を検するに赤貧にして、ただ質銭の帖子《ちょうし》(質札)数百有り」と見える。日本では、江戸時代の儒学者荻生徂徠《おぎゅうそらい》が若い頃たいそう貧乏で、『先哲叢談』に「初めて居を芝街《しばまち》に卜す。時に赤貧洗うが如く、舌耕殆《ほとん》ど衣食を給せず」と記されている。芝で塾を開いたが入門者がなく、講義による収入で衣食をまかなえなかった、と。

尺璧非宝 ◆せきへき ひほう

時間の貴重なことのたとえ。

『千字文』に見える「尺璧宝《たから》に非《あら》ず、寸陰これ競《きそ》う」の略。「尺璧」は、一尺(三〇センチメートル余)ほどもある大きな宝玉。「寸陰」は、少しずつ移っていく日かげで、時間を言う。大きな宝玉より時間を大切にする意。『淮南子《えなんじ》』原道訓に「それ日回《めぐ》り月周《めぐ》りて、時は人と游《あそ》ばず。ゆえに聖人尺の璧を貴ばずして、寸の陰を重んず。時の得難くして失い易《やす》ければなり」と見える。時間の大切なことを言う成句でよく知られるものに「一寸の光陰軽んずべからず」がある(↓一寸光陰)。

隻履西帰　◆せきり　せいき

死んだはずの達磨《だるま》が天竺《てんじく》へ帰って行ったという伝説。「隻履」は片っぽの草履《ぞうり》。「西帰」は西へ帰る意。「隻履帰天」とも言う。この「天」は、天竺の意。仏法を広めに中国へ来ていた達磨が死んだので、弟子たちは棺に収めて葬った。そののち求法《ぐほう》の旅に出た梁《りょう》の宋雲が、今のパミール高原で片足草履の達磨に出会った。帰国して棺を開けたところ、片方の草履だけが残っていたという。道教で、死んだ人が仙人になり、棺に生前の身体を残さないことを「尸解《しかい》」と言うが、「隻履西帰」もその尸解譚《たん》の一つと言える。

是生滅法　◆ぜ　しょうめっぽう

あらゆる現象は生じては滅するのを本性とすること。雪山童子《せっせんどうじ》がヒマラヤで羅刹《らせつ》(食人鬼)から聞いたと伝える四句の偈《げ》「*諸行無常《しょぎょうむじょう》、是生滅法、*生滅滅已《しょうめつめつい》、*寂滅為楽《じゃくめついらく》」の二番目の句。「法」は、そのものに備わる性質を言う。第一句と続けて、あらゆる現象は変化して少しもとどまらず、生じては滅するのをその本性とする、と解釈される。羅刹から第一・二句だけを聞かされた雪山童子は、続く三・四句を教えてほしいと羅刹の前に身を投じたと伝える。

是是非非　◆ぜぜ　ひひ

よいことはよい、悪いことは悪いと、事に応じて公平な立場で判断すること。

「是を是とし非を非とする、これを知と謂《い》う。是を非とし非を是とする、これを愚と謂う」(『荀子《じゅんし》』修身)による。「虚実《きょじつ》」を「*虚虚実実」とするように、語を繰返して意味を強める造語法があるが、これは引用文から分るように、「是非」を反復強調した語ではない。なお、特定の立場を基本とした判断をせず、常に個別に是は是、非は非とする立場をとることを「是是非非主義」と言う。

世智弁聡 ◆せちべん そう

凡夫《ぼんぶ》の浅はかな知恵で仏の教えをあげつらい、仏道修行の妨げをなすこと。

仏教で、法を聞くのに妨げとなる八つの境界を八難と言う。「世智弁聡」は、地獄道・畜生道などとともに、その八難の一つ。一般に、世渡りの知恵に長《た》けていることをも言い、転じてこざかしいことを意味するようになった。日本では中世以降、「世智弁」と略称され、「むすこもおさおさ親におとらぬ世知弁ものなるが」(仮名草子『小盃《こさかずき》』)のように、こざかしくこせこせしていること、けちの意味に使われている。

節哀順変 ◆せつあい じゅんぺん

不幸に遭って哀しむ人を諭《さと》す言葉。

「哀を節《せっ》し変に順《したが》う」と読む。悲哀を節制し、変故(父母の死去)に順応する、の意。すなわち、哀しみにうちひしがれていると、体調までおかしくなってしまうから、できるだけ気持を整え、時が経つにつれて哀しみがやわらいでいくのにまかせておくのがよいということ。喪中《もちゅう》の心得を言ったもので、『礼記《らいき》』檀弓《だんぐう》下に見える。

節衣縮食 ◆せつい しゅくしょく

切詰めた生活をすること。

「衣を節《せっ》し食を縮《ちぢ》む」と読む。生活の基礎条件、衣・食・住のうちの衣と食を切詰めるという厳しい生活状況を示している。

折檻諫言 ◆せっかん かんげん

厳しく意見すること。

檻(手すり)を折ってまで諫《いさ》める意。前漢の成帝が師傅《しふ》(教育係)の張禹《ちょうう》をあまりに重んずるので、今の廷臣はむだ飯食いだと朱雲《しゅうん》が諫めた(→尸位素餐《しいそさん》)。「上大いに怒りて曰《いわ》く、小臣下に居りて上を訕《そし》り、師傅を廷辱《ていじょく》す。罪死すとも赦されず、と。御史《ぎょし》(官吏の非を糺《ただ》す役人)雲を将《ひき》いて下さんとす。雲殿檻《でんかん》に攀《すが》り、檻折る」(『漢書』朱雲伝)。のち成帝は反省し、折れた檻は直諫の臣の記念として、修理されなかった。この故事から「折檻」という語が生れた。

窃玉偸香 ◆せつぎょく とうこう

男女の私通を言う。

「玉を窃《ぬす》み香を偸《ぬす》む」と読む。「窃玉」は、一説に、唐の楊貴妃《ようきひ》が寧王《ねいおう》の玉笛を盗んだという故事による。「偸香」は、晋《しん》の賈充《かじゅう》の娘が、恋人韓寿のために、父が秘蔵する香を盗んで与えた故事によるという。「偸香窃玉」とも言い、元曲などに見える。

跖狗吠尭 ◆せっく はいぎょう

善悪を問わず主人に尽すたとえ。

「跖《せき》の狗《いぬ》尭に吠《ほ》ゆ」と言う。『戦国策』斉策《せいさく》に見える。「跖」は、春秋時代の伝説的大盗賊盗跖《とうせき》のこと。つねに手下九千人を従え、諸所を横行したという。「尭」は古代中国の伝説上の聖天子。盗跖の家で飼われている犬は聖人尭にでも吠えかかる、という意。どちらも伝説的な人物なので、時代が合うか合わないかは、このたとえでは問題にされない。

雪月風花 ◆せつ げつ ふう か

四季折々の自然の美しい景色。また、それを観賞したり、詩歌を作ったりする風流なさまを言う。

「雪月花」と言うことが多い。冬の雪、秋の月、春の花、それに夏の涼風を加えたもの。「*花鳥《かちょう》風月」と同趣旨の語。

絶巧棄利 ◆ぜっこう きり

世俗の利便を捨てて自然な生活に立ち戻ること。

「巧を絶《た》ち利を棄《す》つ」と読む。「聖を絶ち智を棄つれば、民の利は百倍せん。仁を絶ち義を棄つれば、民は孝慈に復せん。巧を絶ち利を棄つれば、盗賊有ること無からん」(『老子』一九)から。知恵を棄てれば人民の利益は百倍にもなるだろう、仁義を棄てれば人民は孝心と慈愛を取り戻すだろう、技巧利便を捨てれば盗賊はいなくなるだろう、と言う。「大道廃《だいどうすた》れて仁義有り(本来の道が損なわれて仁義があらわれた)」の章に続いて説かれる。

切磋琢磨 ◆せっ さ たく ま

学問や道徳、また技芸などを磨き上げること。また、互いに励まし合って向上に努めること。

「切するが如《ごと》く、磋するが如く、琢するが如く、磨するが如し」(『詩経』衛風、淇奥《きいく》)による。「切」は、骨や角を刀で切る意。「磋」は、骨や角をやすりで磨く意。「琢」は、玉や石を鑿《のみ》で刻む意。「磨」は、玉や石を砂などで磨く意。つまり、素材を加工して美しいものに仕上げることを言う。

切歯扼腕 ◆せっし やくわん

激しく怒ったり、悔しがったりするさま。

「切歯」は、歯ぎしりをすること。「扼腕」は、腕をにぎりしめること。『史記』張儀《ちょうぎ》伝に「天下游談《ゆうだん》の士、日夜搤（「扼」に同じ）腕瞋目《しんもく》切歯し、以て従《しょう》の便を言い、以て人主に説かざるなし」というくだりがある。この「搤腕瞋目切歯」は、大仰に腕をさすり、目をいからし、歯を嚙《か》みならして力み返る意。天下を遊説して回る者たちは、そのようにして合従《がっしょう》（小国が連合して大国に対抗する）の利便を君主に説いている、と魏《ぎ》の哀王に連衡《れんこう》（小国が大国とそれぞれ別個に連合する）を勧める張儀が、合従家を諷《ふう》している。

摂取不捨 ◆せっしゅ ふしゃ

阿弥陀仏《あみだぶつ》の広大無辺の慈悲を言う。

阿弥陀仏が、念仏する衆生《しゅじょう》を救い取って見捨てないこと。『観無量寿経』の「〔仏の〕一々の光明はあまねく十方の世界を照らし、仏を念ずる衆生を摂取して捨てたまわず」による。原文の「一一光明《こうみょう》偏《へん》（「遍」に同じ）照十《じょうじっ》方世界《ほうせかい》、念仏衆生摂取不捨」は、阿弥陀仏の救済の徳を称えるものとして、浄土教で重んじられている。冒頭の「光明遍照」*も取出されてよく使われる。

雪上加霜 ◆せつじょう かそう

ある物に、さらに同種の物を加えるたとえ。余計なお節介をする、また災難の上に追打ちをかけるたとえ。

「雪上霜《しも》を加《くわ》う」と読む。『碧巌録《へきがんろく》』四則に、「雪竇《せっちょう》、著語《じゃくご》（批評）して云《い》わく、雪の上に霜を加う」とあり、また雪竇の頌《じゅ》「雪の上に霜を加え、かつて嶮堕《けんだ》す（あやうく堕《お》ちるところだった）」が見える。これらは、よけいなことをする、の意で使われている。また、追打ちをかける意にも使う。雪竇は北宋初期の禅僧で、『碧巌録』の骨格をなす『雪竇頌古』を著す。

殺生禁断 ◆せっしょう きんだん

生き物を殺すことを禁じること。

仏教の慈悲の精神から、一定地域での鳥・獣・魚などの狩猟・殺生を禁じることを言う。そのような地域は「殺生禁断の地」と呼ばれる。鎌倉時代の説話集『古今《ここん》著聞集《ちょもんじゅう》』八の「白川院の御時、天下殺生禁断せられければ、国土に魚鳥のたぐひたえにけり」は、国全体を殺生禁断にしたので、食物としての魚や鳥が国から絶えてしまった、と言っている。

絶体絶命　◈ぜったい ぜつめい

とうてい逃れられない困難な局面にあるさま。のっぴきならないさま。

「絶体」「絶命」は、九星術《きゅうせいじゅつ》で言う凶星の名。この星が現れると運は窮《きわま》り、破滅を招くとされるところから言う。江戸中期の『書言字考節用集』には「絶体、卜筮家《ぼくぜいか》の言う所。絶命、同上」と記され、浮世草子『新色五巻書』五には「あまつさへ来月は絶体絶命、其《その》身を失い命終る月ぞかし」と見える。

雪中送炭　◈せっちゅう そうたん

緊急時に救いの手を差延べるたとえ。

「雪中に炭《すみ》を送る」と言う。「雪中の炭」は、緊急援助物資の意。唐の徳行禅師『四字経』に「雪里に炭を送る」と見える。いま必要なのは「*錦上添花《きんじょうてんか》」ではなく「雪中送炭」である、と毛沢東が講和して以来、中国では「錦上添花」と対で使われることが多い。

雪中四友《せっちゅうのしゆう》　⇒　歳寒三友《さいかんのさんゆう》

雪中松柏　◈せっちゅうの しょうはく

志や節操を堅く守ることのたとえ。

この「柏」は、ブナ科の落葉樹カシワではなく、常緑樹のハク。松も常緑樹で、ともに冬の雪の中でも色を変えないところから言う。「雪中の松柏いよいよ青青、綱常（人の道）を扶植《ふしょく》するはこの行に在り。天下久しく龔《きょう》勝《しょう》の潔無し、人間何ぞ独り伯夷《はくい》のみ清し」（南宋、謝枋得《しゃほうとく》「初到二建寧一賦詩」）。龔勝は前漢末の人で、王莽《おうもう》に招かれたが断り、絶食して死んだ。伯夷は周初の人で、弟叔《しゅく》斉《せい》とともに首陽山で餓死した（→伯夷叔斉）。謝枋得は元の招きを断り、護送される途中この詩を家族に送り、北京で食を断って死んだ。

雪泥鴻爪　◈せつでい こうそう

人間の行いなど儚《はかな》いものであるというたとえ。

「鴻」は、ヒシクイなど大型の水鳥。雪あとの泥の上に残った鴻の足跡の意。「人生到る処《ところ》何に似るを知るや、まさに飛鴻《ひこう》の雪泥を踏むに似たるべし。泥上偶然指爪《しそう》を留むれど、鴻飛んでなんぞまた東西を計らん」（北宋、蘇《そ》軾《しょく》「和二子《し》由澠池懐《ゆうべんち》旧詩」）。鴻が飛ぼうとして、たまたま雪あとの泥に足の爪跡を残すが、飛んでしまえばどこへ行ったか分らない、つくづく人生の出来事もそれに似ていると思う、の詩意。

絶類離倫　◆ぜつるい　りりん

人並はずれて優れていること。「類を絶《た》ち倫を離《はな》る」と読む。この「倫」は「類」と同じで、仲間、同類の意。韓愈《かんゆ》「進学解」で、孟子《もうし》と荀《じゅん》子《し》を評して「辞を吐けば経（経典）となり、足を挙ぐれば法となる（振舞が手本となる）。類を絶ち倫を離れ、優に聖域に入る」と、一般の儒家とは隔たり、聖人だと言っている。

是非曲直《ぜひきょくちょく》　⇩　理非曲直《りひきょくちょく》

是非善悪　◆ぜひ　ぜんあく

もののよしあし。

「是非」は、正しいことと間違っていること。「善悪」は、善いことと悪いこと。ものの判断の対極をあげた熟語を連ね、語調を整えると同時に意味を強めている。類義語に「理非曲直《りひきょくちょく》」*がある。

善因善果　◆ぜんいん　ぜんか

善い原因には善い結果があること。善い行いが善い報いをもたらすこと。

仏教で、因果応報思想に基づく語。過去または現在の善悪の行為に応じて、現在または未来に善悪の報いがもたらされると説く。その善い方が「善因善果」で、反対に悪い行為に対して悪い結果がもたらされることは「悪《あく》因悪果《いんあっか》」*と言う。これら善悪の行為に応じたそれぞれの報いを「果報《かほう》」と言うが、この語は俗に善い報いのみに言われるようになり、さらに「果報はねてまてといふことがある」（狂言「箕被《みかずき》」）のように、単に幸運・幸福を言うようになった。

浅学菲才　◆せんがく　ひさい

学問が浅く、才能も乏しいこと。自分の学識をへりくだって言う語。

「浅学」は、学問が未熟であること。「菲才」は、才能が乏しいこと。それぞれに謙遜《けんそん》の語として使われる。二語を重ねて、語調を整えると同時に謙遜の意を強める。現在では「浅学非才」と書くことが多い。

先義後利 ◆せんぎ こうり

仁義を優先し、利益を後回しにすること。「義を先《さき》にし利を後《あと》にす」と読む。孟子《もうし》が梁《りょう》の恵王《けいおう》に説いた「まことに義を後にして利を先にするを為《な》すは、奪わざれば饜《あ》かず」（『孟子』梁恵王上）から。利益をまず考える者は、相手のものを全部奪うまで満足しない、だから王たるものは利益を口にせず、ただ仁義を唱えなさいと言っている。

千客万来 ◆せんきゃく ばんらい

おおぜいの客がひっきりなしに来ること。「千客」はセンカクとも言う。「千」「万」は、数が多いことを表す。商いの店に客が大勢来る場合ばかりでなく、家や個人への訪問客が頻繁《ひんぱん》なことにも言う。逆に、訪れる客が一人もいないような閑散とした状態を形容する語は「門前雀羅《*もんぜんじゃくら》」。

前倨後恭 ◆ぜんきょ こうきょう

前は傲慢《ごうまん》だったのに、急に態度を変えてこびへつらうこと。

「前《さき》には倨《おご》りて後には恭《うやうや》し」と読む。戦国時代の遊説《ゆうぜい》家《か》の蘇秦《そしん》が、諸国放浪のあと貧しく戻ると、妻や兄弟は彼をあざわらった。やがて蘇秦が合従策《がっしょう》（→合従連衡《れんこう》）を唱えて六国の宰相《さいしょう》となると、妻・兄弟は彼を仰ぎ見ることもできず、はいつくばって食事の給仕をした。蘇秦が、どうして前は威張っていたのに今は恭しいのかと尋ねると、あなたが金持になったからですと嫂《あによめ》が答えた。『史記』蘇秦伝に見える故事。

千金一擲《せんきんいってき》 ⇒ 一擲千金《いってきせんきん》

千鈞之重 ◆せんきんの おもみ

非常に重いこと。

実際の重さにも、また比喩《ひゆ》的にも使われる。『漢書』枚乗伝《ばいじょう》の「一縷《いちる》の任を以て千鈞の重みを係《か》く」は、一本の糸に千鈞の重みをかける意で、きわめて危険なさまを形容している。「鈞」は、重さの単位で、一鈞は三〇斤。一斤は、時代によって異なるが、後漢代は二二二・七三グラム。したがって千鈞は約六・六八トンになる。

重さのたとえとしては十分であろう。

千軍万馬 ◆せんぐん ばんば

いくさの経験が豊かなこと。転じて一般に、経験豊かで場馴れしていること。

「千」「万」は、数が多いことを表す。多くの兵と多くの馬の意。多数の兵馬の間を経《へ》めぐってきたことを意味する。また、そのような場を「千軍万馬の間《かん》」と言い、戦場や、争いの場としての社会を指す。類義語に「*百《ひゃく》戦錬磨《せんれんま》」がある。

旋乾転坤 ◆せんけん てんこん

天下の情勢を一新すること。

「乾を旋《めぐ》らし坤を転ず」と読む。「乾」は、易の八卦《はっか》の一つで天を表し、「坤」は、同じく地を表す。「旋」「転」は、ともにぐるりと回す意。つまり天地を回転させることを意味する。唐の韓愈《かんゆ》が潮州(今の広東省)に左遷された時、憲宗に許しを乞うて奉った「潮州刺史《しし》謝上表」の「陛下即位以来、躬《みずか》ら親しく聴断し、乾を旋らし坤を転ず」から。ここは、天地を回転させて、正しい位置にした、の意。

先見之明 ◆せんけんの めい

事が起る前にそれを見抜く見識。

「愧《は》ずらくは日磾《じってい》が先見の明無くして、なお老牛、舐《し》犢《とく》の愛を懐《いだ》く」(『後漢書』楊彪《ようひょう》伝)から。恥しいことに私には日磾(子が武帝のためにならないことを予見して殺したという前漢の金日磾)のような将来を見通す見識がなく、老いても子を溺愛《できあい》していた、の意。楊彪の子楊脩《しゅう》は、魏《ぎ》の曹《そう》操《そう》に重用されたが、のちに殺された。後日、曹操が楊彪のやつれたさまを見て、そのわけを尋ねたのに答えたもの。それを聞いて曹操は、居ずまいを正したという。同じ引用から「*舐犢之愛」という語も生れている。

千言万語 ◆せんげん ばんご

きわめて多くの言葉を費やして言うこと。また、その言葉。

「千」「万」は、数の多いさまを言う。唐の鄭谷《ていこく》「燕詩」に「千言万語あれども人に会する無く、また流鶯《りゅうおう》(木々を飛びめぐる鶯《うぐいす》)を逐《お》いて短牆《たんしょう》(丈の短い垣)を過ぐ」と見える。丹念に説明することを「千言万語を費やす」と言う。

先庚後庚　◆せんこう　こうこう

慎重に丁寧に物事を行うこと。

「庚に先《さき》だち庚に後《おく》る」と読む。「庚に先だつこと三日、庚に後るること三日、吉なり」(『易経』巽卦《そんか》)から。十干《じっかん》は、甲乙丙丁戊己庚辛壬癸《こうおつへいていぼきこうしんじんき》で、「庚」はその七番目。「更」に通じ、「変更」を示す。庚の三つ前は「丁」で、「丁寧」を示す。三つ後は「癸」で、「揆《はか》る」を示す。すなわち、物事を変更しようとする時は、その前後を丁寧にはかるのがよい、と易は説いている。

前虎後狼　◆ぜんこ　こうろう

一つの災いが去って、また次の災いに出会うたとえ。

ふつう「前門の虎《とら》、後門の狼《おおかみ》」と言う。後漢の和帝の時、大将軍竇憲《とうけん》の勢力が強くなったので、帝は宦官《かんがん》の鄭《てい》衆《しゅう》らとはかって竇憲を自殺させた。ところが今度は、宦官が宮廷で勢威をふるうようになってしまった。「諺《ことわざ》に曰《いわ》く、前門に虎を拒《ふせ》ぎ、後門に狼を進むと、これこの謂《い》いならんか」(明、趙弼《ちょうひつ》『評史』)と、明代にはすでに「諺」になっていたことが分る。世に言う「一難去ってまた一難」に同じ。「前狼後虎」とも言う。

千古不易　◆せんこ　ふえき

永久に変らないこと。

「千古」は、とこしえ、永遠の意。将来にわたっていつまでも変らないことを意味する。「万古《ばんこ》不易」とも言う。「千」「万」は、数の多いさまを言い、ここでは長い時間を表す語として使われる。また、「千古不変」「万代《ばんだい》不易」「万世《ばんせい》不易」など、類似の表現がさまざまある。

前後不覚　◆ぜんご　ふかく

前後の区別もつかなくなるほど正体を失うさま。

「前後」は、時間の流れのあとさき。「仕官を奏し奉るに、此《こ》の間心神宜《よろ》しからず。退出す。前後不覚に悩む」(『御《み》堂《どう》関白記』長保元年五月二十日)は、具合が悪く、いつ何をしたのかも分らないほどだった、の意。「御堂関白」は、藤原道長のこと。現在では、酒を飲んでぐっすり眠りこむさまに言うことが多い。

千載一遇　◆せんざい　いちぐう

めったにないよい機会。

「千載」は、千年のこと。千年に一度遇《あ》うかどうかというほどまれである意。東晋《とうしん》の袁宏《えんこう》「三国名臣序賛」（『文選《もんぜん》』所収）に「千載の一遇は賢智の嘉会《かかい》なり。これに遇えば欣《よろこ》ぶ無き能《あた》わず、これを喪《うしな》えば何ぞよく慨《なげ》くこと無からん」と見える。賢者・智者とのよい出会いを「千載の一遇」と見ている。めったに出会えない機会を言う類義の語に、仏教由来の「*盲亀浮木《もうきふぼく》」がある。

千歳不易 ◆せんざい ふえき

蕉門《しょうもん》俳諧で、時流に投ずることのない、句の根底にあるすがたを言う。

過去から将来まで千年の長きにわたって変らないということで、句の根底に見出される永遠なるすがたを言う。芭蕉の俳風を述べた『去来抄』修行に、蕉門で言う「千歳不易」の句と「*一時流行《いちじりゅうこう》」の句の基は一つだと言い、「不易を知らざれば基たちがたく、流行を知らざれば風新たならず。不易は古《いにしえ》によろしく、後に叶《かな》ふ句成る故、千歳不易といふ」と解説している。「*不易流行」の「不易」に当る。

千差万別 ◆せんさ ばんべつ

種々さまざまの違いがあること。

「千」「万」は、数が多いことを表す。「差」「別」は、違いがあること。漢字を入れ替えて「千万の差別」としても意味は変らない。北宋の禅書『景徳伝灯録』二三に、「問う、至理無言なり、如何《いか》にして信を通ぜん、と。師曰《いわ》く、千差万別なり、と」と見える。日本の仏教読みに従うと、ここはセンシャマンベツとなる。

千山万水 ◆せんざん ばんすい

多くの山や川。山また山、川また川。

「千」「万」は、数が多いことを表す。山や川が数知れず連なり合っているさまを言う。「千山万水を隔てる」と言えば、非常に距離があること、「千山万水を越える」と言えば、長い旅をすることを意味する。

仙姿玉質 ◆せんし ぎょくしつ

美人の形容。

「仙姿」は、俗を離れた気品のある姿。「玉質」は、玉のようになめらかで美しい肌。美人を形容する語はいろいろあるが、「仙」、つまり俗世の人間とは思えないと形容するところに、この語の特色がある。仙女を思わせるような美人ということ。

千思万考 ◈せんし　ばんこう

いろいろと考えめぐらすこと。

「千」「万」は、数が多いことを表し、ここではさまざまな考えの意。漢字を入れ替えて「千万の思考」と読むと、分りやすくなる。遺漏《いろう》のないように思考をめぐらす意にも、ああでもないこうでもないと考え悩む意にも、どちらにも使う。

千紫万紅 ◈せんし　ばんこう

さまざまな花の色。また、さまざまな色の花が咲きみだれていること。

「千」「万」は、数が多いことを表す。「紅紫」だけで、いろいろな花の色を意味し、数の多いことを表す語を添えて、色とりどりであることを強調する。「万紫千紅」とも言う。

千姿万態 ◈せんし　ばんたい

さまざまな姿・かたち。

「千」「万」は、数が多いことを表す。「姿」「態」は、ともにすがたを意味する。漢字を入れ替えて「千万の姿態」と読むと分りやすい。大勢の人のいる場所で、それぞれの人がそれぞれの姿や身なりをしている様子に言うことが多い。

前車覆轍 ◈ぜんしゃの　ふくてつ

前人の失敗を見て後人の戒《いまし》めとすること。

「前車の覆《くつがえ》るは後車の戒め」と言う。「前車の覆るは後車の誡《いまし》めなり……秦世《しんせい》のすみやかに絶つ所以《ゆえん》の者は、その轍跡《てっせき》見るべきなり。しかして避けざるは、これ後車またまさに覆らんとするなり」（『漢書』賈誼《かぎ》伝）による。秦が早く滅びたわけは、そのわだち（秦のたどったあと）を見れば分る、の意。文の後半からは、「前車の轍《てつ》を踏む」（前人の失敗をくり返す）という成句が生れている。

先従隗始 ◈せんじゅう　かいし

大事を行う時は、まず身近なところから始めよという こと。また、言い出した者から始めよという意。

「隗より始めよ」で知られる。戦国時代、燕《えん》の昭王が賢者を招いて国力を充実させようと思い、誰がよいか郭《かく》隗《かい》に尋ねた時、隗が答えた。「いま王まことに士を致さんと欲せば、まず隗より始めよ。隗すらかつ事とせらる、いわんや隗より賢なる者をや。あに千里を遠しとせんや」(『戦国策』燕策)。賢者を招きたければ、まず私を用いなさい、隗でさえ大事にされるのだと、隗より賢い者が千里の遠くからでも来るでしょう、と。

千秋万古《せんしゅうばんこ》 ⇒ 万古千秋《ばんこせんしゅう》

千秋万歳 ◈せんしゅう まんざい せんしゅう ばんぜい

人の長寿を祈る言葉。

「千秋」は、千年。「万歳」は、万年。千年も万年も長生きするように、の意。『韓非子《かんびし》』顕学に「いま巫祝《ふしゅく》(神事を行う人)の人を祝するに曰《いわ》く、若《なんじ》をして千秋万歳ならしめん、と。千秋万歳の声耳に括《かまびすし》くして、しかも一日の寿も人に徴する無し(一日でも寿命が延びたというあかしはない)。これ人の巫祝を簡《おろそか》にする所以《ゆえん》なり」と見える。なお、センズマンザイと読む時は、三河万歳などの源流となった日本中世以来の芸能を言う。

川上之嘆 ◈せんじょうの たん

すべてのものは過ぎていくという思い。

「川上」は、川のほとり。「嘆」は、感慨深い思い。「子、川の上《ほとり》に在りて曰《いわ》く、逝《ゆ》く者はかくの如《ごと》きか、昼夜を舎《やす》まず、と」(『論語』子罕《しかん》)による。「逝く」は過ぎ去る意。すべてのものは夜となく昼となく過ぎ去っていくという感慨を、川の流れを見ながら孔子が言ったもの。

禅譲放伐 ◈ぜんじょう ほうばつ

中国で、天の命が正しく行われるための、王朝交替の相反する二つの方法。また、それを行なった尭《ぎょう》・舜《しゅん》・湯《とう》・武《ぶ》の政治を言う。

「禅譲」は、帝王がその位を世襲せずに有徳者に譲ること。中国古代の尭は舜に、舜は禹《う》に、それぞれ帝位を禅譲した。「放伐」は、徳を失った君主を討伐して放逐《ほうちく》すること。殷《いん》の湯王は夏《か》の桀《けつ》王を滅ぼし、周の武王は殷の紂《ちゅう》王を討って、それぞれ新しい国を作った。後者は「＊易姓革命《えきせいかくめい》」の思想によって、正当化された。

僭賞濫刑 ◈せんしょう らんけい

賞罰を乱発すること。

「僭賞」は、分を越えた賞を与えること。「濫刑」は、やたらに罰すること。「善《よ》く国を為《おさ》むる者は、賞僭《たが》わずして、刑濫《みだ》りならず」(『春秋左氏伝』襄《じょうこう》公二十六年)から。国を治めるのが上手な者は、分に過ぎた賞は与えず、刑罰は濫用しない、の意。

千緒万端

◆せんしょ　ばんたん
せんちょ　ばんたん

種々雑多なことがら。また、物事がごたごたと入組んでいるさま。

「千」「万」は、数が多いことを表す。「緒」「端」は、いとぐち、はじめ。どこから手をつけていいか分らぬほどに、いとぐちがたくさんある意。「閫外《こんがい》多事にして千緒万端なるも（軍務は多く、しかも種々雑多で乱れているが）、遺漏《いろう》有るなし」（『晋書《しんじょ》』陶侃《とうかん》伝）は、晋の陶侃の役人としての明敏ぶりを言っている。

専心一意《せんしんいちい》

⇒一意専心《いちいせんしん》

洗心革面

◆せんしん　かくめん

心を改めて面目を一新すること。また、心を入れ替えて善人となること。

「心を洗い面《おもて》を革《あらた》む」と読む。心をきれいにし、姿を改める意。『易経』繋辞《けいじ》上伝に「聖人これを以て心を洗い、退きて密《ひそか》に蔵《かく》れ、吉凶民と患《うれ》いを同じくす」とあり、「洗心」は気持を新しくする意に用いられる。

全身全霊

◆ぜんしん　ぜんれい

身も心もすべて。

体力と精神力すべて、の意で、自分、もしくはその人の総体を言う。「全身全霊をあげて」と言えば、自分のすべてをささげて何かに立向うことを意味する。

千辛万苦

◆せんしん　ばんく

さまざまの難儀や苦労に遭うこと。また、それらの難儀や苦労。

「千」「万」は、数が多いことを表す。ここでは数多くの苦労を重ねる意。平賀源内『神霊矢口渡《しんれいやぐちのわたし》』三では、「死は一旦にして安し。跡に残つて若君を守り立つることなの大役、死するに増さる千辛万苦」と、並はずれた苦労の意で使っている。

前人未到

◆ぜんじん　みとう

まだ誰もなしとげていないこと。

いまだかつて誰もそこに到っていない、の意。「前人未到の偉業」は、これまで誰もなしとげたことのなかった偉大な業績の意で、はじめて達成されたことを言う。なお、「未到」はしばしば「未踏」と混用されるが、「前人未踏」は、土地などで、まだ誰も足を踏み入れた痕跡《こんせき》がない場合に言われる。

先制攻撃 ◆せんせい こうげき

先手を取って攻めること。

「先制」は、機先を制する意。人に先んじて優位に立つこと。先制攻撃の重要性は、「先んずれば人を制す」（→先即制人《せんそくせいじん》）という成句が示している。なお、野球などで言う「先攻」は、順序として先に攻撃する意で、「先制攻撃」の略ではない。

泉石煙霞《せんせきえんか》 ⇒ 煙霞痼疾《えんかのこしつ》

戦戦兢兢 ◆せんせん きょうきょう

恐れつつしむさま。また、びくびくしているさま。

「戦」は、恐れおののく意。「兢」は、恐れつつしむ意。『詩経』小雅の「小旻《しょうびん》」に「戦戦兢兢として、深淵に臨《のぞ》むが如《ごと》く、薄氷を履《ふ》むが如し」、同じく「小宛《しょうえん》」に「戦戦兢兢として、薄氷を履むが如し」と見え、君子は大切なことを行う時は、深い淵を前にし、薄氷の上を渡る時の心境だと言う。現代表記では「戦戦恐恐」と書き、意味の上からも単にびくびくしている様子に使われることが多い。

善戦健闘 ◆ぜんせん けんとう

実力を出し尽して、よく闘うこと。

「善戦」も「健闘」も、よく闘うことを意味し、二語を重ねてそのさまを強調する。スポーツなどで対戦相手と闘うことから、転じて、一般に競争相手を向うにまわして奮闘することを意味する。結果として敗れる場合に使うことが多く、むしろ反対語の「悪戦苦闘*」が、苦しみながらも相手に勝つことを意味することが多い。

蟬噪蛙鳴《せんそうあめい》 ⇒ 蛙鳴蟬噪《あめいせんそう》

翦草除根 ◆せんそう じょこん

災いのもとを徹底的に取除くこと。

「草を翦《き》り根を除《のぞ》く」と読む。「翦」は「剪」とも書く。「草を去り根を絶つ」「草を刈り根を除く」とも言う。『春秋左氏伝』隠公六年に「国家を為《おさ》める者は、悪を見れば、農夫の務《つと》めて草を去るが如《ごと》くせよ。芟夷《とりのぞ》き蘊崇《つみあげ》て、その本根を絶ちて殖《ふえ》ること能《あた》わざらしめば、善なる者信《の》びん」と見える。

先即制人　◆せんそくせいじん

相手より先に事を行えば優位に立つことができるということ。

「先んずれば即ち人を制す」と読む。ふつう「先んずれば人を制す」と言う。「先んずれば即ち人を制し、後《おく》るれば則ち人の制する所と為《な》る」（『史記』項羽《こうう》紀）から。陳《ちん》勝《しょう》らが兵を挙げた秦《しん》の二世皇帝の頃、会稽《かいけい》の守殷通《いんとう》が項羽の叔父項梁《こうりょう》に反乱を勧めた折の言葉。このあと項梁は項羽に殷通を殺させ、守の印綬《いんじゅ》を奪って挙兵した。

前代未聞　◆ぜんだい　みもん

これまで聞いたことのないこと。

「前代」は、前の時代。「前代未聞の儀」「前代未聞の恥辱」などの表現が、日本中世の軍記物に見える。また、井原西鶴『本朝二十不孝』三の「前代、珍敷事《めずらしき》ぞとさたせざる所なし」は、前代未聞の珍しいことだとどこでも評判になった、の意。このように、古く「前代未聞」は、しばしば「前代」と略された。

全知全能　◆ぜんち　ぜんのう

完全無欠の知恵と才能。

「知」は「智」とも書く。すべてのことを知りかつ行う神の能力を言う。夏目漱石《そうせき》『吾輩《わがはい》は猫である』五に「古代の神は全智全能と崇《あが》められて居る。ことに耶蘇教《やそきょう》の神は二十世紀の今日迄《まで》も此《この》全智全能の面を被《かぶ》つて居る。然《しか》し俗人の考ふる全智全能は、時によると無智無能とも解釈が出来る」とある。漱石によれば、「全知全能」の反対語は「無知無能」ということになる。

扇枕温衾　◆せんちん　おんきん

親に孝養を尽すこと。

「枕を扇《あお》ぎ衾《しとね》を温《あたた》む」と読む。「衾」は、夜具。夏は枕元にいて扇で風を送ってやり、冬は自分の体で布団を温めてから親を寝かす意。「扇枕温席」とも言う。「席」は、寝床の敷物の意。後漢の黄香《こうこう》や晋《しん》の王延《おうえん》が、夏は枕をあおいで涼しくし、冬はしとねを温めて親孝行したという故事による語。同じ発想の類義語に「＊温凊定省《おんせいていせい》」がある。

前程万里　◆ぜんてい ばんり

前途に大きな可能性が広がっていること。

「前程」は、行く先。「万里」は、距離が非常に長いことを言う。行く先がずっとかなたまで続いているということで、将来を祝福する意味で使われる。言葉の上では*「前途遼遠《ぜんとりょうえん》」に類似のようだが、意味の上からは「遼遠」が曲折ある過程の長く続くことを言うのに対し、「万里」はひろびろとした将来を意味し、むしろ反対である。意味の上からは、「*前途洋洋」の方が近い。

先手必勝　◆せんて ひっしょう

先手を取った側が必ず有利になるということ。

「先手」は、先に攻撃する方。あるいは先に主導権を握った方。「先んずれば人を制す」（→先即制人《せんそくせいじん》）と言われるように、有利になることは確かだが、実際にはその後の展開次第で、必ずしも「必勝」とは限らない。囲碁《いご》・将棋《しょうぎ》など勝負事の面白さは、そんなところにもある。

前途多難　◆ぜんと たなん

さきざき難儀の多いことが予想されること。また、そのようなさま。

「前途」は、行く先、行く手。目的を達成するためには、これから先さまざまな苦労が予想される意。また、目的地まで行くためには、途中で困難な思いをするだろう、の意。

前途洋洋　◆ぜんと ようよう

行く手に大きな可能性が広がっているさま。人生が大きくひらけているさま。

「前途」は、行く先、行く手。「洋洋」は、ひろびろと広がったさま。主として年若い人の、将来の可能性が大きいさまに言う。*「前途洋洋」が前方の広がりを言うのに対し、類義の「前程万里《ぜんていばんり》」は、前方の距離の長さを強調する。

前途遼遠　◆ぜんと りょうえん

これから先の道のりが非常に長いこと。

「前途」は、行く先、行く手。「遼遠」は、はるかに遠いこと。目的を達成するためには、まだまだ長い時間がかかる意。また、目的地まではまだまだ遠い意。実際に時間・距離が長いことよりも、途中にさまざまな曲折が予想されるため、心理的に遠いと感じる意が強い。

先難後獲　◆せんなん こうかく

労多く困難なことをまず行い、自分の利益になることはあとまわしにすること。まず人のためになることをし、その後で自分のためになることをすること。

「難《かた》きを先にし獲《う》るを後にす」と読む。『論語』雍也《ようや》に見える語で、仁者は難事を先にして利益は後のことにする、と言っている。これを魏《ぎ》の何晏《かあん》『論語集解《しっかい》』では、まず苦労してのちに功を得ると解している。

善男善女　◆ぜんなん ぜんにょ

仏法に帰依《きえ》した在俗の男女。また、一般に信心深い人々のこと。

「善男子《ぜんなんし》・善女人《ぜんにょにん》」の略称。本来は良家の男子女子を言い、仏典では在俗の聴衆の呼び名として用いられる。空海の『十住心論』一に「過を知りて必ず改むれば賢聖に斉《ひと》し、善男善女 恕《おもんばか》る(よくよく考える)を仁とす」と見える。「善男子」「善女人」はそれぞれ単独で用いる場合もあるが、略称の場合は、「善男」あるいは「善女」と単独で用いることはない。

漸入佳境　◆ぜんにゅう かきょう

次第にいいところにさしかかっていく意。

「佳境に入《い》る」という表現で知られる。「漸」は、次第に、の意。「佳境」は、面白い場面、興味深いところ。晋《しん》の画家顧愷之《こがいし》は、さとうきびを食べる時はいつも、うまくもないはじっこから食べ始めていた。「人或いはこれを怪《あや》しむに、曰《いわ》く、漸《ようや》く佳境に入る、と」(『晋書』顧愷之伝)。

千波万波　◆せんぱ ばんぱ

幾重にも寄せるたくさんの波。

「千」「万」は、数が多いことを表す。「千波」「万波」いずれも、次々に寄せる波を表し、二語を重ねて、次々に寄せるばかりでなく、海上広く波が立っているさまを表現する。

全豹一斑《ぜんぴょういっぱん》　⇒　一斑全豹《いっぱんぜんぴょう》

穿壁引光　◆せんぺき いんこう

貧しいなかで勉学に励むたとえ。

「壁《かべ》を穿《うが》ちて光を引く」と読む。前漢の匡衡は、若いころ貧しくて油を買う金がなく、壁に穴をあけ隣家の光を引込んで勉学に励んだという。「衡すなわち壁を穿ちてその光を引き、書を以て光を映じてこれを読む」(『西京雑記』二)。「鑿壁偸光《さくへきとうこう》」とも言う。「鑿」も、穴をあける意。「偸」は、盗む意。匡衡の故事は『蒙求《もうぎゅう》』にも載り、同じ『蒙求』に載る、蛍の光を集めた車胤《しゃいん》、雪明りで本を読んだ孫康《そんこう》など、みな夜遅くまで勉学するため、光を得るのに苦労している(→蛍雪之功《けいせつのこう》)。

千篇一律 ◆せんぺん いちりつ

物事がことごとく一様で変化がなく、面白味に欠けること。

数多くの詩がみな同じ調子で作られている意。「白楽《はくらく》天《てん》の詩は千篇一律なり。千篇一律なるは詩道いまだ成らざるなり。慎んで軽看することなかれ」(王世貞《おうせいてい》『芸苑巵《げいえんし》言《げん》』四)による。王世貞は明の文章家。『唐詩選』の編者とされる李攀竜《りはんりょう》らとともに、詩の理想的な姿を盛唐詩の格調の高さに求めた。したがって、中唐の白居易(白楽天)の流麗平明さを認めない。ちなみに『唐詩選』もまた白居易を無視している。

千変万化 ◆せんぺん ばんか

種々さまざまに変化すること。

「千」「万」は、数が多いことを表す。漢字を入れ替えて「千万の変化」と読んでも意味は変らない。『列子』周穆王《ぼくおう》に「千変万化、窮極すべからず」と見える。西の果ての国からやってきた「化人」がいろいろな不思議を見せた様子を、さまざまに変化してきわまるところがないと評したもの。

瞻望咨嗟 ◆せんぼう しさ

はるかに仰ぎみて溜息をつくこと。

「瞻望」は、はるかに仰ぎみる意。「咨嗟」は、溜息をついて嘆く意で、悲嘆・感嘆どちらにも使う。ここは感嘆の意。自分の及ばぬものを見て、自分もあのようになりたいと、うらやみあこがれるさまを言う。北宋の欧陽《おうよう》脩《しゅう》「昼錦堂記」に「あいともに肩を駢《なら》べ迹《あと》を累《かさ》ね、瞻望咨嗟す」と見える。

千方百計 ◆せんぽう ひゃっけい

さまざまな手段をめぐらすこと。

「千」「百」は、数の多いことを表す。「方」は、てだて、「計」は、はかりごとの意。古くは、『敦煌《とんこう》変文集』に「百計に方を尋ね、千般に術を求む」と見える。同工同義の表現は、「百計千方」「千方万計」「千思百計」「千謀百計」など少なくない。

千門万戸　◆せんもん ばんこ

きわめて多くの家。

「千」「万」は、数の多いさまを言う。たくさんの門と戸ということ。『史記』孝武紀に「ここにおいて建章宮を作る。千門万戸を度《はか》り為《つく》る」と見える。前漢の武帝が壮大な建章宮を建てたというところで、この「千門万戸」は、宮殿内に、棟、部屋がたくさんあるという意に使われている。

先憂後楽　◆せんゆう こうらく

人より先に憂い、人に後《おく》れて楽しむこと。

前漢の『大戴礼《だいたいれい》』曾子立事に「先んじて事を憂うる者は、後れて事を楽しみ、先んじて事を楽しむ者は、後れて事を憂う」と見えるが、北宋、范仲淹《はんちゅうえん》「岳陽楼記《がくようろうのき》」の「天下の憂《うれ》いに先んじて憂い、天下の楽しみに後れて楽しむ」が名高い。政治に携わる者の心がけを説いている。江戸時代に、徳川頼房《よりふさ》・光圀《みつくに》が作った江戸小石川の庭園、池田綱政《つなまさ》の作った岡山の庭園を「後楽園」と称するのは、この言葉に由来する。

千里同風　◆せんり どうふう

天下がよく治まっている太平の世のたとえ。

千里離れたところでも同じ風が吹いている意。「千里風を同じうせず、百里雷を共にせず」(『論衡《ろんこう》』雷虚)から。天下が同じ状態にあることを意味しているので、天下がおしなべて乱れているたとえに言われることもある。

全力投球　◆ぜんりょく とうきゅう

持てる力をふりしぼって物事に取り組むこと。

元来は野球で、投手が力をふりしぼって球を投げ、打者と対戦すること。また、野手が走者を刺そうと力一杯本塁へ球を投げること。転じて一般に、全身全霊をあげて取組む意となった。野球を語源とする比較的新しい一般語。

千慮一失　◆せんりょの いっしつ

賢い者も、時には思わぬ失敗をすることがあるということ。

「智者も千慮に必ず一失あり、愚者も千慮に必ず一得あり」（『史記』淮陰侯《わいいんこう》伝）から。「知者一失」とも言う。淮陰侯韓信《かんしん》の捕虜《ほりょ》になった趙《ちょう》将広武君《こうぶくん》が、師事したいと申し出た韓信に、みずからを愚者になぞらえ謙遜《けんそん》して言った言葉。その上で広武君は、まず兵を休養させよと韓信に進言する。後半は、「*愚者一得」または「千慮一得」という語になっている。

千慮一得《せんりょのいっとく》 ⇩ 愚者一得《ぐしゃのいっとく》

善隣友好 ◆ぜんりん ゆうこう

隣国と友好関係を結ぶこと。

「善隣」は、隣の家または隣の国と親しくすること。隣国と友好関係を結ぶことによって協力体制を築き上げていこうとする外交政策を、「善隣外交」と言う。

粗衣粗食 ◆そい そしょく

質素な暮しをすること。

粗末な衣服と粗末な食事の意。『三国志』魏志《ぎし》、司馬朗伝に「軍旅に在りといえども、常に麁衣《そい》にして悪食し、倹《つづま》やかにして以て下を率す」と見える。「麁衣」は「粗衣」に、「悪食」は「粗食」に同じ。「粗衣粗食」には、意識して質素にする語感があるのに対し、類義の「*悪衣《あくい》悪《あく》食《しょく》」は、質素を強いられる貧しい生活の意味にやや力点がある。

創意工夫 ◆そうい くふう

独創的な考えや思いめぐらした方法。

「創意」は、独創的な考え。「工夫」は、思いめぐらした手段・方法。従来の考え・方法にあきたらず、新しい考えを求め、新しい方法を思いめぐらすことを、「創意工夫をこらす」と言う。

滄海桑田《そうかいそうでん》 ⇩ 桑田滄海《そうでんそうかい》

滄海遺珠 ◆そうかいの いしゅ

世間に知られないでいる立派な人物のたとえ。

「滄海」は、青海原、大海。大海に取り残された真珠の意。「仲尼《ちゅうじ》（孔子）は過ちを観《み》て仁を知ると称す。君は滄海の遺珠と謂《い》うべし」（『新唐書』狄仁傑《てきじんけつ》伝）から。無実の罪で左遷された狄仁傑を訊問した閻立本《えんりゅうほん》が、仁傑の行いが仁によるものであることを見出して言ったもの。

滄海一粟　◈そうかいの いちぞく

広大なものの中のきわめて小さいもののたとえ。

「滄海」は、青海原、大海。大海の中の一粒の粟《あわ》、の意。「蜉蝣《ふゆう》を天地に寄す。渺《びょう》たる滄海の一粟のみ」（宋、蘇軾《そしょく》「前赤壁賦《ぜんせきへきのふ》」）から。かげろうのようなはかない命を広大な天地に寄せている自分は、果てしない大海の中の一粒の粟に過ぎない、の詩意。

喪家之狗　◈そうかの く

やつれて元気のない人のたとえ。

「狗」はイヌとも読む。喪中《もちゅう》の家では、悲しみのために飼犬の世話を忘れてしまうので、犬は飢《う》えてしょんぼりしているということから。『史記』孔子世家の故事による。鄭《てい》の国で、孔子が弟子とはぐれてしまう。鄭の人が弟子の子貢《しこう》に言った。城の東門に人がいて、額は堯《ぎょう》帝に、うなじは舜《しゅん》帝の臣の皐陶《こうよう》に、肩は鄭の大夫子産《しさん》に似ているが、疲れた様子は喪家の犬のようだった、と。あとで孔子はそれを聞いて、「欣然《きんぜん》として笑いて曰《いわ》く、形状は未だし、しかして喪家の狗に似たりとは、然《しか》らんかな（その通り）、然らんかな、と」。

爪牙之士　◈そうがの し

主君を守りたすける臣。

動物の爪《つめ》と牙《きば》が身を守るように、主君の爪と牙になって主君を守り、手足となって働く人の意。「祈父《きほ》、予王の爪牙」（『詩経』小雅、祈父）、「己《おのれ》の腹心・股肱《ここう》・爪牙と為《な》す」（『春秋左氏伝』成公十二年）など、「爪牙」だけで古くから、主君を守る臣、あるいは手足となって働く臣の意で使われている。「爪牙之士」は『国語』越語上に見える。

双管斉下　◈そうかん せいか

別々の事柄を同時に行うこと。

「双管斉《ひと》しく下《くだ》る」と読む。「管」は筆で、二本の筆を一緒に下す意。まるで曲芸のようだが、左右それぞれの手に持った筆で、同時に別々の絵を描くことを言う。唐の張璪《ちょうそう》が、一本で若松を、もう一本で枯れた幹を描いたという、『図画見聞誌』張璪の故事による。

桑間濮上　◈そうかん ぼくじょう

国を滅ぼすような淫《みだ》らな音楽。

「桑間濮上の音《おん》」の略。「桑間濮上の音は亡国の音なり。その政《まつりごと》散じ、その民流れ、上を誣《し》い（欺《あざむ》き）私を行いて、止むべからざるなり」（『礼記《らいき》』楽記）による。春秋時代、衛《えい》の霊公《れいこう》が濮水《ぼくすい》の上《ほとり》で聞いて記録させたという楽について、晋《しん》の楽師師曠《しこう》が主君の平公に、これは殷《いん》の紂王《ちゅうおう》のために作られた淫靡《いんび》な音楽であり、亡国の音だと説明したもの。「桑間」は地名とも、濮水のほとりの桑畑とも言う。「濮上之音《おん》」とも言う。また、この引用文の前段に示される「*鄭衛之音《ていえいのおん》」も同義の表現。

僧伽藍摩

◆そうぎゃ らんま

僧が集まって修行する清浄な場所のこと。

サンスクリット「サンガラーマ」の音写語。「サンガ」は出家修行者の集団を意味し、「僧伽」または「僧」と音写される。「僧伽藍摩」は「伽藍《がらん》」と略称され、次第に寺院そのもの、また寺院の建物群を言うようになった。南都六宗や禅宗では、七つの主な建物群を総称して「*七堂伽藍」と呼ぶ。

創業守成

◆そうぎょう しゅせい

新しく国家を興すことより、その国家を維持することの方が難しいということ。

「創業は易《やす》く守成は難《かた》し」の略。「創業」は、業を興すこと。「守成」は、固め守ること。唐の太宗李世民《りせいみん》が房《ぼう》玄齢《げんれい》や魏徴《ぎちょう》などの功臣に、創業と守成とどちらが難しいかと尋ねた時に魏徴の答えた言葉。『貞観政要《じょうがんせいよう》』論君道や『新唐書』房玄齢伝などに見え、『新唐書』では「守成」が「守文」（文物制度を守る）となっている。李世民は、唐を建国した高祖李淵の次子で、兄建成を殺し帝位を継いだ。このあと太宗は、「貞観の治」と称される善政を敷いた。

叢軽折軸

◆そうけい せつじく

小さなものでも数多く集まれば、大きな力となるというたとえ。

「叢軽軸を折る」と読む。「叢」は群がり集まる意で、「叢軽」は、たくさんの軽いもの。軽いものでもたくさん乗せれば車軸が折れる意。『漢書』中山靖王勝伝に、小さな力が寄り集まれば大きな力となるたとえとして、「*羽翮飛肉《うかくひにく》」などとともに挙げられている。同義語に、『戦国策』などによる「*群軽折軸」がある。

蔵形匿影《ぞうけいとくえい》 ⇩ 匿影蔵形《とくえいぞうけい》

象牙之塔 ◆ぞうげの とう

現実から離れた思索・夢想の場所。

フランス語 **la tour d'ivoire** から。もとは『旧約聖書』雅歌に「あなたの頸《くび》は象牙の塔のごとく」と見えるように、象牙の印象から、清純な女性を形容する語だった。十九世紀フランスの批評家サント＝ブーヴが、詩人のヴィニーの隠棲《いんせい》した芸術態度を評するのに使ったことから、芸術至上主義の人々が、俗世間を逃れ、もっぱら芸術を楽しむ境地について言うようになった。転じて、学者などの、現実生活と没交渉の研究生活を言い、またそのような生活を送る場としての大学や研究室を言う。

糟糠之妻 ◆そうこうの つま

貧乏な時から連れ添って苦労を共にしてきた妻。

「糟糠」は、酒かすと糠《ぬか》で、粗末な食物のたとえ。後漢の光武帝が、夫を亡くした姉の湖陽《こよう》公主を再婚させようと思った。公主が大司空の宋弘《そうこう》に好意を持っている様子なので、公主を屏風《びょうぶ》の後ろに隠して宋弘を呼び、裕福になれば妻を代えるとことわざにもあるが、と打診した。「弘曰《いわ》く、臣聞く、貧賤の知（友人）は忘るべからず、糟糠の妻は堂より下《くだ》さず（表座敷において大切にする）、と。帝、顧《かえり》みて主（公主）に謂《い》いて曰く、事諧《かな》わず、と」（『後漢書』宋弘伝）。

送故迎新 ◆そうこ げいしん

人を見送ったり迎えたりすること。

「故《ふる》きを送り新しきを迎《むか》う」と読む。前任者を見送り、新任者を迎える意。『漢書』王嘉伝に「吏の或いは官に居ること数月にして退く。故きを送り新しきを迎え、道路交錯す」と見える。

操觚之士 ◆そうこの し

文筆のことに従事する人。

「觚」は、古代中国で、文字を記すために用いた方形の木の札。「操觚」は、觚を操ること、つまり文筆に携わること。「或いは觚を操《と》りて以て率爾《そつじ》たり。或いは毫《ごう》を含みて邈然《ばくぜん》たり」（西晋《せいしん》、陸機「文賦」、『文選《もんぜん》』所収）による。木札をとってすらすら書きつけることもあれば、筆をくわえてぼんやりすることもある、の意。現実には陸機の時代より大分前に、紙が発明されている。なお、新聞記者なども含め広く文筆に携わる者を「操觚者」と言い、そういう人たちの社会を「操觚界」と言った。

相互扶助　◈そうご ふじょ

互いに助け合うこと。

「扶助」は、力を添えること。広く一般に、互いに助け合うことを言うが、フランス語 entr'aide の訳語としての「相互扶助」は、ロシアの無政府主義者クロポトキンの学説の基本的な概念を言う。ダーウィンの生存競争説に反対して出されたもので、生物の進化や社会の発展は競争や闘争によるものではなく、個体間の自発的な助け合いによるとする。

桑弧蓬矢　◈そうこ ほうし

男子が志を立てること。

「桑弧」は、桑の木で作った弓。「蓬矢」は、蓬《よもぎ》で作った矢。『礼記《らいき》』内則《だいそく》で、国君に世継が生れた時の儀式を記したところに見える。すなわち、桑弧で天地四方に蓬矢六本を射るという。天地四方は男子の活躍する場で、そこにまず志を立てるようにとの願いをこめたもので、風習として男児が生れると行われた。

草根木皮　◈そうこん ぼくひ　そうこん もくひ

漢方薬を言う。

草の根と木の皮の意。特に漢方で薬剤として用いるものを言う。漢方薬の祖と伝えられるのは、古代中国伝説上の三皇の一人、神農《しんのう》氏で、「赭鞭《しゃべん》（赤い鞭《むち》）を以て草木を鞭《むち》ち、始めて百草を嘗《な》め、始めて医薬有り」と『史記』三皇紀は伝える。なお、「食する所は草根木皮にて已《や》む」（『金史』食貨志）は、食べるものは草の根や木の皮しかないと、災害のひどさを描いたもの。

葬式仏教　◈そうしき ぶっきょう

葬儀や故人の供養、先祖供養を中心とする仏教活動を言う。

日本の仏教は、上層から庶民へと浸透していき、十六、七世紀ころまでに、多くの寺院が創建されてきた。それらの寺院は、家を単位とする地域住民の埋葬や先祖供養を主に受持ち、その役割は、江戸幕府による寺院法度や寺請《てらうけ》制度（庶民が特定の寺に属し保証される）の制定によっていっそう強まった。このような寺院の役割は今日でも名残を留め、葬式は多く仏式で行われる。この語は、こうした祭祀《さいし》儀礼を中心とする現代の寺院仏教に対し、批判・皮肉を込めて使うことが多い。

相思相愛 ◆そうし そうあい

互いに慕い合い、愛し合うこと。

主として愛し合う男女について言い、そのような男女の間柄を「相思相愛の仲」と表現する。「相思」「相愛」どちらかだけでも意味は十分通ずるが、二語を重ねることによって、語調を整え、同時にその状態を強調する。なお、男女のどちらかだけが相手を慕い愛するのは「片想い」。

造次顛沛 ◆ぞうじ てんぱい

わずかのま。また、とっさの時。

「造次」は、あわただしいさま。また、そのような場合。とっさの時。「顛沛」は、つまずき倒れる意。また、とっさの時。「君子は食を終うるの間も仁に違《たが》うこと無し。造次にも必ずここにおいてし、顛沛にも必ずここにおいてす」(『論語』里仁)による。君子は急変が起った時でも転んだ時でも、けっして仁を忘れない、の意。

荘周之夢《そうしゅうのゆめ》 ⇒ 胡蝶之夢《こちょうのゆめ》

宋襄之仁 ◆そうじょうの じん

無益な情をかけること。いらぬ気遣いをすること。

春秋時代、宋の襄公が楚《そ》と戦った。相手は大軍なので、まともに戦っては勝ち目がない。楚軍が川を渡り始めて陣が乱れた時に、軍事官が攻撃を進言したが、襄公は堂々と戦うべきだと言って許さなかった。渡り終えた直後の陣形が整わない時に、再度進言したがやはり聞き入れなかった。やっと楚軍の陣形が整ったところで攻撃し、結果、宋軍は大敗した。「国人みな公を咎《とが》む」と『春秋左氏伝』僖公《きこう》二十二年は伝える。

曾参殺人 ◆そうしん さつじん

たとえ嘘《うそ》でも、何度も同じことを言われると、ついには信じてしまうたとえ。

「曾参人を殺す」と言う。「曾参」は、親孝行で有名な孔子の弟子曾子のこと。曾参一族の同名の者が人殺しをした。ある人が、曾参が人を殺したとその母に告げた。母は当初信じなかったが、三度同じことを告げられると、さすがの母も織りかけの機《はた》を放り出し、垣根を越えて外へ飛び出したという。『戦国策』秦策《しんさく》に見える逸話。

痩身長軀 そうしんちょうく ⇩ 長身痩軀 ちょうしんそうく

甑塵釜魚 ◆そうじん ふぎょ

きわめて貧しいことのたとえ。

「甑中塵《ちり》を生じ、釜中魚《うお》を生ず」の略。「甑」は、穀物を蒸す土製の器、こしき。久しく使わないために、こしきに塵が積り、釜《かま》にぼうふらがわく意。後漢の桓帝の時、范冉《はんぜん》は役人生活を嫌い、萊蕪《らいぶ》県（山東省）の長官に任ぜられたが赴任をさけていた。おりしも「党錮之禍*《とうこのか》」の混乱期となり、妻子を連れた放浪生活が十数年に及び貧窮を極めたが、当人は平然としていたという。「閭里《りょり》（村里）これを歌いて曰《いわ》く、甑中塵を生ず范史雲（冉の字）、釜中魚を生ず范萊蕪、と」（『後漢書』独行、范冉伝）。

騒人墨客 ◆そうじん ぼっかく

詩を作ったり書画を書いたりする風流人。

「騒人」は、詩人を言う。「屈原離騒《くつげんりそう》を作り、憂いに遭《あ》うを言うなり。今詩人を謂《い》いて騒人と為《な》す」と『正字通』騒が説明するように、戦国時代の屈原が叙事詩「離騒」を作ったことに基づく。「墨客」は、ボッキャクとも言い、書画の巧みな人のこと。「文人墨客*」と同じ。

漱石枕流 ◆そうせき ちんりゅう

負け惜しみの強いこと。

「楚《そ》（孫楚）少《わか》き時隠居せんと欲し、済《せい》（王済）に謂《い》いて曰《いわ》く、まさに石に枕し流れに漱《くちすす》がんと欲す、と。誤りて云《い》う、石に漱ぎ流れに枕せん、と。済曰く、流れは枕すべきにあらず、石は漱ぐべきにあらず、と。楚曰く、流れに枕する所以《ゆえん》は、その耳を洗わんと欲す、石に漱ぐ所以は、その歯を厲《みが》かんと欲す、と」（『晋書《しんじょ》』孫楚伝）による。言い損ないをごまかしたこの孫楚の逸話は、夏目漱石が号に取入れたこともあって、日本ではよく知られている。その一方、本来の「枕石漱流（隠遁《いんとん》して自然の中で楽しむ）」（『三国志』蜀志《しょくし》、彭羕《ほうよう》伝）は影が薄い。

相即不離 ◆そうそく ふり

二つのものが互いに一体となって切離すことのできないこと。

「相即」は、天台宗で、対立するように見える二つのものが実は一体であることを言い、華厳宗《けごんしゅう》では、すべての現象が密接不離であることを言う。「相即」の中にすでに「不離」の意が含まれるが、付け加えて強調する。

桑田滄海 ◆そうでん そうかい

世の中の変遷が激しいことのたとえ。

「桑田変じて滄海となる」の略。「滄海」は、青海原、大海。「すでに見る松柏の摧《くだ》けて薪《たきぎ》と為《な》るを、さらに聞く桑田の変じて海と成るを。古人また洛城《らくじょう》の東に無く、今人また対す落花の風。年年歳歳花相似《あいに》たり、歳歳年年人同じからず」（唐、劉希夷《りゅうきい》「代悲白頭翁」）に基づく。桑畑がいつの間にか海になっている意で、逆に「滄海桑田」とも言い、「滄桑之変」とも言う。さらに「桑田碧《へき》海須臾《かいしゅゆ》にして（たちまち）改まる」という詩句も見えるなど、類似の表現が多い。

蔵頭露尾 ◆ぞうとう ろび

自分では隠したつもりでも、はた目にはよく見えていること。また、全部隠したつもりでも、一部分は見えていること。

「頭を蔵《かく》して尾を露《あら》わす」と読む。一般に言う「頭隠して尻《しり》隠さず」のこと。「蔵頭《ぞうとう》の雉《ち》」という語があるように、草むらに隠れてしっぽだけ出している主は、本来、雉《きじ》に特定されていた。日本のことわざにも「雉の草隠れ」があり、『太平記』などに見える。

桑土綢繆 ◆そうど ちゅうびゅう

災難を未然に防ぐために、あらかじめ準備すること。他国にあなどられないよう、あらかじめ国家をよく治めるたとえ。

「桑土」は、桑の根。「綢繆」は、囲いふさぐ意。「天のいまだ陰雨《ながあめ》せざるに迨《およ》びて、かの桑土を徹《と》り、牖戸《ゆうこ》を綢繆《つくろ》えり。今この下なる民、あえて予を侮るもの或《あ》らんや」（『詩経』豳風《ひんぷう》、鴟鴞《しきょう》）から。長雨のくる前に桑の根を取って巣穴を補強しておくほど用心していれば、巣の中の民も自分を侮るまい、の詩意。周公旦《しゅうこうたん》が、まだ不安定な周の国家経営について、周の国を鳥の巣にたとえて詠んだ詩とされる。「綢繆桑土」とも言う。

走馬看花 ◆そうば かんか

物事を大ざっぱに見て、十分理解しないこと。

「馬を走らせ花を看《み》る」と読む。唐の孟郊《もうこう》が科挙《かきょ》（官吏登用試験）に合格した時の詩「春風意を得て馬《ば》蹄《てい》疾《はや》し。一日見尽さん長安の花」（「登科後」）に基づく。得意になって馬を走らせ、長安の花を一日で見てやろうという、うれしさ一杯の気分を表した詩だが（→春風得意《しゅんぷうとくい》）、走っている馬の上から花を見てもよく分らないだろうと皮肉にとらえて、物事の理解が十分でない意に転じた。

造反有理 ◆ぞうはん ゆうり

体制に逆らうのには、それなりの道理があるということ。

「造反」は、民衆が地主や役人に反抗すること。造反には道理がある、の意。毛沢東が、一九三九年のスターリン生誕祝賀会で「マルクス主義の道理は多いが、つまるところ造反有理の一語に尽きる」と演説したところから。のち、文化大革命の時、紅衛兵のスローガンとされた。

宗廟社稷 ◆そうびょう しゃしょく

国家または朝廷を言う。

「宗廟」は、天子の祖先をまつる所。『礼記《らいき》』曲礼《きょくらい》に「君子まさに宮室を営まんとするには、宗廟を先と為《な》す」と見える。「社稷」は、昔の中国で、君主や諸侯が建国の時にまつった土地の神（社）と五穀の神（稷）。日本では、鎌倉時代の『拾芥抄《しゅうがいしょう》』諸社に「勅願社を社稷と称す」とあるように、天皇が祈願する神社を言う。「宗廟社稷をやすくすること、八幡の冥慮《めいりょ》（おぼしめし）たりしうへに」（『神皇正統記《じんのうしょうとうき》』光仁）の「宗廟社稷」は、国家の意。

草茅危言 ◆そうぼう きげん

民間にいて国政を厳しく論じること。

「草茅」は、草と茅《ちがや》から転じて、在野・民間の意。「危言」は、厳しい言葉。「草茅危言する者、首を折りて（死んでも）悔いず」（「袁州学記《えんしゅうがくき》」）から。北宋の李覯《りこう》が、漢代に教育がよく行われていたことを述べた文。

草満囹圄 ◆そうまん れいご

政治がよく行われて犯罪のないことのたとえ。

「草《くさ》、囹圄に満つ」と読む。「囹圄」は、牢獄のこと。牢獄に雑草が生い茂っているほど罪人がいないという意。隋の劉曠《りゅうこう》は平郷の県令の時、大いに徳化をほどこした。「在職七年、風教大いに洽《あまね》くして、獄中繋囚《けいしゅう》無く、争訟《そうしょう》絶息し、囹圄ことごとく皆草を生じ、庭羅《あみ》を張るべし」(『隋書』劉曠伝)。「囹圄草を生ず」とも言う。

草莽之臣 ◈そうもうの　しん

官に仕えず、民間にいる人。在野の人。

「莽」は草むらの意で、「草莽」は、民間、在野。どうして諸侯に会わないのかと訊かれた時の孟子《もうし》の答、「国に在るを市井《しせい》の臣と曰《い》い、野《や》に在るを草莽の臣と曰う。みな庶人とも謂《い》う。庶人は質を伝《と》りて臣と為《な》らざれば、あえて諸侯に見えざるは、礼なり」(『孟子』万章下)による。仕官せずに都に住む者を市井の臣と言い、田舎に住む者を草莽の臣と言い、ともに庶民とも言う、庶民は進物を献上して臣下となっていないから、こちらから諸侯に会おうとしないのは、むしろ礼儀なのだ、と。同じ草むらの意の「草茅《そうぼう》」を使った「草茅之臣」という表現もある。

草木皆兵 ◈そうもく　かいへい

敵を恐れるあまり、草や木までも敵兵の姿に見えてしまうこと。

日本では「落武者は薄《すすき》の穂にも怖《お》じる」が馴染まれているが、『晋書《しんじょ》』苻堅《ふけん》載記では、五胡十六国前秦《ぜんしん》の苻堅が、淝水《ひすい》をはさんで対峙《たいじ》した東晋軍を眺めた時のさまを、次のように記している。「〔苻〕堅、苻融と城に登りて王師(東晋孝武帝の軍)を望み、部陣の整斉たる、将士の精鋭なるを見、また北の八公山上を望むに、草木皆人《ひと》形《がた》に類す」。

蒼蠅驥尾 ◈そうよう　きび

愚かな者が賢人に従うことで、なにかを成しとげることのたとえ。

「蒼蠅驥尾に付す」の略。ふつう「驥尾に付す」という。『史記』伯夷《はくい》伝に「顔淵《がんえん》は篤学なりといえども、驥尾に附して行いますます顕《あら》わる」とあり、『史記索隠《さくいん》』はこれに注して「蒼蠅驥尾に附して千里を致《いた》す。以て顔回《がんかい》の孔子に因《よ》りて名を彰《あらわ》すに喩《たと》う」と言う。蒼蠅《あおばえ》は名馬のしっぽにとまって千里の遠くまで行く、すなわち顔回(顔淵)が孔子によって名高くなったことをたとえている、と。

巣林一枝 ◈そうりん　いっし

人はそれぞれの分に安んずるのがよいというたとえ。鳥は林の中に巣を作っても、使うのは一枝に過ぎないという語になっている。「鷦鷯（みそさざい）は深林に巣くうも一枝に過ぎず、偃鼠《えんそ》（もぐら）は河（黄河）に飲むも腹を満たすに過ぎず」（『荘子』逍遥遊《しょうようゆう》）から。近松門左衛門の号の一つ、巣林子《そうりんし》はこの語による。なお後半は、「*飲河満腹《いんかまんぷく》」という語になっている。

草廬三顧《そうろさんこ》 ⇩ 三顧之礼《さんこのれい》

楚越同舟《そえつどうしゅう》 ⇩ 呉越同舟《ごえつどうしゅう》

惻隠之心 ◆そくいんの こころ

人をあわれむ気持。

「惻隠」は、いたわしく思うこと。「惻隠の心無きは人に非《あら》ざるなり。羞悪《しゅうお》（悪をにくむ）の心無きは人に非ざるなり。辞譲《じじょう》（ゆずりあう）の心無きは人に非ざるなり、是非（善悪を見分ける）の心無きは人に非ざるなり。惻隠の心は仁の端《はじめ》なり。羞悪の心は義の端なり。辞譲の心は礼の端なり。是非の心は智の端なり」（『孟子《もうし》』公孫丑《こうそんちゅう》上）による。現在では「惻隠之情」という表現が多い。

息災延命《そくさいえんめい》 ⇩ 延命息災《えんめいそくさい》

粟散辺地 ◆ぞくさん へんち

辺鄙な地にある小さい国。

「粟散」は、仏教で「粟散国」の略。粟散国は、世界の中心とされる須弥山《しゅみせん》の四方に粟粒《あわつぶ》のように散らばっている小さい国々を言う。日本もその一つで、南閻浮提《なんえんぶだい》の辺境にある小国とする。『平家物語』二に「我朝《わがちょう》は粟散辺地の境《きょう》」と見える。インド・中国を大国とする当時の認識がもとになっている。「粟散辺土」とも言う。

即時一杯 ◆そくじ いっぱい

あとで手に入る大きな利益よりも、いま手に入る小さな利益の方がよいということ。

「即時一杯の酒に如《し》かず」の略。晋《しん》の張翰《ちょうかん》が何もせず気ままに暮していたので、ある人が死後に名前を残したくないのかと聞くと、死んで名前を残すより生きているうちに酒を飲んだ方がいいと答えたという故事による語。『世説新語《せせつしんご》』任誕、『晋書』張翰伝などに見える。

俗臭芬芬 ◆ぞくしゅう ふんぷん

世俗的な富や名誉などにこだわる卑しい様子が強く感

じられること。

「俗臭」は、俗世の富や名誉などに執着する卑しい気風。鼻持ちならない俗人の気。「芬芬」は、香りの高いさまを言い、「*香気芬芬」などと草花のよい香りなどに言われるが、ここでは強くにおう意味で使われる。

即身成仏 ◆そくしん じょうぶつ

肉身のままで悟りを開き仏となること。

空海の『即身成仏義』によって、真言宗で最も重視される思想。この思想から、空海は今も高野山奥の院に入《にゅう》定《じょう》している（瞑想《めいそう》に入っている）という信仰が生じた。即身成仏をなしとげた存在を「即身仏」と言う。後代、みずからの身をミイラ化させて即身仏になろうとする行者が出、ことに近世になると出羽三山の湯殿山《ゆどのさん》で多くの行者が民衆の済度《さいど》（救済）を願って土中入定をくわだて、即身仏としてあがめられるようになった。

速戦即決 ◆そくせん そっけつ

一気に勝負の決着をつけようとすること。

いくさで、開戦とともに敵の主力を撃破して、勝利を決定づけようとする戦略。必ずしも敵より強いからではなく、長期戦・持久戦になると不利になるような場合に戦術的に用いられる。転じて、闘争・論争などで一気に決着をつけることにも言う。

即断即決 ◆そくだん そっけつ

その場でただちに決めること。

即座に断じ、即座に決定する意。商取引などで、ひとまず引取って検討したり、交渉を継続させたりせず、一度の商談で決定・成立させるような場合に言う。また、物事の相談を受けて、即座に判断・指示するような場合にも言う。

俗談平話 ◆ぞくだん へいわ

卑近な俗語や日常的な話し言葉。

「俗談」も「平話」も、世間話をするような日常的な言葉遣いの意。各務《かがみ》支考《しこう》が蕉風《しょうふう》俳諧の要諦《ようてい》をまとめた『二十五条』に「ある人問うて曰《いわ》く、はいかいは何のためにする事ぞや。答へて曰く、俗談平話をたださむがためなり」と見える。「俗談平話」を用いてその文芸性を高めるのが俳諧だとする松尾芭蕉《ばしょう》の主張を紹介したもの。支考は芭蕉の主張を実践し、彼に始まる美濃派の俳諸では「俗談平話」が中心理念となった。同義の表現に「*平談俗語」がある。

則天去私　◆そくてん きょし

私《わたくし》を去り、自然にゆだねて生きること。

夏目漱石《そうせき》の言葉。ただし、この言葉について書いた漱石の文章は存在しない。一九一六年十一月、弟子たちとの間で行なっていた木曜会ではじめて語られ、翌十二月に漱石は世を去っている。それだけに印象深く弟子たちに受止められ、広く伝えられた。語義は分りやすいが、漱石自身がどのようにとらえていたかは、今日に至るもなおさまざまな議論・考察がなされている。

楚材晋用　◆そざい しんよう

優秀な人材が流出し、他国で重用されること。

「楚」「晋」は、春秋時代の国名。楚の人材を晋が用いる意。「楚に材有りといえども、晋がまことにこれを用う」(『春秋左氏伝』襄公《じょうこう》二十六年)から。蔡《さい》の声子《せいし》が晋に出仕し、帰国後楚を訪れて子木《しぼく》に告げたもの。楚は刑罰の乱用が多いので大夫《たいふ》たちは逃げだし、他国で用いられて楚を悩ます結果になるのだと忠告している。

素車白馬　◆そしゃ はくば

喪《も》の時の乗物。

「素車」は、彩色しない白木造りの車。喪の時、これを白馬にひかせる。この車を使った最も有名な例は、『史記』高祖紀に「秦《しん》王子嬰《しえい》、素車白馬にして、頸《くび》に係《か》くるに組《くみひも》を以てし、皇帝の璽《じ》(印章)と符節《ふせつ》(割符)とを封じ、軹道《しどう》(地名)の旁《かたわ》らに降《くだ》る」と記されている秦滅亡の時であろう。喪ではないが、子嬰は死を覚悟して沛公《はいこう》(のちの漢の高祖劉邦《りゅうほう》)の前に現れた。

楚囚南冠　◆そしゅう なんかん

囚《とら》われて異郷にあっても故国を忘れないこと。

「楚囚」は、楚の囚人の意から、囚われて異郷にある人。転じて一般に、捕虜《ほりょ》、囚人。「楚囚は君子なり。言《かた》るに先職を称するは、本《もと》を背《そむ》かぬなり」(『春秋左氏伝』成公九年)による。楚の捕虜は君子だ、問われて先祖の職務を答えたのは自分の出自《しゅつじ》を大切にしているためだ、の意。晋《しん》の捕虜になったこの楚人鍾儀《しょうぎ》が、囚われているあいだ南方の自国の冠をつけていたところから、この語が生れた。

粗酒粗餐 ◈そしゅ そさん

酒食を客にもてなすときの謙遜《けんそん》語。

粗末な酒と粗末な食事。「粗茶」と同趣旨の語だが、「餐」はごちそうを意味するので、「粗餐」は、ひととおり皿を並べた料理の場合に使う。類義語に「粗酒粗肴《そこう》」がある。「肴」は、酒のさかなの意。

俎上之鯉 ◈そじょうの こい

相手のなすがままで逃げようのない状況におかれているたとえ。

ふつう「俎板《まないた》の上の鯉」と言う。略して「俎板の鯉」とも言う。勢いのよい鯉も、俎板の上に乗せられてしまっては、もはやいかんともしがたいということ。古くは「俎上之魚《うお》」「俎板の魚」という表現で、「鯉*」と特定されたのは比較的新しい。なお、同義語に「俎上之肉」がある。

俎上之肉 ◈そじょうの にく

相手のなすがままで逃げようのない状況におかれているたとえ。

鴻門《こうもん》で劉邦《りゅうほう》が項羽《こうう》に会った時、不穏な雰囲気が漂った。劉邦は厠《かわや》へ行くと称して席を立ち、劉邦の身を案じて寄り添う樊噲《はんかい》に、このまま立ち去りたいがまだ挨拶《あいさつ》していない、どうしたものだろうと相談する。樊噲が応じて、そんなことを言っている場合ですか、「いま人まさに刀俎《とうそ》たり（相手は包丁と俎《まないた》です）、我は魚肉たり。何ぞ辞せんや（挨拶することなどありましょうか）」（『史記』項羽紀）。二人はそのまま立ち去った。

粗製濫造 ◈そせい らんぞう

いい加減な作り方で出来の悪い品物をむやみに作ること。

「粗製」は、粗末な作り方。「濫造」は「乱造」とも書き、むやみに作ること。作ればどんな物でも売れるという状況下で、粗製濫造の弊《へい》が起りやすい。主として加工品に言うが、比喩《ひゆ》的にはさまざまな局面で使われる。

祖先崇拝 ◈そせん すうはい

先祖の霊を崇《あが》め祀《まつ》ること。

古くは、死者の霊威が子孫に脅威《きょうい》を与えないよう慰撫《いぶ》することに始まる。土着の祭祀行事が仏教に取込まれて、次第に先祖供養が定着していった。三十三回忌までの年忌法要を死者供養とし、以後死者の霊は祖霊に昇華されて、「祖先崇拝」の意味をこめた先祖供養となる。

率先垂範　◈そっせん すいはん

人に先立って模範を示すこと。率先して範を垂《た》れる意。集団における指導者に求められる要件の一つ。また、口先だけで実行の伴わない人に、「率先垂範でお願いしたい」などと批判をこめて言ったりする。

啐啄同時　◈そったく どうじ

逃したらまたと得がたい好機。「啐」は、卵の中で雛《ひな》が殻《から》を突つく音。「啄」は、親鳥が外から卵を突つくこと。本来は禅宗で、今まさに悟りを得ようという弟子に、師がすかさず一つの教示を与え、悟りの境地に導くことを言う。北宋の禅語録『碧巌《へきがん》録《ろく》』の七則に「法眼《ほうげん》禅師、啐啄同時の機有り」と見えるほか、十六則には「啐啄の機」という表現も見える。

率土之浜　◈そっとの ひん

陸のはての海辺まで。「率土」はソツドとも言い、陸地の続く限り、の意。「溥《ふ》天《てん》の下、王土に非《あら》ざるはなく、率土の浜、王臣に非ざるはなし」（『詩経』小雅、北山）から。あまねく天がおおう下で王の土地でないところはなく、陸のはての海辺にいたるまで、王臣でない住人はいない。天下はことごとく王のものであるという詩意。同じ引用からの語に「普*天《ふてん》率土」がある。

孫康映雪《そんこうえいせつ》 ⇒ 蛍雪之功《けいせつのこう》

損者三楽　◈そんじゃ さんごう

有害なねがい三種を言う。「楽」は、ラクと読みタノシムと訓ずるものもあるが、ふつうゴウと読みネガウと訓ずる。『論語』季氏で孔子は、三種の有益なねがい「益*者三楽《えきしゃ》」に対して、「驕楽《きょうらく》（わがまま勝手）を楽い《ねが》、佚遊《いつゆう》（怠惰で気ままな遊び）を楽い、宴楽《えんらく》（酒盛り）を楽う」を「損者三楽」と言っている。

損者三友　◈そんじゃ さんゆう

交際して有害な三種の友人を言う。

『論語』季氏で、孔子は「便辟《べんべき》（体裁ぶる人）を友とし、善柔《ぜんじゅう》（うわべばかりで誠意のない人）を友とし、便佞《べんねい》（口先ばかり達者な人）を友とするは、損なり（害がある）」と説いている。これに対して、交際して益のある三種の友人を「益者三友《えきしゃ》」と言う。

樽俎折衝　◆そんそ せっしょう

宴席で、相手の攻勢をかわしつつ、なごやかに交渉を進め、こちらに有利に事を運ぶこと。

「樽俎」は、酒樽《さかだる》と肴《さかな》を載せる台から、酒や料理が並ぶ宴会の席。「折衝」は、衝《つ》いてくる相手の矛先《ほこさき》を折る意。転じて、外交などの交渉で話し合いかけひきする意。春秋時代、晋《しん》が斉《せい》を討とうとして范昭《はんしょう》に様子を探らせた。斉の宰相晏嬰《さいしょうあんえい》はその意図を見抜いて、たくみに范昭をあしらい、晋は斉を討つのをあきらめた。「仲尼《ちゅうじ》（孔子）これを聞きて曰《いわ》く、それ尊（「樽」に同じ）俎の間を出でずして千里の外を知るとは、それ晏子の謂《い》なり。折衝す（よく折衝した）と謂《い》うべし、と」（『晏子春秋』雑上）。

尊皇攘夷　◆そんのう じょうい

天皇崇敬と排外主義との結合した政治思想。

「尊皇」は、天皇を尊ぶこと。「攘夷」は、外夷《がいい》、外敵を撃ち払うこと。尊皇論は江戸後期、天皇の権威を高めることで幕藩体制の安定を図る意味をもって、特に水戸学により唱えられた。幕末に、開国に反対する攘夷論と結びつき、倒幕、王政復古にいたる政治運動の大きな潮流となった。「勤王《きんのう》攘夷」（「勤王」は、天皇に忠義を尽す意）とも言う。

た行

大安吉日　◆たいあん きちじつ　たいあん きちにち

万事によいとされる日。

「大安」は、暦で六輝《ろっき》、すなわち先勝《せんしょう》・友引《ともびき》・先負《せんぶ》・仏滅《ぶつめつ》・大安・赤口《しゃっく》の一つ。陰暦の第一日目が、一・七月は先勝、二・八月は友引、三・九月は先負、四・十月は仏滅、五・十一月は大安、六・十二月は赤口にあたるとし、以下上記の順に従って、六日で一巡する。「大安」

は、万事によしとする日で、それ自体が吉日の意味を持ち、「大安吉日」は、語調を整えると同時に意味を強めた表現。

大隠朝市　◆たいいん ちょうし

本当に悟った隠者は山中にこもることなく、町中に人に紛れて住むということ。

「大隠は朝市に隠《かく》る」の略。「朝市」は朝廷と市場で、人の多く集まる所。「小隠は陵藪《りょうそう》に隠れ、大隠は朝市に隠る。伯夷《はくい》は首陽に竄《かく》れ、老耼《ろうたん》は柱史《ちゅうし》に伏《かく》れたり」（晋《しん》、王康琚《おうこうきょ》「反招隠詩」、『文選《もんぜん》』所収）から。隠者ぶった者は山林に身を隠し、本物の隠者は町中に住む、伯夷は首陽山にこもったが、老子は図書係の役人をして過した、の意。伯夷は、殷《いん》の紂王《ちゅうおう》を討った周の武王を批判して仕官せず、弟の叔斉《しゅくせい》とともに首陽山にこもり、餓死した。「伯夷叔斉」*と併称されるが、時に批判的に評される。

大海撈針　◆たいかい ろうしん

求めて得難いことのたとえ。また、実現の可能性がきわめて乏しいことのたとえ。

「大海に針を撈《さぐ》る」と読む。海の中に落ちた一本の針を探す意。『法苑珠林《ほうおんじゅりん》』慚愧《ざんき》に、『菩薩《ぼさつ》処胎経』に説く世尊の偈《げ》として「ひとたび鍼《しん》を海中に投ずるに、これを求めてなお得べしや」と見える。人としてこの世に生れることの難しさをたとえている。

大廈高楼　◆たいか こうろう

大きな建物と高層の建物。

「大廈」は、大きな建物。豪壮な建築物。「高楼」は、高層建築物。類義の二語を重ね、大きな建物がたくさん建っているさまを形容する。

大喝一声　◆だいかつ いっせい

大声で叱りつけること。

「大喝」は、「喝」だけでその意を持つが、大声で叱ること。そもそも大声で叱る時は、声の大きさで相手を威圧するのだから、あまりくどくどとしゃべらない。「一声」はその端的なさまを強調したもので、要するに「コラッ」と怒鳴《どな》ること。

大願成就　◆たいがん じょうじゅ

大きな願いが遂げられること。

「大願」はダイガンとも言い、仏教で、仏が衆生《しゅじょう》を救おうとする願いのこと。信濃の善光寺にある「お血脈《けちみゃく》の御印」をいただくと、誰でも極楽往生ができるというので、争って皆がいただき、おかげで地獄には誰も行かなくなってしまった。困った閻魔《えんま》大王が、石川五右衛門に御印を盗んでこいと命じた。五右衛門はさっそく善光寺へ忍び込み、まんまと御印を盗み出して、「これさえあれば大願成就」といただいたところ、そのまま極楽へ行ってしまった。落語「お血脈」から。

大旱雲霓　◆たいかんの　うんげい

苦しい時に救いが現れることのたとえ。

「大旱」は、ひでり。「霓」は、にじ。古代中国で、にじを水に縁のある竜の類とみて、雄を「虹」、雌を「霓」と当てた。「雲霓」は、雲とにじで、雨の気配を言う。殷《いん》の湯王《とうおう》が諸国の悪政を行う君主を征伐しようとすると、天下が信頼を寄せ、「民のこれを望むこと、大旱に雲霓を望むがごとく」(『孟子《もうし》』梁恵王《りょうけいおう》下)だったという。また、『孟子』滕文公《とうぶんこう》下では、同じ故事の記述が「大旱に雨を望むがごとく」となっていることから、「大旱慈雨《じう》」(「慈雨」は、めぐみの雨)とも言う。類義の表現に、一般的な「旱天慈雨《かんてんじう》*」がある。

大器小用　◆たいき　しょうよう

優れた才能を持つ人を、つまらない仕事に使うこと。当を得た人材活用をしていないことのたとえ。

大きな器《うつわ》を小さなことに用いる意。「牛を函《い》るる鼎《かなえ》を以て鶏を烹《に》るに、汁多ければ淡にして食らうべからず。汁少なければ熬《ごう》にして熟すべからず。これ大器の小用に於ける、まことに宜《よろ》しからざる所有るを言うなり」(『後漢書』辺譲伝)による。牛を入れる鼎で鶏を煮ると、汁が多ければ味が薄く、汁が少なければ焦げて煮えない、大きな器を小さなことに用立ててはいけないということだ、の意。

対機説法　◆たいき　せっぽう

仏教で、聞く人の能力・素質に対応して法を説くこと。

「法」は仏の教え、「機」は仏の教えを聴いて働き出すその人の資質を言う。教えを聞いてすぐに悟りを得られる人にはそのように、なかなか得られない人にはまたそれに応じた方法によって教えを説く意で、「人を見て法を説く」(相手に合った働きかけをすること)は、本来この意味で使われる。「因機《いんき》説法」とも言い、同じことを言う別表現に「＊応病《おうびょう》与薬《よやく》」がある。

大器晩成 ◆たいき ばんせい

大人物は、その偉大さが顕れるのに時間がかかるというたとえ。

「大器は成ること晩《おそ》く、大音は声希《すく》なくして、大象は形無し」(『老子』四一)から。偉大な器はなかなかできあがらず、偉大な音はむしろかすかに響き、偉大な象《かたち》は目に見える形とはならない、の意。逆説を連ねることによって道の在り方を説いている。現在では、比較的高齢になってから頭角を現した人を評して言う。

大義名分 ◆たいぎ めいぶん

人として守るべき道義と本分。また、行動の理由づけとなるはっきりした根拠・道理。

「大義」は、重要な意義。また、人として守るべき根本の道義の意。特に、国家や主君に対して臣民のとるべき道義を言う。「名分」は、自分のおかれている立場に基づいて守るべき本分。「大義名分」は、今日ではもっぱら、行動の理由づけの意味で使われ、「大義名分が立たない」などと言われる。

大義滅親 ◆たいぎ めっしん

国家・君主に対する道義のためには、親・兄弟をもかえりみないということ。

ふつう「大義親《しん》を滅す」と言う。「大義」は、国家や主君に対して臣民のとるべき道義。春秋時代、衛《えい》の石碏《せきさく》は、主君を殺して地位を奪った州吁《しゅうく》と、その謀臣となっていたわが子の石厚《せきこう》とを、あざむいて陳《ちん》に行かせ二人を殺させた。『春秋左氏伝』隠公四年は、石碏の行為を「大義親を滅すとは、それ是《これ》をこれ謂《い》うか」と評した当時の君子の言を載せている。

大逆無道 ◆たいぎゃく むどう

はなはだしく人倫に背き、道理を無視した行為。

「大逆」は、君主・父親を殺すなど、人倫に背く悪逆の行い。「無道」は、道理に外れていることで、大逆の行いを強調するために添えられた語。言葉の意味としては「逆(背く)」に重点が置かれ、対する類義語「＊悪逆無道」は、「悪」に重点が置かれる。

対牛弾琴

◆たいぎゅう　だんきん

高尚なことを言っても、志の低い者には理解されないたとえ。

「牛に対して琴《こと》を弾《だん》ず」と読む。魯《ろ》の公明儀《こうめいぎ》が牛の前で高尚な琴を弾じたが、牛はそしらぬ顔で草を食べ続けていたという故事が『祖庭事苑』に見える。類似の表現「馬の耳に念仏」は、いくら言いきかせてもさっぱり相手に通じないことをたとえ、これと同義の牛の成句に「牛に経文」がある。

耐久之朋

◆たいきゅうの　とも

いつまでも変らぬ友情で結ばれている友の意。

「耐久」は、いつまでも変らないこと。「朋」は、友人、朋友。「〔魏《ぎ》の〕玄同《げんどう》、もとより裴炎《はいえん》と交わりを結び、よく終始を保つ（始めから終りまで変らなかった）。時の人呼んで耐久の朋と為《な》す」（『旧唐書《くとうじょ》』魏玄同伝）から。

大驚失色

◆たいきょう　しっしょく

ひどく驚いたさま。

「大いに驚きて色を失う」と読む。非常にびっくりして顔色を変えた、の意。「色を失う」は、顔色が青ざめること。単なる驚きではなく、恐れて顔色が青ざめるような、いわば非常な驚愕《きょうがく》のさまを言う。

大言壮語

◆たいげん　そうご

分不相応に大きなことを言うこと。また、その言葉。

「大言」は、大きなことを言うこと。高慢な言い方に言う。「壮語」は、えらそうな物言い。その人ができそうもないようなことを、さもできるように大きな態度で話すことを言う。他人の言説に対して批判的に言われることが多い。

大巧若拙

◆たいこう　じゃくせつ

非常に優れた者は、一見へたなように見えるということ。

「大巧は拙なるが若《ごと》し」と言う。「大直は屈するが若く、大巧は拙なるが若く、大弁は訥《とつ》なるが若し」（『老子』四五）から。道について説く、老子独特の逆説的表現。本当にまっすぐなものは曲っているようであり、本当に巧みなものはへたくそのようであり、本当に雄弁なものは口べたのようである、の意。世俗を超えた優れたものは、世俗的には劣っているように見えると説く。

大悟徹底 ◆たいご てってい

仏教で、悟りきって何の迷いも残さないこと。「大悟」はダイゴとも言い、存在の真実のすがたを見抜くこと。「徹底」は、底まで貫き通すこと。一切の存在に共通する普遍の真実を完全に我がものとする、言い換えれば普遍的真理と一体となることを言う。仏道修行での一つの到達点を示すが、一方で道元は「大悟をまつことなかれ、大悟は家常《かじょう》の茶飯《ちゃはん》（日常的なありふれたこと）なり」（『正法眼蔵《しょうぼうげんぞう》』行持上）と言っている。

泰山圧卵 ◆たいざん あつらん

強いものが弱いものを圧倒すること。「泰山卵《たまご》を圧す」と言う。泰山が卵を押しつぶす意。「泰山」は、今の山東省にある名山。しばしば「大山」に通じさせ、重いもののたとえとする。『蘇武《そぶ》集』に「泰山卵を圧するが如《ごと》し」と見える。卵は簡単につぶされる形容に使われ、「石を卵に投げる」と言えば、強者が弱者を攻めるたとえとなり、反対に「卵で石を打つ」と言えば、弱者が強者に向かい、ひとたまりもなくつぶされるたとえとなる。

泰山鴻毛 ◆たいざん こうもう

死にも軽重の差があることのたとえ。「死は或いは泰山より重く、或いは鴻毛より軽し」（司馬遷「報二任少卿《じんしょうけい》一書」、『文選《もんぜん》』所収）の略。自身宮刑に処せられた体験を持つ司馬遷が、死刑を宣告されて獄中にあった任少卿に送った書簡から。「泰山」は、今の山東省にある名山で、どっしりしているさまを重いもののたとえとする。「鴻毛」は、おおとりの羽毛で、軽いもののたとえ。命は、時には惜しまねばならない場合があり、時には進んで捨てねばならない場合がある、の意。

泰山北斗 ◆たいざん ほくと

その道で最も仰ぎ尊ばれる人のたとえ。「泰山」は、今の山東省にある名山。五岳の一つで、古くから尊ばれていた。「北斗」は、北斗七星のこと。道教で北斗真君として神格化されたように、古くから人々に仰がれている。『新唐書』韓愈《かんゆ》伝賛に「愈没してより、その言大いに行われ、学ぶ者これを仰ぐこと泰山北斗の如《ごと》しと云《い》う」と見える。なお「泰斗」という語は、この「泰山北斗」の略。

大山鳴動 ◈たいざん めいどう

前触れの騒ぎばかりが大きくて、実際の結果はきわめて小さいことのたとえ。

「大山鳴動して鼠《ねずみ》一匹」の略。大きな山が地鳴りとともにゆれて、何事かと思ったら鼠が一匹現れた、の意。今の山東省にある古来の名山「泰山」を使って「泰山鳴動」とも書かれる。比喩《ひゆ》としてはその方が面白い。古代ローマの詩人ホラティウスの **Parturiunt montes, nascetur ridiculus mus.**（ラテン語。山々が産気づき、滑稽な鼠が生れる）による。当時の詩人たちの大げさな表現を揶揄《やゆ》したもの。

大慈大悲 ◈だいじ だいひ

仏の広大な慈悲を言う。

「慈」は、他者に安楽を与えるいつくしみを言い、「悲」は、他者の苦を救済しようとする思いやりを言う。特に「大悲」が仏の徳の象徴として取上げられ、仏の特性の一つとされる。「大悲」はまた菩薩《ぼさつ》の特性ともされ、「大悲代受苦《だいじゅく》」は、菩薩が大悲の心をもって他人の苦しみを代りに引受けることを言う。『歎異抄《たんにしょう》』に「浄土の慈悲といふは、念仏して、いそぎ仏になりて、大慈大悲心をもて、おもふがごとく衆生《しゅじょう》を利益《りやく》するをいふべきなり」と説かれている。

太史之簡 ◈たいしの かん

歴史家が権勢を恐れず真実を記すこと。

「簡」は、紙のなかった時代に文字を書いた竹の札。また、それに記した記録。春秋時代、斉の崔杼《さいちょ》が主君の荘公を殺した時、記録官の太史は「崔杼その君を弑《しい》す」と記録した。怒った崔杼は太史を殺した。太史の弟も同じように記したので、これも殺し、こうして弟二人を殺した。三番目の弟が同様に記録した時には、崔杼はもはや殺すことができなかった。『春秋左氏伝』襄公《じょうこう》二十五年に見える故事。後世、「斉に在りては太史の簡、晋《しん》に在りては董狐《とうこ》の筆《ひつ》（→董狐之筆）」（宋、文天祥「正気の歌」）と詠われる。

大樹将軍 ◈たいじゅ しょうぐん

将軍または征夷大将軍の異称。

後漢の将軍馮異《ふうい》のあだ名から。「〔いくさのあと〕諸将並び坐《さ》して功を論ずるに、異常《つね》に独り樹下に屛《しりぞ》く（将軍たちがみな坐って功を論じているのに、馮異はいつも独り木の下に退いていた）。軍中号して大樹将軍と曰《い》う」（『後漢書』馮異伝）。「人と為《な》り謙退にして伐《ほこ》らず」と同伝は馮異を評している。転じて、立派な将軍の異称となった。

大樹美草 ◆たいじゅ びそう

立派な人のもとでは人材が育たないたとえ。「大樹の下《もと》に美草無し」の略。「高山の巓《いただき》に美木無し、多陽に傷つけらるればなり。大樹の下に美草無し、多陰に傷つけらるればなり」（『説苑《ぜいえん》』談叢）による。高山の山頂は日が照りつけるので美しい木は育たず、大樹の下は蔭が多いので美しい草は育たない、の意。地位の高い者は人にそしられて美名を立てにくく、立派な人のもとではその人にさえぎられて後進が育たないことを言う。

対牀夜雨《たいしょうやう》 ⇩ 夜雨対牀《やうたいしょう》

大所高所 ◆たいしょ こうしょ

小さなことにこだわらない、広く大きな視野・立場を言う。「大所」は、大きな立場。「高所」は、高い見地。広く見渡すという意味で類義の二語を重ね、小さなことにこだわらないさまを強調する。「大所高所から」という表現で、大きな視野に立って、という意味に使われることが多い。

大処着墨 ◆たいしょ ちゃくぼく

要所を押さえて物事を行うたとえ。「大処より墨《すみ》を着《つ》く」と読む。「大処」は、重要な部分。絵を描く時に、大事なところから筆を下す意。「大処落墨」とも言う。

大信不約 ◆だいしん ふやく

本当の信義は、言葉で約束して守られるようなものではないということ。「大信は約せず」と読む。言葉で約束しないでも守られるのが本当の信頼関係である、の意。『礼記《らいき》』学記で、教育の根本を述べる中であげた四項（↓大道不器《たいどうふき》）の一つ。

大声疾呼 ◆たいせい しっこ

大声であわただしく呼ぶこと。大声でしきりに叫びたてること。

「疾呼」は、激しく呼びたてること。大声の意味も含んでいるので、「大声」を重ねて強調語になっている。『史記』滑稽伝賛に「優旃《ゆうせん》檻《てすり》に臨みて疾呼す」と見える。秦の始皇帝が宮中で祝宴を張った時、雨が降り出し、盾《たて》を持って階下に並列していた士卒たちが寒がっていた。そこで優旃が士卒たちを大声で呼び、その声で気づいた始皇帝が士卒たちに雨宿りをさせたという。

太盛難守 ◆たいせい なんしゅ

あまり盛んになった者は、その勢いを守るのが難しいということ。

「太盛守《まも》り難《がた》し」と読む。「太盛」は、はなはだしく盛んなこと。「彼の人者（すぐれた人々）は、その長ずる所に死せざるは寡《すくな》し。故《ゆえ》に曰《いわ》く、太盛は守り難きなり、と」（『墨子』親士）から。人よりすぐれて剛直だったり、勇気があったり、美人だったりすると、そのために身を滅ぼしやすいと説いたもの。

泰然自若 ◆たいぜん じじゃく

ゆったりと落ちついて、平常と変らないさま。

「泰然」は、落着いていて物事に動じないさま。「自若」は、大事に直面しても落着きを失わないさま。落着いているさまを表す二語を重ね、どのような事態に出会ってもその落着きを失わない様子を強調する。内心はそうでないのに、見た目だけいかにも落着きはらっている様子にも言うことがある。

大胆不敵 ◆だいたん ふてき

度胸がすわっていて、ものに動じないこと。また、そのようなさま。

「大胆」は、物事を恐れないこと。また、そのさま。「不敵」は、人を人とも思わないこと。よい意味にも悪い意味にも使われる。二語を重ねて、ものに動じないさまを強調するが、必ずしもそのさまを褒《ほ》めたたえるばかりではなく、ふてぶてしい意に使うことも多い。

大同小異 ◆だいどう しょうい

小さなところでは異なっているが、大体は同じであること。

『荘子』天下に「大同にして小同に異なる、これをこれ小同異と謂《い》う（大きなところを見れば同じでも小さなところを見れば異なる）」と見える。この「小同異」は、「小異」と同じと見てよかろう。「小異を捨てて大同につく」という成句では、少しの違いがあることを認識しつつも、大勢の一致する意見に従う、ということで「小異」を無視していないが、現代のように「大同小異」を「似たり寄ったり」という意味で用いる場合は、「大同」に重点がおかれ、「小異」はほとんど問題にされていない。

大同団結 ◆だいどう だんけつ

考えの異なる集団が、対立する問題を越えて、一つの目的のために団結すること。

「大同」は、多くの者が一つにまとまること。この意味でのまとまり方を「小異を捨てて大同につく」と言う。「団結」は、人々が力を合せ結びつくこと。類義の二語を合せたというより、「大同して団結する」ととらえるべきであろう。一八八六～九〇年ごろ、後藤象二郎《しょうじろう》ら民権諸派が推進した反政府の大同団結運動が、近代史で有名。

大道不器 ◆たいどう ふき

人の踏み行うべき正しい道は、限りなく大きい働きを持つということ。

「大道は器《うつわ》ならず」と読む。「大道」は、人の踏み行うべき正しい道。ダイドウとも読む。「器」は、具体的に物を入れる容器。器に入るものは限られる。大道は、そんな限られた働きしかしないものではないと言っている。「君子曰《いわ》く、大徳は官せず（徳のある人は、百官のどれでも務めることができる）、大道は器ならず、大信は約せず（→大信不約）、大時は斉《ひと》しからず（昼夜、寒暖などがあり、天の時は一定ではない）、と。この四者を察《あきら》かにするときは、以て本《もと》に志《さと》る有るべし」（『礼記《らいき》』学記）による。

大兵肥満 ◆だいひょう ひまん

体が大きく、太っていること。また、そのような人。

「大兵」は、体が大きくてたくましいこと。また、そのような人。ただ大きいだけでなく、「兵」に人を威圧するようなたくましさが含まれる。与謝蕪村《よさぶそん》に「大兵の廿《はた》チあまりや更衣《ころもがえ》」の句がある。「大兵肥満」は、特に相撲取りを指すというわけではない。

台風一過 ◆たいふう いっか

台風がさっと過ぎてしまうこと。

台風は、北太平洋および南シナ海に発生する、強い風雨を伴う熱帯低気圧を言う。夏から秋にかけてしばしば日本列島に近付き、あるいは列島上空を通過する。大荒れのあとは、一転して晴れわたった空が広がる。その澄んだ秋空を形容しても言う。

戴盆望天　◆たいぼん ぼうてん

二つのことを一度に実現させることはできないというたとえ。

「盆を戴《の》せて天を望む」と読む。頭に盆を乗せたままでは天を仰ぐことはできない、の意。「僕以為《おもえら》く、盆を戴《いただ》けば何をもって天を望まん、と。故《ゆえ》に賓客《ひんかく》の知を絶《た》ち、室家の業を亡《わす》れ、日夜その不肖《ふしょう》の才力を竭《つく》さんことを思う」（司馬遷「報二任少卿《じんしょうけい》一書」、『文選《もんぜん》』所収）から。司馬遷が、死刑を宣告されて獄中にあった任少卿に送った書簡の中で、職務に励んでいた若いころの様子に触れ、二つのことを同時にできないから交友を断ち、家のことを忘れ、取るに足りない才能をかたむけて職務に励んできた、と述懐している。

大味必淡　◆たいみ ひったん

淡泊なものにこそよさがあるということ。

「大味必ず淡《あわ》し」と読む。「大味」は、すぐれてよい味。よい味は必ず淡泊なものだ、の意。濃厚な味は一時は好まれてもすぐ飽きられるが、淡泊な味はいつまでも好まれる。そういう意味でのよさも含まれる。「大味は必ず淡く、大音は必ず希《おとな》し」（『漢書』揚雄伝下）から。引用文の顔師古注に「淡、味の至れるを無と謂《い》うなり」とある。なお、「大味」をオオアジと読むと、こまやかな風味の感じられない単純な味の意。

帯礪之誓　◆たいれいの ちかい

永久に変らないかたい誓約のたとえ。

漢の高祖劉邦《りゅうほう》が功臣に対して表明した「封爵《ほうしゃく》の誓い」による。「河をして帯の如《ごと》く、泰山《たいざん》をして厲《とい》しの如くならしむるも、国は以て永寧《えいねい》にして、ここに苗裔《びょうえい》に及ぼさん」（『史記』高祖功臣侯者年表）。「厲」は「礪」の原字で、砥《と》石《いし》の意。ここで言う「山」「河」は、中国を代表する泰山と黄河。黄河が帯のように細くなっても、泰山が砥石のように小さくなっても、国は子孫の代まで永くやすらかにしよう、という誓い。「河山《かざん》帯礪」「河帯山礪」「山礪河帯」「礪山帯河」などとも言う。

太牢滋味 ◆たいろうの じみ

豪勢で美味なごちそう。

「太牢」は「大牢」とも書き、天子が社稷《しゃしょく》（土地の神と五穀の神）をまつる時の供物のうち、牛・羊・豚の三種が揃ったもの。羊・豚だけの供物を「少牢」と言う。『礼《らい》記《き》』王制に「天子の社稷はみな大牢なり、諸侯の社稷はみな少牢なり」とある。転じて、立派な料理を言う。「滋味」は、おいしいごちそう。前漢の王褒《おうほう》「聖主得二賢臣一頌《しょう》」（『文選《もんぜん》』所収）に「藜《あかざ》を羹《あつもの》にし糗《ほしいい》を唅《くら》う者は、ともに太牢の滋味を論ずるに足らず」と見える。

大惑不解 ◆たいわく ふかい

自分の惑いの分らない者は、悟ることができないということ。

「大惑は解《さと》らず」と読む。「その愚を知る者は大愚に非《あら》ざるなり、その惑を知る者は大惑に非ざるなり。大惑なる者は終身解らず、大愚なる者は終身霊《あきらか》ならず」（『荘子』天地）による。自分の愚かさが分っている者は大愚ではなく、自分の惑いが分っている者は大惑ではない、大惑の者は一生悟ることができず、大愚の者は一生知恵に目覚めない、の意。

高手小手 ◆たかて こて

人を後ろ手に厳重に縛り上げること。

「高手」は、肩と肘《ひじ》の間。「小手」は、肘と手首の間。両手を後ろにまわし肘を曲げ、頸《くび》から縄を掛けて「高手」も「小手」も自由が利かないように、厳重に縛り上げることを言う。多く「高手小手に」と副詞的に用い、厳重なさまを形容する。

多岐亡羊 ◆たき ぼうよう

学問の道が多方面に分れていて、真理を得がたいことのたとえ。また、方針が多すぎてどれにするか迷うことのたとえ。

「大道は岐多くして以て羊を亡《うしな》う。学者は方多くして以て生を喪《うしな》う」（『列子』説符）から。広い道は枝道が多くて逃げた羊を見失う、学ぶ者は学問の方法がいろいろあるので生きる道を見失う、の意。「岐路《きろ》亡羊」も同じ話からの同義語。また、学問の道がそのように多く、真実の道を得られないことを嘆く*「亡羊之嘆《たん》」という語も生れている。

惰気満満 ◈だき まんまん

怠惰な気持で満たされているさま。何かをしようとする情熱をすっかり失っているさま。

なまけゆるんだ気持が満ち満ちている意。「満満」は、「自信満満」「意欲満満」あるいは「やる気満満」など、積極的な気持に満ちているさまに言うことが多く、このように好ましくない表現は珍しい。

濯纓濯足 ◈たくえい たくそく

時勢に応じて自分の生き方を対応させるたとえ。また、世俗を超越した態度のたとえ。

水が澄んでいる時は冠の纓《ひも》を洗い、水が汚れている時は足を洗う意。「滄浪《そうろう》の水清《す》まば、以てわが纓を濯《あら》うべし。滄浪の水濁らば、以てわが足を濯うべし」（屈原「漁父」、『楚辞《そじ》』所収）による。戦国時代、追放された楚の屈原が失意のうちに江のほとりをさまよっている時に出会った漁夫が諭《さと》した歌。

託孤寄命 ◈たくこ きめい

幼い君主をあずけ、また一国の政治をあずけることのできる人物を言う。

「孤を託し命《めい》を寄《き》す」と読む。「曾子《そうし》曰《いわ》く、以て六尺の孤を託すべく、以て百里の命を寄すべく、大節に臨んで奪うべからず。君子人か、君子人なり、と」（『論語』泰伯）による。「六尺」は、春秋時代には約一三五センチメートル。「孤」は、父を失った者。「百里」は、諸侯の領地一国を言う。小さい君主をあずけることができ、一国の政治をまかせることができて、大事にのぞんで志を曲げない者、それが君子だろう、の意。

度徳量力 ◈たくとく りょうりき

おのれの身のほどを知ること。

「徳を度《はか》り力を量《はか》る」と読む。「徳を度りてこれに処《お》り、力を量りてこれを行う」（『春秋左氏伝』隠公十一年）による。自分に、人に慕われるどれほどの徳があるかを考えて立場を定め、人を動かすどれだけの力量があるかをはかって行動する、の意。自己の能力や境遇に応じて精一杯の努力をすべきことを言う。

多言数窮 ◈たげん すうきゅう

口数が多いとかえって言葉に窮するということ。

「多言は 数 窮す」と読む。『老子』五に見える言葉で、「中を守るに如《し》かず」と続く。口数が多いとしばしば続けられなくなるから、ほどほどがよい、の意。からっぽの心でいた方がよいと解釈する説もある。

他山之石　◆たざんの いし

他人の言動を見て自分の向上を図ること。

「他山の石、以て玉を攻《みが》くべし」（『詩経』小雅、鶴鳴）から。よその山から出た粗悪な石でも、自分の宝石をみがく役には立つ、という詩意。他人のつまらない言動でも自分の知徳をみがく助けとすることができる、という意味で使われる。類義のことわざ「人の振り見て我が振り直せ」は、他人の言動を見て自分の言動の反省材料とせよ、の意。

多士済済　◆たし せいせい　たし さいさい

優れた人材が多くいること。

「多士」は、多くの優れた人材。「済済」は、多く揃って盛んなさま。「済済たる多士、文王以て寧《やす》し」（『詩経』大雅、文王）による。文王は春秋時代の周王朝の基礎を築いた名君で、その子武王が殷《いん》の紂王《ちゅうおう》を滅ぼし、天下を統一した。その文王のもとに、太公望呂尚など多くの優れた臣が集まり、おかげで王は安らかに国を治められた、の詩意。単に、さまざまな人が集まっていることに使う場合もある。

多事多端　◆たじ たたん

仕事が多くて非常に忙しいこと。また、いろいろな事件が起り、世の中が騒がしいこと。

「多事」「多端」ともに、仕事が多くて忙しいさまを言う。二語を重ねて、忙しいさまを強調しており、タ音の繰返しが、あわただしさに効果を添えている。

多事多難　◆たじ たなん

事件や難事が次々と起ること。

「多事」は、問題となる事柄が多いこと。「多難」は、やっかいなことが多いこと。二語を重ねて、歓迎すべからざる出来事の多いさまを言う。「*平穏《へいおん》無事」の反対語と言えよう。

多愁善感　◆たしゅう ぜんかん

物事に感じやすいさま。

多く愁《うれ》い、善《よ》く感ずる意。ふつうなら無感動に見過してしまうことにも愁いを覚え、気持を動かされること。類義語に「多情多感」があるが、こちらは気持の高ぶりの激しいさまに言うことが多い。

多情多恨 ◆たじょう たこん

物事に感じやすく、恨めしく思うことの多いこと。

「多情」は、情愛の深いこと。「多恨」は、恨み悔やむ気持の多いこと。特に異性に対して移り気なこと。尾崎紅葉《こうよう》の同名の小説によって、よく知られるようになった。先立たれた妻を慕う男が、一方では親友の妻に親しんでいく心理を描く。

他生之縁 ◆たしょうの えん

前世からの因縁《いんねん》。

「他生」は、今生きているこの世「今生《こんじょう》」に対して、それ以前の「前生《ぜんしょう》」、それ以後の「後生《ごしょう》」を言う。何度も生れ変る意の「多生」と混同され、「多生之縁」とも書くが、意味に変りはない。「一樹《いちじゅ》の陰《かげ》、一河《いちが》の流れも他生の縁」「袖振《そでふ》り合うも他生の縁」など、成句の中にも使われる(→一樹之陰)。

多情仏心 ◆たじょう ぶっしん

異性に対して、相手は代っても常に慈悲の心で接する意。

「多情」は、情の多いこと。特に異性に対して移り気なこと。「仏心」は、仏のような慈悲深い心。ほとけごころ。主人公の奔放な恋愛遍歴を描いた里見弴《とん》の同名の小説によって有名になった語。

打草驚蛇 ◆だそう きょうだ

よけいなことをしたために、無用の関り合いを生じ、災難に遭《あ》うたとえ。

「草を打って蛇を驚かす」と読む。「草を打って蛇に驚く」とも読む。「藪蛇《やぶへび》」すなわち「藪をつついて蛇を出す」と同趣旨の語。まったくそんなつもりはなかったのに、草を打った(藪をつついた)ために蛇を驚かせ、怒った蛇に襲われるはめになるという意味。

多蔵厚亡 ◆たぞう こうぼう

欲が深いと自分自身を損《そこ》ねるというたとえ。

「多く蔵《ぞう》して厚く亡《うしな》う」と読む。「はなはだ愛《おし》めば必ず大いに費え、多く蔵すれば必ず厚く亡う。足るを知れば辱《はずかし》められず、止まるを知れば殆《あや》うからず。以て長久なるべし」(『老子』四四)から。物惜しみをしたり、たくさんしまいこんだりしていると、出費や物を失うことも多くなる。これでもういいと、とどまることができれば、安全に長らえることができる、と言う。

脱亜入欧 ◆だつあ にゅうおう

亜細亜《アジア》から脱し、欧羅巴《ヨーロッパ》に属するという、西洋文明化の考え。

主として中国文化の影響を大きく受けてきた日本が、明治維新以後、アメリカを含む西欧の進んだ文化・文明を認識してあこがれ、アジアの一員であることから抜け出して、西欧の一員たらんと志向した思想と、それに伴う言動を言う。

奪胎換骨《だったいかんこつ》 ⇩ **換骨奪胎**《かんこつだったい》

脱兎之勢 ◆だっとの いきおい

猛烈な速さ、敏捷《びんしょう》な動作の形容。罠《わな》から脱した兎が走って行くほどの勢いという意。

『孫子』九地に「始めは処女の如く、敵人戸を開くや、後は脱兎の如くせば、敵は拒《ふせ》ぐに及ばず」と見える。始めは弱々しく慎重に行動し、敵が油断したら猛然と攻撃すれば、敵は防ぎようがない、の意。「脱兎」だけで、きわめて速いことを形容する語になっている。同じ引用から「処女脱兎*」という語もできている。

他人行儀 ◆たにん ぎょうぎ

親しい仲であるのに、他人に接するようによそよそしく振舞うこと。

他人に対するような行儀の意。また、よそよそしく振舞う交際を「他人付合い」と言い、親しい相手をよそよそしくもてなすあしらいを「他人扱い」と言う。いずれも、わざとそのようにする意を持つ。

多謀善断 ◆たぼう ぜんだん

よく考えて、正しい判断を下すこと。

「多謀」は、あれこれはかりごとをめぐらす意。必要以上の、という含みがあり、本来はあまり良い意味に使われない。「善断」は、あれこれ考えた中から善いものを断ずる意。

他力本願

◆たりき ほんがん

もっぱら他人の力を当てにすること。

本来は、ひたすら阿弥陀仏《あみだぶつ》の本願（衆生《しゅじょう》を救おうという誓い）の力にすがって往生を願うことを意味し、自分の力で修行し悟りを得ようとする「自力修行《じりきしゅぎょう》」に対する。「あなた任せ」も、現在は他人に頼り切る意味に使われるが、本来は彼方《あなた》にいらっしゃる阿弥陀仏にこの身を任せることを言う。

暖衣飽食

◆だんい ほうしょく

苦労のない生活をすること。

暖かい衣服を着、飽きるまで食べる意。「飽食暖衣」とも言う。『孟子《もうし》』滕文公《とうぶんこう》上に「人の道有るや、飽食煖（「暖」に同じ）衣、逸居《いっきょ》して教えの無ければ、すなわち禽《きん》獣《じゅう》に近し」と見える。人というのは、衣食が十二分にあり、ぶらぶらしていて教育を受けないと、鳥獣と変らなくなるものだ、の意。舜《しゅん》が農業を普及させ、次に人間の道を学ばせたという記述のところで語られており、この「暖衣飽食」は、望ましいものとしてはとらえられていない。同じ豊かな生活を言う「＊豊衣足食《ほういそくしょく》」は、衣食が十分にあってはじめて人間としての礼節をわきまえるという角度からの語。

断崖絶壁

◆だんがい ぜっぺき

切り立っている険しい崖《がけ》のこと。

「断崖」も「絶壁」も、切り立っている崖を意味する。同義の二語を重ね、険しいさまを誇張している。「断崖絶壁に立たされる」など、はなはだしく危機的な状況におかれるたとえにも使う。

断鶴続鳧

◆だんかく ぞくふ

むやみに人の手を加えず、あるがままにしておくほうがよいというたとえ。

「鳧」は、日本ではチドリに似たあしの長いケリという鳥だが、中国では鴨《かも》を言う。「鳧の脛《すね》は短しといえども、これを続《つ》がば則ち憂えん。鶴の脛は長しといえども、これを断たば則ち悲しまん。故《ゆえ》に性長きも断ずる所にあらず。性短きも続ぐ所にあらず。去れ憂《おそ》うるところなければなり」（『荘子』駢拇《べんぼ》）による。生れつき長いものを短くすべきではなく、その逆もそうだ、気にする必要は何もないと説く。

貪官汚吏 ◆たんかん おり

職務を利用して私腹を肥やす汚れた役人のこと。「貪官」はドンカンとも言い、不正に私利を得る役人。「汚吏」は、不正なことをする役人。類義の二語を重ね、意味を強調すると同時に、そのような役人が少なくないことをも表現する。

弾丸黒子 ◆だんがん こくし

非常に小さく狭い土地のたとえ。「弾丸」は、古代中国で、小鳥などをとるのに用いたはじき弓の小さいたま。転じて小さな地域を言う。「この弾丸の地、なお予《あた》えざるなり」(『戦国策』趙策《ちょうさく》)。「黒子」は、ほくろ。北周の庾信《ゆしん》「哀江南賦」に「地はこれ黒子、城はなお弾丸のごとし」とあり、『宋名臣言行録』前集、趙普《ちょうふ》に「弾丸黒痣《こくし》の地」という表現がある。

断簡零墨 ◆だんかん れいぼく

文書の断片。書き物の切れはし。「断簡」は、書き物の切れはし。「零墨」は、墨跡の断片から、やはり書き物の切れはしを言う。同義の二語を重ねて、書き残されたものの非常にささいな断片を表す。高い業績を残した作家・思想家などの場合、一字一句が貴重な史料となるので、その全集の編纂は、文字どおり「断簡零墨」を集める作業になる。

断機之戒《だんきのかい》 ⇩ 孟母断機《もうぼだんき》

断金之交 ◆だんきんの こう

非常に親密な友情・交際。「交」はマジワリとも読む。金をも断ち切るような堅い交わりの意。「断金之契《ちぎり》」とも言う。「二人心を同じくすれば、その利《と》き(鋭さ)こと金を断ち、同心の言は、その臭《かお》り蘭の如《ごと》し」(『易経』繫辞《けいじ》上伝)による。「断金」だけで、親密な友情を意味する語になっている。引用文の後半部は「金蘭之契《きんらんのちぎり》」*「金蘭之交」などの語になっている。

断琴之交 ◆だんきんの こう

心の底まで知合った親友のたとえ。「交」はマジワリとも読む。春秋時代、琴の名手伯牙《はくが》には、その妙なる音を聞きわけてくれる鍾子期《しょうしき》という親友がいた(→高山流水)。「鍾子期死するや、伯牙琴を破り絃を絶ち、終身また琴を鼓《こ》せず。おもえらく、世にまた為に琴を鼓するに足る者無し、と」（『呂氏《りょし》春秋』本味）。このような悲しみを「伯牙*絶絃《ぜつげん》」と言う。

男耕女織 ◈だんこう じょしょく

男女それぞれに天から与えられた職分があること。「男は耕《たがや》し女は織《お》るを生業と為《な》す」（元、薩都刺《さつとら》「桃源行」）から。男は外で農耕作業をし、女は家にいて機《はた》を織るのがなりわいである、の意。さかのぼって『礼記《らいき》』内《だい》則《そく》は、「男は内を言わず、女は外を言わず」と記している。男は家の中のことに口を出すべきではない、女は家の外のことに口を出すべきではない、の意。職分の違いとして言われたもの。

談虎色変 ◈だんこ しきへん

体験したことのある者だけが、真実を知っているたとえ。「虎《とら》を談じて色《いろ》変ず」と読む。虎に襲われたことのある者は、虎の話を聞いただけで恐ろしさに顔色を変えるという意。『二程語録』一一に「虎に言及するや、神色すなわち変ず」と見える。

断根枯葉 ◈だんこん こよう

災いの元を根こそぎ断つこと。「根を断ち葉を枯らす」と読む。「その枝葉を去り、その本根を絶つ」（『国語』）による。類義語に、『戦国策』秦策《しんさく》による「削株掘根《さくしゅくっこん》」（株を削り根を掘り起す意）がある。

箪食壺漿 ◈たんし こしょう

民衆が飲食物を持って軍隊を歓迎すること。「箪食」は、わりごに詰めた食べ物。「壺漿」は、壺《つぼ》に入れた飲み物。「万乗の国（大国、ここは斉《せい》）を以て万乗の国（燕《えん》）を伐《う》てるに、箪食壺漿して、以て王師を迎えたるは、あに他あらんや、水火を避くるなり」（『孟子《もうし》』梁恵王《りょうけいおう》下）から。燕を攻め取った斉の宣王に孟子の説いた語。負けた燕の人民が飲食物を持って斉の軍隊を歓迎したのは、水攻め火攻めのような虐政から逃れたいためだ、だから悪政がまた続くようなら、人民の心はすぐに離れると宣王を諭《さと》したもの。

箪食瓢飲 ◈たんし ひょういん

わずかな食物で暮すこと。清貧に安んずるたとえ。

「賢なり回は。一箪の食一瓢の飲、陋巷(狭く汚い町)に在り。人はその憂いに堪《た》えず、回やその楽しみを改めず」(『論語』雍也《ようや》)から。「箪」「瓢」は、食べ物・飲み物を入れる容器。わずかな飲食物しかないとふつうの人は憂えるが、顔回はそれを楽しんでいる、賢いものだ、と孔子が弟子の顔回をたたえたもの。「一瓢一箪」「一箪の食、一瓢の飲」とも言う。

単純明快 ◆たんじゅん　めいかい

簡単で、かつ分りやすいさま。

類義の二語の組合せではなく、単純にして明快の意。話や文章の構造、あるいは論旨などについて言う。

断章取義 ◆だんしょう　しゅぎ

詩文の一節を取出し、全体の本意と関係なく、その一節の意味だけで用いること。また、自分の都合のよい引用をすること。

「章を断じ義を取る」と読む。単に「断章」とも言い、『春秋左氏伝』襄公《じょうこう》二十八年には「詩を賦《ふ》するに章を断ず(一部分を取出してうたう)」とある。『詩経』は比喩《ひゆ》を用いた詩が多いので、春秋時代から、全体の詩意とは関係なく一部分を取出して引用する「断章取義」が多かった。

断齏画粥 ◆だんせい　かくしゅく

貧しい中で学問に励むこと。

「齏《なずな》を断《た》ち粥《かゆ》を画《かく》す」と読む。「齏」は、俗に言うぺんぺん草。「岳陽楼記《がくようろうのき》」で知られる北宋の范仲淹《はんちゅうえん》は、学問をしていた頃たいへん貧しく、刻んだなずなをおかずに、冷えて固くなった粥を四つに切って朝晩二つずつ食べる生活をしていたという、『書言故事』苦学類に見える故事による。

団雪之扇 ◆だんせつの　おうぎ

男の愛を失った女のたとえ。

円《まる》くて雪のように白い扇の意。前漢の成帝に愛された班婕妤《はんしょうよ》が、のちに寵《ちょう》を失った身を秋の扇にたとえて詠んだと伝える「怨歌行」による。「新たに斉の紈素《がんそ》(上等の白絹)を裂けば、皎潔《こうけつ》(白く清らか)にして霜雪の如《ごと》し、裁ちて合歓《ごうかん》の扇(絹を両面に張り合せた扇)と為《な》せば、団団として明月に似たり」(『文選《もんぜん》』所収)。これに基づいてのちの詩人たちが詠んだ詩から、同義の「秋扇《しゅうせん》」も名高い。

なお班婕妤は、『漢書』の著者班固の大おば。

胆戦心驚 ◆たんせん しんきょう

恐れおののくこと。

「胆戦《おのの》き心驚く」と読む。「胆」は、胆力、肝っ玉。肝っ玉がふるえあがり、心臓がどきどきする意。『敦煌《とんこう》変文集』に見える。

単槍匹馬 ◆たんそう ひつば

誰の力も借りずに単独で行動すること。

一本の槍《やり》と一頭の馬で敵陣に乗りこんでいく意。唐の汪遵《おうじゅん》「烏江詩」に「単槍匹馬重囲を突く」と見える。また、「匹馬単槍」とも言う。

男尊女卑 ◆だんそん じょひ

男を重んじ、女を軽んずる考え方や習慣。

考え方の実態はともかく、言葉そのものは近代的な感覚を与えるが、実は古く『列子』にすでに見られる。「男女の別、男は尊く女は卑《いや》し。故に男を以て貴しとなす。吾《われ》すでに男為《た》るを得たり」(『列子』天瑞)。孔子の出会った老人が、人生にある三つの楽しみの一つとして、「男尊女卑」を大前提に、その尊い側に生れた喜びを挙げている。究極の人生を悟る哲学老人にしてかくのごとしだった。

胆大心小 ◆たんだい しんしょう

度胸は大きく、注意は細心であること。

「胆は大ならんことを欲し、心は小ならんことを欲す。智は円(円滑)ならんことを欲し、行は方(方正)ならんことを欲す」(『旧唐書《くとうじょ》』孫思邈《そんしばく》伝)から。南宋の『朱子語類』には、「胆大、これ千万人といえどわが往《ゆ》く処《ところ》なり。心小、これ文王の小心翼翼《よくよく》たる、曾子《そうし》の戦戦兢兢《きょうきょう》たる、これなり」と見える。なお、江戸後期の上田秋成に『胆大小心録』と名づけた随筆がある。

胆大妄為 ◆たんだい もうい

大胆不敵に好き勝手なことをすること。

「胆大」は、肝っ玉が大きいこと。ここでは批判的に、配慮・気配りなどが欠けているさまを言う。「妄為」は、「妄」はみだりに、の意で、でたらめな事をすること。

断腸之思 ◆だんちょうの おもい

はらわたがちぎれるほどの悲しい思い。

「断腸」は、腸《はらわた》を断つ意。腸を断つほどの悲しさを言う。「桓公（晋《しん》の桓温《かんおん》）蜀《しょく》に入り、三峡中に至る。部伍（部下）の中に猨子《えんし》（子猿）を得る者有り。その母岸に縁《よ》りて哀号し、行くこと百余里にして去らず。遂に跳びて船に上り至り、すなわち絶ゆ。その腹中を破り視《み》れば、腸みな寸寸断ちたり」（『世説新語《せせつしんご》』黜免《ちゅつめん》）。同じ故事による「母猿《ぼえん》断腸」「九腸寸断」（「九」は数の多いことを表す）も同意。

単刀直入 ◆たんとう ちょくにゅう

前置を抜きにして、いきなり要点に入ること。遠回しな表現をしないで、直接問題点に触れること。

一振りの刀を頼りに、一人でまっすぐ敵陣に斬りこむ意。北宋の禅書『景徳伝灯録』九の霊祐《れいゆう》の条に「単刀趣《すみや》かに入れば、すなわち凡聖《ぼんしょう》情尽き、体真常を露《あら》わす」と見える。ずばり切りこめば、凡人も聖人もみな本性を顕す、の意。霊祐は唐代の禅僧。

貪夫徇財 ◆たんぷ じゅんざい

欲の深い者は、金のためなら命さえ投げ出すということ。

「貪夫は財に徇《じゅん》ず」と読む。「徇」は「殉」に通じ、一身を捧げる意。前漢、賈誼《かぎ》の「鵩鳥賦《ふくちょうのふ》」（『文選《もんぜん》』所収）に「貪夫は財に徇じ、烈士は名に徇ず。夸者《こしゃ》は権に死し、品庶《ひんしょ》は生を毎《むさぼ》る」と見える。貪欲な者は財産のために命を投げ出し、かたく義を守る人は名誉のために命を捨て、権勢を誇る者は権力のために死に、庶民はただ生きることにこだわっている、の意。「鵩鳥賦」は、左遷されて失意の賈誼が、鵩鳥（ふくろうの類）の口を借りて、些細《ささい》なことにくよくよする必要はないと、自分自身に言いきかせた作品。

単文孤証 ◆たんぶん こしょう

根拠が乏しいこと。証拠が不十分であること。

「単文」は、一つだけの文章。「孤証」は、たった一つの証拠。論証・証拠を最も重視する学問研究や裁判などで言われる。『四庫提要』子、雑家類に「鶡冠子《かっかんし》、三巻……未だ単文孤証を以て、にわかにはその偽なるを断ずべからず」と見える。「博引旁証《はくいんぼうしょう》」*の反対語。

短兵急接 ◆たんぺい きゅうせつ

突然行動を起すさまを言う。

「短兵」は、手に持って戦う短い武器。弓矢に対して刀剣、また長槍に対して短い手槍を言う。短い武器を持って息もつかせず敵と切り結ぶ意。『後漢書』光武紀に「賊を追うこと急なり。短兵して接す」と見える。日本には「短兵急」の表現で取入れられ、「相順《したが》フ兵僅《わずか》ニ二十余騎ニ成《なり》シカバ、敵三千余騎ノ真中ニ取籠《とりこめ》テ、短兵急ニ拉《とりひし》ガントス」(『太平記』一〇)のように、息もつかせず攻めたてる意から、にわかに、だしぬけに、の意で一般化して使われるようになった。

談論風発 ◆だんろん ふうはつ

さまざまな意見が活発に交されること。

「談論」は、談話や議論。「風発」は、風の吹き起るように勢いよく口をついて出るさま。互いに遠慮なく言い合う様子だが、喧嘩《けんか》ごしではない。

遅疑逡巡 ◆ちぎ しゅんじゅん

疑い迷って、ぐずぐずしていること。

「遅疑」は、疑ったり迷ったりして決断しかねること。「逡巡」は、ぐずぐずすること。なかなか決断できない意の二語を重ね、ためらう様子を強調する。「狐疑《こぎ》*逡巡」も同趣旨の語。

池魚故淵 ◆ちぎょ こえん

生れ故郷を懐かしく思うこと。

「池魚故淵を思う」の略。「羈鳥《きちょう》旧林を恋い、池魚故淵を思う。荒を開く南野の際、拙を守りて園田に帰る」(東晋、陶淵明《とうえんめい》「帰二園田居一」)から。籠《かご》の鳥は以前棲《す》んでいた林を恋しく思い、池の魚はもとの川の淵を懐かしむ、と故郷を慕いながら不本意な役人生活を送っていた頃の心境を述べ、世渡りの下手な自分にふさわしく、荒地を開拓しようと、恋しい故郷に戻った喜びをうたう。

池魚之殃 ◆ちぎょの わざわい

思いがけない災難に遭《あ》うこと。また、巻添えをくうこと。特に、火事で類焼することを言う。

典拠に諸説ある。一つは『呂氏《りょし》春秋』孝行覧、必己に見える故事。春秋時代、宋の桓司馬《かんしば》が罪を犯して逃げる時、持っていた宝珠を池の中に投げ込んだ。王が池をさらわせたために魚がみな死んでしまい、しかも宝珠は見つからなかったという。『風俗通』(『太平御覧』所収)に載る話は、城門が焼けた時、池の水を使って消火したために魚が死んでしまったというもの。そして『太平広記』水族には、池仲魚という人が、城門の火事のために自宅が類焼して焼死したことからという説が示してある。江戸時代、立花北枝《ほくし》に宛てた松尾芭蕉《ばしょう》の手紙に「池魚の災《わざわい》承《うけたまわり》」と見えるが、これは火事を見舞ったもの。また江戸中期の『譬喩尽《たとえづくし》』には「池魚之災、火難也」とある。

池魚籠鳥　◆ちぎょ ろうちょう

宮仕えなどの不自由な身の上のたとえ。池に飼われている魚と籠《かご》の中の鳥の意。「池魚」も「籠鳥」も、不自由な身のたとえとしてよく使われるが、両語を並べたものは『文選《もんぜん》』に載る潘岳《はんがく》「秋興賦《ふ》」に見える。自然の中で生きることを理想と考える潘岳が、宮仕えに縛られている様子を述べ、「譬えばなお池魚籠鳥にして、江湖山藪《こうこさんそう》の思い有るがごとし」と嘆いている。

築室道謀　◆ちくしつ どうぼう

議論ばかりが多くて役に立たないたとえ。「かの室を築かんとして道に謀《はか》るが如《ごと》し」(『詩経』小雅、小旻《しょうびん》)から。家を造る時に通りがかりの人に意見を聞いても、それぞれ勝手なことを言うだけで、なかなか家はでき上がらない、の意。指図する人ばかり多くて物事がうまく進まない「船頭多くして船山に上《のぼ》る」の類。

竹頭木屑　◆ちくとう ぼくせつ

役に立たないもの。また、役に立たないものを利用するたとえ。

東晋《とうしん》の陶侃《とうかん》が、船を造った時に出た竹の先っぽや木の屑《くず》をとっておき、雪で道がぬかるんだ時には木屑をまいて滑らないようにし、竹の先は釘にして船の修繕に役立てたという、『晋書』陶侃伝に見える故事から。

竹帛之功　◆ちくはくの こう

歴史に残る功名や手柄。

「竹帛」は、中国で紙の発明される以前に、文字を記した竹簡・布帛《ふはく》を言い、転じて書物、特に歴史書を言う。『後漢書』鄧禹《とうう》伝に「ただ願わくは明公の威徳四海に加わり、禹その尺寸《せきすん》に効《いた》して(ほんのわずかな手伝いをして)、功名を竹帛に垂《た》るるを得んのみ」とあり、ここから功名を歴史に残す意の「竹帛に垂る」(→垂名《すいめい》竹帛)という成句が生れ、そのような功名を「竹帛之功」と言う。

竹馬之友　◆ちくばの　とも

幼友達のこと。

一緒に竹馬《ちくば》にまたがって遊んだ友達の意。中国の竹馬は、竹の棒を馬に見立てて前にたてがみをつけ、またがって後ろを地に引きながら走りまわる。東晋《とうしん》の桓温《かんおん》は、幼友達の殷浩《いんこう》と並び称されることが不満で、「少《わか》き時、われ浩と共に竹馬に騎《き》す。われ棄て去るに、浩すなわちこれを取る」、だから殷浩は俺《おれ》より下なんだと言いはったという。『晋書』殷浩伝に見える逸話。最初の「竹馬之友」は、仲良しではなかった。

竹苞松茂　◆ちくほう　しょうも

家の新築落成を祝う言葉。

「竹苞」は、竹が群がり生えている意で、家の土台のしっかりしたさま。「松茂」は、松の生い茂っている意で、家屋の造りの結構なさまを言う。「竹苞の如《ごと》く、松茂の如く、兄と弟、式《うやま》いて相好し、相猶《あらそ》うことなし」（『詩経』小雅、斯干《しかん》）から。新しい家は竹苞松茂のごとく、そこに住む人たちは兄弟仲良く、喧嘩《けんか》もしない、の詩意。同じ新居落成を祝う語に「＊燕雀相賀《えんじゃくそうが》」がある。

竹林七賢　◆ちくりんの　しちけん

西晋《せいしん》代、世俗を避けて竹林に会し、語り合ったと伝える七人の隠士《いんし》を言う。

阮籍《げんせき》・嵆康《けいこう》・山濤《さんとう》・劉伶《りゅうれい》・阮咸《げんかん》・向秀《しょうしゅう》・王戎《おうじゅう》の七人。生没年未詳の人がいて定かでないが、分っているだけでも、集まっていたころの年齢はまちまち。『世説新語《せせつしんご》』任誕に「七人つねに竹林の下に集《つど》い、意を肆《ほしいまま》にして酣暢《かんちょう》（ゆったり酒を飲む）す。ゆえに世に竹林の七賢と謂《い》う」とある。なお、江戸時代に、竹林に七人の美人を描いた「竹林の七妍《しちけん》」という見立て絵がはやった。

知行合一　◆ちこう　ごういつ

知識と実践は同時に発現するという、明の王陽明の学説。

「知行合一説」の略。朱子が、知識によって事物の理をきわめてこそ、これを実践しうるという「先知後行《せんちこうこう》説」を主張したのに対し、王陽明は、知は行のもとであり、行は知の発現であるとして、知と行とを一源のものととらえた。陽明の『伝習録』中に「それ物の理はわが心の外ならず。わが心の外に物の理を求むるも、物の理無し」「心の外に以て理を求むるは、これ知行を以て二とする所なり。理をわが心に求むるは、これ聖門にして知行合一の教えなり」とある。

治山治水 ◈ちさん ちすい

人民が暮しやすいように国土を治めるという政治の根本理念。

「治山」は、生活に必要な樹木を育てるとともに、洪水を未然に防ぐため、植林などを行って山を整備すること。「治水」は、水害を防ぎ、また運輸・灌漑《かんがい》の便をはかるために、河川・水路の整備・保全を行うこと。今日でも「治山治水」は政治の最も重要な課題として位置づけられる。

知者一失《ちしゃのいっしつ》 ⇓ 千慮一失《せんりょのいっしつ》

知者不言 ◈ちしゃ ふげん

本当に分っている人は、それを口にしないということ。

「知る者は言わず、言う者は知らず」(『老子』五六)から。真実の道は言葉では言い表せない、従って真実の道に通じた者はそれを口にしない、という趣旨。一般に、道徳に限らず、物事をよく知っている人ほど寡黙《かもく》であり、ろくに知らない者ほど饒舌《じょうぜつ》である、のように使われる。

知者不惑 ◈ちしゃ ふわく

知者は道理をわきまえているから、事に当って惑わないということ。

「知者は惑《まど》わず、仁者は憂《うれ》えず、勇者は懼《おそ》れず」(『論語』子罕《しかん》)から。日本では「知者は惑わず、勇者は恐れず」という対句として引用されることがある。『論語』の趣旨からすれば「仁者は憂えず」は落せないが、これは「仁者不憂《ふゆう》」*で独立し、勇気ある行動のさまとして、「知者不惑」と「勇者不懼《ふく》」*との組合せが使われるようになった。「智者はまどはず勇者は恐れずといふ。おのれ智恵こそなくとも匹夫《ひっぷ》の勇でも勇はある」(近松門左衛門『用明天皇職人鑑《かがみ》』道行)。

知者楽水 ◈ちしゃ らくすい

道理をわきまえた人は、水を楽しむということ。

「知者は水を楽しむ」と言う。「知者は水を楽しみ、仁者は山を楽しむ。知者は動き、仁者は静かなり。知者は楽しみ、仁者は寿《いのちなが》し」（『論語』雍也《ようや》）から。知者と仁者を対比させ、「*仁者楽山《じんしゃらくざん》」、仁者が不動の山を楽しむのに対して、知者は流動的な水を楽しむと言う。

痴心妄想　◆ちしん　もうそう

愚かな心であらぬ思いにふけること。

「痴心」は、愚かな心。『今昔物語集』一の五に見える「我慢ヨリ痴心ヲ生ズ」は、仏教語としての表現で、強い自我意識が無知で道理に暗い心を生ずるの意。「妄想」は、本来仏教語でモウゾウと読み、正しくない想念を言う。一般化されて、あり得ないことをみだりに考える意となった。一般語としても仏教語としても、痴心によって妄想が生ずると理解してよい。

地水火風　◆ちすい　か　ふう

仏教で、物質を作っている四つの元素。「四大《しだい》」と呼ばれる。「地」は固さと保持、「水」は湿《しっ》潤《じゅん》と収集、「火」は熱さと熟成、「風」は動きと生長の性質を持つ。人間の身体もこの四大から成り、これらの調和が崩れた時に病気になる。これを「*四大不調」と言う。密教では、四大に「空《くう》」を加えた「五大」を説く。「空」の持つ性質は、障《さわ》りのない意の無礙《むげ》と不障。

知崇礼卑　◆ちすう　れいひ

知識は高くすることをめざし、礼儀は低くすることをめざすべきであるということ。

「知は崇《たか》く礼は卑《ひく》し。崇きは天に効《なら》い、卑きは地に法《のっと》る」（『易経』繋辞《けいじ》上伝）から。孔子の言として記されている。知識は高遠をめざし、礼儀は謙譲をめざすべきであり、知識の高遠さは天の高きにならい、礼儀の謙譲さは地の低きにのっとるべきである、と説く。知識のある人ほど腰が低い意にも用いられる。

知足安分　◆ちそく　あんぶん

足ることを知り、自分の境遇に満足すること。

「知足」は、現状を満ち足りたものと理解すること。「足るを知る者は富む」と『老子』三三に見える。「安分」は、分に安んじる意。自分のおかれている立場・境遇に心を落ちつけること。分を守る意の「守分《しゅぶん》」を使った「知足守分」も類義の語。

地平天成　◆ちへい　てんせい

世の中が平穏で、よく治まること。「地平らかに天成る」と読む。『書経』大禹謨《たいうぼ》の「帝曰《いわ》く、兪《しかり》、地平天成にして六府三事（↓利用厚生）まことに治まる。万世永く頼るはこれこの功なり、と」から。元号の「平成」は、この語と「内平外成」*に基づくとされる。

遅暮之嘆　◈ちぼの　たん

年を取っていくのを嘆くこと。

「遅暮」は、少しずつ年を取ること。戦国時代、楚《そ》の屈原「離騒《りそう》」（『楚辞』所収）の「草木の零落を惟《おも》い、美人の遅暮を恐る」から「遅暮」の語が生れ、美人がそれを恐れるところから「遅暮之嘆」という語ができた。

魑魅魍魎　◈ちみ　もうりょう

さまざまな化物を言う。

「魑魅」は、山林の異気から生じる怪物で、「魑」は虎の形をした山の神、「魅」は猪頭人身の沢の神。『史記』五帝紀に「四凶族を流して四裔《しえい》（四方の辺境）に遷《うつ》し、以て螭（「魑」に同じ）魅を御《ぎょ》す」と見える。「魍魎」は、山水・木石の精気から生じるという怪物。春秋時代、周王室の宝である九鼎《きゅうてい》には万物が刻みこまれていて、民は魔物を見分けることができ、「川沢山林に入りて不若《ふじゃく》（魔物）に逢わず、螭魅罔両（「魍魎」に同じ）もよくこれに逢うことなし」と『春秋左氏伝』宣公三年にある。

着手成春　◈ちゃくしゅ　せいしゅん

作家や医者の手腕が優れていること。

「手を着くれば春《はる》を成す」と読む。手をわずかに着けただけで春の景色のような清新な情景を描き出す意。絵画や詩文について言う。「触手生春《しょくしゅせいしゅん》」とも。また、手を触れれば冬が過ぎて春になったように病気がよくなるという意で、医者の優れた手腕に言う。「成春」は「回春」と同じく、病気がよくなる意。こちらは「妙手回春《みょうしゅ》」とも言う。

忠言逆耳　◈ちゅうげん　ぎゃくじ

忠告の言葉はなかなか素直に聞くことができないということ。

「忠言耳に逆《さか》らう」と言う。「それ良薬は口に苦《にが》し。しかれども智者は勧《つと》めてこれを飲む。その入りて己《おのれ》の疾《やまい》を已《いや》すを知ればなり。忠言は耳に払《さか》う。しかれども明主はこれを聴く。その以て功を致《いた》すべきを知ればなり」（『韓《かん》非子《びし》』外儲説《がいちょぜい》左上）。「良薬口に苦くして病に利し、忠言耳に逆らいて行いに利す」（『孔子家語《けご》』六本）。そのほか諸書に、「良薬口に苦し」（→良薬苦口《くこう》）と「忠言耳に逆らう」が対語として説かれている。

中原逐鹿　◆ちゅうげん　ちくろく

帝位を争うこと。

「中原に鹿《しか》を逐《お》う」と言う。「中原」は、黄河流域の平原部で、古来文化の中心地だったことから、天下にたとえる。「逐鹿」は、狩人が獲物の鹿を逐い合うことで、「鹿」は帝位のたとえ。『唐詩選』の巻頭に載る初唐の魏《ぎ》徴《ちょう》「述懐」から。「中原また鹿を逐い、筆を投じて戎軒《じゅうけん》を事とす……人生意気に感ず、功名誰かまた論ぜん」。乱世に群雄が帝位を争っている時に、文筆を捨てて軍事に携わることになった、と出征の命を受けた魏徴が都を出発する時の感慨を詠んでいる。引用文からは「人生意気に感ず」（人間は金銭や名誉に関係なく、心意気で行動するものだ）も知られる。

知勇兼備　◆ちゆう　けんび

知恵と勇気を兼ね備えていること。

楚《そ》人卞和《じんべんか》が得た「*和氏之璧《かしのへき》」を、戦国時代趙《ちょう》の恵文王が手に入れたところ、秦《しん》の昭王が十五の城と交換しようと持ちかけた。藺相如《りんしょうじょ》が璧を持って秦におもむいたが、昭王に城を渡す気がないと分り、髪を逆立てて王をおどしつけ（→怒髪衝天《どはつしょうてん》）、璧を持ち帰った（→完璧帰趙《かんぺききちょう》）。『史記』藺相如伝賛で、司馬遷は藺相如を「その智勇に処する、これを兼《か》ぬと謂《い》うべし」と評している。

中冓之言　◆ちゅうこうの　げん

夫婦のむつごと。

「中冓」は、屋敷の中の奥まった部屋で、夫婦の寝室の意に使われる。「中冓の言は道《い》うべからず。道うべき所なれど、これを道えば醜《みにく》し」（『詩経』鄘風《ようふう》、牆有茨《しょうゆうじ》）。閨《ねや》のむつごとは人に言うものではない、言いたくなるが、それを言ったらみっともないの意。『詩経』はしばしば歴史的背景のもとに詠まれている。この詩も、当時の鄘には、人々が口にするのを避けるべき何かがあったことを推測させる。

昼耕夜誦　◆ちゅうこう　やしょう

昼は働き、夜は勉強に励むこと。

「家貧しくして学を好む。昼は耕し夜は誦し、傭書（書写の仕事）して以て父母を養う」（『魏書《ぎしょ》』崔光《さいこう》伝）から。最も普遍的な苦学の形態と言え、今日の学生にも見られる。最も蛍の明りや雪明りで勉強した東晋《とうしん》の車胤《しゃいん》・孫康《そんこう》の姿は、今日では見ることのできないものだが、苦学を示す語としては「蛍雪《けいせつ》」（→蛍雪之功）が最も著名となっている。

忠孝両全 ◆ちゅうこう　りょうぜん

忠義と孝行の両方をまっとうすること。

唐の李商隠《りしょういん》「為二濮陽公陳許《ぼくようこうちんきょ》一上表」に「忠孝の両全を貴べば、すなわち忠に孝を移すべし。文武の二道を正すには、すなわち武は文を輔《ほ》すべし」と見える。忠義と孝行をともにまっとうすべきと思ったら、親への孝心を主君への忠節の心に移すようにし、文武両道をきちんと行うには、武を文の助けとするがよい、の意。

中秋無月 ◆ちゅうしゅう　むげつ

秋の十五夜の名月が雨や曇りで見られないこと。

「中秋」は、陰暦八月十五日。この夜の月は「中秋名月」と呼ばれ、一年中で最も美しい月とされる。それが見られない、不風流、また物足りないという意味で使われる。「この夜も月無くんば、一年虚《むな》しく秋を過さん」（司空図《しくうと》「中秋詩」）。一方、日本では、特に中秋の名月が雲に覆《おお》われながら薄明りを残す情景を「中秋無月」「無月」として歌や俳句に取込み、趣ある景色ととらえている。『山家集』の「月見れば影なく雲につつまれて今宵ならずば闇に見えまし」は、「くもれる十五夜を」の詞書《ことばがき》が示すように「中秋無月」を詠んだもの。

抽薪止沸 ◆ちゅうしん　しふつ

根本的な解決を図るたとえ。

「薪《たきぎ》を抽《ひ》き沸《たぎ》りを止《とど》む」と読む。湯の沸騰を止めるには、燃えている薪をかまどから引き出せばよいということ。『三国志』魏志《ぎし》、董卓《とうたく》伝注には「湯を揚げ沸るを止めんに、火を滅し薪を去るには如《し》かず」と見える。似たような表現が『漢書』枚乗《ばいじょう》伝にあって、「湯の滄《さ》めんことを欲すれば、薪を断ちて火を去るに如かず」と言う。また「＊釜底抽薪《ふていちゅうしん》」も同義の語。

中途半端 ◆ちゅうと　はんぱ

完成までに至っていないこと。また、どっちつかずで徹底しないさま。

「途中半端」とも言う。「中途」に重点をおけば、完成までに至っていないことを言い、「半端」に重点をおけば、どっちつかずで徹底しないさまを言う。近年使われる俗語「はんぱじゃない」は、どっちつかずの「半端」を否定することで、徹底していることを表している。

中肉中背 ◆ちゅうにく ちゅうぜい

ほどほどの体格・背丈であること。

痩《や》せてもなく肥ってもいない肉付きで、高くもなく低くもない背丈であることを言う。ほどよい背格好を言うが、一面では「*長身痩軀《ちょうしんそうく》」や「*大兵肥満《だいひょうひまん》」といった目立った特徴がなく、体つきをうまく表現できない場合にしばしば使われる。

綢繆桑土《ちゅうびゅうそうど》 ⇩ 桑土綢繆《そうどちゅうびゅう》

昼夜兼行 ◆ちゅうや けんこう

昼も夜も休みなく、道を急ぐこと、または仕事をすること。

「兼」は倍にする意、「行」は一日の行程で、「兼行」は、一日に進む距離を二倍にする意。そうするために、休むべき夜も歩き続けるのが「昼夜兼行」。『三国志』呉志、呂蒙《りょもう》伝の「昼夜兼行して羽（関羽）が置く所の江辺の屯候に至る」がその例。類義語に「*倍日幷行《ばいじつへいこう》」がある。交通機関の発達した現在ではこの用法はほとんどなくなり、突貫作業で仕事をする意味に使われることが多い。

中庸之道 ◆ちゅうようの みち

偏りや過不足のない、調和のとれた生き方を言う。

「中庸」は、かたよったり過不足があったりしないこと。『論語』雍也《ようや》に「中庸の徳たるや、それ至れるかな。民鮮《すくな》きこと久し」と見える。中庸は道徳としては最高だ、しかし人民の中にはすっかり少なくなった、の意。なお、中庸の徳とその実践を強調した儒教書に『中庸』がある。もと『礼記《らいき》』の一編だったが、のちに独立し、朱子によって広められた。

朝雲暮雨 ◆ちょううん ぼう

男女の契《ちぎ》りのたとえ。

戦国時代、楚《そ》の宋玉《そうぎょく》の「高唐賦《こうとうのふ》」（『文選《もんぜん》』所収）に見える話から。楚の懐王が高唐（楚の雲夢沢にあったという高殿）に遊んで昼寝した時、夢に女が現れて王と枕をかわした。「去るときに辞して曰《いわ》く、われは巫山《ふざん》の陽《みなみ》、高丘の岨《そ》に在り。旦《あした》には朝雲と為《な》り、暮《くれ》には行雨と為り、朝朝暮暮、陽台の下（あなたのそば）にあり、と」。翌朝、女の言った通り雲がかかっていたので、懐王は女を思って「朝雲廟《びょう》」を建てたという。「雲雨巫山《うんうふざん》」「巫山之夢」とも言う。

張王李趙 ◆ちょう おう り ちょう

当り前のどこにでもいる人。

「張」「王」「李」「趙」は、中国ではよくある姓。というわけで、どこにでもいる平凡な人という意味だが、もちろんこれらの姓をもつ人がすべて無名の人というわけではない。大勢いれば当然名高い存在も多くなるわけで、むしろ歴史に名を残す人を「張王李趙」と言うことも可能かもしれない。

鳥革翬飛 ◆ちょうかく きひ

家の造りの美麗で立派なさまを言う。

「鳥革」は、鳥がまさに飛び立とうとするさま。「翬」は五色の羽を持った雉《きじ》で、「翬飛」は、その翬の飛び立つさま。「跂《つまだ》ってこれ翼たるが如《ごと》く、矢のこれ棘《きょく》なるがごとく、鳥のこれに革するがごとく、翬《き》のこれに飛ぶが如し」（『詩経』小雅、斯干《しかん》）による。字句の解釈には説があるが、要するに家の造りを、鳥が翼を広げて今まさに飛び立とうとしている雄姿にたとえている。これは新築落成を祝う詩で、同じく家をほめる言葉「*竹苞松茂《ちくほうしょうも》」もこの詩による。また、「*燕雀相賀《えんじゃくそうが》」という新築落成の賀詞もある。

長頸烏喙《ちょうけいうかい》 ⇒ 鷹視狼歩《ようしろうほ》

懲羹吹膾 ◆ちょうこう すいかい

一度の失敗に懲《こ》りて、無益な用心をするたとえ。

ふつう「羹《あつもの》に懲りて膾《なます》を吹く」と言う。「羹」は「熱物」の意で、野菜や肉を入れて作った熱い吸物。「膾」は、細かく切った生肉。熱い汁をうかつに飲んでやけどしたので、用心して膾に息を吹きかけ、さまそうとする意。『楚辞《そじ》』に載る屈原《くつげん》「九章」惜誦《せきしょう》に、「初めにかくのごとくして殆《あやう》きに逢う。羹に懲りて韲《なます》（細かく切った野菜のあえもの）を吹く。何ぞこの志を変ぜざるや」と見える。ここでは屈原のかたくなな態度に、どうして態度を改めようとしないのか、と諭《さと》す意味で使われている。

鳥語花香　◆ちょうご　かこう

春の美しい情景を言う。

鳥の鳴声と花の香りの意。日本では、たとえば「待つ人も来ぬものゆゑに鶯《うぐいす》の鳴きつる花を折りてけるかな」(『古今和歌集』春)、「花の色は霞にこめて見せずとも香をだにぬすめ春の山風」(同、僧正遍昭《そうじょうへんじょう》)のように、春の鳥と言えば鶯、春の花と言えば桜を指すことが多い。

朝三暮四　◆ちょうさん　ぼし

目先の違いにとらわれて、結局は同じであることに気づかないこと。また、その愚かさ。

春秋時代、宋の猿つかいが、生活が苦しくなったのでえさのとちの実を減らそうとして、朝三つ夕方四つやると言ったところ、猿たちは怒った。それじゃ朝四つ夕方三つにしようと言ったら、猿たちは喜んだという。『列子』黄帝、『荘子』斉物論などに見える逸話。やりくりするところから、生計、暮しの意味にも使われる。

朝参暮請　◆ちょうさん　ぼしん

朝夕師匠のもとに参じて教えを乞うこと。

禅宗で言う。「参」は、師のもとにいたって親しく教えを受ける意。「請」は、師に教えを求める意。朝となく夕となく、いつも修行者が師について仏道修行に精を出すことを言う。鎌倉時代、道元の『正法眼蔵《しょうぼうげんぞう》』重雲堂式に「坐禅《ざぜん》は僧堂のごとくすべし。朝参暮請、いささかもおこたることなかれ」と見える。

張三李四　◆ちょうさん　りし

その辺にいくらでもいる、ふつうの人。

張家の三男坊と李家の四男坊の意。中国で多く見られる姓の「張」「李」を取上げて、ふつうの人を代表させたもの。類義表現に、多い姓を並べた「張王李趙《*ちょうおうりちょう》」がある。やはり、張さんと李さんが入っている。

長者窮子　◆ちょうじゃ　ぐうじ

仏教で、声聞《しょうもん》・縁覚《えんがく》を信ずる者が仏によって真実の教えに導かれるたとえ。

「窮子」は、貧窮した子の意。「法華七喩《*ほっけしちゆ》」の一つ。『法華経』信解品に説かれる。幼い時に家出した息子が貧乏になり、実家とも知らず父の長者の家近くを徘徊《はいかい》する。父はわが子と認め、そ知らぬ顔で雇い入れ、次第に重く用いて最後に実子であることを明かし、家財をことごとく譲るという話。長者を仏にたとえ、窮子を声聞（仏の説法を聞いて悟る人）・縁覚（仏によらず一人で悟る人）の教えにとどまる者にたとえる。大乗仏教では、声聞・縁覚だけでは自分の利益にとどまる小乗者とされた。

長者三代 ◈ちょうじゃ さんだい

金持は三代しか続かないということ。「長者」は、金持、富豪のこと。初代が苦労して財産をたくわえ長者になる。二代目は親の苦労を知っているから、財産を減らさないように努めるが、三代目ともなるとまったくの苦労知らずで、お金の大切さも分らずに財産を使いはたしてしまう。その結果が川柳に言う「売《うり》家《いえ》と唐様《からよう》で書く三代目」で、金持の教養で習い覚えた中国風書体で家を手放す売札を書くはめになる。

鳥尽弓蔵 ◈ちょうじん きゅうぞう

役に立つ間は重宝がられるが、用が済めば顧みられなくなるたとえ。

「鳥尽《つ》きて弓蔵《おさ》めらる」と読む。鳥を取るために重宝された弓も、鳥がいなくなったら片付けられてしまう意。『史記』越王句践《こうせん》世家に「飛鳥尽きて良弓蔵められ、狡兎《こうと》死して走狗《そうく》烹《に》らる」と見える。同書淮陰侯《わいいんこう》伝にもほとんど同じ表現があり、類似の表現は諸書にある。引用の後半は、「狡兎走狗」（→狡兎良狗）で類義語になっている。

超塵出俗 ◈ちょうじん しゅつぞく

俗世間を超越していること。

「超塵」は、世間の塵《ちり》にまみれていないこと。「出俗」は、俗世間から抜け出ていること。類義の二語を重ね、俗世間の垢《あか》にまみれていないさまを強調する。山林に逃れて隠者になるのではなく、「大隠朝市《たいいんちょうし》*」のように、市中に住みながら俗を脱している様子を言う。

長身痩軀 ◈ちょうしん そうく

背が高く、からだつきが痩《や》せていること。

ひょろりとしたからだつきのさまを言う。これはほめた言い方だが、遠慮会釈のない形容になると「電信柱」などと言う。相撲《すもう》の世界で言う「ソップ形」もこれに当る。「ソップ」はスープのことで、痩せたさまをスープを取る鶏骨にたとえる。語を入れ替えた「痩身長軀」も同義。

朝秦暮楚　◆ちょうしん　ぼそ

住所を定めず放浪生活をするたとえ。また、主義主張が一貫していないたとえ。

朝は秦《しん》の国にいたかと思うと夕方は楚《そ》の国にいる意。また、朝は秦に仕えるかと思うと夕方は楚に乗りかえる意で、この場合は「＊朝令暮改《ちょうれいぼかい》」に似ている。戦国時代は、西部の秦に対して東部の燕《えん》・斉《せい》・趙《ちょう》・魏《ぎ》・韓《かん》・楚が対立していた。

彫心鏤骨　◆ちょうしん　るこつ

詩文などを苦心惨憺してみがきあげること。

「心に彫《ほ》り骨に鏤《きざ》む」と読む。「彫心」は、心に彫りこむような思いで苦心すること。「鏤骨」は、骨にきざみつけるような思いで心を砕くこと。二語を重ね、心身を痛めつけて非常な苦心をするさまを言う。

朝虀暮塩　◆ちょうせい　ぼえん

きわめて貧しい生活のたとえ。

「虀」は、細かく切った野菜のあえもの。朝食は虀を食べ、夕食には塩をなめる意。「朝虀暮塩、ただ我れ汝《なんじ》を保つ」（唐、韓愈《かんゆ》「送窮文」）から。

長短之説　◆ちょうたんの　せつ

話を長くも短くもできること。

戦国時代の遊説家《ゆうぜいか》の話法で、内容に応じ、長くも短くも自由に説いたという。「蒯通《かいとう》は善く長短の説を為《な》し、戦国の権変《けんぺん》（臨機応変）を論じて、八十一首（八一編の文）を為す」と『史記』田儋《でんたん》伝賛に見える。蒯通は斉《せい》の遊説家。前漢の高祖の臣韓信《かんしん》に謀反をそそのかすなどし、司馬遷の評価はきわめて厳しい。

彫虫篆刻　◆ちょうちゅう　てんこく

詩文で、細かな技法に走ること。また、文章に虚飾が多く、実質が伴わないこと。

「彫虫」は「雕虫」とも書き、虫を彫ること。「篆刻」は、木・石などに文字を彫りつけること。どちらも細かい作業であるところから、細部の技術を言う。前漢の揚《よう》雄《ゆう》は、若い頃は技法をほどこした美麗な賦《ふ》を作った。しかしのちに、それらは「童子の雕虫篆刻」で「壮夫は為《な》さざるなり」(『法言』吾子)と賦を捨てたという。

喋喋喃喃　◈ちょうちょう　なんなん

男女が楽しげに語り合うさま。

「喋喋」は、しきりにしゃべるさま。多弁なさま。室町時代の『史記抄』に「漢人は喋喋と多言にものを云《い》ひて」とあるのは、意味の分らない言葉を話すさまが多弁に聞えたものであろう。「喃喃」は、ぺちゃくちゃしゃべるさま。類義の二語を重ね、男女が親しそうにしゃべり合っているさまを野次馬的に強調する。

丁丁発止　◈ちょうちょう　はっし

はげしい音を立てて、刀などで互いに打ち合うさま。転じて、議論などで、互いに激しく応酬《おうしゅう》するさま。

「丁丁」は、物を続けて打つ音。「打打」とも書く。「発止」は、堅いものと堅いものとが打ち当るさま。いずれも擬音語で、「発止」は当て字。多く「丁丁発止と」の形で、副詞的に用いる。

長汀曲浦　◈ちょうてい　きょくほ

海岸線がうねうねと長く続いていること。

「長汀」は、長い波打ち際。「曲浦」は、曲りくねった浦。『太平記』五に見える「月ニ瑩《みが》ケル玉津島、光モ今ハサラデダニ、長汀曲浦ノ旅ノ路《みち》」は、後醍醐《ごだいご》天皇の皇子護良《もりよし》親王一行が、紀伊半島の海岸沿いに熊野へ落ちていく道行を描写する。

頂天立地　◈ちょうてん　りっち

独立の気概《きがい》を言う。

「天を頂《いただ》き地に立つ」と読む。大地に独り雄々しく立つ意。『五灯会元《ごとうえげん》』二〇に「汝等《なんじら》諸人　箇箇《ひとりひとり》　天を頂き地に立つ」と見える。

超仏越祖　◈ちょうぶつ　おっそ

仏を超え、祖師を越えること。

禅宗で言う。仏教は成仏《じょうぶつ》(仏に成ること)を目的とし、禅僧は祖師(指導者)になることを目指す。しかし、その本意は真の自由の境地を得ることで、仏や祖師にとらわれてはならない。唐代の『臨済録』は「仏に逢わば仏を殺し、祖師に逢わば祖師を殺せ」と過激な表現を用いて、とらわれを戒めている。鎌倉時代の仏教説話集『沙《しゃ》石集《せきしゅう》』一〇は、「超仏越祖といへるも、誠にはいかでか仏祖に越えん」と、これが象徴的な表現であることを指摘している。

朝不謀夕 ◆ちょう ふぼうせき

目先のことさえも考えないこと。また、事情が切迫していて、先のことまで考える余裕がないこと。「朝《あした》に夕《ゆうべ》を謀《はか》らず」と読む。朝のうちに夕方のことまで考えない意。『春秋左氏伝』昭公元年に「吾儕《われら》食を偸《ぬす》み、朝に夕を謀らず、何ぞその長きをや」と見える。ただその時その時を過す(むだ飯を食べる)だけで、朝に夕方のことさえ予測できない、ましてその先のことなどどうして考えられよう、の意。民を庇護《ひご》してほしいと乞われた晋《しん》の趙孟《ちょうもう》が、そんな遠大なことはできないと答えたもの。

朝聞夕死 ◆ちょうぶん せきし

道の何たるかを体得しようとする心構えを言う。「朝《あした》に道を聞かば、夕《ゆうべ》に死すとも可《か》なり」で知られる。『論語』里仁に見える孔子の言葉。朝、人としてふむべき道の何たるかを知ることができれば、夕方死んでもかまわない、の意。

長鞭馬腹 ◆ちょうべん ばふく

どんなに力があっても及ばないところがあるというたとえ。

「長鞭馬腹に及ばず」の略。鞭《むち》が長ければ馬のどの部分にも届くと思うかもしれないが、どんなに長い鞭でも馬の腹には届かないということ。春秋時代、楚《そ》が宋を攻めた時、宋を救援しようとした晋《しん》の景公に大夫《たいふ》の伯宗《はくそう》が、今は天が楚に味方しており、強大な晋でも楚と争うのは無理だと、鞭のたとえで諫《いさ》めたもの。「晋公これを救わんと欲す。伯宗曰《いわ》く、不可なり。古人、言えること有り。曰く、鞭の長きといえども、馬腹に及ばず、と」(『春秋左氏伝』宣公十五年)。そして、今は宋を見殺しにしたという恥を忍ぶのが天の道です、と(→山藪蔵疾《さんそうぞうしつ》)。

長目飛耳《ちょうもくひじ》 ⇩ 飛耳長目《ひじちょうもく》

頂門一針 ◆ちょうもんの いっしん

急所を押さえて戒めを加えるたとえ。痛いところをついて忠告すること。

「頂門」は、頭、また頭の上。頭のてっぺんに針を刺す意。「針」は「鍼」とも書く。北宋の蘇軾《そしょく》が荀子《じゅんし》を論じた「荀卿は喜《この》んで異説を為《な》して譲らず、あえて高論を為して顧みざる者なり」(「荀卿論」)に対し、明の王遵巌《おうじゅんがん》が「異説高論の四字を以て立安するは、煞《せつ》なる(きびしい)ことこれ荀卿の頂門の一鍼《いっしん》なり」(「荀卿論評」)と評したのによる。

朝有紅顔　◆ちょうゆう　こうがん

人生のはかないことのたとえ。「朝《あした》には紅顔有り」と読む。『和漢朗詠集』無常に「朝に紅顔有りて世路《せろ》(世の中)に誇《ほこ》れども、暮《ゆうべ》に白骨と為《な》りて郊原《こうげん》(野辺)に朽ちぬ」と見える。室町時代、「白骨の御文《おふみ》」と呼ばれる蓮如《れんにょ》の法語に使われて広まった。「われや先、人や先、今日ともしらず、明日ともしらず、おくれさきだつ人はもとのしづくすゑの露よりもしげしといへり。されば朝には紅顔ありて、夕には白骨となれる身なり」(『御文章』五帖一六)。

朝蠅暮蚊　◆ちょうよう　ぼぶん

つまらない人物がはびこるたとえ。唐の韓愈《かんゆ》「雑詩」の「朝蠅は駆《か》るを須《もち》いず、暮蚊は拍《う》つべからず」から。朝の蠅《はえ》や夕暮の蚊《か》は、とるにたりないもので追い払うこともない、いずれ姿を消してしまう、の詩意。

長幼有序　◆ちょうよう　ゆうじょ

年長者と年少者の間には、守るべき上下の順があるということ。「長幼序有り」と言う。「聖人(舜《しゅん》)またこれを憂え、契《せつ》をして司徒たらしめ、教うるに人倫を以てし、父子親《しん》有り、君臣義有り、夫婦別有り、長幼叙(「序」に同じ)有り、朋友信有らしむ」(『孟子《もうし》』滕文公《とうぶんこう》上)から。ここに述べられている、父子の間の親愛、君臣の間の礼儀、夫婦の間の区別、長幼の間の順序、朋友の間の信義を「五倫《ごりん》」と言う。

雕梁画棟　◆ちょうりょう　がとう

美しく豪華な建物のたとえ。「雕」は「彫」に同じ。彫刻をほどこした梁《はり》と、絵を描いた棟木《むなぎ》の意。家の造りの美しく豪華なことをたとえる語に「＊鳥革翬飛《ちょうかくきび》」があるが、表現が抽象的で古代中国の家屋のさまを知らないと想像しにくい面がある。それに対してこれは、より具体的に造作《ぞうさく》のさまを表現している。

跳梁跋扈　◆ちょうりょう　ばっこ

悪人などが我が物顔にのさばりはびこること。「跳梁」は、はねまわることから転じて、我が物顔にのさばること。「跋扈」の「扈」は、魚を捕るために水の中に仕掛ける簗《やな》、「跋」は、とびはねる意。すなわち「跋扈」は、もと魚が簗に掛からずにそこを踊り越える意。そこから、上を無視して権勢を自由にする、さらに、わがままに振舞う、のさばりはびこる意に広がった。類義の二語を重ね、悪人や悪徳の輩《やから》がはびこって、我が物顔に振舞うさまを強調する。

朝令暮改　◆ちょうれい　ぼかい

命令や方針が頻繁《ひんぱん》に変えられて当てにならないこと。朝出した命令をその日の夕方には改める意。『漢書』食貨志上に「急政暴虐《ぼうぎゃく》、賦斂《ふれん》時ならず、朝《あした》に令して暮《くれ》に改む」と見える。政治はあわただしく、むごく冷酷で、租税の徴収は時をえらばず、朝の命令は夕方には改変される、の意。「朝改暮変」とも言う。

直情径行　◆ちょくじょう　けいこう

周囲の事情などを考えずに、感情のままに、思った通り行動すること。

「直情」は、いつわりのない、ありのままの感情。「径行」は、思ったことをそのまま行うこと。「子游曰《しゆういわ》く、礼は情を微《かく》す者有り、故《ゆえ》を以て物を興《おこ》す者有り、情を直《なお》くして径《ただ》ちに行う者有るは、戎狄《じゅうてき》の道なり、と」(『礼記《らいき》』檀弓《だんぐう》下)による。礼というのは、気持を抑え、事情があればお膳立てをするもので、感情のままに思った通り行動するのは蛮人のすることだ、の意。

直截簡明　◆ちょくせつ　かんめい

まわりくどくなく、簡単ではっきりしているさま。「截」はすっぱりとたちきる意で、「直截」は、まわりくどくなく、きっぱりしていること。俗にチョクサイとも言う。「簡明」は、簡単ではっきりしていること。複雑なところのないさまを言う二語を重ね、明らかで分りやすい意を強調する。

直立不動　◆ちょくりつ　ふどう

まっすぐに立って身動きしないこと。「気をつけ」の姿勢のこと。あごを引いて胸を張れ、などと注意されることがある。だから自然の姿勢でないことは明らか。気をひきしめるためにあえて取る姿勢と言える。

佇思停機　◆ちょし　ていき

禅で、思いわずらってぼんやりしてしまうこと。「佇《たたず》みて思い、機《き》を停《とど》む」と読む。「機」は、心の働き。心の働きを停《と》める意。『碧巌録《へきがんろく》』二三則に「もし佇思停機せば、すなわち干渉を没《もっ》す（見当ちがいだ）」とある。

直躬証父　◆ちょっきゅう　しょうふ

度の過ぎた正直さのたとえ。「躬《み》を直《なお》くして父を証す」と「直躬父《ちち》を証《しょう》す」と読む説もある。「直躬」の「直」は正直者、「躬」は人名で、正直者の躬の意。一説に、身をただす意。「葉公孔子に語りて曰《いわ》く、わが党に直躬なる者有り。その父、羊を攘《ぬす》みて、子これを証せり、と」による。村に躬という正直者がいて、父親が羊をごまかした時に、そのことを人に証言した、と葉公が孔子に語った。「孔子の曰く、わが党の直き者はこれに異なり。父は子の為に隠し、子は父の為に隠す。直きことその中に有り、と」（『論語』子路）。

猪突猛進　◆ちょとつ　もうしん

向う見ずに猛然と突進すること。「猪突」は、猪のように一直線に突き進むこと。「猪突猛進」は、あとさきかまわず突き進む意だが、必ずしも愚かしい行為とは限らず、目標に向ってまっしぐらに突き進むという、望ましい態度を示すこともある。同じ「猪突」を使った「猪突豨勇《きゆう》」（「豨」は、大きないのしし）は、あとさきかまわず突っ込む、いわゆる猪武者を言い、『漢書』食貨志下に例が見える。

治乱興亡　◆ちらん　こうぼう

世の中が治まって発展することと、乱れて廃《すた》れること。世の転変のありさまを言う。「治乱」は、世の中の治まることと乱れること。「興亡」は、国の興ることと亡びること。「治乱興廃《こうはい》」とも言う。北宋の欧陽脩《おうようしゅう》「朋党論」に「治乱興亡の迹《あと》、人君たる者、以て鑒《かがみ》とすべし」と見える。君主は諸国の治乱興亡の歴史を学び手本としなさい、の意。

沈魚落雁 ◆ちんぎょ らくがん

美人の形容。

魚は水中に沈み、雁《かり》は山の端に落ちて身を隠す意。「毛嬙《もうしょう》・麗姫《りき》は人の美とする所なるも、魚はこれを見れば深く入り、鳥はこれを見れば高く飛び、麋《び》鹿《ろく》（しか）はこれを見れば決して驟《はし》る（すばやく走り去る）」（『荘子』斉物論）による。「毛嬙」「麗姫」はともに古代の名高い美人。人間の目には美人であっても、動物は恐ろしがって逃げるという意味で、本来は美しいから動物たちが隠れたわけではないが、後年、あまりの美しさに魚や雁も恥しくなって身を隠すという意味に転じてしまった。

椿萱並茂 ◆ちんけん へいも

父母がともに健在であること。

「椿萱並《なら》び茂《しげ》る」と読む。「椿」は、日本のつばきとは異なり、香りのある高木。古代にあったと伝える長寿の霊木「大椿」から、父にたとえる。「萱」は、藪萱草《やぶかんぞう》。別名忘れ草と言い、憂いを忘れさせるという。女性の身近におくと男子をみごもるといって、主婦のいる北の部屋の近くに植えたところから、母にたとえる。後漢の牟《ぼう》融《ゆう》「送二徐浩一詩」に「知るや君この去情偏《ひと》えに切なるを。堂上の椿萱は雪頭に満つ（頭がすっかり白くなった）」と見える。

鎮護国家 ◆ちんご こっか

内乱を鎮《しず》め、国を護《まも》ること。

特に仏教で、仏法によって国家を鎮定し守護することを言う。奈良時代の日本仏教が大きな目的としたもので、経典では『仁王般若経《にんのうはんにゃきょう》』『金光明《こんこうみょう》最勝王経』が、この経典を受入れ読上げるならば国家が繁栄すると記されているところから、とりわけ重視された。後者に基づいて全国に作られた国分寺は「金光明四天王護国之寺」と呼ばれた。この二経に『法華経《ほけきょう》』をあわせて「護国三部経」と言う。

沈思黙考 ◆ちんし もっこう

黙って深く考えに沈むこと。

「沈思」は、思いに沈むこと。物事を深く考え込むこと。「黙考」は、沈黙してよく考えること。深く考える意の二語を重ね、そのさまを強調する。

陳勝呉広 ◈ちんしょう ごこう

先駆けをなすこと。また、その人。

陳勝《ちんしょう》は秦《しん》末、楚《そ》の人。辺境の守備に行く途中、呉広《ごこう》とはかり、居合せた人々に「王侯将相《おうこうしょうしょう》いずくんぞ種《しゅ》あらんや」(→王侯将相)と檄《げき》を飛ばして反乱を起し、やがて楚王となるが、わずか六か月で秦との戦いに敗れ、臣下に殺される。歴史に残る陳勝・呉広の乱で、これをきっかけに各地で諸侯・諸将が立ちあがり、ついには秦の滅亡にいたる。

陳詞濫調 ◈ちんし らんちょう

陳腐な言葉を連ね、まとまりを欠いた文章や演説。

「陳詞」には、弁解の言葉の意味もあるが、ここでは陳腐な言葉の意。「濫調」は、調子が乱れている意で、まとまりのない表現を言う。自分の考えを伝えることはそっちのけで、言葉に踊らされて書いたり話したりしたものなどが、しばしば「陳詞濫調」となる。

珍味佳肴 ◈ちんみ かこう

めったに味わえない、たいそうなごちそうを言う。

「珍味」は、珍しい、味のよい食べ物。「佳肴」は、よいさかな、おいしいごちそう。二語を重ねて、おいしい料理がたくさん並べられたさまを言う。なお、『礼記《らいき》』学記に「佳肴有りといえども食らわずんばその旨《うま》きを知らず」という表現が見える。これはそのまま、実践の大切さを言う成句となっている。

沈黙寡言 ◈ちんもく かげん

落着いていて、口数が少ないこと。

「沈黙」は、落着いて黙っていること。「沈黙は金」と評価されるもので、単純な無口の意ではない。『晋書《しんじょ》』嵆康《けいこう》伝に「沈黙して自らを守り、言説する所なし」と見える。嵆康は、竹林七賢*の一人。「寡言」は、口数の少ないこと。みだりに口をきかない意の二語を重ね、いわば奥ゆかしいさまを表す。

追根究底 ◈ついこん きゅうてい

物事の本質を徹底的に調べ尽すこと。

「根《ね》を追《お》い底《そこ》を究《きわ》む」と読む。漢字を入れ替えて、「根底を追究する」と読んだ方が分りやすい。「根底」は、物事の本質。「追究」は、「真理を追究する」のように使い、尋ね究める意。

追善供養　◆ついぜん くよう

死者の冥福《めいふく》を願っていとなむ仏事のこと。

追善を行なって供養する意。「追善」は、死者にかわって、ゆかりのある生存者が追って善事を実践すること。具体的には、仏像・堂塔を作ったり、財を施したりする。現在では、多く忌日《きじつ》などに卒塔婆《そとば》を立てることで追善のあかしとする。「供養」は、もろもろの物を供えて死者の冥福を祈ること。死者は、一定の期間を過ぎると先祖の霊魂に昇華するとされ、それ以後は「先祖供養」となる。

通功易事　◆つうこう えきじ

仕事を分業し、できあがった品物を交換すること。

「功を通じ事《こと》を易《か》う」と読む。「功」は、できばえ・成果の意から、生産した品物のこと。「事」は、仕事。「通」「易」は、交換する意。順序を入れ替え「易事通功」、すなわち「事を易え功を通ず」とすると分りやすい。「功を通じ事を易え、羨《あま》れるを以て足らざるを補わずんば、すなわち農に余粟《よぞく》有り、女に余布有らん」（『孟《もう》子《し》』滕文公下《とうぶんこう》）による。人民が仕事を分業して品物を交換し合い、余分な物で足りない物を補わなければ、農夫の手元には粟《あわ》、女の手元には布ばかり余ることになる、の意。

痛定思痛　◆つうてい しつう

苦しい思いをしたことを振り返り、今後の戒めとすること。

「痛《いた》み定まりて痛みを思う」と読む。痛みが治まって、改めて痛みを振り返る意。唐の韓愈《かんゆ》「与二李翺《りこう》一書」に見える。この反対が、苦しかったことも、過ぎ去ればまったく忘れてしまう「喉元《のどもと》過ぎれば熱さ忘れる」。「痛みを思う」方は教訓的な色彩を帯び、「熱さ忘れる」方は人情の実態を伝える。

九十九髪　◆つくも がみ

老女の白髪《しらが》を言う。

在原業平《ありわらのなりひら》の歌という「百年《ももとせ》に一年《ひととせ》たらぬつくも髪我を恋ふらし面影に見ゆ」（『伊勢物語』六三段）から。「つくも」は「つぐもも（次百）」の約で、百に次ぐ「九十九」の意。「百」から「一」を引くと「白」になることから、白髪になぞらえたという。一説に、白髪が「江浦草」（水草の太藺《ふとい》）に似るからという。自分に思いを寄せる老女に対し、恋しく思う人とわけへだてせずにやさしく応じたという業平の逸話に見える歌。

津津浦浦 ◈ つつうらうら　つづうらうら

日本全国至る所の意。

「津」は、船着き場、港。「浦」は、海辺、海岸。至る所の港や海岸の意から、国中、至る所を表す。島国だからできた言葉で、中国にこの言葉と意味は当てはまらない。

九十九折 ◈ つづら おり

幾重にも曲りくねった坂道を言う。

本来は「葛折」と書く。葛藤《つづらふじ》の蔓《つる》が折れ曲って伸びているように曲りくねった坂道の意。羊《ひつじ》の腸にたとえて、「羊腸《ようちょう》」とも言う。「九十九折」と書くのは、何度も折れ曲っているさまを数字で表現したもの。平安末期の辞書『色葉《いろは》字類抄』には「九折、ツ、ラヲリ、坂也」とある。

停雲落月 ◈ ていうん らくげつ

思慕の情、特に、親友を思う気持のたとえ。

「停雲」は、とどまっていて動いていかない雲。「落月」は、西に沈んでゆく月。晋《しん》の陶淵明《とうえんめい》の「停雲は親友を思うなり」（「停雲詩序」）と、唐の杜甫《とほ》の「落月屋梁《おくりょう》に満つ」（「夢二李白一」）に基づく。ともに親友を思う詩の語句を組合せた語。

鄭衛之音 ◈ ていえいの おん

国を乱すような淫《みだ》らな音楽。

「鄭衛の音は乱世の音なり。慢に比す（驕《おご》り高ぶる）。桑《そう》間濮上《かんぼくじょう》の音は亡国の音なり。その政《まつりごと》散じ、その民流れ、上を誣《し》い（欺《あざむ》き）私を行いて、止むべからざるなり」（『礼記《らいき》』楽記）による。「鄭」「衛」は、ともに春秋時代の国名。それらの国の音楽は淫らで、それを聴くと政は散漫になり国民はばらばらになってとめどなく国が乱れると言う。この文から、「桑間濮上」*「鄭衛桑間」も同義の語として使われる。

低徊趣味 ◈ ていかい しゅみ

世俗的な労苦を離れ、余裕ある気分で、東洋的な詩的境地にひたろうとする態度を言う。

「低徊」は、思索にふけりながらゆっくり歩きまわること。また、いろいろ考えをめぐらすこと。「低回」「低回」とも書く。夏目漱石《そうせき》が、高浜虚子《きょし》の短編小説集『鶏《けい》頭《とう》』に寄せた序文の中で述べた語。「文章に低徊趣味と云《い》ふ一種の趣味がある。是は便宜の為め余の製造した言語であるから、他人には解り様がなからうが、先づ一と口に云ふと一事に即し一物に倒して、独特もしくは連想の興味を起して、左から眺めたり右から眺めたりして容易に去り難いと云ふ風な趣味を指すのである」。漱石の『草枕』は、このような態度で書かれている。

棣鄂之情　◈ていがくの　じょう

兄弟の間のうるわしい情愛を言う。「常棣《じょうてい》の華《はな》、鄂《がく》として韡韡《いい》(花が盛り光り輝く)たらざらんや。およそ今の人、兄弟《けいてい》に如《し》くはなし」(『詩経』小雅、常棣)による。「常棣」は、庭梅。庭梅は萼《がく》が寄りそうように咲く、人も、心を寄りそわせた兄弟が一番いい、の詩意。この詩から、「棣鄂」を兄弟にたとえ、この語が生れた。

提耳面命　ていじめんめい　⇒耳提面命　じていめんめい

亭主関白　◈ていしゅ　かんぱく

夫が家の中で、特に妻に対していばっていること。「亭主」は、ここでは夫を指す。「関白」は、平安時代以降、天皇を補佐して政務を執り行なった重職で、権力が非常に強かった。亭主がその家で最高の権力者である様子をたとえ、特に妻に対していばっているさまを言う。逆に夫に対して妻がいばっているのが「嬶天下《かかあでんか》」で、家の中では妻が天下を取っている意。

泥中之蓮　◈でいちゅうの　はちす

けがれた境遇の中にあっても清らかさを保っていることのたとえ。

泥の中に咲いた蓮《はす》の花の意。濁った泥水の中に咲いても、蓮の花はその濁りにけがされないことを言う。『維《ゆい》摩経《まぎょう》』中の「高原陸地に蓮花生ぜず、卑《ひ》湿《しつ》淤《お》泥《でい》(低地の湿った泥)よりこの華《はな》生ずるが如《ごと》し」に基づく語で、煩悩《ぼんのう》のけがれの中にあって、衆生《しゅじょう》が仏法により清浄さを保つことのたとえとして述べられている。

剃頭弁髪　◈ていとう　べんぱつ

男子の頭髪を、中央部分を残して剃り落し、残りを編んで後ろへ垂《た》らした髪形。

古くからアジア北方民族の習俗。北方の満州族が清朝を興してのち、「薙髪令《ちはつれい》」によって漢民族にもこの風習を強制し、清の滅亡まで続いた。

剃髪落飾 ◆ていはつ　らくしょく

髪を剃《そ》って仏門に入ること。

「髪を剃《そ》り飾《かざ》りを落とす」と読む。「剃髪」は、髪を剃ること。「落飾」も同義で、身分の高い人に言う。髪は身を飾るものという認識から、仏門に入る時、飾りを捨てる意味で髪を剃る。この習俗が中国にもたらされた時、「身体髪膚《しんたいはっぷ》、これを父母に受く、あえて毀傷《きしょう》せざるは孝の始めなり」(『孝経』開宗明義章)、両親から授かった体を傷つけてはいけないという儒教の「孝」の教えとぶつかった。三国時代、仏教を尊んだ儒家の牟子《ぼうし》は『理惑論』で、「今の沙門《しゃもん》の剃頭、何ぞ聖人の語に違い、孝子の道に合わざらんや」と、剃髪は孝の道に背かないと言っている。

綈袍恋恋 ◆ていほう　れんれん

友情の変らないことのたとえ。

「綈袍」は、厚絹で作った綿入れの上衣。どてら。戦国時代、魏《ぎ》の范雎《はんしょ》は須賈《しゅか》に仕えたが、須賈の誤解がもとで辱《はずかし》めをうけ、殺されそうになった。後年、秦《しん》の宰相《さいしょう》となっていた范雎は、魏の使者としてきた須賈に、わざとみすぼらしい身なりで会った。須賈は范雎をあわれんで、綈袍を与えた。改めて宰相として会った范雎が言った、「公の以て死すこと無きを得し所は、綈袍恋恋故人の意有るを以てなり(どてらをくれるほど懐旧の情が厚いため、おぬしは死なずに済んだのだ)」と。『史記』范雎伝に見える逸話から。

羝羊触藩 ◆ていよう　しょくはん

進退きわまるたとえ。

「羝羊藩《まがき》に触《ふ》る」と読む。「羝羊」は、牡《おす》の羊《ひつじ》。「藩」は、生垣。「羝羊藩に触れ、退《しりぞ》くこと能《あた》わず、遂《すす》むこと能わず。利《よ》ろしきところなし。艱《くる》しめば吉なり」(『易経』大壮卦《たいそうか》)から。突進した牡の羊が角《つの》を生垣に引っかけて、にっちもさっちもいかなくなっている、いいところがないが、その苦しさを反省して身を慎めば吉になる、という卦。

手枷足枷 ◈てかせ　あしかせ

罪人の手足を枷で拘束すること。また、その枷。転じて、自由を拘束するもの。

「枷」は、頸《くび》や手足などにはめて罪人の自由を束縛する刑具。自由を拘束するものとしては「足枷」がしばしば使われ、それがあるために思うように行動できないたとえとされる。「手枷足枷」は、全く身動きがとれない状態のたとえ。

適材適所 ◈てきざい　てきしょ

ある才能を持つ人を、その才能に適した地位や任務につけること。

「材」は、人材の意。適したところにつけることは、すでに適した人であることを意味し、適した人材であることは、すでに適したところについていることを意味する。「適材」「適所」の二語を重ねることで、適していることを強調した表現。

適者生存 ◈てきしゃ　せいぞん

環境に最も適したものが生残ること。

イギリスの哲学者スペンサーの造語 survival of the fittest を井上哲次郎が訳した語。*生存競争で、外界の状態に最もよく適したものだけが生存繁栄し、適していないものは淘汰《とうた》されて衰退滅亡するという考え方。スペンサーによって提唱され、ダーウィンはこの考えに基づいて自然選択説(→自然淘汰)を立てた。

敵情視察 ◈てきじょう　しさつ

敵の状況を探ること。

『三略』上略に「兵を用いるの要は、必ずまず敵情を察し、その倉庫を視《み》、その糧食を度《はか》る」と見え、敵情視察がいかに大事であるかを述べる。敵情を探るための要員を「斥候《せっこう》」と言う。一般に、敵対関係、あるいは競争状態にある相手の状況を探ることにも言う。

滴水成氷 ◈てきすい　せいひょう

冬の厳しい寒さ、また、極寒の地の寒さの形容。

「滴水氷《こおり》を成《な》す」と読む。水が滴《したた》るそばから氷になる意。下へ落ちる前に凍って、次第に氷が大きくなり、上からぶら下がった状態になるのが「氷柱《つらら》」。卑俗な表現では「小便が凍る」と言って、厳しい寒さを形容する。

滴水嫡凍 ◈ てきすい てきとう

禅で、少しもたゆむことなく修行に没頭するたとえ。「滴水嫡《ただ》ちに凍《こお》る」と読む。原義は「*滴水成氷《せいひょう》」と同じく、滴《したた》り落ちる水がすぐに凍ってしまうことを言う。滴るひまもなく凍るところから、休むゆとりもなく仏道修行に励む意にたとえる。宋代の『景徳伝灯録』一七や禅語録『碧巌録《へきがんろく》』四七則などに見える。

敵本主義 ◈ てきほん しゅぎ

ほかに目的があるように見せかけて行動し、本当の目的を達成するやり方を言う。

織田信長に仕え、丹波亀山城主となった明智光秀は、備中の毛利攻めの支援を命ぜられ出陣する。途中にわかに進路を変え、京都の本能寺を攻めて、信長を自殺に追い込んだ。味方にもぎりぎりまで毛利攻めと思わせておき、寸前に「敵は本能寺にあり」と言って、本当の目的である信長討伐に向ったという。「敵本」は、この「敵は本能寺」を略したもの。

擲果満車 ◈ てっか まんしゃ

非常に人気があることのたとえ。「擲果車に満つ」と読む。西晋《せいしん》の文人潘岳《はんがく》は大変な美男子で、洛陽《らくよう》の町を行くと、女性たちが争って果物を投げ与え、ために車が果物でいっぱいになったという、『晋書』潘岳伝に見える逸話から。潘岳は権勢家賈謐《かひつ》を取りまく文人二十四友の一人だったが、のち讒言《ざんげん》によって誅《ちゅう》された。その名は美男の代名詞とされる。

手甲脚絆 ◈ てっこう きゃはん

長旅に出るさまの形容。

「手甲」は、布や革で作った、手の甲を覆《おお》う具。武具として籠手《こて》の一部で、ふつうには労働・旅行に用いる。「脚絆」は、歩きやすくするため脛《すね》にまとう布。ぐるぐる巻き付けるものを「巻脚絆」と言う。交通機関の発達していなかった時代は、長期の旅行に出かける際は身ごしらえを厳重にしたところから、長旅に出ることを「手甲脚絆に身を固め」などと形容した。

鉄心石腸 ◈ てっしん せきちょう

鉄や石のように堅固な精神。

鉄のような心と石のようなはらわたの意。北宋の蘇軾《そしょく》

「与二李公択一書」に「僕、もと鉄心石腸を以て公を待てり」と見える。「鉄石心腸」とも言い、清代の『通俗編』性情の「疑うらくはその鉄石心腸、婉媚《えんび》の辞を吐くを解せず」などがある。そのほかにも、文字の組合せを変えた類似の表現が見られる。

鉄中錚錚　◆てっちゅうの　そうそう

凡人の中で少し優れている者のたとえ。

「錚錚」は、よく鍛えた鉄などの響きを言い、たとえば優れた人物を「錚錚たる人物」と言うように、優れたさまにたとえる。「鉄中錚錚」は、金や銀には劣るが、鉄の中ではよい音の意。「卿《けい》はいわゆる鉄中の錚錚、傭《よう》中《ちゅう》の佼佼《こうこう》たる者なり」（『後漢書』劉盆子《りゅうぼんし》伝）から。「*庸中佼佼」も類義だが、こちらはたとえではない。

徹頭徹尾　◆てっとう　てつび

始めから終りまで。どこまでも。

始めから終りまで貫き通す意。朱子がしばしば用いた語。「敬の字はこれ徹頭徹尾工夫なり。格物致知《かくぶつちち》より治国平天下に至るまで（→格物致知）、皆ここを外《はず》れず」（『朱子語類』大学）。また「けだし聖賢の学は、徹頭徹尾、ただこれ一の敬の字のみ」（『朱子全書』学）とある。「敬」は、まごころを込めて努めること。

哲婦傾城　◆てっぷ　けいじょう／てっぷ　けいせい

賢い女は何事にも口を出すので、かえって国を衰えさせ、家を滅ぼすということ。

「哲婦城《しろ》を傾《かたむ》く」と言う。「哲夫は城を成し、哲婦は城を傾く。ああその哲婦、梟《きょう》と為《な》り鴟《し》と為る」（『詩経』大雅、瞻卬《せんぎょう》）から。「梟」「鴟」はふくろうで、「鴟梟」は悪人のたとえ。この「哲婦」は、周の幽王《ゆうおう》の愛妾《あいしょう》だった褒姒《ほうじ》をさすと言い伝えられている。めったに笑わない褒姒を幽王が笑わせようとして国を滅亡に導いたということで、悪女の名を残している。「*傾城《けいせい》」は、王が溺愛《できあい》して城や国を滅ぼすということから、きわめつきの美女を言う。日本の近世では、最上級の遊女にこの語を使った。

轍鮒之急　◆てっぷの　きゅう

危難がさし迫っているたとえ。

「轍」は、車のわだちの意。わだちの水たまりにいる鮒《ふな》の危機ということ。『荘子』外物に見える寓話《ぐうわ》による。わだちの水たまりにいる鮒が、通りかかりの荘子に水を請《こ》う。荘子が、これから行く途中の西江の水をせき止めて君を迎えにこさせようと言うと、鮒が憤然として、さし当って一斗《と》か一升《しょう》の水があればいいのだ、そんな悠長なことなら、この次は乾物屋の店先で私を探せばいい、と言ったという。「涸轍鮒魚《こてつのふぎょ》」とも言う。「涸轍」は、水の涸《か》れたわだちの意。

出船入船 ◈でふね いりふね

港に船の出入りが盛んなさま。

港から出ていく船もあれば、入ってくる船もある意。「出船千艘《せんそう》入船千艘」という言葉もある。港の繁栄しているさまを言う語で、大昔から船は人や物の輸送に欠かせず、それにともなって港のある地域が繁栄した。「出船あれば入船あり」は、そんな港の様子から、去るものあれば来るものあり、喜ぶ者あれば悲しむ者ありと、人の世がさまざまである感慨を言う。

手前勝手 ◈てまえ がって

自分の都合だけを考えて振舞うこと。また、そのような主張。

「手前」は、自分のこと。「勝手」は、自分のしたいように振舞うさま。「手前」を添えて、他を顧みないさまを強調する。「身勝手」「自分勝手」とも言う。「*勝手気《き》儘《まま》」もほぼ同義の語。

手前味噌 ◈てまえ みそ

自分で自分を自慢すること。

「手前」は、自分のこと。自分の作った味噌を自慢する意。昔は、味噌のような調味料はそれぞれの家で作っていた。そこでおのずから、うちの味噌が一番うまいという自慢も出た。絵画の場面になると、「*自画自賛」となる。

手練手管 ◈てれん てくだ

偽りごまかすこと。また、人を操る手段や技巧。

「手練」「手管」ともに、人を操る手際を言い、同義の二語を重ねて意味を強調したもの。洒落本《しゃれぼん》『傾城買二筋道《けいせいかいふたすじみち》』の式亭三馬《しきていさんば》序に「てれん手管の長文を、見世《みせ》雅調《すががき》（遊女が見世に出る時に流す三味線の曲）の音色に連《つれ》て」とあるなど、多く遊女が客を巧みに操る手段の意で用いられた。なお「手練」をテダレと読むと、技芸などの熟練していることを言う。

天衣無縫 ◆てんい　むほう

詩歌などに技巧をこらしたあとがなく、自然でしかも完全で美しいさま。また、人柄が天真爛漫《てんしんらんまん》で飾り気のないさま。

天人の衣には人為的な縫目がない意。「郭翰《かくかん》月に乗じて庭中に臥《ふ》し、仰ぎて空中を視《み》るに人有り、冉冉《ぜんぜん》として（少しずつ）下りて曰《いわ》く、われは天上の織女なり、と。……おもむろにその衣を視るに、並びに縫《ほう》無し。翰これを問うに曰く、天衣もと針線の為《な》すに非《あら》ざるなり（針と糸で縫ったものではない）、と」（五代、『霊怪録』郭翰）による。

天淵之差 ◆てんえんの　さ

はなはだしい違いのあるたとえ。

高い天と深い淵を並べた「天淵」だけで、はなはだしい違いを言う語になっている。宋の陸游《りくゆう》の「読レ書示二子《し》遹《いつ》一詩」に「古を望むに天淵といえども、俗に視《み》るにまた氷炭《ひょうたん》なり」と見える。「氷炭」も、はなはだしく違うもののたとえ。「雲泥之差《うんでいのさ》」＊と同趣旨の語。

天涯海角 ◆てんがい　かいかく

きわめて遠く辺鄙《へんぴ》な地。また、遠く離れているさま。

天の果てと海の角《すみ》の意。「天涯海角人我を求め、天涯に行き到れば人を見ず」（唐、呂洞賓《りょどうひん》「絶句」）から。類義語「天涯地角」は、天の果てと地の角の意。唐の韓愈《かんゆ》「祭二十二郎一文」に「一つは天の涯《はて》に在り、一つは地の角に在り」と見え、互いに遠く離れているさまを言う。

天涯孤独 ◆てんがい　こどく

この世に身寄りが一人もいないこと。

「天涯」は、ここでは世界中、天下の意。「孤独」は、縁者、すなわち両親・兄弟・妻子などがいないことを言う。「身寄りたよりがない」とも表現される。

天下一品 ◆てんか　いっぴん

他に比べるものがないほど優れていること。

天下にただ一つの品である意。古くは「天下一」と言った。本当に天下一優れているというより、食物・技量などを大げさに自慢するような場合に使われる。

天涯比隣 ◆てんがい　ひりん

遠く離れたところにいても、まるで隣にいるように親しく思われること。

「天涯も比隣のごとし」の略。「天涯」は、天の果ての意から、きわめて遠いところ。「比隣」は、となり近所。「海内《かいだい》に知己《ちき》を存せば、天涯も比隣の若《ごと》し」（初唐、王勃《おうぼつ》「送㆓杜少府之任㆒蜀州㆒詩」）から。「海内」は国内、天下の意。世の中に本当に自分のことを知ってくれる人がいるならば、どんなに遠く離れていても、隣り合せに暮しているようなものだ、の詩意。

転禍為福 ◆てんか いふく

災難をうまく利用して、かえってしあわせになるようにはからうこと。

ふつう「禍《わざわい》を転じて福と為《な》す」と言う。『戦国策』燕策《えんさく》に「智者の事を挙ぐるは、禍を転じて福と為し、敗に因《よ》りて功を成す者なり」と見え、『史記』蘇秦《そしん》伝にも類似の表現がある。「禍転じて福となる」という使い方もしばしばするが、その場合は、災難と思っていたものが幸運なものになったということで、本人の努力は問題にしていない。

天下御免 ◆てんか ごめん

世間に公認されていること。それをすることが世間に認められていること。

「御免」は「免許」の尊敬語で、おかみのお許し。転じて、人々に認められること。「御免を蒙《こうむ》る」は、本来、おかみのお許しを得て相撲《すもう》を興行すること。木戸に「蒙御免」の三文字を大書した札を立てた。「天下御免」は、結果的にそのことが世間周知のこととなった場合などに言われ、特に許可とか認可とかは意味しない。

天下三分 ◆てんか さんぶん

国土を三分して三人で支配するという計略。

「天下三分の計」と言う。中国史上、二つの計がよく知られる。一つは秦末漢初、遊説家《ゆうぜいか》の蒯通《かいとう》が韓信《かんしん》に説いたもの。漢王劉邦《りゅうほう》の下で斉王《せい》となった韓信に、独立して漢にも項羽《こうう》の楚《そ》にもつかず「天下を三分し鼎足《ていそく》して居るにしくはなし」（『史記』淮陰侯《わいいんこう》伝）と勧めた。これは実現せず、のちに韓信は高祖三傑の一人と言われながら粛清された。もう一つは後漢末期、諸葛孔明《しょかつこうめい》が劉備《りゅうび》に説いたもの。魏《ぎ》の曹操《そうそう》、呉の孫権に対し、益州（今の四川省）を領有し独立する計略で、やがて劉備は益州に蜀漢を建国、魏・呉・蜀の三国時代を迎える。なお、ともに「三者鼎《てい》*

立《りっ》」という表現でも扱われる。

天下泰平 ◆てんか たいへい

世の中が穏やかに治まること。また、平穏無事でのんびりしているさま。

「泰平」は「太平」とも書く。「言いてこれを履《ふ》むは礼なり。行いてこれを楽しむは楽《がく》なり。君子この二者を力《つと》め、以て南面して立つ（天子となって国内を治める）。それこれを以て天下太平なり」（『礼記《らいき》』仲尼燕居《ちゅうじえんきょ》）から。

伝家宝刀 ◆でんかの ほうとう

その家に代々伝わっている名刀。転じて、いざというとき以外はめったに用いない大事な物・手段。

現在では、もっぱら転義で用い、それも品物ではなく、事柄・手段などについて言われる。たとえば内閣総理大臣が、混乱した内閣を収拾するために、国会解散権を行使するような場合に「伝家の宝刀を抜く」と言う。現代では使われない「刀」に、あくまでもこだわった表現になっているのが面白い。

天下無双 ◆てんか むそう

世の中に二つとないほど優れていること。並ぶものがないこと。

「無双」は古くブソウとも言った。『史記』李将軍伝に「李広《りこう》の才気は天下無双なり。自《みずか》らその能を負《たの》み、しばしば虜《えびす》と敵戦す。恐らくはこれを亡《うしな》わん」と見える。前漢の公孫昆邪《こうそんこんや》が李広を評して、才能は並びないが、自分の能力をたのんでしばしば匈奴《きょうど》と合戦している、そのうち陛下は彼を失うことになるのではないか、と景帝に忠告した言葉。

天空海闊 ◆てんくう かいかつ

人の度量が大きく、わだかまりのないことのたとえ。

「空」「闊」は、広いことを言う。『古今詩話』に「海闊《ひろ》くして魚の躍るに従い、天空《くう》にして鳥の飛ぶに任《まか》す」と見える。海は広々として魚の好きなように躍らせ、天も広々として鳥の飛びたいようにさせている、の意。この詩意から、度量の大きくこだわらないさまのたとえとなった。「海闊天空」とも言う。

甜言蜜語 ◆てんげん みつご

人をいい心持にさせる、甘い言葉。おだてへつらう言葉や誘惑の言葉に言う。

「甜」は、甘い意。「蜜」は、蜂蜜《はちみつ》。また、蜂蜜のように甘いもの。「甜言」「蜜語」ともに、甘い言葉の意を表す。類義の表現を繰返して、巧みに人をいい気持にさせる言葉遣いのさまを強調する。

電光影裡　◆でんこう えいり

人生を空《くう》と悟れば、生死を超えてその存在は悠久であるということ。

「電光影裡春風を斬《き》る」の略。「電光」は、稲妻のこと。稲妻の光る一瞬のうちに春風を斬って、斬った方は「やった」と思っても、春風は変らず吹いている、の意。のちに来日した禅僧無学祖元《むがくそげん》が、中国雁山《がんざん》の能仁寺にいた頃、元の兵士に殺されそうになった時に唱えた偈《げ》による。「乾坤孤筇《けんこんこきょう》（一本の杖）を卓するに地無し、かつ喜ぶらく人は空、法また空なるを。珍重す大元三尺の剣、電光影裡春風を斬る（立派な剣で空を斬るとは大したもんだ）」。

天高気清　◆てんこう きせい

秋のさわやかな気候のさま。

「天高く気清《きよ》し」と読む。空は高く澄みわたり、空気がすがすがしい意。『楚辞《そじ》』九弁に見える表現で、戦国時代の長江中流域の楚の秋をうたっているとされる。同じ秋を言う「秋高馬肥《しゅうこうばひ》」*は、北方騎馬《きば》民族の地域の秋を示し、河北地方では「北京秋天」が知られる。広い中国大陸のどの地方でも、秋の季節のさわやかさが喜ばれている。

天香国色　◆てんこう こくしょく

牡丹《ぼたん》を言う。

「天香」は、天上界のかぐわしい香り。「国色」は、国一番の色どり。いずれもそれぞれで、牡丹の異称となっている。唐の文宗のとき都でたいそうもてはやされたという、李正封《りせいほう》が牡丹を詠じた詩「天香夜衣を染め、国色朝酒を酣《たの》しむ」による。『唐詩紀事』李正封などに見える。牡丹を画いた絵の画題にも使われる。「国色天香」とも言う。

電光石火　◆でんこう せっか

きわめて短い時間のたとえ。転じて、行動などが非常に迅速《じんそく》なさま。

「電光」は、稲光。「石火」は、火打石の火。いずれもほんの一瞬光って消える。「かかる無常転変の浮世、電光石火の我が身、しばらくもとどまることあたはず」（江戸前期『鉄眼禅師仮名法語』四）は、きわめて短くはかない時間の意。迅速なさまをいう時は、「電光石火のごとく」や「電光石火に」と副詞的に使うことが多い。

天災地変 ◈てんさい ちへん

自然界に起るさまざまな災害のこと。

「天災」は、暴風雨・洪水・落雷・旱魃《かんばつ》など、自然界の変化によって起る災害。「地変」は、海岸線の移動、土地の陥没、火山の噴火、地震などの地殻変動。両語を合せて、人為によらない災害の総称とする。それらの災害が思いがけない時に襲うことを「天災は忘れた頃にやってくる」と言って、戒めの語とする。類義語に「天変*地異」がある。

天資英明 ◈てんし えいめい

生れつき才知が優れていること。

「天資」は、生れながらに天から与えられた資質。これだけでは善し悪しの評価は含まれず、「商君はその天資酷薄（残酷で薄情）の人なり」（『史記』商君伝賛）のような例もある。「英明」は、才知が抜きん出て優れていること。「英邁《えいまい》」とも言い、したがって「天資英邁」という表現もある。

転生活仏 ◈てんしょう かつぶつ

チベットで、仏・菩薩《ぼさつ》のこの世での化身《けしん》を言う。

「活仏」と略称される。「転生」は、生れ変ること。仏や優れた位に達した菩薩は、衆生教化《しゅじょうきょうけ》のためにこの世に化身を現し、世界の人々がすべて救済されるまで転生を繰返すという。チベットではこの考えに基づいて、優れた僧を仏・菩薩の化身とみなす。法王ダライ・ラマは観世音菩薩の化身とされ、その代々の住居ポタラ宮の名称は、観音が住むというポータラカ（補陀落《ふだらく》）に由来する。

諂上欺下 ◈てんじょう ぎか

目上の者にはこびへつらい、目下と見れば侮《あなど》ってあざむくこと。

「上《かみ》に諂《へつら》い下《しも》を欺《あざむ》く」と読む。権力になびき、また自分の権力を曲解・誇示するさまに言う。

天井桟敷 ◈てんじょう さじき

劇場で、最上階に設けた、最も安い料金の席。

天井に最も近い席であるところから言う。フランス映画「天井桟敷の人々」が名高い。日本では、江戸時代の劇場で正面二階桟敷の最後方を「大向う」と言い、芝居のここぞというところで掛声をかけるような見巧者《みごうしゃ》が集まるので、役者には重視された。

天壌無窮 ◆てんじょう　むきゅう

天地のように永遠に続くこと。

「天壌」は、天地。「無窮」は、「窮《きわ》まり無し」と読む。終りがない意。『日本書紀』神代下に、天孫降臨の時、天《あま》照大神《てらすおおみかみ》が瓊瓊《にに》杵尊《ぎのみこと》に賜《たまわ》ったという「天壌無窮の神勅」が掲げてある。「葦原《あしはら》の千五百秋《ちいおあき》の瑞穂《みつほ》の国は、これ吾が子孫《うみのこ》の王《きみ》たるべき地《くに》なり。爾皇孫《いましすめみま》、就《い》でまして治《しら》せ。行矣《さきくませ》。宝祚《あまのひつぎ》の隆《さか》えまさむこと、まさに天壌《あめつち》と窮《きわま》り無けむ」。

天神地祇 ◆てんじん　ちぎ

すべての神々の意。

「天神」は、天の神。「地祇」は、地の神。日本神話では、天神は、天照大神《あまてらすおおみかみ》・素戔嗚尊《すさのおのみこと》など高天原《たかまがはら》の神、地祇は、大己貴命《おおなむちのみこと》・少彦名命《すくなひこなのみこと》など国土の神を言う。また仏教では、天神は、欲界に属する梵天《ぼんてん》・帝釈天《たいしゃくてん》など、地祇は、堅牢地神《けんろうじしん》・八大竜王などの人間界にある鬼神を言う。

天真爛漫 ◆てんしん　らんまん

心に思うままが言動に顕《あらわ》れるさま。無邪気なさま。

「天真」は、天然自然のままで、偽りや飾り気のないさま。「爛漫」は、明らかに顕れるさま。利害や損得をおしはかるような知恵がつく以前の、幼い子供のような心のありさまと、それがそのまま言動に出るような様子を言う。

天旋地転 ◆てんせん　ちてん

世の中が変化すること。時勢が移り変《かわ》ること。

「天旋《めぐ》り地転ず」と読む。白居易「長恨歌《ちょうごんか》」に「天は旋《めぐ》り地は転じて竜馭《りゅうぎょ》（天子の車）を回《めぐ》らす」と見える。安禄山の乱のため蜀《しょく》に避難していた玄宗が、新皇帝粛宗によって乱が鎮められたので、長安に戻ることになったことを詠う。しかし、避難する途中、将兵の不満を抑えるために楊貴妃《ようきひ》を縊《くび》らせた玄宗は、戻るのに気が進まない。「ここに到りて躊躇《ちゅうちょ》し去ること能《あた》わず」と詩は続く。

天造草昧　◆てんぞう　そうまい

この世がまだ造られたばかりで、混沌《こんとん》として定まらないさま。

「天造」は、天が始めて世を造ること。「草昧」は、始まりの、まだ秩序立っていない状態を言う。「天造草昧、よろしく侯を建つべくして寧《やす》からず」（『易経』屯卦象伝《ちゅんかたんでん》）から。混沌としている時期だから、諸侯を封じて秩序を定めるべきであり、まだ安寧《あんねい》ではない、の意。

天孫降臨　◆てんそん　こうりん

記紀神話で、瓊瓊杵尊《ににぎのみこと》が天照大神《あまてらすおおみかみ》の命を受けて、高《たか》天原《まがはら》から日向《ひゅうが》の高千穂峰に天下ったこと。

「天孫」は天つ神の子孫、特に天照大神の孫の瓊瓊杵尊を言う。「降臨」は、天上より地上に降り臨むこと。「因《よ》りて、〔天照大神〕皇孫《すめみま》に勅《みことのり》して曰《いわ》く、葦原《あしはら》の千五《ちい》百《お》秋《あき》の瑞穂《みつほ》の国《くに》は、これ吾が子孫《うみのこ》の王《きみ》たるべき地なり。爾《いまし》皇孫、就《い》でまして治《しら》せ。行矣《さきくませ》。宝祚《あまのひつぎ》の隆《さか》えまさむこと、まさに天壌《あめつち》と窮《きわま》り無けむ、とのたまふ」（『日本書紀』神代下）。この詔《みことのり》を「天壌無窮《＊てんじょうむきゅう》の神勅」と言う。

椽大之筆　◆てんだいの　ふで

堂々とした文章のたとえ。

「椽」は、屋根を支える垂木《たるき》。垂木のように大きな筆の意。「珣《じゅん》、人の大筆の椽の如《ごと》きを以てこれに与うるを夢みる。すでに覚め、人に語りて曰《いわ》く、これまさに大手筆の事有るべし、と。俄《にわか》にして帝崩ず。哀冊諡議《あいさつしぎ》はみな珣の草する所なり」（『晋書《しんじょ》』王珣伝）による。西晋の王珣が、椽のように大きな筆を人からもらう夢を見たので、大いに筆をふるうことがあるに違いないと語っていたところ、武帝が崩御し、哀悼《あいとう》文や諡号《しごう》を定める文を書くことになったという故事。

天地開闢　◆てんち　かいびゃく

世界の始めを言う。

「開闢」は、開く意。天と地はもとは一つで混沌《こんとん》としていたが、やがて二つに分れたという古代中国の思想による語。『三五歴記』に「天地開闢して、清陽は天と為《な》り、濁陰は地と為る」と見える。この考え方は日本神話にも入り、「天地開闢」は『古事記』序の訓点で「あめつちのひらけしとき」と読んでいる。また「開闢」は、

『日本書紀』の訓点で「あめつちひらくる」と読んでいるように、これだけで、天地の開け始めを意味し、これまで例を見ないような出来事などを、大げさに形容して「開闢以来」などと言う。

天地神明 ◈てんち しんめい

天地の神々の意。

「神明」は、神を言う。慶応四年（一八六八）に宣布された「五箇条の御誓文」に、「天地神明に誓ひ」という表現が見える。一般にも、決して嘘《うそ》はつかないという意味で「天地神明に誓って」という文句が広く使われる。ほぼ同義の語に「天神地祇《*てんじんちぎ》」がある。

天地無用 ◈てんち むよう

上下逆さにしてはいけないという注意。

壊れ物などを運送する時に、梱包《こんぽう》した外装に書いて注意をうながす語。「天地」は、ここでは上下の意。「無用」は、「口外無用」などと同じく、禁止する意を表す。

天長地久 ◈てんちょう ちきゅう

天地が永久に変らないように、物事がいつまでも続くこと。

「天は長く地は久し。天地のよく長くかつ久しき所以《ゆえん》の者は、その自ら生ぜざるを以て、故《ゆえ》によく長生す」（『老子』七）から。天も地も、自分から生きようとしていないからこそ長く生き続けられる、の意。『老子』は我欲を捨てる意で説くが、天地が生き続けるめでたさを強調して、物事がいつまでも続くたとえとされた。明治以降、第二次大戦終戦まで、天皇・皇后の誕生日をそれぞれ「天長節」「地久節」と言ったのは、これに基づく。

点滴穿石 ◈てんてき せんせき

小さな力も、集まれば大きな仕事をするたとえ。

「点滴石をも穿《うが》つ」と言う。水の滴《したた》りも長い時間のうちには石に穴さえあける意。『漢書』枚乗伝《ばいじょうでん》に「泰山《たいざん》の霤《りゅう》（雨垂れ）は石を穿つ」という表現が見られ、「雨垂れ石を穿つ」という表現にもなっている。水の力の大きさは、自然の中にいろいろ見出せるところで、分りやすいたとえと言える。

天手古舞 ◈てんてこ まい

ひどく忙しくて落着かないさま。

「てんてこ」は太鼓の音を表し、「天手古」は当て字。にぎやかな調子の太鼓の音に合せて舞い踊る意で、そのせわしそうなさまから、あわただしく動きまわる様子を言うようになった。

点鉄成金 ◈てんてつ せいきん

前人の作った語句に手を加えて、優れた句文に仕立てあげるたとえ。「鉄を点じて金と成《な》す」と読む。仙術で、霊薬によって鉄を変じて金とする意。「霊丹の一粒、鉄を点じて金と成すが如《ごと》し」(北宋、黄庭堅《こうていけん》「答二洪駒父一書」、『予章集』所収)は、平凡な詩文を傑作に改修するたとえとして使っている。なお、禅宗では、修行者を導く練達した手腕に言う。

輾転反側 ◈てんてん はんそく

何度も寝返りして眠れないこと。「輾転」は、ころがること。「反側」は、ここでは寝返りを打つこと。主として思い悩んで眠れないさまに言い、時には暑さなどで寝つかれないさまに言う。「窈窕《ようちょう》たる(しとやかな)淑女、寤寐《ごび》(寝ても醒めても)これを求む。

これを求めて得ざれば、寤寐に思い服《おも》う。悠(はるか)なるかな悠なるかな、輾転反側す」(『詩経』周南、関雎《かんしょ》)から。周の文王が、やがて王妃となる女性を恋い慕って悶々《もんもん》とする様子をうたっている。

天道是非 ◈てんどう ぜひ

天が必ず正しいかどうか、疑問に思えること。ふつう「天道是か非か」と言う。『史記』の列伝冒頭「伯夷《はくい》列伝」で、著者司馬遷が問いかけている。天道は公平で、常に善人に味方すると聞くが(→天道無親)、伯夷・叔斉《しゅくせい》は仁を積み行いを正しくしたすえに、首陽山で餓死した(→伯夷叔斉)。孔子が最もほめた門人顔回《がんかい》は、赤貧のうちに若死した。一方で暴虐な大悪党の盗跖《とうせき》は、天寿を全うしている。「余はなはだ惑《まど》えり。もしくはいわゆる天道は是か非かと」。そう言う司馬遷自身が、友人李陵《りりょう》の無実を訴えて宮刑に処せられていた。

天道無親 ◈てんどう むしん

天の行う道にはえこひいきがないということ。「無親」は、親しみに偏《かたよ》りがないこと。「天道は親無し、常に善人に与《くみ》す」(『老子』七九)から。天が行う自然界の運びにはえこひいきがなく、常に善人に味方する、の意。この考えに疑問を呈したのが司馬遷で、もし天道がいつも善人の味方なら、伯夷《はくい》・叔斉《しゅくせい》が首陽山で餓死し、大悪人の盗跖《とうせき》が天寿を全うしたのはどういうわけかと、『史記』伯夷伝でいわゆる「天道是非」*の論を展開する。

天人五衰 ◆てんにん ごすい

天人が死ぬ時に顕《あらわ》れるという五種類の衰弱のさま。単に「五衰」とも言う。「天人」は、六道（地獄・餓鬼《がき》・畜生《ちくしょう》・修羅《しゅら》・人・天）のうちの「天」に住むものを言う。「五衰」は経説により異なる。平安中期、源信《げんしん》の『往生要集』大文第一は、『六波羅蜜経《ろくはらみつきょう》』に基づき「一には頭の上の花鬘《けまん》忽《たちま》ちに萎《しぼ》み、二には天衣《てんね》塵垢《じんく》に著《けが》され、三には腋《わき》の下より汗出で、四には両の目しばしば眴《くるめ》き、五には本居《ほんご》を楽しまざる（天にいるのがいやになる）なり」としている。そして、天人でさえ五衰の苦を免れないのだから、すみやかに煩悩《ぼんのう》を去って六道輪廻《りんね》の境を離れるべきだと説く。

諂佞阿諛 ◆てんねい あゆ

人にへつらいおもねること。

「諂佞」は、媚《こ》び諂《へつら》うこと。「阿諛」は、阿《おもね》り諛《へつら》うこと。ほとんど同義の二語を重ね、人に迎合《げいごう》するさまを強調する。「諂諛《てんゆ》」とも言い、こちらは『春秋左氏伝』昭公六年に「わが君は賄《まかない》を貪《むさぼ》り、左右は諂諛す」と見えるほか、諸書に使用例がある。

天然自然 ◆てんねん しぜん

天が作ったそのままであるさま。また副詞的に、物事がひとりでに起るさま。

「天然」も「自然」も、人の作為《さくい》が加わっていないさまを言う。同義の二語を重ね、意味を強調したもの。「自然天然」とも言う。

天之美禄 ◆てんの びろく

酒の異称。

天からのよいさずかりものの意。「酒は天の美禄にして、帝王、天下を頤養《いよう》し（やしない）、享祀《きょうし》して（神にそなえて）福を祈り、衰《すい》を扶《たす》け疾《やまい》を養う所以《ゆえん》なり」（『漢書』食貨志下）から。前漢末、皇位を簒奪《さんだつ》した王莽《おうもう》の臣魯匡《ろきょう》の言。王莽自身も「塩は食肴《しょっこう》の将、酒は百薬の長にして、嘉会《かかい》の好《よしみ》（めでたい席の必需品）なり」（同）と言っており、酒は何にも優る薬だと「百*薬之長」という語もできている。

顚沛流離　◆てんぱい りゅうり

難儀しながらさまよい歩くこと。身の置きどころのないこと。

「顚沛」は、つまずき倒れること。「流離」は、天災や戦禍《せんか》などで住むところを失い、各地を転々として、肉親が散り散りになること。『論語』里仁に「君子は終食の間も仁に違《たが》うこと無く、造次《ぞうじ》(わずかの時間)にも必ずここに於《おい》てし、顚沛にも必ずここに於てす」とあり、朱子の『論語集注《しっちゅう》』では、「顚沛」とは「傾覆流離の際」としている。

天馬行空　◆てんば こうくう

考え方や行動が自由奔放であるさま。

「天馬空《くう》を行く」と言う。「天馬」は、天帝の乗る馬。天馬が自在に天空を駆け回る意。明の劉廷振《りゅうていしん》が、元の薩《さつ》都剌《とら》(天錫《てんしゃく》)の詩を評して「その神化して衆表に超出する所以《ゆえん》は、ほとんどなお天馬の空を行きて歩驟《ほしゅう》(歩くことと走ること)不凡なるがごとし」(『薩天錫詩集』序)と言っている。なお、古く中央アジアの大宛《だいえん》国は良馬の産地と伝えられ、大宛の馬は「汗血馬《かんけつば》」として知られていた。『史記』大宛伝に「善馬多く、馬、血を汗す。その先(祖先)は天馬の子と言うなり」と見える。

天罰覿面　◆てんばつ てきめん

悪事の報いはただちにわが身にはね返ってくること。

「天罰」は、天の下す罰。自然にもたらされる悪事の報い。「覿面」は、結果・効果などがその場ですぐ顕《あらわ》れること。「*悪因悪果《あくいんあっか》」、すなわち悪い行為が悪い報いをもたらすという因果応報思想と共通する考え方と言える。

天覆地載　◆てんぷう ちさい

広大な仁徳のたとえ。また、何物をも受けいれるおおらかな心のたとえ。

「天覆」は、天の覆《おお》う限り。「地載」は、地の載《の》せる限り。『中庸《ちゅうよう》』三一で、聖人の名声があまねく天下にいきわたり、聖人を尊崇しない人がいない、と言うところの「天の覆う所、地の載する所……およそ血気有る者、尊親せざるはなし」から。

田父之功　◆でんぷの こう

労せずして獲物を得るたとえ。

「田父」は、農夫。また、いなかもの。戦国時代、斉《せい》の淳于髠《じゅんうこん》は、斉と魏《ぎ》が戦って互いに疲れたところに秦《しん》・楚《そ》が乗りこんで、功をかすめることを心配する。そこで王にたとえ話で説く。「兎《うさぎ》前に極まり、犬後ろに廃《はい》す（両方とも動けなくなった）。犬兎《けんと》ともに罷《つか》れ、おのおのその処《ところ》に死す。田父これを見て、労勌《ろうけん》の苦無くして（苦労せず）、その功を擅《ほしいまま》にす（獲物を手に入れた）」（『戦国策』斉策）。類義語に、よく知られる「漁夫之利《ぎょふのり》」*がある。

田夫野人　◈でんぷ やじん

教養のない粗野な人。

「田夫」は、農夫。また、いなかもの。「野人」は、野にある人。また、いなかもの。ここで「いなかもの」とは、田舎の人の意ではなく、物を知らない粗野な人の蔑《べっ》称《しょう》として使われた語。二語を重ねて、粗野なさまを強調する。キリシタン版『伊曾保《いそほ》物語』に使用例が見え、語の普及していたさまがうかがえる。

天変地異　◈てんぺん ちい

天空と地上に起る異変。

「天変」は天空に起る異変、「地異」は地上に起る異変で、自然の異変全般を言う。漢字を入れ替えて「天地の異変」と読むと分りやすい。十九世紀フランスの博物学者キュヴィエは、ラマルクなどの進化論に反対して、旧約聖書「創世記」に見えるノアの洪水伝説などを背景に、天変地異によって世界の生物がほとんど絶滅し、残った生物が新たに世界に広がったとする説を称えた。これを「天変地異説」と言う。

天歩艱難　◈てんぽ かんなん

時のめぐりがうまくいかないこと。転じて、国家や時代の情勢が困窮に直面していること。

「天歩」は、日月星などの天の歩み。苦しい目に遭《あ》って天の歩みがうまくいかない、ということから、天運、時の運にめぐまれないことを言う。「英英たる白雲、かの菅茅《かんぼう》（かや）を露《うるお》す。天歩艱難にして、この子猶《しよ》からず」（『詩経』小雅、白華《はっか》）から。詩は、寵《ちょう》を失った女性の嘆きをうたっており、春秋時代、周の幽王の皇后に仮託されている。幽王が后を斥け、傾城の美女褒姒《ほうじ》を寵愛《ちょうあい》して政治をおろそかにしたために、国が危機に陥ったとして、転義が生じた。「子」は幽王を指す。

天網恢恢 ◆てんもう かいかい

悪いことをすれば必ず天罰が下ること。「天網恢恢疎《そ》にして漏《も》らさず」の略。「恢恢」は、広く大きいさま。人間の是非曲直を正す天道を網にたとえ、天の網は広々としていて、粗《あら》いようだが決して漏らすことはない、の意。「天の道は、争わずして善く勝ち、言わずして善く応じ、召《まね》かずして自ずから来たし、繟然《たんぜん》(ゆったり)として善く謀《はか》る。天網恢恢、疏《そ》にして失せず」(『老子』七三)に基づく。『魏書《ぎしょ》』景穆十二王、任城王伝には「又〔老子の〕曰《いわ》く、天網恢恢、疎にして漏らさず、と」と見える。

天佑神助 ◆てんゆう しんじょ

天のたすけと神の加護。「天佑」は「天祐」とも書き、天のたすけ。神の加護。「神助」は、神のたすけ。同義の二語を重ね、人為を超えたものの働きによって助けられる意を強調する。思いがけない偶然によって救われることなどに言う。

転彎抹角 ◆てんわん まっかく

道が曲りくねっているさま。また、話や行動がまわりくどく、直接的でないことのたとえ。「転彎」は、角を曲ること。「抹角」は、曲り角。角をぐるっと回って歩いていく意。『西遊記』にも見える。

当意即妙 ◆とうい そくみょう

すばやくその場に適応した機転を利かすこと。「当意」は、その場で即座に考えたり工夫したりすること。「即妙」は、即座の機転が利くこと。仏教語に、あるがままで妙なる働きを現す意の「当位即妙」という語がある。これに、その場の機転を利かす意の転義が加わり、そこから一般語の「当意即妙」ができた。江戸時代後期、新義真言宗の法住が記した『秘密安心又略《ひみつあんじんゆうりゃく》』に見える「即すと知らぬが根本無明……即すと思へば当位即妙」の「当位即妙」は、仏教から見れば妙なる働き、俗的には当座の軽妙な機転と解することができる。

桃園結義 ◆とうえん けつぎ

生死を共にする義兄弟の契りを結ぶこと。「桃園に義を結《むす》ぶ」と読む。後漢末期、劉備《りゅうび》・関羽《かんう》・張飛《ちょうひ》の三豪傑が、桃園で義兄弟の契りを結んだという故事に基づく。「飛曰《いわ》く、わが荘の後ろに一桃園有り。花開きて正に盛んなり。明日まさに園中に於て天地に祭告し、わが三人、結びて兄弟と為《な》るべし。力を協《あわ》せ、心を同じくし、然《しか》る後に大事を図《はか》るべし、と」(『三国志演義』一)。ときは曹操《そうそう》の魏《ぎ》、孫権《そんけん》の呉《ご》、劉備の蜀《しょく》と三者鼎立《ていりつ》時代の未明のことである。

頭会箕斂　◈とうかい　きれん

税を収奪するさま。「頭会」は、頭数《あたまかず》に合せる意。「箕斂」は、箕《み》で掬《すく》うように集める意。その家の頭数に応じて、箕で掬うように税をかき集める意を表す。「外内騒動し、百姓罷敝《ひへい》するに、秦《しん》末、頭会箕斂し、以て軍費に供す」(『史記』張耳陳余伝《ちょうじちんよ》)から。秦末、反乱を起した陳勝の臣となった武臣《ぶじん》らが、秦の圧政に抗して乱に荷担するよう各地の豪族に説く中で、秦についてふれたところ。

灯火可親　◈とうか　かしん

秋の夜長は読書をするのにふさわしいということ。ふつう「灯火親《した》しむべし」と言う。「時秋にして積雨霽《は》れ、新涼郊墟《しんりょうこうきょ》(郊外の村)に入る。灯火ようやく親しむべく、簡編巻舒《かんぺんけんじょ》すべし(書をひもとくのによい)」(唐、韓愈《かんゆ》「符《ふ》、読二書城南一詩」)による。城南は韓愈の別荘のある長安郊外の地で、そこにいる息子の符に読書をすすめた詩。この言葉は日本でもすっかりなじみになり、手紙の書出しに「灯火親しむ候」と書かれ、また季語にもなっている。「新涼灯火*」も、この詩からの類義語。

投瓜得瓊　◈とうか　とっけい

男女が愛情の誓いの品を送ること。また、わずかな贈り物で多くの返礼を得ること。「瓜《うり》を投じて瓊《たま》を得る」と読む。「瓊」は、美しい玉。「我に投ずるに木瓜《もっか》を以てす、これに報《むく》ゆるに瓊琚《けいきょ》を以てす」(『詩経』衛風、木瓜)による。女が瓜の実を投げてよこしたので、自分は宝玉を投げ返した、の意。この次の節では、女は桃を投げてよこし、男は宝玉を投げ返す。古代中国に、このような仕方で男女の愛情をたしかめあう風習があったと解釈されている。なお、「海老《えび》で鯛《たい》を釣《つ》る」は、最初から多くの利益を当てにしている。

東家之丘　◈とうかの　きゅう

身近にいる優れた人物の真価を知らないたとえ。

「丘」は孔子の名。事実としては考えにくいが、孔子宅の西隣に住む男が、孔子の偉いことを知らずに、東隣の丘さんと呼んでいたという逸話に基づく。魏《ぎ》の邴原《へいげん》が、遠く孫嵩《そんすう》に学ぼうと訪ねたところ、あなたの郷里には立派な鄭《てい》先生がいるではないかと言われた。「君すなわちこれを舎《す》て躡屣《じょうし》する（わらじをはく）こと千里、いわゆる鄭を以て東家の丘と為《な》す者なり」（『三国志』魏志、邴原伝注）。

同甘共苦 ◆どうかん きょうく

共に喜び共に苦しむこと。苦楽を共にすること。

「甘」は楽しみの意で、「甘苦」は「苦楽」と同義。『淮南子《えなんじ》』兵略訓に「将は必ず卒と甘苦を同じうす」と見える。大乗仏教の菩薩《ぼさつ》は、いったん悟りの世界におもむいた後、再び人間社会に降りてきて、人々と喜びや苦しみを共にしながら衆生済度《しゅじょうさいど》に努めるとされる。仏教ではこれを「共歓《きょうかん》同苦」と表現するが、「同甘共苦」と言ってもよい。

童牛之牿 ◆どうぎゅうの こく

おさえつけて自由を奪うたとえ。

「童牛」は、仔牛《こうし》。「牿」は、角木《つのぎ》。人を突かないように牛の角に結びつける横木。「六四。童牛の牿なり。元吉なり。象《しょう》に曰く、六四の元吉なるは、喜びあるなり」（『易経』大畜卦《たいちくか》）から。まだ角のはえそろわない仔牛に牿をほどこしておけば、さしたる困難もなく害を未然に防げて喜ばしい、の意。

同行二人 ◆どうぎょう ににん

二人連れであること。

特に、四国八十八箇所巡礼の際、単独行であっても笠などに「同行二人」と記す。四国八十八箇所は弘法大師《こうぼうだいし》空海の霊場で、いつも大師と二人連れという意味を示している。空海は、四国讃岐《さぬき》の生れ。阿波《あわ》の大滝嶽や土佐の室戸《むろと》崎で厳しい修行をし、のちに讃岐の満濃池《まんのういけ》を修築するなど、四国とは縁が深い。大師の霊場をめぐることを特に「遍路《へんろ》」と言う。

当機立断《とうきりつだん》 ⇒ 応機立断《おうきりつだん》

陶犬瓦鶏 ◆とうけん がけい

外形ばかり立派で役に立たないもののたとえ。

「陶犬」は、陶器で作った犬。「瓦鶏」は、素焼の鶏《にわとり》。「それ陶犬は夜を守るの警《そな》え無く、瓦鶏は晨《あした》を司《つかさど》るの益無し」（南朝梁《りょう》、『金楼子』立言上）による。陶器の犬は夜番の役に立たず、素焼のにわとりは時をつくらない、の意。「瓦鶏陶犬」とも言う。

同工異曲 ◆どうこう いきょく

技巧は同じだが、趣が異なること。転じて、見かけは違うようでも実は同じ手際であること。

音楽を奏する技巧は同じでも、曲の味わいが異なる意。唐の韓愈《かんゆ》「進学解」に「子雲《しうん》・相如《しょうじょ》の同工異曲なる」という表現がある。「子雲」は、前漢の学者揚雄《ようゆう》のこと。『易経』に擬して『太玄経』を、『論語』に擬して『法言』を作るなど、「模擬の雄」と呼ばれた。「相如」は、前漢の司馬相如。『史記』司馬相如伝賛で、司馬遷は、相如には空虚な言や奔放な説が多いが、『詩経』の諷諫《ふうかん》（遠回しのいさめ）と同じだと評している。いずれも先の風にならいつつ、一味異なるものを持った人物ととらえている。「異曲同工」とも言う。

倒行逆施 ◆とうこう ぎゃくし

道理に逆らって事をなすこと。無理押しすること。

「倒行」は、道理に逆らって行うこと。「逆施」は、順序に従わずに行うこと。春秋時代、楚《そ》の伍子胥《ごししょ》は父と兄を平王に殺された。亡命して呉王に仕え、年を経てついに楚に攻め込み、すでに死んでいた平王の墓をあばいて屍《しかばね》を三百回鞭《むち》うって報復とした。のちにこの行為を批判された伍子胥は、志を遂げないままに日を重ね、焦って道理を考えている余裕がなかったと弁解する。「われ日暮れて塗《みち》遠し。われ故に倒行してこれを逆施す」（『史記』伍子胥伝）。

刀光剣影 ◆とうこう けんえい

殺気がみなぎり、今にも戦いの起りそうな雰囲気。

「影」は、光の意。「刀光」も「剣影」も、刀がきらりと光る意を表す。二語を重ねて、いわば「一触即発*」であるさまを強調した語。

偸香窃玉 とうこう せつぎょく ⇒ 窃玉偸香 せつぎょく とうこう

桃紅柳緑 ◆とうこう りゅうりょく

さまざまな色彩にいろどられた春の景色を言う。

桃の花は紅に咲き、柳の葉は緑に芽吹く意。紅と緑で春の色彩を代表させている。同様の表現に「柳は緑、花は紅《くれない》」(→柳緑花紅《りゅうりょくかこう》)があるが、春の景色を言う一方で、自然のありのままの風景ということから、禅に取入れられて悟りの境地を表現する語にもなっている。

党錮之禍　◆とうこの か

後漢末期、宦官《かんがん》がのさばり党人官僚が仕官の道を閉ざされたこと。

「党錮之獄」「党錮之禁」とも言う。「党錮」は、党人が禁錮されたこと。桓帝・霊帝の時、官僚を中心とする党人派と宦官(後宮に仕えた去勢男子)との対立が激しくなり、宦官たちは天子を擁《よう》して党人を弾圧した。党人は禁錮されて仕官の道を失い、一方、宦官は横暴となり、これが後漢滅亡の一因となる。

董狐之筆　◆とうこの ひつ

歴史家が権勢を恐れず真実を記すたとえ。

春秋時代、晋《しん》の趙穿《ちょうせん》が暴君霊公を殺した。史官だった董狐は、正卿《せいけい》(上席家老)の趙盾《ちょうとん》が霊公を殺したと記録した。違うと言う趙盾に対して董狐が答える。「子正卿為《た》り。亡《に》げて境を越えず、反《かえ》りて賊を討たず。子に非《あら》ずして誰ぞ」(『春秋左氏伝』宣公二年)。あなたは正卿です。霊公に諫言《かんげん》してにらまれて身を隠していたとはいえ、国内にいて、事件のあと趙穿を見逃しました。あなたこそ、霊公を殺した犯人です、と。類義語に「太史之簡《たいしのかん》」*がある。

桃三李四　◆とうさん りし

桃が実を付けるまでには植えて三年、李《すもも》は四年かかること。

「桃三李四梅子《ばいし》十二」(『埤雅《ひが》』釈木、桃)から。物事をなすにはそれ相応の時間がかかるたとえともされる。日本で一般的な成句「桃栗三年柿八年」は、このあとに「梅は酸い酸い十三年」と付けることがある。中国の「梅子十二」と照応して面白い。

同始異終　◆どうし いしゅう

物事は、始めは同じでも、さまざまな条件によって結果は必ず異なってくること。

「始めを同じくするも終りを異《こと》にす」と読む。「六物同じからず、民心一ならず、事序類せず、官職則《のり》あらず。

始めを同じくするも終りを異にす」(『春秋左氏伝』昭公七年)による。「六物」は、年・四季・日・月・星・十二支。

同而不和　◆どうじ　ふわ

おもねって雷同するが、足並をそろえず勝手にふるまうこと。

ふつう「同じて和せず」と言う。「君子は和して同ぜず、小人は同じて和せず」(『論語』子路)から。君子は協調するが雷同はしない、小人は雷同するが協調はしない、の意。心の狭い者は、やたらに他人の意見に同意したりするが、自分を他人にあわせて調和を保つことはしないと、君子との対比において指摘する。小人の「同而不和」に対する君子は、「和而不同《わじふどう》*」。

闘志満満　◆とうし　まんまん

闘争心に満ちあふれているさま。

「闘志」は、闘おうとする意志。闘争心。「満満」は、満ち満ちているさま。闘争心のある様子を、はたから見て、少し誇張して言う。「自信満満」もそうだが、「満満」は、思い上がった様子が感じられる時に使われることが多い。

陶朱猗頓　◆とうしゅ　いとん

大富豪のこと。

「陶朱猗頓の富」と言う。「陶朱」は、春秋時代越王句《こう》践《せん》の功臣、范蠡《はんれい》。越王のもとを去ったのち、陶(山東省)に住み、巨万の富を得て陶朱公と称されたという。「猗頓」も大富豪の名。陶朱の助言に従って、大富豪になったとも言う(→猗頓之富)。前漢の賈誼《かぎ》「過《か》秦《しん》論」(『文選《もんぜん》』所収)に「陶朱猗頓の富有るにあらず」と見える。

同床異夢　◆どうしょう　いむ

一緒にいながら、別々のことを考えていること。また、同じことをしながら、目標が異なっていること。

同じ床に寝て、異なった夢を見る意。「同床各夢」とも言う。「牀《しょう》(「床」に同じ)を同じうして各《おのおの》夢を做《な》さば(別々の夢を見ているなら)、周公旦《しゅうこうたん》も学び得ること能《あた》わず。何ぞ必ずしも一一説してはなはだ明らかなるに到らんや」(南宋、陳亮《ちんりょう》「与二朱元晦一秘書」)による。周公旦は、文王・武王・周公と並び称された周の政治家。心が離れたら、周公旦でも相手の気持を理解することはできない、と陳亮が朱子に説いたもの。

闘諍堅固　◆とうじょう けんご

仏教の修行者たちが、互いに自説を最高のものとして争いを繰広げる時代を言う。『大方等大集経《だいほうどうだいじっきょう》』によると、釈迦《しゃか》の滅後に仏道修行はしだいに衰えるとある。その衰退のさまは、解脱《げだつ》堅固（ひたすら煩悩《ぼんのう》を脱することを願う）、禅定《ぜんじょう》堅固（ひたすら瞑想《めいそう》し、真理を求める）、読誦多聞《どくじゅたもん》堅固（経典を読み、教えを聞く）・多造塔寺《たぞうとうじ》堅固（塔や寺をたくさん造る）の時代がそれぞれ五百年ずつ続き、そのあとに「闘諍堅固」の時代五百年が来るという。一般的な正法《しょうぼう》・像法《ぞうぼう》・末法《まっぽう》の三時に配当すると、「闘諍堅固」は末法の始めに当る。

東食西宿　◆とうしょく せいしゅく

現実的であつかましいことのたとえ。「東に食し西に宿せん」と読む。戦国時代、斉《せい》の美女が、東隣に住む金持の醜男《ぶおとこ》と、西隣に住む貧乏な美男の両方から求婚された。親は娘に、東がよければ左の片肌を、西がよければ右の片肌を脱げと言ったところ、娘は両肌《もろはだ》を脱いだ。わけを聞いたら、昼は東で食事をし、夜は西で寝たいと答えたという。『太平御覧』『事文類聚』などに見える話から。

同心戮力　◆どうしん りくりょく

心を一つにして力を合せること。「戮力同心」とも言う。春秋時代、晋《しん》の呂相《りょしょう》が秦《しん》に遣わされて、絶交の口上を述べる。冒頭、昔のことに触れて言う。「昔我が献公と〔秦の〕穆公《ぼくこう》とに逮《およ》びて相好《あいよしみ》し、力を戮《あわ》せ心を同じくし、これに申ぬるに盟誓を以てし、これに重ぬるに婚姻を以てす」（『春秋左氏伝』成公十三年）。

同声異俗　◆どうせい いぞく

生れながらの素質は同じだが、後天的な要素によって人間に違いが出てくること。

「干・越・夷・貉《ばく》の子、生れて声を同じうするも、長じて俗を異にするは、教えこれをして然らしむるなり」（『荀子《じゅんし》』勧学）による。異民族の子が、生れた時は同じ泣声でも、成長すると風俗習慣を異にするのは、教育によるものである、の意。「君子曰《いわ》く、学は已《や》むべからず、と」で始まる冒頭の節に記され、教育の大切さを説く。

蹈節死義　◆とうせつ しぎ

節操を守って大義のために死ぬこと。

「節を蹈《ふ》んで義に死す」と読む。西晋《せいしん》が滅んだ時、司馬一族の中でわずかに健在だった司馬睿《えい》が即位を勧められた。「帝慨然として流涕《りゅうてい》して曰《いわ》く、孤（私）は罪人なり。ただ節を蹈んで義に死し、以て天下の恥を雪《そそ》ぎ、鈇鉞《ふえつ》（斧《おの》とまさかり、処刑の具）の誅《ちゅう》を贖《あがな》わんことを庶《こいねが》うこと有るのみ（処刑されるかわりに奪われた土地を取戻すために努めたい）、と」（『晋書』元帝紀）。結局、強く推されて、睿は晋王を名乗り、翌年、東晋の元帝となる。

冬扇夏炉《とうせんかろ》 ⇒ 夏炉冬扇《かろとうせん》

冬虫夏草 ◈とうちゅう かそう

虫に寄生するきのこの一種。

冬は虫で夏になると草になる、の意。土中の昆虫《こんちゅう》の幼虫や蜘蛛《くも》などに寄生し、その体からきのこを生ずる菌類を言う。寄生された昆虫は冬の間は生きているが、夏になると虫の体を破ってきのこが成長する。まさに冬は虫で夏になるときのこになるわけで、世の中にはこのような生物もある。中国では主に、一部の種類を乾燥して生薬としたものを「冬虫夏草」と称した。

道聴塗説 ◈どうちょう とせつ

人が言ったことをすぐ受売りすること。

「道に聴きて塗《みち》（＝道）に説くは、徳をこれ棄つるなり」（『論語』陽貨）から。受売りは、よく考えて自分の身につけようとしないのだから、徳を棄てていることになる、の意。『漢書』芸文志に、市中の話題など「街談巷語《がいだんこうご》*」は、道聴塗説の者の造るところなり」と見える。

堂塔伽藍 ◈どうとう がらん

寺院の建築物を言う。

「堂塔」は、堂や塔。これだけで寺院の建物を意味する。『続《しょく》日本紀』霊亀二年（七一六）五月に「諸国の寺家、堂塔成るといえども、僧尼の住《すま》うことなく、礼仏《らいぶつ》を聞くこと無し」と見える。「伽藍」は、サンスクリットの音写語「僧伽藍摩《そうぎゃらんま》*」の略。寺院の建築群を言う。つまり堂や塔の総称で、それらの配置を「伽藍配置」と言い、奈良の古寺や禅宗寺院の伽藍配置を「七堂伽藍*」と呼ぶ。

頭童歯豁 ◈とうどう しかつ

老人になること。また、そのような様子。

「頭童」は、草木のない山のように、頭に髪のないこと。「歯豁」は、歯がすきまだらけなさま。頭がはげ歯が抜けている意。「冬煖《あたた》かくして児は寒に号《さけ》び、年豊かにして妻は饑《うえ》に啼《な》く。頭童にして歯豁なり。ついに死すとも何をか裨《たす》けん」(唐、韓愈《かんゆ》「進学解」)から。暖冬でも子供は寒さにわめき、豊年でも妻はひもじさに泣く。年より老けて髪は抜け、歯はすきまだらけになり、あげく死んで何の助けになるのだろうと、貧苦のうちに過した前半生を述べている。

党同伐異　◆とうどう　ばつい

道理のあるなしにかかわらず、同じ派の者に味方して他派の者を攻撃すること。

「同じきに党《むら》がり異なるを伐《う》つ」と読む。「武帝より以後、なお儒学を崇《あが》め、経を懐《いだ》き術《わざ》を協《とも》にし、所在霧会し(ここかしこ多く集まり)、石渠《せっきょ》分争の論、党同伐異の説有るに至る。守文の徒、時に盛んなり」(『後漢書』党錮《とうこ》伝序)から。石渠閣は後漢代の文庫。そこで学問論争が行われ、同じ派の者同士がまとまって他派に対抗するといった思想争いが起り、結局、古い考えに固執する派が盛んになった、の意。

刀筆之吏　◆とうひつの　り

文書の記録の仕事をする官吏。書記。

「刀筆」は、紙の発明される以前の中国で、竹簡に文書を記録するための筆と、誤りを削って訂正するための小刀を言う。『史記』蕭相国世家賛は、漢の高祖三傑の一人、蕭何《しょうか》について「秦《しん》の時に於て刀筆の吏と為《な》り、録録いまだ奇節有らず」、秦のころは平凡な目立たない小役人だった、と記す。やがて劉邦《りゅうほう》の側近となって庶務を監督し、皇帝になった劉邦をして、国家を鎮《しず》め人民を撫《ぶ》することでは自分は蕭何にかなわないと言わしめた。

同病相憐　◆どうびょう　そうりん

同じ苦痛を受けている者は、互いに同情する念が深いということ。

「同病相憐《あいあわ》れむ」と言う。「子胥《し　しょ》曰《いわ》く、われの怨《うら》みは嚭《ひ》と同じなり。子河上の歌を聞かずや。同病相憐れみ、同憂相救う、と」(『呉越春秋』闔閭《こうりょ》内伝)から。春秋時代、楚《そ》の平王に父と兄を殺され呉に亡命した伍子胥《ご》が、やはり父を殺され呉に逃れた楚の伯嚭《はくひ》に対する心情を、「河上の歌」という俗謡に託して述べたもの。このように伯嚭に心を寄せた伍子胥だったが、結局は伯嚭の讒言《さんげん》によって呉王から死を命じられる。

東風解凍 ◆とうふう かいとう

春の訪れを言う。

「東風凍《こおり》を解《と》く」と読む。『礼記《らいき》』月令に見える語。「東風」は、ここでは春風。五行説では、春は万物が成長を始める季節であり、東は万物が活動を開始する方角であるとして、東を春に当てる。太陰暦で、一年を七十二に区分した七十二候の冒頭がこの「東風解凍」。二十四節気では立春に当たる。

東扶西倒 ◆とうふ せいとう

しっかりした考えがなく、ふらついているさまのたとえ。あちこちに差し障りができて、対応に忙しいさま。

東を扶《たす》ければ西に倒れる意。「学を教うるは酔人を扶くるが如《ごと》し。東に扶け得て来たれば、西にまた倒る」（『朱子語類』一一五）から。東に倒れそうになる酔っぱらいを支えてやれば、今度は西の方に倒れそうになる。学問を教えるのも同じようなもので、両面から支えてやらないと、教わる方は考えが一方に傾いてしまう、と。

同文同軌 ◆どうぶん どうき

天下が統一されること。

「文を同じくし、軌を同じくす」と読む。「いま天下、車は軌を同じくし、書は文を同じくし、行いは倫《りん》を同じくす」（『中庸《ちゅうよう》』二八）による。今の天下は、車輪の幅の同じ車を用い、書き物には同じ文字を使い、人の行いは同じ倫理的規範にのっとっている、の意。秦《しん》の始皇帝が統一する以前、各国の車の車輪幅、書体はまちまちだった。なお、日中戦争前後に、日中の共通の文化基盤を強調して使われた「同文同種」（同じ文字を用いる同根の人種）は、この語をもとにしたものという。

洞房花燭 ◆どうぼう かしょく

新婚の夜のこと。

「洞房」は、奥深い部屋。閨房《けいぼう》。「花燭」は、はなやかな灯火。奥まった女性のねやに灯がともっている意。「洞房花燭明らかに、燕余《えんよ》〔の曲を〕双舞すること軽し」（北周、庾信《ゆしん》「和レ詠レ舞詩」）から。「花燭」をはっきり婚礼と結びつけている例としては、南朝梁《りょう》の何遜《かそん》「看二新婦一詩」（『玉台新詠』所収）の「如何《いかん》ぞ花燭の夜」がある。「花燭」はまた「華燭」とも書かれ、婚礼の宴を「華燭之*典」と言う。

道貌岸然 ◆どうぼう がんぜん

風貌や態度がしかつめらしく、取っつきにくいさま。「道貌」は、儒学、特に二程子・朱子の学を奉ずる道学者のような、かたくなでしかつめらしい顔。「岸然」は「凜然《りんぜん》」に類義で、きりっとして近寄りがたいさま。『聊斎志異《りょうさいしい》』には「岸然たる道貌」と見える。

掉棒打星 ◆とうぼう だせい

現実的でないことにむだな努力をはらうたとえ。また、思い通りにならず、もどかしいさま。

「棒を掉《ふる》いて星を打つ」と読む。地上から棒で星を打とうとする意。南宋の禅語録『無門関』の無門慧開《むもんえかい》自序は「棒を掉いて月を打ち、靴を隔てて痒《かゆ》きを爬《か》く、なんの交渉《きょうしょう》(真実との関係)か有らん」と、真実を得られないたとえに記す。たとえとして並べた「靴を隔てて痒きを爬く」は、「隔靴掻痒《*かっかそうよう》」で馴染み深い。

道傍苦李 ◆どうぼうの くり

見捨てられて顧みられないもののたとえ。

道端に実っている苦《にが》い李《すもも》の意。竹林七賢*の一人、王戎《おうじゅう》が子供のころの逸話による語で、『世説新語《せせつしんご》』雅量などに載る。実をたくさんつけた李の木を見つけて、子供たちが競って取る中で、王戎だけが見向きもしなかった。「樹道辺に在りて子多し。これ必ず苦李ならん」、誰でも取れる道端に実を多く残しているから苦い李だろう、と。はたして、その通りだった。

東奔西走 ◆とうほん せいそう

仕事や目的があって、あちこちいそがしく駆けめぐること。

東西に奔走する意。必ずしも遠くへ旅行することは意味せず、もっぱら席をあたためずに活動している状態を言う。類義の「南船北馬《*なんせんほくば》」は、南は船で北は馬でというように、各地を忙しく移動するさまに言い、語感が異なる。

稲麻竹葦 ◆とうま ちくい

多くのものが群がって入り乱れるさま。また、何重にも取囲んで立ち並ぶさま。

稲と麻と竹と葦《あし》が入乱れている意。「新発意《しんぽっち》の菩薩《ぼさつ》にして（新たに菩薩の位にいたり）、無数の仏を供養し、もろもろの義趣を了達《りょうだつ》して（仏の教えをよくわきまえて）、またよく法を説かんもの、稲麻竹葦の如《ごと》く、十方の刹《くに》に充満せんに」（『法華経』方便品《ほうべんぼん》）から。新しい菩薩が国中に満ちあふれる意で、群がるさまと何重にも立ち並ぶさまの両義が含まれている。

瞠目結舌　◈どうもく けつぜつ

ひどくびっくりするさま。啞然《あぜん》とするさま。

「瞠目」は、目を見張ること。「結舌」は、舌がこわばること。いずれも、驚いたさまをやや誇張して表現する語で、両語を重ねて驚きの様子を強調する。なお「瞠目」と類義の「刮目《かつもく》」は、「刮目相待《そうたい》*」のように、十分に注目する意で、「瞠目」とは用法が違う。

桃李成蹊　◈とうり せいけい

徳のある者は、みずから求めなくても、自然に人が慕い集まるたとえ。

「桃李言《ものい》わざれども下自《したおのず》ら蹊《みち》を成す」の略。桃や李は何も言わないけれど、花の美しさや実を求めて人が集まり、その木の下には自然に小道ができる意。『史記』李将軍伝賛で、李広《りこう》を称えて「諺《ことわざ》に曰《いわ》く、桃李言わざれども下自ら蹊を成す、と。この言小なりといえども、以て大に喩《たと》うべきなり」と、「諺」として取上げている。前漢の将軍李広は、純朴でろくに口もきけないような人だったが、死んだ時天下の人はこぞって哀悼したと、司馬遷がその人徳を称えたもの。

党利党略　◈とうり とうりゃく

自分の所属する政党・党派の利益と、それを得るための策略の意。

「党利」は、自分の所属する政党・党派の利益。「党略」は、政党・党派が用いるはかりごと。政治家の言動が、もっぱらその所属する政党・党派、ひいてはその人自身のためになされているさまを批判する時などに、主として使われる。

桃李満門　◈とうり まんもん

優れた人材が門下にたくさんいるたとえ。

「桃李門に満つ」と読む。優秀な人材を桃と李《すもも》にたとえている。唐の狄仁傑《てきじんけつ》が則天武后《そくてんぶこう》のために、自分の門下から数十人の人材を推薦《すいせん》したが、彼らはおおむね名臣だった。「或るひと仁傑に謂《い》いて曰《いわ》く、天下の桃李はことごとく公の門に在り、と。仁傑曰く、賢を薦《すす》むるは国の為にして、私の為に非《あら》ざるなり、と」（『資治通鑑《しじつがん》』唐紀、則天武后）。

等量斉視 ◆とうりょう せいし

人を差別せず、平等に扱うこと。

「等《ひと》しく量《はか》り斉《ひと》しく視《み》る」と読む。人の人格・力量などを偏見なく推量し、かたよることなく観察する意。親疎・好悪《こうお》によって扱いを変えるのでなく、といってひとしなみに扱うのでもなく、正しい見方で人を観察し、判断することを言う。

棟梁之材 ◆とうりょうの ざい

国や集団を統率していく力量のある人のこと。

「棟」はむなぎ、「梁」はうつばりで、ともに家を支える重要な部分。家屋の重要な部分に用いる材の意から、重要な役割を負う人にたとえる。また「棟梁」は、家屋の支えから転じて、国や集団を支える人物の意。「材」は、人材の意。いずれにしても、意味は変らない。

蟷螂之斧 ◆とうろうの おの

はかない抵抗のたとえ。

「蟷螂」は、かまきり。「斧」は、形が似ているところから、かまきりの前脚を言う。後漢末期、群雄の袁紹《えんしょう》と曹操《そうそう》とが対立した。袁紹は、自分の側につくようにと、劉備《りゅうび》（予州）など諸将に当てた檄文《げきぶん》を陳琳《ちんりん》に書かせる。「蟷蜋（「蟷螂」に同じ）の斧を以て隆車《りゅうしゃ》の隧《すい》を禦《ふせ》がんと欲す」（「為二袁紹一檄二予州一」、『文選《もんぜん》』所収）、かまきり（＝曹操）が前脚を振りあげて大きな車（＝袁紹）のわだちを防ごうとしている、と。檄文で弱小なかまきりにたとえられた曹操は、このあと官渡《かんと》の戦いで袁紹を破る。なお、かまきりが前脚をふりあげるさまを、身のほどしらずの形容とする表現は、これ以前にも『荘子』をはじめ諸書に見られる。

当路之人 ◆とうろの ひと

重要な地位にいる人のこと。

「当路」は、要路に当る意で、重要な地位にいること。『孟子《もうし》』公孫丑《こうそんちゅう》上に、「夫子《ふうし》斉《せい》にて路に当らば、管仲《かんちゅう》・晏《あん》子《し》の功、また許《き》すべきか」と見える。公孫丑が孟子に、先生がもし斉の要職についたら、名宰相と評判の管仲や晏子のような立派な業績がまた期待できるでしょうか、と尋ねたもの。管仲・晏子を認めない孟子は、あなたは人物といえばその二人しか知らないようだと応ずる。

十日之菊《とおかのきく》 ⇩ 六菖十菊《りくしょうじゅうぎく》

土階三等 ◈どかい さんとう

住居や生活が質素なことのたとえ。

土で固めた階段三段の意。『呂氏《りょし》春秋』侍《じ》君覧《くんらん》、召類に「故《ゆえ》に明堂は茅茨《ぼうし》蒿柱《こうちゅう》(屋根は茅《かや》や茨《いばら》で柱は蒿《よもぎ》)、土階三等、以て節倹を見《あらわ》す」と、周代の明君の質素な宮殿を描いている。また、『史記』太史公自序にも、古代の尭《ぎょう》・舜《しゅん》帝の宮殿が「堂高三尺(七〇センチメートル弱)、土階三等、茅《ぼう》茨《し》剪らず(端を切りそろえず)、采椽《さいてん》(垂木《たるき》)刮《けず》らず」だったとある。『史記』の記述を受けて、「尭階三尺」も同義語として使われる。

兎角亀毛《とかくきもう》 ⇩ 亀毛兎角《きもうとかく》

時世時節 ◈ときよ じせつ

その時その時と移り変る時代の流れ。また、その時その時のめぐりあわせの意。

「時世」「時節」ともに、移り変るその時その時の意。近世・近代に、トキヨに「時代」「時節」を当てている例があることからも、同義語のたたみかけであることが分る。移り変りを経て、今という時代があることを強調し、時の流れや時代のめぐりあわせの意を、やや感慨をこめて表す。

得意忘形 ◈とくい ぼうけい

得意になって我を忘れること。

「意を得て形《かたち》を忘る」と読む。「尤《もっと》も荘老を好む。酒を嗜《たしな》みてよく嘯《しょう》し、よく琴を弾ず。その意を得るに当りてや、たちまち形骸《けいがい》を忘る。時の人、多くこれを痴と謂《い》えり」(『晋書《しんじょ》』阮籍《げんせき》伝)による。阮籍は竹林七賢*の一人。「阮籍*青眼」で知られる。

得意満面 ◈とくい まんめん

いかにも満足そうな様子。

得意な心持が顔全体に現れている意。「満面」は、何らかの気持が現れた時の顔全体を言う。「満面に笑みをたたえる」は、楽しさあるいは嬉《うれ》しさで顔中が笑っていることを言い、「満面に朱《しゅ》を注ぐ」は、怒りで興奮し、顔中を真っ赤にしているさまを表す。

匿影蔵形 ◆とくえい ぞうけい

事の真相を明らかにしないこと。

「影《かげ》を匿《かく》し形《かたち》を蔵《かく》す」と読む。影も形も隠してしまうこと。

意。「蔵形匿影」とも言う。周代の作と伝える『鄧析子《とうせきし》』無厚に「君たる者、形を蔵し影を匿せば群下に私するもの無く、目を掩《おお》い耳を塞《ふさ》げば、万民恐れ震《おのの》く」とあり、本来は、君主が姿をみせずに統治することを言った。

得魚忘筌 ◆とくぎょ ぼうせん

目的を達すると、その手段は忘れられて顧みられなくなるたとえ。

「魚《うお》を得て筌《うえ》を忘る」と読む。「筌」は、魚を捕る道具。竹を編んだ筒で魚が入ると出られないように作られている。魚を捕れば、筌は忘れられる意。「筌は魚を在《い》るる所以《ゆえん》なり。魚を得て筌を忘る。蹄《てい》(罠)は兎を在るる所以なり。兎を得て蹄を忘る。言は意を在るる所以なり。意を得て言を忘る。われいずくにかその言を忘るるの人を得て、これと言《かた》らん(そういう人と話をしたい)」(『荘子』外物)による。意味が分ったら、筌や蹄のように言葉を忘れてよいのに、世の人は字句にこだわり本質を忘れている、と言うように、「得魚忘筌」は原義では、否定的な意味は持っていない。なお、目的を達するまでの手段の意の「筌蹄」は、この引用文からの語。

独具匠心 ◆どくぐ しょうしん

他に類を見ない、独特な技巧やアイディアを持っていること。

「独《ひと》り匠心を具《そな》う」と読む。「匠心」は、「匠意」「意匠」などと同意で、いろいろ工夫して芸術を作り上げようとする心。

徳高望重 ◆とくこう ぼうじゅう

人徳が高く、人から重い信望を得ていること。

「徳高く、望《ぼう》重し」と読む。この「望」は、人望の意。明の帰有光『震川集』上総制書に「徳高く望重く、謀深く慮淵《ふか》し」と見える。

篤実温厚《とくじつおんこう》 ⇩ **温厚篤実**《おんこうとくじつ》

得衆得国 ◆とくしゅう とっこく

民衆の支持を得れば、国を治めることができるということ。

「衆を得れば国を得る」と読む。「衆を得ればすなわち国を得、衆を失えばすなわち国を失う」(『大学』)から。為政者にとって民衆の支持を得ることがいかに大切かを言っている。同じ『大学』伝に見える「*聚斂《しゅうれん》之臣」は、同じことを極論をもって表現したもの。

独出心裁 ◆どくしゅつ しんさい

詩文・美術作品・建築などの構成に独創性があること。独自の構想を持っていること。

「独《ひと》り心裁を出《いだ》す」と読む。「心裁」は、心の中で構想した体裁、風格。

読書三到 ◆どくしょ さんとう

読書をする際には、心と眼と口の三つを集中させることが必要であることを言う。

南宋の朱子が主張した読書の際の三条件。「読書に三到有り。心到・眼到・口到を謂《い》う。心ここに在らざれば、すなわち眼子細を看ず。心眼すでに専一ならざれば、却《かえ》ってただ漫浪誦読《まんろうしょうどく》し、決して記する能《あた》わず。記するも久しきこと能わざるなり。三到の中に、心到最も急なり。心すでに到らば、眼・口あに到らざらんや」(『訓学斎規』読書写文字)。心が集中していなければ、眼もおろそかになり、口誦《こうしょう》しても覚えられない、心が集中していさえすれば、眼と口はついていく、と説く。

読書三昧 ◆どくしょ ざんまい

読書にふけること。

「三昧」は、すっかりひたりきる意で、もと仏教語。一般語として使われる場合、没入するというより、そのことばかりしているという意味が強い。「読書三昧」は、読書に没頭しているというより、本ばかり読んでいるという状態に言う。

読書三余 ◆どくしょ さんよ

読書・勉学をするのにふさわしい三つの余暇のこと。

魏《ぎ》の董遇《とうぐう》から百遍読書をせよ(→読書百遍)と教えを受けた弟子が、そんな余裕はないと言い返すと、一年の余りの冬、一日の余りの夜、時の余りの長雨を利用すればよいと董遇はさとした。「まさに三余をもってすべし。……冬は歳の余、夜は日の余、陰雨は時の余なり」(『三国志』魏志、王肅《おうしゅく》伝注)。外に出て働く以外の時間を読書に当てよと言ったもの。単に「三余」とも言う。

読書尚友　◆どくしょ　しょうゆう

書物を読むことによって、昔の賢人を友とすること。

「尚友」は、さかのぼって古人を友とする意。「その詩を頌《しょう》し、その書を読むも、その人を知らずして可ならんや。このゆえにその世を論ず。これ尚友なり」(『孟子《もうし》』万章下)による。詩を吟じ、書物を読んでも、その人を知らないでよいものだろうか、だからその人の生きた時代を考える、これが古人を友とするということである、と。時代背景を抜きに人と著作を理解することはできないことを説く。

読書百遍　◆どくしょ　ひゃっぺん

繰返して読めば、書物の内容を理解するようになるということ。

「読書百遍、義《ぎ》自《おのずか》ら見《あら》わる」の略。一般には「読書百遍、意自ら通ず」と言う。百遍繰返して読めば、意味は自然に分ってくる、の意。三国時代、魏《ぎ》の董遇《とうぐう》が弟子に教えた勉強法(→読書三余)。「人従い学ぶ者有り。遇肯《あ》えて教えずして云《い》う、必ずまさにまず読むこと百徧(「遍」に同じ)なるべし、と。言う、読書百徧にして義自ら見わる、と」(『三国志』魏志、王肅《おうしゅく》伝注)。

読書亡羊　◆どくしょ　ぼうよう

ほかのことに夢中になって、肝心なことをおろそかにすること。

「書を読みて羊《ひつじ》を亡《うしな》う」と読む。「臧《ぞう》と穀《こく》と、二人あいともに羊を牧《か》いて、ともにその羊を亡う。臧になにをか事とせると問えば、すなわち筴《さく》(竹の札)を挟みて読書す。穀になにをか事とせると問えば、すなわち博塞《はくさい》(賭けごと)して以て遊ぶ」(『荘子』駢拇《べんぼ》)による。そして荘子は、羊を逃がしたという点では、読書と賭けごとは同質だと言う。

独断専行　◆どくだん　せんこう

自分の判断だけで、思いのままに事を行うこと。

「独断」は、自分だけの考えで決断すること。「専行」は、自分だけの判断で行うこと。他人の意見も聞いた上で行うべきことを、独り決めして勝手に行うことに言う。

特筆大書　◆とくひつ　たいしょ

ことさら目立つように書きしるすこと。

「特筆」は、とりわけ目立つように書くこと。「大書」は、大きく書くこと。また、強調して書くこと。ふつう以上にほめる場合、また重大な出来事があった場合などの表現で、記録される事柄の中では特に強調されるべきことを意味する。

独立自尊　◆どくりつ　じそん

他に束縛されることなく事を行い、自己の人格と威厳を保持すること。

「独立」は、他に束縛されることなく存在すること。「自尊」は、自分の品位を保つこと。個人のあり方として尊重されるべき姿勢と言えるが、少し誤ると、ひとりよがりに陥る。

独立独歩　◆どくりつ　どっぽ

他人に頼ることなく、自分で自分の信ずるところを行うこと。

独りで立ち、独りで歩く意。「独立独行」また「独立独往」とも言う。同じ一人で行うことでも「*独断専行」が、他人に相談すべきことを自分一人で勝手に判断し行うのに対し、「独立独歩」は、自分の責任において判断し実行することを言い、批判の意味は含まれない。

独立不羈　◆どくりつ　ふき

他から束縛されることなく、自分の思うところにしたがって行動すること。

「羈」はつなぐ意で、「不羈」はすなわち束縛されないこと。束縛されないことは、他を頼ることもないことを意味し、「独立」と類義となる。類義の二語を重ね、みずからの判断で行動するさまを強調した語。

独立不撓　◆どくりつ　ふとう

自分の力で行動し、くじけることがないこと。

「独立」は、他人の制約・支配を受けないこと。「不撓」は、枝がたわまないことから転じて、強くくじけないこと。困難に屈しないこと。強い精神力をもって、自分の力で物事に処することを言う。

得隴望蜀　◆とくろう　ぼうしょく

欲にはきりがないことのたとえ。「隴《ろう》を得て蜀を望む」と言う。「望蜀」とも言う。後漢の光武帝が隴（今の甘粛《かんしゅく》省）の地をほぼ手中に収めたのち、蜀（今の四川《しせん》省）を攻め取るよう、岑彭《しんぽう》に命じた。「彭に書を勅して曰《いわ》く、両城もし下らば、すなわち兵を将《ひき》いて南のかた蜀虜《しょくりょ》を撃たしむべし。人は足るを知らざるに苦しむ。すでに隴を平らげてまた蜀を望む。一たび兵を発するごとに、頭鬚《とうしゅ》（髪とひげ）、為《ため》に白し」（『後漢書』岑彭伝）。このように次々と切望する思いを「望蜀之嘆《たん》」と言う。

土豪劣紳　◆どごう　れっしん

中国で、官僚や軍閥と結託して農民を搾取《さくしゅ》した大地主や資産家の蔑称《べっしょう》。

「土豪」は、地方の勢力家。『南史』韋鼎《いてい》伝に「州中に土豪有り。外に辺幅《へんぷく》を修し、内に不軌《ふき》を行ず」と見える。外部は見得をかざり、裏では法に外れたことをしていた、の意。「劣紳」は、いやしい紳士の意。地主や金持をののしって言う俗語。中国共産党が指導した土地改革の闘争の際に、「打倒土豪劣紳」が使われた。

吐故納新　◆とこ　のうしん

古いものを捨て、新しいものを取入れること。「故《ふる》きを吐《は》き新しきを納《い》る」と読む。「吹呴《すいく》呼吸し、吐故納新、熊経鳥申《ゆうけいちょうしん》するは、寿の為のみ」（『荘子』刻意）から。吐いたり吸ったり呼吸をし、古い気を吐き出して新しい気を吸いこみ、熊がぶら下がり鳥が身を伸ばすような格好で体操をするのは、長生きしたいために過ぎないと、神仙術の長生法をあげつらっている。

兎死狐泣　◆とし　こきゅう

同類の不幸を悲しむたとえ。

ふつう「兎《うさぎ》死して狐悲しむ」と言う。兎が人間に捕えられたのを見て、今度は自分の番かと狐が泣く意。「兎」と「狐」を入れ替えた「狐死兎泣《こしときゅう》」すなわち「狐死して兎悲しむ」という形もともに行われる。『通俗編』獣畜に、「宋史の李全伝に、狐死して兎泣く、李氏夏氏を滅ぼし、むしろ独り存するを得ん、と。按《あん》ずるに、今の語、兎死して狐悲しむ、と作る」と見える。

土砂加持　◆どしゃ　かじ

光明真言《こうみょうしんごん》によって土砂を加持する密教の修法《しゅほう》。

密教で唱える代表的な呪句に「光明真言」*がある。

「加持」は、仏の加護を祈る密教独特の祈禱《きとう》作法。『不空《ふくう》羂索神変真言経《けんじゃくじんぺん》』によれば、光明真言で加持した土砂を亡骸《なきがら》や墓の上に散じると、亡者《もうじゃ》は土砂の功徳《くどく》で身体の硬直が解け、極楽浄土に往生するという。鎌倉前期、明恵上人《みょうえ》がその功徳を讃《たた》えて以来、盛んとなった。「お土砂をかける」はこれに基づく成句で、お世辞を言って相手をやわらげることを言う。

徒手空拳 ◈としゅ　くうけん

自分の力以外、何も頼むものがないこと。「徒手」「空拳」ともに、手に何も持たない意。特に、武器を持たないこと。転じて、自分の力以外に頼るものがないこと。同義の二語を重ね、頼みとするのは自分の力だけであることを強調する。自分の体以外に何も持たない、すなわち「裸一貫《はだかいっかん》」ということ。「赤手空拳《せきしゅ》」とも言う。「赤手」は、からっぽの手の意。

斗酒隻鶏 ◈としゅ　せっけい

亡き友をしみじみ思うこと。

亡き人に供える一斗の酒と一羽の鶏の意。魏《ぎ》の曹操《そうそう》が、かつて無名の頃に自分を理解してくれた橋玄《きょうげん》の墓をまつり、昔の友情を思い出す。そういえば、墓を通っても酒や鶏でまつるようなことはやめよう、と誓い合ったっけ、と。『後漢書』橋玄伝による。

斗酒百篇 ◈としゅ　ひゃっぺん

李白《りはく》は大酒を飲みながらたくさんの詩を作ったという故事。

「李白は一斗詩百篇、長安市上酒家に眠る。天子呼び来たれども船に上らず、自ら称す臣はこれ酒中の仙と」（杜甫《とほ》「飲中八仙歌」）を基にした語。「一斗」というが、現代日本の分量に比べれば、唐代のそれは約三分の一（約六リットル）。それでも大酒であることには変りがない。李白は、杜甫とともに盛唐を代表する詩人。奇行多く、玄宗の宮廷詩人に招かれるが、のち追放される。

屠所之羊 ◈としょの　ひつじ

刻々と死に近づくことのたとえ。また、不幸に直面して気力を失ったさまにも言う。

屠場に引かれていく羊の意。「屠所の羊の歩み」とも、単に「羊の歩み」とも言う。「朝露の勢いの久しく停《とど》まらざるが如《ごと》く、囚《めしうど》の市に趣《おもむ》き歩歩死に近づくが如く、牛羊の牽《ひ》かれて屠所に詣《もう》づるが如し」(『大般涅槃経《だいはつねはんぎょう》』迦葉菩薩《かしょうぼさつ》品《ぼん》)による。無常観の表現として、中世の文学作品にもしばしば使われる。

斗折蛇行 ◈とせつ　だこう

くねくねと曲りながら進んで行くさま。また、道や川がくねくねとうねって続いていること。

「斗」は北斗七星で、「斗折」は、北斗七星のように折れ曲ること。「蛇行」は、蛇のように曲りくねって行くこと。両語をつらね、曲りくねって行く道のさまを強調したもので、中唐の柳宗元《りゅうそうげん》「至二小邱《しょうきゅう》西小石潭《しょうせきたん》一記」に見える。「蛇行」は現在でもよく使われ、特に川がS字を連ねて曲流しているさまに言われる。

兎走烏飛《とそううひ》 ⇩ 烏兎匆匆《うとそうそう》

塗炭之苦 ◈とたんの　く

泥にまみれ火に焼かれるような苦しみを言う。

「塗炭の苦しみ」と言う。「夏の徳に昏《くら》きこと有りて、民塗炭に墜《お》つ。天すなわち王に勇智を錫《たま》い、万邦《ばんぽう》に表正し、禹《う》の旧服を纘《つ》がしむ」(『書経』仲虺之誥《ちゅうきしこう》)から。夏の桀《けつ》王《おう》に徳がなく、民衆はたいへんな苦しみにおとされました、そこで天が王(殷《いん》の始祖湯王《とうおう》)に勇気と知恵をさずけ、天下の正しい手本として、かつての夏の禹王の徳を継がせたのです、の意。湯王の臣仲虺が、武力で桀を滅ぼしたのは正しいことだったと王に説いたもの。

途中半端《とちゅうはんぱ》 ⇩ 中途半端《ちゅうとはんぱ》

訥言敏行 ◈とつげん　びんこう

口は重いが行いはすばやいこと。

「君子は言に訥にして、行に敏ならんと欲す」(『論語』里仁)から。同じ『論語』里仁に、「古者《こしゃ》、言をこれ出ださざるは、躬《み》の逮《およ》ばざるを恥じてなり」と見える。昔の人が軽々しく話さなかったのは、実行が追いつかないことを恥じたためだ、の意。つまり古人は「不言実行*」を心がけた、君子はそうありたいと孔子が言ったもの。

斗南一人 ◈となんの　いちにん

天下第一の人。

「狄公《てきこう》の賢、北斗以南一人にして已《や》む」（『新唐書』狄仁傑伝《てきじんけつでん》）による。北斗星から南では狄公以上の賢者はいない、の意。この文から、「北斗以南」つまり「斗南」を天下の意で使うようになった。狄仁傑は唐初の名臣。則天武《そくてんぶ》后《こう》の宰相《さいしょう》となり、武一族から皇嗣《こうし》を立てるのを諫《いさ》め、武后の死後、唐王室はもとの姿となった。

図南鵬翼　◆となん　ほうよく

大きなことを成し遂げようとする志のたとえ。

南朝宋の謝霊運《しゃれいうん》「撰征賦」に「図南の啓運を惜しみ、鵬翼のいまだ挙がらざるを恨む」と見える。「図南之翼《よく》」とも言い、唐初の駱賓王《らくひんのう》「夏日遊二徳州一贈二高四一詩」に「いまだ従東の駿を展《の》べざるに、空しく戢《おさ》む図南の翼」という句がある。これらの語は、『荘子』逍遥遊《しょうようゆう》の冒頭に見える鵬（おおとり）の描写をもとにしている。「鳥有り、その名を鵬と為《な》す。背は泰山のごとく、翼は垂天の雲のごとし。扶揺《ふよう》（旋風）に搏《はう》ち羊角（旋回）して上ること九万里、雲気を絶え青天を負いて、しかる後に南を図り、まさに南冥《なんめい》に適《ゆ》かんとするなり」。ここから、大きく飛躍して大事を成し遂げようとする意の「図南」という語が生まれた。

駑馬十駕　◆どば　じゅうが

才能の乏しい者も、努力を怠らなければ、才能ある者と同じ実績をあげることができるたとえ。

「驥《き》は一日にして千里なるも、駑馬十駕すればすなわちまたこれに及ぶ」（『荀子《じゅんし》』修身）から。「駑馬」は、歩みののろい馬。「十駕」は、十日間、馬に乗ること。駿馬の驥は一日で千里を走るが、遅い馬でも十日かければ驥と同じだけ行ける、の意。『戦国策』斉策《せいさく》には「騏驥《きき》（驥に同じ）の衰うるや、駑馬これに先んず」とあり、これが一般的な成句「騏驎《きりん》も老いれば駑馬に劣る」（どんなに優れた人でも老いると凡人にも劣るようになる）になっている。

怒髪衝天　◆どはつ　しょうてん

ものすごい怒りの形相《ぎょうそう》の形容。

ふつう「怒髪天を衝《つ》く」と言う。「怒髪」は、怒りのために逆立《さかだ》った髪の毛。その逆立った髪が天を衝かんばかりだという表現。戦国時代、趙《ちょう》の恵文王が「和氏之*璧《かしのへき》」を手に入れると、秦《しん》の昭王が十五の城と交換しようと申し入れてきた。しかし、使者の藺相如《りんしょうじょ》が璧を持って秦に行き昭王に渡す。しかし、昭王に城と交換する気持がないのを見て取ると、璧を取返した。「相如、因《よ》って璧を持し、卻立《きゃくりつ》（後ずさり）して柱に倚《よ》る。怒髪上って冠《かんむり》を衝く」（『史記』藺相如伝）。この「怒髪衝冠」が転じた語。結局、相如は璧を傷つけることなく趙に持ち帰った（↓完璧帰《かんぺきき》趙《ちょう》）。

土崩瓦解

◈どほう　がかい

手のほどこしようもないほど根底から崩れてしまうさま。

「土崩」は、土の崩れるように、次第に崩壊して支えられなくなること。「瓦解」は、屋《や》根瓦《ねがわら》の一部が崩れればほかの部分も崩れるように、一部の崩れから全体が崩れること。『史記』始皇紀に「秦《しん》の積衰し、天下の土崩瓦解するは、周旦《しゅうたん》の材有りといえども、またその巧を陳《の》ぶる所無し」と見える。秦が次第に衰えて、天下がどうしようもなく崩れてしまっては、周の名宰《さいしょう》相周公旦のような人材がいても、力を発揮するすべがない、の意。なおこの部分は、司馬遷の記述ではなく、後漢の班固《はんこ》の言を後人が付加したもの。

吐哺捉髪

◈とほ　そくはつ

人材を求める努力を怠らないたとえ。

春秋時代、周の武王の弟周公旦《しゅうこうたん》は、武王の子成王の摂《せっ》政《しょう》として国の基礎を固めた。子の伯禽《はくきん》が魯《ろ》の国に封ぜられた時、周公は心構えをさとした。「われ一沐《いちもく》に三たび髪を捉《と》り、一飯に三たび哺を吐き、起《た》ちて以て士を待つ。なお天下の賢人を失わんことを恐る」（『史記』周公世家）。髪を洗えば三度も洗いかけの髪をつかんだままで、食事をすれば三度も嚙《か》んでいるものを口から吐き出して、訪れてきた人と会う、賢人を失いたくないからだ、と。『韓詩外伝』三の同じ故事に「握髪《あくはつ》（髪を握《にぎ》る）」とあるところから、「握髪吐哺」あるいは「吐哺握髪」とも言い、略して「吐握」という表現もある。

左見右見

◈とみ　こうみ

あちらを見たりこちらを見たりするさま。

「左見右見」は、意味からきた当て字。「と見かく見」の音便形。「と」は、あのように、「かく」は、このようにの意。この「と」と「かく」は対になって、「とにもかくにも」「とまれかくまれ」「ともかくも」などの慣用句を作っている。副詞の「とかく」もこの「と」「かく」で、「兎角」は当て字。

杜默詩撰 ◆ともくしさん ともくしせん

詩文に誤りが多いこと。転じて広く、いいかげんなこと。ぞんざいなこと。

北宋の詩人杜默の作る詩は、多く定型詩の規則に合っていなかったという故事から。「撰」は、詩文を作る意。「杜默詩を為《つく》る。多く律に合わず。ゆえに事の格に合わざる者を言いて杜撰《ずさん》と為《な》す」（南宋、『野客叢書』八）による。この故事から「杜撰」という語が生れたという。こういう形で後世に名を残した詩人もいる。

屠羊之肆 ◆とようのし

おのれをわきまえて、不相応な地位・身分を得ようとしないことのたとえ。

「屠羊」は、食肉を得るために羊を殺す意。「肆」は、店の意。原義は羊の肉を売る店の意。春秋時代、呉に攻められて国外に逃げた楚《そ》の昭王は、翌年帰国してから、逃亡中に従った人々に賞を与えた。羊商人の説《えつ》は、敵がきて逃げただけのこと、手柄を立てたわけでもないのに褒美《ほうび》を貰うわけにいかない、もとの仕事ができるだけで十分だと、どうしても受けようとしなかったという。「あに爵禄《しゃくろく》を貪《むさぼ》りてわが君をして妄《みだ》りに施すの名有らしむべけんや（王に、いいかげんな褒美を与えたという汚名を残してはいけない）。説はあえて当らず。願わくはまたわが屠羊の肆に反《かえ》らん」（『荘子』譲王）。

屠竜之技 ◆とりょうのぎ とりゅうのぎ

役に立たない技術のたとえ。

「朱泙漫《しゅひょうまん》、竜を屠《ほふ》るを支離益《しりえき》に学び、千金の家を単《つ》くせり。三年にして技成るも、その巧を用うる所なかりき」（『荘子』列御寇《れつぎょこう》）による。家を傾け三年の歳月を費やして竜を殺す技を身につけても、竜など実際にはいないから、何の役にも立たなかったと解釈されている。列御寇編のこの節は、これで全文である。寓話《ぐうわ》と言えばそれまでだが、理屈で読むといろいろ疑問が湧き楽しめる。

曇華一現 ◆どんげいちげん

めったにない機会のたとえ。

「曇華」は、三千年に一度花開くという優曇華《うどんげ》。仏教で、「盲亀浮木《もうきふぼく》」*とともに、出会いがたい出来事のたとえとする。「かくの如《ごと》きの妙法は、もろもろの仏・如来の、時にすなわちこれを説くこと、優曇鉢《うどんばつ》の華の、時に

頓首再拝 ◈とんしゅ さいはい

手紙の末尾に書いて敬意を表す語。

「頓首」は、中国の礼式で、頭を地につけて敬意を示すこと。そのように敬意を表しますという意味で、手紙の末尾に書く。「再拝」は、二度敬礼すること。これも、再拝しますという意味で手紙の末尾に書く。二語を重ねて、相手への敬意を強調する。

貪小失大《とんしょうしつだい》 ⇩ 因小失大《いんしょうしつだい》

頓証菩提 ◈とんしょう ぼだい

段階的な修行を経ずに、ただちに悟りを得ること。

「菩提」は、悟り。禅では、ただちに菩提に至ることを「頓悟《とんご》」と言い、中国禅宗の六祖慧能《えのう》は「頓悟菩提」を称えた。同義の「頓証菩提」は、「追善供養《ついぜんくよう》*」の功徳によって死者がすみやかに往生することを祈る言葉として用いる。禅僧出身の二代目林屋正蔵の作といわれる落語「野晒《のざら》し」に、「生者必滅会者定離《しょうじゃひつめつえしゃじょうり》、頓証菩提、南無《なむ》阿弥陀仏《あみだぶつ》」と唱えて河原の髑髏《どくろ》に酒をかけたという話が出てくる。

一たび現れるが如し」（『法華経』方便品《ほうべんぼん》）による。仏の説法を聴く機会のきわめてまれなことを言う。

豚児犬子 ◈とんじ けんし

自分の子の謙称。また、人を軽蔑《けいべつ》して言う。

『通俗編』倫常に「豚児犬子」という項があり、「曹公《そうこう》（曹操）曰《いわ》く、子を生めばまさに孫仲謀《そんちゅうぼう》（孫権）の如《ごと》くあるべし。劉景升《りゅうけいしょう》（劉表）の児子は豚犬のごときのみ、と。これ豚児犬子にして、すなわち軽賤《けいせん》の辞なり」と見える。ここから、「豚犬」とも言う。

呑舟之魚 ◈どんしゅうの うお

大人物のたとえ。

舟を丸のみにするほど大きな魚の意。『荘子』庚桑楚《こうそうそ》に「呑舟の魚も、碭《おど》りて水を失えば、すなわち蟻《あり》よくこれを苦しむ」と見える。大人物でも力を発揮する環境がないとつまらない者に苦しめられる意。また『列子』楊朱に見える「呑舟の魚は枝流に游《およ》がず」は、大人物は大きな志を持っているから俗世には住まない、また、小事にはこだわらないという意で、このまま成句として使われている。

敦篤虚静 ◈とんとく きょせい

誠意を持ち、心静かであること。「敦篤」は、まことがある意。「虚静」は、心を空しく静かにしている意。『近思録』存養に「敦篤虚静は仁の本なり」とある。

な行

内柔外剛 ◈ないじゅう がいごう

内面は柔弱《にゅうじゃく》なのに、外面は強そうに見えること。本当は気が弱いのに、外に現れる態度の強いこと。

「外柔内剛*」の反対語。『易経』否卦象伝《ひかたんでん》に、「否はこれ人にあらず」で始まる「否」の卦を説いて「内は陰にして外は陽、内は柔にして外は剛、内は小人にして外は君子なり。小人は道長じ、君子は道消するなり」と、人道の正常な状態ではないとする。

内助之功 ◈ないじょの こう

家にいて夫の活動を助ける妻の功績を言う。

「内助」は、内部にあって助けること。特に、夫が外で十分働けるように、妻が家にいて助けること。のちに土佐藩主となった山内一豊《やまのうちかずとよ》の妻が、貧乏時代にへそくりで夫に名馬を買わせ、立身の助けとした話が典型として後年まで伝わる。

内清外濁 ◈ないせい がいだく

自分を見失うことなく乱世を生きる処世術を言う。

「内清《うち》く外濁《そと》る」と読む。心の内では高潔さを保ちつつ、外面は世俗にまみれているさまを装うこと。安易に正義心などを見せて危険な目にあうことなく、身をまっとうする生き方を言う。

内政干渉 ◈ないせい かんしょう

一国の政治・外交などに他の国が口出しや介入をして、その主権を束縛・侵害すること。

意図的に干渉する場合は別として、一国の政治行為に対する他国の言動を「内政干渉」と見るかどうかは、時に判断の難しい場合があり、その判断をめぐって論争・紛争の起ることもある。比喩的に、他人の行為に余計な口出しをする意に使う。

内典外典　◆ないてん　げてん

仏教の立場から、仏教関係の典籍《てんせき》を「内典」、仏教以外の典籍を「外典」と言う。

インドにおいては『ウパニシャッド』などのヴェーダ聖典、また中国では老荘など諸子百家の書を「外典」と言う。典籍を区別する語であって、外典を差別し貶《おとし》める意はない。鎌倉初期、法然《ほうねん》の『選択本願念仏集《せんちゃくほんがんねんぶつしゅう》』に「この純雑《じゅんぞう》の義、内典のみに局《かぎ》らず、外典の中にその例甚《はなは》だ多し。繁《しげ》きことを恐れて出ださず」と見える。ここで「外典」とは中国の古典籍を言い、法然がそれらをよく読んでいたことを示している。

内平外成　◆ないへい　がいせい

世の中が平和であることを言う。

「内平《うち》らかに外成《そと》る」と読む。家の内は穏やかで、世間も秩序が整って平和である意。また、国内が平和で、対外関係も安定している意ともする。中国伝説上の五帝の一人舜《しゅん》が、やはり五帝の一人嚳《こう》の子孫を重用した結果、家庭も郷党もよく治まったことをいう表現で、『春秋左氏伝』文公十八年と『史記』五帝紀に見える。「地《ち》*平天《へいてん》成《せい》」とともに、日本の現在の元号「平成」の典拠とされる。

内憂外患　◆ないゆう　がいかん

国内の心配事と国際上の心配事。

「内の憂《うち》い《うれ》と外の患《そと》い《うれ》」の意だが、漢字を入れ替えて「内外の憂患」と読んでもさしつかえない。『春秋左氏伝』成公十六年に、晋《しん》の范文子《はんぶんし》の言として「ただ聖人にしてよく外内に患い無し。聖人に非《あら》ざるにより、外を寧《やす》んずれば必ず内の憂い有り」と見える。聖人なら国の内外ともに心配事のないようにできるだろうが、聖人でないから両方ともにうまく治めることはできない、の意。なお、国の内外に心配事をかかえているさまを「内憂外患こもごも至る」と言う。

南無三宝　◆なむ　さんぼう

仏・法・僧の三宝を信じて頼ること。転じて、驚いた時や失敗した時に発する語。

「南無」はサンスクリットの音写語。「南無阿弥陀仏《なむあみだぶつ》」「南無妙法蓮華経《なむみょうほうれんげきょう》」の「南無」と同じで、絶対の信頼をよせて頼る意。「南無三宝」は、危機に際して仏・菩薩《ぼさつ》の助けを祈念する時に用いられることが多かったところから、驚きや失敗した際の、「しまった」に当る感動詞として使われるようになったという。略して「南無三」とも。

南郭濫吹　◆なんかくらんすい

実力のない者が実力のあるふりをして高い地位にいるたとえ。

「南郭濫《みだ》りに〔笛を〕吹く」の意。「南郭」は、城郭《まち》の南はずれ。戦国時代、斉《せい》の宣王は竽《う》（笙《しょう》の一種）を好み、三百人の楽師に演奏させて楽しんでいた。南郭の処士たちは、力もないのに願い出て楽団に入り、高給をもらっていた。次の湣王《びんおう》の代になると、一人一人に演奏させるようになったので、南郭の処士たちは逃げてしまったという。『韓非子《かんびし》』内儲説上《ないちょぜい》に見える話。

南華之悔　◆なんかのくい

上役に嫌われて出世できなくなった悔いを言う。

晩唐の詩人温庭筠《おんていいん》が宰相《さいしょう》から質問された時、『南華真《しん》経《きょう》』に出ているから自分でごらんなさいと答えて宰相の怒りを買い、以後、才能があるのに科挙《かきょ》（官吏登用試験）に合格できなかったという、『唐詩紀事』五四に見える故事から。『南華真経』は『荘子』の別称。寓言《ぐうげん》が多いところから、とりとめもないことをいう人や嘘《うそ》つきを「南華」と言う。

南柯之夢　◆なんかのゆめ

夢のこと。また、はかないことのたとえ。

唐代の伝奇小説、李公佐《りこうさ》の『南柯記』による。淳于棼《じゅんうふん》が酔って古い槐の樹《えんじゅ》の下で眠り、夢の中で大槐安国《たいかいあんこく》に至り、王の娘と結婚して南柯郡主に封《ほう》ぜられ、紆余《うよ》を経て二十年を過した。目が覚めて槐の根本を見ると、穴が二つあって、一つの穴には蟻《あり》の王がおり、もう一つの穴は南の枝（＝南柯）に通じていたという。書名に「南柯の夢」を使っている滝沢馬琴の読本《よみほん》『三七全伝《さんしちぜんでん》南柯夢』は、内容的にはこの伝説とはかかわらない。

南橘北枳　◆なんきつほっき

人の性質も、境遇次第で変化するというたとえ。

同じものでも、土地が変れば別のものになる。淮河《わいが》の南に生える橘《たちばな》も、淮河の北に生えれば枳《からたち》となるということ。「橘淮南《わいなん》に生ずればすなわち橘と為《な》り、淮北《わいほく》に生ずればすなわち枳と為る。葉はただ相似るも、その実の味わい同じからず。しかる所以《ゆえん》の者は何ぞや。水土異なればなり」(『晏子《あんし》春秋』雑下)。『周礼《しゅらい》』『淮南子《えなんじ》』にも類似の表現がある。成句としても「橘化《か》して枳となる」「橘が枳となる」「橘淮北に生じて枳となる」など、さまざまに言われる。類義語「*同声異俗」は、習俗の違いによる変化を取上げたもの。

難行苦行 ◆なんぎょう くぎょう

種々の苦難に耐えて行う修行。転じて一般に、種々の苦難に耐えて実行すること。

「難行」は、困難な修行。また浄土教で、阿弥陀仏《あみだぶつ》の救いの力によって、念仏を称えるだけで浄土へ行ける「易行《いぎょう》」に対し、自分自身の修行によって悟りを得ること。「苦行」は、肉体を苦しめて神通力《じんつうりき》などの特別な精神力を得ようとする修行。『日本霊異記《りょういき》』上序に見える「大僧ら……難行苦行して、名は遠国《おんごく》につたはる」は、苦しい修行をして、の意。

難攻不落 ◆なんこう ふらく

攻めるのに難しく、容易に陥落しないこと。また、なかなか思いどおりにならないこと。

攻める側から見て、容易に陥落しない城や要塞《ようさい》などを言う。対する「*金城鉄壁《きんじょうてっぺき》」「*金城湯池《とうち》」は、守る側から見て、非常に堅固な城を意味する。

南洽北暢 ◆なんこう ほくちょう

天子の恩恵と威徳が、国の隅々まで広く行きわたること。

「洽」は、広く行きわたる意。「暢」は、のびひろがる意。南にも北にもということで、全国にという意味を表す。『漢書』終軍伝に「これ沢《たく》南に洽《あまね》くして、威北に暢《の》ぶるなり」と見える。ここでは天子の恩沢《おんたく》・勢威が南北の異民族にも広く及んでいる意味で使われている。

南山之寿 ◆なんざんの じゅ

人の長寿を祝う言葉。

「南山」は、長安(今の陝西《せんせい》省西安)の南にある終南山《しゅうなんざん》のこと。「月の恒《ゆみはり》る如《ごと》く、日の升《のぼ》るが如く、南山の寿《よわい》の如く、騫《か》けず崩れず、松柏《しょうはく》の茂るが如く、爾《なんじ》に承くるあらざる無し（長寿と繁栄がなんじと子孫にもたらされるであろう）」（『詩経』小雅、天保）から。

南征北伐　◆なんせい ほくばつ

戦いに明け暮れるさま。また、多くの戦いを経験していること。

「征」も「伐」も、いくさで討《う》つ意。南に北にということで、広く各地に、の意を表す。古代中国の場合、周辺の異民族を相手に戦うこともあり、また天下を争って諸侯が各地で戦うこともあり、広い国土の中で「南征北伐」が続けられた。

南船北馬　◆なんせん ほくば

たえず各地に旅行すること。各地に忙しく出かけること。

本来は、南北中国の風土の違いを表した語で、南は川や運河が多く、北は山や平原が多いことを、船と馬という交通手段で表現した語。転じて、あちこち忙しく旅行する意に使われるようになった。なお、「*東奔西走《とうほんせいそう》」は、東西に奔走する意で、必ずしも遠くへ旅することは意味しない。

南都北嶺　◆なんと ほくれい

奈良の諸寺と比叡山延暦寺《ひえいざんえんりゃくじ》。特に、興福寺《こうふくじ》と延暦寺を指す。

「南都」は、奈良を言う。日本天台宗の開祖最澄《さいちょう》が諸宗と論争した際、奈良仏教諸宗を呼ぶ称とした。「北嶺」は、奈良から見て北にある嶺《みね》で、比叡山を指す。のちに春日《かすが》神社の神木を奉じた興福寺と、日吉《ひえ》神社の神輿《みこし》を奉じた延暦寺が、強訴《ごうそ》・争いを繰返してからは、興福寺と延暦寺を指すようになった。親鸞《しんらん》の教えを説く『歎異抄《たんにしょう》』の「南都北嶺にもゆゆしき学匠《がくしょう》たち、おほく座《おわ》せられてさふらふなれば」は、いわゆる旧仏教諸宗の総称として用いている。

南蛮鴃舌　◆なんばん げきぜつ

異国の人のわけの分らぬ言葉のこと。

「今や南蛮鴃舌の人、先王の道を非とす」（『孟子《もうし》』滕文公《とうぶんこう》上）から。「南蛮」は、南方の野蛮人。「鴃舌」は、百舌《もず》の鳴き声。わけの分らない言葉をピーチクパーチクさえずる南方の野蛮人が、周公や孔子の教えを否定している、の意。ここの「人」は、戦国時代楚《そ》の農家派の遊説《ゆうぜい》家《か》で、皆農説を唱えた許行《きょこう》を指しており、「南蛮鴃舌」は南方楚の言葉を悪罵《あくば》したもの。今日でも、外国人の話し方を「百舌のさえずるよう」と表現するのは、悪口になる。

二河白道　◆にが びゃくどう

浄土往生を願う信仰を、火の河と水の河に挟まれた一筋の細い白い道にたとえたもの。

中国浄土教の第三祖善導《ぜんどう》の『観無量寿経疏《かんむりょうじゅきょうしょ》』散善義に説く。火の河は衆生《しゅじょう》の怒りや憎しみ、水の河は衆生の愛欲心を表す。念仏者が、その間に挟まれた細い白い道を、東岸の声すなわち釈迦《しゃか》の教えに励まされ、西岸の声すなわち往生を願う人を救おうという阿弥陀《あみだ》の誓いに導かれて、さまざまな誘いを振り切って渡り切り、ついに西岸の浄土に至るというたとえ話。「二河」「白道」だけでも「二河白道」の意で使われる。

肉山脯林　◆にくざん ほりん

贅沢《ぜいたく》きわまる饗宴を言う。

「肉」は、生の肉。「脯」は、干した肉。生肉が山と積まれ、干した肉が林のように並べられているという表現。「桀《けつ》、肉山脯林を為《な》し、酒を以て池と為し、舟を運《めぐ》らすべからしむ」(『帝王世紀』夏《か》)から。桀は、夏の王で、殷《いん》の紂王《ちゅうおう》とともに古代の暴君として知られる。類義の「*酒池《しゅち》肉林《にくりん》」は、紂王の豪奢《ごうしゃ》をきわめた饗宴を言う。

肉食妻帯　◆にくじき さいたい

僧が肉食をし、妻を持つこと。

「肉食」は五戒の筆頭の殺生戒《せっしょうかい》に触れるところから、特に中国・日本の仏教界では厳しく戒められた。また出家者は一生不犯《ふぼん》の生活を送るのを原則としており、僧の「妻帯」は公には認められなかった。日本では、非僧非俗の立場を表明した親鸞《しんらん》以来の浄土真宗を除く各宗派は、明治に至るまで「肉食妻帯」を認めてこなかったが、一八七二年の太政官《だじょうかん》布告「自今僧侶ノ肉食妻帯勝手タルベキ事」以後、事実上自由となった。

肉袒負荊　◆にくたん ふけい

心から謝罪の意を表すこと。

「肉袒して荊《いばら》を負《お》う」と読む。肌脱ぎになって、鞭打《むちう》ちのためのいばらを背に負う意。みずから罰せられる用意をして相手に謝意を表すもの。戦国時代、趙《ちょう》の家臣の食客《しょっかく》にすぎなかった藺相如《りんしょうじょ》は、*和氏之璧《かしのへき》を持って秦《しん》に使いに行き無傷で璧を持ち帰った功などで、将軍廉頗《れんぱ》の上位になった。面白くない廉頗が相如をはずかしめようとすると、相如はひたすら廉頗を避けるのみだった。二人がいるから趙は秦《しん》に攻められずにいる、卑怯《ひきょう》といわれても廉頗と争うわけにはいかないという相如の言を伝え聞いた廉頗は「肉袒負荊」して相如に会い、みずからの不明を詫びたという。『史記』廉頗藺相如伝に見える故事。「*刎頸之交《ふんけいのこう》」も、この故事からの語。

「廉頗負荊」とも言う。

二者択一 ◆にしゃ たくいつ

二つのうち、どちらか一つを選ぶこと。「二者選一」とも言う。「選」「択」ともに、えらぶ意。英語の all or nothing（全か無か）も、全と無の二つの選《せん》択肢《たくし》からどちらかを選ぶので、「二者択一」のひとつと言える。

二束三文 ◆にそく さんもん

数が多くて値段のきわめて安いこと。転じて、ものの値打ちが非常に低いこと。品物をまとめて安く投売りするときなどに言う。「二足三文」とも書き、一説に、金剛草履《こんごうぞうり》が二足で三文だったからという。金剛草履は、藺草《いぐさ》で編んだ草履。大きくて丈夫だが、見ばえが悪い。江戸初期の仮名草子『きのふはけふの物語』下に、「聚楽《じゅらく》にて、金剛大夫《こんごうだゆう》、勧進能《かんじんのう》に芝居銭三十文づつとりければ／金剛は二束三文する物を三十とるは雪駄《せった》大夫か」というざれ歌が見える。金剛草履に比べて、雪駄が相当高価な履物《はきもの》だったことが分る。

日常茶飯 ◆にちじょう さはん

毎日のありふれた平凡な物事のたとえ。毎日の食事のようにありふれている意。「日常茶飯の事」などと使い、「日常茶飯事」とも言う。同義語に「*家常《かじょう》茶飯」がある。

日進月歩 ◆にっしん げっぽ

休むことなく急速に進歩すること。日ごと月ごとに進歩する意。最近で言えば、コンピュータ機器の急速な高性能化がこの好例であろう。それに伴って、通信技術、とりわけ電話が著しく変貌《へんぼう》し、携帯電話が急速に普及している。もっとも、技術的な側面を別にして、単なる急速な普及を「日進月歩」とは表現しない。

入唐八家 ◆にっとう はっけ

平安前期、唐に渡って密教を請来《しょうらい》した八人の僧を言う。

天台宗から最澄・円仁・円珍の三人、真言宗から空海・常暁・円行・恵運・宗叡《しゅうえい》の五人が入唐した。最澄と空海は同じ八〇四年に入唐し、最澄は翌年、空海はその次の年に帰朝した。なお真言宗では、上記五人から空海をはずし真如を加えて「入唐五家」と呼んでいる。

二桃三士 ◆にとう さんし

奇計を用いて人を自滅させること。

「二桃三士を殺す」の略。春秋時代、斉《せい》の景公に公孫《こうそん》接《しょう》・田開疆《でんかいきょう》・古冶子《こやし》という三人のわがままな勇士がいた。宰相《さいしょう》の晏子《あんし》は三人を除くことを進言し、景公はそれに従って二個の桃を三人に与え、功の大きい者が食べるように言った。公孫接と田開疆が桃を手に入れたが、古冶子の功に及ばないことを知り自殺した。古冶子もまた、一人生き残ることを潔しとせず自殺したという。『晏子春秋』諫下に載る故事から。三国時代、蜀《しょく》の諸葛孔明《しょかつこうめい》「梁甫吟《りょうほぎん》」に「一朝讒言《ざんげん》を被《こうむ》り、二桃三士を殺す」という、数字を踏んだ句が見える。

二人三脚 ◆ににん さんきゃく

二人が一致協力して事を行うこと。

元来は、競技の一種。二人が横並びになり、それぞれの内側の足首を紐《ひも》で結びつけ、二人で三脚になって走る。同様に、三人ならば四脚、四人ならば五脚というように人数を増やし、隣合う足を結んで走る変形もある。いずれにせよ、気持を一致させないとうまく走れない。

入境問禁 ◆にゅうきょう もんきん

よその国に入ったら、その国の習慣に従うこと。

「境《さかい》に入《い》りては禁を問《と》う」と読む。国境を越えたら、まずそこの国で禁じられていることを尋ね、それを侵さないように心がけなさい、ということ。『礼記《らいき》』曲礼《きょくらい》上から。江戸時代の教育書『童子教』に、「境に入りては禁を問い、国に入りては国を問う。郷《ごう》に入りては郷に随《したが》い、俗に入りては俗に随う」と見える。後半に見える

「郷に入っては郷に従え」が、現在では一般的な成句になっている。

入幕之賓 ◈にゅうばくの ひん

内政や秘密の相談に加わる大事な客のこと。転じて、腹心の幕僚。

「幕」は、戦いの時に張り巡らしたことから、将軍の陣営。その幕の中に入れる賓客の意。晋《しん》の桓温《かんおん》の影の相談役だった郗超《ちちょう》は、幕の中に潜んでいたが、桓温と重臣たちの話を耳にして思わず声を出してしまった。そこで重臣の謝安が皮肉を込めて、郗さんはまさに幕の中の客だと言った。「謝笑《え》みを含みて曰《いわ》く、郗生は入幕の賓と謂《い》うべきなり、と」(『世説新語《せせつしんご》』雅量)。

如意宝珠 ◈にょい ほうじゅ

あらゆる願いをかなえる不思議な珠《たま》のこと。

「如意珠」とも言う。「如意」は意のごとくの意。意のごとく財宝を出し、またよく病気や災難を防ぐという。限りなく衆生《しゅじょう》の利益になるところから、仏や仏法の象徴ともされた。大魚、摩竭魚《まかつぎょ》の脳中から出たとも、仏舎利《ぶっしゃり》(釈迦《しゃか》の骨)が変じたとも、さまざまに言われ、如意輪観音や地蔵菩薩《ぼさつ》などの持物として、上部が円錐《えんすい》形をした丸い珠に造形される。

如是我聞 ◈にょぜ がもん

経典の書き出しに使われる言葉。このように私は聞いた、の意。

「是《かく》の如《ごと》く我《われ》聞《き》けり」と読む。釈迦《しゃか》が入滅《にゅうめつ》の際、弟子の阿難《あなん》に、あらゆる経典の始めにこの語を置いて外道《げどう》(仏教以外の教えを奉ずる者)の聖典と区別せよと命じたという。また、釈迦の教えをまとめる最初の集まり(第一結集《けつじゅう》)において、阿難はこう言ってから経を唱えたので、以後経典はこの語で始めるとも伝える。これは鳩摩羅《くまら》什《じゅう》以後の訳語で、それ以前は「聞如是《もんにょぜ》」と訳された。

女人禁制 ◈にょにん きんぜい

寺・霊場などで女性の立入りを禁止すること。

「禁制」はキンセイとも言う。女性はけがれが多く、また僧の修行を妨げるとして、古くから比叡山《ひえいざん》・高野山《こうやさん》などで女性の立入りが禁止されてきた。区域を定める結界石で標示したことから「女人結界」とも言う。かわりに女性が参籠《さんろう》して読経《どきょう》・念仏をする女人堂《にょにんどう》が境域の外に設けられ、高野山の女人堂がよく知られる。また山岳霊場などでは、山を神のいる神聖な場として女性の登山を禁止した。なお、道元《どうげん》・法然《ほうねん》らは、女人禁制を強く批判していた。これらの禁制は、一八七二年の太政官《だじょうかん》布告によって解かれた。

女人成仏 ◈にょにん じょうぶつ

女性が仏になること。

古来女性は五つの障害を持ち(→五障三従)、その一つとして仏にはなれないとされてきた。その一方、経典では女性の成仏が説かれている。有名なのは『法華経』提《だい》婆達多品《ばだったぼん》で、「竜女《りゅうにょ》(竜王の娘)の、忽然《こつねん》の間に変じて男子《なんし》と成り、菩薩《ぼさつ》の行を具して、すなわち南方の無垢《むく》世界に往《ゆ》き、宝蓮華《ほうれんげ》に坐《ざ》して等正覚《とうしょうがく》を成《じょう》じ」と説く。これは「竜女成仏」の説話として知られ、「*変成《へんじょう》男子」とも言われる。この中で、女は男になって成仏するというところに議論があり、さまざまな解釈がなされている。

如法暗夜 ◈にょほう あんや

まっくらやみのこと。

「暗夜」は「闇夜」とも書く。「如法」は、法の如くの意。ここは、「如法夜半の事なれば」(『平家物語』一一)のように、どこから見てもそうであるさま、文字通り、という副詞的な用法がもとになっている。「其処《そこ》ともしらぬ如法闇夜に、棹《さお》を操り水を掻《か》き、辛《から》くして弁天島に乗り着けて」(滝沢馬琴『占夢南柯後記《ゆめあわせなんかこうき》』四下)。

二律背反 ◈にりつ はいはん

相互に矛盾し対立する二つの命題が、同等の権利をもって主張されること。

ドイツ語 **Antinomie** の訳語。カントは『純粋理性批判』で、「世界は時間的に始めを持ち、空間的に限定されている」と「世界は時間的、空間的に無限である」とをはじめとする、四つの「二律背反」をあげている。同じものを異なった視点から見る時に、しばしば「二律背反」の起ることがある。

二六時中《にろくじちゅう》 ⇩ **四六時中**《しろくじちゅう》

人三化七 ◈にんさん ばけしち

人の容貌に対する悪罵。

人間が三分に化物が七分の意。特に女性の容貌《ようぼう》について言う。全く主観的な表現で、容貌を云々《うんぬん》するより、むしろ大仰《おおぎょう》にののしる意味が強い。ちなみに「沈魚落雁《ちんぎょらくがん》」*は美人の形容に使われるが、本来は、人間にとっては美人でも、魚や雁にとっては恐ろしい生き物に見えるという意味だった。

刃傷沙汰 ◆にんじょう ざた

刃物を持って争うこと。また、刃物で傷つけるに至った争いを言う。

「刃傷」は、刃物で傷つける意。「沙汰」は、行い、事件の意。大きな波紋を投じた「刃傷沙汰」としては、江戸中期、赤穂《あこう》藩主浅野内匠頭《たくみのかみ》が、刀を抜くことを禁じられている江戸城中で吉良《きら》上野介《こうずけのすけ》を傷つけた事件がある。

人人具足 ◆にんにん ぐそく

人それぞれに備わっていること。

「人人」は、一人一人、銘々。「具足」は、十分に備わっている意。元来は仏教語。人間にはみな生れながらに仏性《ぶっしょう》(仏としての本性)が備わっていることを言う。北宋の『碧巌録《へきがんろく》』六二則に「人人具足し、箇箇円成《ここえんじょう》す」と見える。文中の「箇箇円成」も同義で、箇箇(人それぞれ)に仏性が円成して(完全に備わって)いる意。「詩境と云ひ、画界と云ふも皆人々具足の道である」(夏目漱石《そうせき》『草枕』六)は、人それぞれに詩心・絵心を持っている意。

忍之一字 ◆にんの いちじ

ひたすら耐え忍ぶこと。じっと我慢すること。

「忍」という一字だけを心にとどめておく意。北宋の呂本中《りょほんちゅう》『官箴《かんしん》』に「忍の一字は衆妙の門」と見える。耐え忍ぶことこそが根元の道理である、つまり耐えてこそ物事はうまくいく、と言う。江戸中期の『譬喩尽《たとえづくし》』には「忍の一字が一大事」とある。日本も中国もともに、忍耐が最も大事であると説いている。

人面獣心《にんめんじゅうしん》 ⇒ 人面獣心《じんめんじゅうしん》

盗人根性 ◆ぬすっと こんじょう

人の物を盗み取ろうとするような、物欲しそうでよこしまな性質。

「ぬすびとこんじょう」が、本来の言い方。盗人が持っているような性質の意。多くは、人をあざけったり、たしなめたりする時に用いる。「盗人だましひの程あらはれて、いとどおそろしといふ沙汰《さた》にてぞ有ける」(鎌倉時代、『古今著聞集《ここんちょもんじゅう》』一二)の「盗人だましい(魂)」は、逮捕されながら、平然と和歌を作る盗人の、おのれの行いに性根をすえてたじろがぬ不気味な様子を表している。

盗人上戸 ◆ぬすびと じょうご

酒も飲むし甘いものも食べる人。また、酒を飲んでも酔いが顔や態度に出ない人。

「盗人」は、酒を飲んでいるのに、そうでないように見えるさまの比喩《ひゆ》。「上戸」は酒を多く飲む人で、飲めない人を言う「下戸《げこ》」の対語。一般に、酒を好む人は甘いものを好まないと言う。また、酒を飲めばふつう顔が赤くなり、酔った様子が態度に表れる。そういう、いかにも酒を飲みます、あるいは飲みましたという態度を見せることなく、それでいて酒が好きな人のことを言う。

涅槃寂静 ◆ねはん じゃくじょう

涅槃の境地は静かな安らぎであるということ。

三法印《さんぼういん》、すなわち仏教思想の特徴を示す三つの教説、「*諸行無常《しょぎょうむじょう》、*諸法無我《しょほうむが》、涅槃寂静」の一つ。「涅槃」は、煩悩《ぼんのう》を滅した悟りの境地を言う。煩悩の世界(人間世界)の生死を超越した、絶対の安らぎの境地を表す。

拈華微笑 ◆ねんげ みしょう

華《はな》を拈《ひね》ったのを見て微笑《びしょう》する意。

あるとき釈迦《しゃか》が霊鷲山《りょうじゅせん》で弟子に説法をしていて、花をひねって見せたところ、誰も理解しなかった中で、迦葉《かしょう》だけが微笑した。そこで釈迦は迦葉だけに仏法を伝えたという。この伝説は宋代以降の禅宗界で喧伝され、以心伝心で仏法の真理を体得する妙を示すもの、すなわち「*不立文字《ふりゅうもんじ》、*教外別伝《きょうげべつでん》」の基盤を表す語として重んじられた。

年功序列 ◆ねんこう じょれつ

年齢や勤続年数が増すにしたがって、勤務先での地位や賃金が上がっていくこと。また、その体系。

「年功」は、年を重ねたことによる功労。すなわち勤務先への貢献度をはかる基準の一つとして、勤続年数の多寡《たか》を考慮するもの。年功序列を算定の基礎とする賃金体系を「年功序列型賃金」と言う。

燃犀之明 ◆ねんさいの めい

物事を見抜く賢明さを言う。

東晋《とうしん》の温嶠《おんきょう》が、怪物がいると噂《うわさ》のある牛渚磯《ぎゅうしょき》という深い淵をのぞいてみようとして、犀《さい》の角《つの》を燃やして照らしたところ、水中に異類の姿を見つけたという『晋書』温嶠伝に見える故事から。北宋の詩人蘇軾《そしょく》の「儃游潭《せんゆうたん》詩」に「われ犀を燃やして看《み》んと欲す、竜のまさに宝を抱《いだ》きて眠るべし」とあるのは、直接故事に基づいた表現。

年頭月尾 ◆ねんとう げつび

一年中の意。また、本義に外れた瑣末《さまつ》なことのたとえ。

年の始めと月の終りの意。宋代の林光朝「痴頑不レ識レ字詩」に「年頭月尾一是無く、咄咄《とつとつ》痴頑にして字を識らず」と見える。また「大義を質《ただ》さず、すなわち年頭月尾、孤経絶句を取る」(『新唐書』楊瑒《ようちょう》伝)は、瑣末なことばかり問う官吏登用試験、科挙の弊害を楊瑒が難じたもの。

年年歳歳 ◆ねんねん さいさい

来る年も来る年も。毎年。

「すでに見る松柏の摧《くだ》けて薪《たきぎ》と為《な》るを、さらに聞く桑《そう》田《でん》の変じて海と成るを。古人また洛城《らくじょう》の東に無く、今人また対す落花の風。年年歳歳花相似《あいに》たり、歳歳年年人同じからず」(唐、劉希夷《りゅうきい》「代下悲二白頭一翁上」)による。毎年花は同じように咲くが、それを眺める人は同じではない、の詩意。「年年歳歳」以下の句で名高い。引用の最後の句から、「歳歳年年」とも言う。また、「桑田滄海《*そうでんそうかい》」などでも知られる。

燃眉之急《ねんびのきゅう》 ⇒ 焦眉之急《しょうびのきゅう》

年百年中 ◆ねんびゃく ねんじゅう

一年中いつもの意。

俗に言う「年がら年中」に同じ。「年が年中」とも言い、いずれも「年中」(たえず、しじゅう)を強調する語。さらにこれらは、「年がら年百」「年が年百」とも言われ、「年百」は「年中」と同義のように使われる。すなわち「年百年中」は、「年中」を重ねたような語で、語調をよくすると同時に、意味を強める効果をあわせ持つ。

能事畢矣 ◆のうじ ひつい

できることはすべてやったということ。

「能事畢《おわ》れり」と読む。「能事」は、しなければならないこと。なすべき事柄がすべて完了した、の意。「この故《ゆえ》に四営して易《えき》を成し、十有八変にして卦《か》を成し、八卦にして小成す。引きてこれを伸べ、類に触れてこれを長くすれば、天下の能事畢る」（『易経』繫辞《けいじ》上伝）から。八卦を引き延ばして六十四卦とし、類縁の事物に触れるごとに延長していけば、天下の起り得る限りのすべてのことはこの中に包含される、の意。転じて、過去形に用いて、やれるだけのことはやったの意となった。

囊中之錐　◈のうちゅうの　きり

優れた人物は、必ずその才能を表す機会があるというたとえ。

「囊」は、袋。袋の中に錐を入れると、先端が袋を破って外に出るところから言う。戦国時代、趙《ちょう》の宰相《さいしょう》平《へい》原君《げんくん》が楚《そ》に救援を求めにいくことになり、伴う食客《しょっかく》を選んでいた。無名の毛遂《もうすい》が名乗り出たので、「それ賢士の世に処《お》るや、譬《たと》えば錐の囊中に処るがごとし。その末（錐の先端）立ちどころに見《あら》わる」（『史記』平原君伝）と言って婉曲に断ったが、弁舌に押されて連れていく。結果はその弁舌で毛遂の大活躍となり、趙の評価を「九鼎大呂《きゅうていたいりょ》」*の宝器より重いものにしたと平原君に言わしめた。

喉元思案　◈のどもと　じあん

あさはかな思案。

胸の奥底でじっくり考えず、喉元でちょっと考えた思案の意。類義語に、目先のことにとらわれて考える「鼻先《はなさき》思案」がある。やはりあさはかな考えを言う。

は行

吠影吠声　◈はいえい　はいせい

一人がいい加減なことを言うと、多くの人々がそれを事実として伝えてしまうたとえ。

「一犬影《かげ》に吠《ほ》ゆれば百犬声に吠ゆ」の略。一匹の犬が影を見て吠えると、百匹の犬がその声に応じて吠え立てる意。「諺《ことわざ》に曰《いわ》く、一犬形に吠ゆれば百犬声に吠ゆ、と。世の疾《やまい》、これもとより久しいかな」（後漢、『潜夫論』賢難）

による。「一犬虚《きょ》に吠ゆれば万犬実《じつ》を伝う」とも言う。

稗官野史 ◆はいかん　やし

民間のうわさ話や、こまかい出来事などを記録したもの。

「稗官」は、昔、中国で民間の風聞を集めて王に奏上した小官吏。この中から小説を書く者が現れたので、作り物語の称となる。「野史」は、民間に伝わる歴史。「稗官野史」は、いわゆる「稗史」に同じで小説の源流となるものだが、その位置は低く、いずれも小説をいやしめて呼ぶ称とされた。「小説家者流は、けだし稗官より出づ。*街談巷語《がいだんこうご》は、*道聴塗説《どうちょうとせつ》の者の造るところなり」（『漢書』芸文志）。

敗軍之将 ◆はいぐんの　しょう

失敗した者は、そのことについてとやかく言うものではないということ。

「敗軍の将は兵を語らず」の略。「語らず」は「談ぜず」とも言う。秦《しん》末漢初期、「*背水之陣《はいすいのじん》」の奇策で趙《ちょう》を敗走させた韓信《かんしん》は、捕虜にした敵将広武君《こうぶくん》に軍略の教えを乞うたが、広武君は固辞する。「臣聞く、敗軍の将は以て勇を言うべからず、亡国の大夫《たいふ》は以て存（国の存続）を図るべからず、と。いま臣は敗亡の虜《りょ》なり。何ぞ以て大事を権《はか》るに足らんや」（『史記』淮陰侯《わいいんこう》伝）。敗軍亡国の捕虜に、大事を謀る資格はありません、と。しかし、韓信の熱意に打たれて結局は「愚者も千慮《せんりょ》に必ず一得あり」（→愚者一得）と謙遜《けんそん》しながら軍略を教授したという。

売剣買牛 ◆ばいけん　ばいぎゅう

いくさをやめ、農業に従事すること。

「剣を売り牛を買う」と読む。前漢期、渤海《ぼっかい》に赴任した龔遂《きょうすい》は、人々に倹約と農業を奨励した。「剣を売りて牛を買い、刀を売りて犢《こうし》を買わしむ。曰《いわ》く、なんすれぞ牛を帯《お》び犢を佩《お》ぶるや、と」（『十八史略』西漢、宣帝）。その結果、生産が増加して税収も増え、官民ともに豊かになった。『漢書』循吏伝、龔遂にも見える故事。古く例をとると、周の武王が軍馬を帰し牛を放牧して（→帰馬放牛《きばほうぎゅう》）、国を平和に栄えさせている。

倍日幷行 ◆ばいじつ　へいこう

昼夜を通していそいで行くこと。

「倍日」は、一日を二日分使うこと。「幷行」は、行動を併せること。つまり二日分の行程を一日で行くことを言う。類義語に「昼夜兼行*」がある。戦国時代、魏《ぎ》の地に入った斉《せい》軍が日ごとに竈《かまど》の数を減らしているので、これは兵が逃げているに違いないと、魏の龐涓《ほうけん》が斉軍を急追した様子が「日を倍し行を幷《あわ》せ、以てこれを逐《お》う」（『史記』孫子伝）。実はこれは斉の軍師孫臏《そんぴん》の策略で、結果は魏の惨敗に終る。三国時代、蜀《しょく》の諸葛孔明《しょかつこうめい》は、孫臏の兵法を熟知する魏の司馬仲達を相手に、竈の数を増やして仲達を混乱させ、陣払いに成功している。

杯酒解怨　◆はいしゅ かいえん

酒をくみかわして昔の怨《うら》みを忘れること。

「杯酒に怨みを解《と》く」と読む。仲の悪かった唐の李晟《りせい》と張延賞《ちょうえんしょう》は、粛宗《しゅくそう》のはからいで仲直りすることにした。しかし、李晟が張延賞の娘を息子の嫁に求めると断られてしまう。そこで李晟が言った。「われは武夫にして、旧悪有りといえども盃酒《はいしゅ》の間に解くべし。儒者は犯し難く、外睦《むつ》みて内に怒りを含む。いま婚を許さざるは、釁《きん》（不和）いまだ忘れざるなり」（『新唐書』張延賞伝）。私は武人で怨みをすぐに忘れますが、儒者の貴方はそうはいかないのですね、と。

悖出悖入　◆はいしゅつ はいにゅう

道理にかなわないことを言えば、道理にはずれた言葉が返ってくること。

「悖」は、もとる、さからう意。「言、悖《もと》って出づる者は、また悖って入る。貨、悖って入る者は、また悖って出づ」（『大学』）による。道理にはずれたことを言えば道理にはずれた返事がかえり、道理にはずれて手に入れた金は道理にはずれて出ていく、の意。平たく言えば、前者は「売り言葉に買い言葉」、後者は「悪銭《あくせん》身につかず」に当ろう。

倍称之息　◆ばいしょうの そく

非常な高利のたとえ。暴利。

元金に等しい利息、また、元金の二倍の利息の意。『漢書』食貨志上に「〔売る物すら〕亡《な》き者は倍称の息を収む」と見える。

背信棄義　◆はいしん きぎ

信頼を裏切り道義に背《そむ》くこと。

「信に背き義を棄《す》つ」と読む。類似の表現として、古くは前漢の枚乗《ばいじょう》が呉王に奉った上書に「義を棄て理に背く」(『文選《もんぜん》』所収)、『塩鉄論』未通に「恩に背き義を棄つ」などと見える。

廃寝忘食 ◆はいしん ぼうしょく

ほかのことを忘れて一つのことに熱中すること。

「寝を廃し食を忘る」と読む。「寝を廃し餐《さん》を忘る」という表現もある。寝食を忘れて物事に熱中することで、『三国志』蜀志《しょくし》、許靖《きょせい》伝には「寝と食とを忘る」と見える。「寝る間も惜しんで」というのは、熱中するというより努力するさまの形容に使われる。

杯水車薪 ◆はいすい しゃしん

わずかな努力では、効果は得られないたとえ。

「一杯の水を以て一車薪の火は救い難し」の略。一杯の水で車一台分の薪《たきぎ》の火を消すことはできない意。「仁の不仁に勝つは、なお水の火に勝つがごとし。今の仁を為《な》す者は、なお一杯の水を以て、一車薪の火を救うがごとし。熄《き》えざれば、すなわちこれを水は火に勝たずと謂《い》う。これまた不仁に与《くみ》するの甚《はなは》だしき者なり。また終《つい》に必ず亡《うしな》わんのみ」(『孟子《もうし》』告子上)による。わずかな仁を施しただけで、仁は不仁に勝てないと言うのは不仁に味方することで、しまいにわずかな仁までなくしてしまう、の意。

背水之陣 ◆はいすいの じん

失敗したら再起不能であることを覚悟しての態勢。また、全力を尽して戦う心構えのたとえ。

秦《しん》末漢初期、漢王の臣の韓信《かんしん》が、数万の兵で兵力二十万の趙《ちょう》軍と戦うことになった。「信すなわち万人をして先行して出で、水を背にして陣せしむ」(『史記』淮陰侯《わいいんこう》伝)。尋常の兵法では考えられない水を背にする布陣に、趙軍は笑った。ところが韓信軍は勝った。ふつうでは大軍を前にして将兵は逃げてしまうだろう、だから彼らを死地に置き、進んで敵と戦うようにさせたのだ、とのちに韓信は説明するのだった。

背井離郷 ◆はいせい りきょう

故郷を離れ、異郷で暮すこと。

「井に背《そむ》き郷を離る」と読む。「井」は、井戸が原義。転じて、人の集まるところ、むら、まちの意となる。人の集まるところに背を向け、故郷を離れる意。「離郷背井」とも言う。

杯中蛇影　◈はいちゅうの　だえい

何でもないことでも疑えば、神経を悩ますもとになることのたとえ。

晋《しん》の楽広《がっこう》が友人を酒に招待した。友人は、杯《さかずき》の中に蛇の姿を見るがそのまま酒を飲んでしまう。しかし気になって、以来、体の不調が続いた。話を聞いた楽広が、再び友人を招き、部屋にかかっていた蛇を彫刻した弓が杯に映っていたことを明らかにすると、友人の病気はたちまち回復したという。『晋書』楽広伝に見える故事。日本のことわざで言えば「幽霊の正体見たり枯尾花《かれおばな》」というところであろう。類義語に「*疑心暗鬼《ぎしんあんき》」がある。

杯盤狼藉　◈はいばん　ろうぜき

酒宴のあとに、杯《さかずき》や皿小鉢などが散乱しているさま。

「杯盤」は、杯と、食物を盛る器。「狼藉」は、散乱しているさま。狼が草を藉《し》いて寝たあとの乱れたさまから言う。「日暮れて酒闌《たけなわ》に、尊《そん》を合せ坐《ざ》を促《うなが》し（酒樽《さかだる》を集めて膝突き合せ）、男女席を同じくし、履舃《りせき》交錯（履物《はきもの》は入乱れ）、杯盤狼藉、堂上燭滅す」（『史記』滑稽伝、淳于髠《じゅんうこん》）から。北宋の蘇軾《そしょく》「前赤壁賦《ぜんせきへきのふ》」にも「肴核《こうかく》（さかなと果物）すでに尽き、杯盤狼藉（「藉」に同じ）たり」の句が見える。酒を飲む立場からは飲んだあかしとして、飲まない立場からはだらしなさとして表現される。

廃仏毀釈　◈はいぶつ　きしゃく

明治政府の神仏分離政策に伴う仏教排撃運動を言う。

「毀」は、そしること。仏法を廃し、釈迦《しゃか》の教えをそしる意。「廃仏」は、「排仏」とも書く。仏法を排除・排斥する意。九月に明治と改元される慶応四年（一八六八）の三月、維新政府が祭政一致の方針に基づき、「*神仏習合《しんぶつしゅうごう》」を廃止する神仏判然令を公布した。それによって、全国的規模で寺院の破却と、神社にある仏教的施設や仏像などの破壊・廃棄が進められた。寺院や僧侶を排斥する行動は、この時に限られているわけではないが、「廃仏毀釈」と言う場合、主にこの時期の仏教排斥行動を指すことが多い。

肺腑之言　◈はいふの　げん

心のこもった言葉のこと。

「肺腑」は、肺臓から転じて、心の奥底。心底。「肺腑を衝く」「肺腑を貫く」「肺腑をえぐる」など、いずれも心の奥底をつき動かす意で用いられる。これらの例では、「肺腑」は相手の心の奥底を言うが、「肺腑之言」の場合は、発言者の心を言う。

敗柳残花 ◆はいりゅう ざんか

美人の容色が衰えたさま、また、そのような女性のたとえ。

「敗柳」は、葉を落した柳、「残花」は、衰えてしぼみ残る花の意。「柳」は、「柳眉《りゅうび》」を美人の眉にたとえ、「柳腰《りゅうよう》」（ヤナギゴシとも）を美人のしなやかな腰つきにたとえるように、美人の形容に使われることが多い。「花」は、もとより女性の美しさを表す。したがって「敗柳残花」は、美人の容色の衰えた形容となる。

梅林止渇 ◆ばいりん しかつ

梅の林があると思わせて、兵士に喉《のど》の渇《かわ》きを忘れさせた故事。

「梅林に渇きを止《とど》む」と読む。「魏《ぎ》の武（曹操《そうそう》）行役す。汲道（水を汲みに行く道）を失い、三軍みな渇す。すなわち令して曰《いわ》く、前に大梅林有りて子を饒《じょう》す（実がたくさん生《な》っている）、甘酸以て渇を解くべし、と。士卒これを聞き、口みな水を出《いだ》す」（『世説新語《せせつしんご》』仮譎《かけつ》）に基づく。

破戒無慙 ◆はかい むざん

戒を破って良心に恥じないこと。

「破戒」は、戒《いまし》めを破ること。「無慙」は、恥じることのない意。「これ破戒無慙の法師なり。親近《しんごん》すべからず」（平安時代、『法華験記《ほっけげんき》』中六六）のように、僧に言うことが多い。「破戒僧」のように、「破戒」も仏の戒めを破る意で使うことが多いが、島崎藤村の長編小説『破戒』は、父の戒めを破ることを意味する。

馬鹿丁寧 ◆ばか ていねい

度を越して丁寧なこと。丁寧過ぎること。

「馬鹿」は、程度のはなはだしいさまを言う接頭語。「馬鹿正直」は、機転がきかないほど正直なことで、「過ぎたるは猶《なお》及ばざるがごとし」（→過猶不及《かゆうふきゅう》）という批判をこめて「馬鹿」が使われる。

破瓜之年 ◆はかの とし

女子十六歳、男子六十四歳の称。

今の明朝体の活字文字からは分りにくいが、「瓜《うり》」の字を縦に分けると、「八」が二つになるところから言う。すなわち八＋八で十六歳、八×八で六十四歳の意。特に女子について言うことが多く、思春期の年頃、また初潮を見る年頃の意ともする。

破顔一笑 ◆はがん いっしょう

顔をほころばせてにこっと笑うこと。

「破顔」だけで、顔をほころばせて笑う意を持つ。白居易「天寒晩起引レ酌詠レ懐詩」に「相思いて忘るなかれ桜桃の会、一放狂歌一破顔（たわむれの歌を作っては笑ったものだ）」と見える。「一笑」は、にっこり笑うこと。気むずかしい顔から思わず笑いが洩《も》れたようなさま。

馬牛襟裾 ◆ばぎゅう きんきょ

見識の狭い者、礼儀知らずな者をののしって言う語。

「襟裾」は、襟《えり》と裾《すそ》から転じて、衣服を着ることを言う。馬や牛が衣服を身につけているような者という悪罵《あくば》。唐の韓愈《かんゆ》「符《ふ》、読二書城南一詩」による。「灯火《とうか》親しむべし」（→灯火可親《かしん》）で知られる詩で、「人の古今に通ぜざるは、馬牛にして襟裾す」とある。古今の事柄に通じていない者は、衣服をまとった牛馬のようなものだと、息子の符に読書・学問の大切さを説いている。

破鏡重円 ◆はきょう ちょうえん はきょう じゅうえん

別れていた夫婦が、もとどおり一緒になるたとえ。

割れた鏡が再び重なって円となる意。南朝陳の徐徳言《じょとくげん》は、国が滅亡する際、鏡を二つに割って一方を妻に渡し、縁があればこの鏡がまた一つになるだろうと言って別れた。のち、妻の鏡片を市場で見つけ、それを手がかりに、隋の権臣の館に入れられていた妻と再び一緒になることができた。『太平御覧』一六六に載る『本事詩』の故事による。この故事から、夫婦が離別することを「破鏡」と言う。

破鏡不照 ◆はきょう ふしょう

一度壊れてしまったものは、二度ともとに戻すことはできないたとえ。

「破鏡再び照らさず」と言う。「再び」は「重ねて」とも言う。「破鏡」は、「破鏡重円《ちょうえん》*」の故事から夫婦の離別を言い、いったん離別した夫婦の仲はもとに戻らないたとえとされる。「落花枝に上り難く、破鏡重ねて照らさず」（北宋、『景徳伝灯録』一七）から。地に落ちた花がまた枝に咲くことはなく、割れた鏡がもう一度あたりを照らすことはない、の意。著名な成句で、日本の古典文学にもしばしば引用される。類義の語に「*覆水不返《ふくすいふへん》」がある。

伯夷叔斉 ◆はくい しゅくせい

清廉潔白な人のたとえ。

「伯夷」「叔斉」は、殷《いん》末周初の人で、「伯」「叔」が示すように、兄弟。周の武王が殷の紂王《ちゅうおう》を討とうとした時、臣が君を弑《しい》するのは仁にもとると諫《いさ》めたが聞き入れられず、周が天下を統一すると、禄を食《は》むことを拒んで首陽山に隠れ、ともに餓死した。司馬遷は『史記』で「列伝」の冒頭に「伯夷伝」を置き、天道は常に善人に味方すると言うが、ならばなぜ伯夷・叔斉は餓死しなければならなかったのかと、いわゆる「天道是か否か」の論を展開している（→天道是非）。

白衣三公 ◆はくいの さんこう

無位無官から出世して高い位につくこと。

官位のある者は、それに応じた色の服を着たことから、「白衣」は、無位無官であること。「三公」は、最高位の三官職。前漢の武帝の時、公孫弘は平民から身を起して天下の三公の丞相《じょうしょう》となり、平津侯に封ぜられたという、『史記』儒林伝賛の伝える逸話による。なお「三公」は、具体的には時代によって異なるが、前漢では、それぞれ行政・軍事・監察の長と言える丞相・大司馬・御史《ぎょし》大夫《たいふ》を言う。日本では太政大臣と左大臣・右大臣。

博引旁証 ◆はくいん ぼうしょう

多くの例を引き、ことごとく証拠を示して説明すること。

事を論ずる際の論じ方で、長い時間をかけて多くの例を集めるというのではなく、該博《がいはく》な知識によって多くの例やそのありかを承知しており、必要に応じて適例を引用し論ずるさまに言う。つまりふだんからの努力の積重ねがないと、「博引旁証」は難しい。

白雲孤飛《はくうんこひ》 ⇒ 望雲之情《ぼううんのじょう》

博学多才 ◆はくがく たさい

知識が豊かで、多方面の才能に恵まれていること。

「博学」は、広くさまざまな学問に通じていること。

俗に、物知りなこと。「多才」は、さまざまな才能があること。平安初期の漢詩集『懐風藻』道融《どうゆう》伝に「釈道融は、俗姓波多《はた》氏、少《わか》くして槐市《かいし》に遊ぶ（学校へ行った）。博学多才、特に属文《しょくぶん》（作文）に善し」と見える。反対語に「＊浅学非才《せんがくひさい》」があるが、「博学多才」が人をほめる語で、自分のことは言わないのに対し、「浅学非才」は自分についての謙称に使い、人には言わない。

博学篤志　◆はくがく　とくし

幅広く学び、学んだことはしっかり身につけて実践すること。

「子夏《しか》曰《いわ》く、博《ひろ》く学びて篤《あつ》く志《こころざ》し、切に問いて近く思う。仁その中に在り、と」（『論語』子張）から。さまざまなことを学び、学んだことは確実に実践する、疑問があれば我が身に切実なこととして問い、身近なこととして考える、そこに仁が生れる、の意。子夏は孔子の弟子で、孔門十哲の一人。「文学には子游《しゆう》・子夏」と言われた。

伯牙絶絃　◆はくが　ぜつげん

親友を失った悲しみのたとえ。

春秋時代、伯牙は琴《きん》がたくみで、親友の鍾子期《しょうしき》は伯牙の琴のよき理解者だった。伯牙が高山に登るような気持で琴をかなでれば、鍾子期はまるで泰山のようだとほめ、流水を思ってかなでれば、長江・黄河のようだとたたえた（→高山流水《こうざんりゅうすい》）。その鍾子期が死んだ。伯牙は「琴を破り絃を絶ち、終身また琴を鼓《こ》せず。おもえらく、世にまた為に琴を鼓するに足る者無し、と」（『呂氏《りょし》春秋』本味）。「絶絃」だけでも「伯牙絶絃」の意に使う。この逸話から、伯牙・鍾子期のような親密な友情を「＊断琴之交《だんきんのこう》」と言う。

白眼青眼　◆はくがん　せいがん

人を冷遇する白い目つきと、人を喜んで迎えるまっすぐな目つきのこと。

三国時代魏《ぎ》・晋《しん》の阮籍《げんせき》は、礼儀にこだわる俗人には白眼をもって対し、好ましい人には青眼をもって対した。兄の嵇喜《けいき》が弔問に行った時に白眼で迎えられたと聞いた嵇康《けいこう》が、酒を持ち琴《きん》を抱えて訪れたところ、阮籍は喜んで青眼で迎えたという。『晋書《しんじょ》』阮籍伝に見える故事。『晋書』の「籍またよく青白眼を為《な》す」から、「青白眼」とも言う。人を冷淡に扱う「白眼視する」という言葉も、この故事に由来する。なお、阮籍・嵇康は、ともに竹林七賢の一人。

莫逆之友　◆ばくぎゃくの　とも／ばくげきの　とも

きわめて親しい友人のこと。

「莫逆」は、逆《さか》らう莫《な》し、の意。「子祀《しし》・子輿《しよ》・子犂《しり》・子来《しらい》、四人相与《あいとも》に語りて曰《いわ》く、たれかよく無を以て首《こうべ》と為《な》し、生を以て脊《せ》と為し、死を以て尻《しり》と為すや。たれか死生存亡の一体なるを知る者ぞ。吾《われ》これと友たらん、と。四人相視《あいみ》て笑い、心に逆らう莫く、遂に相与に友と為る」（『荘子』大宗師）という寓話《ぐうわ》による。つまり意気投合したということ。

白玉楼中　◆はくぎょくろう　ちゅう

文人が死ぬこと。

「白玉楼中の人となる」の略。中唐の詩人李賀《りが》のもとに天の使いが来て「天帝の白玉楼成る、君を召してその記を作らしむ」と伝え、間もなく李賀が死んだという、『書言故事』祭奠《さいてん》類その他に見える故事による。

白砂青松　◆はくさ　せいしょう／はくしゃ　せいしょう

海岸の美しい風景を言う。

白い砂と青い松。「〔蹴鞠《しゅうきく》は〕白砂の上、緑樹の景、二六対陣《たいじん》し、殿翼《でんよく》相当す（八人で対戦し、両翼が対決する）。感興尽し難き者なり」（鎌倉時代、『古今著聞集《ここんちょもんじゅう》』一一）は、白い砂と緑の木がもたらす配色の美しさを表現する。「白砂青松」は、そのような色彩美と同時に、長く続く砂浜と松林という、日本に多い海岸の景をも思い起させる。

薄志弱行　◆はくし　じゃっこう

意志が弱く、事を断行する気力に欠けること。

「薄志」は、意志が弱いこと。「弱行」は、実行力の弱いこと。それぞれ別個の精神状態を示すものではなく、意志が弱いために実行する気力の起らない場合が多い。また逆に、する気になれないから、意志が伴わないという場合もある。しばしば、自分自身の決断力、実行力の乏しさに対する反省・自虐《じぎゃく》の弁として使われる。

白日青天《はくじつせいてん》　⇩　青天白日《せいてんはくじつ》

柏舟之操　◆はくしゅうの　そう

夫を失った妻が、操《みさお》を立てて再婚しないこと。

「操」はミサオとも読む。春秋時代、衛《えい》の太子共伯《きょうはく》が若くして死んだのち、妻の共姜《きょうきょう》は両親から再婚を勧められたが、「柏舟」の詩を作って、亡夫に操を立てることを誓ったという故事に基づく。「汎《ただよ》う彼《か》の柏舟は、彼の中河に在り。髧《たれさが》る彼の両髦《りょうぼう》は、実《まこと》にこれ我が儀《たぐい》(つれあい)なり。死に之《いた》るまで矢《ちか》って他なし」(『詩経』鄘風《ようふう》、柏舟)。

麦秀之嘆《ばくしゅうのたん》 ⇒ 禾黍油油《かしょゆうゆう》

拍手喝采 ◆はくしゅ かっさい

拍手してほめそやすこと。

「拍手」は、両方のてのひらを打ちあわせて音を出すこと。続けて打って称賛や賛成の気持を表す。「喝采」は、ほめそやすこと。また、その声。手を打ちならし、「ブラボー」「アンコール」と叫んだりすることに言う。

白手起家 ◆はくしゅ きか

身一つ、一代で事業を盛んにすること。

「白手もて家を起す」と読む。「白手」は、からっぽの手の意。同じ意味の「赤手《せきしゅ》」を使って「赤手もて家を起す」とも言う。「赤手」には「赤手空拳《くうけん》」(→徒手《としゅ》空拳)という語もあり、からっぽの手を意味する語としては、「白手」より「赤手」のほうが、より多く使われる。

白首北面 ◆はくしゅ ほくめん

年老いても向学心の衰えないこと。

「白首」は、白髪頭《しらがあたま》。「北面」は、北に向いてすわること。中国で、位の上の者が南面してすわったところから、南面する師匠に対して北面して教えを乞う意を表す。「夫子《ふうし》は十五にして人の師と為《な》る。陳留の王季逸《おうきいつ》は、先達の慠《おご》れる者なり。然《しか》れども白首北面す。あに年を以てせんや」(『文中子《ぶんちゅうし》』立命)から。学問に年齢の上下は関係ないことを言ったもの。「夫子」は文中子、すなわち隋の王通のこと。

薄唇軽言 ◆はくしん けいげん

おしゃべりで口が軽いこと。

よくしゃべる人を皮肉って言う言葉。口数の多いことを形容して「唇が薄い」と言う。

伯仲叔季 ◆はく ちゅう しゅく き

兄弟の順序を表す語。

「伯」が長兄、「仲」が次兄、「叔」が三番目で、「季」

が末弟。『白虎通』姓名に「先後長幼あり。ゆえに時の長幼を以て、号して伯・仲・叔・季と曰《い》うなり」と見える。父母の兄姉を「伯父・伯母」、弟妹を「叔父・叔母」と書くのはここから来ている。長兄と次兄は年の差が少なくよく似ていることから、優劣のつけがたいさまを「伯仲」という。『論語』微子の末尾に「周に八士有り。伯達・伯适《はくかつ》・仲突・仲忽《ちゅうこつ》・叔夜《しゅくや》・叔夏・季随・季騧《きか》」と、ただそれだけの文章がある。何晏《かあん》『論語集解《しっかい》』は、この八士を双子四組の兄弟だったと言う。

伯仲之間　◈はくちゅうの かん

互いによく似ていて優劣のない間柄のこと。「間」はアイダとも読む。「伯仲」は、兄と弟から転じて、きわめてよく似ていて優劣のないことを言う。魏《ぎ》の文帝曹丕《そうひ》の『典論』論文に「文人の相軽んずるは、古《いにしえ》よりして然《しか》り。傅毅《ふき》の班固《はんこ》に於けるは、伯仲の間なるのみ」と見える。文人は昔から相手を軽んじている、班固は傅毅をけなすが、二人に優劣の差はない、の意。同じ引用文から「文人相軽《そうけい》*」という語もできている。

幕天席地　◈ばくてん せきち

志の広大であるたとえ。また、世俗の小事にとらわれないたとえ。

「天を幕とし地を席とす」と読む。「幕」は、覆《おお》い。「席」は、むしろ。天を屋根に、地を座所にして、その間に悠然といる意。西晋《せいしん》の劉伶《りゅうれい》「酒徳頌」に「天を幕とし地を席として、意《こころ》の如《ゆ》く所を縦《ほしいまま》にす」と見える。劉伶は竹林七賢*の一人。

白波之賊　◈はくはの ぞく

盗賊のこと。

後漢末、魏《ぎ》の曹操《そうそう》に滅ぼされた黄巾《こうきん》賊の残党が、西河の白波谷《はくはこく》(今の山西省)にこもって掠奪《りゃくだつ》をはたらいたため、時の人が「白波賊」と呼んだことから。前漢末の「緑《りょく》林《りん》」とともに「緑林白波*」と併称される。日本ではシラナミと訓読して、盗賊・強盗の称とする。「白波五人男」は、歌舞伎『青砥稿花紅彩画《あおとぞうしはなのにしきえ》』に登場する日本駄右衛門・忠信《ただのぶ》利平《りへい》・南郷力丸・赤星重三《じゅうざ》・弁天小僧の称。

白馬非馬　◈はくば ひば

詭弁《きべん》を弄《ろう》するたとえ。

「白馬は馬に非《あら》ず」と読む。戦国時代、趙《ちょう》の公孫竜《こうそんりゅう》が立てた論。馬は形状からの命名で、白は色としての命名だから、白馬は馬でないという理屈。「馬は形に命《なづ》くる所以《ゆえん》なり。白は色に命くる所以なり。色に命くる者は、形に命くるに非ざるなり。故《ゆえ》に曰《いわ》く、白馬は馬に非ず、と」（『公孫竜子』白馬論）。「*堅白同異《けんぱくどうい》」も同じ公孫竜の論だが、詭弁としてはこちらの方が分りやすい。

白眉最良　◈はくび さいりょう

大勢の人や同種のものの中で、最も優れていること。「白眉最も良し」と読む。単に「白眉」とも言う。「馬《ば》良《りょう》、字《あざな》は季常《きじょう》、襄陽《じょうよう》宜城の人なり。兄弟五人並びて才名有り。郷里これが為に諺《ことわざ》して曰《いわ》く、馬氏の五常、白眉最も良し、と。良の眉中に白毛有り。故に以てこれを称す」（『三国志』蜀志《しょくし》、馬良伝）から。馬氏の五人の兄弟は、字《あざな》にすべて「常」字が入っていたので「五常」と称された（→馬氏五常）。みな優秀だったが、中でも眉《まゆ》に白い毛のある馬良が最もいい、と郷里の評判になった。弟の一人に「*泣斬馬謖《きゅうざんばしょく》」の馬謖がいる。

博文約礼　◈はくぶん やくれい

ひろく学問して事の理を究めた上、礼をもってしめくくり実行すること。「博《ひろ》く文を学びて、これを約するに礼を以てせば、また以て畔《そむ》かざるべきか」（『論語』雍也《ようや》）による。ひろく書物を読んで、それを礼の実践でひきしめていくなら、道にそむかずにいられるだろう、の意。

白璧微瑕　◈はくへきの びか

ほとんど完全なものに、わずかな欠点があることのたとえ。

白く美しい璧玉にかすかな瑕《きず》がある意。「白璧の微瑕は、これ閑情《かんじょう》の一賦《いっぷ》に在り」（蕭統《しょうとう》「陶淵明《とうえんめい》集序」）から。陶淵明の作品はどれも素晴らしいが、わずかな欠点は「閑情賦」だと言っている蕭統は、『文選《もんぜん》』を編纂したことで知られる南朝梁《りょう》の昭明太子。なお、同義の「玉に瑕」は『論衡《ろんこう》』累害に見える語で、日本では『源氏物語』の昔から馴染まれている。

白面書生　◈はくめんの しょせい

年が若く経験の乏しい者のこと。青二才。

「白面」は、年が若く経験に乏しいこと。俗に言う「色が生白《なまっちろ》い」に当る。「白面書郎《しょろう》」という表現もある。

「耕はまさに奴《ど》に問うべく、織はまさに婢《ひ》に問うべし。陛下いま国を伐《う》たんと欲し、白面の書生輩とこれを謀《はか》る。事何に由《よ》りてか済《な》らん」(『宋書』沈慶之《しんけいし》伝)から。耕作はしもべに、機織《はたおり》は下女に聞くべしと言います、国を伐つのに若造たちと相談しても、うまくいくわけはありません、と。すなわち、いくさのことは部将に相談しなさいと諫《いさ》めている。

伯兪泣杖 ◆はくゆ きゅうじょう

親の年老いたことを嘆き悲しむこと。

「伯兪杖《つえ》に泣く」と読む。「伯兪過ち有り。その母これを笞《むち》うつに、泣く。その母曰《いわ》く、他日子《し》(お前)を笞うつに、いまだかつて泣くを見ず。今泣くは何ぞや、と。対《こた》えて曰く、他日、兪罪を得て、笞うたるるに嘗《つね》に痛し。今母の力、痛からしむる能《あた》わず。これを以て泣く、と」(『説苑《ぜいえん》』建本)による。仕置の笞の力が弱くなったことに母の衰えを知る話。『蒙求《もうぎゅう》』にも見えるほか、日本の説話集『今昔物語集』『言泉集』『宝物集』にも採録され、著名な故事となっている。

伯楽一顧 ◆はくらくの いっこ

賢者が名君に才能を認められて重用されるたとえ。

「伯楽」は、春秋時代の人。名馬を見分け、調教に巧みであったという。ある人が立派な馬を市場に出したが、三日たっても買い手がつかなかった。そこで伯楽に、市場で自分の馬を振返ってほしいと頼んだ。「伯楽すなわち還《かえ》って(馬のところへ行って)これを視《み》、去ってこれを顧《かえり》みる。一旦にして(一日で)馬の価十倍す」。たとえ話として『戦国策』燕策《えんさく》に見える。

博覧強記 ◆はくらん きょうき

ひろく古今東西の書物に目を通し、さまざまなことをよく承知していること。

「博覧」は、ひろく書物を読んで物事をよく知っていること。『漢書』成帝紀賛に「古今に博覧にして、直辞を容受す」と見える。「強記」は、記憶力のよいこと。類義語「博聞《はくぶん》強記」は、いろいろなことを聞き知って、それをよく覚えていること。耳学問のすぐれた人を言う。

薄利多売 ◆はくり たばい

利益を薄くして品物を多く売ること。

もうけの少ない分を、品物を多く売ることによって補い、全体として一定の利益を得ようとする商法。スーパーマーケットや各種量販店がその典型的な例。

白竜魚服　◆はくりょう ぎょふく　はくりゅう ぎょふく

貴人がお忍びで外出すること。また、そうして災難に遭《あ》うこと。

霊力ある白竜がふつうの魚の格好をしていたところ、宋の漁師予且《よしょ》に目を射抜かれた。天帝に訴えたが、魚の姿をしていたせいだと相手にされなかったという伝説による。「魚服」は魚の姿をする意で、この伝説から、貴人が身をやつす意に使われる。春秋時代、お忍びで出かけようとした呉王を、この伝説をたとえ話として諫《いさ》めた伍子胥《ごししょ》の故事が、『説苑《ぜいえん》』正諫《せいかん》に見える。同じ故事からの類義表現に「予且之患《かん》」*がある。

馬耳東風　◆ばじ とうふう

人の意見などを心に留めずに聞き流すたとえ。

「東風」は、はるかぜ。馬の耳に春風が吹く意で、春風が吹くと人は喜ぶが、馬は別に何の感動も示さない。「詩を吟じ賦《ふ》を作る北窓の裏《うち》、万言一杯の水に直《あたい》せず。世人これを聞きてみな頭を振り、東風の馬耳を射るが如《ごと》き有り」（唐、李白《りはく》「答三王十二寒夜独酌有一懐詩」）から。「馬耳東風と聞き流す」などという言い方をする。

馬歯徒増　◆ばし とぞう

自分が年をとったことをへりくだって言う語。「馬歯徒《いたず》らに増す」と読む。「馬齢《ばれい》を重ねる（加える）」と同義。「馬歯」「馬齢」ともに、自分の年齢の謙称。同義で「犬馬之年」*「犬馬之歯《よわい》」という表現もある。なぜか、猫や牛を例にした年齢表現は聞かない。

馬氏五常　◆ばしの ごじょう

兄弟がそろって優秀であること。

『三国志』蜀志《しょくし》、馬良伝の「馬良、字《あざな》は季常《きじょう》、襄陽《じょうよう》宜城の人なり。兄弟五人並びて才名有り。郷里これが為に諺《ことわざ》して曰《いわ》く、馬氏の五常、白眉《はくび》最も良し、と」による。馬氏の五人兄弟は、字にすべて「常」字が入っていたので「五常」と言う。みな優秀だったが郷里では「白眉最良」*と、馬良を最も評価した。「泣斬馬謖《きゅうざんばしょく》」*で知られる馬謖も五常の一人で、字を幼常と言った。

破邪顕正　◆はじゃ けんしょう

仏教で、誤った見解を打ち破り、正しい道理をあらわすこと。一般に、不正を破り正義を打ち出すこと。邪を破し正を顕《あら》わす意。仏教では「破邪即顕正」と言う。中国三論宗の吉蔵《きちぞう》『三論玄義』には、「論に三有りといえども、義はただ二轍《てつ》なり。一を顕正と曰《い》い、二を破邪と曰う。破邪はすなわち下沈淪《しもちんりん》(沈んでいる者)を拯《すく》い、顕正はすなわち上大法を弘《ひろ》む」と見える。そして、あらゆるとらわれを否定するのが破邪であり、同時に顕正であると説く。

馬瘦毛長 ◈ばそう もうちょう

貧乏だと頭の働きまで鈍くなる、また品性がさもしくなるというたとえ。

「馬瘦《や》せて毛《け》長し」と読む。馬が瘦せ衰えて、肥えている時よりも毛が長く見える状態を言う。俗に言う「貧すれば鈍す」のたとえに使われる。「或《あるひと》法演《ほうえん》に問う、祖意と教意と、これ同じなるかこれ別なるか、演曰《いわ》く、人貧しくして智短く、馬瘦せて毛長し、と」(宋、『五灯会元《ごとうえげん》』五祖法演禅師)。同義で「馬疲《ひ》毛長」という表現もある。

破綻百出 ◈はたん ひゃくしゅつ

言動に次々と欠点やほころびが出てくること。

「破綻」は、やぶれこわれること。「百出」は、間をおかず次々と出てくること。朱子は、聖人の書を読むと、一日また一日と聖賢の言語に味があることが分ってくる、ところが釈氏(仏教者)の説を見ると、「漸漸に(次第に)破綻し罅漏《かろう》(すきま、欠陥)百出す」(『朱子語類』一〇四)と言っている。

破竹之勢 ◈はちくの いきおい

激しく、とどめがたい勢いを言う。

竹を割る時、最初の一節を割ると、あとは次々と割れていくことから言う。「軍を厳《げん》にして以て待ち、これを撃《う》たば必ず剋《か》たん。然《しか》る後に破竹の勢いに乗じ、鼓行《ここう》(太鼓を鳴らして進む)して東すれば、以てその窟穴《くっけつ》(本拠)を窮《きわ》むるに足《た》らん」(『北史』周高祖紀)。南北朝時代、北斉《ほくせい》と戦った折の北周武帝の作戦から。

八十種好《はちじっしゅごう》 ⇓ 三十二相《さんじゅうにそう》

八大地獄 ◈はちだい じごく

仏教の説く八種の地獄。

等活《とうかつ》・黒縄《こくじょう》・衆合《しゅごう》・叫喚《きょうかん》・大叫喚・焦熱《しょうねつ》・大焦熱・阿《あ》鼻《び》の八種。須弥山《しゅみせん》世界の地下深くに存在し、破戒の者が落ちるという。「等活」は、何度も生き返って責苦が続く地獄。「黒縄」は、体に巻かれた黒縄に沿って切り刻まれる地獄。「衆合」は、鉄の臼《うす》・杵《きね》で責められる地獄。「叫喚」「大叫喚」は、煮えたぎる釜に投げ込まれるなどの責苦に叫び声を発する地獄。「焦熱」「大焦熱」は、炎熱による責苦の地獄。「阿鼻」は「無間《むけん》」とも言い、間断のない苦しみを受ける地獄。『大智度論』に載り、日本では平安時代、源信《げんしん》の『往生要集』に生々しく詳述され、以後の日本人の地獄観に大きな影響を与えた。

八万四千　◆はちまん しせん

仏教で、きわめて数の多いこと、すなわち無量・無数を表す語。

「八万四千」の内容については諸説あるが、本来単なる形容に過ぎない。「八万四千」を使った語には、釈迦《しゃか》の教え全体を示す「八万四千の法門」や「*百八煩悩《ひゃくはちぼんのう》」を誇張した「八万四千の煩悩」などがある。また、インド、マウリヤ王朝第三代のアショーカ王（阿育《あいく》王）は八万四千の塔を建立したという伝説を残す。

八面玲瓏　◆はちめん れいろう

どの方面から見ても美しく透きとおっていること。そのようなさま。また、心中に少しの曇りもわだかまりもないこと。そのようなさま。

「八面」は、あらゆる方面。「玲瓏」は、玉などが透きとおって曇りのないさま。また、麗《うるわ》しく照り輝くさま。「八面玲瓏と明らかに」という表現が、謡曲・浄瑠璃《じょうるり》にいくつも見られる。北宋の禅語録『碧巌録《へきがんろく》』八則には「直下に八面玲瓏たらん」と見え、心の中がからりと晴れわたっているさまを表している。

八面六臂　◆はちめん ろっぴ

一人で数人分の働きをするたとえ。

八つの顔と六つの腕の意。もとは仏教で、仏・菩薩《ぼさつ》・諸天のさまざまな性格や機能を表現するために生み出された、多面多臂の像の形態を言い、代表的なものに「*三面六臂」がある。一般には、「八面六臂の大活躍」のように使われる。

白駒過隙　◆はっく かげき

歳月の過ぎるのが早いことのたとえ。また、人の命のはかないことのたとえ。

「白駒隙を過ぐ」と読む。白馬が戸のわずかな隙間を走り過ぎる意。『荘子』知北遊で、老子が孔子に向って無為自然の道を説く言葉「人の天地の間に生くるは、白駒の郤《げき》(「隙」に同じ)を過ぐるがごとく、忽然《こつぜん》たるのみ(ほんの一瞬にすぎない)」から。「隙駒」とも言う。同工同義の表現に「*騏驥《きき》過隙」がある。

抜苦与楽　◆ばっく よらく

仏・菩薩《ぼさつ》が衆生《しゅじょう》の苦しみを抜き取り、安楽を与えること。

仏教の基本的姿勢を表現する言葉。『大智度論』二七に「大慈は一切衆生に楽を与え、大悲は一切衆生の苦を抜く」とある。仏の慈悲「*大慈《だいじ》大悲《だいひ》」は、楽を与えようという慈《いつく》しみが「慈」に当り、苦しみを取り除こうという思いやりが「悲」に当ると解釈される。すなわち「抜苦与楽」とは、仏の慈悲の心を言う。

八紘一宇　◆はっこう いちう

世界を一つの家とすること。

「八紘」は、四方と四隅から、転じて、天下、全世界。「一宇」は、一つの屋根。天下を一つの屋根の下に治める意。「六合《くにのうち》を兼ねて都を開き、八紘《あめのした》を掩《おお》いて宇《いえ》にせむこと、また可《よ》からずや」(『日本書紀』神武天皇即位前 己未年《つちのとひつじ》)に基づく。第二次大戦中、日本の海外侵出を正当化するための標語として用いられた。

白虹貫日　◆はっこう かんじつ

昔の中国で、凶兆とされた現象。

「白虹日《ひ》を貫《つらぬ》く」と読む。中国で昔、「白虹」は兵の象《かたち》、「日」は君子の象とされ、白い虹が太陽の面を横切ってかかるのは、国に兵乱のあるきざしとされた。『戦国策』魏策《ぎさく》に見える語。なお「白虹」は、ふつう霧の中などに現れる白っぽい虹を言う。

博古通今　◆はっこ つうこん

古今の事情にひろく通じていること。学識があること。

「古《いにしえ》に博《ひろ》く今に通ず」と読む。『孔子家語《けご》』観周には「吾聞く、老聃《ろうたん》(老子)は古に博く今を知り、礼楽の原《みなもと》に通じ、道徳の帰《おもむき》を明らかにす」と見える。

抜山蓋世 ◆ばつざん がいせい

勇壮な気性の形容。

「山を抜《ぬ》き世を蓋《おお》う」と読む。秦《しん》末漢初、垓下《がいか》の戦いで漢の劉邦《りゅうほう》軍に囲まれた楚《そ》の項羽《こうう》は、「*四面楚歌《しめんそか》」の中で敗戦を覚悟し、寵姫虞美人《ちょうきぐびじん》らと別れの酒を飲み、詠う。「力は山を抜き、気は世を蓋うも、時に利あらず、騅《すい》(項羽の愛馬)逝《ゆ》かず。騅逝かざるをいかんすべき。虞や虞や若《なんじ》をいかんせん」(『史記』項羽紀)。

跋山渉水 ◆ばつざん しょうすい

多くの困難を経て長旅をすること。

「山を跋《ふ》み水を渉《わた》る」と読む。『詩経』鄘風《ようふう》、載馳《さいち》に「大《たい》夫《ふ》跋渉し、我が心すなわち憂う」と見える。「跋」は山野を行くこと、「渉」は水を行くことと解釈されていることから、「跋渉」は、各地を歩きまわる意となる。「跋山渉水」は、「山」「水」を添えて、そのさまを強調したもの。

八宗兼学 ◆はっしゅう けんがく

日本仏教諸宗の教義に通暁していること。転じて、いろいろな分野のことをよく知っていること。

「八宗」は、奈良・平安時代に公認されていた八つの宗派、倶舎《くしゃ》・成実《じょうじつ》・律・法相《ほっそう》・三論・華厳《けごん》の南都六宗と、天台・真言の平安二宗を言う。鎌倉時代以後、「八宗」で日本仏教全体を指すようになり、「八宗兼学」は日本仏教全体に通達していることを意味する。「八宗兼学いろはの品川の」(『誹風柳多留《はいふうやなぎだる》』一二)は、いろは茶屋とか品川遊廓《ゆうかく》とか、色の面に通達していることに、仏教用語を使うことでおかしさを表している。

発縦指示 ◆はっしょう しじ

戦いの指示をすること。また、その人。

「発」「縦」ともに放す意で、「発縦」は解き放す意。原義は、猟犬の縄を解き放って、獲物を指し示すこと。楚《そ》の項羽《こうう》を討って天下を統一した前漢の高祖劉邦《りゅうほう》は、その最大の功労者に蕭何《しょうか》を挙げた。実戦に働いた家臣たちは、戦ったのは自分たちで、蕭何は文墨をもって論じたに過ぎないと異を唱えた(→汗馬《かんば》之《の》労《ろう》)。劉邦は、獲物を捕えるのは犬だが、犬に発縦指示するのは人間である、諸君の功は犬の功、蕭何の功は人間の功であると答えたという。『史記』蕭相国《しょうしょうこく》世家に載る。

発人深省 ◆はつじん しんせい

深く省みる気持を起させること。

物事が人（＝自分）に深省の気持を起させる意。唐の杜《と》甫《ほ》「遊二竜門奉先寺一詩」に「覚《さ》めんと欲して晨鐘《しんしょう》（暁の鐘）を聞けば、人をして深省を発せしむ」と見える。松尾芭蕉《ばしょう》はこの詩を受けて「鹿島紀行」に、「すこぶる人をして深省を発せしむと吟じけむ、しばらく清浄の心をうるににたり。あかつきのそらいささかはれけるを、〔宿泊先の根本寺《こんぽんじ》の〕和尚《おしょう》起し驚かし侍《はべ》れば、人々起出ぬ」と記している。

伐性之斧 ◆ばっせいの ふ

女色や淫《みだ》らな音楽に溺《おぼ》れること。

「斧」はオノとも読む。人の本性を損なう斧の意。『韓詩外伝』九では、「徼幸《ぎょうこう》」すなわち偶然の幸運をあてにする者に対して「伐性之斧」と言っている。

八相成道 ◆はっそう じょうどう

釈迦《しゃか》の生涯を言う。

「八相」は、釈迦の一生を八つの重要な出来事で表したもの。すなわち降兜率《ごうとそつ》（兜率天から降りてきた）・托胎《たくたい》（受胎）・出胎（誕生）・出家・降魔《ごうま》（菩提樹《ぼだいじゅ》の下で悪魔を降す）・成道・転法輪《てんぼうりん》（→初《しょ》転法輪）・入滅《にゅうめつ》の八つ。「成道」は、三十五歳で悟りを開いたことを言い、八相の中で最も重要な出来事であるために、釈迦の生涯を「八相成道」と言う。

発憤興起 ◆はっぷん こうき

精神をふるい起して励むこと。

「発憤」は、精神をふるいたたせること。「興起」もまた、心をふるいたたせる意。それぞれ『論語』『孟子《もうし》』に使用例が見られる。類義の二語を重ね、精神をふるいたたせる意を強調した語。

発憤忘食 ◆はっぷん ぼうしょく

精神をふるい起し、食事も忘れて学問に励むこと。

「発憤して食を忘れ、楽しみて以て憂いを忘れ、老いのまさに至らんとするを知らざるのみ」（『論語』述而《じゅつじ》）から。春秋時代、楚《そ》の葉公《しょうこう》が、孔子とはどんな人かと弟子の子路《しろ》に尋ねた時、子路は答えなかった。それを聞いて孔子が、こう答えればよかったのにと、いわば自分自身の人となりを述べたもの。

八方美人　◆はっぽう びじん

誰に対しても如才なく振舞う人のこと。

「八方」は、あらゆる方角。本来は、どこから見ても欠点のない美人の意だが、転じて、誰にでもいい顔を見せようと、愛想よく振舞う人の意となる。そうなると当然ほめ言葉ではなくなり、本心が分らず信頼できないという批判的な気持がこもってくる。

抜本塞源　◆ばっぽん そくげん

根本の原因を取除いて弊害をふさぐこと。

「本《もと》を抜き源《みなもと》を塞《ふさ》ぐ」と読む。『春秋左氏伝』昭公九年の「我の伯父（同族の諸侯）に在るは、なお衣服に冠冕《かんべん》（かんむり）有り、木水に本源有り、民人に謀主（一族の長）有るがごとし。伯父、もし冠を裂き冕を毀《やぶ》り、本を抜き源を塞ぎ、専《もっぱ》ら謀主を棄つれば、戎狄《じゅうてき》といえどもそれ何ぞ余一人有らんや」から。同族（晋《しん》）が、本家（周）をないがしろにするようなまねをすれば、異民族でも私（周王）を天子と思わなくなるだろう、の意。ここでは「抜本塞源」は、木の本を抜き水の源を塞ぐという、行うべきでない行為の意に使われている。「本」を弊害の根本の意として現在の意味となった。

撥乱反正　◆はつらん はんせい

乱れた世の中を治めて、正常に戻すこと。

「乱を撥《おさ》め正に反《かえ》す」と読む。「君子なんすれぞ春秋を為《つく》るや。乱世を撥めこれを正に反すは、これ春秋より近きはなし」（『春秋公羊《くよう》伝』哀公十四年）による。孔子はなぜ『春秋』を作ったのか、乱世を治めて正しい道義の行われる世にかえすためである、の意。『春秋』は魯《ろ》の史官の書いたものに孔子が筆削して成ったという史書。『春秋公羊伝』はその注釈書の一つ。

破天荒解　◆は てんこうかい

今まで誰もできなかったことを成し遂げること。前代未聞であること。

「天荒」は、まだ開かれていない荒れた地。また、そのような混沌とした状態であること。「〔荊州《けいしゅう》〕毎歳挙人《きょじん》を解送《かいそう》する（科挙《かきょ》の予備試験に合格した者を中央に送る）も多く名を成さず。号して天荒解と曰《い》う。劉蛻《りゅうぜい》舎人、荊解（荊州の予備試験に合格した者）を以て及第し、天荒を破ると為《な》す」（宋、『北夢瑣言《ほくぼうさげん》』）という故事による。ふつうは「天荒を破る」すなわち「破天荒」と言う。

鼻先思案《はなさきしあん》　⇩　喉元思案《のどもとじあん》

馬舞之災　◈ばぶの さい

火事のこと。

「災」はワザワイとも読む。「馬舞」は、美しい衣装をまとって馬上で踊る舞楽の一種。晋《しん》の黄平が、家の中で馬舞の踊りがあり、数十人の人が馬に拍手をしている夢を見た。索紞《さくたん》に尋ねたところ、馬は火、舞は火が起ること、拍手は火を消すことを意味すると言われた。果たして火事に見舞われたという、『晋書』芸術伝、索紞に載る故事による。原文の「夢舎中馬舞」を「舎中馬の舞うを夢む」と解して、「舞馬之災」とも言う。

跛鼈千里　◈はべつ せんり

不利な条件があっても、努力すれば克服できるというたとえ。

「跛鼈」は、足の悪いすっぽん。すっぽんは亀の類で、元来歩くのが遅い。足の悪いすっぽんでも、ひたすら努力すれば、ついには千里の道のりも踏破することができるということ。「跬歩《きほ》して休まざれば跛鼈も千里」（『荀《じゅん》子《し》』修身）から。類義の「駑馬十駕《どばじゅうが》」*も『荀子』の同じところで説かれている。

爬羅剔抉　◈はら てっけつ

隠れた人材を探し出して用いること。

「爬」は、爪《つめ》で掻《か》く意。「羅」は、残らず取る意。「剔」「抉」はともに、えぐり取る意。「小善を占《たも》つ者は率《すべ》て以て録し、一芸に名ある者は庸《よう》せざる無く、爬羅剔抉して、垢《あか》を刮《けず》り光を磨く」（唐、韓愈《かんゆ》「進学解」）から。小さな善でもそれを行う者は残らず記録し、一芸を持つ者はすべて登用し、爪でほじくるように探し出して、隠れた才能を開かせる、の意。

腹八分目　◈はら はちぶんめ

満腹するまで食べず、八分目くらいにしておくこと。

「腹八分」とも言う。食事は、もう少し食べたいなと思う程度でやめておくのが健康にいい、という意。健康なら医者にかからずに済むところから、「腹八分目に医者要《い》らず」と言う。

波瀾万丈 ◆はらん　ばんじょう

激しい変化に富んでいるさま。

「波瀾」は、小波と大波。「万丈」は、非常に高いさま。高く波立っている海のように、たえず大きな変化がある意。「波瀾万丈の生涯」と言えば、ある人の人生が大きな変化に富んだものだったということだが、あくまで表現する側の主観によるもので、しばしば大げさな表現となることがある。なお、「波瀾」は現代表記では「波乱」とも書く。

罵詈讒謗 ◆ばり　ざんぼう

悪口をあびせ、口ぎたなく相手を罵《ののし》ること。

「罵詈」は、相手に向って悪口をあびせること。「讒謗」は、あしざまに人を謗《そし》ること。『三国志』魏《ぎ》志、王烈《おうれつ》伝注に「朋党の人、互いに相讒謗す」と見える。人を悪く言う意で類義の二語を重ね、そのさまのはなはだしいことを表す。

罵詈雑言 ◆ばり　ぞうごん

口ぎたなく悪口をあびせること。さんざん罵《ののし》ること。また、その言葉。

「罵詈」は、悪口をあびせること。また、その言葉。「雑言」は、さまざまな悪口。「罵詈」「雑言」「悪口」はいずれも、罵ること、またその言葉を意味する。類義の語を重ねて、その意を強調するもので、「悪口雑言《あっこう》*」も同義。「悪口《あっく》罵詈《めり》」は、仏教で言われる。

汎愛兼利 ◆はんあい　けんり

広く人々を愛し、平等に利益を分ち合うこと。

「汎愛」は、差別なく、広く平等に愛すること。「兼利」は、互いに利益を与え合うこと。「墨子は汎《ひろ》く愛し兼ね利して、闘を非とす。その道は怒らず（その方法は他人に腹を立てないことだった）」（『荘子』天下）から。荘子は墨子を「才子なるかな」と評し、その思想をまったく否定するわけではないとしつつ、「天下編」では墨子批判を展開している。

半官半民 ◆はんかん　はんみん

政府と民間とが共同出資している事業形態のこと。

国営製鉄所だった八幡製鉄所が、一九三四年、民間の鉄鋼企業と合同して日本製鉄株式会社となったのが、その代表的な例。現在では、国や地方公共団体と民間との共同出資で設立される事業体を「第三セクター」と呼ぶ。セクターは領域の意で、公共でも民間でもない第三のセクターということ。鉄道などの運輸事業に多い。

判官贔屓《はんがんびいき》 ⇒ 判官贔屓《ほうがんびいき》

万古千秋 ◆ばんこ せんしゅう

非常に長い年月のこと。

「万古」も「千秋」も、昔から今に至るまでずっと、の意を表す。「北邙《ほくぼう》山上墳塋《ふんえい》（墓）列《つら》なり、万古千秋洛城《らくじょう》に対す。城中日夕歌鐘起るも、山上ただ聞く松柏《しょうはく》の声」（唐、沈佺期《しんせんき》「邙山」）から。邙山は、洛陽の北にあり、墓地として知られる。「千秋万古」とも言う。

万古長青 ◆ばんこ ちょうせい

国家や高尚な精神、友情などをたたえて言う言葉。

「万古」は、いつまでも、永久に、の意。「長青」は、松の葉が常に変ることなく青々としていること。松の葉がいつまでも色を変えないさまを言い、いつまでも変らないことにたとえる。「万古長春」とも言う。

飯後之鐘 ◆はんごの しょう

定刻に遅れてくること。

「鐘」はカネとも読む。唐の王播《おうは》が、子供のころ揚州の恵照寺に身を寄せていた時、寺僧が王播を嫌って、食事の合図の鐘を食後に叩《たた》き、鐘を聞いてやってきた王播に遅刻だと言って食べさせなかったという、『唐摭言《とうせきげん》』に見える故事による。『書言故事』餔啜《ほせつ》類に「期に後れて至るを飯後の鐘という」と見える。

万古不易《ばんこふえき》 ⇒ 千古不易《せんこふえき》

盤根錯節 ◆ばんこん さくせつ

こみ入っていて、解決するのが難しい事柄。

わだかまった木の根といりくんだ節《ふし》の意。「朝歌（地名）の賊甯季《ねいき》等数千人、長吏を攻殺し、屯聚《とんしゅう》する（たむろする）こと連年なり。州郡禁ずる能《あた》わず。すなわち詡《く》を以て朝歌の長と為《な》す。故旧（知人）みな詡を弔《とむら》いて（気の毒がって）曰《いわ》く、朝歌を得たる、何ぞ衰えたるや、と。詡笑いて曰く、志は易《やす》きを求めず、事は難《かた》きを避けざるは、臣の職なり。槃（「盤」に同じ）根錯節に遇《あ》わずんば、何を以て利器を別《わか》たんや、と」(『後漢書』虞詡《ぐく》伝)。盤根錯節を切ってみなければ、よい刃物かどうかは分らない、すなわち、難事に当ってこそ能力の有無があきらかになるということ。

万死一生 ◆ばんし いっしょう

きわめて危なかった命をかろうじて助かること。

「万死の中に一生を得る」の略。『史記』張耳陳余《ちょうじちんよ》伝には「将軍(陳勝)目を瞋《いから》し胆を張り、万死に一生を顧《かえり》みざるの計を出だし、天下の為に残(残虐な者)を除《のぞ》かんとするなり」と見える。また『貞観《じょうがん》政要』君道に「〔唐の〕太宗曰《いわ》く、〔房《ぼう》〕玄齢《げんれい》は昔我に従いて天下を定め、備《つぶ》さに艱苦《かんく》を嘗《な》め、万死を出でて一生に遇《あ》う。草創の難《かた》きを見る所以《ゆえん》なり」とあり、この「万死を出でて一生に遇う」も成句になっている。よく使われる「*九死一生」のいわば強調表現。

万紫千紅《ばんしせんこう》 ⇒ 千紫万紅《せんしばんこう》

半死半生 ◆はんし はんしょう

今にも死にそうなこと。生死のさかいにあること。半分死に半分生きているような状態の意。滝沢馬琴『椿説《ちんせつ》弓張月』四一回に「悪少年等が寧王女《わんにょ》を擒《から》め捕《と》らんとして、悉《ことごと》く深疵《ふかで》を負ひ、半死半生なるよしを聞きて、大きに呆《あき》れ」と見える。これが近・現代における「半死半生」の最もふつうの使い方と言える。古く前漢の枚乗《ばいじょう》「七発」に見える「竜門の桐……その根半死半生」は、根の半分は死に半分は生きている意で、いわば原義の用法。

万乗之君 ◆ばんじょうの きみ

天下を治める天子のこと。

「万乗」は、「乗」が車の意で、兵車一万両。周代、天子はその領地内から兵車一万両を出す定めであったところから言う。万乗を用意できる国を「万乗之国」と言う。また、「*一天《いってん》万乗」は、そういう天子の位から転じて、「万乗之君」と同義にも使う。「一天万乗」「万乗之君」ともに日本では、天皇に当てる。

伴食大臣 ◆ばんしょく だいじん

実権や実力・能力がないのに地位にあって、人の言うままになっている大臣のこと。

「伴食」は、お相伴《しょうばん》にあずかることから転じて、実権や実力がないのに、その地位にあること。『旧唐書《くとうじょ》』盧懐《ろかい》慎《しん》伝の「懐慎、紫微令《しびれい》の姚崇《ようすう》と枢密《すうみつ》を対掌《たいしょう》す。懐慎自らおもえらく、吏道のこと崇に及ばず、と。時の人これを伴食宰相《さいしょう》と謂《い》う」から。事ごとに皆これを推譲す。唐の盧懐慎は、姚崇と二人で政治の機密を扱っていたが、政務は姚崇に及ばないと思い、何でも姚崇の言う通りにしたので、人々が「伴食宰相」と呼んだという。

班女辞輦　◆はんじょ じれん

主君を諫《いさ》める賢女のたとえ。

「班女」は、前漢成帝の寵愛《ちょうあい》を受けた班婕妤《はんしょうよ》（「婕妤」は官名、「倢伃」とも書く）。「輦」は人が引く車。成帝が庭で班婕妤と一緒に輦に乗ろうとしたところ、婕妤が辞退して言った。昔の絵を見ると賢聖の君の車には名臣が陪乗し、末期の君主の傍《かたわら》には愛人がいる、と。『漢書』外戚伝、班倢伃に見える。班婕妤はこのように賢明な女性だったが、のち成帝の寵を失い、それを嘆く詩から、「団雪《＊だんせつ》之扇《のおうぎ》」の語を残している。

半信半疑　◆はんしん はんぎ

なかば信じ、なかば疑うこと。

信疑半々ということだが、信頼すべきことがなかなか信じられない場合に言うことが多い。つまり客観的に疑わしい要因が存在するのではなく、主観的に、信じようと思ってもすなおに受入れられないような心境にある時に、「半信半疑の面持《おももち》」のように言われる。

半推半就　◆はんすい はんしゅう

本心はその気になっているのに、表向きは遠慮していること。また、どうしようか決めかねていること。

「推」は、人にゆずる意。「就」は、気持がおもむく、つまりその気になっている意。内心ほしくてたまらないのに、表向き遠慮するさまをたとえた「猫の魚《うお》辞退」ということわざがある。これは、さながらその四字熟語版。「半就半推」とも言う。

半醒半睡　◆はんせい はんすい

意識が明瞭でないさま。

なかば目覚め、なかば眠っている意。夏目漱石《そうせき》が「此《この》雨の音で寐付《ねつ》くかと思ふと、又雨の音で不意に眼を覚《さ》ました。夜《よ》は半醒半睡のうちに明け離れた」（『それから』一五）と書く状態。ふつう、眠りから覚めかかって、まだ意識がぼんやりしている状態を言う。「半睡半醒」、また「半覚半睡」とも言う。

半農半漁 ◈はんのう はんぎょ

農業と漁業を兼ねて生計を立てていること。

「半分農業半分漁業」の意。農地にも恵まれた漁村の自然味あふれる生活ならいいが、実際には農業・漁業の一方だけの専業では生活が成立たない現実が言葉の背景にある。とうちゃんは外に出て働き、じいちゃん・ばあちゃん・かあちゃんが家で田畑を耕やすいわゆる「三ちゃん農業」も、「半農」の一種と言える。

万馬奔騰 ◈ばんば ほんとう

勢いのきわめて盛んなさま。

たくさんの馬が跳ね駆ける意。水勢などの激しいさまに言う。「怒り哮《ほゆ》る相模灘《さがみなだ》の濤声《とうせい》、万馬の跳《おど》るが如《ごと》く」（徳富蘆花《とくとみろか》『不如帰《ほととぎす》』中四）も、そのような表現の一つ。

叛服不常 ◈はんぷく ふじょう

背いたり服従したりして、その態度が決らないこと。

「叛服常《つね》ならず」と読む。「叛服常無し」とも言う。「叛」は、背くこと。「服」は、服従すること。古代中国では、隣接する異民族が、対応次第で敵にも味方にもなった。日本の戦国時代においても、身の安全を図って、形勢次第で味方になったり背いたりした武将が少なくなかった。

繁文縟礼 ◈はんぶん じょくれい

形式を重んじて、手続きなどが面倒なこと。

「繁文」は、法規などがこまごまとして、わずらわしいこと。「縟礼」は、礼儀などがささいな面にわたって、くだくだしいこと。役所などの手続きについて言われることが多い。

反哺之孝 ◈はんぽの こう

子が親の養育の恩に報いるたとえ。

「烏《からす》に反哺の孝あり」で知られる。「哺」は、親鳥が、口に含んだ餌《えさ》を口移しに雛《ひな》に与える意。中国の古い言い伝えでは、烏は親鳥が六十日間、雛に口移しで食べ物を与えて育て、成長した子烏はその恩に報いて、六十日間親鳥に口移しで食べ物を供するという。そこから烏は親孝行の鳥とされてきた。三国時代蜀《しょく》の譙周《しょうしゅう》『法訓』に「鳥にもなお返(「反」に同じ)哺あり、いわんや人にして孝心無きをや」と見える。

反面教師 ◆はんめん きょうし

そうしてはいけないことを学ぶ模範となるもの。悪い見本や手本。

中国共産党が革命運動を続けていくなかで使われた語で、「反面教員」とも言った。第二次大戦後の日本に輸入されて、日本語としても定着している。本来は、革命に対して反動的・抑圧的な人物を指して、その言動によって接した者が覚醒し闘争心を起させてくれる「教師」ととらえた、うがった表現。一般に、そうあってはならない手本としての言動や物事を言う。

半面之識 ◆はんめんの しき

ほんのちょっと会っただけの人の顔を覚えていること。また、ちょっと会ったことがある程度の知合。

「半面識」とも言う。後漢の応奉《おうほう》は、若いころ、扉から顔を半分出した人を見かけただけで、数十年後、路上でその人に会って声をかけたという。『後漢書』応奉伝注に逸話が残っている。

班門弄斧 ◆はんもん ろうふ

自分の能力をわきまえないたとえ。

「班門に斧《おの》を弄《もてあそ》ぶ」と読む。「班」は、春秋時代、城攻めの雲梯《うんてい》を作ったという魯《ろ》の名工、公輸班《こうしゅはん》のこと。名工の家の門前で、自分も細工物を作ってやろうと斧を振りまわす意。唐の詩人柳宗元「王氏伯仲唱和詩序」に「斧を班《はん》・郢《えい》の門に操るは、これ強顔(身のほど知らず)なるのみ」と見える。「郢」は、春秋時代楚《そ》の都。ここは、郢の名工匠石を指している。

攀竜附鳳 ◆はんりょう ふほう はんりゅう ふほう

帝王や優れた人につき従って功をあげるたとえ。転じて、権勢のある者に寄りすがって出世をはかること。

「竜《りゅう》に攀《よ》じ鳳《おおとり》に附《つ》く」と読む。「鳳」は、想像上の瑞鳥鳳凰《ほうおう》の雄。竜にとりつき、鳳にすがりつく意。「竜」「鳳」は、天子や名君を指す。『漢書』叙伝下に、前漢の功臣樊噲《はんかい》・夏侯嬰《かこうえい》らは、卑しい出だったり凡庸だったりしたが、「竜に攀じ鳳に附き、並んで天衢《てんく》(都)に乗る」、すなわち高祖劉邦《りゅうほう》につき従って中央で名声を得た、とあ

いう表現もある。一日千里を行く駿馬「驥《き》」を使った「攀竜附驥」と

万緑一紅 ◆ばんりょく いっこう

多くの男性の中に、ただ一人女性がまじっているたとえ。

「万緑叢中《そうちゅう》紅一点」の略。「紅一点」とも。一面の緑の中にただ一点、紅の花がある意。『書言故事大全』花木類に「王荊公《おうけいこう》の石榴《ざくろ》の詩に、万緑叢中紅一点、人を動かすに春色多きをもちいず、と」と見える。「王荊公」は、北宋の政治家王安石。紅の花は華やかなところから、女性の意に転じた。

半路出家 ◆はんろ しゅっけ

人生の途中で僧になること。転じて、途中で商売替えや転職をすること。

昔は、出家をすると言えば、子供の時から寺に入って修行をするか、高齢になって来世往生を願うために仏門に入るのがふつうだった。それらに対して、いわば働き盛りで脱俗し、僧になること。「半路」には、中途半端、本物でないという語感が含まれている。

美意延年 ◆びい えんねん

心を楽しませれば寿命も延びること。

「意を美《たの》しませれば年を延《の》ぶ」と読む。「意」は、心の意。「衆を得れば天をも動かし、意を美しませれば年を延べ、誠信なれば神の如《ごと》く、夸誕《こたん》(誇大)なれば魂を逐《うしな》わん」(『荀子《じゅんし》』致士)から。物事にくよくよせず、心を明るくしていることが健康によいことは、今日でも指摘される。

贔屓偏頗 ◆ひいき へんぱ

自分の気に入った者を、かたよって応援・援護すること。

「贔屓」は、自分の気に入った者に特別に目をかけること。「偏頗」はヘンバとも言い、かたよること、不公平であること。広く使われる「*依怙《えこ》贔屓」と同義。ともに、類義の二語を重ねて、かたよって目をかけるさまを強調している。室町時代の『史記抄』老子伯夷列伝に「天道は、さらにひいき偏頗はない」と見える。

皮開肉綻 ◆ひかい にくたん

けがのひどい様子を言う。「皮開き肉綻《ほころ》ぶ」と読む。皮が裂け、肉が破れる意。特に棒や鞭《むち》でたたかれるなどの拷問《ごうもん》や刑罰を受けた際に使われる表現。

被害妄想　◆ひがい　もうそう

他人から害を加えられる、苦しめられると思い込み、不安に駆られること。「妄想」は、根拠のない主観的な確信で、事実の経験や論理によって簡単に訂正されない。そのうち、自分の生命・健康・物質的利益・精神的利益に関して被害を受けると思い込むものを「被害妄想」と言う。病的には、精神疾患《しっかん》によって表れる。

悲歌慷慨　◆ひか　こうがい

悲しい歌をうたい、憤り嘆くこと。秦《しん》末漢初、垓下《がいか》の戦いで漢の劉邦《りゅうほう》軍に囲まれた楚《そ》の項《こう》羽《う》は敗戦をさとり、寵姫《ちょうき》虞《ぐ》美人《びじん》や将兵と別れの酒を飲む。「項王すなわち悲歌忼（「慷」に同じ）慨し、自ら詩を為《つく》りて曰《いわ》く、力は山を抜き、気は世を蓋《おお》うも（→抜山蓋《ばつざんがい》世《せい》）、時に利あらず、騅《すい》（項羽の愛馬）逝《ゆ》かず。騅逝かざるをいかんすべき。虞や虞や若《なんじ》をいかんせん、と」（『史記』項羽紀）。

被褐懐玉　◆ひかつ　かいぎょく

自分の真価を内に秘めて、軽々しく外には出さないたとえ。「褐を被《き》て玉を懐《いだ》く」と読む。「褐」は、粗末な衣服。「それただ知ることなし。ここを以て我を知らざるなり。我を知る者希《まれ》なるは、すなわち我貴し。ここを以て聖人は褐を被て玉を懐く」（『老子』七〇）から。私は知ったかぶりをしない。私を知る者がほとんどいないのは、私の貴い理由である。聖人は、目立たないよう粗末な衣服を身にまとい、懐に宝玉を抱いている、という老子の述懐。俗に言う「ぼろは着てても心は錦」の意気。

飛花落葉　◆ひか　らくよう

世の移り変りの無常であるたとえ。春咲く花もやがては散り、木の葉も秋には落ちる意。御《お》伽草子《とぎぞうし》『小町草紙』に「飛花落葉の世の中、一度《ひとたび》は栄え、一度は衰ふ」と見える。ここでの「飛花落葉」は、ほとんど「はかない」と同義で、日本の無常観の典型と言える。

眉間一尺

◆びかん いっしゃく
みけん いっしゃく

両眉《まゆ》の間が一尺も離れている容貌《ようぼう》。優れた人物の形容として使われる。『呉越春秋』王僚使公子光伝では、伍子胥《ごししょ》の容貌を「身長一丈、腰十囲、眉間一尺」と描いている。このころの一丈は約二二五センチメートル、一尺はその十分の一。のちの長さよりやや小さいが、それにしてもすごい。腰回りの「十囲」も、一メートル余。なお、名剣「＊干将莫邪《かんしょうばくや》」の作者干将の子は、やはり眉間一尺だったので「眉間尺《みけんじゃく》」と名付けられたという。

媚眼秋波

◆びがん しゅうは

美人の、媚《こ》びるようななまめかしい目つきのこと。「媚眼」は、なまめかしい目つき。「秋波」は、すみきった秋の波の意から、美人のすずしげな目もとの意となり、さらに転じて、人に媚びる目つき、すなわち流し目の意となった。「秋波を送る」(異性の関心を引くために色目を使う)の「秋波」はナガシメとも読む。男の心を乱すような目つきという意味で類義の二語を重ね、乱される側から強調して表現する語。

悲歓離合

◆ひかん りごう

人の世の喜びや悲しみのこと。「悲歓」は、悲しみと喜び。「離合」は、別れと出会い。この世は絶えず移り変っているから、出会いがあれば別れがあり、喜びがあれば悲しみがあるということ。仏教で言う「＊諸行無常《しょぎょうむじょう》」を悲・歓・離・合に集約して表現したもの。

悲喜交交

◆ひき こもごも

悲しみと喜びが入混じること。また、悲しみと喜びを代る代る味わうこと。「悲喜交交至る」の略。「交交」は、入混じり、あるいは代る代る訪れる意。『淮南子《えなんじ》』原道訓に「楽を作りて喜び、曲の終りて悲しむ。悲喜転じて相生ず」と見える「悲喜転じて相生ず」は、同義の表現。

卑躬屈節

◆ひきゅう くっせつ

人におもねり、節操のないさま。「躬《み》を卑《いや》しくし節を屈す」と読む。腰をかがめ頭を下げて人にこびへつらい、自分の主義・主張や節操を人に合せて曲げ屈する意。そうすることで私利を得ようとしたり、身の保全を図ったりするような意図を持つ場合が多い。

比丘六物《びくろくもつ》 ⇓ 三衣一鉢《さんねいっぱつ》

披荊斬棘 ◈ひけい ざんきょく

大きな困難を克服しながら進むたとえ。「荊を披《ひら》き棘を斬《き》る」と読む。「荊」「棘」ともに、いばら。「披荊」も「斬棘」も、いばらを切りひらく意。いばらを難事にたとえ、同義の語を繰返して、困難を切りひらいて進むさまを強調する。『後漢書』馮異《ふうい》伝に見える。

被堅執鋭 ◈ひけん しつえい

武装すること。「堅を被《こうむ》り鋭を執《と》る」と読む。「堅」は、堅い物、すなわち甲冑《かっちゅう》。「鋭」は、鋭いもの、すなわち武器。鎧兜《よろいかぶと》を身につけ、武器を手にする意。「われ堅を被り鋭を執り、強敵に赴《おもむ》いて死せん」(『戦国策』楚策《そさく》)から。

比肩随踵 ◈ひけん ずいしょう

あとからあとから続くさま。「肩を比《なら》べ踵《きびす》に随《したが》う」と読む。肩をぶつけ、かかとを踏まんばかりの状態を言う。『韓非子《かんぴし》』難勢に「堯《ぎょう》・舜《しゅん》・桀《けつ》・紂《ちゅう》は、千世にして一たび出ずるも、これ肩を比べ踵に随いて生るるなり」と見える。千年に一度現れるような人物である堯・舜・桀・紂の諸王は時をおかずにこの世に生れた、の意。また『晏子《あんし》春秋』内編、雑下には、「袂《たもと》を張りて陰《かげ》と成し、汗を揮《ふる》いて雨と成し、肩を比べ踵を継《つ》いで在り。なんぞ人無しと為《な》さん」とある。こちらは大勢の人でごった返しているさま。

微言大義 ◈びげん たいぎ

微妙な表現のうちに含まれた大きな意味のこと。「微言」は、精妙で意味の深い言葉。「大義」は、重要な意義、大切な意味。「昔仲尼《ちゅうじ》没して微言絶え、七十子喪《ほろ》びて大義乖《そむ》く」(『漢書』芸文志)。「仲尼」は孔子の字《あざな》。「七十子」は孔子の弟子たち。七十二人とも七十七人とも言う。孔子が死んであの深遠な言葉が絶え、弟子たちが死んで重要な意義も見失われた、の意。

飛耳長目 ◆ひじ ちょうもく

物事の観察に鋭敏なこと。

「飛耳」は、遠くのことをよく聞くことのできる耳。「長目」は、遠方までよく見通せる目。「長目飛耳」とも言う。「一に曰く長目、二に曰く飛耳、三に曰く樹明《じゅめい》。明らかに千里の外、隠微の中を知る」（『管子』九守）から。「樹明」は、知恵を働かせること。長目・飛耳・樹明の三つがそろっていれば、はるかかなたのことも、目に見えない細かいものの内部も、よく知ることができる、の意。

非常之功 ◆ひじょうの こう

きわめて優れた功績のこと。

「非常」は、通常ではない意。「けだし世に必ず非常の人有りて、しかる後に非常の事有り。非常の事有りて、しかる後に非常の功有り」（『史記』司馬相如《しょうじょ》伝）による。常ならず優れた人がいて、常人には思いもよらぬ事業を起し、きわめて優れた成果を上げる、の意。かなたの西南夷と交通することの必要性を蜀《しょく》の父老に説いた文で、「非常の人」は、具体的には前漢の武帝を指す。

美辞麗句 ◆びじ れいく

美しい言葉で飾った文句のこと。

「美辞」は、美しい言葉。また、巧妙な文句。「麗句」は、美しく飾った文句。お世辞を言ったり、祝いを述べたりする場合に、うわべだけのきれいな言葉を言い立てるのを、「美辞麗句を並べる」あるいは「美辞麗句を連ねる」などと言う。批判的な意味で使うことが多い。

美人薄命《びじんはくめい》 ⇩ 佳人薄命《かじんはくめい》

披星戴月 ◆ひせい たいげつ

朝早くから夜遅くまで一生懸命働くたとえ。

「星を抜《かず》き月を戴《いただ》く」と読む。星のまだ残っている朝早くから、月の高くのぼった夜遅くまで働いている意。自然の営みにあわせて、日の出とともに起き日暮れとともに休むのがふつうだった時代に、勤勉なさまを表す表現となっている。「星を抜く」の類義表現に、「星を戴く」もある。

尾生之信 ◆びせいの しん

かたく約束を守ること。また、ばか正直なこと。

『荘子』盗跖《とうせき》の「尾生は女子と梁下《りょうか》に期し（橋の下で会う約束をし）、女子来《きた》らず。〔尾生は〕水至るも去らず、梁柱（橋脚）を抱いて死す」による。孔子が大盗賊の盗跖にやりこめられる寓話《ぐうわ》の部分で、女との約束を守って溺《おぼ》れ死んだ尾生について、荘子は「名に離《かか》り死を軽んじて、本《もと》を念《おも》い寿命を養わざる者なり」と盗跖に言わせている。

一方、同じ尾生の故事を載せる『史記』蘇秦《そしん》伝では、尾生を信義を守った者としている。引用から「抱柱之信《ほうちゅうのしん》」とも言う。

飛雪千里　◆ひせつ　せんり

吹雪の激しいさまを言う。

「飛雪」は、風に飛ばされながら降る雪。降る雪が千里のかなたまで風に飛ばされる意。「増氷峨峨《がが》として、飛雪千里なり」（『楚辞《そじ》』招魂）から。氷は高く山のようになり、雪は激しく吹き飛んでいる、の意。

皮相浅薄　◆ひそう　せんぱく

見方や考え方がうわべだけで、思慮の足りないさま。

「皮相」は、真相を見きわめず、うわべだけで判断するさま。「浅薄」は、思慮が足らずにあさはかなさま。深く思いをいたさない点で類義の二語を重ね、知識や学問が深みに至らず、表面的なものに過ぎないさまを強調する。

非僧非俗　◆ひそう　ひぞく

僧でもなく俗人でもないこと。

還俗《げんぞく》させられて越後に流された親鸞《しんらん》が「僧に非《あら》ず俗に非ず、是《こ》の故《ゆえ》に禿《とく》（剃髪《ていはつ》した頭）を以て姓と為す」と宣言したところから、直接的には、仏徒の精神を堅持しつつ、妻帯者の生活を送った親鸞を指して言う。親鸞が理想像としたという平安初期の教信沙弥《きょうしんしゃみ》は、人に雇われ妻帯生活を送りながら常時弥陀《みだ》の名号を唱えて「不僧不俗」と言われ、後世念仏者の手本とされた。

尾大不掉　◆びだい　ふとう

上より下の方が強くて大きいと、上が下を制御しにくいたとえ。

「尾大掉《ふる》わず」と言う。「末《すえ》大なれば必ず折れ、尾大なれば掉わず」（『春秋左氏伝』昭公十一年）から。枝が大きく幹が細いと木は必ず折れる、獣の体が小さくて尾ばかりが大きいと思うように振れない、の意。臣が強くなりすぎると国が滅びることを言ったもの。

飛短流長
◆ひたん りゅうちょう

あれこれとうわさをまき散らすこと。

悪いうわさを飛ばしてみたり、よいうわさを流してみたりすること。「飛」「流」は、「流言」「飛語」の語があるように、うわさをまくことに言う。「短長」で是非善悪の意味を持つように、「短」「長」は、善きにつけ悪しきにつけ、の意。

秘中之秘
◆ひちゅうの ひ

非常に重要な秘密のこと。

秘密にしているものの中でも、最も秘密である意。同義の「極秘《ごくひ》」がふつうの語として使われているのに対して、「秘中の秘」はやや大げさな文章表現あるいは会話表現として使われる。

必求壟断
◆ひっきゅう ろうだん

利益を独占するたとえ。

「必ず壟断を求《もと》む」と読む。「壟断」は、小高い丘。「必ず壟断を求めてこれに登り、以て左右を望みて市利を罔《もう》せり（利益を独占した）。人みな以て賤しと為《な》せり。ゆえに従いてこれを征《ぜい》（税）せり。商《あきうど》に征すること、この賤しき丈夫より始まれり」（『孟子《もうし》』公孫丑下《こうそんちゅう》）による。商人に税金をかけるようになったのは、この卑劣な男がはじまりだという逸話。単に「壟断」で、利益を独占する意に使う。

「賤《いや》しき丈夫《じょうふ》有り、必ず竜（「壟」に同じ）断を求めてこれに登り、以て左右を望みて市利を罔《もう》せり（利益を独占した）。人みな以て賤しと為《な》せり。ゆえに従いてこれを征《ぜい》（税）せり。商《あきうど》に征すること、この賤しき丈夫より始まれり」（『孟子《もうし》』公孫丑下《こうそんちゅう》）による。商人に税金をかけるようになったのは、この卑劣な男がはじまりだという逸話。単に「壟断」で、利益を独占する意に使う。

畢竟寂滅
◆ひっきょう じゃくめつ

窮極における安らぎ、窮極の悟りのこと。

『維摩経《ゆいまぎょう》』に見える語。「畢竟」は、サンスクリット atyanta の訳で、絶対的な、窮極の、の意。転じて、要するに、つまり、の意でふつうに用いられる。「寂滅」は、心の静まりかえった状態、すなわち涅槃《ねはん》の境地を言う。鎌倉初期、親鸞《しんらん》の『教行信証《きょうぎょうしんしょう》』証に「必ず滅度《めつど》（涅槃）に至るは即《すなわ》ちこれ常楽なり。常楽は即ちこれ畢竟寂滅なり」とある。

吃驚仰天
◆びっくり ぎょうてん

すっかり驚いてしまうこと。

「吃驚」は「喫驚」とも書き、ふつうキッキョウと読む。驚きを喫する意の漢語だが、近代になってビックリの読みを当てるようになった。「仰天」は、驚いて天を仰ぐ意。驚きを表す二語を重ね、誇張して表現した語。漢字表記の「吃驚」は、現在ではほとんど使われず、多く「びっくり仰天」と書かれる。

筆耕硯田 ◆ひっこう けんでん

文筆で生活すること。筆で硯《すずり》の田を耕す意。「筆耕」はもと、写字によって報酬《ほうしゅう》を受けること。印刷技術の普及する以前は欠かせない仕事だった。転じて、文筆で生活する意となる。「硯田」は、硯を、文筆家が生計を得る田にたとえたもの。

匹馬単槍《ひつばたんそう》 ⇒ 単槍匹馬《たんそうひつば》

匹夫之勇 ◆ひっぷの ゆう

思慮分別がなく、ただ血気にはやる勇気のこと。「匹夫」は、ここでは道理をわきまえない者の意。「王請《こ》う小勇を好むことなかれ。かの剣を撫《ぶ》り疾視《しっし》して、彼いずくんぞあえて我に当らんやと曰《い》うは、これ匹夫の勇にして、一人に敵する者なり」(『孟子《もうし》』梁恵王下《りょうけいおう》)から。刀の柄《つか》に手をかけてにらみつけ、あいつがおれにかなうもんかなどと力むのは、匹夫の勇というもので、せいぜい一人の敵を相手にするだけです、と孟子が斉《せい》の宣王に説いたもの。

匹夫匹婦 ◆ひっぷ ひっぷ

身分の低い男と女。また、道理に暗い者たちを言う。「管仲微《かんちゅうな》かりせば、われそれ髪を被り衽《こうむじん》を左にせん(→被髪左衽《ひはつさじん》)。あに匹夫匹婦の諒《りょう》を為《な》し、自ら溝瀆《こうとく》に経《くび》れて知らるることなきがごとくならんや」(『論語』憲問)。管仲は、仕えていた公子糾《きゅう》が斉《せい》の桓公に殺されても、殉死《じゅんし》もせずに桓公を補佐した、だから仁者とは言えないのではないか、という弟子の言に対する孔子の反論。管仲がいなかったら天下が乱れ、我々は野蛮な風俗のもとにあっただろう、義理を立てて人に知られず水路で首をくくるような「匹夫匹婦」と管仲とを同じにはできない、と。

筆墨硯紙《ひつぼくけんし》 ⇒ 文房四宝《ぶんぼうのしほう》

筆力扛鼎 ◆ひつりょく こうてい

文章が力強いことのたとえ。

「筆力鼎《かなえ》を扛《あ》ぐ」と読む。鼎を持ち上げるほどの筆力があるから、文章の力強さを言う。「竜文百斛《こく》の鼎、筆力独り扛ぐべし」(唐、韓愈《かんゆ》「病中贈二張十八一詩」)による。百斛も食べ物の入っている、立派な竜の模様のついた鼎を、一本の筆で持ち上げることができる、の意。「斛」は「石」に同じ。容量の単位で、一石はこの時代約六〇リットル。

人身御供　◆ひとみ　ごくう

人の欲望の犠牲になること。また、その人。

本来の意味は、人の身を神への供えものとすること。また、その人。いわゆる、いけにえ。転じて、主として女性が、やむを得ず意に添わぬ男性の世話になることなどに使われた。「御いんきょへ人身御供の美しさ」(『誹風《はいふう》柳多留《やなぎだる》拾遺』二〇)のように、第三者の主観的表現として使われることが多い。

一目十行　ひとめ　じゅうぎょう　⇒　一目十行　いちもく　じゅうぎょう

一人相撲　◆ひとり　ずもう

自分だけが気張って事をするたとえ。また、相手との力量に差がありすぎて、争っても勝負にならないこと。

相撲のそもそもは、豊作を占う神事行為に始まる。神を相手に行う「一人相撲」もそのような儀式が起りだが、のちには大道芸ともなっている。この「一人相撲」の振りから、相手がいないのに、相手がいるような気負った振舞いをするさまの表現に使われるようになった。すでに結果が出ているのに、その結果に関わりなく、あるいは気づかず、自分一人の思いこみでがんばっているようなことに言う。実際の相撲では、勝手に技をしかけて自滅するような場合や、相手を全く問題にしないで勝つような場合に使われる。

飛兎竜文　◆ひと　りょうぶん　ひと　りゅうぶん

才能ある優れた子供のたとえ。

「飛兎」「竜文」ともに、名馬の名。「田巴《でんぱ》、魯連《ろれん》を奇として曰《いわ》く、魯連子はすなわち飛兎なり。あに直《ただ》に千里の駒《く》ならんや、と。楊津《ようしん》、楊愔《いん》を目して曰く、この児駒歯《し》(乳歯)いまだ落ちざるに、すでにこれ我が家の竜文なり。さらに十歳にして、まさにこれを千里の外に求むべし、と」(『芸林伐山』)。才能のある子を名馬にたとえ、すぐれた若駒だと評したもの。

髀肉之嘆 ◆ひにくの たん

功名を立てたり力量を発揮したりする機会のないことを残念がること。

「髀肉」は「脾肉」とも書き、太ももについた贅肉《ぜいにく》。三国時代、蜀《しょく》の劉備《りゅうび》が荊州《けいしゅう》の劉表《りゅうひょう》のもとに身を寄せていた時、ももの内側に肉がついてきたのに気づき涙する。「われ常に身鞍《くら》を離れず、髀肉みな消ゆ。今また騎《の》らず、髀裏に肉生ず。日月馳《は》するがごとく、老いまさに至らんとす。しかも功業建たず。これを以て悲しむのみ」(『三国志』蜀志、先主伝注)。しばらく軍馬に乗ることもなく、志を遂げぬままに歳をとっていくと嘆いたもの。

肥馬軽裘《ひばけいきゅう》 ⇒ 軽裘肥馬《けいきゅうひば》

被髪左衽 ◆ひはつ さじん

野蛮な風俗のたとえ。

「被髪」は、ざんばら髪。「左衽」は、衣服を左前に着ること。野蛮な風俗とされた。管仲《かんちゅう》は、仕えていた公子糾《きゅう》が斉《せい》の桓公に殺されても、殉死《じゅんし》もせずに桓公を補佐した、だから仁者ではありませんねという弟子の言を孔子が否定する。「管仲、桓公を相《たす》けて諸侯に覇《は》たり、天下を一匡《いっきょう》す。民、今に到るまでその賜《し》を受く。管仲微《な》かりせば、われそれ髪を被《こうむ》り衽を左にせん」(『論語』憲問)。管仲のおかげで天下は正しく整い、人民は今でもその恩恵を受けている。管仲がいなかったら、我々は野蛮な風俗でいたろう、と。さらに、だから管仲は「匹夫匹婦《*ひっぷひっぷ》」の類ではないと孔子は言う。

悲憤慷慨 ◆ひふん こうがい

世のありさまや自分の運命を憤《いきどお》り、嘆き悲しむこと。

「悲憤」は、悲しみ憤ること。「慷慨」は、社会の不義・不正に憤慨して嘆くこと。憤りかつ嘆く意で類義の二語を重ね、世の中や自分の運命に対する鬱憤《うっぷん》を思い切りぶちまけるさまを言う。

誹謗中傷 ◆ひぼう ちゅうしょう

他人をおとしめようと、あることないことあげつらうこと。

「誹謗」は、そしること。悪口を言うこと。『史記』高祖紀に「父老、秦《しん》の苛法《かほう》に苦しむこと久し。誹謗する者は族(一族断罪)せらる……父老と約せん、法は三章のみ」

と見える。「中傷」は、根拠のないことを言って他人の名誉をきずつけること。他人をおとしめる意の二語を重ねて、その振舞の度が過ぎていることを言う。

眉目秀麗 ◆びもく しゅうれい

容貌《ようぼう》が端正に整っているさま。

「眉目」は、容貌。和語では「みめ」と言い、「眉目秀麗」は「みめうるわし」と表現される。「みめうるわし」は、よく知られる与謝野鉄幹《よさのてっかん》「人を恋ふる歌」の「妻をめとらば才たけて、みめうるはしく情《なさけ》あれ」のように女について言うことが多いが、「眉目秀麗」は、男について言うことが多い。

百依百順 ◆ひゃくい ひゃくじゅん

何でも人まかせにし、言いなりになること。

「依」は、依存する、「順」は、したがうこと。百のことを百まで人頼みにする意。「百依百随《ひゃくずい》」とも言う。

百尺竿頭 ◆ひゃくしゃく かんとう

禅で、到達しうる極限のたとえ。

長さ百尺の竿《さお》の先端を言う。「百尺竿頭に一歩を進む」という成句として知られる。長い百尺の竿の先まで行ってもそこで止まらずに、あえてその先に踏みだせと禅は言う。つまり自分の到達点に安住するなと説く。「百尺竿頭不動の人、然《しか》も得入すといえどもいまだ真と為《な》さず。百尺竿頭すべからく歩を進むべし。十方世界これ全身」(北宋、『景徳伝灯録』一〇)。一般語として、また、十分説明した上にさらに一歩進めて説明する意に、また、十分努力した上にもうひと努力する意に使われる。

百術千慮 ◆ひゃくじゅつ せんりょ

いろいろと手を尽し考えをめぐらすこと。

「術」は、手段。方法。「慮」は、思いめぐらすこと。「百」「千」は、数の多さを表し、また、対にすることで語調を整えている。「千方百計」*「千思万考」*など、同工の類義語は少なくない。

百世不磨 ◆ひゃくせい ふま

永久に消えずに残ること。

「百世」は、長い年月。「不磨」は、磨滅しないこと。『後漢書』南匈奴《きょうど》伝論に「千里の差は毫端より興り、失得の源は百世不磨なり」と見える。

百折不撓　◆ひゃくせつ　ふとう

何度失敗しても志を曲げないこと。

百度挫折《ざせつ》してもくじけないという意。意志の強固なさまを表す。「百折不撓、大節に臨みて奪うべからざるの風有り」（後漢、蔡邕《さいよう》「橋太尉碑」）から。強い意志を持ち、国の大事に臨んでもびくともしなかった、の意。同じくくじけないさまを強調する語に「不撓不屈*」がある。

百川学海　◆ひゃくせん　がっかい

一つ所にとどまらずに進んでいけば、ついには道に達するたとえ。

「百川海を学びて海に至る」の略。「百川海を学びて海に至り、丘陵山を学びて山に至らず」（前漢、揚雄『法言』学行）から。すべての川は海をめざして流れ、ついに海に達するが、丘陵は山のあることを知りながら動こうとしないから、ついに山に至ることができない、の意。

百川帰海　◆ひゃくせん　きかい

ばらばらなものが一つにまとまること。また、さまざまな人の心が一つに集約すること。

「百川海に帰す」と読む。「百川源を異《こと》にすれども、みな海に帰す。百家業を殊《こと》にすれども、みな治《ち》に務《つと》む」（『淮南子《えなんじ》』氾論訓《はんろんくん》）から。すべての川は、水源はばらばらだが、海に注ぎこむ、すべての家は、生業は別々だが、みな家内の治安に努める、の意。

百戦百勝　◆ひゃくせん　ひゃくしょう

戦うたびに必ず勝つこと。

孫子の兵法に見える語だが、孫子はこれを上策とはしない。「およそ用兵の法は、〔敵〕国を全《まっと》うするを上と為《な》し、〔敵〕国を破るはこれに次ぐ。〔敵〕軍を全うするを上と為し、〔敵〕軍を破るはこれに次ぐ。……この故に百戦百勝は善の善なる者に非《あら》ざるなり。戦わずして人の兵を屈するは、善の善なる者なり」（『孫子』謀攻）。敵国・敵軍を破壊して勝つのは最善の方策ではない、傷つけることなく勝つのが最善である、と説く。

百戦錬磨　◆ひゃくせん　れんま

数々の実践や経験を積んで、鍛《きた》えられていること。

原義は、多くの戦いを経験して、戦闘能力が鍛え磨かれていること。現在では、社会生活上のさまざまな局面を戦闘に擬して、ある方面で豊富な体験を持ち、優れた力を発揮することなどに言う。

百代過客 ◈ひゃくだいの　かかく

永遠に歩き続ける旅人の意。過ぎゆく月日をたとえて言う。

「それ天地は万物の逆旅《げきりょ》(宿屋)にして、光陰(歳月)は百代の過客なり」(唐、李白「春夜宴二従弟桃李園一序」)から。日本では、松尾芭蕉《ばしょう》『おくのほそ道』の書出し「月日は百代(ハクタイと読みがついている)の過客にして、行《ゆき》かふ年も又旅人也《なり》」によって知られる。月日はとどまることなく移りゆくものという認識からきた表現。

百端待挙 ◈ひゃくたん　たいきょ

処理しなければならないことがたくさんあること。「百端挙《あ》ぐるを待つ」と読む。「百端」は、さまざまな事柄。『史記』亀策伝に、あらゆる学問という意の「百端の学」という表現が見える。さまざまな事柄が、取上げてくれるのを待っている意。

百年河清 ◈ひゃくねん　かせい

いくら待っても望みの達せられないたとえ。

「百年河清を俟《ま》つ」とも言う。「河清を俟つ」の略。「河」は黄河。常に濁っている黄河の澄む時をいつまでも待つ意。春秋時代、楚《そ》に攻められた鄭《てい》では、楚に従おうという意見と、周の援軍を待とうという意見に分かれた。その時、子駟《しし》が周詩の「河の清《す》むを俟つも、人寿(人の寿命)いくばくぞ」を引用して、援軍はいつ来るか分らないというたとえとしたもの。

百年大計 ◈ひゃくねんの　たいけい

長い将来を考えての大きな計画のこと。

「百年の計」とも言う。「百年」は、「百年河清《かせい》」*をはじめ、「百年の恋」「百年の不作」など、長い年月を表す表現。「国家百年の大計」などと言われる。

百八煩悩 ◈ひゃくはち　ぼんのう

人間のすべての煩悩を言う。

「百八」は、数が多いことを言うが、具体的な内容としては諸説ある。一説に、眼《げん》・耳《に》・鼻《び》・舌《ぜつ》・身・意の六根にそれぞれ苦・楽・不苦不楽の三があるとして十八類とし、十八類のおのおのに貪《とん》(執着)・不貪があるとして三十六類、これを三世に当てはめて、総計百八とする。除夜の鐘を百八つ撞《つ》くのは「百八煩悩」を滅するためというが、これも一説。

百福荘厳 ◆ひゃくふく しょうごん ひゃっぷく しょうごん

仏の三十二相は、それぞれ百の福徳によって飾られたものであること。

「荘厳」は、仏国土や仏の説法の場を美しく飾ること、また仏・菩薩《ぼさつ》が福徳や智慧《ちえ》などによって身を飾ることを言う。菩薩は仏となって、「三十二相」*の優れた身体的特徴を現すまでに、一つ一つの相にそれぞれ百の福徳を植えるという。

百聞一見 ◆ひゃくぶん いっけん

何度も話に聞くより、一度実際に見た方がよいということ。

「百聞は一見に如《し》かず」の略。前漢宣帝の時、西の羌《きょう》族が国境を越えて攻め入った。討伐を申し出た趙充国《ちょうじゅうこく》に、宣帝は羌の勢力と必要な兵力をたずねた。「充国曰《いわ》く、百聞は一見に如かず。兵は隃《はる》かに度《はか》り難し。臣願わくは馳《は》せて金城に至り、図して方略を上《たてまつ》らん、と」(『漢書』趙充国伝)。実際に見た方がいい、いくさのことは遠くからでは何とも言えない、金城に行き、地形をはかって戦略を奏上したい、の意。

百薬之長 ◆ひゃくやくの ちょう

酒をほめた言葉。

「酒は百薬の長」と言う。酒はあらゆる薬に優る、の意。「塩は食肴《しょっこう》の将、酒は百薬の長にして、嘉会《かかい》の好《よしみ》(めでたい席の必需品)なり」(『漢書』食貨志下)は、前漢末、皇位を簒奪《さんだつ》して新を立国した王莽《おうもう》の言。王莽の臣魯匡《ろきょう》も酒を「天之美禄《てんのびろく》」*と言っている。君臣ともに酒好きだったと言いたいところだが、実はともに酒を専売にして税金を取ろうという魂胆《こんたん》があっての言だったという。

百里之才 ◆ひゃくりの さい

百里四方を治めるだけの才能。

昔、中国で、県の大きさがおよそ百里(四十余キロメートル)四方だったところから、一県を治めるほどの才能の意。ふつう「百」はきわめて多いことの形容に使われるが、ここでは、それほど大したものではなく、そこそこの才能という意味。『三国志』蜀志《しょくし》、龐統《ほうとう》伝に「龐士は元より百里の才に非《あら》ず」と見える。諸葛孔明《しょかつこうめい》が龐統を評した言葉。二人は「*伏竜鳳雛《ふくりょうほうすう》」と並び称された。

百錬成鋼 ◆ひゃくれん せいこう

鍛《きた》えぬいて立派な人物となるたとえ。

「百錬鋼を成《な》す」と読む。何度も鍛錬《たんれん》して、やっとよい鋼ができる意。「百錬」は、金属を鍛錬するほか、さまざまなものを何度も鍛える意に用いる。「百錬之鏡《かがみ》」は、何度も磨き上げた鏡で、光り輝くさま、明白なさまにたとえる。

百花斉放 ◆ひゃっか せいほう

さまざまな文化・芸術活動が、自由に盛んに行われること。

すべての花が一斉に咲きそろう意。一九五六年、「*百家争鳴《ひゃっかそうめい》」とともに毛沢東が強く推進し、中国共産党のスローガンとして掲げられた。社会主義的経済建設を図る上で知識人の協力が必要となり、自由な論議・創意を奨励したもの。「百家争鳴」と併せて「双百」とも言う。

百家争鳴 ◆ひゃっか そうめい

多くの学者・文化人が、自由に自説を発表し論争すること。

「百家」は、多くの学者、「争鳴」は、盛んに議論する意。一九五六年、「*百花斉放《ひゃっかせいほう》」とともに毛沢東が強く推進して中国共産党のスローガンとして掲げられ、さまざまな意見・議論が奨励された。共産党批判が出たことから引締められるが、その後も民主化・自由化が強まるたびに、「百花斉放」と併称した「双百」という語とともに唱えられた。

百花繚乱 ◆ひゃっか りょうらん

優れた人物や業績が一時にたくさん現れるたとえ。

さまざまな花が咲き乱れる意。「百花」をたくさんの優れた人物や業績にたとえる表現は、これ以外にも「百花之魁《さきがけ》」などがある。「魁」は、春、他の花に先駆けて咲く梅を言う語で、優れた人物や業績が輩出する際の先陣のたとえに使われる。

百鬼夜行 ◆ひゃっき やこう ひゃっき やぎょう

妖怪などの異類《いるい》が夜に列をなして歩くこと。転じて、多くの人間がこもごも怪しく醜い行いをするさま。

昔は妖怪などの異類が実際に夜に歩き回ると思われていたようで、歴史物語『大鏡』師輔《もろすけ》の「この九条殿は百鬼夜行にあはせたまへる」をはじめ、平安時代の物語・説話集などに、実際に出会った話として妖怪の夜歩きが記録されている。室町時代には「百鬼夜行絵巻」も作られている。百鬼が人に気づかれぬところで夜行する様子から、さまざまな人間が怪しげな振舞をするさまに言われるようになった。

百計千方《ひゃっけいせんぽう》 ⇒ 千方百計《せんぽうひゃっけい》

百孔千瘡 ◆ひゃっこう せんそう

欠点や短所がたくさんある意。

「瘡」は、きずの意。唐の文人韓愈《かんゆ》の「与二孟《もう》尚書一書」に「〔秦《しん》代までに儒家の道が破壊されたので〕漢氏已来《いらい》、群儒区区として修補するも、百孔千瘡、随《したが》って乱れ随って失う。その危うきこと一髪《いっぱつ》にして千鈞《せんきん》を引くがごとし（→一髪千鈞）」と見える。儒道を守ろうとする韓愈が、今にも破滅しそうな現状を指摘して、漢代以後、儒道の乱れを正そうとして大勢の儒家があちこち手を加えてきたが、穴だらけ疵《きず》だらけできわめて危険な状態だと言っている。

百発百中 ◆ひゃっぱつ ひゃくちゅう

射撃のうまいこと。転じて、予想などがことごとく当ること。

百発射て百発当る意。「楚《そ》に養由基《ようゆうき》なる者有りて、射を善くす。柳葉を去ること百歩にしてこれを射、百発百中す」（『戦国策』西周策）。この故事は『史記』『漢書』にも見え、同じ故事から同義語「*百歩穿楊《せんよう》」もできている。転義では、競馬の予想、クイズの解答などでよく当てる人に使う。

百歩穿楊 ◆ひゃっぽ せんよう

射術のうまいこと。

「百歩楊《やなぎ》を穿《うが》つ」と読む。『戦国策』西周策に「楚《そ》に養《よう》由基《ゆうき》なる者有りて、射を善くす。柳葉を去ること百歩にしてこれを射、百発百中す」と見え、これをうけて『書言故事大全』射芸類には「奨射の者を百歩穿楊の巧有りと曰《い》う」とある。『戦国策』の故事は『史記』『漢書』にも見られ、同義語で、より一般的な「*百発百中」も生れている。

氷消瓦解 ◈ひょうしょう　がかい

次々と消え崩れて、あとかたもなくなること。氷が溶《と》けて消え、瓦《かわら》がくだけ散る意。隋の煬帝《ようだい》「労ニ楊素一手詔」に「霧廓《は》れ雲除き、氷消瓦解す」と見える。隋の文帝は長男楊勇に代えて次男の楊広を皇太子に立て、これが二世煬帝となる。楊広の腹心楊素が、皇太子の廃立に暗躍したと伝えられる。

庇葉傷枝 ◈ひよう　しょうし

末節にこだわって、本質的なことをおろそかにするたとえ。

「葉を庇《かば》いて枝を傷《きず》つく」と読む。枝があってこそ葉が育つのに、葉を大事にして枝を傷つける意。本末を転倒すること。匈奴《きょうど》の渾邪《こんや》王《おう》が降《くだ》ってきた時、前漢の武帝は彼らを迎えるために漢の民衆に負担を課し、一方で匈奴と交易した商人五百人を死刑にした。本来罰せられるべきは匈奴なのに本末転倒だ、と汲黯《きゅうあん》が批判したもの。『史記』汲黯伝に見える。

豹死留皮 ◈ひょうし　りゅうひ

死後に名声を残すたとえ。

「豹は死して皮を留《とど》む」と読む。豹は死んだあとに立派な毛皮を残す意。「豹は死して皮を留め、人は死して名を留む」と対句にして表現される。『五代史』王彦章《おうげんしょう》伝などには、後梁《こうりょう》の王彦章の好んだ言葉と見える。日本では、「虎《とら》は死して皮を残し、人は死して名を残す」（『十訓《じっきん》抄《しょう》』四）をはじめ、「豹」より「虎」で知られる。

標新立異 ◈ひょうしん　りつい

新奇な見解を出すこと。また、創造性を発揮すること。

「新しきを標《かか》げ異を立つ」と読む。『世《せ》説新語《せつしんご》』文学に、晋《しん》の支遁《しとん》が「卓然として新理を〔郭象《かくしょう》・向秀《しょうしゅう》〕二家の表に標げ、異義を衆賢の外に立つ」と、『荘子』の逍遥遊《しょうようゆう》編に対する新解釈を示したことが見える。郭象・向秀は、『荘子』に注を残している。

猫鼠同眠 ◈びょうそ　どうみん

上役と下役が結託《けったく》して悪事を働くたとえ。また、捕吏《ほり》と悪人とがなれあうたとえ。

鼠《ねずみ》を捕えるべき猫が、鼠と仲よく眠る意。「猫鼠同乳」

「猫鼠同処」とも言う。「洛州《らくしゅう》の猫鼠処《すみか》を同じくす。鼠の隠れ伏すは、盗窃《とうせつ》に象《かたど》る。猫は捕噛《ほごう》を職とす。しかるに反《かえ》って鼠と同じくするは、司盗《しとう》の者職を廃し姦《かん》を容《い》るるに象る」(『新唐書』五行志)。

氷炭相愛 ◆ひょうたん そうあい

性質の反対な者が互いに助け合うたとえ。「氷炭相愛《あいあい》す」と読む。「天下膠漆《こうしつ》より相憎《あいにく》むなく、氷炭より相愛するなし。膠漆相賊《あいそこな》い、氷炭相息《あいいこ》う」(『淮南《えなん》子《じ》』説山訓)による。世の中に膠《にかわ》と漆《うるし》ほど憎み合っているものはなく、氷と炭ほど愛し合っているものはない。なぜなら、膠と漆は一度くっつくと合体して、本来のそれぞれの形を失う。対する氷と炭は、氷は火を消して炭の形をとどめ、炭は氷を溶かしてもとの水にし、お互いに形を保つ、の意。一般には、性質の反対な者同士はうまくいかないという反義の成句「氷炭相容《あいい》れず」がよく知られる。

病入膏肓《びょうにゅうこうこう》 ⇩膏肓之疾《こうこうのしつ》

飛揚跋扈 ◆ひよう ばっこ

思いのままにのさばり振舞うこと。「飛揚」も「跋扈」も、わがまま気ままに振舞う意。「〔侯〕景、河南を専制して十四年、常に飛揚跋扈の志有り」(『北史』斉《せい》本紀上、武帝)から。侯景《こうけい》は北朝東魏《とうぎ》の将軍。南朝梁《りょう》に降《くだ》って河南王となる。のち簡文帝を殺し皇帝を称するが、部下に殺される。

表裏一体 ◆ひょうり いったい

二つのものの関係が密接で切離せないこと。表と裏は、それぞれ単独では存在できない。表があるからこそ裏があり、裏があるために表が存在しうる。そのように、互いに別でありながら、相手の存在によって、はじめて自分の存在が十全なものとなるような関係を言う。二人がまったく融合してしまう「*一心同体《いっしんどうたい》」とは異なる。

比翼連理 ◆ひよく れんり

男女の深い契《ちぎ》りのたとえ。

「天に在りては願わくは比翼の鳥と作《な》り、地に在りては願わくは連理の枝と為《な》らん」(白居易「長恨歌《ちょうごんか》」)から。唐の玄宗《げんそう》と楊貴妃《ようきひ》とが誓い合った言葉として表現している。「比翼の鳥」は、雌雄それぞれ一目一翼を持ち、常に二羽一体となって飛ぶという鳥。「連理の枝」は、二本の木の枝がつながって一本となったもの。この詩以来、ともに男女の契りの象徴として用いられるようになった。

皮裏陽秋
◈ひりの　ようしゅう

心の中で厳しく是非善悪を判断すること。

「皮裏」は、皮膚《ひふ》の中の意で、心を言う。「陽秋」は、五経の一つ『春秋』のこと。晋《しん》代には簡文帝の鄭《てい》皇后の諱《いみな》阿春にはばかって、「春」を「陽」と書いた。『春秋』は、魯《ろ》の史官が書いたものを孔子が筆削し、簡潔な表現の中に歴史批判を加えたと伝えられる。そこから、心の中で批判することを「皮裏の『春秋』」と言ったもの。『晋書』外戚伝、褚裒《ちょほう》に、桓彝《かんい》が褚裒を評した語として見える。「皮裏春秋」とも言う。

飛竜乗雲
◈ひりょう　じょううん
ひりゅう　じょううん

賢者や英雄が、時勢に乗じて自分の実力を発揮するたとえ。

「飛竜雲《くも》に乗る」と言う。「飛竜は雲に乗り、騰蛇《とうだ》は霧に遊ぶ。雲罷《や》み霧霽《は》れては、竜蛇も螾螘《いんぎ》と同じなり」（『韓非子《かんぴし》』難勢）から。空かける竜は雲に乗り、天にのぼる蛇は霧に遊ぶが、雲が消え霧が晴れてしまえば、竜蛇もみみずやありと変るところはない、の意。政治には権勢が必要であるという慎子《しんし》の説。

非礼之礼
◈ひれいの　れい

うわべだけの礼のこと。

礼にして礼にあらざるもの、の意。この「非礼」は、現在一般の無礼、失礼の意にとらない方が分りやすい。「孟子《もうし》曰《いわ》く、非礼の礼、非義の義は、大人は為《な》さず」（『孟子』離婁《りろう》下）から。うわべだけの礼や義は、立派な人格者はしない、の意。

疲労困憊
◈ひろう　こんぱい

疲れ果てること。

「困憊」は、苦しみ疲れる意。「疲労」と重ね、疲れているさまのはなはだしいことを表す。本当に疲れ果てた時は、口をきく元気もなくなるから、自分自身で「疲労困憊だ」と言うような場合は、しばしば大げさな表現となろう。

非驢非馬 ◆ひろ ひば

どっちつかずであるたとえ。

驢《ろ》馬《ば》でも馬でもない意。「驢にして驢に非《あら》ず、馬にして馬に非ず。亀《き》茲《じ》王《おう》のごときはいわゆる贏《ら》（騾《ら》馬《ば》）なり」（『漢書』西域伝下、渠《きょ》犂《れい》城）による。「亀茲」は、現在の新《しん》疆《きょう》ウイグル自治区庫《ク》車《チャ》地方にあった国。前漢代、亀茲王絳《こう》賓《ひん》が長安に滞在して以来、宮中の儀《ぎ》仗《じょう》・音楽・礼法・衣服などすべてに漢の制度を取入れたので、西域の国の人々から主体性がないとそしられた。なお、騾馬は、雄の驢馬と雌の馬との間に生れた動物。

牝鶏之晨 ◆ひんけいの しん

女性が権勢をふるうたとえ。「牝鶏晨《あした》す」とも言う。めんどりが夜明けのときを告げる意。「古人言える有り、曰《いわ》く、牝鶏は晨する無し、牝鶏の晨するは、これ家の索《つ》る（「尽くる」に同じ。滅びる意）なり、と」（『書経』牧誓）から。おんどりに代ってめんどりがときを告げるのは、女性がはばをきかせることで、家が滅びる前兆とされた。「めどりのときをつくるは、所の怪異にて、其《そ》のさとほろぶるごとく、婦人まつりごとをいろふ（干渉する）事あれば、国必ずみだるといへり」（古活字本『保元物語』下、無塩君）。

品行方正 ◆ひんこう ほうせい

行いが正しくきちんとしているさま。

「品行」は、道徳的な立場から見た行状を言う。「方正」は、心や行いが正しいさま。「品行方正、学術優等」は、品行方正な上に学校の成績がよいという、結婚式の披《ひ》露《ろう》宴《えん》などで新郎新婦を褒《ほ》める時の常《じょう》套《とう》句《く》。

貧者一灯 ◆ひんじゃの いっとう

真心の尊いことのたとえ。

もとは「貧女一灯」と言う。真心のこもった貧しい人の寄進は、たとえ少額でも金持の多額の寄進にまさるということ。阿《あ》闍《じゃ》世《せ》王《おう》が仏の供養に、城から祇《ぎ》園《おん》精《しょう》舎《じゃ》まで灯火をともした。これを見た貧しい女が、自分も功《く》徳《どく》の種を作りたいと、乏しい金で一灯を献じた。翌朝、阿闍世の灯火は簡単に消えたが、女の一灯は何度消そうとしても消えなかったという。『阿闍世王受決経』や『賢愚経』に基づき、ひろく伝わった寓《ぐう》話《わ》。「長者の万《まん》灯《とう》より貧者の一灯」でも知られる。

風雲之器　◈ふううんの　き

時勢に乗じて世に頭角を現す人物のこと。いわゆる風雲児のこと。「風雲」は、竜が風と雲に乗って天に昇るように、英雄豪傑が世に出る好い機会。また、世の中が大きく動こうとする機運。「風雲急を告げる」と言えば、大きな変化が差し迫っている意。「器」は、才能のある人物。世の中が穏やかにおさまっている時は特に目立たないが、大きな変化が起ろうとするような時に、持てる才能を発揮するような人物を言う。

風雲之志　◈ふううんの　こころざし

機運に乗じて大事をなそうとする望みのこと。「風雲」は、竜の昇天の好機となる風と雲が巻起るような、大きな変化の機運。そのような機運をとらえて、大功を立てたり、出世をしたりしようとする意欲・願望を言う。北周の庾信《ゆしん》「周兗州《えんしゅう》刺史《しし》広暁《こうぎょう》公鄭常《こうていじょう》神道碑」に、「始め庠塾《しょうじゅく》に遊び儒学の栄を無《な》みせざるも、あるいは兵書を見、遂に風雲の志有り」と見える。

風岸孤峭　◈ふうがん　こしょう

人となれなれしくせずに、超然として孤立しているさま。「風岸」は、風の吹きすさぶ岸壁。転じて、角があって親しみにくい性質。「孤峭」は、山が一つだけ険しくそびえているさまから転じて、超然として世俗と同調しないさま。険しい孤峰が、立派だけれども近づきにくいように、立派そうだが親しく声をかけられないような人を形容する。

富貴在天　◈ふうき　ざいてん

富や地位は天の定めるところで、望んで得られるものではないということ。「富貴天に在り」と言う。「富貴」は、豊かで位の高いこと。「死生命《めい》有り、富貴天に在り」（『論語』顔淵）から。孔子の弟子司馬牛《しばぎゅう》が、兄が無法者で身を滅ぼしそうだと憂えて言ったのに対し、同じ弟子の子夏《しか》が、兄さんのことは仕方がなかろうと暗に説いて聞かせた言葉。「死生有命《ゆうめい》」と対になっている。*

風紀紊乱　◈ふうき　びんらん

社会道徳が乱れること。また、社会道徳を乱すこと。

「風紀」は、日常生活の決り・節度。「紊乱」は、乱れること。また、乱すこと。特に、男女間の交際における節度の乱れについて言うことが多い。

風月無辺 ◆ふうげつ むへん

景色がこの上なく美しいこと。

「風月」は、清風と名月で、自然の風景を言う。「無辺」は、限りのないこと。山東省の泰山《たいざん》に「虫二」と書いた石刻があり、これはあたりの風景を愛《め》でた謎《なぞ》かけ文字という。すなわち「風」のまわり(＝辺)を無くした「虫」と、「月」のまわりを無くした「二」で、「風月無辺」を表す。

風言風語 ◆ふうげん ふうご

根も葉もないうわさ話。

「風言」「風語」は、いずれも、うわさ。「風説」と同じ。風のように当てもなく流れていく言葉の意。「流言《*りゅうげん》蜚語《ひご》」は、同じ根拠のないうわさ話でも、意図的に言いふらされる意味を持つ。

風光明媚 ◆ふうこう めいび

風景が優れて美しいこと。

「風光」は、眺《なが》め、風景。「明媚」は、山水の眺めが清らかで美しいこと。漠然と景色のよさを言う語なので、山地海浜を問わず、名所や観光地の宣伝などにしばしば使われる。現代表記では「明美」とも書く。

風餐露宿 ◆ふうさん ろしゅく

困難な旅のたとえ。

野宿のさまを言う。「風餐」は、風に吹かれて食事をする意。「露宿」は、露に濡《ぬ》れて寝ること。南宋の陸游《りくゆう》「壮士吟」に「風餐露宿はむしろ苦に非《あら》ず、かつは試む平生の鉄石心を」と見える。

風櫛雨沐《ふうしつうもく》 ⇩ **櫛風沐雨**《しっぷうもくう》

風樹之嘆 ◆ふうじゅの たん

孝養をしたいと思い立った時にはすでに親は死んでいて、孝養のできないことを嘆くこと。

川柳に言う「孝行のしたい時分に親はなし」(『誹風柳多留《はいふうやなぎだる》』二二)ということ。「樹静かならんと欲すれども風止まず、子養わんと欲すれども親待たざるなり」(『韓詩外伝』

九）から。「風木之嘆」も同義の表現。

風檣陣馬 ◆ふうしょう じんば

勇壮なさまのたとえ。転じて、詩句や文章の力強さを言う。

「風檣」は、風をはらんだ帆柱。「陣馬」は、いくさの場にいる馬の意。唐の杜牧《とぼく》「李賀歌詩集序」に「風檣陣馬もその勇を為《な》すに足らず」と見える。省略して「檣馬」とも言う。

風塵之会 ◆ふうじんの かい

戦乱の世、または混乱している不安定な世のたとえ。

「会」は、折、時の意。風に塵《ちり》が舞っている時節の意。後漢の班固《はんこ》は、めだたない校書部で著述に励んでいた。もっと世に出て功を立てるべきではないか、という声に反論するという形をとった「答二賓戯一」（『文選《もんぜん》』所収）に「商鞅《しょうおう》は三術を挟《さしはさ》んで以て孝公を鑽《き》り（取り入り）、李斯《りし》は時務を奮って始皇を要《いた》せり（仕えようとした）。彼は皆、風塵の会を躡《ふ》み、顚沛《てんぱい》（ひっくりかえる）の勢いを履《ふ》む」と見える。この部分の項岱《こうたい》注には「彼とは商鞅・李斯の輩《やから》を謂《い》うなり。風は天より発して、以て君上に喩《たと》え、塵は下より起り、以て斯（李斯）等に喩う」とある。商鞅や李斯は、混乱した世の中に乗じて邪道なやり方でつかの間の栄華を得た、と班固は評する。そして彼は『漢書』を世に残した。

風声鶴唳 ◆ふうせい かくれい

わずかなことにも驚き恐れるたとえ。

「鶴唳」は、鶴の鳴き声。六朝時代、兵百万の前秦《ぜんしん》と兵八万の東晋《とうしん》とが淝水《ひすい》（安徽《あんき》省の川）を隔てて対陣した。前秦軍は、東晋軍を誘うように故意に後退した。ところが軍中に思わぬ混乱が生じて故意が故意でなくなり、前秦軍は壊滅していく。世に言う「淝水の戦い」である。「風声鶴唳を聞き、みな以て王師（東晋軍）すでに至ると為《な》す。草に行き露に宿り、重ぬるに飢凍《きとう》を以てし、死する者十に七八なり」（『晋書』謝玄伝）。

風前之灯 ◆ふうぜんの ともしび

危難が迫って、生命などの危《あや》ういたとえ。

風に吹きさらされている灯火の意。もと仏教語で、物事のもろくはかないことにたとえる。『楽府《がふ》』怨詩行に「天徳悠《はる》かにかつ長し、人命ひとえに何ぞ促《みじ》かし。百年いまだ幾時《いくとき》ならず、たちまち風吹の燭《ともしび》のごとし」と見え、「風燭《ふうしょく》」「風灯《ふうとう》」とも言う。また「風前の塵《ちり》」とも言い、『平家物語』の冒頭の「たけき者も遂にはほろびぬ、偏《ひとえ》に風の前の塵に同じ」は有名。

風霜之気 ◆ふうそうの き

文章にこめられた、厳しく激しい気風のこと。

「風霜」は、風や霜から転じて、厳しく激しいさまを言う。「淮南王安《わいなんおうあん》、鴻烈《こうれつ》二十一篇を著《あらわ》す。鴻は大なり、烈は明なり。大いに礼教を明らかにすと言う。淮南子《えなんじ》と号す。一に曰《いわ》く、劉安子自ら云《い》う、字中みな風霜を挟む、と」(『西京雑記《せいけいざっき》』三)による。淮南子と号した淮南王劉安《りゅうあん》が書いた『鴻烈』とは、すなわち世に残る『淮南子』のこと。

風俗壊乱 ◆ふうぞく かいらん

社会の風俗を破壊し混乱させること。

「風俗」は、一定の社会集団に行われている、さまざまな慣わし。「風紀紊乱《ふうきびんらん》」が、道徳的な面から社会を乱すことを言うのに対し、「風俗壊乱」は、広く社会生活上の習慣・しきたり一般を乱すことを言う。

風波之民 ◆ふうはの たみ

世間に動かされ、主体性を持たずにふらふらする人のたとえ。

風次第で起る波のような人の意。「天下の非誉《ひよ》も益損《えきそん》することなし(天下の人が謗《そし》ろうと誉《ほ》めようと動じないから、損も得もしない)。これを全徳の人と謂《い》わんかな。我をこれ風波の民と謂う」(『荘子』天地)から。孔子の弟子子貢《しこう》が、畑を作る老人の、なにものにもとらわれない超然とした姿に衝撃を受け、老人を全徳の人とたたえ、みずからを「風波之民」と述懐した、という話。

風旛之論 ◆ふうはんの ろん

決着しがたい議論のこと。

風が吹いて、旛(のぼり)がはためいた。これを、二人の僧の一方は風が動いたと言い、他方は旛が動いたと言って、互いに譲らなかったという宋代の『景徳伝灯録』五に見える故事から。世に伝わる「蝦蟇《がま》の油売り」の口上の「童子一人《いちにん》来たりて鐘に撞木《しゅもく》を当てざれば、鐘が鳴るやら撞木が鳴るやら、とんとその音色が分らぬ道理」を思い出させる議論である。

風流韻事 ◆ふうりゅう いんじ

俗事を離れた優雅な趣《おもむき》のある遊び。

「風流」は、俗事を離れた優雅な趣のあること。「韻事」は、詩文を作る風流なわざ。自然を楽しみ、詩歌を作って楽しむことを言う。松尾芭蕉《ばしょう》が『おくのほそ道』で、白河の関を越え、奥州に入って田植歌を聞いた時詠んだ「風流の初《はじめ》やおくの田植うた」の「風流」は、この「風流韻事」の意で用いられている。

風流警抜 ◆ふうりゅう けいばつ

みやびやかで、非常に賢いこと。

「風流」は、みやびやかで礼法にとらわれないこと。「警抜」は、人がはっとするように優れて抜きん出ていること。着想が優れていること。『北斉書《ほくせいしょ》』裴譲之《はいじょうし》伝に「この人は風流警抜なり」と見える。

風流三昧 ◆ふうりゅう ざんまい

自然の風物を楽しみ、詩歌を作るなど、もっぱら優雅な遊びにふけること。

「風流」は、俗事を離れて優雅な趣味に親しむこと。「三昧」は、すっかりひたりきる意で、もと仏教語。仕事や家事などをせず、絶えず風流に心をかたむけているさまを言う。貧富にはかかわりなく、豊かなら豊かなりに、貧しければ貧しいなりに、「風流三昧」の暮しを見出すことはできる。

風林火山 ◆ふうりんかざん

戦闘行動に際する兵軍の緩急動静について述べた語。

いわゆる孫子の兵法に記される。「その疾《と》きこと風の如《ごと》く、その徐《しず》かなること林の如く、侵掠《しんりゃく》すること火の如く、動かざること山の如し」(『孫子』軍争)。風のようにすばやく動き、林のように静謐《せいひつ》に、火のような勢いで攻撃し、山のようにびくともしない、の意。戦国時代、武田信玄が軍旗に記したことで知られる。

浮雲翳日 ◆ふうん えいじつ

邪悪な家臣が英明な君主をまどわすたとえ。また、悪人が政権を取って世の中が暗くなるたとえ。

「浮雲日を翳《おお》う」と読む。雲が日をさえぎる意で、浮雲を邪悪な者のたとえとする。『文選《もんぜん》』所収の古詩に、実景を詠じた「浮雲白日を蔽《おお》う」があり、たとえとしては、後漢の孔融《こうゆう》「臨終詩」に「讒邪《ざんじゃ》公正を害し、浮雲白日を翳う」と見える。

武運長久 ◆ぶうん ちょうきゅう

武運が久しく続くこと。

「武運」は、戦いの勝敗の運。また、武人としての命運。「長久」は、長く久しいこと。言葉としては、室町時代の辞書『文明本節用集』に載る。近代では、兵士が出征する際、のぼりやたすきに記して無事に帰還することを祈った。

不易流行 ◆ふえき りゅうこう

蕉門《しょうもん》俳諧で、句に見出される永遠のすがたと、時に応じて変化するすがたとを言う。

「不易」は「千歳不易《*せんざい》」のことで、句の根底に見出される永遠なるすがた。「流行」は「一時流行《*いちじ》」で、時流に応じて変化する句のすがた。『去来抄《きょらいしょう》』修行に、「蕉門に千歳不易の句、一時流行の句と云《い》ふ有り。是《これ》を二つに分けて教へ給《たま》へる、その基《もと》は一つなり」とある。「基は一つなり」について去来は、人間の無為の姿を不易に、日常の行住坐臥《ぎょうじゅうざが》を流行に見立て、もとは同じ一人の人間だと説いている。

不壊金剛《ふえこんごう》 ⇒ 金剛不壊《こんごうふえ》

婦怨無終 ◆ふえん むしゅう

男の愛情を失った女の怨《うら》みはいつまでも消えないということ。

「婦の怨みは終り無し」と読む。『春秋左氏伝』僖公《きこう》二十四年で、周の襄王《じょうおう》が、恩を受けた狄君《てきくん》の娘を后《きさき》にしようとした時、必ず災難になると言って臣の富辰《ふしん》が反対した際の言葉。怨みを抱くのは男女でそれほど違いがあるとは思われないが、特に女性について言葉が残っている背景に、そのおかれている立場がうかがえる。

不可抗力 ◆ふかこう りょく

人力ではどうすることもできないこと。抗《あらが》うべからざる力、すなわち対抗することのできない力の意。「天災地変《*てんさいちへん》」や偶然の結果などについて言う。法律上は、外部から生じた障害で、通常必要とする注意や予防方法を尽しても、なお防止し得ないものを言う。天災か人災かを問われることがあるが、これを「不可抗力」であるかないかと言い換えることができる。

不可思議　◆ふか しぎ

仏教で、言葉で言い表したり、心で推し量ったりすることのできないことを言う。

「不思議」に同意。いずれも、思いはかることのできない意のサンスクリットの漢訳語。「不可思議解脱《げだつ》」「不可思議功徳《くどく》」など、仏の悟りの境地や智慧《ちえ》・神通《じんずう》などの形容に用いる。日本でも「諸法の因縁《いんねん》は不可思議なり」(『往生要集』大文第十)などは本来の意味での用法だが、平安時代にはすでに一般語として、あやしい、異様な、の意味でも使われている。古く、数の単位にも使われた。十の六十四乗、また八十乗とも言う。

浮花浪蕊　◆ふか ろうずい

ありふれた草花。また、外見だけのあだ花のような女性のたとえ。

花の蕊《しべ》に実を結ばないあだ花、ありきたりの草花の意。唐の韓愈《かんゆ》の「杏花詩《きょうかし》」に「浮花浪蕊鎮長《つね》に有るも、わずかに開きてまた瘴霧《しょうむ》(毒性の霧)の中に落つ」と見える。転じて、あだ花のような女性のたとえに使われる。

不帰之客　◆ふきの きゃく

死者を言う。

「不帰」は、帰ってこないことから転じて、死ぬこと。「客」は、ここでは旅人。この世に帰ってこない旅人という意味。死ぬことを「不帰の客となる」と言う。

不羈奔放　◆ふき ほんぽう

何ものにも束縛されず、思いのままに振舞うこと。そのようなさま。

「羈」は、馬の面懸《おもがい》や手綱。「不羈」は、羈でつなぎとめられないということで、束縛されないこと。「奔放」は、思いのままに振舞うこと。「自由奔放*」が、束縛されることのない状態で思い通りに振舞うさまを言うのに対し、「不羈奔放」は、人が束縛しようとしてもそうはさせないで、思いのままに振舞うさまを言う。「奔放不羈」とも。

不朽不滅　◆ふきゅう ふめつ

いつまでも滅びないこと。

「不朽」は、朽ちないこと。「不朽の名作」と言えば、作品とともに高い評価も失せないことを意味する。「不滅」は、滅びないこと。「不滅の記録」と言えば、記録自体がなくならないことを意味する。後世に残る意味で類義の二語を重ね、そのさまを強調した語。

不協和音 ◈ふきょうわ おん

集団の中で一部に異なる意見があり、全体として調和がとれていないこと。

原義は音楽で、複数の音がよく調和する「協和音」に対し、不調和で融合せず、不安定な感じを残す和音を言う。転義の意味で使う時は、「不協和音を発する」のように言うことが多い。

複雑怪奇 ◈ふくざつ かいき

こみ入っていて、怪しく不思議なこと。

「単純明快*」の反対で、分りにくく、それだけに奥の知れない怪しげなさまであることを言う。「複雑怪奇な事件」「複雑怪奇な様相を呈《てい》する」というような使い方をし、また人間の心について言うこともある。

複雑多岐 ◈ふくざつ たき

問題が入り組んで、かつ多方面にわたっていること。「多岐」は、道が幾筋にも分れている意。どこをたどっていけば解決に至るのか、あるいはどれを重視して対処すればよいのか、見通しのつけにくいさまに言う。

腹心之疾《ふくしんのしつ》 ⇒ 心腹之疾《しんぷくのしつ》

腹心之臣 ◈ふくしんの しん

どんな秘密でも打明けられる家臣。

自分の腹とも胸とも頼む臣下の意。単に「腹心」で、信頼できる家来の意味を持つ。「赳赳《きゅうきゅう》たる武夫《ぶふ》（たけく勇ましいもののふ）は、公侯の腹心」（『詩経』周南、兎罝《としゃ》）による。現在では一般化して、「腹心の部下」などと言う。

覆水不返 ◈ふくすい ふへん

いったん離別した夫婦の仲は元通りにならないたとえ。転じて、取返しのつかないたとえ。

「覆水盆《ぼん》に返らず」の略。一度盆からこぼれた水は二度と盆に戻らない意。「買臣《ばいしん》すでに貴し。妻馬前に再拝して合するを求む。買臣盆水を取りて地に覆《くつがえ》し、さらに収むる能《あた》わざるの意を示す」（『通俗編』三七）による。出世した前漢の朱《しゅ》買臣にもとの妻が復縁を求めたが、いれられなかったという故事。春秋時代、周の太公望呂尚《りょしょう》に同様な故事があり、後代、二つの話に混同があると『通俗編』は推測している。

不倶戴天 ◆ふぐ たいてん

命をかけても報復しなければやまないほど、深く怨《うら》むこと。

「倶《とも》に天を戴《いただ》かず」と読む。一緒にこの天下に生きてはいない意。「父の讎《あだ》は与《とも》に共《とも》に天を戴かず。兄弟の讎は兵に反《かえ》らず。交遊の讎は国を同じくせず」(『礼記《らいき》』曲礼《きょくらい》上)から。父の仇《かたき》は必ず討ち果す、兄弟の仇は、武器を携《たずさ》えて見つけ次第討ち果す、友人の仇は、同じ国にいれば討ち果す、の意。憎んでもあまりある敵を「不倶戴天の敵」と言う。

不屈不撓《ふくつふとう》 ⇩ 不撓不屈《ふとうふくつ》

福徳円満 ◆ふくとく えんまん

幸福・財産が欠けることなく備わっていること。

「福徳」は、仏教で、善行と、それによって受けるよい報いを言う。転じて一般に、幸福と利益。「円満」は、仏教で、十分に満ちること。すなわち「福徳円満」は、仏教語としては、功徳《くどく》によるよい報いを十分に受けていることを言う。転じて一般に、精神的にも物質的にも十分恵まれている意に用いる。

伏竜鳳雛 ◆ふくりょう ほうすう／ふくりゅう ほうすう

まだ世に出ない英雄のたとえ。

「鳳」は、想像上の瑞鳥鳳凰《ほうおう》の雄で、優れたものにたとえられる。隠れている竜と鳳の雛《ひな》の意。「劉備《りゅうび》世事を司馬徳操《しばとくそう》に訪《と》う。徳操曰《いわ》く、儒生・俗士は時務《じむ》(時世の要務)を識《し》らんや。時務を識る者は俊傑《しゅんけつ》に在り。この間、自《おの》ずから伏竜・鳳雛有り、と。備問う、誰を為《な》す、と。曰く、諸葛孔明《しょかつこうめい》・龐士元《ほうしげん》なり、と」(『三国志』蜀志《しょくし》、諸葛亮《りょう》伝注)。ここから、直接的には、「伏竜」は諸葛孔明、「鳳雛」は龐士元を指す。同書の「諸葛亮伝」本文に「諸葛孔明は臥竜《がりょう》なり」とあるところから、「臥竜鳳雛」とも言う。

武芸百般 ◆ぶげい ひゃっぱん

あらゆる武芸のこと。

「武芸」は、武道に関する技術。「般」は、区別、種類。「百般」は「全般」と同じで、すべての種類を意味する。類義の語に「武芸十八般」がある。日本ではふつう、弓・馬・槍《やり》・剣・水泳・抜刀・短刀・十手・手裏剣《しゅりけん》・含針《ふくみばり》・長刀《なぎなた》・砲・捕手・柔・棒・鎖鎌《くさりがま》・錑《もじり》（先端がらせん状の武具）・隠形《しのび》（忍術）を言い、転じて、あらゆる武芸を意味する。

不言実行　◆ふげん じっこう

あれこれ言わず、黙って行うこと。

「不言」は、ことさら口に出して言わないこと。心に思っていることを言わずに、黙ってするべきことをしっかり行うこと。『論語』里仁に言う「*訥言敏行《とつげんびんこう》」に同じ。心に思うことを言い、言ったことは必ず行うという「*有《ゆう》言《げん》実行」は、「不言実行」をもじって言い出され、近年定着してきた語。

不言不語　◆ふげん ふご

何も言わないこと。

言わず語らず、の意。単に話さないという意味と、相手に伝えるべきことを言語によっては表現しないという意味とがある。後者は、禅では「*不立文字《ふりゅうもんじ》」あるいは「*以心伝心《いしんでんしん》」と表現される。こちらの考えを言葉や文字によらずに相手に伝える意で、通俗的には「言わず語らずのうちに」と言う。

不遑枚挙　◆ふこう まいきょ

たくさんありすぎて、いちいち数えきれないこと。

ふつう「枚挙に遑《いとま》あらず」と言う。「枚挙」は、ひとつひとつ数えること。ひとつひとつ数えているひまがない意。国語辞書『下学集』の江戸初期刊行本に「不遑枚挙」とあり、「マイキョスルニイトマアキアラス」と読んでいる。現在では「枚挙にいとまがない」と言い、いちいち例をあげていったらきりがない、の意でしばしば使われる。

富国強兵　◆ふこく きょうへい

国の経済力を増し、軍事力を高めること。

「国を富まさんと欲する者は、務めてその地を広くし、兵を強くせんと欲する者は、務めてその民を富ます」（『戦国策』秦策《しんさく》）から。略して「富強」とも言う。日本では、「殖産興業《しょくさんこうぎょう》（産業を盛んにすること）」「*文明開化《ぶんめいかいか》」とともに、明治政府のスローガンの一つとして知られる。国の経済力を増して高い軍事力を維持することにより、国防と国家の独立確保をめざしたもの。

不在証明 ◆ふざい しょうめい

犯罪が行われた時、被疑者がその場所にいなかったという事実、またはその証明。「現場《げんじょう》不在証明」の略。ふつうに「アリバイ」と英語で言われる。もとラテン語で「他の場所に」の意。すなわちアリバイは、現場にいなかったというより、他の場所にいたということを意味する。

巫山之夢《ふざんのゆめ》 ⇩ 朝雲暮雨《ちょううんぼう》

父子相伝《ふしそうでん》 ⇩ 一子相伝《いっしそうでん》

無事息災 ◆ぶじ そくさい

病気や災いがなく、平穏に暮しているさま。「無事」は、つつがないこと。健康なこと。「息災」は、仏の力で災害を消滅させる意から、身に障《さわ》りのないこと。健康なこと。類義の二語を重ねて、手紙で消息を伝える時などに、つつがなく過していることを言う。

不失正鵠 ◆ふしつ せいこく

物事の要点や急所を正確にとらえること。「正鵠を失わず」と読む。「正鵠」は、弓の的の中央にある黒点。一説に、「正」「鵠」は鳥の名で、古代、弓の的に正・鵠を描いていたからという。転じて、物事の急所、要点。「孔子曰《いわ》く、射る者は何を以て射、何を以て聴く。声に循《したが》って発して正鵠を失わざる者、それこれ賢者か」(『礼記《らいき》』射義)から。ふつうは、「正鵠を得る」また は「正鵠を射る」で同義に使われる。

附耳之言 ◆ふじの げん

秘密の漏れやすいたとえ。「附耳の言も千里に聞《きこ》ゆ」の略。「附耳」は「付耳」とも書く。「附耳の言」は、相手の耳に口を付けて話す言葉。ひそひそ話のこと。ひそひそ話もいずれは千里の先まで聞える意。「田中《でんちゅう》の潦《ろう》(たまり水)も流れて海に入り、附耳の言も千里に聞こゆ」(『淮南子《えなんじ》』説林《ぜいりん》訓)による。

不惜身命 ◆ふしゃく しんみょう

自分の命を惜《お》しまないこと。

「身命を惜しまず」と読む。仏教で、菩薩《ぼさつ》や修行者が衆生《しゅじょう》を救済するため自分の身命をなげうつことを言う。また仏法のために身命を顧みないことを言う。『法華経』譬喩品《ひゆぼん》の偈《げ》に「もし人精進《しょうじん》して、常に慈心を修し、身命を惜しまざれば、すなわち為に〔この経を〕説くべし」とあるほか、同経に散見し、また諸経に見える。反対に、身体や命を大切にすることを「可惜《あたら》*身命」と言う。

俛首帖耳 ◆ふしゅ ちょうじ

人に媚《こ》びるいやしい態度のたとえ。

「首《こうべ》を俛《ふ》し耳を帖《た》る」と読む。頭を下げ耳をたれる意で、犬が飼主に服従するさまを言う。「首を俛し耳を帖れ、尾を揺《ゆ》りて憐れみを乞う者のごときは、われの志に有らざるなり」（唐、韓愈《かんゆ》「応ニ科目一時与レ人書」）から。科挙《かきょ》（官吏登用試験）を受けようとする人に、へつらうような態度をとるなと忠告したもの。

不承不承 ◆ふしょう ぶしょう

いやいやながらするさま。

もと「不請不請」と書いた。「不請」は、いやいやながら承知する意。語を重ねて、いかにも気の進まない意を強調する。「あとからうせい（来い）といふに、あのふしやうぶしやうなつらは」（狂言「止動方角《しどうほうがく》」）。同じ承諾するのでも、ためらうことなく応ずる「唯唯諾諾《いいだくだく》*」とは大きく異なる。

夫唱婦随 ◆ふしょう ふずい

夫が言いだして、妻がこれに従うこと。

『関尹子《かんいんし》』三極の「天下の理は、夫《ふ》は倡《とな》え、婦《ふ》は随《したが》い、牡《ぼ》は馳《は》せ、牝《ひん》は逐《お》い、雄《ゆう》は鳴き、雌《し》は応《こた》う。ここを以て聖人言行を制し、しかして賢人これを拘《とど》む」から。引用に従って「夫倡婦随」とも書く。道家が理想とした夫婦のあり方を述べたものだが、儒教にも共通し、日本の近世・近代にも望ましいものとされていた。ほんの少し前まで、結婚式のスピーチでの常套句《じょうとうく》だった。

負薪之憂《ふしんのゆう》 ⇩ 采薪之憂《さいしんのゆう》

浮生若夢 ◆ふせい じゃくむ

人生は夢のようにはかないということ。

「浮生は夢の若《ごと》し」と言う。「浮生」は、はかない人生。「浮生は夢の若し、歓を為《な》すこと幾何《いくばく》ぞ」(唐、李白「春夜宴二従弟桃李園一序」)から。古来、人生を夢にたとえた表現は多い。宋の蘇軾《そしょく》も「人の間《よ》は夢の如し」(→人生如夢《じょむ》)と言う。*「邯鄲之夢《かんたんのゆめ》」*「南柯之夢《なんか》」は、夢の中で別の人生を体験するという設定で、人生は夢のようなものだと語る。仏教では、*「夢幻泡影《むげんほうよう》」と、実体を持たないものとして人生を夢にたとえる。

浮石沈木　◈ふせき ちんぼく

多くの人の無責任な言葉によって、道理に反することも通じてしまうたとえ。

「石を浮かべ木を沈《しず》む」と読む。沈むはずの重い石を浮かせ、浮くはずの軽い木を沈める意。「それ衆口の毀《き》誉《よ》、石を浮かべ木を沈む」(前漢、陸賈《りくか》『新語』弁惑)から。多くの人がそしれば正しいことも誤りとされ、誉めれば間違ったことも正しいとされる、と。日本では「石が流れて木《こ》の葉《は》が沈む」が一般的で、物事の道理が逆さまになる意、また、あり得ないことの意に使われる。

不即不離　◈ふそく ふり

仏教で、二つの概念が矛盾しつつ背反しないこと。一般に、つかず離れずの関係にあること。

「即《つ》かず離れず」と読む。相互に矛盾しながら、しかもそれら自体に差別がなく、もしくは互いに融和している二つの関係を言う。密着して一つとなる意を表す「即」の語を用いて、*「色即是空《しきそくぜくう》」「生死即涅槃《しょうじそくねはん》」「煩悩即菩提《ぼんのうそくぼだい》」のように言われる。一般語としては、たとえば疎遠にもならず、といって親しくもならずというような間柄を「不即不離の関係」と言う。

二股膏薬《ふたまたごうやく》 ⇩ 内股膏薬《うちまたごうやく》

伏寇在側　◈ふっこう ざいそく

内密の話が漏れやすいたとえ。

「伏寇　側《かたわら》に在り」と読む。「伏寇」は、ひそみ隠れている外敵。「牆《かき》(垣根)に耳有り、伏寇側に在り」(『管子』君臣下)から。「壁に耳あり、障子《しょうじ》に目あり」と同工の語。どこで誰が見聞きしているか分らないから、言動は慎重にせよという、戦国の世を中心に広まった戒め。

物情騒然　◈ぶつじょう そうぜん

世間が穏やかでないさま。

「物情」は、世間の様子。「騒然」は、乱れて不穏なさま。ただ騒がしいのではなく、たとえば今にもいくさが起りそうな、不安で落着きのない社会の様子を言う。

物是人非 ◆ぶつぜ じんぴ

自然の風景はそのままだが、住んでいる人がすっかり変ってしまうこと。

「物《もの》是にして人《ひと》非なり」と読む。「節（季節）同じくして時異なり、物是にして人非なり」（曹丕《そうひ》「与二朝歌令呉質一書」、『文選《もんぜん》』所収）から。曹丕は、三国時代魏《ぎ》の初代皇帝文帝。父の曹操《そうそう》とともに文人でもあった。引用は、若い頃に身近にいた呉質に当てた手紙で、昔の朋友のいないさびしさを言っている。

物物交換 ◆ぶつぶつ こうかん

生産物と生産物とを、貨幣を仲立ちとしないで直接に交換すること。

物と物とを交換する意。原始社会における、共同体間の余剰《よじょう》生産物の交換を言う。時間的、距離的、個人的限界を伴っており、貨幣の流通によって基本的にはなくなったが、類似の行為は状況に応じて折々行われている。

仏凡不二 ◆ぶつぼん ふに

仏と凡夫《ぼんぷ》は同じものという考え。

「凡」は凡夫、すなわち煩悩《ぼんのう》にとらわれて迷っている俗世の人。「不二」は、二にあらずで、同じという意。『維摩経《ゆいまぎょう》』入不二法門品では、有無・生死・善悪などの対立する概念について、「空《くう》」という認識から、それらは対立するものではなく（＝不二）、そのどちらにもこだわってはならないと説く。この考えを仏と凡夫に当てはめたのが「仏凡不二」。似たような表現の「仏凡一体」は、他力《たりき》の信心を獲得した念仏行者の心が、仏と一体になることを言う。

不定愁訴 ◆ふてい しゅうそ

内臓等に具体的な疾患《しっかん》が見られないのに、さまざまな病的症状を訴える状態を言う。

「愁訴」は、嘆き訴える意。どこも悪くないのに、頭痛、肩こり、いらいら、動悸《どうき》、食欲不振などの異状を自覚して、医師などに訴える状態を言う。第二次大戦後に医学界で使われはじめ、この中には、自律神経失調症、神経症に類するものもある。

釜底抽薪　◆ふてい ちゅうしん

物事を解決するには根本的な対策が必要であるというたとえ。

「釜底薪《たきぎ》を抽《ぬ》く」と読む。釜の中の煮えたぎっている湯をおさめるには、釜の下で燃えている薪を抜き出すのが最もよい方法である意。「揚湯沸《ようとうわ》くを止《とど》むは、釜底薪を抽くに如《し》かず」という成句で諺《ことわざ》になっている。同義の語に「*抽薪止沸《ちゅうしんしふつ》」がある。

不逞之輩　◆ふていの やから

不平を抱いて無法な振舞をする連中のこと。

「不逞」は、満足せずに不平を抱くこと。「輩」は、仲間、党類。好ましくないことをする者たちを批判的に呼ぶ。「不逞」も「輩」も感情表現に使える言葉なので、自分にとって好ましくない連中を主観的に「不逞の輩」と呼ぶ場合がある。

普天率土　◆ふてん そっと

天のおおう限り、地の続く限りのすべての土地のこと。天下いたるところ。

【五六四】

「溥《ふ》天《てん》の下《もと》、王土に非《あら》ざるはなく、率土の浜《ひん》、王臣に非ざるはなし」(『詩経』小雅、北山)から。「溥天」を「普天」と書くのは、『詩経』を引用する『春秋左氏伝』昭公七年や『孟子《もうし》』万章上の表記による。いずれも、あまねく天がおおう意。「率土」はソッドとも言い、地の続く限り、の意。あまねく天がおおう下で王の土地でないところはなく、陸のはての海辺にいたるまで、王臣でない住人はいない。天下はことごとく王のものであるという詩意。「*率土之浜」も、この引用文からの語。

不撓不屈　◆ふとう ふくつ

どんな困難に出会っても心がくじけないこと。また、そのさま。

たわまず屈せずの意。『漢書』叙伝下に「楽昌は篤実にして撓《たわ》まず詘《くっ》(「屈」に同じ)せず」と見える。「不撓」も「不屈」も、くじけない意を表し、同義の二語を重ねて意味を強めたもの。「不撓不屈の精神」などと表現される。「不屈不撓」とも言う。

不得要領　◆ふとく ようりょう

趣旨が曖昧《あいまい》で分らないこと。また、そのさま。

音読みのこの形でも、また「要領を得ず」と読み下しても用いる。あれこれ話している、あるいは書いてあるわりには、要点がどこにあるか分らないような話や文章について言う。また意見や立場が不鮮明な人を評して言う場合もある。

不買美田　◆ふばい びでん

子孫のために、あえて財産を残さないこと。「美田を買わず」と読む。「子孫に美田を残さず」で馴染まれている。「美田」は、収穫のよい、よく肥えた田地の意。「幾たびか辛酸《しんさん》を歴《へ》て志《こころざし》始めて堅し、丈夫玉砕するも甎全《せんぜん》(いたずらに生き長らえる)を恥ず。一家の遺事人知るや否や、児孫の為に美田を買わず」(西郷隆盛「偶成詩」)による。苦労してはじめて志操堅固な人間になれるという信念から、苦労しないで済むような財産は子孫に残さないと述べたもの。

舞馬之災《ぶばのさい》　⇓馬舞之災《ばぶのさい》

舞文曲筆　◆ぶぶん きょくひつ

文章表現をもてあそび、事実を曲げて書くこと。「舞文」は、法律の文章を乱用する意もあるが、ここは自分に都合のよいように文章表現をあやつること。「曲筆」は、事実をありのままに書く「直筆《ちょくひつ》」の反対語で、事実を曲げて書くこと。故意でない場合でも、文章表現にとらわれすぎて言葉に踊らされ、結果として事実と異なる表記をしてしまうことがある。

不聞不問　◆ふぶん ふもん

無関心であるさま。「聞かず問わず」と読む。聞こうともしない、尋ねようともしない意で、要するに「われ関せず」の態度であること。なお、「不見不聞《みずきかず》」という狂言があるが、こちらの方は一般語にはなっていない。

舞文弄法　◆ぶぶん ろうほう

法文を勝手に解釈して乱用すること。「文を舞《ま》わし法を弄《もてあそ》ぶ」と読む。「舞文」は、法律の文章を勝手に乱用すること。「弄法」は、法律をもてあそぶこと。単に「舞文」とも言い、また「舞弄」とも言う。「吏士《りし》文を舞わし法を弄び、章を刻し書を偽り、刀《とう》鋸《きょ》の誅《ちゅう》を避けざるは、賂遺《ろい》に没《おぼ》るるなり」(『史記』貨殖伝)

から。官吏が法律をもてあそび、印を彫り書類を偽造して、罰せられることを避けないのは、賄賂《わいろ》に溺《おぼ》れるためである、の意。

不偏不党 ◆ふへん ふとう

公正・中立の立場をとること。

「偏」も「党」も、かたよる意。その「偏党」の反対が「不偏不党」で、すなわちかたよらないこと。『呂氏《りょし》春秋』士容に「士は偏せず党せず、柔にして堅、虚にして実なり」と見える。「無偏無党」も同義で、『書経』洪範に「偏《かたよ》る無く党する無く、王道蕩蕩《とうとう》たり」とある。

不眠不休 ◆ふみん ふきゅう

眠らず休まず、物事を一生懸命にすること。

強制されると苦しいことだが、自分から熱中してそういう状態に没入することもある。「不眠不休の作業」「不眠不休で努力する」などのように使われる。

不毛之地 ◆ふもうの ち

養分がなく、作物などができない土地のこと。

『史記』鄭《てい》世家に「その社稷《しゃしょく》を絶つに忍びず、不毛の地を錫《たま》い、また改めて君王に事《つかえ》るを得せしむるは孤(私)の願いなり」と見える。春秋時代、鄭が楚《そ》に降伏した時、襄公《じょうこう》は、国を失うのは忍びないので、やせた土地でもいただけないだろうかと楚の荘王に願う。その敗者としての慎んだ態度に、荘王は鄭を占領せずに引き上げた。

不要不急 ◆ふよう ふきゅう

必要もなく、急ぎもしないこと。

する必要もなく、したとしても別に急ぐ必要のない用事などについて言う。また、なければないで済み、別に急いで整える必要のない品物などにも言う。なお、「不要」を必要でない、の意に用いるのは日本独自の近代の用法で、中国語では、するな、という禁止の意。

不埒千万 ◆ふらち せんばん

きわめてふとどきなこと。

「不埒」は、道に背いていること。「不埒」と同義の「ふとどき」を使って、「ふとどき千万」とも言う。「千万」は、名詞の下について、程度のはなはだしいさまを表す。「遺憾《いかん》千万」「笑止《しょうし》千万」「無礼《ぶれい》千万」など、あまりいい意味には使われない。

不立文字 ◆ふりゅう もんじ

文字や言葉で表現しないこと。

禅の宗義を表す代表的な言葉で、「不立文字、*教外別伝《きょうげべつでん》、*直指人心《じきしにんしん》、*見性成仏《けんしょうじょうぶつ》」の四句から成る偈《げ》の一句。禅の真髄《しんずい》は経論の文字を離れたところにあり、ひたすら坐禅《ざぜん》によって得られることを言う。しばしば「教外別伝」と対にして用いられる。

武陵桃源 ◆ぶりょう とうげん

俗世間を離れた別天地のこと。

東晋《とうしん》の陶淵明《とうえんめい》「桃花源記」による。武陵（今の湖南省常徳あたり）の漁夫が川をさかのぼって桃林の奥に入り込むと、秦《しん》の乱を避けた者の子孫が平和で裕福な生活を営む村里に出た。「土地平曠《へいこう》（平らで広い）、屋舎儼然《げんぜん》（おごそか）たり。良田・美池・桑竹の属《たぐい》有り。阡陌《せんぱく》交通し（道が縦横に通じ）、鶏犬相聞《あいき》こゆ」。里の人に歓待されて帰ったが、もう一度訪れようとしても道が分らなかったという。「桃源郷」という語でふつうに使われる。

不労所得 ◆ふろう しょとく

働かないで得る収入のこと。

配当金・利子・地代などを言う。俸給《ほうきゅう》・給料・年金・賞与など、勤労に基づいて得る「勤労所得」に対する。

不老長寿 ◆ふろう ちょうじゅ

老いることなく、長生きすること。

「不老」は、いつまでも若さを保ち、老いないこと。長生きとはいえ、いつかは死ぬことが踏まえられた語だが、ふつう「*不老不死」とほとんど同義に使われる。

不老不死 ◆ふろう ふし

いつまでも年をとらず、また死なないこと。

『列子』湯問に「珠玕《しゅかん》（たま）の樹、みな叢生《そうせい》す。華実《かじつ》はみな滋味《じみ》有りて、これを食すればみな老いず死せず」と見える。『史記』始皇紀によると、秦《しん》の始皇帝は、斉人徐福に蓬萊《ほうらい》の島を探させるなど、手をつくして不死の仙薬を求めた。「不老不死始皇持薬に呑む気なり」（『誹風柳多留《はいふうやなぎだる》』三八）はそんな始皇帝を揶揄《やゆ》した川柳。

付和雷同 ◆ふわ らいどう

自分にはっきりした見識がなく、他人の説にわけもなく賛同すること。

「付和」は、定見なく他人の説にあいづちをうち、賛成すること。「雷同」は、雷が音を発し、万物がこれに応じて響く意から、みだりに他人の説に同意すること。類義の二語を重ね、無定見に他説になびくさまを強調する。「雷同付和」とも言う。なお、『礼記《らいき》』曲礼《きょくらい》上に「雷同するなかれ」と見える。

刎頸之交 ◆ふんけいの こう

生死を共にするほどの親しい交際を言う。

「交」はマジワリとも読む。その友のためなら首を刎《は》ねられても後悔しないほどの仲、の意。戦国時代、趙《ちょう》の将軍廉頗《れんぱ》は、藺相如《りんしょうじょ》が武功でなく口先の智略で自分の上位になったことが不満だった。そこで藺相如をはずかしめようとするが、どういうわけか藺相如はひたすら廉頗を避けるのだった。二人がいるから趙は秦《しん》に攻められずにいる、二人が争うことはできないという藺相如の真意を伝え聞いた廉頗は、肌を脱ぎ荊《いばら》を背に負って藺相如に会い、みずからの不明を詫びる（→肉袒負荊《にくたんふけい》）。そして二人は、「ついに相与《あいとも》に驩《よろこ》び、刎頸の交わりを為《な》す」（『史記』廉頗藺相如伝）。

文芸復興 ◆ぶんげい ふっこう

新しい活力によって文芸に勢いを取戻すこと。

直接的には、フランス語「ルネサンス」の訳語。ルネサンスは、十三世紀末から十五世紀末にかけてイタリアで起り、ヨーロッパに広まった芸術・思想上の革新運動。ギリシャ・ローマの古典の復興を契機としたところから「文芸復興」と呼ばれる。ルネサンスが神中心の中世文化から人間中心の近代文化への転換をもたらしたように、ルネサンスに限らず、古典への回帰はしばしば新しい活動を生み出すもととなり、一般にこのような運動を比喩《ひゆ》的に「文芸復興」と呼ぶことがある。

紛紅駭緑 ◆ふんこう がいりょく

赤い花が咲き乱れ、青い葉が風にひるがえるさま。

「紛」は、入乱れる意。「駭」は、乱れ騒ぐ意。「紛紅駭緑、蓊勃《おうぼつ》香気」（唐、柳宗元「袁家渇記」）から。「蓊勃」は、盛んなさま。紅花咲き乱れ、緑葉ひるがえり、香気盛んなり、の詩意。

粉骨砕身 ◆ふんこつ さいしん

力の限り努力すること。

「骨を粉にし身を砕く」意。そのようにわが身をささげて力を尽すという表現。もともとは仏家で使われた語で、鎌倉初期、安居院《あぐいん》の聖覚《せいかく》の表白文には「つらつら教授の恩徳を思へば、実《まこと》に弥陀《みだ》の悲願に等しき者か。骨を粉にして之《これ》を報ずべし。身を摧《くだ》きて之を謝すべし」と見える。

蚊子咬牛　◆ぶんし こうぎゅう

痛くも痒《かゆ》くもないこと。また、自分の力をわきまえずに行動すること。

「蚊子牛を咬《か》む」と読む。「子」は小さい意を表す接尾辞。牛に蠅《はえ》や蚊などがまつわりつくのを目にするが、牛はそれらをしっぽを振って追い払うだけで、身動きもしない。どうやら蚊などに刺されても、痛くも痒くもないらしい、という人間の観点からできた語。一方で、その蚊が牛を走らせてしまう「蚊虻《ぶんぼう》も牛羊《ぎゅうよう》を走らす」(→蚊虻走牛)もある。

文質彬彬　◆ぶんしつ ひんぴん

外見の美と内面の質とが適度に調和しているさま。

「文」は、文章による表現。「質」は、文章によって表された内容。「彬彬」は、外形と実質とがともに備わるさま。「質、文に勝てばすなわち野《や》、文、質に勝てばすなわち史《し》。文質彬彬として然《しか》る後に君子なり」(『論語』雍《よう》也《や》)から。「野」は、文飾もろくに心得ない野人。「史」は、文を飾るのを仕事とする朝廷の文書係。文飾も内実もほどよく調和させてこそ君子であると説く。

文事武備　◆ぶんじ ぶび

文と武は一方にかたよってはならないということ。

「文事有る者は必ず武備有り」(『史記』孔子世家)の略。春秋時代、斉《せい》の景公が親睦《しんぼく》のために会いたいと申し入れてきたので、魯《ろ》の定公は何の防備もなく出発しようとした。そこで孔子が忠告した。文事の際も武備を忘れてはいけない、司馬(軍政官)を連れてお出かけなさい、と。

粉愁香怨　◆ふんしゅう こうえん

美人が愁《うれ》いに沈み、怨めしそうにしているさま。

「粉」はおしろい、「香」は香料で、ともにきれいによそおった女性を表現する。明の丁鶴年《ていかくねん》「故宮人詩」の「粉愁香怨情に勝《た》えず、しいて残妝《ざんしょう》を整えて(化粧して)老兵に対す」から。見捨てられて宮殿に残された宮女の悲しみを詠んでいる。

文従字順 ◆ぶんじゅう じじゅん

平明な分りやすい文章のこと。

「文従《したが》い字順《したが》う」と読む。文章表現に無理がなく、文字遣いも自然である意。唐の韓愈《かんゆ》「南陽樊紹述《はんしょうじゅつ》墓誌銘」に、同時代の文人、樊紹述の文学をたたえて「文従い字順い、おのおの職（役割）を識《し》る」と見える。

粉粧玉琢 ◆ふんしょう ぎょくたく

女性の容貌が美しいさま。

「粉」は、おしろい。「琢」は、玉を磨く意。化粧をし、玉を磨いたように美しい、の意。『紅楼夢《こうろうむ》』一に「士隠、女児のいよいよ発生《そだ》ち得て、粉粧玉琢にして乖覚《かいかく》（利発）喜ぶべきを見る」と見える。

焚書坑儒 ◆ふんしょ こうじゅ

書物を焼き、儒者を生埋めにしたこと。

秦《しん》の始皇帝は、紀元前二一三年、丞相李斯《じょうしょうりし》の進言によって、医薬・卜筮《ぼくぜい》・農事関係以外のすべての民間の書を焼き捨てさせ、さらに翌年、「禁を犯す者四百六十余人、皆これを咸陽《かんよう》に阬《あなうめ》にし、天下にこれを知らしめ、もって後を懲《こ》らす」（『史記』始皇紀）。始皇帝の暴政として後世に名高いもので、前漢の孔安国《こうあんこく》が「焚書坑儒」と記している。為政者の意に反する書物を焼く「焚書」は後世にも行われ、「焚書坑儒」は学問・思想を弾圧するたとえにも使われる。

文人相軽 ◆ぶんじん そうけい

文人は互いに相手を軽侮したがるということ。

「文人相軽《あいかろ》んず」と読む。「文人の相軽んずるは、古《いにし》えよりして然《しか》り。傅毅《ふき》の班固《はんこ》に於《お》けるは伯仲《はくちゅう》の間《かん》なるのみ（↓伯仲之間）。しかるに固はこれを小《いや》しむ」（曹丕《そうひ》『典論』論文）から。傅毅を班固と比べてもそれほど違わないのに、班固は傅毅を軽んずる、と。筆者は三国時代、魏《ぎ》の曹操《そうそう》の子、文帝曹丕。文人でもあった。傅毅は後漢の文人、班固は同時代の『漢書』の著者。

文人墨客 ◆ぶんじん ぼっかく

詩文や書画などの風雅の道に親しむ人のこと。

「文人」は、ここでは詩文に携わる人。「墨客」はボッキャクとも言い、書画の巧みな人。詩文や書画を風雅なこととしてとらえた場合の表現。詩文や書画の作成に情熱を傾ける本人が、自分を「文人墨客」とは言わない。

文恬武嬉 ◆ぶんてん ぶき

天下太平であること。

文官はやすらかに武官は楽しむ意。「恬」は、心やすらかなこと。「相臣将臣、文恬武嬉、見聞に習熟し、もって当然と為《な》す」（唐、韓愈《かんゆ》「平二淮西《わいせい》一碑」）から。文官はやすらぎ武官は楽しみ、大臣や大将もただ世の中のことを見聞きしていればよかった、の意。

聞風喪胆 ◆ぶんぷう そうたん

噂《うわさ》を聞いてひどくびっくりすること。

「風を聞きて胆《きも》を喪《うしな》う」と読む。風評を聞いて胆をつぶす意。思いもよらない話を耳にして、噂話とはいいながら、びっくり仰天《ぎょうてん》して動揺するさまを言う。

文武百官 ◆ぶんぶ ひゃっかん

すべての官人。

「百官」は、もろもろの役人。文武にわたる諸官人の意。『続《しょく》日本紀』和銅三年（七一〇）正月に「天皇、重閣門に御《おわしま》して、宴《うたげ》を文武の百官并《なら》びに隼人《はやひと》・蝦夷《えみし》に賜《たま》い、諸方の楽を奏《つかえまつ》らしむ」と見える。近代まで、官吏の総称として使われていた。

文武両道 ◆ぶんぶ りょうどう

文事と武事の二つの面のこと。また、その二つの面に優れていること。

「文武」は、古くはブンプと言った。学術・文化の面と武術・軍事の面とを言う。現在では、勉強もスポーツもできる場合に、比喩《ひゆ》的に使ったりする。同義の「文武二道」も、『義経記《ぎけいき》』五で義経《よしつね》が武蔵坊弁慶を「あはれ文武二道の碩学《せきがく》や」とほめるなど、古典にしばしば見られる。

蚊虻走牛 ◆ぶんぼう そうぎゅう

小さなものが大きなものを制するたとえ。

「蚊虻、牛羊《ぎゅうよう》を走らす」（『説苑《ぜいえん》』談叢）の略。蚊《か》や虻《あぶ》のような小さなものでも、うるさくまといついたり、血を吸ったりして、牛や羊を逃げ出させるという意味。面白いことに、蚊などに刺されても痛くも痒《かゆ》くもないという、まったく反対の表現「*蚊子《ぶんし》咬牛《こうぎゅう》」もある。

文房四宝　◆ぶんぼうの しほう

四つの重要な文具、すなわち筆・墨・硯《すずり》・紙のこと。

「文房」は、読書や書き物をする部屋の意で、書斎を指す。現代ふつうに使う「文房具」は、文房で使う道具の意。「四宝」は、文房における四つの宝、すなわち書き物に欠かせない筆・墨・硯・紙。そのまま「筆墨硯《ひっぼくけん》紙《し》」で、文房具の意に使われる。

分崩離析　◆ぶんぽう りせき

組織や集団がばらばらになること。

「分崩」は、崩れてばらばらになること。「離析」は、裂け離れること。「いま由《し》（子路《ろ》）と求（冉有《ぜんゆう》）とはかの子《し》（季氏）を相《たす》け、遠人《えんじん》服せざれども来たすこと能《あた》わず、邦《くに》分崩離析すれども守ること能わず、しかして干戈《かんか》を邦内に動かさんことを謀《はか》る」（『論語』季氏）から。子路と冉有に向けた孔子の忠告。お前たちは魯《ろ》の季氏を補佐しながら、遠方の人が服従しないのに手なずけることもできず、国がばらばらになっているのに守ることもできず、それでいて国内でいくさを起そうと企てている、と。

墳墓之地　◆ふんぼの ち

生れ故郷。また、自分が一生を終えるつもりの土地のこと。

祖先の墓のある土地の意。また、自分の墓を建てる土地の意。古く『太平記』にも用例を見るが、よく知られるのは幕末の僧月性《げっしょう》の詩。「男児 志《こころざし》を立てて郷関《きょうかん》を出づ、学もし成る無くんばまた還《かえ》らず。骨を埋むるに何ぞ期せん墳墓の地、人間《じんかん》到る処《ところ》青山《せいざん》有り」（「将二東遊一題レ壁詩」）。骨を埋めるのに先祖の墓をあてにする必要がどうしてあろう、世の中には骨を埋めるにふさわしい青山はどこにでもある（→人間青山）、の詩意。

文明開化　◆ぶんめい かいか

人々の知識が進み、世の中が開けて生活が便利になること。

特に、明治初年、日本が西洋文明を積極的に輸入し、急速に近代化・欧化した現象を言う。ちょんまげを切落したざんばら髪に時代感覚を盛り込んだ「じゃんぎり頭をたたいてみれば文明開化の音がする」という当時のざれ歌がある。肉を食べ始めるようになり、今の牛丼に近いものが「開化丼」と呼ばれて人気となった。

奮励努力 ◈ふんれい どりょく

気力を奮い起して努め励むこと。

「奮励」は、気力を奮い起して行い励むことで、「努力」の語を添えて、その意を強調したもの。日露戦争時、日本海海戦における東郷《とうごう》平八郎の「各員一層奮励努力せよ」の檄《げき》で知られる。

弊衣破帽 ◈へいい はぼう

破れた衣服と破れた帽子。また、そのような姿恰好《かっこう》。特に、旧制高等学校生徒が、いわゆる「蛮《ばん》カラ」な風俗を気どって、好んで身につけた。粗野なことを意味する「蛮カラ」は、「ハイカラ」をもじった語。着古した衣服はもとより、新しい衣類や帽子までわざと破って身につけていた。

平穏無事 ◈へいおん ぶじ

穏やかで、これという変ったこともないこと。また、そのさま。

「平穏」は、変ったことも起らず、穏やかなこと。「無事」は、取立てて言うほどの変事がないこと。変事が起らず平和である意味で類義の二語を重ね、そのさまを強調する。日常生活などについて言う。

並駕斉駆 ◈へいが せいく

能力・地位などに差がないこと。

「駕を並べて斉《ひと》しく駆《か》ける」と読む。「駕」は、馬に引かせる乗物。馬車を並べ、そろって駆ける意。並んで走るところから、技量などに差のないたとえとされる。『文心雕竜《ぶんしんちょうりょう》』附会に「駟牡《しぼ》(馬車を引く四頭の馬)は力を異にすれども、六轡《りくひ》(六本の手綱)は琴の如《ごと》く、駕を並べて斉しく駆け、一轂《こく》は輻《ふく》を統《す》ぶ(車輪は中央のこしきでまとまっている)」と見える。

兵強馬壮 ◈へいきょう ばそう

軍隊が充実していることのたとえ。

「兵強くして馬壮《さか》んなり」と読む。兵力が強く、馬も元気であること。軍隊の充実した勢いを示しているが、兵力が強ければ国が安泰かといえば、そうとも限らない。『淮南子《えなんじ》』原道訓に見える「兵強則滅《そくめつ》」すなわち「兵強ければ則《すなわ》ち滅ぶ」がそれで、いわば「兵強馬壮」と対立する表現。兵力が強いとそれに頼ってしまい柔軟性が失われるから、かたい木のように折れやすく、国の滅亡にも通ずると言う。

閉月羞花《へいげつしゅうか》 ⇒ 羞花閉月《しゅうかへいげつ》

閉口頓首 ◈へいこう とんしゅ

まったく困り切ってしまうこと。

「閉口」は、口を閉じて物を言わない意。すなわち対応する言葉に詰って、手の打ちようもないほど困らされること。「頓首」は、中国の礼式で、頭を地につけて敬意を示すこと。口を閉じるという動作に、頭を下げるという動作を添えて、困りきって降参しました、という様子を表現したもの。

秉燭夜遊 ◈へいしょく やゆう

短い人生、夜も遊ぼうということ。

「燭を秉《と》りて夜遊ぶ」と読む。使用例は少なくない。『文選《もんぜん》』に載る古詩には「生年百に満たず、常に千歳の憂いを懐《いだ》く。昼は短くして夜の長きに苦しむ、何ぞ燭を秉りて遊ばざる」と見える。下って盛唐の李白は、「春夜宴二従弟桃李園一序」で「それ天地は万物の逆旅《げきりょ》（宿屋）にして、光陰（歳月）は百代の過客《かかく》なり。しこうして浮生は夢の若《ごと》し、歓を為《な》すこと幾何《いくばく》ぞ。古人燭を秉りて夜遊ぶは、まことに以《ゆえ》有るなり」と言う。歳月を「百代過客」と観じて李白は夜に遊び、松尾芭蕉《ばしょう》は旅に出た。*

平身低頭 ◈へいしん ていとう

身をかがめ、頭を低く下げること。

恐れ入るさま、また、ひたすら謝るさまを言う。すわっている場合は「平蜘蛛《ひらぐも》のように」ひれ伏し、立っている場合は「米つきばったのように」頭を深く下げる。「平身低頭してわびる」のような使い方をする。

萍水相逢 ◈へいすい そうほう

旅先などで、あるいは浮浪している者同士が、偶然に知合いになるたとえ。

「萍水相逢《あいあ》う」と読む。「萍」は、浮草。浮草と水が出会う意。一説に、水にただよう浮草同士がたまたま出会う意。「萍水相逢うも、ことごとくこれ他郷の客なり」（唐、王勃《おうぼつ》「滕王閣序」）から。今ここで互いに会っている が、みな他郷の人々である、の意。王勃自身、長安から南昌に来ていたところだった。

兵隊勘定 ◆へいたい かんじょう

代金を均等に負担すること。

特に大勢で一緒に飲食した時、その代金を人数割りして各自が均等に支払うことを言う。いわゆる「割勘《わりかん》」（割前勘定）のこと。兵士たちが飲み食いする時、おおむねそのようにして支払いをしたところから言う。

平談俗語 ◆へいだん ぞくご

日常の会話に出るような、ふつうの言葉。

「平談」は、ふだんのおしゃべりの意。「俗語」は、日常の話し言葉の意。「平談俗話」とも言い、また、松尾芭蕉《ばしょう》が日常の言葉遣いを重視して取上げた「*俗談平話」も同義。

平伏膝行 ◆へいふく しっこう

平伏し、膝《ひざ》を使って進退すること。

神仏や貴人の前での座礼作法を言う。「平伏」は、両手をつき、頭を床につけて礼拝すること。「膝行」は、坐《すわ》ったまま膝を使って進退の移動をすること。『太平記』四に、児島高徳《こじまたかのり》が桜の木に記した「天勾践《こうせん》（句践）を空《むな》しうするなかれ、時に范蠡《はんれい》無きにしも非《あら》ず」のいわれを記すくだりで「〔越の大夫種《しゅ》は〕膝行頓首シテ〔呉の〕太宰嚭《たいさいひ》ガ前ニ平伏ス」とあるのは、春秋時代の中国のことを、日本の習慣を取入れて描写したもの。

平平凡凡 ◆へいへい ぼんぼん

きわめて平凡なさま。

「平凡」を強めていう語。同じ漢字を二字ずつ並べた語は少なくない。「*奇奇怪怪《ききかいかい》」「*虚虚実実《きょきょじつじつ》」「*個個別別《ここべつべつ》」「*洒洒落落《しゃしゃらくらく》」などは、この語と同じように、二字の熟語の意味を強めた言葉。それに対して、「*唯唯諾諾《いいだくだく》」「*喧喧囂囂《けんけんごうごう》」「*正正堂堂《せいせいどうどう》」「*戦戦兢兢《せんせんきょうきょう》」「*津津浦浦《つつうらうら》」などは、一語一語を繰返して意味を強めたもの。なお、「*是是非非《ぜぜひひ》」は、「是を是とし非を非とする」による語で、「是非」を反復強調した語ではない。

碧眼紅毛《へきがんこうもう》 ⇩ 紅毛碧眼《こうもうへきがん》

汨羅之鬼 ◆べきらの き

水死人のこと。

「汨羅」は、今の湖南省北部を流れる湘江《しょうこう》の支流。「鬼」はオニとも読み、霊魂のこと。戦国時代、楚《そ》の屈原は讒言《ざんげん》によって頃襄王《けいじょうおう》の怒りを買い、都から追放されて失意のうちに汨羅に身を投じた。その故事に基づく語。それに対して日本では、水死人を俗に「土左衛門」と言うが、これは一説に、溺死者《できししゃ》の遺体を力士の成瀬川土左衛門にたとえたことからという。

霹靂閃電

◆へきれき せんでん

勢いがあって素早いことのたとえ。

急に雷鳴がとどろき、稲妻が光る意。「霹靂」は、急に激しく鳴る雷の意。「閃電」は、「電」が「電光」すなわち稲妻の意で、稲妻が閃《ひらめ》くこと。稲妻がぴかっと光る「電光一閃」という表現もある。『隋書』長孫晟伝《ちょうそんせいでん》に「その弓声を聞くに、謂《い》いて霹靂と為《な》し、その走馬を見るに、称して閃電と為す」と見える。

平等平等

◆へら へいとう

一様であるさま。平等なさま。また、むやみやたらであること。

「平等」を、読みを違えて重ねたもの。一種の「文選《もんぜん》読み」かという。「文選読み」とは、先に漢字を音読し、次に同じ漢字を訓読する読み方。平安時代の博士家で『文選』を教える時に用いた方法で、たとえば「蟋蟀」を「しっしゅつのきりぎりす」と読む類。雑俳の「掛《かか》り人《うど》(居候)へらへいとうに苛《いじ》められ」(『万句合』宝暦十二年)の「へらへいとう」は、むやみやたらの意。

遍計所執

◆へんげ しょしゅう

仏教で、妄想されたもののこと。

「遍計」は、誤った見解。誤った見解によって執着されたものの意。もののあり方のうち、主観的に構想され、実体があると見られて執着されたものを言う。「遍計所執性」として、「依他起性《*えたきしょう》」「円成実性《*えんじょうじつしょう》」とともに、唯識説《ゆいしきせつ》で説く「三性」の一つ。唯識説は、「空《くう》」の思想を受けついで、すべての存在はただ自己の心(＝識)が作り出した仮のものと説くもので、無着《むじゃく》・世親《せしん》によって体系化され、法相宗《ほっそう》の基本思想となっている。

変幻自在

◆へんげん じざい

自由自在に出没したり変化したりすること。また、そのさま。

「変幻」は、姿がたちまち現れたり消えたりすること。また、変化のすみやかなこと。人のしわざとは思えない自由自在な変化のさまを言う。

片言隻句　◈ へんげん せっく

ちょっとした短い言葉。

「片言」も「隻句」も、わずかな言葉の意。同義の二語を重ねて、断片的であることを強調する。「片言隻語《せきご》」「片言隻辞《せきじ》」とも言う。「片言隻句も聞きもらさない」という表現があるように、短いが大事な言葉の場合に使う。書き物で言う「*断簡零墨《だんかんれいぼく》」に当たる。

変成男子　◈ へんじょう なんし

女性が仏になる時は男性に変るということ。

『法華経』提婆達多品《だいばだったぼん》に、竜王の娘、竜女《りゅうにょ》が「忽然《こつねん》の間に変じて男子と成り」、仏となったというくだりがある。これを、女性も成仏できるとする男女平等の思想と見るか、男子に身を変えなければ成仏できないという性差別の表現と見るかは議論のあるところだが、『更級《さらしな》日記』の作者が夢で、法華経の五の巻（提婆達多品のある巻）を学べと僧に言われているように、古くから「*女人《にょにん》成仏」のよりどころとされている。「転女成男《てんにょじょうなん》」とも言う。

駢四儷六《べんしれいろく》　⇩　四六駢儷《しろくべんれい》

変態百出　◈ へんたい ひゃくしゅつ

次々に姿や形を変えていくこと。

「変態」は、姿・形を変えること。「百出」は、次から次へと出てくること。『新唐書』芸文志では「歴代盛衰し、文章時とともに高下す。しかしてその変態百出、窮極すべからず」と、文学・思想などが時代時代に次々に姿・形を変えて現れては消えてゆくさまを言っている。

偏袒右肩　◈ へんだん うけん

右肩を現し左肩だけを覆《おお》う、僧の袈裟《けさ》のまとい方。

「偏袒」はヘンタンとも言い、片肌を脱ぐ意。古代インドの礼法が仏教に取入れられたもの。中国・日本では、インドとの気候の違いもあって、法衣の上にまとう袈裟と呼ぶ長方形の衣を、左肩から右脇下に掛けて「偏袒右肩」の義とする。経典にもしばしば見られ、たとえば『無量寿経』上には、阿難《あなん》尊者が座より起ち、偏袒右肩し、ひざまずき合掌《がっしょう》して仏に申し上げた、というくだりがあり、仏をうやまう礼法として記されている。

偏袒扼腕 ◆へんたん やくわん

激しく怒ったり、くやしがったりするさま。また、感情が高ぶっているさま。

「偏袒」は、片肌を脱ぐこと。意気込むさまを示す。「扼腕」は、一方の手で他方の腕をにぎりしめること。憤慨したり残念がったりするさまを表す。「切歯《せっし》扼腕」と類義で、激しく高まった感情が態度に出ている様子を言う。

遍地開花 ◆へんち かいか

いたるところに喜びがあふれ生き生きしているさま。「地に遍《あまね》く花を開く」と読む。あたり一面に花が咲く意。春になって、一斉に花が開く様子を、喜びや幸せなどがみちあふれている様子にたとえたもの。

偏聴生姦 ◆へんちょう しょうかん

一方の言い分だけを聞いて判断すると、よくないことが起るということ。

「偏聴、姦を生ず」と言う。「姦」は、正道でないこと。戦国時代、斉《せい》の遊説家《ゆうぜいか》鄒陽《すうよう》が梁《りょう》の孝王のもとにいた時、讒言《ざんげん》によって死罪を命ぜられた。鄒陽は獄中から王に書簡を出し、「偏聴姦を生じ、独任（一人の家臣だけを信任する）乱を成す」（『史記』鄒陽伝）と、一方の言い分だけを聞く危険性を訴える。長文の書簡が王を動かし、鄒陽は獄から出されて上客の待遇を受ける。

辺幅修飾 ◆へんぷく しゅうしょく

うわべを飾ること。見栄を張ること。

「辺幅」は、布地のへりの意から、うわべ。「天下の雌雄いまだ定まらざるに、公孫《こうそん》、哺《ほ》を吐き（食事を途中でやめ）走って国士を迎え、ともに成敗を図らず。かえって辺幅を修飾すること偶人《ぐうじん》の形の如《ごと》し」（『後漢書』馬援《ばえん》伝）から。前漢末の混乱期に、天下を狙《ねら》う一人、蜀《しょく》の公孫述の人となりを偵察にいった馬援の言葉。きらびやかな服装・行列で迎えられた馬援は、食事の暇もないほど駆け回って人材を集めるべき時なのにそういうこともせず、公孫述はまるで着飾った木偶《でく》人形のようだと批判する。

偏旁冠脚 ◆へん ぼう かん きゃく

漢字の構成上の各部分を位置関係から名づけた名称。

「偏」は、左右に分けた時の左側。「ごんべん（言）」「いとへん（糸）」など。「旁」はツクリと言い、左右に分けた時の右側。机・作の「几」「乍」など。「冠」はカンムリで、上下に分けた時の上部。「うかんむり（宀）」「くさかんむり（艹）」など。「脚」はアシで、上下に分けたときの下部。「れんが（灬）」など。これら四種のほか、「門がまえ」などの「構《かまえ》」、「走《そう》にょう」などの「繞《にょう》」などがあり、これらを含めた総称としても言う。

豊衣足食

◆ほうい　そくしょく

生活が豊かなたとえ。

衣類が豊富で、食物も満ち足りている意。「衣食足りて礼節を知る」（→衣食礼節）と言うが豊かさも程度問題で、孟子《もうし》は「飽食煖衣《ほうしょくだんい》、逸居《いっきょ》して教えの無ければ、すなわち禽獣《きんじゅう》に近し」（→暖衣飽食）と述べて、度を越した豊かさを戒める。なお、「豊衣足食」に対して、求めてつつましい生活をすることを「粗衣粗食《*そいそしょく》」と言う。

放佚無慙

◆ほういつ　むざん

わがままで恥知らずなこと。また、そのさま。「放佚」は、勝手気ままなこと。「放逸」とも書く。「無慙」は、仏教語で、罪を犯しながら心に恥じない意。戒律を破って恥じないことを「破戒《*はかい》無慙」と言う。「放佚無慙」も仏教に関わって用いられ、『徒然草《つれづれぐさ》』一一五には「仏道を願ふに似て、闘諍《とうじょう》（争い）をこととす。放逸無慙の有様なれども」と見える。

暴飲暴食

◆ぼういん　ぼうしょく

度を過ごして飲食すること。

飲み過ぎ食べ過ぎの程度のはなはだしいものを言う。大いに飲んだり食べたりする意の「牛飲馬食*」は、飲み食いの量の多さを言う語で、程度を過ごす意味には使われない。

望雲之情

◆ぼううんの　じょう

遠く父母を思うこと。

任地の并州《へいしゅう》（山西省）に到った唐の狄仁傑《てきじんけつ》は、太行山に登る。「南望して白雲の孤飛《こひ》するを見る。左右に謂《い》いて曰《いわ》く、わが親の居する所、此《こ》の雲の下に在り、と」（『旧《く》唐書《とうじょ》』狄仁傑伝）。遠く父母のいる地を思いたたずんでいたという。引用から「白雲孤飛」も、旅先で父母を思う意に使われる。

報怨以徳　◆ほうえん いとく

怨《うら》みのある者に対し、恩徳をもって報《むく》いること。「怨みに報ゆるに徳を以てす」と読む。「無為を為《な》し、無事を事とし、無味を味わう。小を大とし、少を多とし、怨みに報ゆるに徳を以てす」(『老子』六三)から。無為の実践を、老子独特の逆説的表現で具体的に説いたもの。簡単な表現であるだけに、さまざまな解釈の余地を残す。それもあって、この語は、老子を離れ独立した箴《しん》言《げん》として使われることが多い。

砲煙弾雨《ほうえんだんう》　⇩　硝煙弾雨《しょうえんだんう》

鳳凰在笯　◆ほうおう ざいど

優れた人が地位にめぐまれず、野にあるたとえ。「鳳凰笯に在り」と読む。「笯」は、鳥かごの意。『楚《そ》辞《じ》』九章、懐沙《かいしゃ》に「白を変じて以て黒と為《な》し、上を倒《さかさま》にして以て下と為す。鳳凰笯に在り、鶏鶩《けいぼく》(あひる)翔舞《しょうぶ》す」と見える。世の中が正しくなっていないのを嘆いたもので、「懐沙」は屈原《くつげん》が汨羅《べきら》に身を投じる直前の作品と言われる。

忘恩負義　◆ぼうおん ふぎ

恩を忘れて道義にもとる行いをすること。「恩を忘れ義に負《そむ》く」と読む。古くは『漢書』張敞《ちょうしょう》伝に「恩に背《そむ》き義を忘る」と見える。

法界悋気　◆ほうかい りんき

自分に関係のない他人のことに嫉妬《しっと》すること。他人の恋にやきもちを焼くこと。

「法界」は、仏教でホッカイと読み、全世界を意味する。「法界平等」「法界無差別」などの語を仲立ちにして、「〔亭主と思えば腹も立つ〕法界の男ぢゃと思えば済む」(近松門左衛門『重井筒《かさねいづつ》』上)のように、一般語として、自分に直接関係のない存在、赤の他人を言うようになった。「悋気」は、嫉妬、やきもち。すなわち「法界悋気」は、和語で言う「おかやき」に同じ。

放歌高吟　◆ほうか こうぎん

あたりかまわず大きな声でうたうこと。

「放歌」は、あたりかまわず大声で歌をうたうこと。「放」は、ほしいままに、わがままにの意。「高吟」は、大声で詩などを吟ずること。「高」は、声をはり上げることを意味し、音楽的に朗々と吟ずる「朗吟」とは異なる。二語を重ねて、必要以上に声を大きくしてうたうことを強調する。

抱関撃柝

◆ほうかん げきたく

低い地位のたとえ。

「抱関」は、かんぬきを抱える意で、門番。「撃柝」は、拍子木を打つ意で、夜警。「貧《ひん》の為にする者は、尊《とうとき》を辞して卑《いやしき》に居り、富《とみ》を辞して貧《まずしき》に居るべし。尊を辞して卑に居り、富を辞して貧に居るには、いずれか宜《よろ》しき。抱関撃柝なり」(『孟子《もうし》』万章下)から。生活のために仕える者は、高い地位を辞退して低い地位に甘んじ、高禄を辞退して微禄に満足しなさい、具体的には門番か夜警くらいがよい、の意。主旨は、主君に仕えるのは正しい道を行うためで、生活のためではない、ということ。

判官贔屓

◆ほうがん びいき
はんがん びいき

弱者に対する同情や贔屓のたとえ。

源義朝《みなもとのよしとも》の九男で判官《はんがん》(検非違使《けびいし》の尉《じょう》)だったことから「九郎判官《くろうほうがん》」と呼ばれた源義経《よしつね》を、薄命の英雄として哀惜し同情する意。日本人が贔屓する薄命の判官には、もう一人、浅野内匠頭長矩《あさのたくみのかみながのり》をモデルとする『仮名手本忠臣蔵』の塩冶判官《えんやはんがん》がいる。歌舞伎では義経をホウガン、塩冶判官をハンガンと呼び習わすが、弱者を贔屓する意としては、どちらに読んでもさしつかえない。

報仇雪恨

◆ほうきゅう せっこん

かたきを討って、屈辱をはらすこと。

「仇《あだ》を報じ、恨《うら》みを雪《そそ》ぐ」と読む。主君や父などを殺した者を討って報復することを「仇討《あだうち》」(カタキウチとも)と言う。武家中心の社会だった中世・近世を通して仇討は盛んに行われたが、一八七三年の太政官《だじょうかん》布告によって禁止された。八〇年に福岡県人臼井六郎が、判事の一ノ瀬直久を父母の仇として殺害した件が、最後の仇討とされる。

飽経風霜

◆ほうけい ふうそう

世の中の苦労を味わい尽していること。

「風霜を飽経す」と読む。風霜を飽きるほど経てきた意。「風霜」は、厳しく激しい苦難のたとえ。世の中の苦難をさんざん味わい、したたかで悪賢くなっているさまを言う。和語で言う「*海千山千《うみせんやません》」に同じ。

放言高論　◆ほうげん　こうろん

言いたい放題、声高に論じること。

「放言」は、思うままに言い放つこと。「高論」は、大声で論じること。また、高遠な論を言うこともあり、その場合は、もったいぶった御説、すなわち「ご託宣を述べる」というほどの意味となる。できもしないことを言い立てる「*大言壮語《たいげんそうご》」は、言っていること自体を批判するが、「放言高論」は、態度を問題にしている。

暴言多罪　◆ぼうげん　たざい

手紙などの文末に記す、失礼を詫《わ》びる言葉。

文中、礼を失した乱暴な物言いをし、はなはだ罪多いことです、お許しください、の意。長い文面で、自分の考えを述べた時などに記す。類義表現の「*妄言多謝《もうげんたしゃ》」は、あることとないこと並べ立てて、幾重にもお詫びします、の意。ともに、自分の考えに対する謙遜《けんそん》の意味をこめる。

妄言多謝《ぼうげんたしゃ》 ⇩ 妄言多謝《もうげんたしゃ》

方向音痴　◆ほうこう　おんち

方向感覚がおぼつかないこと。

「音痴」は、正しい音の認識や発声ができないこと。味覚がいい加減なことを「味《あじ》音痴」と言うなど、正しくない感覚を俗に「音痴」と称する。ここは、方向感覚が正しく認識できない場合。

奉公守法　◆ほうこう　しゅほう

一身をささげて公務に尽し、法を守ること。

「奉公」は、一身をささげて公に仕えること。本来は、国や朝廷に対して使う語だが、主君、また商家に住みこんで働く場合など、幅広く使われた。私情を捨ててひたすら身をささげる意の「滅私《めっし》奉公」も、第二次大戦中は国に利用されてなじみの言葉だった。「守法」は、法を守ることで、この語を添えることで、もっぱら公務員のあるべき姿を示している。

暴虎馮河　◆ぼうこ　ひょうか

血気の勇にはやること。無鉄砲なこと。

「暴虎」は、虎に素手で立ち向うこと。「馮河」は、黄河を歩いて渡ること。三軍を率いるとしたら誰と一緒にするか、という弟子子路《しろ》の問に孔子が答える。「暴虎馮河し、死して悔いなき者は、われ与《とも》にせざるなり。必ずや事に臨みて懼《おそ》れ、謀《はかりごと》を好みて成さん者なり」(『論語』述而《じゅつじ》)。無鉄砲で死んでも悔いないような者とは一緒にやらない、慎重に策を練って事を成しとげるような者とする、と。

旁時掣肘 ◆ぼうじ せいちゅう

そばから干渉して、人の行動を妨げること。

「宓子賤《ふくしせん》、旁《かたわら》より時にその肘《ひじ》を掣揺《せいよう》す。吏これを書するに善からず。宓子賤この為に怒る」(『呂氏《りょし》春秋』審応覧、具備)による。宓子賤が臣下に字を書かせ、書いている肘を引っぱって邪魔をしたという故事。「掣揺」は、引っぱりゆする意。『孔子家語《けご》』屈節解では「宓子、その邑吏《ゆうり》を戒めんとし、二史をして書せしむ。書するに方《あた》りてすなわちその肘を掣《ひ》く」となっている。宓子賤の行為は、実は、魯《ろ》の哀公が側近の言にまどわされて自分の考えを実行できないのを見て、それでは政治ができないことを分ってもらおうと思ってのことという。広く使われる「掣肘」は、ここからの語。

封豕長蛇 ◆ほうし ちょうだ

貪欲・強悪なもののたとえ。

「封」は、大きい、の意。「豕」は、猪《いのしし》の類。大きな猪と長い蛇の意。「呉、封豕長蛇と為《な》り、以て上国を荐食《せんしょく》す(王都に近い諸国の領土をしきりに侵略する)」(『春秋左氏伝』定公四年)から。呉に侵略された楚《そ》の申包胥《しんほうしょ》が、秦《しん》に救援を求めた際に述べたもの。

傍若無人 ◆ぼうじゃく ぶじん

人前をはばからず、勝手気ままに振舞うさま。

「傍《かたわ》らに人無きが若《ごと》し」と読む。「酒酣《たけなわ》にして以往、高漸離《こうぜんり》筑《ちく》(楽器の一種)を撃ち、荊軻《けいか》和して市中に歌い、相楽しむなり。すでにして相泣き、旁(「傍」に同じ)に人無き者の若し」(『史記』刺客伝、荊軻)から。後年、秦王《しんおう》(後の始皇帝)暗殺に出立する際、荊軻は易水《えきすい》のほとりで、高漸離の筑に和して「風蕭《しょう》々《しょう》として易水寒し」の歌をうたう。

飽食終日 ◆ほうしょく しゅうじつ

一日中、ただ腹いっぱい食べるだけで、何もせずに過すこと。

「飽くまで食らいて日を終え、心を用いる所無し、難《かた》いかな。博奕《はくえき》なる者有らずや、これを為《な》すはなお已《や》むに賢《まさ》れり」(『論語』陽貨)から。一日中腹いっぱい食べるだけで、心を働かせないのは困ったことだ、さいころ遊びだって何もしないよりはましだ、の意。

飽食暖衣《ほうしょくだんい》　⇩　暖衣飽食《だんいほうしょく》

望蜀之嘆《ぼうしょくのたん》　⇩　得隴望蜀《とくろうぼうしょく》

抱薪救火　◈ほうしん　きゅうか

害を除こうとして、かえってその害を大きくするたとえ。

「薪《たきぎ》を抱《いだ》きて火を救う」と言う。『戦国策』魏策《ぎさく》に「地を以て(土地を差出して)秦《しん》に事《つか》うるは、譬《たと》うればなお薪を抱きて火を救うがごときなり」と見える。秦とのいくさに敗れた魏王が、秦の求めに応じて土地を割譲しようとしたのに対して、家臣が諫《いさ》めたもの。この表現は『淮《え》南子《なんじ》』覧冥訓にも見え、また同書説林《ぜいりん》訓には「蓑《みの》を披《き》て火を救う」という類義表現も見られる。

望塵之拝　◈ぼうじんの　はい

地位の高い人にこびへつらうたとえ。転じて、人に先んじられること。

貴人の乗る車が塵《ちり》を巻き上げて去って行くのを、後ろから拝む意。つまり、後塵を拝することを言う。『晋書《しんじょ》』潘岳《はんがく》伝に「岳、性軽躁にして世利に趨《はし》る。石崇《せきすう》等と諂《へつら》いて賈謐《かひつ》に事《つか》う。つねにその出づるを候《うかが》い、崇とすなわち塵を望んで拝す」と見える。そうやって権勢家賈謐に仕えた潘岳だったが、のち讒言《ざんげん》により誅《ちゅう》される。

方枘円鑿《ほうぜいえんさく》　⇩　円鑿方枘《えんさくほうぜい》

茫然自失　◈ぼうぜん　じしつ

あっけにとられて、我を忘れてしまうさま。

「茫然」は、「呆然」と同じ。あっけにとられるさま。「自失」は、我を忘れてぼんやりすること。「〔孔子の言ったことが理解できず〕子貢《しこう》茫然として自失し、家に帰りて淫思《いんし》する(じっと考える)こと七日、寝ず食わず、以て骨立《こつりつ》するに至る(やせ細った)」(『列子』仲尼《ちゅうじ》)から。子貢は孔子の弟子で、孔門十哲の一人。

（あな）と四角い枘《ぜい》（ほぞ）を用いた「*円鑿方枘《えんさくほうぜい》」がある。

鵬程万里 ◈ほうてい ばんり

遥かに遠い道のりのたとえ。

「鵬程」は、おおとりの飛んでいく道のりの意から、遥かな道程を言う。「鵬」は、『荘子』逍遥遊に見える鳥。「鵬の南冥《なんめい》に徙《うつ》るや、水の撃すること三千里、扶揺《ふよう》に摶《はう》ちて上ること九万里、去るに六月の息を以てする者なり」。鵬が南の果ての海へ行く時は、海上を波立てながら走ること三千里、つむじ風に羽ばたいて九万里の高さに上り、六月の大風に乗って飛び去るという。

蓬頭垢面 ◈ほうとう こうめん

身だしなみに無頓着なさま。

「蓬頭」は、乱れた頭髪。「垢面」は、クメンとも言い、垢《あか》だらけの顔の意。「君子はその衣冠を整え、その瞻視《せんし》を尊ぶ（まなざしを大切にする）。なんぞ必ずしも蓬頭垢面にして、しかる後に賢と為《な》さんや（賢人と言えようか）」（『魏書《ぎしょ》』封軌《ほうき》伝）から。日ごろ身ぎれいにしている封軌が、学者は身だしなみに無頓着だというが、という言に答えたもの。

抱柱之信《ほうちゅうのしん》 ⇒ 尾生之信《びせいのしん》

忙中有閑 ◈ぼうちゅう ゆうかん

忙しい中にもわずかなひまはあるということ。

「忙中閑有り」と言う。多忙で走り回っている時に、ぽっとできた空白の時間などに言う。もっとも、ひまというものは向うからやってくるものではなく、自分で見つけるものとも言う。「*忙裡《ぼうり》偸閑《とうかん》」は、忙中に積極的にひまを見つけ出すこと。

方底円蓋 ◈ほうてい えんがい

物事がくいちがっていて、ぴったり合わないことのたとえ。

「底を方にして蓋《ふた》を円《まる》くす」と読む。四角い器に丸い蓋を当てる意。「いま疎薄の人をして親厚の恩を節量せしむるは、なお底を方にして蓋を円くするがごとくして、必ず合わず」（『顔氏家訓』兄弟）による。親の愛を同じように受けて育った兄弟の間に比べると、その嫁同士は薄情である。そんな嫁たちに親の恩愛を推察させようとしてもうまくいかない、の意。類義の表現に、円い鑿《さく》

放蕩不羈 ◆ほうとう ふき

何の束縛も受けず、気ままに振舞うこと。

「放蕩」は、ほしいままに振舞うこと。「不羈」は、束縛されないこと。『晋書《しんじょ》』王長文伝に見える。

放蕩無頼 ◆ほうとう ぶらい

まじめに仕事をせず、酒色にふけるなど、素行《そこう》が乱れているさま。

「放蕩」は、ほしいままに振舞うこと。特に酒色にふけって品行がおさまらないこと。酒色に溺《おぼ》れて遊び歩いている子を「放蕩息子」と言う。「無頼」は、正業につかず、不法なことをしているさま。そのような男を「無頼漢」と言う。両語を重ねて、品行がきわめて悪いさまを強調する。

豊年満作 ◆ほうねん まんさく

農作物が豊かにみのり、収穫が非常に多いこと。

「豊年」は、農作物がよくみのった年。「満作」は、「豊作」と同義で、農作物の収穫が多いこと。両語を重ねて、作物に恵まれたさまと、その喜びを強調する。語調がよく、民謡の囃子詞《はやしことば》や唱歌の歌詞などに使われる。

尨眉皓髪 ◆ぼうび こうはつ

老人の形容。

「尨」は入混じる意で、「尨眉」は、眉《まゆ》に白い毛が入混じっているさま。「皓」は白い意で、「皓髪」は、白髪の意。前漢の顔駟《がんし》は醜男《ぶおとこ》だが武に才能があった。三代の皇帝に仕えたが、最初の文帝は文を好み、次の景帝は美男を好み、三代目の武帝は若者を好んだため、結局重用されることなく微官のまま「尨眉皓髪」になってしまったという。『後漢書』劉《りゅうちょう》寵伝や張衡《ちょうこう》「思玄賦《ふ》」の『文選《もんぜん》』の注などに見られる。

捧腹絶倒 ◆ほうふく ぜっとう

腹をかかえて、ひっくり返るほど大笑いすること。

「捧腹」は、腹をかかえる意。『史記』日者伝に「司馬季主、腹を捧《かか》えて大笑す」とあり、ここから「捧腹」だけで、腹をかかえて大いに笑う意となる。「日者」は、日の吉凶を占う者、すなわち卜筮者《ぼくぜいしゃ》。司馬季主は巷《ちまた》の卜筮者。「絶倒」は、ころがるほど笑う意。両語を重ねて、大笑いするさまを誇張して表現する。現在では「抱腹絶倒」と書くことが多い。

望文生義 ◆ぼうぶん せいぎ

文字面《もじづら》から文の意味を勝手に解釈すること。「文を望みて義を生ず」と読む。落語「千早振《ちはやふ》る」では、「千早振る神代《かみよ》もきかず竜田川からくれなゐに水くくるとは（紅葉の散る竜田川は赤くくくり染めをしたようだ）」という在原業平《ありわらのなりひら》の古歌を、文字面から珍妙な解釈をする。竜田川という相撲取を花魁《おいらん》の千早大夫が振り、妹大夫の神代もいうことをきかなかった、後年、落ちぶれた千早は豆腐屋になった竜田川を訪れたが、おからもくれなかったので井戸に身を投げた、と。末尾の「とは」は千早の本名というのがオチ。

放辟邪侈 ◆ほうへき じゃし

勝手気ままで、したい放題の悪いことをすること。「放」は、わがまま。「辟」は、かたよっている意。「邪」は、よこしま。「侈」は、おごりたかぶっている意。「民のごときは、すなわち恒産（一定の財産）無ければ、よりて恒心（ぐらつかない正しい心）無し。いやしくも恒心無ければ、放辟邪侈、為《な》さざる無し」（『孟子《もうし》』梁恵王《りょうけいおう》上）から。民は、生活が安定していなければ道徳心も起らず、したい放題、どんな悪いことでもやってのける、と言う。「恒産恒心*」も同じ引用からの語。

報本反始 ◆ほうほん はんし

天地・祖先の恩に感謝し報いること。「本《もと》に報《むく》い始めに反《かえ》る」と読む。「万物は天に本づき、人は祖に本づく。これ上帝に配する所以《ゆえん》なり。郊の祭《こうまつり》や、大いに本に報い始めに反るなり」（『礼記《らいき》』郊特牲）から。「郊の祭」は、天子が冬至《とうじ》に天を、夏至《げし》に地をまつる郊郊の祭《こう》祀《し》の祭。祖霊を併せまつり、都の周辺地方の丘で行なったところから、そのような地域を「郊」と言うようになった。

朋友知己 ◆ほうゆう ちき

友人知人。「朋友」は、ともだち。中国語の発音を取入れて、ポンユーとも言う。「君子以て朋友と講習す」（『易経』兌卦《だか》）から。「知己」は、親友。または知人。「士は己れを知る者の為に死す」（『史記』刺客伝、予譲）から。両語を合せ、自分の親しい人を総称する。

忘憂之物 ◆ぼうゆうの もの

酒の異名。

「憂《うれ》いを忘れる物」の意。単に「忘憂」とも言う。東晋の陶淵明《とうえんめい》「飲酒詩」に「〔秋菊を〕この忘憂の物に汎《う》かべ、わが遺世の情を遠くす（ますます俗世から離れた気持になる）」と見える。また、室町時代の辞書『文明本節用集』に「酒の異名なり。酒を飲みて憂いを忘るる故《ゆえ》に云《い》う」とある。

朋友有信 ◆ほうゆう ゆうしん

友人の間では互いの信義が大切であるということ。

「朋友信有り」と読む。「聖人（舜《しゅん》）またこれを憂え、契《せつ》をして司徒たらしめ、教うるに人倫を以てし、父子親有り、君臣義有り、夫婦別有り、長幼叙有り、朋友信有らしむ」（『孟子《もうし》』滕文公《とうぶんこう》上）から。ここに述べる父子の間の親愛、君臣の間の礼儀、夫婦の間の区別、長幼の間の順序、朋友の間の信義を「五倫」と言う。

亡羊之嘆 ◆ぼうようの たん

学問の道が多方面に分れていて、真理をとらえられない嘆き。

戦国時代の遊説家《ゆうぜいか》楊朱《ようしゅ》（楊子）の隣家で羊が逃げた。楊朱が「一羊を亡《うしな》うに、何ぞ追う者の衆《おお》きや」と聞いたら「岐路多し」という返事が返ってきた。しかも、結局羊はつかまらなかったという。「大道は岐多くして以て羊を亡《うしな》う。学者は方多くして以て生を喪《うしな》う」（『列子』説符）。「多岐《たき》亡羊」も同じ故事からの語。

亡羊補牢 ◆ぼうよう ほろう

失敗してもすぐに手当をすれば被害を最小限にくいとめられるというたとえ。

「羊《ひつじ》を亡《うしな》いて牢を補う」と読む。羊に逃げられてから囲いを修理する意。『戦国策《せんごくさく》』楚策《そさく》に「鄙語《ひご》に曰《いわ》く、兎を見て犬を顧みる、未《おそ》だ晩しと為《な》さざるなり。羊を亡いて牢を補う、未だ遅しと為さざるなり」と見える。「泥縄」と略して使う「泥棒を見て縄を綯《な》う」と類似の表現だが、「亡羊補牢」が一度は失敗するのに対し、「泥縄」は、手順のまずさはあるものの失敗には至っていない。

蓬萊弱水 ◆ほうらい じゃくすい

非常に大きな隔たりのあるたとえ。

「蓬萊弱水の隔たり」とも言う。「蓬萊」は、中国の伝説で、東海にあるという仙人の住む島。不老不死の仙薬があるという。「弱水」は、やはり伝説上の川で、西の果てにあるという。『列仙伝』によれば、「蓬萊は弱水を隔つること三十万里、飛仙にあらざれば到るべからず」という。

忙裡偸閑 ◈ぼうり　とうかん

忙しい合間にも、ひまを見つけて楽しむこと。「忙裡に閑を偸《ぬす》む」と読む。宋の陳造『江湖長翁集』に「忙裡に閑を偸み、苦中に楽を作る」と見える。忙しい中にひまを見つけ出し、苦しい中に楽を作る意。成行きまかせの「*忙中有閑《ぼうちゅうゆうかん》」に対して、積極的にひまを作り出そうとする姿勢がある。

暴戻恣睢 ◈ぼうれい　しき

道理を知らず凶暴で、ほしいままに人を睨《にら》みつけること。残忍で横暴なことを言う。

「暴戻」は、道理をわきまえず乱暴なこと。「恣睢」は、やたらに人を睨みつける意。「盗跖《とうせき》は日に不辜《ふこ》（罪のない人）を殺し、人の肉を肝にし、暴戻恣睢」（『史記』伯夷《はくい》伝）から。盗跖は伝説上の大泥棒。こんな人間でも天寿を全うしたのはどういうわけか、と司馬遷が「天道是《ぜ》か非《ひ》か」（→天道是非）の問いかけをする中で例示したもの。

母猿断腸《ぼえんだんちょう》 ⇒ 断腸之思《だんちょうのおもい》

北轅適楚 ◈ほくえん　てきそ

目的と行動とが相反するたとえ。「轅《ながえ》を北にし楚《そ》に適《おもむ》く」と読む。『申鑒《しんかん》』雑言下に見える。車を北に向けて南の楚《そ》に行く意。「轅」は、牛車などの左右から前に突き出した棒で、先端に横木を渡して牛などに引かせる。「楚」は、春秋戦国時代、長江の中流域にあった国。文化の中心である中原の南方に位置した。なお、『戦国策』魏策《ぎさく》をもとにした「北行して楚に至る」も同義の成句。

木牛流馬 ◈ぼくぎゅう　りゅうば　もくぎゅう　りゅうば

三国時代、蜀《しょく》の諸葛孔明《しょかつこうめい》が発明した兵糧運搬車。遠目に敵をごまかすため、牛と馬の形にした木製の車。「木牛」は一輪車、「流馬」は四輪車で、機械仕掛けで動き、水陸両用だったという。「亮《りょう》（孔明の名）、性巧思に長ぜり。損益連弩《れんど》（連発式のいしゆみ）、木牛流馬、皆その意より出づ」（『三国志』蜀志、諸葛亮伝）。

墨守成規　◆ぼくしゅ せいき

古くからのしきたりをかたく守って改めないこと。「成規を墨守す」と読む。「成規」は、既成の規範。「墨守」は自分の考えをかたく守る意に使われるが、『墨子』公輸《こうしゅ》に見える故事に基づいている。戦国時代、宋の墨子が楚《そ》の公輸盤《こうしゅはん》と模擬戦を行い、新兵器を作った公輸盤が九度城を攻めたが、そのたびに墨子は城を守ったという。「墨守成規」の類義語に、昔のままの方法をかたくなに守る意の「旧套《きゅうとう》*墨守」がある。

濮上之音《ぼくじょうのおん》　⇒　桑間濮上《そうかんぼくじょう》

北窓三友　◆ほくそうの さんゆう

琴・酒・詩を言う。

「三友とは誰を為《な》す。琴罷《や》めばすなわち酒を挙げ、酒罷めばすなわち詩を吟ず。三友たがいに相引き、循環《めぐ》りて已《や》む時無し」（唐、白居易「北窓三友」）による。「北窓三友」は詩の題で、ふつう「三友」と言う。

北門之嘆　◆ほくもんの たん

仕官して志を得ることのできない嘆きを言う。

「北門」は、「北門より出ずれば、憂心殷殷《いんいん》たり」（『詩経』邶風《はいふう》、北門）による。衛《えい》の忠臣が志を得ない嘆きをうたった詩という。東晋《とうしん》の李充《りじゅう》が不遇を嘆くので、殷揚州《いんようしゅう》が、微官の県の長官でも我慢できるかと尋ねた。「李答えて曰《いわ》く、北門の嘆き久しく、すでに上聞す。窮猿林《きゅうえんりん》に奔《はし》るに、あに木を択《えら》ぶに暇《いとま》あらんや（↓窮猿投林）、と」（『世説新語《せせつしんご》』言語）。窮乏が続き、官を選んでいる余裕はないという答。そして、剡県《せんけん》の長官の職を得てそれに甘んじたという。

暮色蒼然　◆ぼしょく そうぜん

夕暮時の、あたりが薄暗くなっているさま。

「暮色」は、暮方の景色。「蒼」は、青い意。「蒼然」は、ここは薄暗いさま。同じ「蒼然」を使った「顔色《がんしょく》蒼然」は、顔色が青ざめているさま。「古色《こしょく》*蒼然」は、いかにも古びて見えるさま。

法華七喩　◆ほっけ しちゆ

『法華経』が説く七つのたとえ話を言う。『法華経』にはさまざまな譬喩《ひゆ》が説かれるが、そのうちの主な七つを言う。*三車火宅喩《さんしゃかたくゆ》、*長者窮子喩《ちょうじゃぐうじゆ》、*三草二木喩《さんそうにもくゆ》、*化城宝処喩《けじょうほうしょゆ》、*衣裏繋珠喩《えりけいしゅゆ》、*髻中明珠喩《けいちゅうみょうしゅゆ》、*良医治子喩《ろういちしゆ》の七つで、たとえ話によって仏の教えを分りやすく説く。

墨痕淋漓　◆ぼっこん りんり

墨で書いたものが生き生きとしているさま。「墨痕」は、墨で書かれたあと。筆の跡。「淋漓」は、「淋」も「漓」も水のしたたるさま、転じて元気のあふれるさま。主に書道・絵画の作品について、その勢いのあるさまを言うが、単に墨くろぐろと書き残されている文字や文などについても言うことがある。

没分暁漢　◆ぼつぶんぎょう かん

物分りの悪い男のこと。「分暁」は、はっきりと分ること、明白なこと。「没分暁」は、分暁を没する意で、明晰《めいせき》でないこと、物分りの悪いこと。『水滸伝』四に「衆僧冷笑して道《い》う、好個の(なんともはや)没分暁的長老なり」と見える。「漢」は、男の意。文学作品などでは、しばしば「没分暁漢」と書いて「わからずや」と振仮名がつけられる。

没没求活　◆ぼつぼつ きゅうかつ

何もせずに、ただ生きながらえようとすること。「没没として活を求む」と読む。「没没」は、埋もれ隠れること。「大丈夫むしろまさに玉砕すべし、いずくんぞ没没として活を求むべけんや」(『南史』王僧達伝)から。

捕風捉影《ほふうそくえい》 ⇒ 繋風捕影《けいふうほえい》

匍匐膝行　◆ほふく しっこう

両手をつき、膝を使って進退すること。『三国志』魏志《ぎし》、倭人《わじん》伝に「あるいは蹲《うずくま》りあるいは跪《ひざまず》き、両手を地に拠《つ》き、これを恭敬《きょうけい》と為《な》す」と記される、日本上代の儀礼。『日本書紀』の推古天皇十二年(六〇四)九月の条に「凡《およ》そ宮門《みかど》を出で入《まか》らむときは、両《ふた》つの手をもて地《つち》を押し、両つの脚をもて跪きて、梱《とじきみ》を越えて、立ちて行け」という詔《みことのり》があり、同書の天武天皇十一年(六八二)九月の条には「今より以後《のち》、跪礼《ひざまつくいや》、匍匐礼《はふいや》、並びに止《や》めよ」と廃止の勅《みことのり》が出されている。

蒲鞭之政 ◆ほべんの せい

寛大な政治のこと。単に「蒲鞭」とも言う。原義は、蒲《がま》の穂で作った鞭《むち》のこと。これで叩《たた》かれても痛くない。後漢の劉寛《りゅうかん》は、官吏や人民に過失があれば蒲鞭でむち打ち、恥しい思いをさせるだけで肉体を傷つけることはしなかったという。『後漢書』劉寛伝に見える故事。

謨猷籌画 ◆ぼ ゆう ちゅう かく

はかりごとのこと。「謨」「猷」「籌」「画」いずれも、はかりごとの意。「謨猷籌画、いずくんぞよく自ら矜《ほこ》らんや（そんなものは何の自慢にもならない）」（唐、李白「与二韓荊州一書」）から。

蒲柳之質 ◆ほりゅうの しつ

病気がちな体質であること。虚弱体質のこと。「蒲柳」は、かわやなぎ。ほかの植物に先駆けて葉を落す。東晋《とうしん》の顧悦之《こえつし》は簡文帝と同年だったが、早く白髪頭になった。「簡文曰《いわ》く、卿《けい》は何を以てかまず白き、と。対《こた》えて曰く、蒲柳の姿は秋を望んで落ち、松柏の質は霜を凌《しの》いでなお茂る、と」（『世説新語《せせつしんご》』言語）。蒲柳は秋を待たずに葉を落すが、松柏は霜がおりてもますます茂っている、の意。簡文帝を松柏にたとえてたたえたもの。『晋書』顧悦之伝には「蒲柳の常質は秋を望んでまず零《お》つ」とある。

梵漢兼挙 ◆ぼんかん けんこ

サンスクリットの音写語と、それを翻訳した漢語とを合せて、一つの漢字熟語を作る造語法。

「梵」は、梵語すなわち古代インドの語、サンスクリット。たとえば dhyana は「禅那」と音写され、「定《じょう》」と漢訳される。「禅那」を略した「禅」と「定」とを合せて、心静かに瞑想《めいそう》し真理を観察する意の「禅定」という漢語が作られた。また、mani は「摩尼《まに》」と音写され、漢訳語は「宝珠《ほうじゅ》」。この両語を合せた「摩尼宝珠」は、不思議な力を持つ珠のこと。

本地垂迹 ◆ほんじ すいじゃく

神は、仏が衆生《しゅじょう》救済のために仮にその姿をとってこの世に現れたものとする、神仏同体説。

日本古来の神の信仰と、外来の仏教信仰とを折衷《せっちゅう》し融合する「神仏習合*」思想の発達したもの。仏教の立場からの説で、平安中期に現れ、さまざまな神に本地としての仏が当てられた。これに対して鎌倉時代には、神道の側から、神を本地とし仏を垂迹身とするいわゆる反本地垂迹説が主張された。

翻邪帰正 ◆ほんじゃ きせい

よこしまな行いを思いなおして、正しい道に立ち戻ること。

「邪を翻《ひるがえ》し正に帰す」と読む。『太平記』一八に、延暦寺という寺などなぜ必要なのか、と足利尊氏の家臣に聞かれた玄慧《げんえ》法印が、「ロヲ閉ジテ去リ耳ヲ塞《ふさ》イデ帰ラバヤト思ヒケレ共、モシ一言ノ下ニ邪ヲ翻シ正ニ帰スル事モヤアランズラン」と思い、寺の来歴を語るというくだりがある。同義の語に「改邪帰正《かいじゃきせい》」がある。

凡聖一如 ◆ぼんしょう いちにょ

仏教で、迷っている凡夫《ぼんぷ》と迷いを超越した聖者とは、本質的には同一であるということ。

煩悩《ぼんのう》に束縛されている凡夫と、修行を経て迷いを超越した聖者とを同列に見ることは難しいが、すべてのものが仏性《ぶっしょう》、すなわち仏になれる本性を持っているという視点で見れば、かわりはないと説かれる。「凡聖不二《ふに》」とも言う。この考えをさらに徹底させたのが「仏凡不二*」で、仏と凡夫とは本質的にかわりはないとする思想。

梵天勧請 ◆ぼんてん かんじょう

悟りを開いた釈迦《しゃか》に、梵天が教えを説くよう要請したという言い伝え。

「勧請」は、仏の来臨を願う意。悟りを開いた釈迦は、その後何日も瞑想《めいそう》を続け、悟りの法楽にひたっていた。すると、古代インドの最高神梵天が現れて、人々に教えを説いてくれるよう願った。釈迦は二度まで断り三度目に引受けて、五人の比丘《びく》に最初の説法を行なったという。梵天は、仏教では帝釈天《たいしゃくてん》と並ぶ仏教守護神とされ、俗に「梵天・帝釈」と併称される。

翻天覆地 ◆ほんてん ふくち

大きく変化することのたとえ。また、秩序が大きく乱れることのたとえ。

「天を翻《ひるがえ》し地を覆《くつがえ》す」と読む。天も地もひっくり返す意。世間をひどく驚かす意の「驚天動地*《きょうてんどうち》」と同工の、誇張した表現。

奔放不羈《ほんぽうふき》 ⇒ 不羈奔放《ふきほんぽう》

本末転倒

◆ほんまつ てんとう

根本的な事柄と末梢《まっしょう》的な事柄とを取違えること。「本末」は、根本的なことと枝葉のこと。「転倒」はもと「顚倒」と書き、さかさまになる意。『淮南子《えなんじ》』説林《ぜいりん》訓に見える「足を削りて履《くつ》に適し、頭を殺《そ》いで冠に便す」(→削足適履《さくそくてきり》)は、極端だが典型的な「本末転倒」の例。

本領安堵

◆ほんりょう あんど

もともとの領地の領有権を認めること。日本の中世に行われた。「本領」は、幕府から新たに恩給されたものでない、本来の領地。「安堵」は、堵《かき》に囲まれた中に安住する意から、幕府が領主に対し、所領の支配を保証し、承認すること。古代中国でも、いくさによって領土を併合した大国が、いくさに負けた小領主に対し、領主としての地位をそのまま認めた場合が少なからずある。

ま　行

真一文字

◆ま いちもんじ

一の字のようにまっすぐなこと。また、わき目もふらずつき進むさま。

「真」は、正確にその状態である意の接頭辞。「六万余騎ヲ一手ニ成シテ、稲村ガ崎ノ遠干潟《とおひがた》ヲ真一文字ニ懸《か》ケ通リテ、鎌倉中へ乱レ入ル」(『太平記』一〇)。新田義貞が竜神に祈って太刀を海中に投じたところ、稲村ヶ崎の海水がにわかに引いたので、そこをまっしぐらに駆け抜けて、鎌倉に乱入したというくだり。

麻姑搔痒

◆まこ そうよう

痒《かゆ》いところに手が届くこと。物事が思いのままになること。

「麻姑を倩《やと》うて痒きを搔《か》く」とも言う。「麻姑」は、中国伝説上の仙女。「麻姑は鳥の爪《つめ》なり。蔡経《さいけい》これを見て心中に念《おも》いて言《い》わく、背大きに癢《かゆ》き時、この爪を得て以て背を爬《か》かば、まさに佳《よ》からん、と」（『神仙伝』七）による。麻姑の爪で背中を掻いたら気持がいいだろう、の意。背中を掻く「孫の手」は、この「麻姑の手」が転じたものという。「孫の手」などもなく、痒いところを直接掻けないもどかしさが「隔靴掻痒《かっかそうよう》*」。

磨杵作針

◆ましょ　さくしん

絶えず努力をすれば、どんなことでも成し遂げられるというたとえ。

「杵《きね》を磨《みが》いて針と作《な》す」と読む。「杵」は、ここでは鉄杵を言う。盛唐の詩人李白が若いころ、学問に行き詰って外を歩いていると、道端で鉄の棒を磨いている老婆がいた。細い針を作るのだという。それを聞いて李白は、気を取直して再び学問に励むようになったという。

磨穿鉄硯

◆ません　てっけん

たゆまず学問に励むたとえ。

「鉄硯を磨穿す」と読む。五代後晋《こうしん》の桑維翰《そういかん》が、科挙《かきょ》（官吏登用試験）の受験に際して、鉄の硯《すずり》をこしらえ、これがこわれるまでがんばると言って、硯が磨り減るほど猛勉強し、ついに合格したという、『新五代史』桑維翰伝に見える故事による。

麻中之蓬

◆まちゅうの　ほう

善人と交われば、その感化を受けて善人になるというたとえ。

「蓬」はヨモギとも読む。ふつう「麻《あさ》の中の蓬《よもぎ》」と言う。「蓬は麻中に生ずれば、扶《たす》けずして直し」（『荀子《じゅんし》』勧学）から。まっすぐな麻の中で育てば、曲りやすい蓬もまっすぐ伸びる、の意。「朱に交われば赤くなる」（↓近《きん》朱必赤《しゅひっせき》）は、悪くなる意に使う場合が多いが、こちらはもっぱらいい意味に使う。

末法思想

◆まっぽう　しそう

末法期には仏法が衰えるとする仏教思想。

釈迦入滅《しゃかにゅうめつ》後の仏教流布《るふ》の期間を三区分して、正法《しょうぼう》・像法《ぞうぼう》に続く最後の時期が「末法」。教えだけが残り、修行する者も悟る者もいなくなる時期とされる。正法・像法の期間に諸説あるが、平安中期には、正法千年、像法千年説が一般化し、釈迦入滅を紀元前九四九年とする

『周書異記』に基づいて、『扶桑略記《ふそうりゃっき》』は「今年（一〇五二年）始めて末法に入る」と記している。そのころから災害や戦乱が続き、末法意識がいっそう強まった。

磨礲砥礪
◆まろう　しれい

いつの間にか物が磨り減っていること。

「磨」は、ひき臼《うす》。「礲」は、すり臼。「砥」は、なめらかな砥石《といし》。「礪」は、きめの粗い砥石。いずれも、こする、みがく意を表し、「磨礲」「砥礪」ともに、とぎみがく意に使われる。「磨礲砥礪するや、その損するを見ざれど時有りて尽《つ》く」（枚乗「上レ書諫《いさむ》二呉王一」、『文選《もんぜん》』所収）から。砥石でみがいている時は砥石のすりへりが分らないが、時がたつとすりつぶれてしまう、の意。

漫言放語
◆まんげん　ほうご

口から出まかせに、勝手なことを言い散らすこと。

「漫言」は、深く考えないで言うこと。「放語」は、思いのままに言い散らすこと、すなわち放言。無責任なことを言う点で類義の二語を重ね、そのさまを強調する。

万劫末代
◆まんごう　まつだい

末の末の世。また、末の末の世まで。

「万劫」は、「劫」という長い年月を万も重ねた、きわめて長い年月。「末代」は、遠い先の世。将来にわたっての長い年月という意味の二語を、マ音の繰返しで調子よく重ね、強調した語。「万劫末代家の恥」のように、この先いつまでもの意で、副詞的に用いることが多い。

満場一致
◆まんじょう　いっち

その場にいる全員の意見が一致すること。

「満場」は、その場を満たしている人全体の意。「満場の諸君」などと言う。「満場一致」は、投票によって一人一人の賛否を確認するのでなく、拍手なり起立なりで同時に全員の意思表示を求め、その場のすべての人の意思が同じであると認められるような場合に言う。

満城風雨
◆まんじょう　ふうう

噂《うわさ》が広まり、あちこちで大騒ぎになることのたとえ。

「城」は、城壁にかこまれた町を言う。町中に風雨が吹きすさぶ意。『冷斎夜話』四に載る宋の潘大臨《はんだいりん》の句「満城風雨、重陽近し」による。重陽は、旧暦九月九日の菊の節句。季節的に、台風でもあろうか。潘大臨がこの詩を作った時、たまたま収税吏がきて興がそがれ大騒ぎになったという。

満身創痍　◆まんしん そうい

体じゅう傷だらけであること。転じて、ひどく非難・批判されて痛めつけられること。

「満身」は、体全体。「創痍」は、切傷、手傷のような傷。昔のいくさで、刀や矢などで全身に傷を負ったようなありさまに言う。転義は、たとえば自分の意見の不備なところをことごとく指摘され、ぐうの音も出ないような状態に言う。

曼倩三冬　◆まんせん さんとう

優れた才能の人は、短期間で勉強の成果を身につけられるというたとえ。

「曼倩」は、前漢の学者東方朔《とうぼうさく》の字《あざな》。「三冬」は、冬の三か月間の意。武帝が有能の士を求めた時、自分を売り込んだ上書に、親を亡くして兄夫婦に養われ、十三歳で書を学び、冬三か月の間に読み書きができるようになったと記す。不遜《ふそん》な上書だったが、武帝はむしろ珍しく思って取立てたと『漢書』東方朔伝に記す。一説に「三冬」は、春夏秋は働き、冬だけ学んで三年間の意という。

満目蕭然　◆まんもく しょうぜん

見渡す限り物寂しいさま。

「満目」は、目の届くかぎり。「蕭然」は、ひっそりとしているさま。宋の范仲淹《はんちゅうえん》「岳陽楼記《がくようろうのき》」に「この楼に登るや、すなわち国を去り郷を懐かしみ、讒《ざん》を憂え譏《そし》りを畏《おそ》れ、満目蕭然として、感極まりて悲しむ者有らん」と見える。讒言や譏りがもとで左遷された者は、この物寂しい景色にいっそう悲しくなるだろうと、その一人である自分の思いを詠んでいる。なお同義語に、「蕭然」と同義の「蕭条《しょうじょう》」を使った「満目蕭条」がある。

眉間一尺《みけんいっしゃく》　⇒眉間一尺《びかんいっしゃく》

三日天下　◆みっか てんか

きわめて短い期間しか政権・権力を保てないこと。

「三日」は実数ではなく、わずかの日数。安土桃山時代、天下の覇者《はしゃ》織田信長《おだのぶなが》に仕えた明智光秀《あけちみつひで》は、天正十年（一五八二）、信長を本能寺に襲って自害させるが、羽柴《はしば》（豊臣《とよとみ》）秀吉《ひでよし》に山崎の合戦で敗れ、落ちのびる途中、土民に殺される。その間わずか十三日。後世に光秀の「三日天下」として知られる。

三日坊主 ◆みっか ぼうず

飽きやすく、何をしても長続きしないこと。また、そういう人をあざけっていう語。

「三日」は実数ではなく、わずかの期間。決意して出家したものの、わずかの期間で還俗《げんぞく》してしまう意から。「坊主」は、もと大寺院の中の一坊のあるじの意。室町時代以後、一般に僧を「坊主」と呼ぶようになってから、親しみの称とも、またあざけりの語ともなった。

苗字帯刀 ◆みょうじ たいとう

苗字を唱え、刀を腰に差すこと。

「苗字」は、「名字」とも書く。「苗字帯刀」は、江戸時代に武士の特権とされたが、功績や金力によって庶民でも許される場合があった。苗字を許されることを「苗字御免《ごめん》」、帯刀を許されることを「帯刀御免」と言う。

名詮自性 ◆みょうせん じしょう

仏教で、名称はその物の性質を表すということ。「名は自性を詮《そな》え、句は差別《しゃべつ》を詮う」(『成唯識論《じょうゆいしきろん》』二)から。俗に言う「名は体を表す」ということ。「将軍(足利《あしかが》尊氏《たかうじ》)ハ引尾《ひきお》ニ陣ヲ取リ、師直《もろなお》ハ泣尾《なきお》ニ陣ヲトル。名詮自性ノ理《ことわり》、寄手ノ為ニ、何《いず》レモ忌々《いまいま》シクコソ聞ヘケレ」(『太平記』二九)。泣くとか引くとか、攻める側には縁起の悪い名前だといやがった、の意。

名聞利養 ◆みょうもん りよう

仏教で、世俗の名声と現実的な利益を言う。「名聞」も「利養」もこの世の人間の抜きがたい欲望で、煩悩《ぼんのう》を増大させるところから、仏教では仏道修行を妨げるものとして、厳しく戒められた。略して「名利」と言い、一般語としても使われる。『今昔物語集』には、「現世《げんぜ》ノ名聞利養ヲ永ク棄《すて》テ、偏《ひとえ》ニ後世菩提《ごせぼだい》ノ事ヲノミ思ケル間ニ」(巻一二の三三)、「現世ノ名利ヲ離レテ、後世ノ菩提ヲ願フ者也」(巻一四の三四)と、両方の表現が見える。

未来永劫 ◆みらい えいごう

未来永久にわたること。また副詞的に、これから先永遠に。

「永劫」は、仏教でヨウコウと読み、非常に長い年月を表す。「未来」に添えて、これから先ずっと、の意を強調する。

弥勒三会《みろくさんね》 ⇩ 竜華三会《りゅうげさんね》

民族自決 ◈みんぞく じけつ

各民族が、他の民族・国家に干渉されることなく、その政治的運命をみずから決定すること。

第一次大戦末期にアメリカ大統領ウィルソンが唱道し、ヴェルサイユ条約で国際秩序の原則とされた。第二次大戦後は、植民地独立のための政策の指導原理となる。この立場によることを「民族自決主義」と言う。

六日菖蒲《むいかのあやめ》 ⇩ 六菖十菊《りくしょうじゅうぎく》

無為徒食 ◈むい としょく

何も仕事をせず、ただぶらぶらと暮していること。

「無為」はすることがない意、「徒食」はいたずらに食する、つまりむだ飯を食う意で、いずれも、働かずにぶらぶらしていることを意味する。やむを得ずそうしているのではなく、働けるのに働かない場合などに言う。

無位無官 ◈むい むかん

位も官職も持たないこと。転じて、特別な地位や肩書のないこと。

「位」は、本来、位階のこと。古く推古天皇の冠位十二階にはじまる、朝廷の官人の地位・序列を示す身分標識。各位階には、「官位相当《かんいそうとう》」といって、それぞれ相当する官職が定められていた。すなわち「無位無官」は、位階もそれに相当する官職もないということ。現代では、特に人に示す地位や肩書のない場合に使う。

無位無冠 ◈むい むかん

位のないこと。

「位」は、古く推古天皇の冠位十二階にはじまる位階制度に基づいたもので、いわば朝廷官人の地位・序列を示す身分標識だった。官人は、各位に応じてそれを示す冠をつけた。すなわち「無位無冠」は、同義の語を重ねて、まったく位のないことを強調したもの。なお「冠」は、栄誉ある賞の意にも転用され、「無冠」は、そのような賞を全く得ていない意に用いられる。

無為無策 ◆むい むさく

何の手だてもほどこさず、そのままにしていること。「無為」は、何もしないでいること。「無策」は、ほどこすべき手だてを持っていないこと。これから起る、あるいは起ってしまった事柄に対して、なんらかの対処をしなければならないのに、何もせず放置しているような場合に言う。

無影無踪 ◆むえい むそう

行方がまったく知れないこと。「影」は、すがた。かたち。「踪」は、あしあと。姿もなければ痕跡《こんせき》もない意。「影も形もない」と同じく、いなくなったことを誇張した表現。

無学文盲 ◆むがく もんもう

学問を身につけておらず、文字が読めないこと。「無学」は、学問・知識のないこと。「文盲」は、文字の読めないこと。学問的素養や知識が十分でなく、ふだん本など読むことがないような様子を誇張し、あるいはあざけって言うことがある。ほぼ同義の語に「無知文盲*」がある。なお仏教では、十分に学んで、これ以上学ぶ必要がないことを「無学」と言う。それに対して、まだ学ぶ必要がある状態は「有学《うがく》」と言う。

無我夢中 ◆むが むちゅう

我を忘れるほど物事に熱中すること。「無我」は、無心であるさま。「夢中」は、物事に熱中して、我を忘れるさま。言葉の意味は「夢中」で尽されるが、「無我」を加えて意味を強調し、またム音の繰返しで語調をよくしている。

無何有郷 ◆むかゆう きょう　むかうの さと

自然のままで、何の人為も加えていない郷のこと。「何有」は、何か有らん、「無何有」で、なんにもない、の意となる。「無何有郷」は、物一つない世界で、荘子の理想とするところ。「いま子《し》に大樹有りてその無用を患《うれ》う（貴方は役に立たない大木に悩んでいる）。何ぞこれを無何有の郷、広莫《こうばく》の野に樹《う》え、彷徨乎《ほうこうこ》としてその側に無為にし（そのそばでぼんやりし）、逍遥乎《しょうようこ》としてその下に寝臥《しんが》せざる（のびのびと寝そべればいいではないか）」（『荘子』逍遥遊）。一般に、理想郷、ユートピアの意で使う。

無稽荒唐《むけいこうとう》 ⇩ 荒唐無稽《こうとうむけい》

無芸大食 ◆むげい たいしょく

これといって人に見せる芸を持たず、ただ食べてばかりいるさま。人をあざけって言う場合もあるが、自分自身を卑下したり、あるいは宴会などで隠し芸の逃げ口上に使ったりすることもある。さらに、芸を教えてもさっぱり覚えず、餌《えさ》ばかりよく食べる犬や猫などにも言う。

無稽之言 ◆むけいの げん

根拠のない、でたらめな言葉。「無稽」は、根拠のないこと。『書経』大禹謨《たいうぼ》に「無稽の言は聴くことなかれ」と見える。また、『荀子《じゅんし》』正名には「無稽の言、不見の行、不聞の謀は、君子はこれを慎む」とある。根拠のない言葉、隠れた行為、聞いたことのない謀略は、君子は軽率に取りあげない、の意。

無間地獄 ◆むけん じごく

仏教で言う八大地獄*の中で、最も重罪の者が堕《お》ちるという最下の地獄。「無間」は、ムゲンとも言う。サンスクリットの音写に基づいて「阿鼻《あび》地獄」とも言う。父母・出家を殺害するなどの五逆罪《ごぎゃく》や、仏の教えを非難する謗法《ほうぼう》などの重罪を犯した者が堕ちるとされる。罪人は獄中で猛火に身を焼かれ、極限の苦しみを味わうという。きわめてむごたらしいさまを意味する「阿鼻叫喚*《きょうかん》」は、この阿鼻地獄に由来する。

夢幻泡影 ◆むげん ほうよう

一切存在が実体を持たず、空《くう》であることのたとえ。転じて、人生がはかないことのたとえ。「一切有為法《いっさいういほう》は夢幻泡影の如《ごと》し」(『金剛般若経《こんごうはんにゃきょう》』)による。すべての存在するものは、夢・幻・泡・影のようなものである、の意。日本では、はじめは仏教語の認識で使われていたが、「老少もって前後不同、夢幻泡影いづれならん」(謡曲「兼平」)のように、次第に人生のはかなさを嘆ずる語として使われるようになっていった。

無告之民 ◆むこくの たみ

自分の苦しみを告げ訴えて救いを求めることのできな

い人民。転じて、身よりのない人。

「無告」は、自分の苦しみを告げるところのないこと。「無告を虐《しいた》げず、困窮を廃《す》てず」(『書経』大禹謨《たいうぼ》)から。苦しみを告げ訴えることのできない人をしいたげてはならない、生活に困窮している人を見捨ててはならない、と為政者のとるべき態度を説く。

無根無蔕　◆むこん　むてい

よりどころがまったくないこと。

根も蔕《へた》もない意。「上《かみ》蔕する所無く、下《しも》根とする所無し」(『漢書』叙伝上)による。「根蔕」で、物事のよりどころを意味し、東晋《とうしん》の陶淵明《とうえんめい》「雑詩」に「人生根蔕無く、飄《ひょう》として陌上《はくじょう》(路上)の塵《ちり》の如《ごと》し」という句が見える。

無罪放免　◆むざい　ほうめん

拘留《こうりゅう》中の刑事被告人が、無罪の判決を受けて釈放されること。転じて、疑いが晴れること。

「無罪」は、刑事裁判において、被告人の行為が罪とならない、あるいは犯罪の証明がないとして、刑罰を科さないこと。転義では、たとえば健康診断で精密検査をした結果、病気の疑いが晴れたような場合に「無罪放免」と称したりする。

無師独悟　◆むし　どくご

仏教で、師の力を借りることなく、一人で悟りを得ること。

「無師自悟《じご》」とも言う。自力によって悟りを得ること。もっとも、悟りを得たと思っても、自分一人でそう思っているだけでは単なる思いこみに過ぎないかもしれない。そこで禅宗では、これを独善的として否定し、師僧によって悟りの判定を受けなければならないとする。

無始無終　◆むし　むしゅう

天地の存在が永遠に不変であること。また仏教で、無限の過去から未来永劫にわたること。

『荘子』知北遊に「古《いにし》え无《な》(「無」に同じ)く今无く、始め无く終り无し」と見える。天地がなかった時の様子を門人冉求《ぜんきゅう》に問われた時の孔子の答えとされる。天地には、昔とか今とか始めとか終りといったものはない、と。一方仏教では、仏や涅槃《ねはん》の永遠性を形容する語として使われる。五胡十六国時代、後秦《こうしん》の僧肇《そうじょう》『肇論』に「真の解脱《げだつ》とは、言数を離れ、寂滅《じゃくめつ》して永く安らかに、始め無く終り無し」とある。

無私無偏　◆むし むへん

私的な感情を交えず、公平であること。「無私」は、個人的な利害感情にとらわれないこと。「無偏」は、かたよらないこと。二語を重ねて、公平なさまを強調する。「公平無私」*と同義。

武者修行　◆むしゃ しゅぎょう

自分の技量・技術を高めるため、各地を回って修行すること。

原義は、武士が諸国を回って武術の修行・鍛錬《たんれん》をすることを言う。戦国時代の終末、実戦で自分の実力を試す機会の少なくなった室町末期から江戸初期にかけて、盛んに行われた。「武者修行庄屋の娘迄《まで》しとめ」（『誹風柳多留《はいふうやなぎだる》』一四三）。現在では、運動家・料理人などが、自分の技量をさらに高めるために他国あるいは他人のもとで修行することなどを言う。

矛盾撞着　◆むじゅん どうちゃく

物事のつじつまが合わないこと。

「矛盾」は、つじつまが合わないこと。戦国時代、楚《そ》の国に矛《ほこ》と盾《たて》を売る者がいて、自分の矛はどんな盾をも貫き、自分の盾はどんな矛をも防ぐと自慢していたが、お前の矛でお前の盾を突いたらどうなるかと人に訊《き》かれ、返事につまったという、『韓非子《かんぴし》』難一の故事に基づく語。「撞着」もつじつまの合わない意で、同義の二語を重ね、意味を強調する。

無常迅速　◆むじょう じんそく

人の世の移り変りがきわめて速いこと。

「無常」は、あらゆる現象が生滅《しょうめつ》・変化してとどまらない意。特に人間の生死について言われる。北宋の禅書『景徳伝灯録』五に「生死事《しょうじじ》大《だい》、無常迅速なり」と見え、これを受けて、鎌倉時代の『正法眼蔵随聞記《しょうぼうげんぞうずいもんき》』二の八も「無常迅速也、生死事大也」と記す。人の死は思いがけず早くやってくる、それゆえ生死はおろそかにすべきでない、の意。

無声之詩　◆むせいの し

絵画の異称。

声に出して読むことのできない詩の意。「李《り》侯《こう》句有るも肯《あえ》て吐せず、淡墨もて写出す無声の詩」（北宋、黄庭堅《こうていけん》「次二韻子瞻《しせん》由題一憩寂図《けいじゃくず》二」）から。絵画は無声の詩であり、詩は有声の画である、というとらえ方を示す。北宋の蘇《そ》軾《しょく》が、唐の詩人であり画家でもあった王維《おうい》について「詩中に画有り、画中に詩有り」と評したのも有名。

無声無臭 ◆むせい むしゅう

声も聞えず、臭いもしないこと。

その存在が気づかれないことを言う。「上天の載《こと》は、無声無臭なれど、文王に儀刑《ぎけい》せば、万邦孚《まこと》を作《な》す」（『詩経』大雅、文王）から。「儀刑」は、のっとる意。天の行うことは、人間にはそれと分らないが、文王の行いにしたがえば、すべての国は天命に背くことはない、の詩意。

無恥厚顔《むちこうがん》 ⇩ 厚顔無恥《こうがんむち》

無知蒙昧 ◆むち もうまい

知識がなく、物事の道理を知らないこと。

「無知」は、知識・学問のないこと。また、知恵のないこと。「蒙昧」は、物事の判断に昧《くら》いこと。愚かで道理に昧いこと。知識・学問に乏しい人、また理屈の通らない人をあざけって言うことが多い。

無知文盲 ◆むち もんもう

知識や学問がなく、文字の読めないこと。

「無知」は、知識・学問のないこと。「文盲」は、文字の読めないこと。また、文字で書いたものにうといこと。「無学文盲*」と同じく、誇張し、あるいはあざけって言う場合が多い。

無茶苦茶 ◆むちゃ くちゃ

筋道が立たないさま。乱れもつれているさま。

「無茶」も「苦茶」も当て字。「むちゃ」は、筋道が立たないこと。「くちゃ」は、語調を整えるために添えた語。「くちゃくちゃ」で、きちんとしていないさまを言うが、「くちゃ」単独では使われない。

夢中説夢 ◆むちゅう せつむ

仏教で、すべての現象は、固定的実体のない、はかない存在であるたとえ。

「夢中に夢を説《と》く」と読む。夢の中で人に夢を説く意で、人生は夢のようなものだと人に説いている自分もまた、夢の中の存在だということ。類義の語に、『荘子』斉物論「夢の中にまたその夢を占い、覚めて後にその夢なるを知る」に基づく「夢中に夢を占《うらな》う」がある。

無手勝流 ◆むてかつ りゅう

戦わずに策略で相手に勝つこと。また、自己流のやり方。

「無手」は、相手に勝つだけの技量がない意。室町後期の剣客塚原卜伝《つかはらぼくでん》が渡し舟の中で真剣勝負をいどまれた時、陸で戦おうと相手を中州に上がらせて、そのまま舟を川中に戻し、戦わずに勝つ、これが無手勝流だ、と相手の血気を戒めたという俗伝がある。ここから俗に、卜伝の剣法を言うようになったが、史実の卜伝は新当流の創始者。

胸突八丁 ◆むなつき はっちょう

山道で、登りのきつい難所。転じて、物事をし遂げるのに一番苦しい時期のたとえ。

「胸突」は、胸を地面につけるほど前屈みになること。「八丁」は正確には八百メートル余を言うが、ここは、平地なら大したことはないが、山登りには長いと感じられるほどの距離を言ったもの。山は頂上に近づくにしたがって険しくなるので、「胸突八丁」は最後の難所の意味で使うことが多い。そこから、ここを通過すれば完成するという直前の最も苦しい時期を言うようになった。

無二無三 ◆むに むさん

悟りを得るための教えは一つだけで、二も三もないこと。転じて一般に、唯一無二であること。

『法華経』方便品に説かれる「十方の仏土の中には、ただ一乗の法のみ有りて、二も無くまた三も無し」に基づく。この『法華経』の文句について中国では、二つも三つもないという解釈と、第二も第三もないという解釈に分れたが、サンスクリットの原文では後者に解釈されるという。なお、『仮名手本忠臣蔵』七段目に見える「朱《あけ》に染《そ》んだ骸《むくろ》をば無二無三に引きずり出し、ひやあ九太夫め、はてよい気味とひつ立つて」のように、しゃにむに、一途に、の意にも用いる。

無念無想 ◆むねん むそう

仏教で、無我の境地にいること。転じて、何の考えもないこと。無思慮なこと。

「無念」は、妄念《もうねん》のないこと。「無想」は、心に何のこだわりもないこと。心の中から邪念を払い、自我の執着心をまったく排した境地を言う。一方で、「無念」も「無想」も、「おもうところ無し」と読めるところから、一般に、何の考えもない意に使われるようになった。

無病呻吟 ◆むびょう しんぎん

文章などで、真実の感情を込めることなくわざとらしく作文するたとえ。

「呻吟」は、うめくこと。病気でもないのに苦しそうにうめく意。宋の辛棄疾《しんきしつ》「臨江仙」に見える。二十世紀はじめ、胡適《こてき》が新文学・口語文学を提唱する際に、中国の伝統的な文学の欠点の一つとしてあげている。

無病息災 ◆むびょう そくさい

病気をせず健康であること。

「息」は、とどめる意。「息災」は、仏教で、仏力によって災いをとどめること。転じて、身に障りがないこと。達者であること。世の中「無病息災」に越したことはないが、そう思い通りにはいかない、一つくらい持病があったほうが健康に気を配っていいんだと、いわば現実に合せて「無病息災」から作り出した語が「一病息災*」である。

無仏世界 ◆むぶつ せかい

仏のいない世界。特に今のこの世界を言う。

仏教では、釈迦《しゃか》が入滅してから、釈迦に次いで仏となると約束された弥勒《みろく》が現れるまで、仏がいない「無仏」の世とされる。『弥勒下生経《げしょう》』によると、弥勒がこの世に現れるのは五十六億七千万年後のこと。そんなには待てないという人々の思いから、中国では唐代に則天武后《そくてんぶこう》が弥勒の再誕と称し、日本では室町時代に「弥勒」の私年号が作られ、江戸時代富士講を組織化した行者は身禄《みろく》を名乗った。

無偏無党《むへんむとう》 ⇩ 不偏不党《ふへんふとう》

無味乾燥 ◆むみ かんそう

味わいや潤《うるお》いのないこと。味もそっけもないこと。

「無味」は、味のないこと。また、面白みのないこと。「乾燥」は、湿気や水分のない意から、潤いのないこと。

直接食物について言うことは少なく、文章や講話などについて「無味乾燥な内容」などと言うことが多い。

無明長夜　◆むみょう　ぢょうや

仏教で、俗世の人々が、無知のために輪廻《りんね》の世界をさまよっているさまのたとえ。

無明という長い夜の意。「無明」は、すべては無常であり固定的なものは何もない、という真実に無知なこと。「*十二因縁《いんねん》」の第一にあげられ、俗世の人々、すなわち衆生《しゅじょう》の迷いの根元とされる。「長夜」は無知の状態に長くとどまっていることを長い夜にたとえたもの。親鸞《しんらん》は衆生を救おうという阿弥陀仏《あみだぶつ》の誓いを「無明長夜の灯炬《とうこ》（たいまつ）なり」（「正像末和讃」）とたたえた。

無用之用　◆むようの　よう

役に立たないとされているものが、かえって大切な役に立つこと。

『荘子』人間世に「人はみな有用の用を知るも、无（「無」に同じ）用の用を知ることなきなり」とある。そして同書外物で、人間の立っている場所がわずかだからといって、立っている場所以外の大地を掘り取ってしまったら、立っている場所まで役に立たなくなってしまう、と荘子は具体的なたとえで「無用之用」を説いている。

無欲恬淡　◆むよく　てんたん

物をほしがる執着心のないこと。

「無欲」は、欲のないこと。「恬淡」は「恬澹」とも書き、あっさりして執着しないこと。執着心のない意で類義の二語を重ね、名誉や利益などにこだわらない、さっぱりしたさまを強調する。

無理算段　◆むり　さんだん

強引にやりくりして物事の都合をつけること。

「無理」は、行いにくいことを強いて行うこと。「算段」は、手段を工夫すること。金銭の工面など、なかなか実現させるのが難しいことを、強いて工夫をこらして何とか実現させることに言う。

無理難題　◆むり　なんだい

実現不可能な要求。道理にはずれた言いがかり。

「無理」は、するのが困難なこと。また、理由の立たないこと。「難題」は、解決するのが難しい事柄。また、言いがかり。できないこと、応じられないことを承知で求める道理にはずれた要求を言う。

無理無体　◆むり むたい

無法に強制すること。

「無理」は、道理に反すること。「無体」は、無法なこと。「無理」に、同義の「無体」を添え、ム音のくり返しで語調を整えるとともに、意味を強調する。

無累之人　◆むるいの ひと

世間のわずらわしいことにかかわろうとしない人。

「累」は、関り合い、わずらわしさ、の意。「天下は至大なり、しかるに以て他人《たにん》に与う。身は至親なり、しかるにこれを淵に棄つ。これを外にしてその余に利するに足るもの無し。これをこれ無累の人と謂《い》う」(『淮南子《えなんじ》』精神訓)から。無累の人とは、最も大きな天下を他人に与え、最も大切な体を淵に棄ててかえりみないような人だと言う。

明鏡止水　◆めいきょう しすい

邪念がなく、静かに澄んだ心境のたとえ。

くもりのない鏡と静かな水の意。「人の流沫《りゅうまつ》に鑑《み》ることなく、止水に鑑るは、その静かなるを以てなり。形を生鉄に窺《うかが》うことなく、明鏡に窺うは、その易《やす》きを以てなり」(『淮南子《えなんじ》』俶真訓《しゅくしんくん》)による。物をそのまま映し出す明鏡や止水のように、ゆがみ乱れたところのなく、物事をその真実の姿で受けとめる心境を言う。

銘肌鏤骨　◆めいき るこつ

深く心に刻みつけて忘れないこと。

「鏤骨」はロウコツとも言う。「肌《はだ》に銘じ骨に鏤《きざ》む」と読む。「銘心鏤骨」とも言う。「肝《きも》に銘じる」と同義で、単に記憶するのではなく、身にしみて覚え込むことを言う。一見似た表現の「彫心鏤骨《ちょうしんるこつ》*」は、詩文などを苦心惨憺《さんたん》してみがきあげる意で、意味は異なる。

明月之珠　◆めいげつの しゅ

明月のように明るく輝くという宝珠。

「珠」はタマとも読む。『淮南子《えなんじ》』説山訓に見える明珠。蠬蜃《りょうしん》という貝から出てきて、暗闇でも明るく光るという。『史記』鄒陽《すうよう》伝をはじめ、「夜光之璧《やこうのへき》*」としばしば対にして引用される。

迷悟一如　◈めいご いちにょ

仏教で、迷いと悟りは本来同一のものであるということ。

「迷」は、物事の真実が分らずに、誤った考えに執着すること。「悟」は、その迷いから抜けて真理にめざめること。「迷」から「悟」に到るために行うのが仏道修行、というのがふつうの考えだが、すべてのものが仏《ぶっ》性《しょう》、すなわち仏になれる本性を持っているという視点に立つと、「迷」と「悟」を区別する必要がなくなり、「迷悟一如」ということになる。「迷悟不二《ふに》」「迷悟一体」とも言う。同じ視点からの言葉に「*凡聖《ぼんしょう》一如」がある。

明察秋毫　◈めいさつ しゅうごう

どんな小さなことでも洞察できるたとえ。

「秋毫を明察す」と読む。「秋毫」は、秋に生え変って出てくる、動物の細い毛。「明は以て秋毫の末を察《み》るに足《た》るも、輿《よ》薪《しん》を見ず」（『孟子《もうし》』梁恵王上《りょうけいおう》）から。秋毫も見分けられる視力がありながら、車に積んだ薪《たきぎ》が見えない者を信用するか、と孟子が斉の宣《せい》王に尋ねる。しない、という答えに対して、王の恩恵は鳥獣にまで及んでいるのに、かんじんの人民にほどこされていない、それは、しようとしていないだけだ、と説く。

迷者不問　◈めいしゃ ふもん

分らないことは積極的に人に聞くべきだという戒め。

「迷える者は路《みち》を問わず」の略。「迷える者は路を問わざればなり。溺《おぼ》るる者は遂《あさせ》を問わざればなり。……先民言える有り、芻蕘《すうじょう》にも詢《はか》れ、と曰《い》うは、博《ひろ》く問うべきを言うなり」（『荀子《じゅんし》』大略）による。「先民言える有り、芻蕘にも詢れ」は、『詩経』大雅、板からの引用。「芻蕘」は、草刈りと木こり。路を問わないから迷い、浅瀬を問わないから溺れる。草刈りや木こりとも相談せよと先人も言っている、とは、何事もひろく問うべきことを言ったのである、の意。

明珠暗投　◈めいしゅ あんとう

どんな高価な品でも、贈り方が悪いと、人は喜ぶ前に怪しむというたとえ。

「明珠を闇《くらやみ》に投ず」とも言う。「明月《めいげつ》の珠《しゅ》、夜光《やこう》の璧《へき》、闇を以て人に道路に於いて投ずれば、人剣を按《あん》じて相眄《にら》まざる者無し。何となれば、すなわち因《ゆえ》無くして前に至ればなり」(『史記』鄒陽《すうよう》伝)による。「明月之珠*」「夜光之璧*」のような宝玉でも、理由もないのに暗闇の中でいきなり人前に投げれば、人は剣を構えてにらみつけるだろう、の意。

名所旧跡　◆めいしょ きゅうせき

景色や古跡などで名高い場所や土地。

「名所古跡」とも言う。「名所」は、名高い場所の意。繁華街で知られる銀座を東京名所と言うことがあるが、ここでは景勝の地、あるいは歴史的に名高い地を言う。「旧跡」「古跡」は、歴史上の事件や事物のあったところ。「遺跡」と違って、必ずしも当時の遺品が遺されているとは限らない。旅に出たら必ず訪れるべき場所とされるが、一方で「名所に見所《みどころ》なし」という成句もある。

盟神探湯　◆めいしん たんとう

日本の古代に、熱湯の中に手を入れさせて真偽正邪を裁いた裁判。

「盟神」は、神に誓うこと。神に誓ってから熱湯に手を入れると、正しい者の手はただれず、よこしまな者の手はただれるとして判定された。和語で「くかたち」と言う。『日本書紀』允恭《いんぎょう》天皇四年九月に見え、「実《まこと》を得むものは全《また》からむ。偽《いつわ》らば必ず害《やぶ》れなむ」とある。

名声過実　◆めいせい かじつ

実際以上の評判が立つこと。

「名声実《じつ》に過《す》ぐ」と読む。『史記』陳豨《ちんき》伝賛で、司馬遷が陳豨を評した語。陳豨は前漢の高祖劉邦《りゅうほう》に仕えて代《だい》の宰相《さいしょう》となり、のちに謀反して代王を称する。戦国の公子をまねて賓客《ひんきゃく》をおおぜい招致し、人柄以上の名声を得たが、やがて高祖に討伐される。

命世之才　◆めいせいの さい

世に名高い才能。また、そのような才能を持つ人。

「命世」は、一世に秀《す》でていること。前漢の李陵《りりょう》「答二蘇武《そぶ》一書」(『文選《もんぜん》』所収)に「賈誼《かぎ》・亜夫《あふ》の徒、みなまことに命世の才にして将相の具を抱く(将軍・宰相《さいしょう》の器《うつわ》を持つ)」と見える。前漢の賈誼・周亜夫は、一時は皇帝に重用され、賈誼は博士に、周亜夫は丞相《じょうしょう》となるが、ともに讒言《ざんげん》によって左遷されている。

明窓浄机　◆めいそう じょうき

明るくすがすがしい書斎の形容。

明るい窓と清らかな机の意。落着いて学問のできる雰囲気を、明るさと清潔な机で表したもの。「明窓（「窓」に同じ）浄几（「机」に同じ）、筆硯紙墨《ひっけんしぼく》、みな精良を極《きわ》む。また自ずからこれ人生の一楽なり」（北宋、欧陽脩《おうようしゅう》「試筆・学書為楽」）から。

名存実亡　◆めいそん じつぼう

名目は残っているが、実質は失われていること。

「名存《な》し実亡《ほろ》ぶ」と読む。かつては名実ともに備わっていたのが、今では名のみが残って実質はなくなってしまっている意。唐の韓愈《かんゆ》「処州孔子廟碑《びょうひ》」に見える。類義の「有名無実」*は、過去現在を問わず、名だけがあって実質がない意。

明哲保身　◆めいてつ ほしん

聡明《そうめい》で道理に明るく、身の処し方を誤らないこと。

「明哲身《み》を保《たも》つ」と読む。「すでに明かつ哲、以てその身を保つ。夙夜《しゅくや》（常に）解《おこた》るにあらず、以て一人に事《つか》う」（『詩経』大雅、烝民）による。春秋時代、周の宣王に仕え、周王室の中興に功のあった仲山甫《ちゅうざんぽ》をうたったもの。「明哲保身」という形は、白居易「杜佑致仕制」に「勅により悴《すい》を尽して君に事え、明哲身を保ち、進退ついにその道を失わず」と見える。

迷頭認影　◆めいとう にんえい

真理を見失って、影ばかり追い回すこと。

「頭《こうべ》に迷いて影を認む」と読む。演若達多が自分の本当の頭を見失って、鏡に映った影を自分の頭だと妄想したという『首楞厳経《しゅりょうごんぎょう》』一〇に見える話から。経典などの字句の解釈ばかりに心を奪われ、仏道を身につけるのを忘れることに言う。

明眸皓歯　◆めいぼう こうし

美人の形容。

澄んだひとみと白い歯の意。「明眸皓歯いまいずくにか在る、血は遊魂を汚《けが》して帰り得ず」（唐、杜甫《とほ》「哀江頭詩」）から。この「明眸皓歯」は楊貴妃《ようきひ》を指す。安禄山の乱を逃れて玄宗とともに蜀《しょく》へ逃げる途中、将兵の不満を抑えるため、楊貴妃は扼殺《やくさつ》された。詩は、反乱軍によって長安城中に軟禁された杜甫が、はなやかだったころの都をしのんで詠じたもの。

明明白白

◆めいめい　はくはく

はっきりしていて、少しも疑わしい点のないさま。明らかで疑う余地のない意を表す「明白」を重ねて強調した語。「明明白白たり」「明明白白たる事実」のように使う。

明目張胆

◆めいもく　ちょうたん

気持をしっかりさせて、重大な局面に対処するたとえ。転じて、大胆不敵によからぬことをするたとえ。「目を明らかにし胆《きも》を張る」と読む。目をしっかりと見開き、胆力をひきしめ勇気を奮い起す意。古くは『史記』張耳陳余伝《ちょうじちんよ》に「将軍（陳勝）目を瞋《いか》し胆を張り、万死に一生を顧みざるの計を出だし、天下の為《ため》に残（凶暴な者）を除かんとするなり」と見え、『宋史』劉安世《りゅうあんせい》伝には「すべからく目を明らかにし胆を張り、身を以て責に任ずべし」と見える。

名誉毀損

◆めいよ　きそん

他人の名誉を損なうこと。

「名誉」は、世間的に認められている道徳的尊厳。「毀損」は、こわすこと。法律上は、公然と事実を示して、人のもっている社会的評価をきずつけることを言う。民法上は、不法行為として損害賠償《ばいしょう》の責任を負い、刑法上は、「名誉毀損罪」として処罰の対象となる。一般には、人の尊厳をきずつけるような言動に対して、「名誉毀損だ」などと言う。

名誉挽回

◆めいよ　ばんかい

失敗して一度失った信頼を取戻すこと。

「名誉」は、才能や技量などに対するすぐれた評判。「挽回」は、一度失ったものを取返すこと。失敗した行為をもう一度やりなおして成功した場合、あるいは別な行為を成功させて失敗した行為をつぐなった場合、たとえば野球で、エラーをホームランでつぐなったような場合に言う。

明来暗往

◆めいらい　あんおう

かげにひなたに往来すること。

明暗ともに往来する意。時には公然と、時にはひそかに会うことを言う。しばしば公明正大でないことを意味する。

明朗闊達　◈めいろう かったつ

ほがらかで、物事にこだわらないこと。また、そのようなさま。

「明朗」は、明るく朗らかなこと。「闊達」は「豁達」とも書き、度量がひろく、物事にこだわらないこと。「闊達明朗」とも言う。「明朗開豁《かいかつ》」もほぼ同義。ただし、「開豁」には広々と開けている意味があり、家屋などの明るく開けているさまにも使う。

滅茶滅茶　◈めちゃ めちゃ

まったく筋道の立たないこと。また、ひどく混乱した状態であること。また、そのようなさま。

「めちゃ」は、きちんとした正常な状態にないことを言う。「滅茶」は当て字。語を重ねて、そのさまのはなはだしいことを言う。同義語に、やはり当て字で、語調を整える「くちゃ」を添えた「滅茶苦茶」があり、また、「無茶苦茶*」も類義の表現。

面会謝絶　◈めんかい しゃぜつ

会うのを断ること。

「面会」は、人と直接会うこと。「謝絶」は、「謝」も「絶」も、ことわる意。特に病院で、患者の容態《ようだい》を悪化させないために見舞客を断る場合など、病室に「面会謝絶」の札をかかげる。病気でない場合は、恣《し》意的に使われることが多い。

免許皆伝　◈めんきょ かいでん

武術や芸道などの奥義《おうぎ》を、師から弟子にことごとく伝授すること。

「免許」は、武術・芸道などの修了を師が認定すること。また、その書付。「皆伝」は、奥義をことごとく伝授すること。「免許」を「ゆるし」とも言い、「皆伝」を「おくゆるし」とも言う。「免許」「免許皆伝」ともに、許す側からの表現だが、もっぱら許された側の言葉として扱われる。

面向不背　◈めんこう ふはい

前後どこから見ても申し分のないこと。

もと仏教で、三方に正面のある三面の仏像を言う。また興福寺に伝わったという唐国伝来の玉は、前後左右どこから見ても釈迦《しゃか》三尊《さんぞん》の姿が正しく映ったといい、「面向不背の玉」と呼ばれる。一般語としては、「咲初《さきそめ》し菊を手ふれて、片膝立て、蹴《け》出《だ》しの裙奥《すそふか》く、面向不背の姿」（井原西鶴『好色二代男』六の五）など、どこから見ても申し分のない女の様子を言う。

面従後言　◆めんじゅう　こうげん

うわべばかり従って、かげであれこれ言うこと。

「面従」は、表面だけは服従するように見せかけること。「後言」は、かげぐちを言うこと。「予違《たが》わば汝弼《なんじたす》けよ。汝面従し、退《しりぞ》きて後言有ること無かれ。四隣を欽《つつし》め」（『書経』益稷《えきしょく》）による。古代中国伝説上の帝王舜《しゅん》が、補佐の臣禹《う》を戒めたとされる言。自分が道に背《そむ》いたら、それを正してほしい、表面で従い、かげで非難することはやめよ、まわりの者を敬《うやま》え、の意。

面従腹背　◆めんじゅう　ふくはい

表面は服従するように見せかけて、内心では反抗すること。

「面従」は、表面だけは服従するように見せかけること。「腹背」は、腹の中で背くこと。「面従後言《こうげん》」*と類義の語で、かげひなたのある態度を言う。

面授口訣　◆めんじゅ　くけつ

仏教で、師が弟子に面と向かって口伝えに法門上の教義を伝えること。

「面授」も「口訣」も、直接口で伝える意で、同義の語。両語を重ね、仏法の要義は師から弟子へ誤りなく伝えられるべきことを強調する。各宗派で行われるが、特に密教で重視される。また、このように師から弟子へ宗門の要義が伝えられていくことを「師資相承《ししそうじょう》」*と言う。

面折廷争　◆めんせつ　ていそう

君主の面前で、はばかることなく論じ諫《いさ》めること。

「面折」は、面と向かって罪悪などを責めること。「廷争」は、朝廷の君主の前で争い諫めること。前漢の高祖劉邦《りゅうほう》亡き後、呂太后《りょたいこう》が権勢をふるい横暴をきわめる。丞相《じょうしょう》の王陵《おうりょう》は正面から反対し、太后に従う陳平《ちんぺい》らを叱る。陳平らはそれに応じて言った。「今に於いて面折廷争するは、臣、君に如《し》かず。それ社稷《しゃしょく》を全《まっと》うし、劉氏の後を定むるは、君また臣に如かず」（『史記』呂后紀）。真正面から反対することは貴方にかなわないが、私たちは国を安んじ劉氏の後継者を決めることができる、と。

面張牛皮 ◆めんちょう ぎゅうひ

あつかましいこと。

面、すなわち顔に、牛の皮を張ったようなさまである意。「鉄面皮《てつめんぴ》」に同じ。もと北面の武士だった文覚上人《もんがくしょうにん》の子供のころの腕白ぶりを描く「面張牛皮の童にて、心しぶとく声高にして、親の教訓をも聞かず、人の制止事《せいしごと》をも用ず」(『源平盛衰記』一八)から。

面壁九年 ◆めんぺき くねん

長年、一心に努力するたとえ。

「九年面壁」とも言う。達磨《だるま》大師が壁に向かって九年間坐禅《ざぜん》をしたという伝説的故事から。達磨が坐禅をしたのは、今の河南省の嵩山《すうざん》少林寺と伝えられる。坐禅中一言もしゃべらず、のちに禅宗二祖となる慧可《えか》が訪れて教えを乞うても相手にしなかったので、慧可は自分の求道《ぐどう》心が本物であることを示すために臂《ひじ》を断《た》ったという。この逸話は「慧可断臂《だんぴ》*」として知られ、「面壁の達磨」とともに画題になっている。

面目一新 ◆めんもく いっしん めんぼく いっしん

様相をまったく新しくすること。

「面目」は、ここでは、目に見える物事の様相のこと。「面目を一新する」という形でも使う。「面目」はまた、世間に対する体面や名誉の意があり、「面目を施す」「面目を失う」などは、その用法。この「面目」は、メンモク・メンボクのどちらでも使われるが、現代ではどちらかというと様相の意にメンモク、体面の意にメンボクと言うことが多い。

面目躍如 ◆めんもく やくじょ めんぼく やくじょ

その人らしさが生き生きと表れていること。

「面目」は、目に見える物事の様相、ありさま。「躍如」は、目の前にありありと表れるさま。外面的には、いかにもその人が目の前にいるかのように感じられる意。内面的には、いかにもその人ならではの振舞である意。どちらの意でも、「面目躍如たるものがある」のように言われる。

綿裏包針 ◆めんり ほうしん

うわべはやさしいが、心中に悪意をひそめているたとえ。

「綿裏に針《はり》を包《つつ》む」と読む。柔らかい綿の中に針を包み隠している意。「真綿《まわた》に針を包む」「綿に針を包む」、また単に「綿に針」など、さまざまに言われる。

盲亀浮木 ◆もうき ふぼく

めったに出会えないことのたとえ。百年に一度だけ海上に顔を出す目の見えない亀が、たまたま流れてきた浮き木に出会い、しかもその木の穴に首を突っ込むという、ほとんどあり得ないたとえの寓話《ぐうわ》に基づく。仏教では、仏法にめぐり合うことの難しさをたとえる話として、『雑阿含経《ぞうあごんきょう》』『涅槃経《ねはんぎょう》』『法華経』などに説かれる。三千年に一度咲くという「優曇華《うどんげ》の花」と対にして使われることがある(→曇華一現《いちげん》)。

妄言多謝 ◆もうげん たしゃ／ぼうげん たしゃ

手紙などの文末に記す、失礼を詫《わ》びる言葉。文中、勝手気ままに言いたてたことを幾重にもお詫びします、の意。長い文面で、自分の考えを述べた時などに記す。類似の表現「暴言多罪*」は、礼を失した乱暴なもの言いをお許しください、の意。ともに、自分の考えに対する謙遜《けんそん》の意味もこめられる。

猛虎伏草 ◆もうこ ふくそう

英雄は、一時は隠れていても、いつかは必ず世に出るたとえ。「猛虎草に伏《ふ》す」と読む。勇猛な虎が草の中に身を伏せている意。「猛虎尺草《せきそう》に伏す、蔵《かく》るといえども身を蔽《おお》い難《がた》し」(唐、李白「魯郡尭祠《ぎょうし》送㆔張十四遊㆓河北㆒詩」)による。隠そうとしても隠しきれないということで、いつかは世に知られることをたとえる。同じ隠そうとしても隠しきれない「頭隠して尻隠さず」(→蔵頭露尾《ぞうとうろび》)とは大違い。

妄談臆解 ◆もうだん おくげ

仏教で、修行に徹底していない者の、仏道についての誤った考えを言う。「妄談」は、でたらめを語ること。「臆解」は、ひとり合点で分ったつもりになること。中途半端な修行で仏道をきわめたものと勘違いし、いい加減な言説を弄《ろう》したり、勝手な臆測で解釈したりするさまを言う。

孟母三遷 ◆もうぼ さんせん

子供の教育には住環境が大事であるたとえ。

「三遷」は、三度住居を改めた意。孟子《もうし》（孟軻《もうか》）は早くに父を失い、母に育てられた。墓地の近くに住んでいた時、葬式のまねをして遊ぶ孟子を見て母は市場の近くに引っ越した。今度は商人と客をまねて遊ぶので、母は学校のそばに居を変えた。すると祭祀《さいし》の行儀をまねて遊ぶようになった。「孟母曰《いわ》く、真《まこと》に以てわが子を居らしむべし、と。遂にここに居たり。孟子長ずるに及び、六芸《りくげい》（当時、士以上の者に必須の六種の技芸）を学び、ついに大儒の名を成す」（劉向《りゅうきょう》『列女伝』母儀、鄒《すう》孟軻母伝）。

孟母断機　◆もうぼ　だんき

学問を中途でやめてはならないというたとえ。「断機」は、機《はた》で織っている布を断ち切る意。孟子（孟《もう》軻《か》）が学問修行から帰ってきた時、機を織っていた母が、学問はどこまで進んだかと尋ねた。前と変らないという返事を聞いて、「孟母刀を以てその織《しょく》を断つ。孟子懼《おそ》れてその故《ゆえ》を問う。孟母曰《いわ》く、子《し》の学を廃するは、われこの織を断つがごときなり、と」（劉向《りゅうきょう》『列女伝』母儀、鄒《すう》孟軻母伝）。「断機之戒《かい》」とも言う。

網目不失　◆もうもく　ふしつ

法令が厳密で、間違いがない意。「網目失せず」と読む。法の網目《あみめ》に漏れがない意。『世《せ》説新語《せつしんご》』の注に引く『殷羨言行《いんせんげんこう》』に「網目失せざるは、皆これ小道小善なるのみ」とあり、どんなに厳密に考えられた法令も小道小善にとどまるとされる。大道大善は、善政に如《し》かずということであろう。

木牛流馬《もくぎゅうりゅうば》　⇒　木牛流馬《ぼくぎゅうりゅうば》

目食耳視　◆もくしょく　じし

本来の意義を忘れて、贅沢《ぜいたく》に流れるたとえ。「目もて食《く》らい、耳もて視《み》る」と読む。「世の人、耳を以て視、目をもって食わざる者鮮《すくな》し」（北宋、司馬光『迂《う》書《しょ》』官失）から。礼にかなっているかどうかでなく、人の評判で衣服を選び、おいしいかどうかでなく、見た目で食べ物を選ぶ、そんな世間の風潮をたとえた言葉。

百舌勘定　◆もず　かんじょう

勘定の時、人にばかり出させて、自分は出さないようにすること。

「百舌」は、日本・中国で見られる、くちばしが鋭く尾の長い鳥。秋になると鋭い声で鳴き、「百舌の高鳴き」と言われる。また、他の鳥や動物の鳴声をよくまねる。その百舌が鳩・鴫《しぎ》と一五文の買い食いをし、勘定の時に得意の弁舌で鳩に八文、鴫に七文出させ、自分は払わなかったという昔話に基づいた語。

沐猴而冠 ◆もっこう じかん

外見は立派でも、内実がそれに伴わないたとえ。

「沐猴にして冠す」と言う。「沐猴」は、猿の意。秦《しん》の末期、楚《そ》の項羽《こうう》は都の咸陽《かんよう》に入り降王嬰《えい》を殺す。咸陽は四方を山河に囲まれ土地も肥えているので、そのまま咸陽を都としてとどまれば天下の覇者《はしゃ》になれるだろうと言われたが、故郷がなつかしく戻りたがった。そこで「人の言わく、楚人は沐猴にして冠するのみ、と。果たして然《しか》り」(『史記』項羽紀)。項羽は粗野で猿が冠《かんむり》をつけただけというが、やっぱりそうだった、の意。

物臭道心 ◆ものぐさ どうしん

生活の苦労がいやなために出家心を起すこと。また、そのような僧のこと。

「道心」は、仏道に帰依《きえ》する心。向井去来の俳句「道心のおこりは花のつぼむ時」(『猿蓑《さるみの》』)が示すように、「道心」は触発されるものがあって起す心だが、俗世の苦労がいやになり、面倒だから坊主にでもなるか、という気持で出家するのを「物臭道心」と言う。

物見遊山 ◆ものみ ゆさん

見物や遊びに行くこと。

「物見」は、ここでは見物することを言う。「遊山」は、山野に遊びに出ることから、広く遊びに出かけることを言うようになった。「行楽」にほぼ同じ。「物見遊山」は、特に目的を持たず、気晴しなどのために外出することを言う。

茂林修竹 ◆もりん しゅうちく

こんもり茂った林と、すらりと伸びた竹林のこと。

「茂林」は、樹木の茂った林。「修竹」は、長く伸びた竹。「脩竹」とも書く。「この地に崇山《すうざん》峻嶺《しゅんれい》、茂林脩竹有り」(東晋《とうしん》、王羲之《おうぎし》「蘭亭集序」)から。山里の美しいさまを言っている。

諸刃之剣《もろはのつるぎ》 ⇒ 両刃之剣《りょうばのつるぎ》

門外不出 ◆もんがい ふしゅつ

書籍や品物など貴重な物を秘蔵して、他人に見せたり貸したりしないこと。

「門外に出《い》ださず」と読み、大切な物を家の門の外に出さない意味で使う。ときに「門外に出でず」と読み、外出しない意味に使うこともある。

問牛知馬 ◆もんぎゅう ちば

直接関係ない話から始めて、巧みに相手の隠していることを聞き出すこと。

「牛を問うて馬を知る」と読む。前漢代、都の長官趙《ちょう》広漢《こうかん》は、鉤距《こうきょ》術で罪人などを自白に導くのが巧みだった。「鉤距とは、たとえば馬の賈《あたい》を知らんと欲すれば、すなわちまず狗《いぬ》を問う。已《すで》にして羊を問いまた牛を問う。然る後に馬に及ぶ」(『漢書』趙広漢伝)。

門戸開放 ◆もんこ かいほう

制限を設けず、出入りを自由にすること。

門や戸を開き放つ意。入学に性差を設けていた学校がその差別をなくしたり、特定の人しか利用できなかった施設を誰でも利用できるようにしたり、などなど。また特に、ある国家の海港や市場を、外国の経済的活動のために開放することを言う。一八九九年、特定地域の経済的利益は世界で均等に受けるべきだと主張したアメリカの Open-door Policy は「門戸開放政策」と訳されている。

文字法師 ◆もんじの ほうし

禅宗の立場から、他宗の僧を批判、あるいはあざけって言う語。

教理にばかりこだわって、修行・悟道をおろそかにしている僧の意。禅宗が確立した唐宋以来言われており、『摩訶止観《まかしかん》』五上には「誦文《じゅもん》法師」と見える。これに対して教理を学び研究する他宗の立場からは、禅宗の僧を「*暗証《あんしょう》禅師」とののしった。「文字の法師、暗証の禅師、たがひに測りて、己《おのれ》にしかずと思へる、共に当らず」(『徒然草《つれづれぐさ》』一九三)。

文殊知恵 ◆もんじゅの ちえ

優れた考え。

「文殊」は、各種『般若経《はんにゃきょう》』にしばしば登場する、智《ち》慧《え》(知恵。仏教で「般若」と言う)を完全にそなえた菩薩《ぼさつ》。この文殊菩薩にあやかって、一人では及ばなくとも複数の人間がひたいを集めれば少しはよい知恵も浮ぶだろうというのが「三人寄れば文殊の知恵」(→三人文殊)。また、愚かな人間でも修行に励めば悟れることを「槃特《はんどく》が愚痴《ぐち》(愚かさ)も文殊の知恵」と言う。「槃特」は、愚鈍だったが一心に修行してついに聖者となったという周梨《しゅり》槃特。

門前雀羅　◆もんぜん じゃくら

訪れる人もなく、門前のひっそりとして寂しいさまの形容。

「門前雀羅を張る」の略。出入りする人がほとんどないため、門前に雀を捕える網を張っておける意。「始め翟公廷尉《てきこうていい》と為《な》るや、賓客門に闐《み》つ。廃せらるに及び門外雀羅を設くべし」(『史記』汲鄭《きゅうてい》伝賛)に基づく。直接「門前雀羅を張る」の表現は、この故事を踏まえた唐の白居易「寓意詩」に見える。この反対が「門前成市《せいし》*」。

門前成市　◆もんぜん せいし

権力や名声をしたって、その家に出入りする人の多いたとえ。

ふつう「門前市《いち》を成《な》す」と言う。ひっそりとした「門*前雀羅《じゃくら》」の反対で、門前に市のように人が多く集まる意。『漢書』鄭崇《ていすう》伝に「臣の門は市の如《ごと》きも、臣の心は水の如し」と見える。讒言《ざんげん》を問いただされた鄭崇が、自分の家の門前は市のように人が集まりますが、心は水のように清らかです、と答えたもの。『戦国策』斉策《せいさく》には「門庭市の若《ごと》し」という類似の形容がある。

門地門閥　◆もんち もんばつ

家柄のこと。

「門地」も「門閥」も、その家の地位・格式、つまり家柄を言う。同義の語を重ね、「門」の繰返しによって語調を整える。同様の造語法による語に「田地《でんち》田畑《でんばた》」がある。

問鼎軽重　◆もん ていけいちょう

統治者を軽んじ、代って支配者になろうとする野心のあるたとえ。一般に、人の実力を疑ってその地位をくつがえそうとすることのたとえ。

「鼎《かなえ》の軽重を問う」と言う。春秋時代の周には、夏《か》の禹王《うおう》が鋳《い》て、夏・殷《いん》・周三代の天子に伝えたという鼎があった。異民族を征伐して得意の楚《そ》の荘王が鼎に野心を示し、周の定王の使い王孫満《おうそんまん》にその大小軽重を問う。「対《こた》えて曰《いわ》く、〔帝位は〕徳に在りて鼎に在らず。……今、周、徳衰うといえども、天命いまだ改まらず。鼎の軽重、いまだ問うべからざるなり、と」（『春秋左氏伝』宣公三年）。天子の資格は、鼎の有無ではなく徳の有無です、周の天命はまだ尽きていません、と。なお、「鼎の軽重を問われる」と言えば、実力を疑われる意。

問答無用 ◈もんどう むよう

議論をしても何の益もないこと。議論はもはや役に立たないこと。

議論を一方的に終らせようとする場合、また相手に議論・発言の余地を与えないような場合に使う。「問答無《む》益《やく》」とも言い、「汝《なんじ》がやうなる不実者に問答むやく」（浄瑠璃『平家女護島』二）などの使用例が見える。

や行

夜雨対牀 ◈やう たいしょう

久しぶりに会う兄弟・親友がしみじみ語り合うさま。夜の雨音を聞きながら、寝台を並べて語り合う意。北宋の蘇軾《そしょく》「東府雨中別二子由一」に「対牀定めて悠悠、夜雨空しく蕭瑟《しょうしつ》たり（ものさびしい）」、蘇轍《そてつ》「後省試初成直宿呈二子瞻《しせん》一」に「射策当年一時に偶《あ》う、対牀夜雨前期は失す」と見えるなど、蘇軾・蘇轍兄弟が詩中でしばしば詠じたことから、兄弟間の親密さを表す語として知られるようになった。「対牀夜雨」とも言う。なお、「子由」「子瞻」は、それぞれ蘇轍・蘇軾の字《あざな》。

薬石無効 ◈やくせき むこう

薬その他の治療の効果がないこと。

「薬石効無し」と言う。「石」は、石で作った鍼《はり》。薬や石でいろいろ治療した効果を「薬石之効」と言い、その効果がないのが「薬石無効」。唐の宣宗が皇太子に即位を命じた「冊文《さくぶん》」の「惟《おも》うに天、譴《けん》（とがめ）を示し、疢《きゅう》（長患い）を躬《み》に降《くだ》し、薬石功無く、弥留《びりゅう》（重病）ここに迫《せま》れり」による。現在でも、病気の末に亡くなったことを知らせる書面に、「薬石効無く」と使う。

約法三章　◆やく ほうさんしょう

三か条のみの法律を約束したこと。

秦《しん》の末期、秦を破って関中を平定した沛公《はいこう》（後の前漢の高祖劉邦《りゅうほう》）は、関中諸県の長老たちを集めて言った。「父老秦の苛法《かほう》に苦しむこと久し。……われまさに関中に王たるべし。父老と約せん、法は三章のみ。人を殺す者は死し、人を傷つくる者及び盗む者は罪に抵《あ》つ。余はことごとく秦の法を除去せん」（『史記』高祖紀）。この約束が、後世に「法三章」として長く伝わる。

薬籠中物　◆やくろうちゅうの もの

いつでも自分のために役立てられるもの。また、自分のものとして取入れたもの。

ふつう「自家《じか》薬籠中の物」と言う。略して「自家薬籠」とも。「薬籠」は、薬箱。自分の薬箱の薬のように、いつでも思うままに使いこなせるものの意。「願わくは小人（私）を以て一薬物に備《そな》わらん（常備の薬の一つにしてください）」と願い出た元行沖《げんこうちゅう》に対して、狄仁傑《てきじんけつ》が笑って「これはわが薬籠中の物、なんぞ一日も無かるべけんや」（『旧唐書《くとうじょ》』儒学伝、元行沖）と応じたという。狄仁傑は則天武《そくてんぶ》后《こう》の臣で、元行沖を高く評価していた。

夜光之璧　◆やこうの へき

暗夜に光ると伝える宝珠。

「夜光之珠《しゅ》」とも言う。「璧」「珠」はタマとも読む。宝珠として諸書に名前が見え、「*明月之珠《めいげつのしゅ》」とはしばしば対にして記されている。

野心満満　◆やしん まんまん

ひそかな大望にみちみちているさま。

「野心」は、ひそかに抱いている大きな望み。あるいはその人に不相応な望み。「満満」は、「自信満満」「*闘《とう》志《し》満満」など、心の様子を表す語に付して、そのような心にみちみちているさまを言う。思い上がった様子が感じられる時に使われることが多い。

藪井竹庵　◆やぶい ちくあん

へたな医者を言う擬人名。

医術のつたない医者を「藪医者」と言う。昔はまじないも重要な病気治療法だった。そのまじない治療師を「巫医《ふい》」と言い、なかでも片田舎の呪力の劣った者を「野巫《やぶ》」と言った。「藪」は「野巫」の当て字。その野巫の医者「藪医者」にも及ばない、すなわち竹藪にも至らない「筍《たけのこ》医者」という言葉もできている。それらを人名めかしたのが「藪井竹庵」。

山雀利根　◆やまがら りこん

一つのことだけを知っていて、それを全般に及ぼすことを知らないこと。

「山雀利口」とも言う。「山雀」は、日本全土に分布する小鳥。飼い慣して「おみくじ引き」などの芸をさせる。一つの芸を覚えてもそれを応用できないところから、小利口なだけで応用する才能のないことを言う。

夜郎自大　◆やろう じだい

自分の力量も知らず、尊大な態度をとるたとえ。

「夜郎自《みずか》ら大とす」の意。漢代、西南地方の異民族の中では滇《てん》国と夜郎国とが最も大きかった。彼等は、漢の広大なること彼等の比ではないことを知らずに「滇王、漢の使者と言いて曰《いわ》く、漢はわが大なるにいずれぞ（漢と滇のどちらが大きいか）、と。夜郎侯に及ぶもまた然《しか》り（夜郎侯も同じ質問をした）」（『史記』西南夷伝）。『史記』の記述からは「滇自大」でもおかしくないが、「夜郎自大」で一般になっている。略して「夜郎大」とも言う。

唯一無二　◆ゆいいつ むに

ただ一つだけで、二つとないこと。

「唯一」は、一つだけでほかにないこと。「無二」は、二つとないこと。かけがえのないこと。「唯一の宝物」「無二の親友」のように、それぞれに一つだけの意で用いるが、二語を重ね、ほかに探しても二つとは見つからず、後にも先にもこれだけである意を強調したもの。

唯我独尊　◆ゆいが どくそん

自分だけが偉いとうぬぼれていること。

「天上天下《てんじょうてんげ》唯我独尊」の略。世界のうちで私が最も優れた者である、の意。『大唐西域記』などは、生れたばかりの釈迦《しゃか》が四方に各七歩あるき、右手をあげてとなえた偈《げ》と伝え、「誕生偈《たんじょうげ》」とも言う。釈迦が神格化されると、生れながらにして自分は偉い者だと宣言したと解釈されるようになった。うぬぼれ、ひとりよがりの意味は、その解釈から派生している。現在の仏教思想では、人間性の尊厳を言い表したものと解する。

維摩一黙 ◆ゆいまの　いちもく

維摩居士《こじ》が、沈黙という行為によって教えを示したこと。

『維摩経』によれば、維摩はヴァイシャーリーに住む富豪で、学識に優れた在家信者だった。釈迦《しゃか》の指示で、諸菩薩《ぼさつ》が病気見舞いに訪れる。維摩は、相対を超えた絶対の境地について諸菩薩に質問した。文殊菩薩《もんじゅ》が、言うに言われず知るに知られずと述べたのに対し、維摩は沈黙を以て応じ、文殊を感嘆させた。文殊の説明を、一黙の実践によって表現したものと解され、これを「維摩の一黙 雷《いかずち》のごとし」と言う。

誘引開導 ◆ゆういん　かいどう

人々を導いて仏の教えに引入れること。

「誘引」は、誘《さそ》い込む意。「開導」は、教え導く意。仏教では、ふつう「引導《いんどう》」と言う。「無数の方便《ほうべん》をもって、衆生《しゅじょう》を引導し、諸《もろもろ》の著《じゃく》を離れしむ」(『法華経』方便品)は、数々の方便によって、衆生を仏の教えに導き入れ、さまざまな執着《しゅうじゃく》から解き放った、の意。転じて、葬儀の際、僧が死者に法語を与えて、悟りの世界におもむくべきことを教示することを「引導」と言う。決定的な宣告をして諦《あきら》めさせる意の「引導を渡す」は、ここからきた。

勇往邁進 ◆ゆうおう　まいしん

目的を貫くため、恐れることなく突き進むこと。

「勇往」は、勇んで前進すること。「邁進」は、勇み立ってひたすら進むこと。同義の二語を重ね、勇み立ってまっしぐらに突き進むさまを強調する。

勇気凜凜 ◆ゆうき　りんりん

勇ましい気力に満ちあふれているさま。

「勇気」は、物事を恐れない勇ましい気力。『春秋左氏伝』荘公十年に「それ戦《いくさ》は勇気なり」と見える。「凜凜」は、気力の盛んなさま。失敗や危険をかえりみず、物事に立ち向かっていこうと奮《ふる》い立っている様子を言う。

邑犬群吠 ◆ゆうけん ぐんばい

つまらない人間が集まって人の噂《うわさ》などを言い合うことのたとえ。

「邑犬」は、むらざとの犬。むらざとの犬が群れて吠《ほ》える意。「群吠」はグンベイとも言う。戦国時代、楚《そ》の屈原《くつげん》の詩「懐沙《かいしゃ》」(『楚辞《そじ》』所収)の「邑犬の群がり吠ゆるは、怪しむ所を吠ゆるなり。俊《しゅん》を非《そし》り傑《けつ》を疑うは、もとより庸《つねびと》の態《わざ》なり」から。「懐沙」は身投げをするため石を懐中にする意で、屈原が失意のうちに汨羅《べきら》に身を投ずる前に作った詩。凡俗な人間を邑犬にたとえている。

有言実行 ◆ゆうげん じっこう

言ったことは必ず実行すること。

あれこれ言わず黙って行う意の「*不言《ふげん》実行」をもじってできた語。「不言実行」も容易ではないが、「有言実行」は、ある意味でそれ以上に難しい。時には、わざと口に出して言い、いわば自分を追い込んで実行するということもある。

有口無行 ◆ゆうこう むこう

口ではいろいろ言うが実行の伴わないこと。

「口有りて行無し」と読む。口ばっかりということ。『後漢書』史弼《しひつ》伝に見える。「*有言実行」をもじって「*不言実行」という語が生れると、その反対表現として「有言不実行」という言葉まで耳にするようになったが、これがそれに該当する。

熊虎之士 ◆ゆうこの し

勇猛な兵士のこと。

「熊虎」は、くまととら。勇猛なさま、またそのような人にたとえる。『三国志』魏志《ぎし》、杜恕《とじょ》伝に「まさに今、二賊(呉と蜀《しょく》)いまだ滅びず。戎車《じゅうしゃ》(戦車)しばしば駕す。これ自ら熊虎の士、力を展《の》る秋《とき》なり」と見える。同義の語に熊と羆《ひぐま》を使った「熊羆《ゆうひ》之士」がある。なお、勇猛な将は「熊虎之将」と言う。

雄材大略 ◆ゆうざい たいりゃく

優れた才能と大きなはかりごと。

「雄材」と「大略」の意。「略」は、はかりごと。「武帝の雄材大略の如《ごと》きは、文景の恭倹《きょうけん》を改めず、以てこの民を済《すく》う」(『漢書』武帝紀賛)から。武帝の優れた才能と大きなはかりごとは、文帝・景帝の慎み深さを改めることなく、われら漢の民を救った、の意。前漢の武帝に対する『漢書』の著者班固《はんこ》の評価。

宥坐之器　◆ゆうざの き

身辺に置いてみずからの戒めとする道具。

「器」はウツワとも読む。座右の器ということ。「宥」は、同じ音から「右」に通じさせたもの。座右の器という器。春秋時代、魯《ろ》の桓公の廟《びょう》にあったという器。からの時は傾いており、ほどよく水を入れるとまっすぐになり、一杯にするとひっくり返るようにつくられており、明君はこの器を手元において、最高の状態にある時に力を抑制するための戒めとしていたという。『荀子《じゅんし》』宥坐などに見える。

勇者不懼　◆ゆうしゃ ふく

勇気のある人は恐れることがないということ。

「勇者は懼《おそ》れず」と読む。「知者は惑《まど》わず、仁者は憂《うれ》えず、勇者は懼れず」（『論語』子罕《しかん》）から。「知者不*惑《ふわく》」「仁者不*憂《ふゆう》」ともに熟語になっているが、成句としては「仁者不憂」を落とした「知者は惑わず勇者は恐れず」という対句の形で使われることがある。

有終之美　◆ゆうしゅうの び

最後までやり通し、立派な成果をあげること。終りを立派にすること。

「有終」は、終りを全うすること。「初め有らざることなし、よく終り有ること鮮《すくな》し」（『詩経』大雅、蕩《とう》）から。初めは誰でもやるが、終りまで全うする者は少ない、の詩意。終りまで全うし、なおかつ終りを立派に仕上げるのは難しい。それをなしとげるのを「有終の美を飾る」と言う。

優柔不断　◆ゆうじゅう ふだん

ぐずぐずして物事の決断のにぶいこと。

「優柔」は、にえきらないさま。はきはきしないさま。「不断」は、決断のにぶいこと。どちらかに決めればいいものを、いつまでも態度をはっきりさせず、まわりをいらいらさせるようなありさまに言う。

優勝劣敗　◆ゆうしょう れっぱい

優れているものが勝ち劣っているものが負けること。

「優勝」は、第一位で勝つことではなく、優れたものが勝つ意。「劣敗」は、劣ったものが敗れる意。特に、「生存競争*」で、強いもの、環境によく適応したものが生き残り、弱いもの、環境に適応しないものが衰え滅びること。その意では「適者生存*《てきしゃ》」に同じ。

雄心勃勃 ◆ゆうしん ぼつぼつ

雄々《おお》しい心が盛んに起るさま。

「雄心」は、雄々しい心、雄壮な心。「勃勃」は、物事の盛んに起り立つさま。「勃勃たる闘志」などと使われる。多く、何かに触発されて、大きなことをし遂げてやろうという気持がたぎってくるさまを言う。

遊刃余地 ◆ゆうじん よち

余裕をもって物事に当るたとえ。

「遊刃に余地有り」の略。「かの節《せつ》は間《すきま》有りて、刀刃は厚みなし。厚みなきを以て間有るに入るれば、恢恢乎《かいかいこ》としてその刃を遊ばすに必ず余地有り」(『荘子』養生主)による。熟達した料理人が、牛の解体について主君に語ったもの。関節にはすきまがあって、牛刀の刃先には厚みがない、厚みのないものをすきまに入れれば、ひろびろとして、刃を動かすにも必ず余裕がある、の意。

融通無碍 ◆ゆうずう むげ

特定の考え方にとらわれることなく、どんな事態にもとどこおりなく対応できること。

「融通」は、とけ合ってとどこおりなく通ずること。「無碍」は、妨げるものがないこと。「無碍」を添えて、とどこおりなく通ずる意を強調した語。

有職故実 ◆ゆうそく こじつ

朝廷や武家の礼式・制度・官職・法令などに関する古来の決り。

「有職」は、もと「有識」と書いてユウシキと言い、広く知識のあることを意味したが、特に朝廷や武家の官職・礼式などについて知識のあることを言うようになって、「有職」と書くようになり、読みもユウソクとなった。「故実」は、儀式・法制などに関する古くからのしきたり・慣習。「有職」だけで「故実」も含まれるが、「有職故実」で古くからのもろもろのしきたりを言う。

有備無患 ◆ゆうび むかん

ふだん準備がしてあれば、万一の時にも心配がないということ。

「備《そな》え有れば患《うれ》い無し」と言う。「これ事を事とすれば（すべきことをきちんとしていれば）、すなわちそれ備え有り。備え有れば患い無し」（『書経』説命中《えつめいちゅう》）から。また、『春秋左氏伝』襄公《じょうこう》十一年に「書に曰《いわ》く、安《やす》きに居て危《あや》うきを思う、と。思えばすなわち備え有り、備え有れば患い無し」と見える。

右文左武《ゆうぶんさぶ》 ⇩ 左文右武《さぶんゆうぶ》

有朋遠来 ◆ゆうほう えんらい

同じ学問に志す友人が遠くから訪ねてくること。「朋《とも》有り遠方《えんぽう》より来たる」の略。「朋」は、師を同じくする友人。学友。『論語』巻頭の「子曰《いわ》く、学びて時にこれを習う、また説《よろこ》ばしからずや。朋有り遠方より来たる、また楽しからずや。人知らずして慍《いか》らず、また君子ならずや」（学而《がくじ》）から。一般には、遠く離れている友人知己と久しぶりに会った時にも使う。

幽明異境 ◆ゆうめい いきょう

死別すること。また、死ぬこと。

「幽明境《さかい》を異《こと》にす」と言う。「幽明」は、幽界と顕界《けんかい》。冥土《めいど》と現世。死別して、幽界と顕界とに別れて住む意。また、死んで冥土に行く意。弔辞《ちょうじ》など、儀礼的な表現に使われることが多い。

有名無実 ◆ゆうめい むじつ

名ばかりで実質の伴わないこと。評判と実際とが違うこと。

「名ありて実なし」と読む。『国語』晋語《しんご》の「宣子《せんし》曰《いわ》く、われ卿《けい》の名有りて、しかしてその実無し、と」による。春秋時代、晋の韓宣子が大臣格の卿になったが、それに見合う財産がなく人並の付き合いができないことを嘆いたもの。それを聞いた叔向《しゅくきょう》は、蓄財に意をはらわずに政務に励んで功あった先代の卿を例に出して、宣子の貧を賀するのだった。

勇猛果敢 ◆ゆうもう かかん

猛々《たけだけ》しく、大胆に事を行うさま。

「勇猛」は、勇ましく猛々しいさま。「果敢」は、決断力が強く、大胆に事を行うさま。『漢書』翟方進伝《てきほうしんでん》に「みな内に不仁の性有りて、外に儁材《しゅんざい》人に過絶する有り。勇猛果敢、事に処して疑わず」と見える。彼らは仁徳を持たないが、著しく人に優れたところがある、勇猛果敢で、ためらわずに行動する、の意。翟方進が前漢の成帝に、帝の外舅《がいきゅう》一派について述べたもの。

優孟衣冠　◆ゆうもうの　いかん

外形は似ているが、実質の伴わないことのたとえ。また、似て非なるもの。

春秋時代、楚《そ》に優孟という俳優がいた。宰相孫叔敖《さいしょうそんしゅくごう》の死後、楚王の宴で孫叔敖に扮《ふん》したさまがそっくりなので、王は芝居の上で宰相にしようと言う。すると優孟は、宰相になって国や王のために尽しても、死ねば妻子が食うに困るからいやだと断る。孫叔敖の死後、貧窮していた遺児を思っての言で、気づいた楚王は孫叔敖の遺児を四百戸に封《ほう》じた。『史記』滑稽伝、優孟の故事から。

優游涵泳　◆ゆうゆう　かんえい

ゆったりした心で学問や芸術の境にひたること。

「優游」は、ゆったりと余裕のあるさま。「涵泳」は、水にひたって泳ぐ意から、ひたり味わうこと。朱子はその『語類』一一六で、「涵泳」というのはひたすら子細に読書することの別名だと言っている。

悠悠閑閑　◆ゆうゆう　かんかん

のんきにゆっくりしたさま。

「悠悠」は、ゆっくりと落着いているさま。「悠悠として いる」「悠悠たる態度」などと使われる。「閑閑」は、心ののどかなさま。落着いている意で類義の二語を重ね、そのさまを強調、ときには誇張する。

悠悠自適　◆ゆうゆう　じてき

俗世を離れ、自分の欲するままに心静かに生活すること。

「悠悠」は、ゆっくりと落着いているさま。「自適」は、何物にも束縛されず、心のままに楽しむさま。「悠悠自適の生活」と使うのが一般的で、しばしば定年後の生活などを表現する時に使われる。

悠揚不迫　◆ゆうよう　ふはく

あわてず騒がず、ゆったりと落着いているさま。

「悠揚迫《せま》らず」あるいは「悠揚として迫らず」と読む。「悠揚」は、ゆったりとして落着いているさま。「迫らず」は、こせこせしないこと。あわてないこと。「従容《しょうよう》として迫らず」も同義。

遊戯三昧 ◈ゆげ ざんまい

仏教で、心のおもむくままに自由に振舞うこと。仏の境地に遊んで、なにものにもとらわれないこと。

「遊戯」は、心にまかせて自由に振舞うこと。「三昧」は、すっかりひたりきる意。南宋の禅書『無門関』一則に「仏に逢うては仏を殺し、祖に逢うては祖を殺し、生死岸頭に於いて大自在を得、六道四生の中に向かいて遊戯三昧ならん」と見える。迷いと苦しみの世界で、なにものにもとらわれず、自由自在に振舞える、の意。なお「ゆうぎざんまい」と読むと、一般語で遊びふける意。

踰牆鑽隙 ◈ゆしょう さんげき

男女がひそかに仲良くなるたとえ。

「踰牆」は、垣根を飛び越える意。「鑽隙」は、隙間《すきま》をうがちあける意。男女が垣根を越えてひそかに会ったり、壁に穴をあけて互いにのぞき見ることを言う。「父母の命、媒妁《ばいしゃく》の言を待たずして、穴隙《あな》を鑽《うが》ちて相窺《あいうかが》い、牆《かき》を踰《こ》えて相従わば、すなわち父母国人みなこれを賤《いや》しまん」（『孟子《もうし》』滕文公《とうぶんこう》下）に基づく。仕官するにも道がある、道によらないで仕官するのは壁に穴をあけるようなものだと、たとえとして述べたもの。

油断大敵 ◈ゆだん たいてき

油断は失敗の原因となるから、恐ろしい敵であるということ。

「油断」は、気を許すこと、注意を怠ること。一説に、油の鉢を持ち運び、一滴でもこぼすと命を断たれるという『涅槃経《ねはんぎょう》』の記述による語という。「大敵」は、きわめて強い敵。「世話（日常の言葉）に油断大敵といふ事」（『駿台雑話《すんだいざつわ》』四）、「下世話《げせわ》に申す油断大敵」（歌舞伎『鼠小紋《ねずみこもん》東君新形《はるのしんがた》』五）などから、江戸時代、庶民の間に普及していた語であったことが知れる。「油断強敵《ごうてき》」とも言う。

余韻嫋嫋 ◈よいん じょうじょう

音声のあとに残る響が長く続いて絶えないさま。

「余韻」は、音のあとに残るかすかな響。転じて、言外の趣。「嫋嫋」は、音声が細く長く響いてとぎれないさま。「余音（「韻」に同じ）嫋嫋として絶えざること縷《いと》の如《ごと》し」（北宋、蘇軾《そしょく》「前赤壁賦《ぜんせきへきのふ》」）から。「縷」は、糸。また糸すじのように細長いもの。余韻が尾をひいて、糸すじのように細く長く続いている、の詩意。転じて、言外の趣が深い意味でも使われる。

用意周到　◈よういしゅうとう

心配り・準備が十分に整って手抜かりのないこと。「用意」は、心遣い。用心。また、準備。「周到」は、よく行き届くこと。手落ちのないこと。晴れた日も傘《かさ》を忘れずに持ち歩くような、時には行き過ぎとも思えるほどに、心配りや準備が行き届いていることを言う。

妖怪変化　◈ようかいへんげ

人知ではうかがいしれない、怪しい化物《ばけもの》。「妖怪」は、人知では理解できない不思議な現象、また化物を言う。『続《しょく》日本紀』宝亀八年（七七七）三月に「大祓《おおはらえ》す。宮中に頻《しき》りに妖怪（あやしい現象）有るが為なり」と見える。「変化」は、動物などが姿形を変えて現れること。またそのもの。やはり化物を意味する。類義の語を重ねて、得体《えたい》のしれない、怪しいものであることを強調する。「幽霊」は、死者が成仏《じょうぶつ》できずにこの世に現れるもので、「妖怪変化」よりは正体がはっきりしている。

用管窺天　◈ようかんきてん

ものの見方の非常に狭いことのたとえ。「管《くだ》を用《もち》いて天を窺《うかが》う」と読む。「管を用いて天を闚《うかが》い、錐《きり》を用いて地を指すなり」（『荘子』秋水）（「窺」に同じ）から。狭い管の穴から天をのぞき見て、それが天だと思い、錐の当るほんのわずかな地面を大地だと思う意。狭い見解を意味する「管見」「錐指《すいし》」も、この引用文からの語。類似の表現は、「*一斑全豹《いっぱんぜんぴょう》」「*管中窺天《かんちゅう》」など少なくない。

陽関三畳　◈ようかんさんじょう

送別の時などに、「陽関曲」を三度繰返して歌うこと。「陽関」は、今の甘粛《かんしゅく》省西部、敦煌《とんこう》県の西南にあった、西域に通じる街道の関門。「陽関曲」は、正しくは「元《げん》二《じ》の安西に使いするを送る」と題する唐の王維《おうい》の詩。「渭城《いじょう》（都長安の渭水を挟んだ対岸の町）の朝雨軽塵《けいじん》を浥《うるお》す、客舎《かくしゃ》（宿屋）青青《せいせい》柳色新たなり。君に勧むさらに尽せ一杯の酒、西のかた陽関を出づれば故人（知人）無からん」。「三畳」は、三度繰返す意。「陽関三畳」の語は、北宋の蘇軾《そしょく》の詩などに見えるが、どの句を三度繰返すかには諸説がある。

羊裘垂釣 ◆ようきゅう すいちょう

隠者の形容。

「羊裘釣《ちょう》を垂《た》る」と読む。羊のかわごろもを着て釣糸を垂れる意。『後漢書』厳光伝に「一男子有り、羊裘を披《き》て沢中に釣《つ》る」と見える。後漢の厳光（字《あざな》子陵）は、幼い頃、のちの光武帝とよく遊んだが、光武が帝位につくと、召を避けて山に身を隠した。彼が日ごろ釣をしていた場所を、後人は「厳陵瀬」と呼んだという。

庸言之謹 ◆ようげんの きん

ふだんの発言に十分意を用いること。

「庸言」は、ふだん話していること。「庸徳はこれを行い、庸言はこれを謹《つつし》む」（『中庸《ちゅうよう》』一三）から。「庸徳」は、親孝行など、ふだん実践すべき徳行。ふだん実践すべき徳行は積極的に行い、ふだんの言説は、なるべく控えめにした方がいい、の意。

妖言惑衆 ◆ようげん わくしゅう

怪しげなことを言って、人々を惑《まど》わすこと。

「妖言衆を惑わす」と読む。唐の律（法律）に「妖言」についての処罰規定があり、それをうけついだ日本の「賊盗律《ぞくとうりつ》」二一では「妖言を造れらば遠流《おんる》」とし、「妖言」とは「妄《みだ》りに吉凶を説く」ことと注している。また、「僧尼令《そうにりょう》」二に「妖言し衆を惑わす」、『続《しょく》日本紀』天平二年（七三〇）九月に「妖言《およずれごと》して衆《ひとびと》を惑わす」などと見える。災いや吉凶などの予言をして人々を混乱させる意。

養虎遺患 ◆ようこ いかん

後日に不安を残すたとえ。

「虎を養《やしな》いて患《うれ》いを遺《のこ》す」と読む。秦《しん》末期、楚《そ》の項羽《こうう》と漢の劉邦《りゅうほう》は、成皋《せいこう》での対峙《たいじ》の末、天下二分を約して和《わ》睦《ぼく》する。引上げていく項羽を見て漢の臣、張良《ちょうりょう》と陳平《ちんぺい》は、今楚を撃《う》っておかないと、後日に禍《わざわい》を残す、と説く。「楚の兵罷《つか》れ食尽《つ》く。これ天の楚を亡《ほろ》ぼすの時なり。その機に因《よ》りて遂にこれを取るに如《し》かず。いま釈《す》てて撃たざるは、これいわゆる虎を養いて自ら患いを遺すなり」（『史記』項羽紀）。そして*乾坤一擲《けんこんいってき》の戦いで、天下は劉邦のものとなる。

用行舎蔵 ◆ようこう しゃぞう

出処進退をわきまえていること。

任用されれば活動し、用がないと言われれば引きこもる意。「これを用うればすなわち行い、これを舎《す》つればすなわち蔵《かく》る。ただ我と爾《なんじ》とこれ有るかな」(『論語』述而《じゅつじ》)による。時宜《じぎ》を得た出処進退ができるのは自分とお前だけだろう、と孔子が顔回(顔淵)に言ったもの。顔回は、孔子の最も期待した弟子だったが夭折《ようせつ》した。

容姿端麗　◈ようし たんれい

顔かたちが整って、うるわしいさま。

「容姿」は、顔だちとからだつき。「端麗」は、整って、うるわしいさま。女性に言うことが多い。女店員などの募集広告に、「容姿端麗」がしばしば条件として記されていた時代があった。

羊質虎皮　◈ようしつ こひ

うわべは立派だが、実質が伴わないたとえ。

「羊質にして虎皮す」と読む。「羊に虎の皮を着せる」とも言う。弱々しい羊に虎の皮をかぶせて、強く立派に見せかける意。前漢の揚雄の『法言』吾子による。この語では、羊は虎に比べて劣っている扱いだが、「*羊頭狗《ようとうく》肉《にく》」では羊の肉に焦点を当て、犬より上等だという扱いを受けている。

養志之孝　◈ようしの こう

親の意図するところを満足させる孝行を言う。

孔子の弟子で親孝行の曾子《そうし》は、父の膳には必ず酒と肉を添えた。そして余りの有無にかかわらず、下げる時は、余った分はどうしましょうと必ず父に相談した。「曾子のごときはすなわち志を養う(気持を満足させる)と謂《い》うべきなり。親に事《つか》うるには、曾子の如《ごと》き者可なり」(『孟子《もうし》』離婁《りろう》上)と孟子は言う。

傭書自資　◈ようしょ じし

人に雇われて文字を書き、生活の資とすること。

「昼はすなわち傭書し、以て自ら資給す」(『魏書《ぎしょ》』劉芳《りゅうほう》伝)による。「傭書」は、雇われて書く意。依頼されて原稿執筆をするのではなく、主に筆写などの仕事をする意に使われる。『漢書』を著した班固《はんこ》の弟、後漢の班超《はんちょう》は、西域遠征将軍として名を馳せたが、若いころは貧乏で、傭書で生計を立てていた。「超は母と随《したが》いて洛陽《らくよう》に至るも家貧しく、常に官の傭書を為《な》し、以て供養す」(『後漢書』班超伝)。

鷹視狼歩　◆ようし ろうほ

残忍で心がねじけている人物の形容。鷹のように鋭い目つきをして、冷酷で心ねじけた狼のように歩く意。「それ越王人と為《な》り長頸烏喙《ちょうけいうかい》、鷹視狼歩にして、以て患難を共にすべきも、楽しむ処《ところ》を共にすべからず」(『呉越春秋』句践《こうせん》伐呉外伝)から。呉王への復讐を助けた范蠡《はんれい》が越王句践の人相を評したもの。「鷹視狼歩」と対で掲げる「長頸烏喙」は、長い首と烏のようにとがった口ということ。これらの人相の持主は、苦労は共にできても楽しみは共にできないと范蠡は言う。

養生喪死　◆ようせい そうし

生ある者を養い、死んだ者を手厚く弔《とむら》うこと。人が実践すべき基本的道徳を言う。「穀《こく》と魚鼈《ぎょべつ》と勝《あ》げて食うべからず、材木勝げて用うべからざる、これ民をして生を養《やしな》い死を喪《おく》りて憾《うら》み無からしむるなり。生を養い死を喪りて憾み無からしむるは王道の始めなり」(『孟子《もうし》』梁恵王上《りょうけいおう》)による。穀物と魚類は食べきれず、材木は使いきれないほどあれば、人民は親や妻子を養い死者を弔うことができる、人民にそうさせるのが王としてなすべきことの始めである、の意。

庸中佼佼　◆ようちゅうの こうこう

平凡な人々の中で、少しばかり優れている人のこと。「庸」は、平凡なこと。凡庸なこと。「佼佼」は、人格・才能などの優れたさま。後漢の光武帝が、降伏した賊軍の丞相《じょうしょう》の態度を褒《ほ》めて言った言葉「卿《けい》はいわゆる鉄中《てっちゅう》の錚錚《そうそう》、傭(＝庸)中の佼佼たる者なり」(『後漢書』劉盆子《りゅうぼんし》伝)から。「*鉄中錚錚」は、鉄の中で少しはよい音を出すものの意で、同義に用いられる。

窈窕淑女　◆ようちょう しゅくじょ

美しくしとやかな女性のこと。「窈窕たる淑女」と言う。「窈窕」は、美しくたおやかなさま。「関関《かんかん》たる雎鳩《しょきゅう》は河の洲《す》に在り。窈窕たる淑女は君子の好逑《こうきゅう》なり」(『詩経』周南、関雎)から。河の洲でむつまじく鳴きかわしているミサゴのように、美しくたおやかな淑女は君子のよいお連合いだ、と周の文王と王妃との和合した徳を称えたもの。「*関関雎鳩」も、この引用文からの語。

羊腸小径　◆ようちょう　しょうけい

曲りくねった小道のこと。

「羊腸」は、羊の腸のように山道が曲りくねっているさま。和語で言う「九十九折《つづらおり》」*のこと。「羊腸小径」は、滝廉太郎《たきれんたろう》作曲、鳥居忱《まこと》作詞の唱歌「箱根八里」の「雲は山を巡《めぐ》り、霧は谷を閉ざす、昼なほ闇《くら》き杉の並木、羊腸の小径は苔《こけ》滑らか」によって知られる。

羊頭狗肉　◆ようとう　くにく

表面は立派にしても、内実がそれに伴わないたとえ。

「羊頭を懸《かか》げて狗肉を売る」の略。羊の頭を看板に出し、実際は犬の肉を売る意。熟語でも成句でも使われる。この語は南宋の禅書『無門関』六則に見えるが、偽《いつわ》りの看板は少なくなかったようで、類似の表現は多く、古くは『晏子《あんし》春秋』雑下に「牛首を門に懸げて馬肉を内に売る」とある。

揚眉吐気　◆ようび　とき

意気軒昂《けんこう》たるさま。得意気なさま。

「眉《まゆ》を揚げ気を吐《は》く」と読む。抑えつけられていたものから解放されて、大いに気勢を上げているさまなどに言う。

耀武揚威　◆ようぶ　ようい

武力を誇示して威勢を上げること。

「武を耀《かがや》かし威を揚《あ》ぐ」と読む。「揚威耀武」とも言う。晋《しん》の索靖《さくせい》の書を評した「兵を窮め勢を極め、威を揚げ武を耀かす」（『書断』中）は、筆力の強さの比喩《ひゆ》に用いたもの。

容貌魁偉　◆ようぼう　かいい

顔つきが大きく立派なさま。

「容貌」は、顔つき。顔かたち。「魁偉」は、顔や体が人並はずれて大きく立派なさま。どちらかというと、いかつい顔つきを表現する。『後漢書』郭太《かくたい》伝に「（郭林宗は）身長八尺、容貌魁偉」と見える。当時の「身長八尺」は、約一八四センチメートル。

雍也論語　◆ようや　ろんご

勉強や読書が長続きしないことのたとえ。

『論語』を勉強しはじめたが、全二十編のうち第六の

「雍也」まできて飽きてしまったことを言う。『源氏物語』を「須磨《すま》」「明石《あかし》」あたりで断念する「須磨源氏」や「明石源氏」、あるいは『庭訓往来《ていきんおうらい》』を「三月」で放り出す「三月庭訓*」と似ている。もっとあきらめの早い例に、巻頭で挫折《ざせつ》する「桐壺《きりつぼ》源氏*」「隠公左伝《いんこうさでん》*」がある。

溶溶漾漾　◆ようよう　ようよう

水が揺れ動きながらゆったりと流れるさま。また、静かに流れるさま。「溶溶」は、水が広々としているさま。また、広々としたさま。「漾漾」は、水の揺れ動くさま。「溶溶漾漾」は、唐の杜牧《とぼく》の詩「漢江」に例が見える。与謝蕪村《よさぶそん》に「春の海ひねもすのたりのたりかな」という有名な句がある。これを漢語的に表現したのが、徳冨蘆花《とくとみろか》の「春の海溶々として漾々たり」(『自然と人生』湘南雑筆)と言えようか。

瑶林瓊樹　◆ようりん　けいじゅ

人品が気高くて、常の人より優れているたとえ。「瑶」も「瓊」も、美しい玉。玉の木や林の意。『晋《しん》書《じょ》』王戎《おうじゅう》伝に「王衍《おうえん》は神姿高徹にして、瑶林瓊樹の如《ごと》し。自然これ風塵表の物なり(俗世を超越した人物だ)」と見える。竹林七賢*の一人王戎が、従弟の王衍を評した語。

薏苡明珠　◆よくい　めいしゅ

あらぬ疑いをかけられるたとえ。「薏苡」は、はとむぎ。薬用にする。「明珠」は光り輝く宝玉。後漢の馬援《ばえん》が光武帝の命で交趾《こうし》(今のベトナム北部)の反乱を制して帰還する時、薏苡を車一台分持ち帰った。人々が知らないものだったために、南方の珍宝と噂《うわさ》になり、馬援の死後、彼が持ち帰ったのは宝玉と、高価な器を作るための模様の入った犀《さい》の角だったと讒言《ざんげん》する者が現れ、光武帝にも疑われたという。『後漢書』馬援伝に見える故事。「薏苡之謗《そしり》」とも言う。

予譲呑炭　◆よじょう　どんたん

仇《かたき》を討つため、心身を苦しめて機会をうかがうこと。「予譲」は、戦国時代、晋《しん》の人。自分を国士として遇してくれた智伯《ちはく》の仇趙襄子《ちょうじょうし》を討つため、「身に漆《しっ》して厲《らい》と為《な》り、炭を呑んで唖《あ》と為り、形状をして知るべからざらしむ。行きて市に乞うに、その妻識《し》らざるなり(妻も予譲ということが分らなかった)」(『史記』刺客伝、予譲)。二度仇討に失敗し、趙襄子の衣服をもらって三度斬ってから自殺したという。

予且之患　◆よしょの かん

貴人が微行して災難に遭《あ》うたとえ。

「予且」は、宋の漁師の名。予且による災いの意。霊力ある白竜が、ふつうの魚の姿をしていて予且に目を射抜かれて、天帝に訴えたが相手にされなかったという伝説がある（→白竜魚服《はくりょうぎょふく》）。春秋時代、民衆と一緒に酒が飲みたいと言いだした呉王を伍子胥《ごししょ》が諫《いさ》め、予且の災いに遭った白竜の話を持ちだして思いとどまらせた故事が『説苑《ぜいえん》』正諫《せいかん》に載る。

夜目遠目　◆よめ とおめ

夜や遠くから見るとはっきりしないので、人の顔がより美しく見えるということ。特に女性について言う。

「夜目遠目笠の内」の略。夜目や遠目と同様、笠に隠された顔も美しく思えてしまう意。浄瑠璃『仮名手本忠臣蔵』の七段目、一力《いちりき》茶屋の奥座敷の縁側で、大星由良之助がかほよ御前からの手紙を読む。二階座敷からおかるがそれを読もうとしたが、「夜目遠目なり字性《じしょう》もおぼろ」。この場合は、はっきり分からない意。

余裕綽綽　◆よゆう しゃくしゃく

落着いて悠然としているさま。

「綽綽」は、ゆったりとしてこせこせしないさま。「われこれを聞けり、官守有る者は、その職を得ざれば（職務が果せなければ）すなわち去り、言責有る者は、その言を得ざれば（諫言《かんげん》が容《い》れられなければ）すなわち去る、と。我に官守無く、我に言責無ければ、すなわちわが進退はあに綽綽然として余裕有らざらんや」（『孟子《もうし》』公孫丑《こうそんちゅう》下）による。自分には職務の責任も諫言する責任もないのだから、落着いて悠然としていられる、の意。

ら行

来迎引接《らいこういんじょう》　⇓　聖衆来迎《しょうじゅらいこう》

雷同付和《らいどうふわ》　⇓　付和雷同《ふわらいどう》

来来世世 ◆らいらい せせ

生き変り死に変りする長い未来のこと。「来世」は、仏教で、死後に生れ変る世。「来」を繰返して、何度も生れ変る意を強調し、「世」を繰返して、次々と生れ変る世を強調する。ずっと先の世まで、未来永劫《えいごう》に、の意。

磊磊落落 ◆らいらい らくらく

心が広く快活で、小事にこだわらないさま。「磊落」と同義。各語を重ねて意味を強めた語。『晋《しん》書《じょ》』石勒《せきろく》載記に「大丈夫《だいじょうふ》事を行うに、まさに磊磊落落として日月の皎然《こうぜん》たる如《ごと》くあるべし」と見える。立派な男子が事を行うときは、日や月がすべての上に白く輝くように、心を広く大きくしていよ、の意。

落月屋梁 ◆らくげつ おくりょう

友を思う心情を言う。「屋梁」は、家の棟《むね》の重みを支える横木、はり。唐の詩人杜甫《とほ》が、南方に流された友人の李白を思って作った詩「李白を夢む」の「落月屋梁に満ち、猶《なお》し疑うらくは顔色を照らすかと」から出た語。明け方に李白の夢を見てふと目覚めたら、西に落ちた月の光が屋梁を照らしていて、そこに李白がいるような錯覚にとらわれた、の意。「屋梁落月」とも言う。

落筆点蠅 ◆らくひつ てんよう

画家の優れた技術のたとえ。「落筆蠅《はえ》を点ず」と読む。「曹不《そうふ》興《こうよ》善く画《えが》く。権（孫権）屏風《びょうぶ》を画かしむるに、誤りて筆を落して素に点ず（白い部分にしみをつけた）。よりて就《つ》きて（しみに手を加えて）以て蠅を作《な》す。すでに進御《しんぎょ》するに、権以て生蠅《せいよう》と為《な》し、手を挙げてこれを弾《はじ》く」（『三国志』呉志、趙《ちょう》達《たつ》伝注）に基づく。孫権は曹不興がしみをごまかすために描いた蠅を本物だと思って、手ではじいたという。

洛陽紙価 ◆らくようの しか

著書が世にもてはやされるたとえ。「洛陽の紙価を高める」の略。洛陽は現河南省の都市で当時の都。西晋《せいしん》の左《さ》思《し》が構想十年、魏《ぎ》の鄴《ぎょう》、呉《ご》の建《けん》業《ぎょう》、蜀《しょく》の成都《せいと》をえがく「三都の賦《ふ》」を完成した。「司空（副宰相《さいしょう》）張華《ちょうか》見て嘆じて曰《いわ》く、班張（班固《はんこ》・張衡《ちょうこう》）の流なり。これを読む者をして尽して余りあり、久しくして更に新たならしむ、と。ここに於て豪貴の家競いて相《あい》伝写し、洛陽、これが為に紙貴《たか》し」(『晋書』文苑伝、左思)。張華が絶賛したので、金持が競って転写本を作り、紙の値段が高騰したという。紙を発明したという蔡倫《さいりん》から二百年足らず。「紙貴し」が時代を伝えている。

落花啼鳥 ◆らっか ていちょう

春の風情《ふぜい》を言う。

散る花と啼《な》く鳥の意。直接には、唐の孟浩然《もうこうねん》の著名な詩「春暁《しゅんぎょう》」による。「春眠 暁《あかつき》を覚えず、処処《しょしょ》に啼鳥を聞く。夜来風雨の声、花落つること知んぬ多少ぞ」。三・四句は、ゆうべの嵐で、庭の花はどれほど散ったろうか、の意。原文は「花落」だが、日本で桜の花の散る風情を込めて好まれる「落花」の語で定着している。

落花流水 ◆らっか りゅうすい

相思相愛のたとえ。

散り落ちる花と流れる水の意。「落花流水天台を認め、半酔閑吟独り自ら来たる」(唐、高駢《こうべん》「訪二隠者一不レ遇詩」)のように、原義でも使われる。転じて、落花に流水のままに流れたい情があれば、流水にも情があってこれを乗せ去るということから、男に女を思う情があれば、女にもまた男を思う情の生ずる意。片想いならば、「落花情あれども流水意なし」となる。

落花狼藉 ◆らっか ろうぜき

入乱れて取散らかっているさま。

花が散り乱れる意。花はあたりかまわずというさまに散り落ちるところから、物の取散らかっているさまに言う。また、女性を花にたとえて、女性に乱暴をはたらくことにも言う。「狼藉」は、乱雑なさま。散乱したさま。狼が草を藉《し》いて寝たあとの乱れたさまから言う。「乱暴*狼藉」などと使われる。

乱離骨灰 ◆らり こっぱい

秩序が乱れてどうにもならなくなること。めちゃめちゃになること。また、そのさま。

「乱離」は「羅利」、「骨灰」は「粉灰」も当てる。「らり」は、一説に、国が乱れて人々が散り散りになる意の「乱離《らんり》」の転という。「骨灰」は、粉々になることから、散り散りめちゃめちゃになること。類義の語を重ねてできた語と思われる。

蘭摧玉折　◈らんさい ぎょくせつ

立派な人間として死ぬたとえ。

蘭が摧《くだ》け玉が折れる意。優れたもののたとえとされる蘭や宝玉がこなごなになることで、立派な人間の死を表す。「むしろ蘭摧玉折を為《な》せども、蕭敷艾栄《しょうふがいえい》を作《な》さず」(『世《せ》説新語《せつしんご》』言語)から。対句の「蕭敷艾栄」は、よもぎのように広がり栄える意。「蕭」「艾」は、ともによもぎの類で、小人物のたとえに使われる。立派な人間として死んでも、小人物として生き延びることはしない、の意。

乱雑無章　◈らんざつ むしょう

文章が乱雑でまとまりがないこと。

「乱雑にして章無し」と読む。唐の文人韓愈《かんゆ》の「送二孟《もう》東野《とうや》一序」に見える。尭《ぎょう》・舜《しゅん》から前漢の司馬遷・司馬相《しょう》如《じょ》・揚雄《ようゆう》までは各時代に鳴りひびくような文学があった。しかし、魏《ぎ》・晋《しん》代には「鳴る者、古《いにしえ》に及ばず」「その言為《た》るや乱雑にして章無し」という状態になった。この文学を唐代に再興した一人が孟郊(東野)である、と韓愈は言っている。

乱臣賊子　◈らんしん ぞくし

国を乱す臣と、親に背《そむ》く子を言う。

「乱」の原義は乱れたものを整えなおす意だが、転じて正反対の乱れる意となり、一般にはもっぱら転義で使われる。「乱臣」にも、「予に乱臣十人有り」(『書経』泰誓)のように、原義に基づく国を治める臣の用法と、転義の国を乱す臣の用法があるが、ここは転義の方。「賊子」は、親不孝の子。「孔子春秋を成して乱臣賊子懼《おそ》る」(『孟子《もうし》』滕文公下《とうぶんこう》)から。孔子が『春秋』をつくり聖人として世に知られたため、乱臣賊子が身を慎んだ、の意。『春秋』は、魯《ろ》の史官の書いたものを孔子が筆削して完成させた歴史書。

藍田生玉　◈らんでん しょうぎょく

立派な家柄から優れた子弟の出るたとえ。

「藍田玉を生《しょう》ず」と読む。「藍田」は、今の陝西省《せんせいしょう》西安の東南にある山。昔から宝玉を産するので知られる。「恪少《かくわか》くして才名有り。発藻岐嶷《はっそうきぎょく》(詩文に優れ)、弁論機に応じ、ともに対を為《な》すものなし。権(孫権)見てこれを奇とし、瑾《きん》(恪の父)に謂《い》いて曰《いわ》く、藍田玉を生ずとは、真《まこと》に虚ならざるなり、と」(『三国志』呉志、諸葛恪《しょかつ》伝注)から。諸葛瑾は、蜀《しょく》の宰相《さいしょう》諸葛孔明の兄で、早くから呉の孫権に仕え重用された。

乱暴狼藉 ◆らんぼう ろうぜき

荒々しく振舞い、他人に危害を加えること。

「乱暴」は、暴力をふるうなどして、荒々しく振舞うこと。「狼藉」は、無法な振舞をすること。暴力をふるうこと。二語を重ねて、乱暴なさまを強調する。なお「狼藉」は、「杯盤《はいばん》狼藉*」のように、本来、乱雑なさま、散乱したさまを言う。

梨園子弟 ◆りえんの してい

役者。俳優。特に、歌舞伎役者を言う。

「梨園弟子《ていし》」とも言う。「玄宗すでに音律を知り、また酷《いちじる》しく法曲を愛す。坐部伎《ざぶぎ》(堂上に坐って奏する音楽隊)の子弟三百を選び、梨園に教う。声に誤り有る者は、帝必ず覚えてこれを正す。皇帝、梨園の弟子と号す」(『新唐書』礼楽志)という故事に基づく。「梨園」は、長安の宮中にあった梨の園。後世、俳優の社会、特に歌舞伎役者の世界を「梨園」と言うようになった。

利害得失 ◆りがい とくしつ

利益と損失。

「利害」は、利益と損害。「得失」は、得ることと失うこと。同義の語を重ねて語調を整え、かつ強調したもの。「利害得失を論ずる」のように使われる。

李下瓜田《りかかでん》 ⇩ 瓜田李下《かでんりか》

力戦奮闘 ◆りきせん ふんとう

力いっぱい戦うこと。全力を尽して努力すること。

「力戦」はリョクセンとも言い、力を尽して戦うこと。『後漢書』馮魴《ふうほう》伝に「帝の行きて闘う処《ところ》を案《あん》ずるに、魴、力戦を知る」と見える。「奮闘」は、力をふるって闘うこと。同義の二語を重ね、戦闘や仕事などに力いっぱい努めるさまを強調する。

犂牛之子 ◆りぎゅうの こ

身分や地位が低くても才能さえあれば認められることのたとえ。

「犂牛」は、まだら牛の意。「子、仲弓を謂《い》いて曰《いわ》く、犂牛の子、騂《あか》くしてかつ角あらば、用うることなからんと欲すといえども、山川それ舎《す》てんや」(『論語』雍也《ようや》)から。まだら牛の子でも、毛が赤くよい角があれば、祭祀《さいし》の供物にはすまいと思っても、山川の神々が放っておかないだろう、の意。弟子で微賤の出だった仲弓について、才能さえあれば出自など問題でないと、犂牛の子にたとえて言ったもの。

六菖十菊 ◈りくしょう じゅうぎく

時期に遅れて役に立たないもののたとえ。「六日《むいか》の菖蒲《あやめ》(ショウブとも言う)、十日《とおか》の菊」の略。「六日菖蒲」は、五日に間に合わない菖蒲の意。陰暦五月五日は、五節句の一つの「端午《たんご》」で、菖蒲《しょうぶ》を軒にさして邪気を払う。「十日之菊」は、九日に間に合わない菊の意。陰暦九月九日も五節句の一つで、陽の数字九が重なる「重陽《ちょうよう》」。日本では奈良時代以来、宮中で観菊の宴が催されたため、菊の節句と呼ばれ、菊が欠かせなかった。

六尺之孤 ◈りくせきの こ

父に死別したみなしご。特に、幼少で即位した君主のこと。

「六尺」は、約一三五センチメートル。「孤」は、父に死別した子を言う。「曾子《そうし》曰《いわ》く、以て六尺の孤を託すべく、以て百里の命《めい》を寄すべく、大節に臨《のぞ》んで奪うべからず。君子人か、君子人なり、と」(『論語』泰伯)から。幼い君主を預けることができ、諸侯の国の政令をまかせることもでき、大事な時に志を失わない、こういう人こそ君子である、の意。

六韜三略 ◈りくとう さんりゃく

兵法書『六韜』と『三略』の併称。転じて、兵法などの極意。

「韜」は、弓や剣を入れる袋、「略」は、はかりごとの意。『六韜』は、春秋時代、周の太公望呂尚《たいこうぼうりょしょう》の撰とされ、『荘子』に書名が見える。現存本は偽書で、文韜・武韜・竜韜・虎韜・豹韜《ひょうとう》・犬韜の六巻からなる。虎韜巻を「虎の巻」と言い、秘伝書や安直な指導書を言う「虎の巻」はここからきている。『三略』は、前漢の張良《ちょうりょう》が土橋の上で会った黄石公《こうせきこう》から授けられたという故事で有名だが、後代の偽書。上略・中略・下略の三巻からなる。

戮力同心 りくりょく どうしん ⇩ 同心戮力 どうしん りくりょく

離合集散 ◆りごう しゅうさん

離れたり集まったりすること。合併したり分離したりすること。

「離合」「集散」それぞれに、離れたり集まったりする意を表す。「離合」は、ある意志のもとに離れたり合ったりする意。「集散」は、特に意志とはかかわりなく、あるいは意志を持たぬものが、集まったり散ったりする意。「離合集散を繰返す」などと使われる。

履霜之戒 ◆りそうの かい

小さな前兆を見たら、やがて来る大きな災いに注意して備えよという戒め。

「戒」はイマシメとも読む。「履霜」は、霜をふむ意。「霜を履《ふ》みて堅冰《けんぴょう》(「氷」に同じ)至る」(『易経』坤卦《こんか》)から。霜をふむ季節になれば、やがて堅い氷が張りつめるのだから、それを予想して準備をすべきであるということ。

立身出世 ◆りっしん しゅっせ

成功して世間に名をあげること。

「立身」は、社会に認められて栄達すること。「出世」は、世の中に出て、立派な地位・身分となること。比叡《ひえい》山《ざん》で、公卿《くぎょう》の子弟が受戒《じゅかい》・剃髪《ていはつ》して僧となるのを「出世」と言って、昇進が早かったところから、一般に高い地位につくことを言うようになった。類義の二語を重ね、社会的に栄達する意を強調する。

立錐之地 ◆りっすいの ち

わずかばかりの空いた場所。

錐《きり》の先を立てるほどの地の意。「いま秦《しん》、徳を失い義を棄て、諸侯の社稷《しゃしょく》を侵伐し、六国の後を滅ぼして、立錐の地無からしむ」(『史記』留侯世家)から。秦は韓・魏《ぎ》・趙《ちょう》・燕《えん》・斉《せい》・楚《そ》の六国を滅ぼしてわずかな土地も与えていない、の意。だからこれらの国を復興してやれば、楚の項羽《こうう》も襟《えり》を正して仕えるだろうと、論客の酈食其《れきいき》が漢王(後の高祖劉邦《りゅうほう》)に説いたもの。引用は「立錐の地無し」だが、ふつう「立錐の余地もない」と表現される。

理非曲直 ◆りひ きょくちょく

もののよしあし。

「理非」は、道理にかなっていることとはずれていること。「曲直」は、よこしまなことと正しいこと。判断の対極をあげた熟語を連ね、語調を整えると同時に意味を強めたもの。よしあしの判断を下すことを「理非曲直をただす」と言う。同義語に「是非曲直」がある。

柳暗花明 ◆りゅうあん かめい

春の美しい風景を言う。

柳は茂ってほの暗く、花は明るく咲いている意。「柳は暗く百花明るく、春は深し五鳳城」(唐、王維《おうい》「早朝詩」)、「山重水複路《みち》無きかと疑われ、柳暗花明また一村」(宋、陸游《りくゆう》「遊二山西村一詩」)など、詩句として使われる。類義語に「柳緑花紅*」があるが、「柳暗花明」より素朴なため、自然のありのままのすがたを言う禅語としての広がりを持つ。

劉寛温恕 ◆りゅうかん おんじょ

きわめて寛大なことのたとえ。

「蒲鞭之政《ほべんのせい》*」で知られる後漢の劉寛《りゅうかん》は、ふだんから温厚だった。妻が怒らせてみようと、女中に言って寛の朝服(公用の服)に羹《あつもの》(吸い物)をこぼさせたところ、寛は女中がやけどをしなかったかと気遣ったという。『後漢書』劉寛伝から。これで思い起すのが、古典落語「厩火事《うまやかじ》」。厩の火事を耳にして、馬より家人の身を案じたという孔子伝説を聞いた女房が、亭主の大切にしている瀬戸物をわざと割って、気持を知ろうとした話。「厩火事」の亭主も女房の身を気遣ったが、髪結いの女房がけがをすると遊んで暮せないからというのがオチ。

流金鑠石 ◆りゅうきん しゃくせき

厳しい暑さの形容。

「金を流し石を鑠《と》かす」と読む。金も石も溶かしてしまうほどの暑さの意。「十日《じゅうじつ》代り出で、金を流し石を鑠かす」(『楚辞《そじ》』招魂)から。『荘子』斉物論に「昔者《むかし》、十日並び出でて万物みな照らさる」と見えるように、十個の太陽が代わる代わる、または同時に、天空をめぐったという、中国古代の伝説に基づく。

竜華三会 ◆りゅうげ さんね

弥勒菩薩《みろくぼさつ》が五十六億七千万年後に人間世界に降りて説法をするという法会《ほうえ》を言う。

「弥勒三会」「慈尊《じそん》三会」(「慈尊」は弥勒菩薩)とも言う。『弥勒下生経《げしょう》』ほか各種経典に見える。弥勒菩薩は釈迦《しゃか》が滅して五十六億七千万年ののちに、兜率天《とそってん》より人間世界に現れ、竜華樹のもとで悟りを得、三度説法して人々を救済するという。釈迦の弟子迦葉《かしょう》は、釈迦から託された衣をその時弥勒に手渡すため、鶏足山《けいそくせん》に入定《にゅうじょう》（瞑想《めいそう》状態になる）したとされる。

流言蜚語　◆りゅうげん ひご

根拠がないのに言いふらされる、無責任な噂《うわさ》。「蜚」は「飛」に同じで、「流言飛語」とも書く。「流言」「蜚語」ともに、根拠のない風説。同義の二語を重ね、根拠のない噂が流れ飛びかうさまを強調する。

柳巷花街　◆りゅうこう かがい

いろまち。遊里。

「花街柳巷」とも言い、略して「花柳」とも言う。「柳巷」「花街」それぞれに、遊里の意味を持つ。春の美しさを「＊柳暗花明《りゅうあんかめい》」「＊柳緑花紅《りゅうりょくかこう》」などと表現するが、その春の柳のたおやかさ、花の華麗さを女性にたとえたもの。「柳巷」は一説に、遊里にしばしば柳を植えたことからの称と言う。遊里の代表である吉原の出入口に植えられて、名残惜しさにそこから遊里を振り返るという「見返り柳」はよく知られる。

流觴曲水《りゅうしょうきょくすい》　⇩　**曲水流觴**《きょくすいりゅうしょう》

柳絮之才《りゅうじょのさい》　⇩　**詠雪之才**《えいせつのさい》

流水高山《りゅうすいこうざん》　⇩　**高山流水**《こうざんりゅうすい》

流星光底　◆りゅうせい こうてい

かねてつけねらっていた相手を討つ機会を、一瞬のうちに取逃すたとえ。

「流星光底長蛇《ちょうだ》を逸《いっ》す」の略。振り下した剣の光が流星のようにきらめくもと、惜しくも大物を取逃した、の意。「鞭声《べんせい》粛粛《しゅくしゅく》夜河を過《わた》る。暁《あかつき》に見る千兵の大牙《たいが》を擁《よう》するを。遺恨《いこん》なり十年一剣を磨《みが》き（↓十年一剣）、流星光底長蛇を逸す」（頼山陽《らいさんよう》「題下不《ふ》識庵《しきあん》撃二機山《きざん》一図上」）から。川中島の戦いで、上杉謙信（不識庵）が宿敵武田信玄（機山）を討ち果せなかったことを言う。

竜頭蛇尾　◆りゅうとう だび

始めは勢いがよいが、終りは萎縮《いしゅく》してしまうたとえ。頭は竜でしっぽは蛇である意。「頭角を看取せよ。似たるはすなわち似たり。是《ぜ》なるはすなわちいまだ是ならず。ただ恐らくは竜頭蛇尾ならん」（北宋、『碧巌録《へきがんろく》』一〇則）から。頭の角《つの》をよく見るがいい、竜に似ていると言えば似ている、だが竜かと言えばまだ竜ではない、たぶん竜頭にして蛇尾だろう、の意。俗に言う「頭でっかち尻すぼみ」に同じ。

竜女成仏《りゅうにょじょうぶつ》 ⇒ 女人成仏《にょにんじょうぶつ》

柳眉倒竪 ◆りゅうび とうじゅ

美人が眉《まゆ》をつり上げて怒る形容。ふつう「柳眉を逆立《さかだ》てる」と言う。「柳眉」は、柳の葉のように細く美しい眉。「倒竪」は、逆さに立てる意で、つり上げること。怒ったさまを姿かたちで形容する語には「怒髪《どはつ》天を衝《つ》く」（→怒髪衝天《しょうてん》）があり、これは怒りのさまに表現の重点があるが、「柳眉を逆立てる」はむしろ女の美しさを強調している。

流風余韻 ◆りゅうふう よいん

後世まで残り伝わる先人のよい慣わし。

「流風」は、先人の残した美風。「紂《ちゅう》の武丁《ぶてい》を去るやいまだ久しからず。その故家遺俗、流風善政、なお存する者有り」（『孟子《もうし》』公孫丑《こうそんちゅう》上）による。殷《いん》の紂王のころは、賢君武丁のころの旧家やよい風俗、美風やよい政治のやりかたなど、まだ残っているものもあった、の意。「余韻」は、残っているひびき。

粒粒辛苦 ◆りゅうりゅう しんく

こつこつと苦労を重ねること。地味な努力を続けること。

原義は、一粒一粒が辛苦の結晶である意から、米を作る農民の苦労を言う。「禾《か》（稲）を鋤《す》いて日午《ご》に当る、汗は滴《したた》る禾下の土。誰か知らん盤中の飧《そん》（皿に盛られた夕食）、粒粒みな辛苦なるを」（唐、李紳《りしん》「憫《あわれむ》レ農詩」）による。

柳緑花紅 ◆りゅうりょく かこう

自然の景色を愛でる言葉。また禅で、自然のありのままのすがたを言う。

「柳は緑、花は紅《くれない》」と言う。悟りとは何か特別な心境に至るように思われるが、柳は緑であり花は紅である、と、ごく当り前のことを認識することである、ということ。悟りは日常生活の中にあるとする禅宗の立場を端的に表している。南宋の禅僧道川の『金剛経《こんごうきょう》川老註』に「目前に法無し。さもあらばあれ、柳は緑、華《はな》は紅」と見える。「花紅柳緑」とも言う。

流連荒亡 ◈りゅうれん こうぼう

遊びに夢中になって家に帰るのを忘れ、楽しみにふけってとめどのないこと。

「流連」は、川遊びや山遊びに夢中になって帰るのを忘れること。「荒亡」は、狩猟や酒色の楽しみにふけること。「流連荒亡は諸侯の憂《うれ》いと為《な》す。流れに従い下りて反《かえ》るを忘る、これを流と謂い、高きに従い上りて反るを忘る、これを連と謂い、獣に従《かり》いて厭《あ》く無き、これを荒と謂い、酒を楽しみて厭く無き、これを亡と謂う」（『孟子《もうし》』梁恵王下《りょうけいおう》）から。なお日本で、遊廓《ゆうかく》に遊び続けて帰らない「居続《いつづ》け」のことを「流連」と言い、また「流連」と書いて「いつづけ」と読ませたりする。

凌雲之志 ◈りょううんの こころざし

俗世を離れて高く別天地に遊ぶ願い。

「凌雲」は「陵雲」とも書き、雲をしのいで高く天にのぼる意。転じて、世俗を超脱すること。「往時、武帝神仙を好む。相如《しょうじょ》大人の賦《ふ》を上《たてまつ》り、以て風せんと欲す（批判しようとした）。帝反《かえっ》て縹縹《ひょうひょう》として（軽々と）陵雲の志あり」（『漢書』揚雄伝）から。前漢の武帝は、文章家司馬相如の風刺文にもかかわらず、神仙の道を楽しんだという。

良弓難張 ◈りょうきゅう なんちょう

才能のある人は使い方が難しいが、うまく使えば優れた効果を得られるというたとえ。

「良弓張《は》り難《がた》し」と言う。よい弓は弦を張るのが難しい意。「良弓は張り難し、しかれども以て高きに及び深きに入るべし。良馬は乗り難し、しかれども以て重きに任《た》えて遠きを致《いた》すべし。良才は令し難し（命令しにくい）、しかれども以て君を致し尊を見《あら》わすべし（君主を助け、その尊厳を世に示してくれる）」（『墨子』親士）による。

良禽択木 ◈りょうきん たくぼく

賢人は君主をよく選んで仕えるたとえ。

「良禽は木を択《えら》ぶ」と読む。かしこい鳥は木を選んで巣を作る意。衛の大夫《たいふ》孔文子《こうぶんし》は、自分の意のままにならずに宋に亡命した大叔疾《たいしゅくしつ》を討伐しようとして孔子に意見を求めた。すると孔子は「鳥はすなわち木を択ぶ。木あによく鳥を択ばんや」(『春秋左氏伝』哀公十一年)と答えて立ち去ったという。孔子を鳥に、孔文子を木にたとえた言で、そのような行動をとる孔文子のもとにはもはやいられない、という手厳しい対応を示している。

竜駒鳳雛　◈りょうく ほうすう／りゅうく ほうすう

非常に優れた素質を持つ少年のたとえ。

「竜駒」は、優れた子馬。「鳳雛」は、鳳凰《ほうおう》の雄、鳳の雛《ひな》。「この児も竜駒に非《あら》ざれば、まさにこれ鳳雛なるべし」(『晋書《しんじょ》』陸雲《りくうん》伝)による。晋の詩人陸雲は幼い時から優れた才能を見せ、呉の呂閔鴻《りょびんこう》が、竜駒でなければ鳳雛だ、と言ったもの。類義語に「*麟子《りんし》鳳雛」がある。なお「*伏竜《ふくりょう》鳳雛」の「鳳雛」はまだ世に出ない英雄を意味し、直接には三国時代の龐士元《ほうしげん》を指す。

燎原之火　◈りょうげんの ひ

勢いが盛んで、防ぎとめることのできないさま。また、非常な勢いで広がっていくさまのたとえ。

「燎原」は、野原を焼くこと。野原では、火はたちまち燃え広がる。『書経』盤庚《ばんこう》に「〔悪事のはびこりやすいことは〕火の原に燎《も》ゆるがごとく、郷《むか》い邇《ちか》づくべからず、それなお撲滅《ぼくめつ》すべけんや」と見える。悪事・災禍などの勢いが盛んでとどめられない状況や、敵を次々と破って勢力を広げていく様子などのたとえに使われる。「*星火燎原」は、毛沢東がこの語をふまえて言った言葉。

利用厚生　◈りよう こうせい

ものの使用を便利にし、人民の生活を豊かにすること。

「利用」は、用いるのが便利なようにすること。「厚生」は、生活を豊かにすること。「徳はこれ政《まつりごと》を善《よ》くす。政は民を養うに在り。水・火・金・木・土・穀はこれ修めよ。徳を正し、用を利し、生を厚くす、これ和せよ」(『書経』大禹謨《たいうぼ》)から。諸種の資材の構成要素である水・火・金・木・土・穀を「六府《ろくふ》」と言い、正徳、利用、厚生を「三事《さんじ》」と言う。六府と三事がよく遂行されれば、人民は万世に至るまでその恩恵をこうむるだろう、と説く。

良妻賢母　◈りょうさい けんぼ

よい妻であり、賢明な母であること。また、そのような人。

結婚した女性に、家庭内で、夫が社会的に活動するのを支えるよい妻であり、次代の国民である子供を正しく育てる賢い母であることを求める言葉。江戸時代までの「良い妻」に「賢い母」が付加されて、明治時代に言われるようになり、これを目標とした女子教育を通して一般に浸透した。

量才録用

◆りょうさい　ろくよう

人の持っている才能をよく見はからい、それを生かせる地位に登用すること。

「才を量《はか》りて録用す」と読む。「録用」は、取り用いる意。北宋の蘇軾《そしょく》の文に見える。「量才」を使った語は他にも、位を授けて登用する意の「叙用《じょよう》」を組合せた「量才叙用」などがある。また「量才補職《ほしょく》」は、才能に合せて然るべき官職を授けることで、相手の力量に即した対応をする意の禅語として用いられる。

良師益友

◆りょうし　えきゆう

優れた師と有益な友人。

優れた師は、必ずしも学問上の先生とは限らない。自分をよい方向に導いてくれる人であれば、親でも同年の友でも、「良師」と言える。有益な友人について、孔子は、正直な人、誠実な人、博学な人をあげる。これを「＊益者三友《えきしゃさんゆう》」と言う。こうした友も師となりうる。

竜驤虎視

◆りょうじょう　こし
りゅうじょう　こし

威勢をもって世の中を睥睨《へいげい》すること。

「驤」は、躍り上がる意。竜が勢いよく天に上り、虎が鋭くにらむ意。英雄・勇者が威勢を示すさまにたとえる。「亮《りょう》（諸葛孔明《しょかつこうめい》）の素志、進みては竜驤虎視して、四海を苞括《ほうかつ》せんと欲し、退《しりぞ》きては辺疆《へんきょう》に跨陵《こりょう》して、宇内《うだい》を震《しん》蕩《とう》せんと欲す」（『三国志』蜀志《しょくし》、諸葛亮伝）から。孔明の本心は、進んでは威勢よく天下を統一すること、退いては辺境の地を治めてあたり全体を脅《おびや》かすことだった、の意。

竜攘虎搏

◆りょうじょう　こはく
りゅうじょう　こはく

強いもの同士が激しく戦うさま。

竜がはらい虎がうつ意。「竜」「虎」は、英雄・豪傑などのたとえ。「攘」「搏」はともに、手偏が示すように、手で相手に打撃を加える意を表す。同義語に、「竜虎相《りゅうこあい》搏《う》つ」で一般的になっている「竜虎相搏《そうはく》」がある。

梁上君子　◆りょうじょうの くんし

泥棒の異称。転じて、鼠《ねずみ》の異称。

後漢末期の地方官陳寔《ちんしょく》は、徳行で人に知られた。ある晩、梁《はり》の上に身をひそめる泥棒に気づき、子や孫を呼び集めて話し始める。「それ人は自《みずか》ら勉《つと》めざるべからず。不善の人もいまだ必ずしも本《もと》より悪ならず。習いて以て性と成り、遂にここに至る。梁上の君子はこれなり」（『後漢書』陳寔伝）。これを聞いた泥棒が驚いて梁からとび降り、罪を謝したという。「君子」は言い得て妙。

竜驤麟振　◆りょうじょう りんしん　りゅうじょう りんしん

威力や勢力の猛々しく盛んなたとえ。

「驤」は、躍り上がる意。竜が勢いよく天に上り、麒《き》麟《りん》が奮い立つ意。「命《めい》を受け身を忘れて竜驤麟振、前《すす》むに堅敵無し」（『晋書《しんじょ》』段灼《だんしゃく》伝）から。「竜」も「麒麟」も想像上の動物で、非常に優れた人、世に抜きん出た人、あるいは天子にたとえる。

量体裁衣　◆りょうたい さいい

状況に応じて現実的に事を処理するたとえ。

「体を量《はか》りて衣を裁《た》つ」と読む。体に合せて衣服を作る意。『周礼《しゅらい》』函人に「凡そ甲《よろい》を為《つく》るには、必ず先ず容《かた》を為り、然る後に革を制す」と見える。この甲の作り方がまさに「量体裁衣」と言える。客の体に応じて衣服を作ることから、客観情勢に応じて処理する意に用いられる。

良知良能　◆りょうち りょうのう

人が生れながらに持っている知恵と才能。

「人の学ばずしてよくする所の者は、その良能なり。慮《おもんぱか》らずして知る（考えなくても分る）所の者は、その良知なり。孩提《がいてい》の童《わらべ》（二、三歳の幼児）もその親を愛することを知らざるものは無く、その長ずるに及びて、その兄を敬することを知らざるものは無し」（『孟子《もうし》』尽心上）による。「良」は、孟子の性善説に基づく語で、人の本来持っている善なるものを意味する。

竜頭鷁首　◆りょうとう げきす　りゅうとう げきす

平安時代、貴人が園遊などの時に乗った舟。

「鷁首」はゲキシュとも言う。二隻《せき》一対で、一隻の舳《へ》先《さき》には竜の頭、もう一隻の舳先には鷁の首を彫刻してある。「鷁」は、鵜《う》に似て白く、よく風波に耐えて飛ぶという想像上の水鳥。また竜はよく水を渡るとされるので、それぞれの彫刻は、水難除けの意味を持つという。池や川に浮べ、しばしば楽人を乗せて管弦を奏した。

遼東之豕　◆りょうとうの　し

世間ではありふれたことだと知らずに、自分一人で得意になっているたとえ。

「豕」はイノコとも読む。「遼東」は、今の遼寧《りょうねい》省を流れる遼河の東。「豕」は、豚の意。「往時、遼東に豕有り。子を生むに白頭なり。異としてこれを献ぜんとし、行きて河東に至るに、群豕《ぐんし》を見れば皆白し。慙《はじ》を懐《いだ》きて還《かえ》る。もし子《し》（あなた）の功を以て朝廷に論ずれば、すなわち遼東の豕ならん」（『後漢書』朱浮《しゅふ》伝）から。後漢の光武帝の時、論功行賞に不満を抱いた漁陽の太守彭寵《ほうちょう》を、幽州の牧《ぼく》（長官）朱浮が諫《いさ》めたもの。

良二千石　◆りょう　にせんせき／りょう　じせんせき

太守・地方長官を誉めて言う語。

「二千石」は、漢代、一郡の太守の年俸高。転じて、太守・地方長官の称となった。「〔宣帝〕常に称して曰《いわ》く、庶民の、その田里に安んじて、歎息愁恨《しゅうこん》の心亡《な》き所以《ゆえん》の者は、政平らかに訟理《おさ》まればなり。我とこれを共にする者、それただ良二千石か、と」（『漢書』循吏伝序）から。庶民が心を安んじていられるのは、公平な政治と公正な裁判によってだ、自分とともにそれができるのは、優れた地方長官だけだろう、と前漢の宣帝はいつも言っていたという。

量入制出　◆りょうにゅう　せいしゅつ

収入額を正しく計算してから支出を計画すること。

「入るを量《はか》りて出づるを制す」と言う。「入るを量りて出づるを為《な》す」とも言う。「五穀みな入りて、然《しか》る後に国用を制す。地の小大を以て年の豊耗《ほうこう》（豊作と不作）を視《み》、三十年の通を以て（三十年を平均して）国用を制す。入るを量りて以て出づるを為す」（『礼記《らいき》』王制）から。健全な国家財政のあり方を述べたもの。

両刃之剣　◆りょうばの　つるぎ

一方では役に立つが、他方では危険を伴うもののたとえ。

「両刃」は、モロハとも言う。その場合はふつう「諸刃」と書く。身の両辺に刃のある刀剣を言う。注意しないと、相手を切ろうとして振りあげる時に、まず自分を傷つけてしまう。優れた効果のある薬は、しばしば体の他の部分を損ねるので、「両刃之剣」にたとえられる。なお、「剣」は本来、両刃の刃物の意なので、厳密には「両刃之」は重複表現になる。ちなみに、片刃の刃物は「刀」で、和語の「かたな」も片方の刃の意。

竜飛鳳舞 ◆りょうひ ほうぶ りゅうひ ほうぶ

連なる山々の起伏の勇壮なさま。また、筆勢が躍動して見えるさま。

「竜《りゅう》飛び 鳳《おおとり》舞う」と読む。「鳳」は、想像上の瑞鳥鳳凰《ほうおう》の雄。「鳳舞竜飛」「竜蟠《りょうばん》鳳舞」(「蟠」は、とぐろを巻く意)とも言う。類似表現の「竜飛鳳翔《ほうしょう》」は、帝王や聖人が立ち上がる比喩《ひゆ》に使う。

良風美俗《りょうふう びぞく》 ⇩ 醇風美俗《じゅんぷう びぞく》

両鳳連飛 ◆りょうほう れんぴ

兄弟がそろって出世し、高い地位につくこと。

「両鳳連《つら》なり飛ぶ」と読む。「鳳」は、想像上の瑞鳥鳳《ほう》凰《おう》の雄で、優れたものにたとえられる。二羽の鳳《おおとり》が並んで飛ぶ意。南北朝北斉《ほくせい》の崔㥄《さいりょう》・仲文兄弟が同じ日に出世した時、人々が評した語に基づく。

良薬苦口 ◆りょうやく くこう

身のためになる忠言は聞きづらいたとえ。

「良薬は口に苦《にが》し」で知られる。よく利く薬は苦くて飲みにくい意。「それ良薬は口に苦し。しかれども智者は勧《つと》めてこれを飲む。その入りて己《おのれ》の疾《やまい》を已《いや》すを知ればなり。忠言は耳に払《さから》う。しかれども明主はこれを聴く。その以て功を致《いた》すべきを知ればなり」(『韓非子《かんぴし》』外儲説《がいちょぜい》左上)。「良薬口に苦くして病に利し、忠言耳に逆らいて行いに利す」(『孔子家語《けご》』六本)。そのほか諸書に「良薬口に苦し」と「忠言耳に逆らう」(→忠言逆耳《ぎゃくじ》)が対で説かれ、次第に前者が後者のたとえともされるようになった。

綾羅錦繡 ◆りょうら きんしゅう

美しい衣服。また、美しく着飾ること。

「綾羅」「錦繡」で熟語になっているが、「綾」はあやぎぬ、「羅」はうすぎぬ、「錦」は色糸の織物、「繡」は刺繡をした織物。いずれも高貴な人の着る衣服に用いる。『栄花物語』『平家物語』など、平安時代以後の文学作品にしばしば見られる。

緑葉成陰 ◆りょくよう せいいん

女性が家庭を持って、たくさんの子を産み育てるたとえ。

「緑葉陰《かげ》を成《な》す」と読む。「緑葉陰を成し、子、枝に満つ」（唐、杜牧《とぼく》「歎レ花」）から。杜牧が湖州にいたころ、心ひかれる美しい少女がいた。後年、湖州刺史となって赴任すると、少女はすでに結婚して子供がいたので、その変化を木の成長に託して詩に詠んだという。『唐詩紀事』に載る故事による。

緑林好漢 ◆りょくりんの こうかん

盗賊のこと。

「緑林」は、今の湖北省当陽県にある山。前漢を倒し新を建てた王莽《おうもう》の失政によって流民となった農民たちが立てこもり、征討軍に対して強盗などをはたらいたことから、のちに盗賊の異称となる。流民は最盛時五万人に達して政府軍に対抗し、王莽打倒の大きな力となっていく。『漢書』王莽伝、『後漢書』劉玄《りゅうげん》伝に記事が見える。「好漢」は、今は好ましい感じの男性に使うが、本来、こちらが一歩身を引くような勇ましい男、立派な男の意。前漢の武帝のころ、漢の威力が匈奴《きょうど》に及び、彼らが漢の兵士を畏《おそ》れて「好漢」と称したことからという。

緑林白波 ◆りょくりん はくは

盗賊のこと。

「緑林」は今の湖北省当陽県の山。前漢を倒した王莽《おうもう》の時、この山に立てこもった流民の集団が、征討軍に対して強盗などをはたらいたことから、後世盗賊の異称となった。「白波」は、後漢末、魏《ぎ》の曹操《そうそう》に滅ぼされた黄《こう》巾賊《きんぞく》の残党が、西河の白波《はくは》谷《こく》（今の山西省）にこもって掠《りゃく》奪《だつ》をはたらいたため、時の人が「白波之賊*」と呼んだもの。日本では「白波」をシラナミと訓読して、盗賊・強盗の称とする。

理路整然 ◆りろ せいぜん

物事や話の筋道が整っているさま。

「理路」は、物事の道理。また、考えや話の筋道。「整然」は、正しく整ったさま。「理路整然と述べる」あるいは「理路整然としている」などのように使われる。

臨淵羨魚 ◆りんえん　せんぎょ

求めるものを手に入れるには、ただほしいと思っているだけでなく、手に入れる具体的方策を考えるべきだということのたとえ。

「淵《ふち》に臨《のぞ》んで魚《うお》を羨《うらや》むは、退《しりぞ》いて網を結ぶに如《し》かず」の略。『漢書』董仲舒《とうちゅうじょ》伝に、古人の言として記されている。川の淵に立って、ただ魚がほしいと思っているよりは、家に戻って魚を捕まえる網を編んだほうがいい、の意。天下をよく治めようと思いつつうまくいかないのは、教化しなおすべきことが実行されていないためだ、と董仲舒が前漢の武帝に述べたもの。

麟角鳳嘴 ◆りんかく　ほうし

きわめてまれなもののたとえ。

「麟角」は、麒麟《きりん》の角。「鳳嘴」は、鳳凰《ほうおう》のくちばし。麒麟・鳳凰は、それぞれ想像上の霊獣・瑞鳥。だから「麟角」も「鳳嘴」も、まれどころか、まったくあり得ないものだが、表現上は希少の意に用いられる。たとえば『北史』文苑伝序には「学ぶ者は牛毛の如《ごと》く、成る者は麟角の如し」と見え、日本の『太平記』三九には「変ジ安キ心ハ鴻毛ヨリ軽ク、撓《たわ》マザル志ハ麟角ヨリモ稀《まれ》也《なり》」とある。なお、神仙術で、麟角と鳳嘴を煮て、弓・弩《いしゆみ》の切れた弦や折れた剣をつなげることができる続弦《ぞくげん》膠《こう》と称する膠《にかわ》を作るという俗説がある。

林間紅葉 ◆りんかん　こうよう

秋の風情を楽しむさま。

「林間酒を煖《あたた》むるに紅葉を焼《た》く」（唐、白居易「送二王十八帰一山寄二題仙遊寺一」）に基づく。日本では平安後期の『和漢朗詠集』上で「林間に酒を煖めて紅葉を焼く」と訳されてから、主にこの形で多くの文学作品に使われてきた。なお、これに続く白居易の句は、「石上《せきじょう》詩を題する に緑苔《りょくたい》を掃《はら》う（石の上の苔《こけ》をはらって詩を作る）」。

臨機応変 ◆りんき　おうへん

その時その場の状況・変化に応じて、適切な手段をほどこすこと。

「機に臨《のぞ》み変に応ずる」の意。同義の「臨機制変」という表現が、『南史』長沙宣武王懿《い》子明伝に見える。「明、謀略を出さず、号令を行うなし。諸将事を諮《はか》るごとに、すなわち怒りて曰《いわ》く、われ自ら機に臨み変を制す、多言することなし、と」。

麟子鳳雛　◆りんし　ほうすう

優れた素質を持つ将来性のある子供のたとえ。「麟子」は、麒麟《きりん》の子。「鳳雛」は、鳳凰《ほうおう》の雛《ひな》。麒麟・鳳凰は想像上の霊獣・瑞鳥で、優れたもののたとえとされる。類義語に、優れた子馬を鳳雛と対にした「竜駒《りょうく》鳳雛」*がある。

臨終正念　◆りんじゅう　しょうねん

臨終に際し、心を正して阿弥陀仏《あみだぶつ》のお迎えや浄土への往生を期すること。「臨終」は「臨命終時《りんみょうしゅうじ》」*の略で、命のまさに終ろうとする時。「正念」は、心を正しく保つこと。平安時代には臨終の際に心を平静に保つことが重視され、五色の糸で絵像や木像の阿弥陀仏の手と臨終者の手をつなぎ、心を乱さないことを助ける「糸引きの念仏」などが行われた。こうした臨終の儀式は、源信《げんしん》の『往生要集』などに説かれる。

輪廻転生　◆りんね　てんしょう

迷いの世界で生死を繰返すこと。車輪が回転するようにはてしなく生れ変る意。インドで広く行われた考え方が、仏教に取入れられたもの。煩悩《ぼんのう》を脱しない限り、生ある者は迷いの世界、すなわち六道（地獄・餓鬼《がき》・畜生《ちくしょう》・修羅《しゅら》・人・天）、また三界（欲界《よくかい》・色界《しきかい》・無色界《むしきかい》）と六道を生れ変り続けるとされ、これを回転する車輪にたとえて「輪廻」と言う。煩悩を滅し、この輪廻から脱した状態が、「涅槃《ねはん》」である。

麟鳳亀竜　◆りん　ほう　き　りゅう

四種の霊妙な生き物。麒麟《きりん》・鳳凰《ほうおう》・亀・竜を言う。亀以外は想像上の動物で、霊獣・瑞鳥とされ、太平の世に出現すると信じられていた。また、非常に優れたもののたとえとする。『大戴礼《だいたいれい》』曾子天円に「毛虫の精なる者を麟といい、羽虫の精なる者を鳳といい、介虫の精なる者を亀といい、鱗虫の精なる者を竜といい、倮虫《かちゅう》（毛や羽などのない動物、すなわち人間など）の精なる者を聖人という」と見え、麒麟・鳳凰・亀・竜を、それぞれ獣・鳥・甲殻動物・鱗動物の長としている。『礼記《らいき》』礼運の「麟・鳳・亀・竜、これを四霊と謂《い》う」に基づき、「四霊」と呼ばれる。

臨命終時　◆りんみょうしゅうじ

命のまさに終ろうとする時。

略して「臨終」と言い、これが一般化している。近松門左衛門『平家女護島《にょごのしま》』四に見える「妻子珍宝及《ぎゅう》王位、臨命終時不随者の、仏の金言まのあたり」の漢文の部分は、『大方等大集経《だいほうどうだいじっきょう》』を基にしている。妻子も珍しい宝も王の位も、死ぬ時はみな離れていく、の意。だから生前からそれらに執着すべきではないと『大方等大集経』は説く。

淋漓尽致　◆りんり じんち

詩や文章が生き生きしていて、思いを十分表現していること。また、そのようなさま。

「淋漓」は、水滴などがしたたるさま。また、元気のあふれているさま。筆勢の盛んなさま。「尽致」は、意を尽していること。趣を表現し尽していること。「淋漓痛快」も類義の表現。

琳琅満目　◆りんろう まんもく

美しく貴重なものが満ちあふれているたとえ。詩文などにも言う。

「琳琅目に満《み》つ」と読む。「琳琅」は、美しい玉。また、美しい詩文。美しい宝玉が目の前に満ちあふれている意。清の陸隴其《りくろうき》「与二陳藹公《ちんあいこう》一書」に「巻を展《ひら》いて一読すれば、琳琅目に満つ」と見える。

類比推理　◆るいひ すいり

二つの物事について、特定の部分での類似から、他の部分での類似を推理すること。

「類推」また「アナロジー」と言う。地球と火星のいくつかの類似点から、火星にも生物がいる、あるいはいたと推理するような場合を言う。

累卵之危　◆るいらんの き

きわめて危険な状態のたとえ。

「累卵の危《あや》うき」と読む。卵を積み重ねたような、きわめて不安定で危ない状態にある意。「累卵より危うし」「危うきこと累卵の如《ごと》し」など、類似の表現は多く、『韓《かん》非子《びし》』『戦国策』『史記』など諸書に見られる。

流転輪廻　◆るてん りんね

仏教で、迷いの世界で生死を繰返すこと。「流転」は、煩悩《ぼんのう》のため、六道（地獄・餓鬼《がき》・畜生《ちくしょう》・修羅《しゅら》・人・天）を生れ変り、迷いの生を続けること。ここは、生ある者が生死を繰返す「輪廻」と同義。「輪廻」はインド古来の考え方で、仏教に取入れられて、衆生が迷いの世界に生れ変り死に変りして、車輪が廻《まわ》るようにとどまることのないことを言うようになった。

縷縷綿綿 ◆るる めんめん

話が長くてくどいさま。

「縷縷」は、こまごまと述べるさま。「縷縷として語る」「縷縷申し述べる」などと言う。「綿綿」は、長く続いて絶えないさま。「綿綿と語る」などのように言う。両語を重ね、聞く方が辟易《へきえき》するまでに、話し方がこまごまとして長く続くさまを表す。

礼楽刑政 ◆れい がく けい せい

礼節・音楽・刑罰・政令のこと。

「礼楽刑政、その極は一なり」（『礼記《らいき》』楽記）から。古代中国で、社会の秩序を保ち、国家を成立させる基本と考えられ、為政者の政治理念とされたもの。中でも、礼節は世の中の秩序を保ち、音楽は人の心をやわらげるものとして、特に重視された。

冷汗三斗 ◆れいかん さんと

冷汗をたくさんかくほど、非常に恥しいこと。また、あとで考えて、非常に恐ろしくなること。

「冷汗」は「ひやあせ」で、恥をかいた時、恐ろしい思いをした時などに出る冷たい汗。「三斗」は、分量が多いさまを表す。「冷汗三斗の思い」などと言う。実際に汗をかくこともあろうが、それほどの思いをしたという形容に使われることが多い。俗に「ひやあせさんと」と言う。

冷眼傍観 ◆れいがん ぼうかん

冷ややかな、または冷静な態度で、わきから眺めること。

「冷眼」は、冷ややかな目つき。「冷眼視する」などと使われる。また、冷静に見る眼。「傍観」は、かたわらで見ること。無関係な立場で見ること。第三者的な立場から、またはきわめて冷淡な態度で、事態を観察しているさまを言う。

霊魂不滅　◆れいこん　ふめつ

霊魂が肉体の死後も存続するということ。

「霊魂」は、人間の身体の内部にあって、人間の精神や生命を支配すると考えられているもの。身体から自由に離れることができ、生きている人間の身体から離れた霊魂を「生霊《いきりょう》」、死者の肉体から離れた霊魂を「死霊《しりょう》」と言う。これら生霊や死霊で、人にたたりをなすものは「怨霊《おんりょう》」と言う。「霊魂不滅」の考え方が、仏教における死者供養・先祖供養などの法要に通じている。

礪山帯河《れいざんたいが》　⇩帯礪之誓《たいれいのちかい》

藜杖韋帯　◆れいじょう　いたい

質素で清廉な暮しのたとえ。

「藜杖」は、あかざの茎で作った杖。軽いので、老人用の杖として使われた。『晋書《しんじょ》』山濤《さんとう》伝に、魏帝《ぎてい》が竹林七賢*の一人山濤の老母に、藜杖を贈ったという記事が見える。「韋帯」は、なめし皮の帯。庶民がふつうに用いる帯で、官吏になると「皮帯」をつける。「藜杖」「韋帯」ともに、粗末なもの、質素なものを意味する。

励声疾呼　◆れいせい　しっこ

声をはり上げて呼びたてること。

「励声」は、声をはり上げること。「疾呼」は、あわただしく、あるいは激しく呼びたてること。気を失った人を気付かせる時や、突発的な出来事のため急いで人を呼ぶ時などに言う。

冷暖自知　◆れいだん　じち

水が温かいか冷たいかは飲んだ本人にしか分らないということ。

「冷暖自《みずか》ら知る」と読む。禅宗で、悟りは自分で体得する以外に知る方法がないことのたとえ。また生れつき持っている自覚が悟りであって、他人にはうかがい知れないという意味にも言われた。同じ禅宗でも道元は、日常の認識が悟りであるというのは「自然外道《じねんげどう》」(あらゆる存在は因縁《いんねん》によらないで自然に存在すると考える立場)の考えであるとして、「冷暖自知」を否定した。

冷嘲熱諷　◆れいちょう　ねっぷう

冷やかな嘲笑《ちょうしょう》と辛辣《しんらつ》な諷刺《ふうし》。

「冷嘲」は、冷やかにあざ笑うこと。「熱諷」は、激しい調子であてこすること。「冷」「熱」の対照語を用いて、嘲笑と諷刺の強烈なさまを表現する。

零丁孤苦　◆れいてい こく

落ちぶれて、助けてくれる者もなく、一人で苦労すること。

「零丁」は、落ちぶれて一人ぼっちであること。「孤苦」は、「孤」は親のないことを言い、みなしごで苦労する意。晋《しん》の李密《りみつ》「陳情表」(『文選《もんぜん》』所収)に「臣少《わか》くして疾病《しっぺい》多く、九歳にして行《ある》かず(外へ出歩くこともできず)、零丁孤苦して成立する(成長する)に至る」と見える。父を早くになくし母も他家へ嫁いだために、自分は祖母に育てられた、その祖母が病床にある、看取るために任官を辞退したいと陳情したもので、「*気息奄奄《きそくえんえん》」「*形影相弔《けいえいそうちょう》」などもこの表に見える語。

令聞令望　◆れいぶん れいぼう

優れたほまれ。よい評判。

「令聞」「令望」ともに、よい評判の意。君子をほめたたえている「令聞令望、豈弟《がいてい》(「愷悌」に同じで、やわらぎやすらかの意)の君子、四方に綱と為《な》す(四方を治める綱となる)」(『詩経』大雅、巻阿)から。

烈士徇名　◆れっし じゅんめい

義を重んずる人は、命にかけて名誉を守るということ。

「烈士名《な》に徇《じゅん》ず」と読む。「烈士」は、義を重んずる人。烈士は名誉のために一身をささげる意。前漢の賈誼《かぎ》「鵩鳥賦《ふくちょうのふ》」(『文選《もんぜん》』所収)に「貪夫《たんぷ》は財に徇じ、烈士は名に徇ず。夸者《こしゃ》は権に死し、品庶《ひんしょ》は生を毎《むさぼ》る」と見え、『史記』伯夷《はくい》伝にも引用されている。貪欲《どんよく》な者は財産に命をかけ、義を重んずる人は名誉のために一身をささげ、おごれる者は権勢で命を失い、平凡な庶民はただただ生きている、の意。

烈日赫赫　◆れつじつ かっかく

夏の暑い日ざしがかっと照りつけるさま。

「烈日」は、厳しい夏の日ざし。「*秋霜《しゅうそう》烈日」は、秋の霜と夏の太陽を並べて、厳しいさまを形容する。「赫赫」は、赤く輝くさま。熱気を発するさま。詩では「赫赫炎炎《えんえん》」などと表現される。

連城之璧《れんじょうのへき》 ⇩ 和氏之璧《かしのへき》

廉頗負荊《れんぱふけい》 ⇩ 肉袒負荊《にくたんふけい》

良医治子

◆ろうい　ちし

仏教で、釈迦《しゃか》がこの世を去ったのは、衆生《しゅじょう》を救う方便であるというたとえ。

「法華七喩《*ほっけしちゆ》」の一つ。『法華経』如来寿量品に説かれる。良医の子供たちが毒薬を飲んでしまった。父が調合した薬をすぐに飲んだ子は回復したが、残りの子はよい薬であることが分らずに飲まなかった。父は出かけ、偽りの死亡通知を届けた。子供たちは父の言に従わなかったことを悔い、みな薬を飲んで回復したという話。良医を久遠《くおん》の釈迦にたとえ、死んだという偽りの知らせを、釈迦のこの世での死は方便《ほうべん》であることのたとえとする。

弄瓦之喜

◆ろうがのき

女児が生れること。また、その喜び。

「喜」はヨロコビとも読む。「瓦」は、はた織りに用いる素焼の糸巻。生れた女児にこれを玩具として与え、家事・手芸の巧みになることを願った。「すなわち女子を生めば、すなわちこれを地に寝《い》ねしめ、すなわちこれに裼《てい》（産着《うぶぎ》）を衣《き》せ、すなわちこれに瓦を弄せしむ」（『詩経』小雅、斯干《しかん》）による。ちなみに男児の場合は「弄璋之喜《*ろうしょう》」で、徳のある人間になることを願った。

老気横秋

◆ろうき　おうしゅう

老いてなお気力盛んなさま。また、若くして年寄りじみたさま。

「老気」は、老いてますます盛んな気力。また、老人の気配。「横秋」は、秋の寒々とした気が満ちている意。老人に用いる場合は、年にもかかわらず気力盛んな様子を言い、若い人に用いる場合は、年寄りじみているなど、否定的な語感となる。

螻蟻潰堤

◆ろうぎ　かいてい

大きな問題も、もとは小さな出来事から起るということ。

「螻蟻堤《つつみ》を潰《つい》やす」と読む。「螻蟻」は、けらとあり。「千丈の堤は螻蟻の穴を以て潰《つい》え、百尺の室は突隙《とつげき》の煙を以て焚《や》く」（『韓非子《かんぴし》』喩老《ゆろう》）による。千丈もの高い堤も、けらやありなどの小さな虫の穴のために決壊し、百尺の高い家もかまどの隙間からの火煙がもとで焼けてしまう、の意。「千丈の堤も蟻《あり》の一穴《いっけつ》より」「蟻の穴から堤も崩《くず》れる」など、意を取った表現はいろいろある。

老驥伏櫪　◈ろうき　ふくれき

英雄は老いてもなお高い志《こころざし》を持っているたとえ。

「老驥櫪に伏《ふ》するも、志は千里に在り」の略。「神亀寿《いのちながし》といえども、なお竟《おわ》る時有り、騰蛇《とうだ》（竜の類）霧に乗ずるも、終《つい》に土灰《どかい》と為《な》る。老驥櫪に伏するも、志は千里に在り、烈士暮年にして壮心已《や》まず」（曹操《そうそう》「歩出夏門行」）から。曹操は、三国時代、魏《ぎ》の雄。老いた名馬は廐《うまや》に身を横たえていても、なお千里の遠きを駆ける志を持ち、英雄は老いても、さかんな心を失わない、の意。

弄巧成拙　◈ろうこう　せいせつ

技巧を用いて、かえって失敗すること。

「巧を弄して拙を成《な》す」と読む。「巧を弄して拙を成すは、蛇を為《つく》りて足を添えるが如《ごと》し」（北宋、黄庭堅《こうていけん》「拙軒頌」）から。「蛇を為りて足を添える」は、しなくてよい余計なことをする意で、「蛇足」（↓画蛇添足《がだてんそく》）という熟語で知られる。

螻蛄之才《ろうこのさい》　⇩　鼯鼠之技《ごそのぎ》

狼子野心　◈ろうし　やしん

凶暴なものは教化しがたいというたとえ。

「狼子に野心あり」と言う。「野心」は、山野を忘れない心。狼は野性を失わないから、その子を育てても、結局飼主を害することになる、の意。春秋時代、楚《そ》の司馬《しば》子良《しりょう》に子越《しえつ》が生れた時、子良の兄子文《しぶん》が、子越の声は狼のようだ、狼には野心がある、とても飼い慣らせないから殺したほうがいいと言ったという、『春秋左氏伝』宣公四年の故事に基づく。

弄璋之喜　◈ろうしょうの　き

男児が生れること。また、その喜び。

「喜」はヨロコビとも読む。「璋」は、玉の一種。これを徳になぞらえ、生れた男児に玩具として与え、将来、立派な君主ともなる有徳の人間に育つようにと願った。「すなわち男子を生めば、すなわちこれを牀《しょう》に寝《いね》しめ、すなわちこれに裳《しょう》（晴着）を衣《き》せ、すなわちこれに璋を弄せしむ」(『詩経』小雅、斯干《しかん》)による。対となる女児の場合は「弄瓦之喜《*ろうがのき》」で、家事・手芸の巧みになることを願った。

老少不定

◆ろうしょう ふじょう

人の死期には定まりがなく、老いや若さとは無関係であること。

仏教書に多く見られるため、仏教語とされる。平安末期ごろ成立の、源信著と伝える『観心略要集《かんじんりゃくようしゅう》』には「世人の愚かなるや、老少不定の境《きょう》に於《おい》て、千秋万歳の執《しゅう》を成す(いつ死ぬとも知れぬ世の中で、長生きにとらわれている)」と、仏教者ならではの厳しい指摘が見られる。「老少前後す」とも言う。

狼心狗肺

◆ろうしん くはい
ろうしん こうはい

人の性質が残酷・貪欲《どんよく》であることのたとえ。

「狼心」は、狼《おおかみ》のように残酷な、あるいは貪欲な心を意味する。「狗」は犬、「肺」は、心の奥底。狼や犬のような心、の意。この「犬の心」は、「狼心」とほとんど同義に使われている。

老成持重

◆ろうせい じちょう

経験豊かで、慎重なさま。

「老成」は、経験を積んで熟達すること。また、そのようなさま。特に老年であることは意味しない。「持重」は、軽々しく振舞わないこと。慎重に判断して物事に対処するさまを言い、自分を大切にする意の「自重」より、対象を判断する行為に重点が置かれる。

老生常譚

◆ろうせいの じょうだん

きまりきった話。

「老生」は、年老いた書生。「常譚」は、いつもする話。年老いた書生がいつも口にする話の意。三国時代、魏《ぎ》の管輅《かんろ》は、占いに巧みだった。何晏《かあん》に夢占いを頼まれ、慢心しているとあぶないと答える。同席していた鄧《とう》颺《よう》が「これ老生の常譚なり」(『三国志』魏志、管輅伝)とあざけったが、まもなく何晏と鄧颺はともに誅殺《ちゅうさつ》された。

籠鳥恋雲

◆ろうちょう れんうん

拘束されている者が、自由な境遇をうらやむことのたとえ。

「籠鳥雲を恋《こ》う」と読む。籠《かご》の中の鳥が雲を恋い慕《した》う意。「籠鳥」は、拘束されて自由にならない者をたとえている。『本朝文粋《ほんちょうもんずい》』に「ただ籠鳥雲を恋うるの思い有りて、いまだ轍魚《てつぎょ》の肆《し》に近きの悲しみから免《まぬか》れず」（平《たいらの》兼盛《かねもり》「申二勘解《かげゆ》由次官井図書頭一状」）と見える。「轍魚の肆」は、水たまりの魚がむくろをさらす意。

老若男女 ◆ろうにゃく なんにょ

あらゆる人々。

老いも若きも男も女も、の意。「老若」は、老人と若者の意。平安末期の国語辞書『色葉字類抄』に「ラウニャク」の読みがある。「男女」は、平安末から鎌倉初期にかけての成立と思われる『古本説話集』七〇の、関寺の牛仏にまつわる説話の中に「だうぞく（道俗）なむ女」と見え、ナンニョと読んでいたことが知れる。「老若男女」はこのように呉音読みされるが、必ずしも仏教語ではない。

老婆心切 ◆ろうばしん せつ

必要以上な親切心。

臨済宗の祖、唐の臨済の法語録『臨済録』行録の「ただ老婆心切の為なり」に基づく語。老婆心が切であるの意で、ふつうに言う「老婆心」に同じ。年とった女の過度の親切心の意から、必要以上の親切心を言う。多く、人に意見や忠告をする時に「老婆心までに言うが」などと、自分の言動をおせっかいと謙遜《けんそん》して言う。

老馬之知 ◆ろうばの ち

経験を積んで得た優れた知恵のたとえ。また、ものにはそれぞれ役に立つ特長があるたとえ。

「知」は「智」とも書く。春秋時代、斉《せい》の管仲《かんちゅう》・隰朋《しゅうほう》が、桓公にしたがって孤竹（地名）を討った。「春往きて冬反《かえ》る。迷惑して道を失う。管仲曰《いわ》く、老馬の智用うべきなり、と。すなわち老馬を放ちてこれに随《したが》い、ついに道行くを得たり」（『韓非子《かんびし》』説林《ぜいりん》上）。「老馬道を知る」とも言う。

廊廟之器 ◆ろうびょうの き

宰相《さいしょう》となるべき人物のこと。

「器」はウツワとも読む。「廊廟」は、政務をとる御殿。廊廟にのぼって国政をつかさどるにたる人材の意。『三国志』蜀志《しょくし》、許靖《きょせい》伝評の「許靖夙《つと》に名誉有り。すでに篤厚を以て称せらる。また人物を以て意と為《な》す。行事挙動、いまだ悉《ことごと》くは允当《いんとう》（その通りである）せざるといえども蔣済《しょうせい》以為《おもえ》らく、大較《たいこう》(だいたい)廊廟の器なり、と」から。三国時代、魏《ぎ》の蔣済が、蜀の許靖を評したもの。「廊廟之材」「廊廟之具」とも言う。

老蚌生珠 ◈ろうぼう せいしゅ

平凡な親が賢い子を生むたとえ。また、年をとってから子供のできるたとえ。

「老蚌珠《たま》を生《しょう》ず」と読む。「老蚌」は、年を経たどぶがい。阿古屋貝が真珠を作るように、どぶがいも珠を作り、これを「蚌珠」と言う。蚌珠は美しく、とてもどぶがいが作ったとは思えないことから、平凡な親から賢い子が生れるたとえとされる。後漢の孔融《こうゆう》が、友人の韋端《いたん》にあてた書簡で「意《おも》わざりき、双珠近ごろ老蚌に出づるを。はなはだこれを珍貴す」と、韋端の二人の息子をほめている。よく知られることわざ「鳶《とび》が鷹《たか》を生《う》む」に同じ。

露往霜来 ◈ろおう そうらい

時の過ぎるのが早いたとえ。

「露《つゆ》往き霜《しも》来たる」と読む。露の降りる秋が去り、霜のふる冬が来る意。「露往き霜来たり、日月それ除す(去る)」(西晋《せいしん》、左思《さし》「呉都賦《ごとふ》」)から。ちなみに「呉都賦」は、「蜀《しょく》都賦」「魏《ぎ》都賦」とともに「三都賦《さんとのふ》」と呼ばれる。金持が書写に走り「洛陽紙価*《らくようのしか》」を高騰させたという。

魯魚烏焉《ろぎょうえん》 ⇩ 烏焉魯魚《うえんろぎょ》

魯魚亥豕 ◈ろぎょ がいし

書き誤りやすい、また読み誤りやすい文字のこと。

「魯」と「魚」、「亥」と「豕」はそれぞれに似た形をしている。「己亥《きがい》(の年)に河を渡った」と読むべきところを「三豕《さんし》(豚)とともに河を渡った」と誤読した話は、「三豕渡河*《とか》」の故事として知られる。「魯魚」に、やはり似ている「章《しょう》」と「草《そう》」を対にした「魯魚章草」、「烏《う》」と「焉《えん》」を対にした「烏焉魯魚*」などもある。

六十耳順 ◈ろくじゅう じじゅん

六十歳にもなれば人の言うことがよく理解できるようになること。

「われ十有五《じゅうゆうご》にして学に志す。三十にして立つ。四十にして惑《まど》わず。五十にして天命を知る。六十にして耳《みみ》順《したが》う。七十にして心の欲する所に従いて矩《のり》を踰《こ》えず(道を外れない)」(『論語』為政)による。六十歳で人の言うことにすなおに耳を傾けるようになった、の意。「耳順」で、六十歳を意味する。「十五志学《しがく》」*「三十而立《じりつ》」*「四十不惑《ふわく》」*「五十知命《ちめい》」*は、この引用文からの語。

六十六部 ◈ろくじゅうろくぶ

日本全国六十六州の霊場を巡り、書写した『法華経』を一部ずつ奉納して歩く僧のこと。

正しくは「六十六部廻国聖《かいこくひじり》」と言う。「六部」の略称でなじまれている。また「廻国」とも呼ばれる。『太平記』五に、江ノ島に参籠《さんろう》した北条時政が「汝《なんじ》ガ前生《ぜんしょう》ハ箱根法師ナリ。六十六部ノ法華経ヲ書写シテ六十六箇国ノ霊地ニ奉納シタリシ善根《ぜんごん》ニヨッテ、再ビ此《こ》ノ土《ど》ニ生ルル事ヲ得タリ」と弁才天に告げられるくだりがあり、これを六十六部の始めとする説もあるが、実際はもう少し後の室町ごろに起ったようで、江戸時代に盛んになった。

六道輪廻 ◈ろくどう りんね

迷いの世界で生死を繰返すこと。

「六道」は、地獄・餓鬼《がき》・畜生《ちくしょう》・修羅《しゅら》・人・天を言い、欲界・色界《しきかい》・無色界の「三界」とともに、迷いの世界とされる。「輪廻」は、回る車輪のように生死を繰返すことで、これだけで「六道輪廻」の意になる。六道における衆生《しゅじょう》の生れかたには、母親の胎内《たいない》から生れる「胎生《たいしょう》」、卵から生れる「卵生《らんしょう》」、湿潤《しつじゅん》なところから生れる「湿《しっ》生《しょう》」、何もないところから生れる「化生《けしょう》」の四種類があるとされ、これを「六道四生《ししょう》」と言う。四生を繰返す「六道輪廻」の考えは中国・日本の社会に広く普及し、文学・美術に大きな影響を与えた。

六波羅蜜 ◈ろく はらみつ ろっ ぱらみつ

仏教で、菩薩《ぼさつ》に課せられた六種の基本的な実践徳目。布施《ふせ》・持戒《じかい》・忍辱《にんにく》・精進《しょうじん》・禅定《ぜんじょう》・智慧《ちえ》(=般若《はんにゃ》)の六種を言う。「波羅蜜」はサンスクリットの音写で、「波羅蜜《はらみっ》多《た》」とも言う。完成を意味し、漢語では「度《ど》」「到彼岸《とうひがん》」と訳される。『般若心経』の冒頭「観自在菩薩、行深般若波羅蜜多時」の「般若波羅蜜多」は、「六波羅蜜」の第六項を指し、最も大事な項目とされる。

鹿鳴之宴 ◈ろくめいの えん

唐代、官吏登用試験に合格して都に上る人のために、出身郡県の長吏が開いた壮行の酒宴。

宴の時に、『詩経』の小雅に収める「鹿鳴」の詩を歌ったことによる。同詩ははじめ、周朝が群臣を招いて催《もよお》す宴の際に歌われた。三節から成り、「呦呦《ゆうゆう》と鹿鳴き」「我に嘉《よ》き賓《まろうど》有り」の二句が各節に繰返されている。「呦呦」は、友を呼ぶ鹿の鳴き声。のち一般に、賓客《ひんきゃく》をもてなす酒宴を「鹿鳴の宴」と呼ぶようになった。明治初期、東京に作られた「鹿鳴館」はこれに由来する。

盧生之夢《ろせいのゆめ》 ⇒ 邯鄲之夢《かんたんのゆめ》

六根清浄 ◆ろっこん しょうじょう

仏教で、人間の持つ六種の感覚・知覚器官が、対象への執着を断ちきって清らかになること。

「六根」は眼《げん》・耳《に》・鼻《び》・舌《ぜつ》・身《しん》・意《い》(意識のよりどころ)の六器官を言う。それぞれに色《しき》・声《しょう》・香《こう》・味《み》・触《そく》・法《ほう》(万物)の対象があり、「六根清浄」は、それぞれの器官が対象を認識する時に執着を持たないことを意味する。たとえば、おいしいものを食べた時に、また食べたいという執着を持ってはいけないということ。山参りの行者が山を歩きながら「六根清浄」と唱えるのはよく知られる。

魯般雲梯 ◆ろはんの うんてい

魯般が作った城攻めの大はしご。

「魯般」は、魯の般さんの意で、春秋時代、魯の公輸《こうしゅ》般《はん》(『墨子』では公輸盤)のこと。「雲梯」は、雲まで届くはしごの意で、城攻めの新しい道具として魯般が楚王《そおう》のために作った。楚王がこれで宋を攻めようとした時、墨子が諫《いさ》め、王の前で魯般と模擬戦を行い、魯般が九度攻めたが、墨子は城を守り通したという。かたくなに守ることを言う「墨守《ぼくしゅ》」は、ここからきている。

炉辺談話 ◆ろへん だんわ

ろばたでくつろいでする会話。

「炉辺」は、囲炉裏《いろり》、または暖炉のそば。「談話」は、単なるおしゃべりというより、静かに語らう「閑談」に近い。英語では fireside chat と言い、アメリカ大統領フランクリン・ルーズベルトが、このスタイルで政見などを放送した。

驢鳴犬吠 ◆ろめい けんばい

つまらない文章や、耳にとめる必要もない話など、聞くに足りないもののたとえ。

ろばの鳴き声と犬の吠え声の意。南朝梁《りょう》の詩人庾信《ゆしん》が北方への使いから戻って、北の文士について聞かれたのに対する答「ただ韓陵山《かんりょうざん》の一片の石有り、ともに語るに堪《た》う……自余は驢鳴犬吠にして耳に聒《かまびす》しきのみ」(唐代、『朝野僉載《ちょうやせんさい》』庾信)から。庾信が唯一評価した「韓陵山の一片の石」は、北朝後魏《こうぎ》の温子昇《おんししょう》が韓陵山に残した石碑文を指す。「驢鳴狗吠《くばい》」(「狗」は犬の意)とも言う。

論功行賞 ◆ろんこう こうしょう

功績の有無や大きさを調べ、それに応じて賞を与えること。

「功を論じ賞を行う」と読む。「呉の将諸葛瑾《しょかつきん》・張覇《ちょうは》等、〔魏《ぎ》の〕襄陽《じょうよう》に寇《こう》す(侵攻する)。撫《ぶ》軍《ぐん》大将軍司《し》馬《ば》宣王《せんおう》、破りてこれを討ち、覇を斬る。征東大将軍曹休《そうきゅう》、またその別将を尋陽に破る。功を論じ賞を行うに、〔恩賞に〕おのおの差有り」(『三国志』魏志、明帝紀)。この「おのおの差有り」が、「論功行賞」の時にはしばしば問題となる。

わ

淮南鶏犬 ◆わいなんの けいけん

他人の権勢で利益を得るたとえ。

淮南王劉安《わいなんおうりゅうあん》が昇天した時、残っていた仙薬をなめた鶏や犬も昇天したという、『神仙伝』劉安に見える話による。劉安は高祖劉邦《りゅうほう》の孫。『淮南子《えなんじ》』を編纂したことで知られる。『神仙伝』の逸話はともかく、謀反が明らかになって自殺したことが『史記』『漢書』の淮南王伝に記されている。

和顔愛語 ◆わがん あいご

穏やかな顔つきと優しい言葉遣いのこと。

「和顔」は、柔和な顔。温顔。「愛語」は、愛情のこもった言葉。特に仏教で、菩薩《ぼさつ》が人々を導くために優しい言葉をかけることを言う。「和顔愛語」は仏教書に見られるが、「和顔」は仏教に限らずふつうに使われる。

和気藹藹 ◈わきあいあい

なごやかな気分が満ち満ちているさま。

「和気」は、なごやかな気分。穏やかな様子。『礼記《らいき》』祭義に「孝子の深き愛有る者、必ず和気有り。和気有る者、必ず愉色《ゆしょく》(よろこばしい顔色)有り」と見える。「藹藹」は、心のやわらいださま。単独の人の様子にはあまり言わず、集会などのなごやかな様子を「和気藹藹とした雰囲気」のように表現する。

和敬清寂 ◈わけい せい じゃく

茶道の精神を表す語。

「和」「敬」は、茶室での主人と客の心得を言い、「清」「寂」は、茶庭・茶室・茶具などに関する心得を言う。『茶堂清規』を著した宋の劉元甫《りゅうげんぽ》による語という。利休により、茶道の精神を表す語として定着した。

和光同塵 ◈わこう どうじん

自分の才知を隠して俗にまじわること。

「光を和《やわ》らげ、塵《ちり》に同ず」と読む。「その光を和らげ、その塵に同ず。これを玄同と謂《い》う」(『老子』五六)による。仏教では、仏・菩《ぼ》薩《さつ》が本来の智《ち》慧《え》の光を隠し、煩《ぼん》悩《のう》の塵をまとって衆生《しゅじょう》の中に現れることを言う。特に日本では本地垂迹説《ほんじすいじゃく》*に取入れられ、仏・菩薩が日本の神として出現することを言い、衆生救済のための方便とみなされる。

和魂漢才 ◈わこん かんさい

日本固有の精神と中国伝来の学問。また、その両者を融合すること。

和語で言うところの「やまとだましい」と「からざえ」。『菅《かん》家《け》遺《ゆい》誡《かい》』の「およそ国学の要《かなめ》とする所、論の古今に渉《わた》り、天人を究《きわ》めんと欲すといえども、その和魂漢才に非《あら》ざるよりは、その閫《こん》奥《おう》(学問の深奥)を闚《み》ること能《あた》わず」から。『菅家遺誡』は菅原道真に仮託した室町ごろの作品だが、引用部分は「国学」という言葉からも明らかなように、江戸後期の補入。国学のかなめは、漢学を日本人の目・心で読取ることだと言っている。

和魂洋才 ◈わこん ようさい

日本固有の精神と西洋の学問・技術のこと。

「和魂漢才*」をもじって、明治以降使われるようになった語。日本人としての精神を見失わずに、西洋の進んだ学問・技術を摂取《せっしゅ》活用すべきであることを言った語。

和而不同 ◈わじ ふどう

人とむつまじくするが、いたずらに同調しないこと。ふつう「和して同ぜず」と言う。「君子は和して同ぜず、小人は同じて和せず」（『論語』子路）から。徳のある人は主体性をもって他人とむつまじくし、徳のない人は付《ふ》和雷同《わらいどう》するが協調しない、の意。「小人は同じて和せず」の熟語表現は、「同而不和《*どうじふわ》」。

和風細雨 ◈わふう さいう

人の過ちを指摘する時などに、穏やかな態度でのぞむこと。

「和風」は、春風のような穏やかな風。「細雨」は、霧雨のような静かに降る雨。春風や霧雨のように、穏やかに人の非をさとす意。

和洋折衷 ◈わよう せっちゅう

日本風と西洋風をほどよく取合わせること。

「折衷」は、中を定める意で、行過ぎや不足を調整してほどよい状態にすることを言う。ところが、しばしば足して二で割ることを言い、「折衷案」と言えば、両者の真ん中を取った案の意味で使われる。「和洋折衷」にしても、和風と洋風が混ざり合った状態に言って、ほどのよさは問われない場合が少なくない。

岩波四字熟語辞典

2002 年 10 月 3 日　第 1 刷発行
2021 年 10 月 15 日　第 9 刷発行

編　集　岩波書店辞典編集部

発行者　坂本政謙

発行所　株式会社 岩波書店
〒101-8002 東京都千代田区一ツ橋 2-5-5
電話案内 03-5210-4000

https://www.iwanami.co.jp/

印刷・法令印刷　カバー，函印刷・半七印刷　製本・松岳社

ISBN 4-00-080204-6　　Printed in Japan

【岩波四字熟語辞典】

付録

漢字引き索引 …………………………… 3
成句索引 ………………………………… 87

◈

中国略年表 ……………………………… 99
主要人物解説 ………………………… 109
主要出典解説 ………………………… 121

索引凡例

【漢字引き索引】

・見出し項目，および解説内の必要と思われる四字熟語について，熟語を構成する各漢字を抜き出し，その漢字を含む四字熟語を掲げた.「之」は割愛した.

・配列は通用している漢和辞典にならい，総画数順とし，同じ画数のもとでは部首別とした．草かんむり(艹)は3画とした．掲出漢字内の配列は，まず四字熟語の冒頭が掲出漢字のものを五十音順に並べ，以下，2字目，3字目，4字目のものを同様に並べた.

・見出し項目の四字熟語は掲出ページの数字を太字で，それ以外は細字で示した(上，下は上段，下段).

◈

【成句索引】

・解説中に提示している項目語の読下し文，関連する成句，ことわざなどをまとめた.

・一部が異なるだけの同義のものは一つにまとめ，異なる部分を(　)で示した.

・読みやすさを配慮して，本文部分と表記が一部異なるものがある.

漢字引き索引

【1画】

一

一意専心《いちいせん…》 19下
一衣帯水《いちいたい…》 20上
一飲一啄《いちいんい…》 20上
一往一来《いちおうい…》 20下
一月三舟《いちがつさ…》 20下
一牛鳴地《いちぎゅう…》 21上
一芸一能《いちげいい…》 21上
一言居士《いちげんこじ》 21上, 345上
一期一会《いちごいちえ》 21下
一伍一什《いちごいち…》 21下
一業所感《いちごうし…》 22上
一言一句《いちごんい…》 22上
一言半句《いちごんは…》 22上, 22下
一言芳恩《いちごんほ…》 22下
一字千金《いちじせん…》 23上
一日三秋《いちじつさ…》 23上
一日千秋《いちじつせ…》 23下
一日之長《いちじつの…》 23下
一日片時《いちじつへ…》 23下
一字不説《いちじふせつ》 24上
一字褒貶《いちじほう…》 24上, 121上, 169下
一汁一菜《いちじゅう…》 24下
一樹之陰《いちじゅの…》 24下
一場春夢《いちじょう…》 25上
一時流行《いちじりゅ…》 25上
一塵法界《いちじんほ…》 25下
一族郎党《いちぞくろ…》 26上, 244上
一諾千金《いちだくせ…》 26上
一読三嘆《いちどくさ…》 39下
一念通天《いちねんつ…》 26下
一念発起《いちねんほ…》 26下
一暴十寒《いちばくじ…》 27上
一罰百戒《いちばつひ…》 27上
一病息災《いちびょう…》 27下
一分一厘《いちぶいち…》 27下
一部始終《いちぶしじ…》 28上
一望千里《いちぼうせ…》 28上
一木一草《いちぼくい…》 28上
一枚看板《いちまいか…》 28下
一味徒党《いちみととう》 28下
一網打尽《いちもうだ…》 29上
一毛不抜《いちもうふ…》 29上
一目十行《いちもくじ…》 29下
一目瞭然《いちもくり…》 29下
一問一答《いちもんい…》 30上
一文不通《いちもんふ…》 30上
一夜検校《いちやけん…》 30上
一夜十起《いちやじっき》 30下
一葉知秋《いちようち…》 31上
一陽来復《いちようら…》 31下
一利一害《いちりいち…》 31下
一粒百行《いちりゅう…》 32上
一粒万倍《いちりゅう…》 32上
一蓮托生《いちれんた…》 32上
一路平安《いちろへい…》 32下
一攫千金《いっかくせ…》 32下, 44上
一家団欒《いっかだん…》 33上
一竿風月《いっかんの…》 33上
一喜一憂《いっきいち…》 33下, 47上
一気呵成《いっきかせい》 33下
一饋十起《いっきじっき》 33下
一騎当千《いっきとう…》 34上
一簣之功《いっきのこう》 34上
一球入魂《いっきゅう…》 34下
一丘之貉《いっきゅう…》 34下
一挙一動《いっきょい…》 35上
一挙両得《いっきょり…》 35上
一件落着《いっけんら…》 35下
一口両舌《いっこうり…》 35下
一国一城《いっこくい…》 36上
一刻千金《いっこくせ…》 36上
一顧傾城《いっこけい…》 36下
一壺千金《いっこせん…》 36下
一狐之腋《いっこのえき》 8下, 37上
一切皆空《いっさいか…》 37上
一切合切《いっさいが…》 37下
一切衆生《いっさいし…》 37下
一子相伝《いっしそう…》 38上
一視同仁《いっしどう…》 38上
一紙半銭《いっしはん…》 38上
一瀉千里《いっしゃせ…》 38下
一宿一飯《いっしゅく…》 38下
一觴一詠《いっしょう…》 39上
一唱三嘆《いっしょう…》 39上
一将万骨《いっしょう…》 39下
一触即発《いっしょく…》 39下, 467下
一所懸命《いっしょけ…》 40上
一進一退《いっしんい…》 40上
一心同体《いっしんど…》 40下, 547下
一心不乱《いっしんふ…》 40下, 361上
一炊之夢《いっすいの…》 128上
一寸光陰《いっすんの…》 41上
一世一代《いっせいち…》 41上
一世一度《いっせいちど》 41上
一世木鐸《いっせいの…》 41上
一世之雄《いっせいの…》 41下
一世風靡《いっせいふ…》 41下
一石二鳥《いっせきに…》 42上
一殺多生《いっせつた…》 42上
一箭双雕《いっせんそ…》 42下
一旦緩急《いったんか…》 42下
一知半解《いっちはん…》 43上
一張一弛《いっちょう…》 43上
一朝一夕《いっちょう…》 43下
一長一短《いっちょう…》 43下, 45上
一擲千金《いってきせ…》 44上
一点一画《いってんい…》 44上
一天万乗《いってんば…》 44下, 526下

一刀両断《いっとうり…》 44下
一得一失《いっとくい…》 45上
一敗塗地《いっぱいとち》 45上
一髪千鈞《いっぱつせ…》 45下
一発必中《いっぱつひ…》 45下
一斑全豹《いっぱんぜ…》 46上, 631下
一飯之報《いっぱんの…》 46上
一筆啓上《いっぴつけ…》 46下
一顰一笑《いっぴんい…》 46下
一碧万頃《いっぺきば…》 47上, 206下
一片氷心《いっぺんの…》 47上
一人相撲《ひとりずもう》 538上
挙一明三《こいちみょ…》 202上
真一文字《まいちもんじ》 594下
唯一無二《ゆいいつむに》 623下
盈盈一水《えいえいい…》 65下
鉛刀一割《えんとうい…》 77上
開口一番《かいこうい…》 91下
鎧袖一触《がいしゅう…》 94上
頑固一徹《がんこいっ…》 122上
危機一髪《ききいっぱつ》 136上
九牛一毛《きゅうぎゅ…》 149上
九死一生《きゅうしい…》 150上
窮余一策《きゅうよの…》 154上
挙国一致《きょこくい…》 163下
義理一遍《ぎりいっぺん》 166下
槿花一日《きんかいち…》 168下
緊褌一番《きんこんい…》 170下
倶会一処《くえいっしょ》 176下
愚者一得《ぐしゃのい…》 178上
鶏群一鶴《けいぐんの…》 185下
桂林一枝《けいりんの…》 190下
言行一致《げんこうい…》 195下
乾坤一擲《けんこんい…》 196上
言文一致《げんぶんい…》 200上
光芒一閃《こうぼうい…》 218下
渾然一体《こんぜんい…》 240下
祭政一致《さいせいい…》 245下
三衣一鉢《さんねいっ…》 260下
三位一体《さんみいっ…》 262下
紫電一閃《しでんいっ…》 286上
衆議一決《しゅうぎい…》 296下
終始一貫《しゅうしい…》 297下
十年一日《じゅうねん…》 301上
十年一剣《じゅうねん…》 301上
十年一昔《じゅうねん…》 301下
首尾一貫《しゅびいっ…》 310上
春宵一刻《しゅんしょ…》 311下
上下一心《しょうかい…》 314下
心機一転《しんきいっ…》 334下
真実一路《しんじつい…》 337上
尋常一様《じんじょう…》 339上
身心一如《しんじんい…》 340下
人心一新《じんしんい…》 340下
青山一髪《せいざんい…》 358下
精神一到《せいしんい…》 360上
千載一遇《せんざいい…》 376下
千篇一律《せんぺんい…》 385上
千慮一失《せんりょの…》 386下
滄海一粟《そうかいの…》 388上
巣林一枝《そうりんい…》 396下
即時一杯《そくじいっ…》 397下
大喝一声《だいかつい…》 403下
台風一過《たいふうい…》 411下
頂門一針《ちょうもん…》 438下
天下一品《てんかいっ…》 452下
電光一閃《でんこうい…》 576上
斗南一人《となんのい…》 484下
曇華一現《どんげいち…》 487下
忍之一字《にんのいちじ》 499下
破顔一笑《はがんいっ…》 508上
伯楽一顧《はくらくの…》 515上
八紘一宇《はっこうい…》 519上
万死一生《ばんしいっ…》 526上
万緑一紅《ばんりょく…》 530上
眉間一尺《びかんいっ…》 532上
百聞一見《ひゃくぶん…》 543上
表裏一体《ひょうりい…》 547下
貧者一灯《ひんじゃの…》 549下
仏凡一体《ぶつぼんい…》 563下
凡聖一如《ぼんしょう…》 593上
満場一致《まんじょう…》 596下
迷悟一如《めいごいち…》 609上
面目一新《めんもくい…》 615上
維摩一黙《ゆいまのい…》 624上
会三帰一《えさんきいち》 93上
精神統一《せいしんとう…》 360下
知行合一《ちこうごう…》 426下
二者択一《にしゃたく…》 495上

乙　乙夜之覧《いつやのらん》 47下
甲論乙駁《こうろんお…》 222上

【2画】

七　七擒七縦《しちきんし…》 279上
七十古稀《しちじゅう…》 279上
七生報国《しちしょう…》 279上
七転八起《しちてんは…》 279下
七転八倒《しちてんば…》 279下
七堂伽藍《しちどうが…》 280上, 471下
七難八苦《しちなんは…》 280上
七歩之才《しちほのさい》 280下
七珍万宝《しっちんま…》 284上
有卦七年《うけしちねん》 57下
過去七仏《かこしちぶつ》 105上
竹林七賢《ちくりんの…》 426下
法華七喩《ほっけしちゆ》 590下
人三化七《にんさんば…》 498下

丁　丁丁発止《ちょうちょ…》 437上
零丁孤苦《れいていこく》 659上
馬鹿丁寧《ばかていねい》 507下
胸突八丁《むなつきは…》 605上

九　九夏三伏《きゅうかさ…》 148下
九牛一毛《きゅうぎゅ…》 149上
九死一生《きゅうしい…》 150上
九仞之功《きゅうじん…》 151下
九腸寸断《きゅうちょ…》 423上
九鼎大呂《きゅうてい…》 152下
九山八海《くせんはっ…》 179上
九分九厘《くぶくりん》 180上
九品往生《くほんおう…》 180下
九十九髪《つくもがみ》 444下
九十九折《つづらおり》 445上, 635上
薬九層倍《くすりくそ…》 178下
洪範九疇《こうはんき…》 217下
三拝九拝《さんぱいき…》 261下
十室九空《じっしつき…》 282下
十進九退《じっしんく…》 283上
十羊九牧《じゅうよう…》 303下
面壁九年《めんぺきく…》 615上
十中八九《じっちゅう…》 284上

了　三世了達《さんぜりょ…》 258上

二　二河白道《にがびゃく…》 494上
二者択一《にしゃたく…》 495上
二束三文《にそくさん…》 495上
二桃三士《にとうさんし》 496上

二人三脚《ににんさん…》 496下
二律背反《にりつはい…》 498下
二六時中《にろくじち…》 333下
二股膏薬《ふたまたご…》 59下
遮二無二《しゃにむに》 294下
十二因縁《じゅうにい…》 300上
十二大願《じゅうにだ…》 300下
無二無三《むにむさん》 605下
良二千石《りょうにせ…》 651上
一石二鳥《いっせきに…》 42上
歳寒二友《さいかんの…》 242下
三十二相《さんじゅう…》 257上
三草二木《さんそうに…》 259上
三平二満《さんぺいじ…》 262下
同行二人《どうぎょう…》 466下
文武二道《ぶんぶにどう》 571下
自他不二《じたふに》 278下
仏凡不二《ぶつぼんふに》 563下
凡聖不二《ぼんしょう…》 593下
迷悟不二《めいごふに》 609上
唯一無二《ゆいいつむに》 623下

人

人海戦術《じんかいせ…》 334上
人間青山《じんかんせ…》 334下
人琴之嘆《じんきんの…》 335上
人権蹂躙《じんけんじ…》 335下
人事天命《じんじてん…》 337上
人事不省《じんじふせい》 337下
人主逆鱗《じんしゅの…》 339上
人心一新《じんしんい…》 340下
人心収攬《じんしんし…》 341上
人生行路《じんせいこ…》 342上
人生如夢《じんせいじ…》 342上
人生朝露《じんせいち…》 342下
人跡未踏《じんせきみ…》 343上
人中之竜《じんちゅう…》 344下
人品骨柄《じんぴんこ…》 345下
人物月旦《じんぶつげ…》 346上
人面獣心《じんめんじ…》 347上
人面獣身《じんめんじ…》 347上
人面桃花《じんめんと…》 347下
人三化七《にんさんば…》 498下
人人具足《にんにんぐ…》 499上
人身御供《ひとみごくう》 27下, 538上
悪人正機《あくにんし…》 4下
一人当千《いちにんと…》 34上
佳人薄命《かじんはく…》 108上
玩人喪徳《がんじんそ…》 130下
杞人之憂《きじんのゆう》 142下
古人糟魄《こじんのそ…》 233上
三人市虎《さんにんしこ》 260上
三人成虎《さんにんせ…》 260上
三人文殊《さんにんも…》 260下
衆人環視《しゅうじん…》 299上
十人十色《じゅうにん…》 301上
小人閑居《しょうじん…》 320上
聖人君子《せいじんく…》 360下
前人未到《ぜんじんみ…》 380下
騒人墨客《そうじんぼ…》 393上
他人行儀《たにんぎょ…》 417下
天人五衰《てんにんご…》 461上
二人三脚《ににんさん…》 496下
女人禁制《にょにんき…》 497下
女人成仏《にょにんじ…》 498上
盗人根性《ぬすっとこ…》 499下
盗人上戸《ぬすびとじ…》 500上
発人深省《はつじんし…》 521上
一人相撲《ひとりずもう》 538上
文人相軽《ぶんじんそ…》 570下
文人墨客《ぶんじんぼ…》 570下
家給人足《かきゅうじ…》 101上
直指人心《じきしにん…》 266下
物是人非《ぶつぜじんぴ》 563上
暗箭傷人《あんせんし…》 10上
意中之人《いちゅうの…》 31上
飲食之人《いんしょく…》 54上
敬天愛人《けいてんあ…》 188下
月下氷人《げっかひょ…》 192下
才子佳人《さいしかじん》 243下
在留邦人《ざいりゅう…》 246下
修己治人《しゅうこち…》 297下
水鏡之人《すいきょう…》 349上
寸鉄殺人《すんてつさ…》 355上
寸馬豆人《すんばとう…》 355下
斉東野人《せいとうや…》 363下
清風故人《せいふうこ…》 364上
先即制人《せんそくせ…》 382上
曾参殺人《そうしんさ…》 392下
田夫野人《でんぷやじん》 463上
同行二人《どうぎょう…》 466下
当路之人《とうろのひと》 476下
斗南一人《となんのい…》 484下
八方美人《はっぽうび…》 522上
傍若無人《ぼうじゃく…》 583下
無累之人《むるいのひと》 608上

入

入唐八家《にっとうは…》 496上
入境問禁《にゅうきょ…》 496下
入幕之賓《にゅうばく…》 497上
酒入舌出《しゅにゅう…》 310上
漸入佳境《ぜんにゅう…》 384下
病入膏肓《びょうにゅ…》 207上
量入制出《りょうにゅ…》 651下
一球入魂《いっきゅう…》 34下
含笑入地《がんしょう…》 124上
窮鳥入懐《きゅうちょ…》 152下
升堂入室《しょうどう…》 322下
脱亜入欧《だつあにゅ…》 417上
出船入船《でふねいり…》 451上
開示悟入《かいじごに…》 93下
鬼出電入《きしゅつで…》 140下
実相観入《じっそうか…》 283下
単刀直入《たんとうち…》 423上
悖出悖入《はいしゅつ…》 504下

八

八十種好《はちじっし…》 257上
八大地獄《はちだいじ…》 517下
八万四千《はちまんし…》 518上
八面玲瓏《はちめんれ…》 518下
八面六臂《はちめんろ…》 518下
八紘一宇《はっこうい…》 519上
八宗兼学《はっしゅう…》 520上
八相成道《はっそうじ…》 521上
八方美人《はっぽうび…》 522上
腹八分目《はらはちぶ…》 523下
百八煩悩《ひゃくはち…》 542下
永字八法《えいじはっ…》 67上
傍目八目《おかめはち…》 84下
九山八海《くせんはっ…》 179上
四衢八街《しくはちがい》 268上
四苦八苦《しくはっく》 268上
四十八願《しじゅうは…》 273下
七転八起《しちてんは…》 279下
七転八倒《しちてんば…》 279下
七難八苦《しちなんは…》 280上
四通八達《しつうはっ…》 281上
十中八九《じっちゅう…》 284上
四方八方《しほうはっ…》 288下
瀟湘八景《しょうしょ…》 319下
入唐八家《にっとうは…》 496上
胸突八丁《むなつきは…》 605上

几

几案之才《きあんのさい》 133下

刀

刀光剣影《とうこうけ…》 467下

【3画】

韋編三絶 いへんさん… 50上
益者三楽 えきしゃさ… 69上
益者三友 えきしゃさ… 69上
華封三祝 かほうのさ… 116上
帰依三宝 きえさんぽう 134上
儀同三司 ぎどうさんし 145下
九夏三伏 きゅうかさ… 148下
尭階三尺 ぎょうかい… 477上
君子三畏 くんしのさ… 181下
君子三戒 くんしのさ… 182上
君子三楽 くんしのさ… 182上
戯作三昧 げさくざん… 191上
狡兎三窟 こうとさん… 217上
虎渓三笑 こけいさん… 228下
五障三従 ごしょうさ… 232上
歳寒三友 さいかんの… 242上
再思三省 さいしさん… 244上
作文三上 さくぶんさ… 248上
舌先三寸 したささん… 278下
食客三千 しょっかく… 330上
垂涎三尺 すいぜんさ… 351下
贅沢三昧 ぜいたくざ… 361下
損者三楽 そんじゃさ… 401下
損者三友 そんじゃさ… 401下
長者三代 ちょうじゃ… 435上
天下三分 てんかさん… 453下
土階三等 どかいさん… 477上
読書三到 どくしょさ… 479上
読書三昧 どくしょざ… 479下
読書三余 どくしょさ… 479下
南無三宝 なむさんぽう 490下
二束三文 にそくさん… 495上
二桃三士 にとうさんし 496上
二人三脚 ににんさん… 496下
白衣三公 はくいのさ… 509上
風流三昧 ふうりゅう… 554上
北窓三友 ほくそうの… 590上
曼倩三冬 まんせんさ… 597上
孟母三遷 もうぼさん… 616下
約法三章 やくほうさ… 622上
遊戯三昧 ゆげざんまい 630上
陽関三畳 ようかんさ… 631下
六韜三略 りくとうさ… 642下
竜華三会 りゅうげさ… 644下
冷汗三斗 れいかんさ… 657下
挙一明三 こいちみょ… 202上
無二無三 むにむさん 605下

上 上意下達 じょういか… 314上
上下一心 しょうかい… 314下
上求菩提 じょうぐぼ… 316上
上行下効 じょうこう… 316下
火上注油 かじょうち… 106上
机上之論 きじょうの… 141下
錦上添花 きんじょう… 172上
砂上楼閣 さじょうの… 249上
事上磨錬 じじょうま… 274下
至上命令 しじょうめ… 275上
掌上明珠 しょうじょ… 322上
雪上加霜 せつじょう… 371下
川上之嘆 せんじょう… 379上
俎上之鯉 そじょうの… 400上
俎上之肉 そじょうの… 400上
諂上欺下 てんじょう… 456下
梁上君子 りょうじょ… 650上
帷幄上奏 いあくじょ… 11下
下意上達 かいじょう… 94下
下学上達 かがくじょ… 99下
盗人上戸 ぬすびとじ… 500上
一筆啓上 いっぴつけ… 46下
燕巣幕上 えんそうば… 76下
汚名返上 おめいへん… 85下
蝸牛角上 かぎゅうか… 99下
作文三上 さくぶんさ… 248上
桑間濮上 そうかんぼ… 388下
丈 気炎万丈 きえんばん… 134下
光焔万丈 こうえんば… 203下
黄塵万丈 こうじんば… 212下
食前方丈 しょくぜん… 328上
波瀾万丈 はらんばん… 524上
万 万古千秋 ばんこせん… 525上
万古長青 ばんこちょ… 525上
万古不易 ばんこふえき 376下
万死一生 ばんしいっ… 526上
万乗之君 ばんじょう… 526下
万馬奔騰 ばんばほん… 528上
万緑一紅 ばんりょく… 530上
万劫末代 まんごうま… 596上
十万億土 じゅうまん… 303上
八万四千 はちまんし… 518上
遺臭万載 いしゅうば… 17下
一粒万倍 いちりゅう… 32上
一将万骨 いっしょう… 39下
一天万乗 いってんば… 44下
一碧万頃 いっぺきば… 47上

雲泥万里 うんでいば… 65上
家書万金 かしょばん… 107上
気炎万丈 きえんばん… 134下
光焔万丈 こうえんば… 203下
黄塵万丈 こうじんば… 212下
七珍万宝 しっちんま… 284上
森羅万象 しんらばん… 347下
千客万来 せんきゃく… 374上
千軍万馬 せんぐんば… 375上
千言万語 せんげんば… 375下
千差万別 せんさばん… 377上
千山万水 せんざんば… 377下
千思万考 せんしばん… 378上
千紫万紅 せんしばん… 378上
千姿万態 せんしばん… 378上
千秋万歳 せんしゅう… 379上
千緒万端 せんしょば… 380上
千辛万苦 せんしんば… 380下
前程万里 ぜんていば… 383上
千波万波 せんばばんば 384下
千変万化 せんぺんば… 385下
千門万戸 せんもんば… 386上
波瀾万丈 はらんばん… 524上
鵬程万里 ほうていば… 585下
遺憾千万 いかんせん… 13上
奇怪千万 きかいせん… 135上
笑止千万 しょうしせ… 317下
不埒千万 ふらちせん… 566下
与 応病与薬 おうびょう… 83下
生殺与奪 せいさつよ… 358上
抜苦与楽 ばっくよらく 519上
丸 弾丸黒子 だんがんこ… 419上
久 久遠実成 くおんじつ… 177上
耐久之朋 たいきゅう… 406上
曠日弥久 こうじつび… 210下
天長地久 てんちょう… 459上
武運長久 ぶうんちょ… 555上
及 愛及屋烏 あいきゅう… 1下
舐糠及米 しこうきゅ… 268下
過猶不及 かゆうふき… 116下
也 雍也論語 ようやろんご 635下
亡 亡羊之嘆 ぼうようの… 588上
亡羊補牢 ぼうようほ… 588下
歯亡舌存 しぼうぜっ… 288下
唇亡歯寒 しんぼうし… 338上
多岐亡羊 たきぼうよう 413下
読書亡羊 どくしょぼ… 480下

危急存亡《ききゅうそ…》 136下
多蔵厚亡《たぞうこう…》 416下
治乱興亡《ちらんこう…》 441下
名存実亡《めいそんじ…》 611上
流連荒亡《りゅうれん…》 647上
凡 凡聖一如《ぼんしょう…》 593上, 609上
仏凡不二《ぶつぼんふに》 563下
平平凡凡《へいへいぼ…》 575下
刃 刃傷沙汰《にんじょう…》 499上
遊刃余地《ゆうじんよち》 627上
両刃之剣《りょうばの…》 651下
千 千客万来《せんきゃく…》 374上
千鈞之重《せんきんの…》 374下
千軍万馬《せんぐんば…》 375上
千言万語《せんげんば…》 375下
千古不易《せんこふえき》 376下
千載一遇《せんざいい…》 376下
千歳不易《せんざいふ…》 377上
千差万別《せんさばん…》 377上
千山万水《せんざんば…》 377下
千思万考《せんしばん…》 378上, 540下
千紫万紅《せんしばん…》 378上
千姿万態《せんしばん…》 378上
千秋万歳《せんしゅう…》 379上
千緒万端《せんしょば…》 380上
千辛万苦《せんしんば…》 129下, 380下
千波万波《せんばばんば》 384下
千篇一律《せんぺんい…》 385上
千変万化《せんぺんば…》 385下
千方百計《せんぽうひ…》 385下, 540下
千門万戸《せんもんば…》 386上
千里同風《せんりどう…》 386下
千慮一失《せんりょの…》 45上, 386下
千慮一得《せんりょの…》 178下
海千山千《うみせんや…》 61上
三千世界《さんぜんせ…》 258上
悪事千里《あくじせんり》 4上
遺憾千万《いかんせん…》 13上
一字千金《いちじせん…》 23上
一日千秋《いちじつせ…》 23下
一諾千金《いちだくせ…》 26上
一望千里《いちぼうせ…》 28上
一攫千金《いっかくせ…》 32下
一刻千金《いっこくせ…》 36上
一壺千金《いっこせん…》 36下
一瀉千里《いっしゃせ…》 38下
一擲千金《いってきせ…》 44上
一髪千鈞《いっぱつせ…》 45下
一飯千金《いっぱんせ…》 46下
鶴寿千歳《かくじゅせ…》 102下
奇怪千万《きかいせん…》 135上
皓月千里《こうげつせ…》 206下
毫釐千里《ごうりせんり》 221上
舳艫千里《じくろせんり》 268下
笑止千万《しょうしせ…》 317下
跛鼈千里《はべつせんり》 523上
万古千秋《ばんこせん…》 525上
飛雪千里《ひせつせんり》 535上
百術千慮《ひゃくじゅ…》 540下
百孔千瘡《ひゃっこう…》 545上
不埒千万《ふらちせん…》 566下
良二千石《りょうにせ…》 651上
一騎当千《いっきとう…》 34上
食客三千《しょっかく…》 330上
八万四千《はちまんし…》 518上
口 口不調法《くちぶちょ…》 179上
口角飛沫《こうかくひ…》 204上
口耳之学《こうじのがく》 210下
口尚乳臭《こうしょう…》 211上
口中雌黄《こうちゅう…》 215上
口誅筆伐《こうちゅう…》 215上
口蜜腹剣《こうみつふ…》 219下
悪口罵詈《あっくめり》 524下
悪口雑言《あっこうぞ…》 6上
異口同音《いくどうおん》 16上
一口両舌《いっこうり…》 35下
開口一番《かいこうい…》 91下
箝口結舌《かんこうけ…》 122上
金口木舌《きんこうぼ…》 170上
鶏口牛後《けいこうぎ…》 186上
紅口白牙《こうこうは…》 207下
閉口頓首《へいこうと…》 574上
有口無行《ゆうこうむ…》 625上
面授口訣《めんじゅく…》 614下
錦心繍口《きんしんし…》 173上
山雀利口《やまがらり…》 623上
良薬苦口《りょうやく…》 652下
土 土階三等《どかいさん…》 477上
土豪劣紳《どごうれっ…》 482上
土砂加持《どしゃかじ》 482下
土崩瓦解《どほうがかい》 486上
捲土重来《けんどちょ…》 198上
積土成山《せきどせい…》 367上
桑土綢繆《そうどちゅ…》 394下
率土之浜《そっとのひん》 401上
王道楽土《おうどうら…》 83上
厭離穢土《おんりえど…》 88上
極楽浄土《ごくらくじ…》 227下
欣求浄土《ごんぐじょ…》 239上
山海辺土《さんかいへ…》 251下
寂光浄土《じゃっこう…》 294上
十万億土《じゅうまん…》 303上
粟散辺土《ぞくさんへ…》 397下
普天率土《ふてんそっと》 564上
士 士気高揚《しきこうよう》 266上
士気阻喪《しきそそう》 267上
士魂商才《しこんしょ…》 270下
国士無双《こくしむそう》 226下
紳士淑女《しんししゅ…》 142下
多士済済《たしせいせ…》 415上
烈士徇名《れっしじゅ…》 659下
一言居士《いちげんこじ》 21上
鶴鳴之士《かくめいのし》 104上
貴顕紳士《きけんしんし》 142下
傾危之士《けいきのし》 184下
慎重居士《しんちょう…》 345上
爪牙之士《そうがのし》 388下
操觚之士《そうこのし》 390下
二桃三士《にとうさんし》 496上
熊虎之士《ゆうこのし》 625下
夕 朝聞夕死《ちょうぶん…》 438上
一朝一夕《いっちょう…》 43下
朝不謀夕《ちょうぼ…》 438上
大 大盤振舞《おおばんぶ…》 83上
大安吉日《たいあんき…》 402下
大隠朝市《たいいんち…》 403上, 435下
大海撈針《たいかいろ…》 403上
大廈高楼《たいかこう…》 403下
大喝一声《だいかつい…》 403下
大願成就《たいがんじ…》 403下
大旱雲霓《たいかんの…》 404上
大器小用《たいきしょ…》 404下
大器晩成《たいきばん…》 405上
大義名分《たいぎめい…》 405上
大義滅親《たいぎめっ…》 405下

大逆無道《たいぎゃく…》 405下
大驚失色《たいきょう…》 406上
大言壮語《たいげんそ…》 406下, 582上
大巧若拙《たいこうじ…》 406下
大悟徹底《たいごてっ…》 407上
大山鳴動《たいざんめ…》 408上
大慈大悲《だいじだいひ》 408上, 519上
大樹将軍《たいじゅし…》 408下
大樹美草《たいじゅび…》 409上
大所高所《たいしょこ…》 409上
大処着墨《たいしょち…》 409下
大信不約《たいしんふ…》 409下
大声疾呼《たいせいし…》 409下
大胆不敵《だいたんふ…》 410下
大同小異《だいどうし…》 410下
大同団結《だいどうだ…》 411上
大道不器《たいどうふき》 411上
大兵肥満《だいひょう…》 411下, 432上
大味必淡《たいみひっ…》 412上
大牢滋味《たいろうの…》 413上
大惑不解《たいわくふ…》 413上
広大無辺《こうだいむ…》 214上
誇大妄想《こだいもう…》 234下
志大才疎《しだいさいそ》 277下
事大主義《じだいしゅぎ》 278上
四大不調《しだいふち…》 278上
胆大心小《たんだいし…》 422下
胆大妄為《たんだいも…》 422下
椽大之筆《てんだいの…》 458下
八大地獄《はちだいじ…》 517下
尾大不掉《びだいふとう》 535下
呵呵大笑《かかたいし…》 100上
餓鬼大将《がきだいし…》 100下
廓然大公《かくぜんた…》 103上
廓然大悟《かくねんた…》 103上
寛仁大度《かんじんた…》 125上
九鼎大呂《きゅうてい…》 152下
経国大業《けいこくの…》 186上
後生大事《ごしょうだ…》 232下
十二大願《じゅうにだ…》 300下
小利大損《しょうりだ…》 327上
碩学大儒《せきがくた…》 365下
特筆大書《とくひつた…》 481上
伴食大臣《ばんしょく…》 526下
微言大義《びげんたいぎ》 533下
百年大計《ひゃくねん…》 542下
無芸大食《むげいたい…》 601上
雄材大略《ゆうざいた…》 625下
油断大敵《ゆだんたい…》 630下
因小失大《いんしょう…》 54上
気宇壮大《きうそうだい》 134上
公明正大《こうめいせ…》 220下
針小棒大《しんしょう…》 340上
夜郎自大《やろうじだい》 623上

女 女人禁制《にょにんき…》 497下
女人成仏《にょにんじ…》 498上
処女脱兎《しょじょだ…》 329下
転女成男《てんにょじ…》 577下
班女辞輦《はんじょじ…》 527上
貧女一灯《ひんじょの…》 549下
男耕女織《だんこうじ…》 420上
男尊女卑《だんそんじ…》 422上
貴紳淑女《きしんしゅ…》 142下
善男善女《ぜんなんぜ…》 384上
窈窕淑女《ようちょう…》 634下
老若男女《ろうにゃく…》 663上

子 子虚烏有《しきょうゆう》 267下
子子孫孫《ししそんそん》 272上
晏子之御《あんしのぎょ》 9上
一子相伝《いっしそう…》 38上
狗子仏性《くしぶっしょ》 178上
君子三畏《くんしのさ…》 181下
君子三戒《くんしのさ…》 182上
君子三楽《くんしのさ…》 182上
君子豹変《くんしひょ…》 182下
才子佳人《さいしかじん》 243下
妻子眷属《さいしけん…》 244上
才子多病《さいしたび…》 244下
獅子搏兎《ししはくと》 272下
獅子奮迅《ししふんじん》 273上
杓子定規《しゃくしじ…》 291下
諸子百家《しょしひゃ…》 329上
蚊子咬牛《ぶんしこう…》 569上
麟子鳳雛《りんしほう…》 655上
狼子野心《ろうしやしん》 661下
膏粱子弟《こうりょう…》 221下
梨園子弟《りえんのし…》 641上
家貧孝子《かひんこうし》 114下
虎穴虎子《こけつこじ》 229上
慈母敗子《じぼはいし》 289上
聖人君子《せいじんく…》 360下
弾丸黒子《だんがんこ…》 419上
長者窮子《ちょうじゃ…》 434下
豚児犬子《とんじけんし》 488上
変成男子《へんじょう…》 577上
乱臣賊子《らんしんぞ…》 640下
犂牛之子《りぎゅうのこ》 641下
梁上君子《りょうじょ…》 650上
良医治子《ろういちし》 660上

寸 寸指測淵《すんしそく…》 354上
寸進尺退《すんしんせ…》 354下
寸善尺魔《すんぜんし…》 354下
寸草春暉《すんそうし…》 355上
寸鉄殺人《すんてつさ…》 355上
寸馬豆人《すんばとう…》 355下
寸歩不離《すんぽふり》 355下
一寸光陰《いっすんの…》 41上
三寸不律《さんずんふ…》 258上
九腸寸断《きゅうちょ…》 423上
尺短寸長《せきたんす…》 366下
口耳四寸《こうじしすん》 211上
舌先三寸《したさきさ…》 278下

小 小家碧玉《しょうかの…》 315上
小隙沈舟《しょうげき…》 316上
小国寡民《しょうこく…》 316下
小人閑居《しょうじん…》 320上
小心翼翼《しょうしん…》 219上, 321上
小水之魚《しょうすい…》 321下
小利大損《しょうりだ…》 327上
因小失大《いんしょう…》 54上
針小棒大《しんしょう…》 340上
章句小儒《しょうくの…》 315下
大器小用《たいきしょ…》 404下
大同小異《だいどうし…》 410下
高手小手《たかてこて》 413下
羊腸小径《ようちょう…》 635上
軽薄短小《けいはくた…》 189上
志大智小《しだいちし…》 277下
胆大心小《たんだいし…》 422下

尸 尸位素餐《しいそさん》 264上
行尸走肉《こうしそう…》 210上

山 山海珍味《さんかいの…》 251下
山海辺土《さんかいへ…》 251下
山河襟帯《さんがきん…》 252上
山紫水明《さんしすい…》 254下
山藪蔵疾《さんそうぞ…》 258下
山中暦日《さんちゅう…》 259下

山礪河帯《さんれいか…》 412下
山雀利根《やまがらり…》 623上
回山倒海《かいざんと…》 93下
河山帯礪《かざんたい…》 412下
寒山拾得《かんざんじ…》 123下
箕山之志《きざんのこ…》 139下
九山八海《くせんはっ…》 179上
高山景行《こうざんけ…》 208下
高山流水《こうざんり…》 209上
五山十刹《ござんじっ…》 230下
残山剰水《ざんざんじ…》 254上
常山蛇勢《じょうざん…》 317上
深山幽谷《しんざんゆ…》 336下
青山一髪《せいざんい…》 358下
千山万水《せんざんば…》 377下
泰山圧卵《たいざんあ…》 407上
泰山鴻毛《たいざんこ…》 407下
泰山北斗《たいざんほ…》 407下
大山鳴動《たいざんめ…》 408上
他山之石《たざんのいし》 415上
治山治水《ちさんちすい》 427上
南山之寿《なんざんの…》 492下
肉山脯林《にくざんほ…》 494上
抜山蓋世《ばつざんが…》 520上
跋山渉水《ばつざんし…》 520上
礪山帯河《れいざんた…》 412下
海千山千《うみせんや…》 61上
海誓山盟《かいせいさ…》 95下
葷酒山門《くんしゅさ…》 182下
雲雨巫山《うんうふざん》 433上
愚公移山《ぐこういざん》 177下
人間青山《じんかんせ…》 334下
仁者楽山《じんしゃら…》 338下
積土成山《せきどせい…》 367上
風林火山《ふうりんか…》 554下
物見遊山《ものみゆさん》 618下

川 川上之嘆《せんじょう…》 379上
白川夜舟《しらかわよ…》 331上
百川学海《ひゃくせん…》 541上
百川帰海《ひゃくせん…》 541上

工 神工鬼斧《しんこうきふ》 336上
同工異曲《どうこうい…》 467上
創意工夫《そういくふう》 387下

已 巳己巳己《いこみき》 16下
生滅滅已《しょうめつ…》 325下

己 巳己巳己《いこみき》 16下
克己復礼《こっきふく…》 235下
自己嫌悪《じこけんお》 269下
自己顕示《じこけんじ》 270上
自己韜晦《じことうかい》 270上
自己矛盾《じこむじゅん》 270下
修己治人《しゅうこち…》 297下
安分守己《あんぶんし…》 11上
傾蓋知己《けいがいの…》 184下
朋友知己《ほうゆうちき》 587下

巳 巳己巳己《いこみき》 16下

干 干将莫邪《かんしょう…》 124下, 532上
内政干渉《ないせいか…》 489下

弓 傷弓之鳥《しょうきゅ…》 315下
良弓難張《りょうきゅ…》 647下
鳥尽弓蔵《ちょうじん…》 435上

才 才気煥発《さいきかん…》 242下
才子佳人《さいしかじん》 243下
才子多病《さいしたび…》 243下, 244下
才色兼備《さいしょく…》 245上
量才録用《りょうさい…》 649上
志大才疎《しだいさいそ》 277下
有智高才《うちこうさい》 59上
詠雪之才《えいせつの…》 67下
王佐之才《おうさのさい》 81下
蓋世之才《がいせいの…》 95下
几案之才《きあんのさい》 133下
曠世之才《こうせいの…》 213上
士魂商才《しこんしょ…》 270下
七歩之才《しちほのさい》 280下
浅学非才《せんがくひ…》 373下
博学多才《はくがくた…》 509下
百里之才《ひゃくりの…》 543下
命世之才《めいせいの…》 610下
螻蛄之才《ろうこのさい》 234上
和魂漢才《わこんかん…》 668下
和魂洋才《わこんよう…》 668下

【4画】

不 不易流行《ふえきりゅ…》 555上
不可抗力《ふかこうり…》 555下
不可思議《ふかしぎ》 556上
不帰之客《ふきのきゃく》 556下
不羈奔放《ふきほんぽう》 556下
不朽不滅《ふきゅうふ…》 556下
不協和音《ふきょうわ…》 557上
不倶戴天《ふぐたいてん》 558上
不言実行《ふげんじっ…》 559上, 625下
不言不語《ふげんふご》 559上
不遑枚挙《ふこうまい…》 559下
不在証明《ふざいしょ…》 560上
不失正鵠《ふしつせい…》 560下
不惜身命《ふしゃくし…》 560下
不承不承《ふしょうぶ…》 561上
不即不離《ふそくふり》 562上
不定愁訴《ふていしゅ…》 563下
不逞之輩《ふていのや…》 564上
不撓不屈《ふとうふくつ》 541上, 564下
不得要領《ふとくよう…》 564下
不買美田《ふばいびでん》 565上
不聞不問《ふぶんふもん》 565下
不偏不党《ふへんふとう》 566上
不眠不休《ふみんふき…》 566上
不毛之地《ふもうのち》 566上
不要不急《ふようふき…》 566下
不埒千万《ふらちせん…》 566下
不立文字《ふりゅうも…》 500下, 559下, 567上
不労所得《ふろうしょ…》 567上
不老長寿《ふろうちょ…》 567下
不老不死《ふろうふし》 567下, 567下
間不容髪《かんふよう…》 130下
口不調法《くちぶちょ…》 179上
具不退転《ぐふたいてん》 180下
求不得苦《ぐふとくく》 180下
朝不謀夕《ちょうふぼ…》 438上
一字不説《いちじふせつ》 24上
一毛不抜《いちもうふ…》 29上
一文不通《いちもんふ…》 30上
一心不乱《いっしんふ…》 40下
殷鑑不遠《いんかんふ…》 52下
応接不暇《おうせつふか》 82下
音信不通《おんしんふ…》 86下
怪誕不経《かいたんふ…》 96下
確乎不抜《かっこふばつ》 111上
過猶不及《かゆうふき…》 116下
轗軻不遇《かんかふぐう》 119下
仰天不愧《ぎょうてん…》 158下
形影不離《けいえいふり》 184上
堅忍不抜《けんにんふ…》 198上

傲岸不遜《ごうがんふ…》 205上
金剛不壊《こんごうふえ》 239下
三寸不律《さんずんふ…》 258上
四十不惑《しじゅうふ…》 273下
四大不調《しだいふち…》 278上
自他不二《じたふに》 278下
衆寡不敵《しゅうかふ…》 296上
述而不作《じゅつじふ…》 308下
常備不懈《じょうびふ…》 324上
従容不迫《しょうよう…》 326下
人事不省《じんじふせい》 337下
仁者不憂《じんしゃふ…》 338上
寸歩不離《すんぽふり》 355下
成事不説《せいじふせつ》 359下
摂取不捨《せっしゅふ…》 371上
千古不易《せんこふえき》 376下
前後不覚《ぜんごふかく》 376下
千歳不易《せんざいふ…》 377上
相即不離《そうそくふり》 393下
大信不約《だいしんふ…》 409下
大胆不敵《だいたんふ…》 410下
大道不器《たいどうふき》 411上
大惑不解《たいわくふ…》 413上
知者不言《ちしゃふげん》 427上
知者不惑《ちしゃふわく》 427下
直立不動《ちょくりつ…》 440下
同而不和《どうじふわ》 469上
独立不羈《どくりつふき》 481下
独立不撓《どくりつ…》 481下
難攻不落《なんこうふ…》 492下
破鏡不照《はきょうふ…》 508下
叛服不常《はんぷくふ…》 528上
尾大不掉《びだいふとう》 535下
百世不磨《ひゃくせい…》 540下
百折不撓《ひゃくせつ…》 541上
覆水不返《ふくすいふ…》 557下
仏凡不二《ぶつぼんふに》 563下
放蕩不羈《ほうとうふき》 586上
凡聖不二《ぼんしょう…》 593下
迷悟不二《めいごふに》 609上
迷者不問《めいしゃふ…》 609下
面向不背《めんこうふ…》 613下
網目不失《もうもくふ…》 617上
門外不出《もんがいふ…》 619上
勇者不懼《ゆうしゃふく》 626上
優柔不断《ゆうじゅう…》 626下
悠揚不迫《ゆうようふ…》 629下
霊魂不滅《れいこんふ…》 658上
老少不定《ろうしょう…》 662上
和而不同《わじふどう》 669上
中 中原逐鹿《ちゅうげん…》 430上
中冓之言《ちゅうこう…》 430下
中秋無月《ちゅうしゅ…》 431上
中途半端《ちゅうとは…》 431下
中肉中背《ちゅうにく…》 432上
中庸之道《ちゅうよう…》 432下
暗中飛躍《あんちゅう…》 10下
暗中模索《あんちゅう…》 10下
意中之人《いちゅうの…》 31上
雲中白鶴《うんちゅう…》 64下
火中取栗《かちゅうし…》 109上
管中窺天《かんちゅう…》 128下
橘中之楽《きっちゅう…》 145上
空中楼閣《くうちゅう…》 176下
髻中明珠《けいちゅう…》 188上
口中雌黄《こうちゅう…》 215上
壺中之天《こちゅうの…》 234下
沙中偶語《さちゅうぐ…》 249上
山中暦日《さんちゅう…》 259下
死中求活《しちゅうき…》 281上
十中八九《じっちゅう…》 284上
掌中之珠《しょうちゅ…》 322上
身中之虫《しんちゅう…》 344上
人中之竜《じんちゅう…》 344下
雪中送炭《せっちゅう…》 372上
雪中四友《せっちゅう…》 242下
雪中松柏《せっちゅう…》 372下
泥中之蓮《でいちゅう…》 446下
鉄中錚錚《てっちゅう…》 450上
嚢中之錐《のうちゅう…》 502上
杯中蛇影《はいちゅう…》 506上
秘中之秘《ひちゅうのひ》 536上
忙中有閑《ぼうちゅう…》 585上
麻中之蓬《まちゅうの…》 595下
夢中説夢《むちゅうせ…》 604下
庸中佼佼《ようちゅう…》 634下
暗箭中人《あんせんち…》 10上
局外中立《きょくがい…》 161上
誹謗中傷《ひぼうちゅ…》 539下
薬籠中物《やくろうち…》 622上
一発必中《いっぱつひ…》 45下
曳尾塗中《えいびとち…》 68上
五里霧中《ごりむちゅう》 238下
四六時中《しろくじち…》 333下
年百年中《ねんびゃく…》 501下
白玉楼中《はくぎょく…》 511上
百発百中《ひゃっぱつ…》 545下
無我夢中《むがむちゅう》 600下
丹 臍下丹田《せいかたん…》 356下
乏 器用貧乏《きようびん…》 159上
予 予譲呑炭《よじょうど…》 636下
予且之患《よしょのかん》 637上
五 五蘊皆空《ごうんかい…》 222下
五陰盛苦《ごおんじょ…》 223下
五行相剋《ごぎょうそ…》 225下
五劫思惟《ごこうしゆい》 229上
五穀豊穣《ごこくほう…》 230上
五山十刹《ござんじっ…》 230下
五十知命《ごじゅうち…》 231下
五十展転《ごじゅうて…》 231下
五障三従《ごしょうさ…》 232上
五臓六腑《ごぞうろっぷ》 233下
五体投地《ごたいとうち》 234上
五風十雨《ごふうじゅ…》 236下
五分五分《ごぶごぶ》 237下
五里霧中《ごりむちゅう》 238下
五倫五常《ごりんごじ…》 238下, 252下
一五一十《いちごいち…》 21下
十五志学《じゅうごし…》 297上
一汁五菜《いちじゅう…》 24下
一分五厘《いちぶごりん》 27下
陰陽五行《いんようご…》 55下
鼯鼠五技《ごそごぎ》 234上
三綱五常《さんこうご…》 252下
三三五五《さんさんごご》 254上
三令五申《さんれいご…》 263上
四書五経《ししょごき…》 275下
四通五達《しつうごたつ》 281下
四分五裂《しぶんごれ…》 288上
天人五衰《てんにんご…》 461上
馬氏五常《ばしのごじ…》 516下
互 相互扶助《そうごふじょ》 391上
井 井蛙之見《せいあのけん》 356上, 366下
甘井先竭《かんせいせ…》 126上
市井之徒《しせいのと》 276上
天井桟敷《てんじょう…》 456下
背井離郷《はいせいり…》 505下
藪井竹庵《やぶいちく…》 623上
相碁井目《あいごせい…》 2上

亢 亢竜有悔 こうりょう… 184上, 221下
介 狷介固陋 けんかいこ… 194上
仇 報仇雪恨 ほうきゅう… 581下
醜婦之仇 しゅうふの… 302下
今 今昔之感 こんじゃく… 240下
古今東西 ここんとう… 230上
古今独歩 ここんどっぽ 230下
古今無双 ここんむそう 230下
旧雨今雨 きゅううこ… 148上
古往今来 こおうこん… 223下
昨非今是 さくひこんぜ 247下
博古通今 はっこつう… 519下
什 一伍一什 いちごいち… 21下
仁 仁者不憂 じんしゃふ… 338上
仁者楽山 じんしゃら… 338下
寛仁大度 かんじんた… 125上
一視同仁 いっしどう… 38上
宋襄之仁 そうじょう… 392下
仏 仏凡不二 ぶつぼんふに 563下, 593下
神仏習合 しんぶつし… 346下
超仏越祖 ちょうぶつ… 437下
廃仏毀釈 はいぶつき… 506下
無仏世界 むぶつせかい 606下
鬼手仏心 きしゅぶっ… 141上
鬼面仏心 きめんぶっ… 146下
狗子仏性 くしぶっし… 178上
葬式仏教 そうしきぶ… 391下
多情仏心 たじょうぶ… 416下
過去七仏 かこしちぶつ 105上
見性成仏 けんしょう… 196下
借花献仏 しゃっかけ… 294上
即身成仏 そくしんじ… 398上
転生活仏 てんしょう… 456下
女人成仏 にょにんじ… 498上
允 允文允武 いんぶんい… 55上, 249下
元 元亨利貞 げんこうり… 63下, 195下
喉元思案 のどもとし… 502下
公 公私混同 こうしこん… 209下
公序良俗 こうじょり… 211下
公孫布被 こうそんふひ 213下
公平無私 こうへいむし 218下, 220下, 603上
公明正大 こうめいせ… 220下
隠公左伝 いんこうさ… 53上
愚公移山 ぐこういざん 177下
奉公守法 ほうこうし… 582下
廓然大公 かくぜんた… 103上
白衣三公 はくいのさ… 509上
六 六菖十菊 りくしょう… 642上
六尺之孤 りくせきのこ 642上
六韜三略 りくとうさ… 642下
六十耳順 ろくじゅう… 664下
六十六部 ろくじゅう… 665上
六道輪廻 ろくどうり… 665上
六波羅蜜 ろくはらみ… 665下
六根清浄 ろっこんし… 666上
四六時中 しろくじち… 333下
四六駢儷 しろくべん… 333下
五臓六腑 ごぞうろっぷ 233下
三十六策 さんじゅう… 257上
三面六臂 さんめんろ… 263上
八面六臂 はちめんろ… 518下
比丘六物 びくろくもつ 261上
円 円鑿方枘 えんさくほ… 75上
円成実性 えんじょう… 76上
円転滑脱 えんてんか… 76下
円頭方足 えんとうほ… 77下
円頓止観 えんどんし… 77下
円木警枕 えんぼくけ… 78下
円満具足 えんまんぐ… 79上
福徳円満 ふくとくえ… 558上
方底円蓋 ほうていえ… 585上
水随方円 すいずいほ… 351上
破鏡重円 はきょうち… 508下
内 内股膏薬 うちまたご… 59下
内柔外剛 ないじゅう… 489上
内助之功 ないじょの… 489下
内清外濁 ないせいが… 489下
内政干渉 ないせいか… 489下
内典外典 ないてんげ… 490上
内平外成 ないへいが… 490上
内憂外患 ないゆうが… 490下
海内無双 かいだいむ… 95下
外柔内剛 がいじゅう… 94下
凶 吉凶禍福 きっきょう… 144下
切 切磋琢磨 せっさたくま 370下
切歯扼腕 せっしやく… 261上, 371上, 578上
一切皆空 いっさいか… 37上
一切合切 いっさいが… 37下
一切衆生 いっさいし… 37下
老婆心切 ろうばしん… 663上
分 分崩離析 ぶんぽうり… 572上
安分守己 あんぶんし… 11上
一分一厘 いちぶいち… 27下
九分九厘 くぶくりん 180上
五分五分 ごぶごぶ 237下
自分勝手 じぶんかって 451下
四分五裂 しぶんごれ… 288上
没分暁漢 ぼつぶんぎ… 591上
黒白分明 こくびゃく… 227上
思慮分別 しりょふん… 332下
腹八分目 はらはちぶ… 523下
大義名分 たいぎめい… 405上
知足安分 ちそくあん… 428下
天下三分 てんかさん… 453下
化 化城宝処 けじょうほ… 191上
羽化登仙 うかとうせん 57上
下化衆生 げけしゅじ… 190下
自行化他 じぎょうけた 333上
人三化七 にんさんば… 498下
関雎之化 かんしょのか 124下
時雨之化 じうのか 264下
螽斯之化 しゅうしのか 298上
芝蘭之化 しらんのか 331下
千変万化 せんぺんば… 385下
文明開化 ぶんめいか… 572下
妖怪変化 ようかいへ… 631上
区 区区之心 くくのこころ 177下
匹 匹夫之勇 ひっぷのゆう 537上
匹夫匹婦 ひっぷひっぷ 537下
単槍匹馬 たんそうひ… 422上
升 升堂入室 しょうどう… 322下
双 双管斉下 そうかんせ… 388下
一箭双雕 いっせんそ… 42下
沙羅双樹 さらそうじ… 251上
海内無双 かいだいむ… 95下
国士無双 こくしむそう 226下
古今無双 ここんむそう 230下
天下無双 てんかむそう 454上
反 反哺之孝 はんぽのこう 255上, 528下
反面教師 はんめんき… 529上
造反有理 ぞうはんゆ… 395上
帰正反本 きせいはん… 143上
輾転反側 てんてんは… 460上
撥乱反正 はつらんは… 522下

報本反始《ほうほんは…》 587下
二律背反《にりつはい…》 498下
友　朋友知己《ほうゆうちき》 587下
朋友有信《ほうゆうゆ…》 588上
善隣友好《ぜんりんゆ…》 387上
益者三友《えきしゃさ…》 69上
金蘭之友《きんらんの…》 174下
歳寒三友《さいかんの…》 242上
雪中四友《せっちゅう…》 242下
損者三友《そんじゃさ…》 401下
竹馬之友《ちくばのとも》 426上
読書尚友《どくしょし…》 480上
莫逆之友《ばくぎゃく…》 511上
北窓三友《ほくそうの…》 590上
良師益友《りょうしえ…》 649上
太　太史之簡《たいしのかん》 408下
太盛難守《たいせいな…》 410上
太牢滋味《たいろうの…》 413上
天下太平《てんかたい…》 454上
天　天衣無縫《てんいむほう》 452上
天淵之差《てんえんのさ》 452上
天涯海角《てんがいか…》 452上
天涯孤独《てんがいこ…》 452下
天下一品《てんかいっ…》 452下
天涯比隣《てんがいひ…》 452下
天下御免《てんかごめん》 453上
天下三分《てんかさん…》 453下
天下泰平《てんかたい…》 454上
天下無双《てんかむそう》 96上, 454上
天空海闊《てんくうか…》 454下
天高気清《てんこうき…》 455上
天香国色《てんこうこ…》 455下
天災地変《てんさいち…》 456上, 555下
天資英明《てんしえい…》 456上
天井桟敷《てんじょう…》 456下
天壌無窮《てんじょう…》 457上
天神地祇《てんじんちぎ》 457上, 459上
天真爛漫《てんしんら…》 457下
天旋地転《てんせんち…》 457下
天造草昧《てんぞうそ…》 458上
天孫降臨《てんそんこ…》 458上
天地開闢《てんちかい…》 458下
天地神明《てんちしん…》 459上
天地無用《てんちむよう》 459上
天長地久《てんちょう…》 459上
天手古舞《てんてこまい》 459下
天道是非《てんどうぜひ》 460下, 461上
天道無親《てんどうむ…》 460下
天人五衰《てんにんご…》 461上
天然自然《てんねんし…》 461下
天之美禄《てんのびろく》 461下
天馬行空《てんばこう…》 462上
天罰覿面《てんばつて…》 462下
天覆地載《てんぷうち…》 462下
天変地異《てんぺんちい》 456上, 463上
天歩艱難《てんぽかん…》 463下
天網恢恢《てんもうか…》 464上
天佑神助《てんゆうし…》 464上
一天万乗《いってんばん…》 44下
回天之力《かいてんの…》 97上
歓天喜地《かんてんきち》 128下
旱天慈雨《かんてんの…》 129上
驚天動地《きょうてん…》 158下
仰天不愧《ぎょうてん…》 158下
跼天蹐地《きょくてん…》 162下
敬天愛人《けいてんあ…》 188下
経天緯地《けいてんいち》 189上
震天動地《しんてんど…》 345上
水天彷彿《すいてんほ…》 352上
青天霹靂《せいてんの…》 362下
青天白日《せいてんは…》 362下
則天去私《そくてんき…》 399上
頂天立地《ちょうてん…》 437下
幕天席地《ばくてんせ…》 513上
破天荒解《はてんこう…》 522下
普天率土《ふてんそっと》 564上
梵天勧請《ぼんてんか…》 593下
翻天覆地《ほんてんふ…》 593下
韋駄天走《いだてんそう》 19上
雨過天晴《うかてんせい》 57上
有頂天外《うちょうて…》 59下
運否天賦《うんぷてんぷ》 65下
杞人天憂《きじんてん…》 142下
奇想天外《きそうてん…》 143下
人事天命《じんじてん…》 337上
石破天驚《せきはてん…》 367上
地平天成《ちへいてん…》 428下
三日天下《みっかてんか》 597下
意気衝天《いきしょう…》 14上
一念通天《いちねんつう…》 26下
管中窺天《かんちゅう…》 128下
旭日昇天《きょくじつ…》 161下
壺中之天《こちゅうの…》 234下
縮地補天《しゅくちほ…》 305上
水光接天《すいこうせ…》 350上
隻履帰天《せきりきてん》 368上
戴盆望天《たいぼんぼ…》 412上
怒髪衝天《どはつしょ…》 485下
吃驚仰天《びっくりぎ…》 536下
富貴在天《ふうきざい…》 550下
不倶戴天《ふぐたいてん》 558上
用管窺天《ようかんき…》 631下
夫　夫唱婦随《ふしょうふ…》 561下
役夫之夢《えきふのゆめ》 69下
漁夫之利《ぎょふのり》 165上
貪夫徇財《たんぷじゅ…》 423上
田夫野人《でんぷやじん》 463上
匹夫之勇《ひっぷのゆう》 537上
匹夫匹婦《ひっぷひっぷ》 537下
創意工夫《そういくふう》 387下
孔　孔明臥竜《こうめいが…》 220上
孔孟老荘《こうもうろ…》 221上
百孔千瘡《ひゃっこう…》 545上
少　少壮気鋭《しょうそう…》 322上
老少不定《ろうしょう…》 662上
寡聞少見《かぶんしょ…》 116上
尺　尺沢之鯢《せきたくの…》 366下
尺短寸長《せきたんす…》 366下
尺璧非宝《せきへきひ…》 367下
枉尺直尋《おうせきち…》 82上
三尺秋水《さんじゃく…》 255下
百尺竿頭《ひゃくしゃ…》 540上
六尺之孤《りくせきのこ》 642上
寸進尺退《すんしんせ…》 354下
寸善尺魔《すんぜんし…》 354下
尭階三尺《ぎょうかい…》 477上
垂涎三尺《すいぜんさ…》 351下
眉間一尺《びかんいっ…》 532上
幻　変幻自在《へんげんじ…》 576下
夢幻泡影《むげんほう…》 601下
引　博引旁証《はくいんぼ…》 509下
誘引開導《ゆういんか…》 624上
我田引水《がでんいん…》 113下
穿壁引光《せんぺきい…》 384下
来迎引接《らいこうい…》 318下
弔　形影相弔《けいえいそ…》 184上

心 心機一転《しんきいっ…》 334下
心神耗弱《しんしんこ…》 341上
心神喪失《しんしんそ…》 341下
心地光明《しんちこう…》 344上
心頭滅却《しんとうめ…》 345下
心腹之疾《しんぷくの…》 346上
安心立命《あんじんり…》 9下
以心伝心《いしんでん…》 19上
一心同体《いっしんど…》 40下
一心不乱《いっしんふ…》 40下
雲心月性《うんしんげ…》 64下
開心見誠《かいしんけ…》 95上
回心転意《かいしんて…》 95上
肝心肝文《かんじんか…》 125上
疑心暗鬼《ぎしんあんき》 142上
虚心坦懐《きょしんた…》 164上
錦心繡口《きんしんし…》 173上
苦心惨憺《くしんさん…》 178下
焦心苦慮《しょうしん…》 320下
小心翼翼《しょうしん…》 321上
身心一如《しんじんい…》 340下
人心一新《じんしんい…》 340下
人心収攬《じんしんし…》 341上
身心脱落《しんじんだ…》 341下
誠心誠意《せいしんせ…》 360下
洗心革面《せんしんか…》 380上
痴心妄想《ちしんもう…》 428上
彫心鏤骨《ちょうしん…》 436上
鉄心石腸《てっしんせ…》 449下
同心戮力《どうしんり…》 470下
腹心之臣《ふくしんの…》 557下
銘心鏤骨《めいしんる…》 608下
野心満満《やしんまん…》 622下
雄心勃勃《ゆうしんぼ…》 627上
狼心狗肺《ろうしんく…》 662上
意馬心猿《いばしんえん》 48下
胆戦心驚《たんせんし…》 422上
胆大心小《たんだいし…》 422下
独出心裁《どくしゅつ…》 479上
老婆心切《ろうばしん…》 663上
一意専心《いちいせん…》 19下
一片氷心《いっぺんの…》 47上
機械之心《きかいのこ…》 135上
鬼手仏心《きしゅぶっ…》 141上
鬼面仏心《きめんぶっ…》 146下
区区之心《くくのこころ》 177下
犬馬之心《けんばのこ…》 199上
恒産恒心《こうさんこ…》 209上
直指人心《じきしにん…》 266下
上下一心《しょうかい…》 314下
人面獣心《じんめんじ…》 347上
西施捧心《せいしほう…》 359下
惻隠之心《そくいんの…》 397上
多情仏心《たじょうぶ…》 416下
独具匠心《どくぐしょ…》 478下
物臭道心《ものぐさど…》 618上
狼子野心《ろうしやしん》 661下
戸 門戸開放《もんこかい…》 619上
千門万戸《せんもんば…》 386上
盗人上戸《ぬすびとじ…》 500上
手 手舞足踏《しゅぶそく…》 310下
手枷足枷《てかせあし…》 448上
手甲脚絆《てっこうき…》 449下
手前勝手《てまえがって》 451上
手前味噌《てまえみそ》 451下
手練手管《てれんてくだ》 451下
得手勝手《えてかって》 71下
勝手気儘《かってきまま》 112上
鬼手仏心《きしゅぶっ…》 141上
拱手傍観《きょうしゅ…》 157下
空手還郷《くうしゅげ…》 175下
先手必勝《せんてひっ…》 383上
高手小手《たかてこて》 413下
着手成春《ちゃくしゅ…》 429下
天手古舞《てんてこまい》 459下
徒手空拳《としゅくう…》 483上
拍手喝采《はくしゅか…》 512上
白手起家《はくしゅきか》 512上
無手勝流《むてかつり…》 605上
眼高手低《がんこうし…》 123上
常套手段《じょうとう…》 322下
支 支離滅裂《しりめつれつ》 332下
左支右吾《さしゆうご》 248下
文 文芸復興《ぶんげいふ…》 568下
文質彬彬《ぶんしつひ…》 569上
文事武備《ぶんじぶび》 569下
文従字順《ぶんじゅう…》 570上
文人相軽《ぶんじんそ…》 570下
文人墨客《ぶんじんぼ…》 393下, 570下
文恬武嬉《ぶんてんぶき》 571上
文武百官《ぶんぶひゃ…》 571上
文武両道《ぶんぶりょ…》 571下
文房四宝《ぶんぼうの…》 572上
文明開化《ぶんめいか…》 54上, 559下, 572下
文字法師《もんじのほ…》 619下
文殊知恵《もんじゅの…》 619下
一文不通《いちもんふ…》 30上
允文允武《いんぶんい…》 55上
韓文之疵《かんぶんのし》 131上
言文一致《げんぶんい…》 200上
作文三上《さくぶんさ…》 248上
左文右武《さぶんゆうぶ》 249下
単文孤証《たんぶんこ…》 423下
同文同軌《どうぶんど…》 473下
博文約礼《はくぶんや…》 514上
繁文縟礼《はんぶんじ…》 528下
舞文曲筆《ぶぶんきょ…》 565上
舞文弄法《ぶぶんろう…》 565下
望文生義《ぼうぶんせ…》 587上
三人文殊《さんにんも…》 260下
不立文字《ふりゅうも…》 567上
真一文字《まいちもんじ》 594下
無学文盲《むがくもん…》 600上
無知文盲《むちもんもう》 604下
緯武経文《いぶけいぶん》 49下
偃武修文《えんぶしゅ…》 78上
肝心肝文《かんじんか…》 125上
魚質竜文《ぎょしつり…》 164上
二束三文《にそくさん…》 495上
飛兎竜文《ひとりょう…》 538下
斗 斗酒隻鶏《としゅせっ…》 483上
斗酒百篇《としゅひゃ…》 483下
斗折蛇行《とせつだこう》 484上
斗南一人《となんのい…》 484下
車載斗量《しゃさいと…》 292上
泰山北斗《たいざんほ…》 407下
冷汗三斗《れいかんさ…》 657下
斤 運斤成風《うんきんせ…》 63上
方 方向音痴《ほうこうお…》 582下
方底円蓋《ほうていえ…》 585上
西方浄土《さいほうじ…》 228上
四方八方《しほうはっ…》 288下
千方百計《せんぽうひ…》 385下
八方美人《はっぽうび…》 522上
円鑿方枘《えんさくほ…》 75上
円頭方足《えんとうほ…》 77下
食前方丈《しょくぜん…》 328上
水随方円《すいずいほ…》 351上
品行方正《ひんこうほ…》 549下

交淡如水《こうたんじ…》 214上
採薪汲水《さいしんき…》 245上
残山剰水《ざんざんじ…》 254上
三尺秋水《さんじゃく…》 255下
千山万水《せんざんば…》 377下
治山治水《ちさんちすい》 427上
知者楽水《ちしゃらく…》 427下
跋山渉水《ばつざんし…》 520上
蓬莱弱水《ほうらいじ…》 588下
明鏡止水《めいきょう…》 608上
落花流水《らっかりゅ…》 639上
火 火牛之計《かぎゅうの…》 101下
火上注油《かじょうち…》 106上
火中取栗《かちゅうし…》 109上
星火燎原《せいかりょ…》 357上
灯火可親《とうかかしん》 465上
三界火宅《さんがいの…》 251上
三車火宅《さんしゃか…》 255下
地水火風《ちすいかふう》 428上
風林火山《ふうりんか…》 554下
遠水近火《えんすいき…》 76上
隔岸観火《かくがんか…》 102上
新涼灯火《しんりょう…》 348上
電光石火《でんこうせ…》 455下
抱薪救火《ほうしんき…》 584上
燎原之火《りょうげん…》 648上
爪 爪牙之士《そうがのし》 388下
苦髪楽爪《くがみらく…》 177上
雪泥鴻爪《せつでいこ…》 372下
父 父子相伝《ふしそうでん》 38上
漁父之利《ぎょふのり》 165上
厳父慈母《げんぷじぼ》 200上
田父之功《でんぷのこう》 462下
渭浜漁父《いひんのぎ…》 49上
直躬証父《ちょっきゅ…》 441上
片 片言隻句《へんげんせ…》 577上
一片氷心《いっぺんの…》 47上
一日片時《いちじつへ…》 23下
牛 牛飲馬食《ぎゅういん…》 148上
牛鬼蛇神《ぎゅうきだ…》 149上
牛溲馬勃《ぎゅうしゅ…》 151上
牛刀割鶏《ぎゅうとう…》 153上
牛頭馬頭《ごずめず》 233下
一牛鳴地《いちぎゅう…》 21上
蝸牛角上《かぎゅうか…》 99下
蝸牛之庵《かぎゅうの…》 101下
火牛之計《かぎゅうの…》 101下
汗牛充棟《かんぎゅう…》 120下
九牛一毛《きゅうぎゅう…》 149上
呼牛呼馬《こぎゅうこば》 224下
呉牛喘月《ごぎゅうぜ…》 225上
食牛之気《しょくぎゅう…》 328上
対牛弾琴《たいぎゅう…》 406上
童牛之牿《どうぎゅう…》 466上
馬牛襟裾《ばぎゅうき…》 508上
木牛流馬《ぼくぎゅう…》 589下
問牛知馬《もんぎゅう…》 619上
犂牛之子《りぎゅうのこ》 641下
鶏口牛後《けいこうぎ…》 186上
面張牛皮《めんちょう…》 615上
帰馬放牛《きばほうぎ…》 146上
矯角殺牛《きょうかく…》 154下
売剣買牛《ばいけんば…》 503下
蚊子咬牛《ぶんしこう…》 569上
蚊虻走牛《ぶんぼうそ…》 571下
犬 犬猿之仲《けんえんの…》 193下
犬馬之心《けんばのこ…》 199上
犬馬之年《けんばのとし》 199上, 516下
犬馬之養《けんばのよう》 199下
犬馬之労《けんばのろう》 199下
蜀犬吠日《しょっけん…》 330下
陶犬瓦鶏《とうけんが…》 466下
邑犬群吠《ゆうけんぐ…》 625上
豚児犬子《とんじけんし》 488上
驢鳴犬吠《ろめいけ…》 666下
淮南鶏犬《わいなんの…》 667下
王 王侯将相《おうこうし…》 81上, 84下
王佐之才《おうさのさい》 81下
王政復古《おうせいふ…》 82上
王道楽土《おうどうら…》 83上
王法為本《おうぼうい…》 84上
張王李趙《ちょうおう…》 433上
牙 爪牙之士《そうがのし》 388下
象牙之塔《ぞうげのとう》 390上
伯牙絶絃《はくがぜつ…》 510上
佶屈聱牙《きっくつご…》 144下
紅口白牙《こうこうは…》 207下

【5画】

丘 一丘之貉《いっきゅう…》 34下
比丘六物《びくろくもつ》 261上
狐死首丘《こししゅき…》 231上
東家之丘《とうかのき…》 465下
且 予且之患《よしょのかん》 637上
世 世智弁聡《せちべんそう》 369上
一世一代《いっせいち…》 41上
一世木鐸《いっせいの…》 41上
一世之雄《いっせいの…》 41下
一世風靡《いっせいふ…》 41下
蓋世之才《がいせいの…》 95下
隔世之感《かくせいの…》 102下
救世済民《きゅうせい…》 151下
経世済民《けいせいさ…》 187上
現世安穏《げんぜあん…》 196下
現世利益《げんぜりやく》 197下
曠世之才《こうせいの…》 213上
三世了達《さんぜりょ…》 258上
四世同堂《しせいどう…》 276上
出世本懐《しゅっせの…》 309上
時世時節《ときよじせつ》 477上
万世不易《ばんせいふ…》 376下
百世不磨《ひゃくせい…》 540下
命世之才《めいせいの…》 610下
有情世間《うじょうせ…》 58下
三千世界《さんぜんせ…》 258上
無仏世界《むぶつせかい》 606下
来来世世《らいらいせせ》 638上
澆季末世《ぎょうきま…》 155下
曲学阿世《きょくがく…》 161上
出家遁世《しゅっけと…》 308上
抜山蓋世《ばつざんが…》 520上
立身出世《りっしんし…》 643上
主 主客転倒《しゅかくて…》 304下
人主逆鱗《じんしゅの…》 339上
亭主関白《ていしゅか…》 446下
事大主義《じだいしゅぎ》 278上
敵本主義《てきほんし…》 449上
三日坊主《みっかぼうず》 598上
乎 確乎不抜《かっこふばつ》 111上
以 以夷制夷《いいせいい》 12上
以心伝心《いしんでん…》 19上, 559下
以毒制毒《いどくせい…》 48上
報怨以徳《ほうえんい…》 580上
仞 九仞之功《きゅうじん…》 151下
仙 仙姿玉質《せんしぎょ…》 377下
羽化登仙《うかとうせん》 57上
他 他山之石《たざんのいし》 415上

他生之縁《たしょうの…》 416上
他人行儀《たにんぎょ…》 417下
他力本願《たりきほん…》 12下, 418上
依他起性《えたきしょう》 70下
自他不二《じたふに》 278下
左右他言《さゆうたげん》 250上
自利利他《じりりた》 333上
代 時代錯誤《じだいさくご》 277下
前代未聞《ぜんだいみ…》 382上
万代不易《ばんだいふ…》 376下
百代過客《ひゃくだい…》 542上
燕雁代飛《えんがんだ…》 73下
三百代言《さんびゃく…》 262上
新陳代謝《しんちんた…》 345上
一世一代《いっせいち…》 41上
長者三代《ちょうじゃ…》 435上
万劫末代《まんごうま…》 596上
付 付耳之言《ふじのげん》 560下
付和雷同《ふわらいどう》 567下
群蟻付羶《ぐんぎふせん》 181上
牽強付会《けんきょう…》 194下
趨炎付熱《すうえんふ…》 353下
令 令聞令望《れいぶんれ…》 659上
三令五申《さんれいご…》 263上
朝令暮改《ちょうれい…》 440上
巧言令色《こうげんれ…》 207上
外交辞令《がいこうじ…》 92上
至上命令《しじょうめ…》 275上
兄 四海兄弟《しかいけい…》 264下
冬 冬虫夏草《とうちゅう…》 471上
夏炉冬扇《かろとうせん》 118下
春夏秋冬《しゅんかし…》 310下
曼倩三冬《まんせんさ…》 597上
処 処女脱兎《しょじょだ…》 329下, 417下
出処進退《しゅっしょ…》 309上
大処着墨《たいしょち…》 409下
倶会一処《くえいっしょ》 176下
化城宝処《けじょうほ…》 191上
後生善処《ごしょうぜ…》 197上
猫鼠同処《びょうそど…》 547上
出 出家遁世《しゅっけと…》 308上
出処進退《しゅっしょ…》 309上
出世本懐《しゅっせほ…》 309上
出藍之誉《しゅつらん…》 309下
出離生死《しゅつりし…》 309下
出船入船《でふねいりふ…》 451上
鬼出電入《きしゅつでん…》 140下
神出鬼没《しんしゅつ…》 338下
独出心裁《どくしゅつ…》 479上
悖出悖入《はいしゅつ…》 504下
四門出遊《しもんしゅ…》 290下
超塵出俗《ちょうじん…》 435下
半路出家《はんろしゅ…》 530上
立身出世《りっしんし…》 643上
議論百出《ぎろんひゃ…》 167下
酒入舌出《しゅにゅう…》 310上
破綻百出《はたんひゃ…》 517上
変態百出《へんたいひ…》 577下
門外不出《もんがいふ…》 619上
量入制出《りょうにゅ…》 651下
加 加持祈禱《かじきとう》 105下
雪上加霜《せつじょう…》 371下
土砂加持《どしゃかじ》 482下
功 功成名遂《こうせいめ…》 213上
功徳無量《こうとくむ…》 216下
通功易事《つうこうえ…》 444上
年功序列《ねんこうじ…》 500下
論功行賞《ろんこうこ…》 667上
事半功倍《じはんこう…》 286下
一簣之功《いっきのこう》 34上
赫赫之功《かっかくの…》 109下
九仞之功《きゅうじん…》 151下
蛍雪之功《けいせつの…》 187下
佐命立功《さめいりっ…》 250上
竹帛之功《ちくはくの…》 425下
田父之功《でんぷのこう》 462下
内助之功《ないじょの…》 489下
非常之功《ひじょうの…》 534上
匆 烏兎匆匆《うとそうそう》 60下
包 綿裏包針《めんりほう…》 615下
北 北轅適楚《ほくえんて…》 589下
北窓三友《ほくそうの…》 590上
北門之嘆《ほくもんの…》 590下
研北梧右《けんぽくご…》 201上
頭北面西《ずほくめん…》 354上
胡馬北風《こばほくふう》 236下
泰山北斗《たいざんほ…》 407下
南橘北枳《なんきつほ…》 491下
南洽北暢《なんこうほ…》 492下
南征北伐《なんせいほ…》 493上
南船北馬《なんせんほ…》 493上
南都北嶺《なんとほく…》 493下
白首北面《はくしゅほ…》 512下
半 半跏趺坐《はんかふざ》 193上
半官半民《はんかんは…》 524下
半死半生《はんしはん…》 526上
半信半疑《はんしんは…》 527上
半推半就《はんすいは…》 527下
半醒半睡《はんせいは…》 527下
半農半漁《はんのうは…》 528上
半面之識《はんめんの…》 529上
半路出家《はんろしゅ…》 530上
事半功倍《じはんこう…》 286下
一言半句《いちごんは…》 22下
一紙半銭《いっしはん…》 38上
一知半解《いっちはん…》 43上
中途半端《ちゅうとは…》 431下
去 去華就実《きょかしゅ…》 160下
過去七仏《かこしちぶつ》 105上
則天去私《そくてんき…》 399上
作礼而去《さらいにこ》 250下
収 人心収攬《じんしんし…》 341上
可 可惜身命《あたらしん…》 5下
慧可断臂《えかだんぴ》 68下
不可抗力《ふかこうり…》 555下
不可思議《ふかしぎ》 556上
奇貨可居《きかかきょ》 135下
後生可畏《こうせいかい》 212下
純情可憐《じゅんじょ…》 312上
灯火可親《とうかかしん》 465上
句 章句小儒《しょうくの…》 315下
一言一句《いちごんい…》 22上
一言半句《いちごんは…》 22下
尋章摘句《じんしょう…》 339下
美辞麗句《びじれいく》 534下
片言隻句《へんげんせ…》 577上
古 古往今来《こおうこん…》 223下
古今東西《ここんとう…》 230上
古今独歩《ここんどっぽ》 230下
古今無双《ここんむそう》 230下, 230下
古色蒼然《こしょくそ…》 233上, 590下
古人糟魄《こじんのそ…》 233上
古木朽株《こぼくきゅ…》 237下
千古不易《せんこふえき》 376下
博古通今《はっこつう…》 519下
万古千秋《ばんこせん…》 525上
万古長青《ばんこちょ…》 525上

七十古稀《しちじゅう…》 279上
天手古舞《てんてこまい》 459下
名所古跡《めいしょこ…》 610上
王政復古《おうせいふ…》 82上
司 儀同三司《ぎどうさんし》 145下
史 青史汗簡《せいしかん…》 358下
太史之簡《たいしのかん》 408下
稗官野史《はいかんやし》 503上
只 只管打坐《しかんたざ》 266上
叱 叱咤激励《しったげき…》 284上
台 台風一過《たいふうい…》 411下
右 右往左往《うおうさおう》 56下
右顧左眄《うこさべん》 58上
左右他言《さゆうたげん》 250上
座右之銘《ざゆうのめ…》 250下
左顧右眄《さこうべん》 248下
左支右吾《さしゆうご》 248下
左文右武《さぶんゆうぶ》 249下
左見右見《とみこうみ》 486下
偏袒右肩《へんだんう…》 577下
研北梧右《けんぽくご…》 201上
四 四海兄弟《しかいけい…》 264下
四角四面《しかくしめん》 265上
四弘誓願《しぐぜいがん》 268上
四衢八街《しくはちがい》 268上
四苦八苦《しくはっく》 268上
四十八願《しじゅうは…》 273下
四十不惑《しじゅうふ…》 273下
四書五経《ししょごき…》 275下
四神相応《しじんそう…》 276上
四世同堂《しせいどう…》 276上
四塞之国《しそくのくに》 277上
四大不調《しだいふち…》 278上, 287下, 428上
四鳥之別《しちょうの…》 281上
四通八達《しつうはっ…》 281上
四百四病《しひゃくし…》 287上
四百余州《しひゃくよ…》 287下
四分五裂《しぶんごれ…》 288上
四方八方《しほうはっ…》 288下
四面楚歌《しめんそか》 289下, 520上
四門出遊《しもんしゅ…》 290下
四六時中《しろくじち…》 333下
四六駢儷《しろくべん…》 333下
家徒四壁《かとしへき》 114上
口耳四寸《こうじしすん》 211上
三寒四温《さんかんし…》 252下
三従四徳《さんじゅう…》 256下
雪中四友《せっちゅう…》 242下
八万四千《はちまんし…》 518上
文房四宝《ぶんぼうの…》 572上
六道四生《ろくどうし…》 665下
再三再四《さいさんさ…》 243下
朝三暮四《ちょうさん…》 434上
張三李四《ちょうさん…》 434下
桃三李四《とうさんりし》 468下
囚 楚囚南冠《そしゅうな…》 399下
圧 科挙圧巻《かきょあっ…》 102上
泰山圧卵《たいざんあ…》 407上
外 外交辞令《がいこうじ…》 92上
外柔内剛《がいじゅう…》 94下
外題学問《げだいがく…》 191下
教外別伝《きょうげべ…》 156上
局外中立《きょくがい…》 161上
門外不出《もんがいふ…》 619上
左建外易《さけんがい…》 248上
自然外道《じねんげどう》 658下
内柔外剛《ないじゅう…》 489上
内清外濁《ないせいが…》 489下
内典外典《ないてんげ…》 490上
内平外成《ないへいが…》 490上
内憂外患《ないゆうが…》 490下
有頂天外《うちょうて…》 59下
英華発外《えいかはつ…》 66下
奇想天外《きそうてん…》 143下
失 失魂落魄《しっこんら…》 282上
不失正鵠《ふしつせい…》 560下
因小失大《いんしょう…》 54上
挙措失当《きょそしっ…》 164下
塞翁失馬《さいおうし…》 242上
大驚失色《たいきょう…》 406上
一得一失《いっとくい…》 45上
心神喪失《しんしんそ…》 341下
千慮一失《せんりょの…》 386下
茫然自失《ぼうぜんじ…》 584下
網目不失《もうもくふ…》 617上
利害得失《りがいとく…》 641下
巧 巧言令色《こうげんれ…》 207上
巧遅拙速《こうちせっ…》 214下
絶巧棄利《ぜっこうきり》 370下
大巧若拙《たいこうじ…》 406下
弄巧成拙《ろうこうせ…》 661上
左 左建外易《さけんがい…》 248上
左顧右眄《さこうべん》 248下
左支右吾《さしゆうご》 248下
左文右武《さぶんゆうぶ》 249下
左右他言《さゆうたげん》 250上
左見右見《とみこうみ》 486下
隠公左伝《いんこうさ…》 53上
右往左往《うおうさおう》 56下
右顧左眄《うこさべん》 58上
被髪左衽《ひはつさじん》 539上
市 市井之徒《しせいのと》 276上
海市蜃楼《かいししん…》 94上
三人市虎《さんにんしこ》 260上
大隠朝市《たいいんち…》 403上
門前成市《もんぜんせ…》 620上
布 公孫布被《こうそんふひ》 213下
平 平穏無事《へいおんぶじ》 415下, 573上
平身低頭《へいしんて…》 574下
平談俗語《へいだんぞ…》 575上
平伏膝行《へいふくし…》 575上
平平凡凡《へいへいぼ…》 575下
平等平等《へらへいとう》 576上
源平藤橘《げんぺいと…》 200下
公平無私《こうへいむし》 218下
三平二満《さんぺいじ…》 262下
地平天成《ちへいてん…》 428下
内平外成《ないへいが…》 490上
一路平安《いちろへい…》 32下
怨親平等《おんしんびょ…》 86下
俗談平話《ぞくだんへ…》 398下
天下泰平《てんかたい…》 454上
幼 長幼有序《ちょうよう…》 439下
広 広大無辺《こうだいむ…》 214上
陳勝呉広《ちんしょう…》 443上
弁 世智弁聡《せちべんそう》 369上
剃頭弁髪《ていとうべ…》 446下
懸河之弁《けんがのべん》 194上
饒舌多弁《じょうぜつ…》 321下
弘 四弘誓願《しぐぜいがん》 268上
艾 蕭敷艾栄《しょうふが…》 640上
辺 辺幅修飾《へんぷくし…》 578下
炉辺談話《ろへんだんわ》 666下
山海辺土《さんかいへ…》 251下
粟散辺地《ぞくさんへ…》 397下
広大無辺《こうだいむ…》 214上
風月無辺《ふうげつむ…》 551上
打 打草驚蛇《だそうきょ…》 416下

打打発止《ちょうちょ…》 437上
一網打尽《いちもうだ…》 29上
只管打坐《しかんたざ》 266上
掉棒打星《とうぼうだ…》 474上
必 必求壟断《ひっきゅう…》 536上
一発必中《いっぱつひ…》 45下
驕兵必敗《きょうへい…》 159下
近朱必赤《きんしゅひ…》 171下
盛者必衰《じょうしゃ…》 317下
生者必滅《しょうじゃ…》 318上
信賞必罰《しんしょう…》 340上
先手必勝《せんてひっ…》 383上
大味必淡《たいみひっ…》 412上
旧 旧雨今雨《きゅううこ…》 148上
旧態依然《きゅうたい…》 152上, 301上
旧套墨守《きゅうとう…》 153下
名所旧跡《めいしょき…》 610上
旦 一旦緩急《いったんか…》 42下
人物月旦《じんぶつげ…》 346上
本 本地垂迹《ほんじすい…》 592下
本末転倒《ほんまつて…》 304下, 594上
本領安堵《ほんりょう…》 594上
敵本主義《てきほんし…》 449上
抜本塞源《ばっぽんそ…》 522上
報本反始《ほうほんは…》 587下
出世本懐《しゅっせほ…》 309上
他力本願《たりきほん…》 418上
王法為本《おうぼうい…》 84上
帰正反本《きせいはん…》 143上
末 末法思想《まっぽうし…》 595下
葦末之巣《いまつのす》 50下
本末転倒《ほんまつて…》 594上
澆季末世《ぎょうきま…》 155下
枝葉末節《しようまっ…》 325上
万劫末代《まんごうま…》 596上
未 未来永劫《みらいえい…》 598下
人跡未踏《じんせきみ…》 343上
前人未到《ぜんじんみ…》 380下
前代未聞《ぜんだいみ…》 382上
正 正真正銘《しょうしん…》 321上
正正堂堂《せいせいど…》 361上, 575下
正当防衛《せいとうぼ…》 363上
帰正反本《きせいはん…》 143上
厳正中立《げんせいち…》 161上
公正無私《こうせいむし》 218下
悪人正機《あくにんし…》 4下
安宅正路《あんたくせ…》 10上
公明正大《こうめいせ…》 220下
馬鹿正直《ばかしょう…》 507下
不失正鵠《ふしつせい…》 560下
臨終正念《りんじゅう…》 655上
綱紀粛正《こうきしゅ…》 205下
破邪顕正《はじゃけん…》 516下
撥乱反正《はつらんは…》 522下
品行方正《ひんこうほ…》 549下
翻邪帰正《ほんじゃき…》 593上
母 母猿断腸《ぼえんだん…》 423上
乳母日傘《おんばひがさ》 88上
慈母敗子《じぼはいし》 289上
孟母三遷《もうぼさん…》 616下
孟母断機《もうぼだんき》 617上
厳父慈母《げんぷじぼ》 200上
良妻賢母《りょうさい…》 648下
民 民族自決《みんぞくじ…》 599上
官尊民卑《かんそんみ…》 127上
救世済民《きゅうせい…》 151下
経世済民《けいせいさ…》 187上
小国寡民《しょうこく…》 316下
半官半民《はんかんは…》 524下
風波之民《ふうはのたみ》 553下
無告之民《むこくのたみ》 601下
永 永永無窮《えいえいむ…》 66上
永遠回帰《えいえんか…》 66上
永字八法《えいじはっ…》 67上
未来永劫《みらいえい…》 598下
氷 氷消瓦解《ひょうしょ…》 546上
氷炭相愛《ひょうたん…》 547上
一片氷心《いっぺんの…》 47上
月下氷人《げっかひょ…》 192下
画脂鏤氷《がしろうひ…》 107下
夏虫疑氷《かちゅうぎ…》 108下
滴水成氷《てきすいせ…》 448下
汁 一汁一菜《いちじゅう…》 24下
汀 長汀曲浦《ちょうてい…》 437上
氾 氾愛兼利《はんあいけ…》 524下
玉 玉石混淆《ぎょくせき…》 162上
玉石同砕《ぎょくせき…》 162上
桂玉之艱《けいぎょく…》 185上
窃玉偸香《せつぎょく…》 369下
白玉楼中《はくぎょく…》 511上
錦衣玉食《きんいぎょ…》 167下
金烏玉兎《きんうぎょ…》 168上
金科玉条《きんかぎょ…》 168下
金枝玉葉《きんしぎょ…》 171上
金声玉振《きんせいぎ…》 173上
金殿玉楼《きんでんぎ…》 174上
芝蘭玉樹《しらんぎょ…》 331下
仙姿玉質《せんしぎょ…》 377下
粉粧玉琢《ふんしょう…》 570上
蘭摧玉折《らんさいぎ…》 640上
小家碧玉《しょうかの…》 315上
炊金饌玉《すいきんせ…》 349下
精金良玉《せいきんり…》 357下
被褐懐玉《ひかつかい…》 531下
藍田生玉《らんでんし…》 640下
瓦 瓦釜雷鳴《がふらいめい》 115下
弄瓦之喜《ろうがのき》 660上
陶犬瓦鶏《とうけんが…》 466下
土崩瓦解《どほうがかい》 486上
氷消瓦解《ひょうしょ…》 546上
甘 甘井先竭《かんせいせ…》 126上
甘棠之愛《かんとうの…》 129上
同甘共苦《どうかんき…》 466上
生 生者必滅《しょうじゃ…》 318上, 318上
生住異滅《しょうじゅ…》 318上
生生流転《しょうじょ…》 319下
生滅滅已《しょうめつ…》 325下
生老病死《しょうろう…》 318下, 327上
生寄死帰《せいきしき》 357下
生殺与奪《せいさつよ…》 358上
生死肉骨《せいしにく…》 359上
生存競争《せいぞんき…》 361下
生知安行《せいちあん…》 362上
一生懸命《いっしょう…》 40上
後生可畏《こうせいかい》 212下
後生善処《ごしょうぜ…》 197上
後生大事《ごしょうだ…》 232下
死生有命《しせいゆう…》 276下
七生報国《しちしょう…》 279上
衆生済度《しゅじょう…》 306下
衆生世間《しゅじょう…》 59上
人生行路《じんせいこ…》 342上
人生如夢《じんせいじ…》 342上
人生朝露《じんせいち…》 342下
酔生夢死《すいせいむし》 351下
是生滅法《ぜしょうめ…》 368上

殺生禁断《せっしょう…》 371下
他生之縁《たしょうの…》 416上
転生活仏《てんしょう…》 456下
尾生之信《びせいのしん》 534下
浮生若夢《ふせいじゃ…》 561下
養生喪死《ようせいそ…》 634上
老生常譚《ろうせいの…》 662下
盧生之夢《ろせいのゆめ》 128上
活剝生呑《かっぱくせ…》 112下
気韻生動《きいんせい…》 133下
思索生知《しさくしょ…》 271上
出離生死《しゅつりし…》 309下
触手生春《しょくしゅ…》 429下
適者生存《てきしゃせ…》 448上
偏聴生姦《へんちょう…》 578上
望文生義《ぼうぶんせ…》 587上
藍田生玉《らんでんし…》 640下
老蚌生珠《ろうぼうせ…》 664上
一蓮托生《いちれんた…》 32上
一切衆生《いっさいし…》 37下
一殺多生《いっせつた…》 42上
有無相生《うむそうせい》 61上
起死回生《きしかいせい》 140上
九死一生《きゅうしい…》 150上
九品往生《くほんおう…》 180下
下化衆生《げけしゅじ…》 190下
五行相生《ごぎょうそ…》 225下
極楽往生《ごくらくお…》 227下
自力更生《じりきこう…》 332上
白面書生《はくめんの…》 514下
万死一生《ばんしいっ…》 526上
半死半生《はんしはん…》 526上
利用厚生《りようこう…》 648下
輪廻転生《りんねてん…》 655上
六道四生《ろくどうし…》 665下

用 用意周到《よういしゅ…》 631上
用管窺天《ようかんき…》 631下
用行舎蔵《ようこうし…》 632下
器用貧乏《きようびん…》 159上
御用繁多《ごようはんた》 238上
無用之用《むようのよう》 607上
利用厚生《りようこう…》 648下
楚材晋用《そざいしん…》 399上
大器小用《たいきしょ…》 404下
天地無用《てんちむよう》 459上
問答無用《もんどうむ…》 621上
量才録用《りょうさい…》 649上

田 田父之功《でんぷのこう》 462下
田夫野人《でんぷやじん》 463上
我田引水《がでんいん…》 113下
瓜田李下《かでんりか》 113下
桑田滄海《そうでんそ…》 394上
藍田生玉《らんでんし…》 640下
解甲帰田《かいこうき…》 92上
臍下丹田《せいかたん…》 356下
筆耕硯田《ひっこうけ…》 537上
不買美田《ふばいびでん》 565上

甲 甲論乙駁《こうろんお…》 222上
解甲帰田《かいこうき…》 92上
堅甲利兵《けんこうり…》 196上
手甲脚絆《てっこうき…》 449下

申 三令五申《さんれいご…》 263上

由 自由闊達《じゆうかっ…》 295下
自由自在《じゆうじざい》 298上
自由奔放《じゆうほん…》 303上

白 白川夜舟《しらかわよ…》 331上
白衣三公《はくいのさ…》 509上
白雲孤飛《はくうんこひ》 579下
白眼青眼《はくがんせ…》 197上, 510下
白玉楼中《はくぎょく…》 511上
白砂青松《はくさせい…》 511上
白手起家《はくしゅきか》 512上
白首北面《はくしゅほ…》 512下
白波之賊《はくはのぞく》 513下
白馬非馬《はくばひば》 513下
白眉最良《はくびさい…》 514上
白璧微瑕《はくへきの…》 514下
白面書生《はくめんの…》 514下
白竜魚服《はくりょう…》 516上
白駒過隙《はっくかげき》 518下
白虹貫日《はっこうか…》 519下
烏白馬角《うはくばかく》 60下
堅白同異《けんぱくど…》 198下
黒白混淆《こくびゃく…》 227上
黒白分明《こくびゃく…》 227上
雲中白鶴《うんちゅう…》 64下
紅口白牙《こうこうは…》 207下
青天白日《せいてんは…》 362下
素車白馬《そしゃはくば》 399下
二河白道《にがびゃく…》 494上
明明白白《めいめいは…》 612上
緑林白波《りょくりん…》 653下
清廉潔白《せいれんけ…》 365上
亭主関白《ていしゅか…》 446下

皮 皮開肉綻《ひかいにく…》 530下
皮相浅薄《ひそうせん…》 535上
皮裏陽秋《ひりのよう…》 548上
虚実皮膜《きょじつひ…》 163下
草根木皮《そうこんぼ…》 391下
豹死留皮《ひょうしり…》 546上
面張牛皮《めんちょう…》 615上
羊質虎皮《ようしつこひ》 633上

目 目食耳視《もくしょく…》 617下
一目十行《いちもくじ…》 29下
一目瞭然《いちもくり…》 29下
傍目八目《おかめはち…》 84下
刮目相待《かつもくそ…》 113上
魚目燕石《ぎょもくえ…》 166上
耳目之欲《じもくのよく》 290上
瞠目結舌《どうもくけ…》 475上
眉目秀麗《びもくしゅ…》 540上
満目蕭然《まんもくし…》 597下
明目張胆《めいもくち…》 612上
面目一新《めんもくい…》 615上
面目躍如《めんもくや…》 615下
網目不失《もうもくふ…》 617上
夜目遠目《よめとおめ》 637上
相碁井目《あいごせい…》 2上
横眉怒目《おうびどもく》 83下
貴耳賤目《きじせんもく》 140下
光彩奪目《こうさいだ…》 208上
慈眉善目《じびぜんもく》 287上
腹八分目《はらはちぶ…》 523下
飛耳長目《ひじちょう…》 534上
琳琅満目《りんろうま…》 656上

矛 矛盾撞着《むじゅんど…》 603上
自己矛盾《じこむじゅん》 270下

矢 嚆矢濫觴《こうしらん…》 212上
衆矢之的《しゅうしの…》 298下
桑弧蓬矢《そうこほうし》 391上

石 石部金吉《いしべきん…》 17下
石破天驚《せきはてん…》 367上
明石源氏《あかしげんじ》 167上
一石二鳥《いっせきに…》 42上
頑石点頭《がんせきて…》 126上
玉石混淆《ぎょくせき…》 162上
玉石同砕《ぎょくせき…》 162上
金石糸竹《きんせきし…》 173下
金石之交《きんせきの…》 173下
射石飲羽《しゃせきい…》 293下

5・6画

石示礼禾穴立両争亥交全会企休仰件伍仲伝任伐伏

【石】（続き）

泉石煙霞（せんせき…）　73上
漱石枕流（そうせき…）　393下
浮石沈木（ふせき…）　562上
薬石無効（やくせき…）　621下
鉄心石腸（てっしん…）　449上
電光石火（でんこう…）　455下
奇岩怪石（きがん…）　136上
魚目燕石（ぎょもく…）　166上
他山之石（たざんの…）　415上
点滴穿石（てんてき…）　459下
流金鑠石（りゅうきん…）　644下
良二千石（りょうに…）　651上

示　開示悟入（かいじ…）　93下
　　自己顕示（じこ…）　270上
　　発縦指示（はっしょう…）　520上

礼　礼楽刑政（れいがく…）　657上
　　作礼而去（されい…）　250下
　　非礼之礼（ひれいの…）　548下
　　無礼千万（ぶれい…）　135上、566下
　　衣食礼節（いしょく…）　18下
　　知崇礼卑（ちすう…）　428下
　　慇懃無礼（いんぎん…）　53上
　　帰命頂礼（きみょう…）　146下
　　傲慢無礼（ごうまん…）　219上
　　克己復礼（こっき…）　235下
　　三顧之礼（さんこの…）　253下
　　三枝之礼（さんしの…）　255上
　　博文約礼（はくぶん…）　514上
　　繁文縟礼（はんぶん…）　528下

禾　禾黍油油（かしょ…）　107上
穴　虎穴虎子（こけつ…）　229上
　　偕老同穴（かいろう…）　98下

立　立身出世（りっしん…）　643上
　　立錐之地（りっすい…）　643下
　　鶴立企佇（かくりつ…）　104上
　　孤立無援（こりつ…）　238上
　　直立不動（ちょくりつ…）　440下
　　独立自尊（どくりつ…）　481上
　　独立独歩（どくりつ…）　481上
　　独立不羈（どくりつ…）　481上
　　独立不撓（どくりつ…）　481上
　　不立文字（ふりゅう…）　567上
　　安心立命（あんじん…）　9下
　　応機立断（おうき…）　80下
　　横眉立目（おうび…）　83下
　　佐命立功（さめい…）　250上

頂天立地（ちょうてん…）　437下
標新立異（ひょうしん…）　546下
哀毀骨立（あいき…）　1上
頑廉懦立（がんれん…）　133上
巍然屹立（ぎぜん…）　143上
局外中立（きょくがい…）　161上
三者鼎立（さんしゃ…）　256上
三十而立（さんじゅう…）　256下

【6画】

両　両刃之剣（りょうば…）　651上
　　両鳳連飛（りょうほう…）　652上
　　一挙両得（いっきょ…）　35上
　　一口両舌（いっこう…）　35下
　　一刀両断（いっとう…）　44下
　　首鼠両端（しゅそ…）　307下
　　進退両難（しんたい…）　344上
　　忠孝両全（ちゅうこう…）　431上
　　文武両道（ぶんぶ…）　571下

争　百家争鳴（ひゃっか…）　544上
　　鷸蚌之争（いつぼう…）　47下
　　蝸角之争（かかく…）　99下
　　生存競争（せいぞん…）　361下
　　面折廷争（めんせつ…）　614下

亥　魯魚亥豕（ろぎょ…）　664上
交　交淡如水（こうたん…）　214上
　　交頭接耳（こうとう…）　216上
　　遠交近攻（えんこう…）　74上
　　外交辞令（がいこう…）　92上
　　悲喜交交（ひき…）　532下
　　物物交換（ぶつぶつ…）　563下
　　雲霞之交（うんか…）　63上
　　感応道交（かんのう…）　130上
　　管鮑之交（かんぽう…）　131下
　　玉石混淆（ぎょくせき…）　162上
　　金石之交（きんせき…）　173上
　　金蘭之交（きんらん…）　174上
　　爾汝之交（じじょ…）　275上
　　水魚之交（すいぎょ…）　349上
　　断金之交（だんきん…）　419上
　　断琴之交（だんきん…）　419上
　　刎頸之交（ふんけい…）　568上

全　全身全霊（ぜんしん…）　380上
　　全知全能（ぜんち…）　382上
　　全力投球（ぜんりょく…）　386上
　　完全無欠（かんぜん…）　126下

一斑全豹（いっぱん…）　46上
忠義両全（ちゅうぎ…）　431上
会　会三帰一（えさんき…）　93上
　　会者定離（えしゃ…）　70下
　　会稽之恥（かいけい…）　90下、107上、183上、223下
　　機会均等（きかい…）　134下
　　倶会一処（くえ…）　176上
　　頭会箕斂（とうかい…）　465上
　　面会謝絶（めんかい…）　613上
　　遠慮会釈（えんりょ…）　79下
　　怨憎会苦（おんぞう…）　87下
　　一期一会（いちご…）　21上
　　牽強付会（けんきょう…）　194上
　　風塵之会（ふうじん…）　552上
　　竜華三会（りゅうげ…）　644下

企　鶴立企佇（かくりつ…）　104上
休　閑話休題（かんわ…）　133上
　　不眠不休（ふみん…）　566上
仰　仰天不愧（ぎょうてん…）　158下
　　吃驚仰天（びっくり…）　536下
件　一件落着（いっけん…）　35上
伍　一伍一什（いちご…）　21上
仲　伯仲叔季（はくちゅう…）　512下
　　伯仲之間（はくちゅう…）　513上
　　犬猿之仲（けんえん…）　193上
　　勢力伯仲（せいりょく…）　365上
伝　伝家宝刀（でんか…）　454上
　　以心伝心（いしん…）　19上
　　三国伝来（さんごく…）　253上
　　一子相伝（いっし…）　38上
　　隠公左伝（いんこう…）　53上
　　教外別伝（きょうげ…）　156上
　　三国相伝（さんごく…）　253上
　　免許皆伝（めんきょ…）　613下
任　責任転嫁（せきにん…）　367上
伐　伐性之斧（ばっせい…）　521上
　　党同伐異（とうどう…）　472上
　　口誅筆伐（こうちゅう…）　215上
　　禅譲放伐（ぜんじょう…）　379上
　　南征北伐（なんせい…）　493上
伏　伏竜鳳雛（ふくりょう…）　220上、544上、558下、648上
　　伏寇在側（ふくこう…）　562下
　　雌伏雄飛（しふく…）　287下
　　平伏膝行（へいふく…）　575下
　　猛虎伏草（もうこ…）　616下

21

老驥伏櫪《ろうきふく…》 661上
禍福倚伏《かふくいふく》 114下
九夏三伏《きゅうかさ…》 148下
光 光陰如箭《こういんじ…》 203上
光焔万丈《こうえんば…》 203下
光彩奪目《こうさいだ…》 208上
光彩陸離《こうさいり…》 208下
光風霽月《こうふうせ…》 218上
光芒一閃《こうぼうい…》 218下
光明真言《こうみょう…》 219下
光明遍照《こうみょう…》 220上
回光返照《かいこうへ…》 92下
眼光炯炯《がんこうけ…》 122上
眼光紙背《がんこうし…》 122下
寂光浄土《じゃっこう…》 294上
水光接天《すいこうせ…》 350上
電光一閃《でんこうい…》 576上
電光影裡《でんこうえ…》 455上
電光石火《でんこうせ…》 455下
刀光剣影《とうこうけ…》 467下
風光明媚《ふうこうめ…》 551上
夜光之璧《やこうのへき》 622下
和光同塵《わこうどう…》 668上
一寸光陰《いっすんの…》 41上
心地光明《しんちこう…》 344上
流星光底《りゅうせい…》 645下
穿壁引光《せんぺきい…》 384下
充 汗牛充棟《かんぎゅう…》 120下
先 先義後利《せんぎこうり》 374上
先見之明《せんけんの…》 375下
先庚後庚《せんこうこ…》 376上
先従隗始《せんじゅう…》 378下
先制攻撃《せんせいこ…》 381上
先即制人《せんそくせ…》 382上
先知後行《せんちこう…》 426下
先手必勝《せんてひっ…》 383上
先難後獲《せんなんこ…》 384上
先憂後楽《せんゆうこ…》 314上, 386上
舌先三寸《したさきさ…》 278下
祖先崇拝《そせんすう…》 400下
率先垂範《そっせんす…》 401上
鼻先思案《はなさきし…》 502下
甘井先竭《かんせいせ…》 126上
疾足先得《しっそくせ…》 283下
射将先馬《しゃしょう…》 292下
共 共存共栄《きょうそん…》 158上
共業共果《ぐうごうぐ…》 22上
同甘共苦《どうかんき…》 466上
再 再三再四《さいさんさ…》 243下
再思三省《さいしさん…》 244上
頓首再拝《とんしゅさ…》 488下
刑 礼楽刑政《れいがくけ…》 657上
僭賞濫刑《せんしょう…》 379下
刎 刎頸之交《ふんけいの…》 568上
列 年功序列《ねんこうじ…》 500下
劣 土豪劣紳《どごうれっ…》 482上
優勝劣敗《ゆうしょう…》 626下
匠 意匠惨澹《いしょうさ…》 18上
独具匠心《どくぐしょ…》 478下
危 危機一髪《ききいっぱつ》 40上, 136上
危急存亡《ききゅうそ…》 136下, 144下
危言危行《きげんきこう》 138上
傾危之士《けいきのし》 184下
草茅危言《そうぼうき…》 395下
累卵之危《るいらんのき》 656下
各 各個撃破《かっこげきは》 110下
同床各夢《どうしょう…》 469下
吉 吉日良辰《きちじつり…》 144上
吉凶禍福《きっきょう…》 144下
黄道吉日《こうどうき…》 215下
大安吉日《たいあんき…》 402下
石部金吉《いしべきん…》 17下
吃 吃驚仰天《びっくりぎ…》 536下
叫 阿鼻叫喚《あびきょう…》 6下
向 回向発願《えこうほつ…》 69下
方向音痴《ほうこうお…》 582下
面向不背《めんこうふ…》 613下
合 合縁奇縁《あいえんき…》 1上
合従連衡《がっしょう…》 111下
合水和泥《がっすいわ…》 112上
烏合之衆《うごうのし…》 58上
雲合霧集《うんごうむ…》 63下
離合集散《りごうしゅ…》 643上
一切合切《いっさいが…》 37下
近所合壁《きんじょが…》 172下
知行合一《ちこうごう…》 426下
阿諛迎合《あゆげいごう》 8上
意気投合《いきとうごう》 14下
神仏習合《しんぶつし…》 346下
悲歓離合《ひかんりごう》 532下
吐 吐故納新《とこのうしん》 482下
吐哺捉髪《とほそくはつ》 34上, 486上
音吐朗朗《おんとろう…》 88上
青息吐息《あおいきと…》 3上
揚眉吐気《ようびとき》 635上
同 同甘共苦《どうかんき…》 466上
同行二人《どうぎょう…》 466下
同工異曲《どうこうい…》 467上
同始異終《どうしいし…》 468下
同而不和《どうじふわ》 469上
同床異夢《どうしょう…》 40下, 469下
同心戮力《どうしんり…》 470下
同声異俗《どうせいい…》 470下, 492上
同病相憐《どうびょう…》 472下
同文同軌《どうぶんど…》 473下
儀同三司《ぎどうさんし》 145下
大同小異《だいどうし…》 410下
大同団結《だいどうだ…》 411上
党同伐異《とうどうば…》 472上
異口同音《いくどうおん》 16上
医食同源《いしょくど…》 18下
異体同心《いたいどう…》 40下
一視同仁《いっしどう…》 38上
一心同体《いっしんど…》 40下
異路同帰《いろどうき》 51上
偕老同穴《かいろうど…》 98下
玉石同砕《ぎょくせき…》 162上
堅白同異《けんぱくど…》 198下
呉越同舟《ごえつどう…》 223上
四世同堂《しせいどう…》 276上
千里同風《せんりどう…》 386下
啐啄同時《そったくど…》 401上
猫鼠同眠《びょうそど…》 546下
和光同塵《わこうどう…》 668上
公私混同《こうしこん…》 209下
産学協同《さんがくき…》 252上
付和雷同《ふわらいどう》 567下
和而不同《わじふどう》 669上
名 名字帯刀《みょうじた…》 598上
名詮自性《みょうせん…》 598上
名聞利養《みょうもん…》 598下
名所旧跡《めいしょき…》 610上
名声過実《めいせいか…》 610下
名存実亡《めいそんじ…》 611上
名誉毀損《めいよきそん》 612上

名誉挽回《めいよばん…》 612下
汚名返上《おめいへん…》 85下
垂名竹帛《すいめいち…》 353上
有名無実《ゆうめいむ…》 628下
功成名遂《こうせいめ…》 213上
至理名言《しりめいげん》 332下
大義名分《たいぎめい…》 405上
中秋名月《ちゅうしゅう…》 431上
烈士徇名《れっしじゅ…》 659下
吏　貪官汚吏《たんかんおり》 419上
刀筆之吏《とうひつのり》 472下
因　因果応報《いんがおう…》 3下, 52上, 269下
因機説法《いんきせっ…》 405上
因循姑息《いんじゅん…》 53下
因小失大《いんしょう…》 54上
悪因悪果《あくいんあ…》 3下
善因善果《ぜんいんぜ…》 373下
十二因縁《じゅうにい…》 300上
回　回向発願《えこうほつ…》 69下
回光返照《かいこうへ…》 92下
回山倒海《かいざんと…》 93下
回心転意《かいしんて…》 95上
回天之力《かいてんの…》 97上
低回趣味《ていかいし…》 446上
永遠回帰《えいえんか…》 66上
起死回生《きしかいせい》 140上
妙手回春《みょうしゅ…》 429下
名誉挽回《めいよばん…》 612下
団　団雪之扇《だんせつの…》 421下, 527上
一家団欒《いっかだん…》 33上
大同団結《だいどうだ…》 411上
在　在在所所《ざいざいし…》 243上
在邇求遠《ざいじきゅ…》 243下
在留邦人《ざいりゅう…》 246下
不在証明《ふざいしょ…》 560上
富貴在天《ふうきざい…》 550下
伏寇在側《ふっこうざ…》 562下
鳳凰在笯《ほうおうざ…》 580上
活殺自在《かっさつじ…》 111下
緩急自在《かんきゅう…》 120下
近郷近在《きんごうき…》 170上
自由自在《じゆうじざい》 298上
逍遥自在《しょうよう…》 326上
変幻自在《へんげんじ…》 576下
地　地水火風《ちすいかふう》 428上
地平天成《ちへいてん…》 428下
縮地補天《しゅくちほ…》 305上
心地光明《しんちこう…》 344上
天地開闢《てんちかい…》 458下
天地神明《てんちしん…》 459上
天地無用《てんちむよう》 459上
遍地開花《へんちかいか》 578上
本地垂迹《ほんじすい…》 592下
門地門閥《もんちもん…》 620下
天涯地角《てんがいち…》 452下
天災地変《てんさいち…》 456上
天神地祇《てんじんちぎ》 457上
天旋地転《てんせんち…》 457下
天長地久《てんちょう…》 459上
天覆地載《てんぷうち…》 462下
天変地異《てんぺんちい》 463上
八大地獄《はちだいじ…》 517下
無間地獄《むけんじごく》 601上
一牛鳴地《いちぎゅう…》 21上
一敗塗地《いっぱいとち》 45上
咽喉之地《いんこうのち》 53下
活潑潑地《かっぱつは…》 112下
含笑入地《がんしょう…》 124上
歓天喜地《かんてんきち》 128下
驚天動地《きょうてん…》 158下
跼天蹐地《きょくてん…》 162下
経天緯地《けいてんいち》 189上
五体投地《ごたいとうち》 234上
震天動地《しんてんど…》 345上
粟散辺地《ぞくさんへ…》 397下
頂天立地《ちょうてん…》 437下
幕天席地《ばくてんせ…》 513上
不毛之地《ふもうのち》 566上
墳墓之地《ふんぼのち》 572下
翻天覆地《ほんてんぷ…》 593下
遊刃余地《ゆうじんよち》 627上
立錐之地《りっすいのち》 643下
壮　少壮気鋭《しょうそう…》 322上
気宇壮大《きうそうだい》 134上
大言壮語《たいげんそ…》 406下
兵強馬壮《へいきょう…》 573下
夙　夙興夜寐《しゅっこう…》 308下
多　多岐亡羊《たきぼうよう》 413下
多言数窮《たげんすう…》 414下
多士済済《たしせいせい》 415上
多事多端《たじたたん》 415下
多事多難《たじたなん》 415下
多愁善感《たしゅうぜ…》 415下
多情多恨《たじょうた…》 416上
多生之縁《たしょうの…》 416上
多情仏心《たじょうぶ…》 416下
多蔵厚亡《たぞうこう…》 416下
多謀善断《たぼうぜん…》 417下
一殺多生《いっせつた…》 42上
詭計多端《きけいたたん》 137下
好事多魔《こうじたま》 210上
才子多病《さいしたび…》 244下
寿則多辱《じゅそくた…》 307上
饒舌多弁《じょうぜつ…》 321下
前途多難《ぜんとたなん》 383上
博学多才《はくがくた…》 509下
薄利多売《はくりたばい》 515下
複雑多岐《ふくざつたき》 557上
暴言多罪《ぼうげんた…》 582上
妄言多謝《もうげんた…》 616上
御用繁多《ごようはんた》 238上
種種雑多《しゅじゅざ…》 306上
夷　夷蛮戎狄《いばんじゅ…》 49上
以夷制夷《いいせいい》 12上
伯夷叔斉《はくいしゅ…》 509上
禽獣夷狄《きんじゅう…》 171下
尊皇攘夷《そんのうじ…》 402上
奸　奸知術数《かんちじゅ…》 128上
奸佞邪知《かんねいじ…》 129下
君側之奸《くんそくの…》 183下
好　好事多魔《こうじたま》 210上
好評嘖嘖《こうひょう…》 218上
晴好雨奇《せいこううき》 358上
緑林好漢《りょくりん…》 653上
善隣友好《ぜんりんゆ…》 387上
八十種好《はちじっし…》 257上
如　如意宝珠《にょいほう…》 497上
如是我聞《にょぜがもん》 497下
如法暗夜《にょほうあ…》 498上
豁如大度《かつじょた…》 125下
光陰如箭《こういんじ…》 203上
交淡如水《こうたんじ…》 214上
人生如夢《じんせいじ…》 342上
赤貧如洗《せきひんじ…》 367下
意気自如《いきじじょ》 14上
身心一如《しんじんい…》 340下
凡聖一如《ぼんしょう…》 593上
迷悟一如《めいごいち…》 609上
面目躍如《めんもくや…》 615下

6画

妄字存安宇守宅当尽屹州巡帆年式弛芒芝迅忙扛托戎成旭早曳

妄	妄言多謝	もうげんたしゃ	616上
	妄談臆解	もうだんおくかい	616上
	軽挙妄動	けいきょもうどう	185上
	誇大妄想	こだいもうそう	234下
	胆大妄為	たんだいもうい	422下
	痴心妄想	ちしんもうそう	428上
	被害妄想	ひがいもうそう	531上
字	一字一句	いちじいっく	22上
	一字千金	いちじせんきん	23上
	一字不説	いちじふせつ	24上
	一字褒貶	いちじほうへん	24上
	永字八法	えいじはっぽう	67上
	苗字帯刀	みょうじたいとう	598上
	文字法師	もんじほうし	619上
	文従字順	ぶんじゅうじじゅん	570上
	忍之一字	にんのいちじ	499上
	不立文字	ふりゅうもんじ	567上
	真一文字	まいちもんじ	594上
存	共存共栄	きょうそんきょうえい	158上
	生存競争	せいぞんきょうそう	361上
	名存実亡	めいそんじつぼう	611上
	危急存亡	ききゅうそんぼう	136上
	歯亡舌存	しぼうぜつそん	288上
	適者生存	てきしゃせいぞん	448上
安	安居楽業	あんきょらくぎょう	8上
	安車蒲輪	あんしゃほりん	9上
	安心立命	あんしんりつめい	9上
	安宅正路	あんたくせいろ	10上
	安寧秩序	あんねいちつじょ	11上
	安分守己	あんぶんしゅき	11上
	大安吉日	たいあんきちじつ	402下
	現世安穏	げんせあんのん	196上
	生知安行	せいちあんこう	362上
	知足安分	ちそくあんぶん	428上
	本領安堵	ほんりょうあんど	594上
	一路平安	いちろへいあん	32上
宇	気宇壮大	きうそうだい	134上
	八紘一宇	はっこういちう	519上
守	守株待兎	しゅしゅたいと	306上
	墨守成規	ぼくしゅせいき	590上
	安分守己	あんぶんしゅき	11上
	創業守成	そうぎょうしゅせい	389上
	知足安分	ちそくあんぶん	428上
	奉公守法	ほうこうしゅほう	582上
	逆施順守	ぎゃくしじゅんしゅ	147上
	旧套墨守	きゅうとうぼくしゅ	153上
	太盛難守	たいせいなんしゅ	410上

宅	安宅正路	あんたくせいろ	10上
	三界火宅	さんがいのかたく	251上
	三車火宅	さんしゃのかたく	255下
当	当意即妙	とういそくみょう	464下
	当機立断	とうきりつだん	80下
	当路之人	とうろのひと	476下
	正当防衛	せいとうぼうえい	363下
	一騎当千	いっきとうせん	34上
	豺狼当路	さいろうとうろ	246上
	官位相当	かんいそうとう	202上
	旗鼓相当	きこそうとう	139上
	挙措失当	きょそしっとう	164下
尽	尽善尽美	じんぜんじんび	343上
	尽忠報国	じんちゅうほうこく	344上
	鳥尽弓蔵	ちょうじんきゅうぞう	435上
	鞠躬尽瘁	きっきゅうじんすい	144上
	淋漓尽致	りんりじんち	656上
	一網打尽	いちもうだじん	29上
	縦横無尽	じゅうおうむじん	295下
	重重無尽	じゅうじゅうむじん	298上
	精疲力尽	せいひりょくじん	364上
屹	巍然屹立	ぎぜんきつりつ	143上
州	四百余州	しひゃくよしゅう	287上
巡	狐疑逡巡	こぎしゅんじゅん	224上
	遅疑逡巡	ちぎしゅんじゅん	424上
帆	順風満帆	じゅんぷうまんぱん	313上
年	年功序列	ねんこうじょれつ	500下
	年頭月尾	ねんとうげつび	501上
	年年歳歳	ねんねんさいさい	501上
	年百年中	ねんびゃくねんじゅう	501上
	三年味噌	さんねんみそ	261上
	十年一日	じゅうねんいちじつ	301上
	十年一剣	じゅうねんいっけん	301上
	十年一昔	じゅうねんひとむかし	301下
	百年河清	ひゃくねんかせい	542上
	百年大計	ひゃくねんのたいけい	542下
	豊年満作	ほうねんまんさく	586上
	韻鏡十年	いんきょうじゅうねん	52下
	有掛七年	あるかけしちねん	57下
	犬馬之年	けんばのとし	199上
	破瓜之年	はかのとし	507上
	美意延年	びいえんねん	530下
	面壁九年	めんぺきくねん	615上
式	葬式仏教	そうしきぶっきょう	391上
弛	一張一弛	いっちょういっし	43上
	綱紀廃弛	こうきはいし	206上
芒	光芒一閃	こうぼういっせん	218下

芝	芝蘭玉樹	しらんぎょくじゅ	331下
	芝蘭之化	しらんのか	331下
迅	迅速果敢	じんそくかかん	343上
	疾風迅雷	しっぷうじんらい	285上
	無常迅速	むじょうじんそく	603下
	獅子奮迅	ししふんじん	273上
忙	忙中有閑	ぼうちゅうゆうかん	585上
	忙裡偸閑	ぼうりとうかん	589上
扛	筆力扛鼎	ひつりょくこうてい	537上
托	一蓮托生	いちれんたくしょう	32上
戎	夷蛮戎狄	いばんじゅうてき	49上
成	成事不説	せいじふせつ	359下
	円成実性	えんじょうじっしょう	76下
	功成名遂	こうせいめいすい	213上
	変成男子	へんじょうなんし	577上
	老成持重	ろうせいじちょう	662上
	運斤成風	うんきんせいふう	63上
	咳唾成珠	がいだせいしゅ	96上
	開物成務	かいぶつせいむ	98上
	見性成仏	けんしょうじょうぶつ	196上
	三人成虎	さんにんせいこ	260上
	聚蚊成雷	しゅうぶんせいらい	302上
	積土成山	せきどせいざん	367上
	即身成仏	そくしんじょうぶつ	398上
	大願成就	たいがんじょうじゅ	403下
	着手成春	ちゃくしゅせいしゅん	429下
	滴水成氷	てきすいせいひょう	448下
	点鉄成金	てんてつせいきん	460上
	桃李成蹊	とうりせいけい	475上
	女人成仏	にょにんじょうぶつ	498上
	八相成道	はっそうじょうどう	521上
	百錬成鋼	ひゃくれんせいこう	544上
	墨守成規	ぼくしゅせいき	590上
	門前成市	もんぜんせいし	620上
	緑葉成陰	りょくようせいいん	653上
	弄巧成拙	ろうこうせいせつ	661上
	一気呵成	いっきかせい	33下
	羽翼既成	うよくきせい	62下
	久遠実成	くおんじつじょう	177上
	水到渠成	すいとうきょせい	352下
	創業守成	そうぎょうしゅせい	389上
	大器晩成	たいきばんせい	405上
	地平天成	ちへいてんせい	428下
	内平外成	ないへいがいせい	490上
旭	旭日昇天	きょくじつしょうてん	161下
早	時期尚早	じきしょうそう	266下
曳	曳尾塗中	えいびとちゅう	68上

曲　曲学阿世 きょくがく… 161上
曲水流觴 きょくすい… 161下
曲突徙薪 きょくとつ… 162下
曲肱之楽 きょっこう… 165上
紆余曲折 うよきょく… 61下
長汀曲浦 ちょうてい… 437上
舞文曲筆 ぶぶんきょ… 565上
理非曲直 りひきょく… 643下
遏雲之曲 あつうんの… 6上
同工異曲 どうこうい… 467上
有　有為転変 ういてんぺん 56上
有卦七年 うけしちねん 57下
有財餓鬼 うざいがき 58下
有情世間 うじょうせ… 58下
有象無象 うぞうむぞう 59上
有智高才 うちこうさい 59上
有頂天外 うちょうて… 59下
有無相生 うむそうせい 61上
有耶無耶 うやむや 2下, 61下
有漏無漏 うろむろ 62上
有言実行 ゆうげんじ… 625上, 625下
有口無行 ゆうこうむ… 625上
有終之美 ゆうしゅう… 626下
有職故実 ゆうそくこ… 627下
有備無患 ゆうびむかん 627下
有朋遠来 ゆうほうえ… 628上
有名無実 ゆうめいむ… 611上, 628下
朝有紅顔 ちょうゆう… 439上
一切有情 いっさいう… 37下
開巻有得 かいかんゆ… 90上
亢竜有悔 こうりょう… 221下
死生有命 しせいゆう… 276下
将門有将 しょうもん… 325下
造反有理 ぞうはんゆ… 395上
長幼有序 ちょうよう… 439下
忙中有閑 ぼうちゅう… 585上
朋友有信 ほうゆうゆ… 588上
無何有郷 むかゆうき… 600下
子虚烏有 しきょうゆう 267下
机　机上之論 きじょうの… 141下
明窓浄机 めいそうじ… 610下
朽　朽木糞牆 きゅうぼく… 153下
貫朽粟陳 かんきゅう… 121上
不朽不滅 ふきゅうふ… 556下
古木朽株 こぼくきゅ… 237下
朱　朱唇皓歯 しゅしんこ… 306下
近朱必赤 きんしゅひ… 171下
陶朱猗頓 とうしゅい… 469下
朴　剛毅朴訥 ごうきぼく… 206下
次　造次顛沛 ぞうじてん… 392上
死　死灰復燃 しかいふく… 265上
死児之齢 しじのよわい 272下
死生有命 しせいゆう… 276下
死中求活 しちゅうき… 281上
起死回生 きしかいせい 140上
九死一生 きゅうしい… 150上
狐死首丘 こししゅき… 231上
生死肉骨 せいしにく… 359上
兎死狐泣 としこきゅう 482下
万死一生 ばんしいっ… 526上
半死半生 はんしはん… 526上
豹死留皮 ひょうしり… 546上
生寄死帰 せいきしき 357下
蹈節死義 とうせつしぎ 470下
君辱臣死 くんじょく… 183上
出離生死 しゅつりし… 309下
生老病死 しょうろう… 327上
酔生夢死 すいせいむし 351下
朝聞夕死 ちょうぶん… 438上
不老不死 ふろうふし 567下
養生喪死 ようせいそ… 634上
気　気韻生動 きいんせい… 133下
気宇壮大 きうそうだい 134上
気炎万丈 きえんばん… 134下
気息奄奄 きそくえん… 143下, 659上
意気軒昂 いきけんこう 13下
意気自如 いきじじょ 14上
意気消沈 いきしょう… 14上
意気衝天 いきしょう… 14上
意気阻喪 いきそそう 14下
意気投合 いきとうごう 14下
意気揚揚 いきようよう 15上
一気呵成 いっきかせい 33下
寒気凜冽 かんきりん… 121下
血気之勇 けっきのゆう 193上
香気芬芬 こうきふん… 206上
才気煥発 さいきかん… 242下
士気高揚 しきこうよう 266上
士気阻喪 しきそそう 267上
惰気満満 だきまんまん 414上
勇気凜凜 ゆうきりん… 624下
老気横秋 ろうきおう… 660下
和気藹藹 わきあいあい 668上
勝手気儘 かってきまま 112上
機嫌気褄 きげんきづま 138上
少壮気鋭 しょうそう… 322上
新進気鋭 しんしんき… 340下
天高気清 てんこうき… 455上
浩然之気 こうぜんのき 213上
食牛之気 しょくぎゅ… 328上
垂頭喪気 すいとうそ… 352下
風霜之気 ふうそうのき 553上
法界悋気 ほうかいり… 580下
揚眉吐気 ようびとき 635上
汚　汚名返上 おめいへん… 85下
貪官汚吏 たんかんおり 419上
汗　汗牛充棟 かんぎゅう… 120下
汗馬之労 かんばのろう 130上
冷汗三斗 れいかんさ… 657下
青史汗簡 せいしかん… 358下
江　渭樹江雲 いじゅこう… 18上
汝　爾汝之交 じじょのこう 275下
池　池魚故淵 ちぎょこえん 424下
池魚之殃 ちぎょのわ… 424下
池魚籠鳥 ちぎょろう… 425上
酒池肉林 しゅちにく… 308上
金城湯池 きんじょう… 172下
灰　灰身滅智 けしんめっち 191下
飲灰洗胃 いんかいせ… 51下
死灰復燃 しかいふく… 265上
乱離骨灰 らりこっぱい 639下
灯　灯火可親 とうかかしん 465上
紅灯緑酒 こうとうり… 216下
新涼灯火 しんりょう… 348上
貧者一灯 ひんじゃの… 549下
風前之灯 ふうぜんの… 552下
牝　牝鶏之晨 ひんけいの… 549上
百　百依百順 ひゃくいひ… 540上
百尺竿頭 ひゃくしゃ… 540上
百術千慮 ひゃくじゅ… 540下
百世不磨 ひゃくせい… 540下
百折不撓 ひゃくせつ… 541上
百川学海 ひゃくせん… 541上
百川帰海 ひゃくせん… 541上
百戦百勝 ひゃくせん… 541下
百戦錬磨 ひゃくせん… 375上, 541下
百代過客 ひゃくだい… 542上,

574下
百端待挙《ひゃくたん…》 542上
百年河清《ひゃくねん…》 324上, 542上, 542下
百年大計《ひゃくねん…》 542下
百八煩悩《ひゃくはち…》 518上, 542下
百福荘厳《ひゃくふく…》 543上
百聞一見《ひゃくぶん…》 543上
百薬之長《ひゃくやく…》 543下
百里之才《ひゃくりの…》 543下
百錬成鋼《ひゃくれん…》 544上
百花斉放《ひゃっかせ…》 544上
百家争鳴《ひゃっかそ…》 544上
百花繚乱《ひゃっかり…》 544下
百鬼夜行《ひゃっきや…》 544下
百孔千瘡《ひゃっこう…》 545上
百発百中《ひゃっぱつ…》 545下
百歩穿楊《ひゃっぽせ…》 545下
百舌勘定《もずかんじ…》 617下
三百代言《さんびゃく…》 262上
四百四病《しひゃくし…》 287上
四百余州《しひゃくよ…》 287下
年百年中《ねんびゃく…》 501下
一罰百戒《いちばつひ…》 27上
一粒百行《いちりゅう…》 32上
議論百出《ぎろんひゃ…》 167下
諸子百家《しょしひゃ…》 329上
千方百計《せんぽうひ…》 385下
読書百遍《どくしょひ…》 480上
斗酒百篇《としゅひゃ…》 483下
破綻百出《はたんひゃ…》 517上
武芸百般《ぶげいひゃ…》 558下
文武百官《ぶんぶひゃ…》 571上
変態百出《へんたいひ…》 577下
竹 竹頭木屑《ちくとうぼ…》 425下
竹帛之功《ちくはくの…》 425下
竹馬之友《ちくばのとも》 426上
竹苞松茂《ちくほうし…》 426上, 433下
竹林七賢《ちくりんの…》 63上, 426下
破竹之勢《はちくのい…》 517下
練裳竹笥《しょしょう…》 329上
垂名竹帛《すいめいち…》 353上
稲麻竹葦《とうまちくい》 474下
藪井竹庵《やぶいちく…》 623上
金石糸竹《きんせきし…》 173下
茂林修竹《もりんしゅ…》 618下
米 舐糠及米《しこうきゅ…》 268下
糸 金石糸竹《きんせきし…》 173下
羊 羊裘垂釣《ようきゅう…》 632上
羊質虎皮《ようしつこひ》 633上
羊腸小径《ようちょう…》 635上
羊頭狗肉《ようとうく…》 633上, 635上
十羊九牧《じゅうよう…》 303下
羝羊触藩《ていようし…》 447下
屠羊之肆《とようのし》 487上
亡羊之嘆《ぼうようの…》 588上
亡羊補牢《ぼうようほ…》 588下
告朔餼羊《こくさくの…》 226上
多岐亡羊《たきぼうよう》 413下
読書亡羊《どくしょぼ…》 480下
屠所之羊《としょのひ…》 483下
羽 羽翮飛肉《うかくひにく》 56下, 181下, 389下
羽化登仙《うかとうせん》 57上
羽翼既成《うよくきせい》 62上
霓裳羽衣《げいしょう…》 186下
射石飲羽《しゃせきい…》 293下
老 老気横秋《ろうきおう…》 660下
老驥伏櫪《ろうきふく…》 146下, 661上
老少不定《ろうしょう…》 662上
老成持重《ろうせいじ…》 662上
老生常譚《ろうせいの…》 662下
老若男女《ろうにゃく…》 663上
老婆心切《ろうばしん…》 663上
老馬之知《ろうばのち》 663下
老蚌生珠《ろうぼうせ…》 664上
偕老同穴《かいろうど…》 98下
生老病死《しょうろう…》 327上
不老長寿《ふろうちょう》 567下
不老不死《ふろうふし》 567下
月下老人《げっかろう…》 192下
孔孟老荘《こうもうろ…》 221上
考 再思三考《さいしさん…》 244下
千思万考《せんしばん…》 378上
沈思黙考《ちんしもっ…》 442下
而 述而不作《じゅつじふ…》 308下
同而不和《どうじふわ》 469上
和而不同《わじふどう》 669上
作礼而去《さらいにこ》 250下
三十而立《さんじゅう…》 256下
沐猴而冠《もっこうじ…》 618上
耳 耳竪垂肩《じじゅすい…》 274上
耳食之談《じしょくの…》 275上
耳提面命《じていめん…》 285下
耳目之欲《じもくのよく》 290上
掩耳盗鐘《えんじとう…》 75上
貴耳賤目《きじせんもく》 140下
口耳之学《こうじのがく》 210下
馬耳東風《ばじとうふう》 516上
飛耳長目《ひじちょう…》 534上
附耳之言《ふじのげん》 560下
目食耳視《もくしょく…》 617下
六十耳順《ろくじゅう…》 664下
交頭接耳《こうとうせ…》 216上
忠言逆耳《ちゅうげん…》 429下
俛首帖耳《ふしゅちょう…》 561上
肉 肉山脯林《にくざんほ…》 494上
肉食妻帯《にくじきさ…》 494下
肉袒負荊《にくたんふ…》 494下
苦肉之計《くにくのけい》 179下
骨肉相食《こつにくそ…》 236上
骨肉之親《こつにくの…》 236上
弱肉強食《じゃくにく…》 291下
中肉中背《ちゅうにく…》 432上
髀肉之嘆《ひにくのたん》 539上
酒池肉林《しゅちにく…》 308上
生死肉骨《せいしにく…》 359上
皮開肉綻《ひかいにく…》 530下
羽翮飛肉《うかくひにく》 56下
行尸走肉《こうしそう…》 210上
俎上之肉《そじょうの…》 400上
羊頭狗肉《ようとうく…》 635上
肌 銘肌鏤骨《めいきるこつ》 608下
自 自画自賛《じがじさん》 265下
自家撞着《じかどうち…》 265下
自家薬籠《じかやくろう》 622上
自給自足《じきゅうじ…》 267上
自業自得《じごうじとく》 269上
自己嫌悪《じこけんお》 269下
自己顕示《じこけんじ》 270上
自己韜晦《じことうかい》 270上
自己矛盾《じこむじゅん》 270下
自作自演《じさくじえん》 270下
自受法楽《じじゅほう…》 274上
自縄自縛《じじょうじ…》 269下, 274下

自然淘汰《しぜんとうた》 276下
自他不二《じたふに》 278下
自分勝手《じぶんかって》 451下
自暴自棄《じぼうじき》 288上
自明之理《じめいのり》 289下
自問自答《じもんじとう》 290上
自由闊達《じゆうかっ…》 295下
自由自在《じゆうじざい》 298上
自由奔放《じゆうほん…》 303上, 556下
自力更生《じりきこう…》 332上
自力修行《じりきしゅ…》 418上
自利利他《じりりた》 333上
意気自如《いきじじょ》 14上
隠忍自重《いんにんじ…》 55上
改過自新《かいかじしん》 89下
活殺自在《かっさつじ…》 111下
緩急自在《かんきゅう…》 120下
日月自明《じつげつじ…》 281下
逍遥自在《しょうよう…》 326上
泰然自若《たいぜんじ…》 410上
天然自然《てんねんし…》 461下
独立自尊《どくりつじ…》 481上
変幻自在《へんげんじ…》 576下
茫然自失《ぼうぜんじ…》 584下
名詮自性《みょうせん…》 598上
民族自決《みんぞくじ…》 599上
無師自悟《むしじご》 602下
夜郎自大《やろうじだい》 623上
悠悠自適《ゆうゆうじ…》 629下
傭書自資《ようしょじし》 633下
冷暖自知《れいだんじち》 658下

至 至上命令《しじょうめ…》 275上
至道無難《しどうぶなん》 286上
至理名言《しりめいげん》 332下
恐悦至極《きょうえつ…》 154上
残念至極《ざんねんし…》 13上

臼 炊臼之夢《すいきゅう…》 348下

舌 舌先三寸《したさきさ…》 278下
饒舌多弁《じょうぜつ…》 321下
百舌勘定《もずかんじ…》 617下
歯亡舌存《しぼうぜつ…》 288下
酒入舌出《しゅにゅう…》 310上
一口両舌《いっこうりょ…》 35下
箝口結舌《かんこうけ…》 122上
金口木舌《きんこうぼ…》 170上
懸河弁舌《けんがべん…》 194上
焦唇乾舌《しょうしん…》 320上
瞠目結舌《どうもくけ…》 475上
南蛮鴃舌《なんばんげ…》 493下

舟 刻舟求剣《こくしゅう…》 226下
載舟覆舟《さいしゅう…》 244下
呑舟之魚《どんしゅう…》 488上
柏舟之操《はくしゅう…》 511下
一月三舟《いちがつさ…》 20下
呉越同舟《ごえつどう…》 223上
小隙沈舟《しょうげき…》 316上
白川夜舟《しらかわよ…》 331上

色 色即是空《しきそくぜ…》 37下, 267上, 562下
喜色満面《きしょくま…》 142上
古色蒼然《こしょくそ…》 233上
才色兼備《さいしょく…》 245上
暮色蒼然《ぼしょくそ…》 590下
談虎色変《だんこしき…》 420上
空即是色《くうそくぜ…》 176上
巧言令色《こうげんれ…》 207上
察言観色《さつげんか…》 249下
十人十色《じゅうにん…》 301上
大驚失色《たいきょう…》 406上
天香国色《てんこうこ…》 455下

虫 夏虫疑氷《かちゅうぎ…》 108下
彫虫篆刻《ちょうちゅ…》 436下
冬虫夏草《とうちゅう…》 471上
身中之虫《しんちゅう…》 344上

血 血脈相承《けちみゃく…》 192上
血気之勇《けっきのゆう》 193上

行 行住坐臥《ぎょうじゅ…》 157下
行雲流水《こううんりゅ…》 203上
行尸走肉《こうしそう…》 210上
行屎走尿《こうしそう…》 210上
宛行扶持《あてがいぶち》 6下
禹行舜趨《うこうしゅ…》 57下
雲行雨施《うんこううし》 63下
横行闊歩《おうこうか…》 80下
横行跋扈《おうこうばっ…》 81上
規行矩歩《きこうくほ》 138上
言行一致《げんこうい…》 195下
五行相剋《ごぎょうそ…》 225下
自行化他《じぎょうけた》 333上
試行錯誤《しこうさくご》 269上
上行下効《じょうこう…》 316下
諸行無常《しょぎょう…》 327下
知行合一《ちこうごう…》 426下
同行二人《どうぎょう…》 466下
倒行逆施《とうこうぎ…》 467上
難行苦行《なんぎょう…》 492上
品行方正《ひんこうほ…》 549下
用行舎蔵《ようこうし…》 632下
人生行路《じんせいこ…》 342上
他人行儀《たにんぎょ…》 417下
天馬行空《てんばこう…》 462上
論功行賞《ろんこうこ…》 667上
易往易行《いおういぎ…》 12下
一時流行《いちじりゅ…》 25上
一目十行《いちもくじ…》 29下
一粒百行《いちりゅう…》 32上
陰陽五行《いんようご…》 55下
恩威並行《おんいへい…》 85下
危言危行《きげんきこう》 138上
謹言慎行《きんげんし…》 169下
高山景行《こうざんけ…》 208下
三思後行《さんしこう…》 254下
実践躬行《じっせんきゅ…》 283上
熟慮断行《じゅくりょ…》 305下
神出鬼行《しんしゅつ…》 339上
生知安行《せいちあん…》 362上
聖読庸行《せいどくよ…》 363下
昼夜兼行《ちゅうやけ…》 432上
直情径行《ちょくじょ…》 440下
独断専行《どくだんせ…》 480下
独立独行《どくりつど…》 481下
斗折蛇行《とせつだこう》 484上
訥言敏行《とつげんび…》 484下
倍日并行《ばいじつへ…》 503下
薄志弱行《はくしじゃ…》 511下
百鬼夜行《ひゃっきや…》 544下
不易流行《ふえきりゅ…》 555上
不言実行《ふげんじっ…》 559上
平伏膝行《へいふくし…》 575上
匍匐膝行《ほふくしっ…》 591下
武者修行《むしゃしゅ…》 603上
有言実行《ゆうげんじ…》 625上
有口無行《ゆうこうむ…》 625上

衣 衣冠束帯《いかんそく…》 13下
衣錦還郷《いきんかん…》 15上, 15下
衣錦之栄《いきんのえい》 15下
衣食礼節《いしょくれ…》 18下
衣裏繋珠《えりけいしゅ》 72上
悪衣悪食《あくいあく…》 3上

一衣帯水《いちいたい…》 20上
解衣推食《かいいすい…》 89上
錦衣玉食《きんいぎょ…》 167下
三衣一鉢《さんねいっ…》 260下
節衣縮食《せついしゅ…》 369下
粗衣粗食《そいそしょく》 387上
暖衣飽食《だんいほう…》 418上
天衣無縫《てんいむほう》 452上
白衣三公《はくいのさ…》 509上
弊衣破帽《へいいはぼう》 573上
豊衣足食《ほういそく…》 579上
優孟衣冠《ゆうもうの…》 629上
霓裳羽衣《げいしょう…》 186下
量体裁衣《りょうたい…》 650上
瓜 瓜葛之親《かかつのしん》 100上
瓜瓞綿綿《かてつめん…》 113上
瓜田李下《かでんりか》 113下
投瓜得瓊《とうかとっ…》 465下
破瓜之年《はかのとし》 507下
西 西方浄土《さいほうじ…》 228上
西河之痛《せいかのつう》 357上
西施捧心《せいしほう…》 359下
西狩獲麟《せいしゅか…》 360上
隻履西帰《せきりせいき》 368上
東食西宿《とうしょくし…》 470上
東扶西倒《とうふせい…》 473上
東奔西走《とうほんせ…》 474下
古今東西《ここんとう…》 230上
頭北面西《ずほくめん…》 354上

【7画】

乱 乱離骨灰《らりこっぱい》 639下
乱雑無章《らんざつむ…》 640上
乱臣賊子《らんしんぞ…》 640下
乱暴狼藉《らんぼうろ…》 639下, 641上
治乱興亡《ちらんこう…》 441下
撥乱反正《はつらんは…》 522下
波乱万丈《はらんばん…》 524上
快刀乱麻《かいとうら…》 97下
怪力乱神《かいりょく…》 98下
粗製乱造《そせいらん…》 400下
一心不乱《いっしんふ…》 40下
百花繚乱《ひゃっかりょ…》 544下
風紀紊乱《ふうきびん…》 550下
風俗壊乱《ふうぞくかい…》 553上
亜 脱亜入欧《だつあにゅ…》 417上
亨 元亨利貞《げんこうり…》 195下
位 位階勲等《いかいくん…》 12下
高位高官《こういこう…》 202下
三位一体《さんみいっ…》 262下
尸位素餐《しいそさん》 264上
当位即妙《とういそく…》 464下
無位無官《むいむかん》 599下
無位無冠《むいむかん》 599下
佚 放佚無慚《ほういつむ…》 579上
驕奢淫佚《きょうしゃ…》 157上
奢侈淫佚《しゃしいん…》 292下
何 無何有郷《むかゆうき…》 600下
伽 僧伽藍摩《そうぎゃら…》 389上
七堂伽藍《しちどうが…》 280上
堂塔伽藍《どうとうが…》 471下
迦陵頻伽《かりょうび…》 117下
佐 佐命立功《さめいりっ…》 250上
王佐之才《おうさのさい》 81下
阿衡之佐《あこうのさ》 5上
作 作文三上《さくぶんさ…》 248上
作礼而去《さらいにこ》 250下
戯作三昧《げさくざん…》 191上
自作自演《じさくじえん》 270下
磨杵作針《ましょさく…》 595上
述而不作《じゅつじふ…》 308下
諸悪莫作《しょあくま…》 314上
豊年満作《ほうねんま…》 586上
住 行住坐臥《ぎょうじゅ…》 157下
生住異滅《しょうじゅ…》 318上
常住坐臥《じょうじゅ…》 318下
体 五体投地《ごたいとうち》 234上
身体髪膚《しんたいはっ…》 343下
絶体絶命《ぜったいぜ…》 372上
量体裁衣《りょうたい…》 650上
一心同体《いっしんど…》 40下
渾然一体《こんぜんい…》 240下
三位一体《さんみいっ…》 262下
表裏一体《ひょうりい…》 547下
仏凡一体《ぶつぼんい…》 563下
無理無体《むりむたい》 608上
迷悟一体《めいごいっ…》 609上
佇 佇思停機《ちょしていき》 441上
鶴立企佇《かくりつき…》 104上
低 低徊趣味《ていかいし…》 445下
暗雲低迷《あんうんて…》 8上
平身低頭《へいしんて…》 574下
眼高手低《がんこうし…》 123上
佞 奸佞邪知《かんねいじ…》 129下
諂佞阿諛《てんねいあゆ》 461上
阿諛便佞《あゆべんねい》 7下
伯 伯夷叔斉《はくいしゅ…》 133上, 403上, 509上
伯牙絶絃《はくがぜつ…》 510上
伯仲叔季《はくちゅう…》 512下
伯仲之間《はくちゅう…》 513上
伯兪泣杖《はくゆきゅう…》 515上
伯楽一顧《はくらくの…》 515上
勢力伯仲《せいりょく…》 365上
伴 伴食大臣《ばんしょく…》 526下
佑 天佑神助《てんゆうし…》 464上
兎 兎死狐泣《としこきゅう》 482下
烏兎匆匆《うとそうそう》 60下
狡兎三窟《こうとさん…》 217上
狡兎良狗《こうとりょ…》 217上
脱兎之勢《だっとのい…》 417上
飛兎竜文《ひとりょう…》 538下
烏飛兎走《うひとそう》 60下
亀毛兎角《きもうとかく》 147上
金烏玉兎《きんうぎょ…》 168上
獅子搏兎《ししはくと》 272下
守株待兎《しゅしゅた…》 306上
処女脱兎《しょじょだ…》 329下
余 余韻嫋嫋《よいんじょ…》 630下
余裕綽綽《よゆうしゃ…》 637下
紆余曲折《うよきょく…》 61下
窮余一策《きゅうよの…》 154上
四百余州《しひゃくよ…》 287下
積悪余殃《せきあくよ…》 365下
積善余慶《せきぜんの…》 366上
遊刃余地《ゆうじんよち》 627上
流風余韻《りゅうふう…》 646上
読書三余《どくしょさ…》 479下
克 克己復礼《こっきふく…》 235下
児 死児之齢《しじのよわい》 272下
豚児犬子《とんじけんし》 488上
荊妻豚児《けいさいとん…》 186下
兵 兵強馬壮《へいきょう…》 573下
兵隊勘定《へいたいかん…》 575上
驕兵必敗《きょうへい…》 159下
大兵肥満《だいひょう…》 411下
短兵急接《たんぺいきゅう…》 423下
堅甲利兵《けんこうりへい》 196上
草木皆兵《そうもくかい…》 396上

富国強兵《ふこくきょ…》 559下
冷 冷汗三斗《れいかんさ…》 657下
冷眼傍観《れいがんぼ…》 657下
冷暖自知《れいだんじち》 658下
冷嘲熱諷《れいちょう…》 658下
残杯冷炙《ざんぱいれ…》 261下
初 初志貫徹《しょしかん…》 328下
初転法輪《しょてんぼ…》 330下
判 判官贔屓《ほうがんび…》 581上
教相判釈《きょうそう…》 158上
別 愛別離苦《あいべつりく》 2上
教外別伝《きょうげべ…》 156上
個個別別《ここべつべつ》 230上
四鳥之別《しちょうの…》 281上
思慮分別《しりょふん…》 332下
千差万別《せんさばん…》 377上
利 利害得失《りがいとく…》 641下
利用厚生《りようこう…》 648下
一利一害《いちりいち…》 31下
我利我利《がりがり》 117上
小利大損《しょうりだ…》 327上
私利私欲《しりしよく》 332上
自利利他《じりりた》 333上
党利党略《とうりとう…》 475下
薄利多売《はくりたばい》 515下
元亨利貞《げんこうり…》 195下
堅甲利兵《けんこうり…》 196上
現世利益《げんぜりやく》 197下
名聞利養《みょうもん…》 598下
山雀利根《やまがらり…》 623上
漁夫之利《ぎょふのり》 165上
絶巧棄利《ぜっこうきり》 370下
先義後利《せんぎこうり》 374上
氾愛兼利《はんあいけ…》 524下
劫 永劫回帰《えいごうか…》 66上
五劫思惟《ごこうしゆい》 229上
万劫末代《まんごうま…》 596上
未来永劫《みらいえい…》 598下
助 助長抜苗《じょちょう…》 329下
助長補短《じょちょう…》 330上
内助之功《ないじょの…》 489下
鶏鳴之助《けいめいの…》 190上
相互扶助《そうごふじょ》 391上
天佑神助《てんゆうし…》 464上
劭 許劭月旦《きょしょう…》 346上
努 横眉努目《おうびどもく》 83下
奮励努力《ふんれいど…》 573上
励 励声疾呼《れいせいし…》 658下
精励恪勤《せいれいか…》 365上
奮励努力《ふんれいど…》 573上
刻苦勉励《こっくべん…》 235下
鼓舞激励《こぶげきれい》 237上
叱咤激励《しったげき…》 284上
労 疲労困憊《ひろうこん…》 548下
不労所得《ふろうしょ…》 567上
汗馬之労《かんばのろう》 130上
犬馬之労《けんばのろう》 199下
薪水之労《しんすいの…》 341下
医 医食同源《いしょくど…》 18下
良医治子《ろういちし》 660上
却 心頭滅却《しんとうめ…》 345下
即 即時一杯《そくじいっ…》 397下
即身成仏《そくしんじ…》 398上
即断即決《そくだんそ…》 398下
空即是色《くうそくぜ…》 176上
色即是空《しきそくぜ…》 267上
先即制人《せんそくせ…》 382上
相即不離《そうそくふり》 393下
不即不離《ふそくふり》 562上
一触即発《いっしょく…》 39下
速戦即決《そくせんそ…》 398上
当意即妙《とういそく…》 464下
卵 累卵之危《るいらんのき》 656下
泰山圧卵《たいざんあ…》 407上
含 含飴弄孫《がんいろう…》 118下
含笑入地《がんしょう…》 124上
含哺鼓腹《がんほこふく》 132上
吟 吟風弄月《ぎんぷうろ…》 174上
高歌放吟《こうかほう…》 204下
放歌高吟《ほうかこう…》 580下
無病呻吟《むびょうし…》 606上
君 君子三畏《くんしのさ…》 181下
君子三戒《くんしのさ…》 182上
君子三楽《くんしのさ…》 159上, 182上
君子豹変《くんしひょ…》 182下
君辱臣死《くんじょく…》 183上
君側之悪《くんそくの…》 183上, 317上
聖人君子《せいじんく…》 360下
梁上君子《りょうじょ…》 650上
万乗之君《ばんじょう…》 526下
吾 左支右吾《さしゆうご》 248下
呉 呉越同舟《ごえつどう…》 223上
呉下阿蒙《ごかのあもう》 224上
呉牛喘月《ごぎゅうぜ…》 225上
陳勝呉広《ちんしょう…》 443上
吽 阿吽之息《あうんのいき》 2下
告 告朔餼羊《こくさくの…》 226上
無告之民《むこくのたみ》 601下
受胎告知《じゅたいこ…》 307下
吹 吹毛求疵《すいもうき…》 353上
懲羹吹膾《ちょうこう…》 433下
南郭濫吹《なんかくら…》 491上
呑 呑舟之魚《どんしゅう…》 488上
渾崙呑棗《こんろんど…》 241下
予譲呑炭《よじょうど…》 636下
活剝生呑《かっぱくせ…》 112下
蚕食鯨呑《さんしょく…》 257下
清濁併呑《せいだくへ…》 362上
吠 吠影吠声《はいえいは…》 502下
蜀犬吠日《しょっけん…》 330下
跖狗吠尭《せっくはい…》 370上
邑犬群吠《ゆうけんぐ…》 625上
驢鳴犬吠《ろめいけん…》 666下
否 運否天賦《うんぷてんぷ》 65下
呂 九鼎大呂《きゅうてい…》 152下
囲 香囲粉陣《こういふん…》 202下
困 禽困覆車《きんこんふ…》 170下
疲労困憊《ひろうこん…》 548下
図 図南鵬翼《となんほう…》 485上
河図洛書《かとらくしょ》 114上
坎 坎坷不遇《かんかふぐう》 119下
均 機会均等《きかいきん…》 134下
勢力均衡《せいりょく…》 365上
坑 焚書坑儒《ふんしょこ…》 570上
坐 宥坐之器《ゆうざのき》 626上
行住坐臥《ぎょうじゅ…》 157下
常住坐臥《じょうじゅ…》 318下
結跏趺坐《けっかふざ》 192下
只管打坐《しかんたざ》 266上
坊 三日坊主《みっかぼうず》 598上
声 声聞過情《せいぶんか…》 364下
金声玉振《きんせいぎ…》 173上
大声疾呼《たいせいし…》 409下
同声異俗《どうせいい…》 470下
風声鶴唳《ふうせいか…》 552下
無声之詩《むせいのし》 603下
無声無臭《むせいむし…》 604上
名声過実《めいせいか…》 610下
励声疾呼《れいせいし…》 658下

	大喝一声《だいかつい…》	403下
	吠影吠声《はいえいは…》	502下
売	売剣買牛《ばいけんば…》	503下
	商売繁昌《しょうばい…》	323上
	薄利多売《はくりたばい》	515下
妙	妙手回春《みょうしゅ…》	429下
	軽妙洒脱《けいみょう…》	189下
	衆妙之門《しゅうみょう…》	303下
	奇策妙計《きさくみょ…》	139下
	神機妙算《しんきみょ…》	335上
	当意即妙《とういそく…》	464下
妖	妖怪変化《ようかいへ…》	631上
	妖言惑衆《ようげんわ…》	632上
孝	孝悌忠信《こうていちゅ…》	215下
	忠孝両全《ちゅうこう…》	431上
	家貧孝子《かひんこうし》	114下
	反哺之孝《はんぽのこう》	528下
	養志之孝《ようしのこう》	633下
完	完全無欠《かんぜんむ…》	126下
	完璧帰趙《かんぺききち…》	131下
宋	宋襄之仁《そうじょう…》	111上, 392下
寿	寿則多辱《じゅそくた…》	307上
	鶴寿千歳《かくじゅせ…》	102下
	南山之寿《なんざんの…》	492下
	不老長寿《ふろうちょ…》	567下
対	対機説法《たいきせっ…》	80下, 404下
	対牛弾琴《たいぎゅう…》	406上
	夜雨対牀《やうたいし…》	621下
尨	尨眉皓髪《ぼうびこう…》	586下
局	局外中立《きょくがい…》	161上
屎	行屎走尿《こうしそう…》	210上
尾	尾生之信《びせいのしん》	534下
	尾大不掉《びだいふとう》	535下
	曳尾塗中《えいびとち…》	68上
	狗尾続貂《くびぞくち…》	180上
	首尾一貫《しゅびいっ…》	310上
	改頭換尾《かいとうか…》	97下
	蔵頭露尾《ぞうとうろび》	394上
	蒼蠅驥尾《そうようきび》	396下
	徹頭徹尾《てっとうて…》	450上
	年頭月尾《ねんとうげ…》	501上
	竜頭蛇尾《りゅうとう…》	645下
岐	多岐亡羊《たきぼうよう》	413下
	複雑多岐《ふくざつたき》	557上
巫	巫山之夢《ふざんのゆめ》	433上
	雲雨巫山《うんうふざん》	433上
希	七十古希《しちじゅう…》	279上
序	公序良俗《こうじょり…》	211下
	年功序列《ねんこうじ…》	500下
	安寧秩序《あんねいち…》	11上
	長幼有序《ちょうよう…》	439下
床	同床異夢《どうしょう…》	469下
庇	庇葉傷枝《ひようしょ…》	546上
廷	面折廷争《めんせつて…》	614下
弄	弄瓦之喜《ろうがのき》	660上
	弄巧成拙《ろうこうせ…》	661上
	弄璋之喜《ろうしょう…》	661下
	含飴弄孫《がんいろう…》	118下
	吟風弄月《ぎんぷうろ…》	174上
	嘯風弄月《しょうふう…》	325上
	班門弄斧《はんもんろ…》	529下
	舞文弄法《ぶぶんろう…》	565下
弟	膏粱子弟《こうりょう…》	221下
	四海兄弟《しかいけい…》	264下
	梨園子弟《りえんのし…》	641上
形	形影相弔《けいえいそ…》	144上, 184上, 659上
	形影不離《けいえいふり》	184上
	得意忘形《とくいぼう…》	477下
	匿影蔵形《とくえいぞ…》	478上
役	役夫之夢《えきふのゆめ》	69下
彷	水天彷彿《すいてんほ…》	352上
花	花鳥諷詠《かちょうふ…》	109上
	花鳥風月《かちょうふ…》	109下, 370上
	鏡花水月《きょうかすい…》	155上
	槿花一日《きんかいち…》	168下
	借花献仏《しゃっかけ…》	294上
	羞花閉月《しゅうかへ…》	296上
	飛花落葉《ひからくよう》	531下
	百花斉放《ひゃっかせ…》	544上
	百花繚乱《ひゃっかり…》	544下
	浮花浪蕊《ふかろうずい》	556上
	落花啼鳥《らっかていち…》	639上
	落花流水《らっかりゅ…》	639上
	落花狼藉《らっかろう…》	639下
	金枝花蕚《きんしかがく》	171上
	鳥語花香《ちょうごか…》	434上
	洞房花燭《どうぼうか…》	473下
	柳暗花明《りゅうあん…》	644上
	柳巷花街《りゅうこう…》	645上
	柳緑花紅《りゅうりょ…》	646下
	栄耀栄花《えいようえ…》	68下
	解語之花《かいごのはな》	92下
	錦上添花《きんじょう…》	172上
	人面桃花《じんめんと…》	347下
	雪月風花《せつげつふ…》	370上
	走馬看花《そうばかんか》	394下
	敗柳残花《はいりゅう…》	507上
	遍地開花《へんちかいか》	578上
芸	一芸一能《いちげいい…》	21上
	武芸百般《ぶげいひゃ…》	558下
	文芸復興《ぶんげいふ…》	568下
	無芸大食《むげいたい…》	601上
芳	一言芳恩《いちごんほ…》	22下
芬	香気芬芬《こうきふん…》	206上
	俗臭芬芬《ぞくしゅう…》	397下
迂	迂直之計《うちょくの…》	60上
近	近郷近在《きんごうき…》	170上
	近朱必赤《きんしゅひ…》	171下
	近所合壁《きんじょが…》	172下
	遠交近攻《えんこうき…》	74下
	遠水近火《えんすいき…》	76上
	遠慮近憂《えんりょき…》	79下
迎	阿諛迎合《あゆげいごう》	8上
	送故迎新《そうこげい…》	390下
	聖衆来迎《しょうじゅ…》	318下
返	汚名返上《おめいへん…》	85下
	回光返照《かいこうへ…》	92下
	覆水不返《ふくすいふ…》	557下
邑	邑犬群吠《ゆうけんぐ…》	625上
邦	在留邦人《ざいりゅう…》	246下
阪	駿足長阪《しゅんそく…》	312上
阮	阮籍青眼《げんせきせ…》	197上
防	正当防衛《せいとうぼ…》	363上
快	快刀乱麻《かいとうら…》	97下
	単純明快《たんじゅん…》	421上
	淋漓痛快《りんりつう…》	656上
忸	顔厚忸怩《がんこうじ…》	122下
技	黔驢之技《けんろのぎ》	202上
	鼯鼠之技《ごそのぎ》	234上
	屠竜之技《とりょうの…》	487下
抉	爬羅剔抉《はらてっけつ》	523下
抗	不可抗力《ふかこうり…》	555下
折	折檻諫言《せっかんか…》	369下
	斗折蛇行《とせつだこう》	484上
	百折不撓《ひゃくせつ…》	541上
	面折廷争《めんせつて…》	614下
	群軽折軸《ぐんけいせ…》	181下

斟酌折衷《しんしゃく…》 338上
叢軽折軸《そうけいせ…》 389下
樽俎折衝《そんそせっ…》 402上
和洋折衷《わようせっ…》 669上
紆余曲折《うよきょく…》 61下
九十九折《つづらおり》 445上
蘭摧玉折《らんさいぎ…》 640上
択 二者択一《にしゃたく…》 495上
良禽択木《りょうきん…》 647下
取捨選択《しゅしゃせ…》 305下
投 投瓜得瓊《とうかとっ…》 465下
意気投合《いきとうごう》 14下
燕頷投筆《えんがんと…》 73下
窮猿投林《きゅうえん…》 148下
五体投地《ごたいとうち》 234上
思案投首《しあんなげ…》 263下
全力投球《ぜんりょく…》 386下
明珠暗投《めいしゅあ…》 609下
抜 抜苦与楽《ばっくよらく》 328下, 519上
抜山蓋世《ばつざんがい…》 520上
抜本塞源《ばっぽんそ…》 522上
剣抜弩張《けんばつど…》 198下
助長抜苗《じょちょう…》 329下
一毛不抜《いちもうふ…》 29上
確乎不抜《かっこふばつ》 111上
堅忍不抜《けんにんふ…》 198上
斬新奇抜《ざんしんき…》 257下
風流警抜《ふうりゅう…》 554上
扶 東扶西倒《とうふせい…》 473上
宛行扶持《あてがいぶち》 6下
相互扶助《そうごふじょ》 391上
扼 切歯扼腕《せっしやく…》 371上
偏袒扼腕《へんたんや…》 578上
応 応機接物《おうきせつ…》 80上
応機立断《おうきりつ…》 80下
応接不暇《おうせつふか》 82下
応病与薬《おうびょう…》 80下, 83下
感応道交《かんのうど…》 130上
因果応報《いんがおう…》 52上
臨機応変《りんきおう…》 654下
四神相応《しじんそう…》 276上
志 志操堅固《しそうけんご》 277上
志大才疎《しだいさいそ》 277下
意志薄弱《いしはくじ…》 17上
初志貫徹《しょしかん…》 328下
闘志満満《とうしまん…》 469上
薄志弱行《はくしじゃ…》 511下
養志之孝《ようしのこう》 633下
十五志学《じゅうごし…》 297上
玩物喪志《がんぶつそ…》 130下
箕山之志《きざんのこ…》 139下
鴻鵠之志《こうこくの…》 75下
青雲之志《せいうんの…》 356上
博学篤志《はくがくと…》 510上
風雲之志《ふううんの…》 550上
凌雲之志《りょううん…》 647上
忍 忍之一字《にんのいちじ》 499下
隠忍自重《いんにんじ…》 55上
堅忍不抜《けんにんふ…》 198上
忘 忘恩負義《ぼうおんふぎ》 580下
忘憂之物《ぼうゆうの…》 588上
得意忘形《とくいぼう…》 477下
得魚忘筌《とくぎょぼ…》 478上
廃寝忘食《はいしんぼ…》 505上
発憤忘食《はっぷんぼ…》 521下
我 我田引水《がでんいん…》 113下
我武者羅《がむしゃら》 116下, 295上
我利我利《がりがり》 117上
無我夢中《むがむちゅう》 600下
唯我独尊《ゆいがどく…》 623下
強情我慢《ごうじょう…》 211上
常楽我浄《じょうらく…》 326下
如是我聞《にょぜがもん》 497下
諸法無我《しょほうむが》 331上
戒 斎戒沐浴《さいかいもく…》 242上
破戒無慙《はかいむざん》 507下
一罰百戒《いちばつひ…》 27上
君子三戒《くんしのさ…》 182上
断機之戒《だんきのかい》 617上
履霜之戒《りそうのかい》 643上
戻 暴戻恣睢《ぼうれいしき》 589上
改 改過自新《かいかじしん》 89下
改弦更張《かいげんこ…》 91上
改邪帰正《かいじゃき…》 593上
改頭換面《かいとうか…》 97下
朝令暮改《ちょうれい…》 440上
攻 難攻不落《なんこうふ…》 492下
先制攻撃《せんせいこ…》 381上
遠交近攻《えんこうき…》 74下
旱 旱天慈雨《かんてんの…》 129上
大旱雲霓《たいかんの…》 404上
更 改弦更張《かいげんこ…》 91上
自力更生《じりきこう…》 332上
杞 杞人之憂《きじんのゆう》 142下
材 高材疾足《こうざいしっ…》 208上
楚材晋用《そざいしん…》 399上
適材適所《てきざいて…》 448上
雄材大略《ゆうざいた…》 625下
王佐之材《おうさのざい》 81下
棟梁之材《とうりょう…》 476上
廊廟之材《ろうびょう…》 664上
杓 杓子定規《しゃくしじ…》 291下
杖 藜杖韋帯《れいじょう…》 658上
伯兪泣杖《はくゆきゅ…》 515上
条 金科玉条《きんかぎょ…》 168下
満目蕭条《まんもくしょ…》 597下
束 二束三文《にそくさん…》 495上
衣冠束帯《いかんそく…》 13下
杜 杜黙詩撰《ともくしさ…》 487上
来 来迎引接《らいごういん…》 318下
来来世世《らいらいせせ》 638上
未来永劫《みらいえい…》 598下
明来暗往《めいらいあ…》 612下
一陽来復《いちようら…》 31下
枉駕来臨《おうがらい…》 80上
故事来歴《こじらいれき》 233上
聖衆来迎《しょうじゅ…》 318下
一往一来《いちおういち…》 20下
捲土重来《けんどちょ…》 198上
古往今来《こおうこん…》 223下
三国伝来《さんごくで…》 253上
彰往察来《しょうおう…》 314下
千客万来《せんきゃく…》 374上
有朋遠来《ゆうほうえ…》 628上
露往霜来《ろおうそう…》 664上
李 桃李成蹊《とうりせい…》 475上
桃李満門《とうりまん…》 475下
瓜田李下《かでんりか》 113下
張王李趙《ちょうおう…》 433上
張三李四《ちょうさん…》 434下
桃三李四《とうさんりし》 468下
道傍苦李《どうぼうの…》 474上
求 求不得苦《ぐふとくく》 180下
欣求浄土《ごんぐじょ…》 239上
上求菩提《じょうぐぼ…》 316上
必求壟断《ひっきゅう…》 536上
縁木求魚《えんぼくき…》 78下
刻舟求剣《こくしゅう…》 226下

在邇求遠《ざいじきゅ…》 243下
死中求活《しちゅうき…》 281上
実事求是《じつじきゅ…》 282下
吹毛求疵《すいもうき…》 353上
没没求活《ぼつぼつき…》 591下
苛斂誅求《かれんちゅ…》 118上
汲 採薪汲水《さいしんき…》 245上
決 衆議一決《しゅうぎい…》 296下
速戦即決《そくせんそ…》 398上
即断即決《そくだんそ…》 398下
民族自決《みんぞくじ…》 599上
沙 沙中偶語《さちゅうぐ…》 249上
沙羅双樹《さらそうじ…》 251上
刃傷沙汰《にんじょう…》 499上
汰 自然淘汰《しぜんとうた》 276下
刃傷沙汰《にんじょう…》 499上
沢 贅沢三昧《ぜいたくざ…》 361下
尺沢之鯢《せきたくの…》 366下
沈 沈魚落雁《ちんぎょら…》 296下, 442上, 499上
沈思黙考《ちんしもっ…》 442下
沈黙寡言《ちんもくか…》 443下
小隙沈舟《しょうげき…》 316上
浮石沈木《ふせきちん…》 562上
意気消沈《いきしょう…》 14上
沛 顛沛流離《てんぱいり…》 462上
造次顛沛《ぞうじてん…》 392上
汨 汨羅之鬼《べきらのき》 575下
没 没分暁漢《ぼつぶんぎ…》 591上
没没求活《ぼつぼつき…》 591下
神出鬼没《しんしゅつ…》 338下
沐 沐猴而冠《もっこうじ…》 277下, 618上
斎戒沐浴《さいかいも…》 242上
櫛風沐雨《しっぷうも…》 285下
災 幸災楽禍《こうさいら…》 208下
除災招福《じょさいし…》 328下
天災地変《てんさいち…》 456上
一病息災《いちびょう…》 27下
延命息災《えんめいそ…》 79上
馬舞之災《ばぶのさい》 523上
無事息災《ぶじそくさい》 560上
無病息災《むびょう…》 606上
牢 太牢滋味《たいろうの…》 413上
亡羊補牢《ぼうようほ…》 588下
状 情状酌量《じょうじょう…》 319上
狂 狂言綺語《きょうげん…》 156上
狂瀾怒濤《きょうらん…》 160上
狄 夷蛮戎狄《いばんじゅ…》 49上
禽獣夷狄《きんじゅう…》 171下
男 男耕女織《だんこうじ…》 420上
男尊女卑《だんそんじょ…》 422上
善男善女《ぜんなんぜ…》 384上
変成男子《へんじょう…》 577上
老若男女《ろうにゃく…》 663上
矣 能事畢矣《のうじひつい》 501下
社 社燕秋鴻《しゃえんし…》 291上
社交辞令《しゃこうじ…》 92上
社稷之臣《しゃしょく…》 293上
城狐社鼠《じょうこし…》 317上
宗廟社稷《そうびょう…》 395上
私 私利私欲《しりしよく》 332上
公私混同《こうしこん…》 209下
無私無偏《むしむへん》 603上
滅私奉公《めっしほう…》 582下
烏鳥私情《うちょうの…》 60上
兼愛無私《けんあいむし》 193下
公平無私《こうへいむし》 218下
則天去私《そくてんき…》 399上
秀 麦秀之嘆《ばくしゅう…》 107下
眉目秀麗《びもくしゅ…》 540上
刻露清秀《こくろせい…》 228上
究 追根究底《ついこんき…》 443下
肝 肝心肝文《かんじんか…》 125上
肝胆相照《かんたんそ…》 127上
肝胆楚越《かんたんそ…》 127下
肓 膏肓之疾《こうこうの…》 207上
肘 旁時掣肘《ぼうじせい…》 583上
良 良弓難張《りょうきゅ…》 647下
良禽択木《りょうきん…》 647下
良妻賢母《りょうさい…》 648下
良師益友《りょうしえ…》 649上
良知良能《りょうちり…》 650下
良二千石《りょうにせ…》 651上
良風美俗《りょうふう…》 313上
良薬苦口《りょうやく…》 652下
良医治子《ろういちし》 660上
温良恭倹《おんりょう…》 88下
吉日良辰《きちじつり…》 144上
公序良俗《こうじょり…》 211下
狡兎良狗《こうとりょ…》 217上
精金良玉《せいきんり…》 357下
白眉最良《はくびさい…》 514上
臣 乱臣賊子《らんしんぞ…》 640下
君辱臣死《くんじょく…》 183上
帷幄之臣《いあくのしん》 11上
股肱之臣《ここうのしん》 229下
社稷之臣《しゃしょく…》 293上
聚斂之臣《しゅうれん…》 304上
草莽之臣《そうもうの…》 396上
伴食大臣《ばんしょく…》 526下
腹心之臣《ふくしんの…》 557下
見 見賢思斉《けんけんし…》 194下
見性成仏《けんしょう…》 196下
見聞覚知《けんもんか…》 201下
先見之明《せんけんの…》 375下
左見右見《とみこうみ》 486下
物見遊山《ものみゆさん》 618下
開心見誠《かいしんけ…》 95上
寡聞少見《かぶんしょ…》 116上
井蛙之見《せいあのけん》 356上
百聞一見《ひゃくぶん…》 543上
角 蝸角之争《かかくのあ…》 99下
矯角殺牛《きょうかく…》 154下
口角飛沫《こうかくひ…》 204上
四角四面《しかくしめん》 265上
鱗角鳳嘴《りんかくほ…》 654上
烏白馬角《うはくばかく》 60下
亀毛兎角《きもうとかく》 147上
天涯海角《てんがいか…》 452上
転彎抹角《てんわんま…》 464上
言 言行一致《げんこうい…》 195下
言文一致《げんぶんい…》 200上
言語道断《ごんごどう…》 240上
一言居士《いちげんこじ》 21上
一言一句《いちごんい…》 22上
一言半句《いちごんは…》 22下
一言芳恩《いちごんほ…》 22下
危言危行《きげんきこう》 138上
狂言綺語《きょうげん…》 156上
謹言慎行《きんげんし…》 169下
巧言令色《こうげんれ…》 207上
察言観色《さつげんか…》 249下
千言万語《せんげんば…》 375下
大言壮語《たいげんそ…》 406下
多言数窮《たげんすう…》 414下
忠言逆耳《ちゅうげん…》 429下
甜言蜜語《てんげんみ…》 454下
訥言敏行《とつげんび…》 484下
微言大義《びげんたいぎ》 533下
風言風語《ふうげんふ…》 551上

不言実行《ふげんじっ…》 559上
不言不語《ふげんふご…》 559上
片言隻句《へんげんせ…》 577上
放言高論《ほうげんこ…》 582上
暴言多罪《ぼうげんた…》 582上
漫言放語《まんげんほ…》 596上
妄言多謝《もうげんた…》 616上
有言実行《ゆうげんじ…》 625上
庸言之謹《ようげんの…》 632上
妖言惑衆《ようげんわ…》 632上
流言蜚語《りゅうげん…》 645上
悪口雑言《あっこうぞ…》 6上
河漢之言《かかんのげん》 100下
恐惶謹言《きょうこう…》 156下
荒唐之言《こうとうの…》 216上
光明真言《こうみょう…》 219下
左右他言《さゆうたげん》 250上
三百代言《さんびゃく…》 262上
至理名言《しりめいげん》 332下
折檻諫言《せっかんか…》 369下
草茅危言《そうぼうき…》 395下
知者不言《ちしゃふげん》 427上
中冓之言《ちゅうこう…》 430下
沈黙寡言《ちんもくか…》 443下
肺腑之言《はいふのげん》 506下
薄唇軽言《はくしんけ…》 512下
罵詈雑言《ばりぞうごん》 524上
附耳之言《ふじのげん》 560下
無稽之言《むけいのげん》 216下, 601上
面従後言《めんじゅう…》 614上
谷 空谷跫音《くうこくの…》 175上
深山幽谷《しんざんゆ…》 336下
進退維谷《しんたいい…》 343下
豆 煮豆燃萁《しゃとうね…》 294下
寸馬豆人《すんばとう…》 355下
豕 三豕渡河《さんしとか》 255上
封豕長蛇《ほうしちょ…》 583下
遼東之豕《りょうとう…》 651上
魯魚亥豕《ろぎょがいし》 664下
貝 萋斐貝錦《せいひばい…》 363下
赤 赤手空拳《せきしゅく…》 483上
赤貧如洗《せきひんじ…》 367下
近朱必赤《きんしゅひ…》 171下
走 走馬看花《そうばかんか》 394下
行尸走肉《こうしそう…》 210上
行屎走尿《こうしそう…》 210上
狡兎走狗《こうとそうく》 217下
蚊虻走牛《ぶんぼうそ…》 571下
韋駄天走《いだてんそう》 19上
烏飛兎走《うひとそう》 60下
東奔西走《とうほんせ…》 474下
足 挙足軽重《きょそくけ…》 164下
削足適履《さくそくて…》 247下
疾足先得《しっそくせ…》 283下
駿足長阪《しゅんそく…》 312上
知足安分《ちそくあん…》 428下
二足三文《にそくさん…》 495下
空谷足音《くうこくの…》 175上
手舞足踏《しゅぶそく…》 310下
頭寒足熱《ずかんそく…》 353下
手枷足枷《てかせあし…》 448上
豊衣足食《ほういそく…》 579上
円頭方足《えんとうほ…》 77下
円満具足《えんまんぐ…》 79上
家給人足《かきゅうじ…》 101上
画蛇添足《がだてんそく》 108下
高材疾足《こうざいし…》 208上
自給自足《じきゅうじ…》 267上
濯纓濯足《たくえいた…》 414上
人人具足《にんにんぐ…》 499上
身 身心一如《しんじんい…》 340下
身心脱落《しんじんだ…》 175下, 341下
身体髪膚《しんたいは…》 343下
身中之虫《しんちゅう…》 344上
灰身滅智《けしんめっち》 191下
捨身飼虎《しゃしんしこ》 293上
修身斉家《しゅうしん…》 299上
全身全霊《ぜんしんぜ…》 380下
即身成仏《そくしんじ…》 398上
長身痩軀《ちょうしん…》 435下
人身御供《ひとみごくう》 538上
平身低頭《へいしんて…》 574下
満身創痍《まんしんそ…》 597上
立身出世《りっしんし…》 643上
可惜身命《あたらしん…》 5下
不惜身命《ふしゃくし…》 560下
人面獣身《じんめんじ…》 347上
粉骨砕身《ふんこつさ…》 568下
明哲保身《めいてつほ…》 611上
車 車胤聚蛍《しゃいんしゅ…》 187下
車魚之嘆《しゃぎょの…》 291上
車載斗量《しゃさいと…》 292上
安車蒲輪《あんしゃほ…》 9上
宮車晏駕《きゅうしゃ…》 150下
三車火宅《さんしゃか…》 255下
前車覆轍《ぜんしゃの…》 378下
素車白馬《そしゃはくば》 399下
乗輿車駕《じょうよし…》 326下
杯水車薪《はいすいし…》 505上
驥服塩車《きふくえん…》 146上
禽困覆車《きんこんふ…》 170下
舐痔得車《しじとくしゃ》 272上
唇歯輔車《しんしほしゃ》 337下
擲果満車《てっかまん…》 449上
辛 千辛万苦《せんしんば…》 380下
艱難辛苦《かんなんし…》 129下
粒粒辛苦《りゅうりゅ…》 646下
辰 吉日良辰《きちじつり…》 144上
日月星辰《じつげつせ…》 281下
里 五里霧中《ごりむちゅう》 238下
千里同風《せんりどう…》 386下
百里之才《ひゃくりの…》 543下
悪事千里《あくじせんり》 4上
一望千里《いちぼうせ…》 28上
一瀉千里《いっしゃせ…》 38下
雲泥万里《うんでいば…》 65上
薤露蒿里《かいろこうり》 99上
皓月千里《こうげつせ…》 206下
毫釐千里《ごうりせんり》 221上
舳艫千里《じくろせんり》 268下
前程万里《ぜんていば…》 383上
跛鼈千里《はべつせんり》 523上
飛雪千里《ひせつせんり》 535上
鵬程万里《ほうていば…》 585下
麦 麦秀之嘆《ばくしゅう…》 107下

【8画】

並 並駕斉駆《へいがせいく》 573下
恩威並行《おんいへい…》 85下
椿萱並茂《ちんけんへ…》 442上
乳 乳母日傘《おんばひがさ》 88上
口尚乳臭《こうしょう…》 211上
猫鼠同乳《びょうそど…》 546下
事 事実無根《じじつむこん》 272上
事事物物《じじぶつぶつ》 273上
事上磨錬《じじょうま…》 274下
事大主義《じだいしゅぎ》 278上
事半功倍《じはんこう…》 286下

悪事千里《あくじせんり》 4上
往事渺茫《おうじびょ…》 81下
好事多魔《こうじたま》 210上
故事来歴《こじらいれき》 233上
実事求是《じつじきゅ…》 282下
人事天命《じんじてん…》 337上
人事不省《じんじふせい》 337下
成事不説《せいじふせつ》 359下
多事多端《たじたたん》 415下
多事多難《たじたなん》 415下
能事畢矣《のうじひつい》 501下
無事息災《ぶじそくさい》 560上
文事武備《ぶんじぶび》 569下
蓋棺事定《がいかんじ…》 89下
後生大事《ごしょうだ…》 232下
通功易事《つうこうえ…》 444上
風流韻事《ふうりゅう…》 554上
平穏無事《へいおんぶじ》 573上
舎 舎短取長《しゃたんし…》 293下
三舎退避《さんしゃた…》 256上
用行舎蔵《ようこうし…》 632下
依 依依恋恋《いいれんれん》 12下
依怙贔屓《えこひいき》 70上
依他起性《えたきしょう》 70下
帰依三宝《きえさんぼう》 134上
百依百順《ひゃくいひ…》 540上
旧態依然《きゅうたい…》 152上
佳 佳人薄命《かじんはく…》 108上, 243下, 244下
才子佳人《さいしかじん》 243下
漸入佳境《ぜんにゅう…》 384下
珍味佳肴《ちんみかこう》 443上
価 洛陽紙価《らくようの…》 638下
侃 侃侃諤諤《かんかんが…》 120上
佶 佶屈聱牙《きっくつご…》 144下
供 開眼供養《かいげんく…》 90下
追善供養《ついぜんく…》 444上
人身御供《ひとみごくう》 538上
佼 庸中佼佼《ようちゅう…》 634下
侈 奢侈淫佚《しゃしいん…》 292下
放辟邪侈《ほうへきじ…》 587上
佻 軽佻浮薄《けいちょう…》 188下
佩 韋弦之佩《いげんのはい》 16上
併 清濁併呑《せいだくへ…》 362上
尭 尭階三尺《ぎょうかい…》 477上
尭鼓舜木《ぎょうこし…》 156下
尭風舜雨《ぎょうふう…》 159下
跖狗吠尭《せっくはい…》 370上
免 免許皆伝《めんきょか…》 613下
天下御免《てんかごめん》 453上
無罪放免《むざいほう…》 602上
具 具不退転《ぐふたいてん》 180下
独具匠心《どくぐしょ…》 478下
円満具足《えんまんぐ…》 79上
人人具足《にんにんぐ…》 499上
廊廟之具《ろうびょう…》 664上
典 内典外典《ないてんげ…》 490上
華燭之典《かしょくの…》 106下
冽 秋風冽冽《しゅうふう…》 302上
寒気凜冽《かんきりん…》 121下
刮 刮目相待《かつもくそ…》 113上, 475上
刻 刻舟求剣《こくしゅう…》 226下
刻露清秀《こくろせい…》 228上
刻苦勉励《こっくべん…》 235下
一刻千金《いっこくせ…》 36上
時時刻刻《じじこっこく》 271下
春宵一刻《しゅんしょ…》 311下
彫虫篆刻《ちょうちゅ…》 436下
刺 懸頭刺股《けんとうしこ》 197下
制 先制攻撃《せんせいこ…》 381上
以夷制夷《いいせいい》 12上
以毒制毒《いどくせい…》 48上
柔能制剛《じゅうのう…》 302上
先即制人《せんそくせ…》 382上
量入制出《りょうにゅ…》 651下
臨機制変《りんきせい…》 654下
女人禁制《にょにんき…》 497下
刹 五山十刹《ござんじっ…》 230下
到 意到筆随《いとうひつ…》 48上
水到渠成《すいとうき…》 352下
精神一到《せいしんい…》 360上
前人未到《ぜんじんみ…》 380下
読書三到《どくしょさ…》 479上
用意周到《よういしゅ…》 631上
効 効果覿面《こうかてき…》 204下
上行下効《じょうこう…》 316下
薬石無効《やくせきむ…》 621下
協 不協和音《ふきょうわ…》 557上
鳩首協議《きゅうしゅ…》 151上
産学協同《さんがくき…》 252上
卓 高論卓説《こうろんた…》 222上
卦 有卦七年《うけしちねん》 57下
参 曾参殺人《そうしんさ…》 392下
朝参暮請《ちょうさん…》 434上
取 取捨選択《しゅしゃせ…》 305下
逆取順守《ぎゃくしゅ…》 147下
進取果敢《しんしゅか…》 338下
摂取不捨《せっしゅふ…》 371上
猿猴取月《えんこうし…》 74下
火中取栗《かちゅうし…》 109上
舎短取長《しゃたんし…》 293下
断章取義《だんしょう…》 421上
受 受胎告知《じゅたいこ…》 307下
自受法楽《じじゅほう…》 274上
叔 伯夷叔斉《はくいしゅ…》 509上
伯仲叔季《はくちゅう…》 512下
呵 呵呵大笑《かかたいし…》 100上
一気呵成《いっきかせい》 33下
咎 盈満之咎《えいまんの…》 68上
呼 呼牛呼馬《こぎゅうこば》 224下
指差称呼《しさしょうこ》 271上
大声疾呼《たいせいし…》 409下
励声疾呼《れいせいし…》 658下
周 周章狼狽《しゅうしょ…》 298下
荘周之夢《そうしゅう…》 235上
用意周到《よういしゅ…》 631上
呻 無病呻吟《むびょうし…》 606上
味 一味徒党《いちみととう》 28下
意味深長《いみしんち…》 50下
興味津津《きょうみし…》 160上
大味必淡《たいみひっ…》 412上
珍味佳肴《ちんみかこう》 443上
無味乾燥《むみかんそう》 606下
三年味噌《さんねんみそ》 261上
手前味噌《てまえみそ》 451下
山海珍味《さんかいの…》 251下
熟読玩味《じゅくどく…》 305上
太牢滋味《たいろうの…》 413上
低徊趣味《ていかいし…》 445下
命 命世之才《めいせいの…》 610下
延命息災《えんめいそ…》 79上
帰命頂礼《きみょうち…》 146下
佐命立功《さめいりっ…》 250上
臨命終時《りんみょう…》 656上
至上命令《しじょうめ…》 275上
可惜身命《あたらしん…》 5下
安心立命《あんじんり…》 9下
一所懸命《いっしょけ…》 40上
易姓革命《えきせいか…》 69上
佳人薄命《かじんはく…》 108上

五十知命《ごじゅうち…》 231下
死生有命《しせいゆう…》 276下
耳提面命《じていめん…》 285下
人事天命《じんじてん…》 337上
絶体絶命《ぜったいぜ…》 372上
託孤寄命《たくこきめい》 414上
不惜身命《ふしゃくし…》 560下

和 和氏之璧《かしのへき》 105下, 131下, 430下, 485下
和顔愛語《わがんあいご》 667下
和気藹藹《わきあいあい》 668上
和敬清寂《わけいせい…》 668上
和光同塵《わこうどう…》 668上
和魂漢才《わこんかん…》 270下, 668下
和魂洋才《わこんよう…》 668下
和而不同《わじふどう》 669上
和風細雨《わふうさいう》 669上
和洋折衷《わようせっ…》 669上
春和景明《しゅんわけ…》 313下
付和雷同《ふわらいどう》 567下
合水和泥《がっすいわ…》 112上
随珠和璧《ずいしゅか…》 350下
不協和音《ふきょうわ…》 557上
琴瑟相和《きんしつそ…》 171上
四大調和《しだいちょ…》 278下
同而不和《どうじふわ》 469上

固 頑固一徹《がんこいっ…》 122上
頑迷固陋《がんめいこ…》 132上
狷介固陋《けんかいこ…》 194上
深根固柢《しんこんこ…》 336上
意志強固《いしきょうこ》 17下
志操堅固《しそうけんご》 277上
闘諍堅固《とうじょう…》 470上

国 国士無双《こくしむそう》 226下
異国情緒《いこくじょ…》 16下
一国一城《いっこくい…》 36上
挙国一致《きょこくい…》 163下
経国済民《けいこくさ…》 187下
経国大業《けいこくの…》 186上
三国伝来《さんごくで…》 253上
小国寡民《しょうこく…》 316下
富国強兵《ふこくきょ…》 559下
鎮護国家《ちんごこっか》 442下
天香国色《てんこうこ…》 455下
華胥之国《かしょのくに》 106下
傾城傾国《けいせいけ…》 187上
四塞之国《しそくのくに》 277上
七生報国《しちしょう…》 279上
唇歯之国《しんしのくに》 338上
尽忠報国《じんちゅう…》 344下
得衆得国《とくしゅう…》 479上
万乗之国《ばんじょう…》 526下

圀 草満囹圄《そうまんれ…》 395下

坤 乾坤一擲《けんこんい…》 196上
旋乾転坤《せんけんて…》 375上

垂 垂拱之治《すいきょう…》 349上
垂涎三尺《すいぜんさ…》 351下
垂頭喪気《すいとうそ…》 352下
垂名竹帛《すいめいち…》 353上
耳聾垂肩《じじゅすい…》 274上
率先垂範《そっせんす…》 401上
本地垂迹《ほんじすい…》 592下
羊裘垂釣《ようきゅう…》 632上

坦 虚心坦懐《きょしんた…》 164上

坷 坎坷不遇《かんかふぐう》 119下

夜 夜雨対牀《やうたいし…》 621下
夜光之璧《やこうのへき》 610上, 622下
夜郎自大《やろうじだい》 623上
夜目遠目《よめとおめ》 637上
一夜検校《いちやけん…》 30上
一夜十起《いちやじっき》 30下
乙夜之覧《いつやのらん》 47下
昼夜兼行《ちゅうやけ…》 432上
夙興夜寐《しゅっこう…》 308下
白川夜舟《しらかわよ…》 331上
昼耕夜誦《ちゅうこう…》 430下
百鬼夜行《ひゃっきや…》 544下
秉燭夜遊《へいしょく…》 574上
如法暗夜《にょほうあ…》 498上
無明長夜《むみょうち…》 607上

奄 気息奄奄《きそくえん…》 143下

奇 奇怪千万《きかいせん…》 135上
奇貨可居《きかかきょ》 135下
奇岩怪石《きがんかい…》 136上
奇奇怪怪《ききかいかい》 136下, 575下
奇策縦横《きさくじゅ…》 139下
奇策妙計《きさくみょ…》 139下
奇想天外《きそうてん…》 143下
合縁奇縁《あいえんき…》 1上
斬新奇抜《ざんしんき…》 257下
晴好雨奇《せいこううき》 358上
複雑怪奇《ふくざつか…》 557上

奉 奉公守法《ほうこうし…》 582下

奔 東奔西走《とうほんせ…》 474下
渇驥奔泉《かっきほん…》 110上
自由奔放《じゆうほん…》 303上
万馬奔騰《ばんばほん…》 528上
不羈奔放《ふきほんぽう》 556下

姑 麻姑搔痒《まこそうよう》 594下
因循姑息《いんじゅん…》 53下

妻 妻子眷属《さいしけん…》 244上
荊妻豚児《けいさいと…》 186下
良妻賢母《りょうさい…》 648下
肉食妻帯《にくじきさ…》 494下
糟糠之妻《そうこうの…》 390上

始 終始一貫《しゅうしい…》 297下
慎始敬終《しんしけい…》 336下
同始異終《どうしいし…》 468下
無始無終《むしむしゅう》 602下
一部始終《いちぶしじ…》 28上
先従隗始《せんじゅう…》 378下
報本反始《ほうほんは…》 587下

姓 易姓革命《えきせいか…》 69上

学 下学上達《かがくじょ…》 99下
教学相長《きょうがく…》 155上
曲学阿世《きょくがく…》 161上
産学協同《さんがくき…》 252上
碩学大儒《せきがくた…》 365下
浅学菲才《せんがくひ…》 373下
博学多才《はくがくた…》 509下
博学篤志《はくがくと…》 510上
無学文盲《むがくもん…》 600上
邯鄲学歩《かんたんが…》 128上
外題学問《げだいがく…》 191下
百川学海《ひゃくせん…》 541上
記問之学《きもんのがく》 147上
口耳之学《こうじのがく》 210下
十五志学《じゅうごし…》 297上
鄒魯之学《すうろのがく》 353下
八宗兼学《はっしゅう…》 520上

季 澆季末世《ぎょうきま…》 155下
伯仲叔季《はくちゅう…》 512下

孟 孟母三遷《もうぼさん…》 616下
孟母断機《もうぼだんき》 617上
孔孟老荘《こうもうろ…》 221上
優孟衣冠《ゆうもうの…》 629上

宛 宛行扶持《あてがいぶち》 6下
宛転蛾眉《えんてんがび》 77上

官　官尊民卑《かんそんみ…》　127上
貪官汚吏《たんかんおり》　419上
稗官野史《はいかんやし》　503上
半官半民《はんかんは…》　524下
判官贔屓《ほうがんび…》　581上
高位高官《こういこう…》　202下
文武百官《ぶんぶひゃ…》　571上
無位無官《むいむかん》　599下
実　実事求是《じつじきゅ…》　282下
実践躬行《じっせんき…》　283上
実相観入《じっそうか…》　109下,
283下
虚実皮膜《きょじつひ…》　163下
事実無根《じじつむこん》　272上
質実剛健《しつじつご…》　283上
真実一路《しんじつい…》　337上
円成実性《えんじょう…》　76上
虚往実帰《きょおうじ…》　160上
虚虚実実《きょきょじ…》　160下
謹厳実直《きんげんじ…》　169下
久遠実成《くおんじつ…》　177上
不言実行《ふげんじっ…》　559上
名存実亡《めいそんじ…》　611上
有言実行《ゆうげんじ…》　625上
温厚篤実《おんこうと…》　86上
開権顕実《かいごんけ…》　93上
去華就実《きょかしゅ…》　160下
名声過実《めいせいか…》　610下
有職故実《ゆうそくこ…》　627下
有名無実《ゆうめいむ…》　628下
宗　宗廟社稷《そうびょう…》　395上
八宗兼学《はっしゅう…》　520上
定　痛定思痛《つうていし…》　444下
不定愁訴《ふていしゅ…》　563下
会者定離《えしゃじょ…》　70下
温凊定省《おんせいて…》　87上
杓子定規《しゃくしじ…》　291下
蓋棺事定《がいかんじ…》　89下
兵隊勘定《へいたいか…》　575上
百舌勘定《もずかんじ…》　617下
老少不定《ろうしょう…》　662上
宝　化城宝処《けじょうほ…》　191上
伝家宝刀《でんかのほ…》　454上
如意宝珠《にょいほう…》　497上
帰依三宝《きえさんぼう》　134上
七珍万宝《しっちんま…》　284上
尺璧非宝《せきへきひ…》　367下
南無三宝《なむさんぼう》　490下
文房四宝《ぶんぼうの…》　572上
尚　口尚乳臭《こうしょう…》　211上
時期尚早《じきしょう…》　266下
読書尚友《どくしょし…》　480上
居　居敬窮理《きょけいき…》　163上
安居楽業《あんきょら…》　8下
鳩居鵲巣《きゅうきょ…》　149下
一言居士《いちげんこじ》　21上
慎重居士《しんちょう…》　345上
奇貨可居《きかかきょ》　135下
小人閑居《しょうじん…》　320上
屈　佶屈聱牙《きっくつご…》　144下
卑躬屈節《ひきゅうく…》　532下
不撓不屈《ふとうふくつ》　564下
岸　隔岸観火《かくがんか…》　102上
傲岸不遜《ごうがんふ…》　205上
風岸孤峭《ふうがんこ…》　550上
道貌岸然《どうぼうが…》　474上
岩　奇岩怪石《きがんかい…》　136上
岡　岡目八目《おかめはち…》　85上
帖　俛首帖耳《ふしゅちょ…》　561上
帛　竹帛之功《ちくはくの…》　425下
垂名竹帛《すいめいち…》　353上
幸　幸災楽禍《こうさいら…》　208下
幷　倍日幷行《ばいじつへ…》　503下
庚　先庚後庚《せんこうこ…》　376上
底　海底撈月《かいていろ…》　97上
井底之蛙《せいていのあ》　366下
釜底抽薪《ふていちゅ…》　564上
方底円蓋《ほうていえ…》　585上
大悟徹底《たいごてっ…》　407上
追根究底《ついこんき…》　443下
流星光底《りゅうせい…》　645下
延　延延長蛇《えんえんち…》　72下
延頸鶴望《えんけいか…》　74上,
74下
延頸挙踵《えんけいき…》　74上
延命息災《えんめいそ…》　79上
美意延年《びいえんねん》　530下
弦　韋弦之佩《いげんのはい》　16上
改弦更張《かいげんこ…》　91上
詩歌管弦《しいかかん…》　263下
弩　剣抜弩張《けんばつど…》　198下
弥　弥勒三会《みろくさんね》　644下
曠日弥久《こうじつび…》　210下
往　往事渺茫《おうじびょ…》　81下
易往易行《いおういぎ…》　12下
一往一来《いちおうい…》　20下
右往左往《うおうさおう》　56下
虚往実帰《きょおうじ…》　160上
古往今来《こおうこん…》　223下
彰往察来《しょうおう…》　314下
勇往邁進《ゆうおうま…》　624下
露往霜来《ろおうそう…》　664上
九品往生《くほんおう…》　180下
極楽往生《ごくらくお…》　227下
独立独往《どくりつど…》　481下
明来暗往《めいらいあ…》　612下
径　直情径行《ちょくじょ…》　440下
終南捷径《しゅうなん…》　300上
羊腸小径《ようちょう…》　635上
征　南征北伐《なんせいほ…》　493上
彿　水天彷彿《すいてんほ…》　352上
彽　彽回趣味《ていかいし…》　446上
牀　夜雨対牀《やうたいし…》　621下
英　英華発外《えいかはつ…》　66下
英姿颯爽《えいしさっ…》　67上
天資英明《てんしえい…》　456上
苦　苦髪楽爪《くがみらく…》　177上
苦心惨憺《くしんさん…》　178下
苦肉之計《くにくのけい》　154上,
179下
艱苦奮闘《かんくふん…》　121下
刻苦勉励《こっくべん…》　235下
四苦八苦《しくはっく》　268上
抜苦与楽《ばっくよらく》　519上
悪戦苦闘《あくせんく…》　4上
焦心苦慮《しょうしん…》　320下
道傍苦李《どうぼうの…》　474上
難行苦行《なんぎょう…》　492上
無茶苦茶《むちゃくちゃ》　604下
滅茶苦茶《めちゃくちゃ》　613上
良薬苦口《りょうやく…》　652下
愛別離苦《あいべつりく》　2上
遠塵離苦《おんじんりく》　87上
怨憎会苦《おんぞうえく》　87下
艱難辛苦《かんなんしん…》　129下
求不得苦《ぐふとくく》　180下
五陰盛苦《ごおんじょ…》　223下
七難八苦《しちなんは…》　280上
千辛万苦《せんしんば…》　380下
同甘共苦《どうかんき…》　466上
塗炭之苦《とたんのく》　484上

粒粒辛苦《りゅうりゅ…》 646下
零丁孤苦《れいていこく…》 659上
若 傍若無人《ぼうじゃくぶ…》 583下
老若男女《ろうにゃく…》 663上
大巧若拙《たいこうじ…》 406下
浮生若夢《ふせいじゃ…》 561下
意気自若《いきじじゃく》 14上
泰然自若《たいぜんじ…》 410上
苗 苗字帯刀《みょうじた…》 598上
助長抜苗《じょちょう…》 329下
茂 茂林修竹《もりんしゅ…》 618下
竹苞松茂《ちくほうし…》 426上
椿萱並茂《ちんけんへ…》 442上
苡 薏苡明珠《よくいめい…》 636下
苛 苛政猛虎《かせいもうこ》 108上
苛斂誅求《かれんちゅ…》 118上
苞 竹苞松茂《ちくほうし…》 426上
茅 草茅危言《そうぼうき…》 395下
草茅之臣《そうぼうの…》 396上
衆賢茅茹《しゅうけん…》 296下
述 述而不作《じゅつじふ…》 308下
迫 強迫観念《きょうはく…》 159上
従容不迫《しょうよう…》 326下
悠揚不迫《ゆうようふ…》 629下
邯 邯鄲之歩《かんたんのほ》 127下
邯鄲之夢《かんたんの…》 69下, 128上, 562上
邪 破邪顕正《はじゃけん…》 516下
翻邪帰正《ほんじゃき…》 593上
異端邪説《いたんじゃ…》 19下
淫祠邪教《いんしじゃ…》 53下
奸佞邪知《かんねいじ…》 129下
放辟邪侈《ほうへきじ…》 587上
干将莫邪《かんしょう…》 124下
阿 阿吽之息《あうんのいき》 2下
阿衡之佐《あこうのさ》 5上
阿鼻叫喚《あびきょう…》 6下
阿鼻地獄《あびじごく》 601下
阿爺下頷《あやのあが…》 7下
阿諛追従《あゆついし…》 7下, 8上
阿諛便佞《あゆべんねい》 7下
曲学阿世《きょくがく…》 161上
呉下阿蒙《ごかのあもう》 224上
諂佞阿諛《てんねいあゆ》 461上
阻 意気阻喪《いきそそう》 14下
士気阻喪《しきそそう》 267上
附 附耳之言《ふじのげん》 560下
群蟻附羶《ぐんぎふせん》 181上
牽強附会《けんきょう…》 194下
趨炎附熱《すうえんふ…》 353下
攀竜附鳳《はんりょう…》 529下
怪 怪誕不経《かいたんふ…》 96下
怪力乱神《かいりょく…》 98下
奇怪千万《きかいせん…》 135上
妖怪変化《ようかいへ…》 631上
奇岩怪石《きがんかい…》 136上
奇奇怪怪《ききかいかい》 136下
複雑怪奇《ふくざつか…》 557上
怙 依怙贔屓《えこひいき》 70上
怩 顔厚忸怩《がんこうじ…》 122下
性 見性成仏《けんしょう…》 196下
伐性之斧《ばっせいのふ》 521上
雲心月性《うんしんげ…》 64下
依他起性《えたきしょう》 70下
円成実性《えんじょう…》 76上
薑桂之性《きょうけい…》 156上
狗子仏性《くしぶっし…》 178上
盗人根性《ぬすっとこ…》 499下
名詮自性《みょうせん…》 598上
拠 群雄割拠《ぐんゆうかっ…》 183下
招 除災招福《じょさいしょ…》 328下
拙 巧遅拙速《こうちせっ…》 214下
大巧若拙《たいこうじ…》 406下
弄巧成拙《ろうこうせ…》 661上
抽 抽薪止沸《ちゅうしん…》 431下
釜底抽薪《ふていちゅ…》 564上
拈 拈華微笑《ねんげみしょう》 500下
拝 三拝九拝《さんぱいき…》 261下
偶像崇拝《ぐうぞうす…》 176上
祖先崇拝《そせんすう…》 400下
頓首再拝《とんしゅさ…》 488下
望塵之拝《ぼうじんの…》 584下
拍 拍手喝采《はくしゅか…》 512上
披 披荊斬棘《ひけいざん…》 533下
披星戴月《ひせいたい…》 534下
抱 抱関撃柝《ほうかんげ…》 581上
抱薪救火《ほうしんき…》 584上
抱柱之信《ほうちゅう…》 535上
抱腹絶倒《ほうふくぜ…》 586下
諶 捨閉閣諶《しゃへいか…》 295上
抹 転彎抹角《てんわんま…》 464上
忠 忠言逆耳《ちゅうげん…》 429下
忠孝両全《ちゅうこう…》 431上
尽忠報国《じんちゅう…》 344下
孝悌忠信《こうていちゅ…》 215下
念 一念通天《いちねんつ…》 26下
一念発起《いちねんほ…》 26下
残念至極《ざんねんし…》 13上
残念無念《ざんねんむ…》 261上
無念無想《むねんむそう》 605下
強迫観念《きょうはく…》 159上
臨終正念《りんじゅう…》 655上
所 一所懸命《いっしょけ…》 40上
近所合壁《きんじょが…》 172下
大所高所《たいしょこ…》 409上
屠所之羊《としょのひ…》 483下
名所旧跡《めいしょき…》 610上
一業所感《いちごうし…》 22上
在在所所《ざいざいし…》 243上
不労所得《ふろうしょ…》 567上
遍計所執《へんげしょ…》 576下
適材適所《てきざいて…》 448上
房 洞房花燭《どうぼうか…》 473下
文房四宝《ぶんぼうの…》 572上
承 承前啓後《しょうぜん…》 321下
起承転結《きしょうて…》 141下
不承不承《ふしょうぶ…》 561上
血脈相承《けちみゃく…》 192上
三国相承《さんごくそ…》 253上
師資相承《ししそうじ…》 271下
放 放佚無慙《ほういつむ…》 579上
放歌高吟《ほうかこう…》 580下
放言高論《ほうげんこ…》 582上
放蕩不羈《ほうとうふき》 586上
放蕩無頼《ほうとうぶ…》 586上
放辟邪侈《ほうへきじ…》 587上
豪放磊落《ごうほうら…》 219上
帰馬放牛《きばほうぎ…》 146上
高歌放吟《こうかほう…》 204下
禅譲放伐《ぜんじょう…》 379下
漫言放語《まんげんほ…》 596上
無罪放免《むざいほう…》 602上
自由奔放《じゆうほん…》 303上
百花斉放《ひゃっかせ…》 544上
不羈奔放《ふきほんぽう》 556下
門戸開放《もんこかい…》 619上
斧 毫毛斧柯《ごうもうふか》 220下
神工鬼斧《しんこうきふ》 336上
蟷螂之斧《とうろうの…》 476下
伐性之斧《ばっせいのふ》 521上
班門弄斧《はんもんろ…》 529下

易　易往易行《いおういぎ…》　12下
易姓革命《えきせいか…》　69上，379下
不易流行《ふえきりゅ…》　555上
改弦易轍《かいげんえ…》　91上
通功易事《つうこうえ…》　444上
冠履倒易《かんりとう…》　132下
左建外易《さけんがい…》　248上
千古不易《せんこふえき》　376下
千歳不易《せんざいふ…》　377上
昏　昏定晨省《こんていし…》　87下
昌　商売繁昌《しょうばい…》　323上
昇　旭日昇天《きょくじつ…》　161下
昔　今昔之感《こんじゃく…》　240下
十年一昔《じゅうねん…》　301下
明　明石源氏《あかしげんじ》　167上
明鏡止水《めいきょう…》　608上
明月之珠《めいげつの…》　608下，610上
明察秋毫《めいさつし…》　609上
明珠暗投《めいしゅあ…》　238上，609下
明窓浄机《めいそうじ…》　610下
明哲保身《めいてつほ…》　611上
明眸皓歯《めいぼうこ…》　611下
明明白白《めいめいは…》　281下，612上
明目張胆《めいもくち…》　612上
明来暗往《めいらいあ…》　612下
明朗闊達《めいろうか…》　613上
光明真言《こうみょう…》　219下
光明遍照《こうみょう…》　220上
孔明臥竜《こうめいが…》　220上
公明正大《こうめいせ…》　220下
自明之理《じめいのり》　289下
文明開化《ぶんめいか…》　572下
無明長夜《むみょうち…》　607上
幽明異境《ゆうめいい…》　628上
髻中明珠《けいちゅう…》　188上
挙一明三《こいちみょ…》　202上
掌上明珠《しょうじょ…》　322上
清風明月《せいふうめ…》　364上
単純明快《たんじゅん…》　421上
風光明媚《ふうこうめ…》　551上
薏苡明珠《よくいめい…》　636下
旗幟鮮明《きしせんめい》　140上
黒白分明《こくびゃく…》　227上
山紫水明《さんしすい…》　254下
日月自明《じつげつじ…》　281下
春和景明《しゅんわけ…》　313下
心地光明《しんちこう…》　344上
先見之明《せんけんの…》　375下
直截簡明《ちょくせつ…》　440下
天資英明《てんしえい…》　456上
天地神明《てんちしん…》　459上
燃犀之明《ねんさいの…》　500下
不在証明《ふざいしょ…》　560上
柳暗花明《りゅうあん…》　644上
昂　意気軒昂《いきけんこう》　13下
気宇軒昂《きうけんこう》　134上
服　驥服塩車《きふくえん…》　146上
叛服不常《はんぷくふ…》　528上
拳拳服膺《けんけんふ…》　195上
白竜魚服《はくりょう…》　516上
朋　朋友知己《ほうゆうちき》　587下
朋友有信《ほうゆうゆ…》　588上
有朋遠来《ゆうほうえ…》　628上
耐久之朋《たいきゅう…》　406上
枉　枉駕来臨《おうがらい…》　80上
枉尺直尋《おうせきち…》　82上
矯枉過直《きょうおう…》　154下
果　因果応報《いんがおう…》　52上
効果覿面《こうかてき…》　204下
擲果満車《てっかまん…》　449上
剛毅果断《ごうきかだん》　205下
進取果敢《しんしゅか…》　338下
迅速果敢《じんそくか…》　343上
勇猛果敢《ゆうもうか…》　628下
悪因悪果《あくいんあ…》　3下
共業共果《ぐうごうぐ…》　22上
善因善果《ぜんいんぜ…》　373下
枝　枝葉末節《しようまっ…》　325上
金枝玉葉《きんしぎょ…》　171上
三枝之礼《さんしのれい》　255上
越鳥南枝《えっちょう…》　71上
強幹弱枝《きょうかん…》　155下
桂林一枝《けいりんの…》　190下
巣林一枝《そうりんい…》　396下
庇葉傷枝《ひようしょ…》　546上
杵　磨杵作針《ましょさく…》　595上
松　松柏之操《しょうはく…》　323下
松風水月《しょうふう…》　324下
歳寒松柏《さいかん…》　242下
雪中松柏《せっちゅう…》　372下
竹苞松茂《ちくほうし…》　426上
白砂青松《はくさせい…》　511上
枢　甕牖縄枢《おうゆうじ…》　84上
枘　円鑿方枘《えんさくほ…》　75上
析　分崩離析《ぶんぽうり…》　572上
枕　高枕無憂《こうちんむ…》　215上
扇枕温衾《せんちんお…》　382下
漱石枕流《そうせきち…》　393下
円木警枕《えんぼくけ…》　78下
邯鄲之枕《かんたんの…》　128上
東　東家之丘《とうかのき…》　465下
東食西宿《とうしょく…》　470上
東風解凍《とうふうか…》　473上
東扶西倒《とうふせい…》　473上
東奔西走《とうほんせ…》　474下
斉東野語《せいとうやご》　363上
遼東之豕《りょうとう…》　651上
古今東西《ここんとう…》　230上
馬耳東風《ばじとうふう》　516上
杯　杯酒解怨《はいしゅか…》　504上
杯水車薪《はいすいし…》　505上
杯中蛇影《はいちゅう…》　506上
杯盤狼藉《はいばんろ…》　506上，641上
残杯冷炙《ざんぱいれ…》　261下
即時一杯《そくじいっ…》　397下
板　一枚看板《いちまいか…》　28下
枚　一枚看板《いちまいか…》　28下
不遑枚挙《ふこうまい…》　559下
林　林間紅葉《りんかんこ…》　654下
桂林一枝《けいりんの…》　190下
巣林一枝《そうりんい…》　396下
竹林七賢《ちくりんの…》　426下
梅林止渇《ばいりんし…》　507上
風林火山《ふうりんか…》　554下
茂林修竹《もりんしゅ…》　618下
瑶林瓊樹《ようりんけ…》　636上
緑林好漢《りょくりん…》　653上
緑林白波《りょくりん…》　653下
窮猿投林《きゅうえん…》　148下
剣葉刀林《けんようと…》　201下
酒池肉林《しゅちにく…》　308上
肉山脯林《にくざんほ…》　494上
欧　韓柳欧蘇《かんりゅう…》　132下
脱亜入欧《だつあにゅ…》　417上
欣　欣喜雀躍《きんきじゃ…》　128下，169上，310下

欣求浄土《ごんぐじょ…》 239上
武 武運長久《ぶうんちょ…》 555上
武芸百般《ぶげいひゃ…》 558下
武陵桃源《ぶりょうと…》 567上
武者修行《むしゃしゅ…》 603上
緯武経文《いぶけいぶん》 49下
偃武修文《えんぶしゅ…》 78上
我武者羅《がむしゃら》 116下
文武百官《ぶんぶひゃ…》 571上
文武両道《ぶんぶりょ…》 571下
耀武揚威《ようぶようい》 635下
文事武備《ぶんじぶび》 569下
文恬武嬉《ぶんてんぶき》 571上
允文允武《いんぶんい…》 55上
左文右武《さぶんゆうぶ》 249下
歩 禹歩舜趨《うほしゅん…》 57下
七歩之才《しちほのさい》 280下
酔歩蹣跚《すいほまん…》 352下
寸歩不離《すんぽふり》 355下
天歩艱難《てんぽかん…》 463下
百歩穿楊《ひゃっぽせ…》 545下
横行闊歩《おうこうかっ…》 80下
邯鄲之歩《かんたんのほ》 127下
規行矩歩《きこうくほ》 138上
古今独歩《ここんどっぽ》 230下
独立独歩《どくりつどっ…》 481上
日進月歩《にっしんげっ…》 495下
鷹視狼歩《ようしろうほ》 634上
毒 以毒制毒《いどくせい…》 48上
泳 優游涵泳《ゆうゆうかん…》 629上
河 河漢之言《かかんのげん》 100下
河山帯礪《かざんたい…》 412下
河図洛書《かとらくしょ》 114上
河盟山誓《かめいさん…》 95下
飲河満腹《いんかまん…》 52上
懸河之弁《けんがのべん》 194上
黄河断流《こうがだん…》 204上
山河襟帯《さんがきん…》 252上
白河夜船《しらかわよ…》 331上
西河之痛《せいかのつう》 357上
二河白道《にがびゃく…》 494上
山礪河帯《さんれいかた…》 412下
笑比河清《しょうひか…》 323下
百年河清《ひゃくねん…》 542上
三豕渡河《さんしとか》 255上
暴虎馮河《ぼうこひょ…》 582下
礪山帯河《れいざんた…》 412下
泣 泣斬馬謖《きゅうざん…》 150上, 516下
伯兪泣杖《はくゆきゅう…》 515上
兎死狐泣《としこきゅう》 482下
治 治山治水《ちさんちすい》 427上
治乱興亡《ちらんこう…》 441下
修己治人《しゅうこち…》 297下
良医治子《ろういちし》 660上
垂拱之治《すいきょう…》 349上
注 火上注油《かじょうち…》 106上
泥 泥中之蓮《でいちゅう…》 446下
雲泥之差《うんでいのさ》 65上
雲泥万里《うんでいば…》 65上
雪泥鴻爪《せつでいこ…》 372下
合水和泥《がっすいわ…》 112上
紺紙金泥《こんしこん…》 240上
波 波瀾万丈《はらんばん…》 524上
金波銀波《きんぱぎんぱ》 174上
千波万波《せんぱばんぱ》 384下
白波之賊《はくはのぞく》 513下
風波之民《ふうはのたみ》 553下
六波羅蜜《ろくはらみ…》 665下
媚眼秋波《びがんしゅ…》 532上
緑林白波《りょくりん…》 653下
沸 抽薪止沸《ちゅうしん…》 431下
泡 夢幻泡影《むげんほう…》 601下
法 法界悋気《ほうかいり…》 580下
法華七喩《ほっけしちゆ》 590下
王法為本《おうぼうい…》 84上
諸法無我《しょほうむが》 331上
如法暗夜《にょほうあ…》 498上
末法思想《まっぽうし…》 595下
約法三章《やくほうさ…》 622上
一塵法界《いちじんほ…》 25下
三蔵法師《さんぞうほ…》 259上
自受法楽《じじゅほう…》 274上
初転法輪《しょてんぽ…》 330下
文字法師《もんじのほ…》 619下
永字八法《えいじはっ…》 67上
口不調法《くちぶちょ…》 179上
三段論法《さんだんろ…》 259下
春秋筆法《しゅんじゅ…》 311下
是生滅法《ぜしょうめ…》 368上
対機説法《たいきせっ…》 404下
舞文弄法《ぶぶんろう…》 565下
奉公守法《ほうこうし…》 582下
沫 口角飛沫《こうかくひ…》 204上
油 油断大敵《ゆだんたい…》 630下
禾黍油油《かしょゆう…》 107上
火上注油《かじょうち…》 106上
炎 気炎万丈《きえんばん…》 134下
趨炎付熱《すうえんふ…》 353下
赫赫炎炎《かっかくえ…》 659下
炙 残杯冷炙《ざんぱいれ…》 261下
炊 炊臼之夢《すいきゅう…》 348下
炊金饌玉《すいきんせ…》 349上
一炊之夢《いっすいの…》 128上
炉 炉辺談話《ろへんだんわ》 666下
夏炉冬扇《かろとうせん》 118下
采 采薪之憂《さいしんの…》 245下
拍手喝采《はくしゅか…》 512上
爬 爬羅剔抉《はらてっけつ》 523下
物 物情騒然《ぶつじょう…》 562下
物是人非《ぶつぜじんぴ》 563上
物物交換《ぶつぶつこ…》 563上
物臭道心《ものぐさど…》 618上
物見遊山《ものみゆさん》 618下
開物成務《かいぶつせ…》 98上
格物致知《かくぶつちち》 103下
玩物喪志《がんぶつそ…》 130下
人物月旦《じんぶつげ…》 346上
事事物物《じじぶつぶつ》 273上
応機接物《おうきせつ…》 80上
比丘六物《びくろくもつ》 261上
忘憂之物《ぼうゆうの…》 588上
薬籠中物《やくろうち…》 622上
牧 十羊九牧《じゅうよう…》 303下
狐 狐疑逡巡《こぎしゅん…》 224上, 424上
狐裘羔袖《こきゅうこ…》 224下
狐死首丘《こししゅき…》 231上
一狐之腋《いっこのえき》 37上
城狐社鼠《じょうこし…》 317上
董狐之筆《とうこのひつ》 468上
晏嬰狐裘《あんえいの…》 8上
兎死狐泣《としこきゅう》 482下
狗 狗子仏性《くしぶっし…》 178上
狗馬之心《くばのこころ》 199上
狗尾続貂《くびぞくちょ…》 180上
跖狗吠尭《せっくはい…》 370上
鶏鳴狗盗《けいめいく…》 190上
羊頭狗肉《ようとうく…》 635上
狼心狗肺《ろうしんく…》 662上
驢鳴狗吠《ろめいくばい》 667上

画虎類狗《がこるいく》 105上
狡兎良狗《こうとりょ…》 217上
喪家之狗《そうかのく》 388上
玩 玩物喪志《がんぶつそ…》 130下
熟読玩味《じゅくどく…》 305上
画 画虎類狗《がこるいく》 105上, 324下
画脂鏤氷《がしろうひ…》 107下
画蛇添足《がだてんそく》 108下
画竜点睛《がりょうて…》 117上
自画自賛《じがじさん》 265下
照猫画虎《しょうびょ…》 324下
断虀画粥《だんせいか…》 421下
雕梁画棟《ちょうりょ…》 439下
一点一画《いってんい…》 44上
琴棋書画《きんきしょが》 169上
謨猷籌画《ぼゆうちゅ…》 592上
的 衆矢之的《しゅうしの…》 298下
直 直指人心《じきしにん…》 266下
直情径行《ちょくじょ…》 440下
直截簡明《ちょくせつ…》 440下
直立不動《ちょくりつ…》 440下
直躬証父《ちょっきゅ…》 441上
迂直之計《うちょくの…》 60上
枉尺直尋《おうせきち…》 82上
急転直下《きゅうてん…》 153上
単刀直入《たんとうち…》 423上
矯枉過直《きょうおう…》 154下
謹厳実直《きんげんじ…》 169下
馬鹿正直《ばかしょう…》 507下
理非曲直《りひきょく…》 643下
盲 盲亀浮木《もうきふぼく》 377上, 616上
無学文盲《むがくもん…》 600上
無知文盲《むちもんもう》 604下
知 知行合一《ちこうごう…》 426下
知者一失《ちしゃのい…》 387上
知者不言《ちしゃふげん》 427上
知者不惑《ちしゃふわく》 427下
知者楽水《ちしゃらく…》 427下
知崇礼卑《ちすうれいひ》 428下
知足安分《ちそくあん…》 428下
知勇兼備《ちゆうけんび》 430上
一知半解《いっちはん…》 43上
奸知術数《かんちじゅ…》 128上
生知安行《せいちあん…》 362上
全知全能《ぜんちぜん…》 382下
無知蒙昧《むちもうまい》 604上
無知文盲《むちもんもう》 604下
良知良能《りょうちりょ…》 650下
一葉知秋《いちようち…》 31上
温故知新《おんこちしん》 86上
傾蓋知己《けいがいの…》 184下
五十知命《ごじゅうち…》 231下
朋友知己《ほうゆうちき》 587下
問牛知馬《もんぎゅう…》 619上
文殊知恵《もんじゅの…》 619下
一文不知《いちもんふち》 30上
格物致知《かくぶつちち》 103下
奸佞邪知《かんねいじ…》 129下
見聞覚知《けんもんかく…》 201下
思索生知《しさくせ…》 271上
受胎告知《じゅたいこ…》 307下
冷暖自知《れいだんじち》 658下
老馬之知《ろうばのち》 663下
祈 加持祈禱《かじきとう》 105下
秉 秉燭夜遊《へいしょく…》 574上
空 空空寂寂《くうくうじ…》 174下
空空漠漠《くうくうば…》 175上
空谷跫音《くうこくの…》 175上
空手還郷《くうしゅげ…》 175下
空前絶後《くうぜんぜ…》 175下
空即是色《くうそくぜ…》 37下, 176上
空中楼閣《くうちゅう…》 176下, 249上
空理空論《くうりくう…》 176下
天空海闊《てんくうか…》 454下
徒手空拳《としゅくう…》 483上
一切皆空《いっさいか…》 37上
五蘊皆空《ごうんかい…》 222下
色即是空《しきそくぜ…》 267上
十室九空《じっしつき…》 282下
天馬行空《てんばこう…》 462上
突 曲突徙薪《きょくとつ…》 162下
猪突猛進《ちょとつも…》 441下
胸突八丁《むなつきは…》 605上
者 益者三楽《えきしゃさ…》 69上
益者三友《えきしゃさ…》 69上
会者定離《えしゃじょ…》 70下
愚者一得《ぐしゃのい…》 178上
三者鼎立《さんしゃて…》 256上
盛者必衰《じょうしゃ…》 317下
生者必滅《しょうじゃ…》 318上
仁者不憂《じんしゃふ…》 338上
仁者楽山《じんしゃら…》 338下
損者三楽《そんしゃさ…》 401下
損者三友《そんしゃさ…》 401下
知者一失《ちしゃのい…》 387上
知者不言《ちしゃふげん》 427上
知者不惑《ちしゃふわく》 427下
知者楽水《ちしゃらく…》 427下
長者窮子《ちょうじゃ…》 434下
長者三代《ちょうじゃ…》 435上
適者生存《てきしゃせ…》 448上
二者択一《にしゃたく…》 495上
貧者一灯《ひんじゃの…》 549下
武者修行《むしゃしゅ…》 603上
迷者不問《めいしゃふ…》 609下
勇者不懼《ゆうしゃふく》 626上
我武者羅《がむしゃら》 116下
肩 肩摩轂撃《けんまこく…》 201上
比肩随踵《ひけんずい…》 533下
耳豎垂肩《じじゅすい…》 274上
偏袒右肩《へんたんう…》 577下
股 股肱之臣《ここうのしん》 229下
内股膏薬《うちまたご…》 59下
懸頭刺股《けんとうしこ》 197下
肴 粗酒粗肴《そしゅそこう》 400上
珍味佳肴《ちんみかこう》 443上
肱 曲肱之楽《きょっこう…》 165上
股肱之臣《ここうのしん》 229下
肥 軽裘肥馬《けいきゅう…》 185上
大兵肥満《だいひょう…》 411下
秋高馬肥《しゅうこう…》 297上
虎 虎渓三笑《こけいさん…》 228下
虎穴虎子《こけつこじ》 229上
虎視眈眈《こしたんたん》 231上
画虎類狗《がこるいく》 105上
騎虎之勢《きこのいき…》 139上
前虎後狼《ぜんここう…》 376上
談虎色変《だんこしき…》 420上
暴虎馮河《ぼうこひょ…》 582下
猛虎伏草《もうこふく…》 616下
熊虎之士《ゆうこのし》 625下
養虎遺患《ようこいかん》 632下
燕頷虎頸《えんがんこ…》 73上
羊質虎皮《ようしつこひ》 633上
竜驤虎視《りょうじょ…》 649下
竜攘虎搏《りょうじょ…》 649下
苛政猛虎《かせいもうこ》 108上

三人市虎《さんにんしこ》 260上
三人成虎《さんにんせ…》 260上
捨身飼虎《しゃしんしこ》 293上
照猫画虎《しょうびょ…》 324下
表 表裏一体《ひょうりい…》 547下
金 金烏玉兎《きんうぎょ…》 168上
金甌無欠《きんおうむ…》 168上
金科玉条《きんかぎょ…》 168下, 174上
金口木舌《きんこうぼ…》 170上
金枝玉葉《きんしぎょ…》 171上, 174上
金城鉄壁《きんじょう…》 172上, 492下
金城湯池《きんじょう…》 172下, 492下
金声玉振《きんせいぎ…》 173上
金石糸竹《きんせきし…》 173下
金石之交《きんせきの…》 173下
金殿玉楼《きんでんぎ…》 174上
金波銀波《きんぱぎんぱ》 174上
金蘭之契《きんらんの…》 173下, 174下
金剛不壊《こんごうふえ》 239下
金剛輪際《こんごうり…》 239下
炊金饌玉《すいきんせ…》 349下
精金良玉《せいきんり…》 357下
断金之交《だんきんの…》 419下
流金鑠石《りゅうきん…》 644下
石部金吉《いしべきん…》 17下
紺紙金泥《こんしこん…》 240上
一字千金《いちじせん…》 23上
一諾千金《いちだくせ…》 26上
一攫千金《いっかくせ…》 32下
一刻千金《いっこくせ…》 36上
一壺千金《いっこせん…》 36下
一擲千金《いってきせ…》 44上
一飯千金《いっぱんせ…》 46下
家書万金《かしょばん…》 107上
点鉄成金《てんてつせ…》 460上
長 長頸烏喙《ちょうけい…》 634上
長者窮子《ちょうじゃ…》 434下
長者三代《ちょうじゃ…》 435上
長身痩軀《ちょうしん…》 432上, 435下
長短之説《ちょうたん…》 436下
長汀曲浦《ちょうてい…》 437上
長鞭馬腹《ちょうべん…》 259上, 438下
長幼有序《ちょうよう…》 439下
一長一短《いっちょう…》 43下
採長補短《さいちょう…》 246上
助長抜苗《じょちょう…》 329下
助長補短《じょちょう…》 330上
天長地久《てんちょう…》 459上
蜿蜿長蛇《えんえんち…》 72上
駿足長阪《しゅんそく…》 312上
万古長青《ばんこちょ…》 525上
飛耳長目《ひじちょう…》 534上
武運長久《ぶうんちょ…》 555上
不老長寿《ふろうちょ…》 567下
封豕長蛇《ほうしちょ…》 583下
無明長夜《むみょうち…》 607上
一日之長《いちじつの…》 23下
意味深長《いみしんち…》 50下
教学相長《きょうがく…》 155上
舎短取長《しゃたんし…》 293下
尺短寸長《せきたんす…》 366下
馬痩毛長《ばそうもう…》 517上
飛短流長《ひたんりゅ…》 536上
百薬之長《ひゃくやく…》 543下
門 門外不出《もんがいふ…》 619上
門戸開放《もんこかい…》 619上
門前雀羅《もんぜんじ…》 374上, 620上
門前成市《もんぜんせ…》 620上
門地門閥《もんちもん…》 620下
倚門之望《いもんのぼう》 51上
開門揖盗《かいもんゆ…》 98上
四門出遊《しもんしゅ…》 290下
将門有将《しょうもん…》 325下
千門万戸《せんもんば…》 386上
頂門一針《ちょうもん…》 438下
班門弄斧《はんもんろ…》 529下
北門之嘆《ほくもんの…》 590下
禍福無門《かふくむもん》 115上
葷酒山門《くんしゅさ…》 182下
衆妙之門《しゅうみょ…》 303下
桃李満門《とうりまん…》 475下
雨 雨過天晴《うかてんせい》 57上
雨後春筍《うごしゅん…》 58上
旧雨今雨《きゅううこ…》 148上
時雨之化《じうのか》 264下
夜雨対牀《やうたいし…》 621下
雲行雨施《うんこううし》 63下
晴好雨奇《せいこううき》 358上
晴耕雨読《せいこうう…》 358上
旱天慈雨《かんてんの…》 129上
尭風舜雨《ぎょうふう…》 159下
五風十雨《ごふうじゅ…》 236下
櫛風沐雨《しっぷうも…》 285下
硝煙弾雨《しょうえん…》 314上
大旱慈雨《たいかんの…》 404上
朝雲暮雨《ちょううん…》 432下
満城風雨《まんじょう…》 596下
和風細雨《わふうさいう》 669上
青 青息吐息《あおいきと…》 3上
青雲之志《せいうんの…》 356上
青山一髪《せいざんい…》 358下
青史汗簡《せいしかん…》 358下
青天霹靂《せいてんの…》 362下
青天白日《せいてんは…》 362下
郁郁青青《いくいくせ…》 15下
阮籍青眼《げんせきせ…》 197上
紅粉青蛾《こうふんせ…》 218上
人間青山《じんかんせ…》 334下
白眼青眼《はくがんせ…》 510下
白砂青松《はくさせい…》 511上
万古長青《ばんこちょ…》 525上
非 非常之功《ひじょうの…》 534上
非僧非俗《ひそうひぞく》 535下
非礼之礼《ひれいのれい》 548下
非驢非馬《ひろひば》 549上
昨非今是《さくひこんぜ》 247下
是非善悪《ぜひぜんあく》 373上
理非曲直《りひきょく…》 643下
極悪非道《ごくあくひ…》 226上
残酷非道《ざんこくひ…》 253上
尺璧非宝《せきへきひ…》 367下
是是非非《ぜぜひひ》 368下
浅学非才《せんがくひ…》 374上
白馬非馬《はくばひば》 513下
天道是非《てんどうぜひ》 460下
物是人非《ぶつぜじんぴ》 563上
斉 斉紫敗素《せいしはいそ》 359上
斉東野語《せいとうやご》 363上
斬衰斉衰《ざんさいし…》 253下
修身斉家《しゅうしん…》 299上
双管斉下《そうかんせ…》 388下
等量斉視《とうりょう…》 476上
百花斉放《ひゃっかせ…》 544上

並駕斉駆 へいがせいく 573下
見賢思斉 けんけんし… 194下
伯夷叔斉 はくいしゅ… 509上

【9画】

乗 乗輿車駕 じょうよし… 326下
万乗之君 ばんじょう… 526下
飛竜乗雲 ひりょうじ… 548上
一天万乗 いってんば… 44下
亭 亭主関白 ていしゅか… 446下
侯 王侯将相 おうこうし… 81上
随侯之珠 ずいこうの… 350上
信 信賞必罰 しんしょう… 86上, 340上
音信不通 おんしんふ… 86下
韓信匍匐 かんしんほ… 125下
大信不約 だいしんふ… 409下
背信棄義 はいしんきぎ 504下
半信半疑 はんしんは… 527上
移木之信 いぼくのしん 50上
軽諾寡信 けいだくか… 188上
孝悌忠信 こうていち… 215下
尾生之信 びせいのしん 534下
朋友有信 ほうゆうゆ… 588上
俎 俎上之鯉 そじょうの… 400上
俎上之肉 そじょうの… 400上, 400上
越俎之罪 えっそのつみ 71上
樽俎折衝 そんそせっ… 402上
俗 俗臭芬芬 ぞくしゅう… 397下
俗談平話 ぞくだんへ… 398下
殊俗帰風 しゅぞくき… 307上
風俗壊乱 ふうぞくか… 553上
巷談俗説 こうだんぞ… 214上
平談俗語 へいだんぞ… 575上
公序良俗 こうじょり… 211下
醇風美俗 じゅんぷう… 313上
傷風敗俗 しょうふう… 324下
超塵出俗 ちょうじん… 435下
同声異俗 どうせいい… 470下
非僧非俗 ひそうひぞく 535下
便 阿諛便佞 あゆべんねい 7下
俛 俛首帖耳 ふしゅちょ… 561上
保 明哲保身 めいてつほ… 611上
兪 伯兪泣杖 はくゆきゅ… 515上
冠 冠婚葬祭 かんこんそ… 123下
冠履倒易 かんりとう… 132下
衣冠束帯 いかんそく… 13下
偏旁冠脚 へんぼうか… 578下
楚囚南冠 そしゅうな… 399下
無位無冠 むいむかん 599下
沐猴而冠 もっこうじ… 618上
優孟衣冠 ゆうもうの… 629上
剋 五行相剋 ごぎょうそ… 225下
削 削株掘根 さくしゅく… 420下
削足適履 さくそくて… 247下
前 前倨後恭 ぜんきょこ… 374上
前虎後狼 ぜんここう… 376上
前後不覚 ぜんごふかく 376下
前車覆轍 ぜんしゃの… 378下
前人未到 ぜんじんみ… 380下
前代未聞 ぜんだいみ… 382上
前程万里 ぜんていば… 383上
前途多難 ぜんとたなん 383上
前途洋洋 ぜんとよう… 383下
前途遼遠 ぜんとりょ… 383上, 383下
空前絶後 くうぜんぜ… 175下
承前啓後 しょうぜん… 321下
食前方丈 しょくぜん… 328上
手前勝手 てまえがって 451上
手前味噌 てまえみそ 451下
風前之灯 ふうぜんの… 552下
門前雀羅 もんぜんじ… 620上
門前成市 もんぜんせ… 620上
則 則天去私 そくてんき… 399上
寿則多辱 じゅそくた… 307上
兵強則滅 へいきょう… 573下
剃 剃頭弁髪 ていとうべ… 446下
剃髪落飾 ていはつら… 447上
勁 勁草之節 けいそうの… 187下
疾風勁草 しっぷうけ… 284下
勃 雄心勃勃 ゆうしんぼ… 627上
牛溲馬勃 ぎゅうしゅ… 151上
勇 勇往邁進 ゆうおうま… 624下
勇気凛凛 ゆうきりん… 624下
勇者不懼 ゆうしゃふく 626上
勇猛果敢 ゆうもうか… 628下
知勇兼備 ちゆうけんび 430上
血気之勇 けっきのゆう 193上
猪突豨勇 ちょとつき… 441下
匹夫之勇 ひっぷのゆう 537上
匍 匍匐膝行 ほふくしっ… 591下
韓信匍匐 かんしんほ… 125下
南 南無三宝 なむさんぼう 134下, 490下
南郭濫吹 なんかくら… 491上
南華之悔 なんかのくい 491上
南柯之夢 なんかのゆめ 491下, 562上
南橘北枳 なんきつほ… 491下
南洽北暢 なんこうほ… 492下
南山之寿 なんざんの… 492下
南征北伐 なんせいほ… 493上
南船北馬 なんせんほ… 493上
南都北嶺 なんとほく… 493下
南蛮鴃舌 なんばんげ… 493下
終南捷径 しゅうなん… 300上
斗南一人 となんのい… 484下
図南鵬翼 となんほう… 485上
淮南鶏犬 わいなんの… 667下
越鳥南枝 えっちょう… 71上
楚囚南冠 そしゅうな… 399下
卑 卑躬屈節 ひきゅうく… 532下
官尊民卑 かんそんみ… 127上
男尊女卑 だんそんじ… 422上
知崇礼卑 ちすうれいひ 428下
厚 厚顔無恥 こうがんむち 205上
温厚篤実 おんこうと… 86上
顔厚忸怩 がんこうじ… 122下
深情厚誼 しんじょう… 339下
多蔵厚亡 たぞうこう… 416下
利用厚生 りようこう… 648下
厘 一分一厘 いちぶいち… 27下
九分九厘 くぶくりん 180上
叙 量才叙用 りょうさい… 649上
叛 叛服不常 はんぷくふ… 528上
哀 哀毀骨立 あいきこつ… 1上
哀鴻遍野 あいこうへ… 1下
節哀順変 せつあいじ… 369上
喜怒哀楽 きどあいらく 145上
鴻雁哀鳴 こうがんあ… 205上
咽 咽喉之地 いんこうのち 53下
咳 咳唾成珠 がいだせい… 96上
咬 蚊子咬牛 ぶんしこう… 569上
咨 瞻望咨嗟 せんぼうしさ 385下
咤 叱咤激励 しったげき… 284上
品 品行方正 ひんこうほ… 549下
九品往生 くほんおう… 180下
人品骨柄 じんぴんこ… 345下

天下一品《てんかいっ…》 452下
垢 蓬頭垢面《ほうとうこ…》 585下
遠塵離垢《おんじんりく》 87上
純真無垢《じゅんしん…》 312上
城 城下之盟《じょうかの…》 315上
城狐社鼠《じょうこし…》 317上
疑城胎宮《ぎじょうた…》 141上
金城鉄壁《きんじょう…》 172上
金城湯池《きんじょう…》 172下
傾城傾国《けいせいけ…》 187上
化城宝処《けじょうほ…》 191上
孤城落日《こじょうら…》 232下
満城風雨《まんじょう…》 596下
連城之璧《れんじょう…》 106上
一国一城《いっこくい…》 36上
一顧傾城《いっこけい…》 36下
哲婦傾城《てっぷけい…》 450下
変 変幻自在《へんげんじ…》 576下
変成男子《へんじょう…》 577上
変態百出《へんたいひ…》 577下
千変万化《せんぺんば…》 385下
天変地異《てんぺんちい》 463上
妖怪変化《ようかいへ…》 631上
有為転変《ういてんぺん》 56上
雲蒸竜変《うんじょう…》 64上
君子豹変《くんしひょ…》 182下
節哀順変《せつあいじ…》 369上
千古不変《せんこふへん》 376下
滄桑之変《そうそうの…》 394上
談虎色変《だんこしき…》 420上
朝改暮変《ちょうかい…》 440上
天災地変《てんさいち…》 456上
臨機応変《りんきおう…》 654下
契 鴛鴦之契《えんおうの…》 72下
金石之契《きんせきの…》 173下
金蘭之契《きんらんの…》 174下
断金之契《だんきんの…》 419下
奏 帷幄上奏《いあくじょ…》 11下
威 威風堂堂《いふうどう…》 49下
恩威並行《おんいへい…》 85下
耀武揚威《ようぶようい》 635下
姦 姦智術数《かんちじゅ…》 128上
姦佞邪知《かんねいじ…》 130上
偏聴生姦《へんちょう…》 578上
姿 英姿颯爽《えいしさっ…》 67上
仙姿玉質《せんしぎょ…》 377下
千姿万態《せんしばん…》 378上
容姿端麗《ようしたん…》 633上
孤 孤雲野鶴《こうんやかく》 222下
孤影悄然《こえいしょ…》 223上
孤軍奮闘《こぐんふん…》 121下, 228下
孤城落日《こじょうら…》 232下
孤立無援《こりつむえん》 238上
孤陋寡聞《ころうかぶん》 239上
託孤寄命《たくこきめい》 414上
閒雲孤鶴《かんうんこ…》 119上
鰥寡孤独《かんかこどく》 119下
単文孤証《たんぶんこ…》 423下
天涯孤独《てんがいこ…》 452下
白雲孤飛《はくうんこひ》 579下
風岸孤峭《ふうがんこ…》 550上
零丁孤苦《れいていこく》 659上
六尺之孤《りくせきのこ》 642上
客 客塵煩悩《きゃくじん…》 147下
主客転倒《しゅかくて…》 304下
食客三千《しょっかく…》 330上
千客万来《せんきゃく…》 374上
月卿雲客《げっけいう…》 193上
騒人墨客《そうじんぼ…》 393上
百代過客《ひゃくだい…》 542上
不帰之客《ふきのきゃく》 556下
文人墨客《ぶんじんぼ…》 570下
室 十室九空《じっしつき…》 282下
築室道謀《ちくしつど…》 425上
升堂入室《しょうどう…》 322下
宥 宥坐之器《ゆうざのき》 626上
専 一意専心《いちいせん…》 19下
独断専行《どくだんせ…》 480下
封 封豕長蛇《ほうしちょ…》 583下
華封三祝《かほうのさ…》 116上
屋 屋下架屋《おくかかおく》 85上
愛及屋烏《あいきゅう…》 1下
落月屋梁《らくげつお…》 638上
屎 行屎走尿《こうしそう…》 210上
巻 巻土重来《けんどちょ…》 198上
開巻劈頭《かいかんへ…》 90上
開巻有得《かいかんゆ…》 90上
科挙圧巻《かきょあっ…》 102上
巷 巷談俗説《こうだんぞ…》 214上
柳巷花街《りゅうこう…》 645上
街談巷語《がいだんこ…》 96上
幽 幽明異境《ゆうめいい…》 628上
深山幽谷《しんざんゆ…》 336下
度 度徳量力《たくとくり…》 414下
一世一度《いっせいちど》 41上
寛仁大度《かんじんた…》 125上
曠世之度《こうせいのど》 213上
衆生済度《しゅじょう…》 306下
廻 廻向発願《えこうほつ…》 70上
輪廻転生《りんねてん…》 655上
流転輪廻《るてんりんね》 656下
六道輪廻《ろくどうりん…》 665上
建 左建外易《さけんがい…》 248上
弧 桑弧蓬矢《そうこほうし》 391上
徊 低徊趣味《ていかいし…》 445下
後 後悔噬臍《こうかいぜ…》 203下
後顧之憂《こうこのゆう》 207下
後生可畏《こうせいかい》 212下
後生善処《ごしょうぜ…》 197上
後生大事《ごしょうだ…》 232下
雨後春筍《うごしゅん…》 58上
最後通牒《さいごつう…》 243上
前後不覚《ぜんごふかく》 376下
飯後之鐘《はんごのし…》 525下
三思後行《さんしこう…》 254下
先義後利《せんぎこうり》 374上
前倨後恭《ぜんきょこ…》 374上
先庚後庚《せんこうこ…》 376上
前虎後狼《ぜんここう…》 376上
先知後行《せんちこう…》 426下
先難後獲《せんなんこ…》 384上
先憂後楽《せんゆうこ…》 386上
面従後言《めんじゅう…》 614上
空前絶後《くうぜんぜ…》 175下
鶏口牛後《けいこうぎ…》 186上
承前啓後《しょうぜん…》 321下
徇 貪夫徇財《たんぷじゅ…》 423上
烈士徇名《れっしじゅ…》 659下
待 守株待兎《しゅしゅた…》 306上
百端待挙《ひゃくたん…》 542上
刮目相待《かつもくそ…》 113上
律 二律背反《にりつはい…》 498下
三寸不律《さんずんふ…》 258上
千篇一律《せんぺんい…》 385上
荒 荒唐無稽《こうとうむ…》 216上
破天荒解《はてんこう…》 522下
流連荒亡《りゅうれん…》 647上
草 草根木皮《そうこんぼ…》 391下
草茅危言《そうぼうき…》 395下
草満囹圄《そうまんれ…》 395下

草莽之臣《そうもうの…》 396上
草木皆兵《そうもくか…》 396上
草廬三顧《そうろさんこ》 253下
勁草之節《けいそうの…》 187下
三草二木《さんそうに…》 259上
寸草春暉《すんそうし…》 355上
翦草除根《せんそうじ…》 381下
打草驚蛇《だそうきょ…》 416下
天造草昧《てんぞうそ…》 458上
一木一草《いちぼくい…》 28上
疾風勁草《しっぷうけ…》 284下
大樹美草《たいじゅび…》 409上
冬虫夏草《とうちゅう…》 471上
猛虎伏草《もうこふく…》 616下
魯魚章草《ろぎょしょ…》 56上, 664下
荘 荘周之夢《そうしゅう…》 235上
百福荘厳《ひゃくふく…》 543上
孔孟老荘《こうもうろ…》 221上
茶 無茶苦茶《むちゃくちゃ》 604下
滅茶滅茶《めちゃめちゃ》 613上
家常茶飯《かじょうさ…》 106上
日常茶飯《にちじょう…》 495下
荊 荊妻豚児《けいさいと…》 186下
披荊斬棘《ひけいざん…》 533上
肉袒負荊《にくたんふ…》 494下
茹 衆賢茅茹《しゅうけん…》 296下
茫 茫然自失《ぼうぜんじ…》 584下
往事渺茫《おうじびょ…》 81下
迦 迦陵頻伽《かりょうび…》 117下
逆 逆取順守《ぎゃくしゅ…》 147下
悪逆無道《あくぎゃく…》 3下
大逆無道《たいぎゃく…》 405下
莫逆之友《ばくぎゃく…》 511上
人主逆鱗《じんしゅの…》 339上
忠言逆耳《ちゅうげん…》 429下
倒行逆施《とうこうぎ…》 467上
送 送故迎新《そうこげい…》 390下
雪中送炭《せっちゅう…》 372上
退 進退維谷《しんたいい…》 343下
進退両難《しんたいり…》 344上
怨敵退散《おんてきた…》 87下
具不退転《ぐふたいてん》 180下
三舎退避《さんしゃた…》 256上
一進一退《いっしんい…》 40上
十進九退《じっしんく…》 283上
出処進退《しゅっしょ…》 309上
寸進尺退《すんしんせ…》 354下
追 追根究底《ついこんき…》 443下
追善供養《ついぜんく…》 444上, 488下
阿諛追従《あゆついし…》 7下
迷 迷悟一如《めいごいち…》 609上
迷者不問《めいしゃふ…》 609下
迷頭認影《めいとうに…》 611下
頑迷固陋《がんめいこ…》 132上
暗雲低迷《あんうんて…》 8上
郁 郁郁青青《いくいくせ…》 15下
郎 夜郎自大《やろうじだい》 623上
一族郎党《いちぞくろ…》 26上
白面書郎《はくめんの…》 514下
陋 孤陋寡聞《ころうかぶん》 239上
頑迷固陋《がんめいこ…》 132上
狷介固陋《けんかいこ…》 194上
単 単純明快《たんじゅん…》 421上, 557上
単槍匹馬《たんそうひ…》 422上
単刀直入《たんとうち…》 423上
単文孤証《たんぶんこ…》 423下
恢 天網恢恢《てんもうか…》 464上
悔 後悔噬臍《こうかいぜ…》 203下
葦巣之悔《いそうのくい》 50下
亢竜有悔《こうりょう…》 221下
南華之悔《なんかのくい》 491上
恪 精励恪勤《せいれいか…》 365上
恒 恒産恒心《こうさんこ…》 209上, 587下
恨 多情多恨《たじょうた…》 416上
報仇雪恨《ほうきゅう…》 581下
恬 文恬武嬉《ぶんてんぶき》 571上
虚静恬淡《きょせいて…》 164上
虚無恬淡《きょむてん…》 165下
無欲恬淡《むよくてん…》 607下
拱 拱手傍観《きょうしゅ…》 102下, 157下
垂拱之治《すいきょう…》 349上
指 指差称呼《しさしょうこ》 271上
指鹿為馬《しろくいば》 333上
直指人心《じきしにん…》 266下
寸指測淵《すんしそ…》 354上
発縦指示《はっしょう…》 520下
持 加持祈禱《かじきとう》 105下
老成持重《ろうせいじ…》 662上
宛行扶持《あてがいぶち》 6下
土砂加持《どしゃかじ》 482下
拾 拾遺補闕《しゅういほ…》 295上
寒山拾得《かんざんじ…》 123下
怨 怨親平等《おんしんび…》 86下
怨憎会苦《おんぞうえく》 87下
怨敵退散《おんてきた…》 87下
婦怨無終《ふえんむし…》 555下
報怨以徳《ほうえんい…》 580上
睚眦之怨《がいさいの…》 93上
杯酒解怨《はいしゅか…》 504上
粉愁香怨《ふんしゅう…》 569下
急 急転直下《きゅうてん…》 153上
緩急自在《かんきゅう…》 120下
危急存亡《ききゅうそ…》 136下
短兵急接《たんぺいき…》 423下
一旦緩急《いったんかん…》 42下
焦眉之急《しょうびの…》 324上
轍鮒之急《てっぷのき…》 450下
不要不急《ふようふき…》 566下
思 思案投首《しあんなげ…》 263下
思索生知《しさくしょ…》 271上
思慮分別《しりょふん…》 332下
再思三省《さいしさん…》 244上
三思後行《さんしこう…》 254下
千思万考《せんしばん…》 378上
千思百計《せんしひゃ…》 386上
相思相愛《そうしそう…》 392上
佇思停機《ちょしていき》 441上
沈思黙考《ちんしもっ…》 442下
飲水思源《いんすいし…》 54下
見賢思斉《けんけんし…》 194下
五劫思惟《ごこうしゆい》 229上
痛定思痛《つうていし…》 444下
喉元思案《のどもとじ…》 502下
鼻先思案《はなさきし…》 502下
不可思議《ふかしぎ》 556上
末法思想《まっぽうし…》 595下
越畔之思《えっぱんの…》 71上
断腸之思《だんちょう…》 422下
怒 怒髪衝天《どはつしょ…》 14下, 485下
喜怒哀楽《きどあいらく》 145上
横眉怒目《おうびどもく》 83下
狂瀾怒濤《きょうらん…》 160上
疾風怒濤《しっぷうど…》 285上
扁 耆婆扁鵲《ぎばへんじ…》 145下
故 故事来歴《こじらいれき》 233上

温故知新《おんこちしん》 86上
革故鼎新《かっこてい…》 111上
送故迎新《そうこげい…》 390下
吐故納新《とこのうしん》 482下
清風故人《せいふうこ…》 364上
池魚故淵《ちぎょこえん》 424下
有職故実《ゆうそくこ…》 627下
政 王政復古《おうせいふ…》 82上
苛政猛虎《かせいもうこ》 108上
祭政一致《さいせいい…》 245下
内政干渉《ないせいか…》 489下
蒲鞭之政《ほべんのせい》 592上
礼楽刑政《れいがくけ…》 657上
施 首施両端《しゅしりょ…》 307下
西施捧心《せいしほう…》 359下
雲行雨施《うんこううし》 63下
倒行逆施《とうこうぎ…》 467上
昨 昨非今是《さくひこんぜ》 247下
春 春夏秋冬《しゅんかし…》 310下
春日遅遅《しゅんじつ…》 311上
春秋筆法《しゅんじゅ…》 311下
春宵一刻《しゅんしょ…》 311下
春風駘蕩《しゅんぷう…》 312下
春風得意《しゅんぷう…》 312下
春蘭秋菊《しゅんらん…》 313下
春和景明《しゅんわけ…》 313下
一場春夢《いちじょう…》 25上
雨後春筍《うごしゅん…》 58上
寸草春暉《すんそうし…》 355上
皮裏春秋《ひりのしゅ…》 548上
着手成春《ちゃくしゅ…》 429下
万古長春《ばんこちょ…》 525上
是 是生滅法《ぜしょうめ…》 368上
是是非非《ぜぜひひ》 368下, 575下
是非曲直《ぜひきょく…》 644上
是非善悪《ぜひぜんあく》 373上
如是我聞《にょぜがもん》 497下
物是人非《ぶつぜじんぴ》 563上
空即是色《くうそくぜ…》 176上
色即是空《しきそくぜ…》 267上
天道是非《てんどうぜひ》 460下
昨非今是《さくひこんぜ》 247下
実事求是《じつじきゅ…》 282下
星 星火燎原《せいかりょ…》 357上
晨星落落《しんせいら…》 342下
披星戴月《ひせいたい…》 534下
流星光底《りゅうせい…》 645下
日月星辰《じつげつせ…》 281下
掉棒打星《とうぼうだ…》 474上
昧 曖昧模糊《あいまいもこ》 2下
戯作三昧《げさくざん…》 191上
贅沢三昧《ぜいたくざ…》 361下
天造草昧《てんぞうそ…》 458上
読書三昧《どくしょざ…》 479下
風流三昧《ふうりゅう…》 554上
無知蒙昧《むちもうまい》 604上
遊戯三昧《ゆげざんまい》 630上
昼 昼耕夜誦《ちゅうこう…》 430下
昼夜兼行《ちゅうやけ…》 432上
栄 栄枯盛衰《えいこせい…》 67上
栄耀栄華《えいようえ…》 68下
衣錦之栄《いきんのえい》 15下
共存共栄《きょうぞん…》 158上
蕭敷艾栄《しょうふが…》 640上
架 屋下架屋《おくかおく》 85上
枷 手枷足枷《てかせあし…》 448上
柯 南柯之夢《なんかのゆめ》 491下
毫毛斧柯《ごうもうふか》 220下
枳 南橘北枳《なんきつほ…》 491下
枯 枯木寒巌《こぼくかん…》 237下
栄枯盛衰《えいこせい…》 67上
断根枯葉《だんこんこ…》 420下
柔 柔能制剛《じゅうのう…》 302上
外柔内剛《がいじゅう…》 94下
内柔外剛《ないじゅう…》 489上
優柔不断《ゆうじゅう…》 626下
柝 抱関撃柝《ほうかんげ…》 581上
柱 抱柱之信《ほうちゅう…》 535上
柢 深根固柢《しんこんこ…》 336上
柏 柏舟之操《はくしゅう…》 511下
松柏之操《しょうはく…》 323下
歳寒松柏《さいかんの…》 242下
雪中松柏《せっちゅう…》 372下
柄 人品骨柄《じんぴんこ…》 345下
柳 柳暗花明《りゅうあん…》 644上, 645上
柳巷花街《りゅうこう…》 645上
柳絮之才《りゅうじょ…》 68上
柳眉倒豎《りゅうびと…》 646上
柳緑花紅《りゅうりょ…》 644上, 645上, 646下
韓柳欧蘇《かんりゅう…》 132下
敗柳残花《はいりゅう…》 507上
蒲柳之質《ほりゅうの…》 592上
桃紅柳緑《とうこうり…》 467下
殃 積悪余殃《せきあくの…》 365下
池魚之殃《ちぎょのわ…》 424下
段 三段論法《さんだんろ…》 259下
一刀両段《いっとうり…》 44下
常套手段《じょうとう…》 322下
無理算段《むりさんだん》 607下
泉 泉石煙霞《せんせきえ…》 73上
悪木盗泉《あくぼくと…》 5上
渇驥奔泉《かっきほん…》 110上
海 海千山千《うみせんや…》 61上, 582上
海市蜃楼《かいししん…》 94上
海誓山盟《かいせいさ…》 95下
海内無双《かいだいむ…》 95下
海底撈月《かいていろ…》 97上
山海珍味《さんかいの…》 251下
山海辺土《さんかいへ…》 251下
四海兄弟《しかいけい…》 264下
人海戦術《じんかいせ…》 334上
滄海遺珠《そうかいの…》 387下
滄海一粟《そうかいの…》 388上
大海撈針《たいかいろ…》 403上
天涯海角《てんがいか…》 452上
天空海闊《てんくうか…》 454下
回山倒海《かいざんと…》 93下
九山八海《くせんはっ…》 179上
精衛填海《せいえいて…》 356下
桑田滄海《そうでんそ…》 394上
百川学海《ひゃくせん…》 541上
百川帰海《ひゃくせん…》 541上
活 活殺自在《かっさつじ…》 111下
活剝生呑《かっぱくせ…》 112下
活潑潑地《かっぱつは…》 112下
転生活仏《てんしょう…》 456下
死中求活《しちゅうき…》 281上
没没求活《ぼつぼつき…》 591下
洽 南洽北暢《なんこうほ…》 492下
洪 洪範九疇《こうはんき…》 114下, 217下
洒 洒洒落落《しゃしゃら…》 292下, 575下
軽妙洒脱《けいみょう…》 189下
滑稽洒脱《こっけいし…》 235下
浄 極楽浄土《ごくらくじ…》 227下
欣求浄土《ごんぐじょ…》 239上

寂光浄土《じゃっこう…》 294上
明窓浄机《めいそうじ…》 610下
常楽我浄《じょうらく…》 326下
六根清浄《ろっこんし…》 666上
津 津津浦浦《つつうらうら》 445上, 575下
興味津津《きょうみし…》 160上
洗 洗心革面《せんしんかく…》 380上
飲灰洗胃《いんかいせ…》 51下
赤貧如洗《せきひんじ…》 367下
浅 浅学非才《せんがくひ…》 373下, 510上
深厲浅掲《しんれいせ…》 348上
皮相浅薄《ひそうせん…》 535上
洞 洞房花燭《どうぼうか…》 473下
洋 和洋折衷《わようせっ…》 669上
前途洋洋《ぜんとよう…》 383下
和魂洋才《わこんよう…》 668下
洛 洛陽紙価《らくようの…》 638下, 664下
河図洛書《かとらくしょ》 114上
為 有為転変《ういてんぺん》 56上
無為徒食《むいとしょく》 599上
無為無策《むいむさく》 600上
王法為本《おうぼうい…》 84上
寂滅為楽《じゃくめつ…》 292上
指鹿為馬《しろくいば》 333上
転禍為福《てんかいふく》 453上
胆大妄為《たんだいも…》 422下
炯 眼光炯炯《がんこうけ…》 122上
炭 塗炭之苦《とたんのく》 484上
氷炭相愛《ひょうたん…》 547上
雪中送炭《せっちゅう…》 372上
予譲呑炭《よじょうど…》 636下
点 点滴穿石《てんてきせ…》 57上, 459下
点鉄成金《てんてつせ…》 460上
一点一画《いってんい…》 44上
画竜点睛《がりょうて…》 117上
頑石点頭《がんせきて…》 126上
落筆点蠅《らくひつて…》 638下
狢 一丘之狢《いっきゅう…》 34下
狡 狡兎三窟《こうとさん…》 217上
狡兎良狗《こうとりょ…》 217上
狩 西狩獲麟《せいしゅか…》 360上
独 独具匠心《どくぐしょ…》 478下
独出心裁《どくしゅつ…》 479上
独断専行《どくだんせ…》 480下, 481下
独立自尊《どくりつじ…》 481上
独立独歩《どくりつど…》 481上
独立不羈《どくりつふき》 481下
独立不撓《どくりつふ…》 481下
古今独歩《ここんどっぽ》 230下
衆酔独醒《しゅうすい…》 299下
無師独悟《むしどくご》 602下
唯我独尊《ゆいがどく…》 623下
鰥寡孤独《かんかこどく》 119下
天涯孤独《てんがいこ…》 452下
珍 珍味佳肴《ちんみかこう》 251下, 443上
七珍万宝《しっちんま…》 284上
山海珍味《さんかいの…》 251下
玲 八面玲瓏《はちめんれ…》 518下
畏 君子三畏《くんしのさ…》 181下
後生可畏《こうせいかい》 212下
界 三界火宅《さんがいの…》 251上
法界悋気《ほうかいり…》 580下
一塵法界《いちじんほ…》 25下
三千世界《さんぜんせ…》 258上
女人結界《にょにんけ…》 497下
無仏世界《むぶつせかい》 606下
発 発縦指示《はっしょう…》 520下
発人深省《はつじんし…》 521上
発憤興起《はっぷんこ…》 521下
発憤忘食《はっぷんぼ…》 521下
一発必中《いっぱつひ…》 45下
百発百中《ひゃっぱつ…》 545下
一念発起《いちねんほ…》 26下
英華発外《えいかはつ…》 66下
回向発願《えこうほつ…》 69下
丁丁発止《ちょうちょう…》 437上
一触即発《いっしょく…》 39下
才気煥発《さいきかん…》 242下
宿執開発《しゅくしゅ…》 304下
談論風発《だんろんふ…》 424上
皆 一切皆空《いっさいかい…》 37上
五蘊皆空《ごうんかい…》 222下
草木皆兵《そうもくかい…》 396上
免許皆伝《めんきょか…》 613下
皇 尊皇攘夷《そんのうじ…》 402上
盈 盈盈一水《えいえいい…》 65下
盈満之咎《えいまんの…》 68上
盆 戴盆望天《たいぼんぼ…》 412上
看 一枚看板《いちまいかん…》 28下
走馬看花《そうばかんか》 394下
盾 矛盾撞着《むじゅんどう…》 603上
自己矛盾《じこむじゅん》 270下
省 温凊定省《おんせいて…》 87上
再思三省《さいしさん…》 244上
人事不省《じんじふせい》 337下
発人深省《はつじんし…》 521上
相 相碁井目《あいごせい…》 2上
相互扶助《そうごふじょ》 391上
相思相愛《そうしそう…》 392上
相即不離《そうそくふり》 393下
有相無相《うそうむそう》 59上
教相判釈《きょうそう…》 158上
実相観入《じっそうか…》 283下
八相成道《はっそうじ…》 521上
皮相浅薄《ひそうせん…》 535上
一子相伝《いっしそう…》 38上
有無相生《うむそうせい》 61上
燕雀相賀《えんじゃくそ…》 76上
刮目相待《かつもくそ…》 113上
官位相当《かんいそう…》 202下
肝胆相照《かんたんそ…》 127上
旗鼓相当《きこそうとう》 139上
教学相長《きょうがく…》 155上
琴瑟相和《きんしつそ…》 171上
形影相弔《けいえいそ…》 184上
血脈相承《けちみゃく…》 192上
五行相剋《ごぎょうそ…》 225下
骨肉相食《こつにくそ…》 236上
師資相承《ししそうじ…》 271下
四神相応《しじんそう…》 276上
同病相憐《どうびょう…》 472下
一人相撲《ひとりずもう》 538上
氷炭相愛《ひょうたん…》 547上
文人相軽《ぶんじんそ…》 570下
萍水相逢《へいすいそ…》 574下
竜虎相搏《りゅうこそ…》 649下
王侯将相《おうこうし…》 81上
三十二相《さんじゅう…》 257上
伴食宰相《ばんしょくし…》 527上
眈 虎視眈眈《こしたんたん》 231上
眉 眉間一尺《びかんいっ…》 532上
眉目秀麗《びもくしゅ…》 540上
横眉怒目《おうびどもく》 83下
慈眉善目《じびぜんもく》 287上
焦眉之急《しょうびの…》 324上

9画

眉 眇 眄 研 砂 砕 祇 神 祖 祐 禹 科 秋 窈 穿 竿 紆 紀 紅 糾 約 美 耐 耶 胃 胤 胡 胥 胎 胆 背 肺 臭 虹

	読み	頁
白眉最良	はくびさいりょう	514上
尨眉皓髪	ぼうびこうはつ	586下
揚眉吐気	ようびとき	635下
柳眉倒豎	りゅうびとうじゅ	646下
宛転蛾眉	えんてんがび	77上
眇 眄 神韻縹眇	しんいんひょうびょう	334上
右顧左眄	うこさべん	58上
左顧右眄	さこうべん	248下
研 研北梧右	けんぽくごう	201上
砂 砂上楼閣	さじょうろうかく	249上
土砂加持	どしゃかじ	482下
白砂青松	はくしゃせいしょう	511上
砕 粉骨砕身	ふんこつさいしん	568下
玉石同砕	ぎょくせきどうさい	162下
祇 天神地祇	てんしんちぎ	457下
祝 華封三祝	かほうのさんしゅく	116上
神 神韻縹渺	しんいんひょうびょう	334上
神機妙算	しんきみょうさん	335上
神経衰弱	しんけいすいじゃく	335下
神工鬼斧	しんこうきふ	336下
神出鬼没	しんしゅつきぼつ	141上, 338下
神仏習合	しんぶつしゅうごう	346下, 506下
四神相応	しじんそうおう	276上
心神耗弱	しんしんこうじゃく	341上
心神喪失	しんしんそうしつ	341上
精神一到	せいしんいっとう	360上
精神統一	せいしんとういつ	360下
天神地祇	てんしんちぎ	457下
盟神探湯	めいしんたんとう	610上
天地神明	てんちしんめい	459上
天佑神助	てんゆうしんじょ	464上
怪力乱神	かいりょくらんしん	98下
牛鬼蛇神	ぎゅうきだしん	149上
祖 祖先崇拝	そせんすうはい	400下
超仏越祖	ちょうぶつえっそ	437下
祐 天祐神助	てんゆうしんじょ	464上
禹 禹行舜趨	うこうしゅんすう	57下
科 科挙圧巻	かきょあっかん	102上
金科玉条	きんかぎょくじょう	168下
秋 秋高馬肥	しゅうこうばひ	297上, 455下
秋霜烈日	しゅうそうれつじつ	300上, 659下
秋風索莫	しゅうふうさくばく	302上
秋風冽冽	しゅうふうれつれつ	302上
春秋筆法	しゅんじゅうひっぽう	311下
千秋万歳	せんしゅうばんざい	379上
中秋無月	ちゅうしゅうむげつ	431上
三尺秋水	さんじゃくしゅうすい	255下
社燕秋鴻	しゃえんしゅうこう	291上
春夏秋冬	しゅんかしゅうとう	310下
春蘭秋菊	しゅんらんしゅうぎく	313下
晴雲秋月	せいうんしゅうげつ	356上
媚眼秋波	びがんしゅうは	532上
明察秋毫	めいさつしゅうごう	609上
一日三秋	いちじつさんしゅう	23上
一日千秋	いちじつせんしゅう	23下
一葉知秋	いちようちしゅう	31上
万古千秋	ばんこせんしゅう	525上
皮裏陽秋	ひりのようしゅう	548上
老気横秋	ろうきおうしゅう	660下
窈 窈窕偸香	ようちょうとうこう	369下
穿 穿壁引光	せんぺきいんこう	384下
磨穿鉄硯	ませんてっけん	595上
点滴穿石	てんてきせんせき	459下
百歩穿楊	ひゃっぽせんよう	545下
竿 一竿風月	いっかんふうげつ	33上
百尺竿頭	ひゃくしゃくかんとう	540下
紆 紆余曲折	うよきょくせつ	61上
紀 綱紀粛正	こうきしゅくせい	205下
綱紀廃弛	こうきはいし	206上
風紀紊乱	ふうきびんらん	550下
糾 禍福糾纆	かふくきゅうぼく	115上
紅 紅口白牙	こうこうはくが	207下
紅灯緑酒	こうとうりょくしゅ	216上
紅粉青蛾	こうふんせいが	218上
紅毛碧眼	こうもうへきがん	220下
桃紅柳緑	とうこうりゅうりょく	467下
紛紅駭緑	ふんこうがいりょく	568下
翠帳紅閨	すいちょうこうけい	352上
朝有紅顔	ちょうゆうこうがん	439上
林間紅葉	りんかんこうよう	654下
千紫万紅	せんしばんこう	378上
万緑一紅	ばんりょくいっこう	530下
柳緑花紅	りゅうりょくかこう	646下
約 約法三章	やくほうさんしょう	622上
博文約礼	はくぶんやくれい	514上
大信不約	だいしんふやく	409上
美 美意延年	びいえんねん	530上
美辞麗句	びじれいく	534上
美人薄命	びじんはくめい	108上
醇風美俗	じゅんぷうびぞく	313上
精金美玉	せいきんびぎょく	358上
大樹美草	たいじゅびそう	409上
天之美禄	てんのびろく	461下
八方美人	はっぽうびじん	522上
不買美田	ふばいびでん	565下
尽善尽美	じんぜんじんび	343上
風光明美	ふうこうめいび	551下
有終之美	ゆうしゅうのび	626下
耐 耐久之朋	たいきゅうのとも	406上
耶 有耶無耶	うやむや	61下
干将莫耶	かんしょうばくや	124下
胃 飲灰洗胃	いんかいせんい	51下
胤 車胤聚蛍	しゃいんしゅうけい	187下
胡 胡蝶之夢	こちょうのゆめ	235下
胡馬北風	こばほくふう	236下
肝胆胡越	かんたんこえつ	127下
胥 華胥之夢	かしょのゆめ	106下
胎 受胎告知	じゅたいこくち	307下
疑城胎宮	ぎじょうたいぐう	141上
換骨奪胎	かんこつだったい	123上
胆 胆戦心驚	たんせんしんきょう	422上
胆大心小	たんだいしんしょう	422上
胆大妄為	たんだいもうい	422上
肝胆相照	かんたんあいてらす	127上
肝胆楚越	かんたんそえつ	127下
大胆不敵	だいたんふてき	410上
臥薪嘗胆	がしんしょうたん	107上
聞風喪胆	ぶんぷうそうたん	571上
明目張胆	めいもくちょうたん	612上
背 背信棄義	はいしんきぎ	504下
背水之陣	はいすいのじん	503上, 505下
背井離郷	はいせいりきょう	505下
二律背反	にりつはいはん	498上
眼光紙背	がんこうしはい	122下
中肉中背	ちゅうにくちゅうぜい	432上
面向不背	めんこうふはい	613上
面従腹背	めんじゅうふくはい	614上
肺 肺腑之言	はいふのげん	506上
狼心狗肺	ろうしんこうはい	662下
臭 遺臭万載	いしゅうばんざい	17下
俗臭芬芬	ぞくしゅうふんぷん	397下
物臭道心	ものぐさどうしん	618上
口尚乳臭	こうしょうにゅうしゅう	211上
無声無臭	むせいむしゅう	604上
虹 白虹貫日	はっこうかんじつ	519下
蚊虹走牛	ぶんこうそうぎゅう	571下

衽 被髪左衽《ひはつさじん》 539上
衷 斟酌折衷《しんしゃく…》 338上
和洋折衷《わようせっ…》 669上
臥 臥薪嘗胆《がしんしょ…》 107下, 223下
臥竜鳳雛《がりょうほ…》 558下
孔明臥竜《こうめいが…》 220上
行住坐臥《ぎょうじゅ…》 157下
常住坐臥《じょうじゅ…》 318下
要 不要不急《ふようふき…》 566下
不得要領《ふとくよう…》 564下
計 詭計多端《きけいたたん》 137下
遍計所執《へんげしょ…》 576下
陰謀詭計《いんぼうき…》 55下
迂直之計《うちょくの…》 60上
火牛之計《かぎゅうの…》 101下
奇策妙計《きさくみょ…》 139下
苦肉之計《くにくのけい》 179下
千方百計《せんぽうひ…》 385下
千方万計《せんぽうま…》 386上
百年大計《ひゃくねん…》 542下
負 負薪之憂《ふしんのゆう》 245下
肉袒負荊《にくたんふ…》 494下
忘恩負義《ぼうおんふぎ》 580下
真剣勝負《しんけんし…》 335下
貞 元亨利貞《げんこうり…》 195下
軌 同文同軌《どうぶんど…》 473下
軍 孤軍奮闘《こぐんふん…》 228下
千軍万馬《せんぐんば…》 375上
敗軍之将《はいぐんの…》 503上
大樹将軍《たいじゅし…》 408下
重 重重無尽《じゅうじゅ…》 298下
慎重居士《しんちょう…》 345上
捲土重来《けんどちょ…》 198上
破鏡重円《はきょうち…》 508下
隠忍自重《いんにんじ…》 55上
挙足軽重《きょそくけ…》 164下
千鈞之重《せんきんの…》 374下
徳高望重《とくこうぼ…》 478下
問鼎軽重《もんていけ…》 620下
老成持重《ろうせいじ…》 662上
面 面会謝絶《めんかいし…》 613上
面向不背《めんこうふ…》 613下
面従後言《めんじゅう…》 614上, 614上
面従腹背《めんじゅう…》 614上
面授口訣《めんじゅく…》 614下
面折廷争《めんせつて…》 614下
面張牛皮《めんちょう…》 615上
面壁九年《めんぺきく…》 615上
面目一新《めんもくい…》 615上
面目躍如《めんもくや…》 615下
鬼面仏心《きめんぶっ…》 146下
三面六臂《さんめんろ…》 263上
四面楚歌《しめんそか》 289下
人面獣心《じんめんじ…》 347上
人面獣身《じんめんじ…》 347上
人面桃花《じんめんと…》 347下
白面書生《はくめんの…》 514下
八面玲瓏《はちめんれ…》 518下
八面六臂《はちめんろ…》 518下
反面教師《はんめんき…》 529上
半面之識《はんめんの…》 529上
耳提面命《じていめん…》 285下
頭北面西《ずほくめん…》 354上
改頭換面《かいとうか…》 97下
喜色満面《きしょくま…》 142上
効果覿面《こうかてき…》 204下
四角四面《しかくしめん》 265上
洗心革面《せんしんか…》 380上
天罰覿面《てんばつて…》 462下
得意満面《とくいまん…》 477下
白首北面《はくしゅほ…》 512下
蓬頭垢面《ほうとうこ…》 585下
革 革故鼎新《かっこてい…》 111上
鳥革翬飛《ちょうかく…》 433上
易姓革命《えきせいか…》 69上
洗心革面《せんしんか…》 380上
音 音信不通《おんしんふ…》 86下
音吐朗朗《おんとろう…》 88上
方向音痴《ほうこうお…》 582下
異口同音《いくどうおん》 16上
空谷跫音《くうこくの…》 175上
鄭衛之音《ていえいの…》 445下
不協和音《ふきょうわ…》 557上
濮上之音《ぼくじょう…》 389上
風 風雲之器《ふううんのき》 550上
風雲之志《ふううんの…》 550上
風岸孤峭《ふうがんこ…》 550上
風紀紊乱《ふうきびん…》 550下, 553上
風月無辺《ふうげつむ…》 551上
風言風語《ふうげんふ…》 551上
風光明媚《ふうこうめ…》 551上
風餐露宿《ふうさんろ…》 551下
風樹之嘆《ふうじゅの…》 551下
風檣陣馬《ふうしょう…》 552上
風塵之会《ふうじんの…》 552上
風声鶴唳《ふうせいか…》 552下
風前之灯《ふうぜんの…》 552下
風霜之気《ふうそうのき》 553上
風俗壊乱《ふうぞくか…》 553上
風波之民《ふうはのたみ》 553下
風旛之論《ふうはんの…》 553下
風流韻事《ふうりゅう…》 169上, 554上
風流警抜《ふうりゅう…》 554上
風流三昧《ふうりゅう…》 554上
風林火山《ふうりんか…》 554下
威風堂堂《いふうどう…》 49下
尭風舜雨《ぎょうふう…》 159下
吟風弄月《ぎんぷうろ…》 174上
繋風捕影《けいふうほ…》 189下
光風霽月《こうふうせ…》 218上
五風十雨《ごふうじゅ…》 236下
疾風勁草《しっぷうけ…》 284下
疾風迅雷《しっぷうじ…》 285上
疾風怒濤《しっぷうど…》 285上
櫛風沐雨《しっぷうも…》 285下
秋風索莫《しゅうふう…》 302上
秋風冽冽《しゅうふう…》 302上
春風駘蕩《しゅんぷう…》 312下
春風得意《しゅんぷう…》 312下
醇風美俗《じゅんぷう…》 313上
順風満帆《じゅんぷう…》 313上
松風水月《しょうふう…》 324下
傷風敗俗《しょうふう…》 324下
嘯風弄月《しょうふう…》 325上
清風故人《せいふうこ…》 364上
清風明月《せいふうめ…》 364上
台風一過《たいふうい…》 411下
東風解凍《とうふうか…》 473上
聞風喪胆《ぶんぷうそ…》 571上
流風余韻《りゅうふう…》 646上
和風細雨《わふうさいう》 669上
一竿風月《いっかんの…》 33上
一世風靡《いっせいふ…》 41下
花鳥風月《かちょうふ…》 109下
雪月風花《せつげつふ…》 370上
談論風発《だんろんふ…》 424上
飽経風霜《ほうけいふ…》 581下

満城風雨《まんじょう…》 596下
運斤成風《うんきんせい…》 63上
胡馬北風《こばほくふう》 236下
殊俗帰風《しゅぞくき…》 307上
鄒魯遺風《すうろのい…》 353下
千里同風《せんりどう…》 386下
地水火風《ちすいかふう》 428上
馬耳東風《ばじとうふう》 516上
飛 飛花落葉《ひからくよう》 531下
飛耳長目《ひじちょう…》 534上
飛雪千里《ひせつせんり》 535上
飛短流長《ひたんりゅ…》 536上
飛兎竜文《ひとりょう…》 538下
飛揚跋扈《ひようばっこ》 547上
飛竜乗雲《ひりょうじ…》 64下, 548上
烏飛兎走《うひとそう》 60下
鳶飛魚躍《えんぴぎょ…》 78上
魂飛魄散《こんぴはく…》 241上
竜飛鳳舞《りょうひほう》 652上
暗中飛躍《あんちゅう…》 10下
羽翮飛肉《うかくひにく》 56下
雲烟飛動《うんえんひ…》 62下
口角飛沫《こうかくひ…》 204上
流言飛語《りゅうげん…》 645上
燕雁代飛《えんがんだ…》 73下
雌伏雄飛《しふくゆうひ》 287下
鳥革翬飛《ちょうかく…》 433上
白雲孤飛《はくうんこひ》 579下
両鳳連飛《りょうほう…》 652上
食 食牛之気《しょくぎゅ…》 328上
食前方丈《しょくぜん…》 328上
食客三千《しょっかく…》 330上, 362上
医食同源《いしょくど…》 18下
衣食礼節《いしょくれ…》 18下
飲食之人《いんしょく…》 54上
蚕食鯨呑《さんしょく…》 257下
耳食之談《じしょくの…》 275上
箪食壺漿《たんしこし…》 420下
箪食瓢飲《たんしひょ…》 420下
東食西宿《とうしょく…》 470上
肉食妻帯《にくじきさ…》 494下
伴食大臣《ばんしょく…》 526下
飽食終日《ほうしょく…》 583下
目食耳視《もくしょく…》 617下
悪衣悪食《あくいあく…》 3上
解衣推食《かいいすい…》 89上
牛飲馬食《ぎゅういん…》 148上
錦衣玉食《きんいぎょ…》 167下
骨肉相食《こつにくそ…》 236上
弱肉強食《じゃくにく…》 291下
節衣縮食《せついしゅ…》 369下
粗衣粗食《そいそしょく》 387上
暖衣飽食《だんいほう…》 418上
廃寝忘食《はいしんぼ…》 505上
発憤忘食《はっぷんぼ…》 521下
豊衣足食《ほういそく…》 579上
暴飲暴食《ぼういんぼ…》 579下
無為徒食《むいとしょく》 599上
無芸大食《むげいたい…》 601上
首 首鼠両端《しゅそりょう…》 307下
首尾一貫《しゅびいっ…》 310上
鳩首協議《きゅうしゅ…》 151上
頓首再拝《とんしゅさ…》 488下
白首北面《はくしゅほ…》 512下
俛首帖耳《ふしゅちょ…》 561上
狐死首丘《こししゅき…》 231上
群竜無首《ぐんりょう…》 183下
思案投首《しあんなげ…》 263下
閉口頓首《へいこうと…》 574上
竜頭鷁首《りょうとう…》 650下
香 香囲粉陣《こういふん…》 202下
香気芬芬《こうきふん…》 206上
暗香疎影《あんこうそ…》 8下
天香国色《てんこうこ…》 455下
粉愁香怨《ふんしゅう…》 569下
窃玉偸香《せつぎょく…》 369下
鳥語花香《ちょうごか…》 434上
韋 韋弦之佩《いげんのはい》 16上
韋駄天走《いだてんそう》 19上
韋編三絶《いへんさん…》 50上
藜杖韋帯《れいじょう…》 658上

【10画】

倚 倚門之望《いもんのぼう》 51上
禍福倚伏《かふくいふく》 114下
倨 前倨後恭《ぜんきょこ…》 374上
倶 倶会一処《くえいっしょ》 176下
不倶戴天《ふぐたいてん》 558上
倹 温良恭倹《おんりょう…》 88下
個 個個別別《ここべつべつ》 230上, 575下
各個撃破《かっこげきは》 110下
借 借花献仏《しゃっかけ…》 294上
修 修己治人《しゅうこち…》 297下
修身斉家《しゅうしん…》 299上
偃武修文《えんぶしゅ…》 78上
自力修行《じりきしゅ…》 418上
辺幅修飾《へんぷくし…》 578下
武者修行《むしゃしゅ…》 603上
茂林修竹《もりんしゅ…》 618下
倡 一倡三嘆《いっしょう…》 39下
夫倡婦随《ふしょうふ…》 561下
倩 曼倩三冬《まんせんさ…》 597上
倒 倒行逆施《とうこうぎゃ…》 467上
回山倒海《かいざんと…》 93下
冠履倒易《かんりとう…》 132下
柳眉倒豎《りゅうびと…》 646上
七転八倒《しちてんば…》 279下
主客転倒《しゅかくて…》 304下
東扶西倒《とうふせい…》 473上
捧腹絶倒《ほうふくぜ…》 586下
本末転倒《ほんまつて…》 594上
倍 倍日并行《ばいじつへ…》 503下
倍称之息《ばいしょう…》 504下
一粒万倍《いちりゅう…》 32上
薬九層倍《くすりくそ…》 178下
事半功倍《じはんこう…》 286下
倫 五倫五常《ごりんごじ…》 238下
精力絶倫《せいりょく…》 364下
絶類離倫《ぜつるいり…》 373上
党 党錮之禍《とうこのか》 393上, 468上
党同伐異《とうどうばつ…》 472上
党利党略《とうりとう…》 475下
一族郎党《いちぞくろ…》 26上
一味徒党《いちみとと…》 28下
不偏不党《ふへんふとう》 566上
兼 兼愛無私《けんあいむし》 193下
才色兼備《さいしょく…》 245上
知勇兼備《ちゆうけんび》 430上
昼夜兼行《ちゅうやけ…》 432上
八宗兼学《はっしゅう…》 520上
氾愛兼利《はんあいけ…》 524下
梵漢兼挙《ぼんかんけ…》 592下
冓 中冓之言《ちゅうこう…》 430下
凊 温凊定省《おんせいて…》 87上
凍 滴水嫡凍《てきすいて…》 449上
東風解凍《とうふうか…》 473上

凌 凌雲之志 りょううん… 647上
帰 帰依三宝 きえさんぼう 134上
帰家穏座 きかおんざ 135下
帰正反本 きせいはん… 143上
帰馬放牛 きばほうぎ… 146上
帰命頂礼 きみょうち… 146下
不帰之客 ふきのきゃく 556下
会三帰一 えさんきいち 93上
解甲帰田 かいこうき… 92上
完璧帰趙 かんぺきき… 131下
殊俗帰風 しゅぞくき… 307上
百川帰海 ひゃくせん… 541上
翻邪帰正 ほんじゃき… 593上
異路同帰 いろどうき 51上
永遠回帰 えいえんか… 66上
虚往実帰 きょおうじ… 160上
生寄死帰 せいきしき 357下
隻履西帰 せきりせいき 368上
剣 剣抜弩張 けんばつど… 198下
剣葉刀林 けんようと… 201下
真剣勝負 しんけんし… 335下
売剣買牛 ばいけんば… 503下
刀光剣影 とうこうけ… 467下
口蜜腹剣 こうみつふ… 219下
刻舟求剣 こくしゅう… 226下
十年一剣 じゅうねん… 301上
両刃之剣 りょうばの… 651下
剛 剛毅果断 ごうきかだん 205下
剛毅木訥 ごうきぼく… 206下
金剛不壊 こんごうふえ 239下
金剛輪際 こんごうり… 239下
質実剛健 しつじつご… 283上
外柔内剛 がいじゅう… 94下
柔能制剛 じゅうのう… 302上
内柔外剛 ないじゅう… 489上
剔 爬羅剔抉 はらてっけつ 523下
剝 活剝生呑 かっぱくせ… 112下
勉 刻苦勉励 こっくべん… 235下
匪 蹇蹇匪躬 けんけんひ… 195上
匿 匿影蔵形 とくえいぞ… 478上
原 中原逐鹿 ちゅうげん… 430上
燎原之火 りょうげん… 648上
星火燎原 せいかりょ… 357上
員 反面教員 はんめんき… 529上
哭 鬼哭啾啾 きこくしゅ… 138下
唆 教唆煽動 きょうさせ… 157上
唇 唇歯輔車 しんしほしゃ 337下
朱唇皓歯 しゅしんこ… 306下
焦唇乾舌 しょうしん… 320上
薄唇軽言 はくしんけ… 512下
啄 啐啄同時 そったくど… 401上
一飲一啄 いちいんい… 20上
哲 哲婦傾城 てっぷけい… 450下
明哲保身 めいてつほ… 611上
唐 荒唐無稽 こうとうむ… 216上
入唐八家 にっとうは… 496上
哺 含哺鼓腹 がんぽこふく 132上
吐哺捉髪 とほそくはつ 486上
反哺之孝 はんぽのこう 528下
圄 草満囹圄 そうまんれ… 395下
埒 不埒千万 ふらちせん… 566下
夏 夏虫疑氷 かちゅうぎ… 108下
夏炉冬扇 かろとうせん 118下
九夏三伏 きゅうかさ… 148下
春夏秋冬 しゅんかし… 310下
冬虫夏草 とうちゅう… 471上
套 旧套墨守 きゅうとう… 153下
常套手段 じょうとう… 322下
娥 宛転娥眉 えんてんがび 77上
娑 娑羅双樹 さらそうじ… 251上
孫 孫康映雪 そんこうえ… 187下
公孫布被 こうそんふひ 213下
天孫降臨 てんそんこ… 458上
子子孫孫 ししそんそん 272上
含飴弄孫 がんいろう… 118下
宴 鹿鳴之宴 ろくめいの… 665下
家 家給人足 かきゅうじ… 101上
家鶏野鶩 かけいやぼく 104下
家常茶飯 かじょうさ… 106上
家書万金 かしょばん… 107上
家徒四壁 かとしへき 114上
家貧孝子 かひんこうし 114下
一家団欒 いっかだん… 33上
帰家穏座 きかおんざ 135下
自家撞着 じかどうち… 265下
自家薬籠 じかやくろう 622上
出家遁世 しゅっけと… 308上
小家碧玉 しょうかの… 315上
喪家之狗 そうかのく 388上
伝家宝刀 でんかのほ… 454上
東家之丘 とうかのき… 465下
百家争鳴 ひゃっかそ… 544上
悪婦破家 あくふはか 4下
修身斉家 しゅうしん… 299上
諸子百家 しょしひゃ… 329上
鎮護国家 ちんごこっか 442下
入唐八家 にっとうは… 496上
白手起家 はくしゅきか 512上
半路出家 はんろしゅ… 530上
害 被害妄想 ひがいもう… 531上
利害得失 りがいとく… 641下
一利一害 いちりいち… 31下
宮 宮車晏駕 きゅうしゃ… 150下
疑城胎宮 ぎじょうた… 141上
宰 伴食宰相 ばんしょく… 527上
宵 春宵一刻 しゅんしょ… 311下
容 容姿端麗 ようしたん… 633上
容貌魁偉 ようぼうか… 635下
従容就義 しょうよう… 326上
従容不迫 しょうよう… 326下
間不容髪 かんふよう… 130下
射 射将先馬 しゃしょう… 292下
射石飲羽 しゃせきい… 293下
将 将門有将 しょうもん… 325下
一将万骨 いっしょう… 39下
干将莫邪 かんしょう… 124下
射将先馬 しゃしょう… 292下
王侯将相 おうこうし… 81上
大樹将軍 たいじゅし… 408下
餓鬼大将 がきだいし… 100下
敗軍之将 はいぐんの… 503上
熊虎之将 ゆうこのし… 625下
屑 竹頭木屑 ちくとうぼ… 425下
展 五十展転 ごじゅうて… 231下
屓 贔屓偏頗 ひいきへんぱ 530下
依怙贔屓 えこひいき 70上
判官贔屓 ほうがんび… 581上
峭 風岸孤峭 ふうがんこ… 550上
差 指差称呼 しさしょうこ 271上
千差万別 せんさばん… 377上
雲泥之差 うんでいのさ 65上
天淵之差 てんえんのさ 452上
師 師曠之聡 しこうのそう 269下
師資相承 ししそうじ… 271下, 614下
師子奮迅 ししふんじん 273上
無師独悟 むしどくご 602下
良師益友 りょうしえ… 649上
暗証禅師 あんしょう… 9下
三蔵法師 さんぞうほ… 259上
反面教師 はんめんき… 529上

文字法師 もんじのほ… 619下
席 幕天席地 ばくてんせ… 513上
扇枕温席 せんちんお… 382下
帯 帯礪之誓 たいれいの… 412下
一衣帯水 いちいたい… 20上
苗字帯刀 みょうじた… 598上
衣冠束帯 いかんそく… 13下
山河襟帯 さんがきん… 252上
肉食妻帯 にくじきさ… 494下
藜杖韋帯 れいじょう… 658上
座 座右之銘 ざゆうのめ… 250下
帰家穏座 きかおんざ 135下
庭 三月庭訓 さんがつて… 252上
弱 弱肉強食 じゃくにく… 291下
強幹弱枝 きょうかん… 155下
薄志弱行 はくしじゃ… 511下
蓬萊弱水 ほうらいじ… 588下
意志薄弱 いしはくじ… 17上
神経衰弱 しんけいす… 335下
心神耗弱 しんしんこ… 341上
従 従容就義 しょうよう… 326上
従容不迫 しょうよう… 326下
合従連衡 がっしょう… 111下
三従四徳 さんじゅう… 256下
先従隗始 せんじゅう… 378下
文従字順 ぶんじゅう… 570上
面従後言 めんじゅう… 614上
面従腹背 めんじゅう… 614上
阿諛追従 あゆついし… 7下
五障三従 ごしょうさ… 232上
徒 徒手空拳 としゅくう… 483上
家徒四壁 かとしへき 114上
一味徒党 いちみととう 28下
馬歯徒増 ばしとぞう 516下
無為徒食 むいとしょく 599上
市井之徒 しせいのと 276上
華 華燭之典 かしょくの… 106下, 474上
華胥之夢 かしょのゆめ 106下
華封三祝 かほうのさ… 116上
英華発外 えいかはつ… 66下
去華就実 きょかしゅ… 160下
豪華絢爛 ごうかけん… 204上
曇華一現 どんげいち… 487下
南華之悔 なんかのくい 491上
拈華微笑 ねんげみし… 500下
法華七喩 ほっけしちゆ 590下
竜華三会 りゅうげさ… 644下
栄耀栄華 えいようえ… 68下
莫 莫逆之友 ばくぎゃく… 511上
干将莫邪 かんしょう… 124下
諸悪莫作 しょあくま… 314上
秋風索莫 しゅうふう… 302上
莩 葭莩之親 かふのしん 115下
迹 本地垂迹 ほんじすい… 592下
造 造次顛沛 ぞうじてん… 392上
造反有理 ぞうはんゆ… 395上
天造草昧 てんぞうそ… 458上
粗製濫造 そせいらん… 400下
速 速戦即決 そくせんそ… 398上
迅速果敢 じんそくか… 343上
巧遅拙速 こうちせっ… 214下
無常迅速 むじょうじ… 603下
逐 中原逐鹿 ちゅうげん… 430上
通 通功易事 つうこうえ… 444上
四通八達 しつうはっ… 281上
融通無碍 ゆうずうむげ 627下
一念通天 いちねんつ… 26下
最後通牒 さいごつう… 243上
博古通今 はっこつう… 519下
一文不通 いちもんふ… 30上
音信不通 おんしんふ… 86下
途 前途多難 ぜんとたなん 383上
前途洋洋 ぜんとよう… 383下
前途遼遠 ぜんとりょ… 383下
中途半端 ちゅうとは… 431下
連 連城之璧 れんじょう… 106上
流連荒亡 りゅうれん… 647上
合従連衡 がっしょう… 111下
比翼連理 ひよくれんり 547下
両鳳連飛 りょうほう… 652上
郢 郢書燕説 えいしょえ… 67下
降 天孫降臨 てんそんこ… 458上
除 除災招福 じょさいし… 328下
翦草除根 せんそうじ… 381下
陣 風檣陣馬 ふうしょう… 552上
香囲粉陣 こういふん… 202下
背水之陣 はいすいの… 505下
悦 恐悦至極 きょうえつ… 154上
悟 大悟徹底 たいごてっ… 407上
迷悟一如 めいごいち… 609上
開示悟入 かいじごに… 93下
廓然大悟 かくねんた… 103上
無師独悟 むしどくご 602下
悄 孤影悄然 こえいしょ… 223上
悌 孝悌忠信 こうていち… 215下
悩 客塵煩悩 きゃくじん… 147下
百八煩悩 ひゃくはち… 542下
悖 悖出悖入 はいしゅつ… 504下
恪 法界恪気 ほうかいり… 580下
振 椀飯振舞 おうばんぶ… 83上
金声玉振 きんせいぎ… 173上
竜驤麟振 りょうじょ… 650上
捉 猿猴捉月 えんこうそ… 75上
吐哺捉髪 とほそくはつ 486上
捕風捉影 ほふうそ… 189下
捕 繫風捕影 けいふうほ… 189下
恩 恩威並行 おんいへい… 85下
忘恩負義 ぼうおんふぎ 580下
一言芳恩 いちごんほ… 22下
一飯之恩 いっぱんの… 46下
恭 恭悦至極 きょうえつ… 154上
温良恭倹 おんりょう… 88下
前倨後恭 ぜんきょこ… 374上
恐 恐悦至極 きょうえつ… 154上
恐惶謹言 きょうこう… 156下, 170上
戦戦恐恐 せんせんき… 381下
恵 文殊知恵 もんじゅの… 619下
恣 暴戻恣睢 ぼうれいしき 589上
恕 劉寛温恕 りゅうかん… 644上
息 青息吐息 あおいきと… 3上
気息奄奄 きそくえん… 143下
一病息災 いちびょう… 27下
延命息災 えんめいそ… 79上
無事息災 ぶじそくさい 560上
無病息災 むびょうそ… 606上
阿吽之息 あうんのいき 2下
因循姑息 いんじゅん… 53下
倍称之息 ばいしょう… 504下
恥 会稽之恥 かいけいの… 90下
寡廉鮮恥 かれんせんち 118上
厚顔無恥 こうがんむち 205上
恋 依依恋恋 いいれんれん 12下
綈袍恋恋 ていほうれん… 447上
籠鳥恋雲 ろうちょう… 662下
扇 扇枕温衾 せんちんお… 382下
教唆扇動 きょうさせ… 157上
夏炉冬扇 かろとうせん 118下
団雪之扇 だんせつの… 421下
挙 挙国一致 きょこくい… 163下

挙足軽重《きょそくけ…》 164下
挙措失当《きょそしっ…》 164下
挙一明三《こいちみょ…》 202上
一挙一動《いっきょい…》 35上
一挙両得《いっきょり…》 35上
科挙圧巻《かきょあっ…》 102上
軽挙妄動《けいきょも…》 185下
延頸挙踵《えんけいき…》 74上
百端待挙《ひゃくたん…》 542上
不遑枚挙《ふこうまい…》 559下
梵漢兼挙《ぼんかんけ…》 592下
拳 拳拳服膺《けんけんぷ…》 195上
徒手空拳《としゅくう…》 483上
敏 訥言敏行《とつげんび…》 484下
旁 旁時掣肘《ぼうじせい…》 583上
偏旁冠脚《へんぼうか…》 578下
博引旁証《はくいんぼ…》 509下
晏 晏嬰狐裘《あんえいの…》 8上
晏子之御《あんしのぎょ》 9上
宮車晏駕《きゅうしゃ…》 150下
時 時雨之化《じうのか》 264下
時期尚早《じきしょう…》 266下
時時刻刻《じじこっこく》 271下
時代錯誤《じだいさくご》 277下
時世時節《ときよじせつ》 477上
一時流行《いちじりゅ…》 25上
即時一杯《そくじいっ…》 397下
旁時掣肘《ぼうじせい…》 583上
四六時中《しろくじち…》 333下
一日片時《いちじつへ…》 23下
啐啄同時《そったくど…》 401上
臨命終時《りんみょう…》 656上
晋 楚材晋用《そざいしん…》 399上
書 郢書燕説《えいしょえ…》 67下
家書万金《かしょばん…》 107上
校書掃塵《こうしょそ…》 211下
四書五経《ししょごき…》 275下
読書三到《どくしょさ…》 479上
読書三昧《どくしょざ…》 479下
読書三余《どくしょさ…》 479下
読書尚友《どくしょし…》 480上
読書百遍《どくしょひ…》 480上
読書亡羊《どくしょぼ…》 480下
焚書坑儒《ふんしょこ…》 570上
傭書自資《ようしょじ…》 633下
琴棋書画《きんきしょが》 169上
白面書生《はくめんの…》 514下
河図洛書《かとらくしょ》 114上
窮愁著書《きゅうしゅう…》 150下
特筆大書《とくひつた…》 481上
朔 告朔餼羊《こくさくの…》 226上
朗 明朗闊達《めいろうか…》 613上
音吐朗朗《おんとろう…》 88上
清風朗月《せいふうろ…》 364下
案 几案之才《きあんのさい》 133下
思案投首《しあんなげ…》 263下
蛍窓雪案《けいそうせ…》 187下
喉元思案《のどもとじ…》 502下
格 格物致知《かくぶつちち》 103下, 163上
桂 桂玉之艱《けいぎょく…》 185上
桂林一枝《けいりんの…》 190下
薑桂之性《きょうけい…》 156上
校 校書掃塵《こうしょそ…》 211下
一夜検校《いちやけん…》 30上
根 深根固柢《しんこんこ…》 336上
草根木皮《そうこんぼ…》 391下
断根枯葉《だんこんこ…》 420下
追根究底《ついこんき…》 443下
盤根錯節《ばんこんさ…》 525下
無根無蔕《むこんむてい》 602上
六根清浄《ろっこんし…》 666上
盗人根性《ぬすっとこ…》 499下
削株掘根《さくしゅく…》 420下
事実無根《じじつむこん》 272上
翦草除根《せんそうじ…》 381下
山雀利根《やまがらり…》 623上
桟 天井桟敷《てんじょう…》 456下
桑 桑間濮上《そうかんぼ…》 388下
桑弧蓬矢《そうこほうし》 391上
桑田滄海《そうでんそ…》 394上, 501下
桑土綢繆《そうどちゅ…》 394下
鄭衛桑間《ていえいそ…》 445下
株 削株掘根《さくしゅく…》 420下
守株待兎《しゅしゅた…》 306上
古木朽株《こぼくきゅ…》 237下
桃 桃園結義《とうえんけ…》 464下
桃紅柳緑《とうこうり…》 467下
桃三李四《とうさんりし》 468下
桃李成蹊《とうりせい…》 475上
桃李満門《とうりまん…》 475下
二桃三士《にとうさんし》 496上
人面桃花《じんめんと…》 347下
武陵桃源《ぶりょうと…》 567上
桐 桐壺源氏《きりつぼげ…》 166下
梅 梅林止渇《ばいりんし…》 507上
栗 火中取栗《かちゅうし…》 109上
残 残酷非道《ざんこくひ…》 253上
残山剰水《ざんざんじ…》 254上
残念至極《ざんねんし…》 13上
残念無念《ざんねんむ…》 261上
残杯冷炙《ざんぱいれ…》 261下
敗柳残花《はいりゅう…》 507上
殊 殊俗帰風《しゅぞくき…》 307上
文殊知恵《もんじゅの…》 619下
三人文殊《さんにんも…》 260下
殷 殷鑑不遠《いんかんふ…》 52下
殺 殺生禁断《せっしょう…》 371下
一殺多生《いっせつた…》 42上
活殺自在《かっさつじ…》 111下
生殺与奪《せいさつよ…》 358上
矯角殺牛《きょうかく…》 154下
寸鉄殺人《すんてつさ…》 355上
曾参殺人《そうしんさ…》 392下
泰 泰山圧卵《たいざんあ…》 407上
泰山鴻毛《たいざんこ…》 407下
泰山北斗《たいざんほ…》 407下
泰山鳴動《たいざんめ…》 408上
泰然自若《たいぜんじ…》 14上, 410上
天下泰平《てんかたい…》 454上
浩 浩然之気《こうぜんのき》 213上, 330上
載籍浩瀚《さいせきこ…》 246上
消 氷消瓦解《ひょうしょ…》 546上
意気消沈《いきしょう…》 14上
雲散霧消《うんさんむ…》 64上
涎 垂涎三尺《すいぜんさ…》 351下
涅 涅槃寂静《ねはんじゃ…》 500上
浜 渭浜漁父《いひんのぎ…》 49上
率土之浜《そっとのひん》 401上
浮 浮雲翳日《ふうんえい…》 554下
浮花浪蕊《ふかろうずい》 556上
浮生若夢《ふせいじゃ…》 561下
浮石沈木《ふせきちん…》 562上
軽佻浮薄《けいちょう…》 188下
盲亀浮木《もうきふぼく》 616上
浦 津津浦浦《つつうらうら》 445上
長汀曲浦《ちょうてい…》 437上
浴 斎戒沐浴《さいかいも…》 242上

流 流金鑠石《りゅうきん…》 121下, 644下
流言蜚語《りゅうげん…》 551上, 645上
流星光底《りゅうせい…》 645下
流風余韻《りゅうふう…》 646上
流連荒亡《りゅうれん…》 647上
流転輪廻《るてんりんね》 656下
風流韻事《ふうりゅう…》 554上
風流警抜《ふうりゅう…》 554上
風流三昧《ふうりゅう…》 554上
一時流行《いちじりゅ…》 25上
曲水流觴《きょくすい…》 161下
行雲流水《こううんり…》 203上
高山流水《こうざんり…》 209上
生生流転《しょうじょ…》 319下
顛沛流離《てんぱいり…》 462上
飛短流長《ひたんりゅ…》 536上
不易流行《ふえきりゅ…》 555上
木牛流馬《ぼくぎゅう…》 589下
落花流水《らっかりゅ…》 639上
開源節流《かいげんせ…》 91下
黄河断流《こうがだん…》 204上
漱石枕流《そうせきち…》 393下
無手勝流《むてかつり…》 605上
浪 浮花浪蕊《ふかろうずい》 556上
烏 烏焉魯魚《うえんろぎょ》 56上
烏合之衆《うごうのし…》 58上
烏鳥私情《うちょうし…》 60上, 144上
烏兎匆匆《うとそうそう》 60下
烏白馬角《うはくばかく》 60下
烏飛兎走《うひとそう》 60下
烏之雌雄《からすのし…》 117上
金烏玉兎《きんうぎょ…》 168上
子虚烏有《しきょうゆう》 267下
長頸烏喙《ちょうけい…》 634上
愛及屋烏《あいきゅう…》 1下
烈 烈士徇名《れっしじゅ…》 659下
烈日赫赫《れつじつか…》 121下, 659下
秋霜烈日《しゅうそう…》 300上
烟 雲烟過眼《うんえんか…》 62下
雲烟飛動《うんえんひ…》 62下
特 特筆大書《とくひつた…》 481上
狷 狷介固陋《けんかいこ…》 194上
狽 周章狼狽《しゅうしょ…》 298下
狼 狼子野心《ろうしやしん》 661下
狼心狗肺《ろうしんく…》 662上
豺狼当路《さいろうと…》 246下
周章狼狽《しゅうしょ…》 298下
杯盤狼藉《はいばんろ…》 506上
鷹視狼歩《ようしろうほ》 634上
落花狼藉《らっかろう…》 639下
乱暴狼藉《らんぼうろ…》 641上
前虎後狼《ぜんここう…》 376上
珠 随珠和璧《ずいしゅか…》 350下
随珠弾雀《ずいしゅだ…》 350下
明珠暗投《めいしゅあ…》 609下
衣裏繫珠《えりけいしゅ》 72上
咳唾成珠《がいだせい…》 96上
髻中明珠《けいちゅう…》 188上
掌中之珠《しょうちゅ…》 322上
随侯之珠《ずいこうの…》 350上
滄海遺珠《そうかいの…》 387下
如意宝珠《にょいほう…》 497上
明月之珠《めいげつの…》 608下
夜光之珠《やこうのしゅ》 622下
薏苡明珠《よくいめい…》 636下
老蚌生珠《ろうぼうせ…》 664上
班 班女辞輦《はんじょじ…》 527上
班門弄斧《はんもんろ…》 529下
畔 越畔之思《えっぱんの…》 71上
留 在留邦人《ざいりゅう…》 246下
豹死留皮《ひょうしり…》 546上
疵 韓文之疵《かんぶんのし》 131上
吹毛求疵《すいもうき…》 353上
疾 疾足先得《しっそくせ…》 283下
疾風勁草《しっぷうけ…》 284下
疾風迅雷《しっぷうじ…》 285上
疾風怒濤《しっぷうど…》 285上
高材疾足《こうざいし…》 208上
大声疾呼《たいせいし…》 409下
励声疾呼《れいせいし…》 658下
煙霞痼疾《えんかのこ…》 72下
膏肓之疾《こうこうの…》 207上
山藪蔵疾《さんそうぞ…》 258下
心腹之疾《しんぷくの…》 346上
疲 疲労困憊《ひろうこん…》 364上, 548下
精疲力尽《せいひりき…》 364上
馬疲毛長《ばひもうち…》 517上
病 病入膏肓《びょうにゅ…》 207上
一病息災《いちびょう…》 27下
応病与薬《おうびょう…》 83下
同病相憐《どうびょう…》 472下
無病呻吟《むびょうし…》 606上
無病息災《むびょうそ…》 606上
生老病死《しょうろう…》 327上
才子多病《さいしたび…》 244下
四百四病《しひゃくし…》 287上
益 益者三楽《えきしゃさ…》 69上
益者三友《えきしゃさ…》 69上, 649下
良師益友《りょうしえ…》 649上
開巻有益《かいかんゆ…》 90下
現世利益《げんぜりやく》 197下
問答無益《もんどうむ…》 621上
眥 睚眥之怨《がいさいの…》 93上
真 真剣勝負《しんけんし…》 335下
真実一路《しんじつい…》 337上
真一文字《まいちもんじ》 594下
純真無垢《じゅんしん…》 312上
正真正銘《しょうしん…》 321上
天真爛漫《てんしんら…》 457下
光明真言《こうみょう…》 219下
眠 不眠不休《ふみんふき…》 566上
猫鼠同眠《びょうそど…》 546下
矩 規矩準縄《きくじゅん…》 137下
規行矩歩《きこうくほ》 138上
砥 磨礱砥礪《まろうしれい》 596上
破 破戒無慙《はかいむざん》 507下, 579下
破瓜之年《はかのとし》 507下
破顔一笑《はがんいっ…》 508上
破鏡重円《はきょうち…》 508下, 508下
破鏡不照《はきょうふ…》 508下
破邪顕正《はじゃけん…》 516下
破綻百出《はたんひゃ…》 517上
破竹之勢《はちくのい…》 517下
破天荒解《はてんこう…》 522下
石破天驚《せきはてん…》 367上
悪婦破家《あくふはか》 4下
弊衣破帽《へいいはぼう》 573上
各個撃破《かっこげきは》 110下
砲 砲煙弾雨《ほうえんだ…》 314下
祠 淫祠邪教《いんしじゃ…》 53下
祇 祇管打坐《しかんたざ》 266上
称 倍称之息《ばいしょう…》 504下
指差称呼《しさしょうこ》 271上

秦 朝秦暮楚《ちょうしん…》 436上
秩 安寧秩序《あんねいち…》 11上
秘 秘中之秘《ひちゅうのひ》 536上
窈 窈窕淑女《ようちょう…》 634下
既 羽翼既成《うよくきせい》 62上
笑 笑止千万《しょうしせ…》 135上, 317下, 566下
笑比河清《しょうひか…》 323下
含笑入地《がんしょう…》 124上
一顰一笑《いっぴんい…》 46下
呵呵大笑《かかたいし…》 100上
虎渓三笑《こけいさん…》 228下
拈華微笑《ねんげみし…》 500下
破顔一笑《はがんいっ…》 508上
粉 粉骨砕身《ふんこつさ…》 568下
粉愁香怨《ふんしゅう…》 569下
粉粧玉琢《ふんしょう…》 570上
紅粉青蛾《こうふんせ…》 218上
香囲粉陣《こういふん…》 202下
乱離粉灰《らりこっぱい》 639下
紘 八紘一宇《はっこうい…》 519上
索 思索生知《しさくしょ…》 271上
秋風索莫《しゅうふう…》 302上
暗中模索《あんちゅう…》 10下
紙 一紙半銭《いっしはん…》 38上
紺紙金泥《こんしこん…》 240上
眼光紙背《がんこうし…》 122下
洛陽紙価《らくようの…》 638下
筆墨硯紙《ひつぼくけ…》 572上
純 純情可憐《じゅんじょ…》 312上, 312上
純真無垢《じゅんしん…》 312上
単純明快《たんじゅん…》 421上
素 素車白馬《そしゃはくば》 399下
尸位素餐《しいそさん》 264上
斉紫敗素《せいしはいそ》 359上
納 吐故納新《とこのうしん》 482下
紛 紛紅駭緑《ふんこうが…》 568下
諸説紛紛《しょせつふ…》 329下
紊 風紀紊乱《ふうきびん…》 550下
羔 狐裘羔袖《こきゅうこ…》 224下
翁 塞翁之馬《さいおうの…》 241下
耆 耆婆扁鵲《ぎばへんじ…》 145下
耕 晴耕雨読《せいこうう…》 358上
男耕女織《だんこうじ…》 420上
昼耕夜誦《ちゅうこう…》 430下
筆耕硯田《ひっこうけ…》 537上
耗 心神耗弱《しんしんこ…》 341上
胸 胸突八丁《むなつきは…》 605上
脂 画脂鏤氷《がしろうひ…》 107下
能 能事畢矣《のうじひつい》 501下
柔能制剛《じゅうのう…》 302上
一芸一能《いちげいい…》 21上
全知全能《ぜんちぜん…》 382下
良知良能《りょうちり…》 650下
脈 血脈相承《けちみゃく…》 192上
致 格物致知《かくぶつちち》 103下
挙国一致《きょこくい…》 163下
言行一致《げんこうい…》 195下
言文一致《げんぶんい…》 200上
祭政一致《さいせいい…》 245下
満場一致《まんじょう…》 596下
淋漓尽致《りんりじんち》 656上
舐 舐糠及米《しこうきゅ…》 268下
舐痔得車《しじとくしゃ》 272上
舐犢之愛《しとくのあい》 286下
般 魯般雲梯《ろはんのう…》 666下
武芸百般《ぶげいひゃ…》 558下
蚕 蚕食鯨呑《さんしょく…》 257下
蚊 蚊子咬牛《ぶんしこう…》 569上
蚊虻走牛《ぶんぼうそ…》 571下
聚蚊成雷《しゅうぶん…》 302下
朝蠅暮蚊《ちょうよう…》 439上
蚌 鷸蚌之争《いつぼうの…》 47下
老蚌生珠《ろうぼうせ…》 664上
衾 扇枕温衾《せんちんお…》 382下
衰 斬衰斉衰《ざんさいし…》 253下
神経衰弱《しんけいす…》 335下
栄枯盛衰《えいこせい…》 67上
盛者必衰《じょうしゃ…》 317下
天人五衰《てんにんご…》 461上
袖 袖手傍観《しゅうしゅ…》 158上
鎧袖一触《がいしゅう…》 94上
狐裘羔袖《こきゅうこ…》 224下
袒 肉袒負荊《にくたんふ…》 494下
偏袒右肩《へんだんう…》 577下
偏袒扼腕《へんたんや…》 578上
被 被害妄想《ひがいもう…》 531上
被褐懐玉《ひかつかい…》 531下
被堅執鋭《ひけんしつ…》 533上
被髪左衽《ひはつさじん》 347上, 539上
公孫布被《こうそんふひ》 213下
袍 綈袍恋恋《ていほうれ…》 447上
瓞 瓜瓞綿綿《かてつめん…》 113上
記 記問之学《きもんのがく》 147上
博覧強記《はくらんき…》 515下
訓 三月庭訓《さんがつて…》 252上
託 託孤寄命《たくこきめい》 414上
豺 豺狼当路《さいろうと…》 246下
豹 豹死留皮《ひょうしり…》 546上
君子豹変《くんしひょ…》 182下
一斑全豹《いっぱんぜ…》 46上
財 有財餓鬼《うざいがき》 58下
一切合財《いっさいが…》 37下
貪夫徇財《たんぷじゅ…》 423上
起 起死回生《きしかいせい》 140上
起承転結《きしょうてん…》 141下
依他起性《えたきしょう》 70下
白手起家《はくしゅきか》 512上
一念発起《いちねんほ…》 26下
一夜十起《いちやじっき》 30下
一饋十起《いっきじっき》 33下
七転八起《しちてんは…》 279下
十二縁起《じゅうにえ…》 300下
発憤興起《はっぷんこ…》 521下
躬 鞠躬尽瘁《きっきゅう…》 144上
直躬証父《ちょっきゅう…》 441上
卑躬屈節《ひきゅうく…》 532下
実践躬行《じっせんき…》 283上
蹇蹇匪躬《けんけんひ…》 195上
軒 意気軒昂《いきけんこう》 13下
気宇軒昂《きうけんこう》 134上
辱 君辱臣死《くんじょく…》 183上
寿則多辱《じゅそくた…》 307上
酌 斟酌折衷《しんしゃく…》 338上
情状酌量《じょうじょ…》 319上
酒 酒池肉林《しゅちにく…》 308上
酒入舌出《しゅにゅう…》 310上
葷酒山門《くんしゅう…》 182下
粗酒粗餐《そしゅそさん》 400上
斗酒隻鶏《としゅせっ…》 483上
斗酒百篇《としゅひゃ…》 483下
杯酒解怨《はいしゅか…》 504上
琴棋詩酒《きんきししゅ》 169上
紅灯緑酒《こうとうりょ…》 216下
針 針小棒大《しんしょう…》 340上
大海撈針《たいかいろ…》 403上
頂門一針《ちょうもん…》 438下
磨杵作針《ましょさく…》 595上
綿裏包針《めんりほう…》 615下

釜 釜底抽薪《ふていちゅ…》 564上
瓦釜雷鳴《がふらいめい》 115下
三釜之養《さんぷのよう》 262上
甑塵釜魚《そうじんふ…》 393上
閃 霹靂閃電《へきれきせ…》 576上
光芒一閃《こうぼうい…》 218下
紫電一閃《しでんいっ…》 286上
隻 隻履西帰《せきりせいき》 368上
斗酒隻鶏《としゅせっ…》 483上
片言隻句《へんげんせ…》 577上
馬 馬鹿丁寧《ばかていねい》 507下
馬牛襟裾《ばぎゅうき…》 508上
馬耳東風《ばじとうふう》 516上
馬歯徒増《ばしとぞう》 516下
馬氏五常《ばしのごじ…》 516下
馬痩毛長《ばそうもう…》 517上
馬舞之災《ばぶのさい》 523上
意馬心猿《いばしんえん》 48下
汗馬之労《かんばのろう》 130上
帰馬放牛《きばほうぎ…》 146上
犬馬之心《けんばのこ…》 199上
犬馬之年《けんばのとし》 199上
犬馬之養《けんばのよう》 199下
犬馬之労《けんばのろう》 199下
胡馬北風《こばほくふう》 236下
寸馬豆人《すんばとう…》 355下
走馬看花《そうばかんか》 394下
竹馬之友《ちくばのとも》 426上
天馬行空《てんばこう…》 462上
駑馬十駕《どばじゅうが》 485下
白馬非馬《はくばひば》 513下
万馬奔騰《ばんばほん…》 528上
老馬之知《ろうばのち》 663下
烏白馬角《うはくばかく》 60下
牛飲馬食《ぎゅういん…》 148上
泣斬馬謖《きゅうざん…》 150上
牛溲馬勃《ぎゅうしゅ…》 151上
牛頭馬頭《ごずめず》 233下
秋高馬肥《しゅうこう…》 297上
長鞭馬腹《ちょうべん…》 438下
兵強馬壮《へいきょう…》 573下
軽裘肥馬《けいきゅう…》 185上
呼牛呼馬《こぎゅうこば》 224下
塞翁之馬《さいおうの…》 241下
射将先馬《しゃしょう…》 292下
指鹿為馬《しろくいば》 333上
千軍万馬《せんぐんば…》 375上
素車白馬《そしゃはくば》 399下
単槍匹馬《たんそうひ…》 422上
南船北馬《なんせんほ…》 493上
非驢非馬《ひろひば》 549上
風檣陣馬《ふうしょう…》 552上
木牛流馬《ぼくぎゅう…》 589下
問牛知馬《もんぎゅう…》 619上
骨 骨肉相食《こつにくそ…》 236上
骨肉之親《こつにくの…》 236上
換骨奪胎《かんこつだ…》 123上
粉骨砕身《ふんこつさ…》 568下
哀毀骨立《あいきこつ…》 1上
人品骨柄《じんぴんこ…》 345下
乱離骨灰《らりこっぱい》 639下
一将万骨《いっしょう…》 39下
生死肉骨《せいしにく…》 359上
彫心鏤骨《ちょうしん…》 436上
銘肌鏤骨《めいきるこつ》 608下
高 高位高官《こういこう…》 202下
高歌放吟《こうかほう…》 204下
高材疾足《こうざいし…》 208上
高山景行《こうざんけ…》 208下
高山流水《こうざんり…》 209上
高枕無憂《こうちんむ…》 215上
高論卓説《こうろんた…》 222上
高手小手《たかてこて》 413下
眼高手低《がんこうし…》 123上
秋高馬肥《しゅうこう…》 297上
天高気清《てんこうき…》 455上
徳高望重《とくこうぼ…》 478下
有智高才《うちこうさい》 59上
士気高揚《しきこうよう》 266上
大廈高楼《たいかこう…》 403下
大所高所《たいしょこ…》 409上
放歌高吟《ほうかこう…》 580下
放言高論《ほうげんこ…》 582上
鬼 鬼哭啾啾《きこくしゅ…》 138下
鬼出電入《きしゅつで…》 140下
鬼手仏心《きしゅぶっ…》 141上
鬼面仏心《きめんぶっ…》 146下
餓鬼大将《がきだいし…》 100下
餓鬼偏執《がきへんし…》 101上
牛鬼蛇神《ぎゅうきだ…》 149上
百鬼夜行《ひゃっきや…》 544下
神工鬼斧《しんこうきふ》 336上
神出鬼没《しんしゅつ…》 338下
異域之鬼《いいきのき》 11下
有財餓鬼《うざいがき》 58下
疑心暗鬼《ぎしんあんき》 142上
汨羅之鬼《べきらのき》 575下
竜 竜華三会《りゅうげさ…》 644下
竜頭蛇尾《りゅうとう…》 645下
竜女成仏《りゅうにょ…》 498上
竜駒鳳雛《りょうくほ…》 648上
竜驤虎視《りょうじょ…》 649下
竜攘虎搏《りょうじょ…》 649下
竜驤麟振《りょうじょ…》 650上
竜頭鷁首《りょうとう…》 650下
竜飛鳳舞《りょうひほ…》 652上
画竜点睛《がりょうて…》 117上
群竜無首《ぐんりょう…》 183下
亢竜有悔《こうりょう…》 221下
屠竜之技《とりょうの…》 487下
白竜魚服《はくりょう…》 516上
攀竜附鳳《はんりょう…》 529下
飛竜乗雲《ひりょうじ…》 548上
伏竜鳳雛《ふくりょう…》 558下
雲蒸竜変《うんじょう…》 64上
魚質竜文《ぎょしつり…》 164上
飛兎竜文《ひとりょう…》 538下
孔明臥竜《こうめいが…》 220上
人中之竜《じんちゅう…》 344下
麟鳳亀竜《りんぽうき…》 655下

【11画】

乾 乾坤一擲《けんこんい…》 196上
旋乾転坤《せんけんて…》 375上
焦唇乾舌《しょうしん…》 320上
無味乾燥《むみかんそう》 606下
偃 偃武修文《えんぶしゅ…》 78上
偕 偕老同穴《かいろうど…》 98下
偶 偶像崇拝《ぐうぞうす…》 176上
沙中偶語《さちゅうぐ…》 249上
健 善戦健闘《ぜんせんけ…》 381下
質実剛健《しつじつご…》 283上
側 君側之悪《くんそくの…》 183上
輾転反側《てんてんは…》 460上
伏寇在側《ふっこうざ…》 562下
停 停雲落月《ていうんら…》 445上
佇思停機《ちょしていき》 441上
偸 鑿壁偸光《さくへきと…》 385上
窃玉偸香《せつぎょく…》 369下
忙裡偸閑《ぼうりとう…》 589上

偏　偏袒右肩《へんだんう…》 577下
偏袒扼腕《へんたんや…》 578上
偏聴生姦《へんちょう…》 578上
偏旁冠脚《へんぼうか…》 578下
不偏不党《ふへんふとう》 566上
餓鬼偏執《がきへんし…》 101上
贔屓偏頗《ひいきへんぱ》 530下
無私無偏《むしむへん》 603上
凰　鳳凰在笯《ほうおうざ…》 580上
剪　剪草除根《せんそうじ…》 381下
剰　残山剰水《ざんざんじ…》 254上
勘　兵隊勘定《へいたいか…》 575上
百舌勘定《もずかんじ…》 617下
動　驚天動地《きょうてん…》 158下
震天動地《しんてんど…》 345上
一挙一動《いっきょい…》 35上
雲烟飛動《うんえんひ…》 62下
確乎不動《かっこふどう》 111上
気韻生動《きいんせい…》 133下
教唆煽動《きょうさせ…》 157上
軽挙妄動《けいきょも…》 185下
大山鳴動《たいざんめ…》 408上
直立不動《ちょくりつ…》 440下
務　開物成務《かいぶつせ…》 98上
勒　弥勒三会《みろくさんね》 644下
匐　匍匐膝行《ほふくしっ…》 591下
韓信匍匐《かんしんほ…》 125下
啓　一筆啓上《いっぴつけ…》 46下
鑿窓啓牖《さくそうけ…》 247上
承前啓後《しょうぜん…》 321下
商　商売繁昌《しょうばい…》 323上
士魂商才《しこんしょ…》 270下
唱　一唱三嘆《いっしょう…》 39上
夫唱婦随《ふしょうふ…》 561下
唾　咳唾成珠《がいだせい…》 96上
啐　啐啄同時《そったくど…》 401上
問　問牛知馬《もんぎゅう…》 619上
問鼎軽重《もんていけ…》 620下
問答無用《もんどうむ…》 621上
一問一答《いちもんい…》 30上
記問之学《きもんのがく》 147上
愚問愚答《ぐもんぐとう》 181上
自問自答《じもんじとう》 290上
蒟蒻問答《こんにゃく…》 241上
入境問禁《にゅうきょ…》 496下
外題学問《げだいがく…》 191下
不聞不問《ふぶんふもん》 565下
迷者不問《めいしゃふ…》 609下
唯　唯唯諾諾《いいだくだく》 12上, 561下, 575下
唯一無二《ゆいいつむに》 623下
唯我独尊《ゆいがどく…》 623下
唳　風声鶴唳《ふうせいか…》 552下
喝　大喝一声《だいかつい…》 403下
拍手喝采《はくしゅか…》 512上
域　異域之鬼《いいきのき》 11下
執　宿執開発《しゅくしゅ…》 304下
被堅執鋭《ひけんしつ…》 533上
餓鬼偏執《がきへんし…》 101上
遍計所執《へんげしょ…》 576下
堂　堂塔伽藍《どうとうが…》 471下
七堂伽藍《しちどうが…》 280上
升堂入室《しょうどう…》 322下
威風堂堂《いふうどう…》 49下
正正堂堂《せいせいど…》 361上
四世同堂《しせいどう…》 276上
婚　冠婚葬祭《かんこんそ…》 123下
婆　耆婆扁鵲《ぎばへんじ…》 145下
老婆心切《ろうばしん…》 663上
婦　婦怨無終《ふえんむし…》 555下
悪婦破家《あくふはか》 4下
醜婦之仇《しゅうふの…》 302下
哲婦傾城《てっぷけい…》 450下
夫唱婦随《ふしょうふ…》 561下
匹夫匹婦《ひっぷひっぷ》 537下
寄　生寄死帰《せいきしき》 357下
託孤寄命《たくこきめい》 414上
寇　伏寇在側《ふっこうざ…》 562下
寂　寂滅為楽《じゃくめつ…》 292上
寂光浄土《じゃっこう…》 294上
寂漠無為《せきばくむい》 164下
空空寂寂《くうくうじ…》 174下
涅槃寂静《ねはんじゃ…》 500上
畢竟寂滅《ひっきょう…》 536下
和敬清寂《わけいせい…》 668上
宿　宿執開発《しゅくしゅ…》 304下
一宿一飯《いっしゅく…》 38下
東食西宿《とうしょく…》 470上
風餐露宿《ふうさんろ…》 551下
密　鳩首密議《きゅうしゅ…》 151上
崖　断崖絶壁《だんがいぜ…》 418下
崇　知崇礼卑《ちすうれいひ》 428下
偶像崇拝《ぐうぞうす…》 176上
祖先崇拝《そせんすう…》 400下
崩　土崩瓦解《どほうがかい》 486上
分崩離析《ぶんぽうり…》 572上
崙　渾崙呑棗《こんろんど…》 241下
帷　帷幄之臣《いあくのしん》 11上
常　常山蛇勢《じょうざん…》 317上
常寂光土《じょうじゃ…》 294下
常住坐臥《じょうじゅ…》 318下
常套手段《じょうとう…》 322下
常備不懈《じょうびふ…》 324上
常楽我浄《じょうらく…》 326下
家常茶飯《かじょうさ…》 106上
尋常一様《じんじょう…》 339上
日常茶飯《にちじょう…》 495下
非常之功《ひじょうの…》 534上
無常迅速《むじょうじ…》 603下
老生常譚《ろうせいの…》 662下
有為無常《ういむじょう》 56上
五倫五常《ごりんごじ…》 238下
三綱五常《さんこうご…》 252下
諸行無常《しょぎょう…》 327下
馬氏五常《ばしのごじ…》 516下
叛服不常《はんぷくふ…》 528上
帳　翠帳紅閨《すいちょう…》 352上
庵　蝸牛之庵《かぎゅうの…》 101下
藪井竹庵《やぶいちく…》 623上
康　孫康映雪《そんこうえ…》 187下
庸　庸言之謹《ようげんの…》 632上
庸中佼佼《ようちゅう…》 634下
中庸之道《ちゅうよう…》 432下
聖読庸行《せいどくよ…》 363下
強　強幹弱枝《きょうかん…》 155下
強迫観念《きょうはく…》 159上
強情我慢《ごうじょう…》 211上
牽強付会《けんきょう…》 194下
兵強馬壮《へいきょう…》 573下
意志強固《いしきょうこ》 17下
弱肉強食《じゃくにく…》 291下
博覧強記《はくらんき…》 515下
富国強兵《ふこくきょ…》 559下
油断強敵《ゆだんごう…》 630下
張　張王李趙《ちょうおう…》 433上, 434下
張三李四《ちょうさん…》 434下
一張一弛《いっちょう…》 43上
面張牛皮《めんちょう…》 615上
明目張胆《めいもくち…》 612上
改弦更張《かいげんこ…》 91上

剣抜弩張《けんばつど…》 198下
良弓難張《りょうきゅ…》 647下
彩 光彩奪目《こうさいだ…》 208上
光彩陸離《こうさいり…》 208下
彫 彫心鏤骨《ちょうしん…》 436上, 608下
彫虫篆刻《ちょうちゅ…》 436下
彬 文質彬彬《ぶんしつひ…》 569上
徙 徙木之信《しぼくのしん》 50下
曲突徙薪《きょくとつ…》 162下
得 得手勝手《えてかって》 71下
得意忘形《とくいぼう…》 477下
得意満面《とくいまん…》 142上, 477下
得魚忘筌《とくぎょぼ…》 478上
得衆得国《とくしゅう…》 479上
得隴望蜀《とくろうぼ…》 482上
一得一失《いっとくい…》 45上
不得要領《ふとくよう…》 564下
求不得苦《ぐふとくく》 180下
舐痔得車《しじとくしゃ》 272上
春風得意《しゅんぷう…》 312下
投瓜得瓊《とうかとっ…》 465下
利害得失《りがいとく…》 641下
一挙両得《いっきょり…》 35上
開巻有得《かいかんゆ…》 90上
寒山拾得《かんざんじ…》 123下
愚者一得《ぐしゃのい…》 178上
自業自得《じごうじとく》 269上
疾足先得《しっそくせ…》 283下
不労所得《ふろうしょ…》 567上
菊 春蘭秋菊《しゅんらん…》 313下
十日之菊《とおかのきく》 642上
六菖十菊《りくしょう…》 642上
菜 一汁一菜《いちじゅう…》 24下
著 窮愁著書《きゅうしゅ…》 150下
莽 草莽之臣《そうもうの…》 396上
萁 煮豆燃萁《しゃとうね…》 294下
菽 菽水之歓《しゅくすい…》 305上
菖 六菖十菊《りくしょう…》 642上
萋 萋斐貝錦《せいひばい…》 363下
菲 浅学菲才《せんがくひ…》 373下
萍 萍水相逢《へいすいそ…》 574下
菩 上求菩提《じょうぐぼ…》 316上
頓証菩提《とんしょう…》 488下
萊 蓬萊弱水《ほうらいじ…》 588下
逡 狐疑逡巡《こぎしゅん…》 224上
遅疑逡巡《ちぎしゅん…》 424上
逍 逍遥自在《しょうよう…》 326上
逞 不逞之輩《ふていのや…》 564上
逢 萍水相逢《へいすいそ…》 574下
逸 放逸無慙《ほういつむ…》 579上
驕奢淫逸《きょうしゃ…》 157下
奢侈淫逸《しゃしいん…》 292下
進 進取果敢《しんしゅか…》 338下
進退維谷《しんたいい…》 343下, 344上
進退両難《しんたいり…》 344上
一進一退《いっしんい…》 40上
十進九退《じっしんく…》 283上
精進潔斎《しょうじん…》 320下
新進気鋭《しんしんき…》 340下
寸進尺退《すんしんせ…》 354下
日進月歩《にっしんげ…》 495下
出処進退《しゅっしょ…》 309上
猪突猛進《ちょとつも…》 441下
勇往邁進《ゆうおうま…》 624下
郭 南郭濫吹《なんかくら…》 491上
郷 近郷近在《きんごうき…》 170上
衣錦還郷《いきんかん…》 15上
空手還郷《くうしゅげ…》 175下
背井離郷《はいせいり…》 505下
無何有郷《むかゆうき…》 600下
都 南都北嶺《なんとほく…》 493下
部 石部金吉《いしべきん…》 17下
一部始終《いちぶしじ…》 28上
六十六部《ろくじゅう…》 665上
陰 陰陰滅滅《いんいんめ…》 51下
陰徳陽報《いんとくよ…》 54下
陰謀詭計《いんぼうき…》 55下
陰陽五行《いんようご…》 55下
光陰如箭《こういんじ…》 203上
五陰皆空《ごおんかい…》 222下
五陰盛苦《ごおんじょ…》 223下
一樹之陰《いちじゅの…》 24下
一寸光陰《いっすんの…》 41上
緑葉成陰《りょくよう…》 653上
陳 陳勝呉広《ちんしょう…》 84下, 443上
陳詞濫調《ちんしらん…》 443上
新陳代謝《しんちんた…》 345上
貫朽粟陳《かんきゅう…》 121上
陶 陶犬瓦鶏《とうけんが…》 466下
陶朱猗頓《とうしゅい…》 469下
陸 光彩陸離《こうさいり…》 208下
陵 陵雲之志《りょううん…》 647上
迦陵頻伽《かりょうび…》 117下
武陵桃源《ぶりょうと…》 567上
巣 巣林一枝《そうりんい…》 396下
燕巣幕上《えんそうば…》 76下
葦末之巣《いまつのす》 50下
鳩居鵲巣《きゅうきょ…》 149下
惟 五劫思惟《ごこうしゆい》 229上
惨 意匠惨澹《いしょうさ…》 18上
苦心惨憺《くしんさん…》 178下
情 情状酌量《じょうじょ…》 319上
情緒纏綿《じょうちょ…》 322下
有情世間《うじょうせ…》 58下
強情我慢《ごうじょう…》 211上
純情可憐《じゅんじょ…》 312上
深情厚誼《しんじょう…》 339下
多情多感《たじょうた…》 416上
多情多恨《たじょうた…》 416上
多情仏心《たじょうぶ…》 416下
直情径行《ちょくじょ…》 440下
敵情視察《てきじょう…》 448下
物情騒然《ぶつじょう…》 562下
異国情緒《いこくじょ…》 16下
一切有情《いっさいう…》 37下
烏鳥私情《うちょうの…》 60上
声聞過情《せいぶんか…》 364下
惻隠之情《そくいんの…》 397上
棣鄂之情《ていがくの…》 446上
望雲之情《ぼううんの…》 579下
惜 可惜身命《あたらしん…》 5下
不惜身命《ふしゃくし…》 560下
挽 名誉挽回《めいよばん…》 612下
掩 掩耳盗鐘《えんじとう…》 75上
掘 削株掘根《さくしゅく…》 420下
掲 深厲浅掲《しんれいせ…》 348上
捲 捲土重来《けんどちょ…》 198上
採 採薪汲水《さいしんき…》 245上
採薪之憂《さいしんの…》 245下
採長補短《さいちょう…》 246上, 330上
捨 捨身飼虎《しゃしんしこ》 293上
捨閉閣諜《しゃへいか…》 295上
取捨選択《しゅしゃせ…》 305下
摂取不捨《せっしゅふ…》 371上
授 面授口訣《めんじゅく…》 614下
捷 終南捷径《しゅうなん…》 300上

推 半推半就《はんすいは…》 527下
解衣推食《かいいすい…》 89上
月下推敲《げっかすい…》 192上
類比推理《るいひすいり》 656下
接 応接不暇《おうせつふか》 82下
応機接物《おうきせつ…》 80上
交頭接耳《こうとうせ…》 216上
水光接天《すいこうせ…》 350上
短兵急接《たんぺいき…》 423下
来迎引接《らいこうい…》 318下
措 挙措失当《きょそしっ…》 164下
掃 校書掃塵《こうしょそ…》 211下
探 盟神探湯《めいしんた…》 610上
掉 掉棒打星《とうぼうだ…》 474上
尾大不掉《びだいふとう》 535下
排 排仏毀釈《はいぶつき…》 506下
捧 捧腹絶倒《ほうふくぜ…》 586下
西施捧心《せいしほう…》 359下
悪 悪衣悪食《あくいあく…》 3上, 387下
悪因悪果《あくいんあ…》 3下, 115下, 373下, 462下
悪逆無道《あくぎゃく…》 3下, 405下
悪事千里《あくじせんり》 4上
悪戦苦闘《あくせんく…》 4上
悪人正機《あくにんし…》 4下
悪婦破家《あくふはか》 4下
悪木盗泉《あくぼくと…》 5上
悪口罵詈《あっくめり》 524下
悪口雑言《あっこうぞ…》 6上
遏悪揚善《あつあくよ…》 6上
極悪非道《ごくあくひ…》 226上
諸悪莫作《しょあくま…》 314上
積悪余殃《せきあくの…》 365下
勧善懲悪《かんぜんち…》 126下
君側之悪《くんそくの…》 183上
自己嫌悪《じこけんお》 269下
是非善悪《ぜひぜんあく》 373上
患 蕭牆之患《しょうしょう…》 319上
内憂外患《ないゆうが…》 490下
有備無患《ゆうびむかん》 627下
養虎遺患《ようこいかん》 632下
予且之患《よしょのかん》 637上
悠 悠悠閑閑《ゆうゆうかん…》 629下
悠悠自適《ゆうゆうじ…》 33上, 326上, 629下
悠揚不迫《ゆうようふ…》 629下
扈 横行跋扈《おうこうば…》 81上
跳梁跋扈《ちょうりょう…》 440上
飛揚跋扈《ひようばっこ》 547上
救 救世済民《きゅうせい…》 151下
抱薪救火《ほうしんき…》 584上
教 教学相長《きょうがく…》 155上
教外別伝《きょうげべ…》 156上, 500下
教唆煽動《きょうさせ…》 157上
教相判釈《きょうそう…》 158上
反面教師《はんめんき…》 529上
淫祠邪教《いんしじゃ…》 53下
葬式仏教《そうしきぶ…》 391下
敗 敗軍之将《はいぐんの…》 503上
敗柳残花《はいりゅう…》 507上
一敗塗地《いっぱいとち》 45上
慈母敗子《じぼはいし》 289上
傷風敗俗《しょうふう…》 324下
斉紫敗素《せいしはいそ》 359上
驕兵必敗《きょうへい…》 159下
優勝劣敗《ゆうしょう…》 626下
斬 斬衰斉衰《ざんさいし…》 253下
斬新奇抜《ざんしんき…》 257下
泣斬馬謖《きゅうざん…》 150上
披荊斬棘《ひけいざん…》 533上
断 断崖絶壁《だんがいぜ…》 418下
断鶴続鳧《だんかくぞ…》 418下
断簡零墨《だんかんれ…》 419上, 577上
断金之交《だんきんの…》 419下
断琴之交《だんきんの…》 419下
断根枯葉《だんこんこ…》 420下
断章取義《だんしょう…》 421上
断薺画粥《だんせいか…》 421下
断腸之思《だんちょう…》 422下
即断即決《そくだんそ…》 398下
独断専行《どくだんせ…》 480下
油断大敵《ゆだんたい…》 630下
慧可断臂《えかだんぴ》 68下
黄河断流《こうがだん…》 204上
熟慮断行《じゅくりょ…》 305下
孟母断機《もうぼだんき》 617上
一刀両断《いっとうり…》 44下
応機立断《おうきりつ…》 80下
剛毅果断《ごうきかだん》 205下
言語道断《ごんごどう…》 240上
殺生禁断《せっしょう…》 371下
多謀善断《たぼうぜん…》 417下
必求壟断《ひっきゅう…》 536上
優柔不断《ゆうじゅう…》 626下
旋 旋乾転坤《せんけんて…》 375上
天旋地転《てんせんち…》 457下
族 一族郎党《いちぞくろ…》 26上
民族自決《みんぞくじ…》 599上
晦 自己韜晦《じことうかい》 270上
晨 晨星落落《しんせいら…》 342下
昏定晨省《こんていし…》 87下
牝鶏之晨《ひんけいの…》 549上
曼 曼倩三冬《まんせんさ…》 597上
望 望雲之情《ぼううんの…》 579下
望塵之拝《ぼうじんの…》 584下
望文生義《ぼうぶんせ…》 587上
一望千里《いちぼうせ…》 28上
瞻望咨嗟《せんぼうしさ》 385下
戴盆望天《たいぼんぼ…》 412上
徳高望重《とくこうぼ…》 478下
得隴望蜀《とくろうぼ…》 482上
倚門之望《いもんのぼう》 51上
延頸鶴望《えんけいか…》 74上
令聞令望《れいぶんれ…》 659上
械 機械之心《きかいのこ…》 135上
梧 梧鼠之技《ごそのぎ》 234上
研北梧右《けんぼくご…》 201上
梯 魯般雲梯《ろはんのう…》 666下
梵 梵漢兼挙《ぼんかんけ…》 592下
梵天勧請《ぼんてんか…》 593下
梨 梨園子弟《りえんのし…》 641上
梁 梁上君子《りょうじょ…》 650上
雕梁画棟《ちょうりょ…》 439下
跳梁跋扈《ちょうりょ…》 440上
棟梁之材《とうりょう…》 476上
落月屋梁《らくげつお…》 638上
欲 無欲恬淡《むよくてん…》 607下
耳目之欲《じもくのよく》 290上
私利私欲《しりしよく》 332上
毫 毫毛斧柯《ごうもうふか》 220下
毫釐千里《ごうりせんり》 221上
明察秋毫《めいさつし…》 609上
淫 淫祠邪教《いんしじゃ…》 53下
驕奢淫佚《きょうしゃ…》 157上
奢侈淫佚《しゃしいん…》 292下
誨盗誨淫《かいとうか…》 97下
淵 天淵之差《てんえんのさ》 452上

臨淵羨魚《りんえんせ…》 654上
寸指測淵《すんしそく…》 354上
池魚故淵《ちぎょこえん》 424下
涯 天涯海角《てんがいかく…》 452上
天涯孤独《てんがいこ…》 452下
天涯比隣《てんがいひ…》 452下
渇 渇驥奔泉《かっきほん…》 110上
梅林止渇《ばいりんし…》 507上
涵 優游涵泳《ゆうゆうかん…》 629上
渓 虎渓三笑《こけいさん…》 228下
涸 涸轍鮒魚《こてつのふ…》 451上
淆 玉石混淆《ぎょくせき…》 162上
黒白混淆《こくびゃく…》 227上
神仏混淆《しんぶつこ…》 346下
混 玉石混淆《ぎょくせき…》 162上
公私混同《こうしこん…》 209下
黒白混淆《こくびゃく…》 227上
神仏混淆《しんぶつこ…》 346下
済 救世済民《きゅうせい…》 151下
経世済民《けいせいさ…》 187上
衆生済度《しゅじょう…》 306下
多士済済《たしせいせい…》 415上
淑 貴紳淑女《きしんしゅ…》 142下
窈窕淑女《ようちょう…》 634下
淳 淳風美俗《じゅんぷう…》 313上
渉 三豕渉河《さんししょ…》 255上
跋山渉水《ばつざんし…》 520上
内政干渉《ないせいかん…》 489下
深 深根固柢《しんこんこ…》 336上
深山幽谷《しんざんゆ…》 336下
深情厚誼《しんじょう…》 339下
深謀遠慮《しんぼうえ…》 346下
深厲浅掲《しんれいせ…》 348上
意味深長《いみしんち…》 50下
発人深省《はつじんし…》 521上
清 清聖濁賢《せいせいだ…》 361上
清濁併呑《せいだくへ…》 362上
清風故人《せいふうこ…》 364上
清風明月《せいふうめ…》 364上
清廉潔白《せいれんけ…》 365上
水清無魚《すいせいむ…》 351上
内清外濁《ないせいが…》 489下
刻露清秀《こくろせい…》 228上
紫電清霜《しでんせい…》 286上
六根清浄《ろっこんし…》 666上
和敬清寂《わけいせい…》 668上
笑比河清《しょうひか…》 323下
天高気清《てんこうき…》 455上
百年河清《ひゃくねん…》 542上
淡 交淡如水《こうたんじ…》 214上
虚静恬淡《きょせいて…》 164上
虚無恬淡《きょむてん…》 165下
大味必淡《たいみひっ…》 412上
無欲恬淡《むよくてん…》 607下
添 画蛇添足《がだてんそく》 108下
錦上添花《きんじょう…》 172上
淘 自然淘汰《しぜんとうた》 276下
涼 新涼灯火《しんりょう…》 348上
淋 淋漓尽致《りんりじんち》 656上
墨痕淋漓《ぼっこんり…》 591上
淮 淮南鶏犬《わいなんの…》 667下
焉 烏焉魯魚《うえんろぎょ》 56上
爽 英姿颯爽《えいしさっ…》 67上
牽 牽強付会《けんきょう…》 194下
牿 童牛之牿《どうぎゅう…》 466上
猗 猗頓之富《いとんのとみ》 48下
陶朱猗頓《とうしゅい…》 469下
猪 猪突猛進《ちょとつも…》 139上, 441下
猛 猛虎伏草《もうこふく…》 616下
勇猛果敢《ゆうもうか…》 628下
苛政猛虎《かせいもうこ》 108上
猪突猛進《ちょとつも…》 441下
猫 猫鼠同眠《びょうそど…》 546下
照猫画虎《しょうびょう…》 324下
窮鼠嚙猫《きゅうそご…》 151下
率 率先垂範《そっせんす…》 283下, 401上
率土之浜《そっとのひん》 401上
普天率土《ふてんそつど》 564上
球 一球入魂《いっきゅう…》 34下
全力投球《ぜんりょく…》 386下
現 現世安穏《げんぜあん…》 196下
現世利益《げんぜりやく》 197下
曇華一現《どんげいち…》 487下
理 理非曲直《りひきょく…》 373下, 643下
理路整然《りろせいぜん》 653下
義理一遍《ぎりいっぺん》 166下
空理空論《くうりくう…》 176下
至理名言《しりめいげん》 332下
無理算段《むりさんだん》 607下
無理難題《むりなんだい》 607下
無理無体《むりむたい》 608上
居敬窮理《きょけいきゅう…》 163上
自明之理《じめいのり》 289下
造反有理《ぞうはんゆ…》 395上
比翼連理《ひよくれんり》 547下
類比推理《るいひすいり》 656下
琅 琳琅満目《りんろうま…》 656上
琢 切磋琢磨《せっさたくま》 370下
粉粧玉琢《ふんしょう…》 570上
甜 甜言蜜語《てんげんみ…》 454下
産 産学協同《さんがくき…》 252上
恒産恒心《こうさんこ…》 209上
異 異域之鬼《いいきのき》 11下
異口同音《いくどうおん》 16上
異国情緒《いこくじょ…》 16下
異体同心《いたいどう…》 40下
異端邪説《いたんじゃ…》 19下
異路同帰《いろどうき》 51上
生住異滅《しょうじゅ…》 318上
同工異曲《どうこうい…》 467上
同始異終《どうしいし…》 468下
同床異夢《どうしょう…》 469下
同声異俗《どうせいい…》 470下
幽明異境《ゆうめいい…》 628上
堅白同異《けんぱくど…》 198下
大同小異《だいどうし…》 410下
天変地異《てんぺんち…》 463上
党同伐異《とうどうば…》 472上
標新立異《ひょうしん…》 546下
畢 畢竟寂滅《ひっきょう…》 536下
能事畢矣《のうじひつい》 501下
略 機略縦横《きりゃくじ…》 167上
党利党略《とうりとう…》 475下
雄材大略《ゆうざいた…》 625下
六韜三略《りくとうさ…》 642下
痍 満身創痍《まんしんそ…》 597上
痕 墨痕淋漓《ぼっこんり…》 591上
痔 舐痔得車《しじとくしゃ》 272上
痒 隔靴搔痒《かっかそう…》 110上
麻姑搔痒《まこそうよう》 594下
盛 盛者必衰《じょうしゃ…》 317下
太盛難守《たいせいな…》 410上
栄枯盛衰《えいこせい…》 67上
五陰盛苦《ごおんじょ…》 223下
商売繁盛《しょうばい…》 323下
盗 盗人根性《ぬすっとこ…》 499下
盗人上戸《ぬすびとじ…》 500上
誨盗誨淫《かいとうか…》 97下

悪木盗泉《あくぼくと…》 5上
掩耳盗鐘《えんじとう…》 75上
開門揖盗《かいもんゆ…》 98上
鶏鳴狗盗《けいめいく…》 190上
眼 眼光炯炯《がんこうけ…》 122上
眼光紙背《がんこうし…》 122下
眼高手低《がんこうし…》 123上
開眼供養《かいげんく…》 90下
竪眼横眉《じゅがんお…》 83下
酔眼朦朧《すいがんも…》 348下
白眼青眼《はくがんせ…》 510下
媚眼秋波《びがんしゅ…》 532上
冷眼傍観《れいがんぼ…》 657下
雲烟過眼《うんえんか…》 62下
阮籍青眼《げんせきせ…》 197上, 477下
紅毛碧眼《こうもうへ…》 220下
眷 妻子眷属《さいしけん…》 244上
眸 明眸皓歯《めいぼうこ…》 611下
祭 祭政一致《さいせいい…》 245下
冠婚葬祭《かんこんそ…》 123下
移 移木之信《いぼくのしん》 50上
愚公移山《ぐこういざん》 177下
窓 蛍窓雪案《けいそうせ…》 187下
鑿窓啓牖《さくそうけ…》 247上
北窓三友《ほくそうの…》 590上
明窓浄机《めいそうじ…》 610下
窕 窈窕淑女《ようちょう…》 634下
竟 畢竟寂滅《ひっきょう…》 536下
章 章句小儒《しょうくの…》 315下
周章狼狽《しゅうしょ…》 298下
尋章摘句《じんしょう…》 339下
断章取義《だんしょう…》 421上
魯魚章草《ろぎょしょ…》 56上, 664下
約法三章《やくほうさ…》 622上
乱雑無章《らんざつむ…》 640上
笥 練裳竹笥《しょしょう…》 329上
筊 鳳凰在筊《ほうおうざ…》 580上
粗 粗衣粗食《そいそしょく》 387上, 579上
粗酒粗餐《そしゅそさん》 400上
粗製濫造《そせいらん…》 400下
粕 古人糟粕《こじんのそ…》 233上
粒 粒粒辛苦《りゅうりゅう…》 646下
一粒百行《いちりゅう…》 32上
一粒万倍《いちりゅう…》 32上
経 経国大業《けいこくの…》 186上
経世済民《けいせいさ…》 151下, 187上
経天緯地《けいてんいち》 189上
神経衰弱《しんけいす…》 335下
飽経風霜《ほうけいふ…》 581下
緯武経文《いぶけいぶん》 49下
怪誕不経《かいたんふ…》 96下
四書五経《ししょごき…》 275下
絃 伯牙絶絃《はくがぜつ…》 510上
紺 紺紙金泥《こんしこん…》 240上
細 和風細雨《わふうさいう》 669上
紫 紫電一閃《しでんいっ…》 286上
紫電清霜《しでんせい…》 286上
山紫水明《さんしすい…》 254下
斉紫敗素《せいしはいそ》 359上
千紫万紅《せんしばん…》 378上
終 終始一貫《しゅうしい…》 297下, 310上
終南捷径《しゅうなん…》 300上
有終之美《ゆうしゅう…》 626下
臨終正念《りんじゅう…》 655上
飽食終日《ほうしょく…》 583下
臨命終時《りんみょう…》 656上
一部始終《いちぶしじ…》 28上
慎始敬終《しんしけい…》 336下
同始異終《どうしいし…》 468下
婦怨無終《ふえんむし…》 555下
無始無終《むしむしゅう》 602下
紳 貴紳淑女《きしんしゅ…》 142下
土豪劣紳《どごうれっ…》 482上
絆 手甲脚絆《てっこうき…》 449下
累 累卵之危《るいらんのき》 656下
無累之人《むるいのひと》 608上
羞 羞花閉月《しゅうかへ…》 296上
羝 羝羊触藩《ていようし…》 447下
習 神仏習合《しんぶつし…》 346下
粛 綱紀粛正《こうきしゅ…》 205下
脚 脚下照顧《きゃっかし…》 148上
手甲脚絆《てっこうき…》 449下
二人三脚《ににんさん…》 496下
偏旁冠脚《へんぼうか…》 578下
脩 脩己治人《しゅうこち…》 297下
茂林脩竹《もりんしゅ…》 618下
脱 脱亜入欧《だつあにゅ…》 417上
脱兎之勢《だっとのい…》 19上, 417上
換骨脱胎《かんこつだ…》 123上
処女脱兎《しょじょだ…》 329下
身心脱落《しんじんだ…》 341下
円転滑脱《えんてんか…》 76下
軽妙洒脱《けいみょう…》 189下
滑稽洒脱《こっけいし…》 235下
脯 肉山脯林《にくざんほ…》 494上
舳 舳艫千里《じくろせんり》 268下
船 出船入船《でふねいり…》 451上
南船北馬《なんせんほ…》 493上
白河夜船《しらかわよ…》 331上
虚 虚往実帰《きょおうじ…》 160上
虚虚実実《きょきょじ…》 160下, 368下, 575下
虚実皮膜《きょじつひ…》 163下
虚心坦懐《きょしんた…》 164上
虚静恬淡《きょせいて…》 164上
虚無恬淡《きょむてん…》 165下
子虚烏有《しきょうゆう》 267下
敦篤虚静《とんとくき…》 489上
蛍 蛍雪之功《けいせつの…》 187下
蛄 螻蛄之才《ろうこのさい》 234上
蛇 画蛇添足《がだてんそく》 108下
牛鬼蛇神《ぎゅうきだ…》 149上
常山蛇勢《じょうざん…》 317上
斗折蛇行《とせつだこう》 484上
杯中蛇影《はいちゅう…》 506上
竜頭蛇尾《りゅうとう…》 645下
蜿蜿長蛇《えんえんち…》 72上
打草驚蛇《だそうきょ…》 416下
封豕長蛇《ほうしちょ…》 583下
蛉 極楽蜻蛉《ごくらくと…》 228上
術 百術千慮《ひゃくじゅ…》 540下
奸知術数《かんちじゅ…》 128上
権謀術数《けんぼうじ…》 200下
人海戦術《じんかいせ…》 334上
規 規矩準縄《きくじゅん…》 137下
規行矩歩《きこうくほ》 138上
杓子定規《しゃくしじ…》 291下
墨守成規《ぼくしゅせ…》 590上
視 一視同仁《いっしどう…》 38上
虎視眈眈《こしたんたん》 231上
鷹視狼歩《ようしろうほ》 634上
敵情視察《てきじょう…》 448下
衆人環視《しゅうじん…》 299上
等量斉視《とうりょう…》 476上
目食耳視《もくしょく…》 617下

竜驤虎視 りょうじょ… 649下
覓 騎驢覓驢 きろべきろ 167上
許 許劭月旦 きょしょう… 346上
免許皆伝 めんきょか… 613下
訣 面授口訣 めんじゅく… 614下
訥 訥言敏行 とつげんび… 484下
剛毅木訥 ごうきぼく… 206下
豚 豚児犬子 とんじけんし 488上
荊妻豚児 けいさいと… 186下
貨 奇貨可居 きかかきょ 135下
貫 貫朽粟陳 かんきゅう… 121上
初志貫徹 しょしかん… 328下
白虹貫日 はっこうか… 519下
終始一貫 しゅうしい… 297下
首尾一貫 しゅびいっ… 310上
責 責任転嫁 せきにんて… 367上
貪 貪官汚吏 たんかんおり 419上
貪夫徇財 たんぷじゅ… 423上
貪小失大 とんしょう… 54上
貧 貧者一灯 ひんじゃの… 549下
家貧孝子 かひんこうし 114下
赤貧如洗 せきひんじ… 367下
器用貧乏 きようびん… 159上
貶 一字褒貶 いちじほう… 24上
毀誉褒貶 きよほうへん 165下
趺 結跏趺坐 けっかふざ 192下
転 転禍為福 てんかいふく 453上
転生活仏 てんしょう… 456下
転女成男 てんにょじ… 577下
転彎抹角 てんわんま… 464上
円転滑脱 えんてんか… 76下
宛転蛾眉 えんてんがび 77上
急転直下 きゅうてん… 153上
七転八起 しちてんき… 279下
七転八倒 しちてんばっ… 279下
初転法輪 しょてんぽ… 330下
輾転反側 てんてんは… 460上
流転輪廻 るてんりんね 656下
有為転変 ういてんぺん 56上
回心転意 かいしんて… 95上
起承転結 きしょうて… 141下
主客転倒 しゅかくて… 304下
責任転嫁 せきにんて… 367上
旋乾転坤 せんけんて… 375上
本末転倒 ほんまつて… 594上
輪廻転生 りんねてん… 655上
具不退転 ぐふたいてん 180下
五十展転 ごじゅうて… 231下
生生流転 しょうじょ… 319下
心機一転 しんきいっ… 334下
天旋地転 てんせんち… 457下
酔 酔眼朦朧 すいがんも… 17上, 348下
酔生夢死 すいせいむし 351下
酔歩蹣跚 すいほまん… 352下
衆酔独醒 しゅうすい… 299下
釈 遠慮会釈 えんりょえ… 79下
教相判釈 きょうそう… 158上
廃仏毀釈 はいぶつき… 506下
野 野心満満 やしんまん… 622下
家鶏野鶩 かけいやぼく 104下
閑雲野鶴 かんうんや… 119上
孤雲野鶴 こうんやかく 222下
斉東野語 せいとうやご 363上
田夫野人 でんぷやじん 463上
稗官野史 はいかんやし 503上
狼子野心 ろうしやしん 661下
哀鴻遍野 あいこうへ… 1下
釵 荊釵布裙 けいさいふ… 186下
釣 羊裘垂釣 ようきゅう… 632上
閉 閉口頓首 へいこうと… 574上
捨閉閣抛 しゃへいか… 295上
羞花閉月 しゅうかへ… 296上
雀 燕雀鴻鵠 えんじゃく… 75下
燕雀相賀 えんじゃく… 76上
山雀利根 やまがらり… 623上
欣喜雀躍 きんきじゃ… 169上
門前雀羅 もんぜんじ… 620上
随珠弾雀 ずいしゅだ… 350下
雪 雪月風花 せつげつふ… 370上
雪上加霜 せつじょう… 371下
雪中送炭 せっちゅう… 172下, 372上
雪中四友 せっちゅう… 242下
雪中松柏 せっちゅう… 372下
雪泥鴻爪 せつでいこ… 372下
詠雪之才 えいせつの… 67下
蛍雪之功 けいせつの… 187下
団雪之扇 だんせつの… 421下
飛雪千里 ひせつせんり 535上
報仇雪恨 ほうきゅう… 581下
斎 斎戒沐浴 さいかいも… 242上
精進潔斎 しょうじん… 320下
頃 一碧万頃 いっぺきば… 47上
頂 頂天立地 ちょうてん… 437下
頂門一針 ちょうもん… 438下
有頂天外 うちょうて… 59下
帰命頂礼 きみょうち… 146下
魚 魚質竜文 ぎょしつり… 164上
魚網鴻離 ぎょもうこ… 166上
魚目燕石 ぎょもくえ… 166上
魚鱗鶴翼 ぎょりんか… 166下
車魚之嘆 しゃぎょの… 291上
水魚之交 すいぎょの… 349下
池魚故淵 ちぎょこえん 424下
池魚之殃 ちぎょのわ… 424下
池魚籠鳥 ちぎょろう… 425上
沈魚落雁 ちんぎょら… 442上
得魚忘筌 とくぎょぼ… 478上
魯魚亥豕 ろぎょがいし 664下
鳶飛魚躍 えんぴぎょ… 78上
白竜魚服 はくりょう… 516上
烏焉魯魚 うえんろぎょ 56上
縁木求魚 えんぼくき… 78下
涸轍鮒魚 こてつのふ… 451上
小水之魚 しょうすい… 321下
水清無魚 すいせいむ… 351上
甑塵釜魚 そうじんふ… 393上
俎上之魚 そじょう… 400上
呑舟之魚 どんしゅう… 488上
臨淵羨魚 りんえんせ… 654上
鳥 鳥革翬飛 ちょうかく… 433上, 439下
鳥語花香 ちょうごか… 434上
鳥尽弓蔵 ちょうじん… 435上
烏鳥私情 うちょうの… 60上
越鳥南枝 えっちょう… 71上
花鳥諷詠 かちょうふ… 109上
花鳥風月 かちょうふ… 109下
窮鳥入懐 きゅうちょ… 152下
四鳥之別 しちょうの… 281上
籠鳥恋雲 ろうちょう… 662下
一石二鳥 いっせきに… 42上
傷弓之鳥 しょうきゅ… 315下
池魚籠鳥 ちぎょろう… 425上
落花啼鳥 らっかてい… 639上
鹿 鹿鳴之宴 ろくめいの… 665下
蕉鹿之夢 しょうろく… 327下
指鹿為馬 しろくいば 333上
馬鹿丁寧 ばかていねい 507下
中原逐鹿 ちゅうげん… 430上

麻 麻姑掻痒《まこそうよう》 594下
麻中之蓬《まちゅうの…》 595下
稲麻竹葦《とうまちくい》 474下
快刀乱麻《かいとうら…》 97下
黄 黄河断流《こうがだん…》 204上
黄塵万丈《こうじんば…》 212下
黄道吉日《こうどうき…》 215下
口中雌黄《こうちゅう…》 215上
黒 黒白混淆《こくびゃく…》 227上
黒白分明《こくびゃく…》 227上
弾丸黒子《だんがんこ…》 419上
亀 亀毛兎角《きもうとかく》 147上
盲亀浮木《もうきふぼく》 616上
麟鳳亀竜《りんぽうき…》 655下

【12画】

偉 容貌魁偉《ようぼうか…》 635下
傘 乳母日傘《おんばひがさ》 88上
備 常備不懈《じょうびふ…》 324上
有備無患《ゆうびむかん》 627下
才色兼備《さいしょく…》 245上
知勇兼備《ちゆうけんび》 430上
文事武備《ぶんじぶび》 569下
傍 傍目八目《おかめはち…》 84下
傍若無人《ぼうじゃく…》 583下
道傍苦李《どうぼうの…》 474上
拱手傍観《きょうしゅ…》 157下
冷眼傍観《れいがんぼ…》 657下
割 牛刀割鶏《ぎゅうとう…》 153上
群雄割拠《ぐんゆうか…》 183下
鉛刀一割《えんとうい…》 77上
創 創意工夫《そういくふう》 387下
創業守成《そうぎょう…》 389上
満身創痍《まんしんそ…》 597上
勤 勤王攘夷《きんのうじ…》 402下
精励恪勤《せいれいか…》 365上
勝 勝手気儘《かってきまま》 112上, 451下
陳勝呉広《ちんしょう…》 443上
優勝劣敗《ゆうしょう…》 626下
得手勝手《えてかって》 71下
真剣勝負《しんけんし…》 335下
手前勝手《てまえがって》 451上
無手勝流《むてかつりゅう》 605上
先手必勝《せんてひっ…》 383上
百戦百勝《ひゃくせん…》 541下
博 博引旁証《はくいんぼ…》 423下, 509下
博学多才《はくがくた…》 509下
博学篤志《はくがくと…》 510上
博文約礼《はくぶんや…》 514上
博覧強記《はくらんき…》 515下
博古通今《はっこつう…》 519下
卿 月卿雲客《げっけいう…》 193上
喙 長頸烏喙《ちょうけい…》 634上
喚 指差喚呼《しさかんこ》 271下
阿鼻叫喚《あびきょう…》 6下
喜 喜色満面《きしょくま…》 142上
喜怒哀楽《きどあいらく》 145上
一喜一憂《いっきいち…》 33下
欣喜雀躍《きんきじゃ…》 169上
悲喜交交《ひきこもごも》 532下
歓天喜地《かんてんきち》 128下
弄瓦之喜《ろうがのき》 660上
弄璋之喜《ろうしょう…》 661下
喫 喫驚仰天《びっくりぎ…》 536下
喧 喧喧囂囂《けんけんご…》 194下, 575下
喉 喉元思案《のどもとじ…》 502下
咽喉之地《いんこうのち》 53下
啾 鬼哭啾啾《きこくしゅ…》 138下
喘 呉牛喘月《ごぎゅうぜ…》 225上
善 善因善果《ぜんいんぜ…》 115下, 366上, 373下
善戦健闘《ぜんせんけ…》 381下
善男善女《ぜんなんぜ…》 384上
善隣友好《ぜんりんゆ…》 387上
勧善懲悪《かんぜんち…》 126下
尽善尽美《じんぜんじ…》 343上
寸善尺魔《すんぜんし…》 354下
積善余慶《せきぜんの…》 366上
追善供養《ついぜんく…》 444上
後生善処《ごしょうぜ…》 197上
慈眉善目《じびぜんもく》 287上
是非善悪《ぜひぜんあく》 373上
多愁善感《たしゅうぜ…》 415下
多謀善断《たぼうぜ…》 417下
遏悪揚善《あつあくよ…》 6上
喪 喪家之狗《そうかのく》 388上
玩物喪志《がんぶつそ…》 130下
心神喪失《しんしんそ…》 341下
垂頭喪気《すいとうそ…》 352下
聞風喪胆《ぶんぷうそ…》 571上
養生喪死《ようせいそ…》 634上
意気阻喪《いきそそう》 14下
士気阻喪《しきそそう》 267上
喋 喋喋喃喃《ちょうちょ…》 437上
啼 落花啼鳥《らっかてい…》 639上
喃 喋喋喃喃《ちょうちょ…》 437上
喩 法華七喩《ほっけしちゆ》 590下
堅 堅甲利兵《けんこうり…》 196上
堅忍不抜《けんにんふ…》 198上
堅白同異《けんぱくど…》 198下
被堅執鋭《ひけんしつ…》 533上
志操堅固《しそうけんご》 277上
闘諍堅固《とうじょう…》 470上
場 一場春夢《いちじょう…》 25上
満場一致《まんじょう…》 596下
堤 螻蟻潰堤《ろうぎかい…》 660下
堵 環堵蕭然《かんとしょ…》 129下
本領安堵《ほんりょう…》 594上
塔 堂塔伽藍《どうとうが…》 471下
象牙之塔《ぞうげのとう》 390上
報 報怨以徳《ほうえんい…》 580上
報仇雪恨《ほうきゅう…》 581下
報本反始《ほうほんは…》 587下
七生報国《しちしょう…》 279上
尽忠報国《じんちゅう…》 344下
一飯之報《いっぱんの…》 46上
因果応報《いんがおう…》 52上
陰徳陽報《いんとくよ…》 54下
壺 壺中之天《こちゅうの…》 234下
一壺千金《いっこせん…》 36下
桐壺源氏《きりつぼげ…》 166下
箪食壺漿《たんしこし…》 420下
奢 奢侈淫佚《しゃしいん…》 292下
驕奢淫佚《きょうしゃ…》 157上
媚 媚眼秋波《びがんしゅ…》 532上
風光明媚《ふうこうめ…》 551上
寒 寒気凛冽《かんきりん…》 121下
寒山拾得《かんざんじ…》 123下
歳寒三友《さいかんの…》 242上
歳寒松柏《さいかんの…》 242下
三寒四温《さんかんし…》 252下
頭寒足熱《ずかんそく…》 353下
枯木寒巌《こぼくかん…》 237下
一暴十寒《いちばくじ…》 27上
唇亡歯寒《しんぼうし…》 338上
寐 夙興夜寐《しゅっこう…》 308下
富 富貴在天《ふうきざい…》 264下,

550下
富国強兵 ふこくきょう… 559下
猗頓之富 いとんのとみ 48下
尋 尋常一様 じんじょう… 339上
尋章摘句 じんしょう… 339下
枉尺直尋 おうせきち… 82上
尊 尊皇攘夷 そんのうじ… 402上
官尊民卑 かんそんみ… 127上
慈尊三会 じそんさんね 644下
男尊女卑 だんそんじ… 422上
独立自尊 どくりつじ… 481上
唯我独尊 ゆいがどく… 623下
就 去華就実 きょかしゅ… 160下
従容就義 しょうよう… 326上
大願成就 たいがんじ… 403下
半推半就 はんすいは… 527下
属 妻子眷属 さいしけん… 244上
屠 屠所之羊 としょのひ… 483下
屠羊之肆 とようのし 487上
屠竜之技 とりょうの… 487下
幄 帷幄之臣 いあくのしん 11上
幅 辺幅修飾 へんぷくし… 578下
帽 弊衣破帽 へいいはぼう 573上
廃 廃寝忘食 はいしんぼ… 505上
廃仏毀釈 はいぶつき… 506下
綱紀廃弛 こうきはいし 206上
治乱興廃 ちらんこう… 441下
廊 廊廟之器 ろうびょう… 663下
弾 弾丸黒子 だんがんこ… 419上
硝煙弾雨 しょうえん… 314上
随珠弾雀 ずいしゅだ… 350下
対牛弾琴 たいぎゅう… 406上
御 御用繁多 ごようはんた 238上
天下御免 てんかごめん 453上
人身御供 ひとみごくう 538上
晏子之御 あんしのぎょ 9上
循 因循姑息 いんじゅん… 53下
復 王政復古 おうせいふ… 82上
克己復礼 こっきふく… 235下
死灰復燃 しかいふく… 265上
文芸復興 ぶんげいふ… 568下
一陽来復 いちようら… 31下
葬 葬式仏教 そうしきぶ… 391下
冠婚葬祭 かんこんそ… 123下
葉 一葉知秋 いちようち… 31上
剣葉刀林 けんようと… 201下
枝葉末節 しようまっ… 325上
庇葉傷枝 ひようしょ… 546上
緑葉成陰 りょくよう… 653上
金枝玉葉 きんしぎょ… 171上
断根枯葉 だんこんこ… 420下
飛花落葉 ひからくよう 531下
林間紅葉 りんかんこ… 654下
落 落月屋梁 らくげつおく… 638上
落筆点蠅 らくひつてん… 638下
落花啼鳥 らっかていち… 639上
落花流水 らっかりゅ… 639上
落花狼藉 らっかろう… 639下
一件落着 いっけんらく… 35下
孤城落日 こじょうらく… 232下
失魂落魄 しっこんら… 282上
洒洒落落 しゃしゃら… 292下
晨星落落 しんせいら… 342下
大処落墨 たいしょら… 409下
沈魚落雁 ちんぎょら… 442上
停雲落月 ていうんら… 445上
剃髪落飾 ていはつら… 447上
飛花落葉 ひからくよう 531下
磊磊落落 らいらいら… 638上
豪放磊落 ごうほうら… 219上
身心脱落 しんしんだ… 341下
難攻不落 なんこうふ… 492下
葦 葦末之巣 いまつのす 50下
稲麻竹葦 とうまちくい 474下
葭 葭莩之親 かふのしん 115下
蕚 金枝花蕚 きんしかがく 171上
葛 葛屨履霜 かっくりそう 110下
瓜葛之親 かかつのしん 100上
葷 葷酒山門 くんしゅさ… 182下
萱 椿萱並茂 ちんけんへ… 442上
董 董狐之筆 とうこのひつ 468上
運 運斤成風 うんきんせ… 63上
運否天賦 うんぷてんぷ 65下
武運長久 ぶうんちょ… 555上
過 過去七仏 かこしちぶつ 105上
過猶不及 かゆうふき… 116下
雨過天晴 うかてんせい 57上
改過自新 かいかじしん 89下
雲烟過眼 うんえんか… 62下
騏驥過隙 ききかげき 136下
矯枉過直 きょうおう… 154下
声聞過情 せいぶんか… 364下
白駒過隙 はっくかげき 518下
百代過客 ひゃくだい… 542上
名声過実 めいせいか… 610下
台風一過 たいふうい… 411下
遇 轗軻不遇 かんかふぐう 119下
千載一遇 せんざいい… 376下
遂 功成名遂 こうせいめ… 213上
達 下意上達 かいじょう… 94下
下学上達 かがくじょ… 99下
三世了達 さんぜりょ… 258上
四通八達 しつうはっ… 281上
自由闊達 じゆうかっ… 295下
上意下達 じょういか… 314上
明朗闊達 めいろうか… 613上
遅 遅疑逡巡 ちぎしゅん… 343下, 424上
遅暮之嘆 ちぼのたん 429上
巧遅拙速 こうちせっ… 214下
春日遅遅 しゅんじつ… 311上
道 道聴塗説 どうちょう… 471下
道貌岸然 どうぼうが… 474上
道傍苦李 どうぼうの… 474上
王道楽土 おうどうら… 83上
黄道吉日 こうどうき… 215下
至道無難 しどうぶなん 286上
大道不器 たいどうふき 411上
天道是非 てんどうぜひ 460下
天道無親 てんどうむ… 460下
六道輪廻 ろくどうり… 665上
感応道交 かんのうど… 130上
言語道断 ごんごどう… 240上
築室道謀 ちくしつど… 425上
物臭道心 ものぐさど… 618上
悪逆無道 あくぎゃく… 3下
極悪非道 ごくあくひ… 226上
残酷非道 ざんこくひ… 253上
自然外道 じねんげどう 658下
大逆無道 たいぎゃく… 405下
中庸之道 ちゅうよう… 432下
二河白道 にがびゃく… 494上
八相成道 はっそうじ… 521上
文武両道 ぶんぶりょ… 571下
遍 遍計所執 へんげしょ… 576下
遍地開花 へんちかいか 578上
哀鴻遍野 あいこうへ… 1下
光明遍照 こうみょう… 220上
義理一遍 ぎりいっぺん 166下
読書百遍 どくしょひ… 480上
遊 遊刃余地 ゆうじんよち 627上

12画

遊 遥 鄂 階 随 隋 隊 陽 惶 惻 惰 握 援 換 揣 提 揖 揚 悲 惑 掌 掣 敢 敬 散 敦 斑 斐 斯 暁 景 晴 智 晩 普 最 曾 期 朝 棺 棋 棘 検 森 棗 棣 棠 棟 棒 椀 極 欺 殖 渭 温

温良恭倹《おんりょう…》 88下
扇枕温衾《せんちんおん…》 382下
劉寛温恕《りゅうかん…》 644上
三寒四温《さんかんしし…》 252下
渠 水到渠成《すいとうき…》 352下
渾 渾然一体《こんぜんいっ…》 240下
渾崙呑棗《こんろんど…》 241下
滋 太牢滋味《たいろうの…》 413上
湘 瀟湘八景《しょうしょ…》 319下
測 寸指測淵《すんしそく…》 354上
揣摩憶測《しまおくそく》 289上
渡 三豕渡河《さんしとか》 255上
湯 金城湯池《きんじょう…》 172下
盟神探湯《めいしんた…》 610上
渺 往事渺茫《おうじびょ…》 81下
神韻縹渺《しんいんひ…》 334上
満 満場一致《まんじょう…》 596下
満城風雨《まんじょう…》 596下
満身創痍《まんしんそ…》 597上
満目蕭然《まんもくし…》 597下
盈満之咎《えいまんの…》 68上
円満具足《えんまんぐ…》 79上
草満囹圄《そうまんれ…》 395下
飲河満腹《いんかまん…》 52上
喜色満面《きしょくま…》 142上
順風満帆《じゅんぷう…》 313上
惰気満満《だきまんまん》 414上
擲果満車《てっかまん…》 449上
闘志満満《とうしまん…》 469上
桃李満門《とうりまん…》 475下
得意満面《とくいまん…》 477下
豊年満作《ほうねんま…》 586上
野心満満《やしんまん…》 622下
琳琅満目《りんろうま…》 656上
三平二満《さんぺいじ…》 262下
大兵肥満《だいひょう…》 411下
福徳円満《ふくとくえ…》 558上
游 優游涵泳《ゆうゆうか…》 629上
焰 光焰万丈《こうえんば…》 203下
煮 煮豆燃萁《しゃとうね…》 294下
焦 焦唇乾舌《しょうしん…》 320上
焦心苦慮《しょうしん…》 320下
焦頭爛額《しょうとう…》 323上
焦眉之急《しょうびの…》 324上
焼 焼眉之急《しょうびの…》 324上
然 廓然大公《かくぜんた…》 103上
廓然大悟《かくねんた…》 103上
廓然無聖《かくねんむ…》 103下
巍然屹立《ぎぜんきつ…》 143上
浩然之気《こうぜんのき》 213上
渾然一体《こんぜんいっ…》 240下
自然淘汰《しぜんとうた》 276下
自然外道《じねんげどう》 658下
泰然自若《たいぜんじ…》 410上
天然自然《てんねんし…》 461下
茫然自失《ぼうぜんじ…》 584下
一目瞭然《いちもくり…》 29下
環堵蕭然《かんとしょ…》 129下
旧態依然《きゅうたい…》 152上
孤影悄然《こえいしょ…》 223上
古色蒼然《こしょくそ…》 233上
道貌岸然《どうぼうが…》 474上
物情騒然《ぶつじょう…》 562下
暮色蒼然《ぼしょくそ…》 590下
満目蕭然《まんもくし…》 597下
理路整然《りろせいぜん》 653下
焚 焚書坑儒《ふんしょこ…》 570上
無 無事息災《ぶじそくさい》 560上
無礼千万《ぶれいせん…》 135上, 566下
無為徒食《むいとしょく》 599上
無位無官《むいむかん》 599下
無位無冠《むいむかん》 599下
無為無策《むいむさく》 600上
無影無踪《むえいむそう》 600上
無学文盲《むがくもん…》 600上
無我夢中《むがむちゅう》 600下
無何有郷《むかゆうき…》 600下
無芸大食《むげいたい…》 601上
無稽之言《むけいのげん》 601上
無間地獄《むけんじごく》 201下, 601上
無告之民《むこくのたみ》 601下
無根無蔕《むこんむてい》 602上
無罪放免《むざいほう…》 602上
無師独悟《むしどくご》 602下
無始無終《むしむしゅう》 602下
無私無偏《むしむへん》 603上
無常迅速《むじょうじ…》 603下
無声之詩《むせいのし》 603下
無声無臭《むせいむし…》 604上
無知無能《むちむのう》 382下
無知蒙昧《むちもうまい》 604上
無知文盲《むちもんもう》 604下
無茶苦茶《むちゃくちゃ》 295上, 604下, 613上
無手勝流《むてかつり…》 605上
無二無三《むにむさん》 605下
無念無想《むねんむそう》 605下
無病呻吟《むびょうし…》 606上
無病息災《むびょうそ…》 606上
無仏世界《むぶつせかい》 606下
無偏無党《むへんむとう》 566上
無味乾燥《むみかんそう》 606下
無明長夜《むみょうち…》 607上
無用之用《むようのよう》 607上
無欲恬淡《むよくてん…》 607下
無理算段《むりさんだん》 607下
無理難題《むりなんだい》 607下
無理無体《むりむたい》 608上
無累之人《むるいのひと》 608上
有無相生《うむそうせい》 61上
虚無恬淡《きょむてん…》 165下
南無三宝《なむさんぼう》 490下
悪逆無道《あくぎゃく…》 3下
慇懃無礼《いんぎんぶ…》 53上
有為無常《ういむじょう》 56上
有象無象《うぞうむぞう》 59上
有耶無耶《うやむや》 61下
有漏無漏《うろむろ》 62上
永永無窮《えいえいむ…》 66上
海内無双《かいだいむ…》 95下
廓然無聖《かくねんむ…》 103下
禍福無門《かふくむもん》 115上
感慨無量《かんがいむ…》 119上
完全無欠《かんぜんむ…》 126下
金甌無欠《きんおうむ…》 168上
群竜無首《ぐんりょう…》 183下
兼愛無私《けんあいむし》 193下
厚顔無恥《こうがんむち》 205上
広大無辺《こうだいむ…》 214上
高枕無憂《こうちんむ…》 215上
荒唐無稽《こうとうむ…》 216上
功徳無量《こうとくむ…》 216下
公平無私《こうへいむし》 218下
傲慢無礼《ごうまんぶ…》 219上
国士無双《こくしむそう》 226下
古今無双《ここんむそう》 230下
孤立無援《こりつむえん》 238上
残念無念《ざんねんむ…》 261上
事実無根《じじつむこん》 272上

	至道無難《しどうぶなん》	286上
	遮二無二《しゃにむに》	294下
	縦横無尽《じゅうおう…》	295下
	重重無尽《じゅうじゅう…》	298下
	純真無垢《じゅんしん…》	312上
	諸行無常《しょぎょう…》	327下
	諸法無我《しょほうむが》	331上
	水清無魚《すいせいむ…》	351上
	寂漠無為《せきばくむい》	164下
	大逆無道《たいぎゃく…》	405下
	中秋無月《ちゅうしゅ…》	431上
	天衣無縫《てんいむほう》	452上
	天下無双《てんかむそう》	454上
	天壌無窮《てんじょう…》	457上
	天地無用《てんちむよう》	459上
	天道無親《てんどうむ…》	460下
	破戒無慙《はかいむざん》	507下
	風月無辺《ふうげつむ…》	551上
	婦怨無終《ふえんむし…》	555下
	平穏無事《へいおんぶじ》	573上
	放佚無慙《ほういつむ…》	579上
	傍若無人《ぼうじゃく…》	583下
	放蕩無頼《ほうとうぶ…》	586上
	問答無用《もんどうむ…》	621上
	薬石無効《やくせきむ…》	621下
	唯一無二《ゆいいつむに》	623下
	有口無行《ゆうこうむ…》	625上
	融通無碍《ゆうずうむげ》	627下
	有備無患《ゆうびむかん》	627下
	有名無実《ゆうめいむ…》	628下
	乱雑無章《らんざつむ…》	640上
犀	燃犀之明《ねんさいの…》	500下
犂	犂牛之子《りぎゅうのこ》	641下
猴	猿猴取月《えんこうし…》	74下
	沐猴而冠《もっこうじ…》	618上
猶	過猶不及《かゆうふきゅ…》	116下
琴	琴棋詩酒《きんきししゅ》	169上
	琴棋書画《きんきしょが》	169上
	琴瑟相和《きんしつそ…》	171上
	鼓琴之悲《こきんのか…》	225下
	人琴之嘆《じんきんの…》	335上
	断琴之交《だんきんの…》	419下
	対牛弾琴《たいぎゅう…》	406上
琳	琳琅満目《りんろうまん…》	656上
畳	陽関三畳《ようかんさ…》	631下
番	開口一番《かいこういち…》	91下
	緊褌一番《きんこんい…》	170下
疎	暗香疎影《あんこうそ…》	8下
	志大才疎《しだいさいそ》	277下
痛	痛定思痛《つうていし…》	444下
	淋漓痛快《りんりつう…》	656上
	西河之痛《せいかのつう》	357上
登	羽化登仙《うかとうせん》	57上
皓	皓月千里《こうげつせ…》	206下
	朱唇皓歯《しゅしんこ…》	306下
	尨眉皓髪《ぼうびこう…》	586下
	明眸皓歯《めいぼうこ…》	611下
短	短兵急接《たんぺいき…》	423下
	舎短取長《しゃたんし…》	293下
	尺短寸長《せきたんす…》	366下
	長短之説《ちょうたん…》	436下
	飛短流長《ひたんりゅ…》	536上
	軽薄短小《けいはくた…》	189上
	一長一短《いっちょう…》	43下
	採長補短《さいちょう…》	246上
	志大才短《しだいさい…》	277下
	助長補短《じょちょう…》	330上
硯	硯北梧右《けんぽくご…》	201上
	筆耕硯田《ひっこううけ…》	537上
	筆墨硯紙《ひつぼくけ…》	572上
	磨穿鉄硯《ませんてっ…》	595上
硝	硝煙弾雨《しょうえん…》	314上
禄	天之美禄《てんのびろく》	461下
稀	七十古稀《しちじゅう…》	279上
程	前程万里《ぜんていば…》	383上
	鵬程万里《ほうていば…》	585下
童	童牛之牿《どうぎゅう…》	466上
	頭童歯豁《とうどうし…》	471下
策	奇策縦横《きさくじゅ…》	139下
	奇策妙計《きさくみょ…》	139下
	奸知術策《かんちじゅ…》	128上
	窮余一策《きゅうよのい…》	154上
	権謀術策《けんぼうじ…》	200下
	三十六策《さんじゅう…》	257上
	無為無策《むいむさく》	600上
筍	雨後春筍《うごしゅん…》	58上
筌	得魚忘筌《とくぎょぼ…》	478上
答	問答無用《もんどうむ…》	621上
	一問一答《いちもんい…》	30上
	愚問愚答《ぐもんぐとう》	181上
	蒟蒻問答《こんにゃく…》	241上
	自問自答《じもんじとう》	290上
等	等量斉視《とうりょう…》	476上
	平等平等《へらへいとう》	576上
	位階勲等《いかいくん…》	12下
	怨親平等《おんしんび…》	86下
	機会均等《きかいきん…》	134下
	土階三等《どかいさん…》	477上
筆	筆耕硯田《ひっこううけ…》	537上
	筆墨硯紙《ひつぼくけ…》	572上
	筆力扛鼎《ひつりょく…》	537下
	一筆啓上《いっぴつけ…》	46下
	刀筆之吏《とうひつのり》	472下
	特筆大書《とくひつた…》	481上
	落筆点蠅《らくひつて…》	638下
	意到筆随《いとうひつ…》	48上
	口誅筆伐《こうちゅう…》	215上
	春秋筆法《しゅんじゅ…》	311下
	燕頷投筆《えんがんと…》	73下
	椽大之筆《てんだいの…》	458下
	董狐之筆《とうこのひつ》	468上
	舞文曲筆《ぶぶんきょ…》	565上
粥	断薺画粥《だんせいか…》	421下
粧	粉粧玉琢《ふんしょう…》	570上
粟	粟散辺地《ぞくさんへ…》	397下
	貫朽粟陳《かんきゅう…》	121上
	滄海一粟《そうかいの…》	388上
給	家給人足《かきゅうじ…》	101上
	自給自足《じきゅうじ…》	267上
結	結跏趺坐《けっかふざ》	192下
	箝口結舌《かんこうけ…》	122上
	桃園結義《とうえんけ…》	464下
	瞠目結舌《どうもくけ…》	475上
	女人結界《にょにんけ…》	497下
	起承転結《きしょうてん…》	141下
	大同団結《だいどうだ…》	411上
絢	豪華絢爛《ごうかけん…》	204上
絮	柳絮之才《りゅうじょ…》	68上
絶	絶巧棄利《ぜっこうきり》	370下
	絶体絶命《ぜったいぜ…》	372上
	絶類離倫《ぜつるいり…》	373上
	空前絶後《くうぜんぜ…》	175下
	精力絶倫《せいりょく…》	364下
	断崖絶壁《だんがいぜ…》	418下
	伯牙絶絃《はくがぜつ…》	510上
	捧腹絶倒《ほうふくぜ…》	586下
	韋編三絶《いへんさん…》	50上
	面会謝絶《めんかいし…》	613上
統	精神統一《せいしんと…》	360下
着	着手成春《ちゃくしゅ…》	429下
	大処着墨《たいしょち…》	409下

一件落着《いっけんら…》 35下
自家撞着《じかどうち…》 265下
矛盾撞着《むじゅんど…》 603上
翔 竜飛鳳翔《りょうひほ…》 652上
腋 一狐之腋《いっこのえき》 37上
脾 脾肉之嘆《ひにくのたん》 539上
腑 肺腑之言《はいふのげん》 506下
五臓六腑《ごぞうろっぷ》 233下
腕 切歯扼腕《せっしやく…》 371上
偏袒扼腕《へんたんや…》 578上
蛙 蛙鳴蟬噪《あめいせん…》 7上
井蛙之見《せいあのけん》 356上
蛮 夷蛮戎狄《いばんじゅ…》 49上
南蛮鴃舌《なんばんげ…》 493下
衆 衆寡不敵《しゅうかふ…》 296上
衆議一決《しゅうぎい…》 296下
衆賢茅茹《しゅうけん…》 296下
衆矢之的《しゅうしの…》 298下
衆人環視《しゅうじん…》 299上
衆酔独醒《しゅうすい…》 299下
衆妙之門《しゅうみょ…》 303下
衆生済度《しゅじょう…》 306下
衆生世間《しゅじょう…》 59上
聖衆来迎《しょうじゅ…》 318下
得衆得国《とくしゅう…》 479上
一切衆生《いっさいし…》 37下
下化衆生《げけしゅじ…》 190下
烏合之衆《うごうのし…》 58上
妖言惑衆《ようげんわ…》 632上
街 街談巷語《がいだんこ…》 96上
巷談街説《こうだんが…》 214下
四衢八街《しくはちがい》 268上
柳巷花街《りゅうこう…》 645上
裁 量体裁衣《りょうたい…》 650上
独出心裁《どくしゅつ…》 479上
裂 四分五裂《しぶんごれつ》 288上
支離滅裂《しりめつれつ》 332下
裙 荊釵布裙《けいさいふ…》 186下
補 採長補短《さいちょう…》 246上
拾遺補闕《しゅういほ…》 295上
縮地補天《しゅくちほ…》 305上
助長補短《じょちょう…》 330上
亡羊補牢《ぼうようほ…》 588下
量才補職《りょうさい…》 649上
裕 余裕綽綽《よゆうしゃ…》 637下
裡 忙裡偸閑《ぼうりとう…》 589上
電光影裡《でんこうえ…》 455上
覚 半覚半睡《はんかくは…》 528上
見聞覚知《けんもんか…》 201下
前後不覚《ぜんごふかく》 376下
觚 操觚之士《そうこのし》 390下
詠 詠雪之才《えいせつの…》 67下
吟風詠月《ぎんぷうえ…》 174下
一觴一詠《いっしょう…》 39上
花鳥諷詠《かちょうふ…》 109上
詞 陳詞濫調《ちんしらん…》 443上
証 暗証禅師《あんしょう…》 9下
頓証菩提《とんしょう…》 488下
直躬証父《ちょっきゅう…》 441上
不在証明《ふざいしょ…》 560上
単文孤証《たんぶんこ…》 423下
博引旁証《はくいんぼ…》 509下
訴 不定愁訴《ふていしゅ…》 563下
評 好評嘖嘖《こうひょう…》 218上
詈 罵詈讒謗《ばりざんぼう》 524上
罵詈雑言《ばりぞうごん》 524上
悪口罵詈《あっくめり》 6下
象 象牙之塔《ぞうげのとう》 390上
有象無象《うぞうむぞう》 59上
森羅万象《しんらばん…》 347下
貂 狗尾続貂《くびぞくちょ…》 180上
賀 燕雀相賀《えんじゃく…》 76上
貴 貴耳賤目《きじせんもく》 140下
貴紳淑女《きしんしゅ…》 142下
富貴在天《ふうきざい…》 550下
買 不買美田《ふばいびでん》 565上
売剣買牛《ばいけんば…》 503下
越 越俎之罪《えっそのつみ》 71上
越鳥南枝《えっちょう…》 71上
越畔之思《えっぱんの…》 71上
呉越同舟《ごえつどう…》 223上
超仏越祖《ちょうぶつ…》 437下
肝胆楚越《かんたんそ…》 127下
超 超塵出俗《ちょうじん…》 435下
超仏越祖《ちょうぶつ…》 437下
跏 結跏趺坐《けっかふざ》 192下
跚 酔歩蹣跚《すいほまん…》 352下
跖 跖狗吠尭《せっくはい…》 370上
跛 跛鼈千里《はべつせんり》 523上
跋 跋山渉水《ばつざんし…》 520上
横行跋扈《おうこうばっこ》 81上
跳梁跋扈《ちょうりょう…》 440上
飛揚跋扈《ひようばっこ》 547上
軻 轗軻不遇《かんかふぐう》 119下
軽 軽裘肥馬《けいきゅう…》 185上
軽挙妄動《けいきょも…》 185下
軽諾寡信《けいだくか…》 188上
軽佻浮薄《けいちょう…》 188下
軽薄短小《けいはくた…》 189上
軽妙洒脱《けいみょう…》 189下
群軽折軸《ぐんけいせ…》 181下
叢軽折軸《そうけいせ…》 389下
挙足軽重《きょそくけ…》 164下
薄唇軽言《はくしんけ…》 512下
問鼎軽重《もんていけ…》 620下
文人相軽《ぶんじんそ…》 570下
軸 群軽折軸《ぐんけいせ…》 181下
叢軽折軸《そうけいせ…》 389下
量 量才録用《りょうさい…》 649上
量体裁衣《りょうたい…》 650上
量入制出《りょうにゅ…》 91下, 651下
等量斉視《とうりょう…》 476上
度徳量力《たくとくりょ…》 414下
感慨無量《かんがいむ…》 119上
功徳無量《くどくむ…》 216下
車載斗量《しゃさいと…》 292上
情状酌量《じょうじょ…》 319上
鈞 千鈞之重《せんきんの…》 374下
一髪千鈞《いっぱつせ…》 45下
開 開巻劈頭《かいかんへ…》 90上, 91下
開巻有得《かいかんゆ…》 90上
開眼供養《かいげんく…》 90下
開源節流《かいげんせ…》 91下
開口一番《かいこうい…》 91下
開権顕実《かいごんけ…》 93上
開示悟入《かいじごに…》 93下
開心見誠《かいしんけ…》 95上
開物成務《かいぶつせ…》 98上
開門揖盗《かいもんゆ…》 98上
皮開肉綻《ひかいにく…》 530下
宿執開発《しゅくしゅ…》 304下
天地開闢《てんちかい…》 458下
文明開化《ぶんめいか…》 572下
遍地開花《へんちかいか》 578上
明朗開豁《めいろうか…》 613上
門戸開放《もんこかい…》 619上
誘引開導《ゆういんか…》 624上
間 間雲孤鶴《かんうんこ…》 119上, 223上

間不容髪《かんふよう…》 130下
人間青山《じんかんせ…》 334下
桑間濮上《そうかんぼ…》 388下
眉間一尺《びかんいっ…》 532上
無間地獄《むけんじごく》 601上
林間紅葉《りんかんこ…》 654下
小人間居《しょうじん…》 320上
有情世間《うじょうせ…》 58下
伯仲之間《はくちゅう…》 513上
閑　閑雲野鶴《かんうんや…》 119上
閑話休題《かんわきゅ…》 133上
小人閑居《しょうじん…》 320上
悠悠閑閑《ゆうゆうか…》 629下
忙中有閑《ぼうちゅう…》 585上
忙裡偸閑《ぼうりとう…》 589上
雁　燕雁代飛《えんがんだ…》 73下
鴻雁哀鳴《こうがんあ…》 205上
沈魚落雁《ちんぎょら…》 442上
集　雲集霧散《うんしゅう…》 64上
離合集散《りごうしゅ…》 643上
雲合霧集《うんごうむ…》 63下
雄　雄蝶雌蝶《おちょうめ…》 85上
雄材大略《ゆうざいた…》 625下
雄心勃勃《ゆうしんぼ…》 627上
群雄割拠《ぐんゆうか…》 183下
気宇雄豪《きうゆうごう》 134上
雌伏雄飛《しふくゆうひ》 287下
一世之雄《いっせいの…》 41下
烏之雌雄《からすのし…》 117上
雲　雲雨巫山《うんうふざん》 433上
雲烟過眼《うんえんか…》 62下
雲烟飛動《うんえんひ…》 62下
雲霞之交《うんかのこう》 63上
雲行雨施《うんこううし》 63下
雲合霧集《うんごうむ…》 63下, 64上
雲散霧消《うんさんむ…》 64上
雲集霧散《うんしゅう…》 64上
雲蒸竜変《うんじょう…》 64上
雲心月性《うんしんげ…》 64下
雲中白鶴《うんちゅう…》 64下
雲泥之差《うんでいのさ》 65上, 452上
雲泥万里《うんでいば…》 65上
遏雲之曲《あつうんの…》 6上
暗雲低迷《あんうんて…》 8上
間雲孤鶴《かんうんこ…》 119上
行雲流水《こううんりゅ…》 203上
孤雲野鶴《こうんやかく》 222下
晴雲秋月《せいうんしゅ…》 356上
青雲之志《せいうんの…》 356上
朝雲暮雨《ちょううんぼ…》 432下
停雲落月《ていうんら…》 445上
白雲孤飛《はくうんこひ》 579下
風雲之器《ふううんのき》 550上
風雲之志《ふううんの…》 550上
浮雲翳日《ふうんえい…》 554下
望雲之情《ぼううんの…》 579下
凌雲之志《りょううんの…》 647上
月卿雲客《げっけいう…》 193上
大旱雲霓《たいかんの…》 404上
魯般雲梯《ろはんのう…》 666下
渭樹江雲《いじゅこう…》 18上
飛竜乗雲《ひりょうじ…》 548上
籠鳥恋雲《ろうちょう…》 662下
須　須磨源氏《すまげんじ》 167上, 252下
順　順風満帆《じゅんぷう…》 313上
逆取順守《ぎゃくしゅ…》 147下
節哀順変《せつあいじ…》 369上
百依百順《ひゃくいひ…》 540上
文従字順《ぶんじゅう…》 570上
六十耳順《ろくじゅう…》 664下
飲　飲灰洗胃《いんかいせ…》 51下
飲河満腹《いんかまん…》 52上, 397上
飲食之人《いんしょく…》 54上
飲水思源《いんすいし…》 54下
一飲一啄《いちいんい…》 20上
牛飲馬食《ぎゅういん…》 148上
暴飲暴食《ぼういんぼ…》 579下
射石飲羽《しゃせきい…》 293下
簞食瓢飲《たんしひょ…》 420下
飯　飯後之鐘《はんごのし…》 525下
一飯之報《いっぱんの…》 46上
椀飯振舞《おうばんぶ…》 83上
一宿一飯《いっしゅく…》 38下
家常茶飯《かじょうさ…》 106上
日常茶飯《にちじょう…》 495下
馮　暴虎馮河《ぼうこひょ…》 582下
黍　禾黍油油《かしょゆう…》 107上
歯　歯亡舌存《しぼうぜっ…》 288下
唇歯輔車《しんしほしゃ》 337下
切歯扼腕《せっしやく…》 371上
馬歯徒増《ばしとぞう》 516下
頭童歯豁《とうどうし…》 471下
犬馬之歯《けんばのよ…》 199下, 516下
朱唇皓歯《しゅしんこ…》 306下
明眸皓歯《めいぼうこ…》 611下

【13画】

傾　傾蓋知己《けいがいの…》 184下
傾危之士《けいきのし》 184下
傾城傾国《けいせいけ…》 187上
一顧傾城《いっこけい…》 36下
哲婦傾城《てっぷけい…》 450下
傲　傲岸不遜《ごうがんふ…》 205上
傲慢無礼《ごうまんぶ…》 219上
傷　傷弓之鳥《しょうきゅ…》 315下
傷風敗俗《しょうふう…》 324下
刃傷沙汰《にんじょう…》 499上
暗箭傷人《あんせんし…》 10上
庇葉傷枝《ひようしょ…》 546上
誹謗中傷《ひぼうちゅ…》 539下
僧　僧伽藍摩《そうぎゃら…》 389上, 471下
非僧非俗《ひそうひぞく》 535下
傭　傭書自資《ようしょじし》 633下
勧　勧善懲悪《かんぜんち…》 6上, 126下
梵天勧請《ぼんてんか…》 593下
勢　勢力伯仲《せいりょく…》 365上
騎虎之勢《きこのいき…》 139上
常山蛇勢《じょうざん…》 317上
脱兎之勢《だっとのい…》 417上
破竹之勢《はちくのい…》 517下
嗟　瞻望咨嗟《せんぼうしさ》 385下
嘆　一唱三嘆《いっしょう…》 39上
車魚之嘆《しゃぎょの…》 291上
人琴之嘆《じんきんの…》 335上
積薪之嘆《せきしんの…》 366上
川上之嘆《せんじょう…》 379上
遅暮之嘆《ちぼのたん》 429上
麦秀之嘆《ばくしゅう…》 107下
髀肉之嘆《ひにくのたん》 539上
風樹之嘆《ふうじゅの…》 551下
望蜀之嘆《ぼうしょく…》 482上
亡羊之嘆《ぼうようの…》 588上
北門之嘆《ほくもんの…》 590下

園 桃園結義《とうえんけ…》 464下
梨園子弟《りえんのし…》 641上
塩 驥服塩車《きふくえんし…》 146上
朝虀暮塩《ちょうせい…》 436上
塞 塞翁之馬《さいおうの…》 241下
四塞之国《しそくのくに》 277上
抜本塞源《ばっぽんそ…》 522上
塡 精衛塡海《せいえいて…》 356下
塗 塗炭之苦《とたんのく》 484上
一敗塗地《いっぱいと…》 45上
曳尾塗中《えいびとち…》 68上
道聴塗説《どうちょう…》 471下
墓 墳墓之地《ふんぼのち》 572下
夢 夢幻泡影《むげんほう…》 562上, 601下
夢中説夢《むちゅうせ…》 604下
酔生夢死《すいせいむし》 351下
無我夢中《むがむちゅう》 600下
一場春夢《いちじょう…》 25上
役夫之夢《えきふのゆめ》 69下
華胥之夢《かしょのゆめ》 106下
邯鄲之夢《かんたんの…》 128上
胡蝶之夢《こちょうの…》 235上
蕉鹿之夢《しょうろく…》 327下
人生如夢《じんせいじ…》 342上
炊臼之夢《すいきゅう…》 348下
荘周之夢《そうしゅう…》 235上
同床異夢《どうしょう…》 469下
南柯之夢《なんかのゆめ》 491下
巫山之夢《ふざんのゆめ》 433上
浮生若夢《ふせいじゃ…》 561下
嫁 責任転嫁《せきにんて…》 367上
嫌 機嫌気褄《きげんきづま》 138上
自己嫌悪《じこけんお》 269下
嫋 余韻嫋嫋《よいんじょ…》 630下
寛 寛仁大度《かんじんた…》 125上
劉寛温恕《りゅうかん…》 644上
寝 廃寝忘食《はいしんぼ…》 505上
寞 秋風索寞《しゅうふう…》 302上
幕 幕天席地《ばくてんせ…》 513上
入幕之賓《にゅうばく…》 497上
燕巣幕上《えんそうば…》 76下
幹 強幹弱枝《きょうかん…》 155下
廈 大廈高楼《たいかこう…》 403下
廉 廉頗負荊《れんぱふけい》 495上
寡廉鮮恥《かれんせんち》 118上
頑廉懦立《がんれんだ…》 133上
清廉潔白《せいれんけ…》 365上
微 微言大義《びげんたいぎ》 533下
拈華微笑《ねんげみし…》 500下
白璧微瑕《はくへきの…》 514下
蒸 雲蒸竜変《うんじょう…》 64上
蓋 蓋棺事定《がいかんじ…》 89下
蓋世之才《がいせいの…》 95下
傾蓋知己《けいがいの…》 184下
抜山蓋世《ばつざんが…》 520上
方底円蓋《ほうていえ…》 585上
蒟 蒟蒻問答《こんにゃく…》 241上
蒿 薤露蒿里《かいろこうり》 99上
蒻 蒟蒻問答《こんにゃく…》 241上
蒼 蒼蠅驥尾《そうようきび》 396下
古色蒼然《こしょくそ…》 233上
暮色蒼然《ぼしょくそ…》 590下
蒲 蒲鞭之政《ほべんのせい》 592上, 644上
蒲柳之質《ほりゅうの…》 592上
安車蒲輪《あんしゃほ…》 9上
六日菖蒲《むいかのあ…》 642上
蒙 無知蒙昧《むちもうまい》 604上
呉下阿蒙《ごかのあもう》 224上
蓮 一蓮托生《いちれんた…》 32上
泥中之蓮《でいちゅう…》 446下
遏 遏悪揚善《あつあくよ…》 6上
遏雲之曲《あつうんの…》 6上
遑 不遑枚挙《ふこうまい…》 559下
遁 出家遁世《しゅっけと…》 308上
逾 日月逾邁《じつげつゆ…》 282上
遠 遠交近攻《えんこうき…》 74下, 93上
遠水近火《えんすいき…》 76上
遠慮会釈《えんりょえ…》 79下
遠慮近憂《えんりょき…》 79下
遠塵離垢《おんじんりく》 87上
永遠回帰《えいえんか…》 66上
久遠実成《くおんじつ…》 177上
深謀遠慮《しんぼうえ…》 346下
有朋遠来《ゆうほうえ…》 628上
夜目遠目《よめとおめ》 637上
殷鑑不遠《いんかんふ…》 52下
在邇求遠《ざいじきゅ…》 243下
前途遼遠《ぜんとりょ…》 383下
鄒 鄒魯遺風《すうろのい…》 353下
隗 先従隗始《せんじゅう…》 378下
隔 隔岸観火《かくがんか…》 102上
隔世之感《かくせいの…》 102下
隔靴掻痒《かっかそう…》 110上
隙 小隙沈舟《しょうげき…》 316上
騏驥過隙《ききかげき》 136下
白駒過隙《はっくかげき》 518下
踰牆鑽隙《ゆしょうさ…》 630上
慨 感慨無量《かんがいむ…》 119上
悲歌慷慨《ひかこうがい》 531上
悲憤慷慨《ひふんこう…》 539下
愧 仰天不愧《ぎょうて…》 158下
慎 慎始敬終《しんしけい…》 336下
慎重居士《しんちょう…》 345上
謹言慎行《きんげんし…》 169下
摂 摂取不捨《せっしゅふ…》 371上
掻 隔靴掻痒《かっかそう…》 110上
麻姑掻痒《まこそうよう》 594下
損 損者三楽《そんしゃさ…》 401下
損者三友《そんしゃさ…》 401下
小利大損《しょうりだ…》 327上
名誉毀損《めいよきそん》 612上
搏 獅子搏兎《ししはくと》 272下
竜攘虎搏《りょうじょ…》 649下
摸 暗中摸索《あんちゅう…》 10下
愛 愛縁機縁《あいえんきえん》 1上
愛及屋烏《あいきゅう…》 1下
愛世済民《あいせいさ…》 151下
愛別離苦《あいべつりく》 2上, 70下, 87下
兼愛無私《けんあいむし》 193下
氾愛兼利《はんあいけ…》 524下
敬天愛人《けいてんあ…》 188下
和顔愛語《わがんあいご》 667下
甘棠之愛《かんとうの…》 129上
舐犢之愛《しとくのあい》 286下
相思相愛《そうしそう…》 392上
氷炭相愛《ひょうたん…》 547上
意 意気軒昂《いきけんこう》 13下
意気自如《いきじじょ》 14上
意気消沈《いきしょう…》 13下, 14上
意気衝天《いきしょう…》 14上
意気阻喪《いきそそう》 13下, 14下, 352下
意気投合《いきとうごう》 14下
意気揚揚《いきようよう》 13下, 15上
意識朦朧《いしきもう…》 17上

意志薄弱《いしはくじ…》 17上
意匠惨澹《いしょうさ…》 18上
意中之人《いちゅうの…》 31上
意到筆随《いとうひつ…》 48上
意馬心猿《いばしんえん》 48下
意味深長《いみしんち…》 50下
一意専心《いちいせん…》 19下
下意上達《かいじょう…》 94下
上意下達《じょういか…》 314上
創意工夫《そういくふう》 387下
当意即妙《とういそく…》 464下
得意忘形《とくいぼう…》 477下
得意満面《とくいまん…》 142上, 477下
如意宝珠《にょいほう…》 497上
美意延年《びいえんねん》 530下
用意周到《よういしゅ…》 631上
回心転意《かいしんて…》 95上
春風得意《しゅんぷう…》 312下
誠心誠意《せいしんせ…》 360下
感 感慨無量《かんがいむ…》 119上
感謝感激《かんしゃか…》 124上
感応道交《かんのうど…》 130上
一業所感《いちごうし…》 22上
隔世之感《かくせいの…》 102下
曠世之感《こうせいの…》 213上
今昔之感《こんじゃく…》 240下
多愁善感《たしゅうぜ…》 415下
愚 愚公移山《ぐこういざん》 177下
愚者一得《ぐしゃのい…》 45上, 178上
愚問愚答《ぐもんぐとう》 181上
慈 慈尊三会《じそんさんね》 644下
慈眉善目《じびぜんもく》 287上
慈母敗子《じぼはいし》 289上
大慈大悲《だいじだいひ》 408上
旱天慈雨《かんてんの…》 129上
厳父慈母《げんぷじぼ》 200上
大旱慈雨《たいかんの…》 404上
愁 窮愁著書《きゅうしゅ…》 150下
多愁善感《たしゅうぜ…》 415下
粉愁香怨《ふんしゅう…》 569下
不定愁訴《ふていしゅ…》 563下
想 奇想天外《きそうてん…》 143下
誇大妄想《こだいもう…》 234下
痴心妄想《ちしんもう…》 428上
被害妄想《ひがいもう…》 531上
末法思想《まっぽうし…》 595下
無念無想《むねんむそう》 605下
戢 戢鱗潜翼《しゅうりん…》 304上
戦 戦戦兢兢《せんせんき…》 381上, 575下
悪戦苦闘《あくせんく…》 4上
善戦健闘《ぜんせんけ…》 381下
速戦即決《そくせんそ…》 398上
胆戦心驚《たんせんし…》 422上
百戦百勝《ひゃくせん…》 541下
百戦錬磨《ひゃくせん…》 541下
力戦奮闘《りきせんふ…》 641下
人海戦術《じんかいせ…》 334上
数 多言数窮《たげんすう…》 414下
奸知術数《かんちじゅ…》 128上
権謀術数《けんぼうじ…》 200下
斟 斟酌折衷《しんしゃく…》 338上
新 新進気鋭《しんしんき…》 340下
新陳代謝《しんちんた…》 345上
新涼灯火《しんりょう…》 348上
斬新奇抜《ざんしんき…》 257下
標新立異《ひょうしん…》 546下
温故知新《おんこちしん》 86上
改過自新《かいかじしん》 89下
革故鼎新《かっこてい…》 111上
人心一新《じんしんい…》 340下
送故迎新《そうこげい…》 390下
吐故納新《とこのうしん》 482下
面目一新《めんもくい…》 615上
暗 暗雲低迷《あんうんて…》 8上
暗香疎影《あんこうそ…》 8下
暗証禅師《あんしょう…》 9下
暗箭傷人《あんせんし…》 10上
暗中飛躍《あんちゅう…》 10下
暗中模索《あんちゅう…》 10下
柳暗花明《りゅうあん…》 644上
疑心暗鬼《ぎしんあんき》 142上
如法暗夜《にょほうあ…》 498上
明珠暗投《めいしゅあ…》 609下
明来暗往《めいらいあ…》 612下
暇 応接不暇《おうせつふか》 82下
暉 寸草春暉《すんそうし…》 355上
暖 暖衣飽食《だんいほう…》 3上, 418上
冷暖自知《れいだんじち》 658下
楽 極楽往生《ごくらくお…》 227下
極楽浄土《ごくらくじ…》 227下
極楽蜻蛉《ごくらくと…》 228上
常楽我浄《じょうらく…》 326下
伯楽一顧《はくらくの…》 515上
礼楽刑政《れいがくけ…》 657上
安居楽業《あんきょら…》 8下
王道楽土《おうどうら…》 83上
苦髪楽爪《くがみらく…》 177上
幸災楽禍《こうさいら…》 208下
仁者楽山《じんしゃら…》 338下
知者楽水《ちしゃらく…》 427下
益者三楽《えきしゃさ…》 69上
橘中之楽《きっちゅう…》 145上
喜怒哀楽《きどあいらく》 145上
曲肱之楽《きょっこう…》 165上
君子三楽《くんしのさ…》 182上
自受法楽《じじゅほう…》 274上
寂滅為楽《じゃくめつ…》 292上
先憂後楽《せんゆうこ…》 386上
損者三楽《そんじゃさ…》 401下
抜苦与楽《ばっくよらく》 519上
棄 絶巧棄利《ぜっこうきり》 370下
背信棄義《はいしんきぎ》 504下
自暴自棄《じぼうじき》 288上
業 一業所感《いちごうし…》 22上
自業自得《じごうじとく》 269上
創業守成《そうぎょう…》 389上
安居楽業《あんきょら…》 8下
箕裘之業《ききゅうの…》 137上
経国大業《けいこくの…》 186上
楚 楚越同舟《そえつどう…》 223下
楚材晋用《そざいしん…》 399上
楚囚南冠《そしゅうな…》 399下
肝胆楚越《かんたんそ…》 127下
四面楚歌《しめんそか》 289下
朝秦暮楚《ちょうしん…》 436上
北轅適楚《ほくえんて…》 589下
椿 椿萱並茂《ちんけんへ…》 442上
椽 椽大之筆《てんだいの…》 458下
楊 百歩穿楊《ひゃっぽせ…》 545下
楼 空中楼閣《くうちゅう…》 176下
砂上楼閣《さじょうの…》 249上
白玉楼中《はくぎょく…》 511上
海市蜃楼《かいしんし…》 94上
金殿玉楼《きんでんぎ…》 174上
大廈高楼《たいかこう…》 403下
歳 歳寒三友《さいかんの…》 242上
歳寒松柏《さいかんの…》 242下,

323下
千歳不易《せんざいふ…》 377上
年年歳歳《ねんねんさ…》 501上
鶴寿千歳《かくじゅせ…》 102下
千秋万歳《せんしゅう…》 379上
毀 毀誉褒貶《きよほうへん》 165下
哀毀骨立《あいきこつ…》 1上
廃仏毀釈《はいぶつき…》 506下
名誉毀損《めいよきそん》 612上
殿 金殿玉楼《きんでんぎ…》 174上
滑 滑稽洒脱《こっけいし…》 235下
円転滑脱《えんてんかつ…》 76下
漢 河漢之言《かかんのげん》 100下
梵漢兼挙《ぼんかんけ…》 592下
和魂漢才《わこんかん…》 668下, 669上
没分暁漢《ぼつぶんぎ…》 591上
緑林好漢《りょくりん…》 653上
源 源平藤橘《げんぺいとう…》 200下
開源節流《かいげんせ…》 91下
桐壺源氏《きりつぼげ…》 166下
医食同源《いしょくど…》 18下
飲水思源《いんすいし…》 54下
抜本塞源《ばっぽんそ…》 522上
武陵桃源《ぶりょうと…》 567上
準 規矩準縄《きくじゅん…》 137下
滄 滄海遺珠《そうかいの…》 387下
滄海一粟《そうかいの…》 388上
桑田滄海《そうでんそ…》 394上
溲 牛溲馬勃《ぎゅうしゅう…》 151上
漠 空空漠漠《くうくうば…》 175上
秋風索漠《しゅうふう…》 302上
溥 溥天率土《ふてんそっと》 564下
滅 滅茶滅茶《めちゃめちゃ》 613上
滅私奉公《めっしほう…》 582下
寂滅為楽《じゃくめつ…》 292上
生滅滅已《しょうめつ…》 325下
陰陰滅滅《いんいんめ…》 51下
灰身滅智《けしんめっち》 191下
支離滅裂《しりめつれつ》 332下
心頭滅却《しんとうめ…》 345下
是生滅法《ぜしょうめ…》 368上
大義滅親《たいぎめっ…》 405下
生者必滅《しょうじゃ…》 318上
生住異滅《しょうじゅ…》 318上
畢竟寂滅《ひっきょう…》 536下
不朽不滅《ふきゅうふ…》 556下
兵強則滅《へいきょう…》 573下
霊魂不滅《れいこんふ…》 658上
溶 溶溶漾漾《ようようよ…》 636上
煙 煙霞痼疾《えんかのこ…》 72下
雲煙過眼《うんえんか…》 62下
雲煙飛動《うんえんひ…》 62下
硝煙弾雨《しょうえん…》 314上
煥 才気煥発《さいきかん…》 242下
照 照猫画虎《しょうびょ…》 324下
脚下照顧《きゃっかし…》 148上
回光返照《かいこうへ…》 92下
肝胆相照《かんたんそ…》 127上
光明遍照《こうみょう…》 220上
破鏡不照《はきょうふ…》 508下
煩 客塵煩悩《きゃくじん…》 147下
百八煩悩《ひゃくはち…》 542下
爺 阿爺下頷《あやのあが…》 7下
牒 最後通牒《さいごつう…》 243上
献 借花献仏《しゃっかけ…》 294上
猷 謨猷籌画《ぼゆうちゅ…》 592上
猿 猿猴取月《えんこうし…》 74下
窮猿投林《きゅうえん…》 148下
犬猿之仲《けんえんの…》 193下
母猿断腸《ぼえんだん…》 423上
意馬心猿《いばしんえん》 48下
獅 獅子搏兎《ししはくと》 272下
獅子奮迅《ししふんじん》 273上
瑕 白璧微瑕《はくへきの…》 514下
瑟 琴瑟相和《きんしつそ…》 171上
瑶 瑶林瓊樹《ようりんけ…》 636上
痼 煙霞痼疾《えんかのこ…》 72下
瘁 鞠躬尽瘁《きっきゅう…》 144上
痴 痴心妄想《ちしんもう…》 428上
方向音痴《ほうこうおん…》 582下
盟 盟神探湯《めいしんた…》 610上
海誓山盟《かいせいさ…》 95下
城下之盟《じょうかの…》 315上
睚 睚眥之怨《がいさいの…》 93上
睢 暴戻恣睢《ぼうれいしき》 589上
睡 半醒半睡《はんせいは…》 527下
睛 画竜点睛《がりょうて…》 117上
碍 融通無碍《ゆうずうむげ》 627下
碁 相碁井目《あいごせい…》 2上
禁 殺生禁断《せっしょう…》 371下
女人禁制《にょにんき…》 497下
党錮之禁《とうこのきん》 468上
入境問禁《にゅうきょう…》 496下
禍 禍福倚伏《かふくいふく》 114下
禍福糾纆《かふくきゅ…》 115上
禍福無門《かふくむもん》 115上
転禍為福《てんかいふく》 453上
吉凶禍福《きっきょう…》 144下
幸災楽禍《こうさいら…》 208下
党錮之禍《とうこのか》 468上
禅 禅譲放伐《ぜんじょう…》 379下
暗証禅師《あんしょう…》 9下
福 福徳円満《ふくとくえ…》 558上
禍福倚伏《かふくいふく》 114下
禍福糾纆《かふくきゅ…》 115上
禍福無門《かふくむもん》 115上
百福荘厳《ひゃくふく…》 543上
吉凶禍福《きっきょう…》 144下
除災招福《じょさいし…》 328下
転禍為福《てんかいふく》 453上
禽 禽困覆車《きんこんふ…》 170下
禽獣夷狄《きんじゅう…》 171下
良禽択木《りょうきん…》 647下
窟 狡兎三窟《こうとさん…》 217上
罪 無罪放免《むざいほう…》 602上
越俎之罪《えっそのつみ》 71上
暴言多罪《ぼうげんた…》 582上
節 節哀順変《せつあいじ…》 369上
節衣縮食《せついしゅ…》 369下
蹈節死義《とうせつしぎ》 470下
開源節流《かいげんせ…》 91下
衣食礼節《いしょくれ…》 18下
箕山之節《きざんのせつ》 140上
勁草之節《けいそうの…》 187下
枝葉末節《しようまっ…》 325上
時世時節《ときよじせつ》 477上
盤根錯節《ばんこんさ…》 525下
卑躬屈節《ひきゅうく…》 532下
粱 膏粱子弟《こうりょう…》 221下
練 練裳竹笥《しょしょう…》 329上
続 狗尾続貂《くびぞくちょ…》 180上
断鶴続鳧《だんかくぞ…》 418下
綈 綈袍恋恋《ていほうれ…》 447上
義 義理一遍《ぎりいっぺん》 166下
先義後利《せんぎこうり》 374上
大義名分《たいぎめい…》 405上
大義滅親《たいぎめっ…》 405下
事大主義《じだいしゅぎ》 278上
従容就義《しょうようじゅ…》 326上
断章取義《だんしょう…》 421上

敵本主義《てきほんし…》 449上
桃園結義《とうえんけ…》 464下
蹈節死義《とうせつしぎ》 470下
背信棄義《はいしんきぎ》 504下
微言大義《びげんたいぎ》 533下
忘恩負義《ぼうおんふぎ》 580下
望文生義《ぼうぶんせい…》 587上
群 群蟻付羶《ぐんぎふせん》 181上
群軽折軸《ぐんけいせ…》 181下
群雄割拠《ぐんゆうかっ…》 183下
群竜無首《ぐんりょう…》 183下
鶏群一鶴《けいぐんの…》 185下
邑犬群吠《ゆうけんぐ…》 625上
羨 臨淵羨魚《りんえんせ…》 654上
聖 聖衆来迎《しょうじゅ…》 318下
聖人君子《せいじんく…》 360下
聖読庸行《せいどくよ…》 363下
清聖濁賢《せいせいだ…》 361上
凡聖一如《ぼんしょう…》 593上
廓然無聖《かくねんむ…》 103下
肆 屠羊之肆《とようのし》 487上
腎 肝腎肝文《かんじんか…》 125上
腸 断腸之思《だんちょう…》 422下
羊腸小径《ようちょう…》 635上
錦心繡腸《きんしんし…》 173上
鉄心石腸《てっしんせ…》 449下
腹 腹八分目《はらはちぶ…》 523下
腹心之臣《ふくしんの…》 557下
鼓腹撃壌《こふくげき…》 237上
心腹之疾《しんぷくの…》 346上
捧腹絶倒《ほうふくぜ…》 586下
口蜜腹剣《こうみつふ…》 219下
面従腹背《めんじゅう…》 614上
飲河満腹《いんかまん…》 52上
含哺鼓腹《がんぽこふく》 132上
長鞭馬腹《ちょうべん…》 438下
蜒 蜿蜒長蛇《えんえんち…》 72上
蛾 宛転蛾眉《えんてんがび》 77上
紅粉青蛾《こうふんせ…》 218上
蜀 蜀犬吠日《しょっけん…》 330下
得隴望蜀《とくろうぼ…》 482上
蜃 海市蜃楼《かいしし…》 94上
裘 箕裘之業《ききゅうの…》 137上
軽裘肥馬《けいきゅう…》 185上
狐裘羔袖《こきゅうこう…》 224下
羊裘垂釣《ようきゅう…》 632上
晏嬰狐裘《あんえいの…》 8上
裏 衣裏繫珠《えりけいしゅ》 72上
甕裏醯鶏《おうりのけ…》 84下
表裏一体《ひょうりい…》 547下
皮裏陽秋《ひりのよう…》 548上
綿裏包針《めんりほう…》 615下
裾 馬牛襟裾《ばぎゅうき…》 508上
褄 機嫌気褄《きげんきづま》 138上
褐 被褐懐玉《ひかつかい…》 531下
舜 禹行舜趨《うこうしゅ…》 57下
尭鼓舜木《ぎょうこし…》 156下
尭風舜雨《ぎょうふう…》 159下
解 解衣推食《かいいすい…》 89上, 173下
解甲帰田《かいこうき…》 92上
解語之花《かいごのはな》 92下
東風解凍《とうふうか…》 473上
杯酒解怨《はいしゅか…》 504上
一知半解《いっちはん…》 43上
大惑不解《たいわくふ…》 413上
土崩瓦解《どほうがかい》 486上
破天荒解《はてんこう…》 522下
氷消瓦解《ひょうしょう…》 546上
妄談臆解《もうだんおく…》 616下
触 触手生春《しょくしゅ…》 429下
一触即発《いっしょく…》 39下
羝羊触藩《ていようし…》 447下
鎧袖一触《がいしゅう…》 94上
詭 詭計多端《きけいたたん》 137下
陰謀詭計《いんぼうき…》 55下
誇 誇大妄想《こだいもう…》 234下
詩 詩歌管弦《しいかかん…》 263下
琴棋詩酒《きんきししゅ》 169上
杜黙詩撰《ともくしさん》 487上
七歩之詩《しちほのし》 280下
無声之詩《むせいのし》 603下
試 試行錯誤《しこうさくご》 269上
詵 螽斯詵詵《しゅうしし…》 298上
誠 誠心誠意《せいしんせ…》 360下
開心見誠《かいしんけ…》 95上
誅 口誅筆伐《こうちゅう…》 215上
苛斂誅求《かれんちゅ…》 118上
誉 毀誉褒貶《きよほうへん》 165下
名誉毀損《めいよきそん》 612上
名誉挽回《めいよばん…》 612下
出藍之誉《しゅつらん…》 309下
話 閑話休題《かんわきゅ…》 133上
俗談平話《ぞくだんへ…》 398下
平談俗話《へいだんぞ…》 575上
炉辺談話《ろへんだんわ》 666下
詮 名詮自性《みょうせん…》 598上
豊 豊衣足食《ほういそく…》 579上
豊年満作《ほうねんま…》 586上
五穀豊穣《ごこくほう…》 230上
資 師資相承《ししそうじ…》 271下
天資英明《てんしえい…》 456上
傭書自資《ようしょじし》 633下
賊 乱臣賊子《らんしんぞ…》 640下
白波之賊《はくはのぞく》 513下
跫 空谷跫音《くうこくの…》 175上
跡 人跡未踏《じんせきみ…》 343上
名所旧跡《めいしょき…》 610上
践 実践躬行《じっせんき…》 283上
跳 跳梁跋扈《ちょうりょう…》 81上, 440上
路 一路平安《いちろへい…》 32下
異路同帰《いろどうき》 51上
岐路亡羊《きろぼうよう》 413下
当路之人《とうろのひと》 476下
半路出家《はんろしゅ…》 530上
理路整然《りろせいぜん》 653下
安宅正路《あんたくせ…》 10上
豺狼当路《さいろうと…》 246下
真実一路《しんじつい…》 337上
人生行路《じんせいこ…》 342上
載 載舟覆舟《さいしゅう…》 244下
載籍浩瀚《さいせきこ…》 246上
車載斗量《しゃさいと…》 292上
千載一遇《せんざいい…》 376下
遺臭万載《いしゅうば…》 17下
天覆地載《てんぷうち…》 462下
辟 放辟邪侈《ほうへきじ…》 587上
辞 美辞麗句《びじれいく》 534下
外交辞令《がいこうじ…》 92上
班女辞輦《はんじょじ…》 527上
片言隻辞《へんげんせ…》 577上
農 半農半漁《はんのうは…》 528上
鉛 鉛刀一割《えんとうい…》 77上
鉄 鉄心石腸《てっしんせ…》 449下
鉄中錚錚《てっちゅう…》 450上
寸鉄殺人《すんてつさ…》 355上
点鉄成金《てんてつせ…》 460上
金城鉄壁《きんじょう…》 172上
磨穿鉄硯《ませんてっ…》 595上
鉢 三衣一鉢《さんねいっ…》 260下

【14画】

際 金剛輪際《こんごうり…》 239下
障 五障三従《ごしょうさ…》 232上
慷 悲歌慷慨《ひかこうがい》 531上
悲憤慷慨《ひふんこう…》 539下
慢 傲慢無礼《ごうまんぶ…》 219上
強情我慢《ごうじょう…》 211上
憎 怨憎会苦《おんぞうえく》 87下
摧 蘭摧玉折《らんさいぎ…》 640上
摘 尋章摘句《じんしょう…》 339下
慇 慇懃無礼《いんぎんぶ…》 53上
態 旧態依然《きゅうたい…》 152上
変態百出《へんたいひ…》 577下
千姿万態《せんしばん…》 378上
截 直截簡明《ちょくせつ…》 440下
敲 月下推敲《げっかすい…》 192上
旗 旗鼓相当《きこそうとう》 139上
旗幟鮮明《きしせんめい》 140上
暢 南洽北暢《なんこうほ…》 492下
暮 暮色蒼然《ぼしょくそ…》 590下
遅暮之嘆《ちぼのたん》 429上
朝雲暮雨《ちょううん…》 432下
朝三暮四《ちょうさん…》 434上
朝参暮請《ちょうさん…》 434上
朝秦暮楚《ちょうしん…》 436上
朝齏暮塩《ちょうせい…》 436上
朝蠅暮蚊《ちょうよう…》 439上
朝令暮改《ちょうれい…》 440上
暦 山中暦日《さんちゅう…》 259下
槍 単槍匹馬《たんそうひ…》 422上
槃 涅槃寂静《ねはんじゃ…》 500上
模 曖昧模糊《あいまいもこ》 2下
暗中模索《あんちゅう…》 10下
様 尋常一様《じんじょう…》 339上
歌 高歌放吟《こうかほう…》 204下
詩歌管弦《しいかかん…》 263下
悲歌慷慨《ひかこうがい》 531上
放歌高吟《ほうかこう…》 580下
撃壌之歌《げきじょう…》 237上
四面楚歌《しめんそか》 289下
歴 故事来歴《こじらいれき》 233上
演 自作自演《じさくじえん》 270下
漁 漁夫之利《ぎょふのり》 165上, 463上
渭浜漁父《いひんのぎ…》 49上
半農半漁《はんのうは…》 528上
漸 漸入佳境《ぜんにゅう…》 384下
漱 漱石枕流《そうせきち…》 194下, 393下
滴 滴水成氷《てきすいせ…》 448下, 449上
滴水嫡凍《てきすいて…》 449上
点滴穿石《てんてきせ…》 459下
漫 漫言放語《まんげんほ…》 596上
天真爛漫《てんしんら…》 457下
漾 溶溶漾漾《ようようよう…》 636上
漓 淋漓尽致《りんりじんち》 656上
墨痕淋漓《ぼっこんり…》 591上
漏 有漏無漏《うろむろ》 62上
煽 教唆煽動《きょうさせ…》 157上
熊 熊虎之士《ゆうこのし》 625下
爾 爾汝之交《じじょのこう》 275下
獄 党錮之獄《とうこのごく》 468上
八大地獄《はちだいじ…》 517下
無間地獄《むけんじごく》 601上
疑 疑城胎宮《ぎじょうた…》 141上
疑心暗鬼《ぎしんあんき》 142上, 506上
狐疑逡巡《こぎしゅん…》 224上
遅疑逡巡《ちぎしゅん…》 424上
夏虫疑氷《かちゅうぎ…》 108下
半信半疑《はんしんは…》 527上
碩 碩学大儒《せきがくた…》 365下
碧 一碧万頃《いっぺきば…》 47上
紅毛碧眼《こうもうへ…》 220下
小家碧玉《しょうかの…》 315上
稗 稗官野史《はいかんやし》 503上
穀 五穀豊穣《ごこくほう…》 230上
種 種種雑多《しゅじゅざ…》 306上
八十種好《はちじっし…》 257上
同文同種《どうぶんど…》 473下
稲 稲麻竹葦《とうまちくい》 474下
竪 竪眼横眉《じゅがんお…》 83下
横説竪説《おうせつじ…》 82下
竭 甘井先竭《かんせいせ…》 126上
端 異端邪説《いたんじゃ…》 19下
百端待挙《ひゃくたん…》 542上
容姿端麗《ようした…》 633上
詭計多端《きけいたたん》 137下
首鼠両端《しゅそりょ…》 307下
千緒万端《せんしょば…》 380上
多事多端《たじたたん》 415下
中途半端《ちゅうとは…》 431下
罰 一罰百戒《いちばつひ…》 27上
天罰覿面《てんばつて…》 462下
信賞必罰《しんしょう…》 340上
箇 箇箇円成《ここえんじ…》 499上
管 管中窺天《かんちゅう…》 128下
管鮑之交《かんぽうの…》 131下
只管打坐《しかんたざ》 266上
双管斉下《そうかんせ…》 388下
用管窺天《ようかんき…》 631下
詩歌管弦《しいかかん…》 263下
手練手管《てれんてくだ》 451下
箝 箝口結舌《かんこうけ…》 122上
箕 箕裘之業《ききゅうの…》 137上
箕山之志《きざんのこ…》 139下
頭会箕斂《とうかいき…》 465上
算 無理算段《むりさんだん》 607下
神機妙算《しんきみょ…》 335上
精 精進潔斎《しょうじん…》 320下
精衛填海《せいえいて…》 356下
精金良玉《せいきんり…》 357下
精神一到《せいしんい…》 360上
精神統一《せいしんと…》 360下
精疲力尽《せいひりき…》 364上
精力絶倫《せいりょく…》 364下
精励恪勤《せいれいか…》 365上
維 維摩一黙《ゆいまのい…》 624上
進退維谷《しんたいい…》 343下
綺 狂言綺語《きょうげん…》 156上
綱 綱紀粛正《こうきしゅ…》 205下
綱紀廃弛《こうきはいし》 206上
三綱五常《さんこうご…》 252下
綽 余裕綽綽《よゆうしゃ…》 637下
緒 情緒纏綿《じょうちょ…》 322下
千緒万端《せんしょば…》 380上
異国情緒《いこくじょ…》 16下
綻 破綻百出《はたんひゃ…》 517上
皮開肉綻《ひかいにく…》 530下
綢 桑土綢繆《そうどちゅ…》 394下
綿 綿裏包針《めんりほう…》 615下
瓜瓞綿綿《かてつめん…》 113上
縷縷綿綿《るるめんめん》 657上
情緒纏綿《じょうちょ…》 322下
網 網目不失《もうもくふ…》 617上
一網打尽《いちもうだ…》 29上
魚網鴻離《ぎょもうこ…》 166上
天網恢恢《てんもうか…》 464上
綾 綾羅錦繡《りょうらき…》 652下
緑 緑葉成陰《りょくよう…》 653上
緑林好漢《りょくりん…》 653上

緑林白波《りょくりん…》 653下
万緑一紅《ばんりょく…》 530上
柳緑花紅《りゅうりょ…》 646下
紅灯緑酒《こうとうり…》 216下
桃紅柳緑《とうこうり…》 467下
紛紅駭緑《ふんこうが…》 568下
練 手練手管《てれんてくだ》 451下
翠 翠帳紅閨《すいちょう…》 352上
聚 聚蚊成雷《しゅうぶん…》 181下, 302下
聚斂之臣《しゅうれん…》 304上, 479上
聡 師曠之聡《しこうのそう》 269下
世智弁聡《せちべんそう》 369上
聞 聞風喪胆《ぶんぷうそ…》 571上
寡聞少見《かぶんしょ…》 116上
見聞覚知《けんもんか…》 201下
声聞過情《せいぶんか…》 364下
朝聞夕死《ちょうぶん…》 438上
博聞強記《はくぶんき…》 515下
百聞一見《ひゃくぶん…》 543上
不聞不問《ふぶんふもん》 565下
名聞利養《みょうもん…》 598下
令聞令望《れいぶんれ…》 659上
孤陋寡聞《ころうかぶん》 239上
前代未聞《ぜんだいみ…》 382上
如是我聞《にょぜがもん》 497下
膏 膏肓之疾《こうこうの…》 207上
膏粱子弟《こうりょう…》 221下
内股膏薬《うちまたご…》 59下
膜 虚実皮膜《きょじつひ…》 163下
蜿 蜿蜿長蛇《えんえんち…》 72上
蜻 極楽蜻蛉《ごくらくと…》 228上
蜚 流言蜚語《りゅうげん…》 645上
蜜 口蜜腹剣《こうみつふ…》 219下
甜言蜜語《てんげんみ…》 454下
六波羅蜜《ろくはらみ…》 665下
裳 霓裳羽衣《げいしょう…》 186下
練裳竹筒《しょしょう…》 329上
製 粗製濫造《そせいらん…》 400下
褌 緊褌一番《きんこんい…》 170下
複 複雑怪奇《ふくざつか…》 557上
複雑多岐《ふくざつたき》 557上
誨 誨盗誨淫《かいとうか…》 97下
語 解語之花《かいごのはな》 92下
言語道断《ごんごどう…》 240上
鳥語花香《ちょうごか…》 434上
街談巷語《がいだんこ…》 96上
狂言綺語《きょうげん…》 156上
沙中偶語《さちゅうぐ…》 249上
斉東野語《せいとうやご》 363上
千言万語《せんげんば…》 375下
大言壮語《たいげんそ…》 406下
甜言蜜語《てんげんみ…》 454下
風言風語《ふうげんふ…》 551上
不言不語《ふげんふご》 559上
平談俗語《へいだんぞ…》 575上
片言隻語《へんげんせ…》 577上
漫言放語《まんげんほ…》 596上
雍也論語《ようやろんご》 635下
流言蜚語《りゅうげん…》 645上
和顔愛語《わがんあいご》 667下
誤 試行錯誤《しこうさくご》 269上
時代錯誤《じだいさくご》 277下
誦 誦文法師《じゅもんの…》 619下
昼耕夜誦《ちゅうこう…》 430下
誓 海誓山盟《かいせいさ…》 95下
四弘誓願《しぐぜいがん》 268上
帯礪之誓《たいれいの…》 412下
説 横説竪説《おうせつじ…》 82下
諸説紛紛《しょせつふ…》 329下
対機説法《たいきせっ…》 404下
夢中説夢《むちゅうせ…》 604下
異端邪説《いたんじゃ…》 19下
一字不説《いちじふせつ》 24上
郢書燕説《えいしょえ…》 67下
街談巷説《がいだんこ…》 96下
巷談俗説《こうだんぞ…》 214上
高論卓説《こうろんた…》 222上
成事不説《せいじふせつ》 359下
長短之説《ちょうたん…》 436下
道聴塗説《どうちょう…》 471下
読 読書三到《どくしょさ…》 479上
読書三昧《どくしょざ…》 479下
読書三余《どくしょさ…》 479下
読書尚友《どくしょし…》 480上
読書百遍《どくしょひ…》 480上
読書亡羊《どくしょぼ…》 480下
一読三嘆《いちどくさ…》 39下
熟読玩味《じゅくどく…》 305上
聖読庸行《せいどくよ…》 363下
晴耕雨読《せいこうう…》 358上
認 迷頭認影《めいとうに…》 611下
誘 誘引開導《ゆういんか…》 624上
豨 猪突豨勇《ちょとつき…》 441下
豪 豪華絢爛《ごうかけん…》 204上
豪放磊落《ごうほうら…》 219上
土豪劣紳《どごうれっ…》 482上
気宇雄豪《きうゆうごう》 134上
貌 道貌岸然《どうぼうが…》 474上
容貌魁偉《ようぼうか…》 635下
赫 赫赫之功《かっかくの…》 109下
烈日赫赫《れつじつか…》 659下
趙 完璧帰趙《かんぺきき…》 131下
張王李趙《ちょうおう…》 433上
跼 跼天蹐地《きょくてん…》 162下
輔 脣歯輔車《しんしほしゃ》 337下
酷 残酷非道《ざんこくひ…》 253上
銀 金波銀波《きんぱぎんぱ》 174上
銭 一紙半銭《いっしはん…》 38上
銘 銘肌鏤骨《めいきるこつ》 608下
座右之銘《ざゆうのめ…》 250下
正真正銘《しょうしん…》 321上
閣 捨閉閣抛《しゃへいか…》 295上
空中楼閣《くうちゅう…》 176下
砂上楼閣《さじょうの…》 249上
関 関関雎鳩《かんかんし…》 120上, 634下
関雎之化《かんしょのか》 124下
抱関撃柝《ほうかんげ…》 581上
陽関三畳《ようかんさ…》 631下
亭主関白《ていしゅか…》 446下
閨 翠帳紅閨《すいちょう…》 352上
閥 門地門閥《もんちもん…》 620下
雑 複雑怪奇《ふくざつか…》 557上
複雑多岐《ふくざつたき》 557上
乱雑無章《らんざつむ…》 640上
悪口雑言《あっこうぞ…》 6上
種種雑多《しゅじゅざ…》 306上
罵詈雑言《ばりぞうごん》 524上
静 虚静恬淡《きょせいて…》 164上
敦篤虚静《とんとくき…》 489上
涅槃寂静《ねはんじゃ…》 500上
頗 廉頗負荊《れんぱふけい》 495上
贔屓偏頗《ひいきへんぱ》 530下
領 本領安堵《ほんりょう…》 594上
不得要領《ふとくよう…》 564下
颯 英姿颯爽《えいしさっ…》 67上
飴 含飴弄孫《がんいろう…》 118下
駆 並駕斉駆《へいがせいく》 573下
駄 韋駄天走《いだてんそう》 19上

駁 甲論乙駁《こうろんお…》 222上
髪 一髪千鈞《いっぱつせ…》 45下
苦髪楽爪《くがみらく…》 177上
剃髪落飾《ていはつら…》 447上
怒髪衝天《どはつしょ…》 485下
被髪左衽《ひはつさじん》 539上
身体髪膚《しんたいは…》 343下
間不容髪《かんふよう…》 130下
危機一髪《ききいっぱつ》 136上
青山一髪《せいざんい…》 358下
九十九髪《つくもがみ》 444下
剃頭弁髪《ていとうべ…》 446下
吐哺捉髪《とほそくはつ》 486上
尨眉皓髪《ぼうびこう…》 586下
髯 水天髯鬚《すいてんほ…》 352上
魁 容貌魁偉《ようぼうか…》 635下
百花之魁《ひゃっかの…》 544下
魂 魂飛魄散《こんぴはく…》 241上，282上
士魂商才《しこんしょ…》 270下
失魂落魄《しっこんら…》 282上
霊魂不滅《れいこんふ…》 658上
和魂漢才《わこんかん…》 668下
和魂洋才《わこんよう…》 668下
一球入魂《いっきゅう…》 34下
鳶 鳶飛魚躍《えんびぎょ…》 78上
鳳 鳳凰在笯《ほうおうざ…》 580上
両鳳連飛《りょうほう…》 652上
麟鳳亀竜《りんほうき…》 655下
伏竜鳳雛《ふくりょう…》 558下
竜駒鳳雛《りょうくほ…》 648上
竜飛鳳舞《りょうひほ…》 652上
麟角鳳嘴《りんかくほ…》 654上
麟子鳳雛《りんしほう…》 655上
攀竜附鳳《はんりょう…》 529下
鳴 蛙鳴蟬噪《あめいせん…》 7上
鶴鳴之士《かくめいのし》 104上
鶏鳴狗盗《けいめいく…》 190上
鶏鳴之助《けいめいの…》 190上
鹿鳴之宴《ろくめいの…》 665下
驢鳴犬吠《ろめいけん…》 666下
一牛鳴地《いちぎゅう…》 21上
大山鳴動《たいざんめ…》 408上
瓦釜雷鳴《がふらいめい》 115下
鴻雁哀鳴《こうがんあ…》 205上
百家争鳴《ひゃっかそ…》 544上
鼻 鼻先思案《はなさきし…》 502下
阿鼻叫喚《あびきょう…》 6下
阿鼻地獄《あびじごく》 601下

【15画】

億 十万億土《じゅうまん…》 303上
儀 儀同三司《ぎどうさんし》 145下
他人行儀《たにんぎょ…》 417下
凜 寒気凜冽《かんきりん…》 121下
勇気凜凜《ゆうきりん…》 624下
劈 開巻劈頭《かいかんへ…》 90上
劉 劉寛温恕《りゅうかん…》 644上
勳 位階勳等《いかいくん…》 12下
器 器用貧乏《きようびん…》 159上，234上
大器小用《たいきしょ…》 404下
大器晩成《たいきばん…》 405上
大道不器《たいどうふき》 411上
風雲之器《ふううんのき》 550上
有坐之器《ゆうざのき》 626上
廊廟之器《ろうびょう…》 663下
嘴 紅嘴白牙《こうしはくが》 207下
麟角鳳嘴《りんかくほ…》 654上
噌 三年味噌《さんねんみそ》 261上
手前味噌《てまえみそ》 451下
嘲 冷嘲熱諷《れいちょう…》 658下
墳 墳墓之地《ふんぼのち》 572下
嬉 文恬武嬉《ぶんてんぶき》 571上
導 誘引開導《ゆういんか…》 624上
履 履霜之戒《りそうのかい》 643上
冠履倒易《かんりとう…》 132下
隻履西帰《せきりせいき》 368上
葛屨履霜《かっくりそう》 110下
削足適履《さくそくて…》 247下
幟 旗幟鮮明《きしせんめい》 140上
廟 宗廟社稷《そうびょう…》 395上
廊廟之器《ろうびょう…》 663下
弊 弊衣破帽《へいいはぼう》 573上
影 影駭響震《えいがいき…》 66下
形影相弔《けいえいそ…》 184上
形影不離《けいえいふり》 184上
孤影悄然《こえいしょ…》 223上
匿影蔵形《とくえいぞ…》 478上
吠影吠声《はいえいは…》 502下
無影無踪《むえいむそう》 600上
電光影裡《でんこうえ…》 455上
暗香疎影《あんこうそ…》 8下
繫風捕影《けいふうほ…》 189下
刀光剣影《とうこうけ…》 467下
杯中蛇影《はいちゅう…》 506上
夢幻泡影《むげんほう…》 601下
迷頭認影《めいとうに…》 611下
徹 徹頭徹尾《てっとうて…》 450上
大悟徹底《たいごてっ…》 407上
頑固一徹《がんこいっ…》 122上
初志貫徹《しょしかん…》 328下
蔵 蔵頭露尾《ぞうとうろび》 394上
三蔵法師《さんぞうほ…》 259上
多蔵厚亡《たぞうこう…》 416下
山藪蔵疾《さんそうぞ…》 258下
匿影蔵形《とくえいぞ…》 478上
鳥尽弓蔵《ちょうじん…》 435上
用行舎蔵《ようこうし…》 632下
蕉 蕉鹿之夢《しょうろく…》 327下
蕊 浮花浪蕊《ふかろうずい》 556上
蕩 放蕩不羈《ほうとうふき》 586上
放蕩無頼《ほうとうぶ…》 586上
春風駘蕩《しゅんぷう…》 312下
遺 遺憾千万《いかんせん…》 13上，317下，566下
遺臭万載《いしゅうば…》 17下
拾遺補闕《しゅういほ…》 295上
鄒魯遺風《すうろのい…》 353下
滄海遺珠《そうかいの…》 387下
養虎遺患《ようこいかん》 632下
選 自然選択《しぜんせん…》 277上
取捨選択《しゅしゃせ…》 305下
二者選一《にしゃせん…》 495上
遷 孟母三遷《もうぼさん…》 616下
遼 遼東之豕《りょうとう…》 651上
前途遼遠《ぜんとりょ…》 383下
鄲 邯鄲之歩《かんたんのほ》 127下
邯鄲之夢《かんたんの…》 128上
鄭 鄭衛之音《ていえいの…》 445下
憤 発憤興起《はっぷんこ…》 521下
発憤忘食《はっぷんぼ…》 521下
悲憤慷慨《ひふんこう…》 539下
憐 純情可憐《じゅんじょ…》 312上
同病相憐《どうびょう…》 472下
撞 自家撞着《じかどうち…》 265下
矛盾撞着《むじゅんど…》 603上
撰 杜黙詩撰《ともくしさ…》 487上
撓 不撓不屈《ふとうふくつ》 564下
独立不撓《どくりつふ…》 481下

百折不撓《ひゃくせつ…》 541上
撥 撥乱反正《はつらんは…》 522下
活撥撥地《かっぱつは…》 112下
撲 一人相撲《ひとりずもう》 538上
撈 海底撈月《かいていろ…》 97上
大海撈針《たいかいろ…》 403上
慧 慧可断臂《えかだんぴ》 68下, 615上
慶 積善余慶《せきぜんの…》 366上
慙 破戒無慙《はかいむざん》 507下
放佚無慙《ほういつむ…》 579上
憂 先憂後楽《せんゆうこ…》 386上
内憂外患《ないゆうが…》 490下
忘憂之物《ぼうゆうの…》 588上
一喜一憂《いっきいち…》 33下
遠慮近憂《えんりょき…》 79下
杞人之憂《きじんのゆう》 142下
後顧之憂《こうこのゆう》 207下
高枕無憂《こうちんむ…》 215上
采薪之憂《さいしんの…》 245下
蕭牆之憂《しょうしょ…》 319上
仁者不憂《じんしゃふ…》 338上
慮 遠慮会釈《えんりょえ…》 79下
遠慮近憂《えんりょき…》 79下
熟慮断行《じゅくりょ…》 305下
思慮分別《しりょふん…》 332下
千慮一失《せんりょの…》 386下
千慮一得《せんりょの…》 178下
焦心苦慮《しょうしん…》 320下
深謀遠慮《しんぼうえ…》 346下
百術千慮《ひゃくじゅ…》 540下
戯 戯作三昧《げさくざん…》 191上
遊戯三昧《ゆげざんまい》 630上
戮 同心戮力《どうしんり…》 470下
撃 各個撃破《かっこげきは》 110下
鼓腹撃壌《こふくげき…》 237上
抱関撃柝《ほうかんげ…》 581上
肩摩轂撃《けんまこく…》 201上
先制攻撃《せんせいこ…》 381上
摩 肩摩轂撃《けんまこく…》 201上
揣摩憶測《しまおくそく》 289上
維摩一黙《ゆいまいち…》 624上
僧伽藍摩《そうぎゃら…》 389上
敵 敵情視察《てきじょうし…》 448下
敵本主義《てきほんし…》 449上
怨敵退散《おんてきた…》 87下
衆寡不敵《しゅうかふ…》 296上
大胆不敵《だいたんふ…》 410下
油断大敵《ゆだんたい…》 630下
敷 蕭敷艾栄《しょうふが…》 640上
天井桟敷《てんじょう…》 456下
暴 暴飲暴食《ぼういんぼ…》 579下
暴言多罪《ぼうげんた…》 582上
暴虎馮河《ぼうこひょ…》 582下
暴戻恣睢《ぼうれいしき》 589上
一暴十寒《いちばくじ…》 27上
自暴自棄《じぼうじき》 288上
乱暴狼藉《らんぼうろ…》 641上
横 横行闊歩《おうこうか…》 80下
横行跋扈《おうこうば…》 81上, 81上
横説竪説《おうせつじ…》 82下
横眉怒目《おうびどもく》 83下
縦横無尽《じゅうおう…》 295下
老気横秋《ろうきおう…》 660下
奇策縦横《きさくじゅ…》 139下
機略縦横《きりゃくじ…》 167上
槿 槿花一日《きんかいち…》 168下
権 権謀術数《けんぼうじ…》 128上, 200下
開権顕実《かいごんけ…》 93上
人権蹂躪《じんけんじ…》 335下
標 標新立異《ひょうしん…》 546下
歓 歓天喜地《かんてんきち》 128下
悲歓離合《ひかんりごう》 532下
菽水之歓《しゅくすい…》 305上
毅 剛毅果断《ごうきかだん》 205下
剛毅木訥《ごうきぼく…》 206下
漿 簞食壺漿《たんしこし…》 420下
潰 螻蟻潰堤《ろうぎかい…》 660下
澆 澆季末世《ぎょうきま…》 155下
潔 精進潔斎《しょうじん…》 320下
清廉潔白《せいれんけ…》 365上
潜 戢鱗潜翼《しゅうりん…》 304上
潑 活潑潑地《かっぱつは…》 112下
熟 熟読玩味《じゅくどく…》 305上
熟慮断行《じゅくりょ…》 305下
熱 冷嘲熱諷《れいちょう…》 658下
趨炎付熱《すうえんふ…》 353下
頭寒足熱《ずかんそく…》 353下
牖 甕牖縄枢《おうゆう…》 84上
鑿窓啓牖《さくそうけ…》 247上
璋 弄璋之喜《ろうしょう…》 661下
瘡 百孔千瘡《ひゃっこう…》 545上
瘦 馬瘦毛長《ばそうもう…》 517上
長身瘦軀《ちょうしん…》 435下
盤 盤根錯節《ばんこんさ…》 525下
大盤振舞《おおばんぶ…》 83上
杯盤狼藉《はいばんろ…》 506上
確 確乎不抜《かっこふばつ》 111上
磋 切磋琢磨《せっさたくま》 370下
磊 磊磊落落《らいらいら…》 638上
豪放磊落《ごうほうら…》 219上
稽 会稽之恥《かいけいの…》 90下
滑稽洒脱《こっけいし…》 235下
無稽之言《むけいのげん》 601上
荒唐無稽《こうとうむ…》 216上
稷 社稷之臣《しゃしょく…》 293上
宗廟社稷《そうびょう…》 395上
窮 窮猿投林《きゅうえん…》 148下
窮愁著書《きゅうしゅ…》 150下
窮鼠噛猫《きゅうそご…》 148下, 151下
窮鳥入懐《きゅうちょ…》 152下
窮余一策《きゅうよの…》 154上
居敬窮理《きょけいき…》 163上
長者窮子《ちょうじゃ…》 434下
永永無窮《えいえいむ…》 66上
多言数窮《たげんすう…》 414下
天壌無窮《てんじょう…》 457上
罵 罵詈讒謗《ばりざんぼう》 524上
罵詈雑言《ばりぞうごん》 524上
悪口罵詈《あっくめり》 6下
箭 暗箭傷人《あんせんし…》 10上
一箭双雕《いっせんそ…》 42下
光陰如箭《こういんじ…》 203上
篆 彫虫篆刻《ちょうちゅ…》 436下
範 洪範九疇《こうはんき…》 217下
率先垂範《そっせんす…》 401上
篇 千篇一律《せんぺんい…》 385上
斗酒百篇《としゅひゃ…》 483下
糊 曖昧模糊《あいまいもこ》 2下
縁 縁木求魚《えんぼくき…》 78下
合縁奇縁《あいえんき…》 1上
十二因縁《じゅうにい…》 300上
他生之縁《たしょうの…》 416上
緩 緩急自在《かんきゅう…》 120下
一旦緩急《いったんか…》 42下
緊 緊褌一番《きんこんい…》 170下
縄 自縄自縛《じじょうじ…》 274下
甕牖縄枢《おうゆうじ…》 84上

規矩準縄《きくじゅん…》 137下
編 韋編三絶《いへんさん…》 50上
緲 神韻縹緲《しんいんひょ…》 334上
翬 鳥革翬飛《ちょうかく…》 433上
翦 翦草除根《せんそうじ…》 381下
膝 平伏膝行《へいふくし…》 575上
匍匐膝行《ほふくしっ…》 591下
膚 身体髪膚《しんたいはっ…》 343下
蝸 蝸角之争《かかくのあ…》 99下
蝸牛之庵《かぎゅうの…》 101下
蝶 雄蝶雌蝶《おちょうめ…》 85上
胡蝶之夢《こちょうのゆ…》 235上
衝 意気衝天《いきしょう…》 14上
怒髪衝天《どはつしょ…》 485下
樽俎折衝《そんそせっ…》 402上
褒 一字褒貶《いちじほう…》 24上
毀誉褒貶《きよほうへん》 165下
舞 舞文曲筆《ぶぶんきょ…》 48上, 565上
舞文弄法《ぶぶんろう…》 565下
鼓舞激励《こぶげきれい》 237上
手舞足踏《しゅぶそく…》 310下
馬舞之災《ばぶのさい》 523上
椀飯振舞《おうばんぶ…》 83上
天手古舞《てんてこまい》 459下
竜飛鳳舞《りょうひほ…》 652上
誼 深情厚誼《しんじょう…》 339下
諸 諸悪莫作《しょあくま…》 314上
諸行無常《しょぎょう…》 70下, 90上, 318上, 327下, 532下
諸子百家《しょしひゃ…》 329上
諸説紛紛《しょせつふ…》 329下
諸法無我《しょほうむが》 331上
諸刃之剣《もろはのつ…》 651下
請 不請不請《ふしょうぶ…》 561上
朝参暮請《ちょうさん…》 434上
梵天勧請《ぼんてんか…》 593下
諍 闘諍堅固《とうじょう…》 470上
諾 一諾千金《いちだくせ…》 26上
軽諾寡信《けいだくか…》 188上
唯唯諾諾《いいだくだく》 12上
誕 怪誕不経《かいたんふ…》 96下
談 談虎色変《だんこしき…》 420上
談論風発《だんろんぷ…》 167下, 424上
街談巷語《がいだんこ…》 96上
巷談俗説《こうだんぞ…》 214上
俗談平話《ぞくだんへ…》 398下
平談俗語《へいだんぞ…》 575上
妄談臆解《もうだんお…》 616下
炉辺談話《ろへんだんわ》 666下
耳食之談《じしょくの…》 275上
調 琴瑟調和《きんしつち…》 171上
口不調法《くちぶちょ…》 179上
四大不調《しだいふちょ…》 278上
陳詞濫調《ちんしらん…》 443上
諂 諂上欺下《てんじょう…》 456下
諂佞阿諛《てんねいあゆ》 461上
誹 誹謗中傷《ひぼうちゅ…》 539下
論 論功行賞《ろんこうこ…》 667上
議論百出《ぎろんひゃ…》 167下
甲論乙駁《こうろんお…》 222上
高論卓説《こうろんた…》 222上
談論風発《だんろんぷ…》 424上
三段論法《さんだんろ…》 259下
雍也論語《ようやろんご》 635下
机上之論《きじょうの…》 141下
空理空論《くうりくう…》 176下
風旛之論《ふうはんの…》 553下
放言高論《ほうげんこ…》 582上
賛 自画自賛《じがじさん》 265下
質 質実剛健《しつじつご…》 283上
魚質竜文《ぎょしつりょ…》 164上
文質彬彬《ぶんしつひ…》 569上
羊質虎皮《ようしつこひ》 633上
仙姿玉質《せんしぎょ…》 377下
蒲柳之質《ほりゅうの…》 592上
賞 信賞必罰《しんしょう…》 340上
僭賞濫刑《せんしょう…》 379下
論功行賞《ろんこうこ…》 667上
賤 貴耳賤目《きじせんもく》 140下
賓 入幕之賓《にゅうばく…》 497上
賦 運否天賦《うんぷてんぷ》 65下
趣 低徊趣味《ていかいし…》 445下
踏 手舞足踏《しゅぶそく…》 310下
人跡未踏《じんせきみ…》 343上
前人未踏《ぜんじんみ…》 381上
踪 無影無踪《むえいむそう》 600上
輩 不逞之輩《ふていのや…》 564上
輪 輪廻転生《りんねてん…》 655上
金剛輪際《こんごうりん》 239下
流転輪廻《るてんりんね》 656下
六道輪廻《ろくどうりん》 665上
安車蒲輪《あんしゃほ…》 9上
初転法輪《しょてんぽ…》 330下
輦 班女辞輦《はんじょじ…》 527上
醇 醇風美俗《じゅんぷう…》 313上
鋭 少壮気鋭《しょうそう…》 322上
新進気鋭《しんしんき…》 340下
被堅執鋭《ひけんしつ…》 533上
銷 意気銷沈《いきしょう…》 14上
閭 倚閭之望《いりょのぼう》 51上
震 震天動地《しんてんどう》 345上
影駭響震《えいがいき…》 66下
霊 霊魂不滅《れいこんふ…》 658上
全身全霊《ぜんしんぜ…》 380下
養 養虎遺患《ようこいかん》 632下
養志之孝《ようしのこう》 633下
養生喪死《ようせいそ…》 634上
開眼供養《かいげんく…》 90下
犬馬之養《けんばのよう》 199下
三釜之養《さんぷのよう》 262上
追善供養《ついぜんく…》 444上
名聞利養《みょうもん…》 598下
餓 餓鬼大将《がきだいし…》 100下
餓鬼偏執《がきへんし…》 101上
有財餓鬼《うざいがき》 58下
駕 枉駕来臨《おうがらい…》 80上
並駕斉駆《へいがせいく》 573下
宮車晏駕《きゅうしゃ…》 150下
乗輿車駕《じょうよし…》 326下
駑馬十駕《どばじゅうが》 485下
駒 白駒過隙《はっくかげき》 518下
竜駒鳳雛《りょうくほ…》 648上
轅下之駒《えんかのこま》 73上
駘 春風駘蕩《しゅんぷう…》 312下
駑 駑馬十駕《どばじゅうが》 40上, 485下, 523下
髴 水天髣髴《すいてんほ…》 352上
魄 魂飛魄散《こんぴはく…》 241上
古人糟魄《こじんのそ…》 233上
失魂落魄《しっこんら…》 282上
魅 魑魅魍魎《ちみもうりょう》 429上
魯 魯魚亥豕《ろぎょがいし》 664下
魯般雲梯《ろはんのう…》 666下
鄒魯遺風《すうろのい…》 353下
烏焉魯魚《うえんろぎょ》 56上
鴃 南蛮鴃舌《なんばんげ…》 493下
黙 沈黙寡言《ちんもくか…》 443下
杜黙詩撰《ともくしさ…》 487上

【16画】

見出し	読み	頁
沈思黙考	ちんし…	442下
維摩一黙	ゆいま…	624上

【16画】

見出し	読み	頁
儘 勝手気儘	かって…	112上
儒 章句小儒	しょうく…	315下
碩学大儒	せきがく…	365下
焚書坑儒	ふんしょ…	570上
凝 鳩首凝議	きゅうしゅ…	151上
嘯 嘯風弄月	しょうふう…	325上
噛 後悔噛臍	こうかい…	203下
噪 蛙鳴蟬噪	あめい…	7上
嚆 嚆矢濫觴	こうし…	212上
壊 風俗壊乱	ふうぞく…	553上
金剛不壊	こんごう…	239下
壌 天壌無窮	てんじょう…	457上
鼓腹撃壌	こふく…	237上
壁 穿壁引光	せんぺき…	384下
面壁九年	めんぺき…	615上
家徒四壁	かと…	114上
金城鉄壁	きんじょう…	172上
近所合壁	きんじょ…	172上
断崖絶壁	だんがい…	418下
奮 奮励努力	ふんれい…	573上
艱苦奮闘	かんく…	121下
孤軍奮闘	こぐん…	228下
獅子奮迅	しし…	273上
力戦奮闘	りきせん…	641下
蕭 蕭牆之憂	しょうしょう…	319上
蕭敷艾栄	しょうふ…	640上
環堵蕭然	かんと…	129下
満目蕭然	まんもく…	597下
薪 薪水之労	しんすい…	341下
臥薪嘗胆	がしん…	107上
採薪汲水	さいしん…	245上
采薪之憂	さいしん…	245上
積薪之嘆	せきしん…	366上
抽薪止沸	ちゅうしん…	431下
抱薪救火	ほうしん…	584上
曲突徙薪	きょくとつ…	162下
杯水車薪	はいすい…	505上
釜底抽薪	ふてい…	564上
薄 薄志弱行	はくし…	511上
薄唇軽言	はくしん…	512上
薄利多売	はくり…	515下
軽薄短小	けいはく…	189上

見出し	読み	頁
意志薄弱	いしは…	17上
佳人薄命	かじん…	108上
軽佻浮薄	けいちょう…	188下
皮相浅薄	ひそう…	535下
薬 薬九層倍	くすり…	178下
薬食同源	やくしょく…	18上
薬石無効	やくせき…	621下
薬籠中物	やくろう…	622上
百薬之長	ひゃく…	543下
良薬苦口	りょうやく…	652下
内股膏薬	うちまた…	59下
応病与薬	おうびょう…	83下
薙 薙露蒿里	がいろ…	99上
薑 薑桂之性	きょう…	156上
蕙 蕙莔明珠	けい…	636上
還 衣錦還郷	いきん…	15上
空手還郷	くうしゅ…	175上
避 三舎退避	さんしゃ…	256上
邁 勇往邁進	ゆうおう…	624下
日月逾邁	じつげつ…	282上
天資英邁	てんし…	456上
隣 善隣友好	ぜんりん…	387上
天涯比隣	てんがい…	452下
憶 揣摩憶測	しま…	289下
懈 常備不懈	じょうび…	324上
懐 被褐懐玉	ひかつ…	531下
窮鳥入懐	きゅうちょう…	152下
虚心坦懐	きょしん…	164上
出世本懐	しゅっせ…	309上
憾 遺憾千万	いかん…	13上
儧 意匠惨憺	いしょう…	18上
苦心惨憺	くしん…	178上
撼 撼天動地	かんてん…	158上
擒 擒縦七縦	しちじゅう…	279上
操 操觚之士	そうこ…	390下
志操堅固	しそう…	277上
箕山之操	きざん…	140上
松柏之操	しょうはく…	323上
柏舟之操	はくしゅう…	511下
憊 疲労困憊	ひろう…	548上
整 理路整然	りろ…	653下
曇 曇華一現	どんげ…	487下
機 機会均等	きかい…	134上
機械之心	きかい…	135上
機嫌気褄	きげん…	138上
機略縦横	きりゃく…	167上
応機接物	おうき…	80上

見出し	読み	頁
応機立断	おうき…	80下
危機一髪	きき…	136上
心機一転	しんき…	334下
神機妙算	しんき…	335下
対機説法	たいき…	404下
臨機応変	りんき…	654下
合縁機縁	あいえん…	1上
悪人正機	あくにん…	4下
仔思停機	ちょしん…	441上
橘 橘中之楽	きっちゅう…	145上
南橘北枳	なんきつ…	491下
源平藤橘	げんぺい…	200下
樹 渭樹江雲	いじゅ…	18上
一樹之陰	いちじゅ…	24上
大樹将軍	たいじゅ…	408下
大樹美草	たいじゅ…	409上
風樹之嘆	ふうじゅ…	551下
沙裡双樹	さら…	251上
芝蘭玉樹	しらん…	331下
瑶林瓊樹	ようりん…	636下
樽 樽組折衝	そんそ…	402上
激 鼓舞激励	こぶ…	237上
叱咤激励	しった…	284上
感謝感激	かんしゃ…	124上
濁 清濁併呑	せいだく…	362上
清聖濁賢	せいせい…	361上
内清外濁	ないせい…	489下
澹 意匠惨澹	いしょう…	18上
虚静恬澹	きょせい…	164上
虚無恬澹	きょむ…	165上
苦心惨澹	くしん…	178上
無欲恬澹	むよく…	607上
燕 燕頷虎頸	えんがん…	73上, 229上
燕雁代飛	えんがん…	73下
燕頷投筆	えんがん…	73下
燕雀鴻鵠	えんじゃく…	75上, 84下
燕雀相賀	えんじゃく…	76上, 426上, 433下
燕巣幕上	えんそう…	76上
社燕秋鴻	しゃえん…	291上
郢書燕説	えいしょ…	67上
魚目燕石	ぎょもく…	166上
燋 燋頭爛額	しょうとう…	323上
燃 燃犀之明	ねんさい…	500下

燃眉之急《ねんびのき…》 324上
煮豆燃萁《しゃとうね…》 294下
死灰復燃《しかいふく…》 265上
燎 燎原之火《りょうげん…》 648上
星火燎原《せいかりょ…》 357上
獣 禽獣夷狄《きんじゅう…》 171下
人面獣心《じんめんじ…》 347上
人面獣身《じんめんじ…》 347上
獲 一獲千金《いっかくせ…》 33上
西狩獲麟《せいしゅか…》 360上
先難後獲《せんなんこ…》 384上
甌 金甌無欠《きんおうむ…》 168上
盧 盧生之夢《ろせいのゆめ》 128上
瞠 瞠目結舌《どうもくけ…》 475上
磨 磨杵作針《ましょさく…》 595上
磨穿鉄硯《ませんてっ…》 595上
磨礱砥礪《まろうしれい》 596上
須磨源氏《すまげんじ》 167上
事上磨錬《じじょうま…》 274下
好事多磨《こうじたま》 210下
切磋琢磨《せっさたくま》 370下
百世不磨《ひゃくせい…》 540下
百戦錬磨《ひゃくせん…》 541下
穏 平穏無事《へいおんぶじ》 573上
帰家穏座《きかおんざ》 135下
現世安穏《げんぜあん…》 196下
積 積悪余殃《せきあくの…》 365下
積薪之嘆《せきしんの…》 366上
積善余慶《せきぜんの…》 366上
積土成山《せきどせい…》 181下，367上
窺 管中窺天《かんちゅう…》 128下
用管窺天《ようかんき…》 631下
築 築室道謀《ちくしつど…》 425上
篤 敦篤虚静《とんとくき…》 489上
温厚篤実《おんこうと…》 86上
博学篤志《はくがくと…》 510上
緯 緯武経文《いぶけいぶん》 49下
経天緯地《けいてんいち》 189上
縦 縦横無尽《じゅうおう…》 139下，295下
発縦指示《はっしょう…》 520下
奇策縦横《きさくじゅ…》 139下
機略縦横《きりゃくじ…》 167上
七擒七縦《しちきんし…》 279上
縟 繁文縟礼《はんぶんじ…》 528下
縛 自縄自縛《じじょうじ…》 274下
繁 繁文縟礼《はんぶんじ…》 528下
御用繁多《ごようはんた》 238上
商売繁昌《しょうばい…》 323上
縫 天衣無縫《てんいむほう》 452上
翮 羽翮飛肉《うかくひにく》 56下
興 興味津津《きょうみし…》 160上
夙興夜寐《しゅっこう…》 308下
殖産興業《しょくさん…》 559下
治乱興亡《ちらんこう…》 441下
発憤興起《はっぷんこ…》 521下
文芸復興《ぶんげいふ…》 568下
融 融通無碍《ゆうずうむげ》 627下
螂 蟷螂之斧《とうろうの…》 476下
衛 精衛填海《せいえいて…》 356下
鄭衛之音《ていえいの…》 445下
正当防衛《せいとうぼ…》 363上
衡 阿衡之佐《あこうのさ》 5上
合従連衡《がっしょう…》 111下
勢力均衡《せいりょく…》 365上
親 怨親平等《おんしんび…》 86下
瓜葛之親《かかつのしん》 100上
葭莩之親《かふのしん》 115下
骨肉之親《こつにくの…》 236上
大義滅親《たいぎめっ…》 405下
天道無親《てんどうむ…》 460下
灯火可親《とうかかしん》 465上
諫 折檻諫言《せっかんか…》 369下
諤 侃侃諤諤《かんかんが…》 120上
諷 花鳥諷詠《かちょうふ…》 109上
冷嘲熱諷《れいちょう…》 658下
謀 陰謀詭計《いんぼうき…》 55下
権謀術数《けんぼうじ…》 200下
深謀遠慮《しんぼうえ…》 346下
千謀百計《せんぼうひ…》 386上
多謀善断《たぼうぜん…》 417下
朝不謀夕《ちょうふぼ…》 438上
築室道謀《ちくしつど…》 425上
諛 阿諛追従《あゆついし…》 7下
阿諛便佞《あゆべんねい》 7下
諂佞阿諛《てんねいあゆ》 461上
豎 耳豎垂肩《じじゅすい…》 274上
柳眉倒豎《りゅうびとう…》 646上
賢 見賢思斉《けんけんし…》 194下
衆賢茅茹《しゅうけん…》 296下
良妻賢母《りょうさい…》 648下
清聖濁賢《せいせいだ…》 361上
竹林七賢《ちくりんの…》 426下
蹂 人権蹂躙《じんけんじ…》 335下
踵 延頸挙踵《えんけいき…》 74上
比肩随踵《ひけんずい…》 533下
踰 踰牆鑽隙《ゆしょうさ…》 630上
醒 半醒半睡《はんせいは…》 527下
衆酔独醒《しゅうすい…》 299下
錦 錦衣玉食《きんいぎょ…》 167下
錦上添花《きんじょう…》 172上
錦心繍口《きんしんし…》 173上
衣錦還郷《いきんかん…》 15上
衣錦之栄《いきんのえい》 15下
綾羅錦繍《りょうらき…》 652下
萋斐貝錦《せいひばい…》 363下
錮 党錮之禍《とうこのか》 468上
鋼 百錬成鋼《ひゃくれん…》 544上
錯 試行錯誤《しこうさくご》 269上
時代錯誤《じだいさくご》 277下
盤根錯節《ばんこんさ…》 525下
錐 立錐之地《りっすいのち》 643下
嚢中之錐《のうちゅう…》 502上
錚 鉄中錚錚《てっちゅう…》 450上
錬 百錬成鋼《ひゃくれん…》 544上
百戦錬磨《ひゃくせん…》 541下
事上磨錬《じじょうま…》 274下
録 量才録用《りょうさい…》 649上
雕 雕虫篆刻《ちょうちゅ…》 436下
雕梁画棟《ちょうりょ…》 439下
一箭双雕《いっせんそ…》 42下
霓 霓裳羽衣《げいしょう…》 186下
大旱雲霓《たいかんの…》 404上
頷 燕頷虎頸《えんがんこ…》 73上
燕頷投筆《えんがんと…》 73下
阿爺下頷《あやのあが…》 7下
頸 延頸鶴望《えんけいか…》 74上
延頸挙踵《えんけいき…》 74上
長頸烏喙《ちょうけい…》 634上
刎頸之交《ふんけいの…》 568上
燕頷虎頸《えんがんこ…》 73上
頽 綱紀頽弛《こうきたいし》 206上
頭 頭寒足熱《ずかんそく…》 353下
頭北面西《ずほくめん…》 354上
頭会箕斂《とうかいき…》 465上
頭童歯豁《とうどうし…》 471下
円頭方足《えんとうほ…》 77下
改頭換面《かいとうか…》 97下
懸頭刺股《けんとうしこ》 197下
交頭接耳《こうとうせ…》 216上

牛頭馬頭《ごずめず》 233下
燋頭爛額《しょうとう…》 323上
心頭滅却《しんとうめ…》 345下
垂頭喪気《すいとうそ…》 352下
蔵頭露尾《ぞうとうろび》 394上
竹頭木屑《ちくとうぼ…》 425下
剃頭弁髪《ていとうべ…》 446下
徹頭徹尾《てっとうて…》 450上
年頭月尾《ねんとうげ…》 501上
蓬頭垢面《ほうとうこ…》 585下
迷頭認影《めいとうに…》 611下
羊頭狗肉《ようとうく…》 635上
竜頭蛇尾《りゅうとう…》 645下
竜頭鷁首《りょうとう…》 650下
燕頷虎頭《えんがんこ…》 73下
開巻劈頭《かいかんへ…》 90上
頑石点頭《がんせきて…》 126上
百尺竿頭《ひゃくしゃ…》 540上
平身低頭《へいしんて…》 574下
頼 放蕩無頼《ほうとうぶ…》 586上
餐 風餐露宿《ふうさんろ…》 551下
尸位素餐《しいそさん》 264上
粗酒粗餐《そしゅそさん》 400上
駭 影駭響震《えいがいき…》 66下
震天駭地《しんてんが…》 345上
紛紅駭緑《ふんこうが…》 568下
髻 髻中明珠《けいちゅう…》 188上
鮒 轍鮒之急《てっぷのき…》 450下
鮑 管鮑之交《かんぽうの…》 131下
鴛 鴛鴦之契《えんおうの…》 72下
鴦 鴛鴦之契《えんおうの…》 72下
黔 黔驢之技《けんろのぎ》 202上

【17画】

優 優柔不断《ゆうじゅう…》 205下, 626下
優勝劣敗《ゆうしょう…》 626下
優孟衣冠《ゆうもうの…》 629上
優游涵泳《ゆうゆうか…》 629上
嬰 晏嬰狐裘《あんえいの…》 8上
屨 葛屨履霜《かっくりそう》 110下
嶺 南都北嶺《なんとほく…》 493下
牆 蕭牆之憂《しょうしょ…》 319上
踰牆鑽隙《ゆしょうさ…》 630上
朽木糞牆《きゅうぼく…》 153下
藉 杯盤狼藉《はいばんろ…》 506上
落花狼藉《らっかろう…》 639下
乱暴狼藉《らんぼうろ…》 641上
薺 断薺画粥《だんせいか…》 421下
厳 厳正中立《げんせいち…》 161上
厳父慈母《げんぷじぼ》 200上
謹厳実直《きんげんじ…》 169下
百福荘厳《ひゃくふく…》 543上
懦 頑廉懦立《がんれんだ…》 133上
懃 慇懃無礼《いんぎんぶ…》 53上
戴 戴盆望天《たいぼんぼ…》 412上
披星戴月《ひせいたい…》 534下
不倶戴天《ふぐたいてん》 558上
斂 苛斂誅求《かれんちゅ…》 118上
聚斂之臣《しゅうれん…》 304上
頭会箕斂《とうかいき…》 465上
曖 曖昧模糊《あいまいもこ》 2下
朦 意識朦朧《いしきもう…》 17上
酔眼朦朧《すいがんも…》 348下
檣 風檣陣馬《ふうしょう…》 552上
濯 濯纓濯足《たくえいた…》 414上
濤 狂瀾怒濤《きょうらん…》 160上
疾風怒濤《しっぷうど…》 285上
濮 桑間濮上《そうかんぼ…》 388下
燭 華燭之典《かしょくの…》 106下
秉燭夜遊《へいしょく…》 574上
洞房花燭《どうぼうか…》 473下
燥 無味乾燥《むみかんそう》 606下
環 環堵蕭然《かんとしょ…》 129下
衆人環視《しゅうじん…》 299上
甑 甑塵釜魚《そうじんふ…》 393上
瞭 一目瞭然《いちもくり…》 29下
矯 矯枉過直《きょうおう…》 154下
矯角殺牛《きょうかく…》 154下, 154下
糠 舐糠及米《しこうきゅ…》 268下
糟糠之妻《そうこうの…》 390上
糟 糟糠之妻《そうこうの…》 390上
古人糟魄《こじんのそ…》 233上
糞 朽木糞牆《きゅうぼく…》 153下
縮 縮地補天《しゅくちほ…》 305上
節衣縮食《せついしゅ…》 369下
繆 桑土綢繆《そうどちゅ…》 394下
縹 神韻縹渺《しんいんひ…》 334上
縷 縷縷綿綿《るるめんめん》 657上
翳 浮雲翳日《ふうんえい…》 554下
翼 羽翼既成《うよくきせい》 62上
比翼連理《ひよくれんり》 547下
小心翼翼《しょうしん…》 321上
魚鱗鶴翼《ぎょりんか…》 166下
戢鱗潜翼《しゅうりん…》 304上
図南鵬翼《となんほう…》 485上
聴 道聴塗説《どうちょう…》 471下
偏聴生姦《へんちょう…》 578上
聱 佶屈聱牙《きっくつご…》 144下
臆 揣摩臆測《しまおくそく》 289下
妄談臆解《もうだんお…》 616下
膾 蓴羹鱸膾《じゅんこう…》 311上
懲羹吹膾《ちょうこう…》 433下
臂 慧可断臂《えかだんぴ》 68下
三面六臂《さんめんろ…》 263上
八面六臂《はちめんろ…》 518下
膺 拳拳服膺《けんけんふ…》 195上
艱 艱苦奮闘《かんくふん…》 121下
艱難辛苦《かんなんし…》 121下, 129下
天歩艱難《てんぽかん…》 463下
桂玉之艱《けいぎょく…》 185上
螽 螽斯之化《しゅうしのか》 298上
螻 螻蟻潰堤《ろうぎかい…》 660下
螻蛄之才《ろうこのさい》 234上
襄 宋襄之仁《そうじょう…》 392下
瓢 一瓢一簞《いっぴょう…》 421上
簞食瓢飲《たんしひょ…》 420下
覧 博覧強記《はくらんき…》 515下
乙夜之覧《いつやのらん》 47下
謹 謹厳実直《きんげんじ…》 169下
謹言慎行《きんげんし…》 169下
恐惶謹言《きょうこう…》 156下
庸言之謹《ようげんの…》 632上
謝 感謝感激《かんしゃか…》 124上
面会謝絶《めんかいし…》 613上
新陳代謝《しんちんた…》 345上
妄言多謝《もうげんた…》 616上
謖 泣斬馬謖《きゅうざん…》 150上
謗 誹謗中傷《ひぼうちゅ…》 539下
罵詈讒謗《ばりざんぼう》 524上
薏苡之謗《よくいのそ…》 636下
謨 謨猷籌画《ぼゆうちゅ…》 592上
豁 豁如大度《かつじょた…》 125下
明朗豁達《めいろうか…》 613上
頭童歯豁《とうどうし…》 471下
趨 趨炎付熱《すうえんふ…》 353下
禹行舜趨《うこうしゅ…》 57下
蹊 桃李成蹊《とうりせい…》 475上

蹇 蹇蹇匪躬 けんけんひ… 195上
蹐 跼天蹐地 きょくてん… 162下
蹈 蹈節死義 とうせつしぎ 470下
轅 轅下之駒 えんかのこま 73上
北轅適楚 ほくえんてき 589下
轂 肩摩轂撃 けんまこく… 201上
輾 輾転反側 てんてんはん… 460上
輿 乗輿車駕 じょうよし… 326下
醜 醜婦之仇 しゅうふの… 302下
鍼 頂門一鍼 ちょうもん… 439上
闇 如法闇夜 にょほうあ… 498上
闊 横行闊歩 おうこうかっ… 80下
自由闊達 じゆうかっ… 295下
明朗闊達 めいろうかっ… 613上
天空海闊 てんくうか… 454下
霞 雲霞之交 うんかのこう 63上
煙霞痼疾 えんかのこ… 72下
霜 秋霜烈日 しゅうそう… 300上
風霜之気 ふうそうのき 553上
履霜之戒 りそうのかい 643上
露往霜来 ろおうそう… 664上
葛屨履霜 かっくりそう 110下
紫電清霜 しでんせい… 286上
雪上加霜 せつじょう… 371下
飽経風霜 ほうけいふ… 581下
鞠 鞠躬尽瘁 きっきゅう… 144上
頻 迦陵頻伽 かりょうび… 117下
駿 駿足長阪 しゅんそく… 312上
韓 韓信匍匐 かんしんほ… 125下
韓文之疵 かんぶんのし 131上
韓柳欧蘇 かんりゅう… 132下
鮮 寡廉鮮恥 かれんせんち 118上
旗幟鮮明 きしせんめい 140上
鴻 鴻雁哀鳴 こうがんあ… 205上
哀鴻遍野 あいこうへ… 1下
燕雀鴻鵠 えんじゃく… 75下
魚網鴻離 ぎょもうこ… 166上
雪泥鴻爪 せつでいこ… 372下
泰山鴻毛 たいざんこ… 407下
社燕秋鴻 しゃえんし… 291上
齢 死児之齢 しじのよわい 272下

【18画】

叢 叢軽折軸 そうけいせ… 181下, 389下
囓 窮鼠囓猫 きゅうそご… 151下
藤 源平藤橘 げんぺいとう… 200下
藩 羝羊触藩 ていようし… 447下
藍 藍田生玉 らんでんし… 640下
出藍之誉 しゅつらん… 309下
僧伽藍摩 そうぎゃら… 389上
七堂伽藍 しちどうが… 280上
堂塔伽藍 どうとうが… 471下
藪 藪井竹庵 やぶいちく… 623上
山藪蔵疾 さんそうぞ… 258下
藜 藜杖韋帯 れいじょう… 658上
邇 在邇求遠 ざいじきゅ… 243下
擲 擲果満車 てっかまん… 449上
一擲千金 いってきせ… 44上
乾坤一擲 けんこんい… 196上
懲 懲羹吹膾 ちょうこう… 433下
勧善懲悪 かんぜんち… 126下
旛 風旛之論 ふうはんの… 553下
瀉 一瀉千里 いっしゃせ… 38下
濫 嚆矢濫觴 こうしらん… 212上
僭賞濫刑 せんしょう… 379下
粗製濫造 そせいらん… 400下
陳詞濫調 ちんしらん… 443上
南郭濫吹 なんかくら… 491上
璧 完璧帰趙 かんぺきき… 131下
尺璧非宝 せきへきひ… 367下
白璧微瑕 はくへきの… 514下
和氏之璧 かしのへき 105下
随珠和璧 ずいしゅか… 350下
夜光之璧 やこうのへき 622下
連城之璧 れんじょう… 106上
瓊 瑶林瓊樹 ようりんけ… 636上
投瓜得瓊 とうかとっ… 465下
甕 甕牖縄枢 おうゆうじ… 84上
甕裏醯鶏 おうりのけ… 84下
癖 煙霞之癖 えんかのへき 73上
瞻 瞻望咨嗟 せんぼうしさ 385下
穢 厭離穢土 おんりえど… 88上
穣 五穀豊穣 ごこくほう… 230上
簡 断簡零墨 だんかんれ… 419上
直截簡明 ちょくせつ… 440下
青史汗簡 せいしかん… 358下
太史之簡 たいしのかん 408下
簣 一簣之功 いっきのこう 34上
簞 簞食壺漿 たんしこし… 420下
簞食瓢飲 たんしひょ… 420下
織 男耕女織 だんこうじ… 420上
繚 百花繚乱 ひゃっかり… 544下
繡 錦心繡口 きんしんし… 173上
綾羅錦繡 りょうらき… 652下
翻 翻邪帰正 ほんじゃき… 593上
翻天覆地 ほんてんふ… 593下
職 有職故実 ゆうそくこ… 627下
量才補職 りょうさい… 649上
臍 臍下丹田 せいかたん… 356下
後悔噬臍 こうかいぜ… 203下
蟬 蛙鳴蟬噪 あめいせん… 7上
蟠 竜蟠鳳舞 りょうばん… 652上
襟 山河襟帯 さんがきん… 252上
馬牛襟裾 ばぎゅうき… 508下
臨 臨淵羨魚 りんえんせ… 654上
臨機応変 りんきおう… 654下
臨終正念 りんじゅう… 655上
臨命終時 りんみょう… 655上, 656上
枉駕来臨 おうがらい… 80上
天孫降臨 てんそんこ… 458上
覆 覆水不返 ふくすいふ… 509上, 557下
天覆地載 てんぷうち… 462下
禽困覆車 きんこんふ… 170下
載舟覆舟 さいしゅう… 244下
前車覆轍 ぜんしゃの… 378下
翻天覆地 ほんてんふ… 593下
観 隔岸観火 かくがんか… 102上
強迫観念 きょうはく… 159上
察言観色 さつげんか… 249下
実相観入 じっそうか… 283下
円頓止観 えんどんし… 77下
拱手傍観 きょうしゅ… 157下
四門遊観 しもんゆう… 290下
冷眼傍観 れいがんぼ… 657下
觴 一觴一詠 いっしょう… 39上
曲水流觴 きょくすい… 161下
嚆矢濫觴 こうしらん… 212上
贅 贅沢三昧 ぜいたくざ… 361下
蹣 酔歩蹣跚 すいほまん… 352下
軀 長身痩軀 ちょうしん… 435下
釐 毫釐千里 ごうりせんり 221上
鎧 鎧袖一触 がいしゅう… 94上
鎮 鎮護国家 ちんごこっか 442下
闕 拾遺補闕 しゅういほ… 295上
闘 闘志満満 とうしまん… 469上, 622下
闘諍堅固 とうじょう… 470上

悪戦苦闘《あくせんく…》 4上
艱苦奮闘《かんくふん…》 121下
孤軍奮闘《こぐんふん…》 228下
善戦健闘《ぜんせんけ…》 381下
力戦奮闘《りきせんふ…》 641下

雛 伏竜鳳雛《ふくりょう…》 558下
竜駒鳳雛《りょうくほ…》 648上
麟子鳳雛《りんしほう…》 655上

難 難行苦行《なんぎょう…》 492上
難攻不落《なんこうふ…》 492下
艱難辛苦《かんなんし…》 129下
七難八苦《しちなんは…》 280上
先難後獲《せんなんこ…》 384上
太盛難守《たいせいな…》 410上
無理難題《むりなんだい》 607下
良弓難張《りょうきゅ…》 647下
至道無難《しどうぶなん》 286上
進退両難《しんたいり…》 344上
前途多難《ぜんとたなん》 383上
多事多難《たじたなん》 415下
天歩艱難《てんぽかん…》 463下

鞭 長鞭馬腹《ちょうべん…》 438下
蒲鞭之政《ほべんのせい》 592上

額 燋頭爛額《しょうとう…》 323上

顔 顔厚忸怩《がんこうじ…》 122下
顔色蒼然《がんしょく…》 590下
厚顔無恥《こうがんむち》 205上
破顔一笑《はがんいっ…》 508上
和顔愛語《わがんあいご》 667下
朝有紅顔《ちょうゆう…》 439上

顕 貴顕紳士《きけんしんし》 142下
開権顕実《かいごんけ…》 93上
自己顕示《じこけんじ》 270上
破邪顕正《はじゃけん…》 516下

題 外題学問《げだいがく…》 191下
閑話休題《かんわきゅ…》 133上
無理難題《むりなんだい》 607下

類 類比推理《るいひすいり》 656下
絶類離倫《ぜつるいり…》 373上
画虎類狗《がこるいく》 105上

騎 騎虎之勢《きこのいき…》 139上
騎驢覓驢《きろべきろ》 167上
一騎当千《いっきとう…》 34上

騏 騏驥過隙《ききかげき》 136下

騒 騒人墨客《そうじんぼ…》 393上
物情騒然《ぶつじょう…》 562下

駢 四六駢儷《しろくべん…》 333下

髀 髀肉之嘆《ひにくのたん》 539上

魍 魑魅魍魎《ちみもうり…》 429上

魎 魑魅魍魎《ちみもうり…》 429上

鯉 俎上之鯉《そじょうの…》 400上

鵠 燕雀鴻鵠《えんじゃく…》 75下
不失正鵠《ふしつせい…》 560下

【19画】

壟 必求壟断《ひっきゅう…》 536上

廬 草廬三顧《そうろさんこ》 253下

蘭 蘭摧玉折《らんさいぎ…》 640上
金蘭之契《きんらんの…》 174下
春蘭秋菊《しゅんらん…》 313下
芝蘭玉樹《しらんぎょ…》 331下
芝蘭之化《しらんのか》 331下

藹 和気藹藹《わきあいあい》 668上

蘊 五蘊皆空《ごうんかい…》 222下

蘇 韓柳欧蘇《かんりゅう…》 132下

隴 得隴望蜀《とくろうぼ…》 482上

攀 攀竜附鳳《はんりょう…》 529下

曠 曠日弥久《こうじつび…》 210下
曠世之才《こうせいの…》 213上
師曠之聡《しこうのそう》 269下

檻 折檻諫言《せっかんか…》 369下

櫛 櫛風沐雨《しっぷうも…》 285下

瀚 載籍浩瀚《さいせきこ…》 246上

瀟 瀟湘八景《しょうしょ…》 319下

犢 舐犢之愛《しとくのあい》 286下

疇 洪範九疇《こうはんき…》 217下

礪 帯礪之誓《たいれいの…》 412下
磨礱砥礪《まろうしれい》 596上

禱 加持祈禱《かじきとう》 105下

羆 熊羆之士《ゆうひのし》 625下

羅 羅利骨灰《らりこっぱい》 639下
沙羅双樹《さらそうじ…》 251上
森羅万象《しんらばん…》 347下
爬羅剔抉《はらてっけつ》 523下
汨羅之鬼《べきらのき》 575下
綾羅錦繡《りょうらき…》 652下
六波羅蜜《ろくはらみ…》 665下
我武者羅《がむしゃら》 116下
門前雀羅《もんぜんじ…》 620上

繫 繫風捕影《けいふうほ…》 189下
衣裏繫珠《えりけいしゅ》 72上

羹 蓴羹鱸膾《じゅんこう…》 311上
懲羹吹膾《ちょうこう…》 433下

羶 群蟻付羶《ぐんぎふせん》 181上

臓 五臓六腑《ごぞうろっぷ》 233下

蟻 群蟻付羶《ぐんぎふせん》 181上
螻蟻潰堤《ろうぎかい…》 660下

蟷 蟷螂之斧《とうろうの…》 476下

蠅 蒼蠅驥尾《そうようきび》 396下
朝蠅暮蚊《ちょうよう…》 439上
落筆点蠅《らくひつて…》 638下

警 円木警枕《えんぼくけ…》 78下
風流警抜《ふうりゅう…》 554上

識 意識朦朧《いしきもう…》 17上
半面之識《はんめんの…》 529上

譚 老生常譚《ろうせいの…》 662下

轍 轍鮒之急《てっぷのき…》 450下
改弦易轍《かいげんえ…》 91上
前車覆轍《ぜんしゃの…》 378下

醯 甕裏醯鶏《おうりのけ…》 84下

鏡 鏡花水月《きょうかす…》 155上
韻鏡十年《いんきょう…》 52下
水鏡之人《すいきょう…》 349上
破鏡重円《はきょうち…》 508下
破鏡不照《はきょうふ…》 508下
明鏡止水《めいきょう…》 608上
百錬之鏡《ひゃくれん…》 544上

鏤 画脂鏤氷《がしろうひ…》 107下
彫心鏤骨《ちょうしん…》 436上
銘肌鏤骨《めいきるこつ》 608下

離 離合集散《りごうしゅ…》 643上
厭離穢土《おんりえど…》 88上
出離生死《しゅつりし…》 309下
支離滅裂《しりめつれつ》 332下
乱離骨灰《らりこっぱい》 639下
愛別離苦《あいべつりく》 2上
遠塵離垢《おんじんりく》 87上
絶類離倫《ぜつるいり…》 373上
背井離郷《はいせいり…》 505下
悲歓離合《ひかんりごう》 532下
分崩離析《ぶんぽうり…》 572上
会者定離《えしゃじょ…》 70下
魚網鴻離《ぎょもうこ…》 166上
形影不離《けいえいふり》 184上
光彩陸離《こうさいり…》 208下
四鳥別離《しちょうべ…》 281上
寸歩不離《すんぽふり》 355下
相即不離《そうそくふり》 393下
顚沛流離《てんぱいり…》 462上
不即不離《ふそくふり》 562上

霧　雲合霧集《うんごうむ…》　63下
雲散霧消《うんさんむ…》　64上
雲集霧散《うんしゅう…》　64上
五里霧中《ごりむちゅう》　238下
靡　一世風靡《いっせいふう…》　41下
韲　朝韲暮塩《ちょうせい…》　436上
韻　韻鏡十年《いんきょう…》　52下
気韻生動《きいんせい…》　133下
神韻縹渺《しんいんひ…》　334上
余韻嫋嫋《よいんじょ…》　630下
風流韻事《ふうりゅう…》　554上
流風余韻《りゅうふう…》　646上
願　大願成就《たいがんじ…》　403下
回向発願《えこうほつ…》　69下
四弘誓願《しぐぜいがん》　268上
四十八願《しじゅうはち…》　273下
十二大願《じゅうにだ…》　300下
他力本願《たりきほん…》　418上
顛　顛沛流離《てんぱいり…》　462上
七顛八起《しちてんは…》　279下
七顛八倒《しちてんば…》　279下
主客顛倒《しゅかくて…》　304下
造次顛沛《ぞうじてん…》　392上
本末顛倒《ほんまつて…》　594上
餼　告朔餼羊《こくさくの…》　226上
韜　六韜三略《りくとうさ…》　642下
自己韜晦《じことうかい》　270上
鯨　鯨飲馬食《げいいんば…》　148上
蚕食鯨呑《さんしょく…》　257下
鯢　尺沢之鯢《せきたくの…》　366下
鶏　鶏群一鶴《けいぐんの…》　185下
鶏口牛後《けいこうぎ…》　186上
鶏鳴狗盗《けいめいく…》　190上
鶏鳴之助《けいめいの…》　190上
家鶏野鶩《かけいやぼく》　104下
牝鶏之晨《ひんけいの…》　549上
淮南鶏犬《わいなんの…》　667下
甕裏醯鶏《おうりのけ…》　84下
牛刀割鶏《ぎゅうとう…》　153上
陶犬瓦鶏《とうけんが…》　466下
斗酒隻鶏《としゅせっ…》　483上
鵲　鳩居鵲巣《きゅうきょ…》　149下
耆婆扁鵲《ぎばへんじ…》　145下
鵬　鵬程万里《ほうていば…》　585下
図南鵬翼《となんほう…》　485上
麗　美辞麗句《びじれいく》　534下
眉目秀麗《びもくしゅ…》　540上
容姿端麗《ようしたん…》　633上

【20画】

巌　枯木寒巌《こぼくかん…》　237下
攘　攘災招福《じょうさい…》　328下
竜攘虎搏《りょうじょ…》　649下
尊皇攘夷《そんのうじ…》　402上
懸　懸河之弁《けんがのべん》　194上
懸頭刺股《けんとうしこ》　197下
一所懸命《いっしょけ…》　40上
朧　意識朦朧《いしきもう…》　17上
酔眼朦朧《すいがんも…》　348下
櫪　老驥伏櫪《ろうきふく…》　661上
瀾　狂瀾怒濤《きょうらん…》　160上
波瀾万丈《はらんばん…》　524上
瓏　八面玲瓏《はちめんれ…》　518下
競　生存競争《せいぞんき…》　361下
籍　阮籍青眼《げんせきせ…》　197上
載籍浩瀚《さいせきこ…》　246上
籌　謀猷籌画《ぼゆうちゅう…》　592上
耀　耀武揚威《ようぶようい》　635下
栄耀栄華《えいようえ…》　68下
議　議論百出《ぎろんひゃ…》　167下
衆議一決《しゅうぎい…》　296下
鳩首協議《きゅうしゅ…》　151上
不可思議《ふかしぎ》　556上
護　鎮護国家《ちんごこっか》　442下
譲　禅譲放伐《ぜんじょう…》　379下
予譲呑炭《よじょうどん…》　636下
轗　轗軻不遇《かんかふぐう》　119下
鐘　掩耳盗鐘《えんじとう…》　75上
飯後之鐘《はんごのし…》　525下
響　影駭響震《えいがいき…》　66下
騰　万馬奔騰《ばんばほん…》　528上
鶩　家鶏野鶩《かけいやぼく》　104下
鼯　鼯鼠之技《ごそのぎ》　234上

【21画】

儷　四六駢儷《しろくべん…》　333下
囂　喧喧囂囂《けんけんご…》　194下
巍　巍然屹立《ぎぜんきつ…》　143上
懼　勇者不懼《ゆうしゃふ…》　626上
爛　焦頭爛額《しょうとう…》　323上
天真爛漫《てんしんら…》　457下
豪華絢爛《ごうかけん…》　204上
礱　磨礱砥礪《まろうしれい》　596上
纏　情緒纏綿《じょうちょ…》　322下
纆　禍福糾纆《かふくきゅ…》　115上
贔　贔屓偏頗《ひいきへんぱ》　530下
依怙贔屓《えこひいき》　70上
判官贔屓《ほうがんび…》　581上
躍　面目躍如《めんもくや…》　615下
暗中飛躍《あんちゅう…》　10下
鳶飛魚躍《えんぴぎょ…》　78上
欣喜雀躍《きんきじゃ…》　169上
鐸　一世木鐸《いっせいの…》　41上
闢　天地開闢《てんちかい…》　458下
露　露往霜来《ろおうそう…》　664上
薤露蒿里《かいろこうり》　99上
刻露清秀《こくろせい…》　228上
蔵頭露尾《ぞうとうろび》　394上
風餐露宿《ふうさんろ…》　551下
人生朝露《じんせいち…》　342下
霹　霹靂閃電《へきれきせ…》　576上
青天霹靂《せいてんの…》　362下
顧　一顧傾城《いっこけい…》　36下
右顧左眄《うこさべん》　58上
後顧之憂《こうこのゆう》　207下
左顧右眄《さこうべん》　248下
三顧之礼《さんこのれい》　253下
脚下照顧《きゃっかし…》　148上
伯楽一顧《はくらくの…》　515上
饋　一饋十起《いっきじっき》　33下
饒　饒舌多弁《じょうぜつ…》　321下
饌　炊金饌玉《すいきんせ…》　349下
魑　魑魅魍魎《ちみもうり…》　429上
魔　好事多魔《こうじたま》　210上
寸善尺魔《すんぜんし…》　354下
鰥　鰥寡孤独《かんかこどく》　119下
鶴　鶴寿千歳《かくじゅせ…》　102下
鶴鳴之士《かくめいのし》　104上
鶴立企佇《かくりつき…》　104上
断鶴続鳧《だんかくぞ…》　418下
延頸鶴望《えんけいか…》　74上
魚鱗鶴翼《ぎょりんか…》　166下
風声鶴唳《ふうせいか…》　552下
雲中白鶴《うんちゅう…》　64下
間雲孤鶴《かんうんこ…》　119上
鶏群一鶴《けいぐんの…》　185下
孤雲野鶴《こうんやかく》　222下
鶻　竜頭鶻首《りょうとう…》　650下

【22 画】

嚢 嚢中之錐《のうちゅう…》 502上
彎 転彎抹角《てんわんま…》 464上
籠 籠鳥恋雲《ろうちょう…》 662下
薬籠中物《やくろうちゅう…》 622上
池魚籠鳥《ちぎょろう…》 425上
艫 舳艫千里《じくろせんり》 268下
覿 効果覿面《こうかてき…》 204下
天罰覿面《てんばつて…》 462下
霽 光風霽月《こうふうせ…》 218上
驕 驕奢淫佚《きょうしゃ…》 157上, 292下
驕兵必敗《きょうへい…》 159下
驚 驚天動地《きょうてん…》 158下, 593下
大驚失色《たいきょう…》 406上
吃驚仰天《びっくりぎ…》 536下
打草驚蛇《だそうきょ…》 416下
石破天驚《せきはてん…》 367上
胆戦心驚《たんせんし…》 422上

【23 画】

攫 一攫千金《いっかくせ…》 32下
欒 一家団欒《いっかだん…》 33上
纓 濯纓濯足《たくえいた…》 414上
躙 人権蹂躙《じんけんじ…》 335下
鑑 殷鑑不遠《いんかんふ…》 52下
鑠 流金鑠石《りゅうきん…》 644下
鱗 魚鱗鶴翼《ぎょりんか…》 166下
戢鱗潜翼《しゅうりん…》 304上
人主逆鱗《じんしゅの…》 339上
潑 活潑潑地《かっぱつは…》 112下
鷸 鷸蚌之争《いつぼうの…》 47下

【24 画】

羈 不羈奔放《ふきほんぽう》 556下
独立不羈《どくりつふき》 481下
放蕩不羈《ほうとうふき》 586上
衢 四衢八街《しくはちがい》 268上
讒 罵詈讒謗《ばりざんぼう》 524上
靂 霹靂閃電《へきれきせ…》 576上
青天霹靂《せいてんの…》 362下
顰 一顰一笑《いっぴんい…》 46下
鷹 鷹視狼歩《ようしろうほ》 634上
麟 麟角鳳嘴《りんかくほ…》 654上
麟子鳳雛《りんしほう…》 655上
麟鳳亀竜《りんぽうき…》 655下
竜驤麟振《りょうじょ…》 650上
西狩獲麟《せいしゅか…》 360上

【25 画】

攬 人心収攬《じんしんし…》 341上
鼈 跛鼈千里《はべつせんり》 523上

【26 画】

驢 驢鳴犬吠《ろめいけん…》 666下
騎驢覓驢《きろべきろ》 167上
黔驢之技《けんろのぎ》 202上
非驢非馬《ひろひば》 549上
驥 驥服塩車《きふくえん…》 146上
渇驥奔泉《かっきほん…》 110上
騏驥過隙《ききかげき》 136下
老驥伏櫪《ろうきふく…》 661上
蒼蠅驥尾《そうようきび》 396下
攀竜附驥《はんりょう…》 530上

【27 画】

鑽 踰牆鑽隙《ゆしょうさ…》 630上
驤 竜驤虎視《りょうじょ…》 649下
竜驤麟振《りょうじょ…》 650上
鱸 蓴羹鱸膾《じゅんこう…》 311上

【28 画】

鑿 鑿窓啓牖《さくそうけ…》 247上
鑿壁偸光《さくへきと…》 385上
円鑿方枘《えんさくほ…》 75上

成句索引

【ア 行】

哀鴻，野に遍し 1下
愛は屋上の烏に及ぶ 1下
哀を節し変に順う 369上
会うは別れの始め 70下
阿吽の呼吸 3上
仰いで天に愧じず 159上
青は藍より出でて藍より青し 309下
秋高く馬肥ゆ 297上
悪事千里を走る 4上
悪銭身につかず 504下
悪婦家を破る 4下
飽くまで食らいて日を終う 584上
悪を遏め善を揚ぐ 6上
麻の中の蓬 595下
朝には紅顔有り 439上
朝に道を聞かば夕に死すとも可なり 438上
朝に夕を謀らず 438上
朝に令して暮に改む 440上
足を削りて履に適せしむ 247下
値千金 36上
頭隠して尻隠さず 75下，394上
頭でっかち尻すぼみ 646上
頭を蔵して尾を露わす 394上
新しきを標げ異を立つ 546下
仇を報じ，恨みを雪ぐ 581下
羹に懲りて膾を吹く 433下
穴を同じうす 98下
脂に画き氷に鏤む 107下
雨垂れ石を穿つ 459下
雨過ぎて天晴る 57上
飴と鞭を使い分ける 86上
雨の降る日は天気が悪い 289下
飴を含み孫を弄す 119上
危うきこと累卵の如し 656下
過ちを改め自ら新たにす 89下
蟻の穴から堤も崩れる 661上
暗箭人を傷る 10上
意到りて筆随う 48上
言うは易く，行うは難し 195下
家ごとに給し人ごとに足る 101上
家，ただ四壁のみ 114上
家貧しくして孝子顕る 114下
いざ鎌倉 42下
石が流れて木の葉が沈む 562上
石に漱ぎ流れに枕す 393下
石に立つ矢 293下
石に枕し流れに漱ぐ 393下
石部金吉金兜 17下
石部屋金左衛門 17下
石破れ天驚く 367上
衣食足りて礼節(栄辱)を知る 18下
石を浮かべ木を沈む 562上
石を卵に投げる 407上
伊勢は津で持つ，津は伊勢で持つ 158下
急がば回れ 60上
韋駄天走り 19上
痛み定まりて痛みを思う 444下
一衣帯の水 20上
一樹の陰一河の流れも他生の縁 24下
一難去ってまた一難 376上
一念岩をも徹す 26下
一念天に通ず 26下
一毛も抜かず 29上
一文惜しみの百知らず 54上
一夜に十たび起く 30下
一葉落ちて天下の秋を知る 31上
一粒に百手の功あたる 32上
一利を興すは一害を除くに如かず 31下
一饋に十度起つ 34上
一挙手一投足 35上
一犬影に吠ゆれば百犬声に吠ゆ 502下
一犬虚に吠ゆれば万犬実を伝う 503上
一顧，城を傾く 36下
一壺天 235上
一将功成りて万骨枯る 39下

一寸の光陰軽んずべからず　41上, 368上
一世を風靡する　41下
一簞の食，一瓢の飲　421上
一擲乾坤を賭す　196上
一敗地に塗れる　45上
一杯の水を以て一車薪の火は救い難し　505上
一髪千鈞を引く　45下
一斑を見て全豹を卜す　46上
古に博く今に通ず　519下
犬が西向きゃ尾は東　289下
寿ければ則ち辱多し　307上
井の中の蛙大海を知らず　356上
韋編三たび絶つ　50上
入るを量りて出づるを為す(制す)　651下
いわく言いがたし　213下
言わず語らず　559上
意を一にし心を摶らにす　19下
意を得て形を忘る　477下
韋を佩び弦を佩ぶ　16上
衣を節し食を縮む　369下
意を美しませれば年を延ぶ　530下
衣を解き食を推む　89上
夷を以て夷を制す　12上
殷鑑遠からず　52下
引導を渡す　624下
陰徳あれば陽報あり　55上

烏焉馬　56上
魚を得て筌を忘る　478上
羽翮，肉を飛ばす　56下
有卦に入る　57下
雨後の筍　58上
兎死して狐悲しむ　482下
牛と呼び馬と呼ぶ　224下
牛に汗し棟に充つ　121上
牛に経文　406上
牛に対して琴を弾ず　406上
牛に角あり午に角なし　17上
牛を食らうの気　328上
牛を問うて馬を知る　619上
嘘も方便　83下
内清く外濁る　489下
内平らかに外成る　490上
内の憂いと外の患い　490下
烏頭白く馬角を生ず　60下
馬の耳に念仏　406上
馬痩せて毛長し　517上
馬を帰し牛を放つ　146上
馬を走らせ花を看る　394下
海に千年山に千年　61上
烏有に帰す　267下
羽翼既に成る　62上
怨みに報ゆるに徳を以てす　580上
売家と唐様で書く三代目　435上
売り言葉に買い言葉　504下
瓜に爪あり爪に爪なし　17上
瓜を投じて瓊を得る　465下
憂いを忘れる物　588上
鱗を戢め翼を潜む　304上
運を天にまかせる　9下

郢書，燕を説く　67下
越鳥は南枝に巣くう　71上
得手に帆を揚げる　313下
海老で鯛を釣る　465下
燕頷，筆を投ず　74上
燕雀相賀す　76上
燕雀安んぞ鴻鵠の志を知らんや　75下
遠水，渇を救わず　76下
遠水，近火を救わず　76下
偃鼠は河に飲むも腹を満たすに過ぎず　52上

老いを偕にす　98下
王侯将相いずくんぞ種あらんや　81上
応接に暇あらず　82下
王法を本と為す　84上
往を彰らかにして来を察す　314下
大いに驚きて色を失う　406上
元いに亨りて貞しきに利し　195下
多く蔵して厚く亡う　416下
屋下に屋を架す　85上
屋上屋を架す　85上
教えるは学ぶの半ば　155上
遺ちたるを拾い闕を補う　295下
落武者は薄の穂にも怖じる　396上
男は内を言わず，女は外を言わず　420上
男は耕し女は織る　420上
お土砂をかける　483上
同じ穴のむじな　34下
同じきに党がり異なるを伐つ　472上

己れに克ちて礼に復る 235下
己を修めて人を治む 297下
帯に短し襷に長し 43下,366下
恩威並び行わる 85下
恩に背き義を忘る 580下
恩を忘れ義に負く 580下

【カ 行】

会稽の恥を雪ぐ 90下
咳唾，珠を成す 96上
海底に月を撈う 97上
快刀乱麻を斬る(断つ) 98上
隗より始めよ 378下
嬶天下 446下
蝸牛角上の争い 99下
佳境に入る 384下
是の如く我聞けり 497下
学を曲げ世に阿ねる 161上
家鶏を厭い野雉を愛す 104下
家鶏を賤しみ野鶩を愛す 104下
影を匿し形を蔵す 478上
佳肴有りといえども食らわずんばその旨きを知らず 443下
華胥の国に遊ぶ 106下
頭を燋し，額を爛れさす 323上
頭を垂れ気を喪う 352下
苛政は虎よりも猛し 108上
河清を俟つ 542下
風に嘯き月を弄ぶ 325上
風に吟じ月を弄ぶ 174上
風に櫛り雨に沐う 285下
風を繋ぎ影を捕う 189下
難きを先にし獲るを後にす 384上
傍らに人無きが若し 583下
旁より時に肘を掣揺す 583上
肩を比べ踵に随う 533下
火中に栗を拾う 109上
渇驥，泉に奔る 110上
葛屨，霜を履む 110下
渇すれども盗泉の水を飲まず 5上
刮目して待つ 113上
桂を折る 190下
褐を被て玉を懐く 531下
瓜田に履を納れず 114上
禍と福とは門を同じくす 115上
鼎の軽重を問う 620下
必ず壟断を求む 536上
禍福は糾える縄のごとし 115上
壁に耳あり，障子に目あり 562下
壁を穿ちて光を引く 385上
髪を剃り飾りを落とす 447上
烏に反哺の孝あり 528下
我利我利亡者 117上
画竜点睛を欠く 117下
皮開き肉綻ぶ 531上
華を去り実に就く 160下
駕を並べて斉しく駆ける 573下
駕を枉げて来臨す 80上
間一髪 131上
眼光紙背に徹す 122下
感謝感激雨あられ 124上
関雎の楽しみ 125上
韓信の股くぐり 125下
甘井先ず竭く 126上
肝胆相照らす 127上
邯鄲に歩みを学ぶ 128上
肝胆も楚越なり 127下
肝胆を砕く 127上
管中より天を窺う 128下
管中より豹を窺う 46上
艱難汝を玉にす 129下
間，髪を容れず 131上
棺を蓋うて事定まる 89下
巻を開いて得るところ有り 90下

驥，塩車に服す 146上
岐多くして羊を亡う 413下
奇貨居く可し 135下
聞かず問わず 565下
危急存亡の秋 137上
旗鼓相当る 139上
奇策を縦横にめぐらす 139下
樹静かならんと欲すれども風止まず 551下
雉の草隠れ 394下
机上の空論 141下
岸を隔てて火を観る 102上
疑心暗鬼を生ず 142上
奇想天外より落つ 143下
吉凶は糾える縄のごとし 144下
狐死して兎悲しむ 482下
狐死して丘に首す 231上
機に応じて立ちどころに断ず 80下

機に臨み変に応ずる　654下
木に縁りて魚を求む　78下
杵を磨いて針と作す　595上
驥尾に付す　396下
季布の一諾　26上
君辱しめらるれば臣死す　183上
肝に銘じる　608下
驥も櫪に伏す　146下
窮猿林に投ず　148下
九死に一生を得る　150上
窮愁して書を著す　150下
牛首を門に懸げて馬肉を内に売る　635上
九仞の功を一簣に虧く　151下
窮鼠猫を嚙む　152上
窮鳥懐に入れば猟師も殺さず　152下
教学相長ず　155上
行間を読む　122下
器用貧乏人宝　159下
驕兵は必ず敗る　159下
旭日昇天の勢い　161下
玉石倶に砕く(焚く)　162下
玉を窃み香を偸む　370上
挙足すれば軽重あり　164下
挙措当を失す　165上
虚にして往き，実にして帰る　160上
居に安んじ業を楽しむ　8下
騏驎も老いれば駑馬に劣る　485下
義を先にし利を後にす　374上
儀を三司に同じくす　145下
金甌欠くる無し　168上
槿花一日の栄(一朝の夢)　168下
琴瑟相和す　171上
錦上に花を添える　172上
禽も困しめば車を覆す　170下
金を炊ぎ玉を饌す　349下
金を流し石を鑠かす　644下
斤を運らして風を成す　63上

株を守りて兎を待つ　306上
空は即ち是色　176上
愚公山を移す　177下
草，囹圄に満つ　395下
草を打って蛇に驚く　416下
草を打って蛇を驚かす　416下
草を薙り(刈り)根を除く　381下
草を去り根を絶つ　381下
愚者も千慮に一得あり　178下
管を用いて天を窺う　631下
口有りて行無し　625下
口になお乳臭あり　211下
口に蜜あり腹に剣あり　219下
唇亡びて歯寒し　337下
唇を焦し舌を乾かす　320上
口を揃える　16上
靴を隔てて痒きを掻く　110上
群蟻羶に付く　181上
群軽軸を折る　181下
君子豹変す　182下
葷酒山門に入るを許さず　183上
群竜首なし　184上

形影相弔う　184上
形影離れず　184下
傾蓋故の如し　184下
謦咳に接する　96上
鶏口となるも牛後となるなかれ　186上
軽諾は信寡し　188上
桂林の一枝，崑山の片玉　190下
荊を披き棘を斬る　533上
逆鱗に触れる　339上
外面似菩薩，内心如夜叉　147上
毛を吹いて疵を求む　353上
兼愛私無し　193下
犬猿もただならず　193下
言に訥にして行に敏なり　484下
剣を売り牛を買う　503下
剣を落して舟に刻む　227上
堅を被り鋭を執る　533上
言を察し色を観る　249下
言を左右にする　250上
言を謹み行を慎む　169下
賢を見ては斉しからんことを思う　195上
乾を旋らし坤を転ず　375上

紅一点　530上
光陰箭(矢)の如し　41上, 203上
後悔先に立たず　203下
後悔臍を噬む　203下
口角沫を飛ばす　204上
孝行のしたい時分に親はなし　551下
光彩，目を奪う　208上
恒産有る者は恒心有り　209上

恒産無ければ恒心無し　209上
好事魔多し　210下
好事門を出でず，悪事千里を行く　4上
後塵を拝する　584下
後生畏る可し　212下
巧遅は拙速にしかず　214下
狡兎死して良狗烹らる　217上
功成り名を遂ぐ　213上
郷に入っては郷に従え　307上,497上
庚に先だち庚に後る　376上
頭に迷いて影を認む　611下
頭を改め面を換う　97下
頭を懸け股を刺す　197下
首を俛し耳を帖る　561上
頭を交え耳を接す　216上
功名を竹帛に垂る　353上
毫釐の差は千里の謬り　221下
黄粱一炊の夢　128上
亢竜悔い有り　222上
巧を絶ち利を棄つ　370下
功を通じ事を易う　444上
甲を解いて田に帰る　92上
巧を弄して拙を成す　661上
功を論じ賞を行う　667上
氷は水これを為して水よりも寒し　309下
呉牛月に喘ぐ　225上
故郷へ錦を飾る　15上
虎穴に入らずんば虎子を得ず　229上
心に彫り骨に鏤む　436上
心を洗い面を革む　380上
心を開いて誠を見す　95上
心を以て心に伝う　19上
五日一風，十日一雨　236下
骨肉相食む　236上
骨肉の間柄　236下
事は半ばにして功は倍す　287上
事を実にし是を求む　282下
胡馬，北風に依る　236下
五里霧の中　238下
転ばぬ先の杖　80上
衣の裏に珠を繋ぐ　72上
孤を託し命を寄す　414下
魂飛び魄散す　241上
渾崙に棗を呑む　241下
魂を失い魄を落す　282上

【サ 行】

豺狼路に当る　246下
才を量りて録用す　649上
境に入りては禁を問う　496下
前には倨りて後には恭し　374下
先んずれば人を制す　382上
酒入れば舌出ず　310上
酒は百薬の長　543下
左右を顧みて他を言う　250上
三豕河を渡る　255上
三舎を避く　256上
三十にして立つ　256下
三十六計逃げるに如かず　257下
三千大千世界　258下
山藪疾を蔵す　258下
山中暦日無し　260上
三人市虎を成す　260上
三人虎を成す　260下
三人寄れば文殊の知恵　260下
残杯冷炙の辱め　261下

死灰復た燃ゆ　265上
自家薬籠中の物　622上
鹿を指して馬と為す　333上
色は即ち是空　267上
舳艫相銜む　268下
思索，知を生ず　271上
獅子，兎を搏つ　272下
獅子身中の虫　344上
死児の齢を数う　272下
獅子は兎を撃つに全力を用う　272下
四十九年一字不説　24上
四十にして惑わず　273下
耳聢肩に垂る　274上
死生命有り　276下
士族の商法　270下
子孫に美田を残さず　565上
舌三寸　278下
舌三寸の囀りに五尺の身を果す　278下
七仏通戒偈　314上
死中に活を求む　281上
実事に是を求む　282下
疾風迅雷甚雨　285上
疾風に勁草を知る　284下
四顛倒　327上

士は己れを知る者の為に死す 587下
死は泰山より重く，鴻毛より軽し 407下
四百四病の外 287下
私腹を肥やす 209下
慈母に敗子有り 289上
社会の木鐸 41下
杓子を定規にする 291下
弱の肉は強の食なり 291下
邪を翻し正に帰す 593上
衆寡敵せず 296上
秋毫を明察す 609上
衆人みな酔いて，われ独り醒む 299下
十年一日のごとし 301上
十年一剣を磨く 301下
秋波を送る 532上
聚蚊雷を成す 303上
十万億仏土 303上
十有五にして学に志す 297上
柔能く剛を制す 302上
衆を得れば国を得る 479上
臭を万載に遺す 17下
殊俗，風に帰す 307上
朱に近づけば必ず赤し 171下
朱に交われば赤くなる 171下,595下
春宵一刻値千金 36上,311下
駿足は長阪を思う 312上
順風に帆を揚げる 313上
小異を捨てて大同につく 411上
小隙舟を沈む 316上
小人閑居して不善をなす 320上
賞僭わずして刑濫りならず 379下
小に因りて大を失う 54上
少年老い易く学成り難し 41上
将門に将有り 325下
従容として義に就く 326上
従容として迫らず 326下,630上
将を射んと欲すれば先ず馬を射よ 293上
章を尋ね句を摘む 339下
章を断じ義を取る 421上
小を貪りて大を失う 54上
燭を秉りて夜遊ぶ 574上
蜀犬日に吠ゆ 330下
書は三写を経れば烏焉は馬となる 56下
書を校するは塵を掃うが如し 211下
書を読みて羊を亡う 480下
芝蘭玉樹庭階に生ず 331下
知る者は言わず，言う者は知らず 427上
死を生かして骨に肉つくる 359上
痔を舐りて車を得 272下
深淵に臨むが如し 381上
人間到る所青山あり 334下
仁者は憂えず 338上
仁者は山を楽しむ 338下
人事を尽して天命を待つ 337上
信心過ぎて極楽を通り越す 294上
人生意気に感ず 430上
人生行路難し 342上
人生七十古来稀なり 279上
人生は朝露の如し 342下
人生は夢の如し 342上
進退維れ谷まる 343下
身体髪膚これを父母に受く，あえて毀傷せざるは孝の始めなり 343下
進退両つながら難し 344上
死んだ子の歳を数える 272下
心頭を滅却すれば火もまた涼し 345下
信に背き義を棄つ 504下
身命を惜しまず 561上
寝を廃し食(餐)を忘る 505上

水光天に接す 350上
随珠雀を弾つ 350下
末大なれば必ず折る 535下
過ぎたるは猶及ばざるがごとし 116下
頭北面西右脇臥 354上
すまじきものは宮仕え 68上
寸指もって淵を測る 354上
寸鉄人を殺す(刺す) 355上,下
寸歩も離れず 355下

精衛海を塡む 356下
成規を墨守す 590上
正鵠を失わず 560下
西施の顰に倣う 360上
成事は説かず 359下
精神一到何事か成らざらん 360上
清濁併せ呑む 362上
精疲れ力尽く 364上
斉東野人の語 363上
正に帰し本に反る 143上

井に背き郷を離る　505下
生は寄なり死は帰なり　357下
清風故人来たる　364上
声聞情に過ぐ　364下
姓を易え命を革む　69下
生を養い死を喪る　634上
聖を読みて庸を行う　363下
積悪の家には余殃あり　365下
赤手もて家を起す　512上
積善の家には余慶あり　366上
積土山を成す　367上
跖の狗尭に吠ゆ　370上
赤貧洗うが如し　367下
尺璧宝に非ず，寸陰これ競う　367下
尺も短き所あり，寸も長き所あり
366下
尺を枉げて尋を直くす　82上
雪月花　370上
雪上霜を加う　371下
雪中に炭を送る　372上
節を蹈んで義に死す　471上
是を是とし非を非とする　368下
前車の覆るは後車の戒め　378下
前車の轍を踏む　378下
千丈の堤も蟻の一穴より　661上
栴檀は双葉より香し　328上
船頭多くして船山に上る　425下
前門の虎，後門の狼　376上
善を勧め悪を懲らす　126下
善を尽し美を尽す　343上

双管斉しく下る　388下
桑間濮上の音　389上
創業は易く守成は難し　389下
叢軽軸を折る　389下
曾参人を殺す　392下
甑中塵を生じ，釜中魚を生ず　393上
桑田碧海須臾にして改まる　394上
桑田変じて滄海となる　394上
蔵頭の雉　394下
蒼蠅驥尾に付す　396下
倉廩実ちて礼節を知る　18下
即時一杯の酒に如かず　397下
底を方にして蓋を円くす　585上
袖振り合うも他生の縁　25上
備え有れば患い無し　628上

【タ 行】

大隠は朝市に隠る　403上
大海に針を撈る　403上
対岸の火事　102上
大義親を滅す　405下
大器は成ること晩し　405上
大巧は拙なるが若し　406下
泰山卵を圧す　407上
泰山の霤は石を穿つ　459下
大山鳴動して鼠一匹　408上
大樹の下に美草無し　409上
大処より墨を着く　409下
大信は約せず　409下
太盛守り難し　410上
大道廃れて仁義有り　370下
大道は器ならず　411下
大悲代受苦　408上
大味必ず淡し　412下
大惑は解らず　413上
体を量りて衣を裁つ　650下
薪を抱きて火を救う　584上
薪を採り水を汲む　245上
薪を抽き沸りを止む　431下
多言はしばしば窮す　415上
他山の石以て玉を攻くべし　415上
多勢に無勢　296上
佇みて思い，機を停む　441上
橘化して枳となる（橘が枳となる）
492上
橘淮北に生じて枳となる　492上
立板に水　82下, 194上
他に依って起る性　70下
卵で石を打つ　407上
玉に瑕　514下
誰か烏の雌雄を知らん　117上
胆戦き心驚く　422上
断じて行えば鬼神もこれを避く　305下
貪夫は財に徇ず　423下
短兵急　424上
短を含て長を取る　294上

邇きに在るを遠きに求む　244上
池魚故淵を思う　424下
治国平天下　104上, 299下
知者は惑わず，勇者は恐れず　427下

知者は水を楽しむ 427下
地平らかに天成る 429上
地に遍く花を開く 578上
知は崇く礼は卑し 428下
中河に船を失えば一壺も千金 36下
中原に鹿を逐う 430上
忠言耳に逆らう 429下
誅伐を加える 215上
中流に船を失えば一瓢も千金 37上
忠を尽し国に報ず 344下
長者の万灯より貧者の一灯 549下
長鞭馬腹に及ばず 438下
長幼序有り 439下
長を助け短を補う 330上
長を採りて短を補う 246下
直躬父を証す 441上
塵も積もれば山となる 367上
地を縮め天を補う 305上
椿萱並び茂る 442上
沈黙は金 443下

即かず離れず 562下
月満つれば則ち虧く 68下
夙に興き夜に寐ぬ 308下
常に備えて懈らず 324上
角を矯めて牛を殺す 154下
燕，幕上に巣くう 76下
露往き霜来たる 664上
鶴は千年亀は万年 102下

羝羊藩に触る 447下
滴水氷を成す 448下
滴水嫡ちに凍る 449上
擲果車に満つ 449下
鉄硯を磨穿す 595上
哲婦城を傾く 450下
鉄を点じて金と成す 460上
手の舞い足の踏む所を知らず 310下
出船あれば入船あり 451上
出船千艘入船千艘 451上
手を着くれば春を成す 429下
天涯も比隣のごとし 453上
天下三分の計 453下
電光影裡春風を斬る 455上
天荒を破る 523上
天災は忘れた頃にやってくる 456上
天上天下唯我独尊 623下
天高く馬肥ゆる秋 297上
天高く気清し 455上
点滴石をも穿つ 459下
天道是か非か 460下
天道は親無し 460下
天に跼まり地に蹐す 162下
天に三日の晴間なく，地に三里の平地なし 202上
天に歓び地に喜ぶ 128下
天馬空を行く 462上
天は長く地は久し 459下
天旋り地転ず 457下
天網恢恢疎にして漏らさず 464上
天を仰いで愧じず 159上
天を頂き地に立つ 437下
天を敬い人を愛する 188下
天を驚かし地を動かす 158下
天を翻し地を覆す 593下
天を震わし地を動かす 345上
天を幕とし地を席とす 513下

桃園に義を結ぶ 464下
灯火親しむべし 348上,465上
桃三李四梅子十二 468下
同じて和せず 469上
陶朱猗頓の富 469下
灯台下暗し 148上
堂に升り室に入る 322下
同病相憐れむ 472下
東風凍を解く 473上
桃李言わざれども下自ら蹊を成す 475上
桃李門に満つ 475下
盗を誨え淫を誨う 97下
遠き慮り無ければ近き憂い有り 80上
読書百遍，義自ら見わる(意自ら通ず) 480上
徳高く，望重し 478下
徳を度り力を量る 414下
毒を以て毒を制す(攻む) 48下
屠所の羊の歩み 483下
塗炭の苦しみ 484上
突を曲げ薪を徙す 162下
怒髪天を衝く 485下
鳶が鷹を生む 664上
鳶飛んで魚躍る 78上
朋有り遠方より来たる 628上

倶に一処に会う 177上
偕に老ゆ 98下
倶に天を戴かず 558上
虎の威を借る狐 9上
虎は死して皮を残し，人は死して名を残す 546下
虎を画(描)いて狗(猫)に類す 105上,下
虎を談じて色変ず 420上
虎を養いて患いを遺す 632下
鳥尽きて弓蔵めらる 435上
泥棒を見て縄を綯う 588下
呑舟の魚は枝流に游がず 488上

【ナ 行】

名ありて実なし 628下
泣いて馬謖を斬る 150上
轅を北にし楚に適く 589下
齏を断ち粥を画す 421下
名存し実亡ぶ 611上
夏の虫氷を疑う 108下
七転び八起き 279下
七たび擒え七たび縦す 279上
名は自性を詮う 598下
名は体を表す 598下
名を竹帛に垂る 353上
南郭濫りに笛を吹く 491上

肉袒して荊を負う 494下
錦を衣るの栄 15下
西に狩して麟を獲たり 360上
二進も三進もいかない 343下
二桃三士を殺す 496上
二兎を追うものは一兎をも得ず 42上
二も無く三も無し 605下
鶏の中の鶴 185下
鶏を割くに焉んぞ牛刀を用いん 153上
人間万事塞翁が馬 241下

糠を舐りて米に及ぶ 269上

猫に照らして虎を画く 324下
猫の魚辞退 527下
熱すれども悪木の陰に息まず 5上
根を追い底を究む 443下
根を断ち葉を枯らす 420下
根を深くし柢を固くす 336上
年年歳歳花相似たり，歳歳年年人同じからず 501下

能事畢れり 502上
喉元過ぎれば熱さ忘れる 54下,444下
述べて作らず 308下

【ハ 行】

敗軍の将は兵を語らず 503上
杯酒に怨みを解く 504上
梅林に渇きを止む 507上
灰を飲み胃を洗う 51下
掃溜めに鶴 186上
破鏡再び照らさず 508下
博愛衆に及ぼす 38上
白眼視する 510下
白玉楼中の人となる 511上
白手もて家を起す 512上
白髪三千丈 352上
白馬は馬に非ず 513下
白眉最も良し 514上
薄氷を履むが如し 381上
伯兪杖に泣く 515上
馬歯徒らに増す 516下
始めは処女の如く，後は脱兎の如し 329下,417下
始めを同じくするも終りを異にす 468下
始めを慎み終りを敬む 336下
裸一貫 483上
肌に銘じ骨に鏤む 608下
白駒隙を過ぐ 519上
白虹日を貫く 519下
破天荒 523上
鳩に三枝の礼有り 255上
花を借りて仏に献ず 294上
歯亡び舌存す 288下
腹八分目(に医者要らず) 68下,523下
腹を鼓し壌を撃つ 237上
針ほどのことを棒に取りなす 340上
針を棒に言いなす 340上
春和らぎ景明らか 313下
馬齢を重ねる(加える) 199下,516下
葉を庇いて枝を傷つく 546上
万死の中に一生を得る 526上
万死を出でて一生に遇う 526上

槃特が愚痴も文殊の知恵　620上
叛服常ならず　528下
班門に斧を弄ぶ　529下
万緑叢中紅一点　530上

東に食し西に宿せん　470上
光を和らげ，塵に同ず　668上
日暮れて塗遠し　467下
美女は醜婦の仇　302下
顰に倣う　360上
尾大掉わず　535下
羊に虎の皮を着せる　633上
羊の歩み　484上
羊を亡いて牢を補う　588下
筆力鼎を扛ぐ　538上
美田を買わず　565上
人ごとに給し家ごとに足る　101下
等しく量り斉しく視る　476上
人の一生は重荷を負うて遠き道を行くが如し　342上
人の口に戸は立てられぬ　4上
他人の念仏で極楽参り　294上
他人の不幸は蜜の味　208下
人の振り見て我が振り直せ　195上，415上
人は死して名を留む　546下
独り匠心を具う　478下
独り心裁を出す　479上
人を見て法を説く（説け）　83下，404下
火に油を注ぐ　106上
百尺竿頭に一歩を進む　540上
百川海に帰す　541下
百川海を学びて海に至る　541上
百端挙ぐるを待つ　542上
百年河清を俟つ　542下
百聞は一見に如かず　543上
百錬鋼を成す　544上
百歩楊を穿つ　545下
氷炭相愛す　547上
氷炭相容れず　547上
豹は死して皮を留む　546下
飛竜雲に乗る　548上
昼は耕し夜は誦す　431上
博く学びて篤く志す　510上
尾を塗中に曳く　68上
日を倍し行を并す　504上
日を曠しくして久しきに弥る　210下
牝鶏晨す　549上
貧すれば鈍す　517上

富貴天に在り　550下
風前の塵　553上
風霜を飽経す　581下
風を聞きて胆を喪う　571上
風を傷い俗を敗る　325上
浮雲日を翳う　554下
深き時は厲し，浅き時は掲す　348上
深く謀り遠く慮る　346下
覆水盆に返らず　557下
武芸十八般　559上
附耳の言も千里に聞ゆ　560下
浮生は夢の若し　561下
二つ返事　12上
淵に臨んで魚を羨むは，退いて網を結ぶに如かず　654上
伏寇側に在り　562下
釜底薪を抽く　564上
舟に刻みて剣を求む　227上
舟を載せ舟を覆す　244下
婦の怨みは終り無し　555下
故きを革め新しきを鼎る　111上
故きを送り新しきを迎う　390下
故きを温ねて新しきを知る　86上
故きを吐き新しきを納る　482下
武を耀かし威を揚ぐ　635下
文事有る者は必ず武備有り　569下
蚊子牛を咬む　569上
文従い字順う　570上
文人相軽んず　570下
褌を締め直す　170下
分に安んじて己を守る　11上
蚊虻，牛羊を走らす　571下
文を同じくし，軌を同じくす　473下
文を望みて義を生ず　587上
文を舞わし法を弄ぶ　565下

萍水相逢う　574下
兵強くして馬壮んなり　573下
兵強ければ則ち滅ぶ　573下
兵は神速を貴ぶ　214下
蛇を画きて足を添う　108下
変じて男子と成る　577上
偏聴，姦を生ず　578上

鳳凰，筱に在り 580上
法三章 622上
坊主憎けりゃ袈裟まで憎い 1下
忙中閑有り 585上
朋友信有り 588上
蓬萊弱水の隔たり 589上
忙裡に閑を偸む 589上
棒を掉いて月(星)を打つ 110上,474上
星を披き月を戴く 534下
菩提の鹿は呼べども来たらず 49上
北行して楚に至る 589下
没没として活を求む 591下
骨を粉にし身を砕く 569上
炎に趨き熱に付す 353下
ぼろは着てても心は錦 531下
哺を含み腹を鼓す 132上
煩悩の犬は追えども去らず 49上
盆を戴せて天を望む 412上

【マ 行】

枚挙に遑あらず 559下
前を承け後を啓く 321下
枉れるを矯めて直きに過ぐ 154下
枕を扇ぎ衾を温む 382下
枕を高くして憂い無し 215下
麻姑を倩うて痒きを搔く 594下
交わりは淡きこと水の如し 214上
円かに実を成す性 76上
窓を鑿ち牖を啓く 247上
俎板の上の鯉(俎板の魚) 400上
豆を煮るに萁を燃す 294下
眉を揚げ気を吐く 635上
迷える者は路を問わず 609下
真綿に針を包む 616上
満面に朱を注ぐ 142上,478上

身から出た錆 3下
幹を強くし枝を弱くす 155下
水到りて渠成る 352下
水清ければ魚無し(棲まず) 351上
水は方円の器に随う 351上
水を飲みて源を思う 54下
味噌も糞も一緒 227上
三たび思いて後に行う 254下
道に聴きて塗に説く 471下
路を異にして帰を同じうする 51上
源を開き流れを節す 91下
嚢を被て火を救う 584上
耳を掩いて鐘を盗む 75上
耳を信じて目を疑う 140下
耳を貴び目を賤しむ 140下
躬を卑しくし節を屈す 532下
身を捨てて虎を飼う 293下
躬を直くして父を証す 441上

六日の菖蒲，十日の菊 642上
夢中に夢を占う 605上
夢中に夢を説く 604下

鳴鶴陰に在り，その子これに和す 104上
明珠を闇に投ず 609下
名所に見所なし 610上
名声実に過ぐ 610下
明哲身を保つ 611上
命を佐けて功を立つ 250上
目もて食らい，耳もて視る 617下
目を明らかにし胆を張る 612上
綿裏に針を包む 616上

猛虎草に伏す 616下
網目失せず 617下
用いれば行い，舎てれば蔵る 633上
沐猴にして冠す 618上
本に報い始めに反る 587下
求めて得られざる苦 180下
本を抜き源を塞ぐ 522上
物是にして人非なり 563上
物を開き務めを成す 98上
物を玩べば志を喪う 130下
桃栗三年柿八年 468下
門外に出ださず 619上
門前市を成す 620下
門前雀羅を張る 620上
門庭市の若し 620下
聞如是 497下
門を開いて盗に揖す 98上

【ヤ 行】

薬石効無し 621下
焼けぼっくいに火がつく 265上
安物買いの銭失い 54上

柳は緑，花は紅 646下
藪をつついて蛇を出す 416下
病，膏肓に入る 207上
山を抜き世を蓋う 520上
山を跋み水を渉る 520上
山を回らし海を倒す 93下
夜郎自ら大とす 623下

維摩の一黙雷のごとし 624上
有言不実行 625下
勇者は懼れず 626上
遊刃に余地有り 627上
幽明境を異にす 628下
悠揚として迫らず 629下
幽霊の正体見たり枯尾花 506上
逝く者はかくの如きか，昼夜を舎まず 379下

羊裘釣を垂る 632上
妖言衆を惑わす 632下
羊質にして虎皮す 633上
窈窕たる淑女 634下
揚湯沸くを止むは釜底薪を抽くに如かず 564上
羊頭を懸げて狗肉を売る 635上
要領を得ず 565上
葦の髄から天井覗く 128下
夜目遠目笠の内 637上
世を経め民を済う 187上

【ラ 行】

落筆蠅を点ず 638下
洛陽の紙価を高める 638下
落花枝に上り難く，破鏡重ねて照らさず 508下
落花情あれども流水意なし 639下
乱雑にして章無し 640上
藍田玉を生ず 640下
乱を撥め正に反す 522下

李下に冠を正さず 114上
立錐の余地もない 643下
竜虎相搏つ 649下
流星光底長蛇を逸す 645下
竜飛び鳳舞う 652上
竜に攀じ鳳に附く 529下
柳眉を逆立てる 646上
竜を画いて睛を点ず 117下
良弓張り難し 647下
良禽は木を択ぶ 647下
陵谷処を代う 132下
両端を持す 307下
両鳳連なり飛ぶ 652上
良薬は口に苦し 652下
緑葉陰を成す 653上
林間に酒を煖めて紅葉を焼く 654下
琳琅目に満つ 656下

累卵の危うき 656下
累卵より危うし 656下
類を絶ち倫を離る 373上

囹圄草を生ず 396上
冷暖自ら知る 658下
礼を作して去りぬ 250下
烈士名に徇ず 659下

螻蟻堤を潰す 660下
老牛犢を舐る 286下
老驥櫪に伏するも志は千里に在り 661上
狼子に野心あり 661下
老少前後す 662上
籠鳥雲を恋う 662下
老馬道を知る 663下
老蚌珠を生ず 664上
隴を得て蜀を望む 482上
驢に騎りて驢を覓む 167上
論語読みの論語知らず 363下

【ワ】

我が田に水を引く 113下
禍転じて福となる 453上
災いを幸いとし禍を楽しむ 208下
禍を転じて福と為す 453上
和して同ぜず 669上
綿に針(を包む) 616上
笑いを河清に比す 323下
笑いを含んで地に入る 124上

中国略年表

【明朝まで】

＊は，本書に掲げた四字熟語

時代	年	事項	著作
西周	BC 1027頃	武王，太公望呂尚・周公旦の助力を得て殷の紂《ちゅう》王を討ち，周を建国．鎬京《こうけい》を都とする（西周）	
西周	771	12代幽王の時，犬戎に侵略され，周滅亡	
東周 春秋時代 十二列国（魯・衛・晋・鄭・曹・蔡・燕・斉・陳・宋・楚・秦）	770	13代平王，東遷して周を再興．成周を都とする（東周） この頃より諸侯の勢力強くなり，周王室の権威，次第に弱化	
	722	魯の隠公，即位．この年から『春秋』起筆	
	685	斉の桓公（五覇の一人），即位．鮑《ほう》叔牙・管仲を重用	『管子』
	660	秦の穆《ぼく》公（五覇の一人），即位して西戎に覇を唱える	
	651	宋の襄公（五覇の一人），即位．合戦の際「*宋襄之仁」を施して楚に敗れる	
	636	晋の重耳，諸国を流浪の後，即位（文公，五覇の一人）	
	614	楚の荘王（五覇の一人），即位．周王室に鼎《かなえ》の軽重を問う（*問鼎軽重）	
	550	この頃，晏嬰《あんえい》，斉の宰相として名声あり	『詩経』『易経』『書経』 『孫子』
	494	呉王夫差，会稽山で越王句践《こうせん》を破る	
	481	「*西狩獲麟」を以て『春秋』筆を擱《お》く	孔子『春秋』『論語』
	473	越王句践，范蠡《はんれい》の助けを得て呉王夫差を破り，「*会稽之恥」をそそぐ	
周	403	韓・魏・趙，晋から独立 編年史『資治通鑑《つがん》』の記述，この年から始まる	『墨子』 『列子』
	379	斉の呂《りょ》氏，太公望以来の祭祀を絶ち，田氏が斉を保有（田氏斉）	
	376	晋滅び，韓・魏・趙のいわゆる三晋に分裂	
	317	遊説家の蘇秦，秦に対抗する合従策	

戦国時代　戦国七雄(韓・魏・趙・燕・楚・斉・秦)		を説いて燕・楚・斉・韓・魏・趙6国の宰相となるが，暗殺される	
	310	遊説家の張儀，秦の宰相となり，連衡策を燕・斉・韓・趙に説くが，秦を追われ魏で翌年客死	
	299	斉の孟嘗君(戦国四君の一人)，秦に招かれ宰相となる．翌年，「*鶏鳴狗盗」の機知により秦を脱出，斉に帰る	『孟子』『老子』『荘子』
	277	楚の屈原，讒言により国を追われ，汨羅《べきら》に投身	『楚辞』
	257	趙の平原君(戦国四君の一人)，秦撃退の援助を求め，「*嚢中之錐」毛遂と共に楚王に会う	
		楚の春申君(戦国四君の一人)，趙を救援	
		魏の信陵君(戦国四君の一人)，王の意に逆らって趙を救援．10年後，5国の兵を率いて秦を撃退，帰国	
	256	秦，周を滅ぼす．周王朝滅亡	『呂氏春秋』
	247	秦の太子政，秦王に即位	『荀子』『韓非子』
	230	秦，この年より韓・趙・魏・楚・燕を次々に滅ぼす	
	227	荊軻《けいか》，秦王政の暗殺に失敗	
秦	221	秦，斉を滅ぼし中国を統一．秦王政，始皇帝と称する	
	213	始皇，宰相李斯《りし》の建議により焚書を行う．翌年，儒学者を坑《あなうめ》にする	
	210	始皇没．次子胡亥，2世皇帝となる．宦官趙高，横暴を極める	
	209	陳勝・呉広，秦に叛す．劉邦，項羽らも挙兵	
	207	2世皇帝自殺．2世の甥子嬰《しえい》，帝位を廃し趙高を殺す	
	206	子嬰，劉邦に降り，秦滅亡	
		項羽，子嬰を殺し西楚の覇王と称し，劉邦を漢王に封ずる．以後，漢・楚争う	
	202	項羽敗死．漢王劉邦，皇帝を称する(高祖)	
	198	匈奴王冒頓単于《ぼくとつぜんう》，漢軍を苦しめる．漢，和親を結び，匈奴に歳貢	
	195	高祖没．呂太后の専政始まる	
	180	呂太后没．高祖の遺臣，呂氏一族を殺す	賈誼《かぎ》『新書』

前漢	154	呉王劉濞《りゅうひ》，呉楚七国の乱を起す	
	141	武帝即位(～87)	
	136	儒家董仲舒の進言により五経博士を置き，これより儒学興隆	司馬相如「子虚賦」
	129	これより以後，衛青・霍去病《かっきょへい》，しばしば匈奴と戦い，戦果を挙げる	『淮南子《えなんじ》』
	99	李陵，匈奴に降伏．司馬遷，李陵を弁護し，宮刑に処せられる	『史記』 『礼記』
	91	巫蠱《ふこ》の乱	
	60	匈奴，漢に降伏	『塩鉄論』
	2	仏教伝わる	『説苑《ぜいえん》』『戦国策』
	AD 5	王莽《もう》，平帝を毒殺し，仮皇帝と称する	揚雄『法言』
新	8	王莽，皇帝を称し，国号を新とする．漢滅ぶ	
	18	赤眉の乱	
	22	劉秀，宛《えん》で挙兵	
	23	王莽敗死．新滅ぶ	
後漢	25	劉秀，即位(光武帝)．洛陽を都とし，後漢興る	
	57	倭奴国王，使を洛陽に遣わす．光武帝没	
	73	班超，西域へ赴き，居ること30年，50余国を服属させる	『漢書』『論衡』
	105	蔡倫，紙を献上	
	147	西域僧，洛陽で経典漢訳を始める	張衡「両京賦」
	166	党錮の禍．この頃から宦官と党人の対立が激しくなり，後漢の国力衰微	
	184	黄巾の乱	
	189	袁紹《えんしょう》，宦官を多数殺害	
	190	董卓，洛陽を破壊．長安に遷都強行	
	191	孫堅，董卓を破る．翌年没し，長子孫策後継となる	
	192	曹操，黄巾を破る	
	200	曹操，袁紹を官渡で破る 孫策没．弟孫権後継となる	
	215	五斗米道の張魯，曹操に降り，侯に封ぜられる	
	216	曹操，魏王を称する	
	219	劉備，漢中王となる	
	220	曹操没．子の曹丕《ひ》継ぐ 曹丕，漢の献帝から禅譲を受け，皇帝となる(文帝)．国号を魏とし，後漢滅ぶ	曹丕『典論』 曹植『曹子建集』

王朝	年	事項	文化
魏 / 蜀	221	劉備，蜀漢を建国，皇帝となる	
	222	孫権，呉王を称する．三国時代始まる	
	229	呉王孫権，皇帝を称する	
呉	234	蜀漢の諸葛孔明，魏を討伐中，五丈原に陣没．魏の司馬仲達，孔明の遺策に惑わされて逃走	諸葛孔明「出師表」
	239	邪馬台国の卑弥呼の使者，洛陽に来る	王粛『孔子家語』
	260	このころ，「*竹林七賢」	阮籍《げん》「詠懐詩」
	263	劉備の子劉禅，魏に降り，蜀漢滅ぶ	
	265	司馬炎，魏の元帝から禅譲を受け，晋の初代皇帝となる(武帝)．魏滅ぶ	
西晋	280	呉王皓《こう》，晋に降り，呉滅ぶ．晋，天下を統一(西晋)	『三国志』
	300	八王の乱(～306)	左思「三都賦」
	301	涼州刺史の張軌，前涼を建国(～376)	
	304	匈奴の劉淵，漢王を称する．308年，皇帝を称する	
五胡十六国(前趙・北涼・夏・後趙・前燕・後燕・西秦・南涼・南燕・成		氐《てい》族の李特，成漢を建国(～347)	
	316	愍《びん》帝，劉淵の養子劉曜に降り，晋滅ぶ	
東晋	318	司馬睿《えい》，即位(元帝)．建康を都とし，東晋建国	葛洪『抱朴子』
		劉曜，漢の皇帝を称する．翌年，国号を趙とする(前趙，～329)	
	319	羯《けつ》族の石勒《ろく》，趙王と称する(後趙，～351)	
	337	鮮卑族の慕容皝《こう》，燕王を称する(前燕，～370)．以後，慕容氏，東北部に後燕(384～409)・南燕(398～410)などを建国	
	351	氐族の苻健，皇帝を称する(前秦，～394)．3代苻堅の時，一時華北を統一	王羲之《ぎし》「蘭亭集序」
	354	東晋の桓温，軍権を掌握．これよりしばしば北伐を行う	
	383	淝《ひ》水の戦い．前秦の苻堅，策略に失敗して東晋に敗れる	
	384	羌《きょう》族の姚萇《ようちょう》後秦を建国(～417)	
	385	鮮卑族の乞伏《きっぷく》国仁，西秦建国(～431)	
	386	氐族の呂光，後涼を建国(～403)	
		鮮卑族の拓跋珪《たくばつけい》，魏王を称する	

漢・前秦・後涼・後秦・前涼・西涼・北燕）			397	匈奴の沮渠蒙遜《そきょもうそん》，北涼を建国（～439）	
				鮮卑族の禿髪烏孤《とくはつうこ》，南涼を建国（～414）	
	北		398	拓跋珪，帝位につく（道武帝）．平城を都として魏を建国（北魏）	
			400	李暠《りこう》，西涼を建国（～421）	
			403	東晋の桓玄，安帝を廃して自ら皇帝を称する	
			404	劉裕ら，桓玄を殺し，安帝復位	陶淵明「帰去来辞」
			407	匈奴の赫連勃勃《かくれんぼつぼつ》，大夏大王を称する（夏，～431）	
			409	馮跋《ふうばつ》，北燕を建国（～436）	
		宋	420	劉裕，即位し（武帝），国号を宋とする．東晋滅ぶ	
			421	倭王讃の使，宋都建康に至る	『後漢書』
南北朝時代	魏		439	北魏，北涼を滅ぼし，華北を統一	『世説新語』
		斉	479	斉公蕭《しょう》道成，宋帝を廃して皇帝を称する．宋滅ぶ	
			502	蕭衍《えん》，斉帝から禅譲を受け，梁を建国．斉滅ぶ	
		梁	520頃	〔伝〕達磨《だるま》，インドから渡来．梁の武帝と問答	『文選』
	東魏／西魏		534	宇文泰，孝武帝を擁立して西魏を建国．高歓，孝静帝を擁立して東魏を建国．北魏，東西に分裂	『文心雕《ちょう》竜』
	北斉		550	東魏の高洋，帝位を奪って北斉を建国	『魏書』
	北周	陳	557	西魏の宇文覚，禅定を受けて即位．北周を建国	『顔氏家訓』
				陳覇先，梁帝から禅定を受け，陳を建国．梁滅ぶ	
			577	北周，北斉を滅ぼす	『玉台新詠』
			581	北周の楊堅，静帝を廃して即位（文帝）．隋朝興る	
			587	文帝，各州に人材を募る．科挙，これより始まる．	
			589	隋，陳を滅ぼす	
隋			600	小野妹子を首席とする遣隋使，長安に至る	
			604	太子楊広，文帝を殺して即位（煬帝《ようだい》）．洛陽を都とする	
			610	煬帝，大運河を完成	
			612	煬帝，高句麗遠征に失敗．翌年また失敗	

	616	この年より各地に反乱相次ぐ	
	617	李淵，太原で挙兵．長安を陥す	
唐	618	宇文化及ら，煬帝を殺す	
		李淵，皇帝に即位(高祖)．国号を唐とする	『芸文類聚』
	626	李淵の次子李世民，太子建成と弟元吉を殺す(玄武門の変)．李淵の譲位を受け，皇帝に即位(太宗)	
	627	貞観の治(～649)	
		僧玄奘《じょう》，インドに旅立つ	『隋書』
	645	玄奘，インドから帰国	『南史』『大唐西域記』
	660	則天武后，高宗の摂政となる	『晋書』
	690	則天武后，帝位に即き，聖神皇帝と称する．国号を周と名付ける	(初唐四傑)盧照鄰・駱賓王《らくひんのう》・王勃《ぼつ》・楊炯《けい》
	705	中宗復位．国号を唐に復する．則天武后没	
	717	阿倍仲麻呂，長安に到る	
	736	李林甫《りんぽ》，中書令(宰相の最高位)となる．政敵をおとしめ，「*口蜜腹剣」と評される	(盛唐詩人)李白・杜甫・王維・孟浩然
	745	玄宗，楊玉環を貴妃とする	
	751	高仙芝，アッバース朝と戦い，敗北．唐軍の捕虜により，製紙法が西に伝わる	
	755	安禄山の乱(安史の乱)	
		玄宗，長安を脱出．蜀への行途，楊貴妃を殺す．安禄山，子の安慶緒に殺される．粛宗，長安を回復．史思明，安慶緒を殺し，安禄山の造反集団を引継ぐ．史思明，子の史朝義に殺され，朝義も自殺に追い込まれ，安史の乱終る(763年)	
	804	最澄・空海，遣唐使に随い入唐	(中唐詩人)韓愈・白居易・柳宗元・元稹《しん》・李賀
	820	宦官陳弘志，憲宗を殺す．以後，皇位，宦官に左右される	
	835	宦官排除の「甘露の変」，失敗．以後，宦官の権力ますます強まる	
	838	最後の遣唐使，入唐．円仁，随行する	
	845	武宗，仏寺多数を廃し，僧尼の多くを還俗させる(会昌の廃仏)	(晩唐詩人)杜牧・温庭筠《いん》・李商隠
	875	黄巣の乱(～884)．王仙芝，挙兵	『酉《ゆう》陽雑俎』
	878	王仙芝殺され，残党，黄巣軍に合流	
	880	黄巣，長安に入り，皇帝を称する	
	882	黄巣軍の朱温(後の朱全忠)，唐に降	

			り，重用される	
		884	黄巣，自殺．乱の鎮圧に功のあった朱全忠と李克用，反目する	
		903	朱全忠，宦官多数殺害	
契	五代（後梁・後唐・後晋・後漢・後周）	907	朱全忠，昭宣帝から禅定を受け，帝位につく．後梁建国（～23）．唐滅ぶ	
		916	契丹の耶律阿保機《やりつあぼき》，皇帝を称する	
		923	李克用の子李存勗《きょく》，帝位に即く．後唐建国（～36）．後梁滅ぶ	
		936	石敬瑭《とう》，帝位につく．後晋建国（～46）．後唐滅ぶ	趙崇祚《そ》『花間集』
		946	後晋の出帝，契丹に捕われ，後晋滅ぶ	『旧《く》唐書』
		947	契丹，国号を遼と改める 劉知遠，帝位につく．後漢建国（～50）	
		950	後漢の隠帝，家臣に殺され，後漢滅ぶ	
		951	郭威，帝位につく．後周建国（～60）	
		955	後周の世宗，仏教を弾圧	
	北	960	趙匡胤《きょういん》，後周の恭帝を廃し即位．国号を宋とする（北宋）．後周滅ぶ	
		979	宋，遼と戦い大敗する．以後，両国の攻防続く	『太平広記』
		982	遼の聖宗，即位．翌年，国号を契丹に復する	『太平御覧』
丹		1004	契丹，南伐に向かう．宋，澶《せん》州で契丹と戦い，その後澶淵の盟を結ぶ	
		1038	李元昊《こう》，夏の皇帝を称する（西夏，～1227）．西夏文字できる	
		1044	畢《ひつ》昇，活字印刷術を発明	
〈遼〉		1066	契丹，国号を再び遼とする	『唐書』
		1069	宋，王安石の財政再建策を反映した新法を施行	蘇軾《しょく》・黄庭堅
	宋	1070	王安石，宰相となる．旧法派の司馬光，退隠し，『資治通鑑《つがん》』を執筆（1084 成る）	『資治通鑑』
		1085	～86 摂政高氏，新法を廃する．司馬光，宰相となる	
		1086	王安石・司馬光，没．以後，新法派と旧法派，派閥的抗争を繰返す	
		1115	女真族の完顔阿骨打《アクダ》，皇帝を称する．国号を金と定める	
		1125	遼，金軍に降伏．遼滅ぶ	
		1126	金，宋都開封入城．北宋滅ぶ	

金・南宋	1127	宋王の趙構，即位(高宗)．越州を都とする(南宋)	
		金，南伐を開始	
	1132	宋の高宗，杭州を都とする	
	1134	宋の岳飛，金を破る	
	1141	宋の秦檜《かい》，岳飛を殺す．宋・金，和睦．宋が金に臣従の立場を取る	
	1153	金，燕京に遷都	
	1161	金の海陵王，宋に侵攻．完顔雍《よう》，即位宣言(世宗)	(南宋四大家)陸游《ゆう》・范《はん》成大・楊万里・尤袤《ゆうぼう》
		配下の将軍，海陵王を殺す	
	1162	宋の孝宗，即位	朱熹《き》
	1165	宋・金，和睦	『近思録』『小学』
金・モンゴル・南宋	1206	テムジン，全モンゴルを統一．ジンギス汗と称する(元の太祖)	
	1213	モンゴル軍，山東半島まで侵攻	
	1217	金，宋に侵攻．以後，宋・金の戦い続く	
	1219	ジンギス汗，西征	
	1227	西夏，モンゴル軍に降り，滅ぶ．ジンギス汗，没	元好問『中州集』
			耶律楚材『湛然居士集』
	1234	金の哀宗自殺し，金滅ぶ	
	1236	宋の孟珙《もうこう》，モンゴル軍を破る	
	1260	フビライ，ジンギス汗以来の帝位を継ぐ(世祖)	
	1267	フビライ，燕京に遷都(大都と改名)	
	1271	フビライ，国号を元とする	『朱子語類』
	1274	元，日本に遠征(文永の役)	
	1275	マルコ・ポーロ，上都(内モンゴル)に到る	
		宋の文天祥，挙兵．3年後，元軍に捕われる	文天祥「正気の歌」
元	1279	宋軍，元軍に攻撃され，皇帝趙昺《へい》自殺．南宋滅ぶ	(元曲四大家)関漢卿・白樸・鄭光祖・馬致遠
	1281	元，再度日本に遠征(弘安の役)	『十八史略』
	1328	この頃，元朝宮廷内の権力闘争盛ん	王実甫『西廂記』
	1344	黄河大氾濫．河道北に移動す	『金史』『宋史』
	1351	白蓮教徒，挙兵(紅巾の乱)	薩都剌《さつとら》『雁門集』
	1352	朱元璋《しょう》，挙兵に参加	
	1364	朱元璋，呉王を称する	
	1368	朱元璋，皇帝を称する(太祖洪武帝)．国号を明とし，南京を都とする	施《し》耐庵『水滸伝』
		モンゴル北へ去り，元滅ぶ	羅貫中『三国志演義』

明	1374	高啓刑死．この前後，文人の受難続出（文字の獄）	
	1380	洪武帝の粛正始まる（胡藍の獄）．胡惟庸《いよう》はじめ重臣殺される	瞿祐《くゆう》『剪《せん》灯新話』
	1390	建国の功臣李善長はじめ 3 万人以上の臣殺される	
	1393	藍玉殺され，1 万 5000 人余連座	
	1399	洪武帝の 4 男燕王朱棣《てい》，挙兵（靖難の変）	
	1402	朱棣，南京を陥し，即位（成祖永楽帝）	
	1405	鄭和，第 1 次航海．第 7 次（1431）まで続く	『永楽大典』
	1421	北京に遷都	『性理大全』
	1424	仁宗洪熙帝即位．翌年，宣宗宣徳帝即位．（仁宣の治）	
	1435	宦官王振，司礼監となる．以後，宦官の専政続く	
	1448	鄧《とう》茂七，農民反乱を起す	
	1449	オイラートのエセン，明の国境攻撃（土木の変）	
	1488	弘治・正徳年間，李夢陽ら前七子により，「文は秦漢，詩は盛唐」をスローガンとする古文治主義運動興る	
	1510	劉六・劉七の乱．この頃，反乱続発する	王陽明『伝習録』
	1521	嘉靖年間，李攀《はん》竜ら後七子，前七子の活動を継ぐ	李攀竜？『唐詩選』
	1566	海瑞，嘉靖帝の長生祈禱熱中を諫め，投獄される	呉承恩『西遊記』
	1580	張居正，全国の田地を実測	『本草綱目』
後金	1616	満州族（女真族）の愛新覚羅ヌルハチ，独立を宣言して汗に即位（太祖）．国号を金とする（後金）	笑笑生『金瓶梅』
	1625	ヌルハチ，国都を瀋陽に定める（盛京，後の奉天）	洪応明『菜根譚』
	1631	明の李自成，農民反乱軍に参加	
清	1636	太宗ホンタイジ，皇帝に即位．国号を清と改める	
	1643	清の太宗没し，次子福臨即位（世祖順治帝）．叔父ドルゴン摂政	
	1644	造反軍の李自成，西安で即位．国号を順とす．李自成軍，北京紫禁城に入り，崇禎帝自殺．明朝滅ぶ	

主要人物解説

晏嬰 あんえい　春秋時代，斉の人．字は平仲．晏子と敬称される．霊公・荘公・景公に仕え，宰相となる．勤倹・力行をもって斉の国に重きをなし，諸侯の間に名声を博した．30年1着の裘《かわごろも》で通し，宰相となっても奢ることなく，食事に2品以上の肉を並べなかったという．言行録に『晏子春秋』がある．（～前500）◙晏嬰狐裘，樽俎折衝

王安石 おうあんせき　北宋，臨川の人．字は介甫，号は半山．神宗の時宰相となる．貧農救済のための青苗法，零細商人を救済するための市易法など，財政再建策に基づく新法を実施したが，旧法派の司馬光と対立するなど物議をかもし，その地位を去るに至る．文人としてもすぐれ，唐宋八家の一人．（1021～86）◙錦上添花，万緑一紅

王維 おうい　唐，太原の人．字は摩詰．盛唐を代表する詩人で，自然を詠ずるところで孟浩然と共通し，王孟と併称される．書は草書・隷書にすぐれ，画は南宗の祖とされるなど，多芸の持主．旅立つ人を送る詩「陽関曲」は，日本でもよく吟じられる．（701～61）◙一牛鳴地，孤城落日，無声之詩，陽関三畳，柳暗花明

王羲之 おうぎし　東晋，会稽の人．字は逸少．元帝の時右将軍，会稽内史となる．書にすぐれ，楷書・草書は古今の冠とされる．玄奘《げんじょう》三蔵の経典翻訳をたたえる唐の太宗「聖教序」碑文は，羲之の行書の筆跡から文字を集めて石刻した．「蘭亭集序」などの作品がある．（307？～65？）◙一觴一詠，家鶏野鶩，曲水流觴，茂林修竹

王莽 おうもう　前漢元帝の皇后の甥．字は巨君．成帝の末年，大司馬となる．哀帝の後，幼い中山王を迎えて平帝とし，摂政となる．5年後平帝を殺し，自ら仮皇帝と称する．紀元8年，皇帝となり，国号を新とする．しかし唐突な改革は社会不安を増大させ，赤眉軍・緑林軍などの農民反乱軍や，後に後漢の光武帝となる劉秀などの率いる豪族武装集団の反乱が続き，敗死．新は建国15年で滅んだ．（前45～後23）◙金科玉条，終始一貫，百薬之長

欧陽脩 おうようしゅう　北宋，廬陵《ろりょう》の人．字は永叔．号は酔翁・六一居士．仁宗・英宗・神宗に仕えた．王安石の才能を買って後援していたが，その新法に反対して引退．『新唐書』『新五代史』を著す．唐宋八家の一人．なお唐宋八家には，弟子の蘇軾《そしょく》，蘇軾の父と弟，王安石を欧陽脩に紹介した曾鞏《そうきょう》など，脩に関係の深い者が多い．（1007～72）◙衣錦之栄，韓柳欧蘇，刻露清秀，作文三上，瞻望咨嗟，治乱興亡，明窓浄机

王陽明 おうようめい　明，余姚《よちょう》の人．陽明は号で，名は守仁，字は伯安．朱子学における主観と客観との緊張を主観の側に解消し，「心即理」「知行合一」「良知を致す」の説を主張し，陽明学を確立した．日本では中江藤樹・熊沢蕃山・大塩平八郎らに受入れられた．著に『伝習録』ほかがある．（1472～1528）◙格物致知，禽獣夷狄，事事物物，事上磨錬，知行合一

蒯通 かいとう　秦末漢初，范陽の人．遊説家として斉王韓信のもとに留まり，項羽・劉邦と天下を三分することを説くが，いれ

られず去る．後に韓信は呂后《りょこう》に殺される時，蒯通の勧めに従えばよかったと悔やむなど，韓信の行跡に与えた影響は大きい．戦国の世の権謀術数を論じた81編の論を書き，『雋永《せんえい》』と名づけた．◈雲合霧集，高材疾足，三者鼎立，疾足先得，長短之説，天下三分

賈誼 かぎ　前漢，長安の人．若くして諸子百家の書に通じ，文帝に仕えた．しかし建国の老臣らに反発されて政治の中心からはずされ，長沙王，続いて梁王揖《ゆう》の太傅《たいふ》となる．農本主義を主張．著に『新書』があり，また「過秦論」で秦の治乱を論じた．（前200～168）◈甕牖縄枢，佐命立功，深謀遠慮，貪夫徇財，陶朱猗頓，命世之才，烈士徇名

顔回 がんかい　春秋時代，魯の人．字の子淵から，しばしば顔淵とも呼ばれる．孔門十哲の筆頭．貧乏暮しながら，むしろそれを楽しみ，常に中庸の徳を心がけた．孔子に最も期待された弟子だったが，夭折．曲阜《きょくふ》の孔廟近くに顔廟がある．（前514～483）◈拳拳服膺，四鳥之別，蒼蠅驥尾，箪食瓢飲，天道是非，用行舎蔵

韓信 かんしん　前漢，淮陰《わいいん》の人．蕭何《しょうか》・張良とともに高祖三傑の一人．はじめ項羽に仕えたが重用されず，劉邦に従い，丞相蕭何に認められて大将軍となる．知謀によって幾多の戦いに勝ち，漢の天下統一に貢献した．斉王のち楚王に封じられたが，謀反の疑いを持たれて淮陰公に落とされ，のち誅殺される．若い頃，人の股をあえてくぐったことから，後世，忍耐の手本として「韓信の股くぐり」が著名になった．（～前196）◈一飯之報，解衣推食，韓信匍匐，金石之交，口尚乳臭，狡兎良狗，国士無双，三者鼎立，四面楚歌，天下三分，背水之陣

管仲 かんちゅう　春秋時代，斉の人．名は夷吾．若い頃は貧乏で，よく友人の鮑《ほう》叔牙をだました．しかし管仲の才を見抜いていた鮑叔牙は見捨てず，桓公の宰相に推薦し，桓公は管仲の力を得て覇者となることができた．管仲は，自分を知るのは鮑叔牙だと言って友情を深め，世間は鮑叔牙の明をたたえたという．著に『管子』がある．（～前645）◈管鮑之交，酒入舌出，諸子百家，当路之人，匹夫匹婦，被髪左衽，老馬之知

韓非子 かんぴし　戦国時代，韓の公子．韓非．荀子《じゅんし》に学び，李斯《りし》と同門．韓の弱体化を見て，しばしば韓王を諫めたが聞き入れられず，法律・刑罰を政治の基礎とする書『韓非子』を著す．これを読んで感動した始皇帝が，秦に招こうとしたが，自分たちの立場が不利になることを恐れた李斯らの謀略にかかり，獄中で自害した．（～前233頃）◈韋弦之佩，一顰一笑，郢書燕説，遠水近火，和氏之璧，骨肉之親，慈母敗子，守株待兎，蕭牆之憂，諸子百家，人主逆鱗，信賞必罰，吹毛求疵，千秋万歳，忠言逆耳，南郭濫吹，比肩随踵，飛竜乗雲，矛盾撞着，良薬苦口，螻蟻潰堤，老馬之知

韓愈 かんゆ　中唐，昌黎《しょうれい》の人．字は退之．貧苦のうちに前半生を過す．儒教を尊び，憲宗が仏舎利供養を宮中で営んだ時には「論仏骨表」を献じて反対し，そのため潮州に流された．柳宗元とともに古文の復興を唱え，韓柳と併称される．詩は険峻と評され，白居易の平明に相対する．唐宋八家の一人．（768～824）◈一視同仁，一髪千鈞，怪誕不経，韓文之疵，韓柳欧蘇，佶屈聱牙，牛溲馬勃，月下推敲，乾坤一擲，光焔万丈，弱肉強食，傷風敗俗，新涼灯火，青天白日，絶類離倫，旋乾転坤，泰山北斗，朝齏暮塩，朝蠅暮蚊，痛定思痛，灯火可親，同工異曲，頭童歯豁，馬牛襟裾，爬羅剔抉，筆力扛鼎，百孔千瘡，浮花浪蕊，俛首帖耳，文従字順，文恬武嬉，乱雑無章

魏徴　ぎちょう　唐，曲城の人．字は玄成．隋末の李密，唐の太子李建成の臣を経て，太宗李世民に仕える．主君を諫めて功があった．『隋書』を著し，『群書治要』を編纂．「人生，意気に感ず」で知られる詩「述懐」は，『唐詩選』の巻頭に載る．（580～643）◈創業守成，中原逐鹿

屈原　くつげん　戦国時代，楚の人．原は字，名は平．王族に生れ，懐王の側近として活動したが，秦が強国になって行く情勢の中で反秦の立場を崩さぬ姿勢を反対派に疎まれ，讒言を信じた頃襄《けいじょう》王により流罪となる．失意のうちに湘江のほとりをさまよい，汨羅《べきら》に投身．「離騒」「漁父」「九章」など，流浪中の詩作が『楚辞』にまとめられている．（前343頃～277頃）◈衆酔独醒，騒人墨客，濯纓濯足，懲羹吹膾，汨羅之鬼，鳳凰在笯，邑犬群吠

嵆康　けいこう　三国時代，魏の人．字は叔夜．竹林七賢の一人．老荘の学を好み，酒と琴を楽しんだ．世俗に出ることを望まず，重臣鍾会《しょうかい》に憎まれてその讒言により，投獄誅殺された．（223～62）◈竹林七賢，沈黙寡言，白眼青眼

阮籍　げんせき　魏晋代，陳留の人．字は嗣宗《しそう》．竹林七賢の一人．やはり七賢に数えられる阮咸《かん》の叔父．酒を好み，俗人を避け，老荘の哲学を好んだ．無頼とも言える生活を送ったが，晋の文王司馬昭はその至慎の姿勢をほめたという．（210～63）◈阮籍青眼，竹林七賢，得意忘形，白眼青眼

玄宗　げんそう　唐の第6代皇帝．初期は開元の治と呼ばれるすぐれた治績を挙げたが，楊貴妃を愛するに至り，国政をおろそかにし，楊一族を取立てるなど政治を乱す．安禄山の乱により長安を逃れ，蜀へ向かう途中楊貴妃を殺し，譲位．楊貴妃を失った失意のさまは，白居易「長恨歌」がよく伝える．（685～762）◈解語之花，霓裳羽衣，孤影悄然，天旋地転，比翼連理，梨園子弟

項羽　こうう　秦末，楚の人．羽は字で，名は籍．叔父項梁と挙兵．劉邦らと合流して楚の懐王を擁立．劉邦に降った秦王子嬰《しえい》を殺し，秦都咸陽《かんよう》を焼き，西楚の覇王を称した．漢王劉邦と天下を分けて覇権を争い，常に優位に立ったが，垓下《がいか》の一戦に敗れ，烏江《うこう》で自死した．（前232～02）◈金石之交，乾坤一擲，捲土重来，三者鼎立，四面楚歌，天下三分，抜山蓋世，悲歌慷慨，沐猴而冠，養虎遺患

孔子　こうし　春秋時代，魯の人．名は丘，字は仲尼《ちゅうじ》．仁を理想の道徳とし，理想を達成する根底に孝と忠を置いた．この思想を中心とする孔子の教えを儒教と総称する．魯に仕え，また諸国を歴遊して治国の道を説いたが容れられず，教育と著述に専念した．言行録に『論語』があり，思想のみならず，孔子と弟子との興味深い逸話も載せる．（前551～479）◈悪衣悪食，悪木盗泉，一字褒貶，一世木鐸，韋編三絶，益者三楽，益者三友，遠慮近憂，甕裏醯鶏，温故知新，温良恭倹，怪力乱神，下学上達，苛政猛虎，過猶不及，肝胆楚越，危言危行，牛刀割鶏，朽木糞牆，曲肱之楽，金声玉振，君子三畏，君子三戒，傾蓋知己，軽裘肥馬，兼愛無私，見賢思斉，犬馬之養，剛毅木訥，巧言令色，後生可畏，孔孟老荘，告朔餼羊，五十知命，克己復礼，歳寒松柏，察言観色，三思後行，三十而立，四十不惑，十五志学，菽水之歓，述而不作，春秋筆法，蕭牆之憂，諸子百家，仁者不憂，仁者楽山，尽善尽美，鄒魯遺風，成事不説，西狩獲麟，川上之嘆，先難後獲，喪家之狗，造次顛沛，損者三楽，損者三友，樽俎折衝，簞食瓢飲，知者不惑，知者楽水，知崇礼卑，朝聞夕死，直躬証父，東家之丘，同而不和，道聴塗説，訥言敏行，博文約

礼，発憤忘食，匹夫匹婦，被髪左衽，不失正鵠，文質彬彬，文事武備，分崩離析，暴虎馮河，飽食終日，無始無終，勇者不懼，有朋遠来，用行舎蔵，良禽択木，六十耳順，和而不同

句践 こうせん　（日本ではふつう「勾践」と書く）春秋時代，越の王．呉王闔閭《こうりょ》を敗死させたが，会稽山の戦いで闔閭の子夫差に敗れ，西施を差出し臣従することを誓ってやっと許された．以後，苦い肝を嘗めてその恥辱を忘れず，20余年後，忠臣范蠡《はんれい》と謀り，ついに呉を滅ぼす．『荀子《じゅんし》』では，闔閭とともに五覇の一人に数えられる．（～前465）◈会稽之恥，臥薪嘗胆，焦唇乾舌，鷹視狼歩

光武帝 こうぶてい　後漢の初代皇帝，世祖．劉秀．字は文叔．兄とともに王莽《もう》打倒の兵を挙げた．更始帝を称した劉玄のもと，昆陽で新軍を破る．蕭《しょう》王に任じられて河北の諸族を破ったあと，紀元25年，自立して即位，洛陽を都とした．36年，公孫述を下して蜀を版図に入れ，天下を統一．諸王を公侯に下すなど，王朝の基礎を固めた．（前6～後57）◈開心見誠，勁草之節，疾風勁草，糟糠之妻，得隴望蜀，庸中佼佼

伍子胥 ごししょ　春秋時代，楚の人．子胥は字，名は員《うん》．父と兄を平王に殺され，亡命して呉王闔閭《こうりょ》に仕えた．年を経てついに楚に攻め込み，すでに死んでいた平王の墓をあばき，屍《しかばね》を300回鞭うって報復とした．のちに闔閭の子夫差が越王句践《こうせん》の降伏を許したのを諫め，自死を命じられる．なお，20年後に恥をそそいだ句践は，范蠡《はんれい》の進言を入れて夫差の降伏を許さずに滅ぼしている．（～前485）◈隠忍自重，心腹之疾，倒行逆施，同病相憐，白竜魚服，眉間一尺，予且之患

子夏 しか　春秋時代，衛の人．姓は卜《ぼく》，名は商，子夏は字．孔門十哲の一人．「文学には子游・子夏」と言われる．孔子より44歳若く，孔子の没後は西河に住んで門人を教育し，魏の文侯の師となった．子に先立たれた時，泣いて失明したという．（前507？～）◈過猶不及，三豕渡河，四海兄弟，死生有命，西河之痛，博学篤志，富貴在天

子貢 しこう　春秋時代，衛の人．姓は端木，名は賜，子貢は字．孔門十哲の一人．孔子より31歳の年少で，弁舌に巧みだった．越王句践《こうせん》と呉王夫差を戦わせるなど，斉・呉・越・晋に説いて回り，互いに争わせて魯国の安泰をはかったという．（前520？～）◈告朔餼羊，風波之民，茫然自失

始皇帝 しこうてい　第31代の秦王．のち中国史上最初の統一国家を築き，第1世皇帝となる．名は政．荘襄王の子．一説に実父は呂不韋《りょふい》という．法治主義をとり，郡県制度を施行して国を治めた．将軍蒙恬《もうてん》を派遣して，戦国諸侯の築いた長城を補強延長し，万里長城を建設．宰相李斯《りし》の進言で焚書坑儒を行う．さらに膨大な犠牲の上に阿房宮や驪山《りざん》の陵を築造したが，項羽にすべて焼き払われた．（前259～10）◈大声疾呼，不老不死，焚書坑儒

司馬光 しばこう　北宋，陝《せん》州の人．字は君実．神宗の時翰林学士となる．王安石の新法に反対．安石が宰相となるに及んで職を辞し，編年史『資治通鑑《つがん》』の著述に専念する．哲宗の時宰相になり，旧法を復活させたが，数か月で没．司馬温公と尊称される．（1019～86）◈円木警枕，目食耳視

司馬相如 しばしょうじょ　前漢，成都の人．字は長卿．梁に遊んだ時に作った「子虚賦」が武帝の目にとまり，仕えた．「大人賦」「封禅書」などすぐれた辞賦を著し，作品は後世文人の手本とさ

れた．妻は臨邛《りんきょう》の富豪卓王孫の娘卓文君で，のちに相如が心変りした時に詠んだ「白頭吟」で知られる．（前 179～17）◆延頸挙踵，家徒四壁，寡廉鮮恥，子虚烏有，同工異曲

司馬遷 しばせん　前漢，夏陽の人．字は子長．父談の職を継いで太史令となり，太史公と称す．父の志をついで史書の筆を起すが，匈奴に降った李陵を弁護して武帝の怒りに触れ，宮刑に処された．その後発憤して執筆に力を注ぎ，『史記』130 巻を完成させた．（前 145 頃～86 頃）◆雲蒸竜変，九牛一毛，窮愁著書，傾危之士，耳食之談，拾遺補闕，泰山鴻毛，戴盆望天，知勇兼備，長短之説，天道是非，桃李成蹊，名声過実，

周公 しゅうこう　周の文王の子．名は旦で，周公旦と呼び慣わされる．太公望とともに，兄の武王を助けて殷《いん》の紂《ちゅう》王を討つ．武王の死後は甥の成王，その子康王を補佐．礼楽制度を調えるなど，周王朝の基礎を定めた．長子伯禽《きん》は魯に封ぜられ，始祖となった．（前 11 世紀頃）◆桑土綢繆，同床異夢，吐哺捉髪

周敦頤 しゅうとんい　北宋，道州の人．字は茂叔．濂渓《れんけい》先生と称せらる．宋学と呼ばれる新しい儒学の大家の一人．宇宙万物の元始である太極から，陰陽・五行・万物の生成発展する過程を図解し，説明を加えた『太極図説』を著す．その宇宙論は程子に伝わり，朱子学の成立に至る．（1017～73）◆吟風弄月，光風霽月

叔斉 しゅくせい ⇒ 伯夷　はくい

朱子 しゅし　南宋，婺源《ぶげん》の人．名は熹《き》，字は元晦《げんかい》・仲晦，号は晦庵・紫陽など．程頤《い》の理気説を継承し，朱子学と呼ばれる儒教哲学を大成した．その文献批判，訓詁の考証，自然知識の開拓は，清朝考証学の先駆と言われる．著に『四書集註』『大学章句』，門人らとの問答を集大成した『朱子語類』などがある．（1130～1200）◆一唱三嘆，一寸光陰，一刀両断，格物致知，居敬窮理，権謀術数，事事物物，七転八倒，修己治人，水到渠成，精神一到，徹頭徹尾，東扶西倒，読書三到，破綻百出

荀子 じゅんし　戦国時代，趙の人．名は況《きょう》．50 歳にして斉に遊学し，襄《じょう》王に仕えるが，讒《ざん》によって楚に移り，春申君に仕えて蘭陵の令となったという．『孟子』と並ぶ儒学書『荀子』を著す．門下から法家の韓非子，また秦の宰相となって焚書坑儒を始皇帝に進言した李斯《りし》が出た．（前 298？～）◆一往一来，一進一退，葦末之巣，禹行舜趨，開源節流，赫赫之功，口耳之学，鼯鼠之技，載舟覆舟，出藍之誉，水随方円，生殺与奪，積土成山，是是非非，同声異俗，駑馬十駕，跛鼈千里，美意延年，麻中之蓬，無稽之言，迷者不問

商鞅 しょうおう　戦国時代，衛の人．公孫氏．秦の孝公に仕え，功によって商に封じられ，商君鞅，また衛鞅と呼ばれる．秦の宰相として法令を改革．太子が法を犯した時は後見役や師を処罰するなど，厳格・強引な施行によって国内を治めた．太子が孝文王となるに及んで失脚，自らの定めた法によって誅殺された．商鞅以来，秦は徹底した法治国家となる．（～前 338）◆移木之信，左建外易，風塵之会

蕭何 しょうか　前漢，沛《はい》の人．張良・韓信とともに高祖三傑の一人．沛県の書記をしていたが，劉邦に従って優れた補佐役となる．咸陽《かんよう》に入った時，財宝には目もくれず秦朝廷の図書を収め，それによって劉邦は天下の情勢をつぶさに知ることができた．漢の丞相となり，劉邦が項羽と戦っている間，関中を守り前線に兵や食料を送る．天下定まって，高祖劉

邦は蕭何を功労第一とした．のち相国となる．（～前193）◈汗馬之労，国士無双，刀筆之吏，発縦指示

諸葛孔明 しょかつこうめい　三国時代，琅邪《ろうや》の人．名は亮《りょう》．孔明は字．劉備に請われて軍師となり，益州を領有して独立する天下三分の計を説き，知略を以て魏・呉と戦う．蜀漢建国後，宰相．わが子に器量がなければ皇帝になってほしいという劉備の遺言にもかかわらず，凡庸な2世劉禅に仕え，国を背負って魏と戦い，五丈原に陣没した．（181～234）◈危急存亡，鞠躬尽瘁，泣斬馬謖，犬馬之労，孔明臥竜，三顧之礼，七擒七縦，水魚之交，天下三分，百里之才，伏竜鳳雛，木牛流馬，竜驤虎視

子路 しろ　春秋時代，魯の人．姓は仲，名は由．子路は字で，季路とも言う．孔門十哲の一人．もと侠客で，勇を好み，剛直な志を持つ．「政事には冉有《ぜんゆう》と季路」と言われる．衛の内乱の時，乱を起した荘公に直言し，殺された．（前542～480）◈升堂入室，発憤忘食，分崩離析

荘子 そうし　戦国時代，宋の人．名は周，字は子休．荘子は敬称で，曾子との混同を避け，ソウジと言うことが多い．孟子と同時代の人で，漆園の管理人だったという．老子とともに道家を代表し，老荘と併称される．その著『荘子』は，寓言によって現象世界の超越を説く．◈一飲一啄，有耶無耶，運斤成風，曳尾塗中，蝸角之争，夏虫疑氷，華封三祝，甘井先竭，肝胆楚越，邯鄲之歩，含哺鼓腹，虚静恬淡，虚無恬淡，空谷跫音，群蟻付羶，形影不離，交淡如水，孔孟老荘，古人糟魄，胡蝶之夢，舐痔得車，日月自明，寿則多辱，諸子百家，随珠弾雀，井蛙之見，西施捧心，巣林一枝，大惑不解，断鶴続鳧，沈魚落雁，轍鮒之急，得魚忘筌，読書亡羊，吐故納新，図南鵬翼，屠竜之技，南華之悔，莫逆之友，氾愛兼利，尾生之信，鵬程万里，無何有郷，無始無終，無用之用，遊刃余地，用管窺天

曾子 そうし　春秋時代，魯の人．名は参《しん》，字は子輿《しよ》．孔子の門下．孔子より46歳も若かったが，弟子中ただ1人，『論語』で必ず「子」を付けて呼ばれるほど重視された．親孝行で知られ，『孝経』の著者と伝えられる．（前505～）◈三釜之養，曾参殺人，託孤寄命，胆大心小，養志之孝，六尺之孤

曹植 そうしょく　（ソウチとも）三国時代，魏の曹操の第3子．字は子建．詩才は父曹操，兄曹丕《ひ》よりも優れ，詩文で傑出した建安七子をもしのいだ．曹操の後継を兄と争ったと言われ，曹丕が継いで魏の文帝となると，転々と各地の侯・王に封じられ，陳王で没した．7歩あるく間に詩を作れと文帝に難題を出され，見事に詠じたという逸話を残す．（192～232）◈犬馬之年，左顧右眄，七歩之才，煮豆燃萁

曹操 そうそう　三国時代，魏の始祖，太祖武帝．沛《はい》の人．字は孟徳．後漢に仕え，権謀に富み，黄巾の乱を平定する過程で次第に実力をつけ，袁紹《えんしょう》を滅ぼし，華北を統一．魏公を経て魏王を称した．劉備・孫権と覇を競い，勢力は最も盛んだった．詩も巧みで，戦陣でも読書を怠らなかったという．没後，武帝と追尊される．（155～220）◈一世之雄，天下三分，蟷螂之斧，斗酒隻鶏，豚児犬子，梅林止渇，老驥伏櫪

曹丕 そうひ　三国時代，魏の初代皇帝，世祖文帝．曹操の長子．字は子桓．父の地位を継いで魏王となり，後漢の献帝の禅譲を受け，魏帝に即位した．同時代を代表する文学者の一人で，著の『典論』に「文章は経国の大業，不朽の盛事なり」の句を残す．やはり優れた文人だった弟曹植とは不仲だったと伝えられる．（187～226）◈経国大業，七歩之才，伯仲之

間，物是人非，文人相軽

蘇軾 そしょく 北宋，眉山の人．字は子瞻《しせん》，号は東坡《とうば》．王安石の新法に反対し，地方官を歴任．その後，中央での旧法派と新法派の勢力次第で官職を変えられ，60歳を過ぎて海南島に流された．その間詩作を絶やすことなく，また「赤壁賦」などの文も作った．同じく詩文に優れた父蘇洵《じゅん》，弟蘇轍《てつ》とともに三蘇と呼ばれ，3人ながら唐宋八家に数えられる．（1036～1101）◈蛙鳴蟬噪，一場春夢，一刻千金，一世之雄，羽化登仙，雲烟過眼，蓋世之才，佳人薄命，韓柳欧蘇，堅忍不抜，光陰如箭，舳艫千里，社燕秋鴻，春宵一刻，酔眼朦朧，水光接天，晴好雨奇，青山一髪，清風明月，雪泥鴻爪，滄海一粟，鉄心石腸，夜雨対牀，余韻嫋嫋

蘇秦 そしん 戦国時代，洛陽の人．張儀と同じく斉の鬼谷先生に学ぶ．戦国七雄のうち，西の秦が強国となり，東の韓・魏・趙・燕・楚・斉の脅威となっていたので，6国が縦に連合して秦に対抗する合従《がっしょう》策を各国に説いて回り，一時は6国の宰相を兼ねた．しかし張儀の連衡《れんこう》策に敗れ，最後は斉で暗殺された．（～前317）◈合従連衡，傾危之士，桂玉之艱，鶏口牛後，懸頭刺股，肩摩轂撃，諸子百家，前倨後恭

孫子 そんし 春秋時代，斉の人．名は武．呉王闔閭《こうりょ》に仕え，楚を破るなど，その覇業を助けた．竈《かまど》の数を減らす策（→倍日井行）で知られる戦国時代斉の孫臏《びん》は，孫子の後裔．著作に兵法書『孫子』がある．（前6～5世紀）◈迂直之計，巧遅拙速，呉越同舟，三令五申，常山蛇勢，諸子百家，処女脱兎，正正堂堂，脱兎之勢，百戦百勝，風林火山

太公望 たいこうぼう 殷《いん》末周初の人．姓は呂《りょ》，名は尚，字は子牙．渭水で釣をしているところを文王に見出され，太公（祖父，古公亶父《たんぽ》）の待ち望んでいた人というところから，太公望と呼ばれた．周公旦とともに武王を助けて殷の紂《ちゅう》王を討ち，周の時代をもたらす．斉に封じられて始祖となった．その著とされる兵書『六韜《りくとう》』は，現存するものは後世の偽作．「太公望」は，釣師の異称にもなっている．（前11世紀頃）◈愛及屋烏，渭浜漁父，覆水不返，六韜三略

太宗 たいそう 唐の第2代皇帝．李世民．高祖李淵の次子．兄の建成，弟の元吉を殺し（玄武門の変），高祖に迫って譲位させ，即位．賢臣房玄齢・杜如晦《とじょかい》・魏徴，名将李靖・李勣《せき》らを用いて，律令の撰定，軍制の整備，領土の拡大などを行い，唐朝の基礎を固めた（貞観の治）．太宗と家臣との問答を記録した書に『貞観政要』があり，後世為政者の教科書とされた．（598～649）◈松風水月，創業守成，万死一生

張儀 ちょうぎ 戦国時代，魏の人．蘇秦と同じく斉の鬼谷先生に学ぶ．秦の恵王の宰相となり，東の韓・魏・趙・燕・楚・斉がそれぞれに西の秦と同盟を結ぶ連衡《れんこう》策をもって各国に説き，蘇秦の合従《がっしょう》策を破った．恵王の死後は政敵に憎まれ，魏の宰相となって1年で没した．（～前310）◈合従連衡，群軽折軸，傾危之士，高枕無憂，諸子百家，切歯扼腕

趙高 ちょうこう 秦の宦官．始皇帝が没した時，宰相李斯《りし》と共謀して，始皇の次子胡亥《こがい》を2世皇帝に擁立．その後李斯を獄死させ，自ら宰相となって横暴を極めた．劉邦軍が関中に入り咸陽《かんよう》に迫ると，胡亥を自殺させ，子嬰《しえい》を帝とする．しかし子嬰は帝を廃し，趙高を殺して劉邦に降り，秦は滅亡した．（～前207）◈指鹿為馬

張良 ちょうりょう 前漢，韓の人．字は子房．蕭何《しょうか》・韓信とともに高祖三傑の一人．始皇帝を殺そうとして失敗．その後，下

邳《かひ》の土橋で出会った黄石公に兵書(太公望の『六韜《りくとう》』とも黄石公の『三略』とも言う)を授けられたという．劉邦に仕えてたびたび危難を救い，適切な判断をもとに献策して劉邦を導いた．漢の天下統一後，留侯に封じられた．(～前 168)　◈蓋世之才，沙中偶語，四面楚歌，養虎遺患，六韜三略

陳勝 ちんしょう　秦末，陽城の人．字は渉．辺境の守備に行く途中，陽夏の呉広と謀り，居合せた人々に檄《げき》を飛ばして反乱を起す．やがて自立して帳楚国を建てたが，わずか六か月で，秦との戦いに敗れ，部下の荘賈《か》に殺された．しかし，この陳勝・呉広の反乱をきっかけに各地で諸侯・諸将が立上り，秦の滅亡につながる．(～前 209)　◈燕雀鴻鵠，王侯将相，甕牖縄枢，窮鼠嚙猫，陳勝呉広，万死一生，明目張胆

程子 ていし　二程子とも．程顥《こう》(明道，1032～85)，程頤《い》(伊川，1033～1107)の兄弟を言う．北宋，洛陽の人．ともに周敦頤に儒教哲学を学ぶ．兄の顥は，気の万物変化を全一体と観念して，天理と名づけ，理を基礎とする道徳説を主唱．弟の頤は，気の一体性を具体的な万物から抽象し，これを理と呼ぶ理気説を提唱した．朱子学の理気説は，頤の説を継承する．◈意味深長，廓然大公，吟風弄月，傾蓋知己，酔生夢死，精金良玉，談虎色変

陶淵明 とうえんめい　東晋，潯陽《じんよう》の人．名は潜．淵明は字．官途に見切りをつけ，41 歳の時，彭沢《ほうたく》県令を辞して帰郷．その時の心境を吐露した賦が「帰去来辞」で，以後平易な表現で田園の生活や隠者の心境を詠い，唐代に多くの追随者を出した．散文に，自分自身を述べたと言われる「五柳先生伝」や「桃花源記」がある．(365～427)　◈意中之人，環堵蕭然，昨非今是，薪水之労，池魚故淵，停雲落月，白璧微瑕，武陵桃源，忘憂之物

盗跖 とうせき　伝説上の大盗賊．◈騏驥過隙，跖狗吠尭，天道是非，尾生之信，暴戻恣睢

董仲舒 とうちゅうじょ　前漢，広川の人．若くして『春秋公羊伝』に精通し，景帝の時，春秋博士．武帝の時，江都の宰相となった．膠西《こうせい》王の宰相の時，引退．著に『春秋繁露』がある．後世，儒宗とされ，武帝の時以来儒教が盛んになったのは，董仲舒によるところが大きい．(前 179 頃～04 頃)　◈王佐之才，黒白分明，臨淵羨魚

杜甫 とほ　唐，鞏《きょう》県の人．字は子美，号は少陵．科挙に及第せず，長安で鬱々としている時に安禄山の乱に遭遇．家族と離れ，1 人反乱軍に拘禁された体験を持つ．一時宮廷に仕えたが，後半生は放浪のうちに過した．律詩の完成者とされ，叙事詩に優れる．李白と並んで盛唐詩人の双璧とされ，李杜と併称される．親友同士でもあり，李白を詠んだ詩も多い．(712～70)　◈渭樹江雲，意匠惨澹，英姿颯爽，蓋棺事定，家書万金，鬼哭啾啾，旧雨今雨，光焰万丈，七十古稀，射将先馬，停雲落月，発人深省，明眸皓歯，落月屋梁

杜牧 とぼく　唐，京兆の人．字は牧之，号は樊川《はんせん》．晩唐を代表する詩人の一人．杜甫と区別して小杜と呼ばれる．剛直で気骨があり，詩風は豪放洒脱．兵法に通じ，『孫子』を注釈した．(803～53)　◈牛鬼蛇神，捲土重来，清風故人，風檣陣馬，溶溶漾漾，緑葉成陰

伯夷 はくい　殷《いん》末の人．叔斉の兄．周の武王が殷の紂《ちゅう》王を討とうとした時，朝貢している殷の王を討つのは臣が君を弑《しい》するもので仁に背く，と叔斉とともに諌めた．それを聞かずに武王が紂を滅ぼし，周王朝を建てると，2 人は信義を守って周に仕官せず，首陽山に身を隠して餓死し

た．（前 11 世紀頃）◈頑廉懦立，雪中松柏，天道是非，伯夷叔斉

白居易《はっきょい》 唐，太原の人．字は楽天．中唐を代表する詩人．格調の高さを旨とする盛唐詩に対し，流麗平明な表現を特色とし，その詩は広く愛唱された．元稹《げんしん》が編纂し，自選を加えた詩文集『白氏文集』75 巻（現存 71 巻）は，平安時代に日本にもたらされ，当時の文学に大きな影響を及ぼした．「長恨歌」がとりわけ著名．（772～846）◈往事渺茫，狂言綺語，驚天動地，槿花一日，山河襟帯，千篇一律，天旋地転，比翼連理，北窓三友，明哲保身，林間紅葉

班固《はんこ》 後漢，扶風《ふふう》の人．字は孟堅．父班彪《はんぴょう》の遺志を継いで『漢書』の編述に努める．ほかに『白虎通』を撰し，また著に「両都賦」などがある．匈奴討伐に従軍し，敗戦の罪に座して獄死した．『漢書』の一部未完の部分は，妹の班昭が書き継ぎ，完成させた．西域を平定した班超は弟．（32～92）◈雲集霧散，影駭響震，土崩瓦解，伯仲之間，風塵之会，文人相軽，雄材大略

班超《はんちょう》 後漢，扶風《ふふう》の人．字は仲升．班彪《はんぴょう》の子．班固の弟．若い頃貧乏で，役所に雇われて筆耕の仕事をし，母を養っていたが，武で身を立てようと思い立つ．やがて遠征して西域諸国を鎮撫し，西域都護となり，定遠侯に封ぜられた．西に居ること 30 余年，朝廷に帰国を懇請し，洛陽に帰って没した．（33～103）◈燕頷虎頸，燕頷投筆，虎穴虎子，傭書自資

范蠡《はんれい》 春秋時代，楚の人．越王句践《こうせん》の臣となり，会稽の戦いで呉王夫差に敗れた時，自分の育てた美女西施を夫差のもとに送り，句践の命を助けた．20 余年後，句践を助けて呉を滅ぼし，会稽の恥をそそぐ．のち越を去り，陶の地に住んで朱と称し，巨万の富を築いて陶朱公と呼ばれた．（前 5 世紀）◈会稽之恥，君辱臣死，陶朱猗頓，鷹視狼歩

武王《ぶおう》 周の文王の子．姓は姫．名は発．弟周公旦と太公望呂尚の助力を得て，殷《いん》の紂《ちゅう》王を滅ぼし，周王朝を築く．天下に太平をもたらしたところから，聖人の一人に数えられる．しかし伯夷と叔斉は，臣が君を誅するは仁にあらず，と武王を批判して任官を拒否した．（前 11 世紀頃）◈偃武修文，帰馬放牛，逆取順守，尽善尽美，禅譲放伐

夫差《ふさ》 春秋時代，呉の王．闔閭《こうりょ》の子．越との戦いで敗死した父の仇を討とうと，薪の上に寝て 3 年，会稽山の戦いで越王句践《こうせん》を破った．しかし，臣従を誓った句践を助けたため，20 余年後，肝を嘗めて恥辱を忘れなかった句践に恥をそそがれる．会稽の恩を説いて助命を乞うが，天命に従うまでと許されず，自殺．呉は滅亡した．（～前 473）◈会稽之恥，臥薪嘗胆

武帝《ぶてい》 前漢の第 7 代皇帝．劉徹．匈奴としばしば戦って漠北に追いやり，夜郎経由で南越を滅ぼし，朝鮮に遠征して 4 郡を置くなど，周辺民族を攻略．内政では，儒教を政治教化の基礎とした．老荘思想を重視した文帝・景帝の恭倹政治の後を承け，武帝の時に前漢の国力はもっとも充実した．（前 156～87）◈安車蒲輪，轅下之駒，千門万戸，非常之功，雄材大略，凌雲之志

文王《ぶんおう》 （ブンノウとも）周の基礎を作った王．姓は姫，名は昌．殷《いん》に仕えて西伯と呼ばれた．讒言によって紂《ちゅう》王に捕えられたが，許されて征伐の権を与えられた．善行と徳を積んで諸侯に信頼が厚く，受命の君と言われた．子の武王が紂王を滅ぼし，周王朝を築く．『詩経』には文王の徳を称える詩が多く見られる．◈渭浜漁父，鳶飛魚躍，関関雎鳩，

関雎之化，小心翼翼，多士済済，胆大心小，輾転反側，無声無臭，窈窕淑女

文天祥 ぶんてんしょう 南宋末期，吉水の人．字は宋瑞，号は文山．滅亡寸前の宋にあって，わずかな兵とともにフビライの元軍に抵抗したが，捕えられた．宋朝滅亡後も投降の勧めを拒否，処刑された．獄中で「正気の歌」を作る．(1236～82) ◈太史之簡

墨子 ぼくし 春秋戦国時代，魯の人．名は翟《てき》．自他・親疎の差別なく平等に人を愛する兼愛説を唱え，戦いを非とする非戦説を主張した．また礼楽を無用の消費として排斥，節倹を説いた．著に『墨子』がある．なお墨子の思想について，例えば荘子は，かえって愛に欠けると批判している．(前 480 頃～390 頃) ◈旧套墨守，兼愛無私，諸子百家，太盛難守，汎愛兼利，墨守成規，良弓難張，魯般雲梯

孟浩然 もうこうねん 唐，襄陽《じょうよう》の人．科挙の試験に落ち，鹿門山中に隠棲．40 歳になって都へ出，王維らと交わった．盛唐を代表する詩人で，自然を詠って気品に富み，王維と並んで王孟と併称される．著名な詩に「春暁」がある．(689～740) ◈雲心月性，落花啼鳥

孟子 もうし 戦国時代，鄒《すう》の人．名は軻《か》．字は子車・子輿《しよ》．孔子の孫子思の門人に学び，のちに孔子の意を祖述して，四書の一つとされる『孟子』を作る．父子・君臣・夫婦・兄弟・朋友の道徳である仁義礼智は天賦の性に基づくとして，性善説を唱えた．また諸国を遍歴し，仁による王道を王侯に説いた．(前 372～289) ◈安宅正路，一暴十寒，一毛不抜，飲食之人，縁木求魚，枉尺直尋，王道楽土，鰥寡孤独，頑廉懦立，規矩準縄，仰天不愧，禽獣夷狄，金声玉振，君子三楽，堅甲利兵，恒産恒心，浩然之気，孔孟老荘，五倫五常，斎戒沐浴，在邇求遠，采薪之憂，左右他言，時雨之化，師曠之聡，事大主義，事半功倍，自暴自棄，耳目之欲，食前方丈，諸子百家，助長抜苗，鄒魯遺風，斉東野語，声聞過情，絶類離倫，先義後利，草莽之臣，惻隠之心，大旱雲霓，暖衣飽食，箪食壺漿，長幼有序，通功易事，読書尚友，南蛮鴃舌，杯水車薪，必求壟断，匹夫之勇，非礼之礼，抱関撃柝，放辟邪侈，朋友有信，明察秋毫，孟母三遷，孟母断機，踰牆鑽隙，養志之孝，養生喪死，余裕綽綽，乱臣賊子，流連荒亡，良知良能

孟嘗君 もうしょうくん 戦国時代，斉の人．姓は田．名は文．戦国四君の一人．秦に招かれるが，身の危険を感じ，「鶏鳴狗盗」の機知によって脱出．斉に帰って宰相となるが，声望をねたまれ，魏に出奔．魏の宰相となり，秦・趙・燕と連合して故国の斉を伐った．(～前 279 頃) ◈鶏鳴狗盗，狡兎三窟，将門有将

煬帝 ようだい 隋の第 2 代皇帝．名は広．父文帝を殺して即位したという．莫大な犠牲の上に大興城(新長安)を造営し，大陸の南北を結ぶ大運河を掘削．さらに 2 度の高句麗遠征を行なって失敗，多くの犠牲者を出し，各地に反乱を引起した．後に唐の太祖となる李淵によって太上皇とされ，揚州で右屯衛将軍宇文化及に殺される．その行跡が「帝《てい》」とは認められないという意味で，日本ではヨウダイと呼ぶ．(569～618) ◈氷消瓦解

揚雄 ようゆう 前漢，成都の人．字は子雲．揚子と敬称される．博聞多識で，『論語』に擬して『法言』，『易経』に擬して『太玄経』を作るなど，擬作に巧みだったので，「模擬の雄」と言われた．(前 53～後 18) ◈金科玉条，聖読庸行，彫虫篆刻，同工異曲，百川学海，羊質虎皮

李斯 りし 楚，上蔡の人．韓非子と同じ頃，荀子《じゅんし》に学ぶ．始皇帝に仕え宰相となり，郡県制度を導入．焚書坑儒を進言して思想統制を行なった．始皇帝の死に際し，宦官趙高と共謀，璽書《じしょ》を偽造して太子扶

蘇，将軍蒙恬《もうてん》を自殺させ，次子胡亥《こがい》を2世皇帝とする．のち，権力独占を謀る趙高の讒言によって獄死．（～前210）◈慈母敗子，風塵之会，焚書坑儒

李白 りはく　唐，四川昌明の人．字は太白，号は青蓮．杜甫とともに盛唐を代表する詩人で，李杜と併称される．酒を好み，奇行多く，玄宗の宮廷詩人に招かれるが，宦官高力士に嫌われ，追放された．放浪中に「白髪三千丈」を述懐する「秋浦歌」を作る．詩風は「天馬行空」と評され，絶句と長編詩を得意とした．（701～62）◈渭樹江雲，驚天動地，光焰万丈，三三五五，斗酒百篇，馬耳東風，百代過客，浮生若夢，秉燭夜遊，謨猷籌画，磨杵作針，猛虎伏草，落月屋梁

柳宗元 りゅうそうげん　中唐，河東の人．字は子厚．監察御史となるが，永州，のち柳州に遷された．すぐれた自然詩を残し，王維・孟浩然・韋《い》応物と並び，王孟韋柳と呼ばれる．また韓愈《ゆ》とともに古文の復興をとなえ，韓柳と併称される．唐宋八家の一人．（773～819）◈汗牛充棟，韓柳欧蘇，錦心繡口，黔驢之技，蜀犬吠日，斗折蛇行，紛紅駭緑

劉備 りゅうび　三国時代，蜀漢の創立者皇帝，昭烈帝．前漢景帝の子中山靖王勝の末裔《まつえい》．字は玄徳．関羽・張飛と義を結び，諸葛孔明を「三顧之礼」をもって軍師に迎え，蜀を平定して漢中王と称した．魏の曹丕《ひ》が後漢の献帝を廃するに及んで，成都で即位，国号を漢と定める．魏・呉と天下を三分して争った．（161～223）◈延頸鶴望，枉駕来臨，三顧之礼，水魚之交，天下三分，桃園結義，髀肉之嘆

劉邦 りゅうほう　前漢の初代皇帝，高祖．沛《はい》の人．字は季(末っ子の意)．若い頃は農業を嫌い，酒色にふけっていたが，壮年に及んで見習い役人となり，泗水《しすい》の亭長となる．秦末の混乱期に推されて沛公となり，項羽らと合流して楚の懐王を擁立し，巴蜀・漢中に到って漢王となる．その後項羽と争い，前202年，垓下《がいか》にこれを破って天下を統一し，長安に漢朝を創立した．（前247～195）◈一敗塗地，羽翼既成，解衣推食，寛仁大度，旗幟鮮明，宮車晏駕，乾坤一擲，高材疾足，口尚乳臭，三者鼎立，疾足先得，受胎告知，俎上之肉，帯礪之誓，天下三分，発縦指示，約法三章

呂不韋 りょふい　戦国時代，陽翟《ようてき》の人．商用で趙の邯鄲《かんたん》を訪れた折，人質として秦から来ていた子楚と出会う．「奇貨居くべし」と財産をなげうち，諸方に働きかけて子楚を秦王(荘襄《そうじょう》王)の位に至らせ，自らは相国となって秦に重きをなした．荘襄王の子政が始皇帝となるに及んで仲父と尊称されるが，次第に疎まれるようになり，自殺．子楚に自分の愛人を娶《めと》らせ，間もなく政が生れたので，始皇帝の実父ともいう．食客たちに『呂氏春秋』を作らせる．（～前235）◈一字千金，奇貨可居，食客三千

李陵 りりょう　前漢，成紀の人．字は少卿．武帝の時，5000の歩兵をもって匈奴の単于《ぜんう》軍と戦い，降伏．誤報によって武帝が一族を誅殺したので，単于の娘を妻とし，匈奴に一生を終えた．同じく匈奴に捕えられた蘇武と詩文を交している．また友人の司馬遷は，李陵を弁護したために宮刑に処された．（～前74）◈異域之鬼，佐命立功，人生朝露，命世之才

藺相如 りんしょうじょ　戦国時代，趙の人．恵文王の重臣の食客だった時，王の使いとして「和氏之璧」を持って秦に行き，璧を無傷で持ち帰る．それらの功によって上卿となり，共に在ってこその趙であると将軍廉頗《れんぱ》の面目を立て，「刎頸の交り」を結んで趙を強大にした．　◈和氏之璧，完璧帰趙，知勇兼備，怒髪衝天，肉袒負荊，刎頸之交

列子 れっし ⇒ 主要出典解説参照

老子 ろうし 春秋戦国時代の人.『史記』によれば，楚の人で，姓は李，名は耳，字は聃《たん》．周室の文書係をし，周が衰微すると去って関に至ったという．著作として『老子』が伝わる．神格化して太上老君と呼ぶ． ◈有無相生，禍福倚伏，軽諾寡信，功成名遂，孔孟老荘，呼牛呼馬，歯亡舌存，柔能制剛，衆妙之門，小国寡民，諸子百家，深根固柢，寸進尺退，絶巧棄利，大隠朝市，大器晩成，大巧若拙，多言数窮，多蔵厚亡，知者不言，知足安分，天長地久，天道無親，天網恢恢，白駒過隙，博古通今，被褐懐玉，報怨以徳，和光同塵

主要出典解説

晏子春秋《あんししゅんじゅう》 春秋時代，斉の晏嬰《あんえい》の言行録．諫・問・雑それぞれ上・下の内編6と上下2編の外編とから成る．後人の記録・編集と考えられる．霊公・荘公・景公の3代にわたり，主君を諫め斉を護った名宰相としての晏嬰の言行を伝え，『史記』晏嬰伝とともに貴重な史料．同時代の孔子の評価なども載せる．

易経《えききょう》 陰陽二元をもって天地間の万象を説明する書．『詩経』『書経』『礼記』『春秋』とともに五経をなす．伏羲《ふっき》氏が八卦を画し，周の文王が演べて六十四卦とし，文王と周公が彖《たん》辞と爻《こう》辞を作り，孔子が十翼を作ったとされる．太極から陰陽の二元が生じ，二元は春夏秋冬の四象となり，さらに乾《けん》・兌《だ》・離・震・巽《そん》・坎《かん》・艮《ごん》・坤《こん》の八卦となり，八卦が互いに重なって六十四卦を生ずるとし，これを自然現象・家族関係・方位・徳目などに当てはめて，哲学・倫理・政治上の説明を加える．周代に大成されたので「周易」とも言う．夏代・殷《いん》代にも易はあったが，「周易」が今日の易学の祖とされる．

淮南子《えなんじ》 「淮南鴻烈」とも呼ばれる．諸子百家の雑纂集．内編21，外編33の54編があったとされるが，現存するのは内編のみ．前漢の高祖劉邦の孫，淮南《わいなん》王劉安が学者や方士を集めて編纂．老荘を中心に儒家・法家・兵家などの思想を取入れ，治乱興亡から逸事に至るまでの諸般の説を記載する．

管子《かんし》 政治・経済・法制など多般にわたる事象を論じた書．前漢の劉向《りゅうきょう》の序録によれば86編．現在は76編が伝わる．春秋時代，斉の管仲の著とされるが，内容から見ると一時代，一個人の筆に成るものではなく，墨子の兼愛説，楊子の利己説が採録されるなど，戦国時代から秦・漢に及ぶ著作と考えられる．

顔氏家訓《がんしかくん》 南北朝時代，北斉の顔之推《がんしすい》が，子孫のために書いた教訓書．7巻．教子・兄弟・治家・勉学・誡兵・養生など20編に分け，儒教思想が強いながらも，自らの体験に基づいた人間的な処世訓になっている．

漢書《かんじょ》 中国の正史二十四史の一つ．前漢代の紀伝体の史書．帝王の治世を逐叙した本紀12巻，個人の伝記を記した列伝70巻，特定の分野の変遷を記した志10巻，表8巻の合計100巻より成る．後漢の班固撰．紀元82年頃成立．表および天文志は，妹班昭が兄の獄死後に補う．高祖劉邦より7代武帝までの記述には『史記』と共通する部分があるが，『史記』が通史であるのに対して，時代を前漢を限っており，以後の正史の範とされた．『後漢書』に対して，「前漢書」「西漢書」とも呼ばれる．注釈は，唐の顔師古によるものが後世諸注の範とされる．

韓非子《かんぴし》 戦国時代末期の法家の代表作．20巻55編．韓非子の著．ただし，「初見秦」「存韓」の2編は偽作の疑いがあり，総じて完全に韓非子の手に成るとは認めがたいとされる．韓非子は荀子《じゅんし》に学び，その思想は性悪説に立脚する．「内儲説」上編に，君主の用いるべきこととして「信賞」「必罰」が見えるように，儒家の「仁」を排し，厳格な法の運用と賞罰の権に基づく国家支配を説く．秦王(後の始皇帝)が本書を読ん

で，この著者に会えれば死んでも悔いはない，と言ったと『史記』韓非子伝に見える．

魏書《ぎしょ》　中国の正史二十四史の一つ．南北朝時代，北魏の紀伝体の史書．帝王の治世を逐叙した本紀 14 巻，個人の伝記を記した列伝 96 巻，特定の分野の変遷を記した志 20 巻の合計 130 巻より成る．北斉の魏収撰．554 年完成．北魏は東魏と西魏に分裂し，魏収が東魏・北斉系の人だったため，西魏の記述を欠くなど記事に不公正があり，「穢史」(けがれた歴史)と非難された．

旧唐書《くとうじょ》 ⇒ 唐書《とうじょ》

景徳伝灯録《けいとくでんとうろく》　中国禅宗史書．30 巻．法眼宗の永安道原編．北宋の景徳元年(1004)成立．過去七仏より，インド・中国の諸師を経て，法眼宗の派祖法眼文益の弟子に至る 52 世 1701 人の事跡を収め，「一千七百の公案」と呼ばれる．中国禅宗が発展・展開した唐・五代における禅者の記録として貴重．その後の禅宗の基本的典籍ともされる．

孔子家語《こうしけご》　孔子の言行・問答を記録した書．『漢書』芸文志には 27 巻とあるが，今日に伝わる書は 10 巻 44 編．魏の王粛の注がある．孔子の言行や門人との問答を諸書から選んで編集している．前漢の孔安国撰とされるが，注釈者王粛の偽撰だろうと考えられている．そうであっても有益な記事が多く，唐代以後盛行した．日本にも早くから伝わる．

紅楼夢《こうろうむ》　清代の長編小説．原名「石頭記」．「情僧録」「金陵十二釵」などとも呼ばれる．120 回．前 80 回は曹雪芹《そうせっきん》，後 40 回は高蘭墅《こうらんしょ》の作という．1791 年刊．大貴族の没落していく過程を背景に，主人公賈宝玉と，12 人の美女との情事，従妹林黛玉との悲恋を，緻密な人物描写・心理描写によって綴る．「奇奇怪怪」「再三再四」などの平易でよく使われる四字熟語が，本書に見出される．

後漢書《ごかんじょ》　中国の正史二十四史の一つ．後漢代の紀伝体の史書．帝王の治世を逐叙した本紀 10 巻，個人の伝記を記した列伝 80 巻，特定の分野の変遷を記した志 30 巻の合計 120 巻より成る．南朝宋の范曄《はんよう》撰．432 年頃成立．『東観漢記』など数種の後漢についての歴史書をもとに，『漢書』の体裁にならってまとめた．なお志は，晋の司馬彪《ひょう》『続漢書』から，梁の劉昭が補ったもの．

三国志《さんごくし》　中国の正史二十四史の一つ．三国時代の紀伝体の史書．帝王の治世を叙した本紀 4 巻と個人の伝記を記した列伝 26 巻より成る「魏志」30 巻と，「蜀志」15 巻，「呉志」20 巻から構成される．魏につながる西晋の陳寿による撰のため，魏を中心として記述され，「魏志」のみに本紀がある．南朝宋の裴《はい》松之による注釈が著名．「魏志」東夷伝に記される倭《わ》の項が，日本では「魏志倭人伝」として知られる．現在一般に「三国志」と呼ばれているのはこの正史ではなく，通俗小説『三国志演義』のこと．

三国志演義《さんごくしえんぎ》　明代の長編歴史小説．四大奇書の一つ．「三国志通俗演義」「三国演義」とも言い，現在，一般に「三国志」と言う時は本書を指す．流布本は 120 回．元末明初の羅貫中《らかんちゅう》が，正史『三国志』に基づき，説話・講談などによる虚構を交えて創作した，魏・呉・蜀三国をめぐる物語．正史が魏を正統の王朝とするの

に対し，「演義」は蜀を正統とし，前半は劉備・関羽・張飛が活躍，後半は諸葛孔明が幼主を助けて奮闘する．正史で魏の始祖とされる曹操，その臣で晋の高祖と追尊される司馬仲達は敵役となる．日本では，天竜寺の僧の訳出した『通俗三国志』が愛読された．

史記　しき　中国の正史二十四史の第一．帝王の事跡や国家の大事を逐叙した本紀12巻，諸侯など世襲の家柄を記した世家30巻，個人の伝記を記した列伝70巻と，表10巻・書8巻の合計130巻より成る．このような史書の記述の仕方を紀伝体と言い，本書に始まる．前漢の司馬遷著．紀元前91年頃完成．黄帝より始まるが，伝説の時代の記述はわずかで，周の文王以後，前漢の武帝に至るまでを詳細に記し，古代中国を知る最高の歴史書として評価される．注釈書に南朝宋の裴駰《はいいん》『史記集解』，唐の司馬貞『史記索隠』，張守節『史記正義』，明の凌稚隆《りょうちりゅう》『史記評林』などがある．なお，本書を出典とする四字熟語の数は群を抜いて多く，本辞典では，名言の宝庫のように言われる『論語』の2倍を超える．

詩経　しきょう　中国最古の詩集．『易経』『書経』『礼記』『春秋』とともに五経を成す．漢初の毛亨《こう》・毛萇《ちょう》が伝えたところから，「毛詩」とも呼ばれる．ほかに「魯詩」「韓詩」「斉詩」があったが衰微した．諸国の民謡を集めた「風」160，朝廷で奏された歌を中心とする「雅」111（うち6編は題名のみ），祭祀の歌を集めた「頌《しょう》」40，合計311編から成る．作詩の年代は周初から春秋時代にわたる．孔子の編とも言われるが，定かではない．日本には，1535年頃成立の注釈書『毛詩抄』があり，抄物特有の文体は，当時の口語資料としても重要視されている．

十八史略　じゅうはっしりゃく　初学者のための中国史書．2巻．元の曾先之撰．明初に陳殷が音釈をほどこし，今日通行する7巻本とした．『史記』『漢書』『後漢書』以下正史17史に宋代の史料を加えて18史とし，摘録して1書にしたもの．史料的価値は低いが，上代から宋までの簡にして要を得た中国史として一般に迎えられ，日本では江戸時代に広く流行した．

朱子語類　しゅしごるい　朱子と門人との問答書．140巻．南宋の黎靖徳《れいせいとく》編．1270年完成．宋学（朱子学）の大成者朱子の没後，門人たちがそれぞれに記した朱子との問答を，部門別に分類，集録したもの．よく知られている「精神一到何事か成らざらん」（→精神一到）は，本書からの成句．

荀子　じゅんし　戦国時代の荀子による儒学書．はじめ300編以上あったが，唐の楊倞《ようりょう》によって現行の20巻32編に整理され，注釈が施された．『孟子』と並ぶ書だが，『孟子』の性善説とは反対に性悪説に立ち，礼によって秩序を正すべしと説く．

春秋左氏伝　しゅんじゅうさしでん　『春秋』の注釈書．「左史伝」「左伝」と略称される．『春秋公羊伝』『春秋穀梁伝』とともに「春秋三伝」と呼ばれる．『春秋』は，魯国の史官がまとめた記録を孔子が筆削し褒貶《ほうへん》の義を加えたという歴史書で，魯の隠公元年（紀元前722）から哀公14年（同481）に至る242年間の近隣諸国を含む史実を編年体に記す．しかし記述が簡略に過ぎるため，後年，注釈書三伝のうち史実に最も詳しい本書がもっぱら用いられるようになり，唐代の五経博士以来，本書を五経の一つとするようになった．孔子に学んだ魯の太史左丘明の著という．各年次の冒頭に『春秋』本文を記し，以下に本文を注釈し，またその背景にある史実を詳述している．

書経 しょきょう　中国最古の歴史書．『易経』『詩経』『礼記』『春秋』とともに五経をなす．尭舜から秦の穆《ぼく》公に至る政治史を記したもので，孔子の編という．20巻58編が現存する．はじめは単に「書」，漢代には「尚書」と呼ばれ，宋代以後「書経」と称される．成立年代は一定しないが，漢代の発見の経緯などから，「今文尚書」33編，「古文尚書」25編に分けられ，古文の方は魏・晋代の偽書と見られている．

晋書 しんじょ　中国の正史二十四史の一つ．西晋4代，東晋11代の紀伝体の史書．帝王の治世を逐叙した帝紀10巻，個人の伝記を記した列伝70巻，特定の分野の変遷を記した志20巻，載記30巻の合計130巻より成る．載記には五胡十六国の紀伝を載せる．唐太宗の時，房玄齢・李延寿らの奉勅撰．646年成立．六朝期の18史家の晋史をもとに編纂した．『世説新語』『捜神記』などの逸話集・小説集などからも採録しているので，史実から離れた創作と見られる記述もあり，史料としての信頼度に疑問が持たれている．四字熟語の出典としては，『漢書』『後漢書』に匹敵する豊富さを持つ．

新唐書 しんとうじょ ⇒ 唐書　とうじょ

水滸伝 すいこでん　明代の長編小説．四大奇書の一つ．北宋末に山東地方から蜂起した内乱に素材を取り，梁山泊に集まった豪傑108人の興亡を描く．説話・演劇の形で流行していたものを，元の施耐庵《したいあん》が集撰して章回仕立ての読み本とした．はじめ100回本が行われたが，後に120回本，また清の金聖嘆がその後半50回を割愛して改訂し，評を加えた70回本など，種々の異本がある．日本の近世文学，特に読本《よみほん》分野に大きな影響を与えた．

隋書 ずいしょ　中国の正史二十四史の一つ．隋代の紀伝体の史書．帝王の治世を逐叙した本紀5巻，個人の伝記を記した列伝50巻，特定の分野の変遷を記した志30巻の合計85巻より成る．唐の太宗の時，魏徴らの奉勅撰．本紀・列伝は636年，志は656年成立．隋王朝が短期間で滅び，間もなく唐太宗の貞観の治を迎えたため，本書は史書としては比較的早く完成した．「経籍志」は，後漢から唐初までの書籍を記録して評価が高い．

説苑 ぜいえん　君主を訓戒するための教訓的説話集．20巻．前漢の劉向《りゅうきょう》撰．君道・臣術・建本・立節・貴徳・復恩・政理・尊賢・正諫などの各編に分類．儒家の論を述べ，春秋時代から漢に至る先王・賢人の逸話を列挙する．

赤壁賦 せきへきのふ　北宋の蘇軾《そしょく》の文．赤壁は，三国時代の古戦場．今の湖北省武漢市の南西，嘉魚県にある長江の南岸を言う．ここで曹操の大船団が孫権・劉備連合軍の焼打ちに遭い，敗北した．その故事にひかれて蘇軾が友人と訪れ，往時をしのんで作った賦だが，場所を間違え，実際に訪れたのは長江の北岸，黄岡県の赤鼻山だった．そのため今日では，そこも赤壁と呼ばれている．1082年7月と，同年冬の2度にわたって遊び，賦を作ったので，前者を「前赤壁賦」，後者を「後赤壁賦」と言う．

世説新語 せせつしんご　『捜神記』と並んで六朝小説を代表する書．後漢から東晋に至る，貴族・学者・文人・僧などの言行・著作に関する逸話を，3巻36編に分類，集録する．南朝宋の劉義慶編．5世紀前半の成立．内容に相応した口語的表現を交えた文の運びは，読者を飽きさせない．正史『晋書』の資料ともされ，共通する記述が散見される．ただし，本書の述べるところがすべて史実とは言えず，その点が，ひいては

『晋書』の史実性に疑念を抱かせる要因の1つともなっている．

戦国策 せんごくさく　戦国時代の史書．「国策」「国事」「修書」などさまざまに呼ばれ，巻数も一定しなかったが，前漢の劉向《りゅうきょう》が33編に整理した．紀元前5世紀半ばから秦の始皇帝まで，『春秋』に継ぐ240年あまりの歴史を，西周・東周・秦・斉・楚・趙・魏・韓・燕・宋・衛・中山の12国別に，遊説家が諸侯に説いた策略を中心に記述している．信憑性が高く，当時の歴史を知る上で貴重な書とされる．共通する内容が，しばしば『史記』に見出される．

宋史 そうし　中国の正史二十四史の一つ．北宋9代・南宋9代の紀伝体の史書．帝王の治世を逐叙した本紀47巻，個人の伝記を記した列伝255巻，特定の分野の変遷を記した志162巻，表32巻の合計496巻から成り，歴代の正史の中で最も大部．元のトクト(脱脱)らの奉勅撰．1345年完成．両宋代にすでに著されていた多くの史書を整理，撰述したもので，史料の豊富な点が評価される一方，整理が不十分で重複や欠落が見られるなどの欠点が指摘されている．元はモンゴル族の王朝だが，前王朝の歴史をまとめるという歴代漢王朝の事業を踏襲し，トクトを中心に『遼史』『金史』『宋史』の3正史を編纂している．

荘子 そうし　(ソウジとも)『老子』とともに道家を代表する著作．『史記』には「十万余言」とのみ記されており，晋の郭象《かくしょう》によって，内編7，外編15，雑編11の33編が定められた．荘子の著とされるが，すべてがそうであるかどうかは未詳．生死・美醜・善悪という対立・差別の根底に，それらを貫く絶対の「道」があるとする「万物斉同」を説く．全編寓話に満ち，その虚構性のゆえに読者をひきつける．唐の玄宗が「南華真経」と名づけ，以後『荘子』の異称となった．郭象による注釈がある．

宋書 そうしょ　中国の正史二十四史の一つ．南朝宋(劉宋)の紀伝体の史書で，五代に続く北宋・南宋の『宋史』とは異なる．帝王の治世を逐叙した帝紀10巻，個人の伝記を記した列伝60巻，特定の分野の変遷を記した志30巻の合計100巻より成る．劉宋に続く南朝斉の武帝の時，沈約《しんやく》の奉勅撰．488年，劉宋の滅亡後10年足らずで完成．沈約は南朝宋・斉・梁に歴仕した学者で，本書は1年で書き上げている．

楚辞 そじ　書名は楚の歌謡の意．中国南方楚の地方に，紀元前300年頃からおこった辞賦を総集した書．16巻．前漢の劉向《りゅうきょう》編という．自伝的長編叙事詩「離騒」をはじめとする屈原の作品を中心に，その門下および後人の作などを採録する．後漢の王逸が注を施し，自作の「九思」を加えて17巻とした．北方の『詩経』と並び，中国古代の二大詩集とされる．

孫子 そんし　春秋時代の兵法書．1巻13編．呉の孫子著．兵法を著した書だが，いくさの際の戦略・戦術にとどまらぬ思想性を持ち，人生の教訓書としても広く読まれてきた．衛の呉起の思想をまとめたという『呉子』とともに，しばしば「孫呉」と併称される．孫子の後裔に斉の孫臏《そんぴん》がおり，『孫子』の著者に擬せられることもあったが，1972年，山東省の漢墓から，孫臏の兵法を記した竹簡が，『孫子』とは別に発掘されたことから，孫臏作説は薄らいだ．

大学 だいがく ⇒ 礼記　らいき

中庸 ちゅうよう ⇒ 礼記　らいき

唐詩選 とうしせん　盛唐詩の選集．7巻．明の李攀竜《りはんりょう》撰とされるが，疑問視されている．盛唐期を中心に，唐代の詩人127人の詩を採録．詩を形式的な面から見て格調の高さをたっとぶ，明代の李夢陽ら前七子，李攀竜・王世貞ら後七子の詩論を反映し，内容の面からは懐古・旅愁・送別の詩が多く，詩人から見ると杜甫の51首を筆頭に，李白・王維らの作品が多数採録されている．その一方で社会詩が冷遇され，詩人では韓愈《かんゆ》がわずかに1首，白居易に至ってはまったく採録されないという偏向が見られる．

唐書 とうじょ　〔旧《く》唐書〕中国の正史二十四史の一つ．唐代の紀伝体の史書．帝王の治世を逐叙した本紀20巻，個人の伝記を記した列伝150巻，特定の分野の変遷を記した志30巻の合計200巻から成る．五代後晋の劉昫《りゅうく》らの奉勅撰．945年成立．宣宗以後の内容に疎漏があるため，後に『新唐書』が撰されたが，史実の正確さが見直され，清の乾隆年間，正史に選定された．四字熟語の出典としては『新唐書』をしのぐ．

〔新唐書〕中国の正史二十四史の一つ．本紀10巻，列伝150巻，志50巻，表15巻の合計225巻より成る．北宋の仁宗の時，欧陽脩・宋祁《き》らの奉勅撰．1060年成立．『旧唐書』の欠を補い補修したもので，史料の増加などが見られるが，『旧唐書』を不要とするには至っていない．単に「唐書」と言う時は『新唐書』を指す．

南史 なんし　中国の正史二十四史の一つ．南朝宋・斉・梁・陳4代の紀伝体の史書．帝王の治世を逐叙した本紀10巻，個人の伝記を記した列伝70巻より成る．唐の李延寿撰．659年完成．すでに完成していた正史『宋書』『南斉書』『梁書』『陳書』(いずれも二十四史のうち)を要約し，南朝170年の事跡を一貫してまとめたもの．李延寿は，同じ時期に『北史』もまとめている．

碧巌録 へきがんろく　北宋末の禅書．10巻．雲門宗4世の雪竇重顕《せっちょうじゅうけん》がまとめた頌古《じゅこ》(古人の言葉とそれに付した詩)百則に，臨済宗11世の圜悟克勤《えんごこくごん》が解説・批評を加えた公案集．1300年，元の張煒《い》が「宗門第一書」の名を冠して刊行．これが現行書となっている．宗教書であると同時に秀れた文学書でもあり，近世日本の禅にも大きな影響を持つ．

法言 ほうげん　『論語』に擬して作った儒学書．「揚子法言」とも言う．13巻．前漢の揚雄編．聖人を尊び，王道を論じ，天道と人道の関係を説く．孟子と荀子《じゅんし》との調和を試み，性善性悪混淆説を唱えている．注釈書に北宋の司馬光『法言集注』がある．

抱朴子 ほうぼくし　道家の理論書．内編20，外編52の72編より成る．晋の葛洪《かっこう》著．西晋と東晋の間，317年完成．内編は周末以来の神仙術を説き，養生理論，不老不死の金丹の製法などを記す．外編は政治・道徳論で，荘子の哲学の独善的・高踏的性格を批判し，老子的な無欲恬淡においてこそ真実の世界に至ることができるとしている．なお，書名は著者の号で，抱朴子葛洪と呼ばれる．

北史 ほくし　中国の正史二十四史の一つ．北朝魏・斉・周・隋4代の紀伝体の史書．帝王の治世を逐叙した本紀12巻，個人の伝記を記した列伝88巻より成る．唐の李延寿撰．659年完成．すでに完成していた正史『魏書』『北斉書』『周書』『隋書』(いずれも二十四史のうち)を整理し，北朝220年の歴史を一貫してまとめたもの．同時に成った『南史』と対をなす．

墨子《ぼくし》　春秋戦国時代の墨家の思想書．71 編のうち，現存するのは 53 編．墨子の著とされるが，門弟の説も含まれると考えられている．兼愛説と非戦論とを主張する．『呂氏《りょし》春秋』『淮南子《えなんじ》』に，孔子とともに「孔墨」と併称され，学統の一時盛んであったことをうかがわせるが，孟子から「楊墨を距《ふせ》ぐものは聖人の徒なり」と，楊子の自利自愛とともに強く非難され，やがて衰退した．

蒙求《もうぎゅう》　児童・初学者用の教科書．3 巻．唐の李瀚《りかん》撰．古代から南北朝に至る著名な人物の故実を知るのに便利なように，類似する言動 2 つずつを，それぞれ四字句の対によって表現している．例えば「車胤聚蛍，孫康映雪」(車胤は蛍を聚め，孫康は雪に映ず→蛍雪之功)のように．教訓性・歴史性のあるものを主とし，採集の範囲は広い．日本で最も流布したのは，宋の徐子光が正史に基づいて詳細な注を施した『補註蒙求』で，収録標題は 592．

孟子《もうし》　『大学』『中庸』『論語』とともに四書を成す．孔子の道を祖述し，また孟子と弟子・諸侯との問答を記録する．7 編．孟子自身が著したものとされるが，異論もある．孟子が各国を遊歴した紀元前 4 世紀の末 20 年ほどの言行を記すという．性善説に根拠を置いて仁義礼智の道徳を説き，『論語』と並ぶ儒学の重要な典籍とされる．後漢の趙岐《ちょうき》は，7 編を各上下に分けて 14 巻とし，注を付した．これが今日まで『孟子』として伝わっている．注釈書としては，ほかに南宋の朱子『孟子集注』(四書集注の一つ)などがある．

文選《もんぜん》　現存最古の中国詩文集．周から南朝梁に至る千年間の作品約 800 編を，「賦」「詩」「辞」などの文体別に分類し収録する．全 30 巻．梁の昭明太子蕭統《しょうとう》の編．6 世紀前半の成立．優れた文学を集大成する意図を持って編纂されたため，詩には「古詩十九首」，論には賈誼《かぎ》「過秦論」や曹丕《そうひ》「典論」，辞には陶淵明「帰去来辞」，上表からは諸葛孔明「出師《すいし》の表」や李密「陳情表」など，さまざまな分野の文が芸術的視点から幅広く採録されている．注釈としては，唐の李善が 658 年に撰進した 60 巻が『李善注文選』として名高く，718 年には『五臣注文選』が成った．日本にも早く伝わり，平安時代に盛んに行われた．

礼記《らいき》　周末から秦・漢にかけての儒者の古礼に関する説を集めた書．『易経』『詩経』『書経』『春秋』とともに五経を成す．前漢の武帝の時，河間の献王が古書 131 編を編述．その後 214 編に増えたが，戴徳《たいとく》が削って「大戴礼」85 編を作り，戴徳の甥戴聖がさらに削って「小戴礼」49 編にまとめた．今日に伝わる『礼記』は「小戴礼」を言う．この中から，修身斉家治国平天下を説く「大学」と，天人合一を説く「中庸」の 2 編が，宋代以後単独に読まれるようになり，朱子が章句を付してから，『論語』『孟子』とともに四書として盛行した．本辞典でも 2 編を『礼記』とは独立の書として扱うが，四字熟語の出典としては，必ずしも頻出するわけではない．

呂氏春秋《りょししゅんじゅう》　春秋時代の諸家の説を集めた書．諸家の言を載せる 8 覧・6 論と，季節に関する議論を記す 12 紀の，合計 26 巻から成る．秦の呂不韋《りょふい》が食客らに作らせた．道家をはじめ，儒家・墨家・農家・兵家・刑名家などの説を集録し，雑然としているが諸説を知る上で貴重．できた時，呂不韋は竹簡を咸陽《かんよう》の城門に並べ，文章を 1 字でも増減できた者には千金を与える(一字千金)という布告を出したと，『史記』呂不韋伝に見える．

列子 れっし 戦国時代の道家の書．8巻8編．列子(列御寇《れつぎょこう》)撰と伝えるが，偽作の疑いが濃く，成立年次未詳．前漢の劉向《りゅうきょう》が校訂・整理し，現在の形とする．老子の清虚・無為に基づき，寓言によって天地・死生などさまざまな論を展開する．著者と伝える列御寇は，鄭《てい》の人というが，生没年・伝ともに未詳．老子よりややおくれ，荘子より前の人とも言う．唐の玄宗が列子に「沖虚《ちゅうきょ》真人」と諡《おくりな》したことから，「沖虚真経」「沖虚至徳真経」とも呼ぶ．

老子 ろうし 『荘子』と並び，道家を代表する著作．上下2巻，81章から成る．『史記』によれば，周室の文書係をしていた老子が，周を去って関に至った折，役人尹喜《いんき》に書を求められ，「道徳の意五千余言」の書2巻を著して立ち去ったという．これが，上巻道経，下巻徳経から成る「老子道徳経」すなわち『老子』であるとされるが，老子の存在も含め，定かではない．実際の『老子』は，孟子以降の成立と考えられている．相対的な現象界の根元に宇宙の本体である絶対的な道があるとし，儒家の説く仁義などの人為を捨て，無為自然のうちに生きるべきことを説く．『荘子』が虚構に基づく寓話を特色とすれば，『老子』は逆説に富んだ表現で読者に強い印象を与える．

論語 ろんご 『大学』『中庸』『孟子』とともに四書を成す．孔子の言行，孔子と弟子・時人との問答，弟子同士の問答などを20編に収録．孔子の没後，弟子たちの記録が次第に整理され，前漢代に集大成された．各編中の諸節はほとんど断片的な記録に近いが，核心を摘録したとも言え，「朋《とも》あり遠方より来たる，また楽しからずや」(→有朋遠来)など，好んで暗誦される文が少なくない．孔子の理想とする道徳「仁」についての考察を中心とし，儒教の最も枢要な書とされる．注釈書に魏の何晏《かあん》『論語集解』，南宋の朱子『論語集注』(四書集注の一つ)などがある．

論衡 ろんこう 漢代の論説・観念を批判した書．30巻．後漢の王充著．もと100編あったというが，『後漢書』には85編と記録され，さらに1編が欠けて今日に伝わっている．科学的な批判精神に基づく厳密な実証主義により，漢代に流行した自然観・社会観や人間論などを，丹念に検証し，論破している．いわば当時における革新的な思想書で，その尖鋭さゆえにしばらく世に出ることがなかった．